NARUTO
MASSIV VOL.05
愛
DIE VERNICHTUNG VON KONOHA
MASASHI KISHIMOTO
CARLSEN MANGA!

NARUTO CHARACTERS

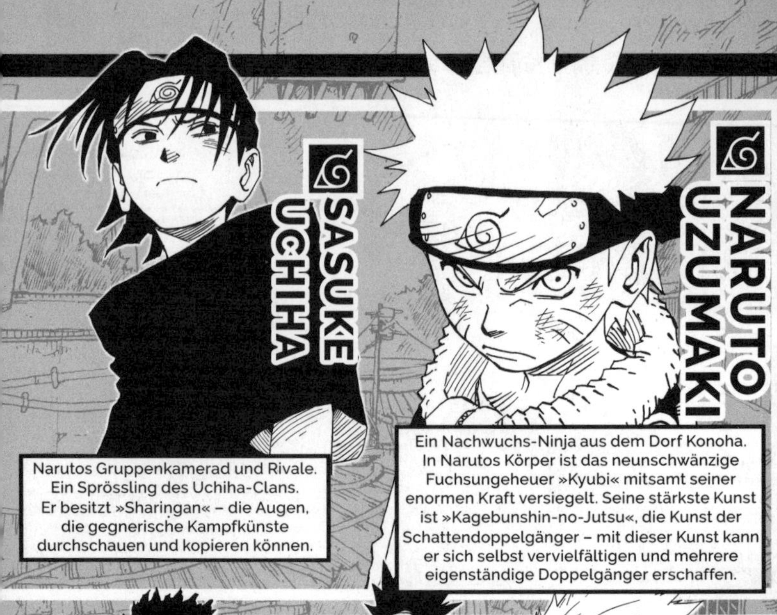

NARUTO UZUMAKI

Ein Nachwuchs-Ninja aus dem Dorf Konoha. In Narutos Körper ist das neunschwänzige Fuchsungeheuer »Kyubi« mitsamt seiner enormen Kraft versiegelt. Seine stärkste Kunst ist »Kagebunshin-no-Jutsu«, die Kunst der Schattendoppelgänger – mit dieser Kunst kann er sich selbst vervielfältigen und mehrere eigenständige Doppelgänger erschaffen.

SASUKE UCHIHA

Narutos Gruppenkamerad und Rivale. Ein Sprössling des Uchiha-Clans. Er besitzt »Sharingan« – die Augen, die gegnerische Kampfkünste durchschauen und kopieren können.

KONOHAGAKURE

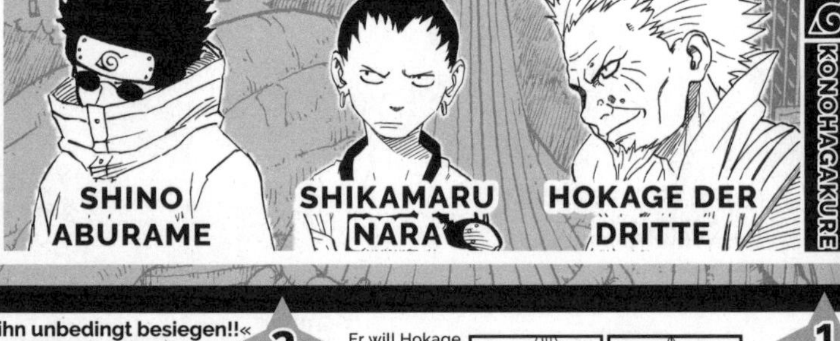

HOKAGE DER DRITTE

SHIKAMARU NARA

SHINO ABURAME

STORY

1

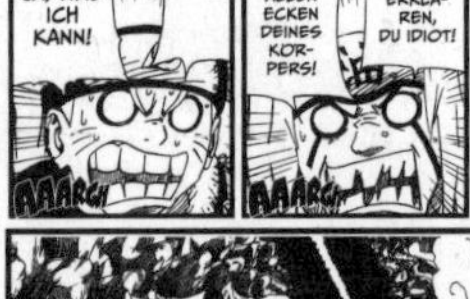

Der Hauptkampf steht unmittelbar bevor! Das Training beginnt!

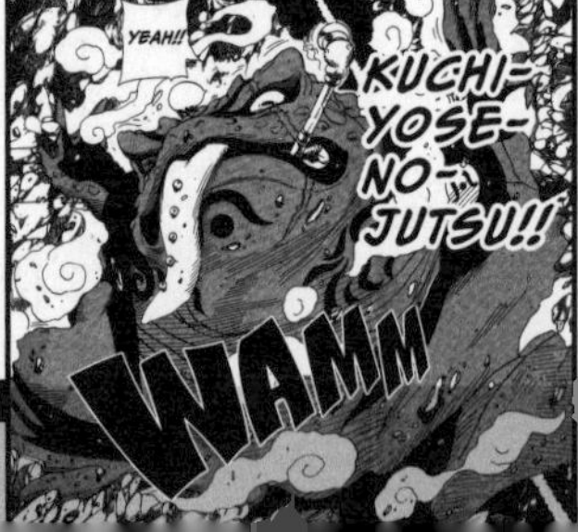

Meistert Naruto eine neue Nin-jutsu?! Naruto ist nicht mehr der Tunichtgut von Konoha.

2

Er will Hokage werden, der stärkste Ninja im Dorf – und für diesen Traum trainiert er hart. Er hat mehrere harte Prüfungen bestanden und steht nun vor dem Hauptkampf der Chu-Nin-Auswahlprüfung. Ein gnadenloses Training mit Jaraiya, einem der »San-Nini«, beginnt! Naruto schafft es unter Einsatz seines Lebens, die Kraft vom Neunschwänzigen hervorzuholen – und meistert die extrem anspruchsvolle Ninjutsu »Kuchiyose-no-Jutsu«!

»Ich will ihn unbedingt besiegen!!«

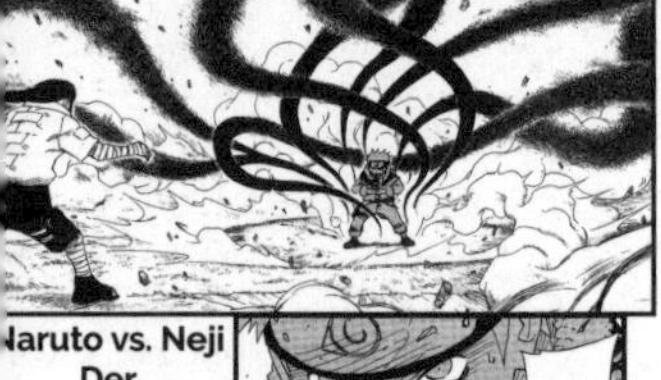

Naruto vs. Neji Der schicksalhafte Kampf!!

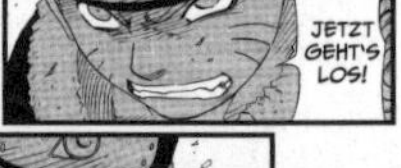

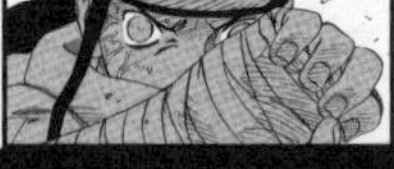

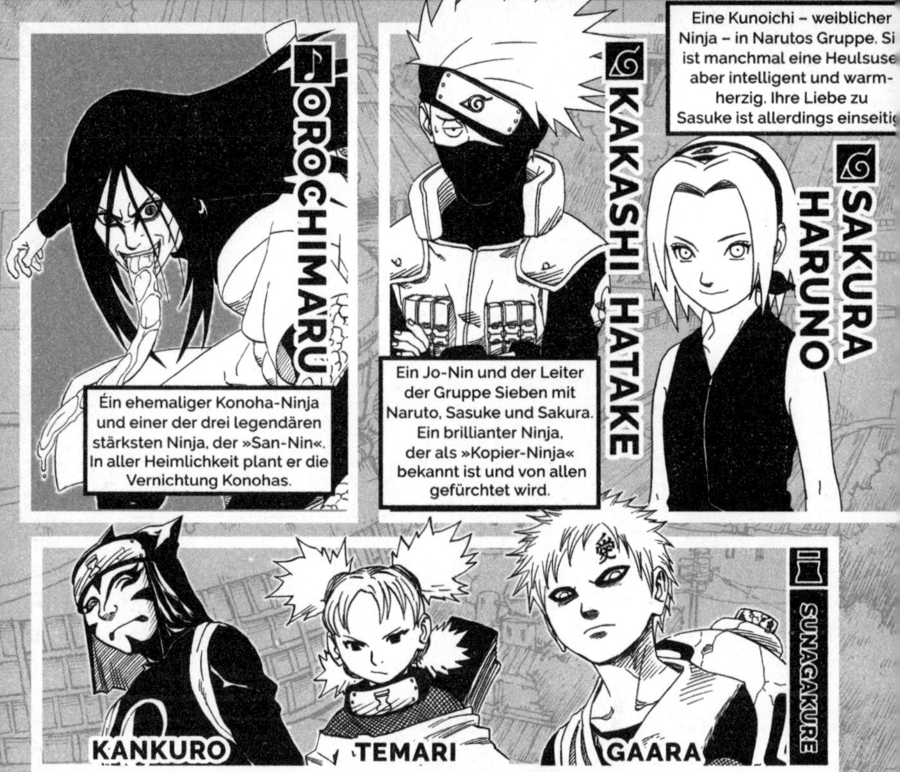

Orochimaru greift an! Sunagakure verübt Verrat! Konoha steht vor seiner Vernichtung...!!

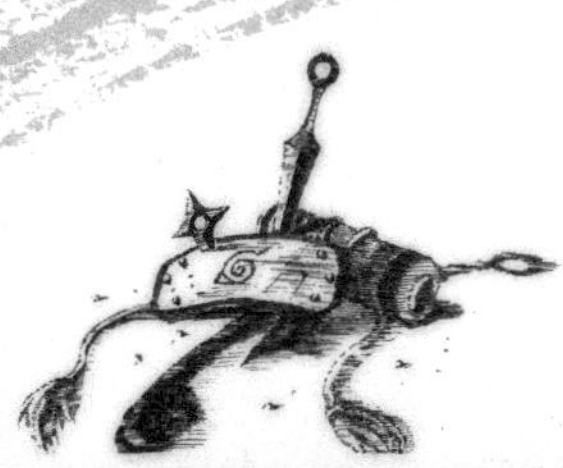

Der Hauptkampf geht weiter, Sasuke und Gaara treten gegeneinander an. Nach einem atemberaubenden Schlagabtausch zeigt sich bei Gaara jedoch eine Abnormalität. Zur gleichen Zeit wird in der Prüfungshalle eine Genjutsu in Gang gesetzt und die Suna- und Oto-Ninja greifen Konoha an! Überdies taucht Orochimaru auf und entführt Hokage den Dritten...

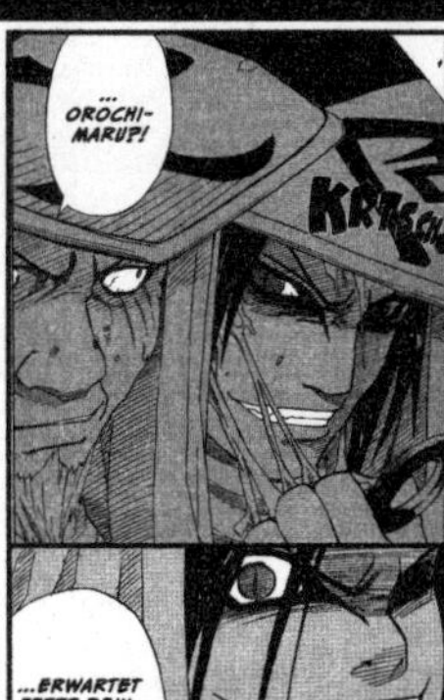

3

Orochimaru taucht wieder auf...! Die Operation, den Hokage zu ermorden, beginnt!

Der Hauptkampf der Chu-Nin-Auswahlprüfung beginnt. Naruto kämpft gegen das Genie Neji Hyuga! Nejis hervorragende Taijutsu zwingt Naruto in die Defensive. Aber am Ende eines heftigen Kampfes schafft Naruto es, die Kraft des Neunschwänzigen hervorzuholen und Neji zu schlagen!

NARUT

MASSIV

INHALT

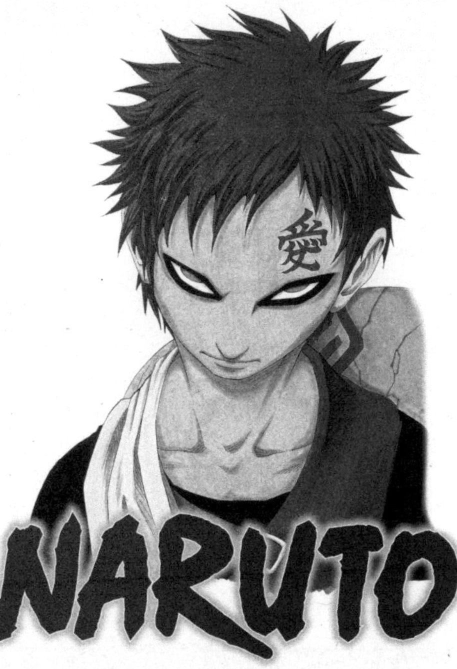
愛
NARUTO

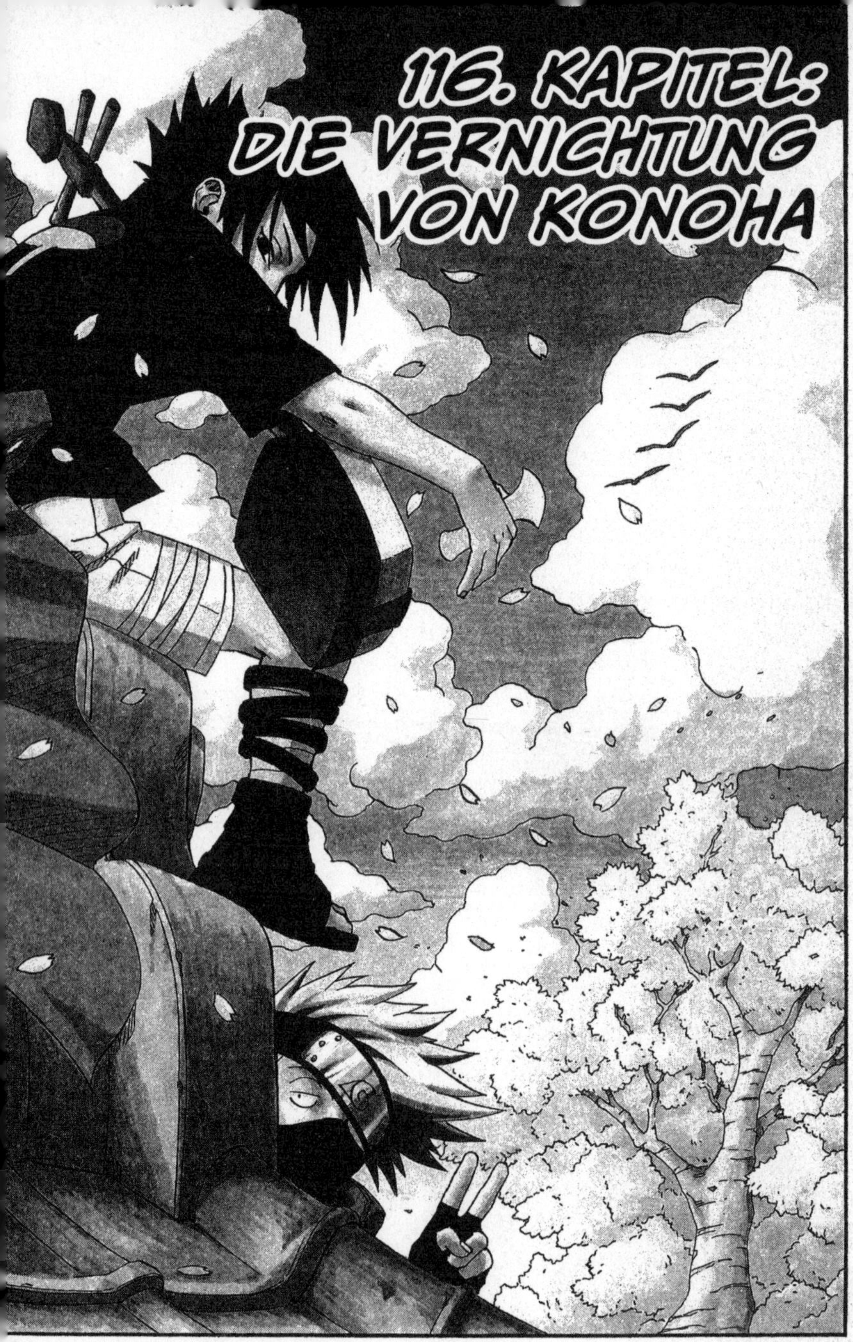
116. KAPITEL:
DIE VERNICHTUNG
VON KONOHA

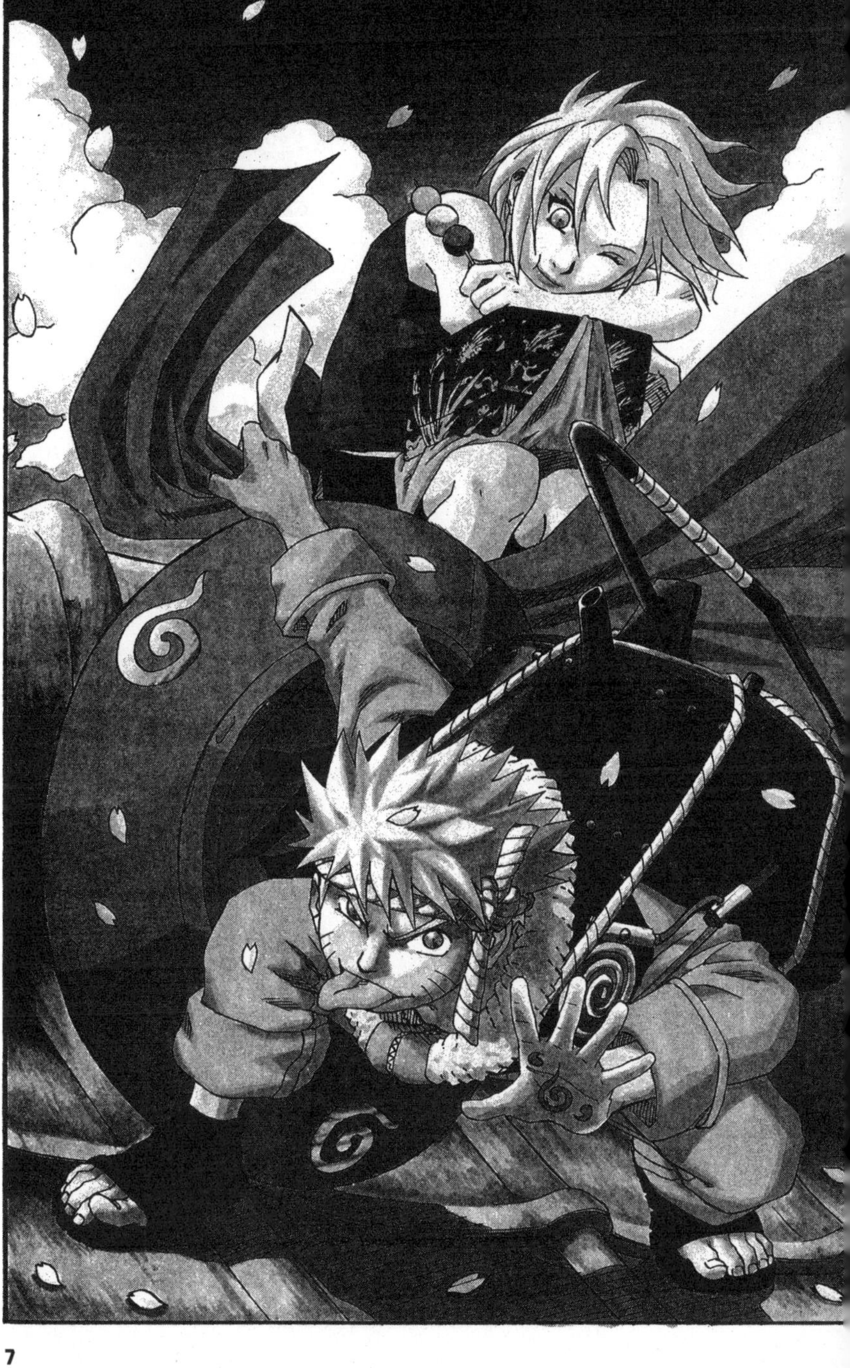

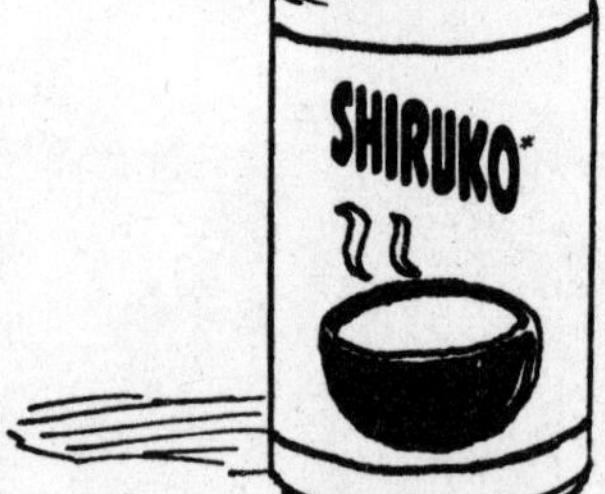

*SÜSSE ROTBOHNENSUPPE

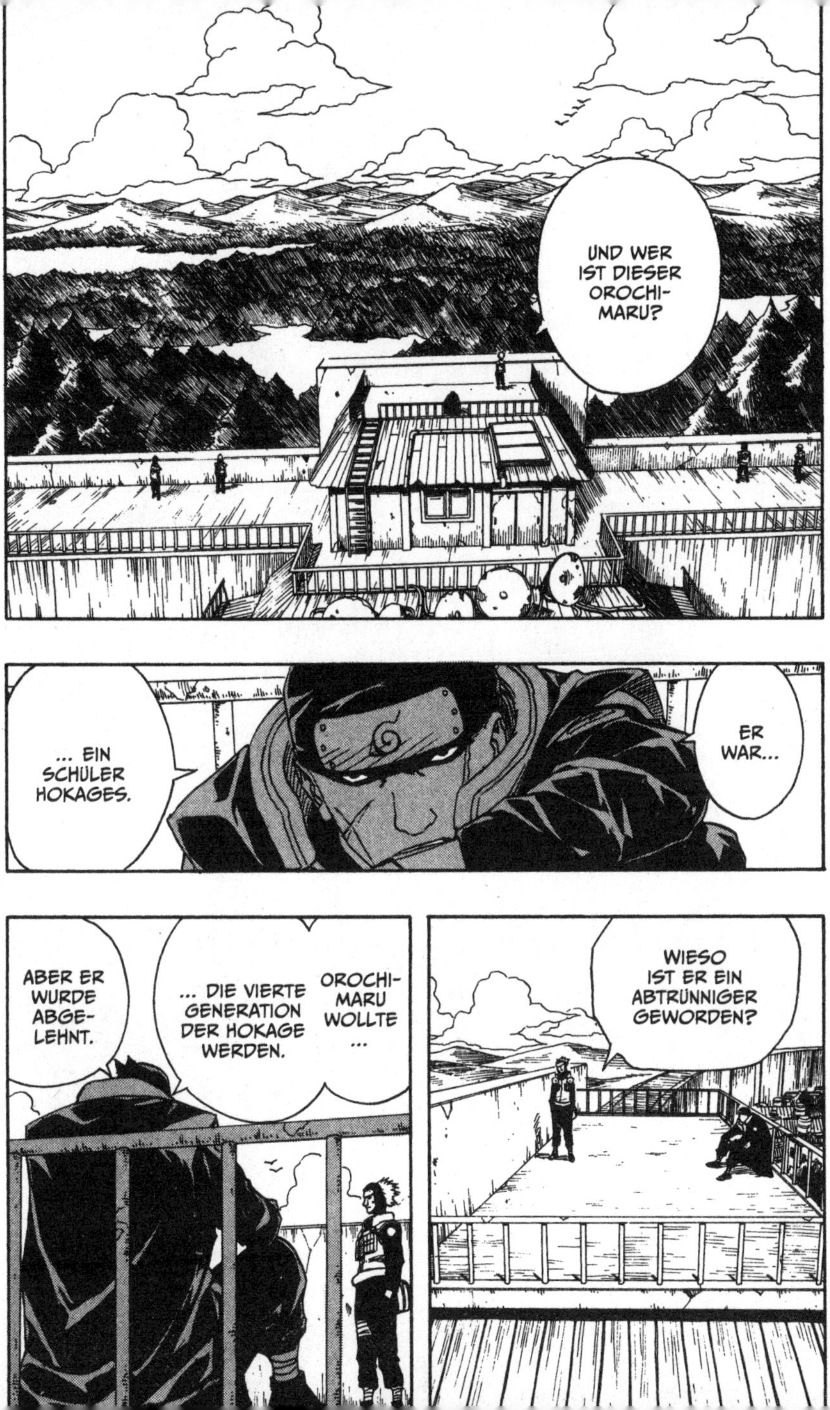
UND WER IST DIESER OROCHI-MARU?
ER WAR...
... EIN SCHÜLER HOKAGES.
WIESO IST ER EIN ABTRÜNNIGER GEWORDEN?
OROCHI-MARU WOLLTE ...
... DIE VIERTE GENERATION DER HOKAGE WERDEN.
ABER ER WURDE ABGE-LEHNT.

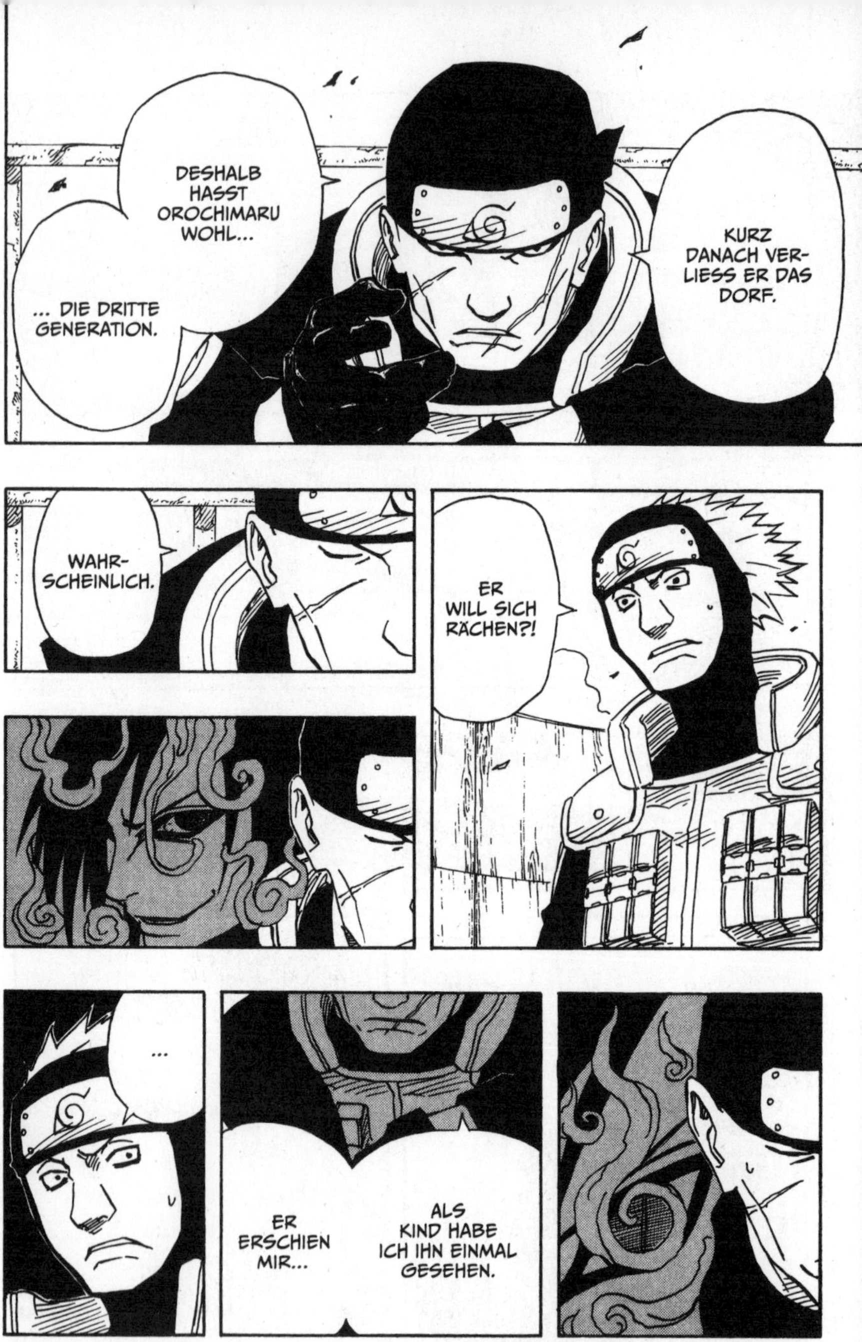
KURZ DANACH VERLIESS ER DAS DORF.
DESHALB HASST OROCHIMARU WOHL...
... DIE DRITTE GENERATION.
ER WILL SICH RÄCHEN?!
WAHRSCHEINLICH.
ALS KIND HABE ICH IHN EINMAL GESEHEN.
ER ERSCHIEN MIR...
...

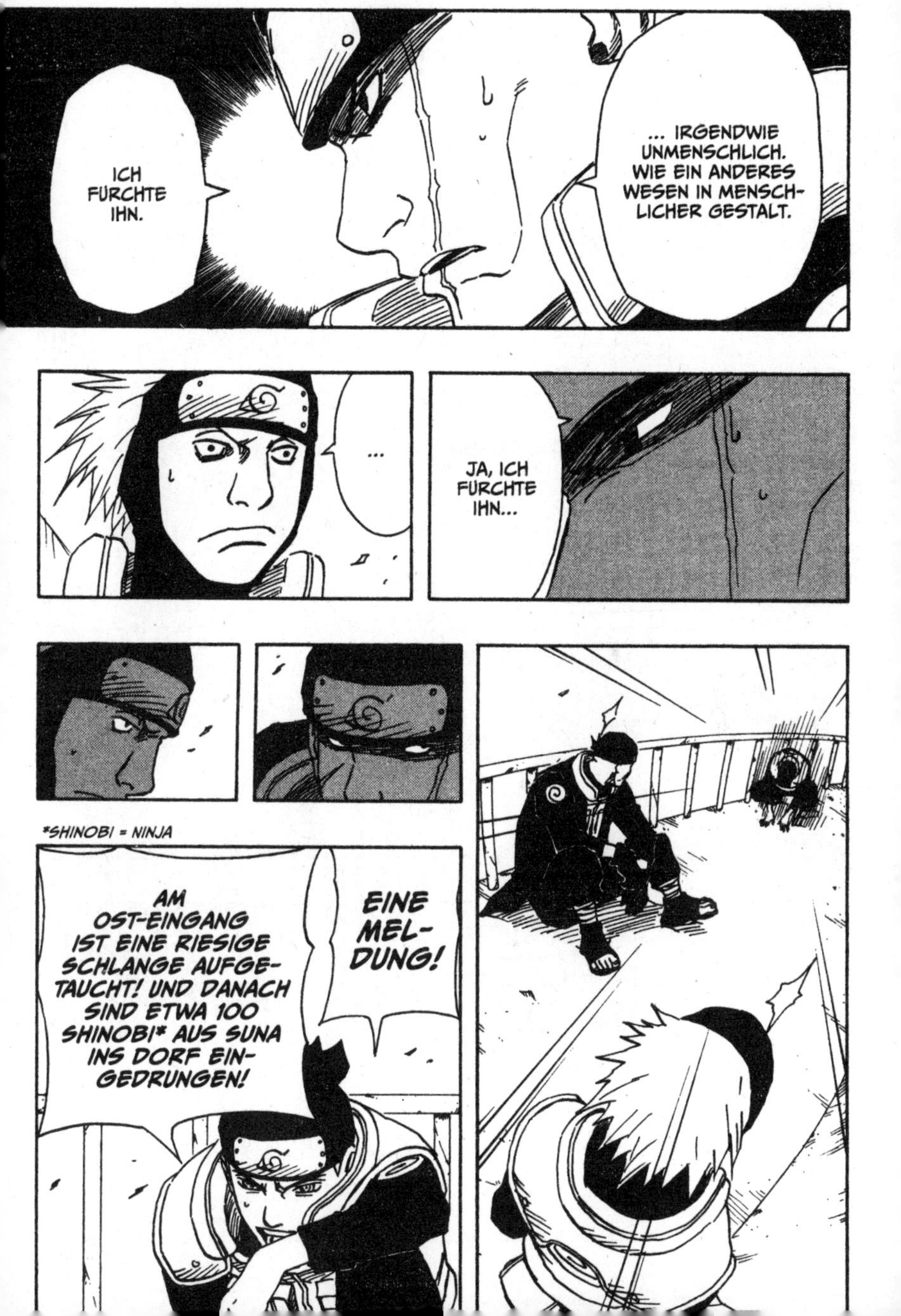
... IRGENDWIE UNMENSCHLICH. WIE EIN ANDERES WESEN IN MENSCHLICHER GESTALT.
ICH FÜRCHTE IHN.
JA, ICH FÜRCHTE IHN...
...
EINE MELDUNG!
AM OST-EINGANG IST EINE RIESIGE SCHLANGE AUFGETAUCHT! UND DANACH SIND ETWA 100 SHINOBI* AUS SUNA INS DORF EINGEDRUNGEN!
*SHINOBI = NINJA

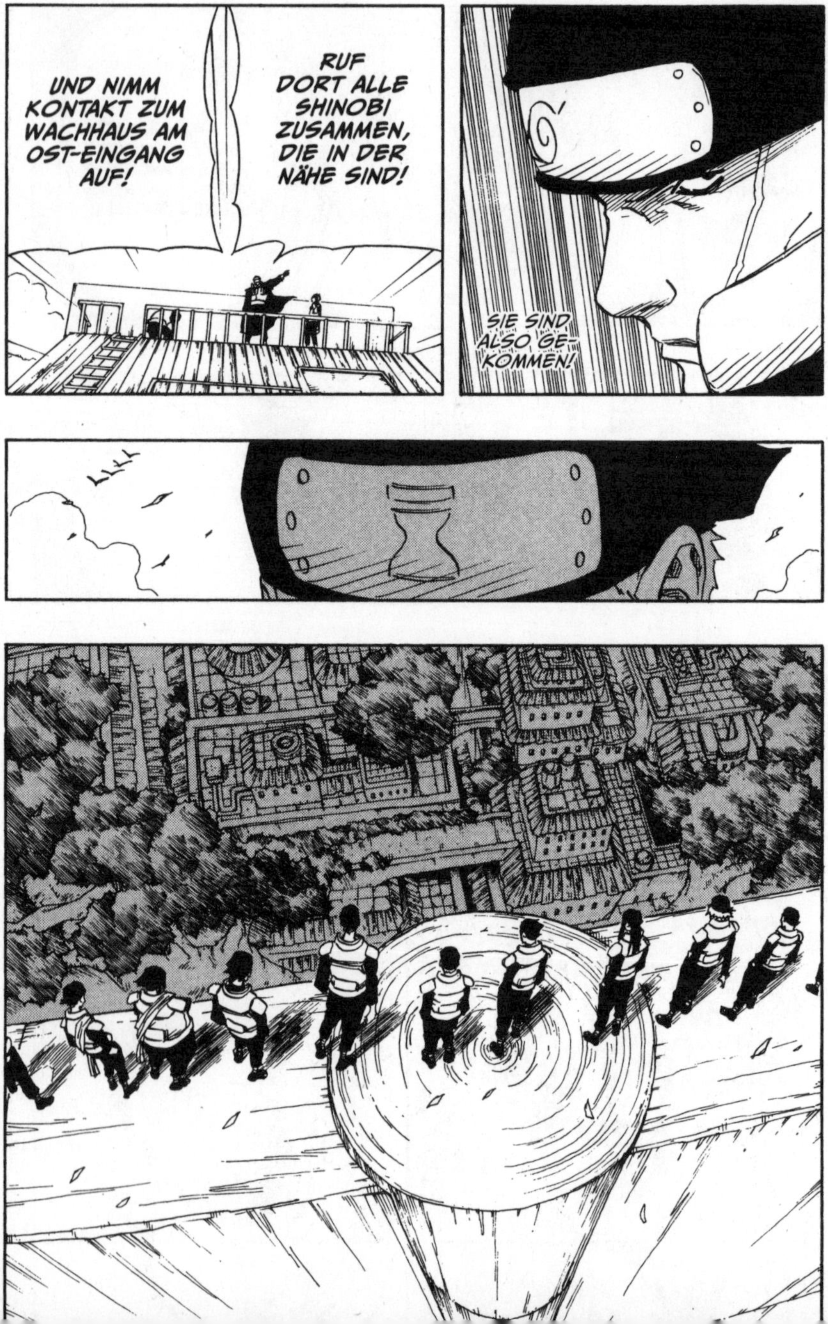
SIE SIND ALSO GE-KOMMEN!
RUF DORT ALLE SHINOBI ZUSAMMEN, DIE IN DER NÄHE SIND!
UND NIMM KONTAKT ZUM WACHHAUS AM OST-EINGANG AUF!

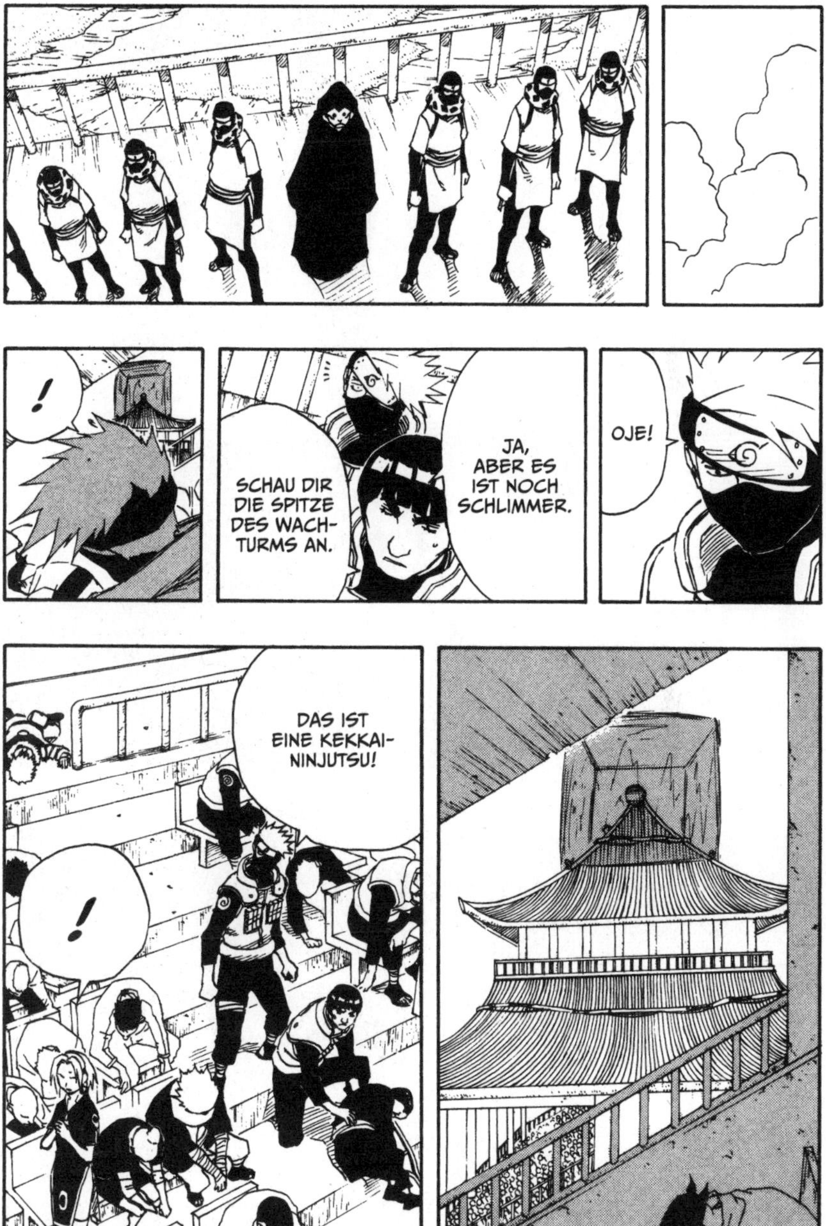
OJE!
JA, ABER ES IST NOCH SCHLIMMER.
SCHAU DIR DIE SPITZE DES WACHTURMS AN.
!
DAS IST EINE KEKKAI-NINJUTSU!
!

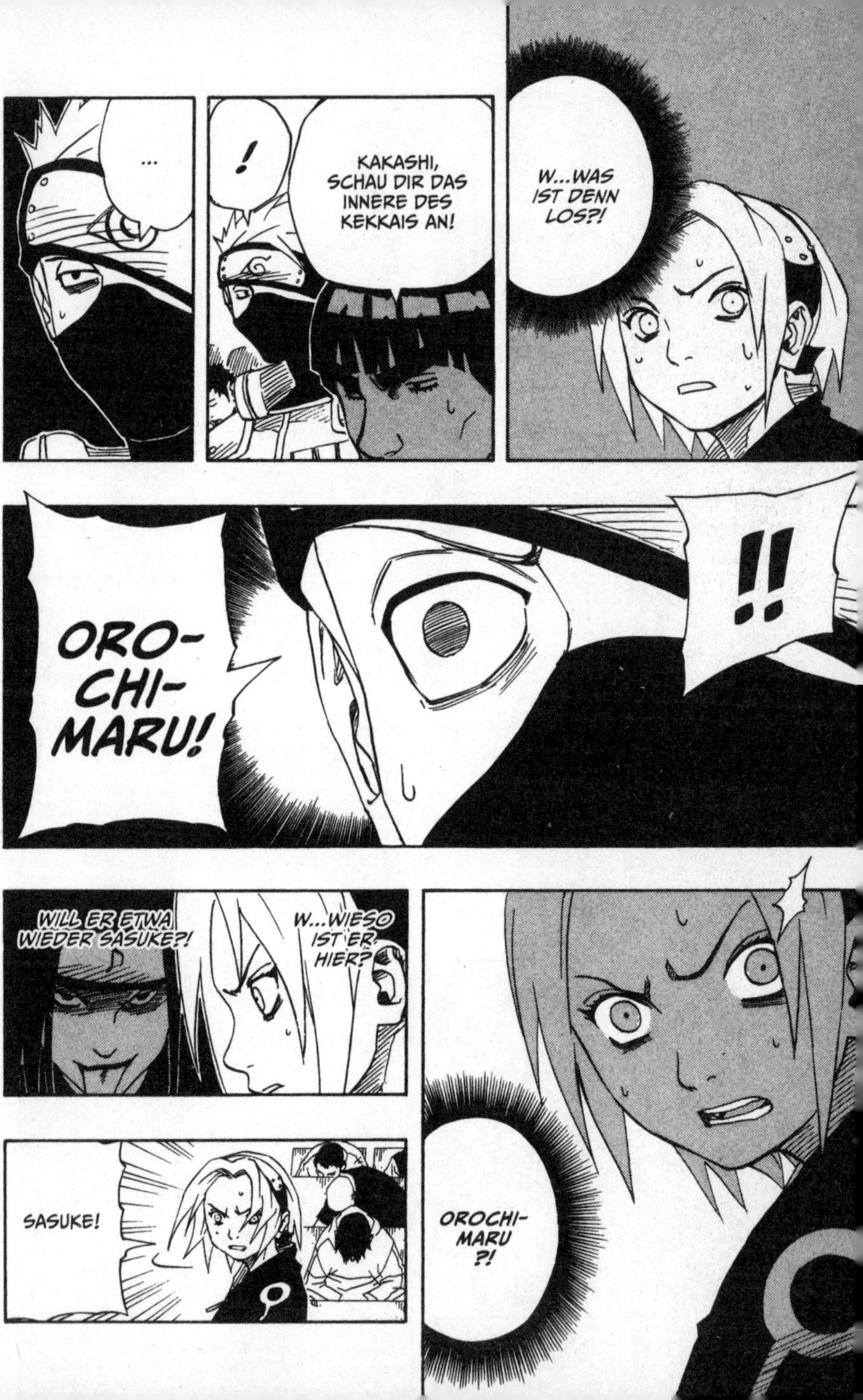
W...WAS IST DENN LOS?!
KAKASHI, SCHAU DIR DAS INNERE DES KEKKAIS AN!
!
...
!!
OROCHI-MARU!
OROCHI-MARU ?!
W...WIESO IST ER HIER?
WILL ER ETWA WIEDER SASUKE?!
SASUKE!

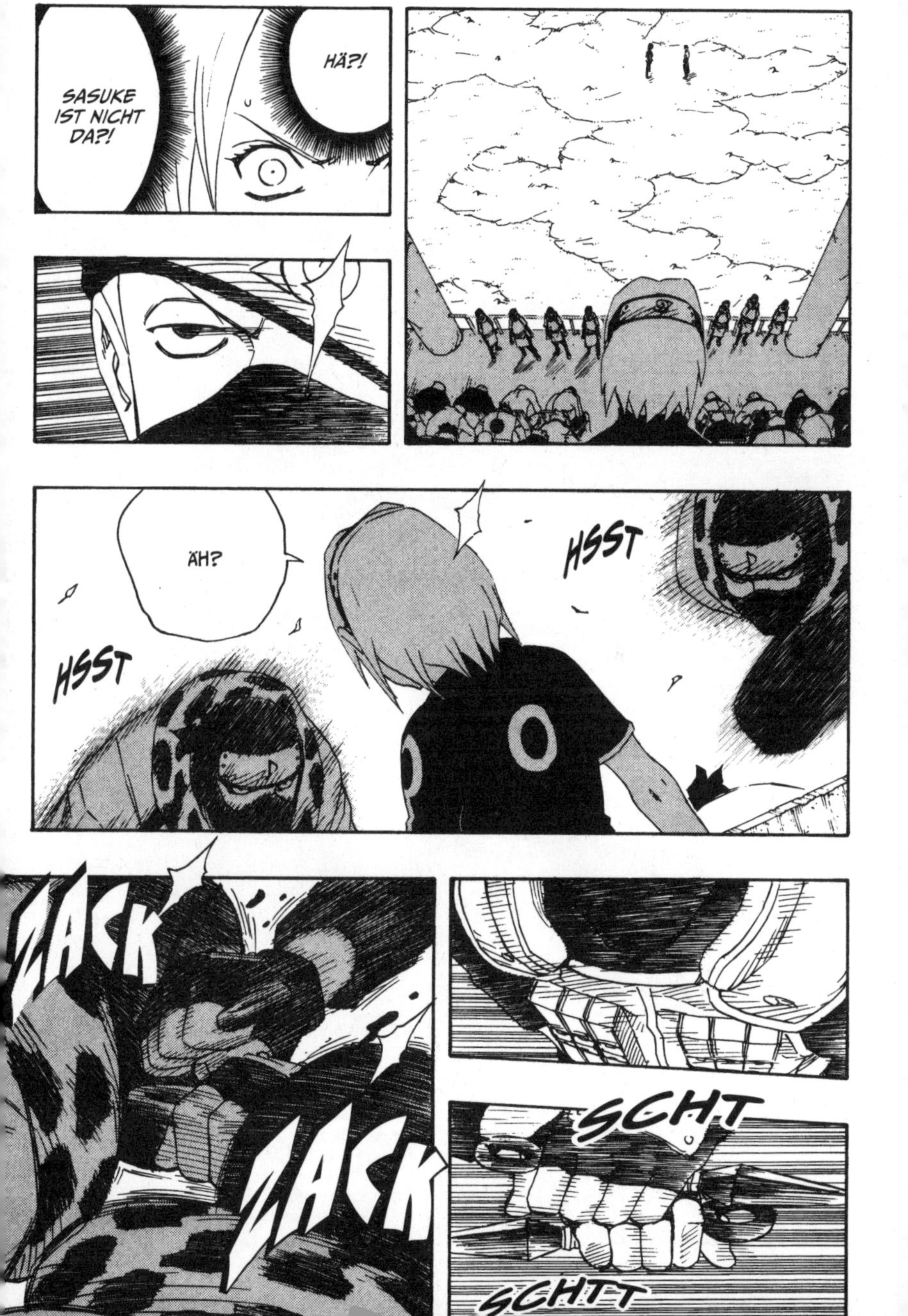
HÄ?!
SASUKE IST NICHT DA?!
ÄH?
HSST
HSST
ZACK
ZACK
SCHT
SCHTT

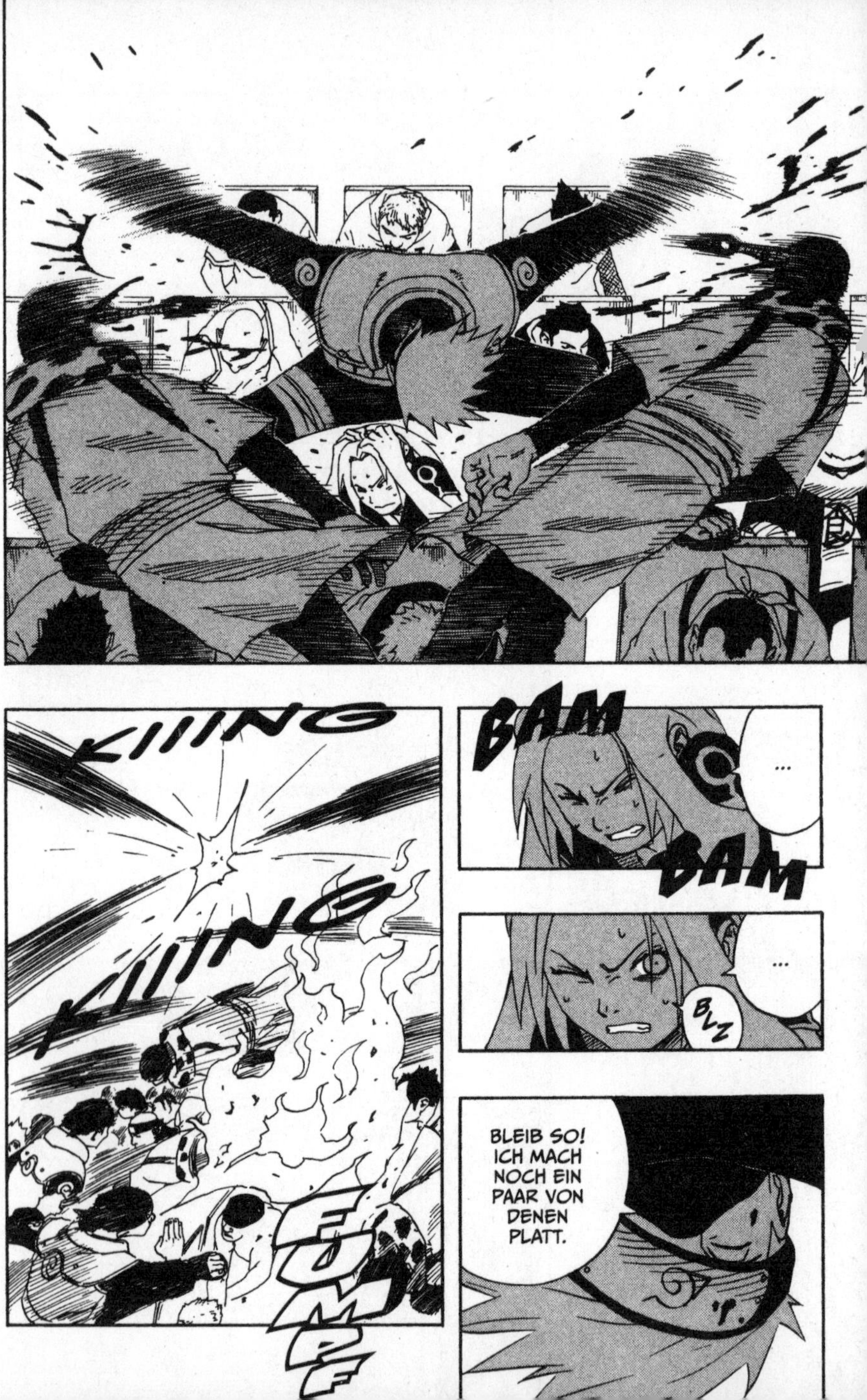
BAM
...
BAM
...
BLZ
BLEIB SO! ICH MACH NOCH EIN PAAR VON DENEN PLATT.
KIIING
KIIING
FUMPF

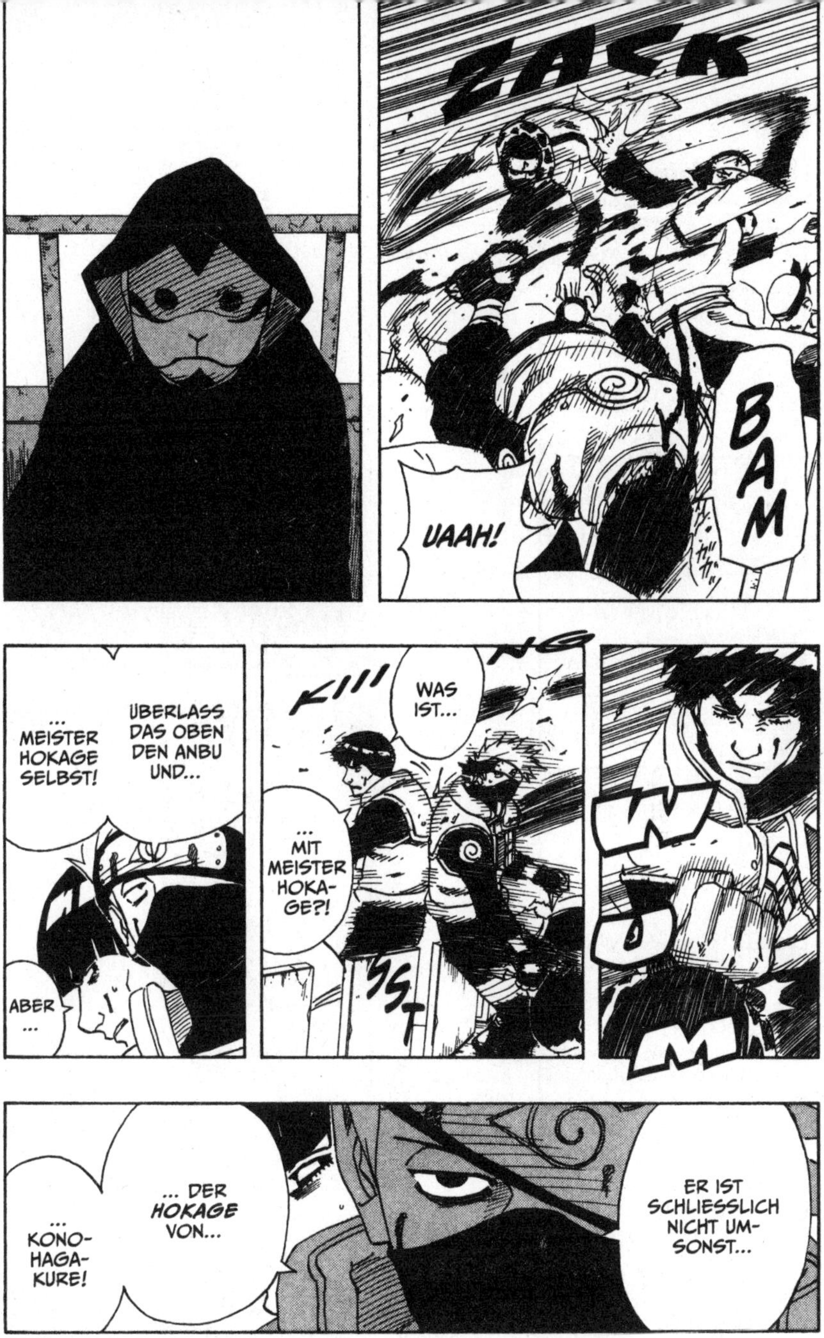
ZACK
BAM
UAAH!
WUM
KIII
NG
WAS IST...
... MIT MEISTER HOKAGE?!
SST
ÜBERLASS DAS OBEN DEN ANBU UND...
... MEISTER HOKAGE SELBST!
ABER ...
ER IST SCHLIESSLICH NICHT UMSONST...
... DER *HOKAGE* VON...
... KONOHAGAKURE!

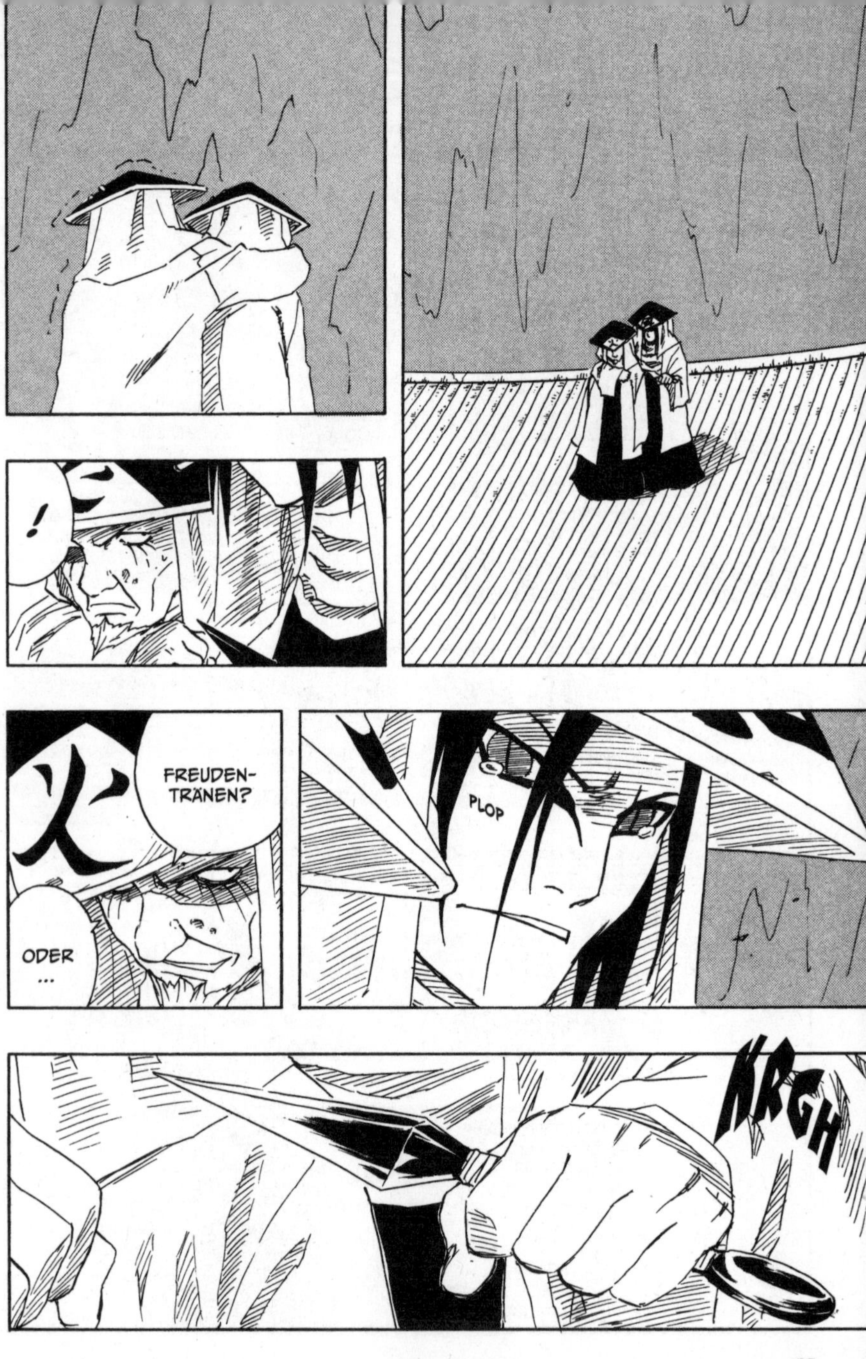
!
FREUDEN-
TRÄNEN?
ODER
...
PLOP
KRGH

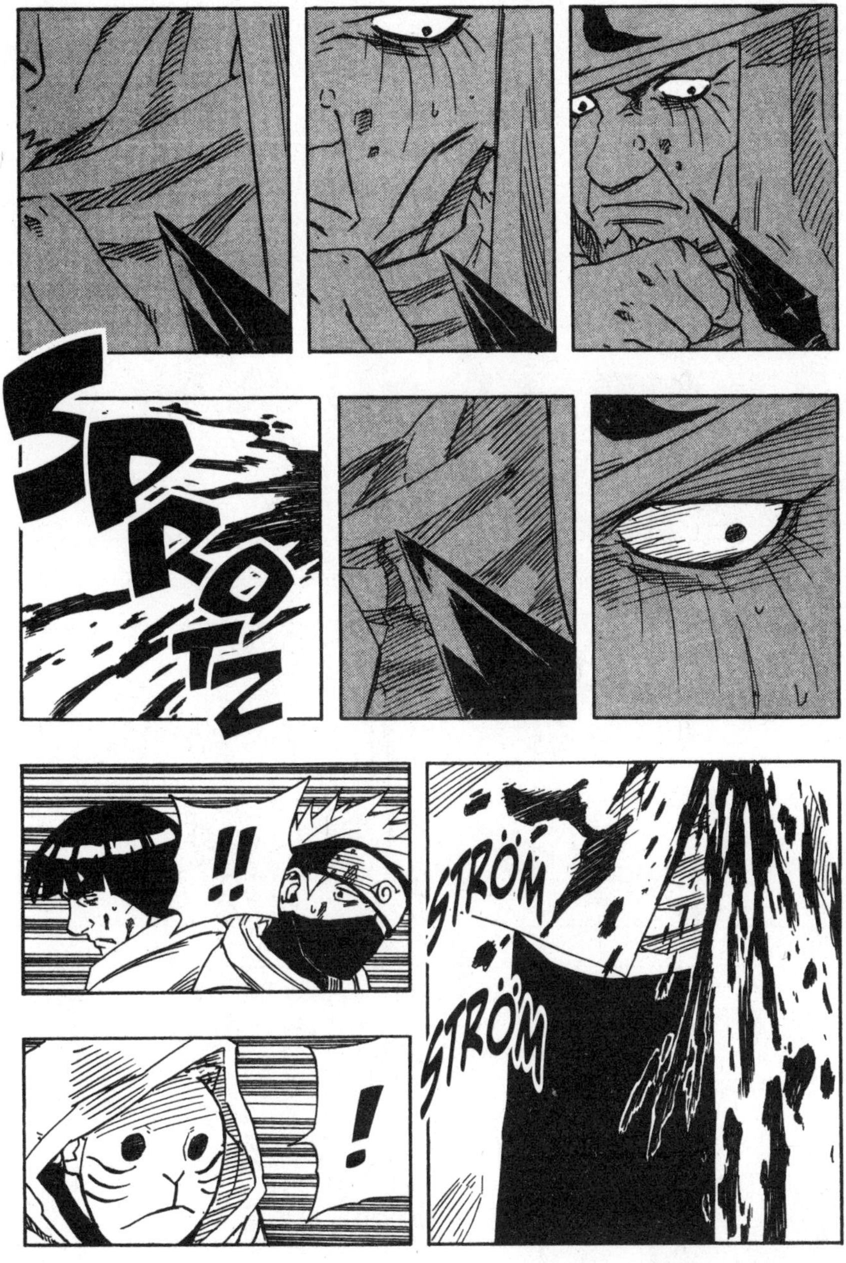

SPROTZ
!!
!
STRÖM
STRÖM

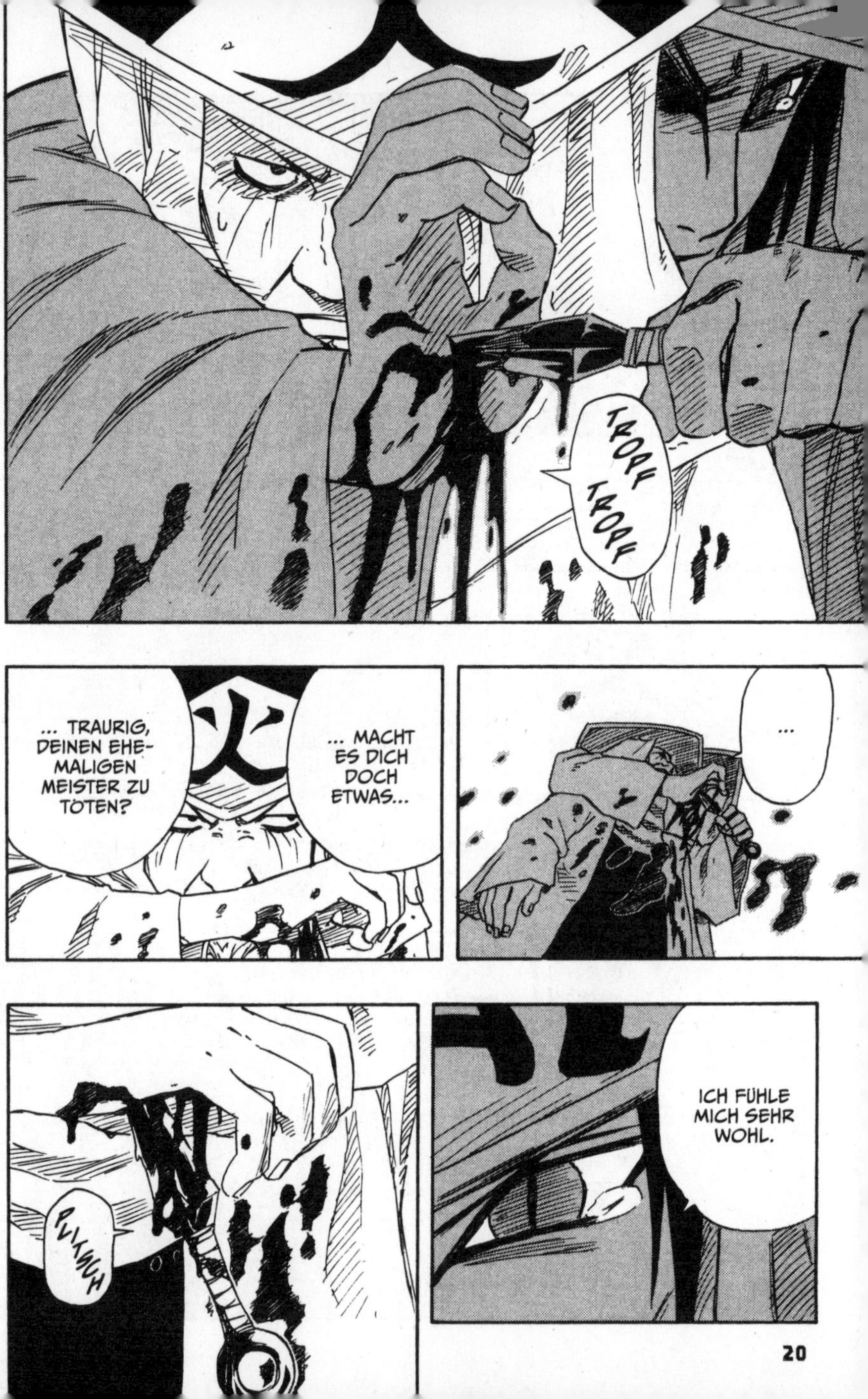

TROPF TROPF
... MACHT ES DICH DOCH ETWAS...
... TRAURIG, DEINEN EHE-MALIGEN MEISTER ZU TÖTEN?
...
ICH FÜHLE MICH SEHR WOHL.
PLITSCH

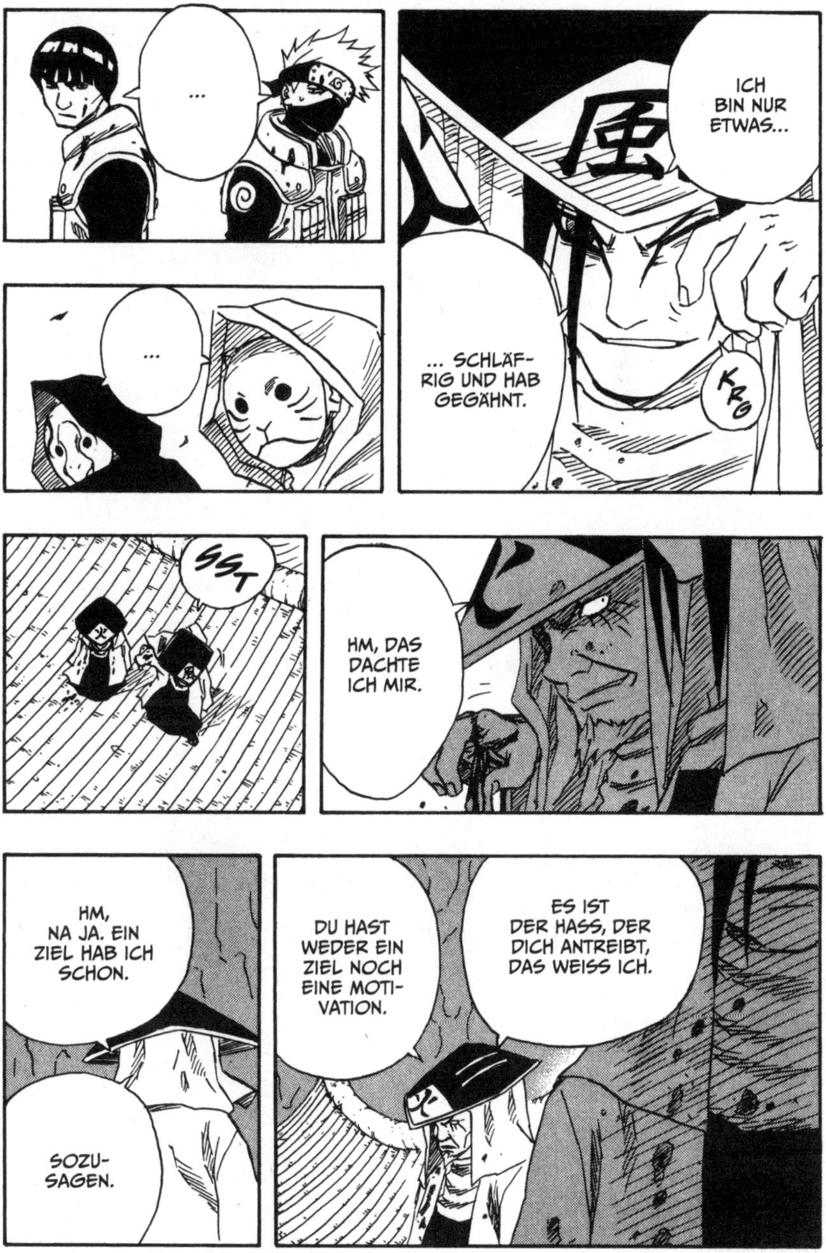
ICH BIN NUR ETWAS...
... SCHLÄF-RIG UND HAB GEGÄHNT.
KRG
...
...
HM, DAS DACHTE ICH MIR.
SST
ES IST DER HASS, DER DICH ANTREIBT, DAS WEISS ICH.
DU HAST WEDER EIN ZIEL NOCH EINE MOTI-VATION.
HM, NA JA. EIN ZIEL HAB ICH SCHON.
SOZU-SAGEN.

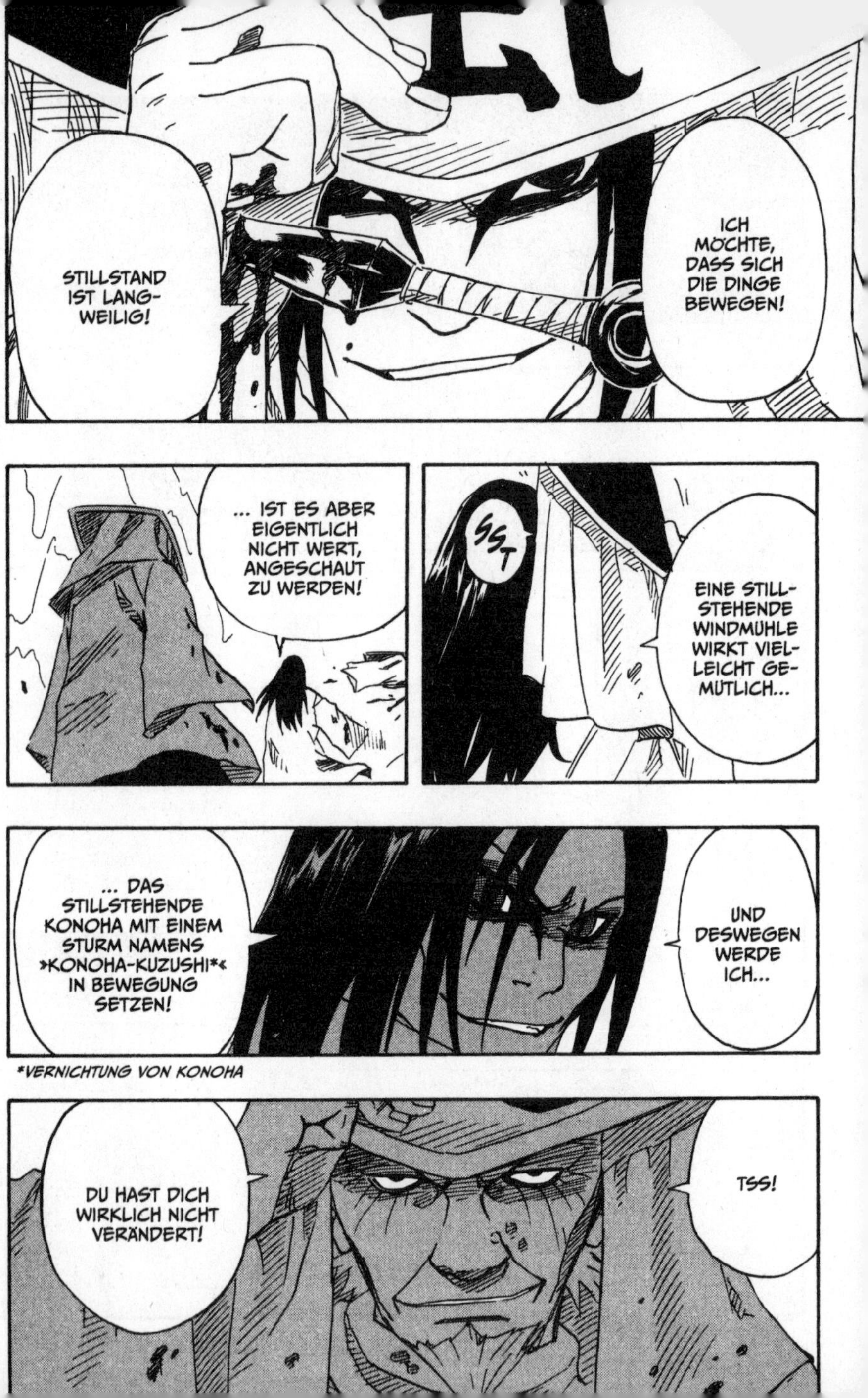
ICH MÖCHTE, DASS SICH DIE DINGE BEWEGEN!
STILLSTAND IST LANG-WEILIG!
SST
EINE STILL-STEHENDE WINDMÜHLE WIRKT VIEL-LEICHT GE-MÜTLICH...
... IST ES ABER EIGENTLICH NICHT WERT, ANGESCHAUT ZU WERDEN!
UND DESWEGEN WERDE ICH...
... DAS STILLSTEHENDE KONOHA MIT EINEM STURM NAMENS »KONOHA-KUZUSHI*« IN BEWEGUNG SETZEN!
*VERNICHTUNG VON KONOHA
TSS!
DU HAST DICH WIRKLICH NICHT VERÄNDERT!

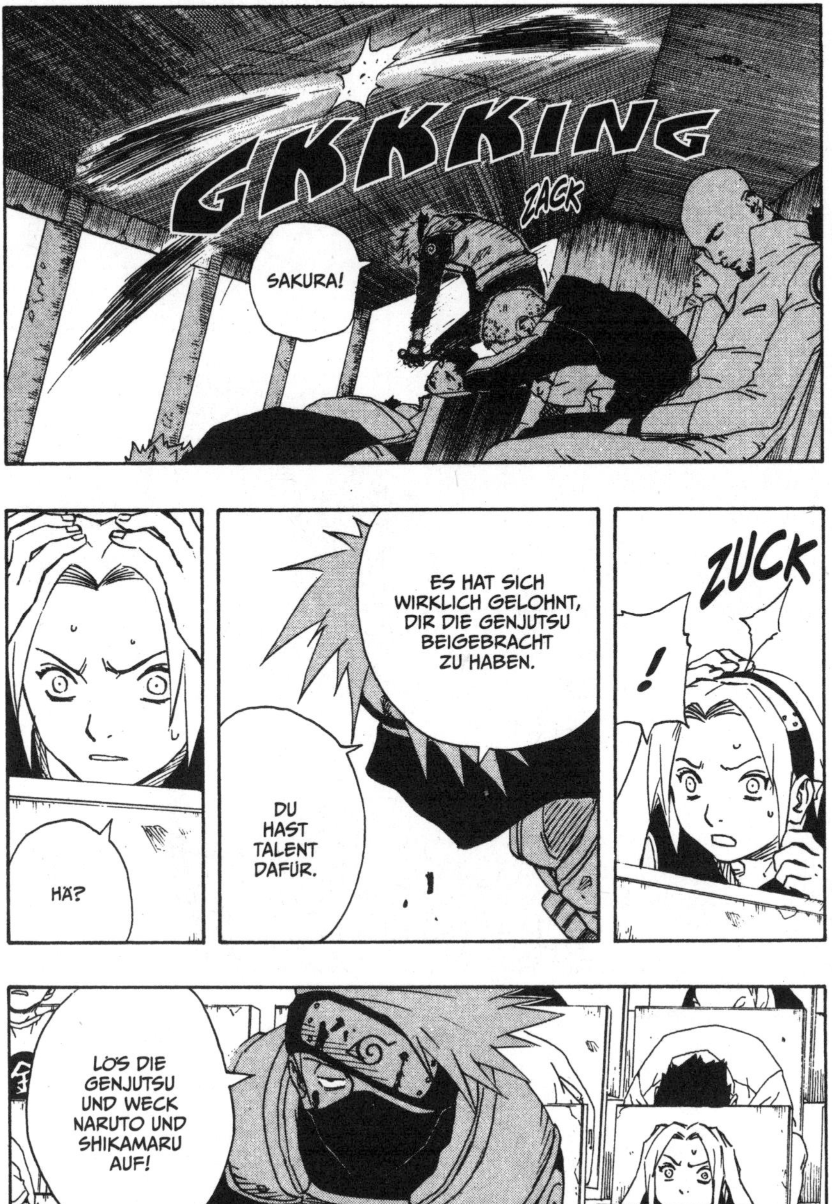
GKKKING
ZACK
SAKURA!
ZUCK
!
ES HAT SICH WIRKLICH GELOHNT, DIR DIE GENJUTSU BEIGEBRACHT ZU HABEN.
DU HAST TALENT DAFÜR.
HÄ?
LÖS DIE GENJUTSU UND WECK NARUTO UND SHIKAMARU AUF!

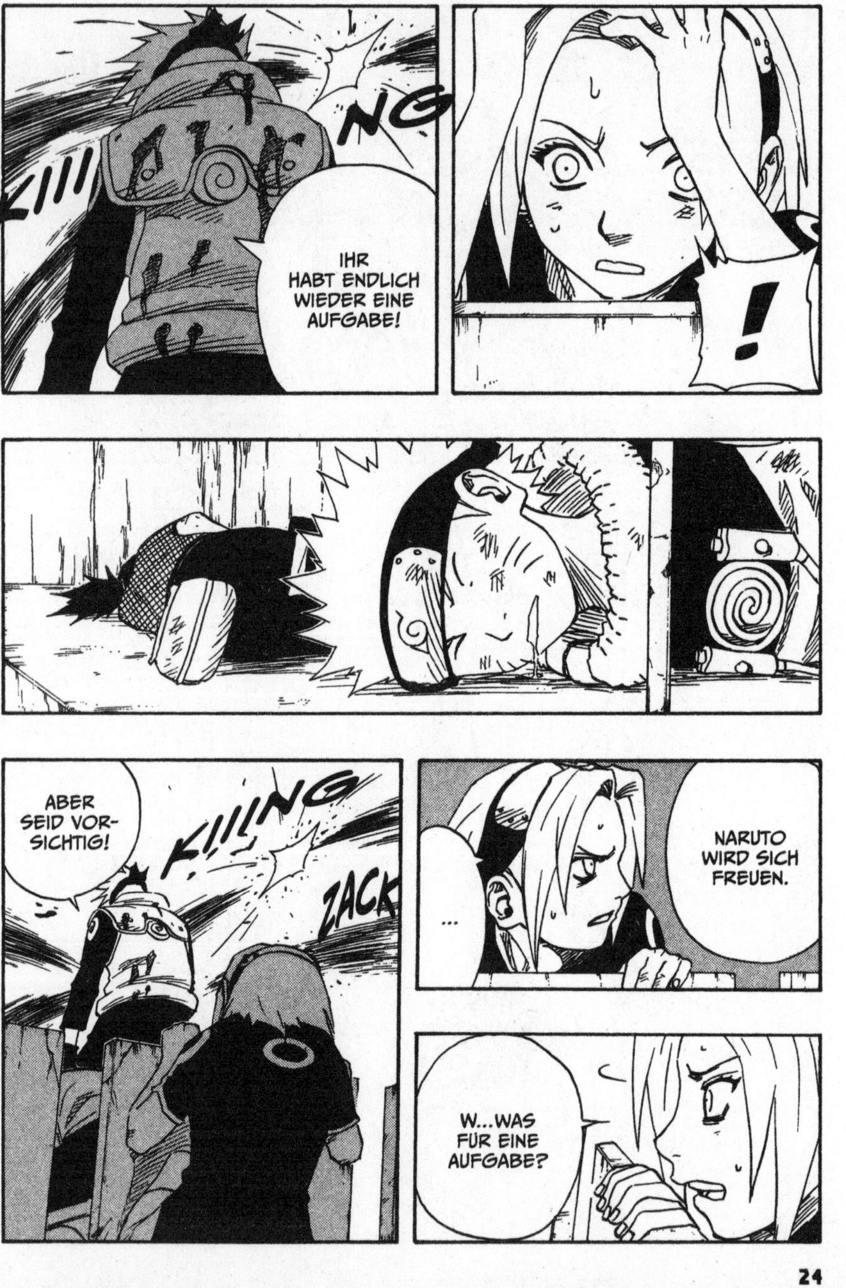
!
KI!!!NG
IHR HABT ENDLICH WIEDER EINE AUFGABE!
NARUTO WIRD SICH FREUEN.
...
W...WAS FÜR EINE AUFGABE?
ABER SEID VORSICHTIG!
KI!!LING
ZACK

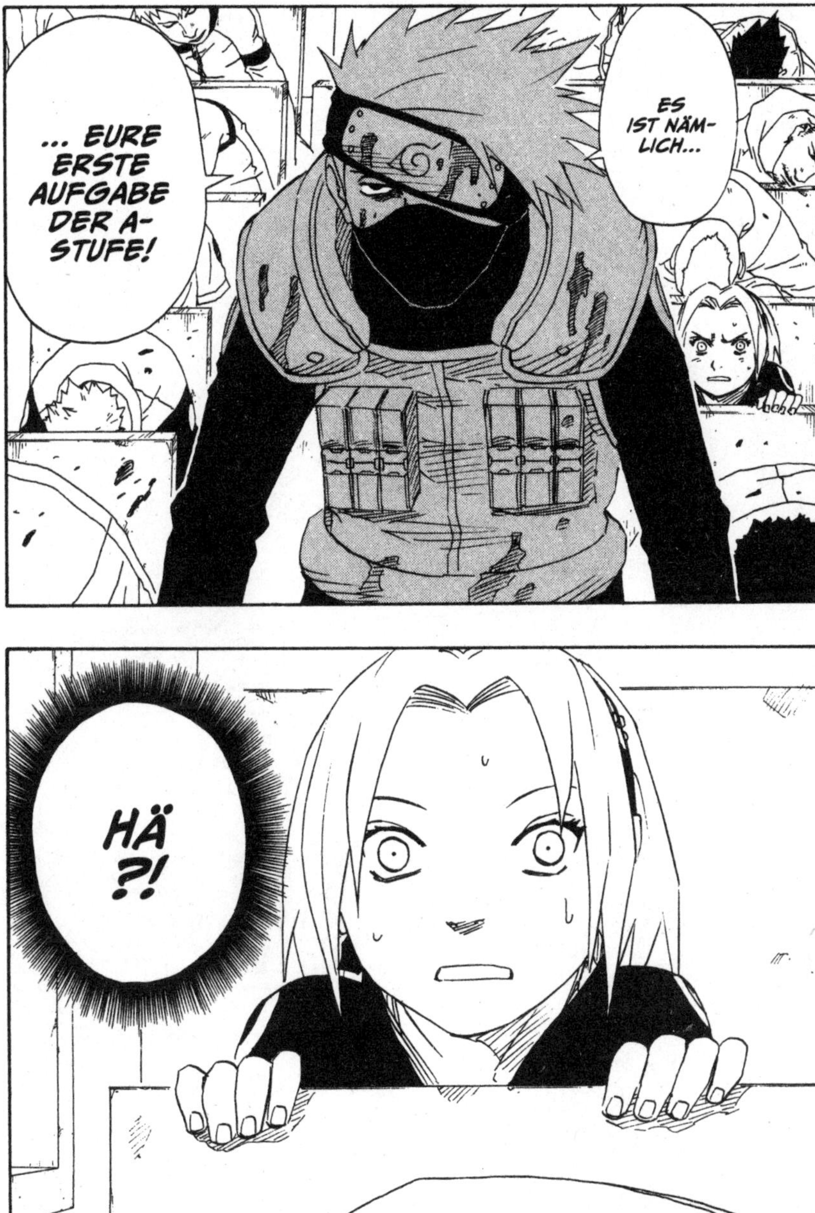
ES IST NÄMLICH...
... EURE ERSTE AUFGABE DER A-STUFE!
HÄ ?!

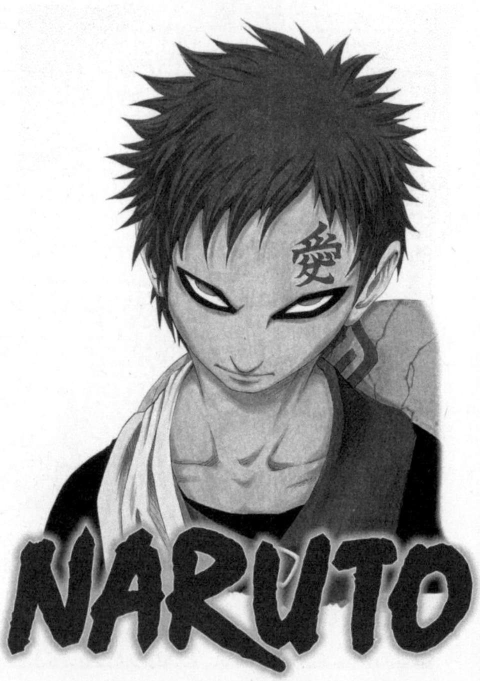
愛
NARUTO

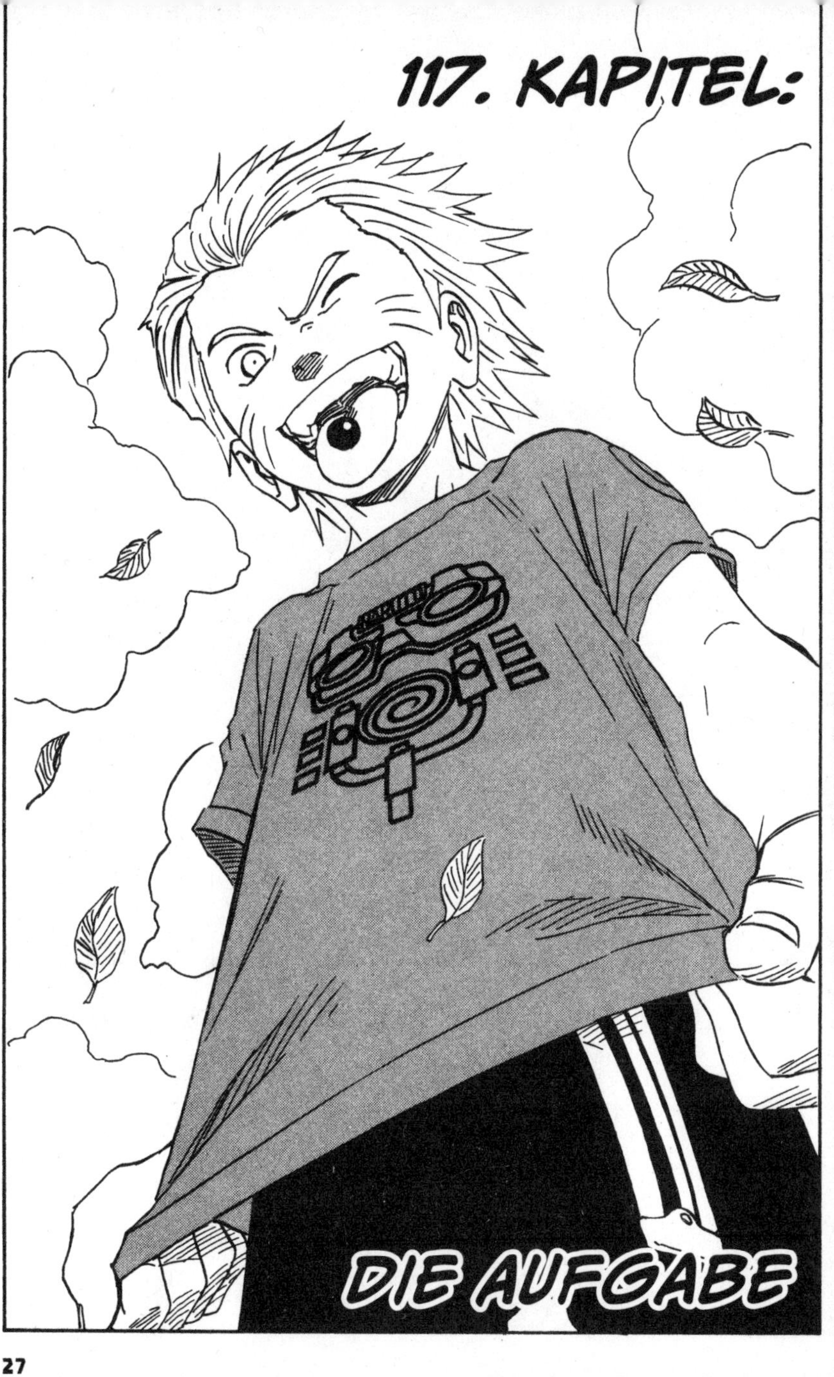
117. KAPITEL:
DIE AUFGABE

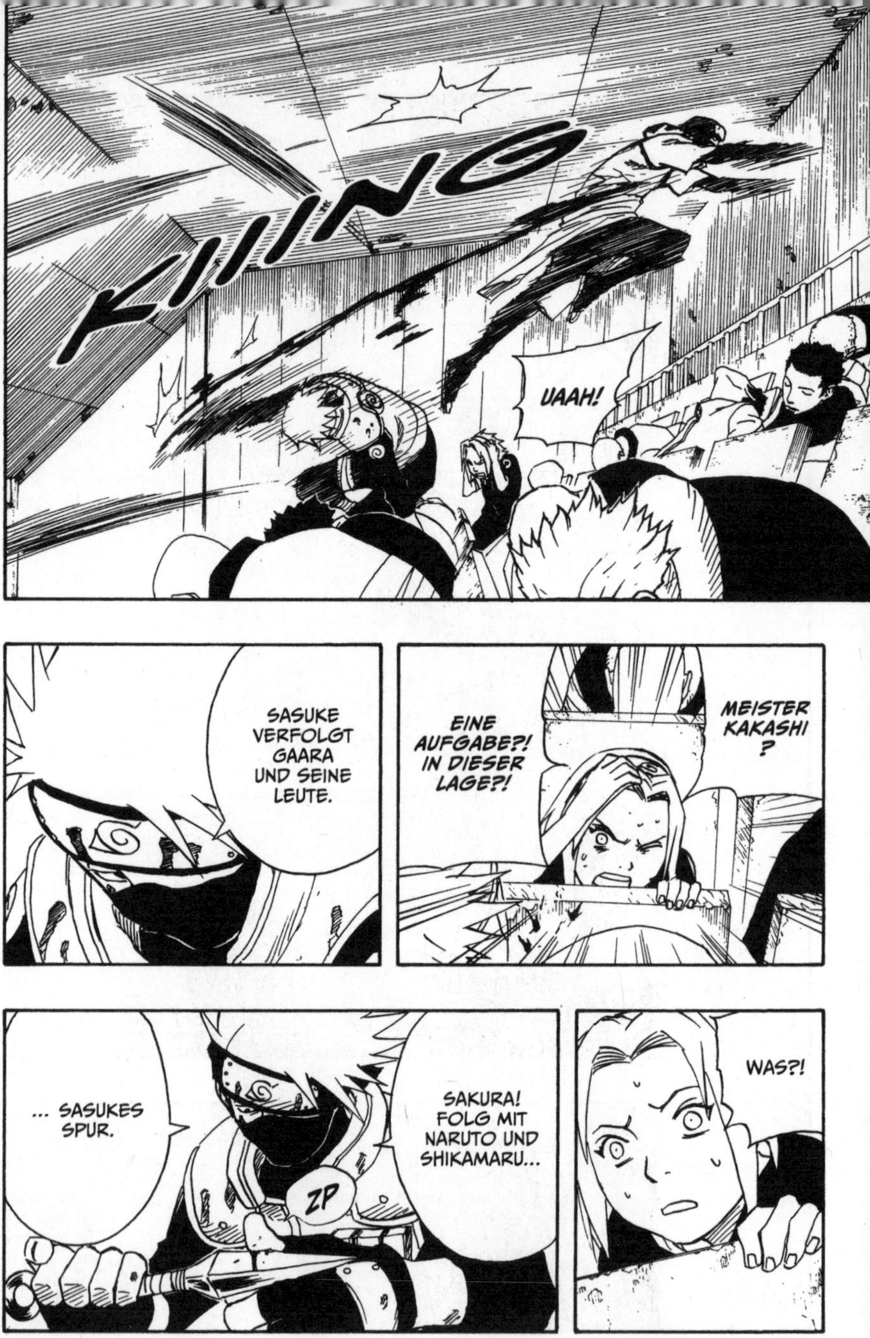
KIIING
UAAH!
MEISTER KAKASHI ?
EINE AUFGABE?! IN DIESER LAGE?!
SASUKE VERFOLGT GAARA UND SEINE LEUTE.
WAS?!
SAKURA! FOLG MIT NARUTO UND SHIKAMARU...
ZP
... SASUKES SPUR.

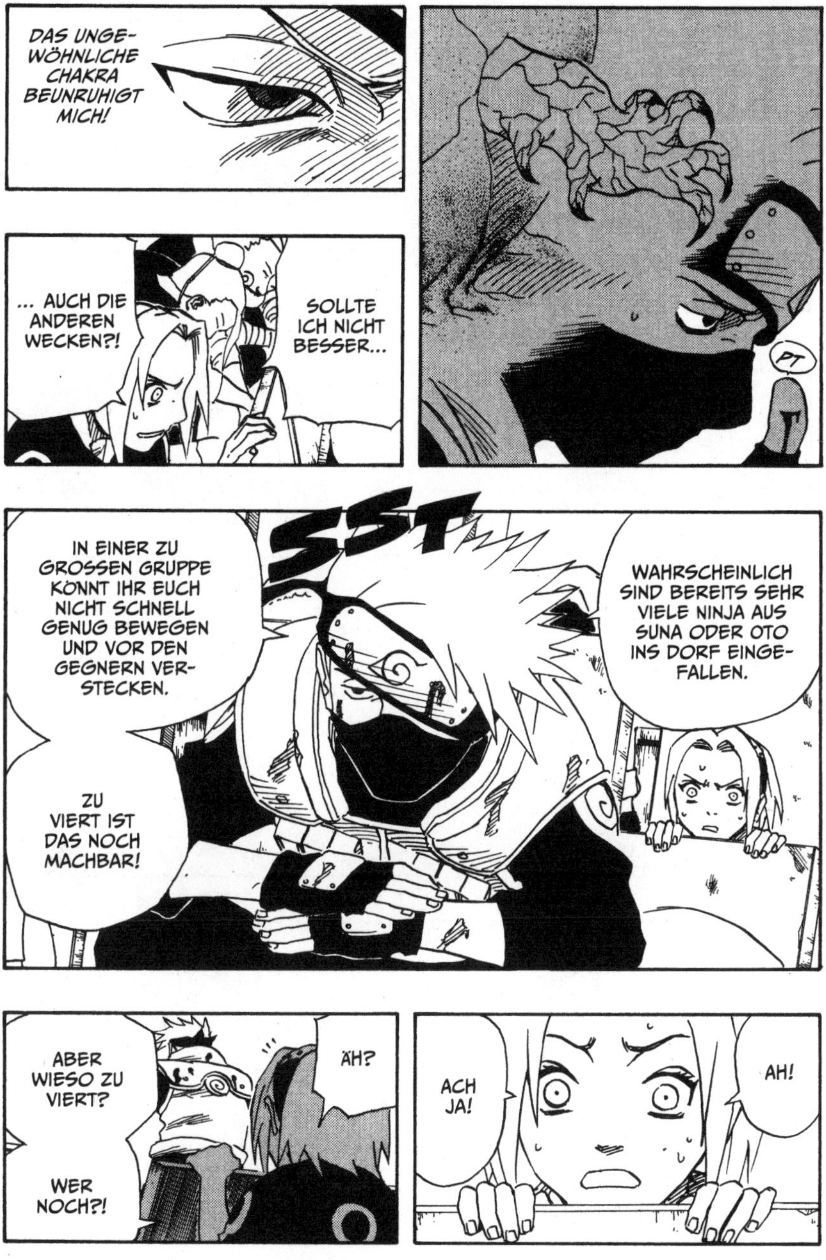
DAS UNGE-WÖHNLICHE CHAKRA BEUNRUHIGT MICH!
PT
SOLLTE ICH NICHT BESSER...
... AUCH DIE ANDEREN WECKEN?!
SST
WAHRSCHEINLICH SIND BEREITS SEHR VIELE NINJA AUS SUNA ODER OTO INS DORF EINGE-FALLEN.
IN EINER ZU GROSSEN GRUPPE KÖNNT IHR EUCH NICHT SCHNELL GENUG BEWEGEN UND VOR DEN GEGNERN VER-STECKEN.
ZU VIERT IST DAS NOCH MACHBAR!
ÄH?
ABER WIESO ZU VIERT?
WER NOCH?!
AH!
ACH JA!

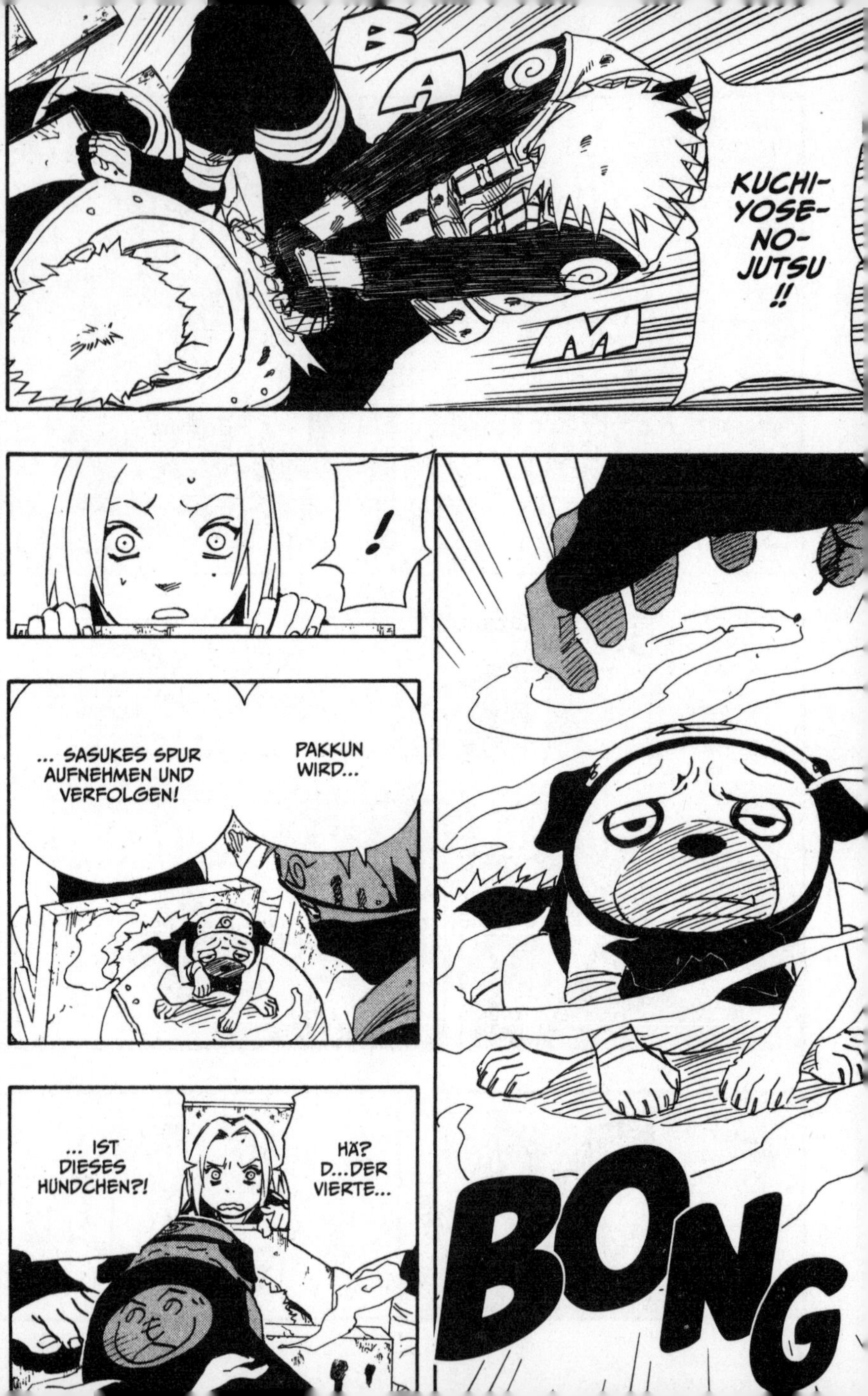
BAM
KUCHIYOSE-NO-JUTSU!!
BONG
!
PAKKUN WIRD...
... SASUKES SPUR AUFNEHMEN UND VERFOLGEN!
HÄ? D...DER VIERTE...
... IST DIESES HÜNDCHEN?!

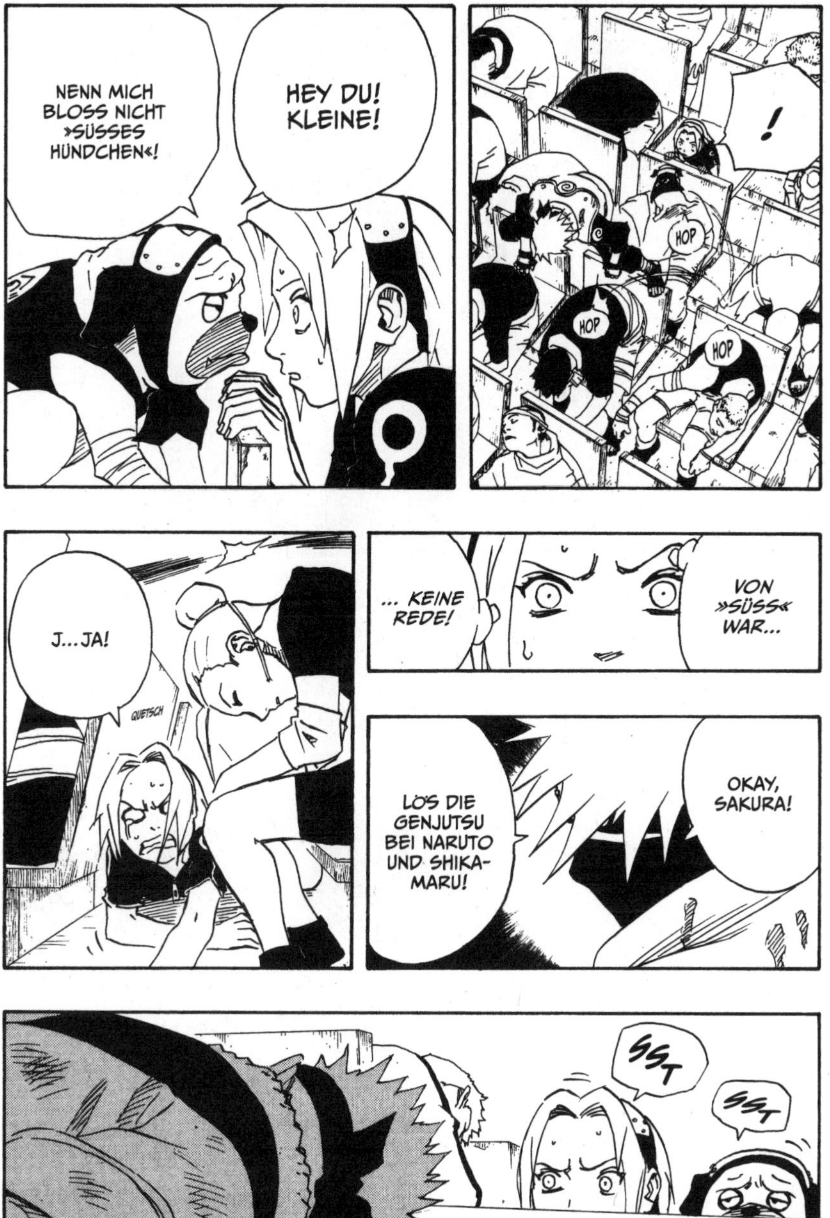
HEY DU! KLEINE!
NENN MICH BLOSS NICHT »SÜSSES HÜNDCHEN«!
!
HOP
HOP
HOP
VON »SÜSS« WAR...
... KEINE REDE!
J...JA!
QUETSCH
OKAY, SAKURA!
LÖS DIE GENJUTSU BEI NARUTO UND SHIKA-MARU!
SST
SST

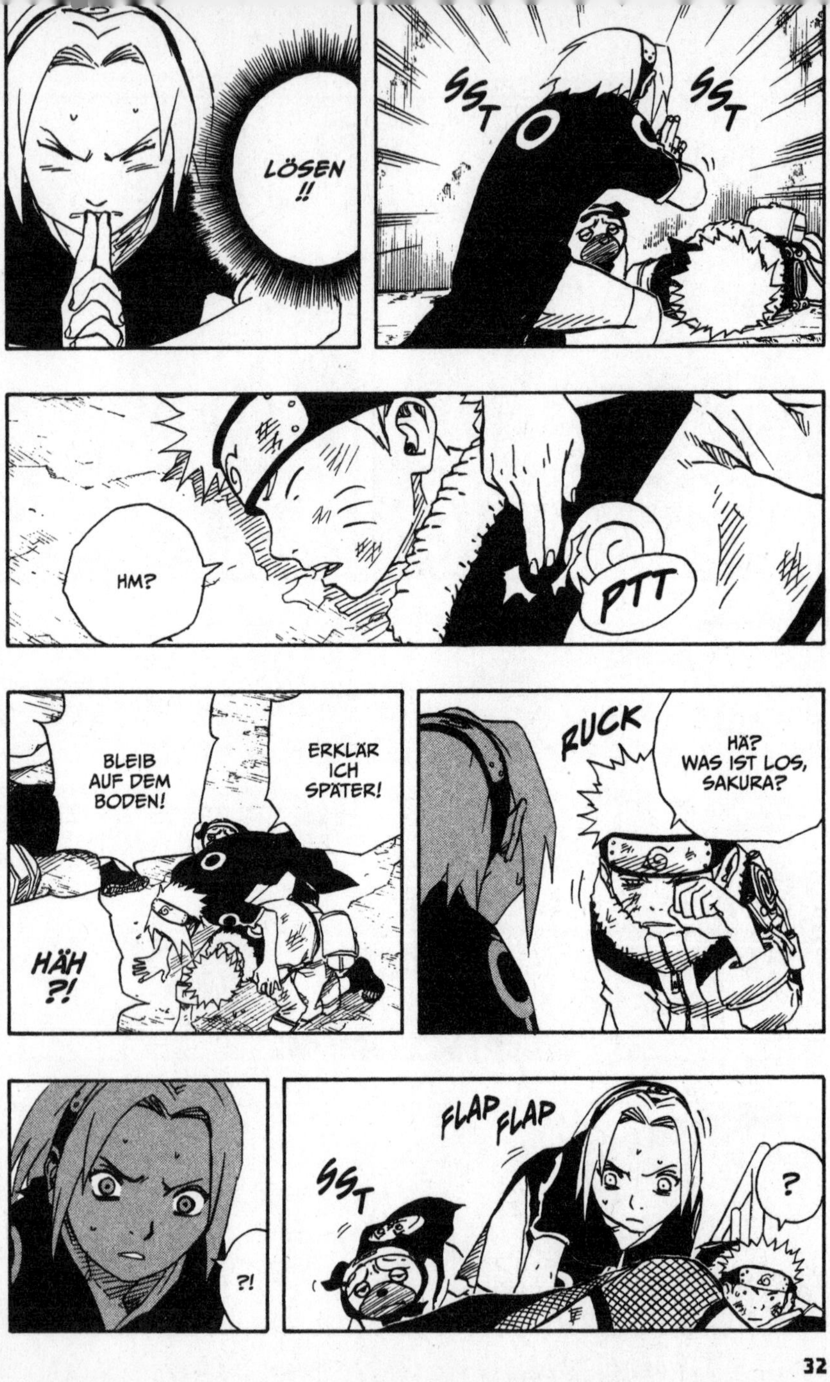
SST
SST
LÖSEN !!
PTT
HM?
RUCK
HÄ? WAS IST LOS, SAKURA?
ERKLÄR ICH SPÄTER!
BLEIB AUF DEM BODEN!
HÄH ?!
FLAP FLAP
SST
?
?!

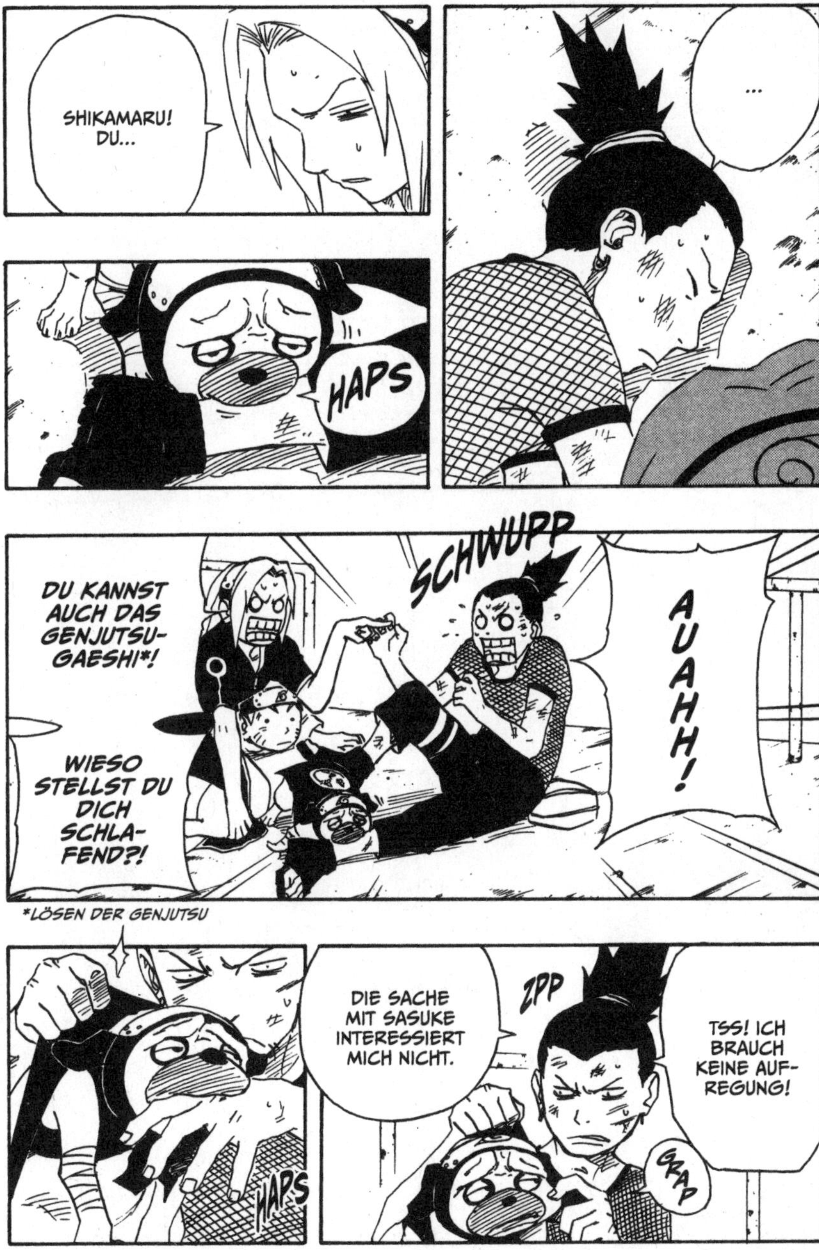
...
SHIKAMARU! DU...
HAPS
AUAHH!
SCHWUPP
DU KANNST AUCH DAS GENJUTSU-GAESHI*!
WIESO STELLST DU DICH SCHLA-FEND?!
*LÖSEN DER GENJUTSU
TSS! ICH BRAUCH KEINE AUF-REGUNG!
GRAP
ZPP
DIE SACHE MIT SASUKE INTERESSIERT MICH NICHT.
HAPS

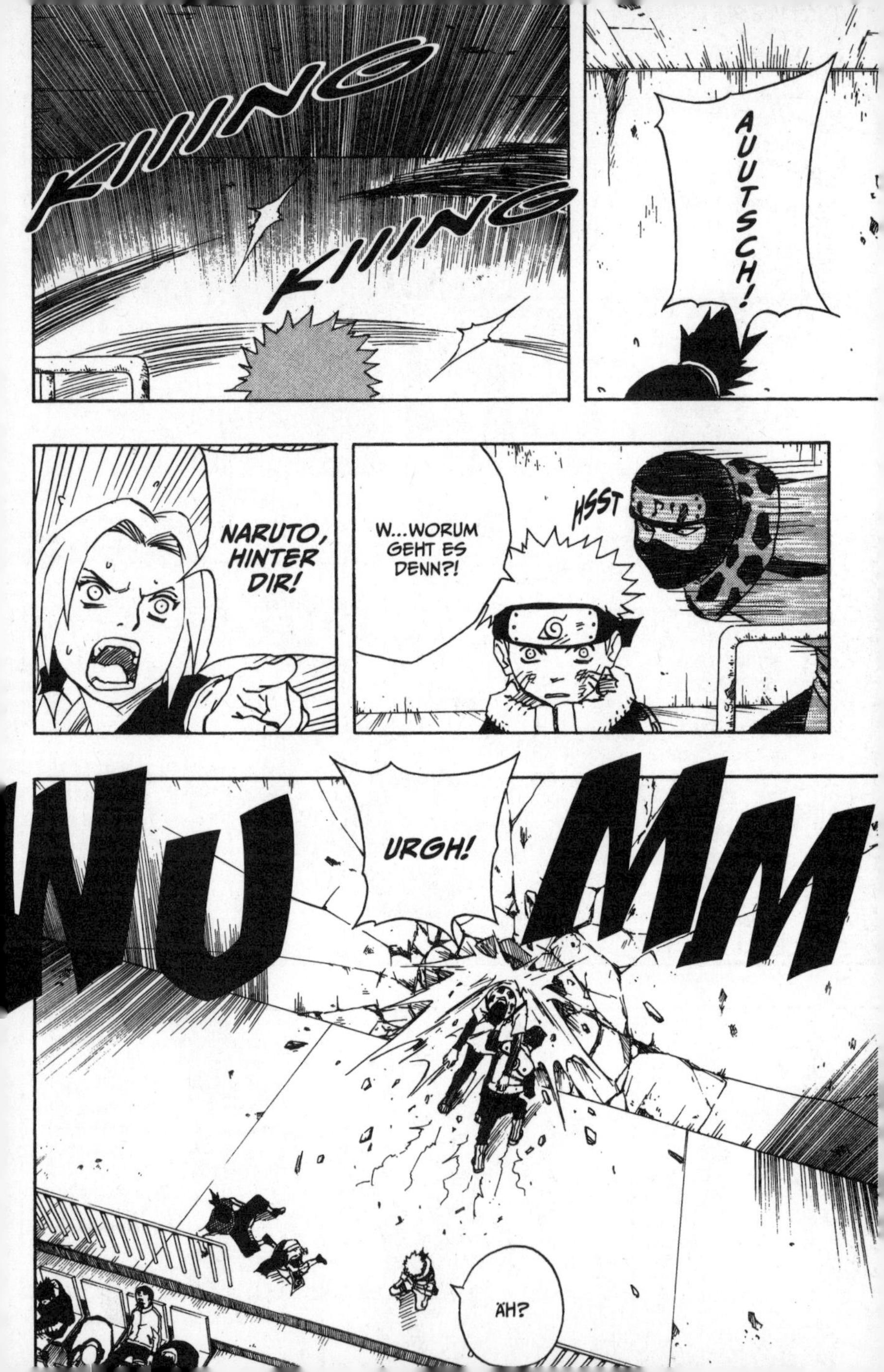
AUUTSCH!
KIIING
KIIING
W...WORUM GEHT ES DENN?!
HSST
NARUTO, HINTER DIR!
URGH!
WUMM
ÄH?

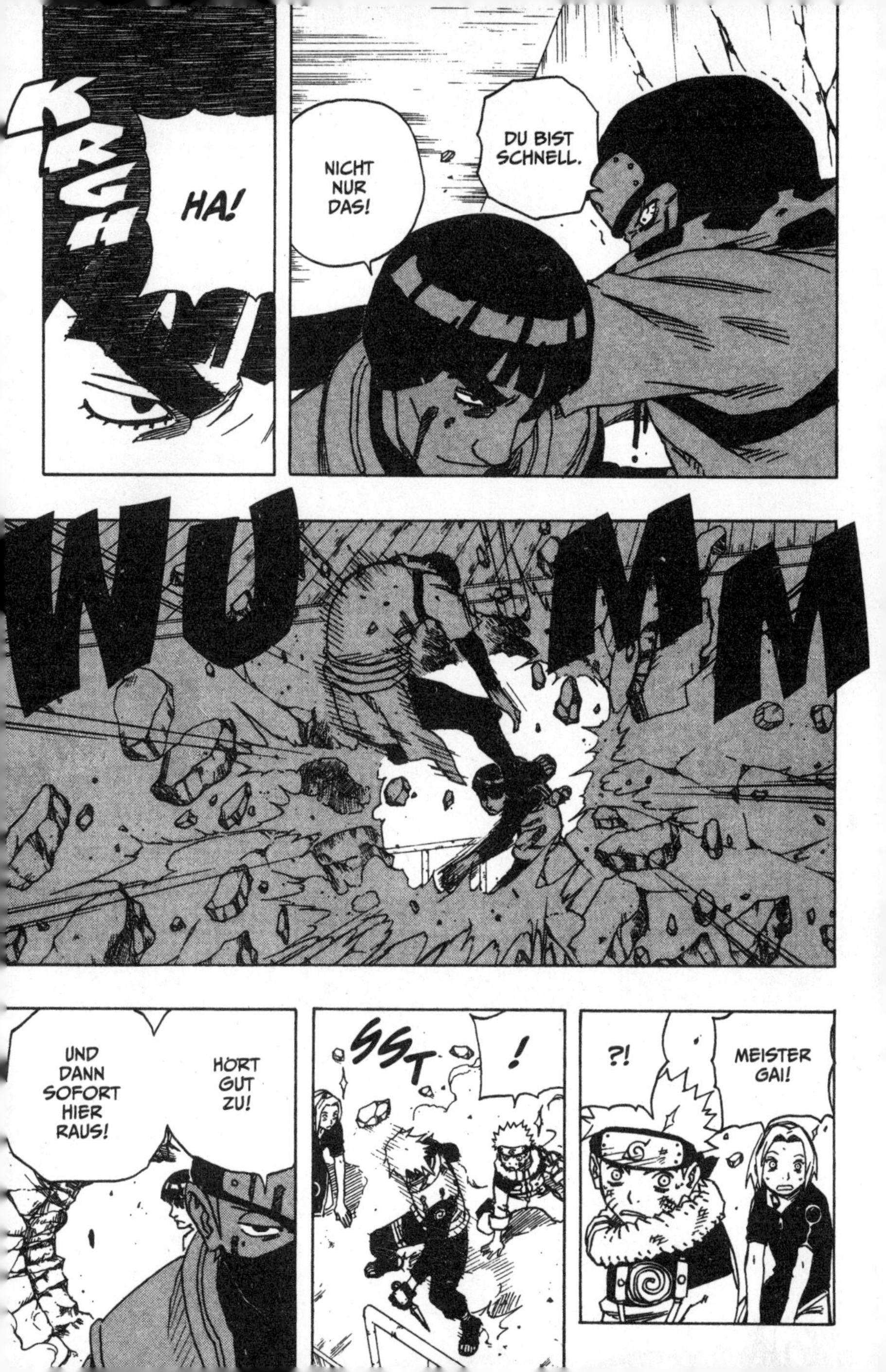
DU BIST SCHNELL.
NICHT NUR DAS!
KRGH
HA!
WUMM
MEISTER GAI!
?!
!
SST
HÖRT GUT ZU!
UND DANN SOFORT HIER RAUS!

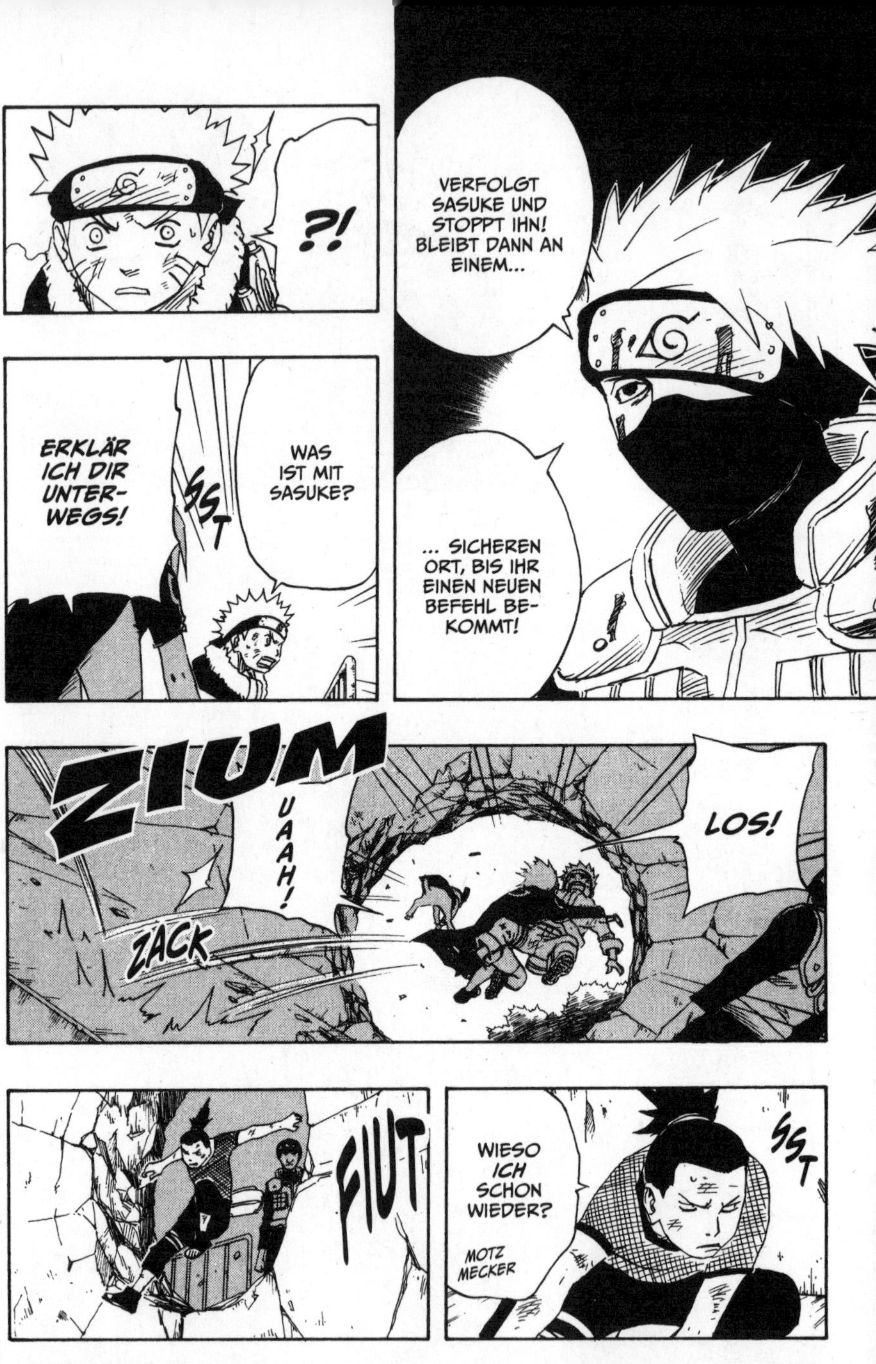
VERFOLGT SASUKE UND STOPPT IHN! BLEIBT DANN AN EINEM...
... SICHEREN ORT, BIS IHR EINEN NEUEN BEFEHL BE-KOMMT!
?!
WAS IST MIT SASUKE?
ERKLÄR ICH DIR UNTER-WEGS!
SST
LOS!
UAAAH!
ZIUM
ZACK
WIESO ICH SCHON WIEDER?
MOTZ MECKER
SST
FIUT

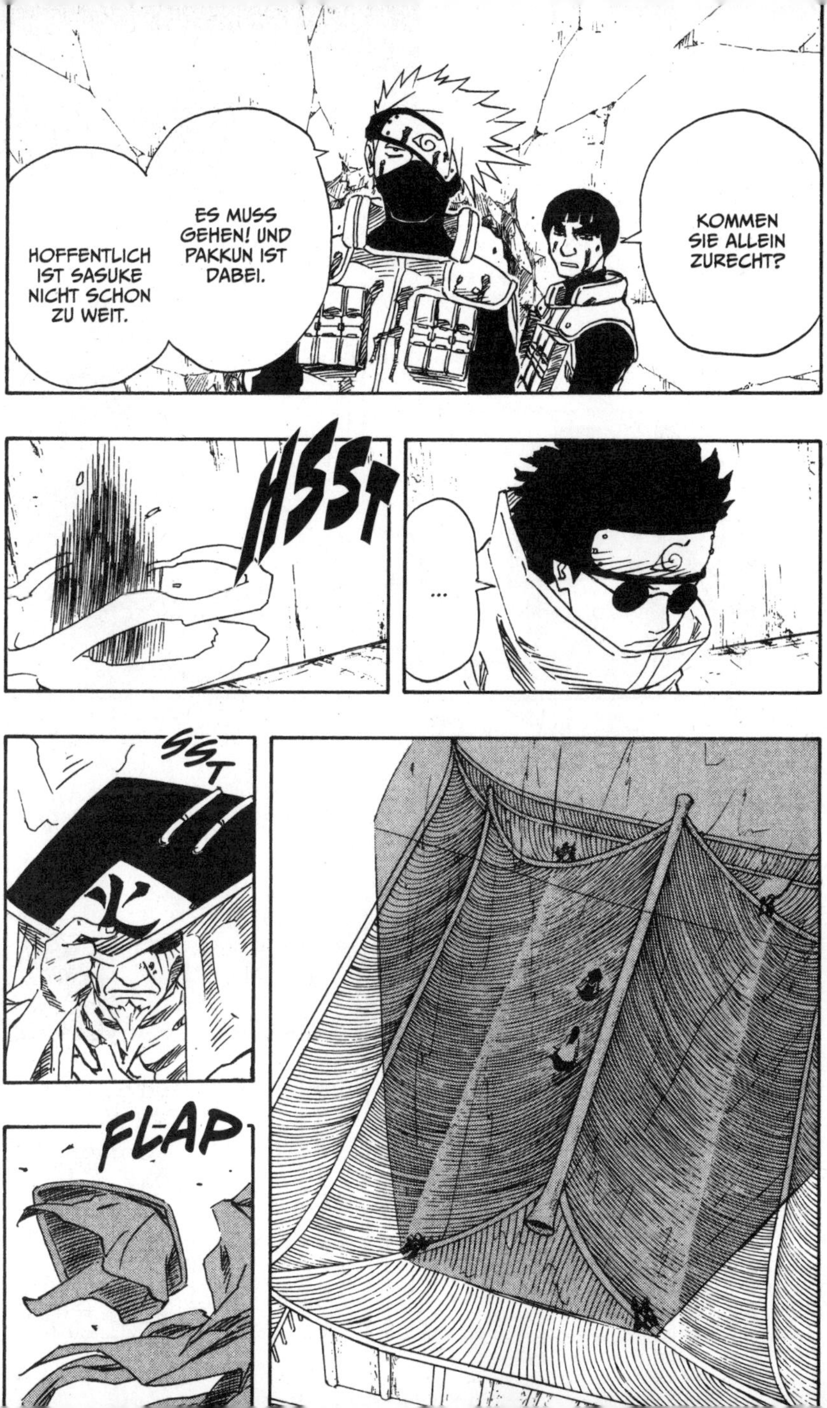
KOMMEN SIE ALLEIN ZURECHT?
ES MUSS GEHEN! UND PAKKUN IST DABEI.
HOFFENTLICH IST SASUKE NICHT SCHON ZU WEIT.
...
HSST
SST
FLAP

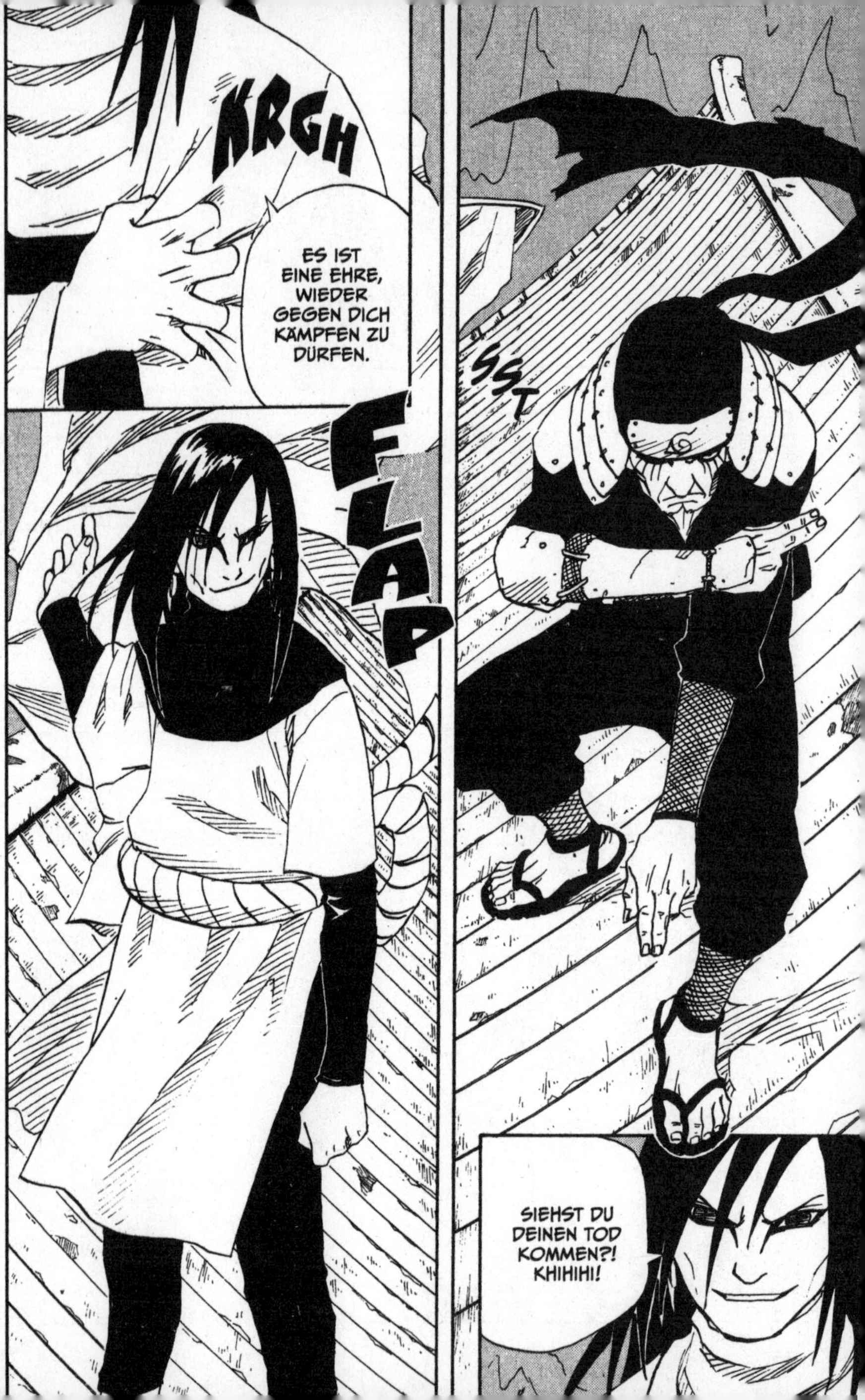
SST
KRGH
ES IST EINE EHRE, WIEDER GEGEN DICH KÄMPFEN ZU DÜRFEN.
SIEHST DU DEINEN TOD KOMMEN?! KHIHIHI!
FLAP

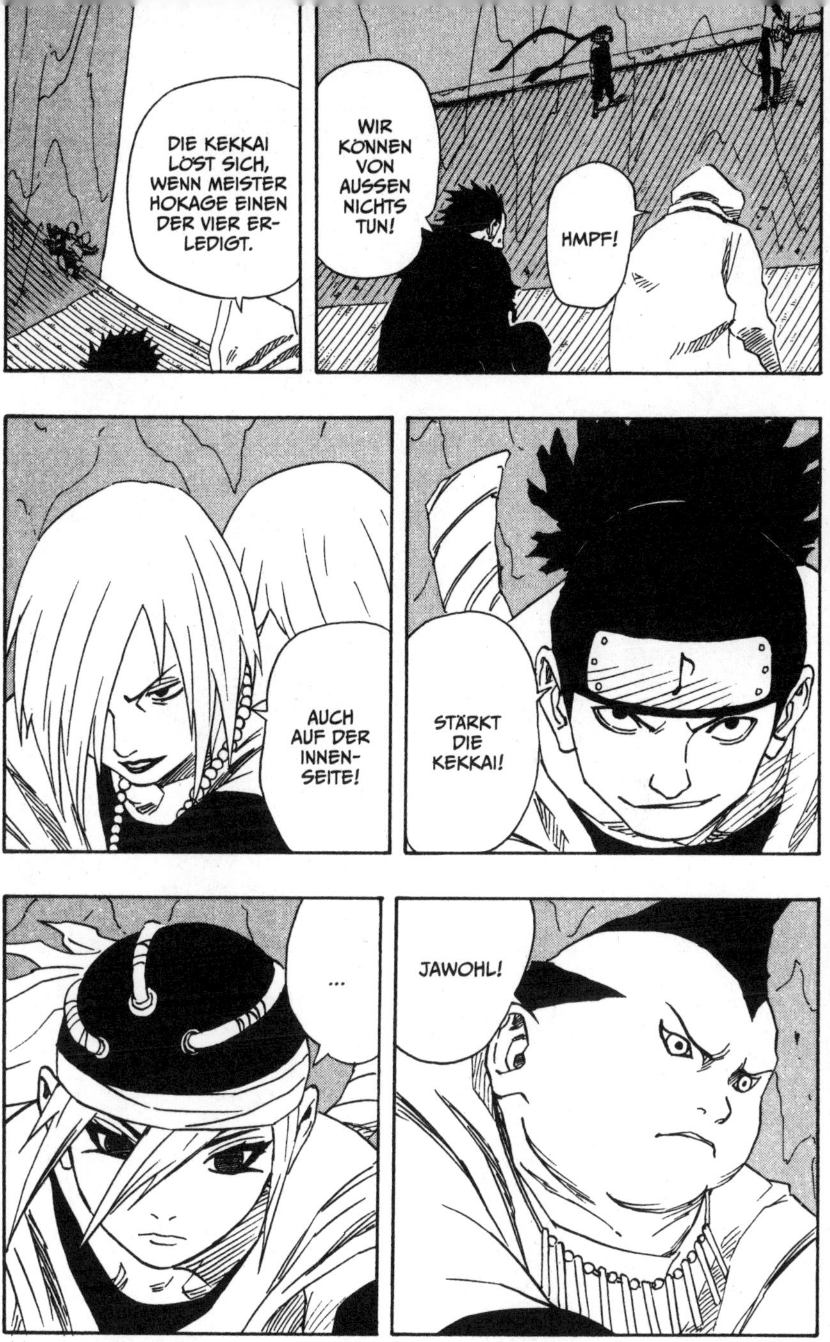
HMPF!
WIR KÖNNEN VON AUSSEN NICHTS TUN!
DIE KEKKAI LÖST SICH, WENN MEISTER HOKAGE EINEN DER VIER ERLEDIGT.
STÄRKT DIE KEKKAI!
AUCH AUF DER INNENSEITE!
JAWOHL!
...

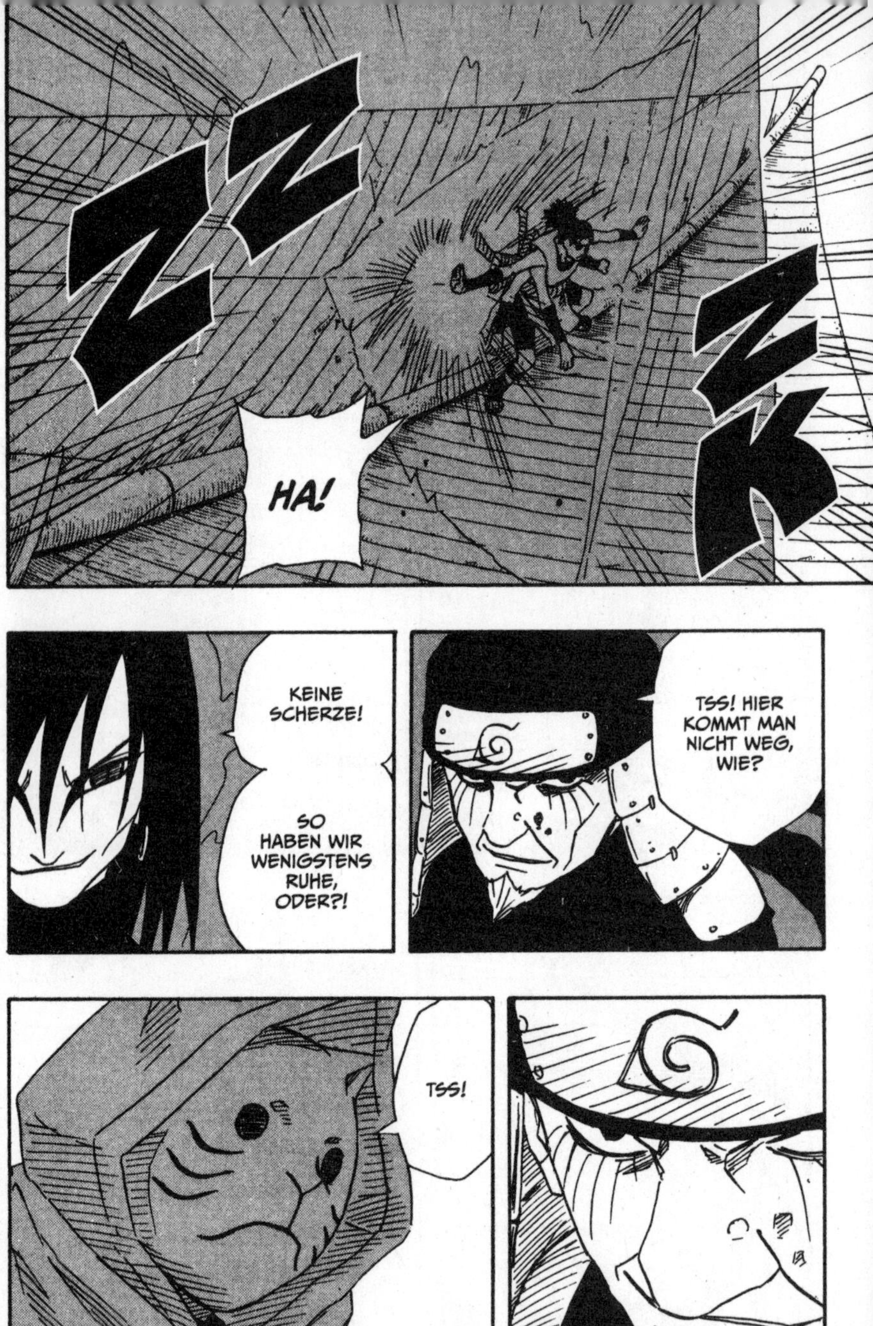
ZZ
NK
HA!
TSS! HIER KOMMT MAN NICHT WEG, WIE?
KEINE SCHERZE!
SO HABEN WIR WENIGSTENS RUHE, ODER?!
TSS!

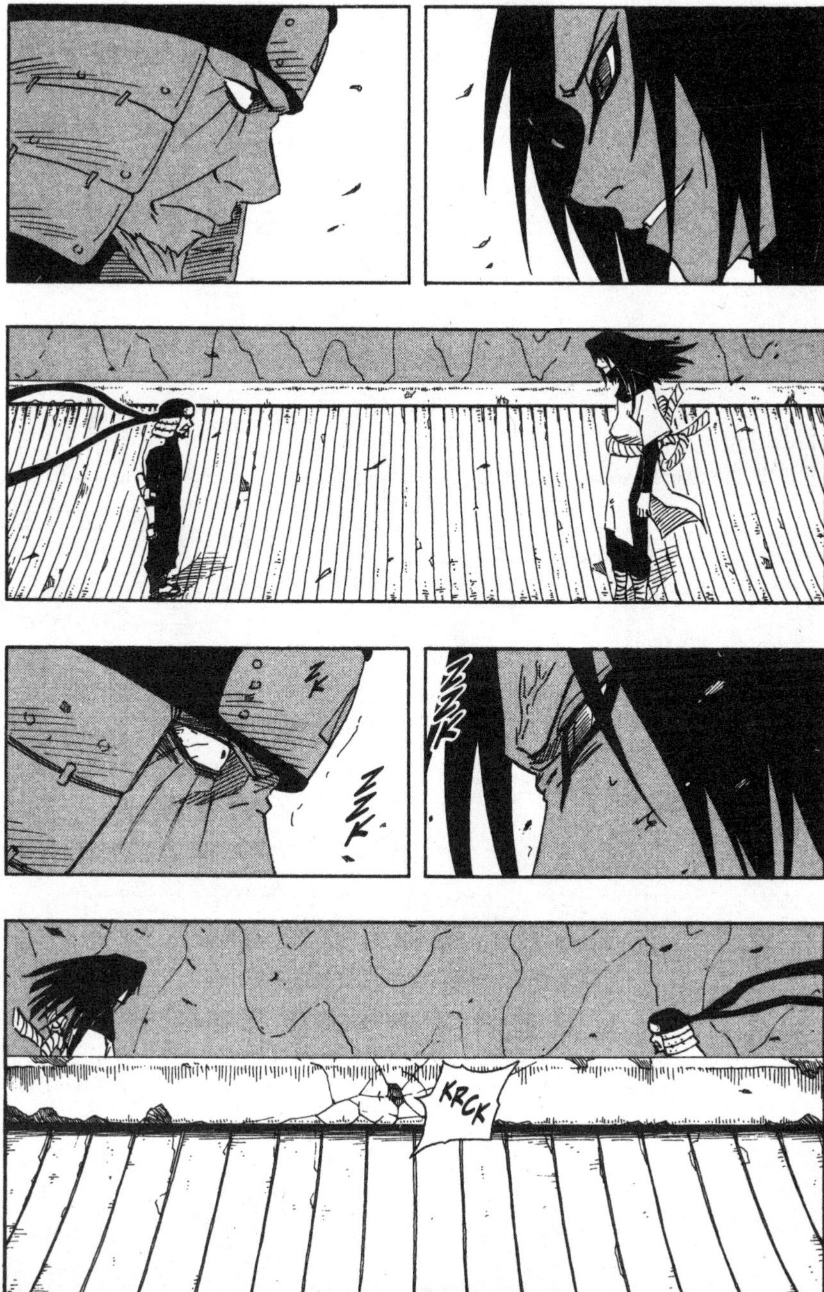
ZZZK
KRCK

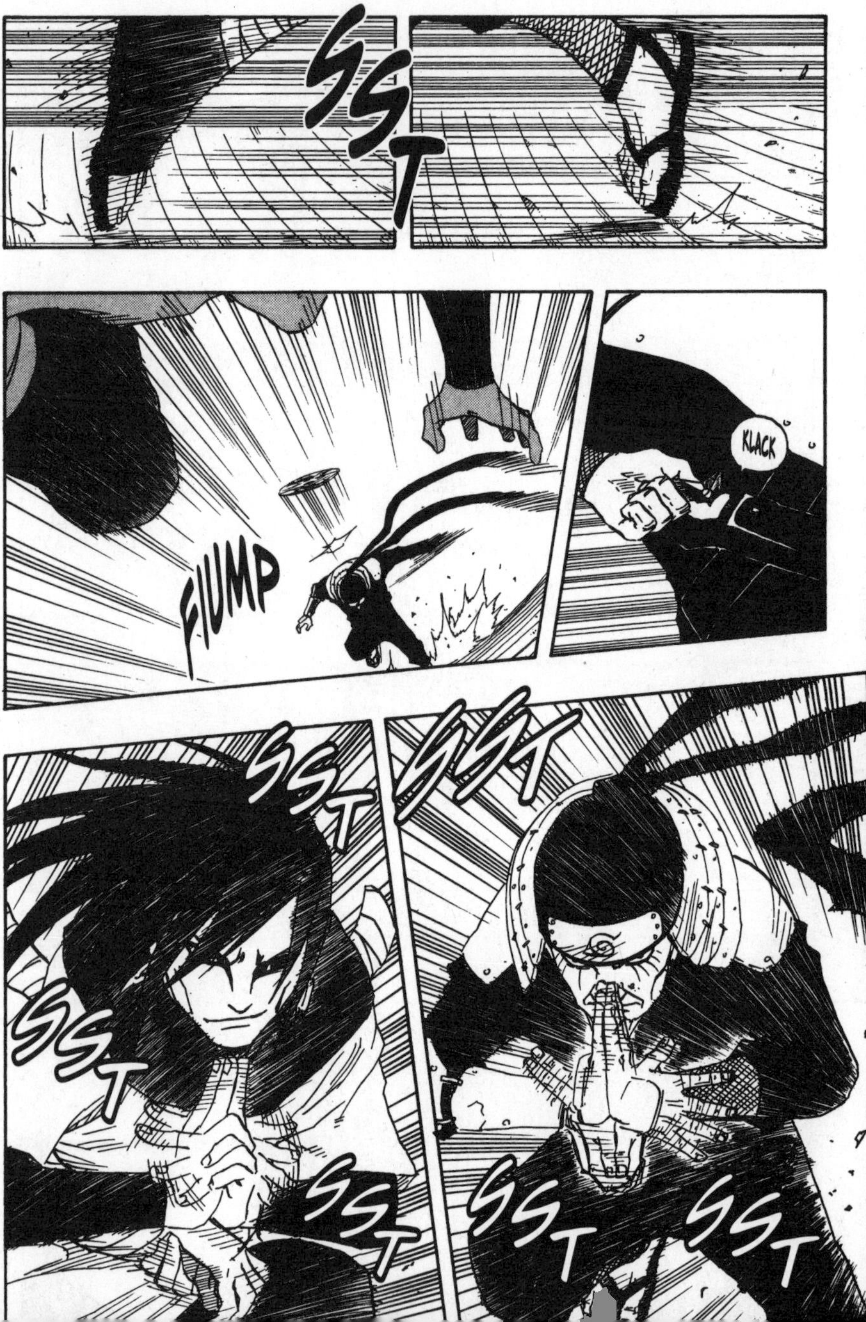
SST
KLACK
FLUMP
SST
SST
SST
SST
SST
SST

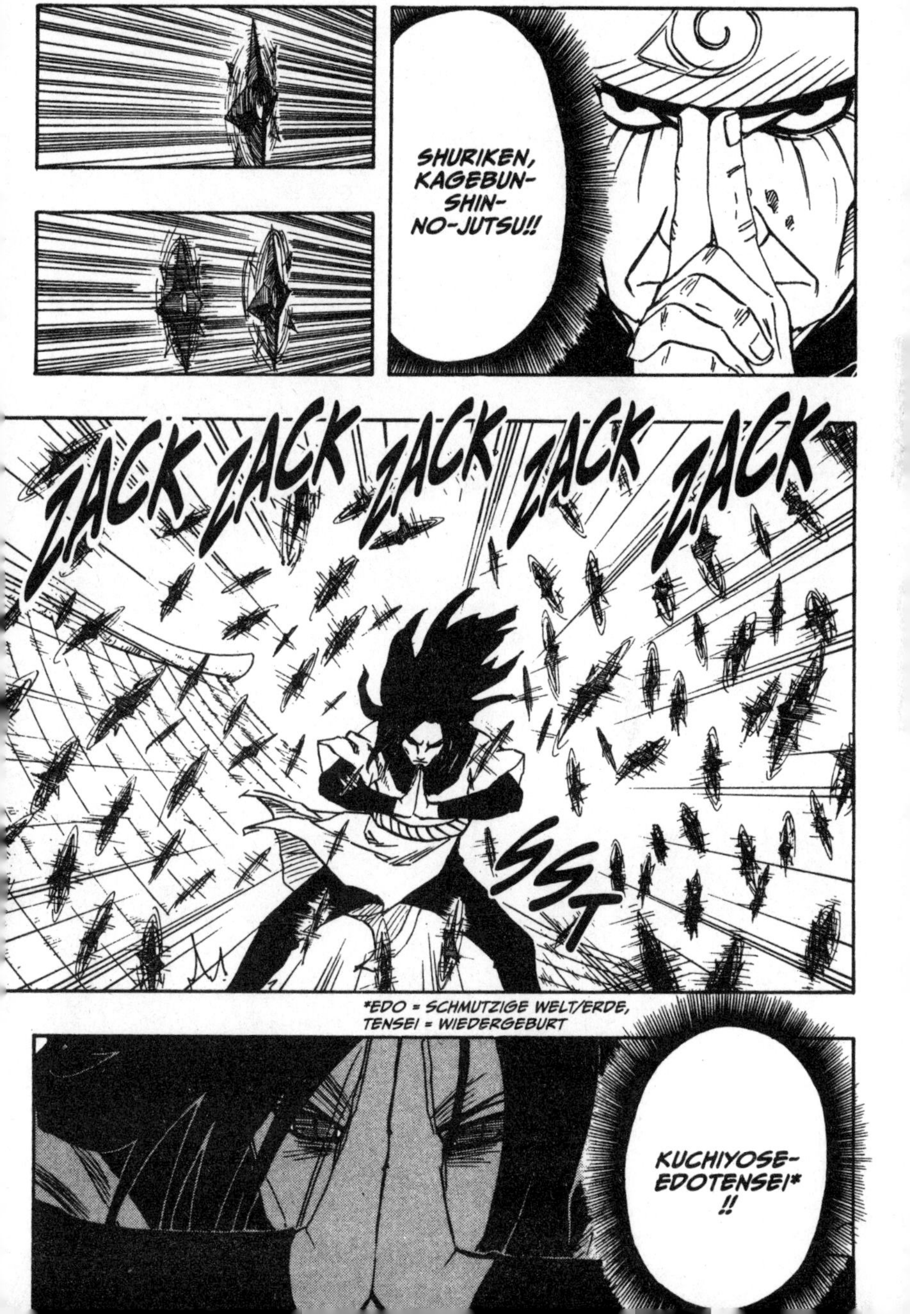
SHURIKEN, KAGEBUNSHIN-NO-JUTSU!!
ZACK ZACK ZACK ZACK ZACK
SST
*EDO = SCHMUTZIGE WELT/ERDE, TENSEI = WIEDERGEBURT
KUCHIYOSE-EDOTENSEI* !!

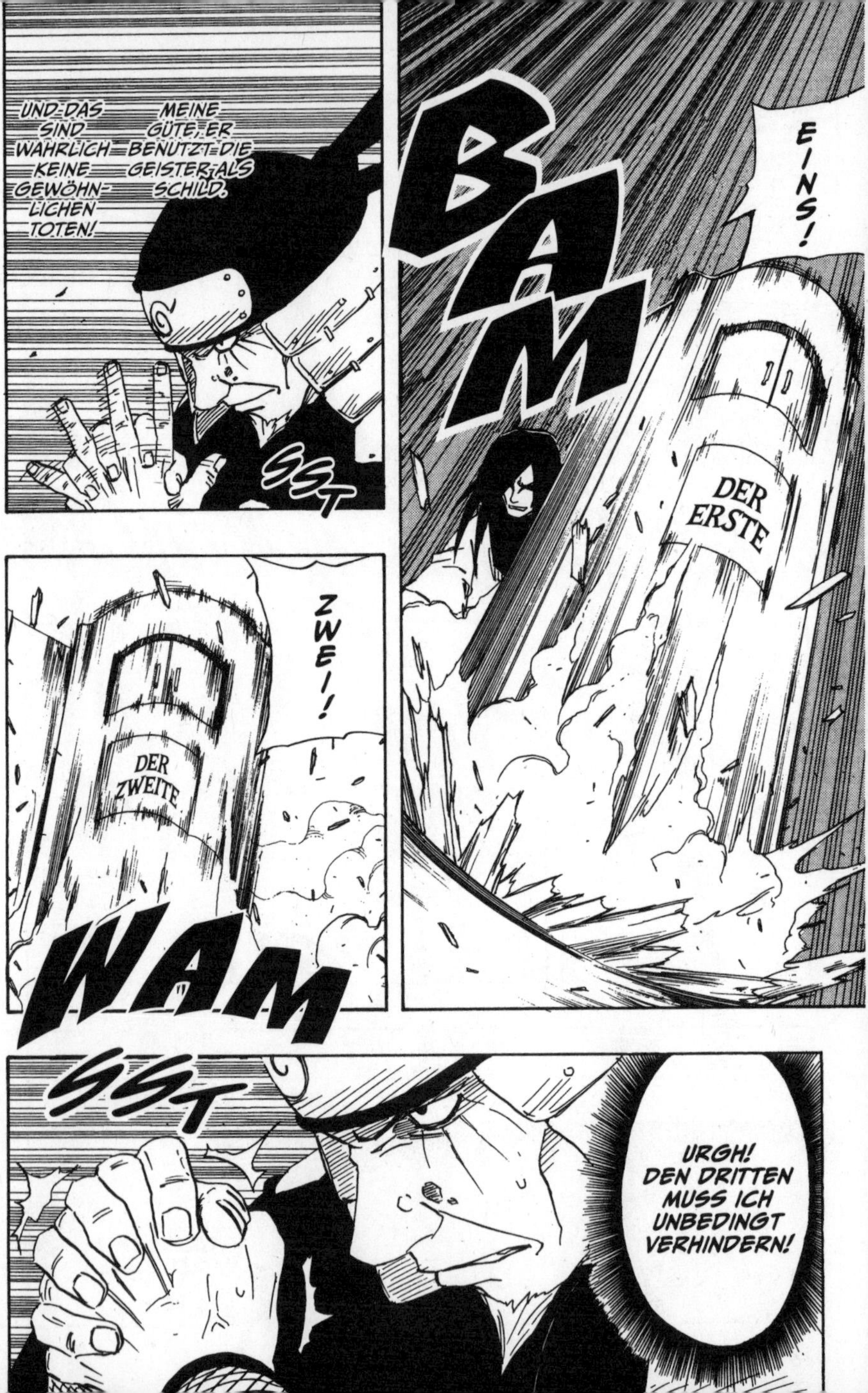
EINS!
BAM
MEINE GÜTE, ER BENUTZT DIE GEISTER ALS SCHILD.
UND DAS SIND WAHRLICH KEINE GEWÖHNLICHEN TOTEN!
SST
DER ERSTE
ZWEI!!
DER ZWEITE
WAM
SST
URGH! DEN DRITTEN MUSS ICH UNBEDINGT VERHINDERN!

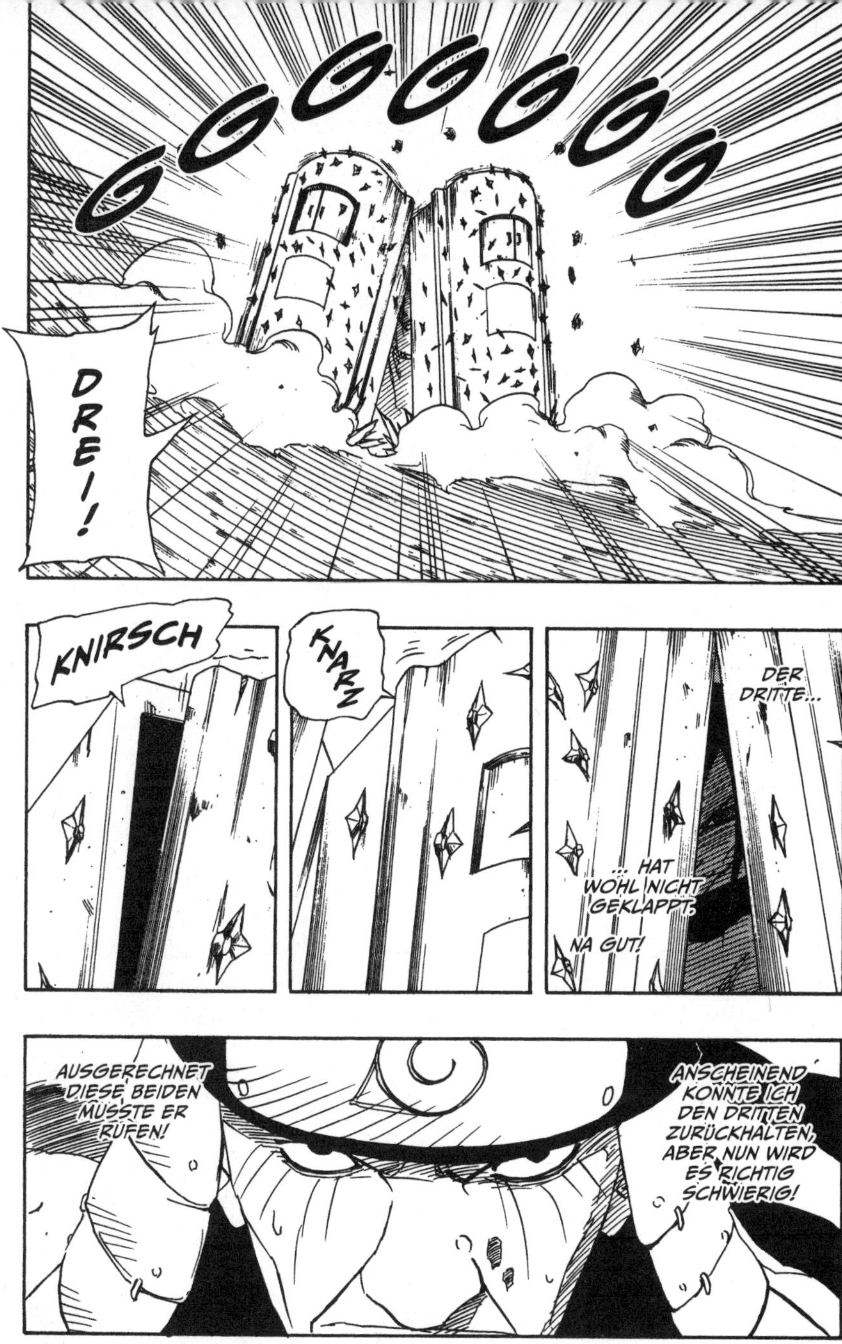
GGGGGGG
DREI!!
DER DRITTE...
... HAT WOHL NICHT GEKLAPPT.
NA GUT!
KNARZ
KNIRSCH
ANSCHEINEND KONNTE ICH DEN DRITTEN ZURÜCKHALTEN, ABER NUN WIRD ES RICHTIG SCHWIERIG!
AUSGERECHNET DIESE BEIDEN MUSSTE ER RUFEN!

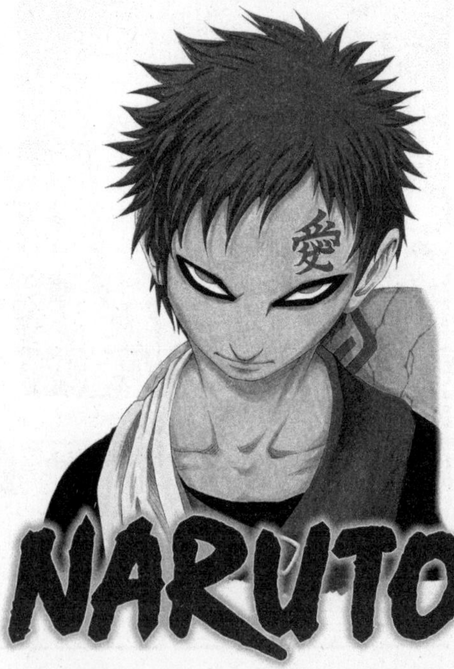
NARUTO

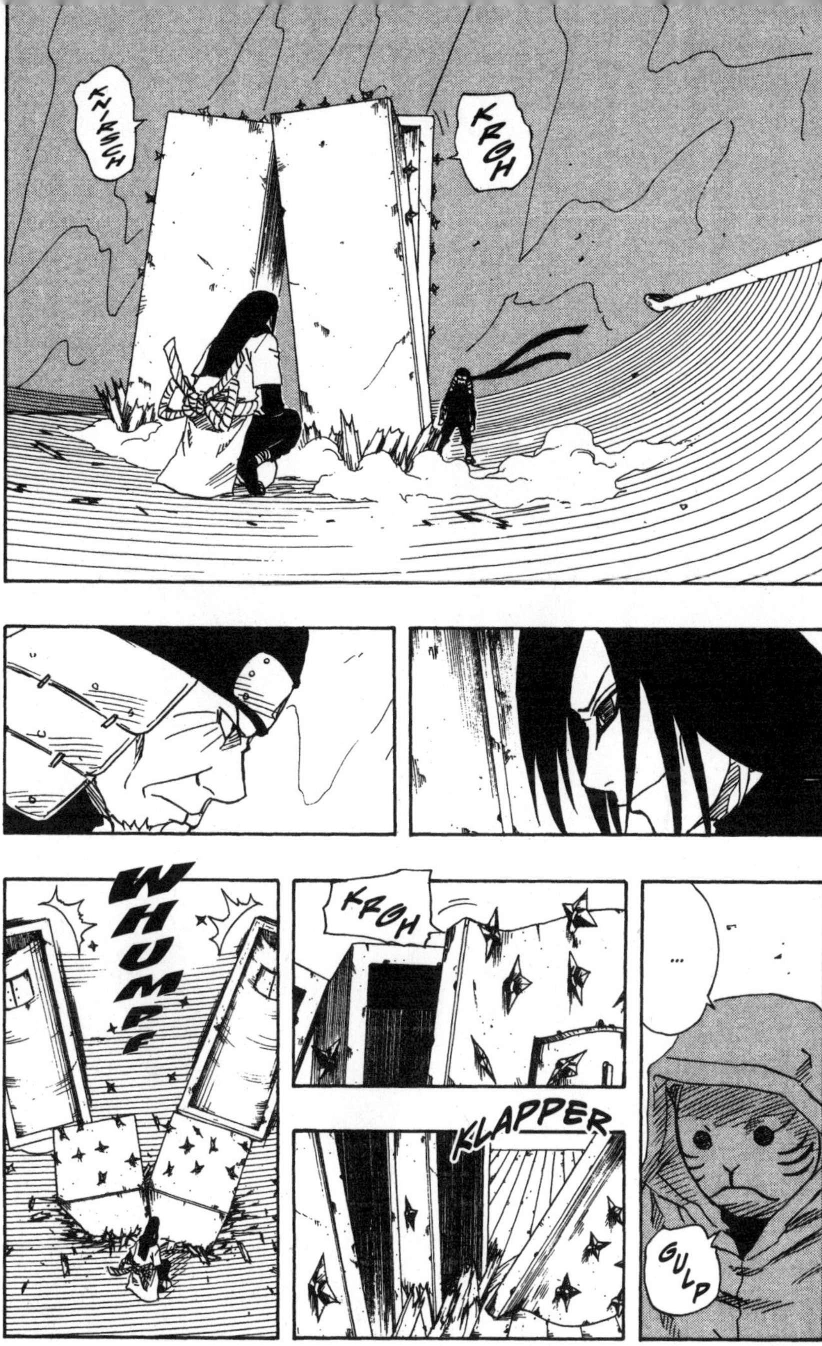
KRGH
KNIRSCH
...
GULP
KRGH
KLAPPER
WHUMPF

118. KAPITEL: ICH HALTE SIE AUF!

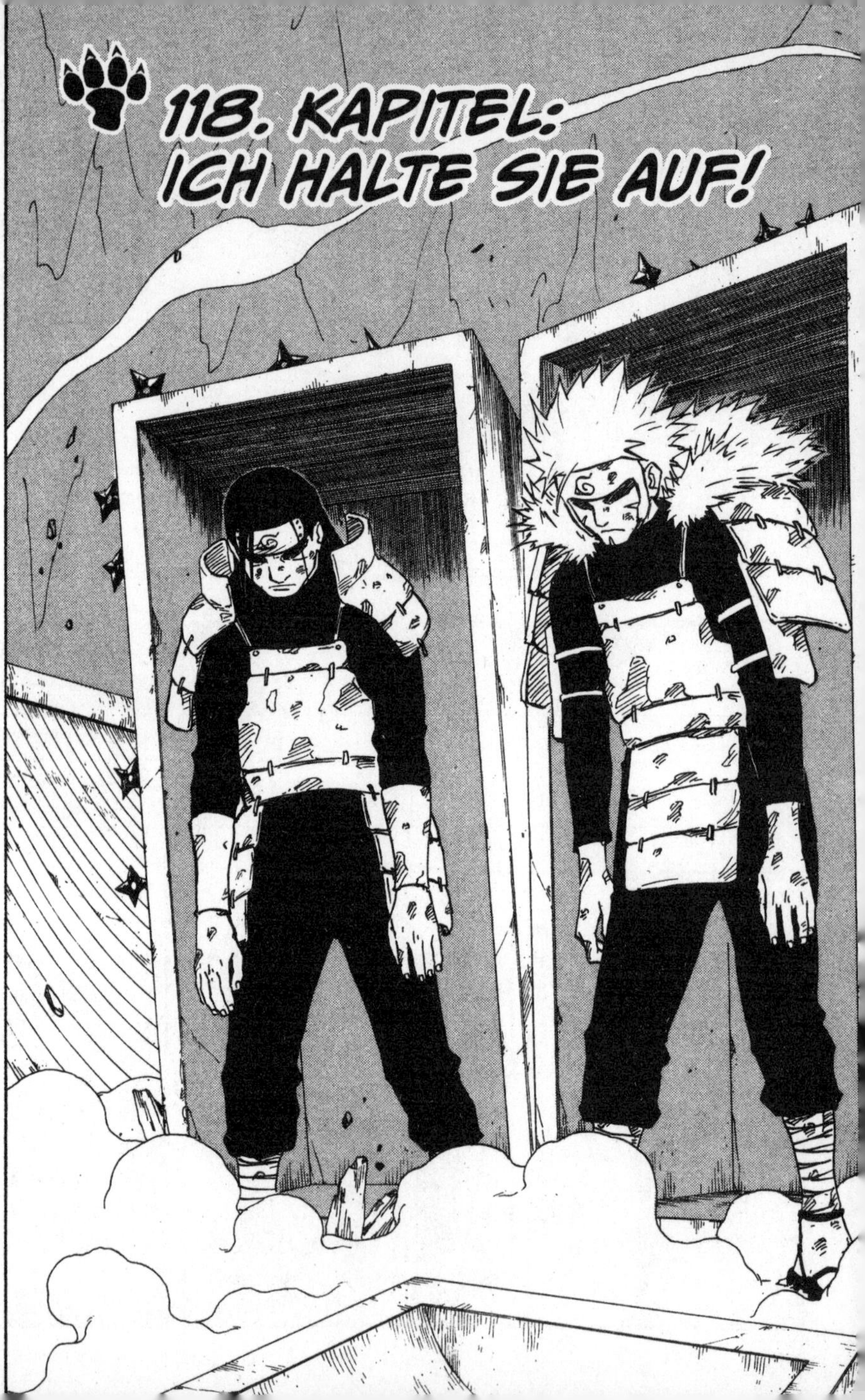

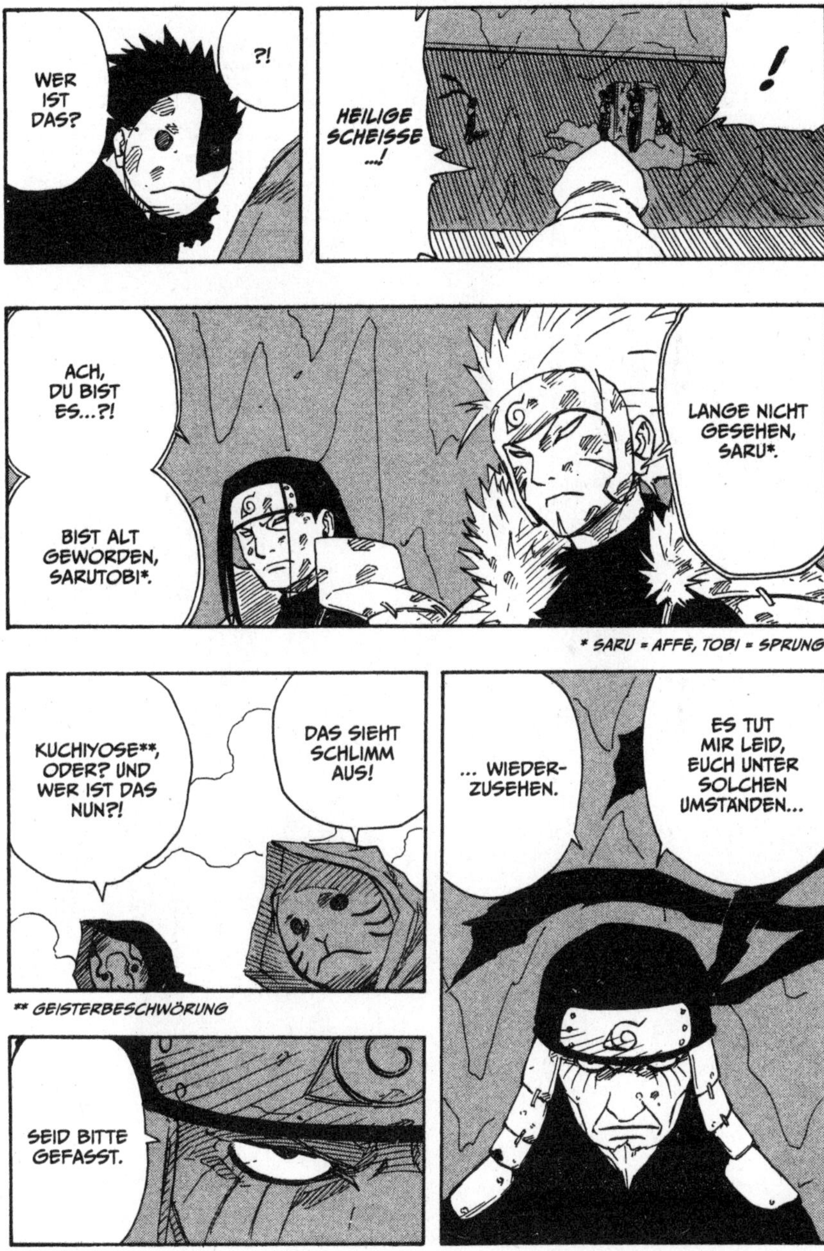

* SARU = AFFE, TOBI = SPRUNG

** GEISTERBESCHWÖRUNG

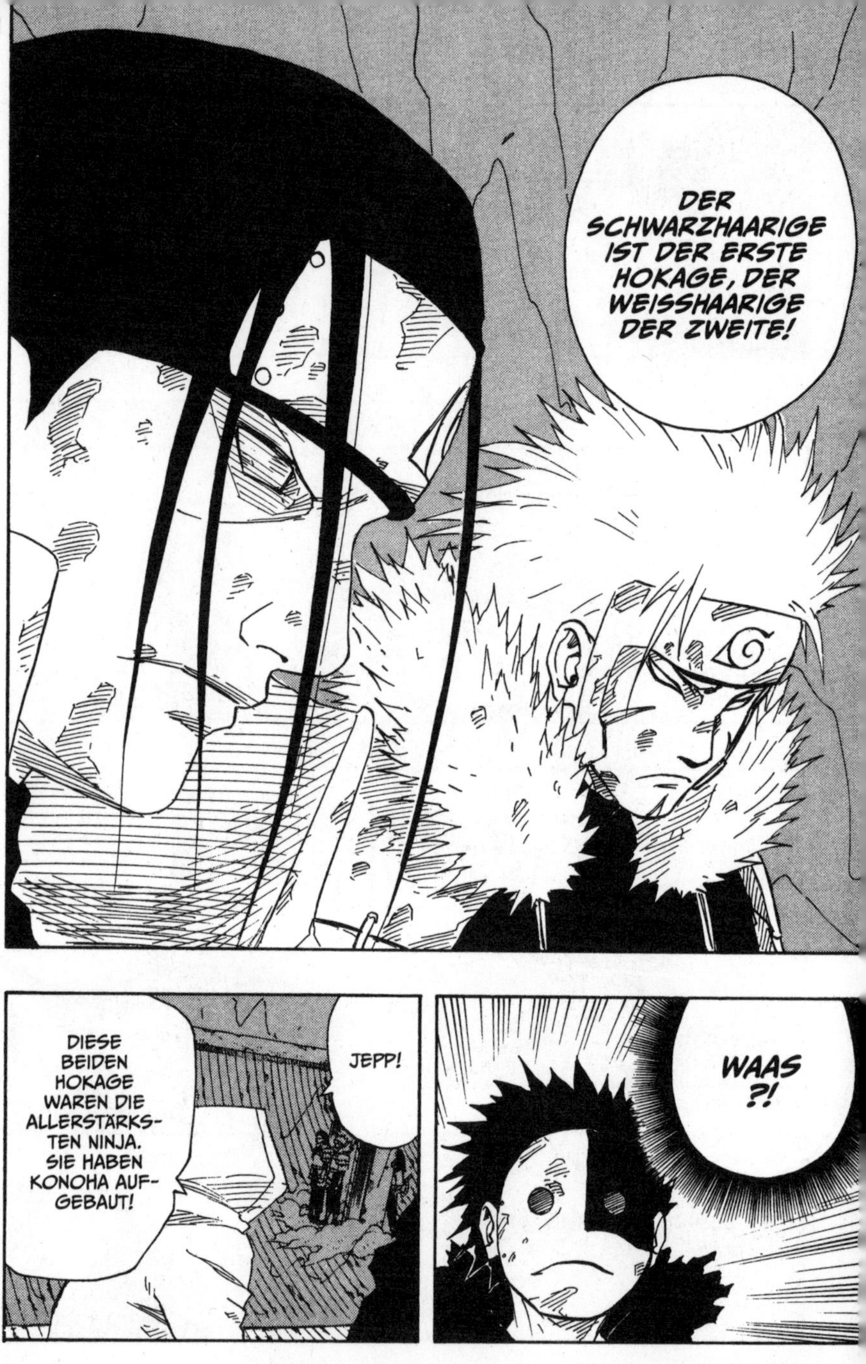
DER SCHWARZHAARIGE IST DER ERSTE HOKAGE, DER WEISSHAARIGE DER ZWEITE!
WAAS ?!
JEPP!
DIESE BEIDEN HOKAGE WAREN DIE ALLERSTÄRKS-TEN NINJA. SIE HABEN KONOHA AUF-GEBAUT!

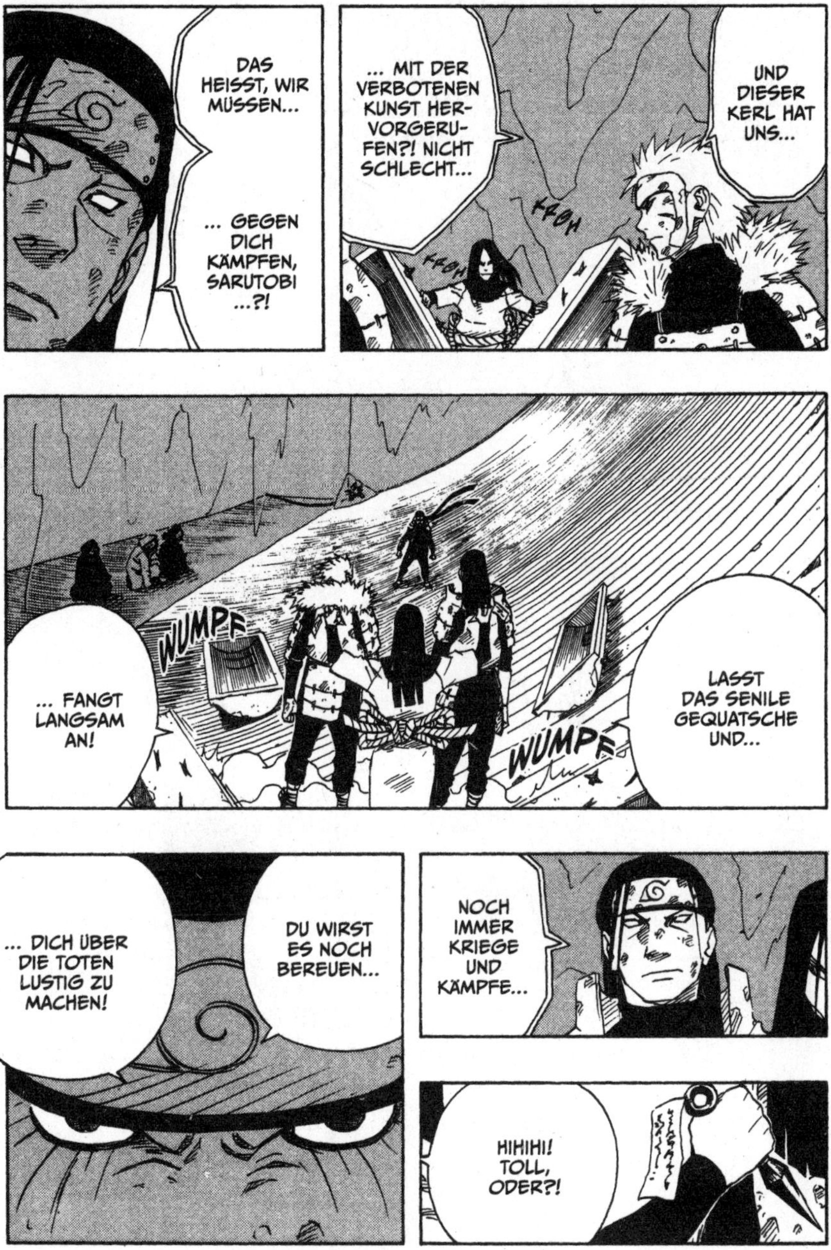
UND DIESER KERL HAT UNS...
... MIT DER VERBOTENEN KUNST HER-VORGERU-FEN?! NICHT SCHLECHT...
DAS HEISST, WIR MÜSSEN...
... GEGEN DICH KÄMPFEN, SARUTOBI ...?!
LASST DAS SENILE GEQUATSCHE UND...
WUMPF
WUMPF
... FANGT LANGSAM AN!
NOCH IMMER KRIEGE UND KÄMPFE...
HIHIHI! TOLL, ODER?!
DU WIRST ES NOCH BEREUEN...
... DICH ÜBER DIE TOTEN LUSTIG ZU MACHEN!

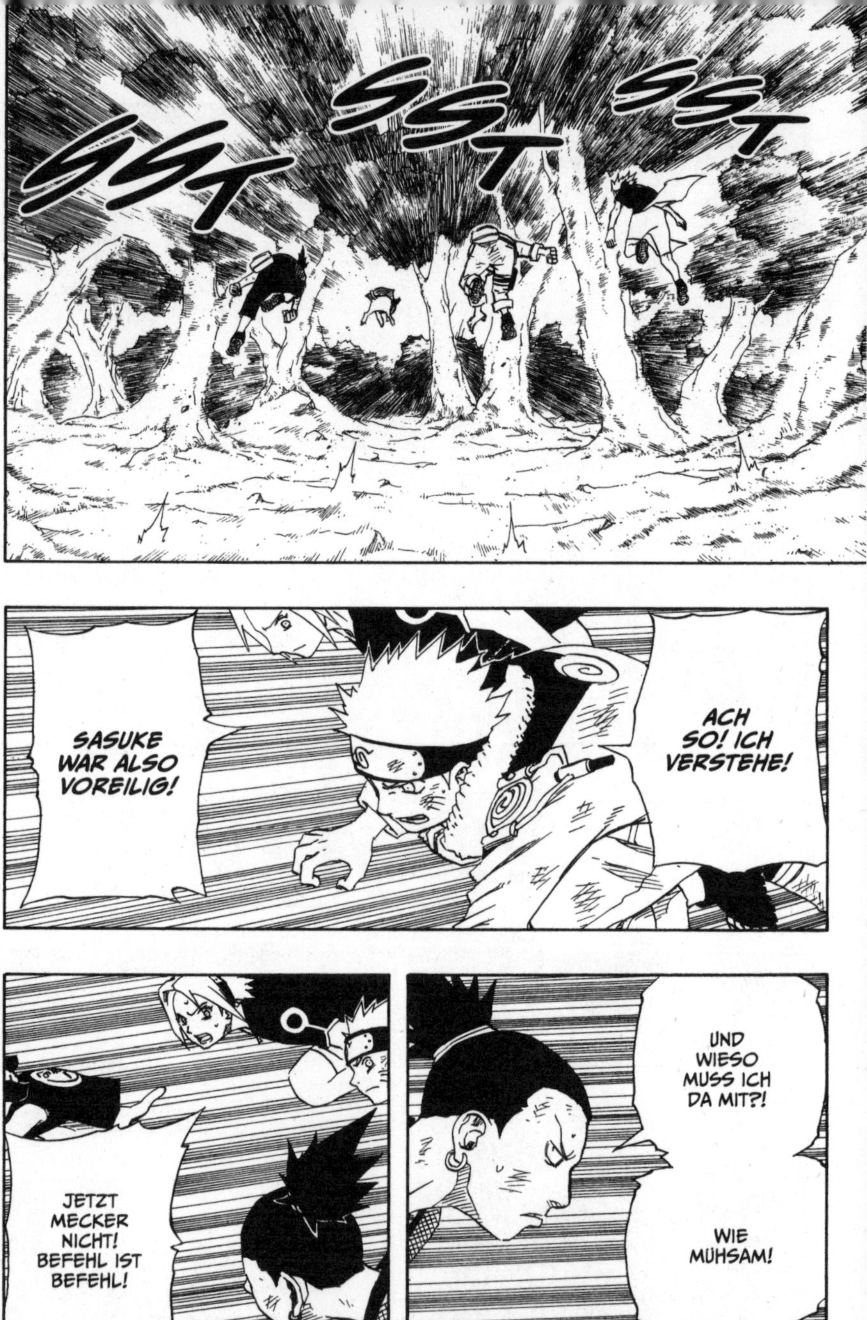
SST
SST
SST
ACH SO! ICH VERSTEHE!
SASUKE WAR ALSO VOREILIG!
UND WIESO MUSS ICH DA MIT?!
WIE MÜHSAM!
JETZT MECKER NICHT! BEFEHL IST BEFEHL!

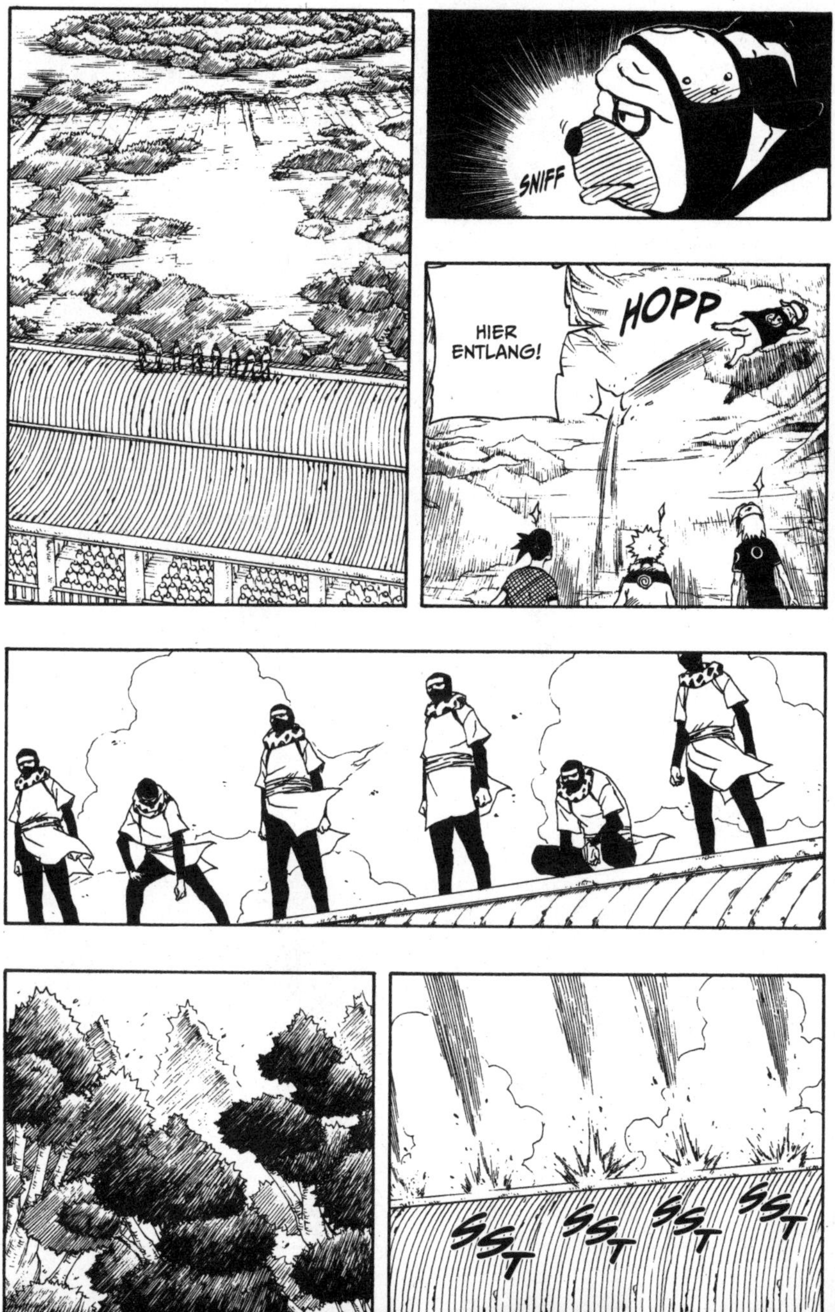
SNIFF
HIER ENTLANG!
HOPP
SST
SST
SST
SST

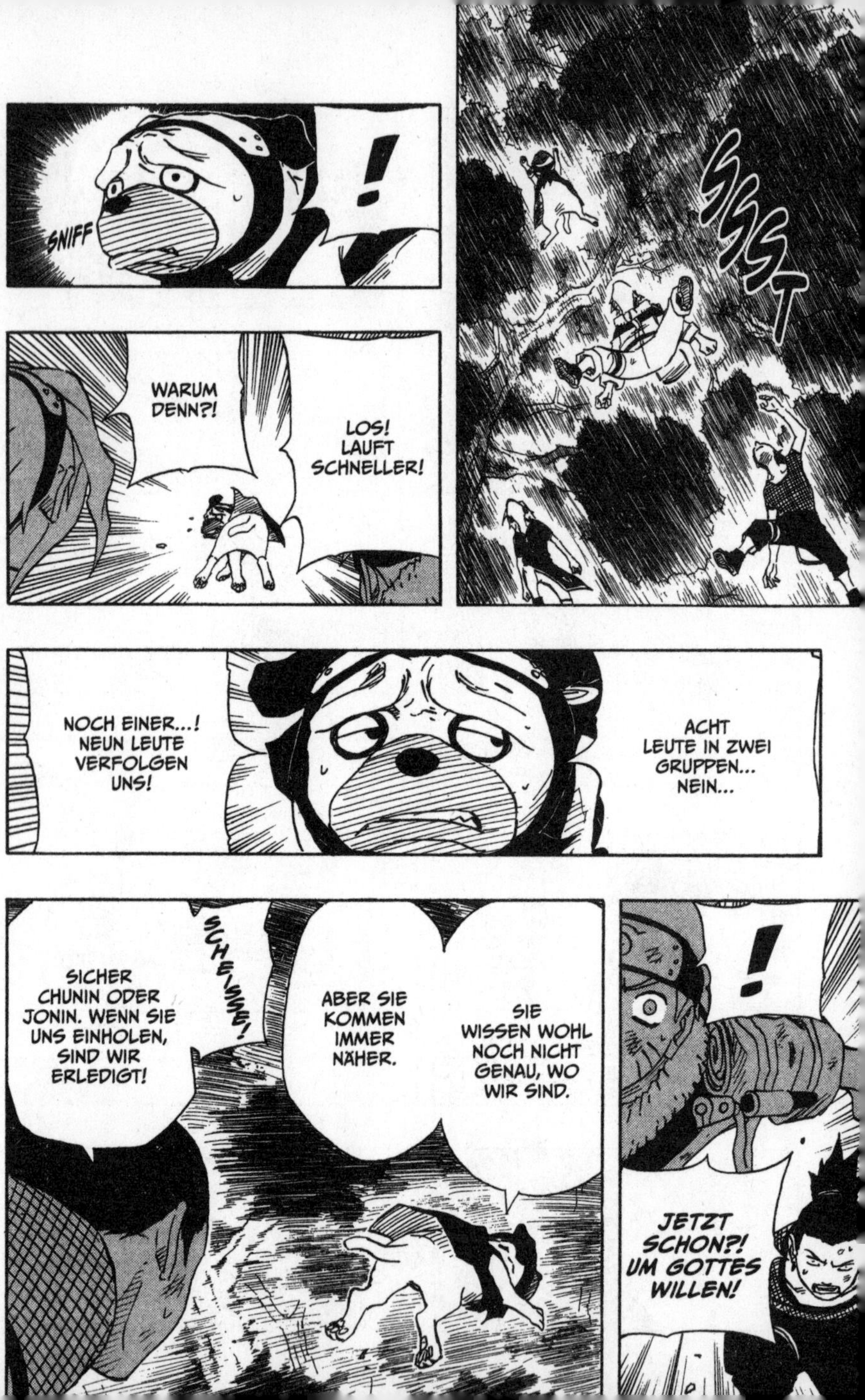
SSSST
!
SNIFF
LOS! LAUFT SCHNELLER!
WARUM DENN?!
ACHT LEUTE IN ZWEI GRUPPEN... NEIN...
NOCH EINER...! NEUN LEUTE VERFOLGEN UNS!
!
JETZT SCHON?! UM GOTTES WILLEN!
SIE WISSEN WOHL NOCH NICHT GENAU, WO WIR SIND.
ABER SIE KOMMEN IMMER NÄHER.
SCHEISSE!
SICHER CHUNIN ODER JONIN. WENN SIE UNS EINHOLEN, SIND WIR ERLEDIGT!

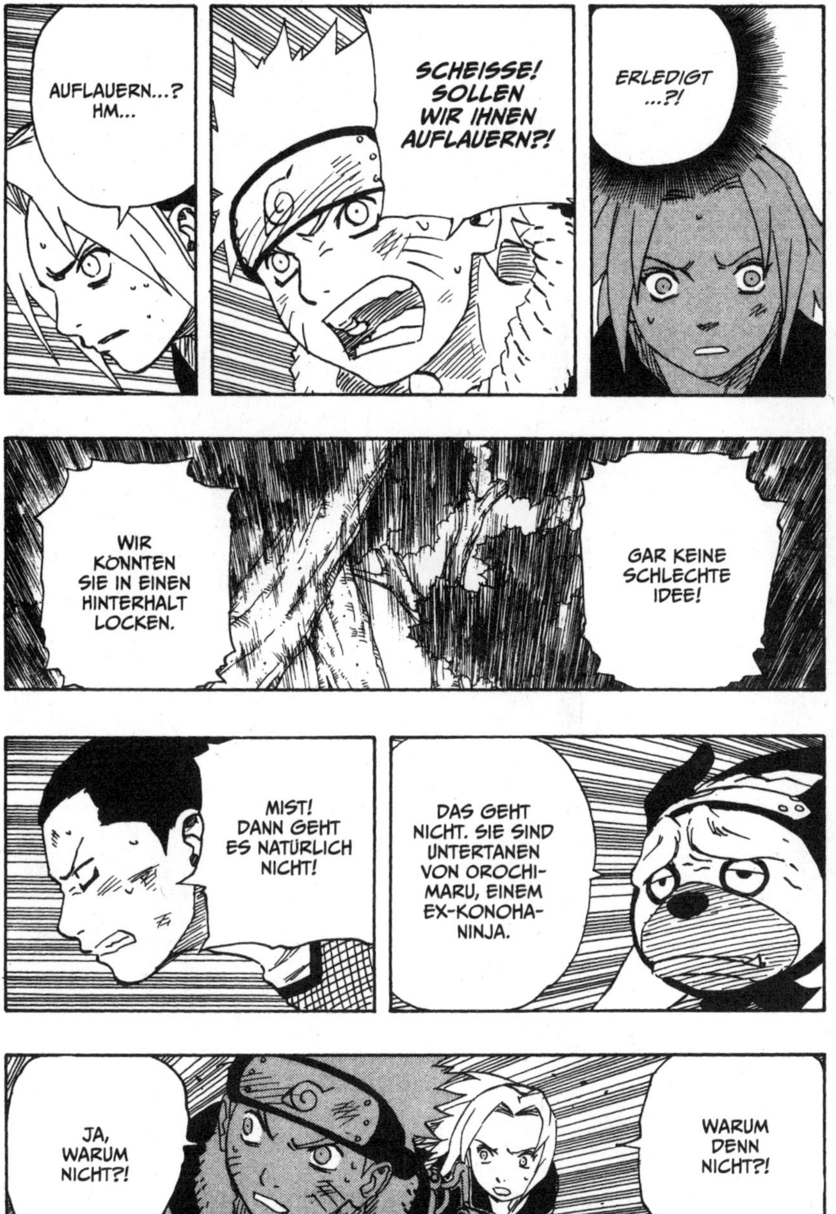
ERLEDIGT ...?!
SCHEISSE! SOLLEN WIR IHNEN AUFLAUERN?!
AUFLAUERN...? HM...
GAR KEINE SCHLECHTE IDEE!
WIR KÖNNTEN SIE IN EINEN HINTERHALT LOCKEN.
DAS GEHT NICHT. SIE SIND UNTERTANEN VON OROCHI-MARU, EINEM EX-KONOHA-NINJA.
MIST! DANN GEHT ES NATÜRLICH NICHT!
WARUM DENN NICHT?!
JA, WARUM NICHT?!

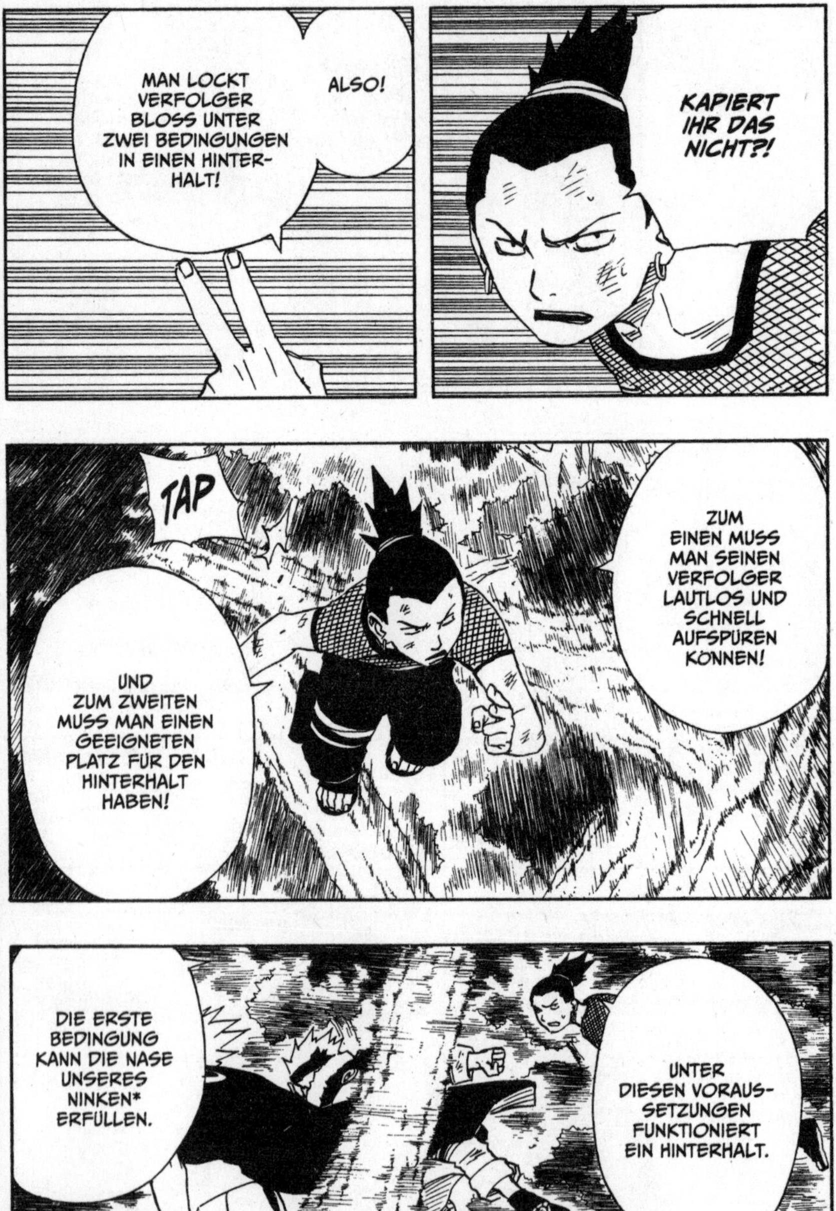

* NINKEN = NINJA-HUND

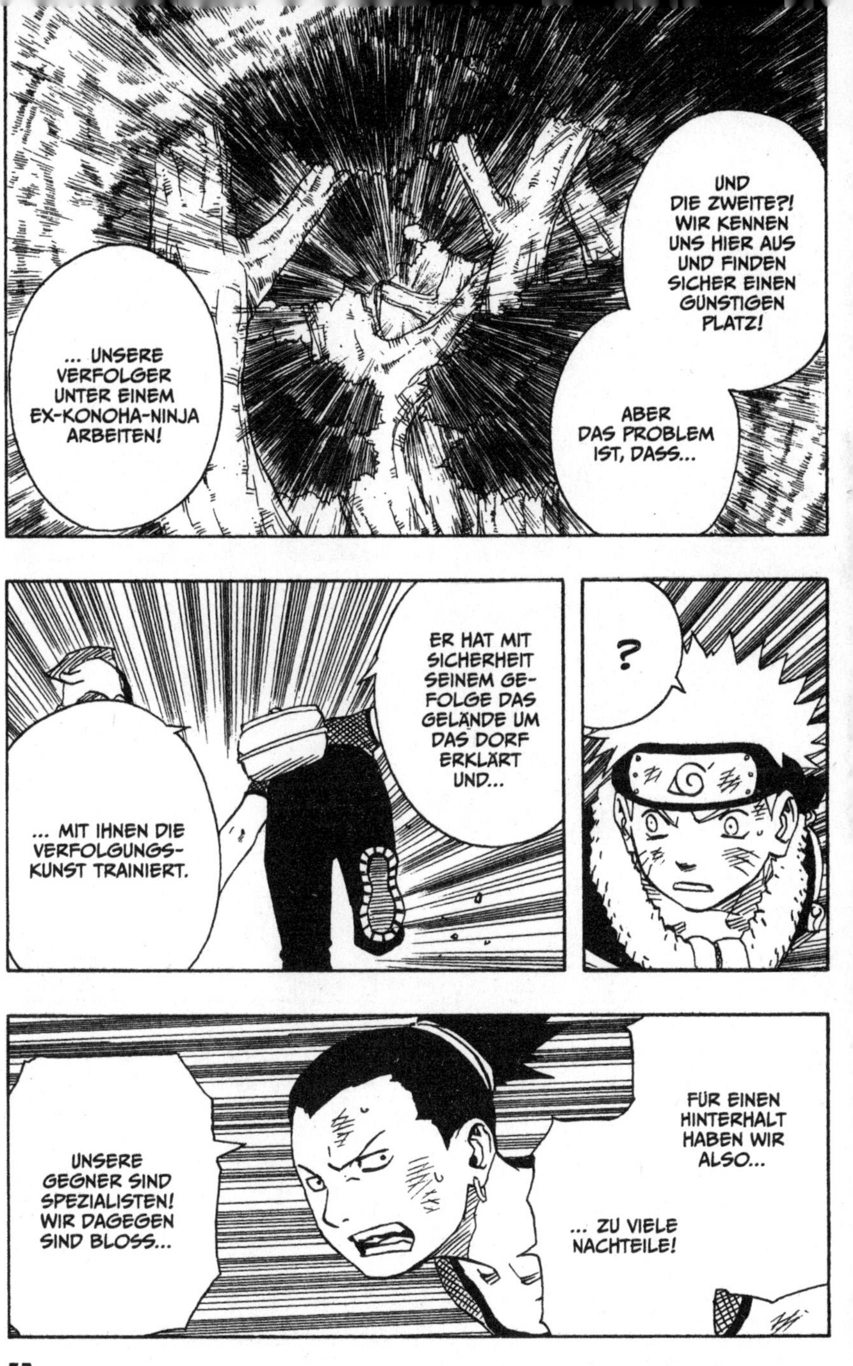
UND DIE ZWEITE?! WIR KENNEN UNS HIER AUS UND FINDEN SICHER EINEN GÜNSTIGEN PLATZ!
ABER DAS PROBLEM IST, DASS...
... UNSERE VERFOLGER UNTER EINEM EX-KONOHA-NINJA ARBEITEN!
?
ER HAT MIT SICHERHEIT SEINEM GEFOLGE DAS GELÄNDE UM DAS DORF ERKLÄRT UND...
... MIT IHNEN DIE VERFOLGUNGSKUNST TRAINIERT.
FÜR EINEN HINTERHALT HABEN WIR ALSO...
... ZU VIELE NACHTEILE!
UNSERE GEGNER SIND SPEZIALISTEN! WIR DAGEGEN SIND BLOSS...

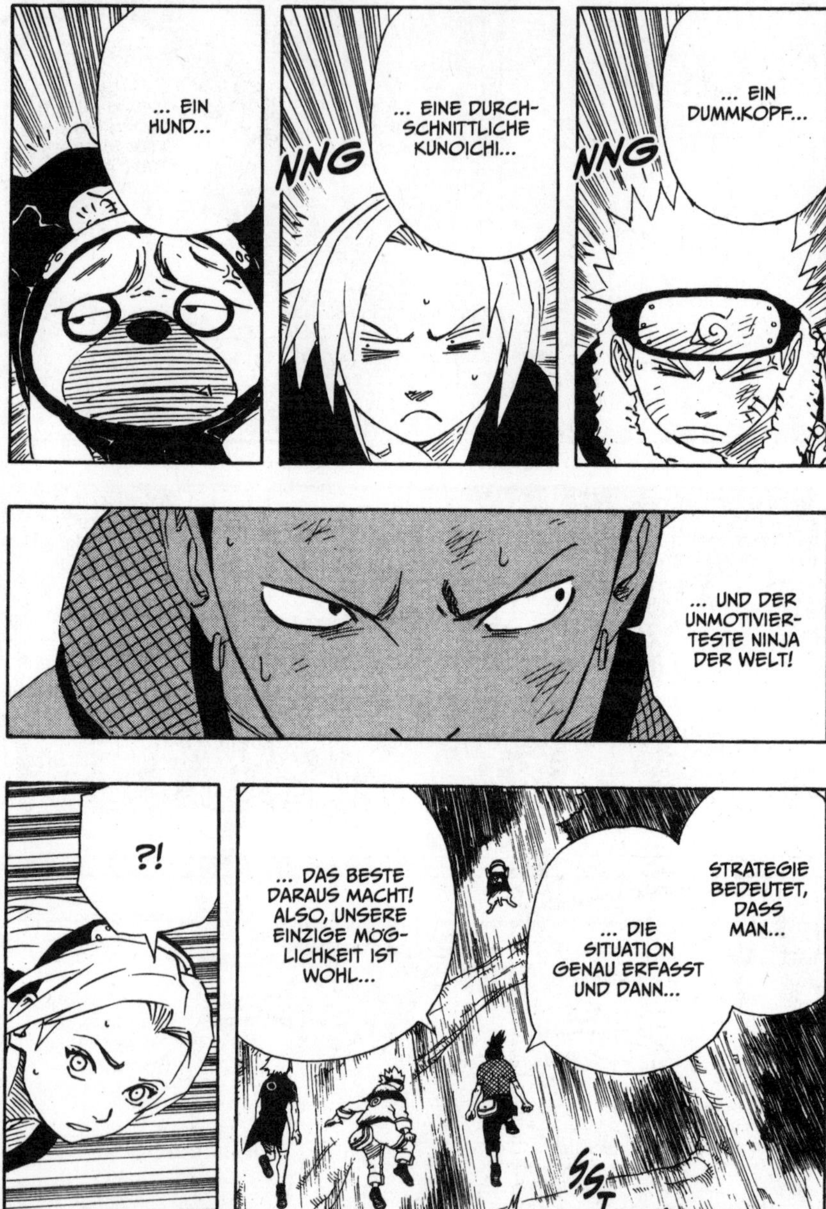
... EIN DUMMKOPF...
NNG
... EINE DURCH-SCHNITTLICHE KUNOICHI...
NNG
... EIN HUND...
... UND DER UNMOTIVIERTESTE NINJA DER WELT!
STRATEGIE BEDEUTET, DASS MAN...
... DIE SITUATION GENAU ERFASST UND DANN...
... DAS BESTE DARAUS MACHT! ALSO, UNSERE EINZIGE MÖGLICHKEIT IST WOHL...
SST
?!

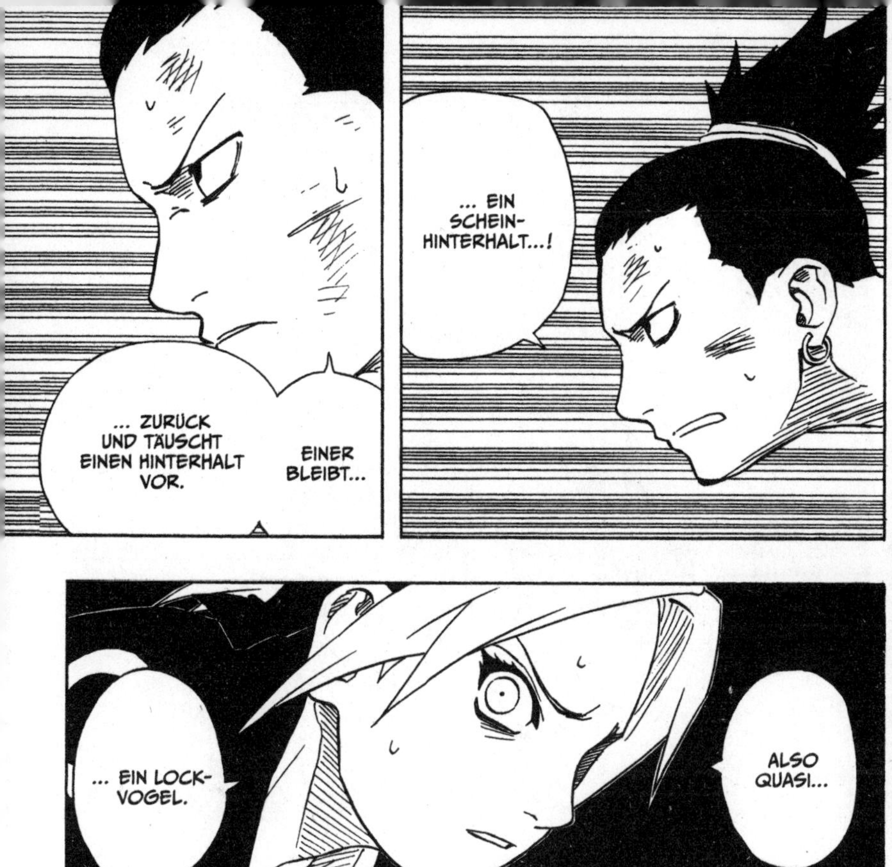
... EIN SCHEIN-HINTERHALT...!
EINER BLEIBT...
... ZURÜCK UND TÄUSCHT EINEN HINTERHALT VOR.
ALSO QUASI...
... EIN LOCK-VOGEL.
GENAU! UND DURCH DIE VERFOLGUNG DES LOCK-VOGELS VERLIEREN SIE...
... DIE SPUR DER ANDEREN. ABER...
... DER LOCKVOGEL WIRD DAS...

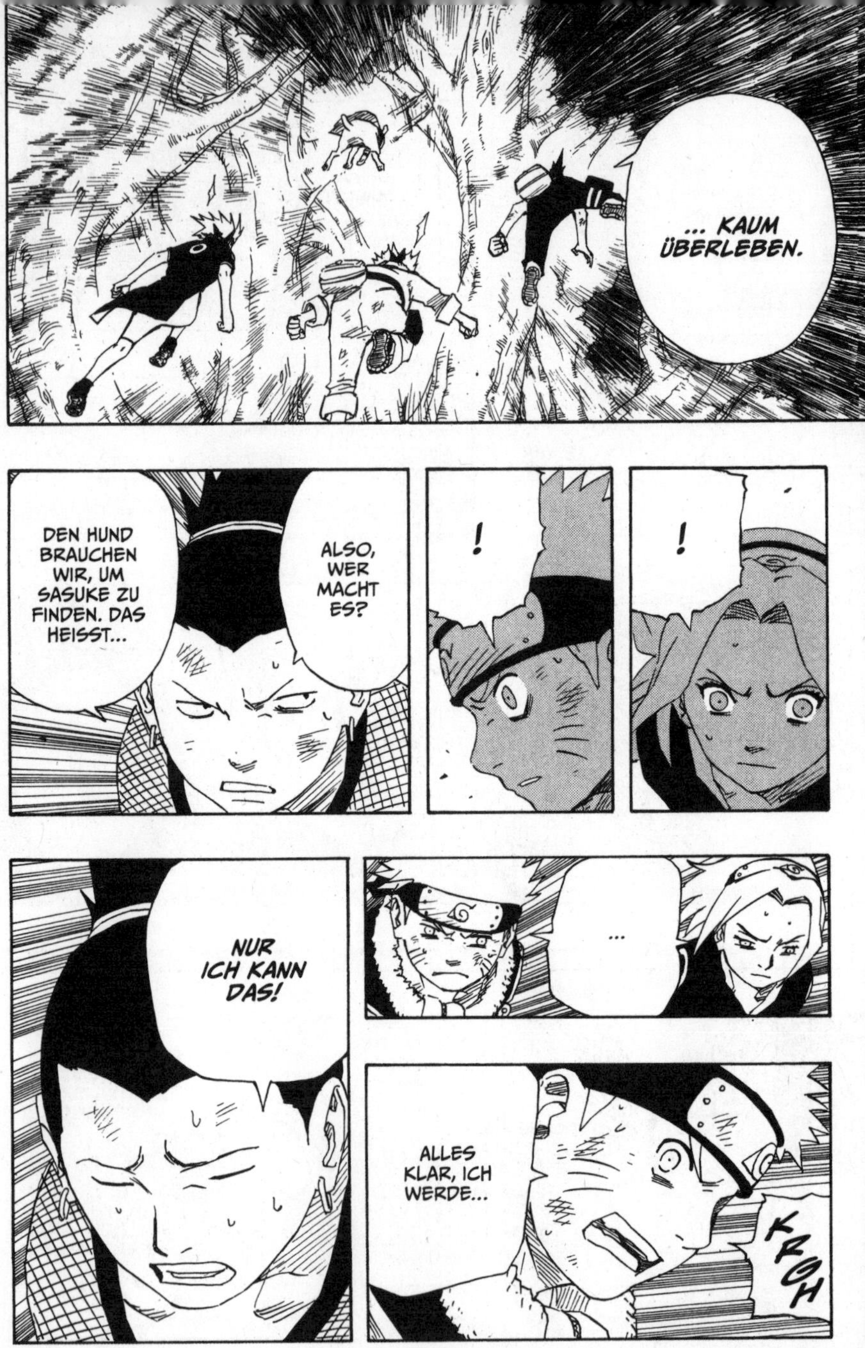
... KAUM ÜBERLEBEN.
ALSO, WER MACHT ES?
DEN HUND BRAUCHEN WIR, UM SASUKE ZU FINDEN. DAS HEISST...
!
!
...
NUR ICH KANN DAS!
ALLES KLAR, ICH WERDE...
KRCH

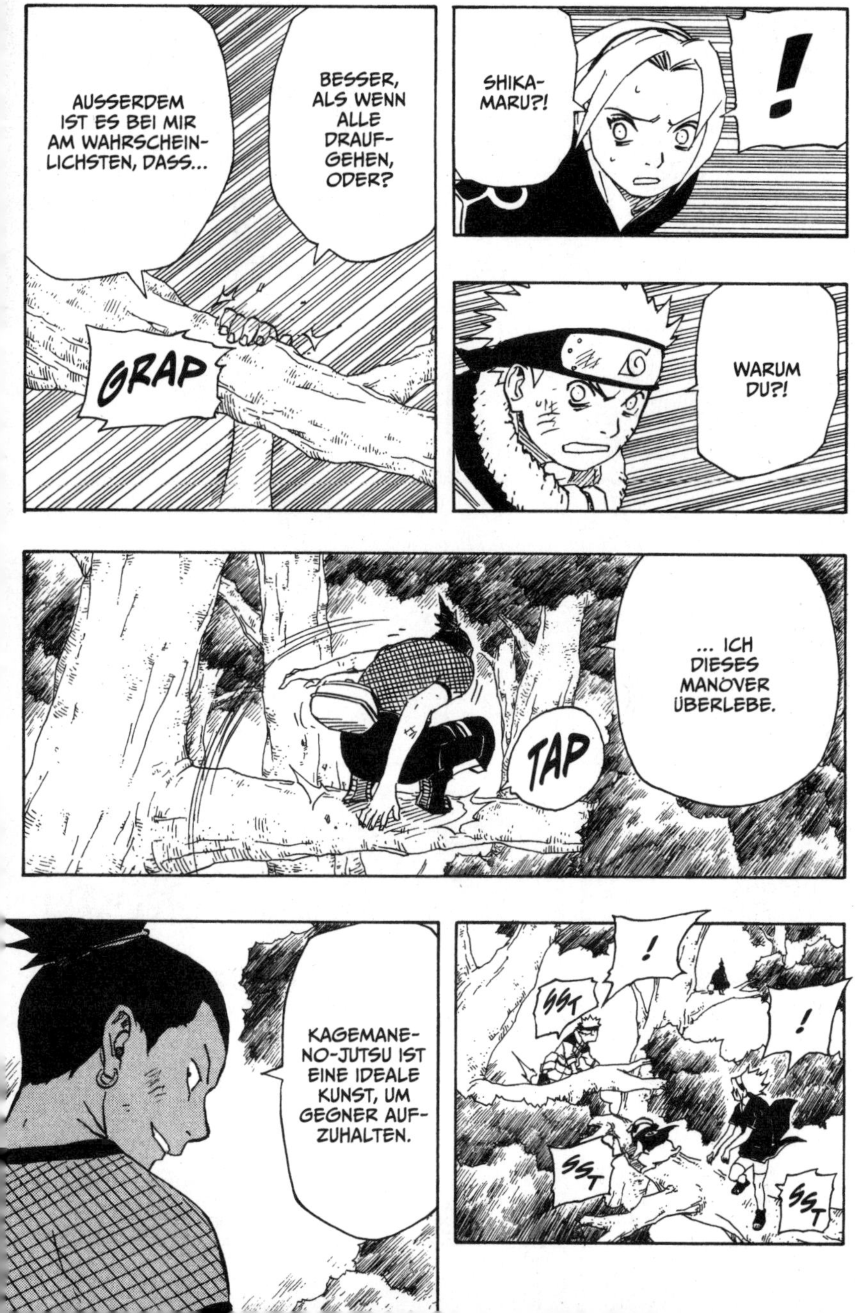

!
SHIKA-MARU?!
WARUM DU?!
BESSER, ALS WENN ALLE DRAUF-GEHEN, ODER?
AUSSERDEM IST ES BEI MIR AM WAHRSCHEIN-LICHSTEN, DASS...
GRAP
... ICH DIESES MANÖVER ÜBERLEBE.
TAP
!
SST
!
SST
SST
KAGEMANE-NO-JUTSU IST EINE IDEALE KUNST, UM GEGNER AUF-ZUHALTEN.

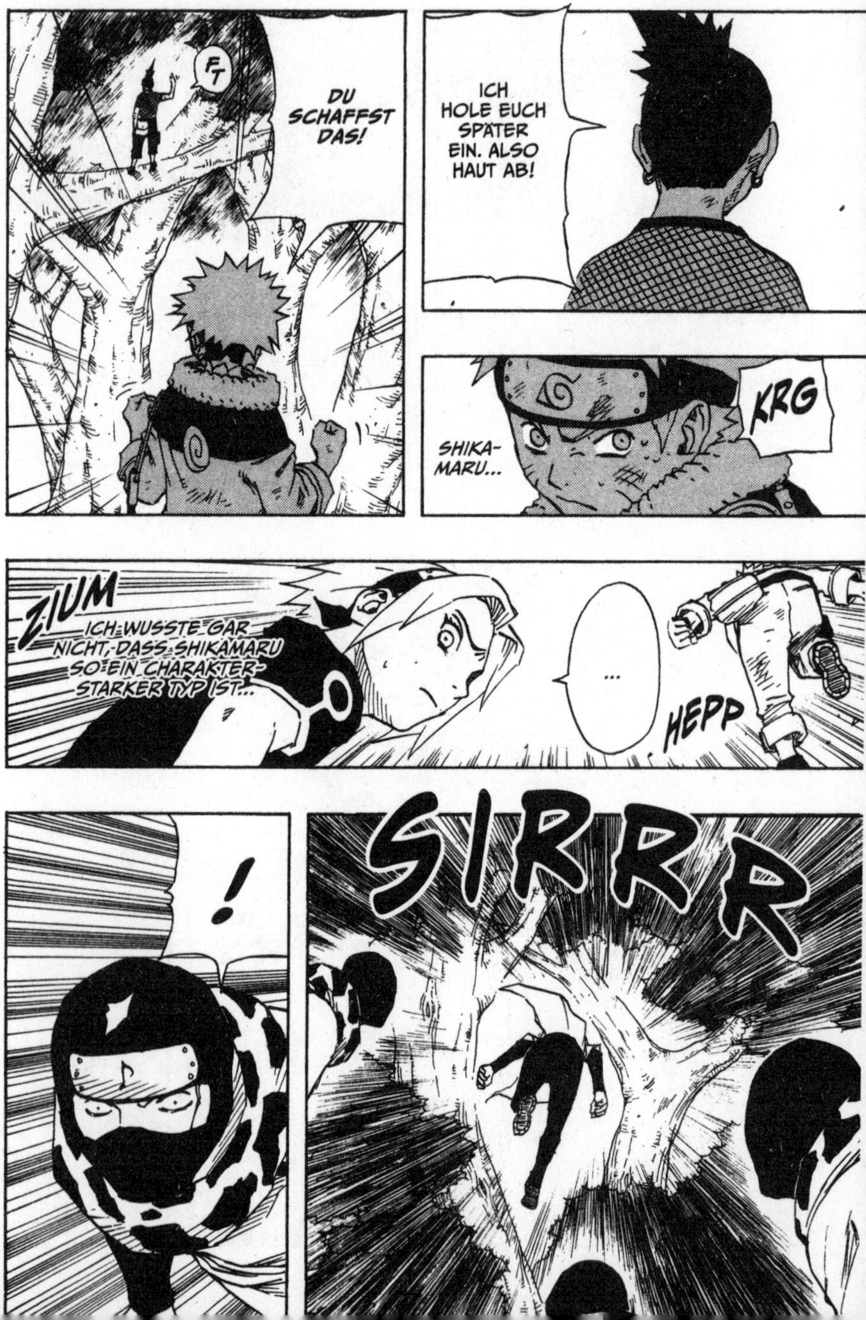
ICH HOLE EUCH SPÄTER EIN. ALSO HAUT AB!
FT
DU SCHAFFST DAS!
KRG
SHIKA-MARU...
HEPP
...
ZIUM
ICH WUSSTE GAR NICHT, DASS SHIKAMARU SO EIN CHARAKTER-STARKER TYP IST...
SIRRR
!

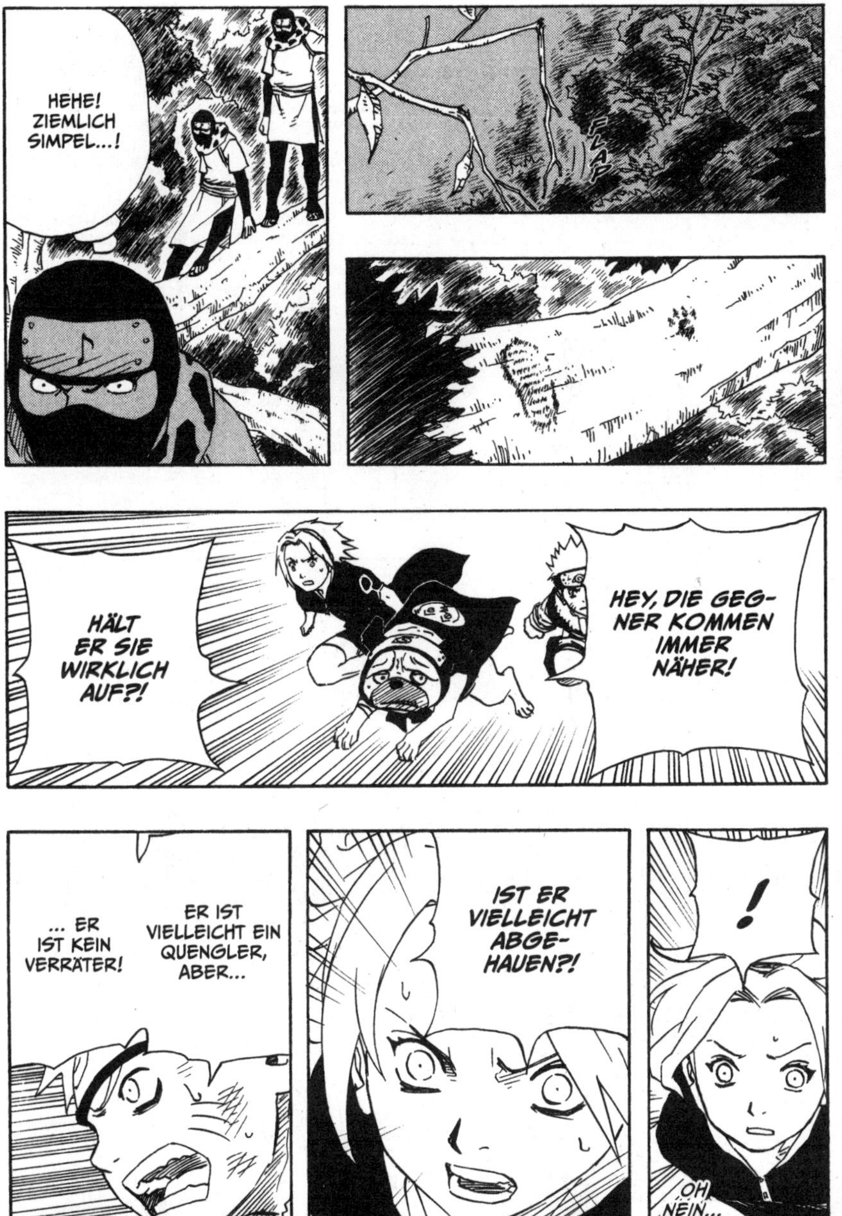
FLAP
HEHE! ZIEMLICH SIMPEL...!
HEY, DIE GEGNER KOMMEN IMMER NÄHER!
HÄLT ER SIE WIRKLICH AUF?!
!
OH NEIN...
IST ER VIELLEICHT ABGEHAUEN?!
ER IST VIELLEICHT EIN QUENGLER, ABER...
... ER IST KEIN VERRÄTER!

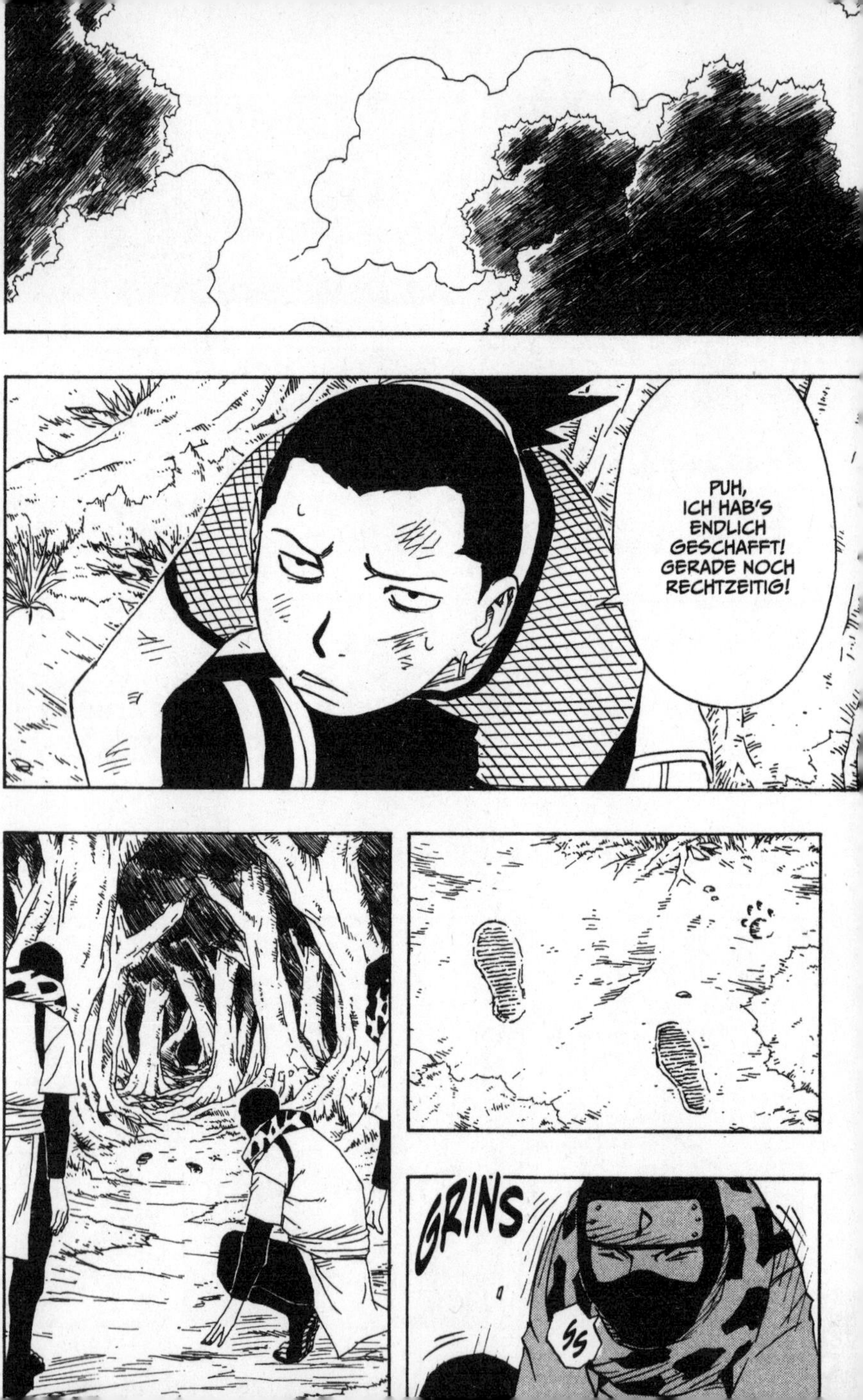
PUH, ICH HAB'S ENDLICH GESCHAFFT! GERADE NOCH RECHTZEITIG!
GRINS
SS

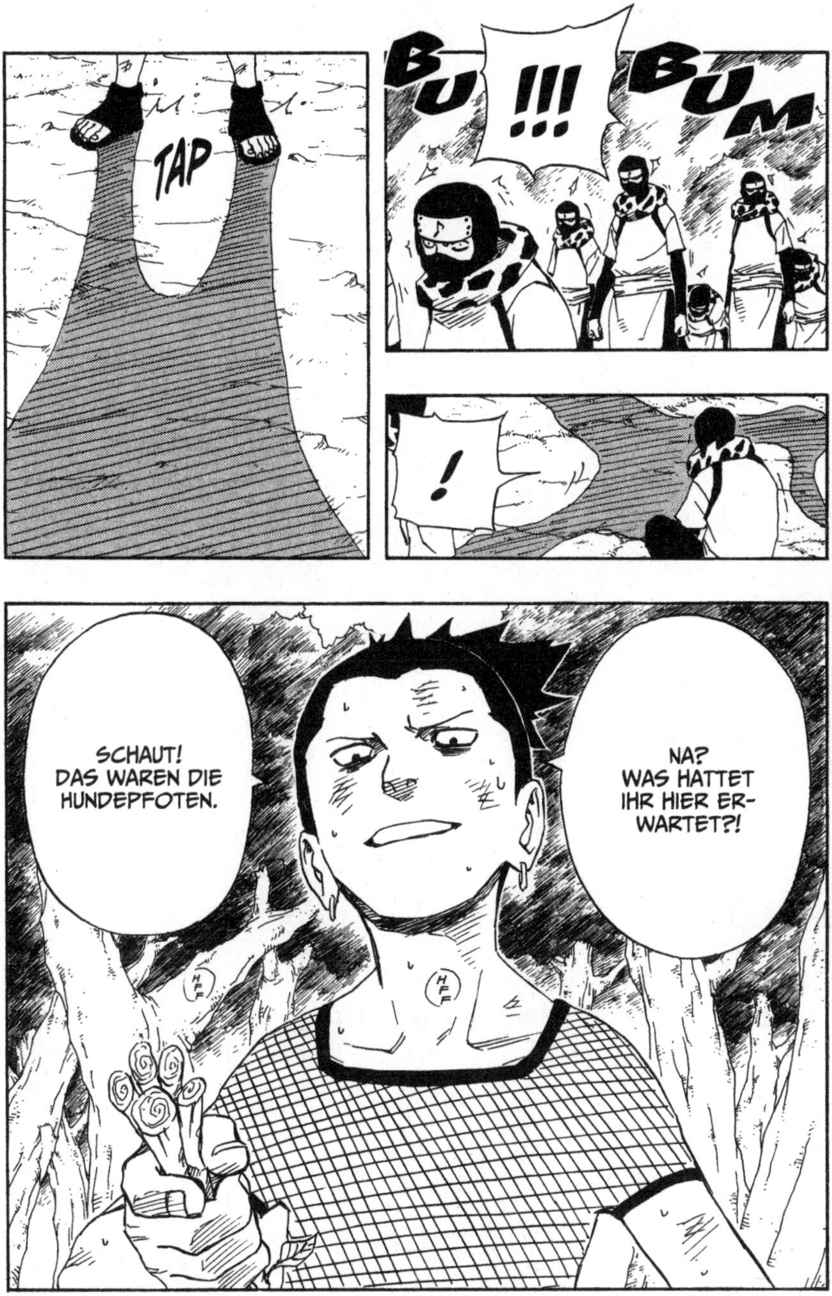

BUM
!!!
BUM
TAP
!
NA?
WAS HATTET
IHR HIER ER-
WARTET?!
SCHAUT!
DAS WAREN DIE
HUNDEPFOTEN.
HFF
HFF

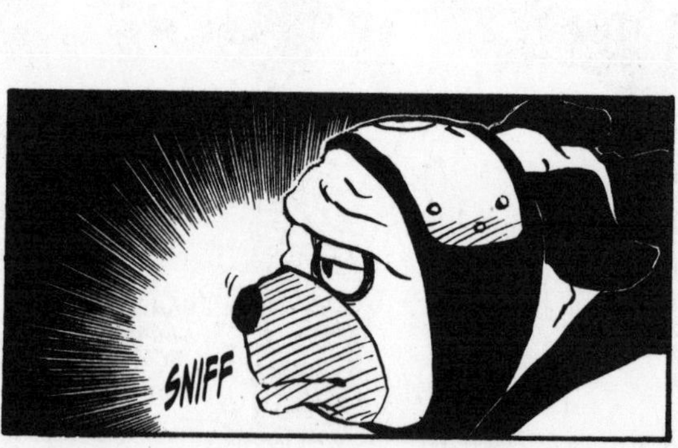
SNIFF

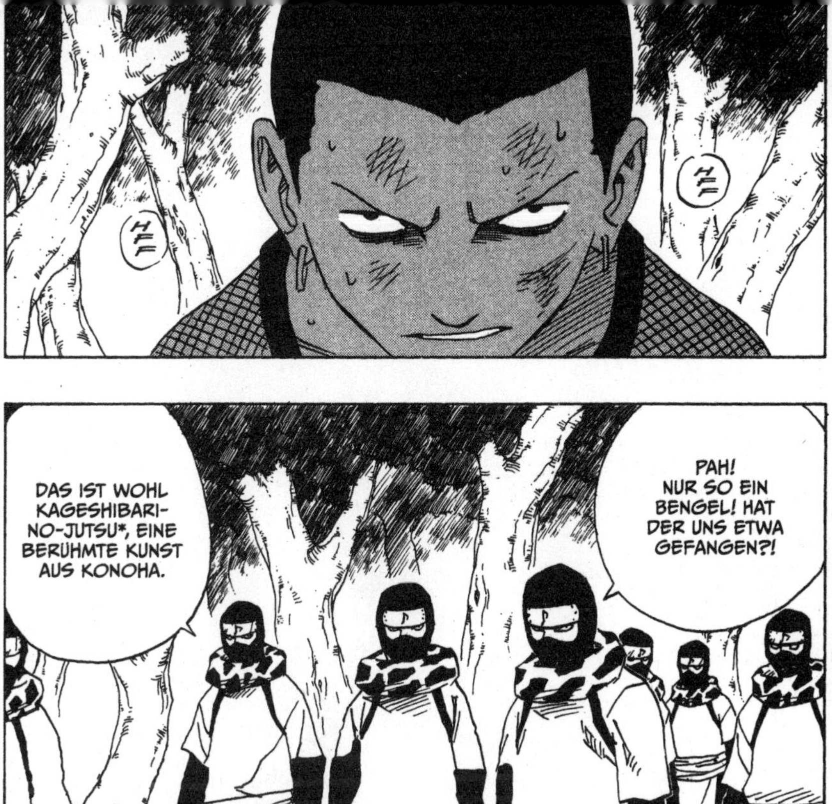

* KAGESHIBARI-NO-JUTSU = KUNST DES FESSELNS DURCH EINEN SCHATTEN

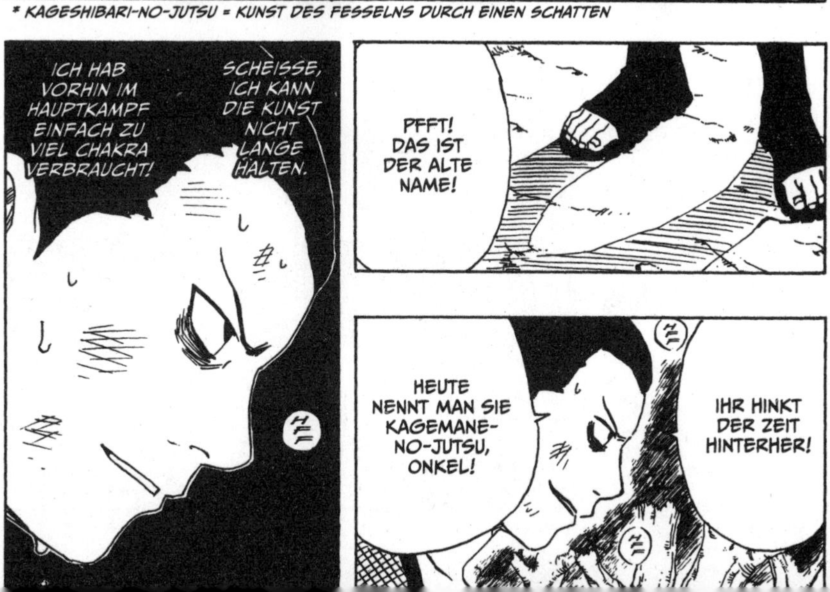

119. Kapitel: Mein Leben

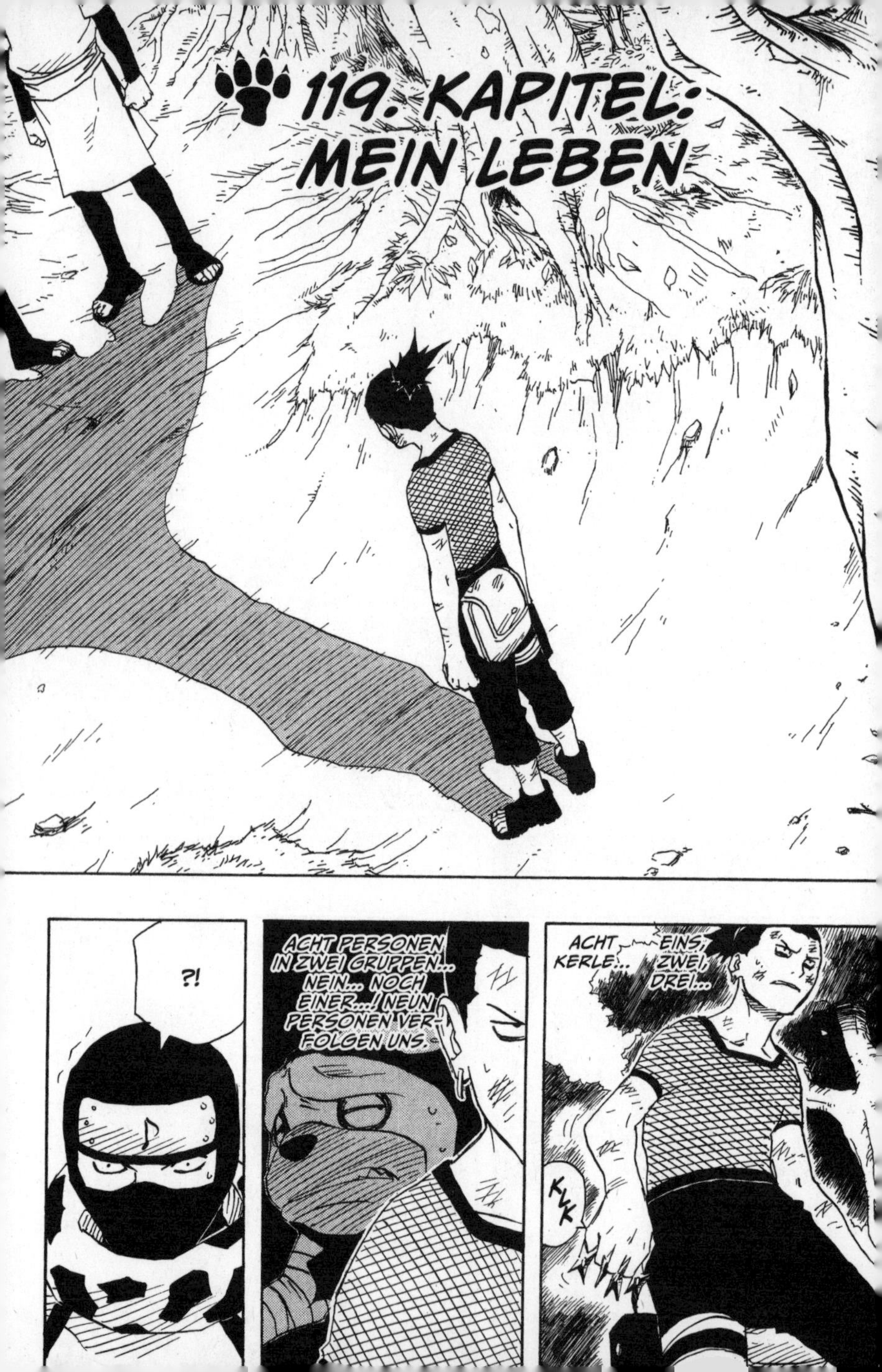

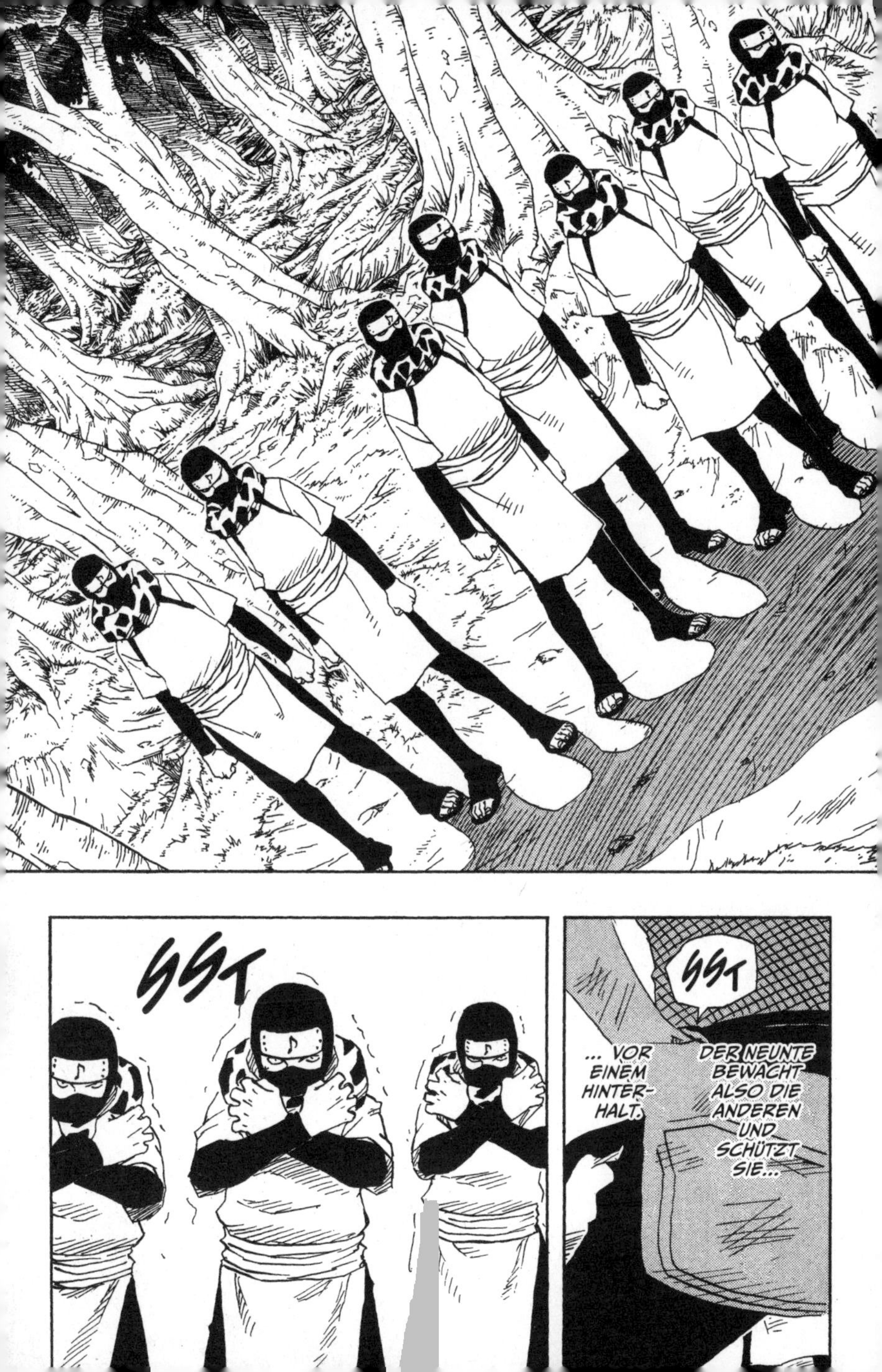
SST
DER NEUNTE BEWACHT ALSO DIE ANDEREN UND SCHÜTZT SIE...
... VOR EINEM HINTER-HALT.
SST

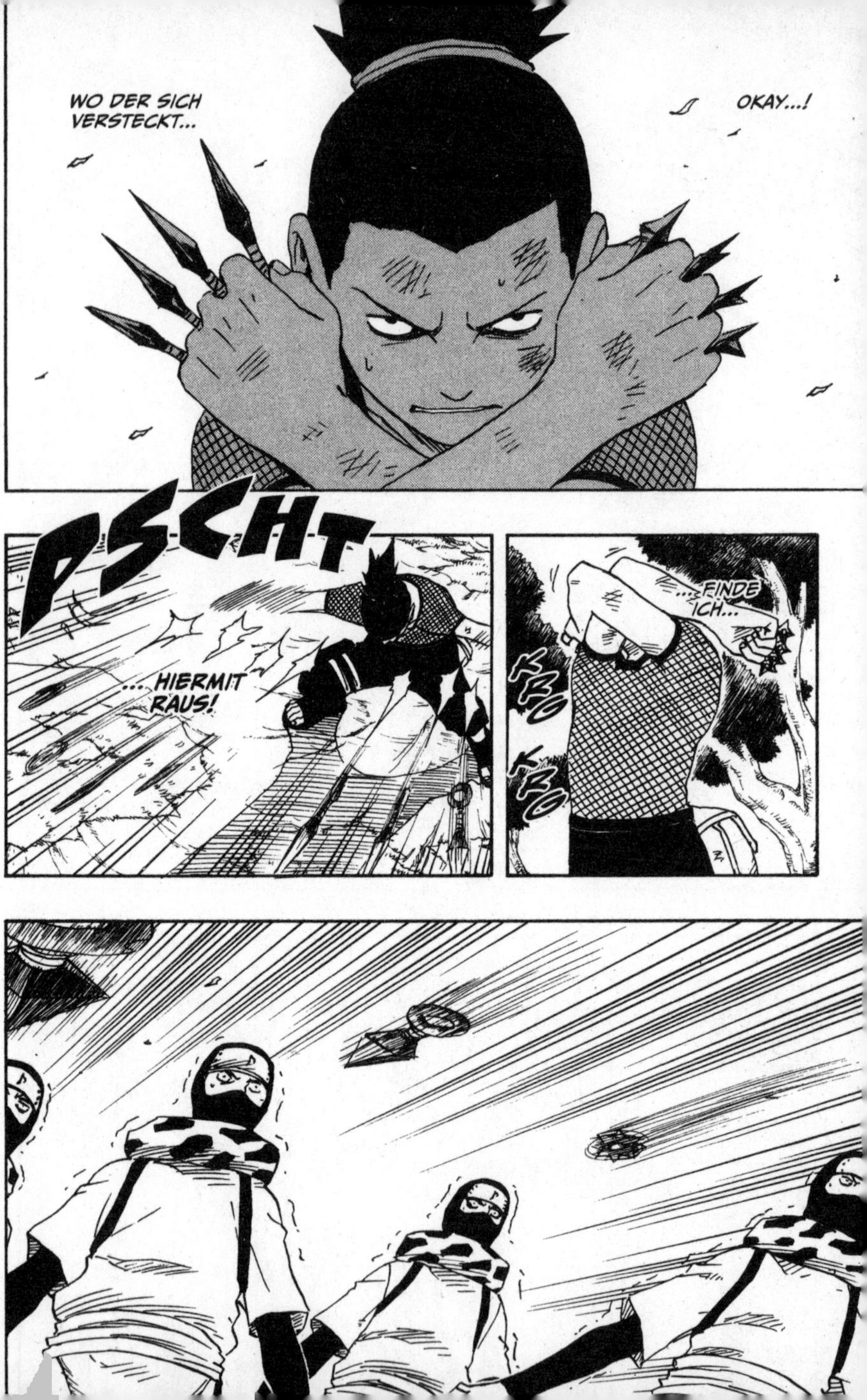

OKAY...!
WO DER SICH VERSTECKT...
...FINDE ICH...
KRG KRG
PSCHT
...HIERMIT RAUS!

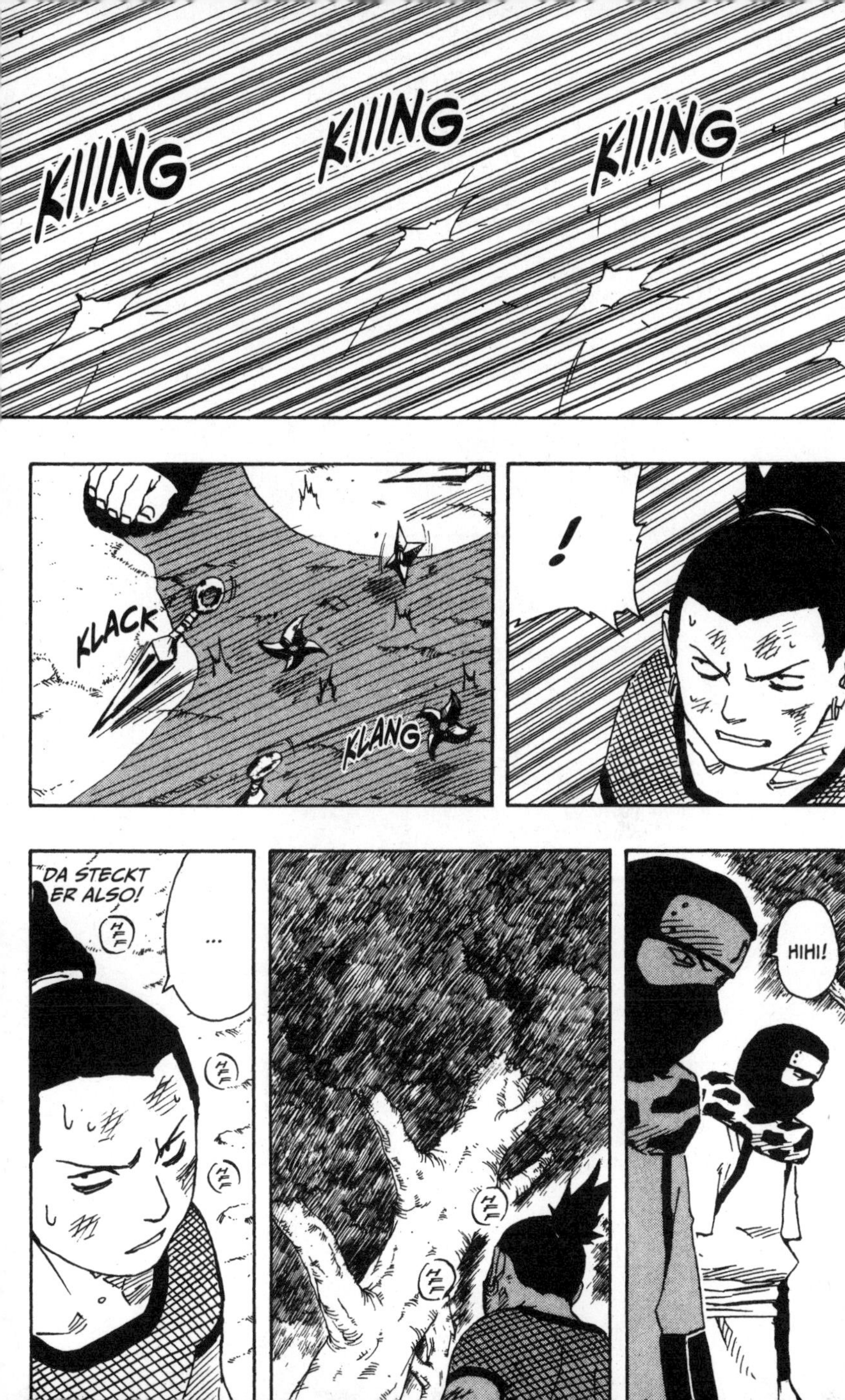

KIIING
KIIING
KIIING
!
KLACK
KLANG
HIHI!
HFF
HFF
DA STECKT ER ALSO!
HFF
...
HFF
HFF

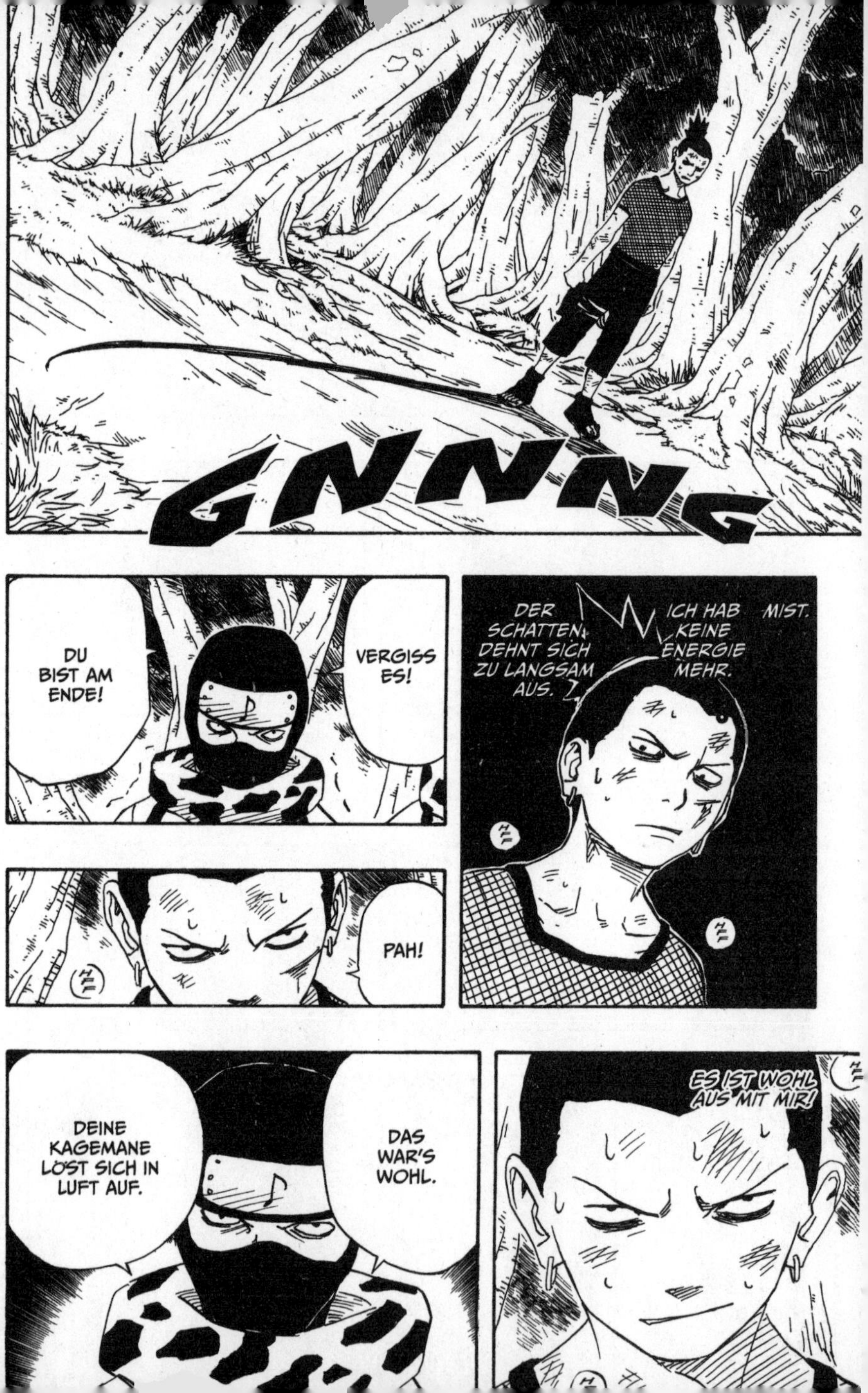
GNNNG
MIST.
ICH HAB KEINE ENERGIE MEHR.
DER SCHATTEN DEHNT SICH ZU LANGSAM AUS.
VERGISS ES!
DU BIST AM ENDE!
PAH!
ES IST WOHL AUS MIT MIR!
DAS WAR'S WOHL.
DEINE KAGEMANE LÖST SICH IN LUFT AUF.

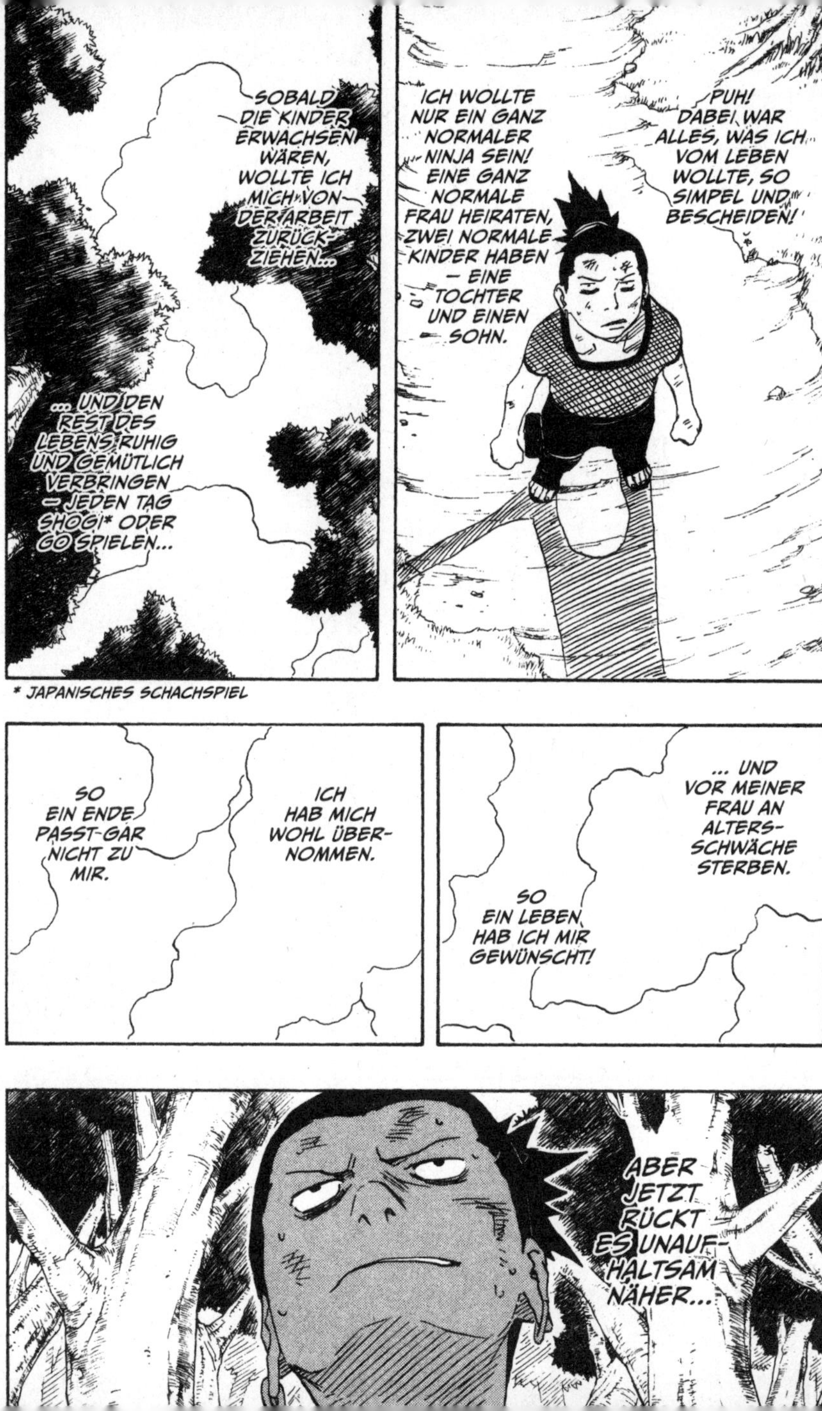

* JAPANISCHES SCHACHSPIEL

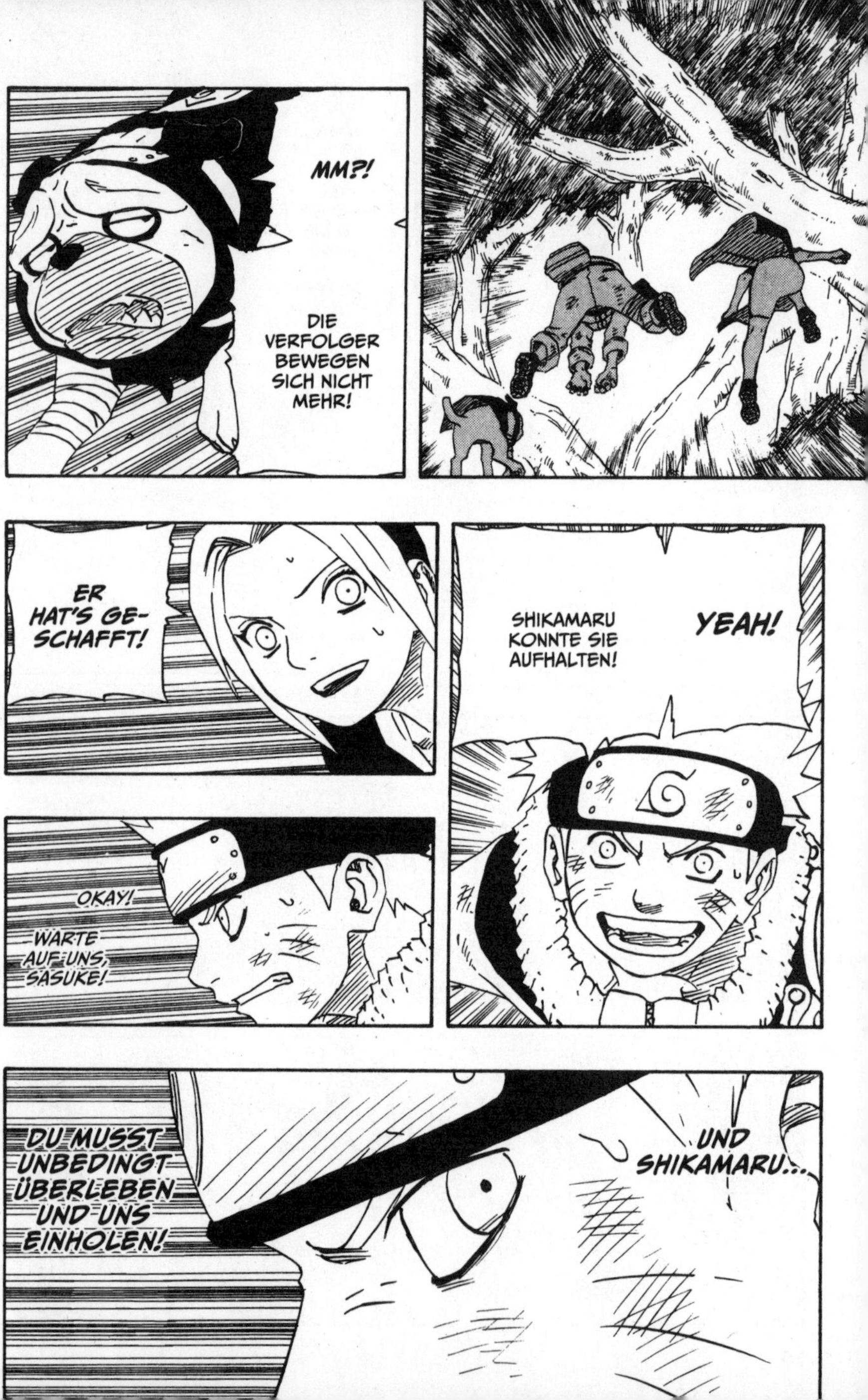
MM?!
DIE VERFOLGER BEWEGEN SICH NICHT MEHR!
YEAH!
SHIKAMARU KONNTE SIE AUFHALTEN!
ER HAT'S GESCHAFFT!
OKAY!
WARTE AUF UNS, SASUKE!
UND SHIKAMARU...
DU MUSST UNBEDINGT ÜBERLEBEN UND UNS EINHOLEN!

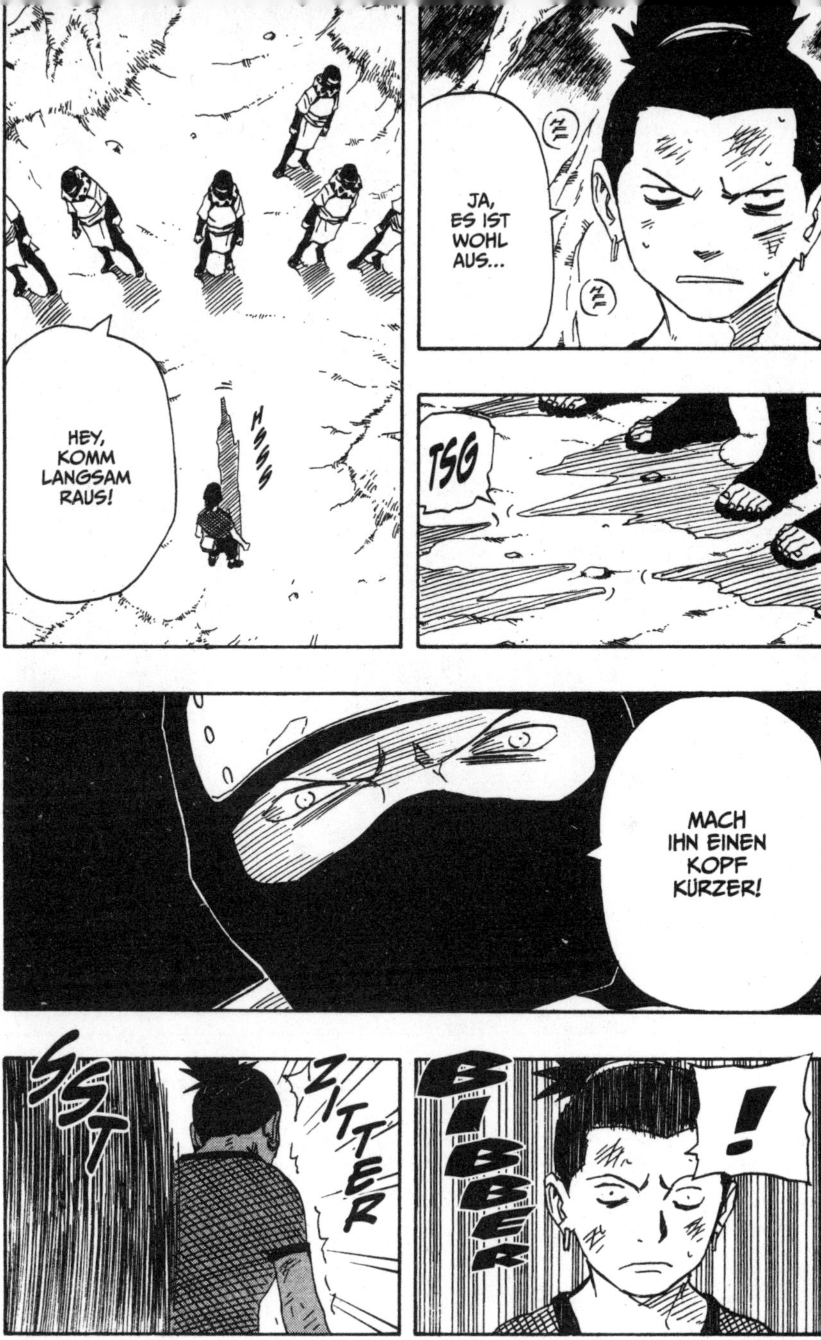
JA, ES IST WOHL AUS...
TSG
HEY, KOMM LANGSAM RAUS!
HSSS
MACH IHN EINEN KOPF KÜRZER!
BIBBER
!
SST
ZITTER

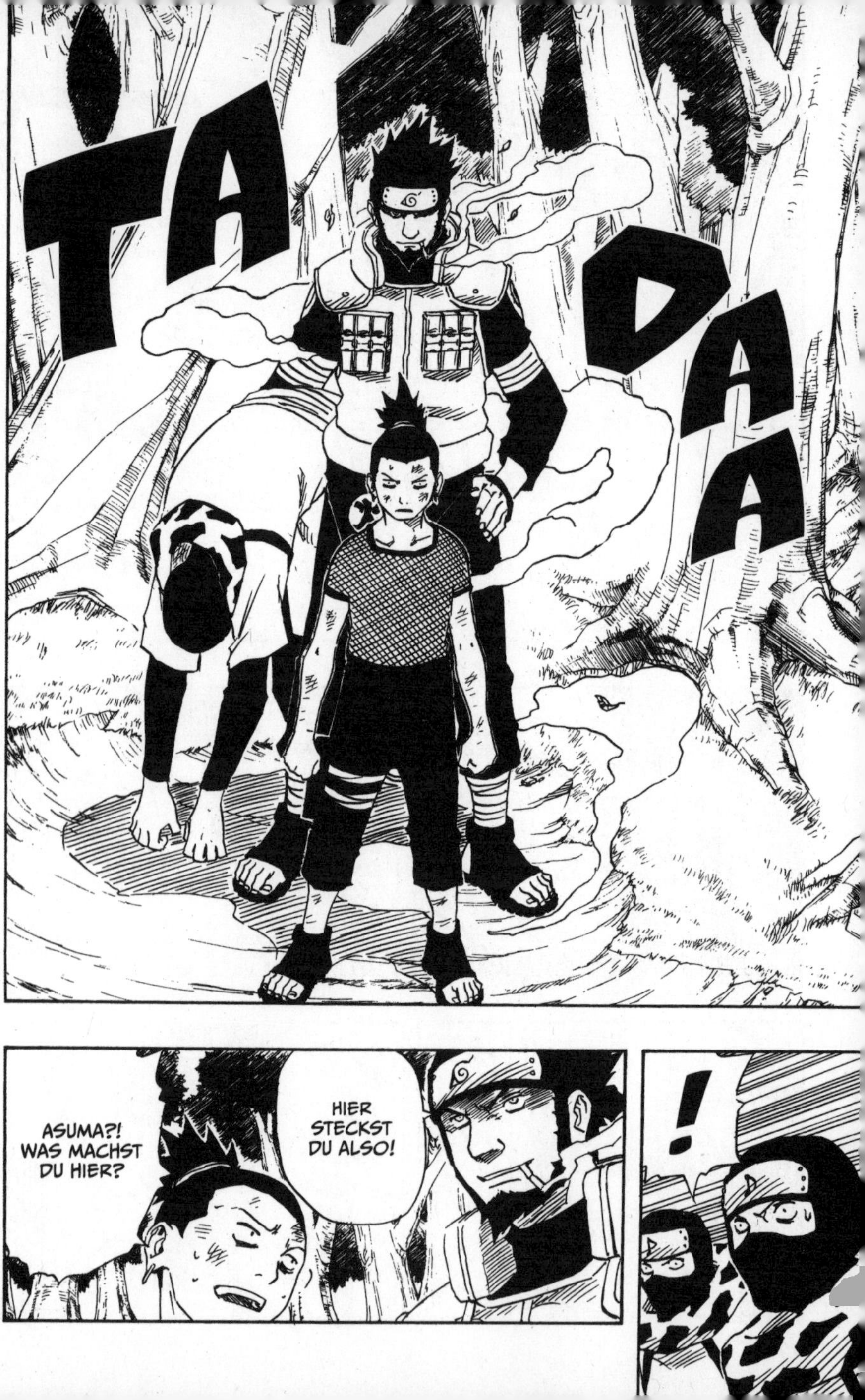
TA
DAA
HIER STECKST DU ALSO!
ASUMA?! WAS MACHST DU HIER?
!

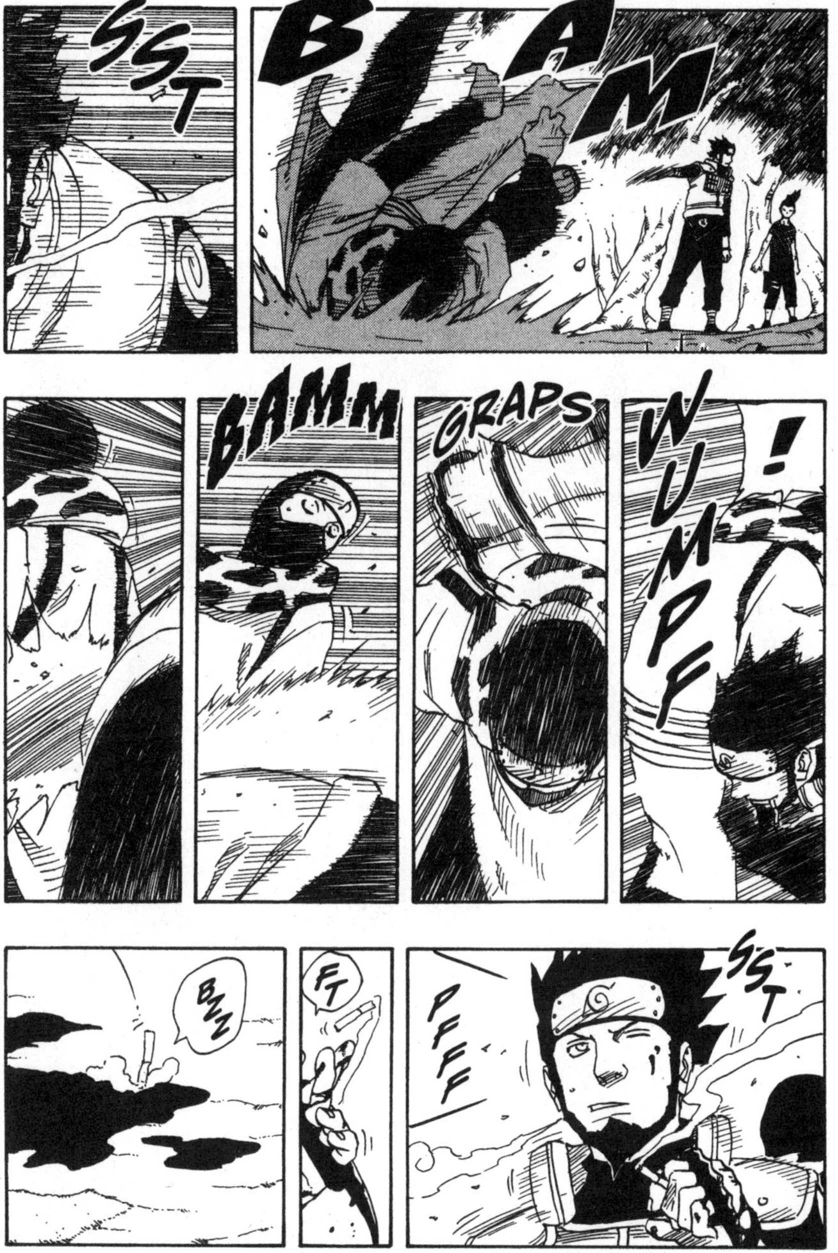
BLAM
SST
WUMPF
!
GRAPS
BAMM
SST
PFFF
FT
BZZ

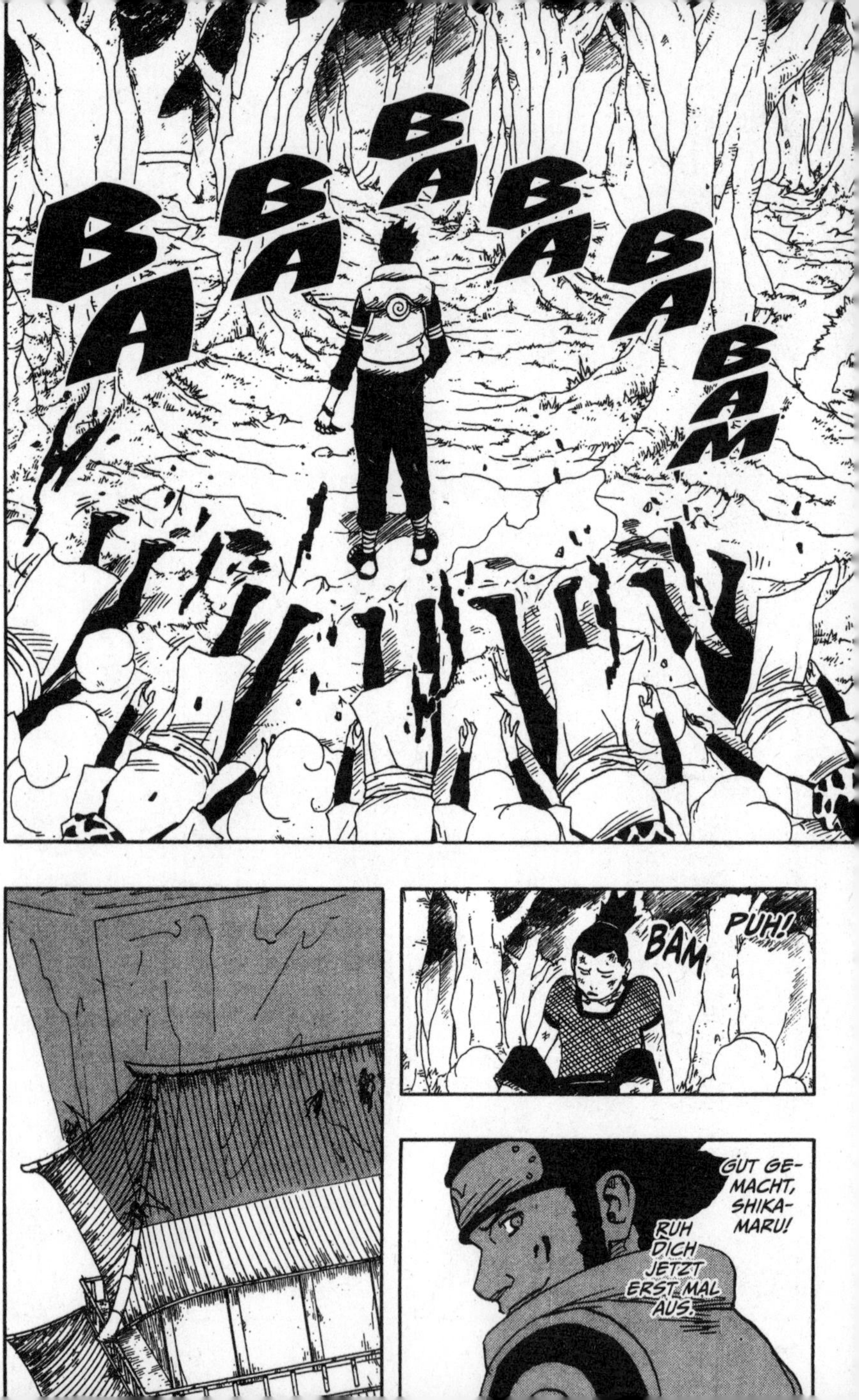
BABABABABABAM
PUH!
BAM
GUT GEMACHT, SHIKAMARU!
RUH DICH JETZT ERST MAL AUS.

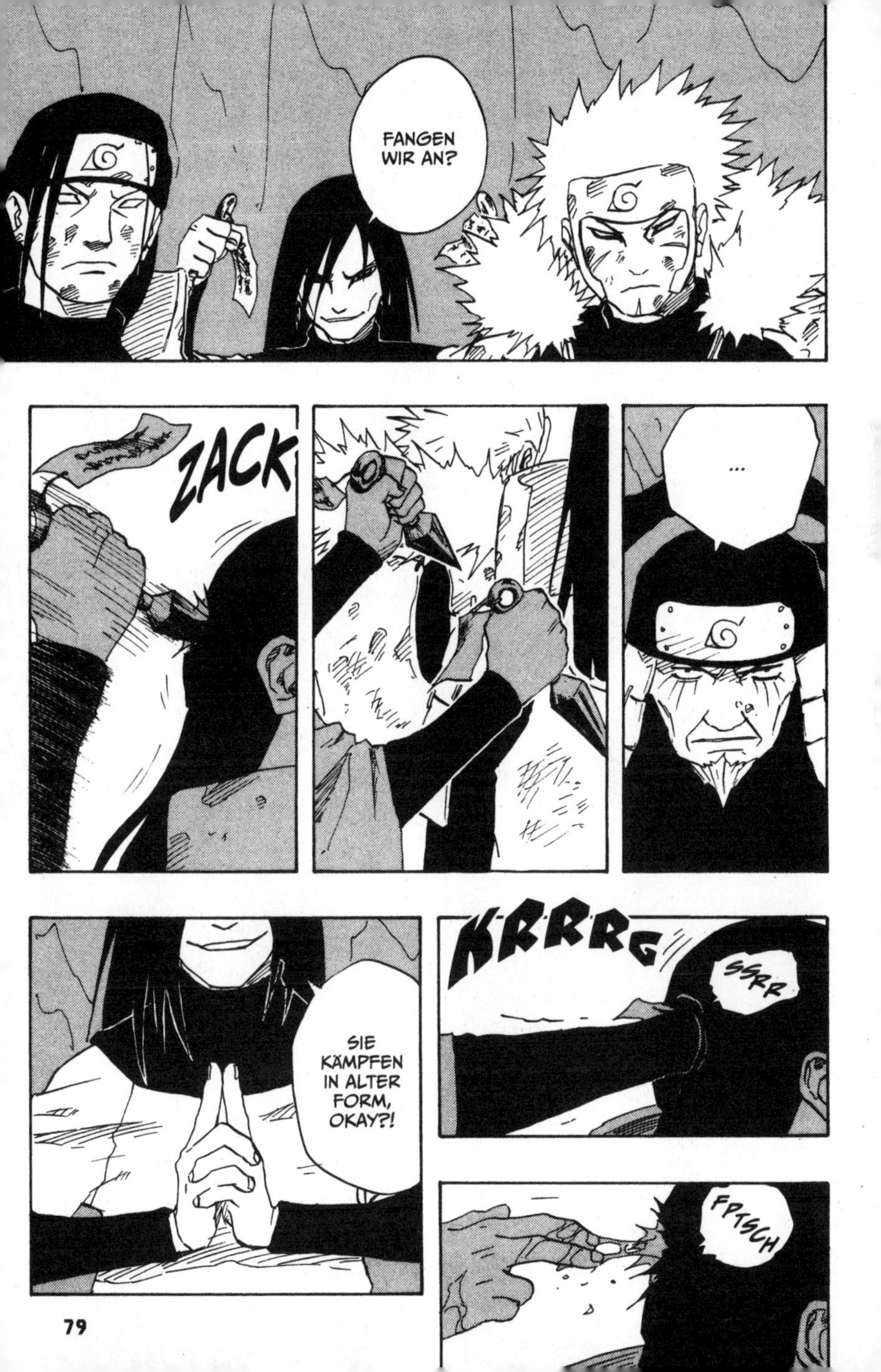
FANGEN WIR AN?
ZACK
...
SIE KÄMPFEN IN ALTER FORM, OKAY?!
KRRRG
SSRR
FPTSCH

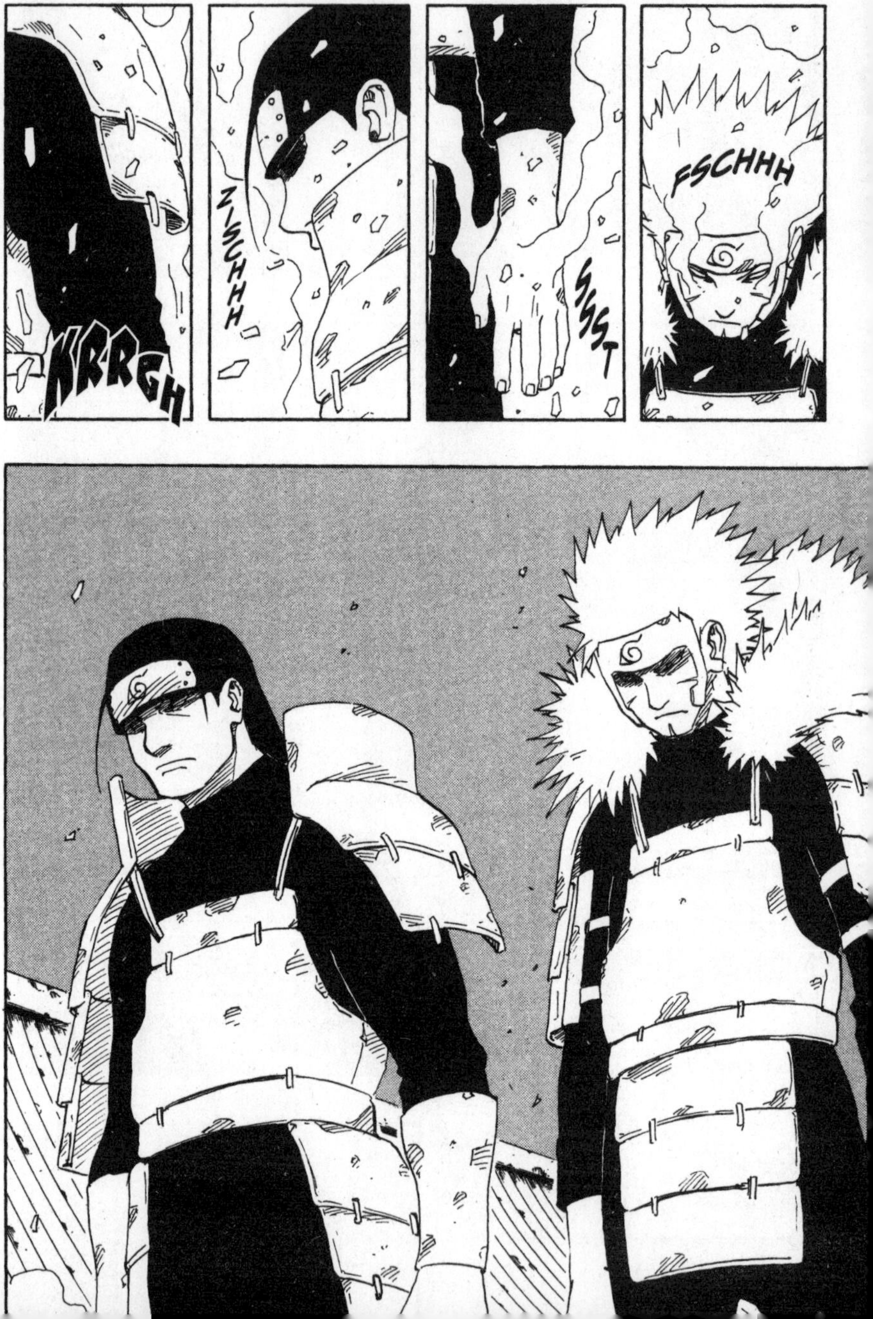
FSCHHH
SSST
ZISCHHH
KRRGH

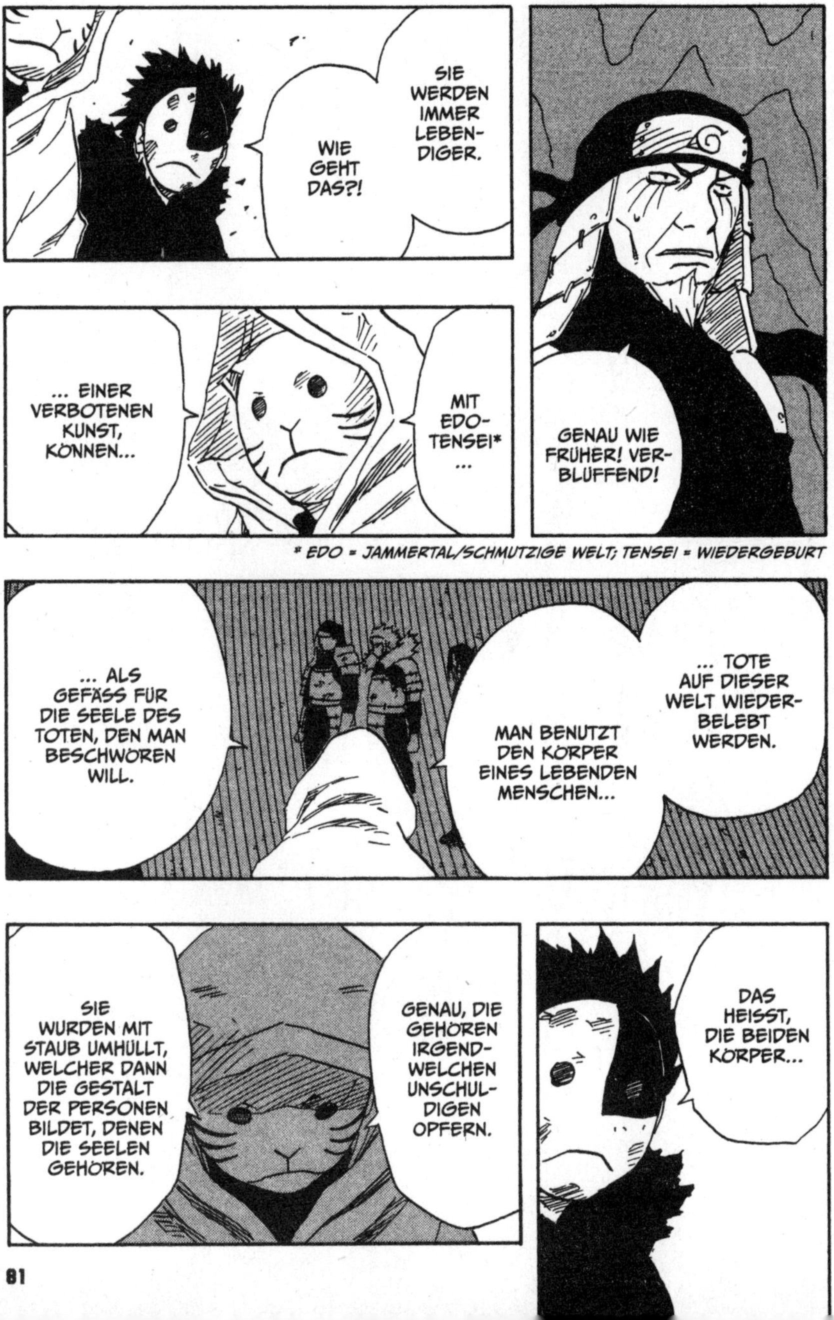

* EDO = JAMMERTAL/SCHMUTZIGE WELT; TENSEI = WIEDERGEBURT

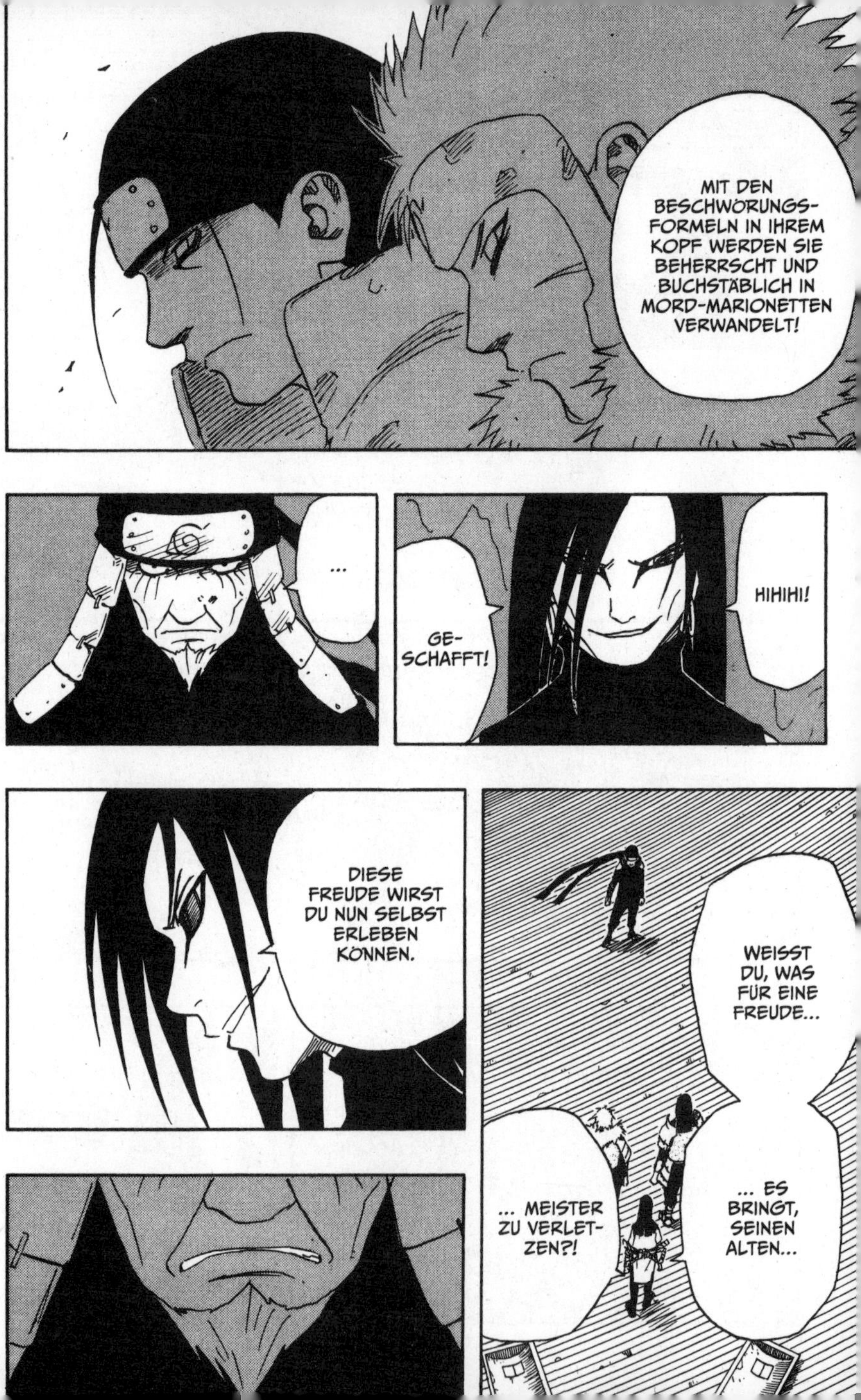
MIT DEN BESCHWÖRUNGS-FORMELN IN IHREM KOPF WERDEN SIE BEHERRSCHT UND BUCHSTÄBLICH IN MORD-MARIONETTEN VERWANDELT!
HIHIHI!
GE-SCHAFFT!
...
WEISST DU, WAS FÜR EINE FREUDE...
... ES BRINGT, SEINEN ALTEN...
... MEISTER ZU VERLET-ZEN?!
DIESE FREUDE WIRST DU NUN SELBST ERLEBEN KÖNNEN.

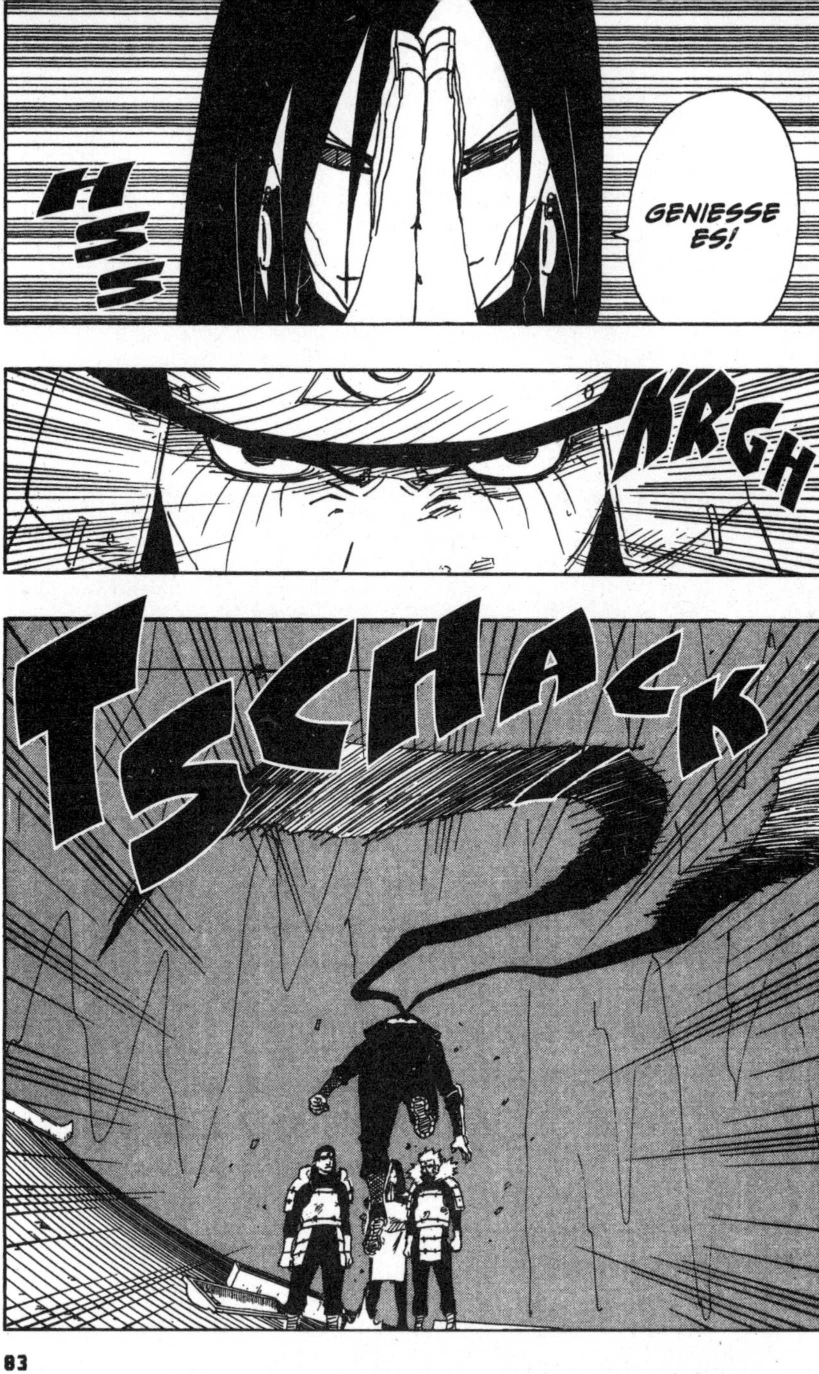
GENIESSE ES!
HSS
KRGH
TSCHACK

MASASHI KISHIMOTOS WELT LEBENSGESCHICHTE – TEIL 19

AM ENDE DES ZWEITEN STUDIENJAHRS HATTE ICH IMMER NOCH KEINE BESONDEREN MANGA GEZEICHNET UND EINES TAGES FRAGTE ICH MICH, WAS EINEN MANGA ÜBERHAUPT AUSMACHT. ICH FING AN, MANGA ZU ANALYSIEREN UND NAHM ZUM ERSTEN MAL WAHR, AUS WIE VIELEN FAKTOREN EIN MANGA BESTEHT – DEN CHARAKTEREN, DEN MOTIVEN, DER STORY, DEM BILDAUFBAU (Z.B. NAHAUFNAHMEN ODER TOTALE), DEM SOUND (LAUTMALEREIEN), DEN AKTIONEN, DEN EFFEKTEN, DEN HINTERGRÜNDEN, DEN GEFÜHLEN UND ALLEN MÖGLICHEN DINGEN. ABER JE MEHR ICH ANALYSIERTE, DESTO MEHR EIGENE MÄNGEL MUSSTE ICH ERKENNEN. DARÜBER GERIET ICH IN PANIK! ICH REALISIERTE, DASS MAN ALL DIESE FAKTOREN IM GRIFF HABEN MUSS, UM ALLEIN SCHON EINEN DURCHSCHNITTLICHEN MANGA ZUSTANDE ZU BRINGEN.

PLÖTZLICH BEKAM ICH ANGST VOR MANGA. DIESES MEDIUM ERSCHIEN MIR WIE EIN MONSTER UND ICH KONNTE NICHT MEHR ZEICHNEN. DIESER ZUSTAND DAUERTE EINIGE MONATE. DANN ERGAB ES SICH, DASS ICH EINEM FREUND BEIM LESEN DES MANGA »SLAM DUNK« ZUSAH. SEIN GESICHTSAUSDRUCK ZEIGTE, WIE VIEL SPASS ER BEIM LESEN HATTE. ICH WUSSTE, DASS DIESER FREUND IMMER GANZ OFFEN UND DIREKT WAR. AUSSERDEM KANNTE ER MANGA GUT. UND DA MUSSTE ICH IHN EINFACH NACH DEM UNTERSCHIED ZWISCHEN EINEM MANGA WIE »SLAM DUNK« UND MEINEN MANGA FRAGEN! ICH HATTE ANGST VOR SEINER ANTWORT, ABER ICH MUSSTE ES JETZT EINFACH WISSEN!
ER SAGTE DANN FOLGENDES: »MAN SPÜRT BEIM LESEN VON ›SLAM DUNK‹, DASS TAKEHIKO INOUE* BASKETBALL SEHR MAG UND DASS ER BEIM ZEICHNEN VIEL SPASS HATTE. UND MAN MERKT , DASS ER DEN SPASS MIT SEINEN LESERN TEILEN MÖCHTE! BEI DEINEN MANGA ERKENNT MAN ZWAR, DASS DU DIR VIEL MÜHE GIBST – ABER MAN SPÜRT NICHT UNBEDINGT, DASS DU DABEI SPASS HAST. AUSSERDEM FÜHLT MAN NICHT, DASS DU AN DIE LESER GEDACHT HAST. MAN BEKOMMT SOGAR EHER DEN EINDRUCK, DASS DU DIE LESER VERGESSEN HAST UND NUR FÜR DICH SELBST GEZEICHNET HAST...«

* AUTOR UND ZEICHNER VON »SLAM DUNK«

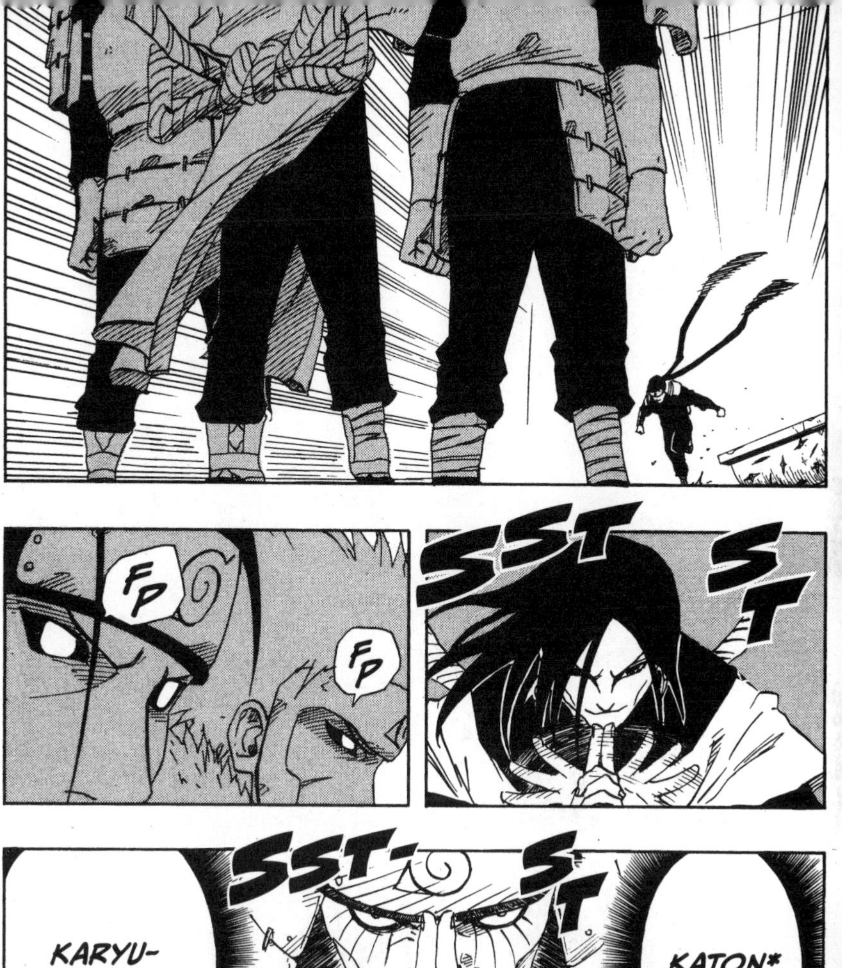

* KA = FEUER, TON = VERSTECK, RYU = DRACHEN/FLIESSEN , EN = FLAMMEN, DAN = GESCHOSS

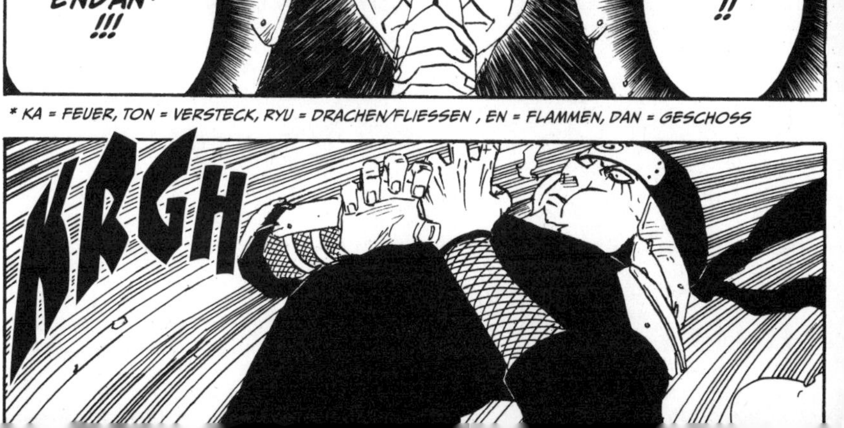

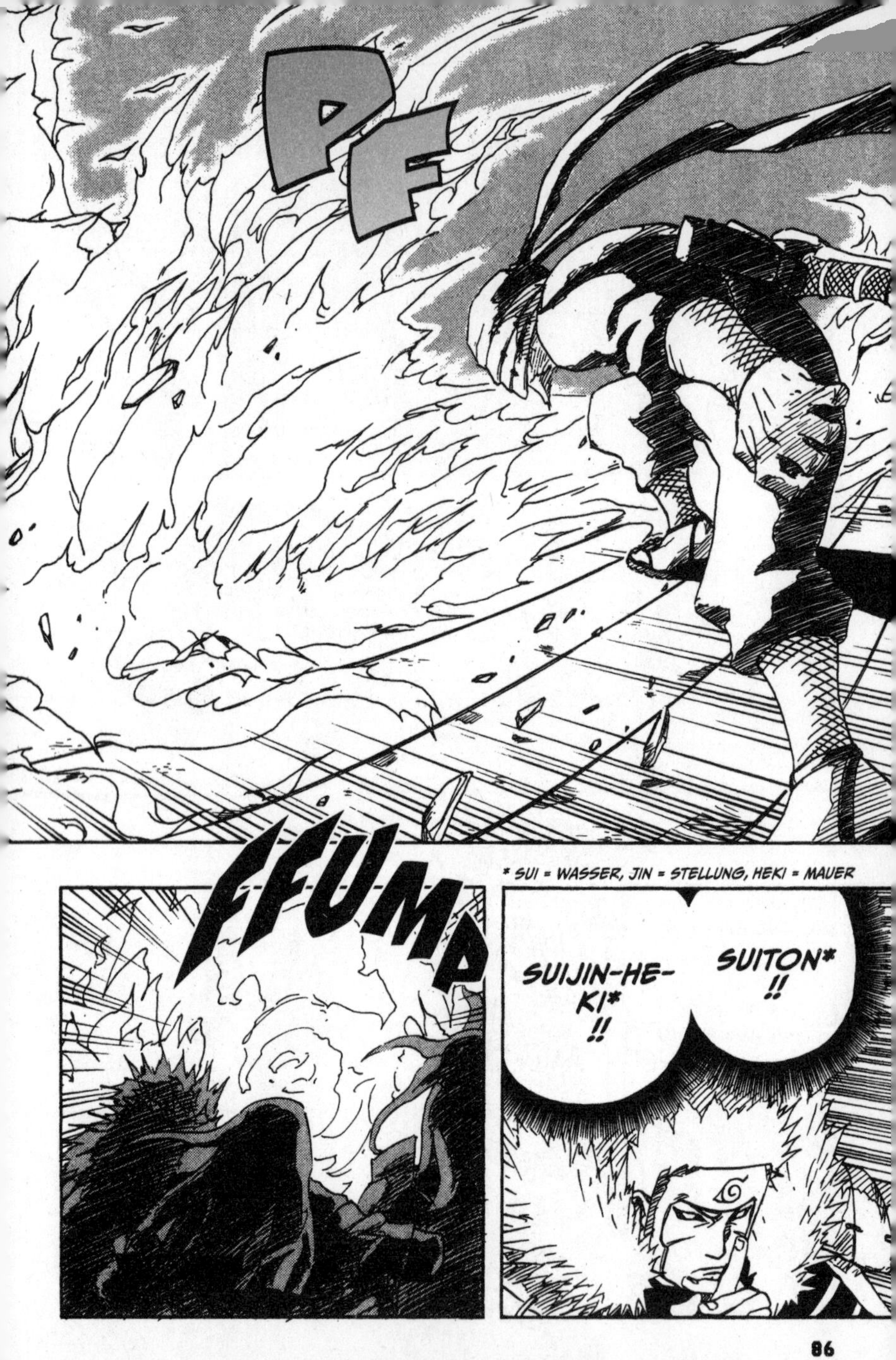

* SUI = WASSER, JIN = STELLUNG, HEKI = MAUER

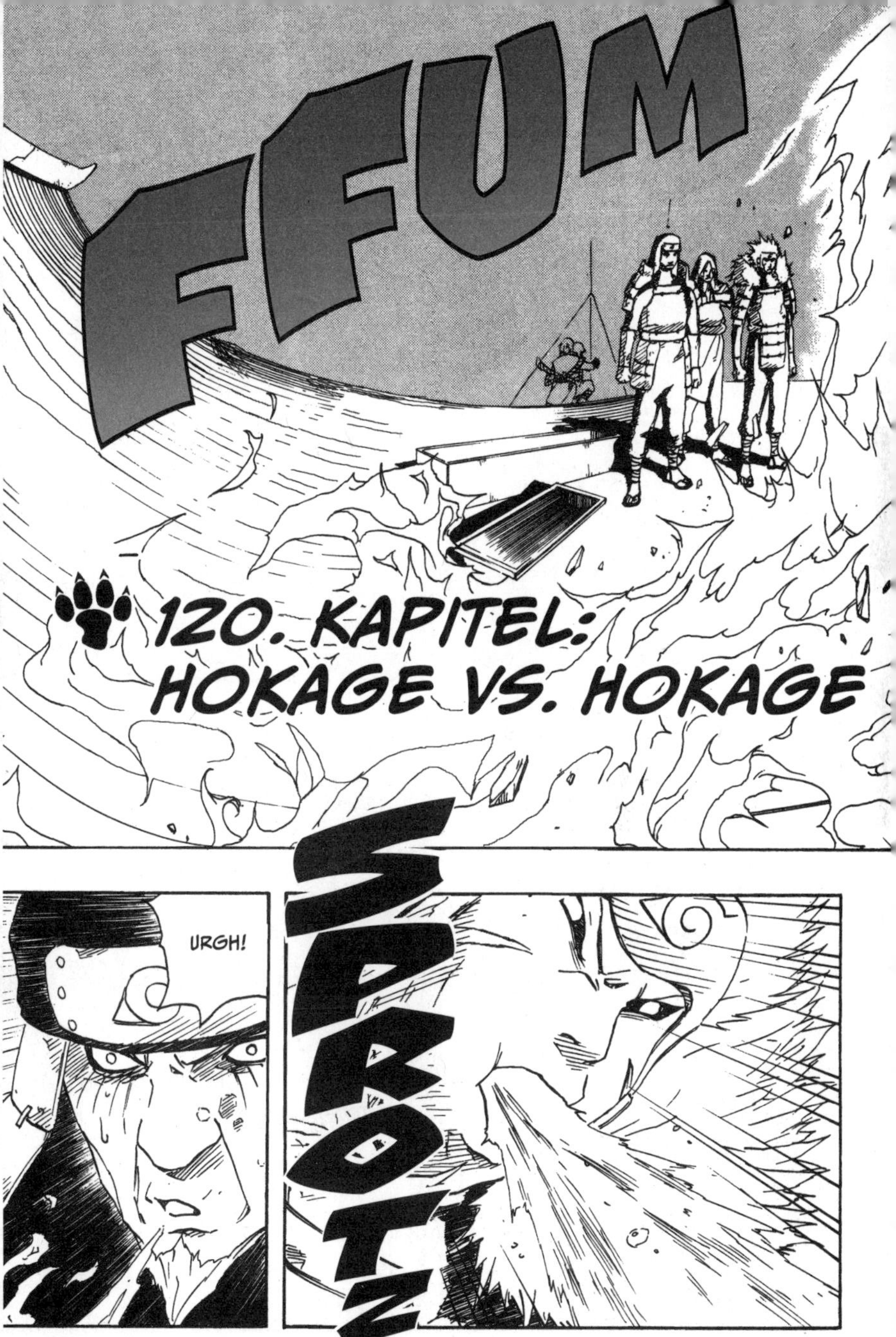
FFUM
120. KAPITEL:
HOKAGE VS. HOKAGE
SPROTZ
URGH!

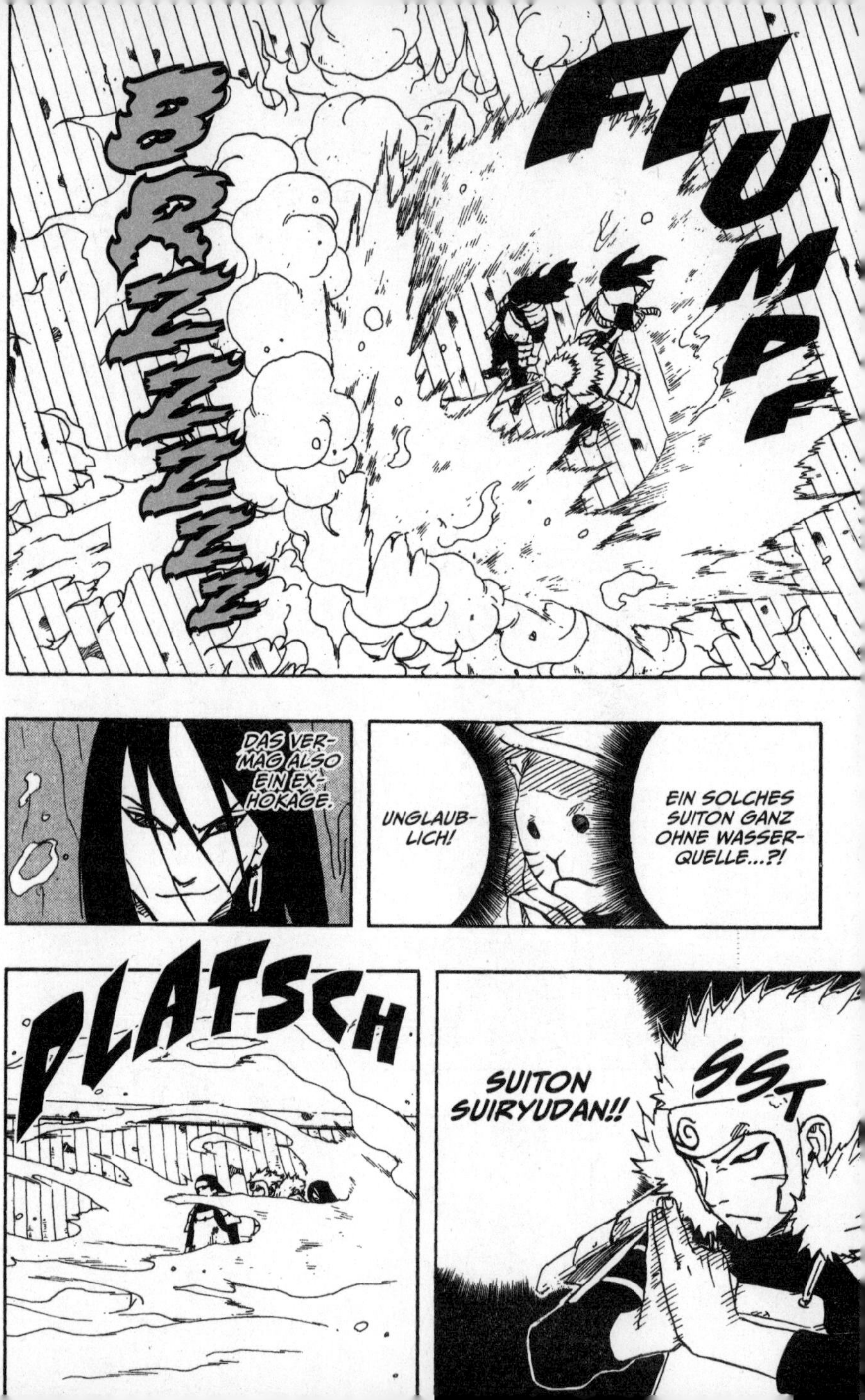
FFUMPF
BRZZZZZZ
UNGLAUB-LICH!
EIN SOLCHES SUITON GANZ OHNE WASSER-QUELLE...?!
DAS VER-MAG ALSO EIN EX-HOKAGE.
SST
SUITON SUIRYUDAN!!
PLATSCH

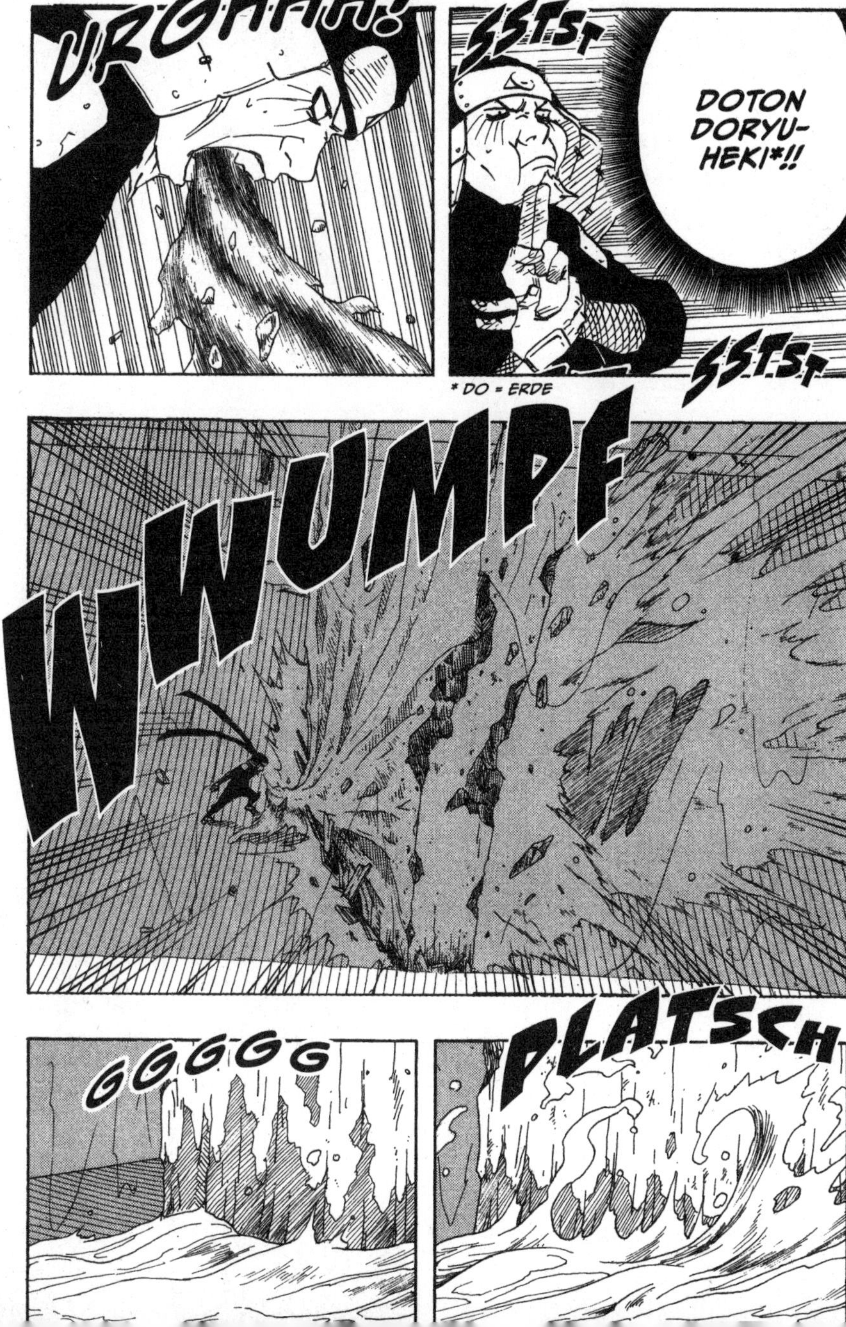
URGHHH!
SSTST
DOTON DORYU-HEKI*!!
SSTST
* DO = ERDE
WWUMPF
GGGGG
PLATSCH

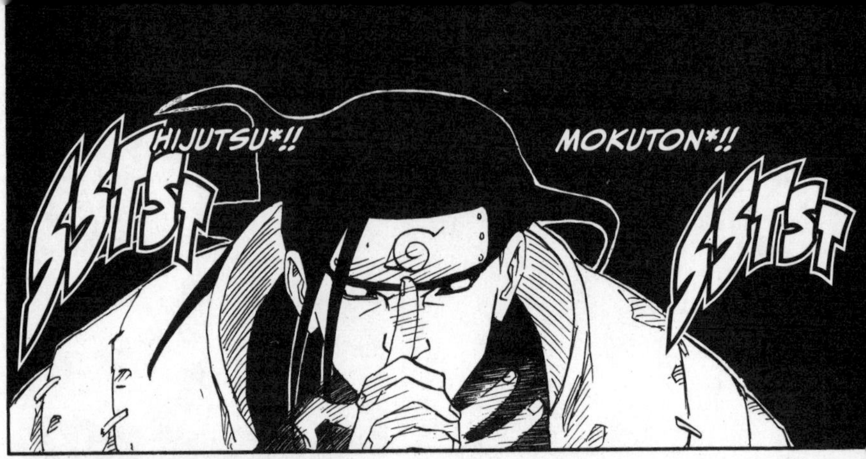

* MOKU = BAUM, HIJUTSU = GEHEIMKUNST

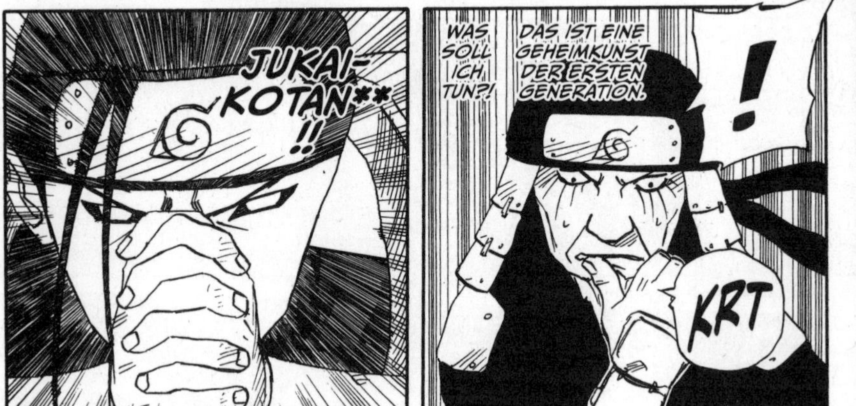

** JUKAI = URWALD, KOTAN = GEBURT

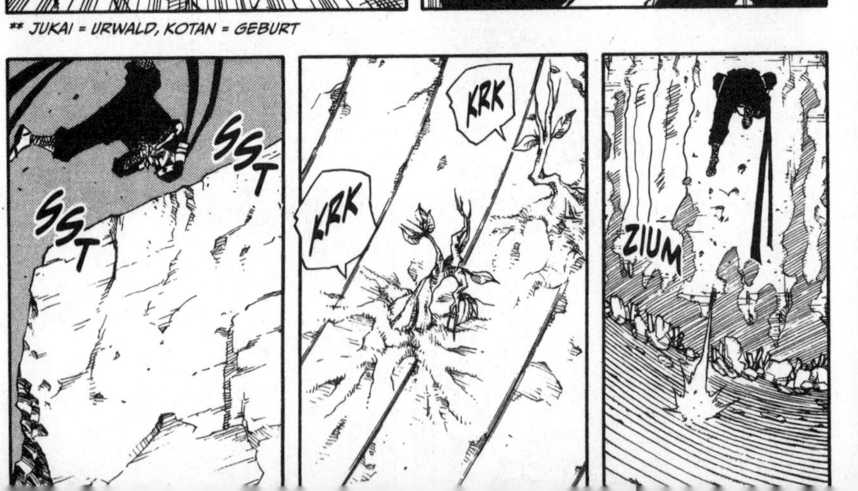

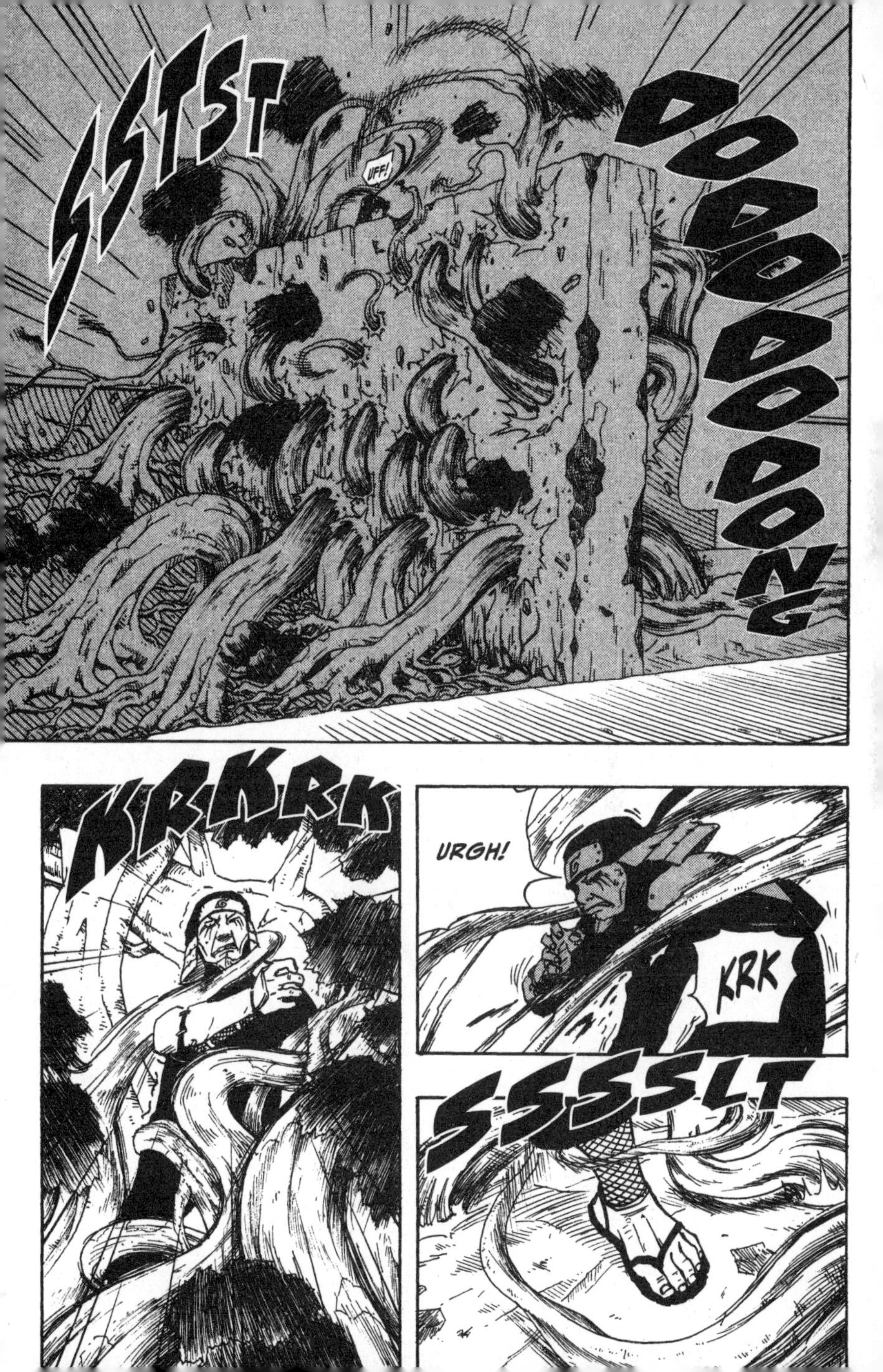
SSTST
UFF!
DODODODODONG
KRKRK
URGH!
KRK
SSSSLT

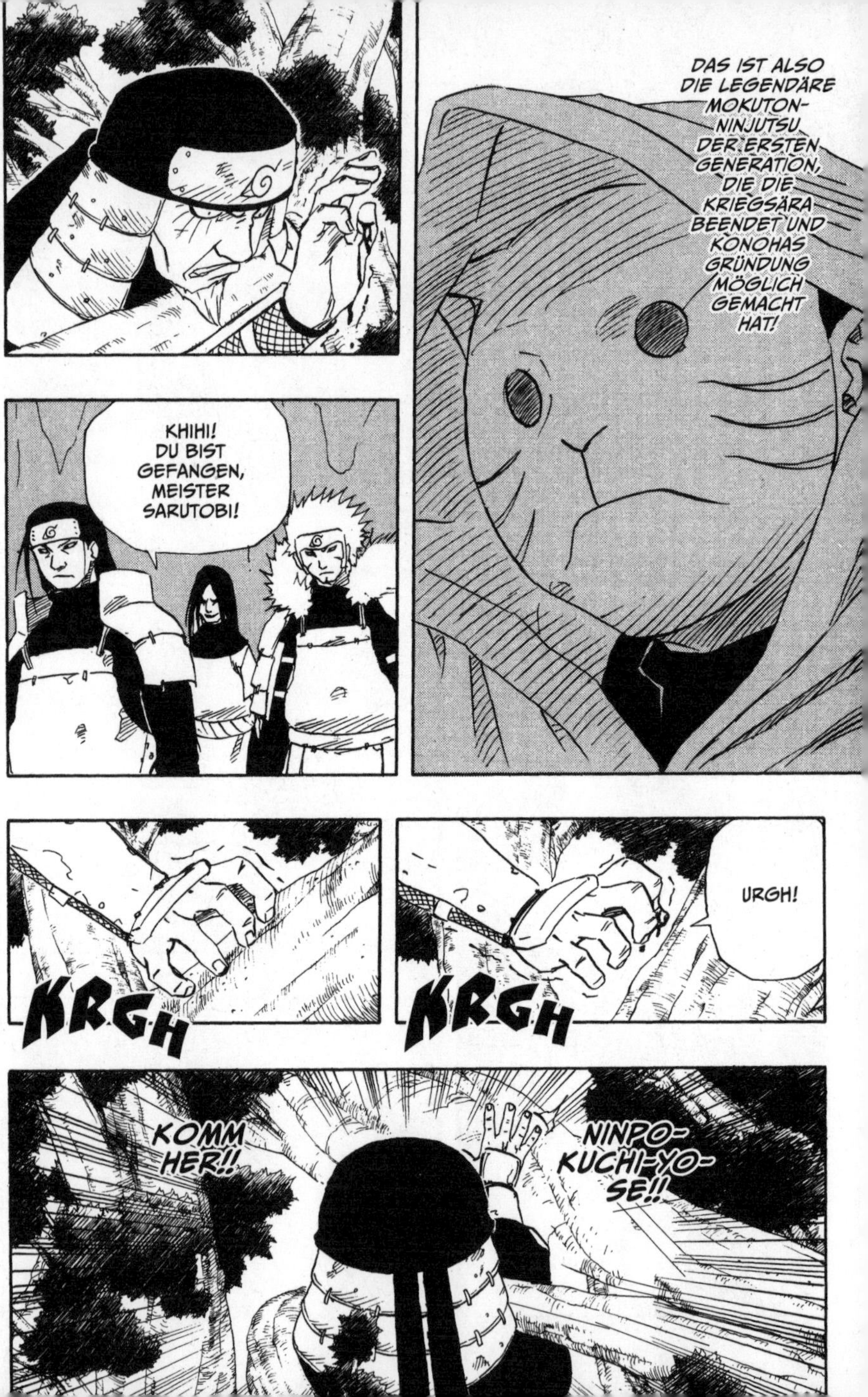
DAS IST ALSO DIE LEGENDÄRE MOKUTON-NINJUTSU DER ERSTEN GENERATION, DIE DIE KRIEGSÄRA BEENDET UND KONOHAS GRÜNDUNG MÖGLICH GEMACHT HAT!
KHIHI! DU BIST GEFANGEN, MEISTER SARUTOBI!
URGH!
KRGH
KRGH
NINPO-KUCHI-YOSE!!
KOMM HER!!

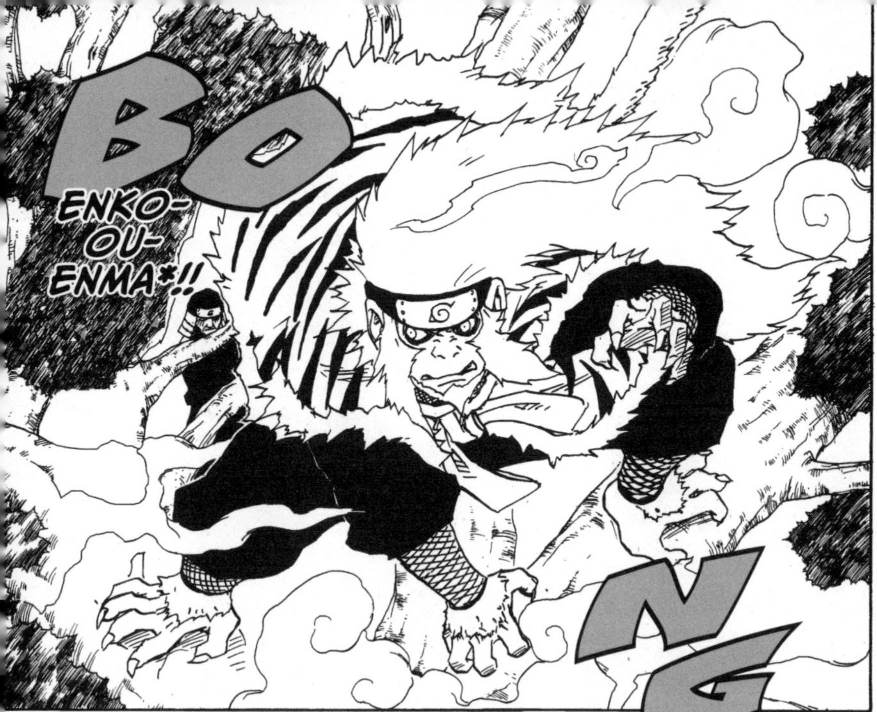

* ENKO = AFFENTIER, OU = KÖNIG, MA = DÄMON

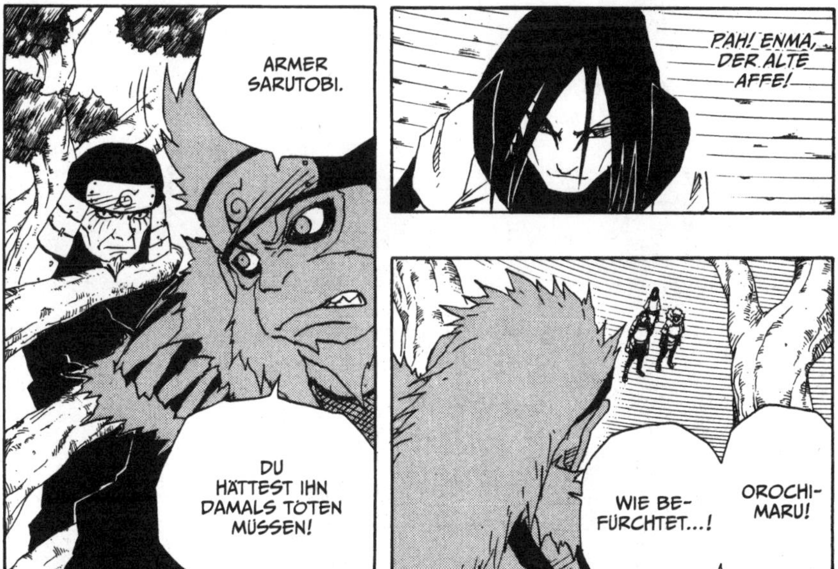

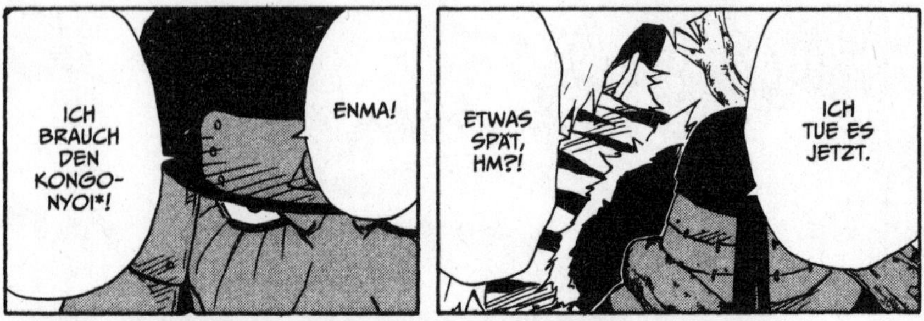

* KONGO = FELSENFEST, NYOI = GEBETSSTOCK (BEDEUTET AUCH: NACH EIGENEM WUNSCH)

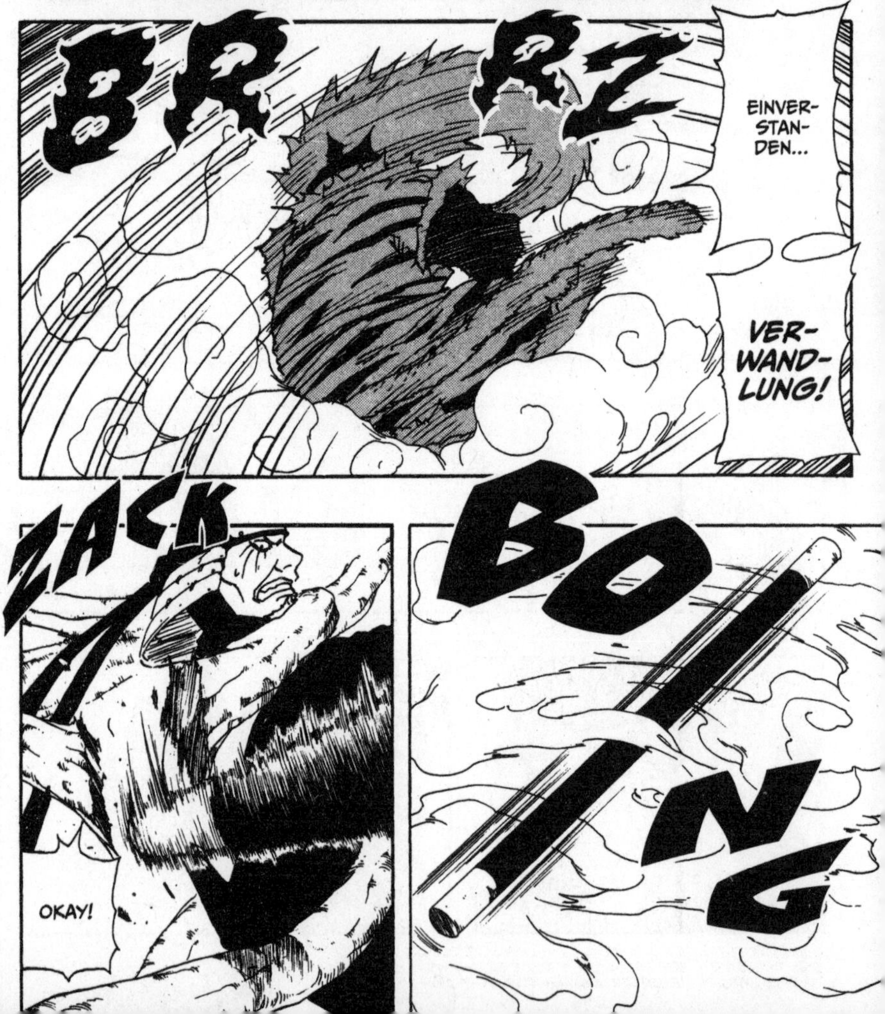

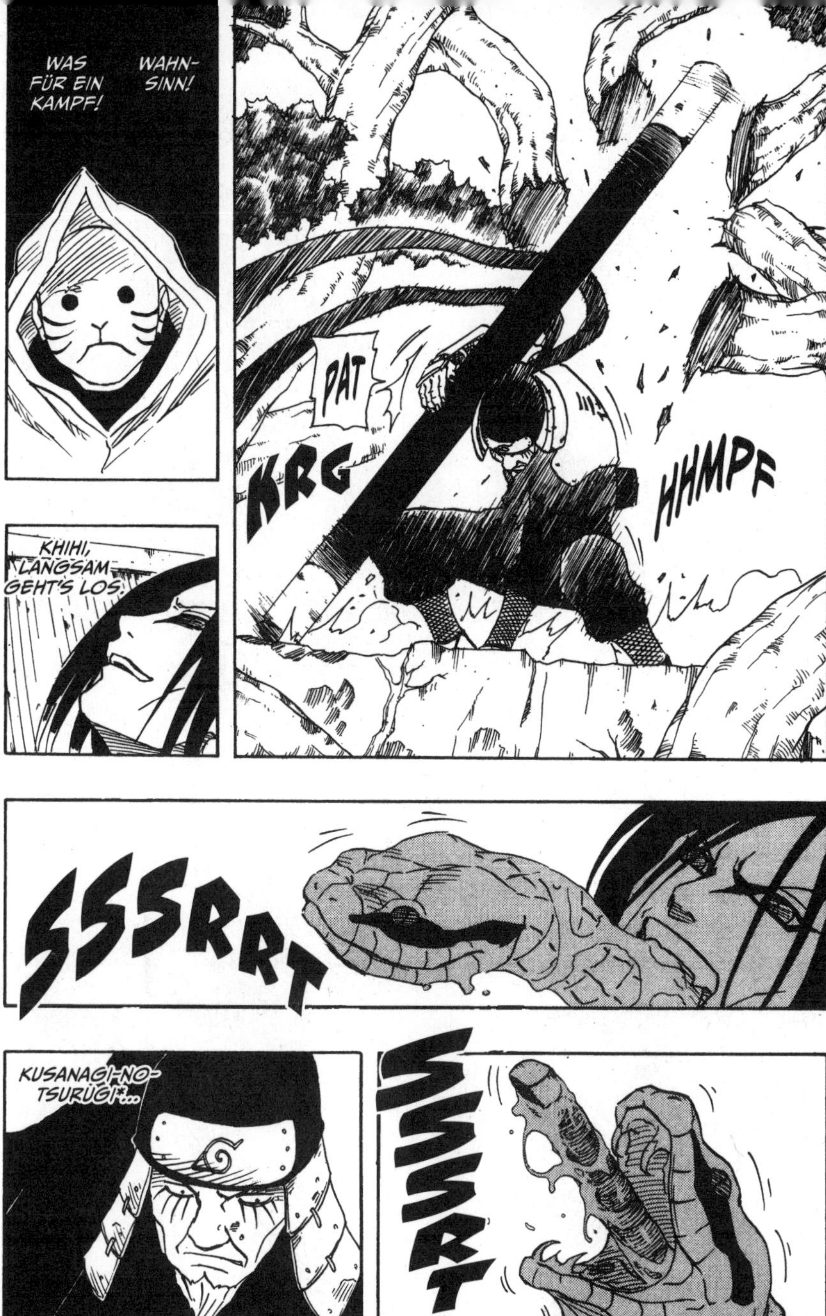

* ANM. DER RED.: IN DER JAPANISCHEN MYTHOLOGIE SPIELT DAS HEILIGE SCHWERT VON KUSANAGI EINE WICHTIGE ROLLE. DAS SCHWERT IST NEBEN SPIEGEL UND JUWEL EINES DER DREI KAISERLICHEN REICHSINSIGNIEN.

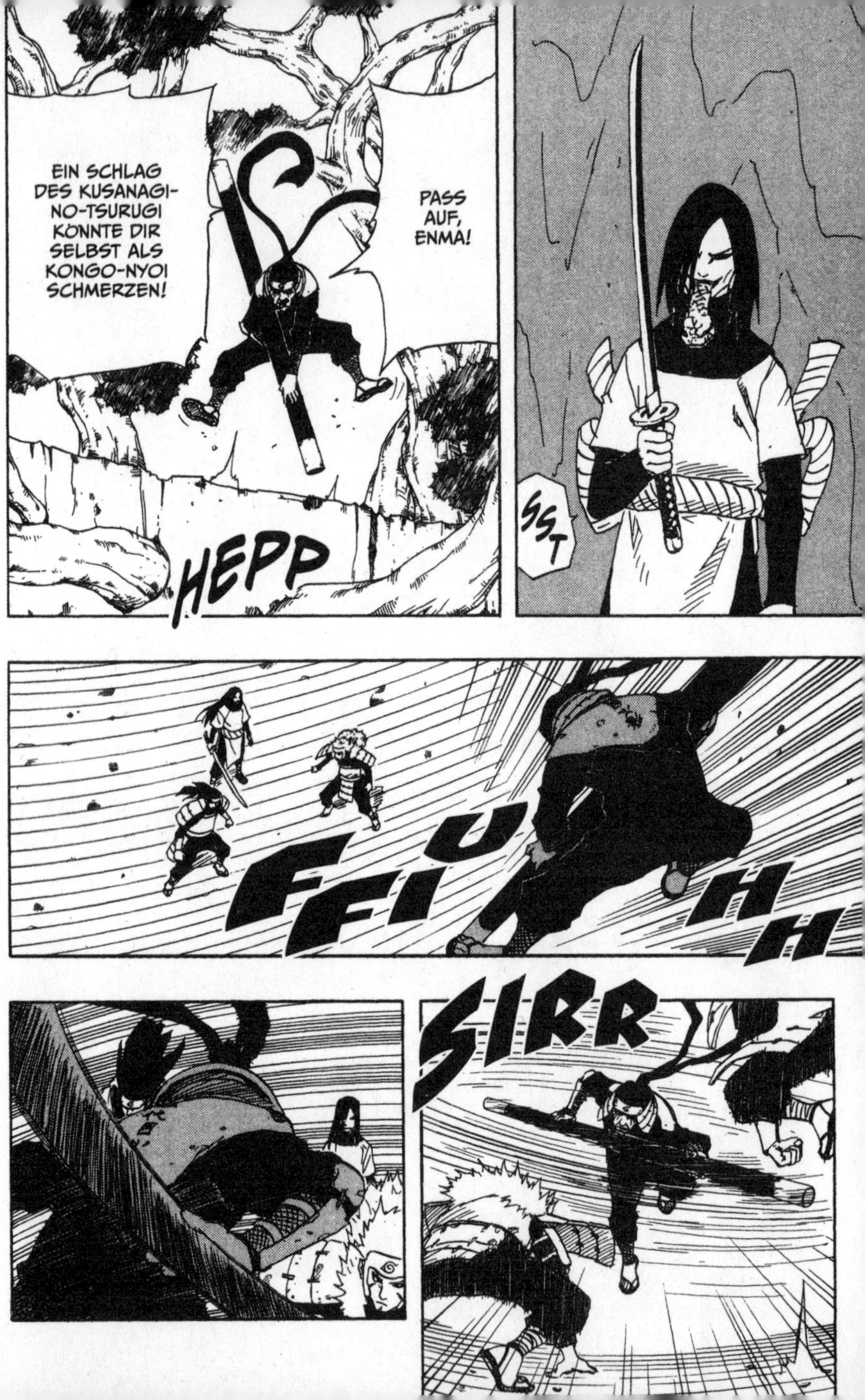
SST
PASS AUF, ENMA!
EIN SCHLAG DES KUSANAGI-NO-TSURUGI KÖNNTE DIR SELBST ALS KONGO-NYOI SCHMERZEN!
HEPP
FFIUHH
SIRR

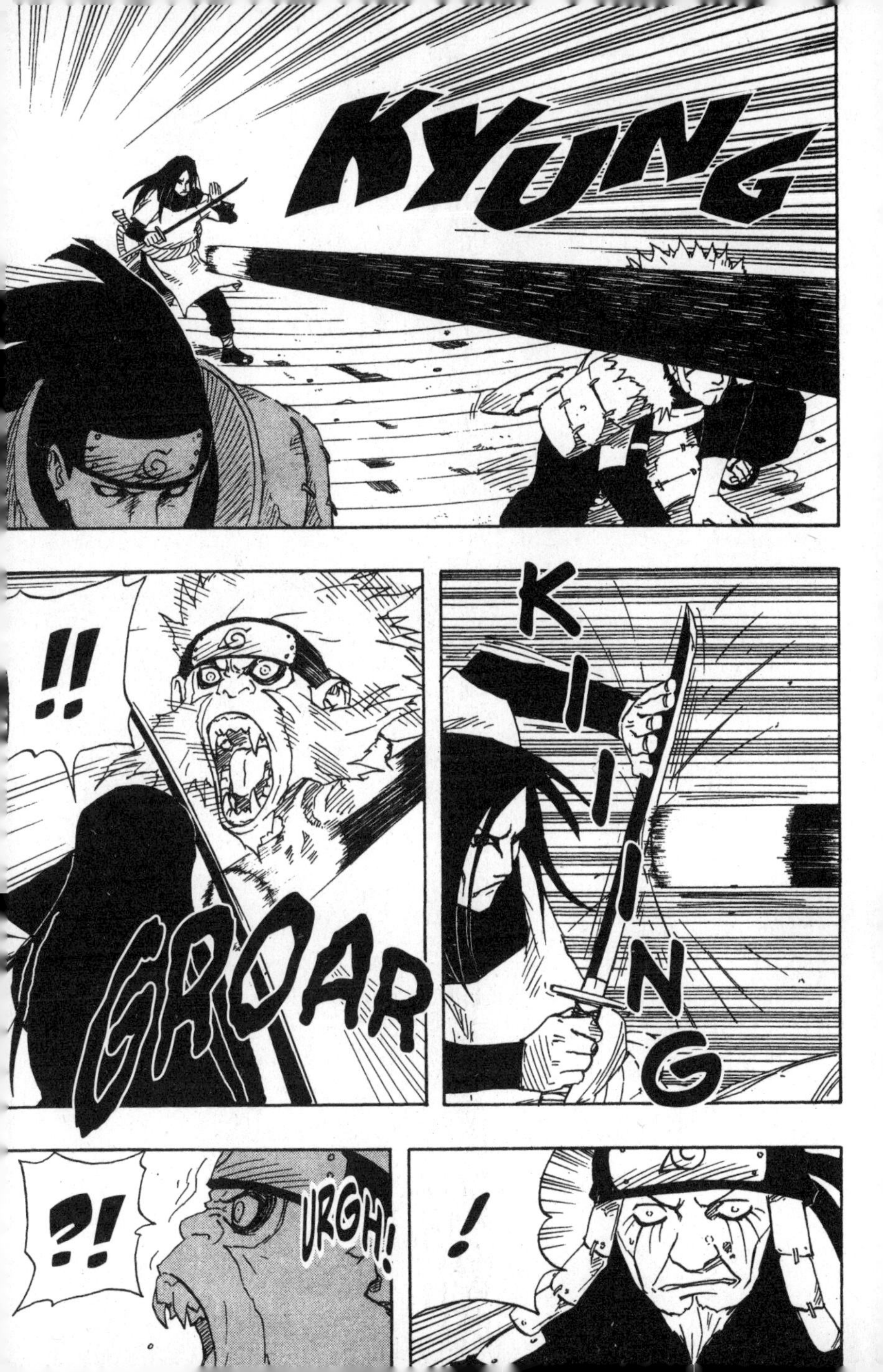
KYUNG
KIIING
!!
GROAR
!
?!
URGH!

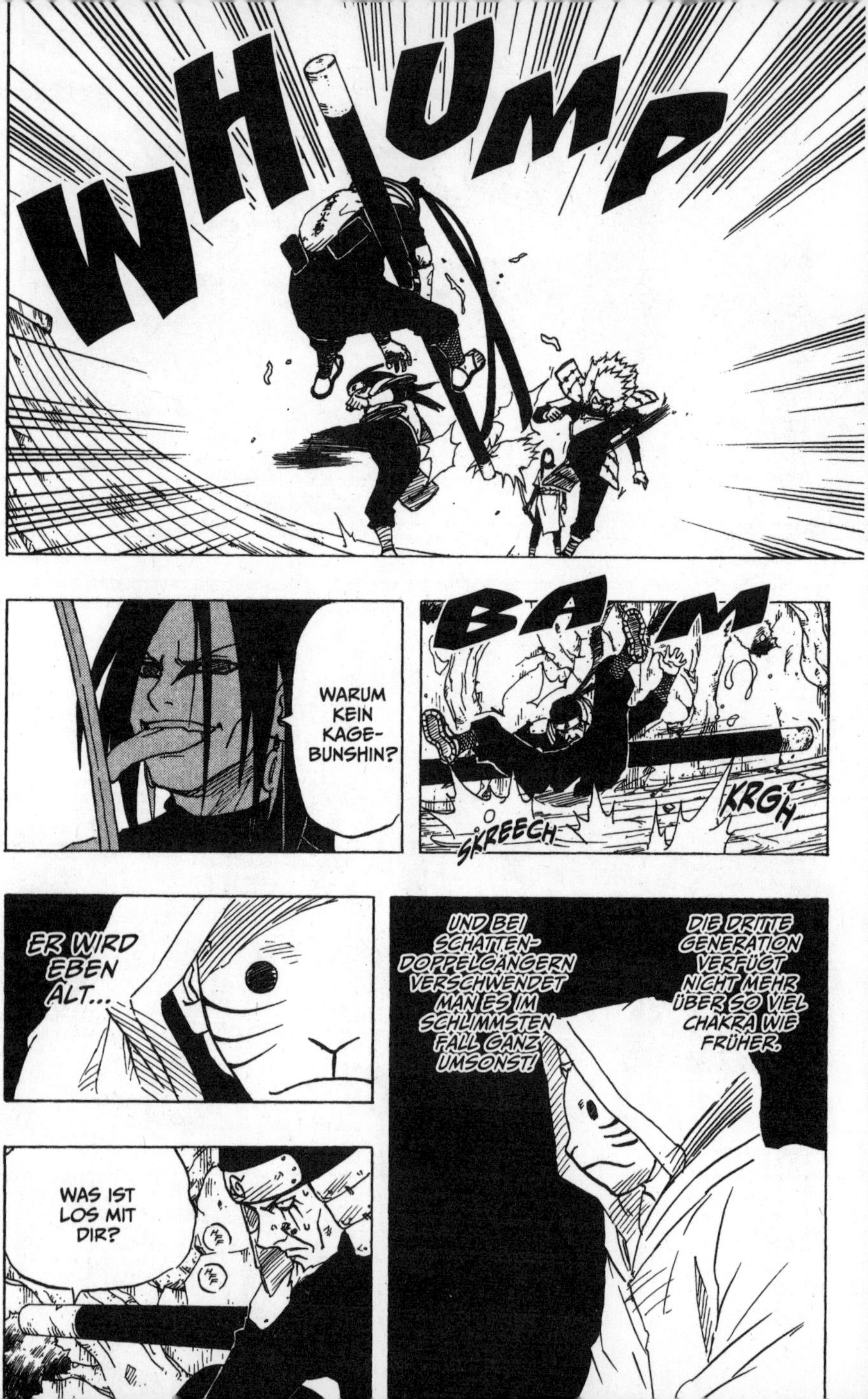

WHUMP
BAM
KRGH
SKREECH
WARUM KEIN KAGE-BUNSHIN?
ER WIRD EBEN ALT...
DIE DRITTE GENERATION VERFÜGT NICHT MEHR ÜBER SO VIEL CHAKRA WIE FRÜHER.
UND BEI SCHATTEN-DOPPELGÄNGERN VERSCHWENDET MAN ES IM SCHLIMMSTEN FALL GANZ UMSONST!
WAS IST LOS MIT DIR?

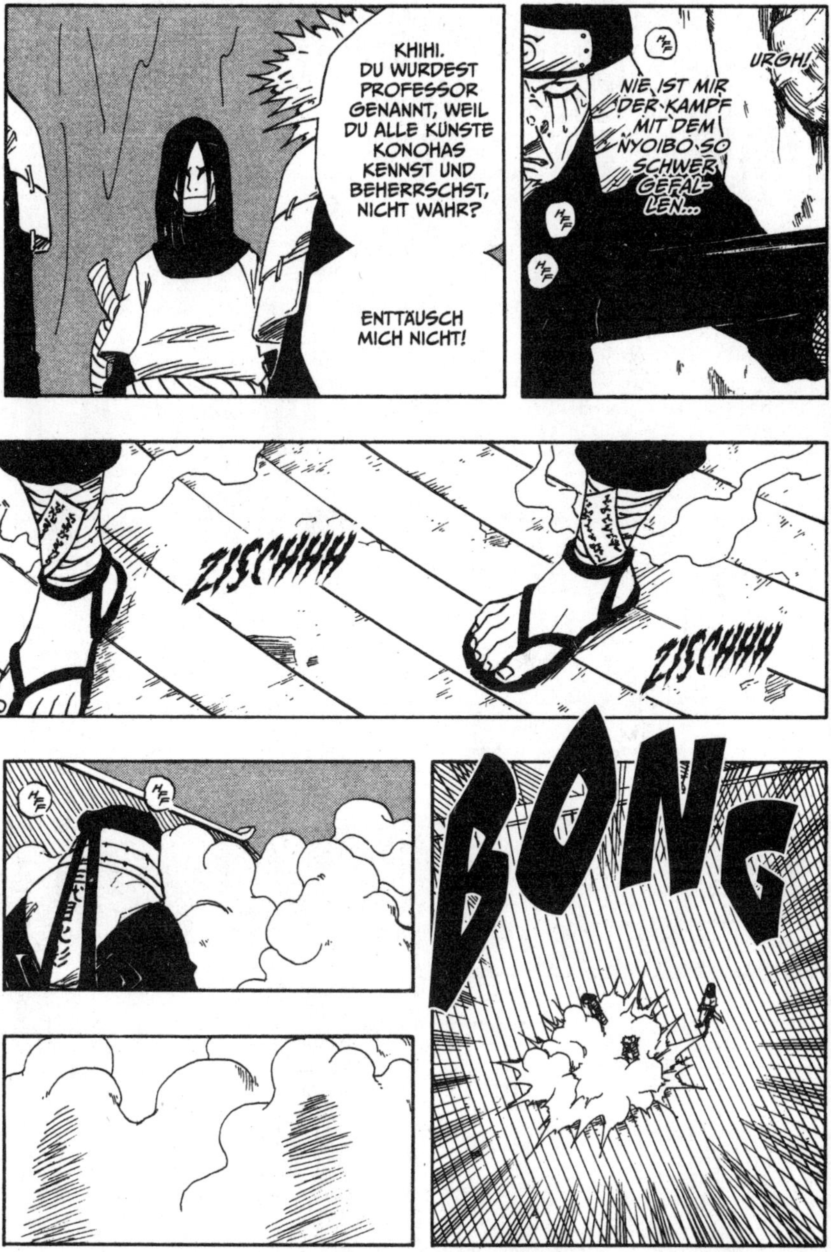
KHIHI.
DU WURDEST PROFESSOR GENANNT, WEIL DU ALLE KÜNSTE KONOHAS KENNST UND BEHERRSCHST, NICHT WAHR?
ENTTÄUSCH MICH NICHT!
URGH!
NIE IST MIR DER KAMPF MIT DEM NYOIBO SO SCHWER GEFALLEN...
ZISCHHH
ZISCHHH
BONG

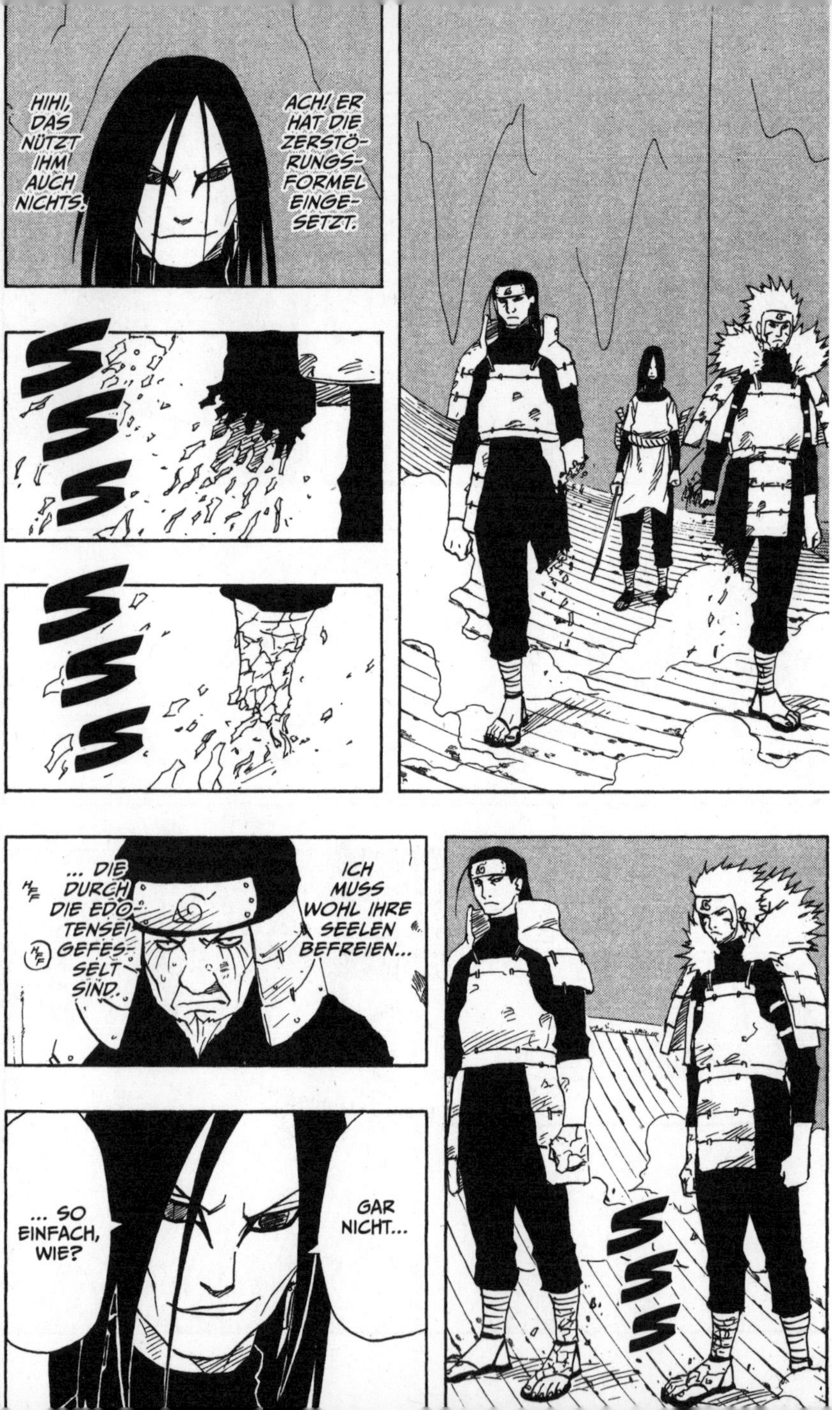
ACH! ER HAT DIE ZERSTÖRUNGSFORMEL EINGESETZT.
HIHI, DAS NÜTZT IHM AUCH NICHTS.
SSS
SSS
SSS
ICH MUSS WOHL IHRE SEELEN BEFREIEN...
... DIE DURCH DIE EDO TENSEI GEFESSELT SIND.
HF
HF
GAR NICHT...
... SO EINFACH, WIE?

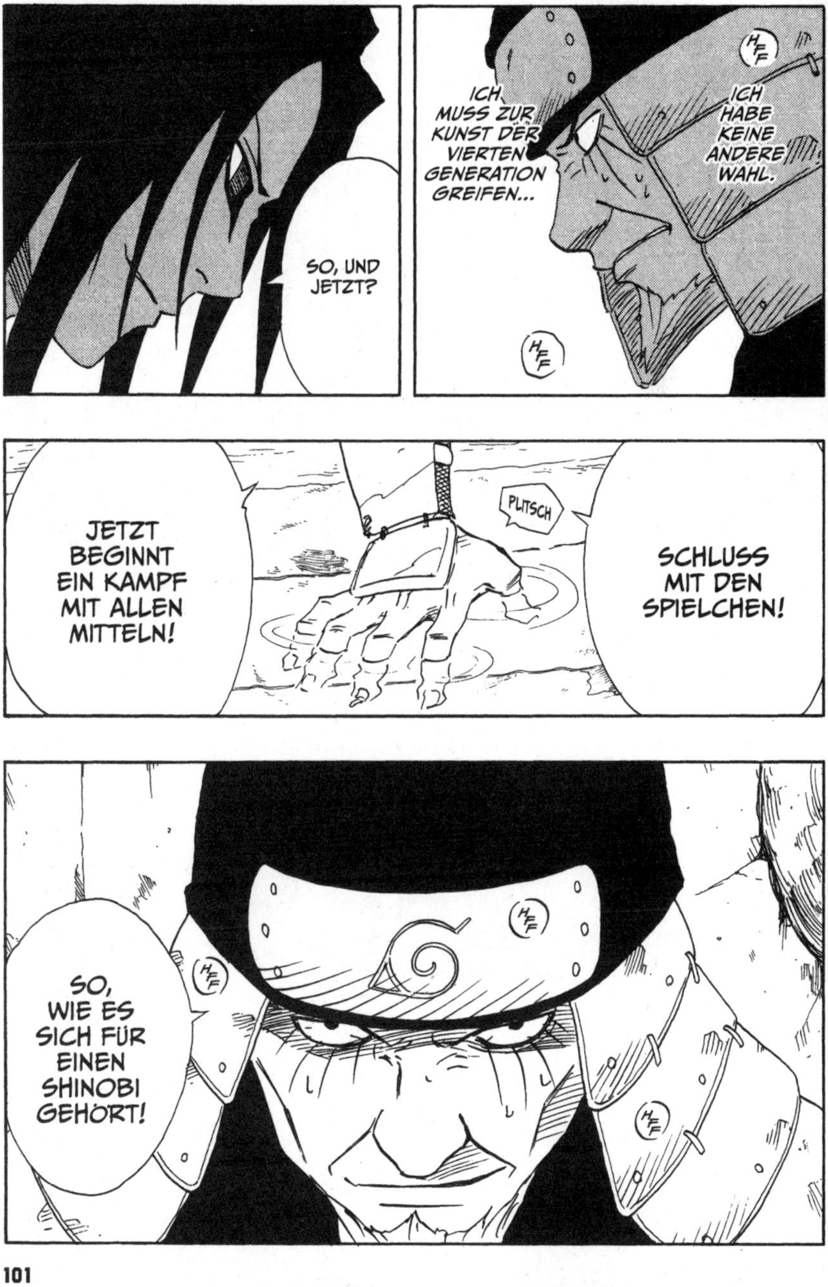
HFF
ICH HABE KEINE ANDERE WAHL.
ICH MUSS ZUR KUNST DER VIERTEN GENERATION GREIFEN...
HFF
SO, UND JETZT?
SCHLUSS MIT DEN SPIELCHEN!
PLITSCH
JETZT BEGINNT EIN KAMPF MIT ALLEN MITTELN!
HFF
HFF
SO, WIE ES SICH FÜR EINEN SHINOBI GEHÖRT!
HFF

MASASHI KISHIMOTOS WELT LEBENSGESCHICHTE – FORTSETZUNG VON TEIL 19

ICH MUSS ZUGEBEN, DASS MICH DIE MEINUNG DES FREUNDES ZIEMLICH DEPRIMIERTE. ICH STELLTE DIESELBE FRAGE DANN ALLEN MÖGLICHEN FREUNDEN UND BEKAM JEDES MAL MEHR ODER WENIGER DIE GLEICHE ANTWORT.

UND SCHLIESSLICH BEGRIFF ICH, DASS EIN MANGA ZWAR AUS VIELEN FAKTOREN BESTEHT, ABER DAS LETZTENDLICH VOR ALLEM DER SPASS WICHTIG IST! UND ZWAR SOWOHL DER DES ZEICHNERS ALS AUCH DER DES LESERS! FÜR DIE LESER ZU ZEICHNEN, SODASS SIE IHREN SPASS UND EIN GUTES GEFÜHL HABEN, DAS IST WICHTIG! SIE SOLLEN NACH DEM LESEN SAGEN KÖNNEN: »AAAH, DAS WAR ECHT SPANNEND«!

JA, GENAU DAS HEISST NÄMLICH »UNTERHALTUNG«. DIE ANDEREN FAKTOREN SIND ZWAR AUCH WICHTIG, ABER DAS SIND LETZTENDLICH ÜBUNGS- UND ERFAHRUNGSSACHEN!

UND ICH STRENGE MICH JETZT AN, MICH UND MEINE LESER MÖGLICHST GUT ZU UNTERHALTEN!

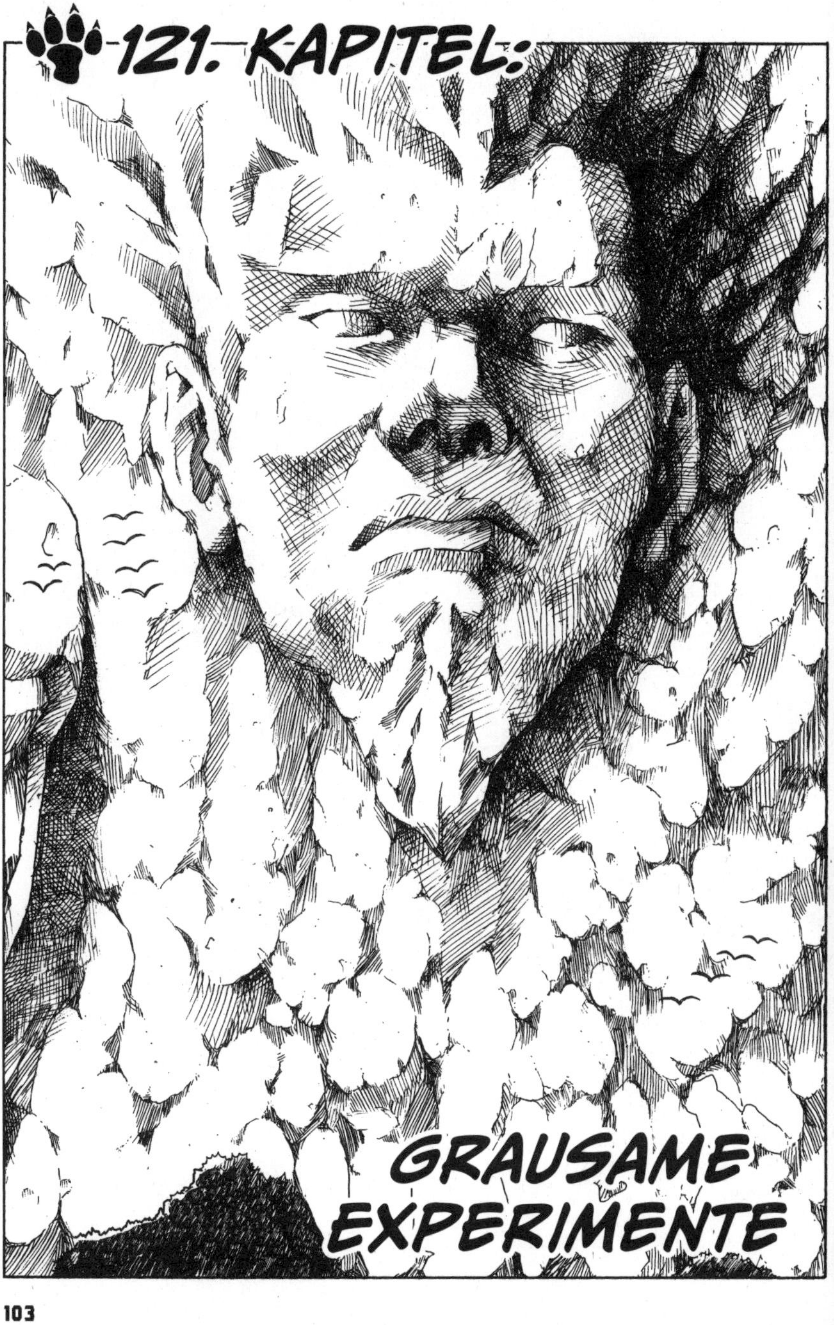
121. KAPITEL:
GRAUSAME EXPERIMENTE

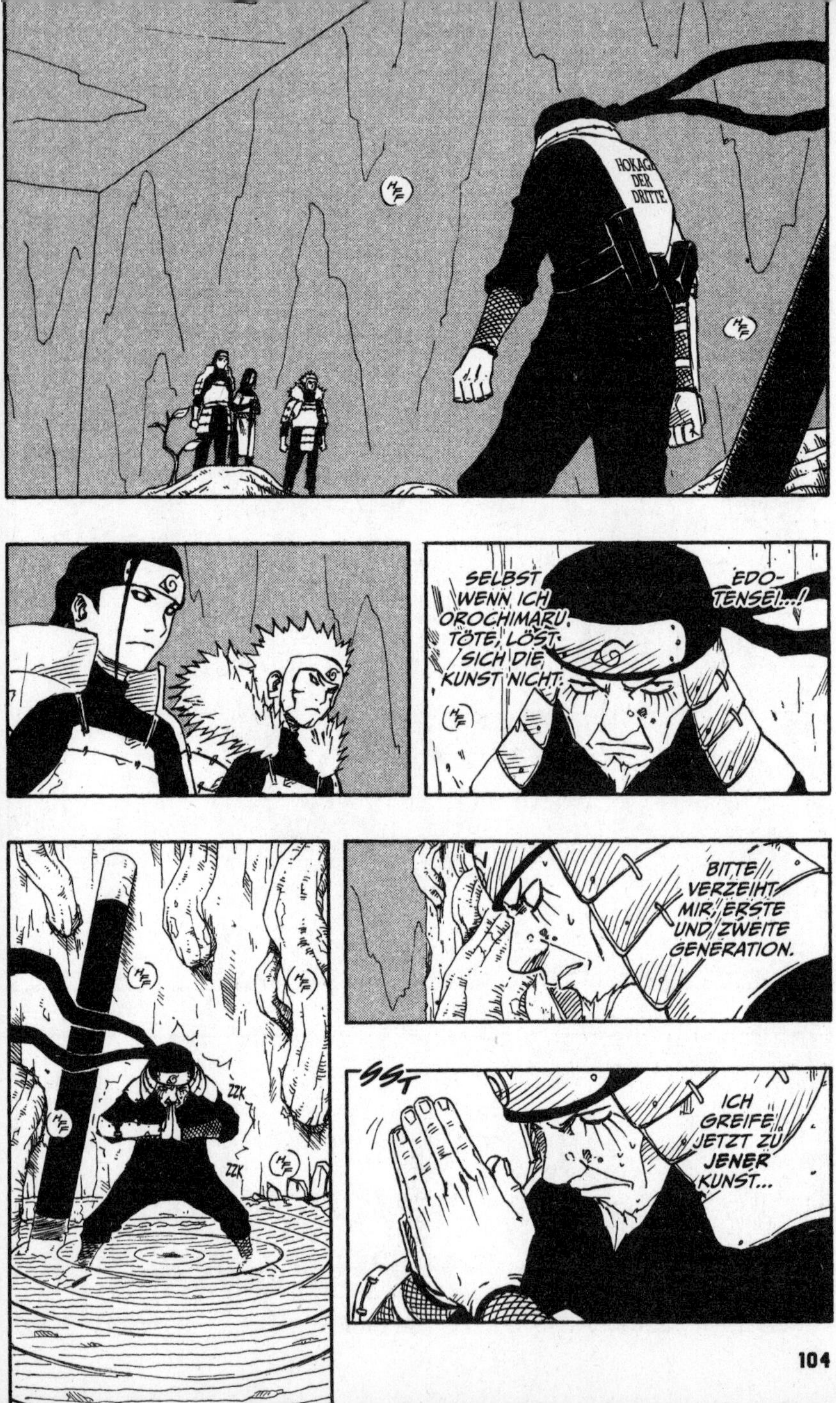
HOKAGE DER DRITTE
HEF
HEF
EDO-TENSEI...!
SELBST WENN ICH OROCHIMARU TÖTE, LÖST SICH DIE KUNST NICHT.
HEF
BITTE VERZEIHT MIR, ERSTE UND ZWEITE GENERATION.
HEF
HEF
ZZK
HEF
ZZK
HEF
SST
ICH GREIFE JETZT ZU JENER KUNST...

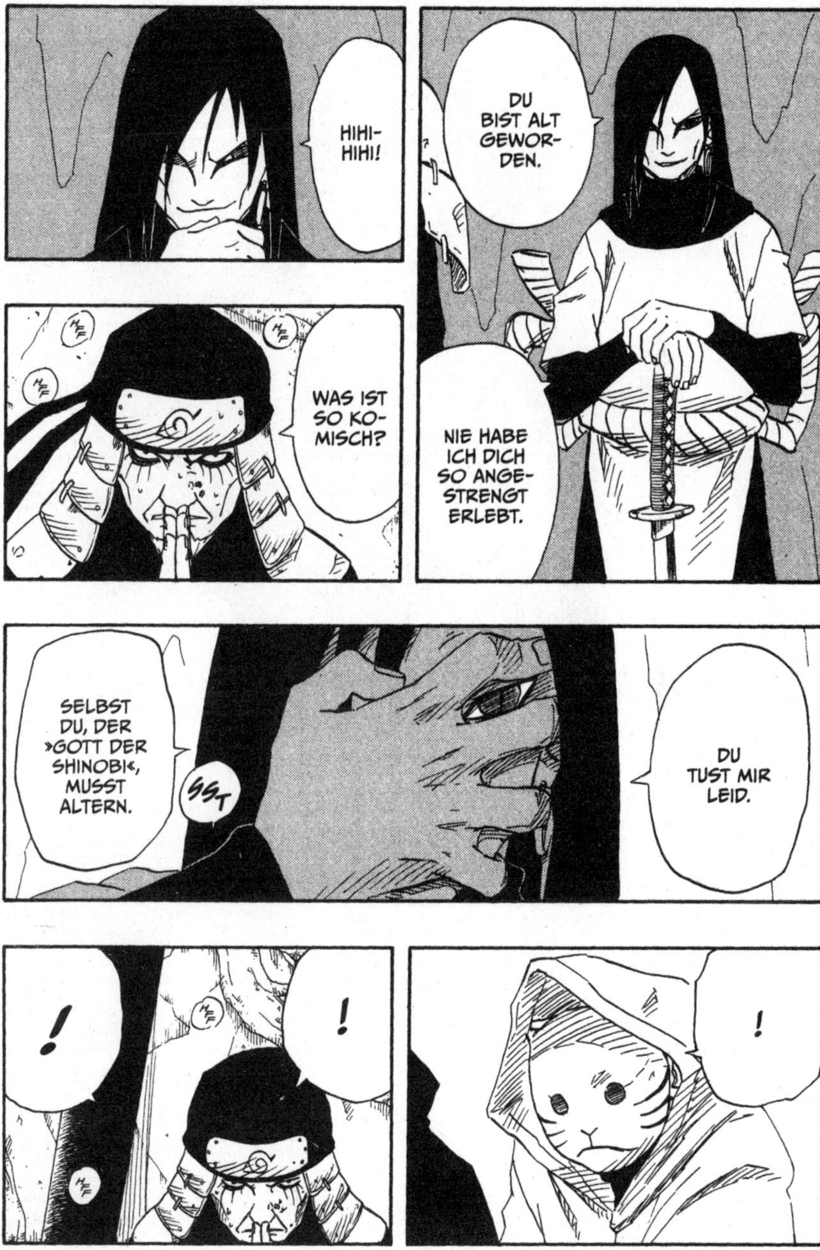
DU BIST ALT GEWOR-DEN.
NIE HABE ICH DICH SO ANGE-STRENGT ERLEBT.
HIHI-HIHI!
HEF
HEF
HEF
WAS IST SO KO-MISCH?
DU TUST MIR LEID.
SELBST DU, DER »GOTT DER SHINOBI«, MUSST ALTERN.
SST
!
!
!
HEF
HEF

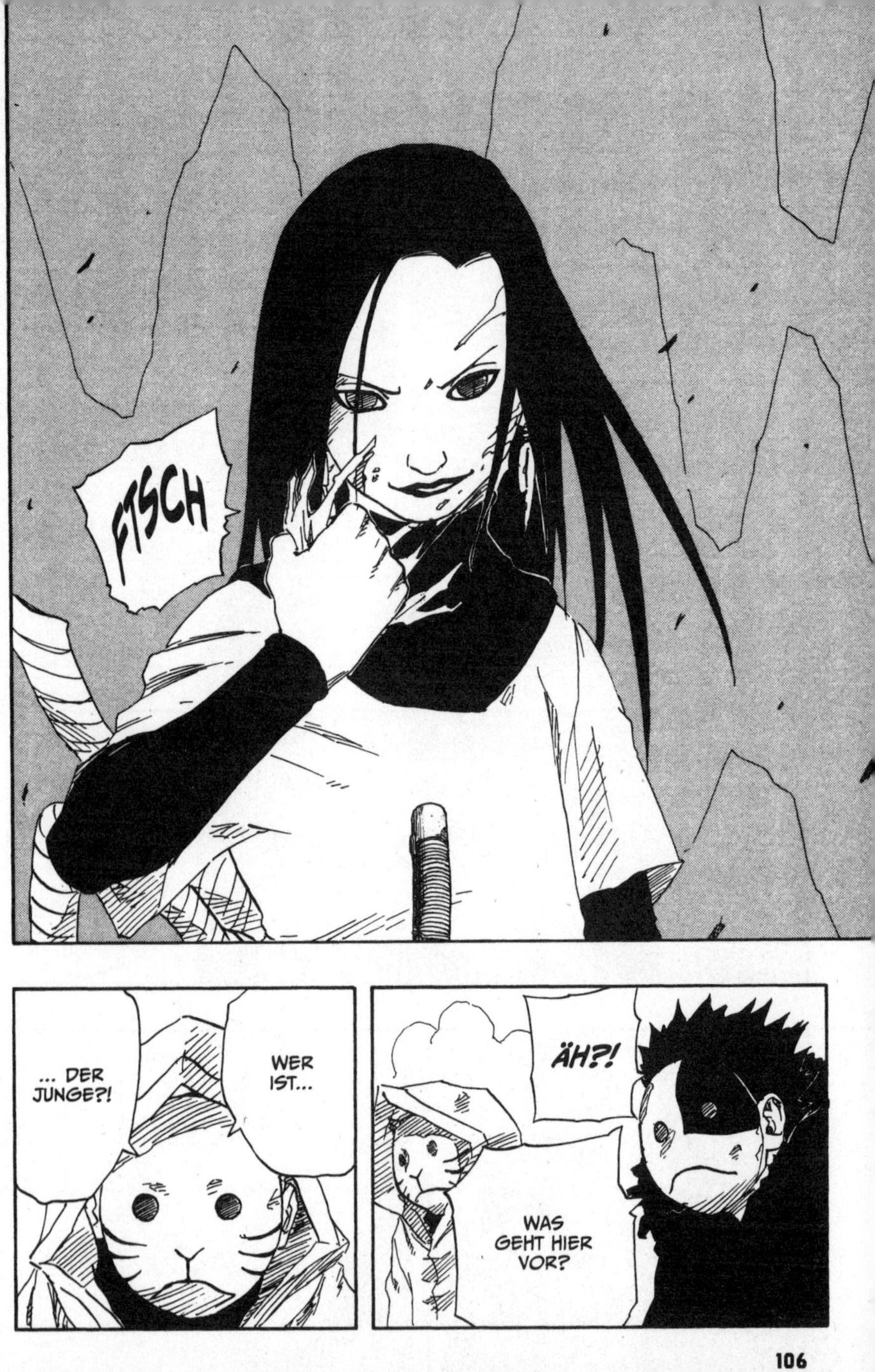
FTSCH
ÄH?!
WAS GEHT HIER VOR?
WER IST...
... DER JUNGE?!

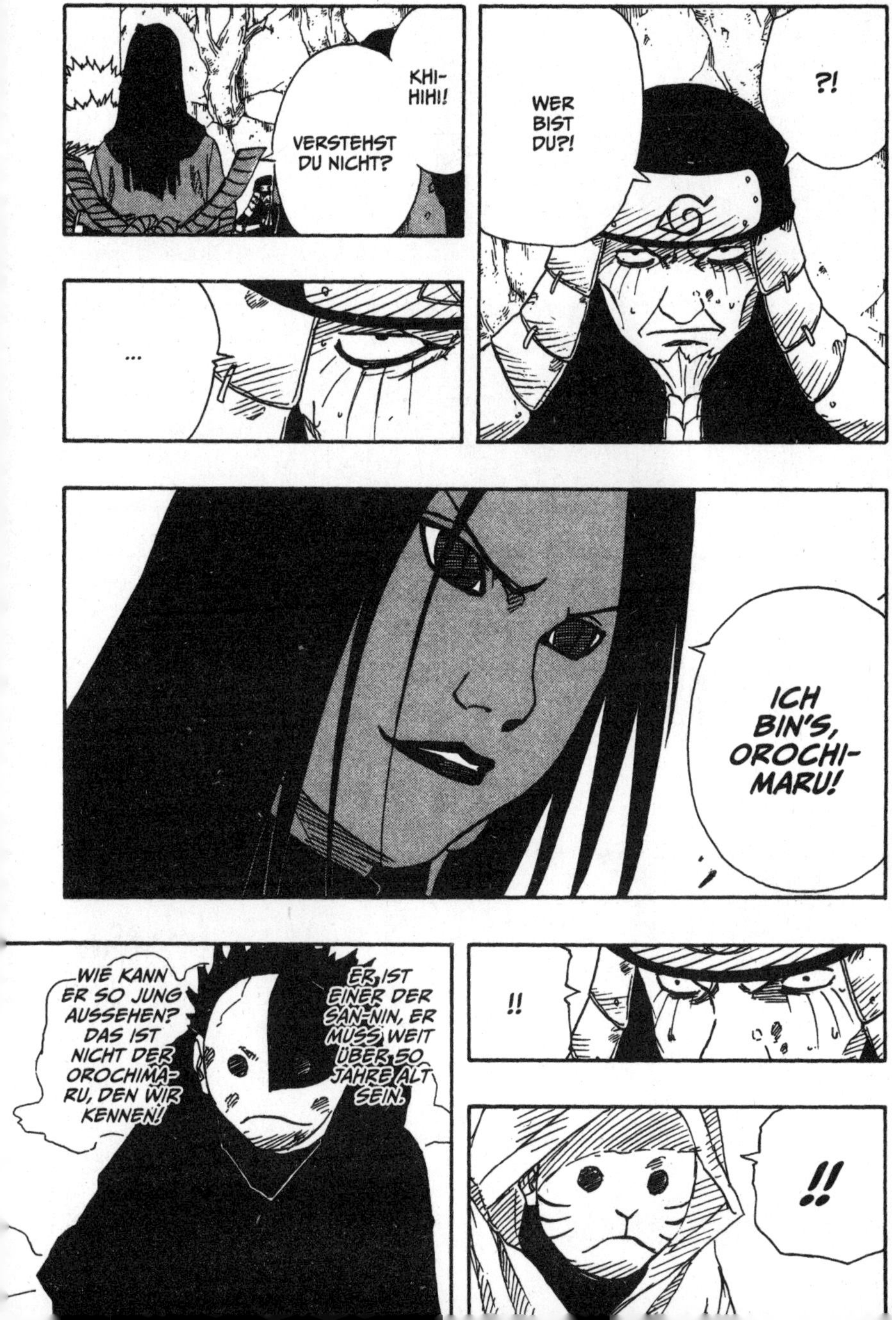
?!
WER BIST DU?!
KHI-HIHI!
VERSTEHST DU NICHT?
...
ICH BIN'S, OROCHIMARU!
!!
!!
ER IST EINER DER SAN-NIN, ER MUSS WEIT ÜBER 50 JAHRE ALT SEIN.
WIE KANN ER SO JUNG AUSSEHEN? DAS IST NICHT DER OROCHIMARU, DEN WIR KENNEN!

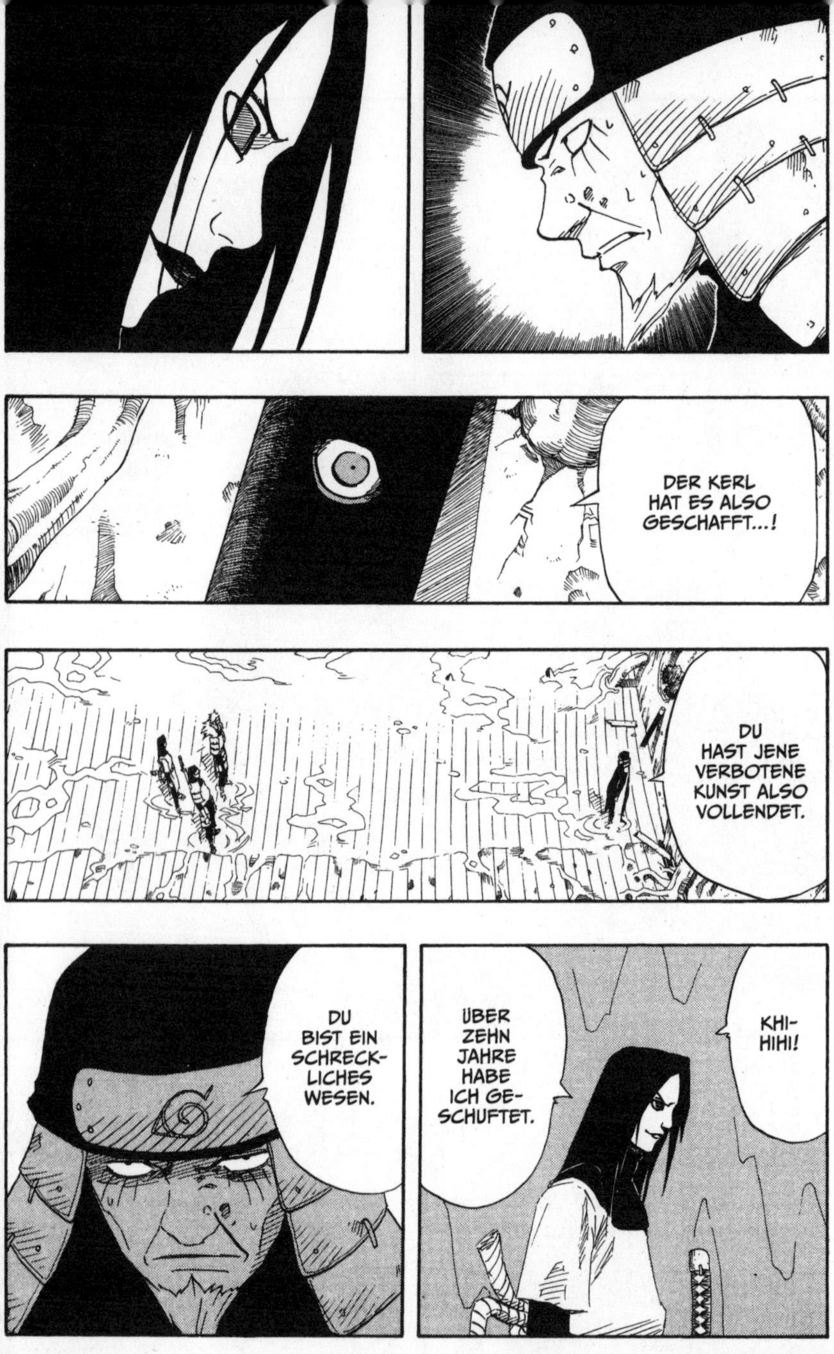
DER KERL HAT ES ALSO GESCHAFFT...!
DU HAST JENE VERBOTENE KUNST ALSO VOLLENDET.
KHI-HIHI!
ÜBER ZEHN JAHRE HABE ICH GE-SCHUFTET.
DU BIST EIN SCHRECK-LICHES WESEN.

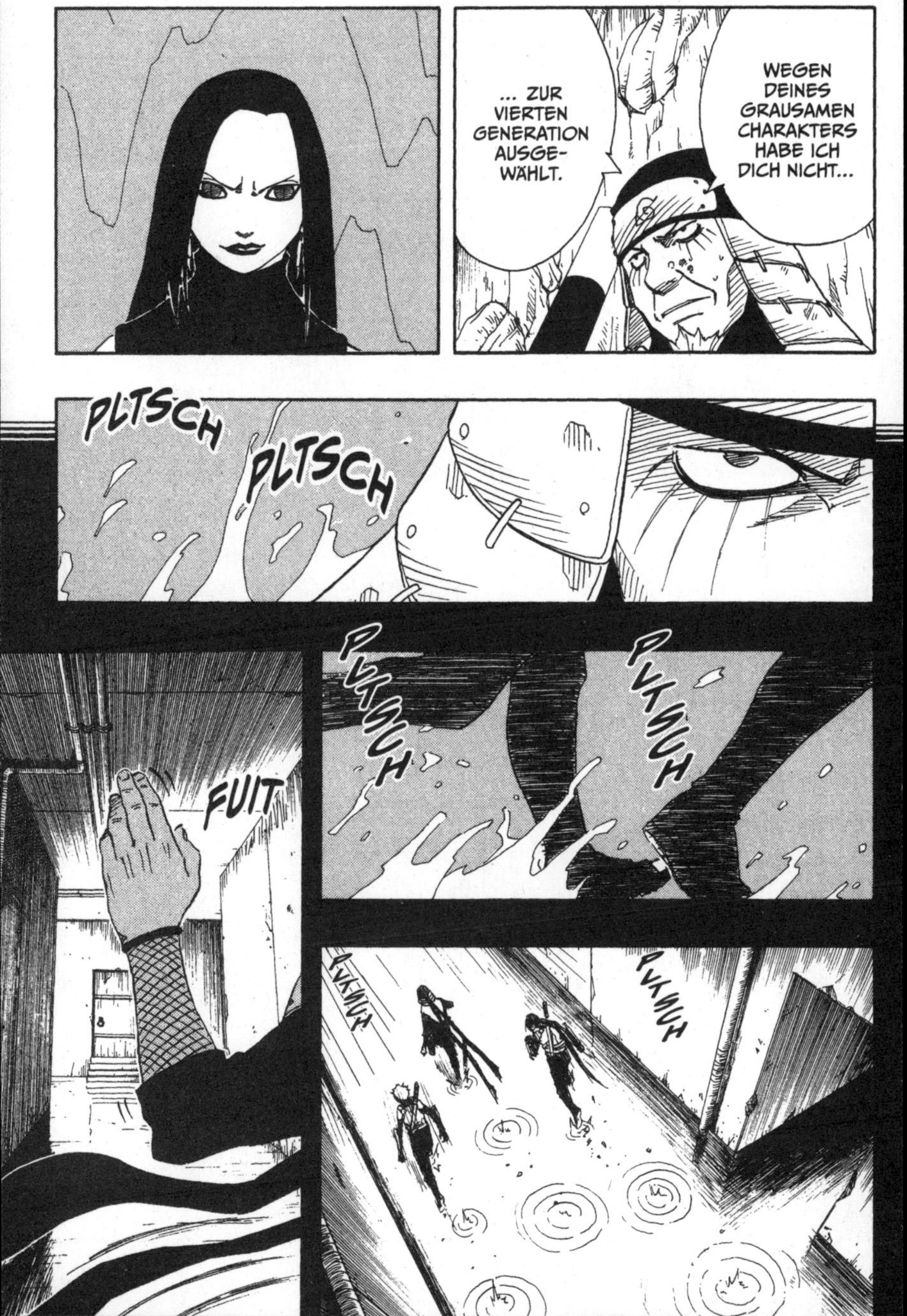

WEGEN DEINES GRAUSAMEN CHARAKTERS HABE ICH DICH NICHT...
... ZUR VIERTEN GENERATION AUSGE-WÄHLT.
PLTSCH
PLTSCH
PLTSCH
PLTSCH
FUIT
PLTSCH
PLTSCH

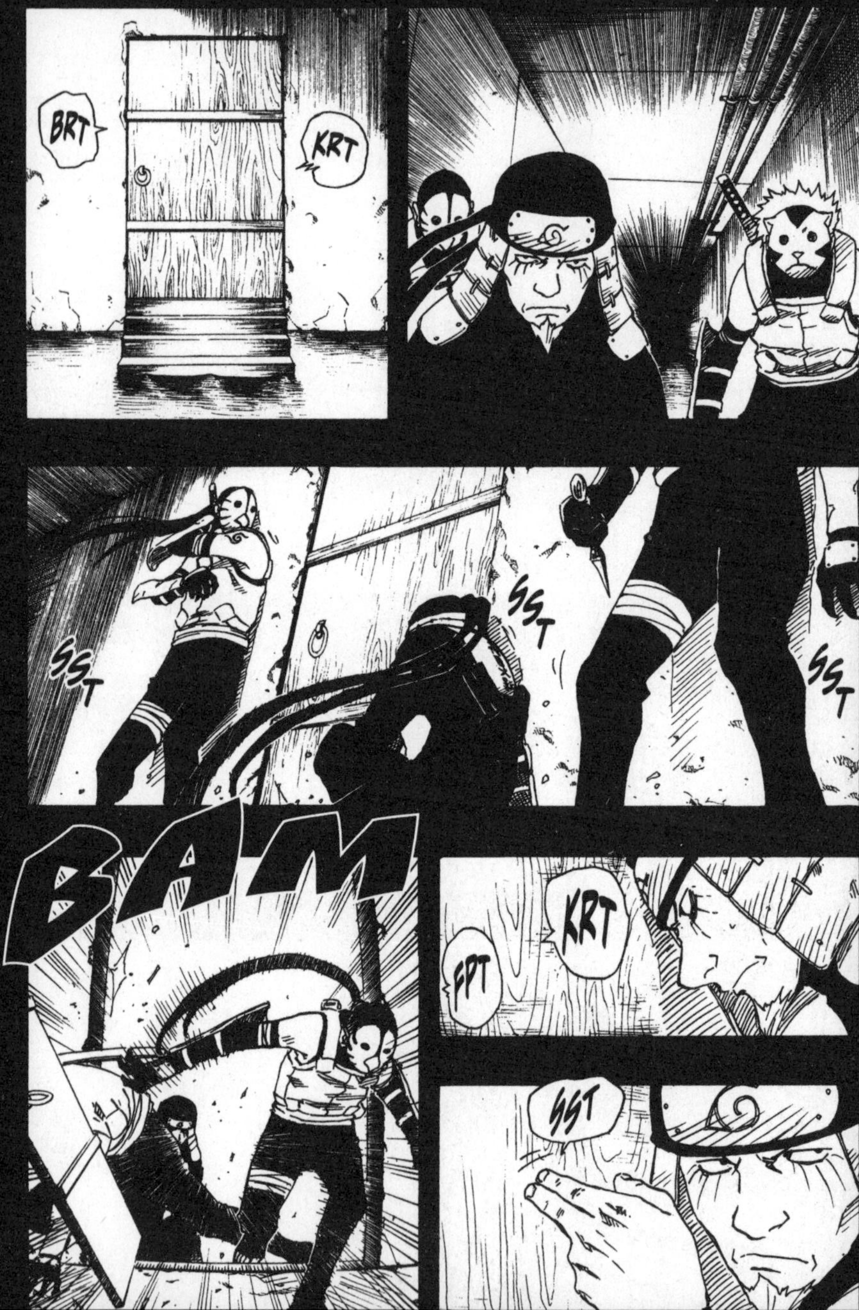
KRT
BRT
SST
SST
SST
KRT
FPT
SST
BAM

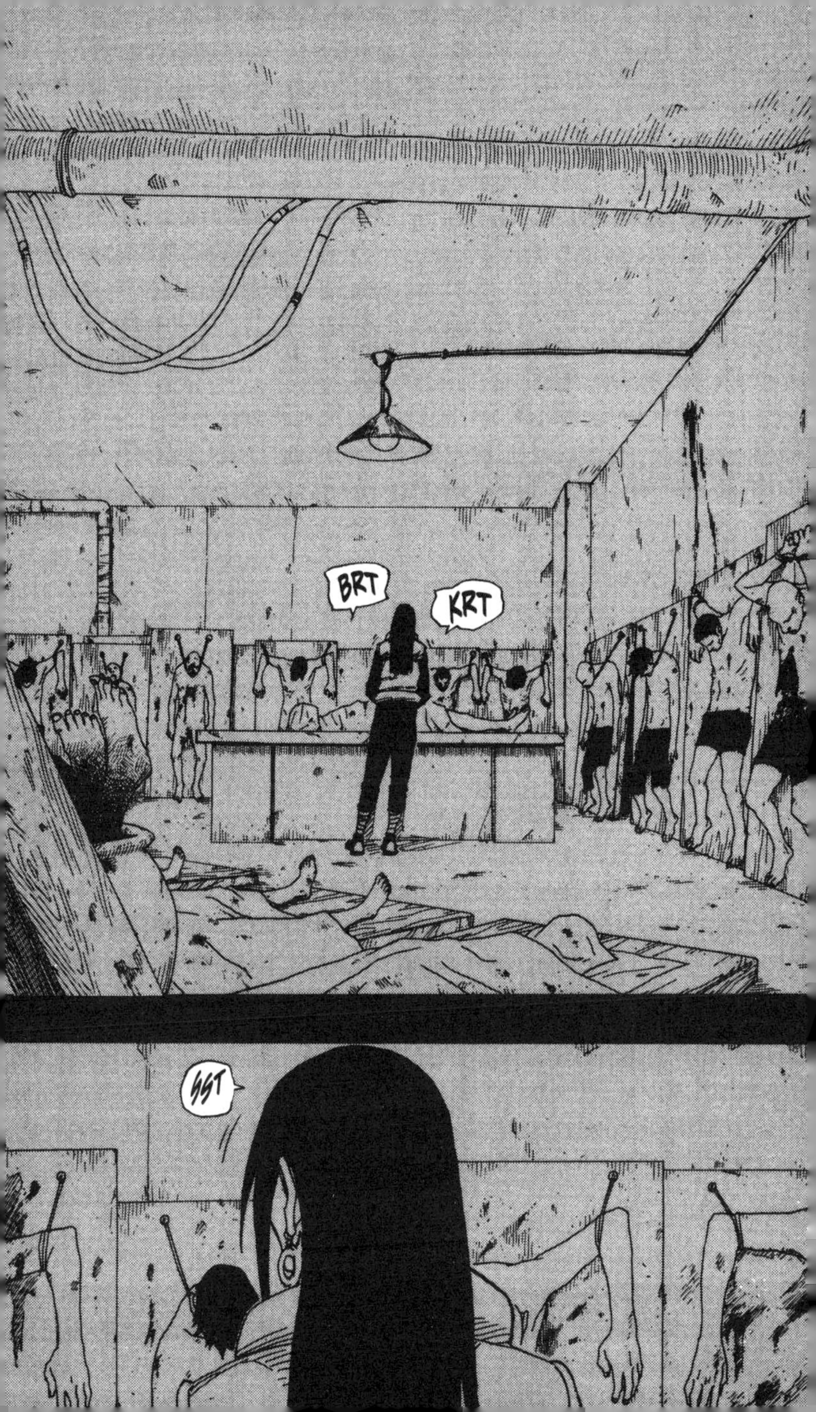
BRT
KRT
SST

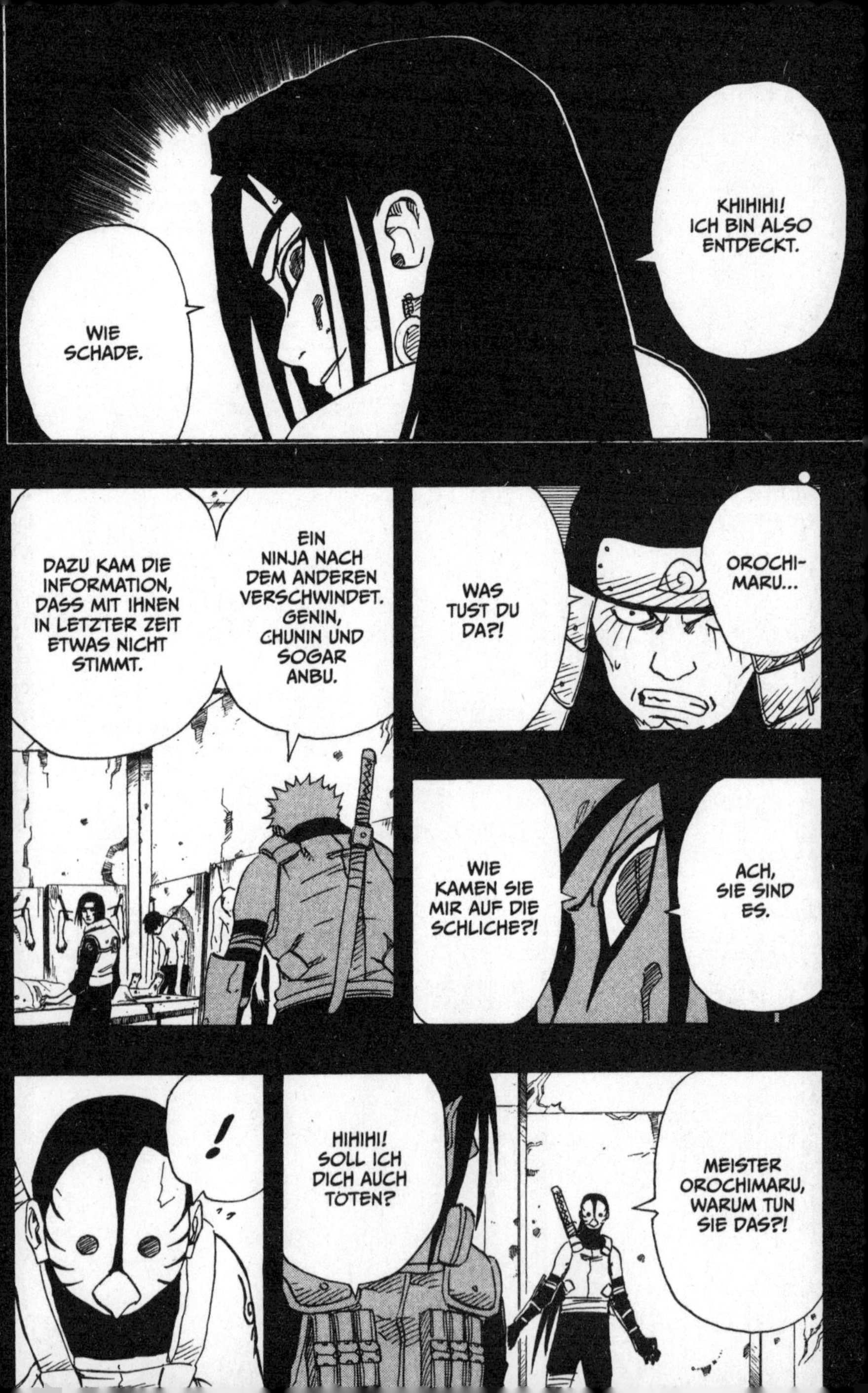
KHIHIHI! ICH BIN ALSO ENTDECKT.
WIE SCHADE.
OROCHI-MARU...
WAS TUST DU DA?!
ACH, SIE SIND ES.
WIE KAMEN SIE MIR AUF DIE SCHLICHE?!
EIN NINJA NACH DEM ANDEREN VERSCHWINDET. GENIN, CHUNIN UND SOGAR ANBU.
DAZU KAM DIE INFORMATION, DASS MIT IHNEN IN LETZTER ZEIT ETWAS NICHT STIMMT.
MEISTER OROCHIMARU, WARUM TUN SIE DAS?!
HIHIHI! SOLL ICH DICH AUCH TÖTEN?
!

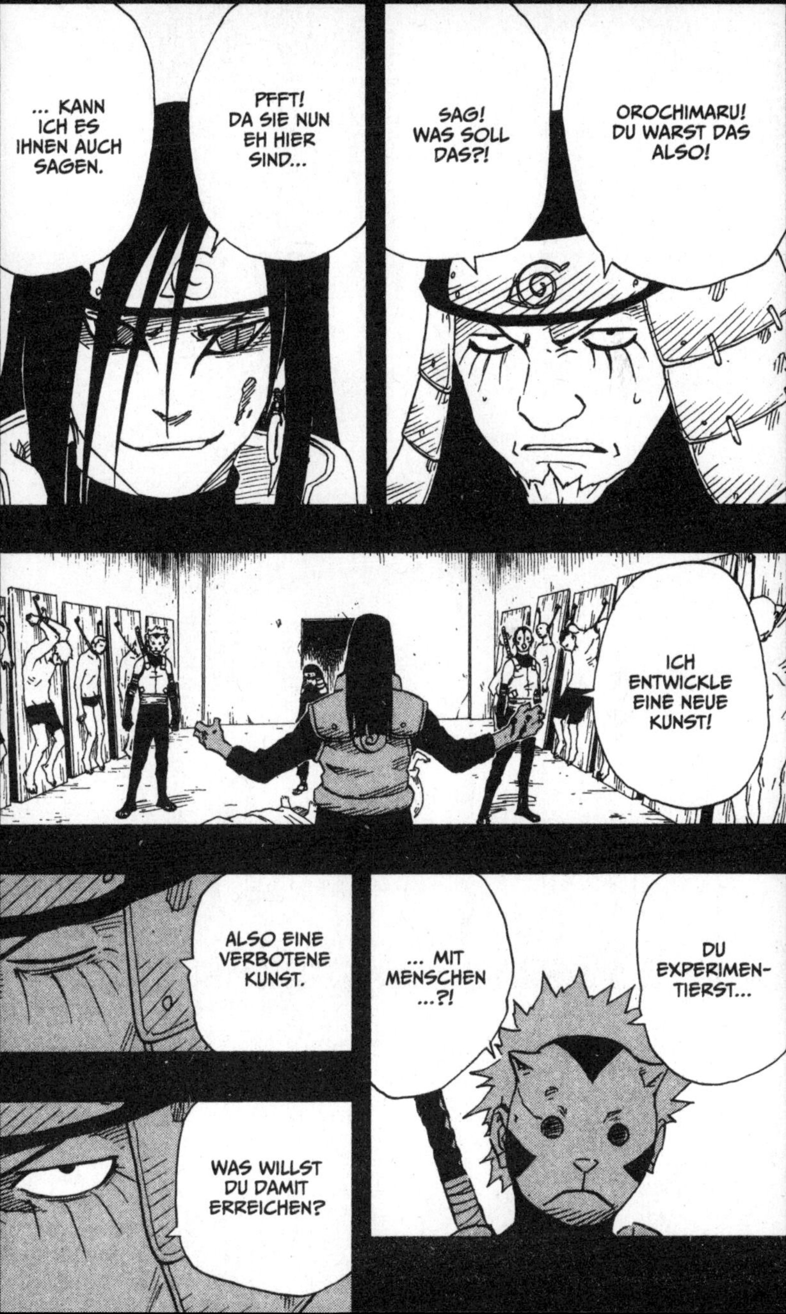
OROCHIMARU! DU WARST DAS ALSO!
SAG! WAS SOLL DAS?!
PFFT! DA SIE NUN EH HIER SIND...
... KANN ICH ES IHNEN AUCH SAGEN.
ICH ENTWICKLE EINE NEUE KUNST!
DU EXPERIMEN-TIERST...
... MIT MENSCHEN ...?!
ALSO EINE VERBOTENE KUNST.
WAS WILLST DU DAMIT ERREICHEN?

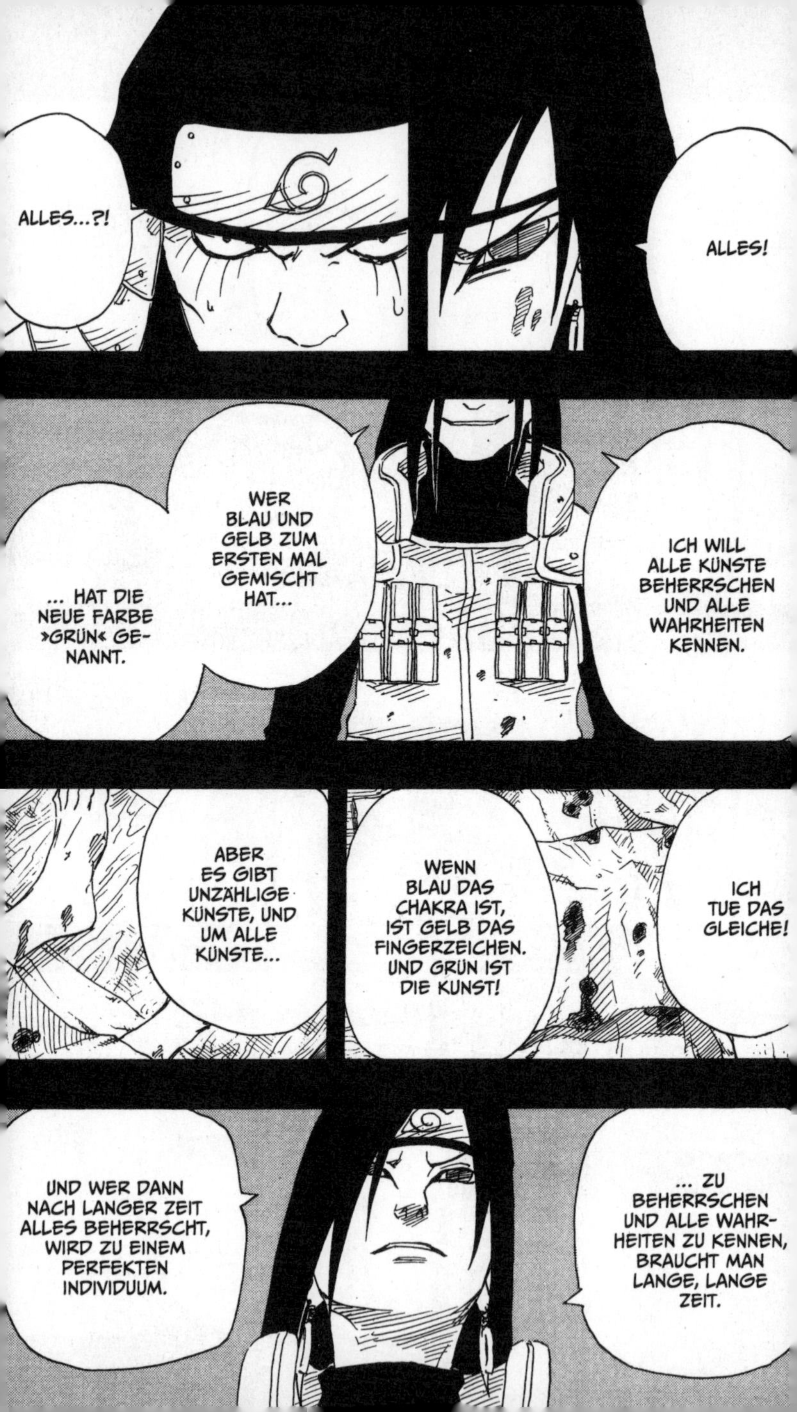

ALLES!
ALLES...?!
ICH WILL ALLE KÜNSTE BEHERRSCHEN UND ALLE WAHRHEITEN KENNEN.
WER BLAU UND GELB ZUM ERSTEN MAL GEMISCHT HAT...
... HAT DIE NEUE FARBE »GRÜN« GENANNT.
ICH TUE DAS GLEICHE!
WENN BLAU DAS CHAKRA IST, IST GELB DAS FINGERZEICHEN. UND GRÜN IST DIE KUNST!
ABER ES GIBT UNZÄHLIGE KÜNSTE, UND UM ALLE KÜNSTE...
... ZU BEHERRSCHEN UND ALLE WAHRHEITEN ZU KENNEN, BRAUCHT MAN LANGE, LANGE ZEIT.
UND WER DANN NACH LANGER ZEIT ALLES BEHERRSCHT, WIRD ZU EINEM PERFEKTEN INDIVIDUUM.

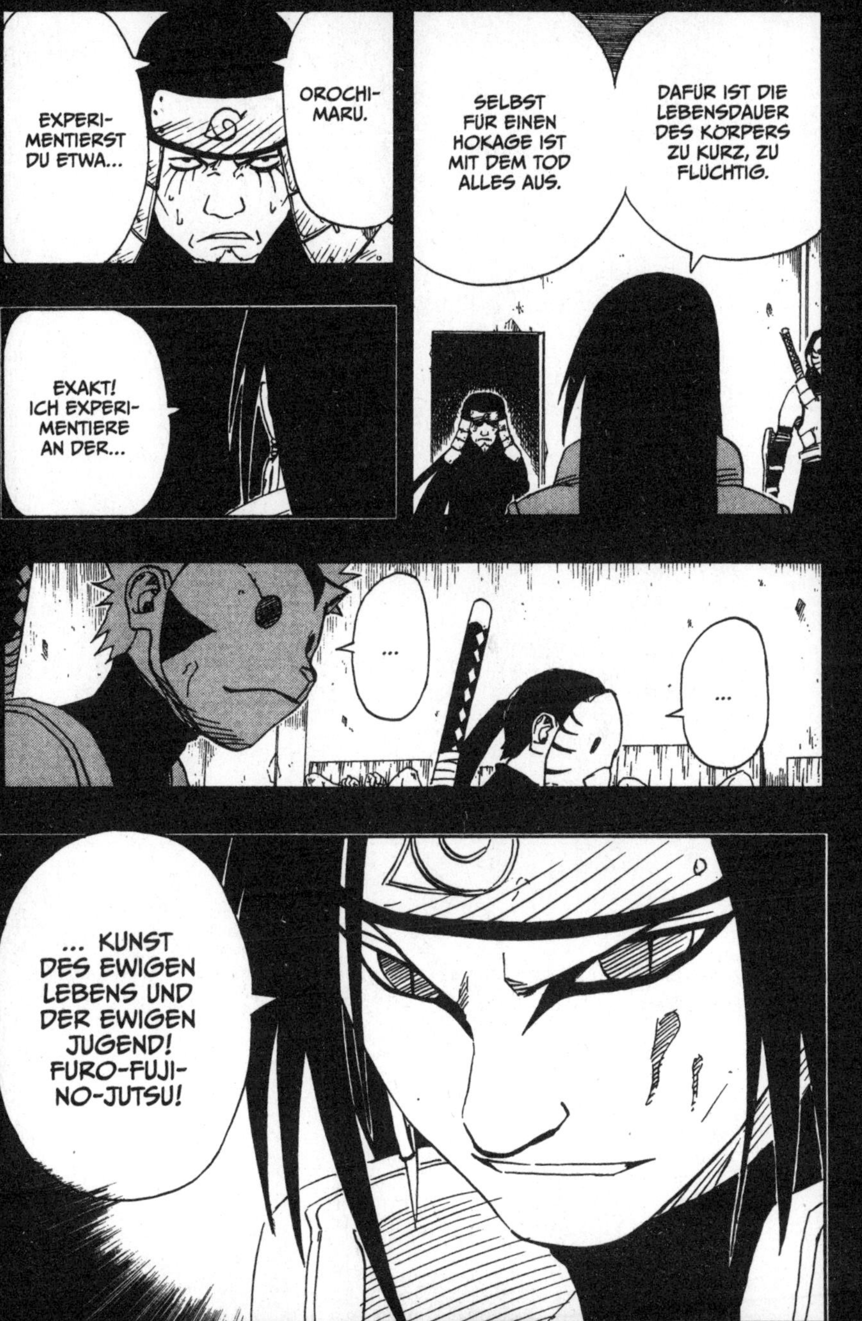
DAFÜR IST DIE LEBENSDAUER DES KÖRPERS ZU KURZ, ZU FLÜCHTIG.
SELBST FÜR EINEN HOKAGE IST MIT DEM TOD ALLES AUS.
OROCHI-MARU.
EXPERI-MENTIERST DU ETWA...
EXAKT! ICH EXPERI-MENTIERE AN DER...
...
...
... KUNST DES EWIGEN LEBENS UND DER EWIGEN JUGEND! FURO-FUJI-NO-JUTSU!

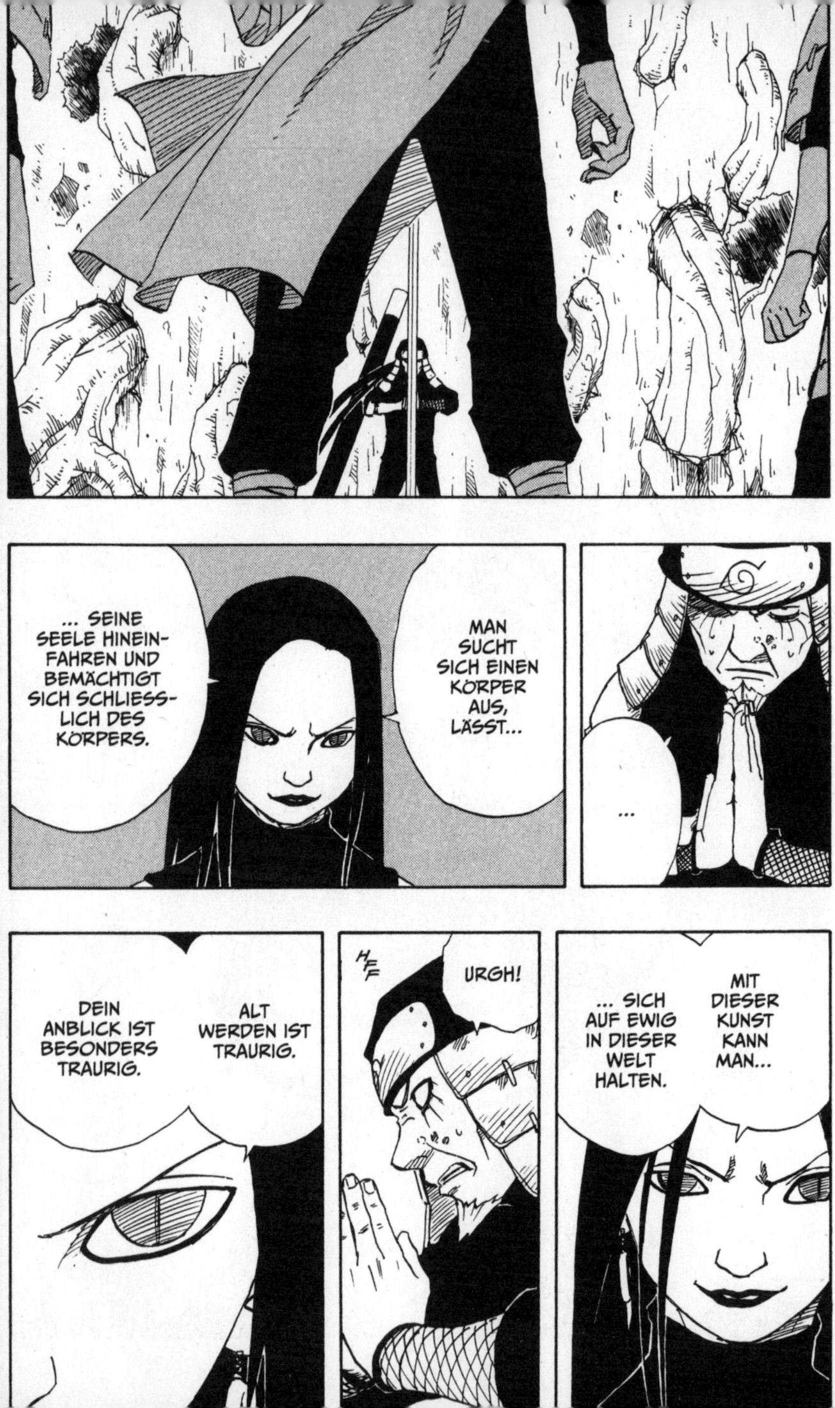
...
MAN SUCHT SICH EINEN KÖRPER AUS, LÄSST...
... SEINE SEELE HINEIN-FAHREN UND BEMÄCHTIGT SICH SCHLIESS-LICH DES KÖRPERS.
MIT DIESER KUNST KANN MAN...
... SICH AUF EWIG IN DIESER WELT HALTEN.
HFF
URGH!
ALT WERDEN IST TRAURIG.
DEIN ANBLICK IST BESONDERS TRAURIG.

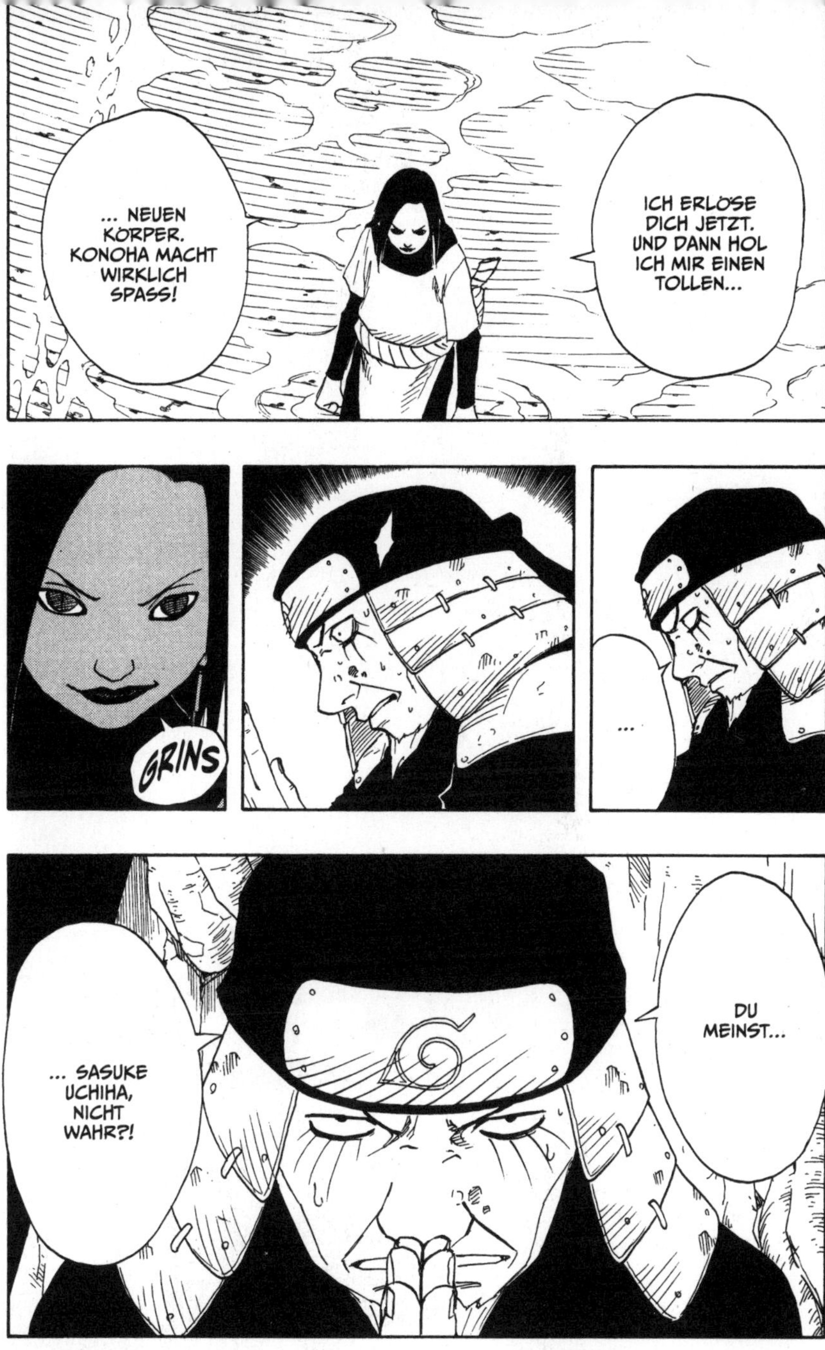
ICH ERLÖSE DICH JETZT. UND DANN HOL ICH MIR EINEN TOLLEN...
... NEUEN KÖRPER. KONOHA MACHT WIRKLICH SPASS!
...
GRINS
DU MEINST...
... SASUKE UCHIHA, NICHT WAHR?!

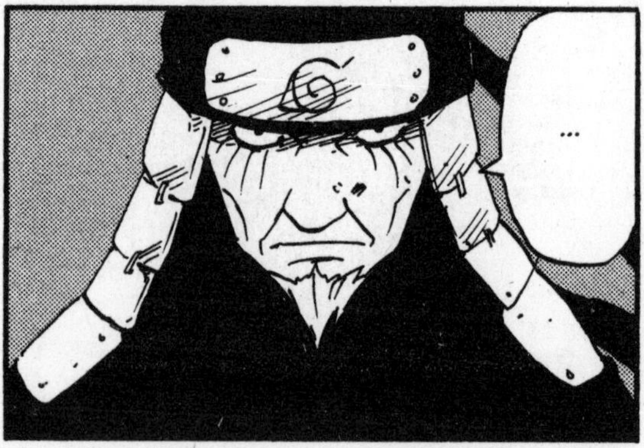

122. KAPITEL: DIE UNSTERBLICHKEIT DES WILLENS

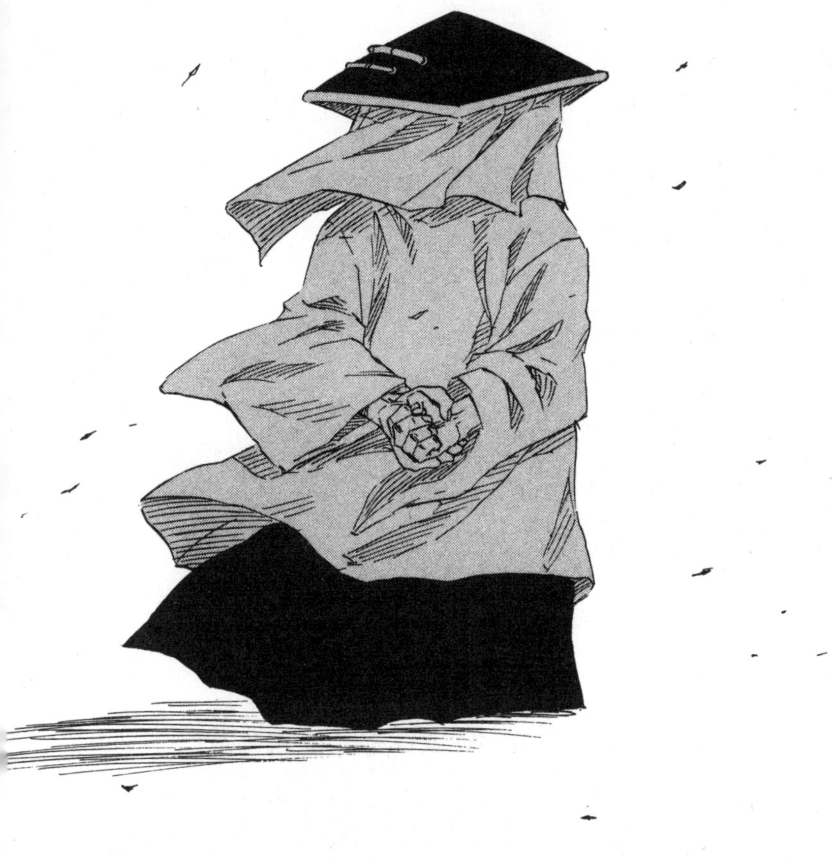

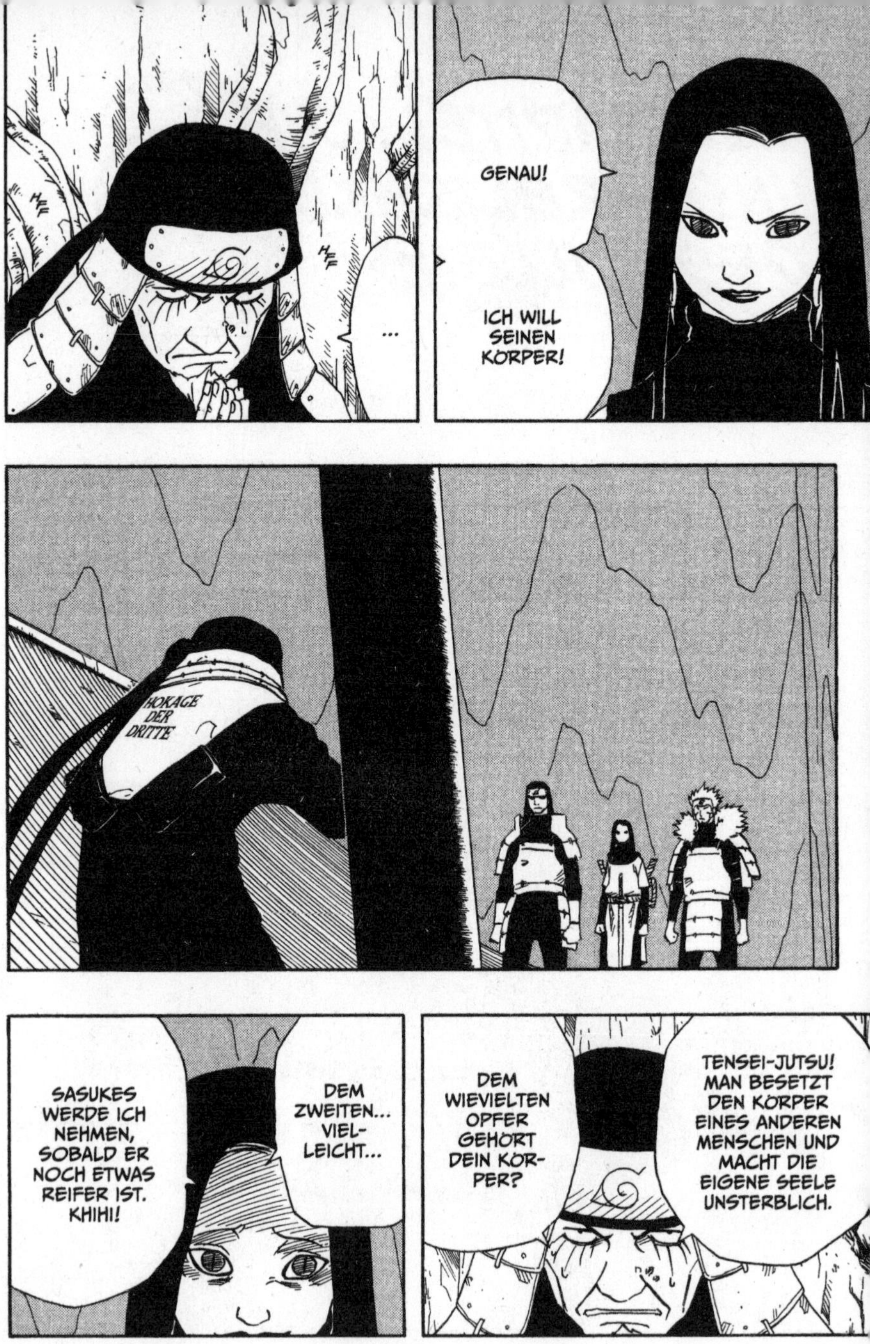
GENAU!
ICH WILL SEINEN KÖRPER!
...
HEF
HEF
HOKAGE DER DRITTE
TENSEI-JUTSU! MAN BESETZT DEN KÖRPER EINES ANDEREN MENSCHEN UND MACHT DIE EIGENE SEELE UNSTERBLICH.
DEM WIEVIELTEN OPFER GEHÖRT DEIN KÖR-PER?
DEM ZWEITEN... VIEL-LEICHT...
SASUKES WERDE ICH NEHMEN, SOBALD ER NOCH ETWAS REIFER IST. KHIHI!

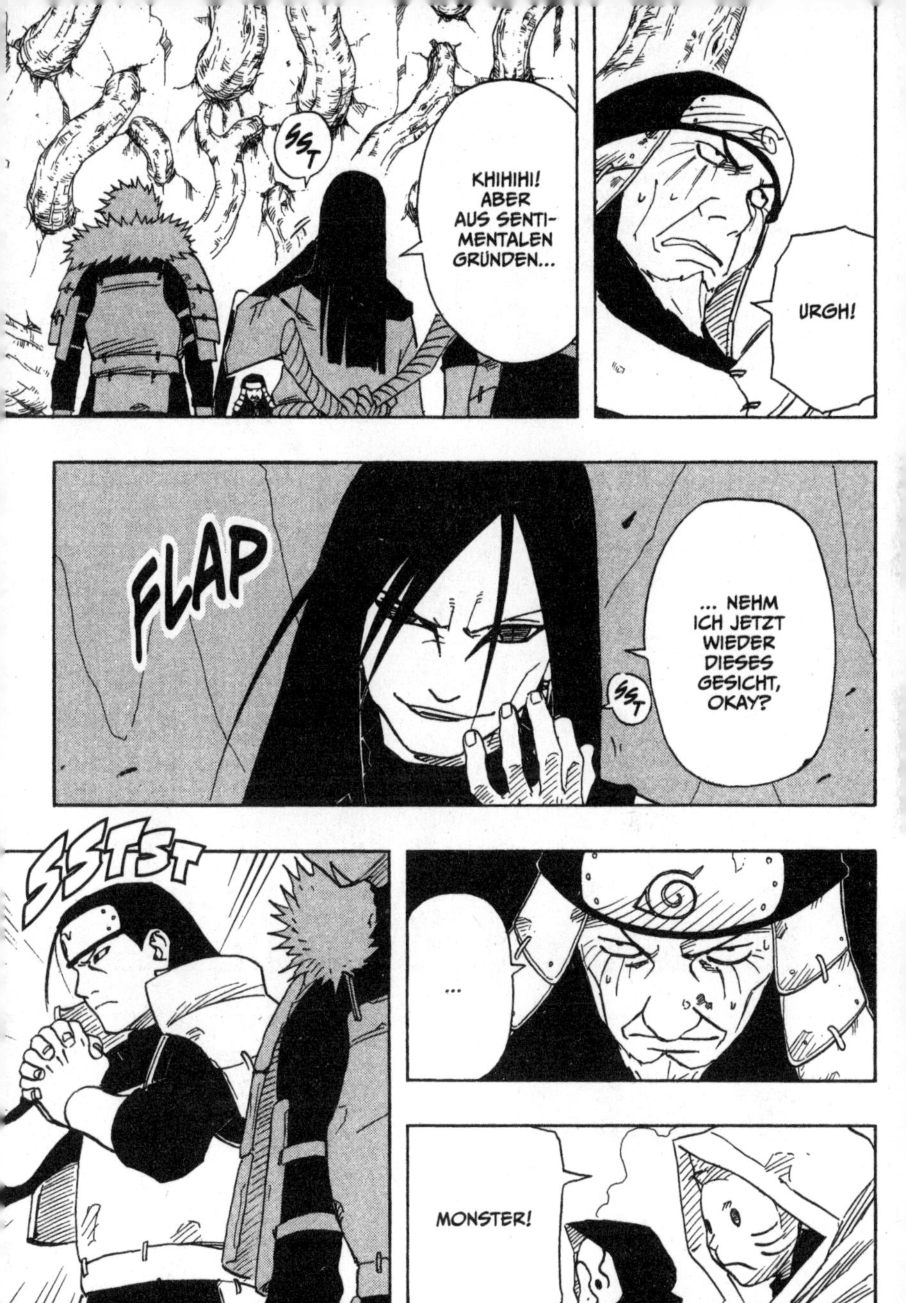
URGH!
SST
KHIHIHI! ABER AUS SENTI-MENTALEN GRÜNDEN...
... NEHM ICH JETZT WIEDER DIESES GESICHT, OKAY?
SST
FLAP
...
SSTST
MONSTER!

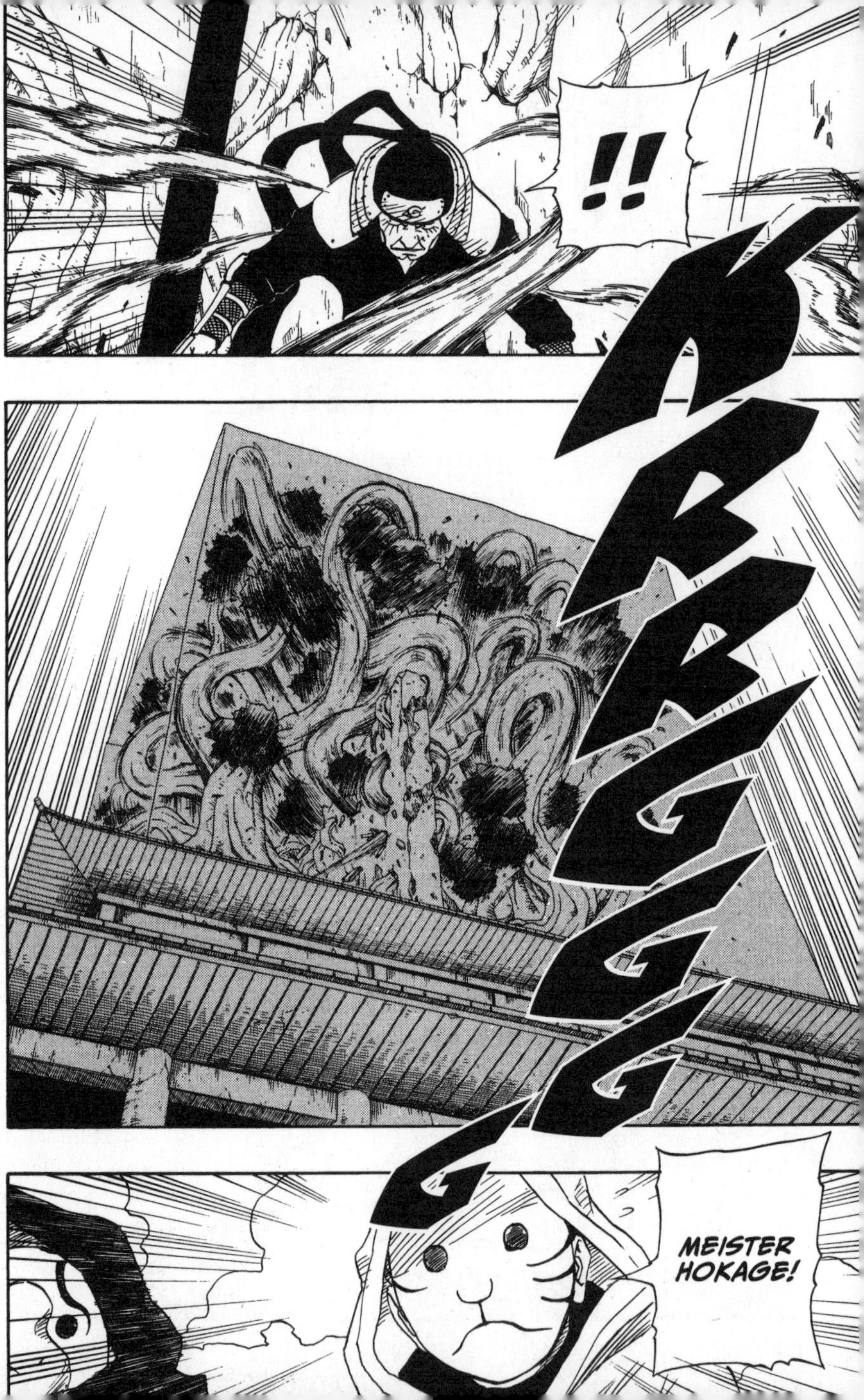
!!
MEISTER HOKAGE!

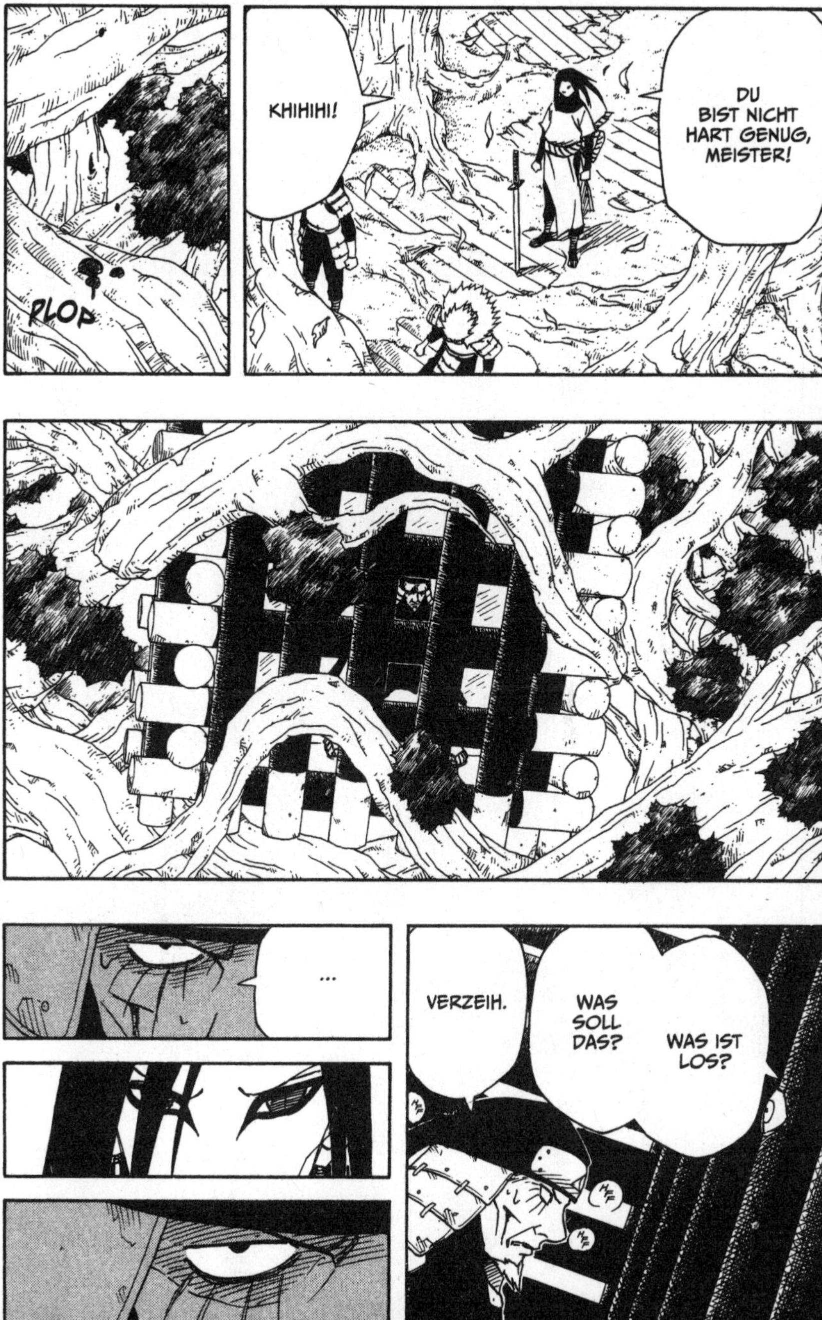

DU BIST NICHT HART GENUG, MEISTER!
KHIHIHI!
PLOP
WAS IST LOS?
WAS SOLL DAS?
VERZEIH.
...

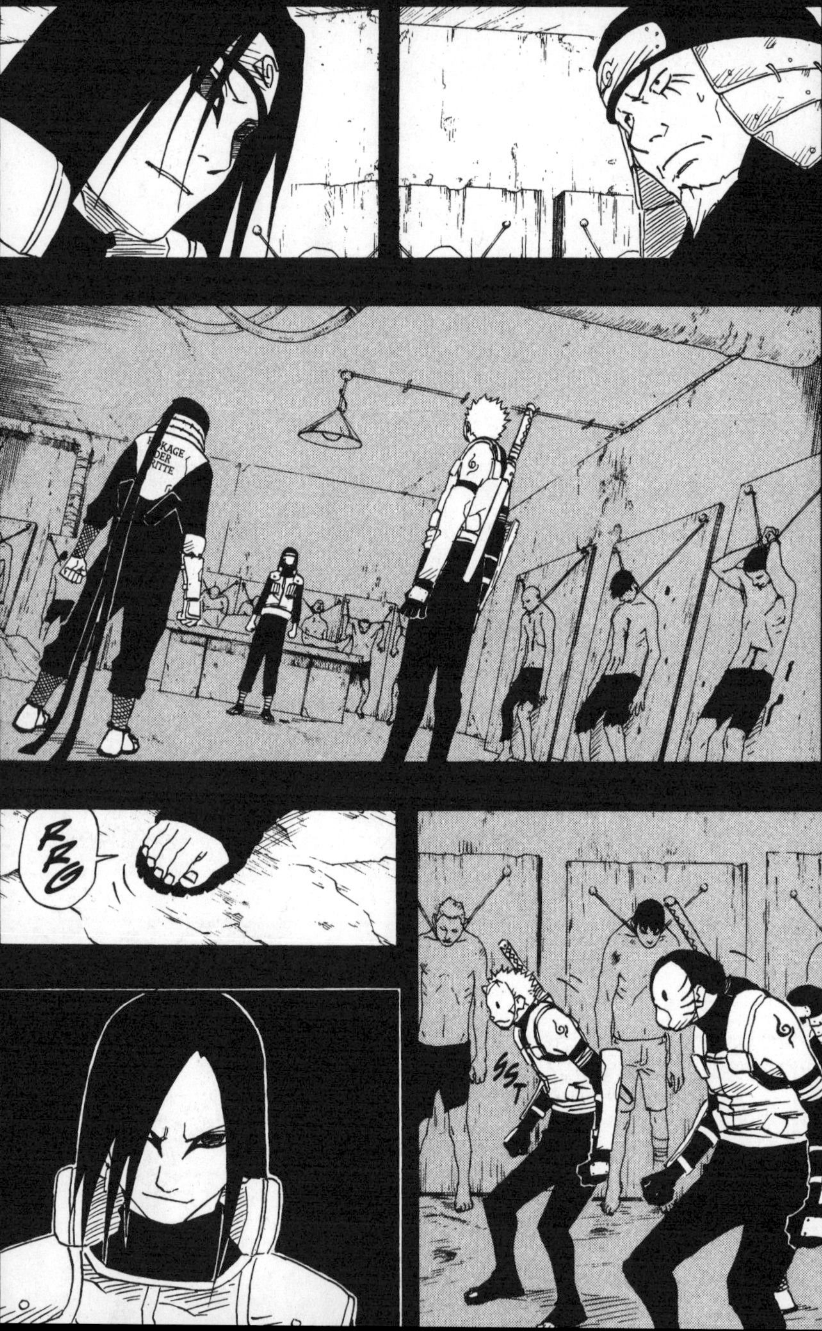
RRG
SST

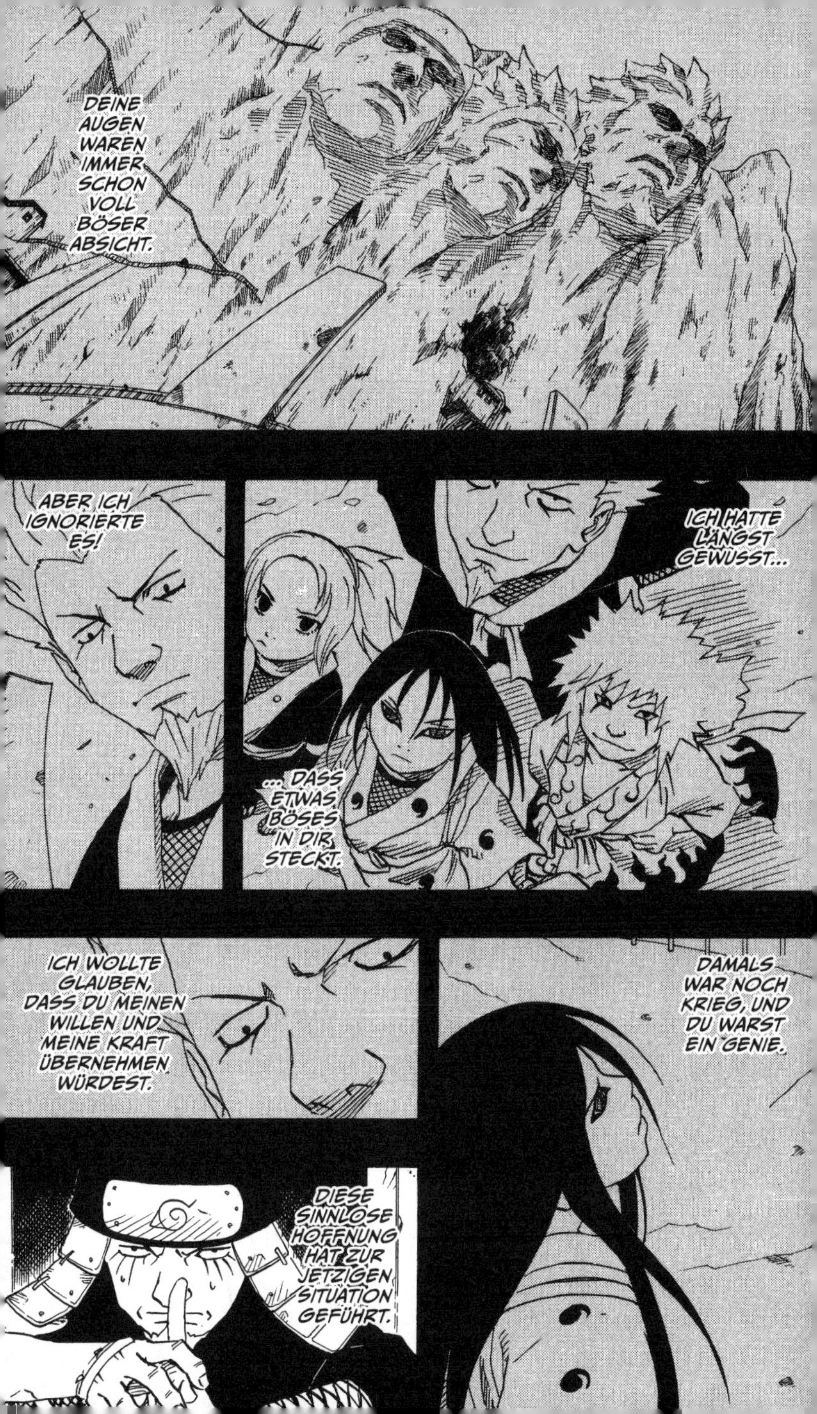
DEINE AUGEN WAREN IMMER SCHON VOLL BÖSER ABSICHT.
ICH HATTE LÄNGST GEWUSST...
... DASS ETWAS BÖSES IN DIR STECKT.
ABER ICH IGNORIERTE ES!
DAMALS WAR NOCH KRIEG, UND DU WARST EIN GENIE.
ICH WOLLTE GLAUBEN, DASS DU MEINEN WILLEN UND MEINE KRAFT ÜBERNEHMEN WÜRDEST.
DIESE SINNLOSE HOFFNUNG HAT ZUR JETZIGEN SITUATION GEFÜHRT.

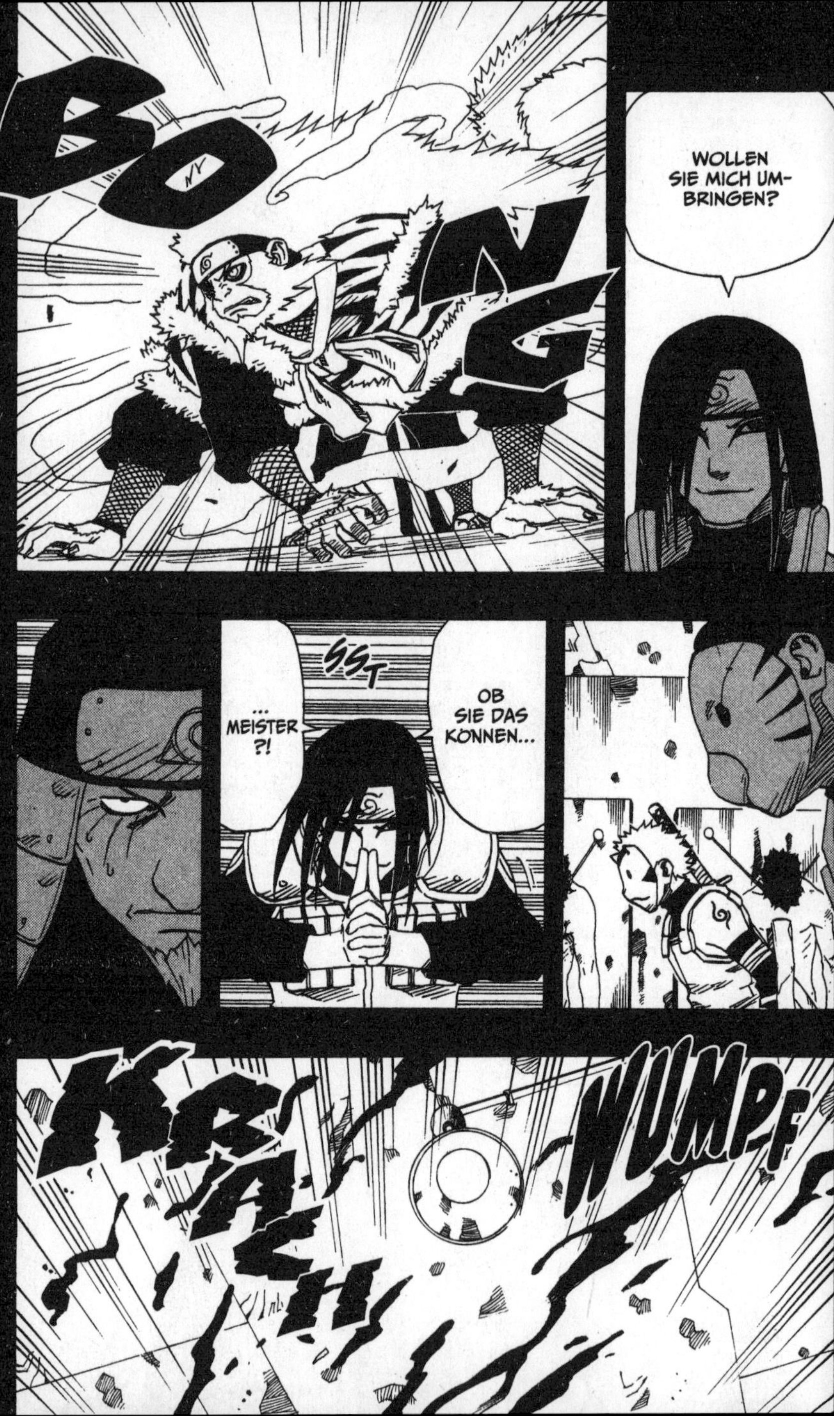
WOLLEN SIE MICH UM-BRINGEN?
BOING
OB SIE DAS KÖNNEN...
SST
... MEISTER ?!
WUMPF
KRACH!

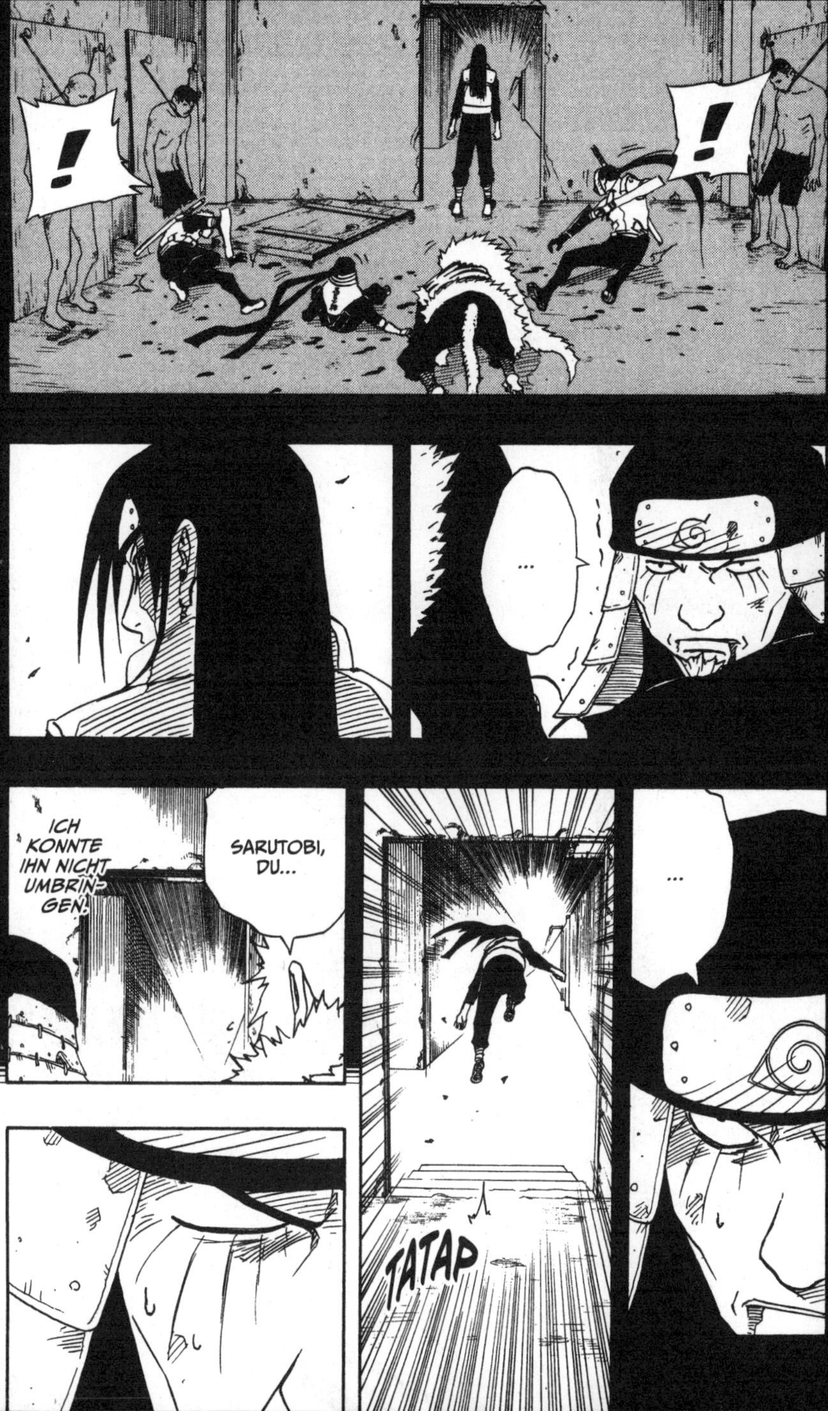
!
!
...
...
TATAP
SARUTOBI, DU...
ICH KONNTE IHN NICHT UMBRIN-GEN.

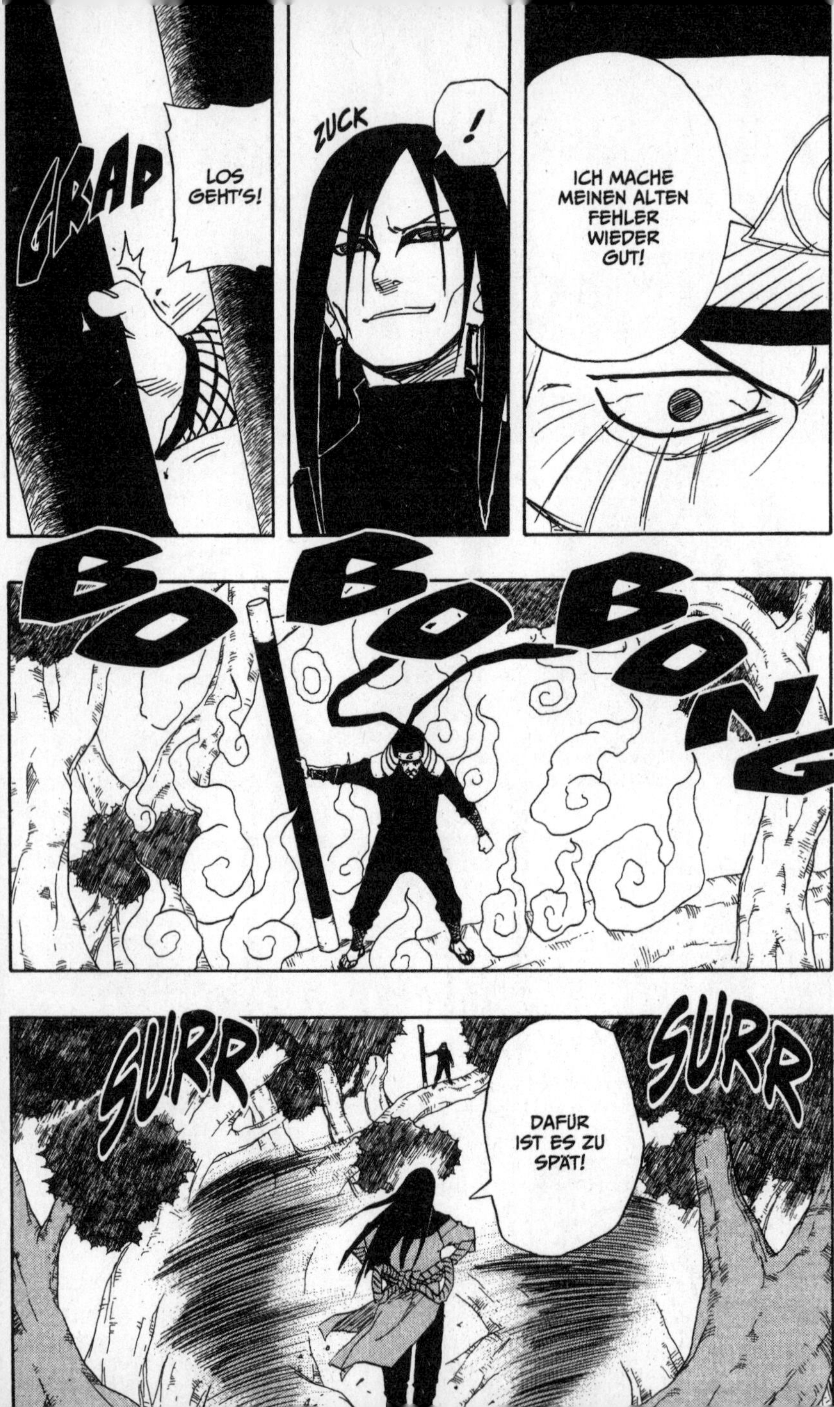
ZUCK
!
ICH MACHE MEINEN ALTEN FEHLER WIEDER GUT!
LOS GEHT'S!
GRAP
BO BO BONG
SURR
SURR
DAFÜR IST ES ZU SPÄT!

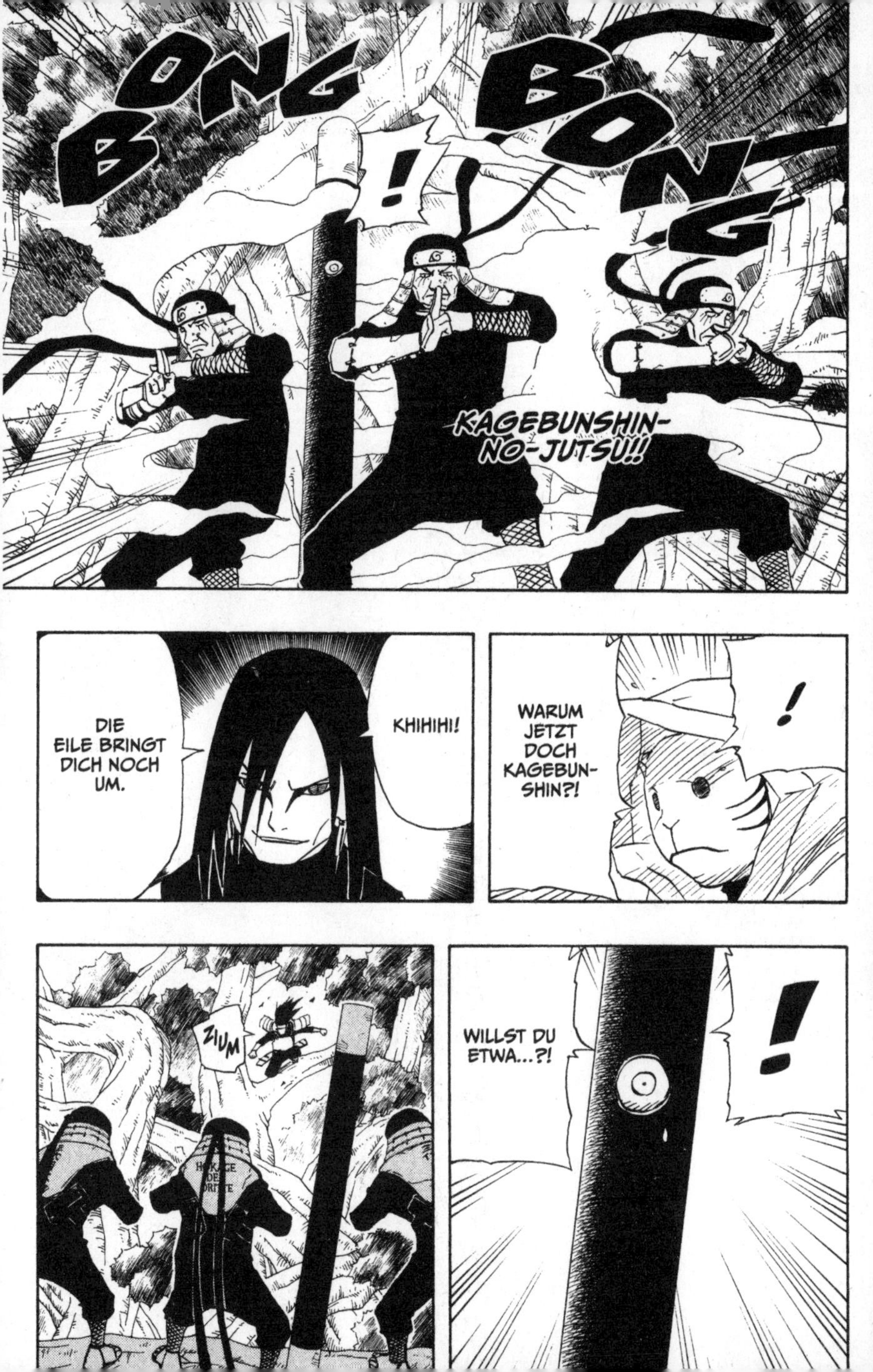
BONG
BONG
!!
KAGEBUNSHIN-NO-JUTSU!!
KHIHIHI!
DIE EILE BRINGT DICH NOCH UM.
!
WARUM JETZT DOCH KAGEBUN-SHIN?!
ZIUM
!
WILLST DU ETWA...?!

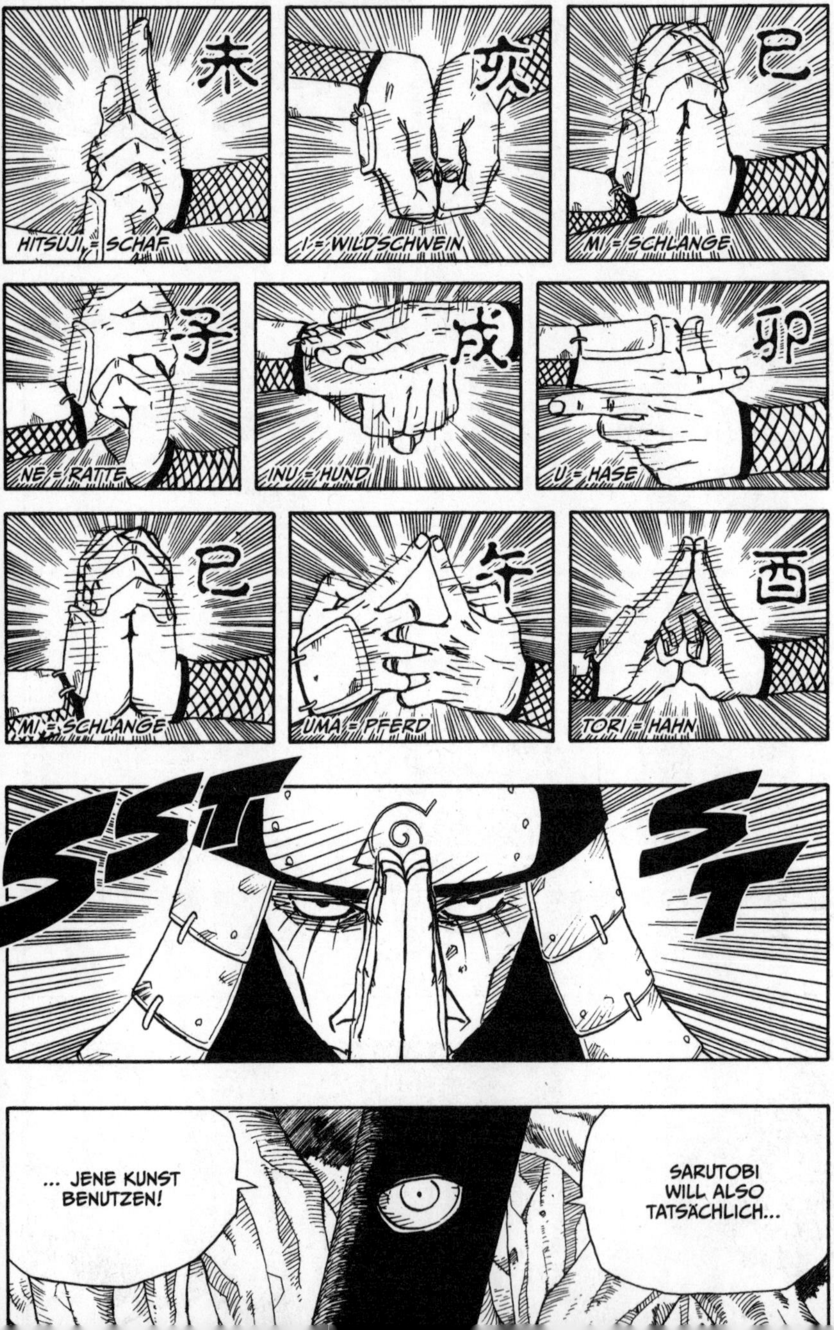

巳
MI = SCHLANGE
亥
I = WILDSCHWEIN
未
HITSUJI = SCHAF
卯
U = HASE
戌
INU = HUND
子
NE = RATTE
酉
TORI = HAHN
午
UMA = PFERD
巳
MI = SCHLANGE
ST
SST
SARUTOBI WILL ALSO TATSÄCHLICH...
... JENE KUNST BENUTZEN!

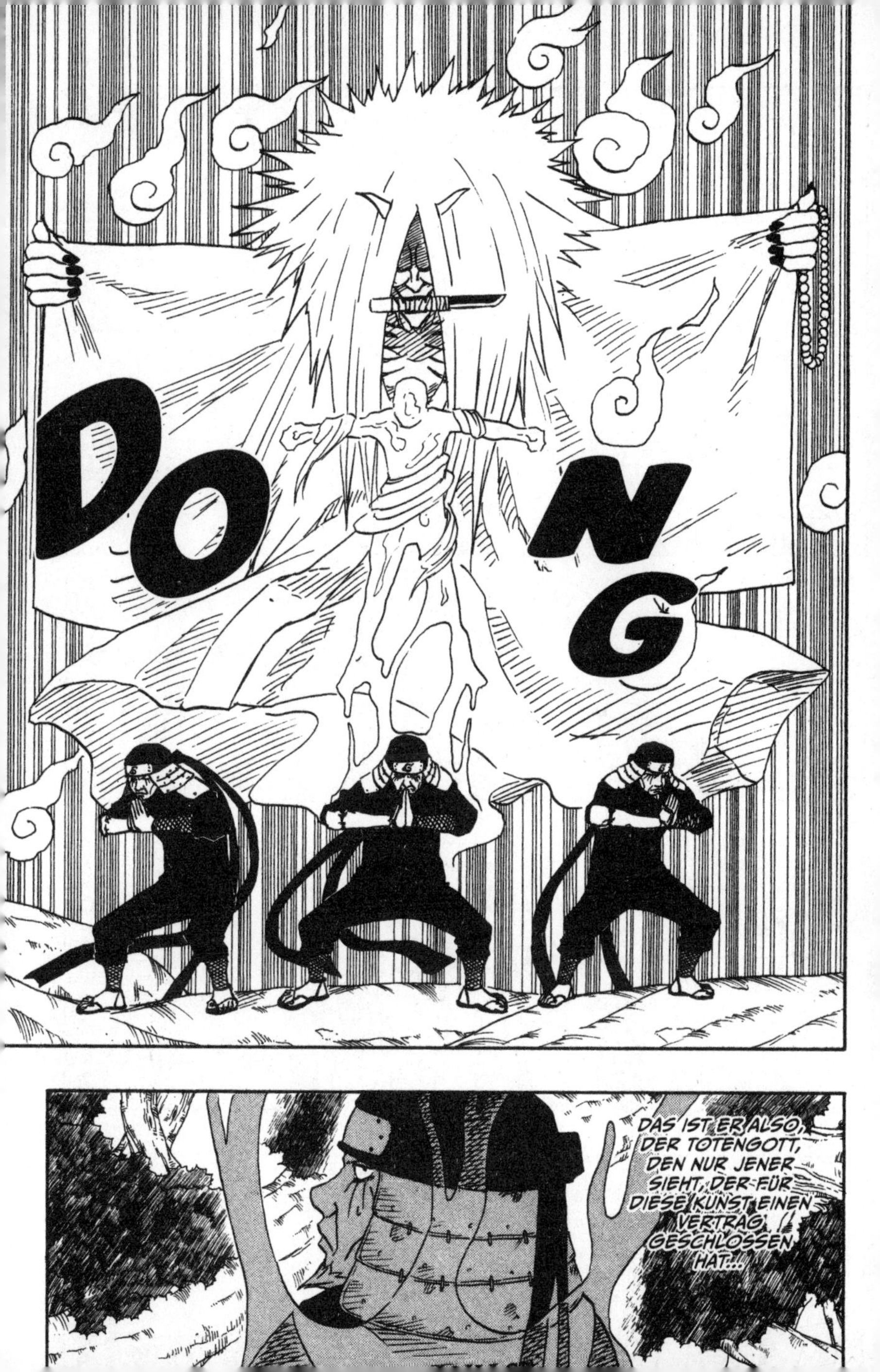
DONG
DAS IST ER ALSO, DER TOTENGOTT, DEN NUR JENER SIEHT, DER FÜR DIESE KUNST EINEN VERTRAG GESCHLOSSEN HAT...

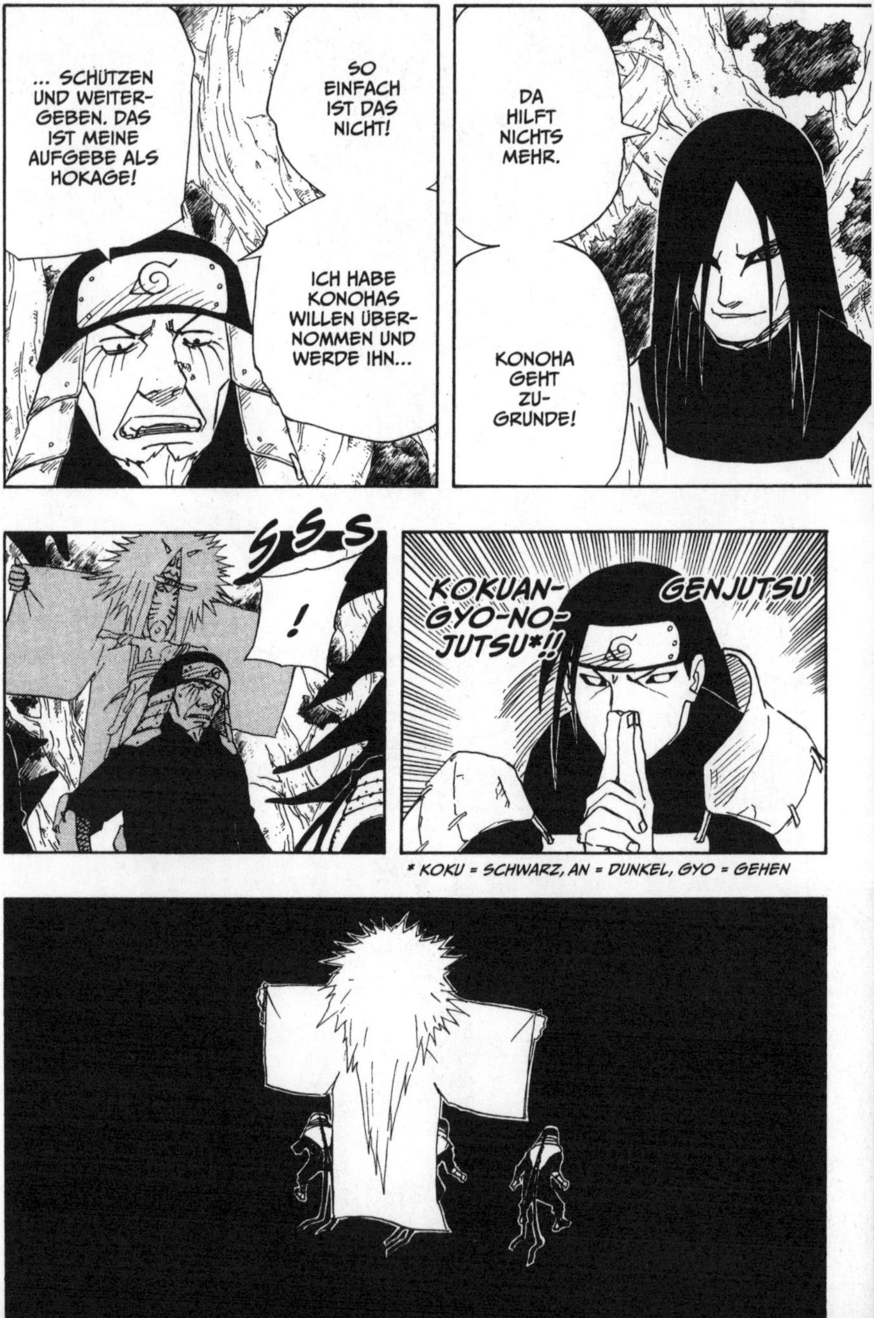

... SCHÜTZEN UND WEITERGEBEN. DAS IST MEINE AUFGEBE ALS HOKAGE!
SO EINFACH IST DAS NICHT!
ICH HABE KONOHAS WILLEN ÜBERNOMMEN UND WERDE IHN...
DA HILFT NICHTS MEHR.
KONOHA GEHT ZUGRUNDE!
SSS
!
KOKUAN-GYO-NO-JUTSU*!!
GENJUTSU
* KOKU = SCHWARZ, AN = DUNKEL, GYO = GEHEN

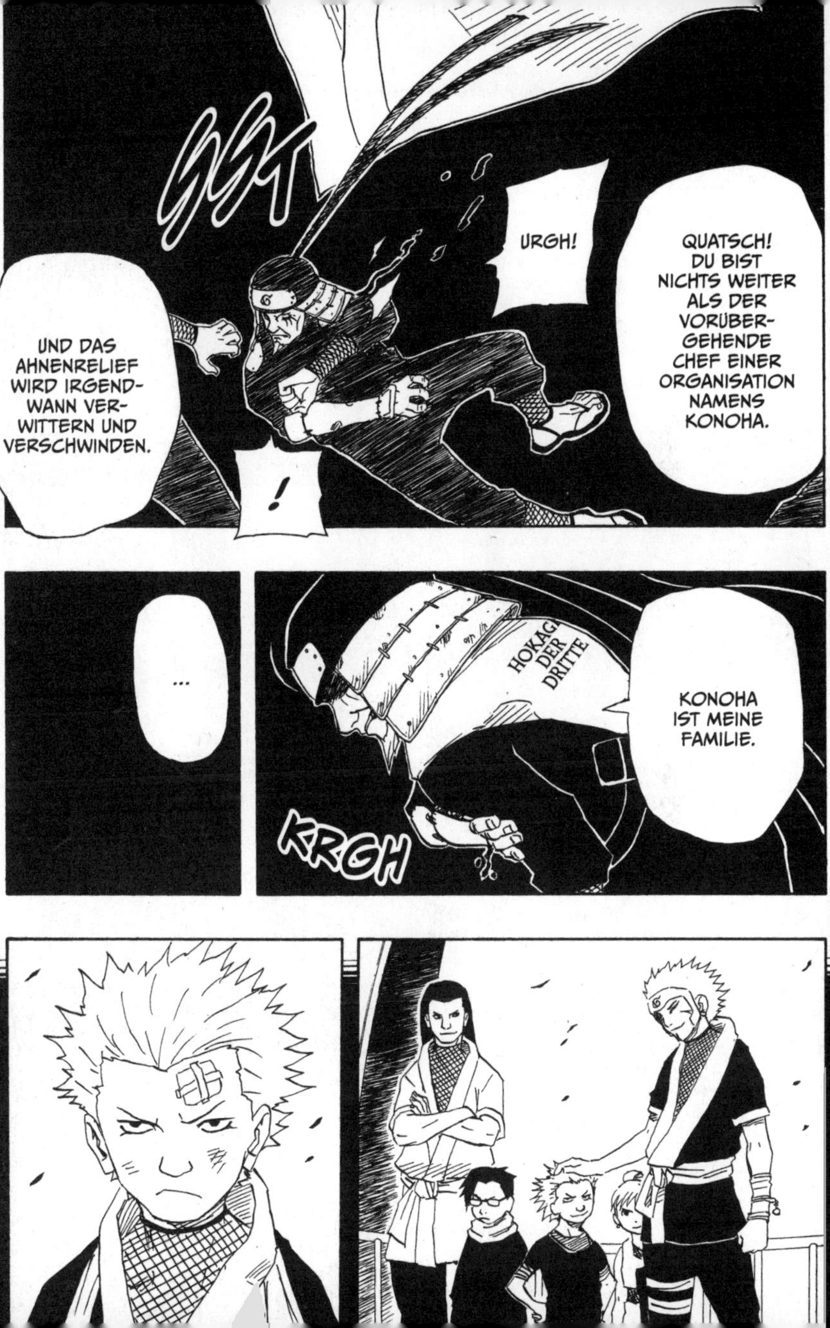
QUATSCH! DU BIST NICHTS WEITER ALS DER VORÜBER-GEHENDE CHEF EINER ORGANISATION NAMENS KONOHA.
URGH!
GSST
!
UND DAS AHNENRELIEF WIRD IRGEND-WANN VER-WITTERN UND VERSCHWINDEN.
KONOHA IST MEINE FAMILIE.
HOKAGE DER DRITTE
KRGH
...

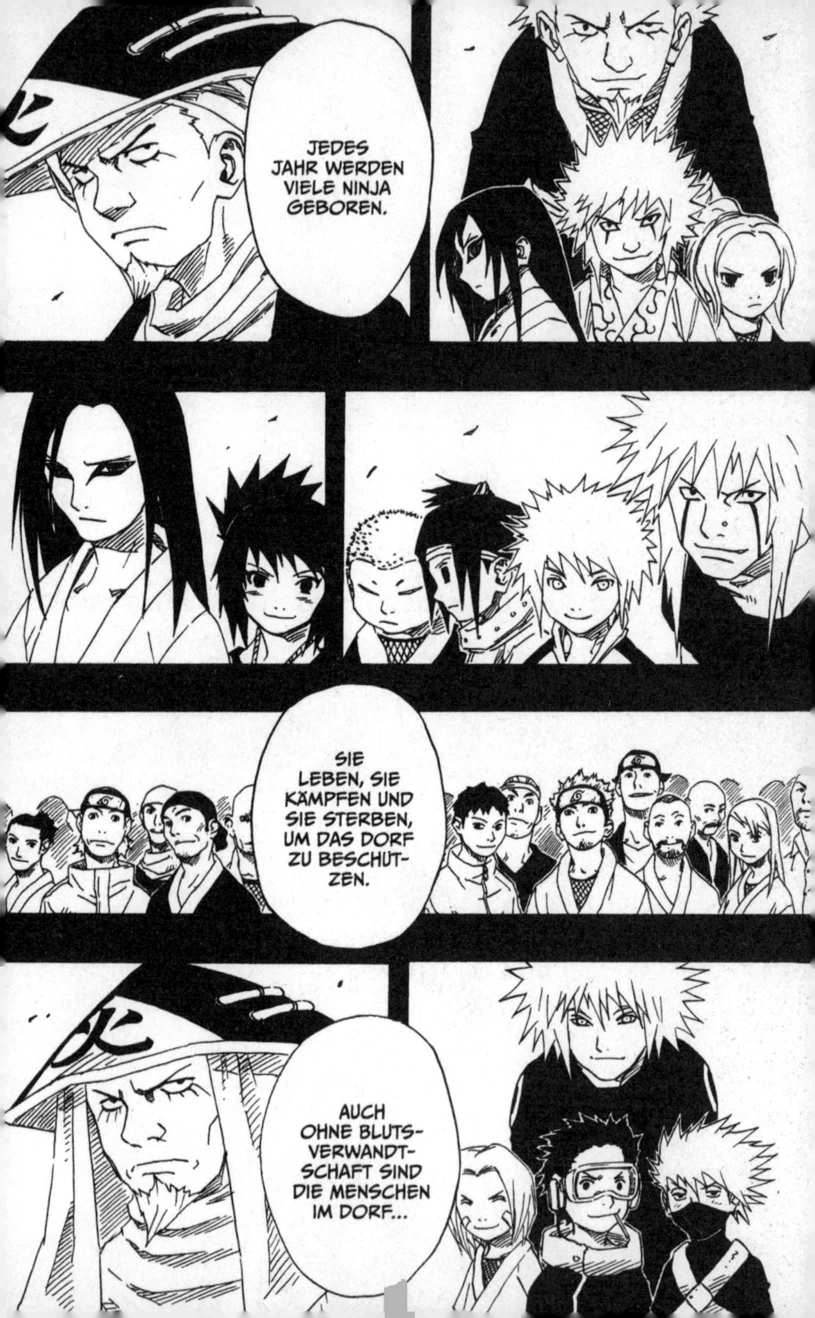
JEDES JAHR WERDEN VIELE NINJA GEBOREN.
SIE LEBEN, SIE KÄMPFEN UND SIE STERBEN, UM DAS DORF ZU BESCHÜT-ZEN.
AUCH OHNE BLUTS-VERWANDT-SCHAFT SIND DIE MENSCHEN IM DORF...

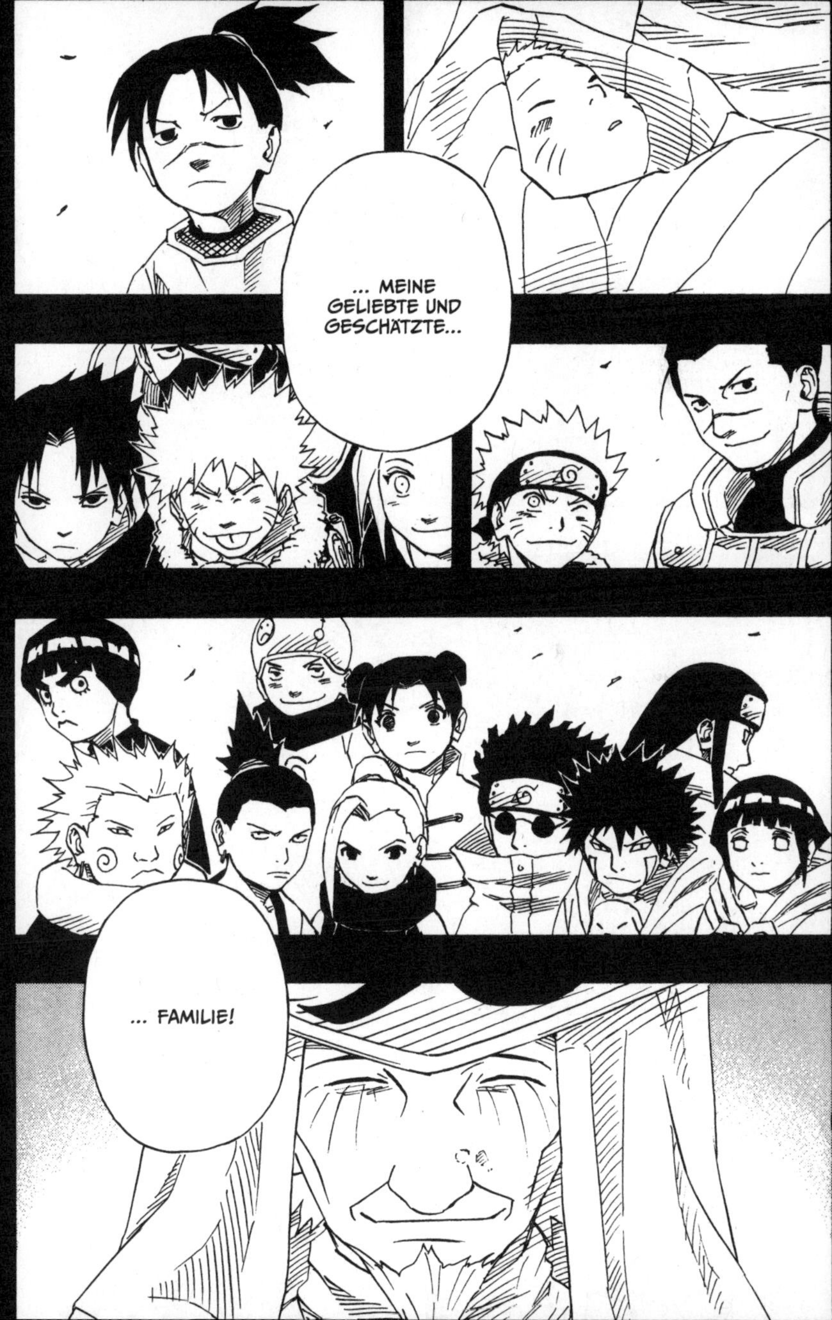
... MEINE GELIEBTE UND GESCHÄTZTE...
... FAMILIE!

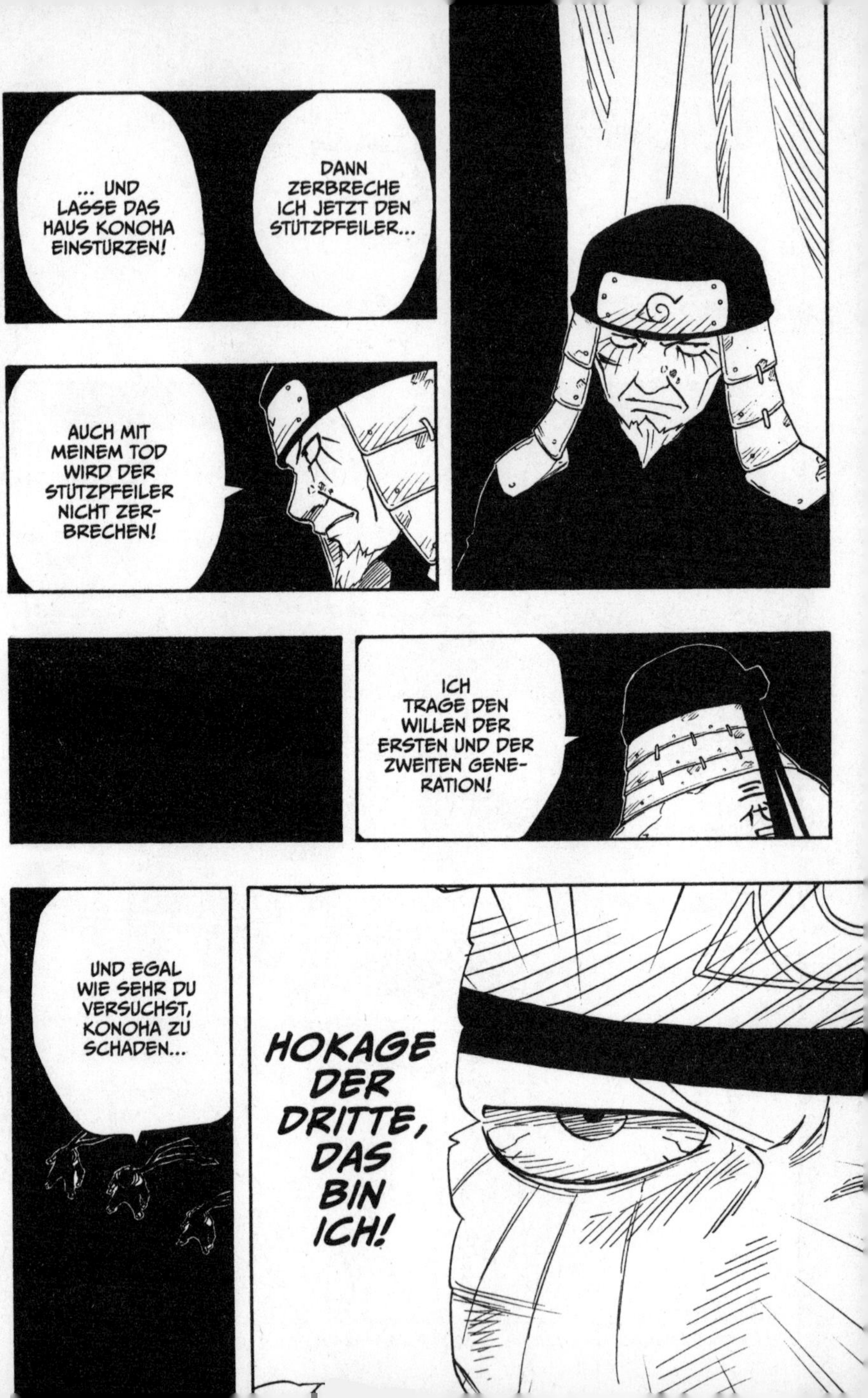
DANN ZERBRECHE ICH JETZT DEN STÜTZPFEILER...
... UND LASSE DAS HAUS KONOHA EINSTÜRZEN!
AUCH MIT MEINEM TOD WIRD DER STÜTZPFEILER NICHT ZERBRECHEN!
ICH TRAGE DEN WILLEN DER ERSTEN UND DER ZWEITEN GENERATION!
HOKAGE DER DRITTE, DAS BIN ICH!
UND EGAL WIE SEHR DU VERSUCHST, KONOHA ZU SCHADEN...

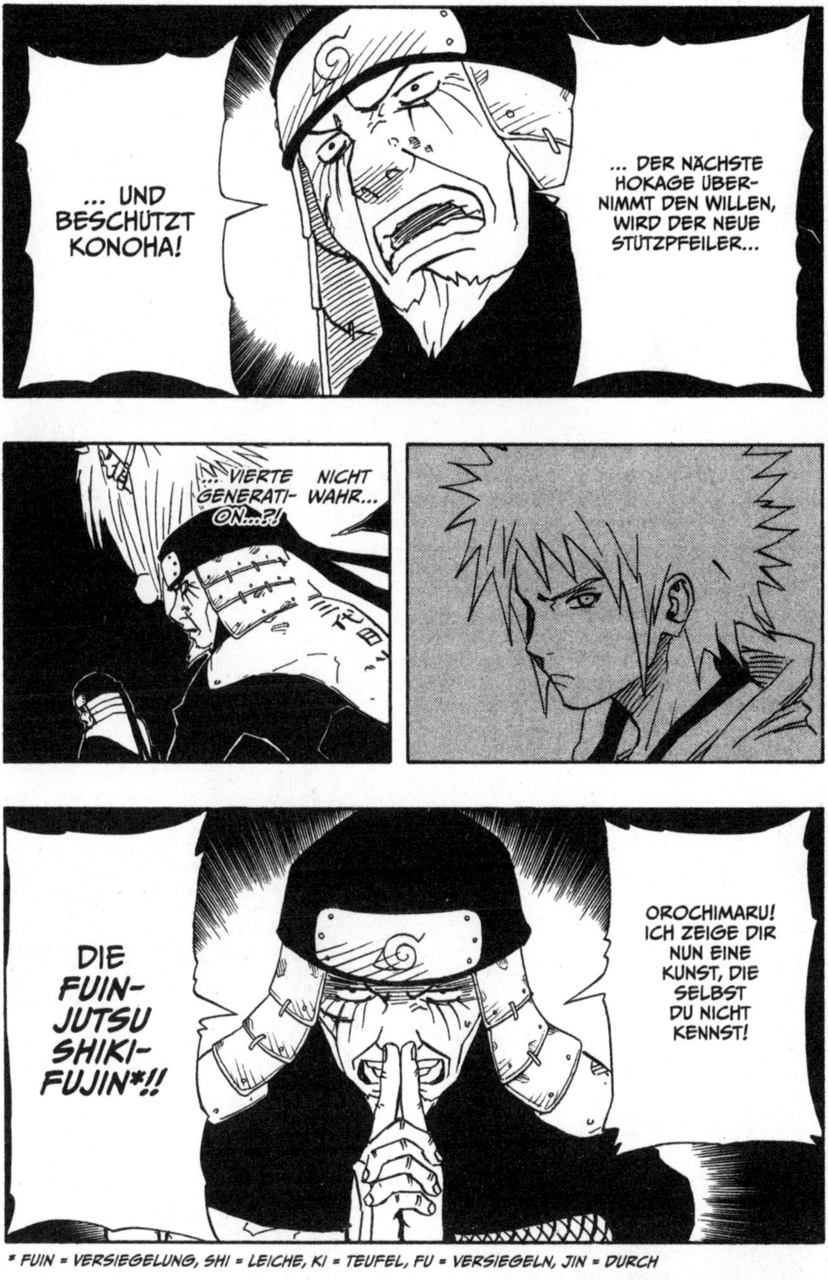

* FUIN = VERSIEGELUNG, SHI = LEICHE, KI = TEUFEL, FU = VERSIEGELN, JIN = DURCH

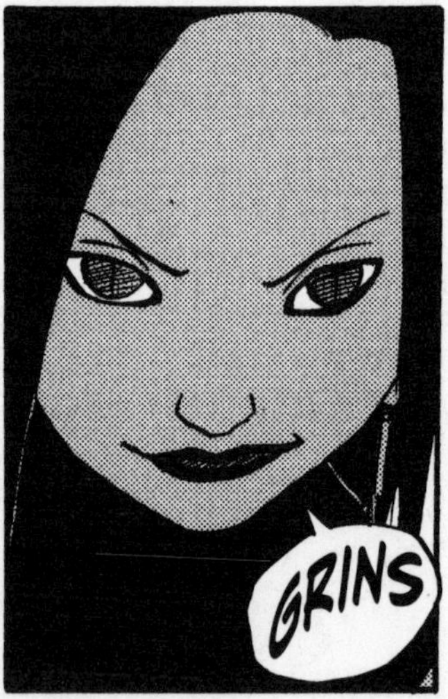
GRINS

123. Kapitel: Die Versiegelung

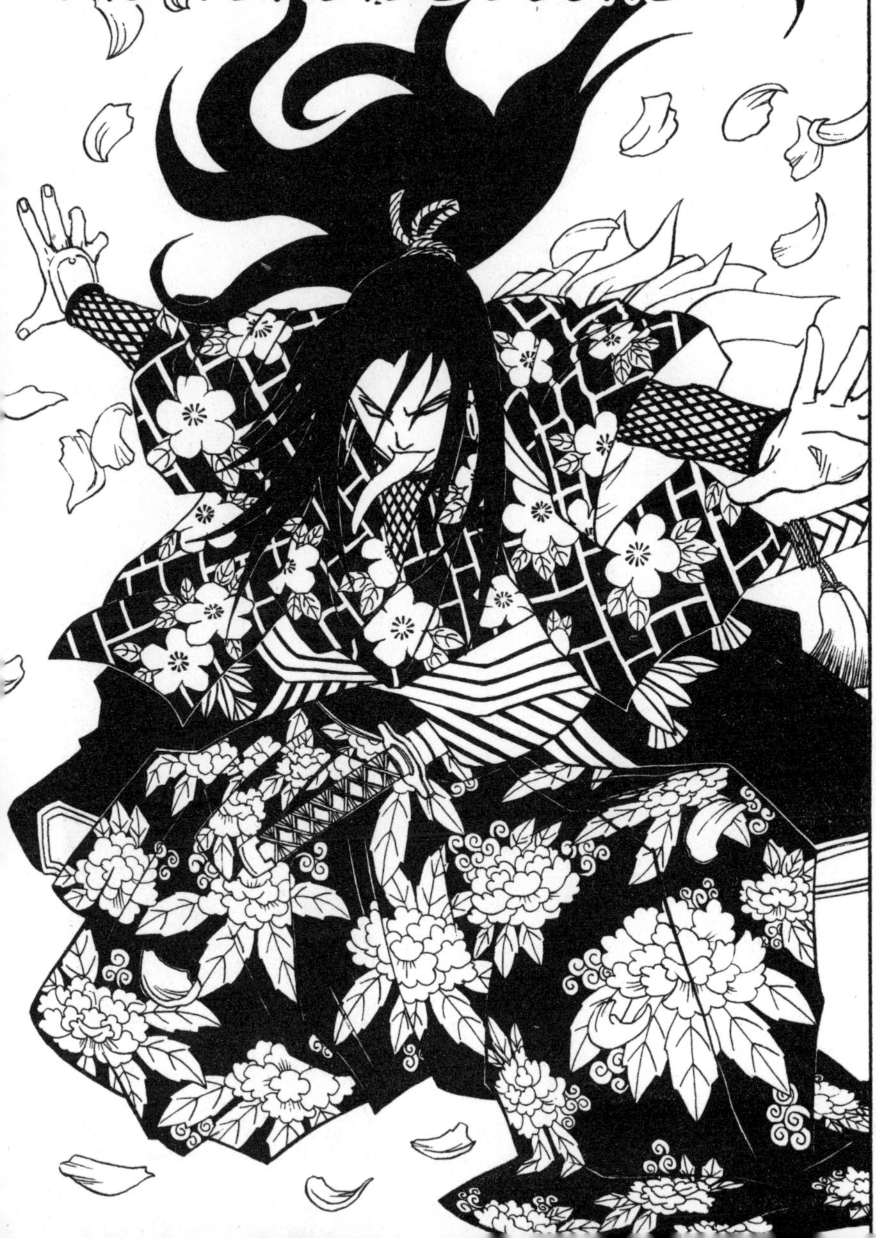

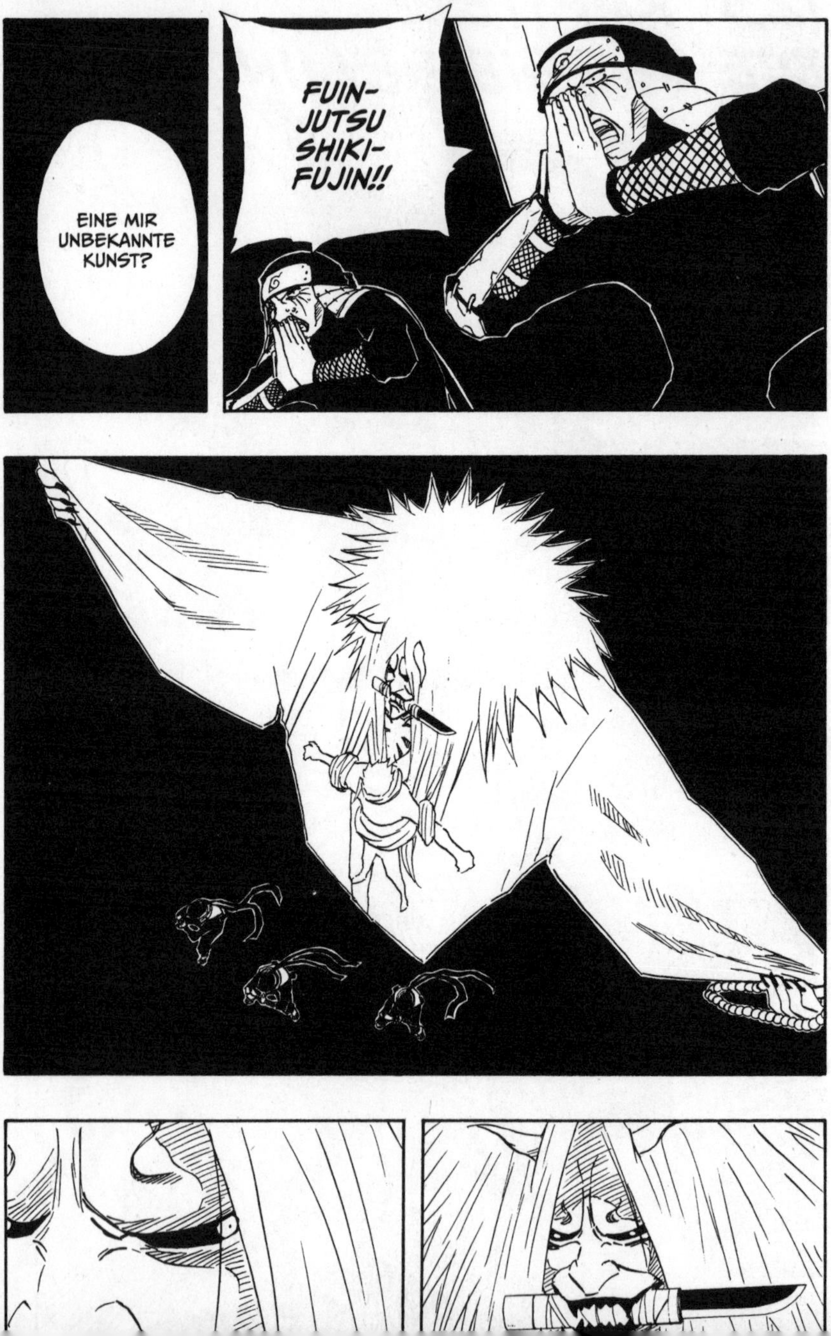
FUIN-
JUTSU
SHIKI-
FUJIN!!
EINE MIR
UNBEKANNTE
KUNST?

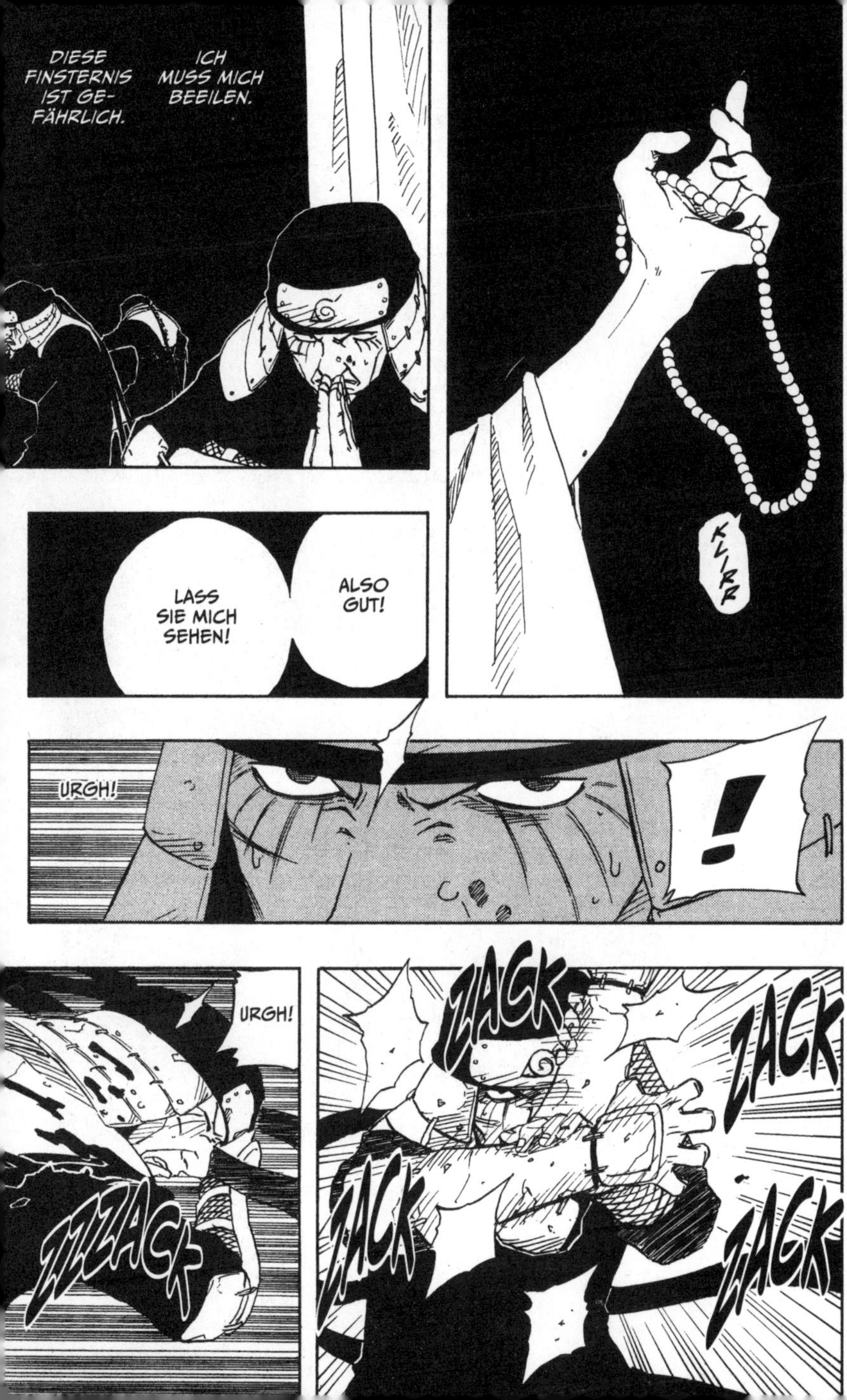
KLIRR
ICH MUSS MICH BEEILEN.
DIESE FINSTERNIS IST GE-FÄHRLICH.
ALSO GUT!
LASS SIE MICH SEHEN!
!
URGH!
ZACK
ZACK
ZACK
ZACK
URGH!
ZZZACK

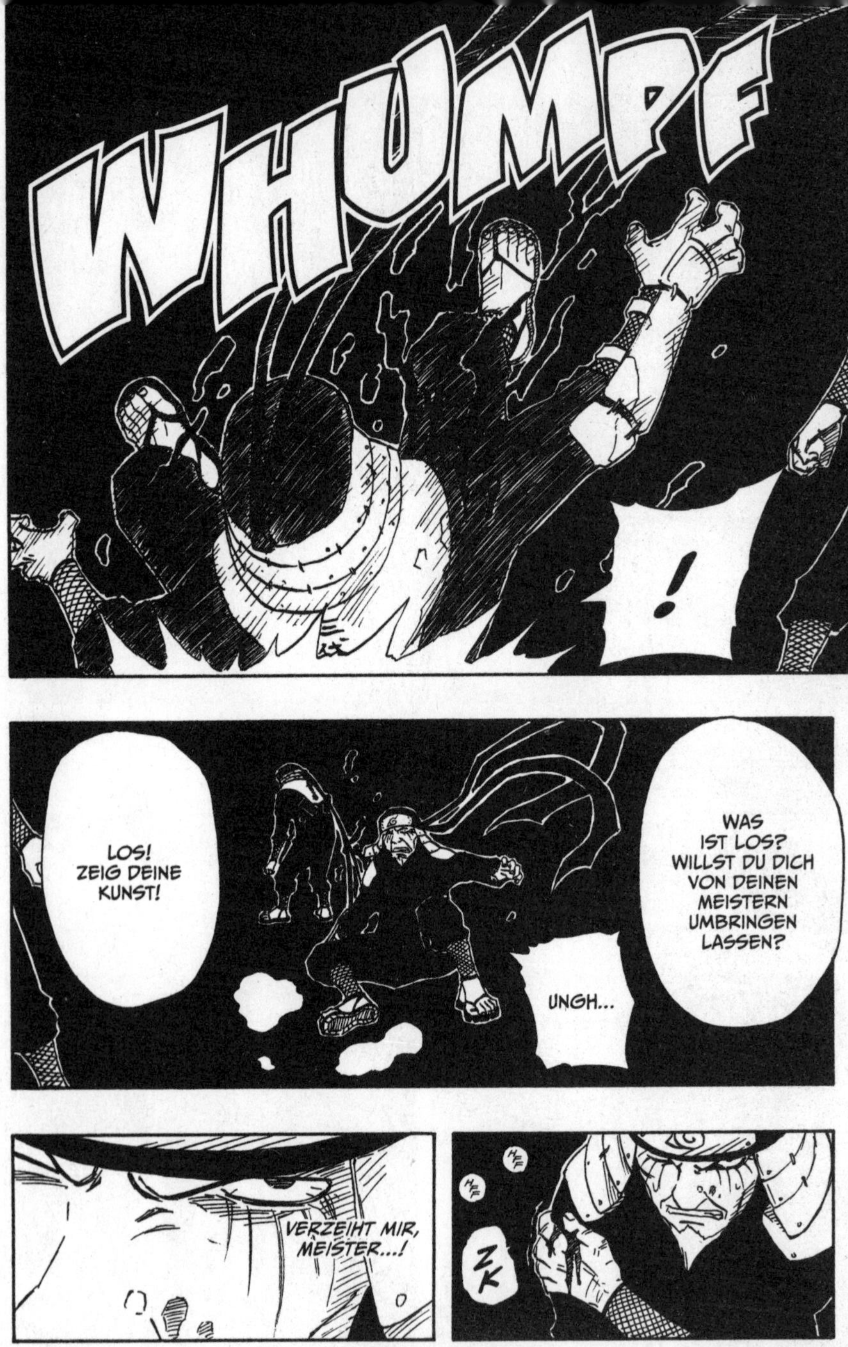
WHUMPF
!
WAS IST LOS? WILLST DU DICH VON DEINEN MEISTERN UMBRINGEN LASSEN?
LOS! ZEIG DEINE KUNST!
UNGH...
HEF
HEF
ZK
VERZEIHT MIR, MEISTER...!

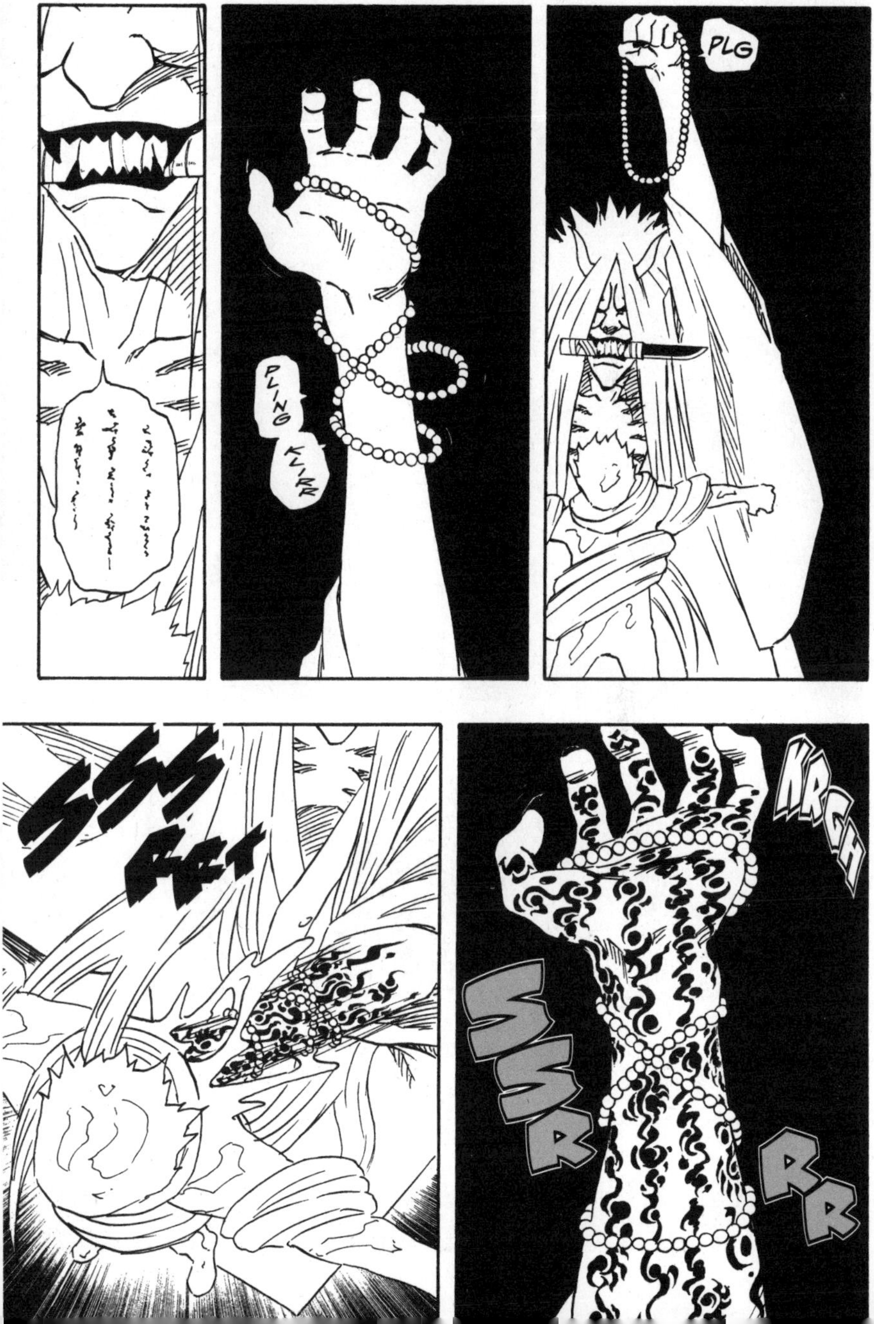

PLING
KLIRR
PLG
KRGH

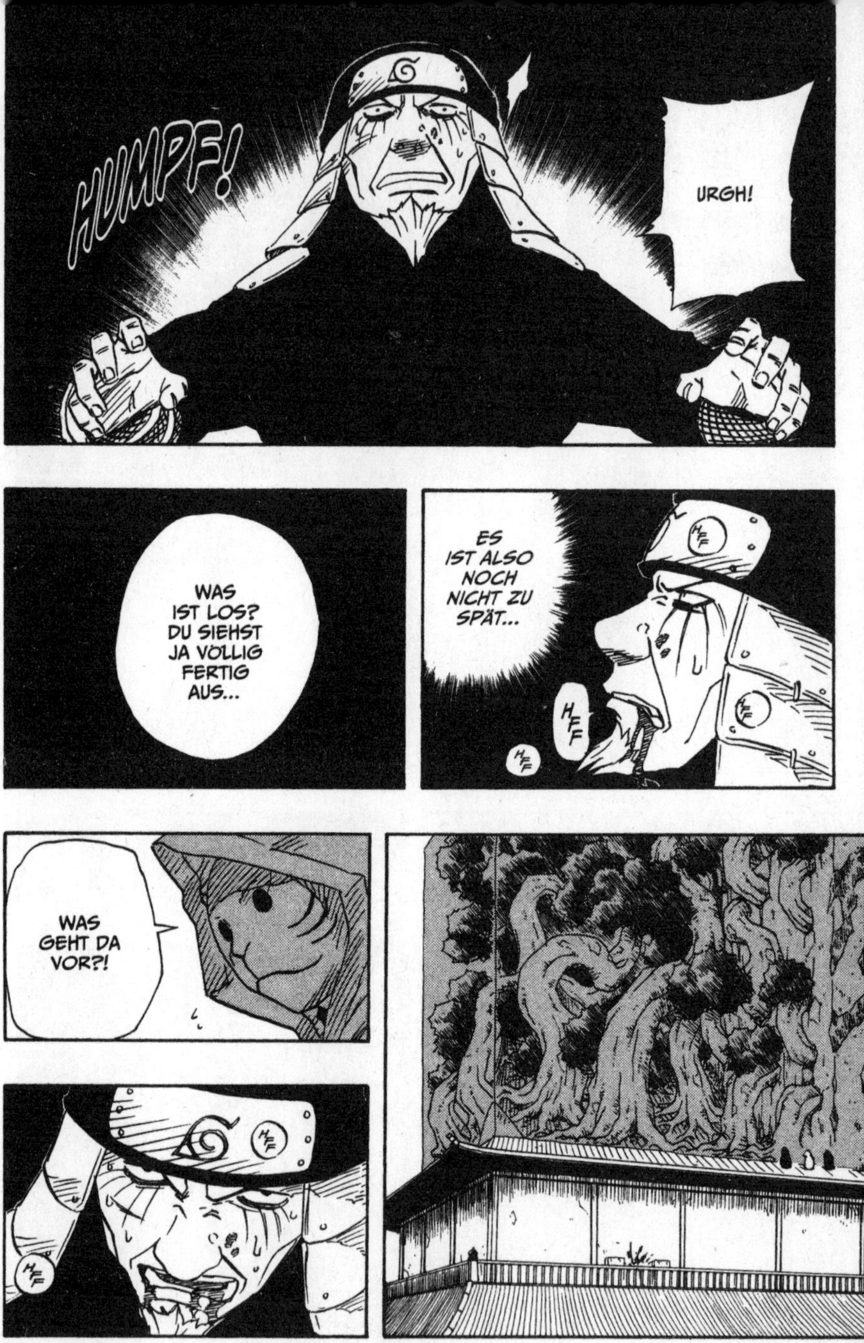
URGH!
HUMPF!
ES IST ALSO NOCH NICHT ZU SPÄT...
HEF
HEF
WAS IST LOS? DU SIEHST JA VÖLLIG FERTIG AUS...
WAS GEHT DA VOR?!
HEF
HEF

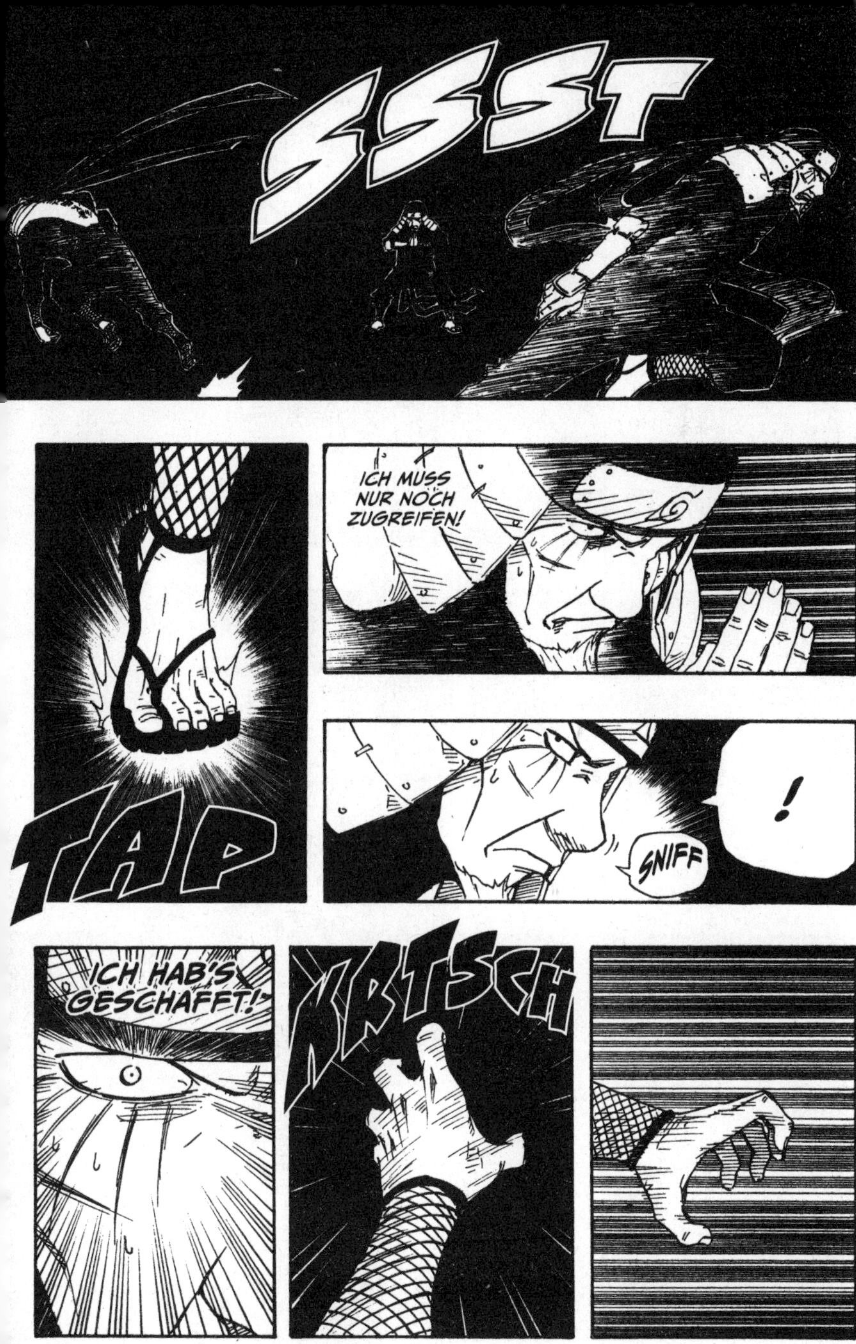
SSST
ICH MUSS NUR NOCH ZUGREIFEN!
TAP
!
SNIFF
KRTSCH
ICH HAB'S GESCHAFFT!

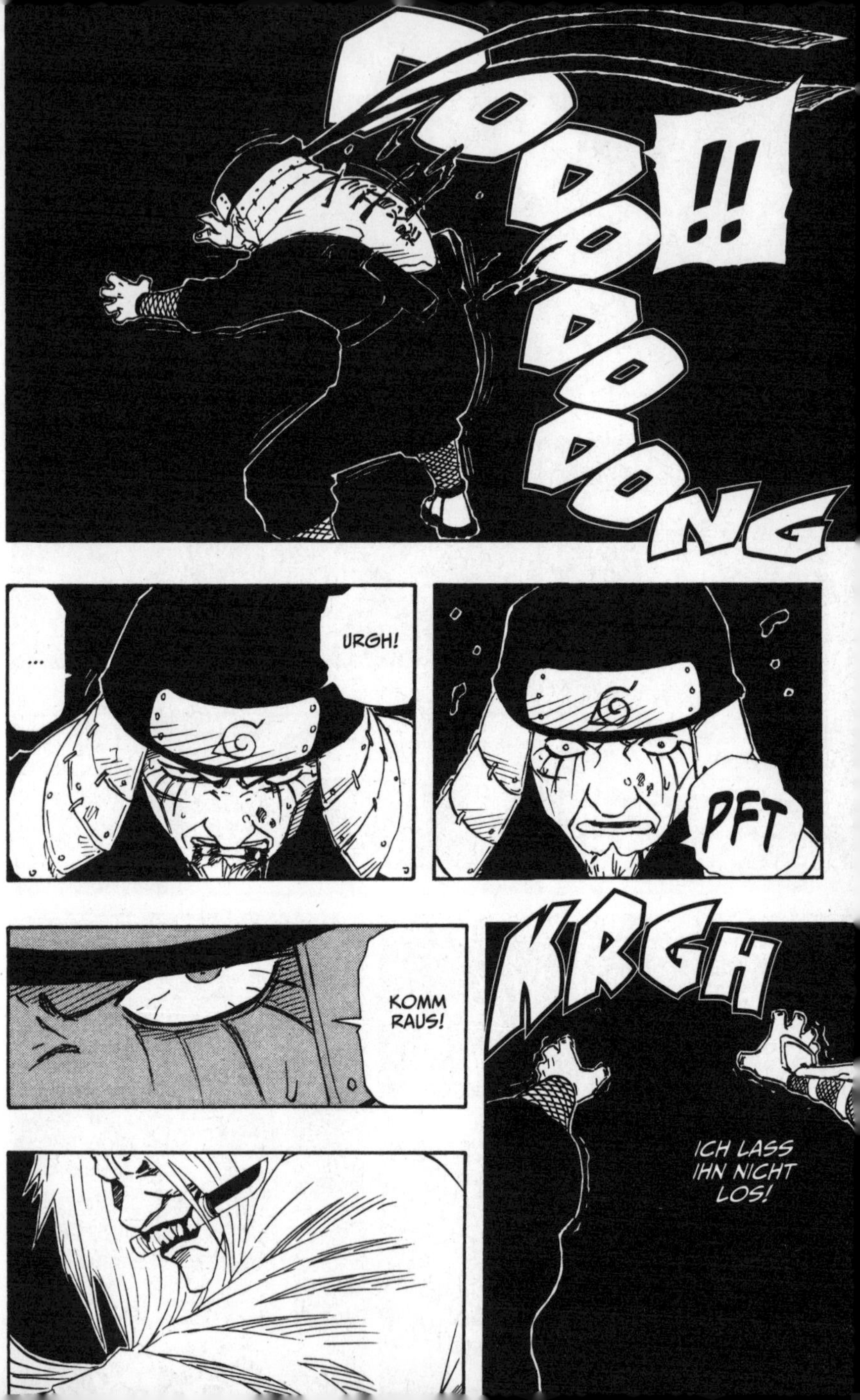
DODODODODONG!!
URGH!
...
PFT
KOMM RAUS!
KRGH
ICH LASS IHN NICHT LOS!

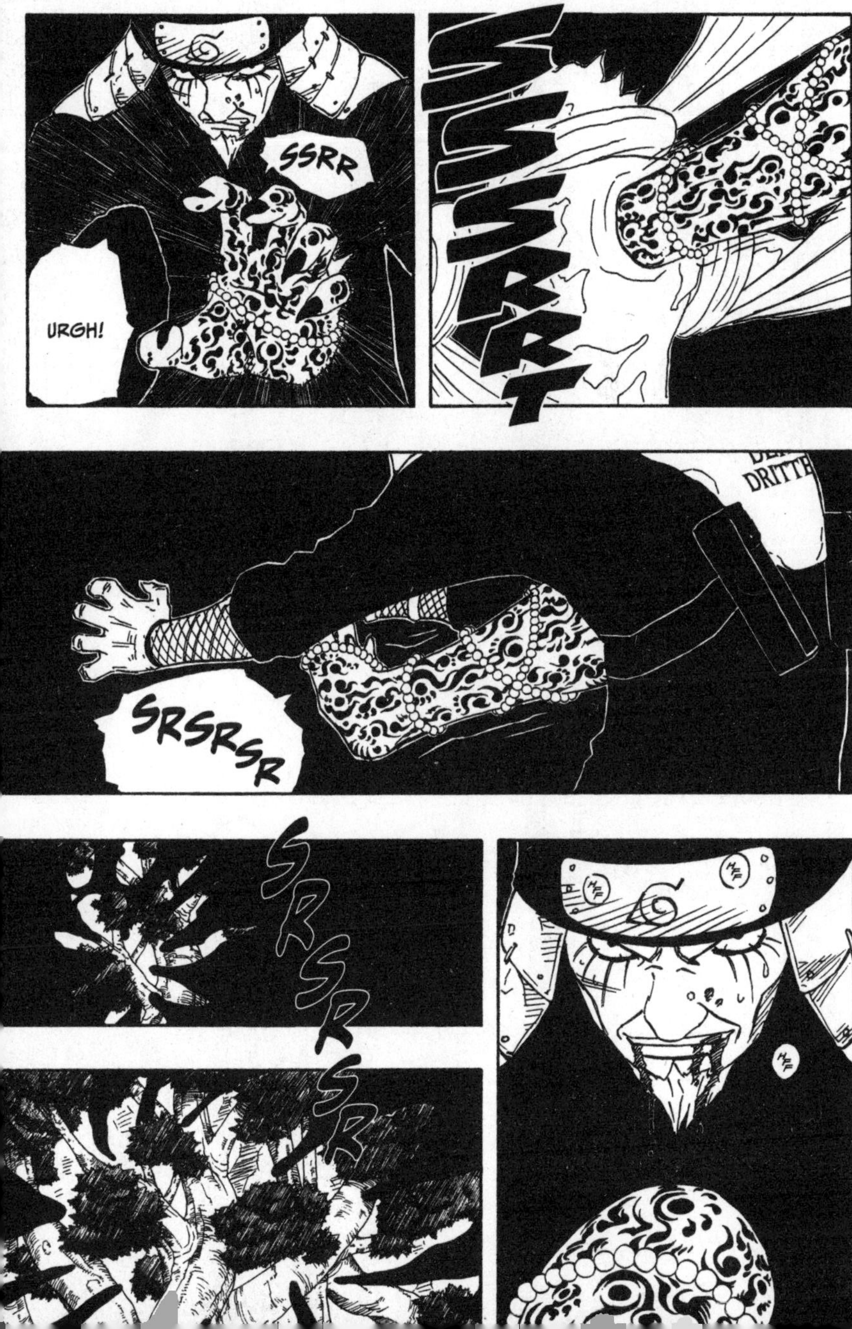
SSRR
URGH!
DRITTE
SRSRSRSR
SRSRSR

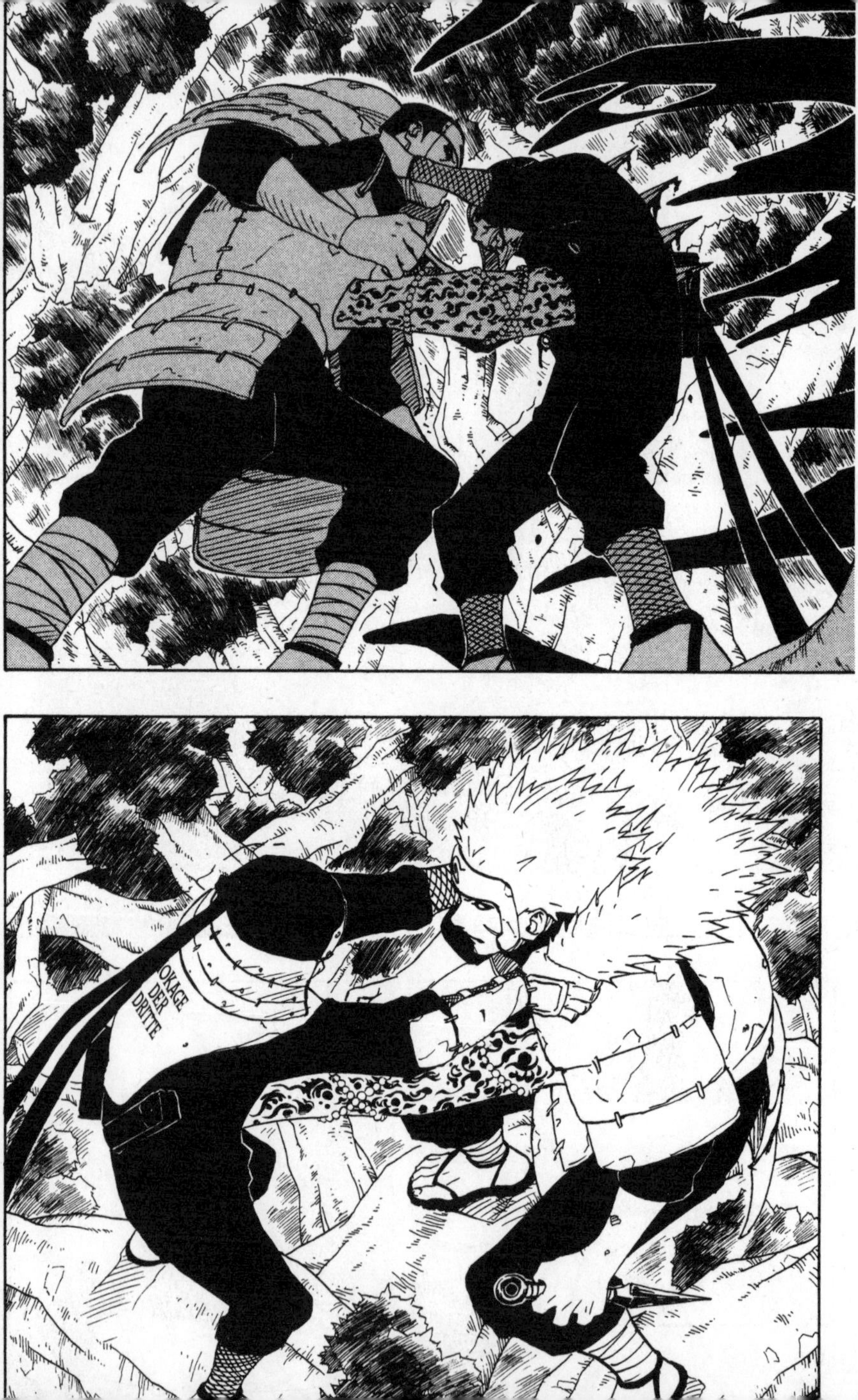
OKAGE
DER
DRITTE

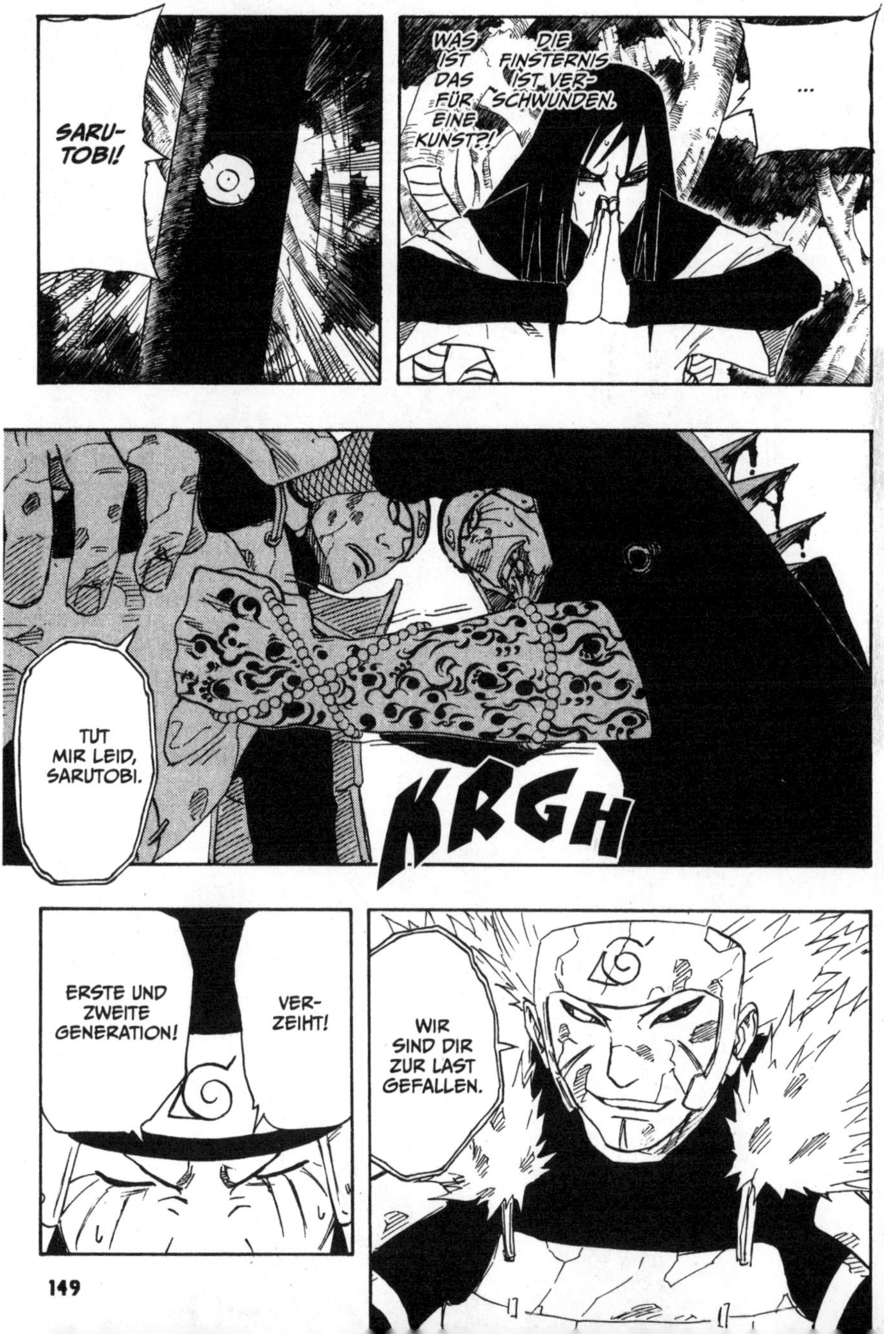
...
DIE FINSTERNIS IST VER-SCHWUNDEN.
WAS IST DAS FÜR EINE KUNST?!
SARU-TOBI!
TUT MIR LEID, SARUTOBI.
KRGH
WIR SIND DIR ZUR LAST GEFALLEN.
VER-ZEIHT!
ERSTE UND ZWEITE GENERATION!

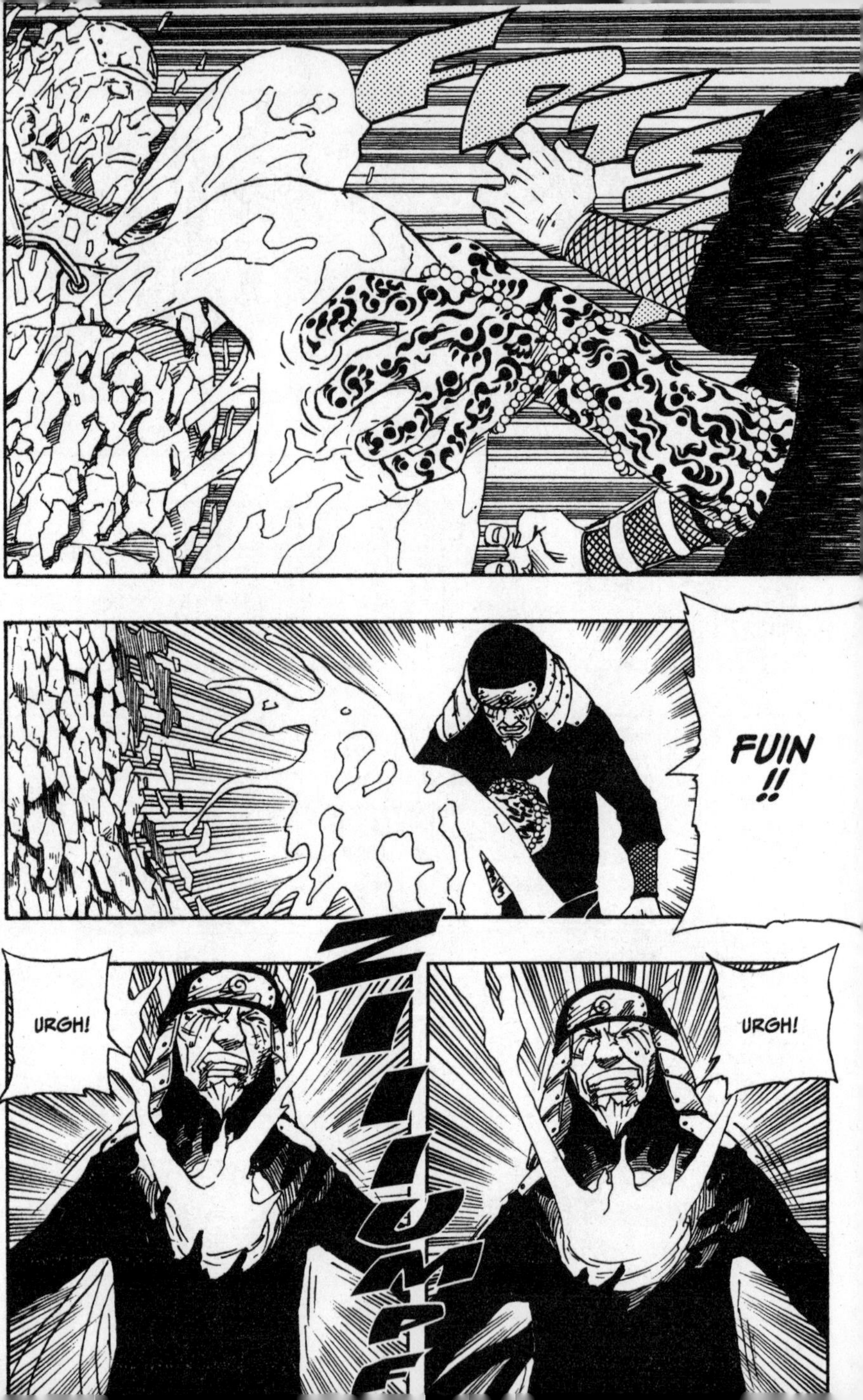
FUIN !!
URGH!
URGH!

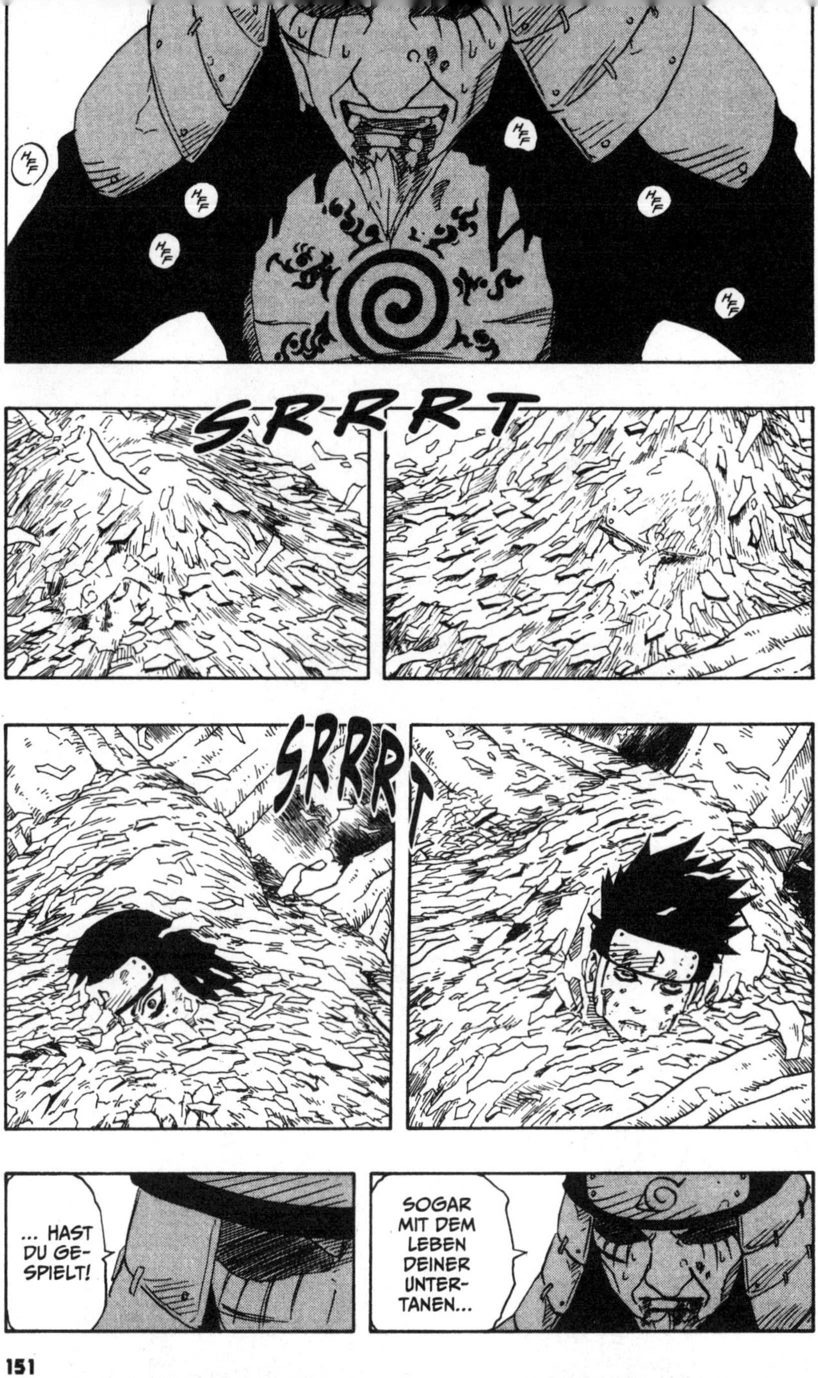
HEF
HEF
HEF
HEF
HEF
HEF
SRRRT
SRRRT
SOGAR MIT DEM LEBEN DEINER UNTERTANEN...
... HAST DU GESPIELT!

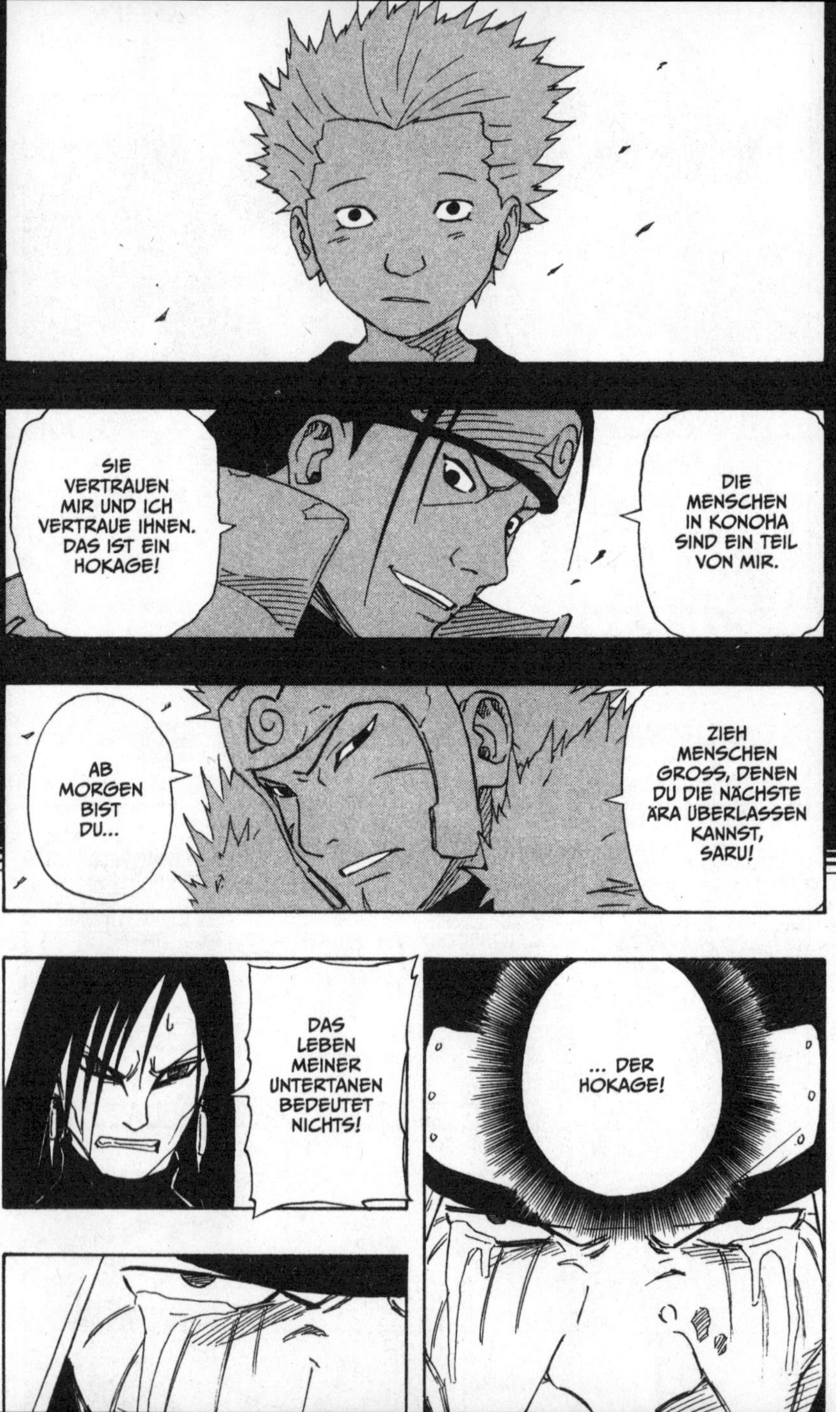
DIE MENSCHEN IN KONOHA SIND EIN TEIL VON MIR.
SIE VERTRAUEN MIR UND ICH VERTRAUE IHNEN. DAS IST EIN HOKAGE!
ZIEH MENSCHEN GROSS, DENEN DU DIE NÄCHSTE ÄRA ÜBERLASSEN KANNST, SARU!
AB MORGEN BIST DU...
... DER HOKAGE!
DAS LEBEN MEINER UNTERTANEN BEDEUTET NICHTS!

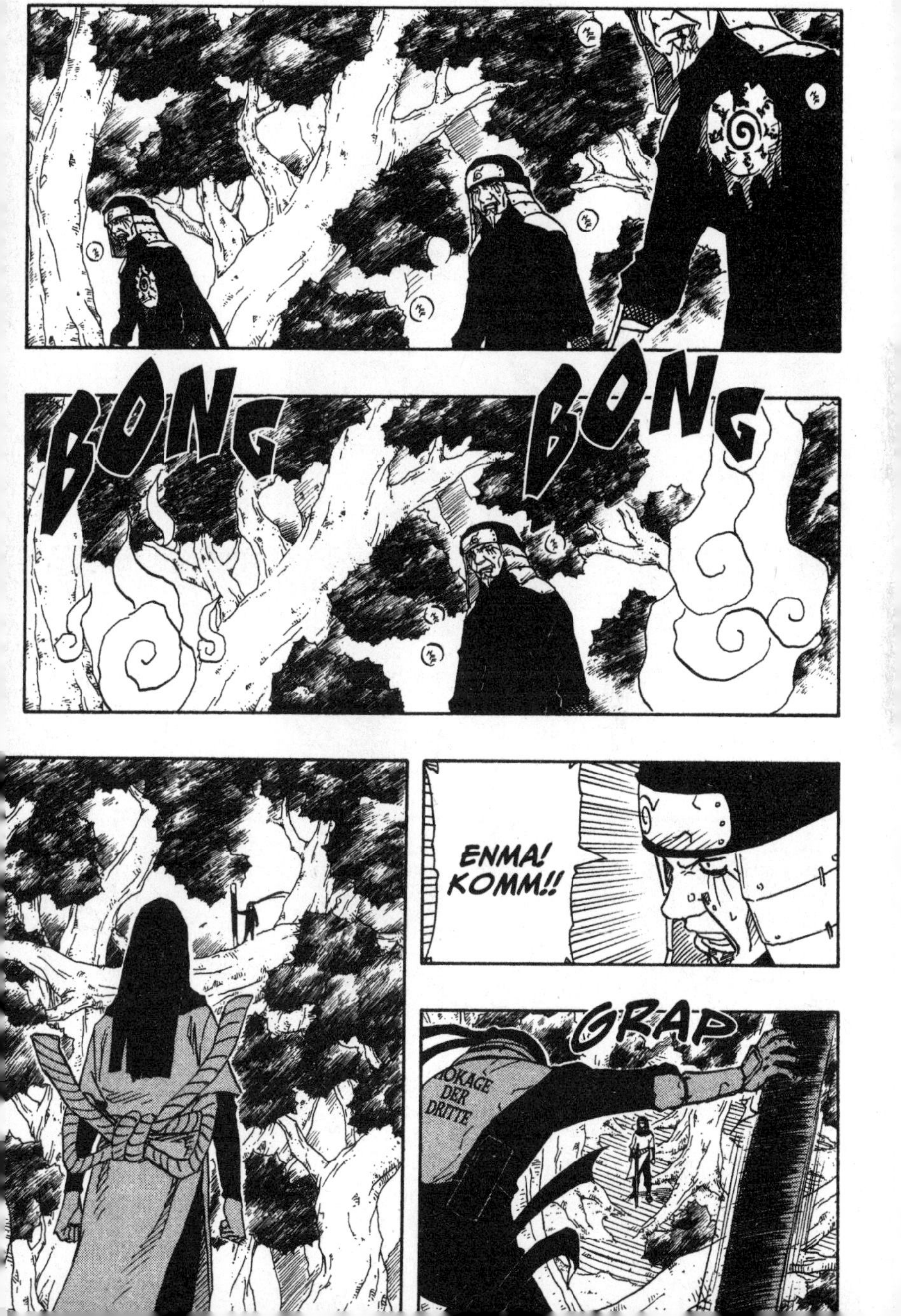
BONG
BONG
ENMA!
KOMM!!
GRAP
HOKAGE
DER
DRITTE

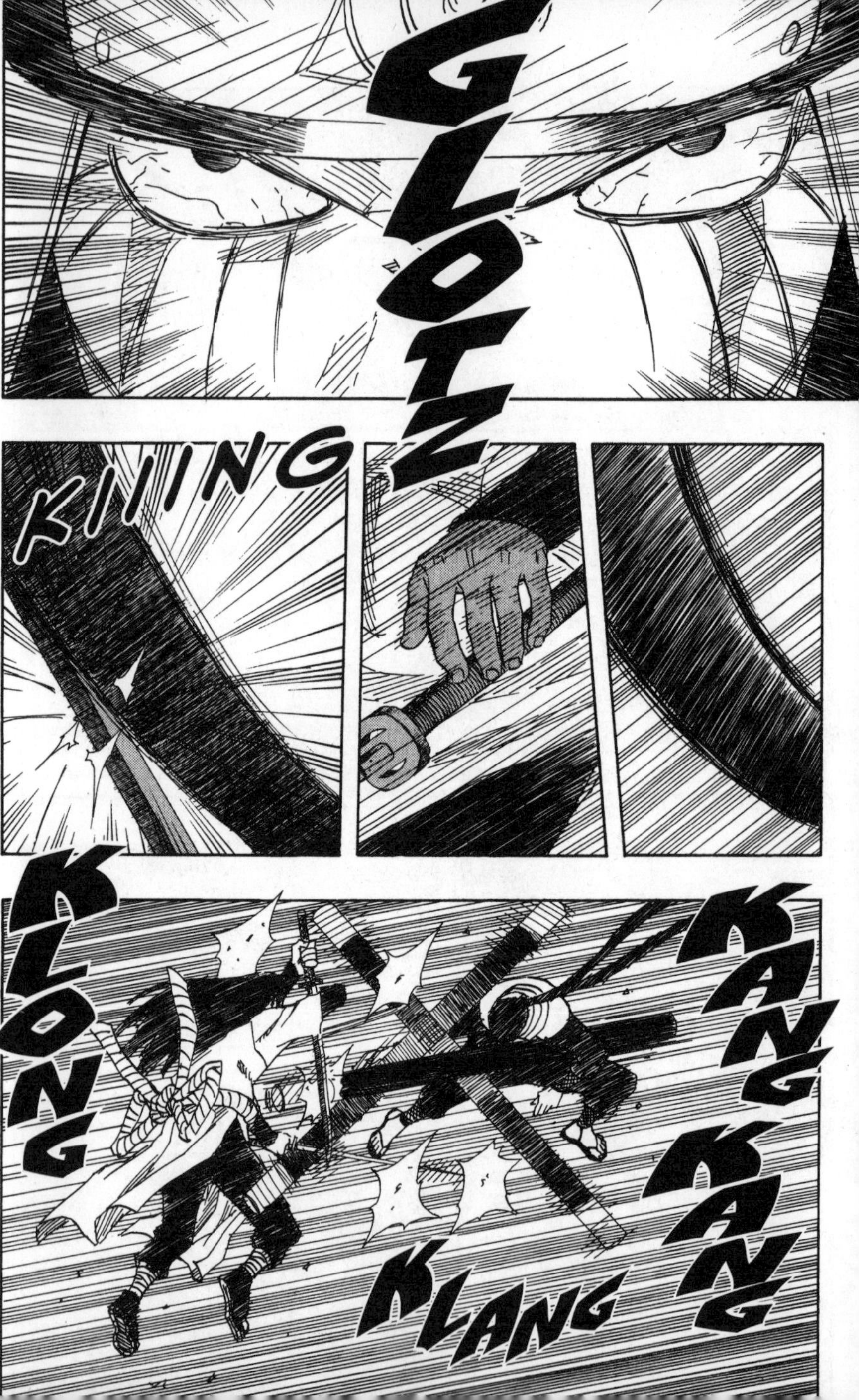
GLOTZ
KIIING
KANG
KANG
KLANG
KLONG

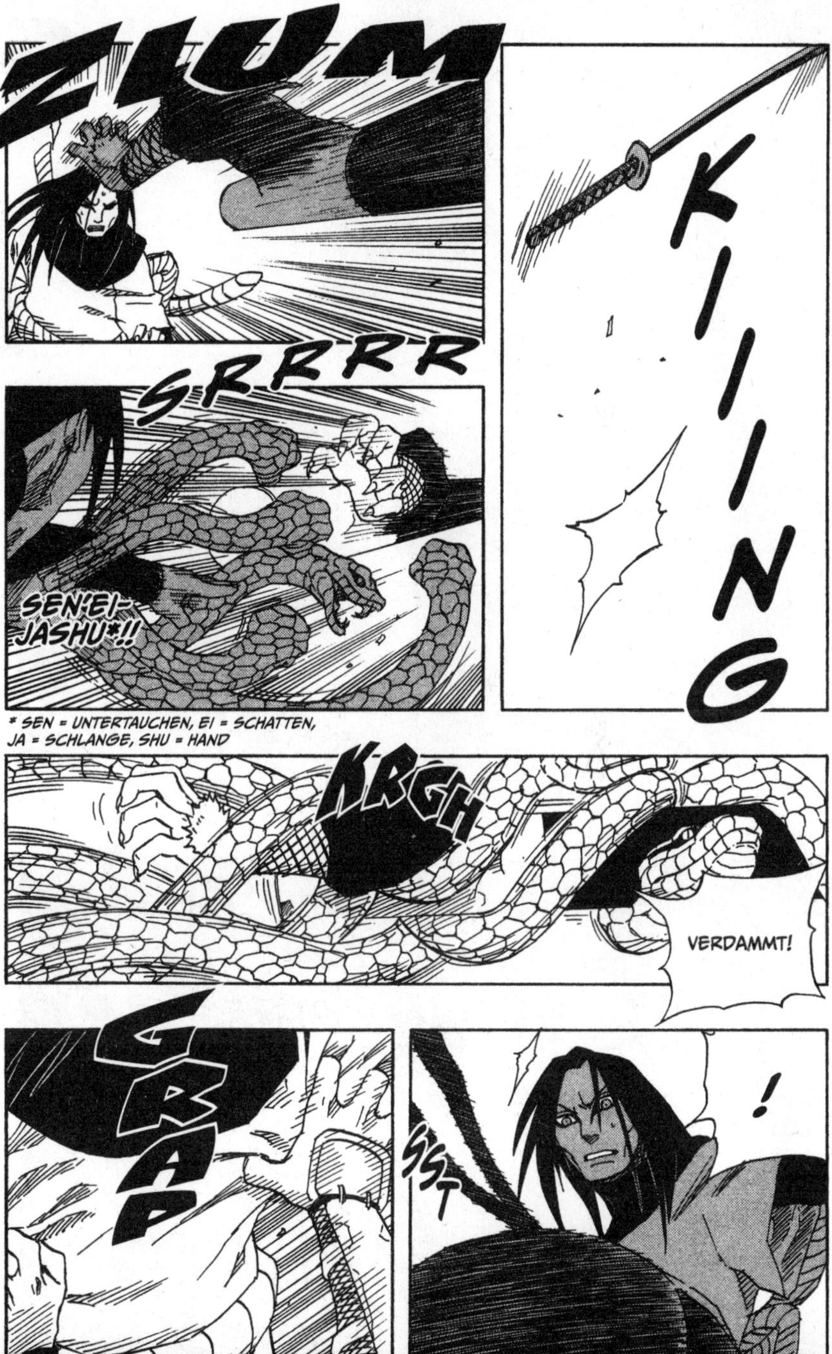
ZIUM
KIIIING
SRRRR
SEN'EI-JASHU*!!
* SEN = UNTERTAUCHEN, EI = SCHATTEN, JA = SCHLANGE, SHU = HAND
KRGH
VERDAMMT!
!
SST
GRAP

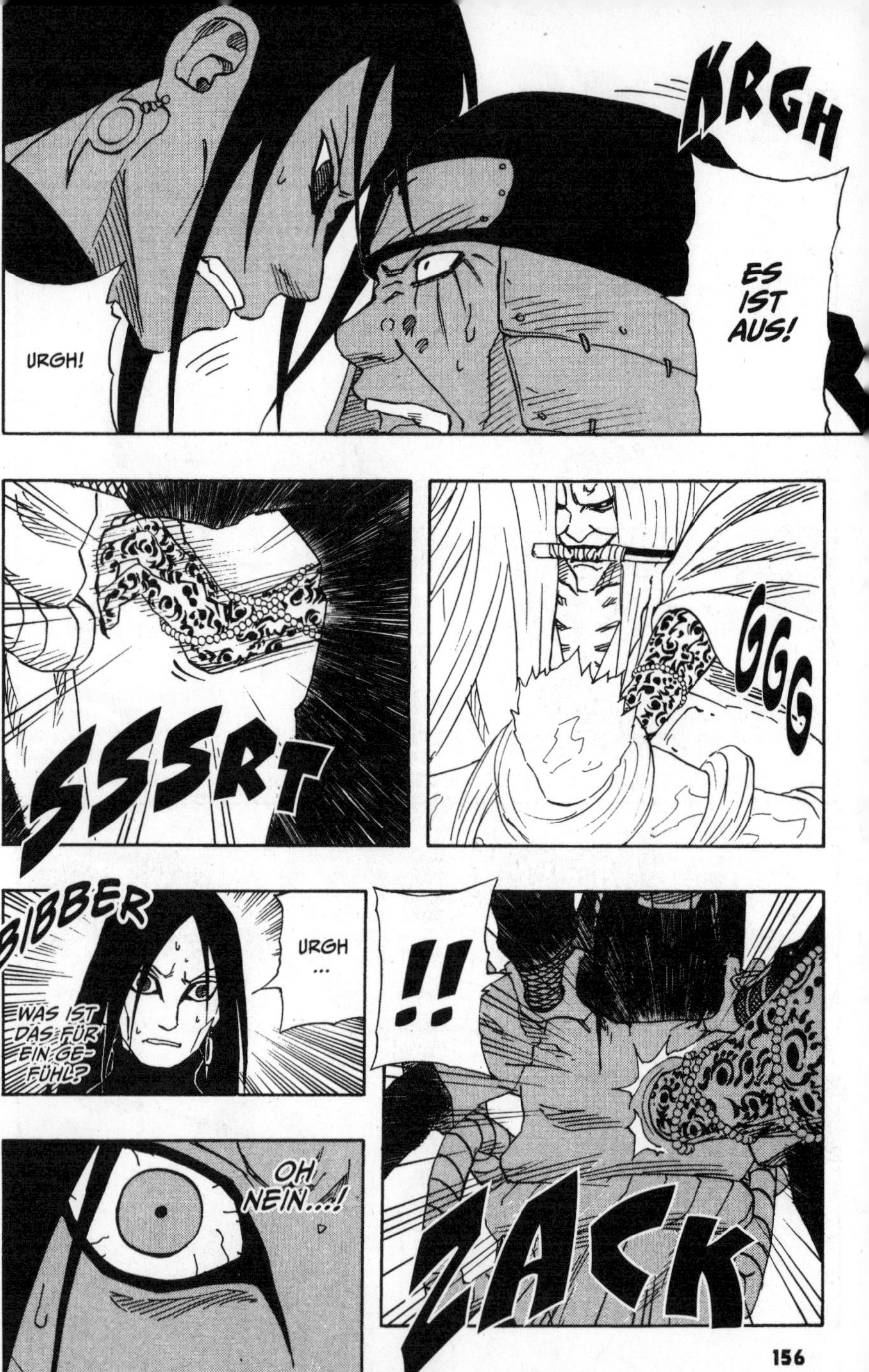
KRGH
ES IST AUS!
URGH!
SSSRT
GGG
!!
URGH ...
BIBBER
WAS IST DAS FÜR EIN GE-FÜHL?
ZACK
OH NEIN...!

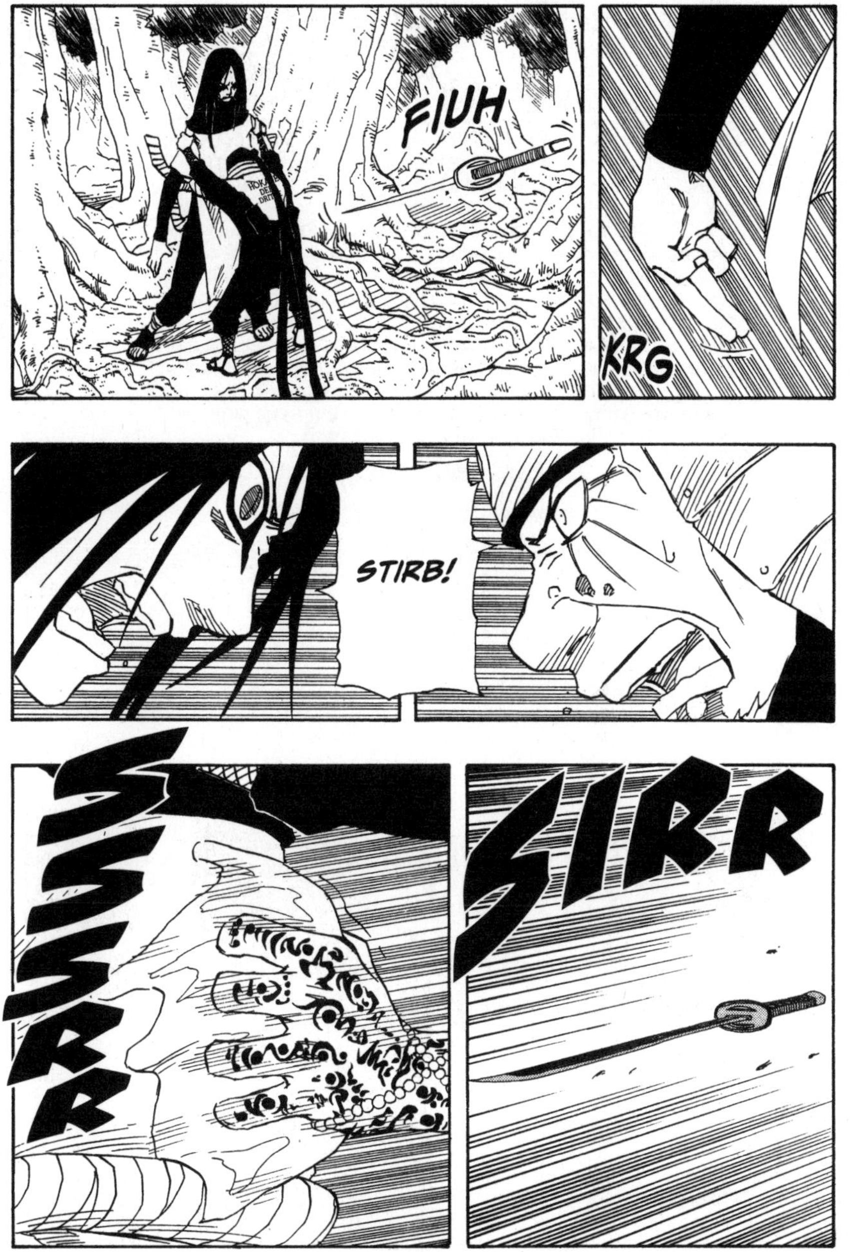
FIUH
KRG
STIRB!
SWIRR
SIRR

MASASHI KISHIMOTOS WELT LEBENSGESCHICHTE – TEIL 20

IM DRITTEN JAHR MEINES STUDIUMS SCHAUTE ICH SEHR OFT UND SEHR VIELE FILME. DA FILM UND MANGA VIEL GEMEINSAM HABEN, BRACHTE MIR DAS FILMESCHAUEN VIEL. ICH LIEH MIR JEDEN TAG MINDESTENS EINEN FILM AUS DER VIDEOTHEK AUS, ABER IRGENDWANN GENÜGTE MIR DAS NICHT MEHR. ALSO FING ICH AN, AUCH NOCH REGELMÄSSIG INS KINO ZU GEHEN. DAMALS KAM GERADE »SEVEN« MIT BRAD PITT UND MORGAN FREEMAN IN DIE KINOS UND WAR SEHR POPULÄR. DER FILM STAND AUF DEM ZWEITEN PLATZ DER ERFOLGREICHSTEN FILME IM JAHR 1996. DER RUF DIESES PSYCHO-HORRORS UM DIE SIEBEN TODSÜNDEN MACHTE MICH GANZ GESPANNT UND ICH WOLLTE IHN UNBEDINGT SEHEN! ICH WAR SOGAR EXTRA BEIM FRISEUR, UM MEIN LANGES VORDERHAAR SCHNEIDEN ZU LASSEN – ES KONNTE MICH IM KINO BEIM FILMSCHAUEN JA EVENTUELL STÖREN.
ABER ICH HATTE JA KEINE AHNUNG, WAS MICH BEIM FRISEUR SCHRECKLICHES ERWARTETE...!

TADAAAAH!

(FORTSETZUNG FOLGT...)

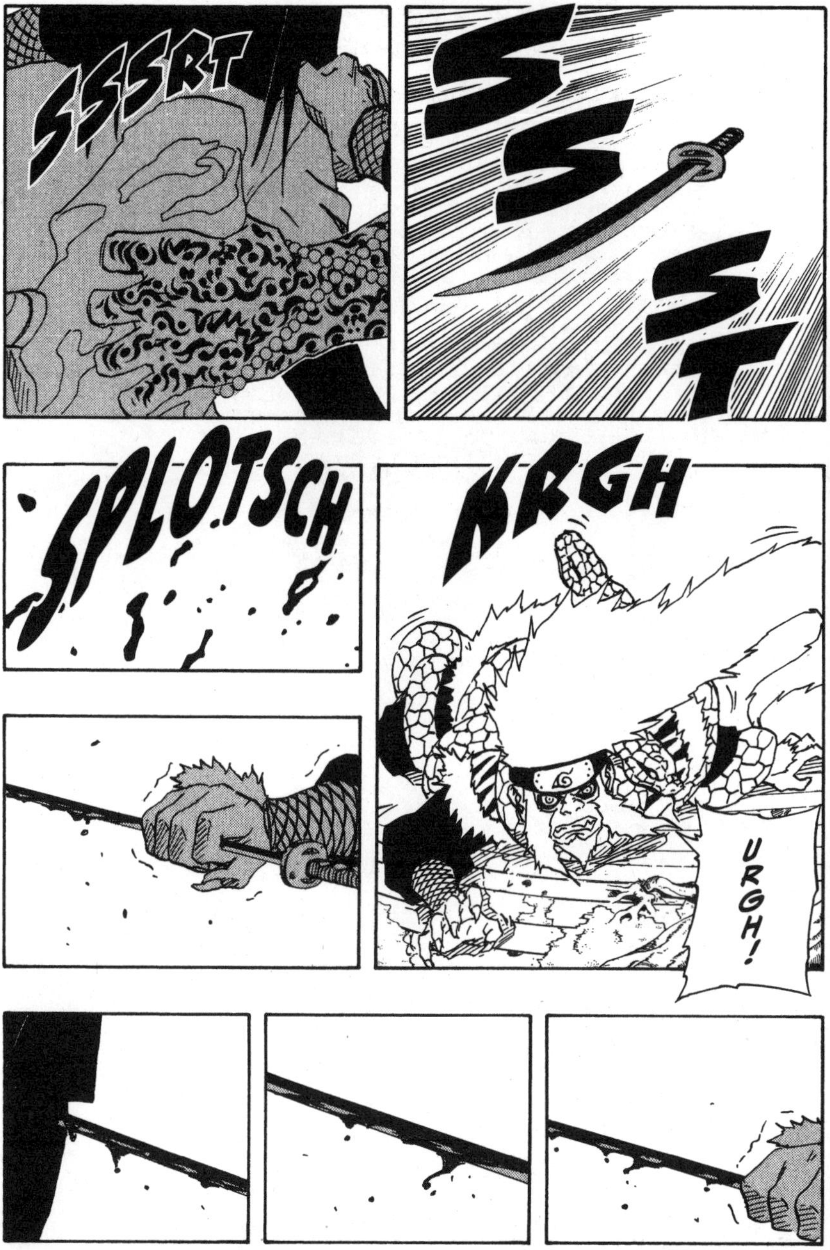

SSSRT
SSST
SPLOTSCH
KRGH
URGH!

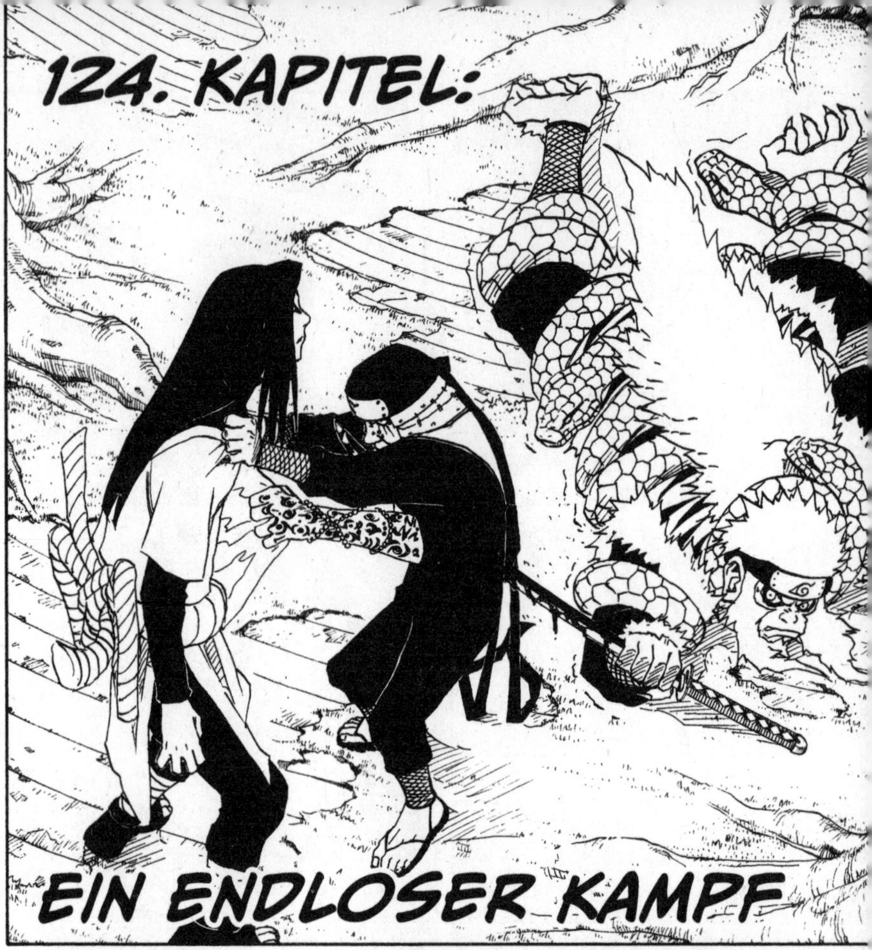
124. KAPITEL:
EIN ENDLOSER KAMPF

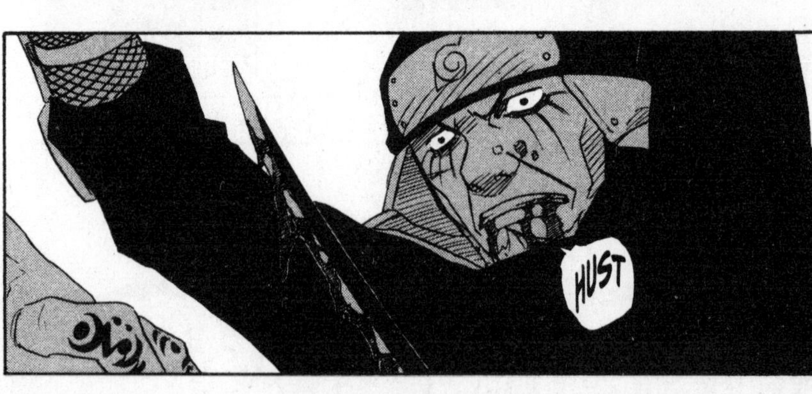
HUST

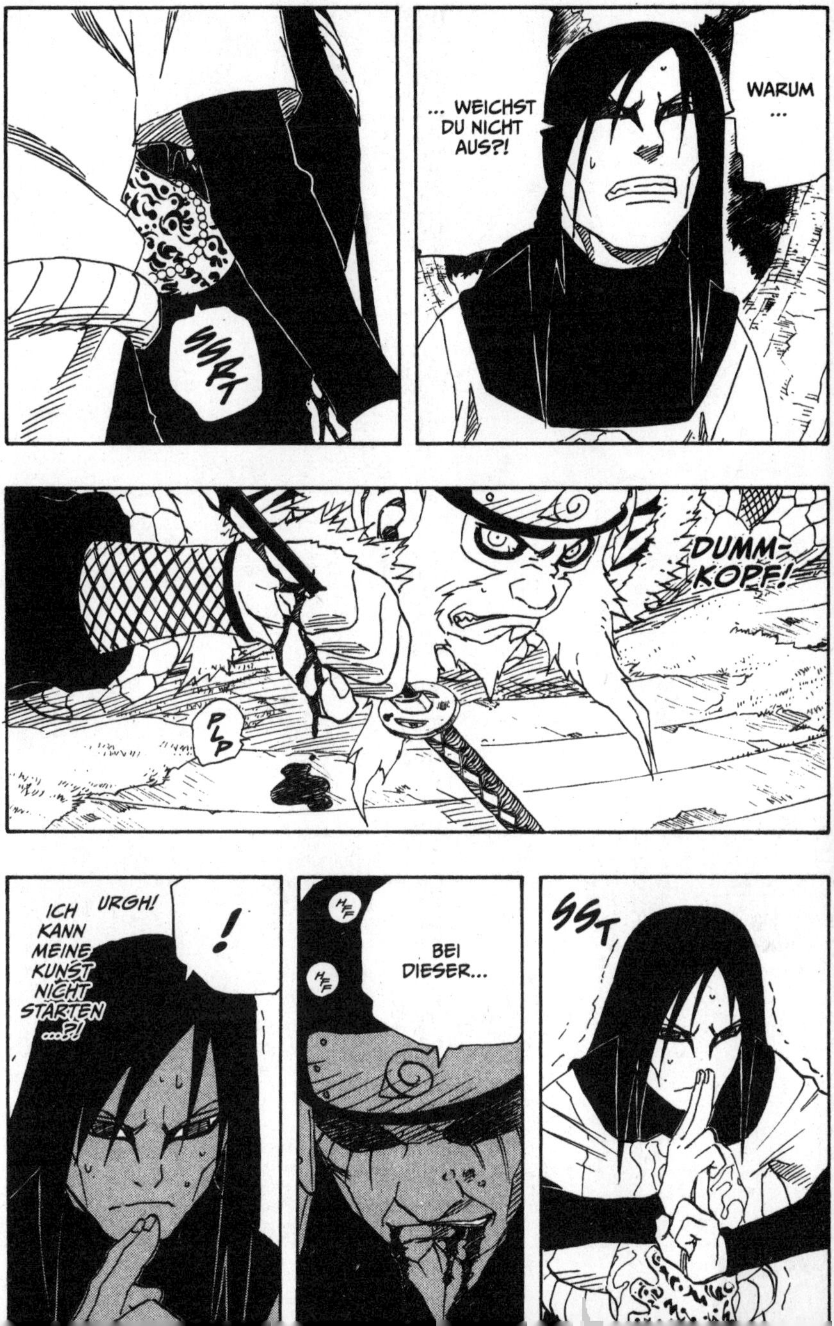

WARUM ...
... WEICHST DU NICHT AUS?!
SSRT
DUMM-KOPF!
PLP
SST
BEI DIESER...
HEF
HEF
URGH!
!
ICH KANN MEINE KUNST NICHT STARTEN ...?!

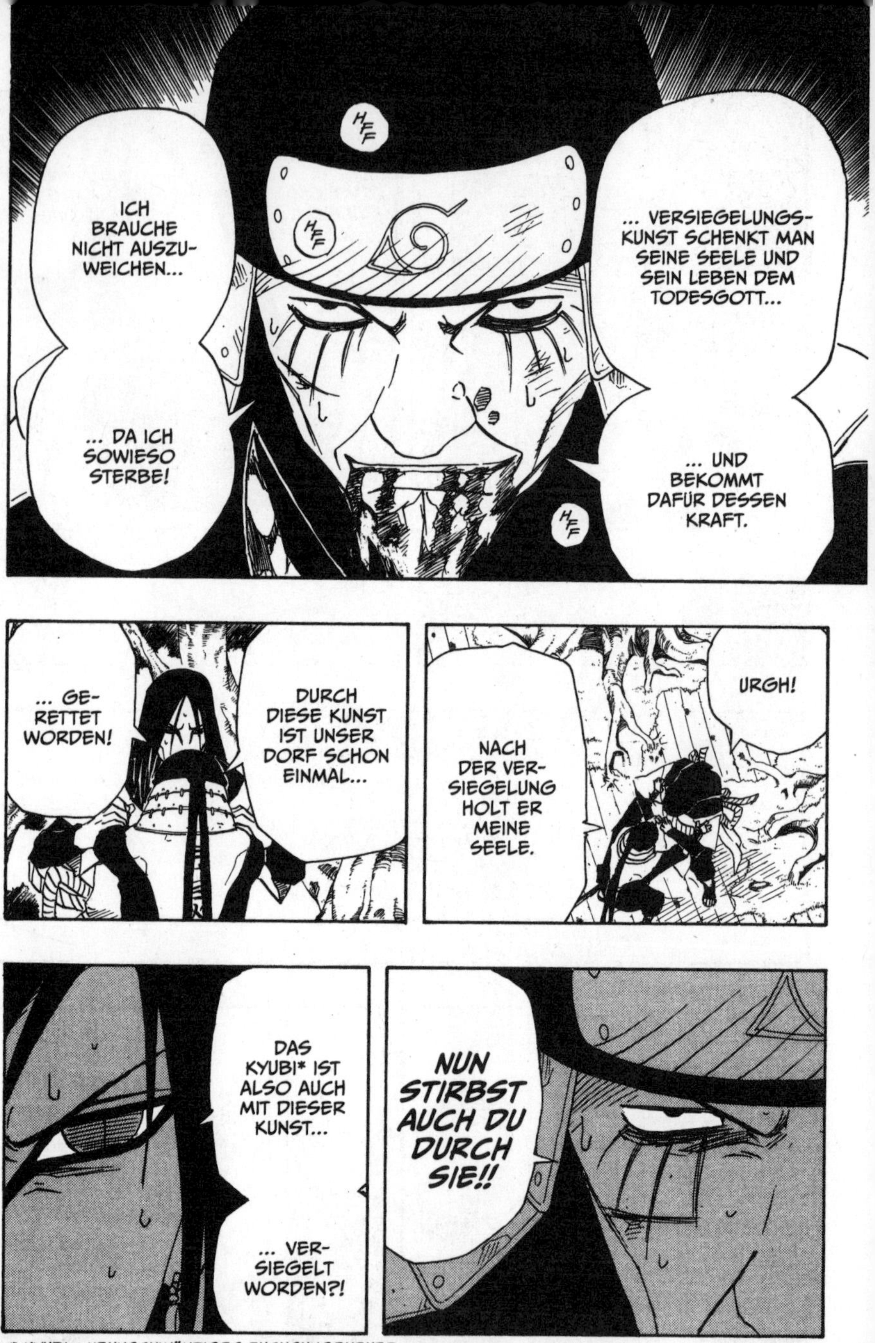

* KYUBI = NEUNSCHWÄNZIGES FUCHSUNGEHEUER

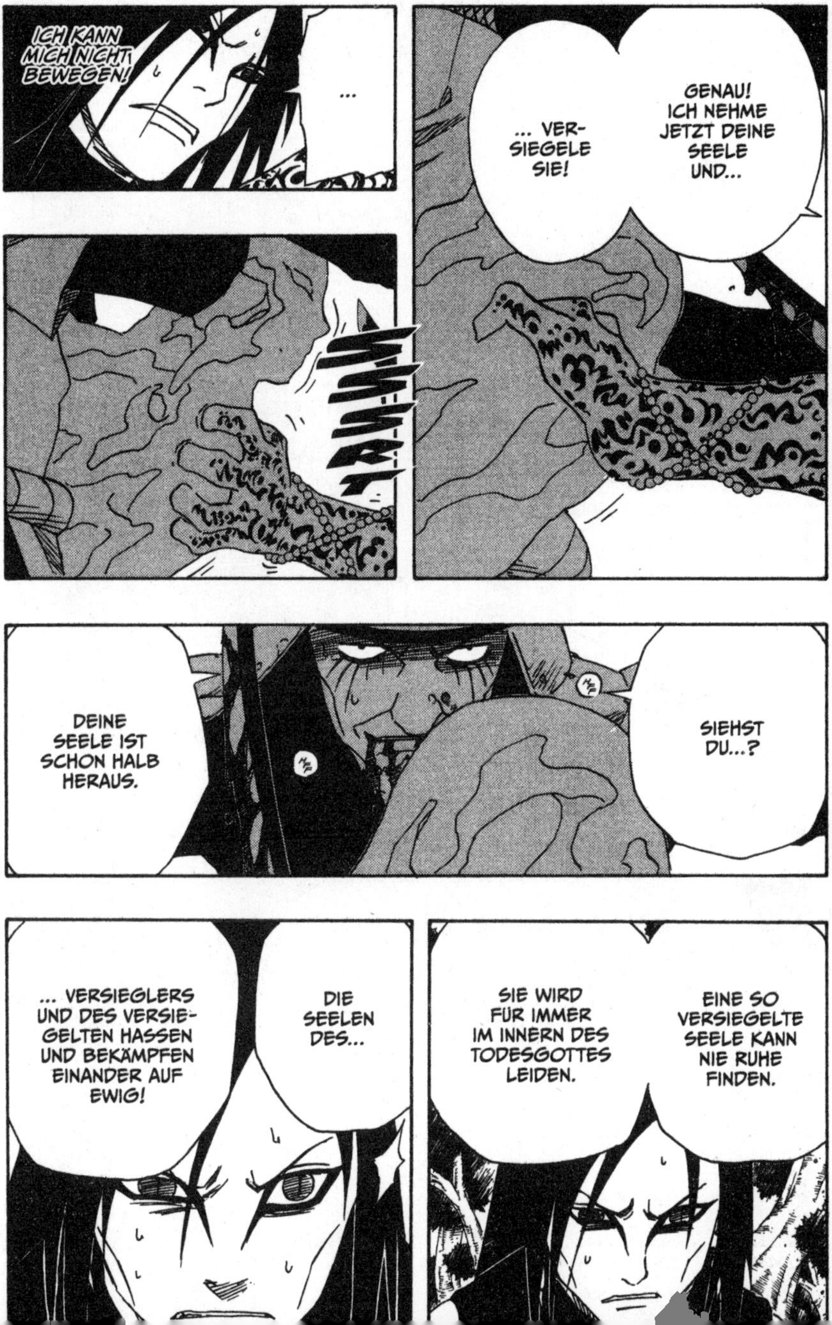
GENAU! ICH NEHME JETZT DEINE SEELE UND...
... VER-SIEGELE SIE!
...
ICH KANN MICH NICHT BEWEGEN!
SIEHST DU...?
DEINE SEELE IST SCHON HALB HERAUS.
EINE SO VERSIEGELTE SEELE KANN NIE RUHE FINDEN.
SIE WIRD FÜR IMMER IM INNERN DES TODESGOTTES LEIDEN.
DIE SEELEN DES...
... VERSIEGLERS UND DES VERSIE-GELTEN HASSEN UND BEKÄMPFEN EINANDER AUF EWIG!

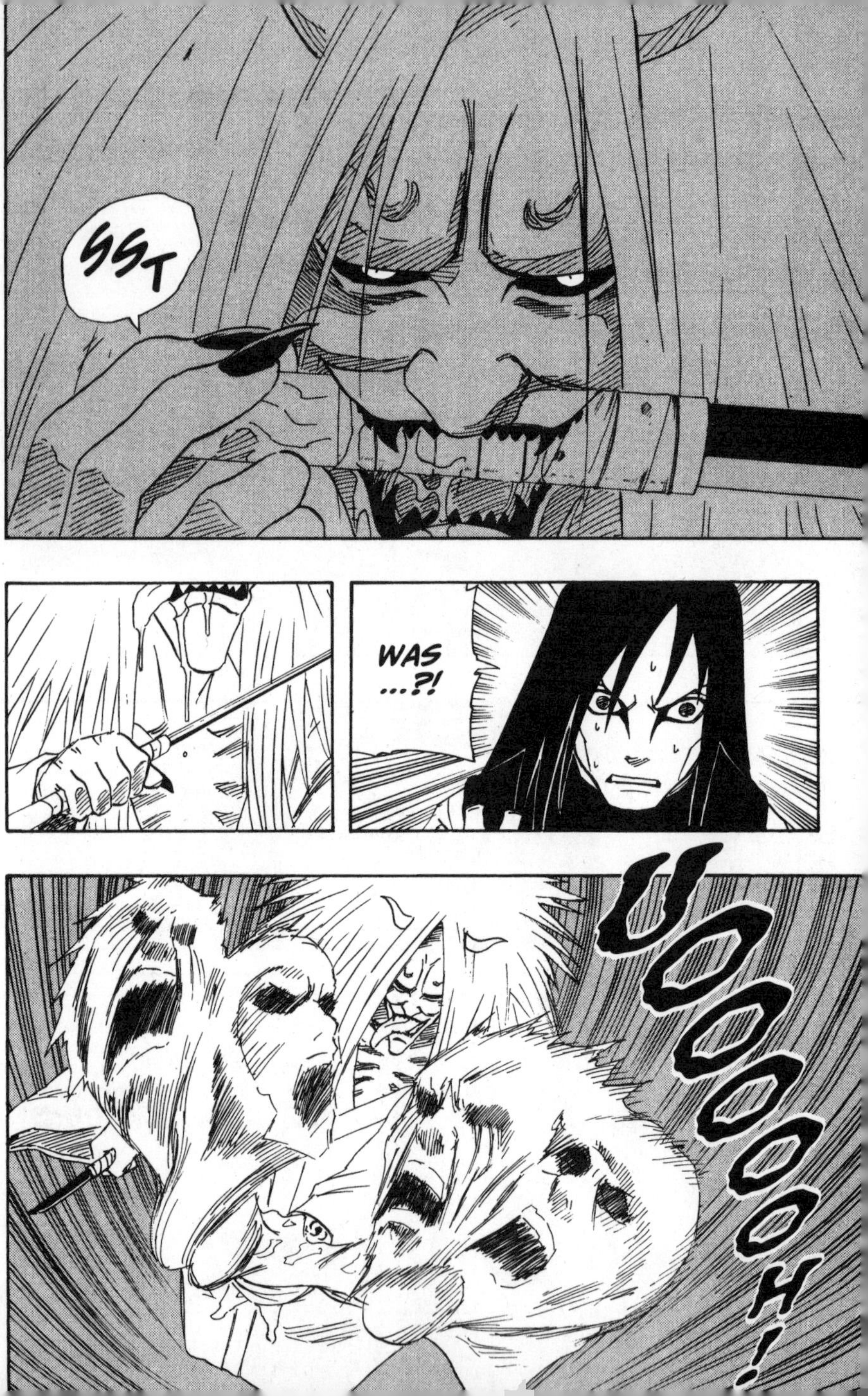
SST
WAS ...?!
UOOOOOOH!!

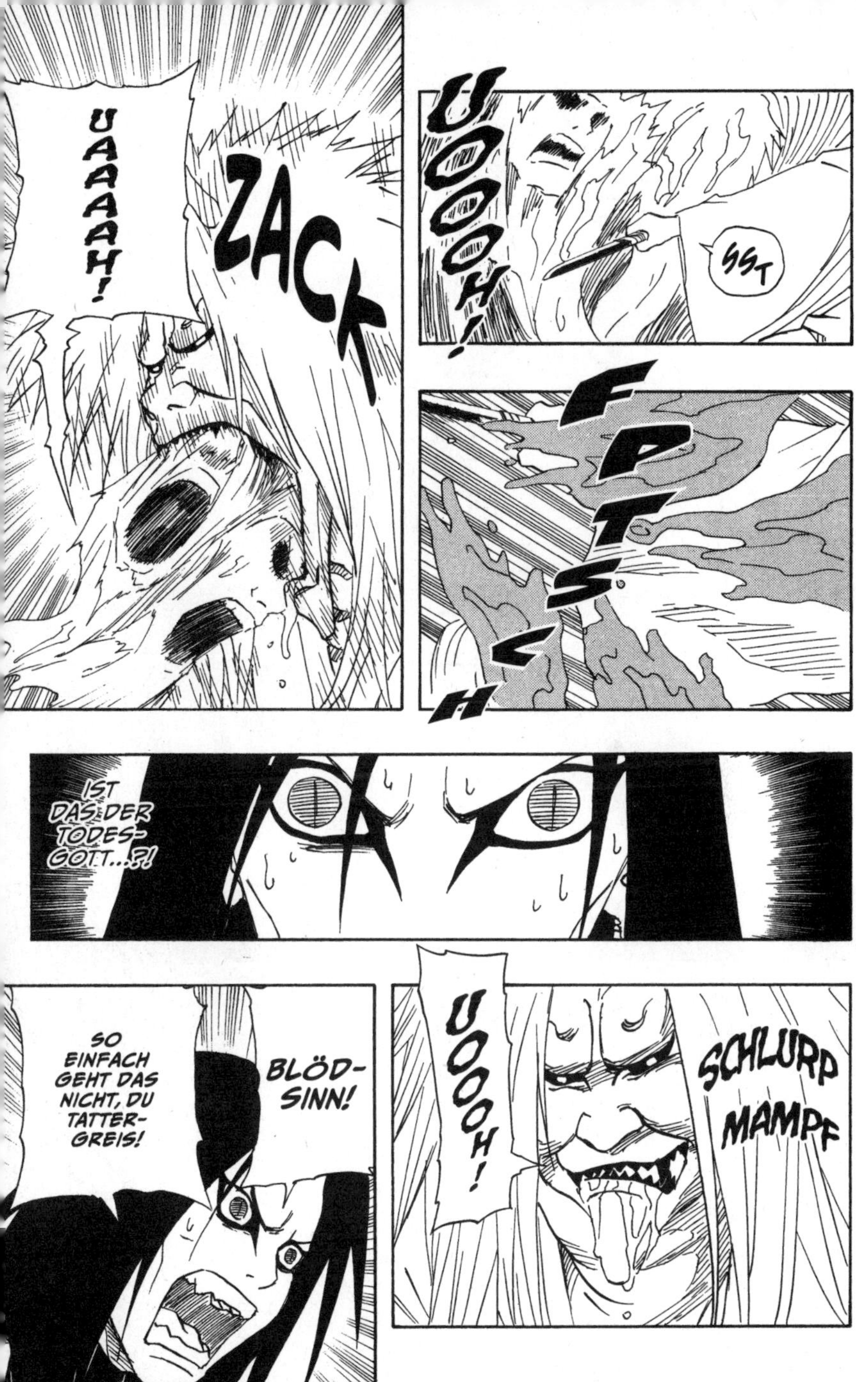
UOOOOH!
SST
FPTSCH
ZACK
UAAAAAH!
IST DAS DER TODES-GOTT...?!
UOOOOH!
SCHLURP MAMPF
BLÖD-SINN!
SO EINFACH GEHT DAS NICHT, DU TATTER-GREIS!

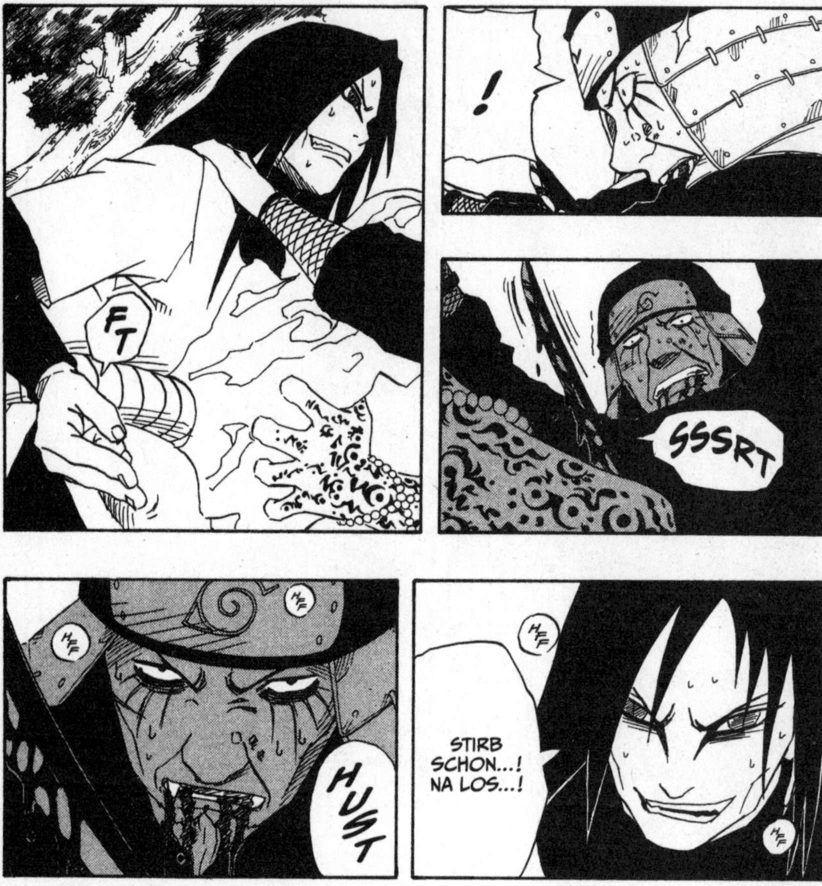
!
SSSRT
FT
HEF
STIRB SCHON...! NA LOS...!
HEF
HEF
HEF
HUST
SSSSM

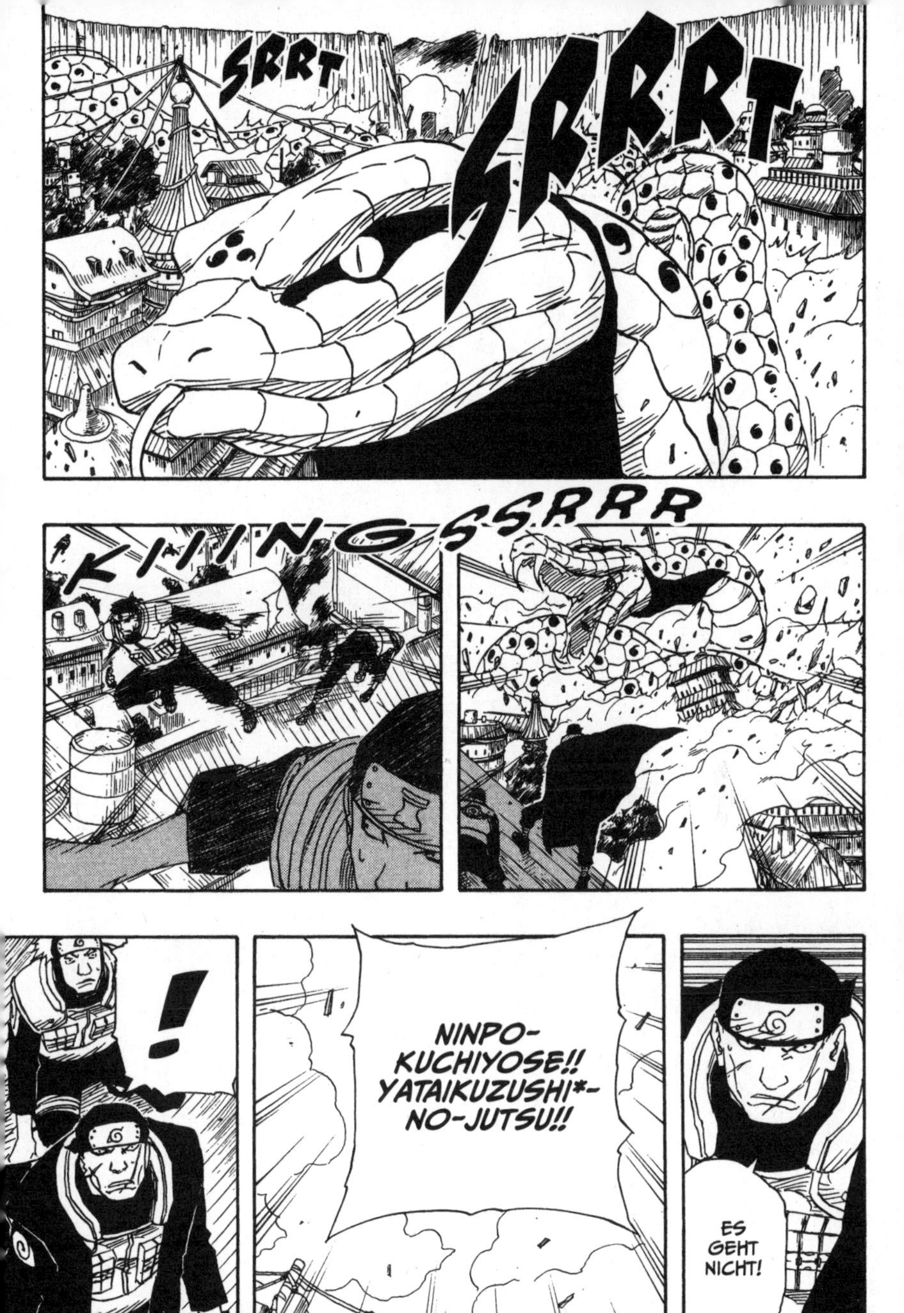

* YATAI = BUDE, KUZUSHI = ZERSTÖRUNG

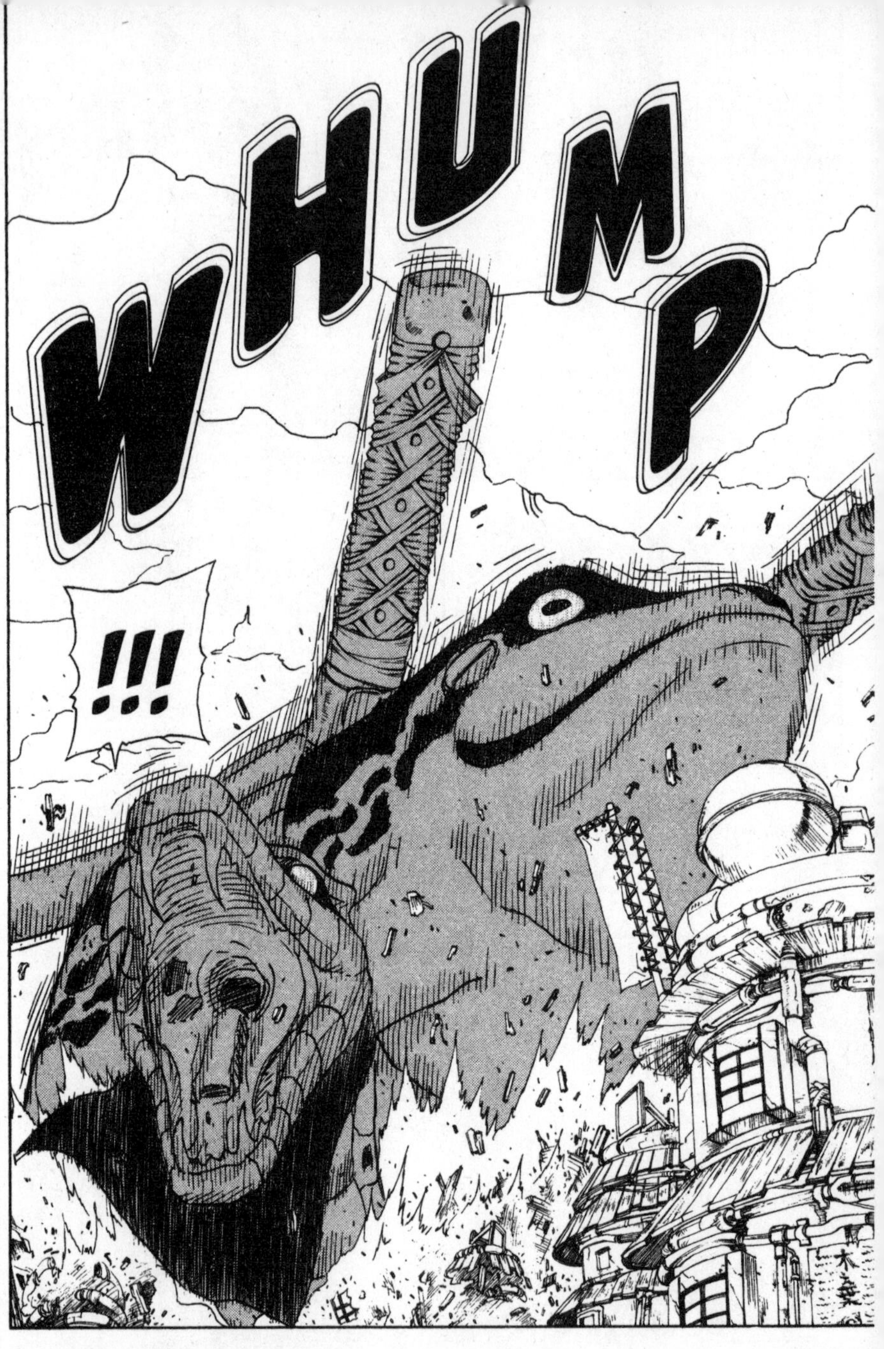
WHUMP
!!!

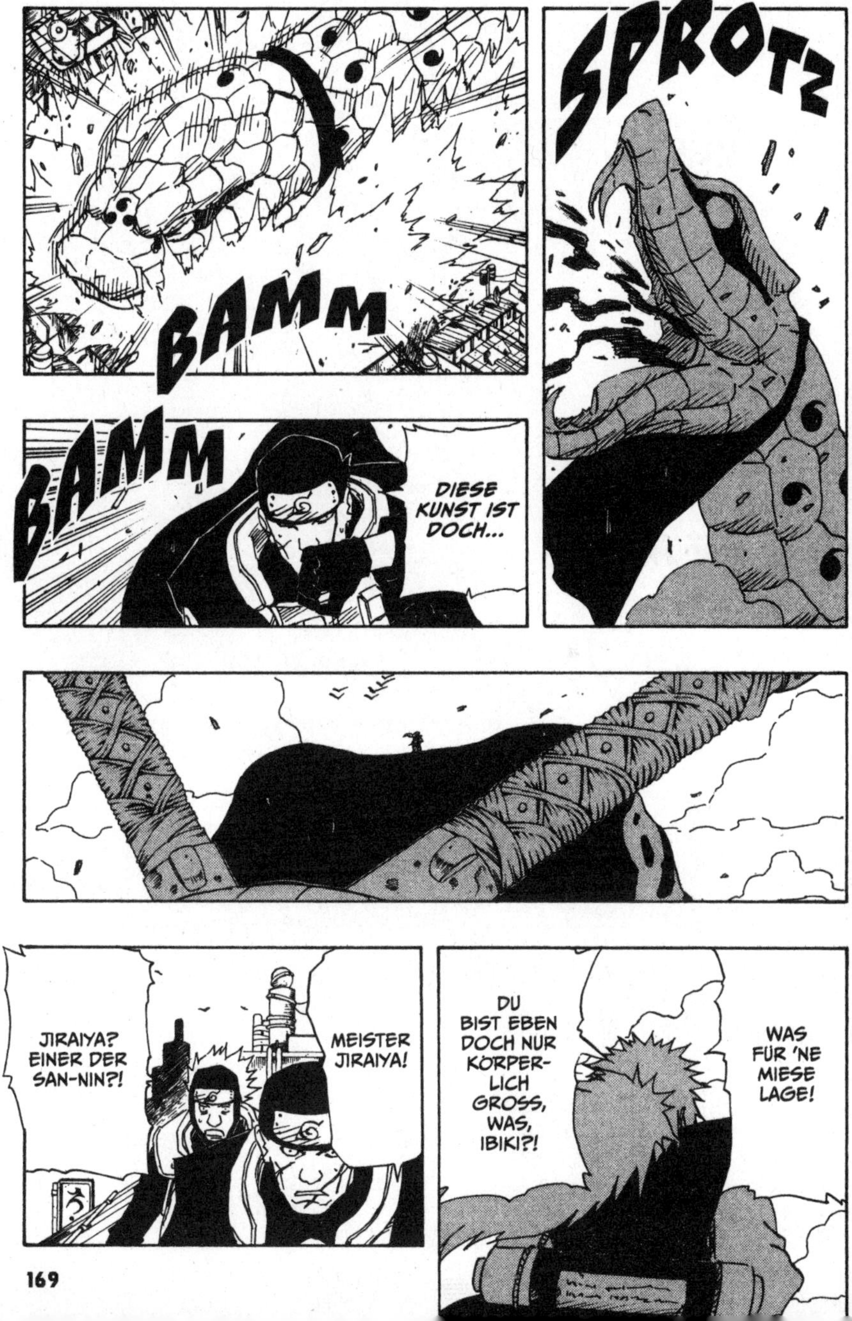
SPROTZ
BAMM
BAMM
DIESE KUNST IST DOCH...
WAS FÜR 'NE MIESE LAGE!
DU BIST EBEN DOCH NUR KÖRPER-LICH GROSS, WAS, IBIKI?!
MEISTER JIRAIYA!
JIRAIYA? EINER DER SAN-NIN?!

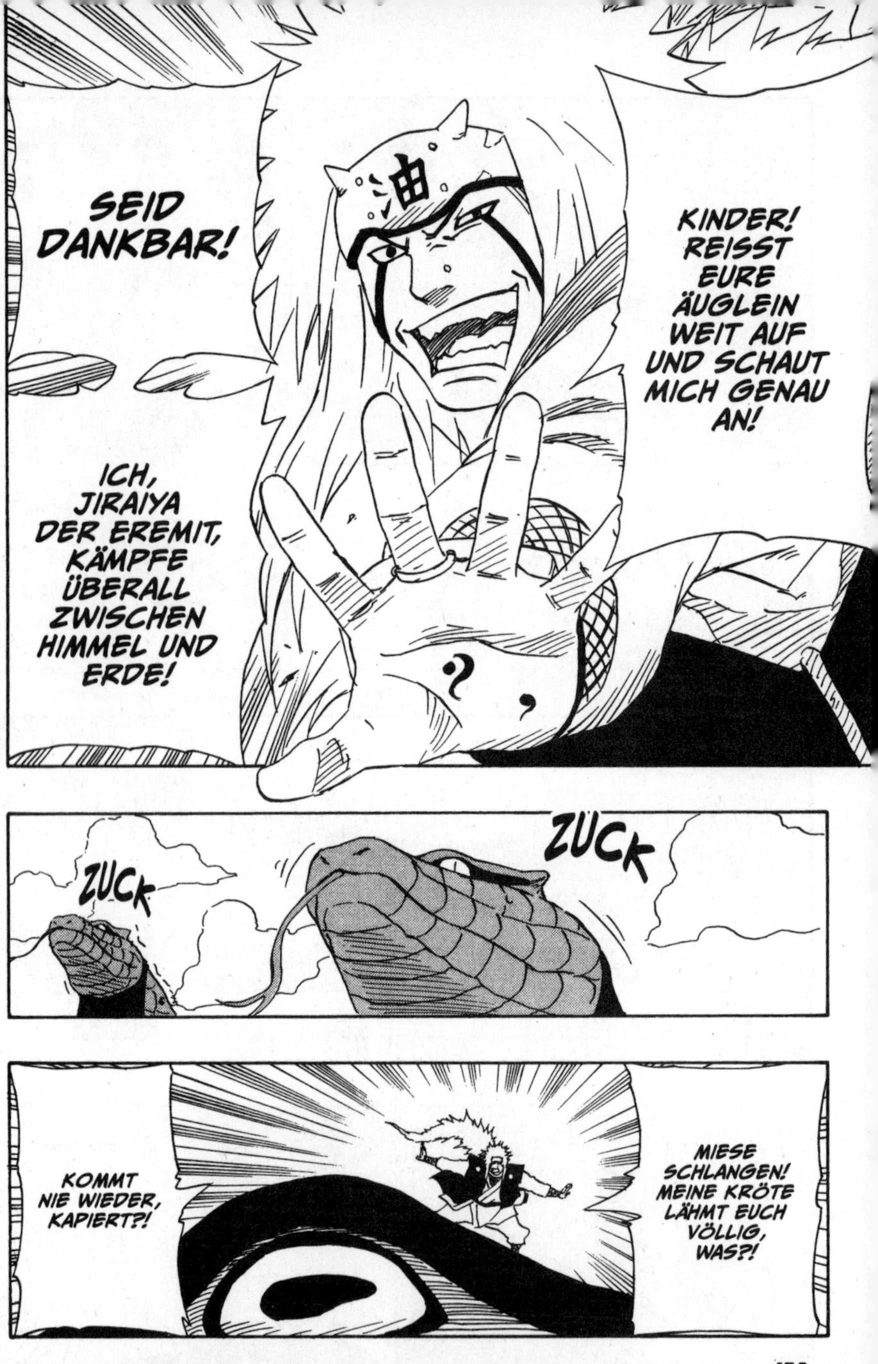
KINDER! REISST EURE ÄUGLEIN WEIT AUF UND SCHAUT MICH GENAU AN!
SEID DANKBAR!
ICH, JIRAIYA DER EREMIT, KÄMPFE ÜBERALL ZWISCHEN HIMMEL UND ERDE!
ZUCK
ZUCK
MIESE SCHLANGEN! MEINE KRÖTE LÄHMT EUCH VÖLLIG, WAS?!
KOMMT NIE WIEDER, KAPIERT?!

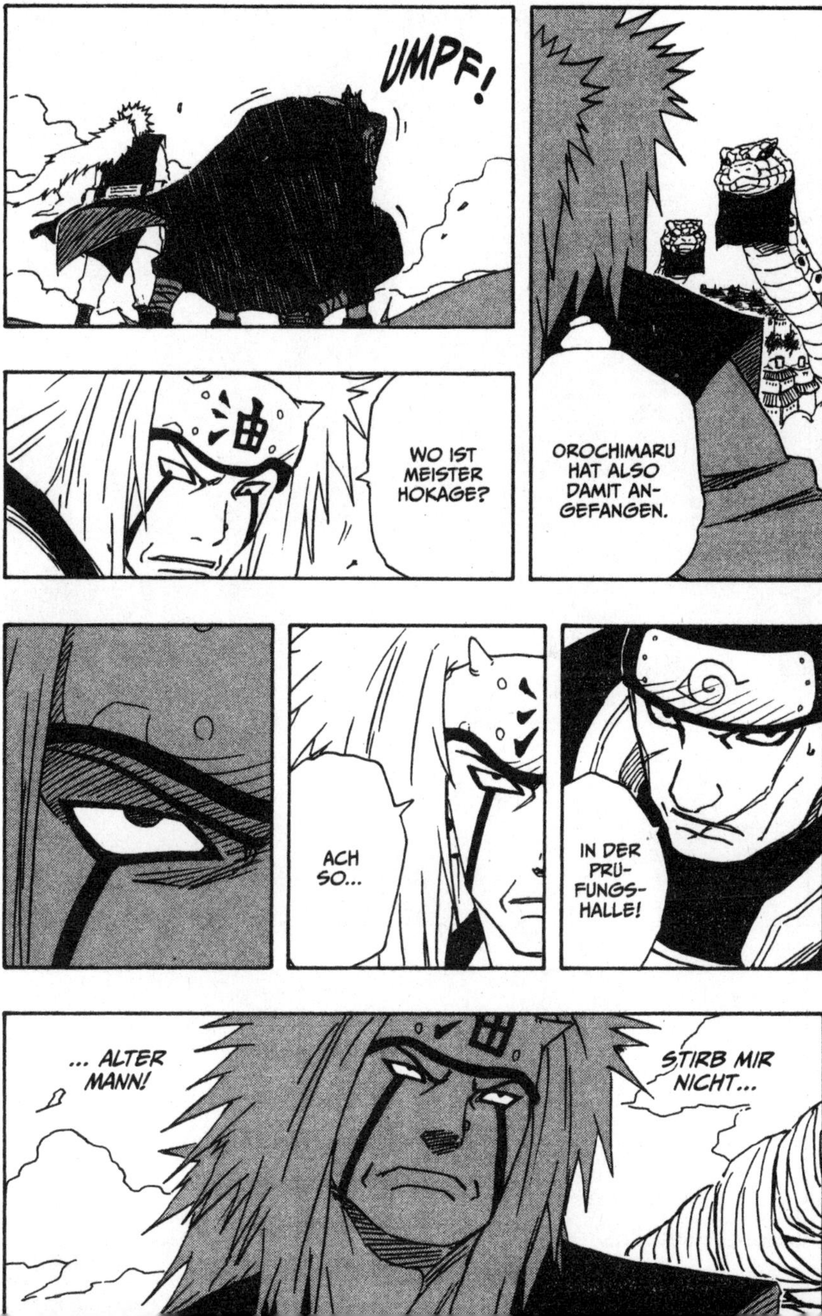
OROCHIMARU HAT ALSO DAMIT AN-GEFANGEN.
UMPF!
WO IST MEISTER HOKAGE?
IN DER PRÜ-FUNGS-HALLE!
ACH SO...
STIRB MIR NICHT...
... ALTER MANN!

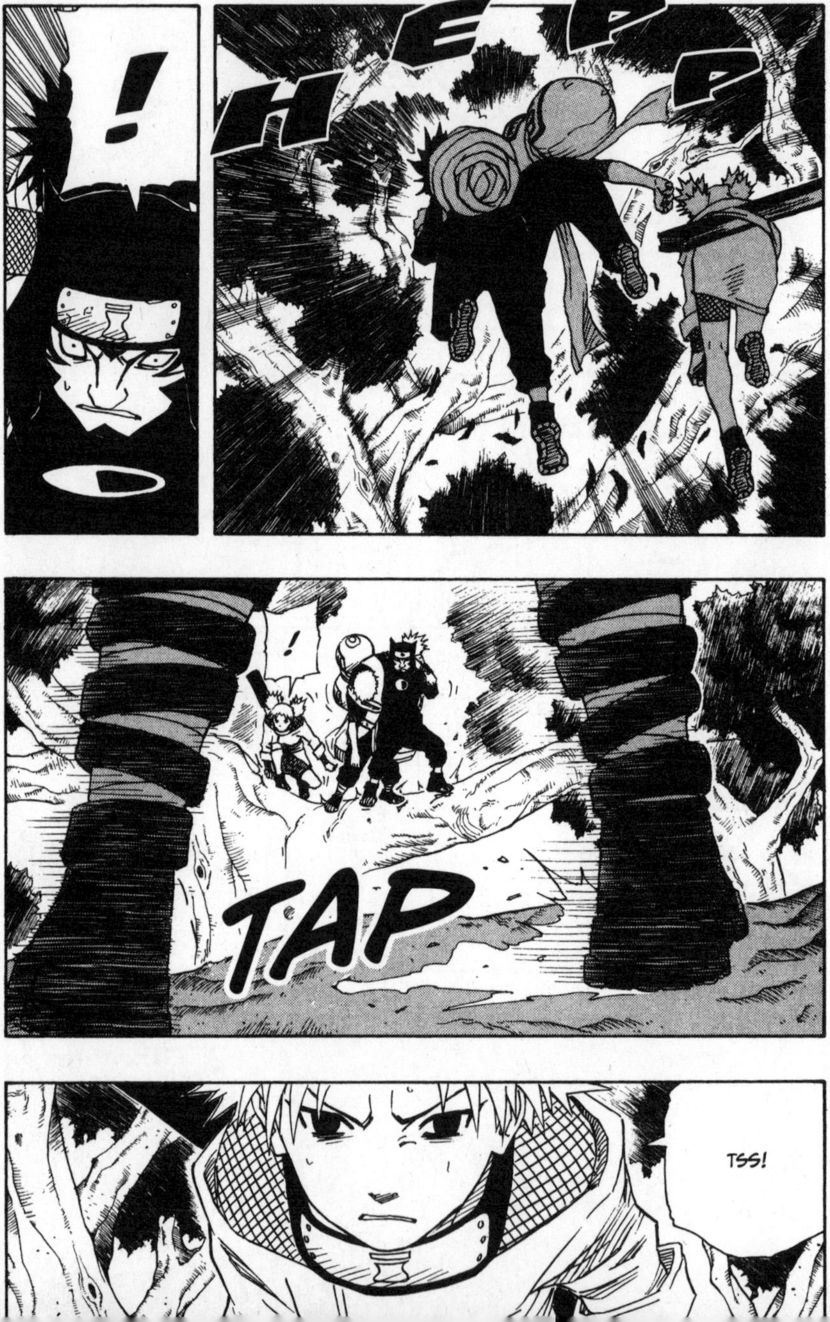
HEPP
!
!
TAP
TSS!

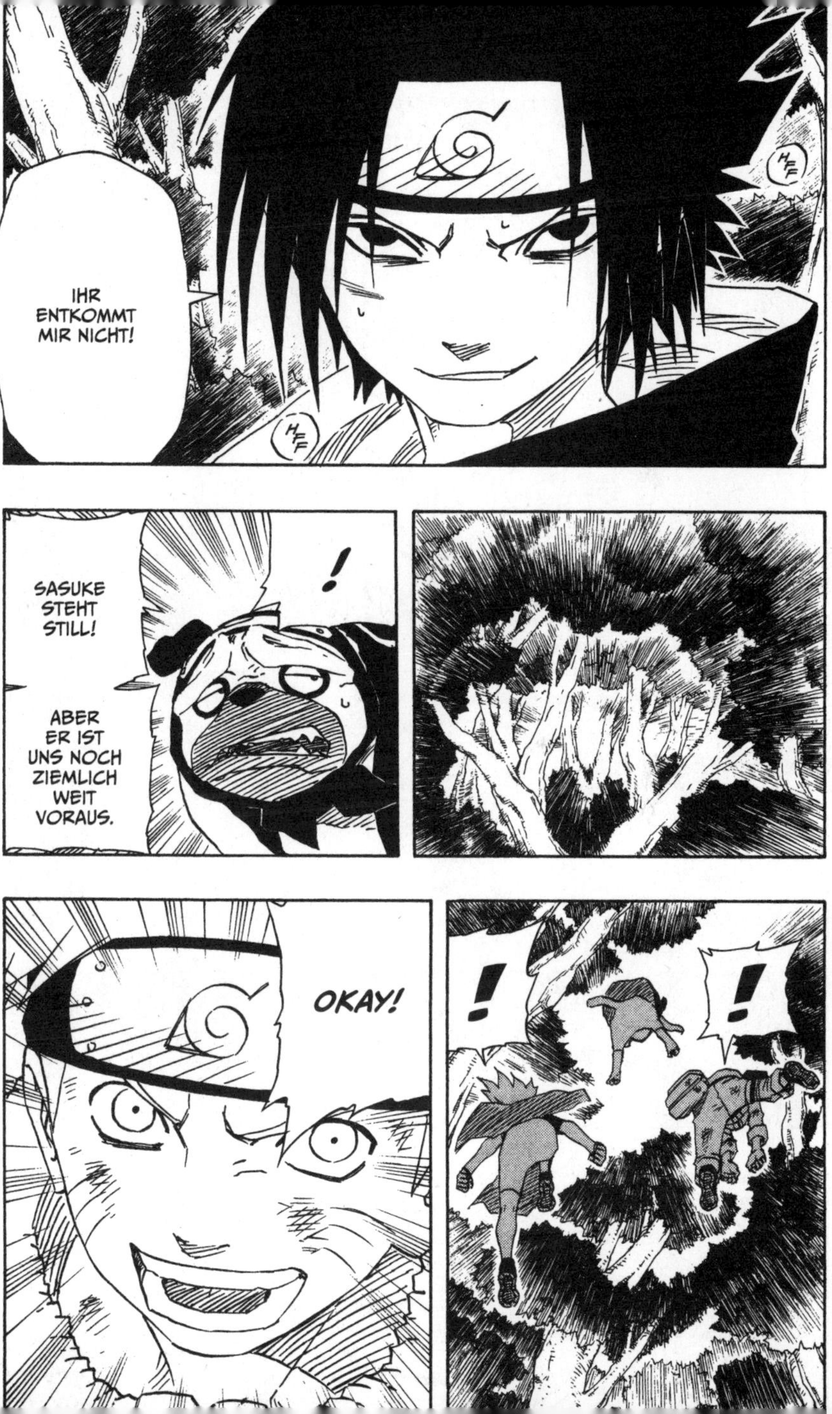
HEF
IHR ENTKOMMT MIR NICHT!
HEF
!
SASUKE STEHT STILL!
ABER ER IST UNS NOCH ZIEMLICH WEIT VORAUS.
!
!
OKAY!

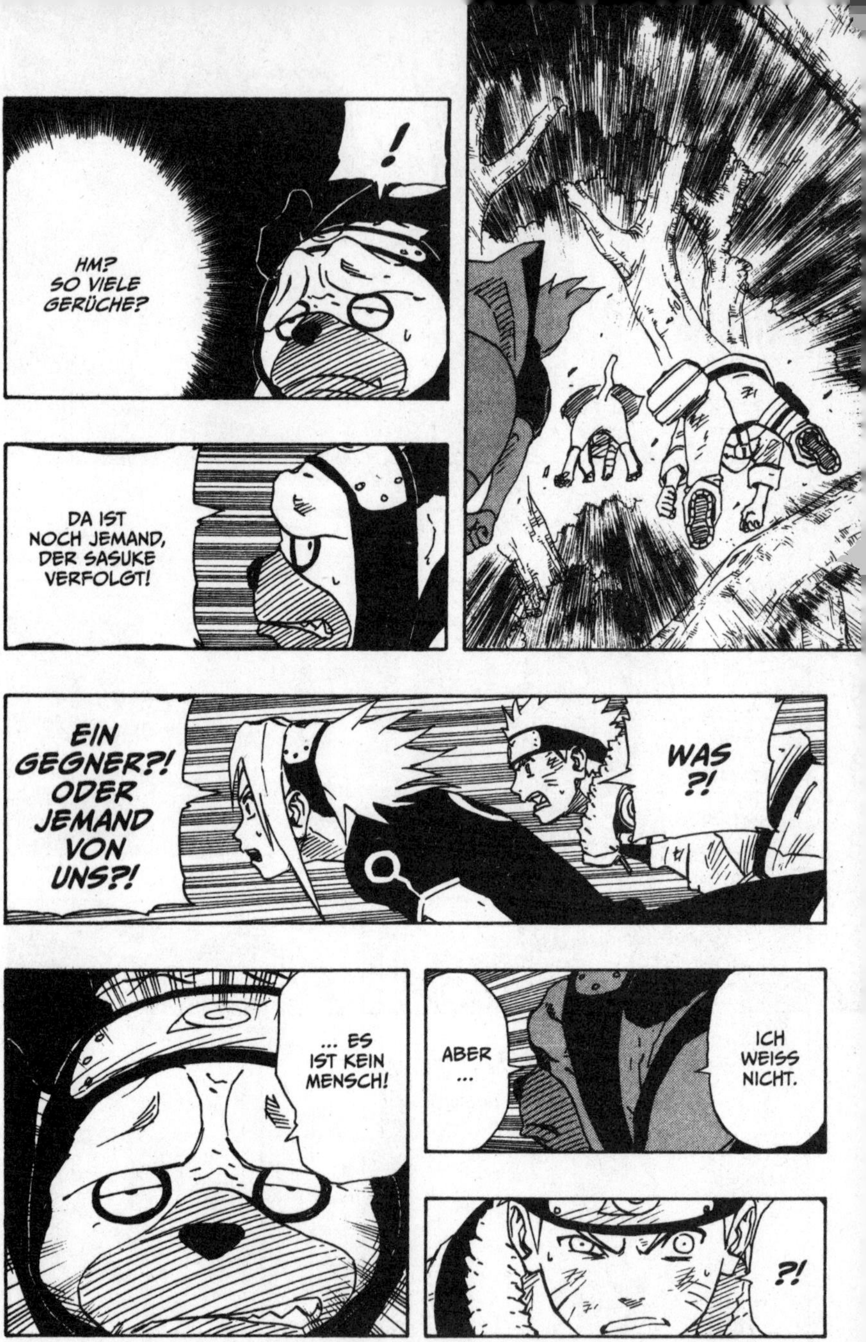
!
HM? SO VIELE GERÜCHE?
DA IST NOCH JEMAND, DER SASUKE VERFOLGT!
WAS ?!
EIN GEGNER?! ODER JEMAND VON UNS?!
ICH WEISS NICHT.
ABER ...
... ES IST KEIN MENSCH!
?!

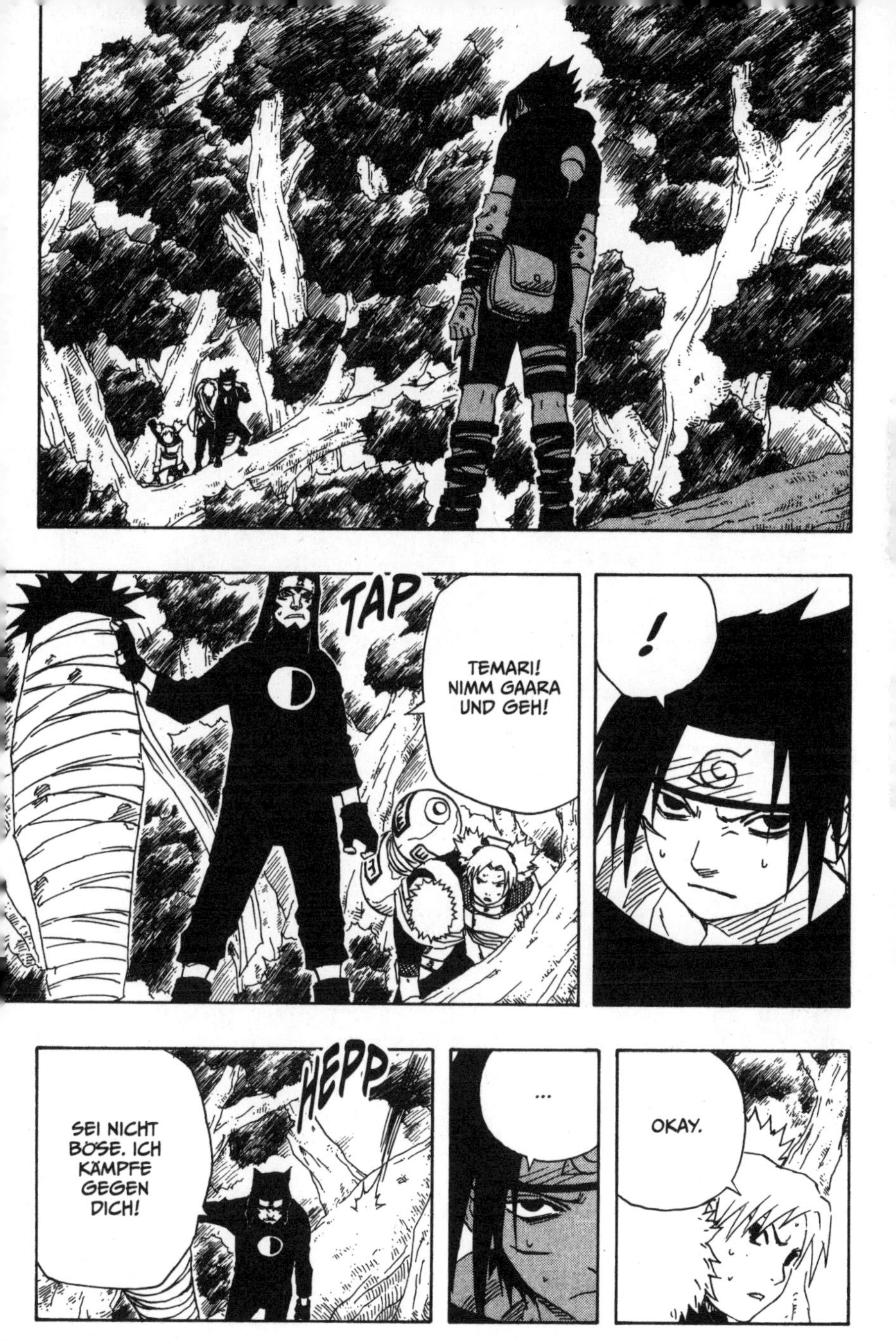

TAP
TEMARI! NIMM GAARA UND GEH!
!
HEPP
SEI NICHT BÖSE. ICH KÄMPFE GEGEN DICH!
...
OKAY.

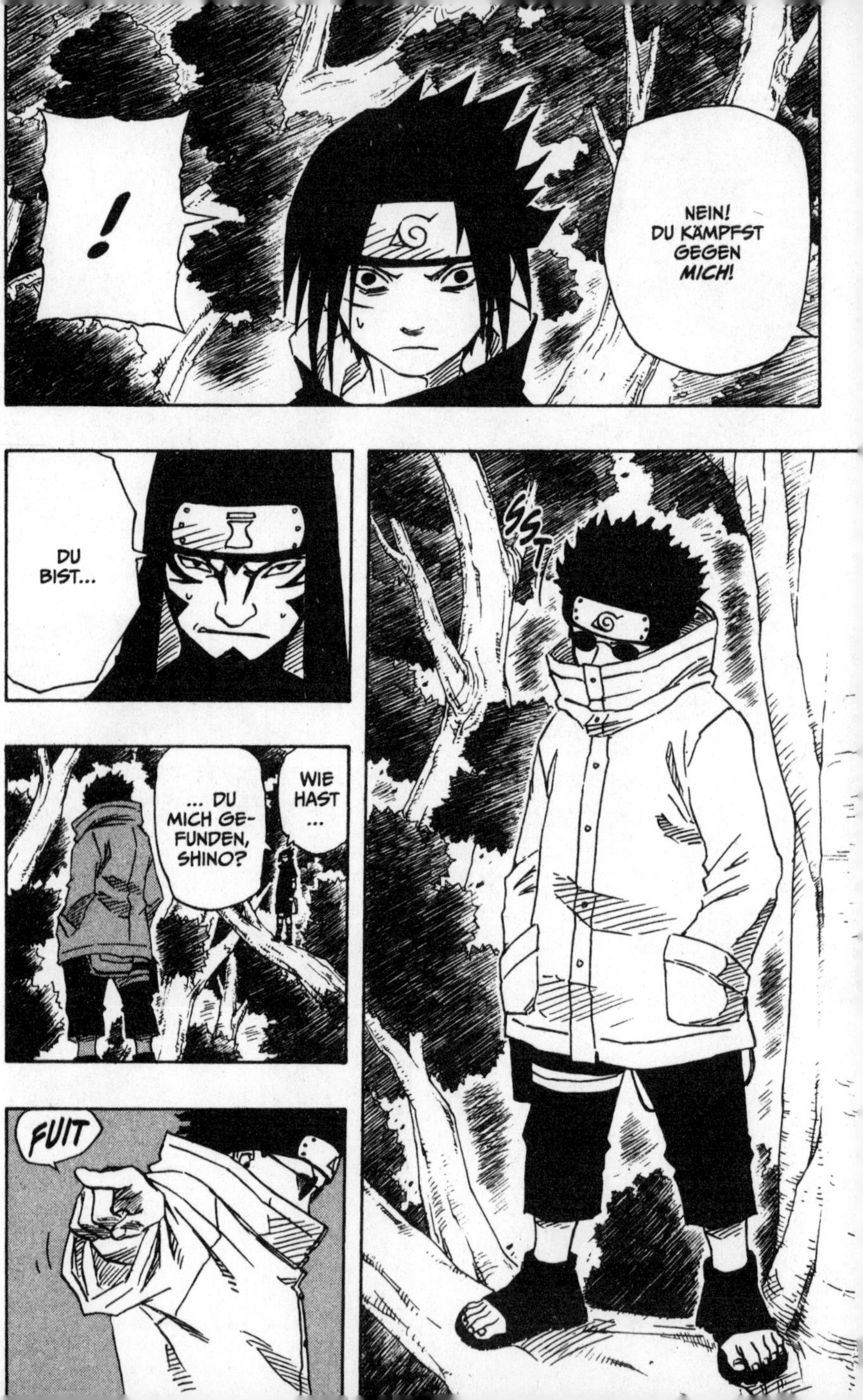
NEIN! DU KÄMPFST GEGEN MICH!
!
SST
DU BIST...
WIE HAST ...
... DU MICH GE-FUNDEN, SHINO?
FUIT

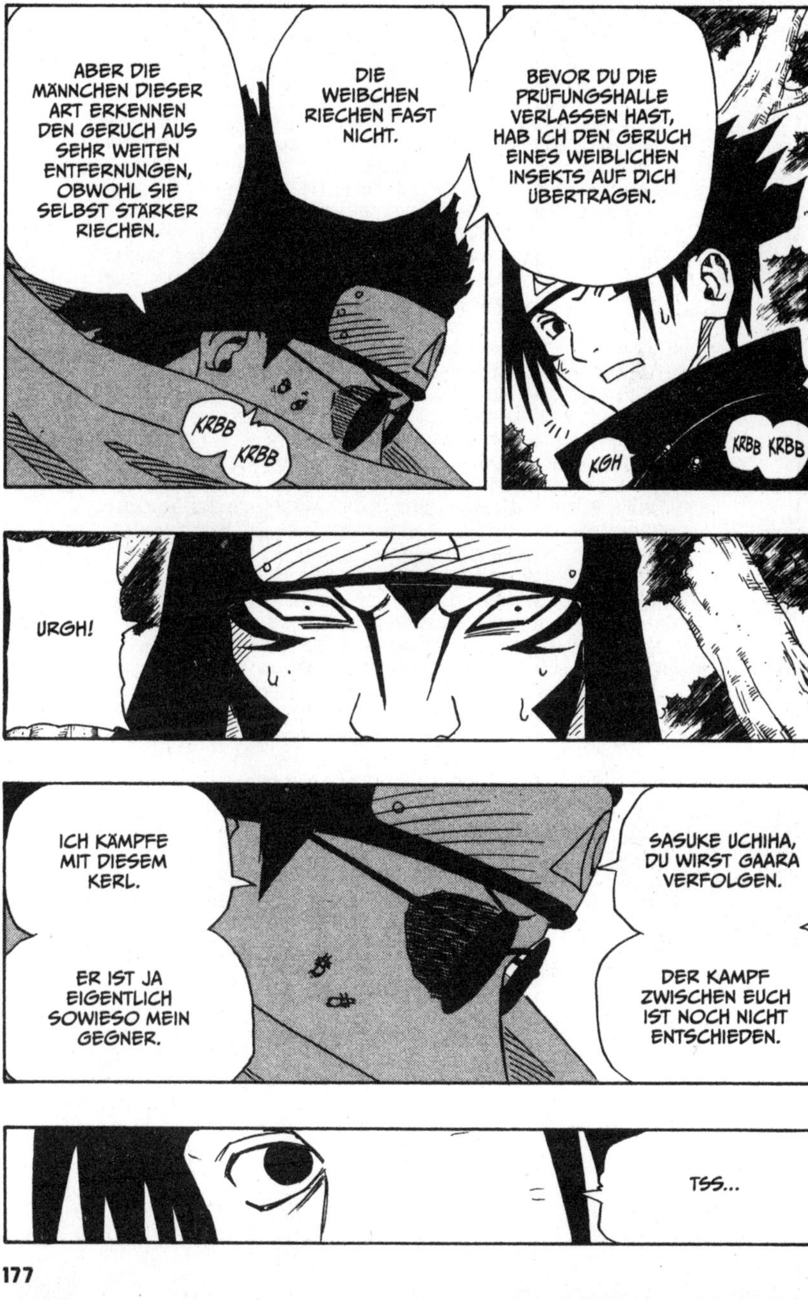
BEVOR DU DIE PRÜFUNGSHALLE VERLASSEN HAST, HAB ICH DEN GERUCH EINES WEIBLICHEN INSEKTS AUF DICH ÜBERTRAGEN.
KRBB KRBB
KGH
DIE WEIBCHEN RIECHEN FAST NICHT.
ABER DIE MÄNNCHEN DIESER ART ERKENNEN DEN GERUCH AUS SEHR WEITEN ENTFERNUNGEN, OBWOHL SIE SELBST STÄRKER RIECHEN.
KRBB
KRBB
URGH!
SASUKE UCHIHA, DU WIRST GAARA VERFOLGEN.
DER KAMPF ZWISCHEN EUCH IST NOCH NICHT ENTSCHIEDEN.
ICH KÄMPFE MIT DIESEM KERL.
ER IST JA EIGENTLICH SOWIESO MEIN GEGNER.
TSS...

MASASHI KISHIMOTOS WELT LEBENSGESCHICHTE – FORTSETZUNG VON TEIL 20

ICH GING ALSO ZUM FRISEUR, UM MEIN VORDERHAAR SCHNEIDEN ZU LASSEN. MEINE GEDANKEN WAREN DIE GANZE ZEIT MIT DEM FILM BESCHÄFTIGT:
»MORGEN SEHE ICH ENDLICH ›SEVEN‹! DER REGISSEUR IST DAVID FINCHER, DANN MÜSSEN DIE HORRORSZENEN JA RICHTIG SCHRECKLICH SEIN! MORGAN FREEMAN SPIELT EINEN ERFAHRENEN KOMMISSAR UND DEN JUNGEN KOMMISSAR SPIELT BRAD PITT – WAS FÜR EIN COOLES TEAM! DAS ENDE MUSS EINE ÜBERRASCHUNG SEIN, ABER WAS KÖNNTE PASSIEREN?«
ICH WAR WIRKLICH SCHRECKLICH GESPANNT!
ALS DER FRISEUR DANN ANFING, MEINE HAARE ZU SCHNEIDEN, SETZTE SICH EINE FRAU NEBEN MICH. SIE UNTERHIELT SICH MIT IHRER FRISEURIN UND ERZÄHLTE ALLES MÖGLICHE. ICH HATTE NICHTS MIT DEM FRISEUR ZU REDEN UND TAT SO, ALS OB ICH SCHLIEFE. DA FING DIE FRAU NEBEN MIR AN, VOM LETZTEN KINOBESUCH MIT IHREM FREUND ZU ERZÄHLEN. ICH HATTE EIGENTLICH KEINE LUST ZUZUHÖREN, ABER DA IHRE STIMME SO LAUT WAR, BLIEB MIR GAR NICHTS ANDERES ÜBRIG. UND WELCHEN FILM HATTEN SIE GESEHEN? NATÜRLICH »SEVEN«! UND PROMPT FING SIE AN, DIE GESCHICHTE DES FILMS HAARKLEIN NACHZUERZÄHLEN! UND ZWAR RICHTIG LAUT! ICH KONNTE MIR NICHT MAL DIE OHREN ZUHALTEN, DA MEINE HÄNDE UNTER DEM FRISIERUMHANG BLEIBEN MUSSTEN! ICH FLEHTE DIE FRAU IN GEDANKEN AN, BLOSS NICHT DAS ENDE ZU ERZÄHLEN! ABER SIE KANNTE KEINE GNADE UND ERZÄHLTE WEITER: »... UND VERDAMMT! IM KASTEN LAG DER KOPF VON BRAD PITTS FRAU!«
AM NÄCHSTEN TAG GING ICH DANN NICHT INS KINO. ICH ENTSCHIED, MIR »SEVEN« IRGENDWANN AUF VIDEO ANZUSEHEN. ICH KANNTE JA EH DIE GANZE GESCHICHTE.
UND ZU ALLEM ÜBERFLUSS WAR MEIN VORDERHAAR JETZT AUCH NOCH VIEL ZU KURZ UND ICH SAH AUS WIE EIN BANKANGESTELLTER...

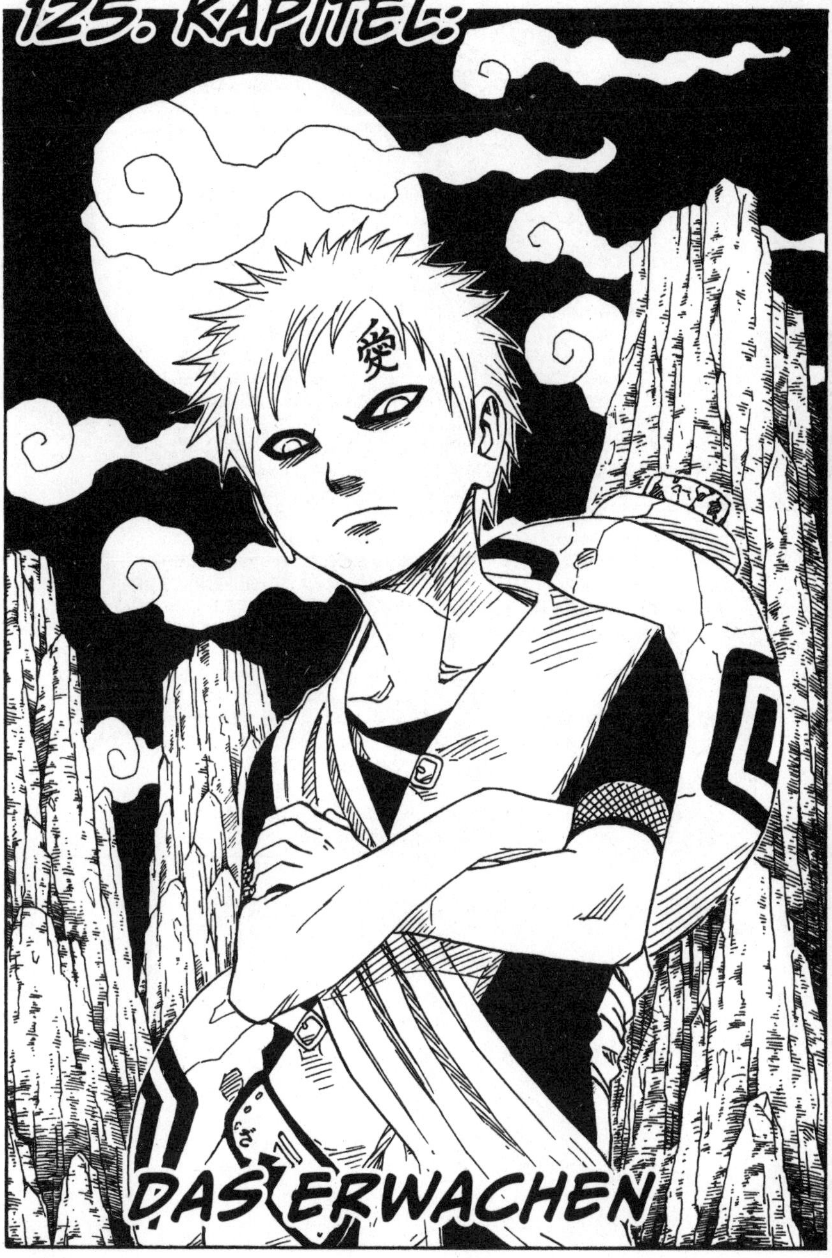
125. KAPITEL:
愛
DAS ERWACHEN

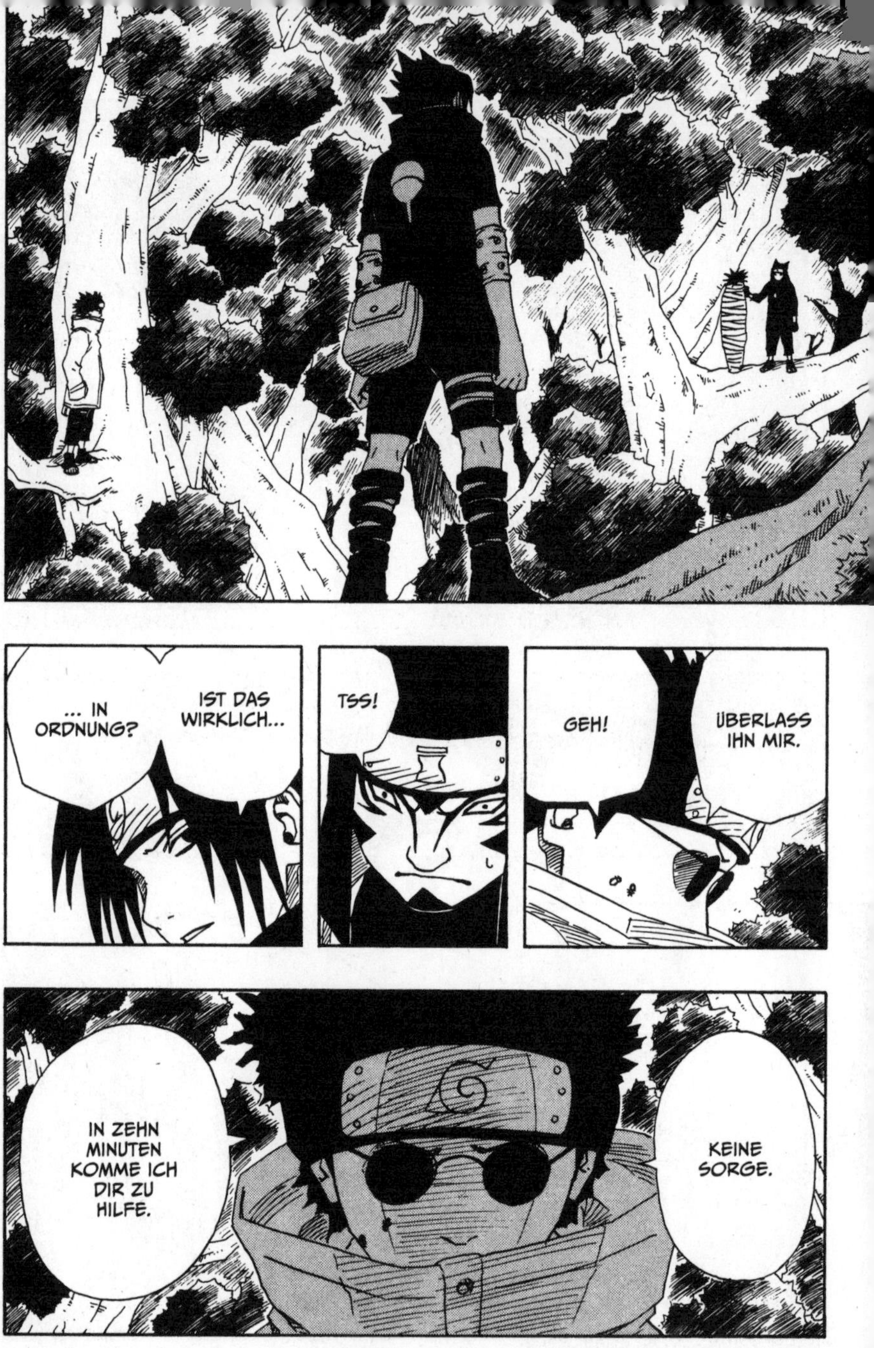
ÜBERLASS IHN MIR.
GEH!
TSS!
IST DAS WIRKLICH...
... IN ORDNUNG?
KEINE SORGE.
IN ZEHN MINUTEN KOMME ICH DIR ZU HILFE.

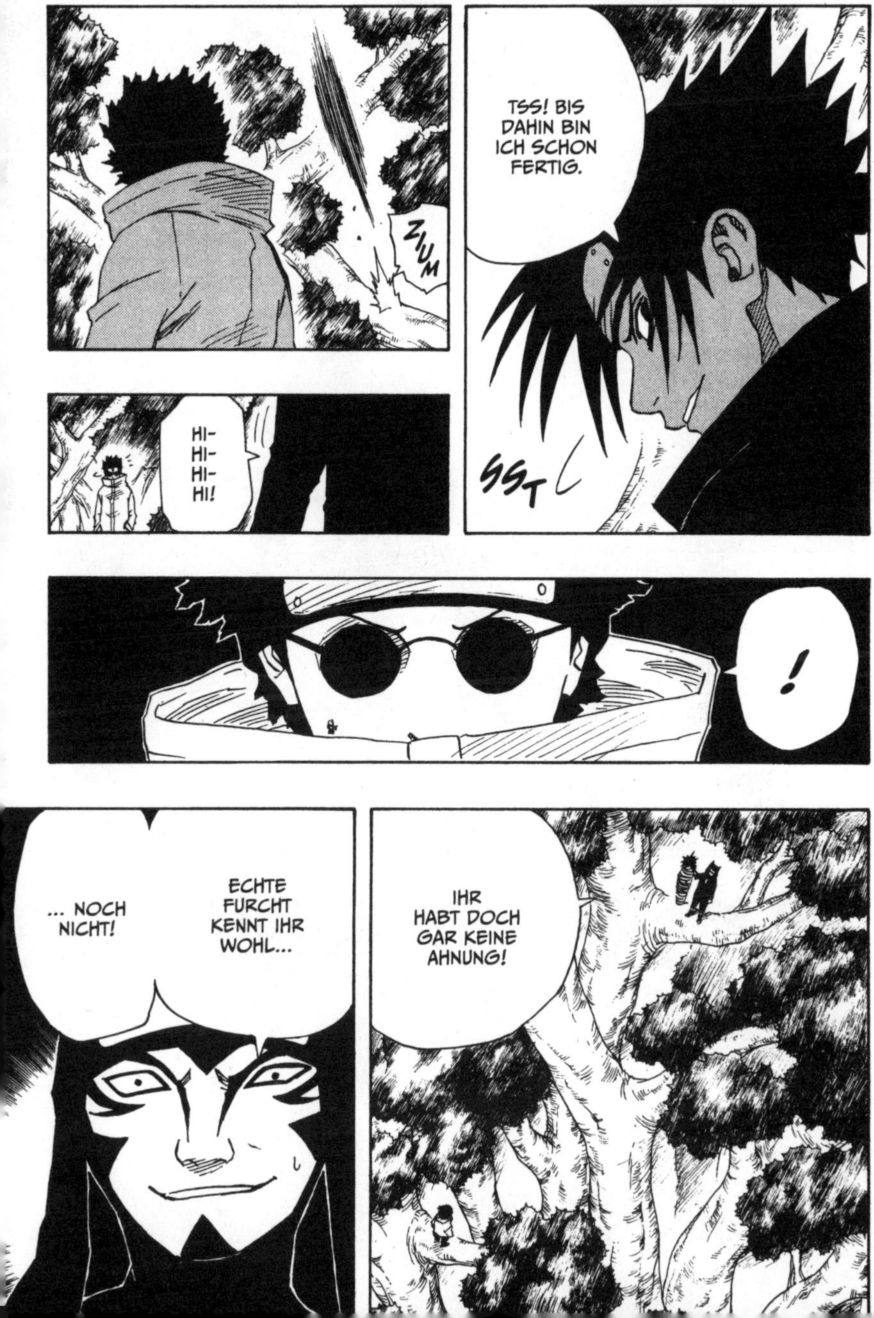

TSS! BIS DAHIN BIN ICH SCHON FERTIG.
SST
ZIUM
HI-HI-HI-HI!
!
IHR HABT DOCH GAR KEINE AHNUNG!
ECHTE FURCHT KENNT IHR WOHL...
... NOCH NICHT!

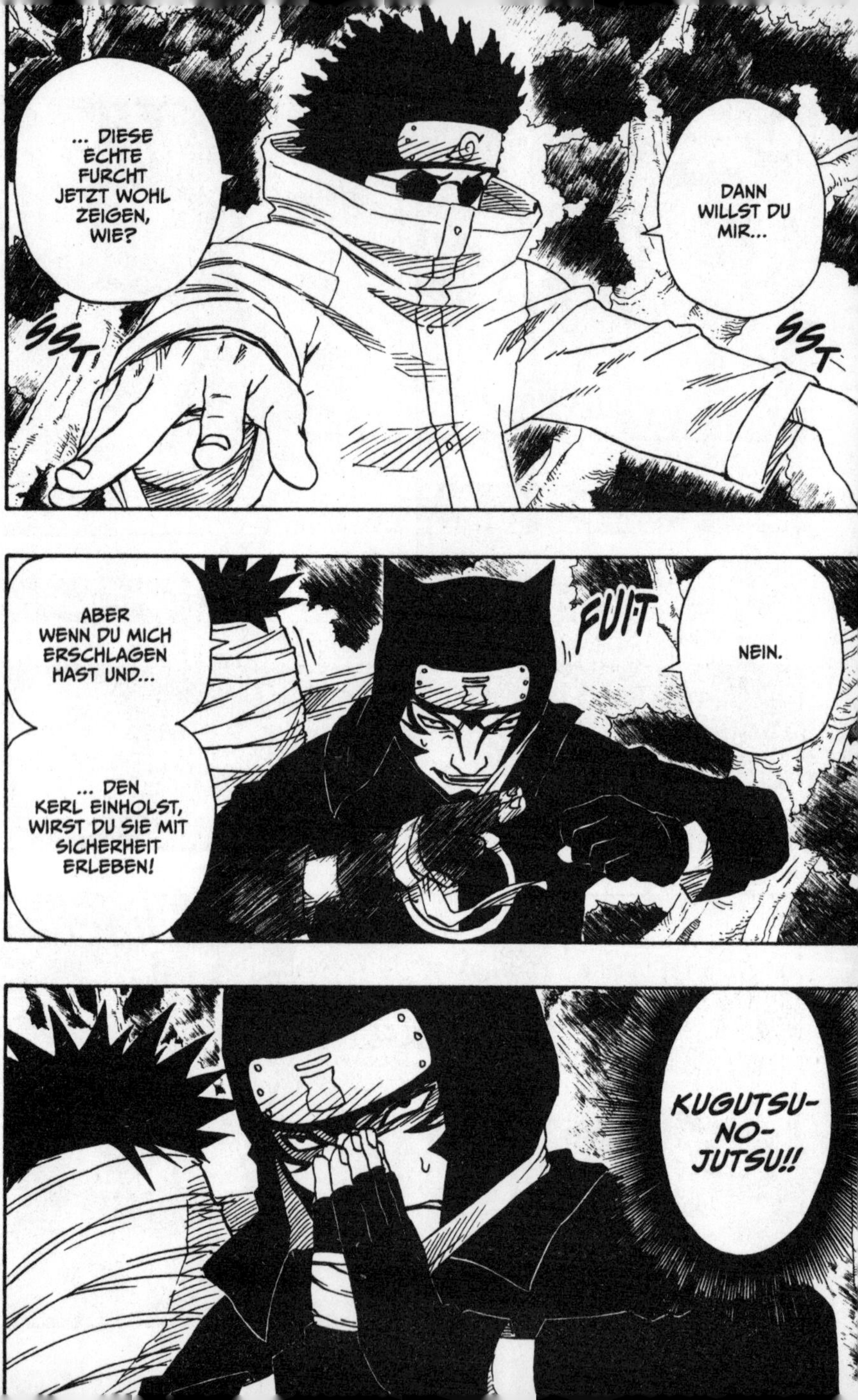
SST
DANN WILLST DU MIR...
... DIESE ECHTE FURCHT JETZT WOHL ZEIGEN, WIE?
SST
FUIT
NEIN.
ABER WENN DU MICH ERSCHLAGEN HAST UND...
... DEN KERL EINHOLST, WIRST DU SIE MIT SICHERHEIT ERLEBEN!
KUGUTSU-NO-JUTSU!!

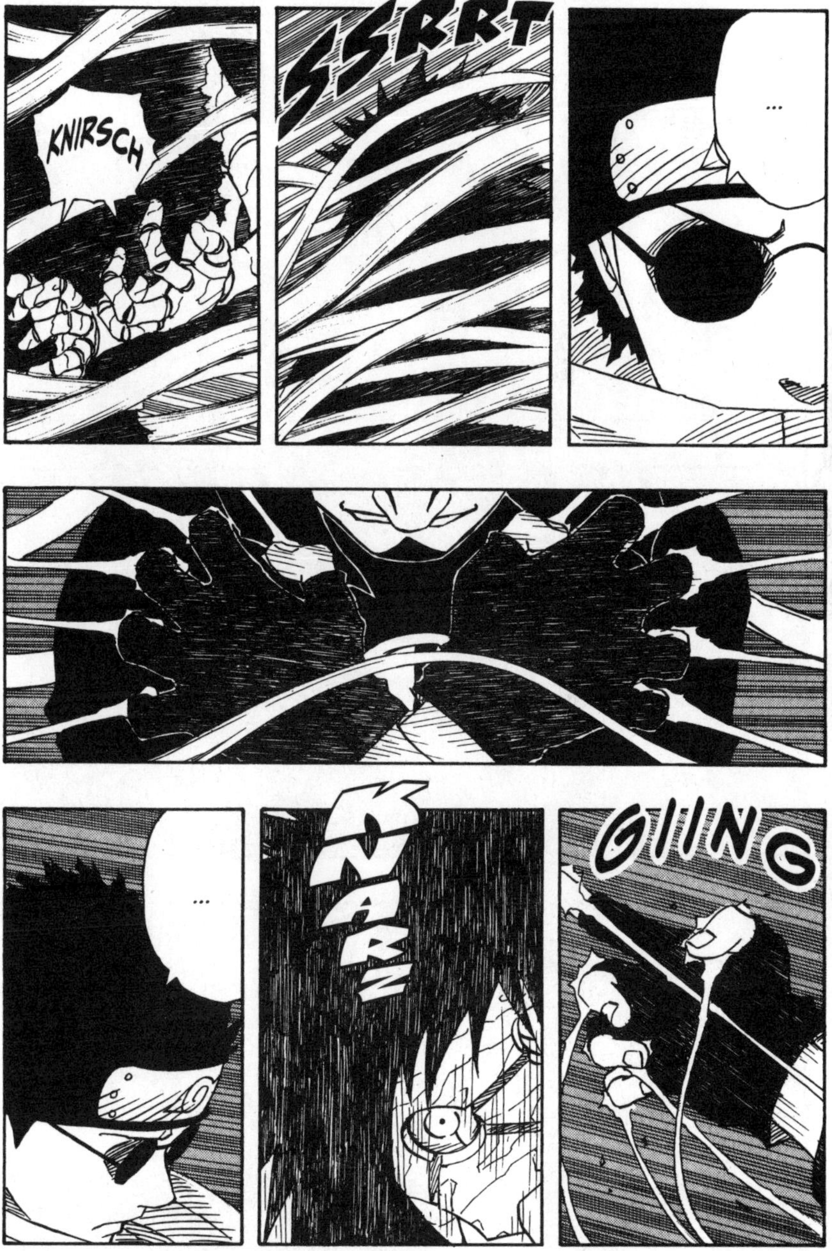
...
SSRRT
KNIRSCH
GIING
KNARZ
...

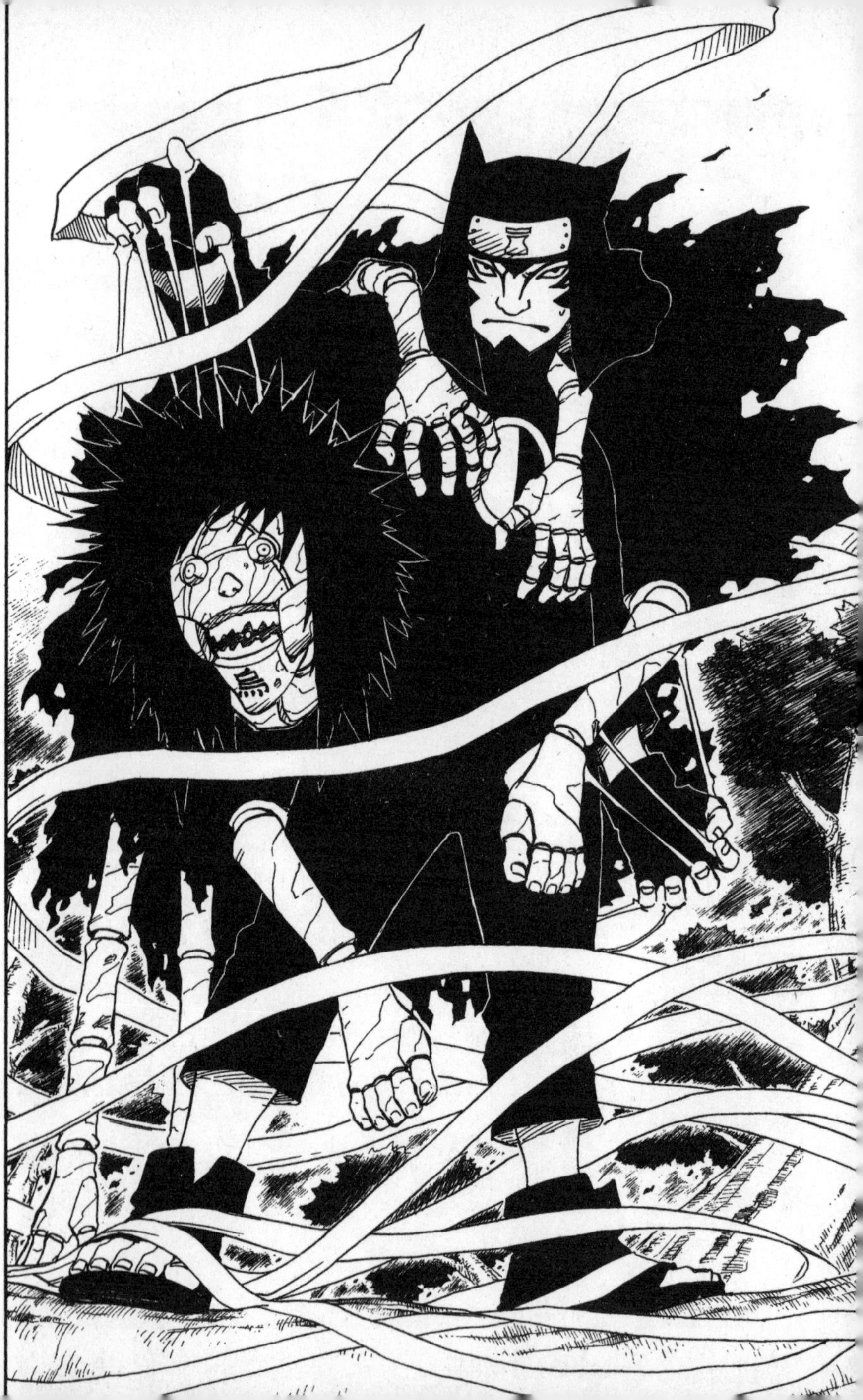

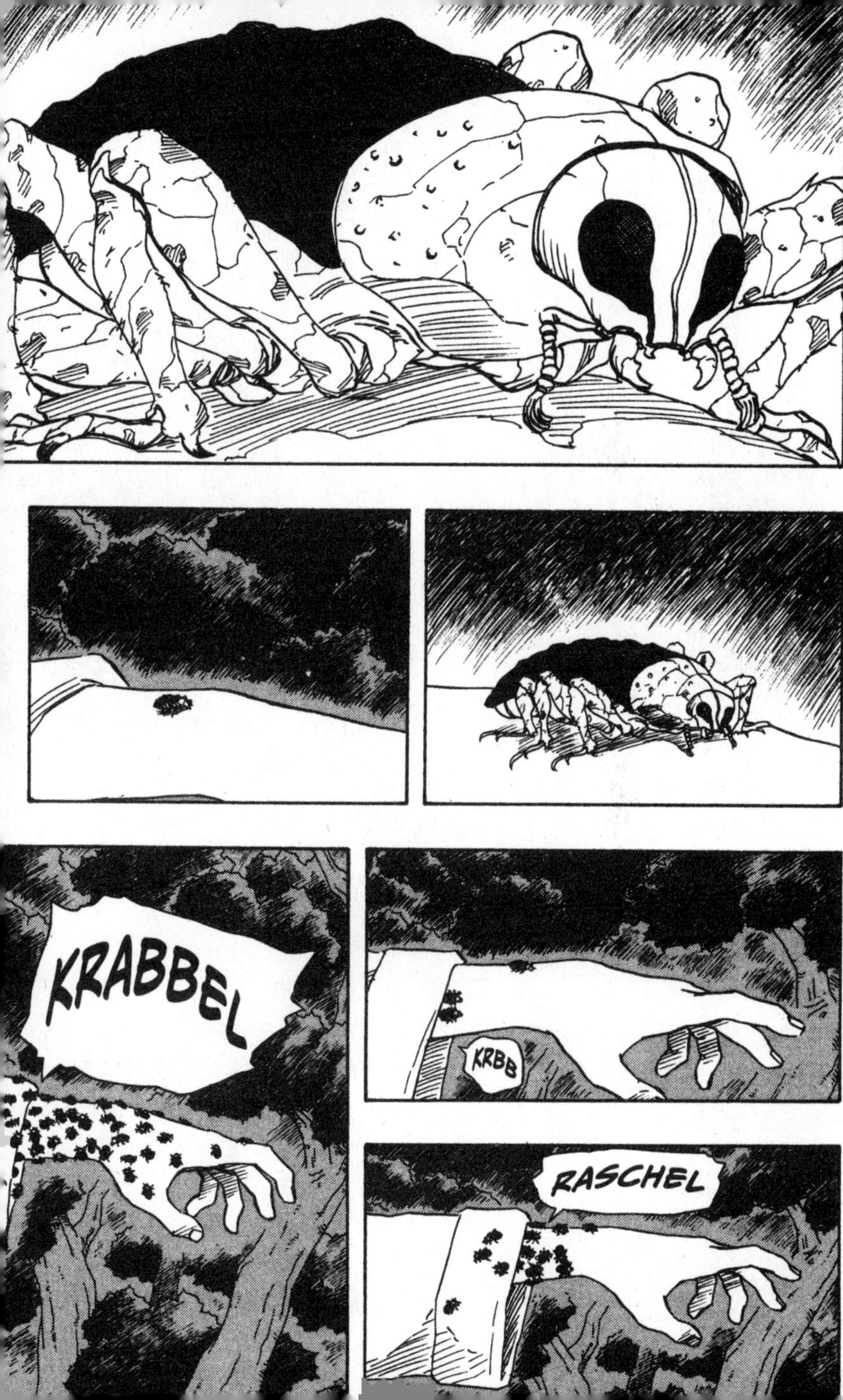
KRABBEL
KRBB
RASCHEL

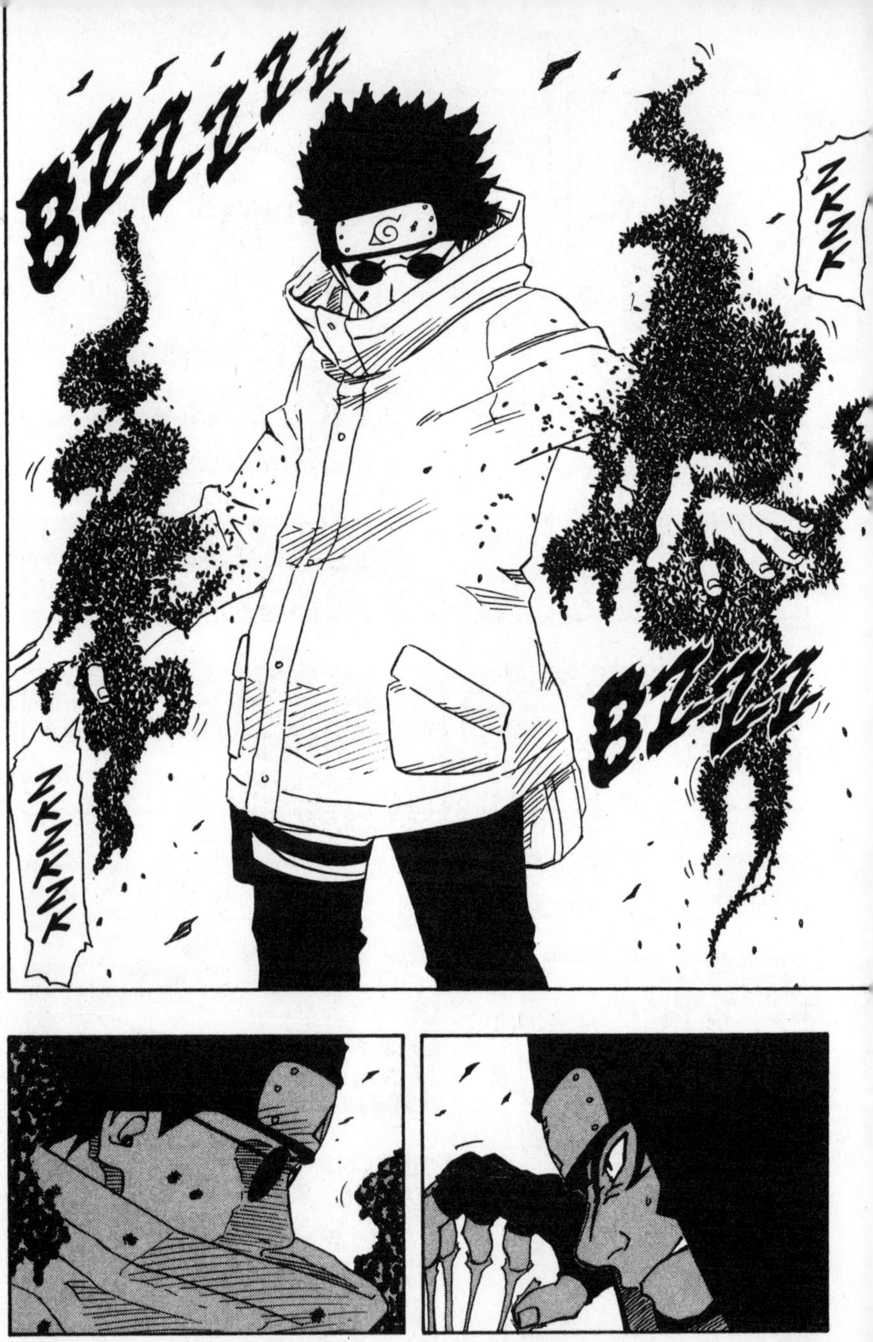
BZZZZZZ
ZKZK
BZZZ
ZKZKZKZK

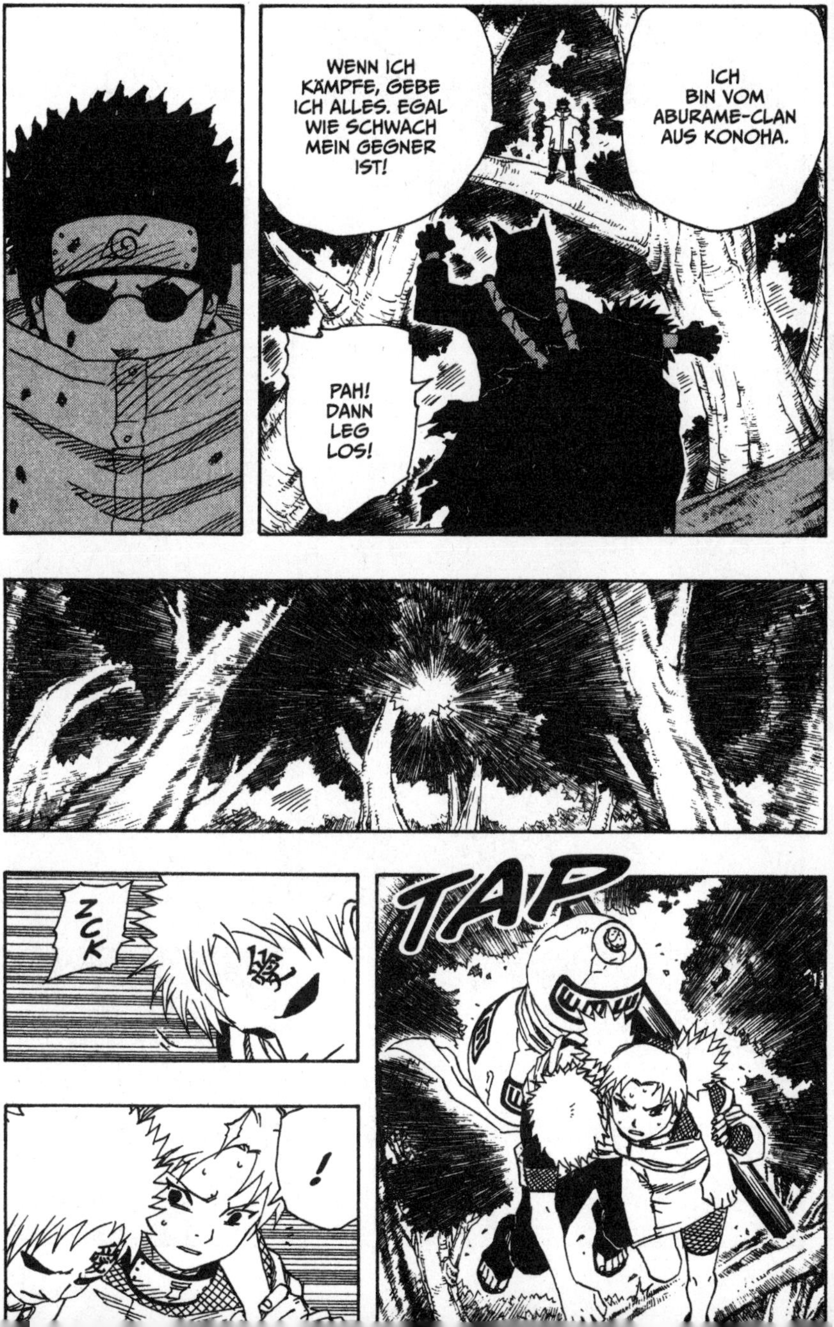
ICH BIN VOM ABURAME-CLAN AUS KONOHA.
WENN ICH KÄMPFE, GEBE ICH ALLES. EGAL WIE SCHWACH MEIN GEGNER IST!
PAH! DANN LEG LOS!
TAP
ZCK
!

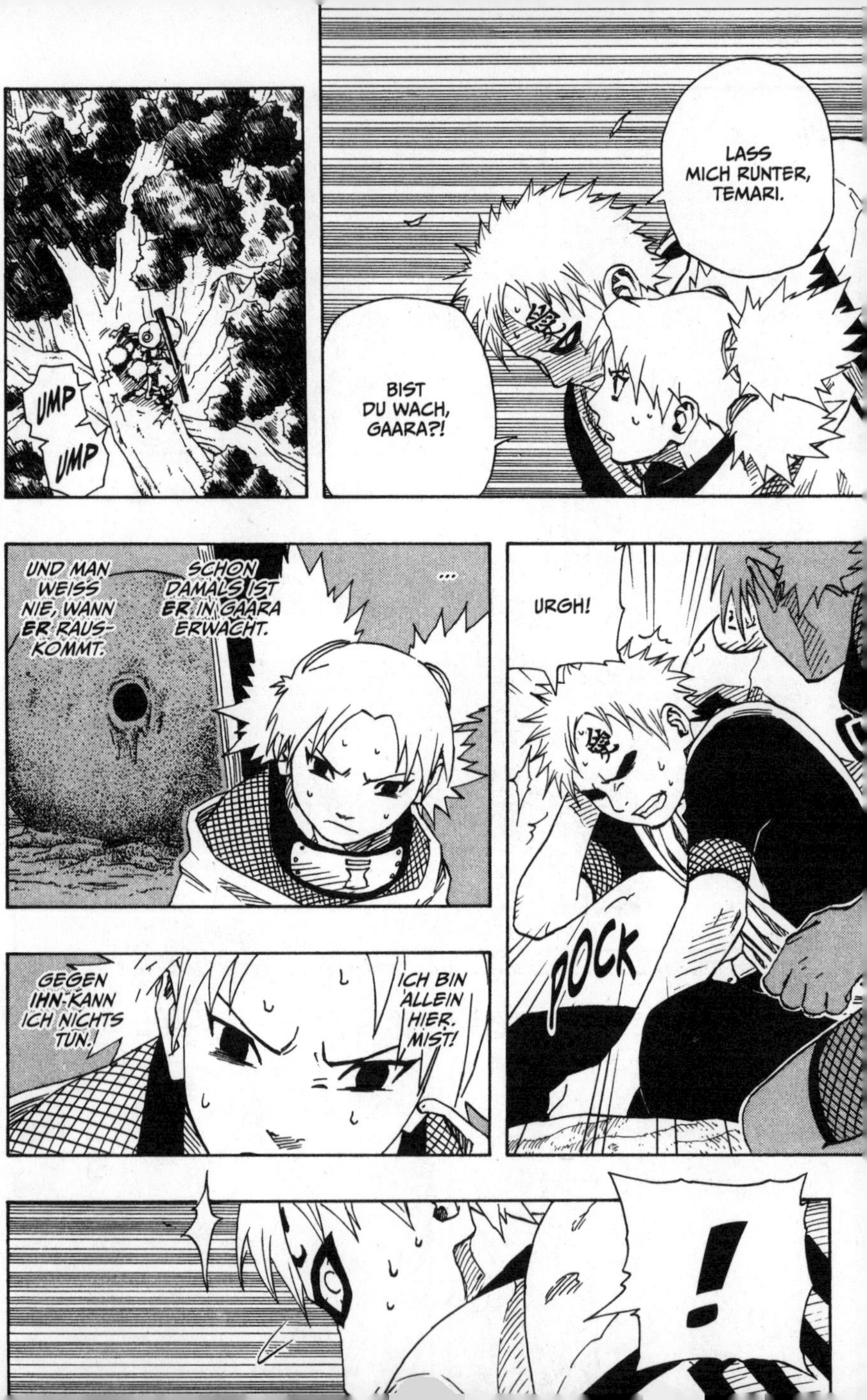
LASS MICH RUNTER, TEMARI.
BIST DU WACH, GAARA?!
UMP
UMP
URGH!
POCK
...
SCHON DAMALS IST ER IN GAARA ERWACHT.
UND MAN WEISS NIE, WANN ER RAUS-KOMMT.
ICH BIN ALLEIN HIER. MIST!
GEGEN IHN KANN ICH NICHTS TUN.
!

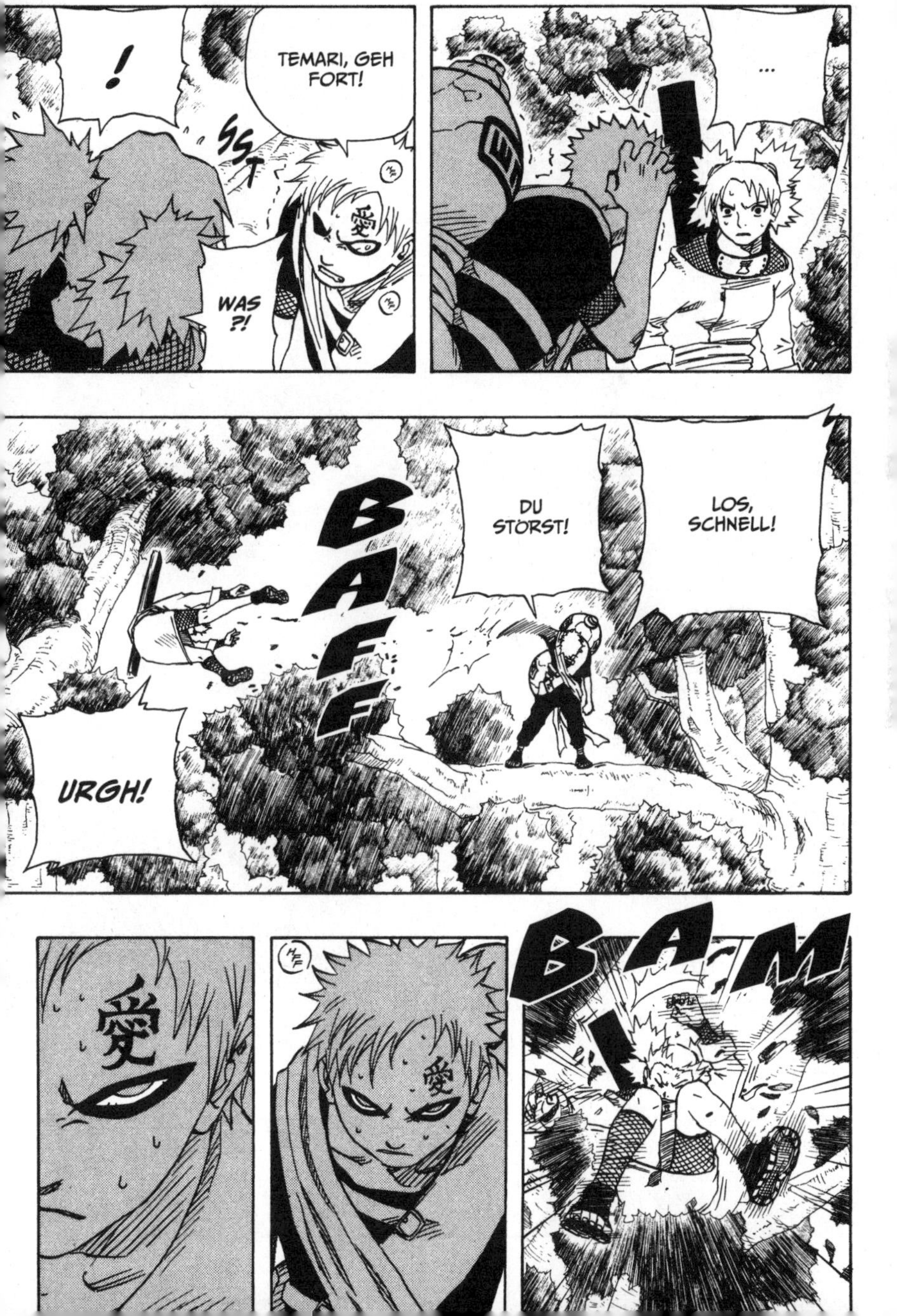

...
TEMARI, GEH FORT!
!
SST
WAS ?!
LOS, SCHNELL!
DU STÖRST!
BAFF
URGH!
BAM

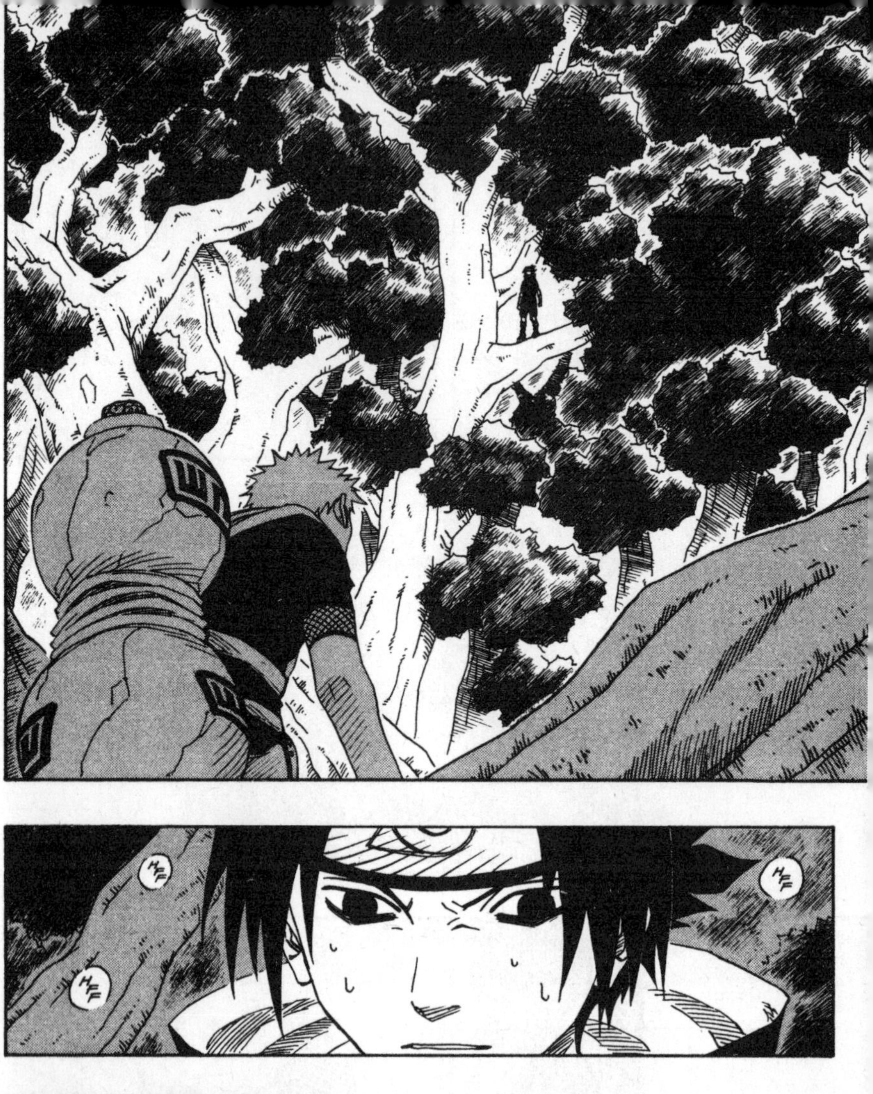
HEF
HEF
HEF

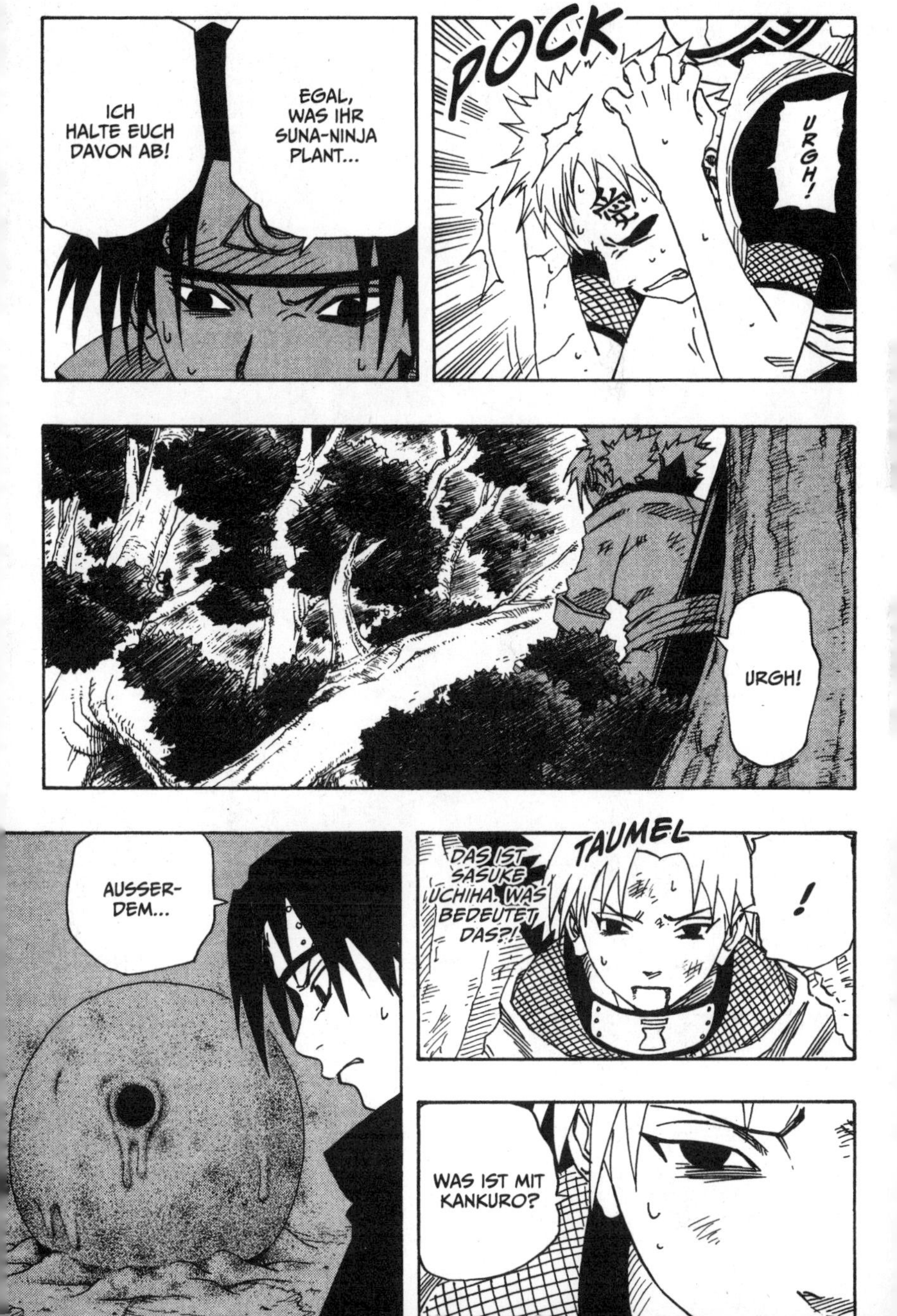
POCK
URGH!
EGAL, WAS IHR SUNA-NINJA PLANT...
ICH HALTE EUCH DAVON AB!
URGH!
TAUMEL
!
DAS IST SASUKE UCHIHA. WAS BEDEUTET DAS?!
AUSSER-DEM...
WAS IST MIT KANKURO?

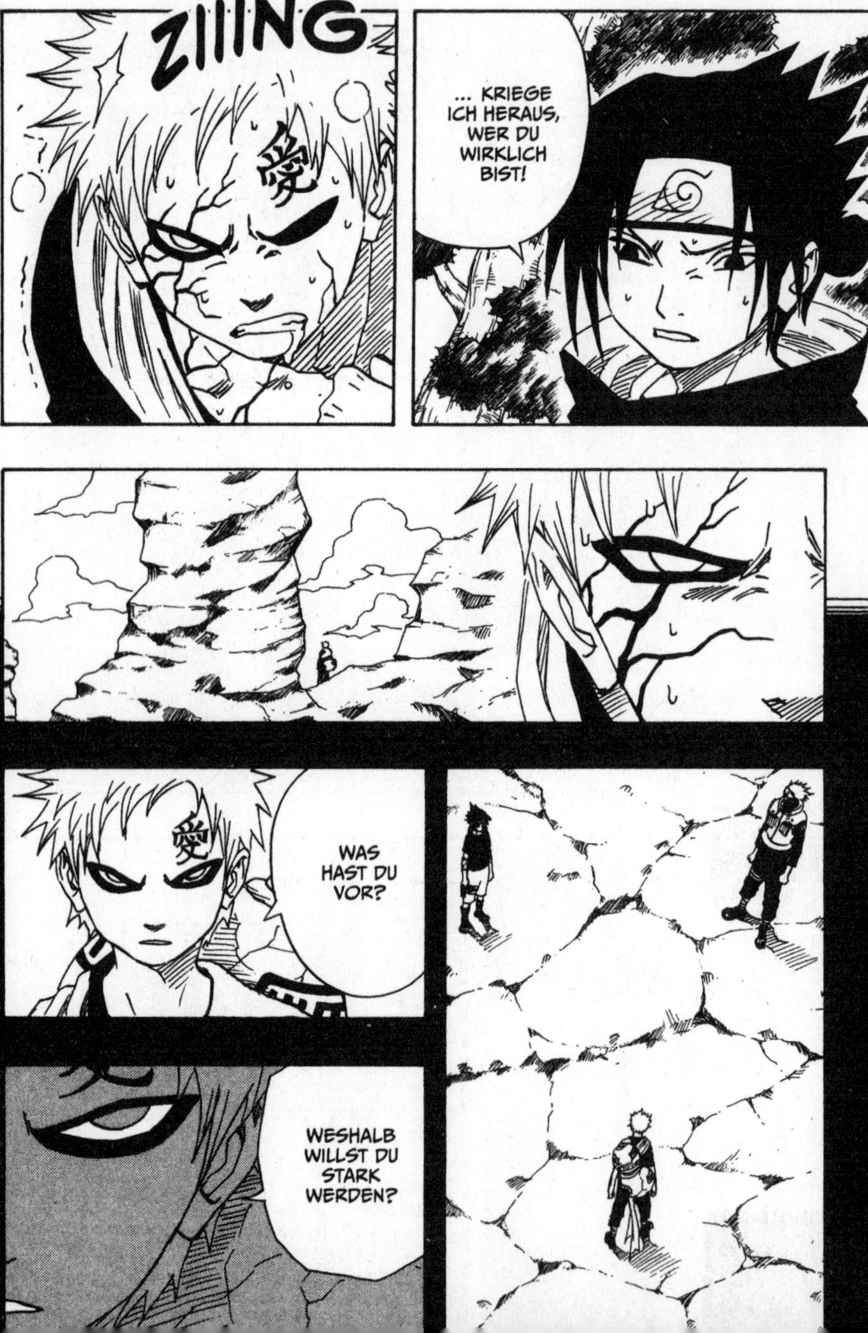
... KRIEGE ICH HERAUS, WER DU WIRKLICH BIST!
ZIIING
WAS HAST DU VOR?
WESHALB WILLST DU STARK WERDEN?

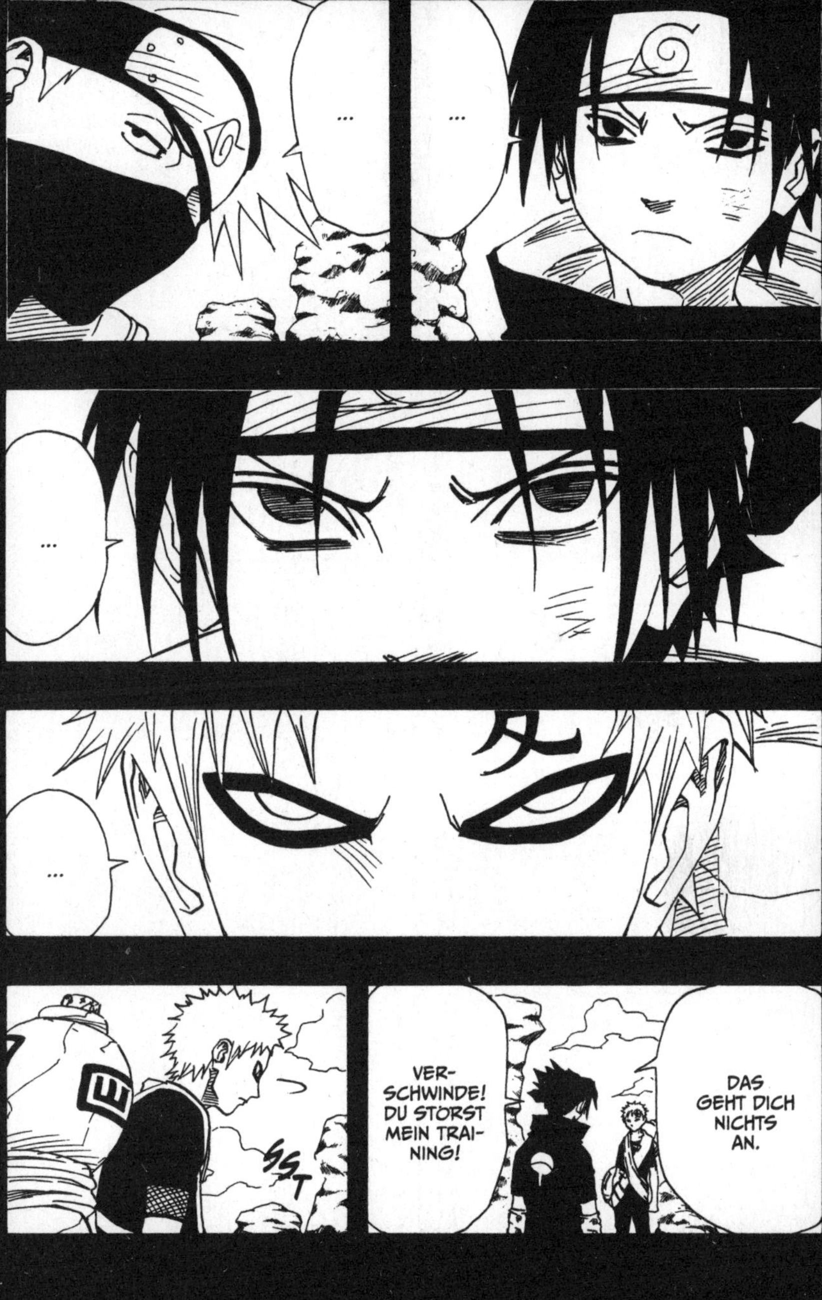
...
...
...
...
DAS GEHT DICH NICHTS AN.
VER-SCHWINDE! DU STÖRST MEIN TRAI-NING!
SST

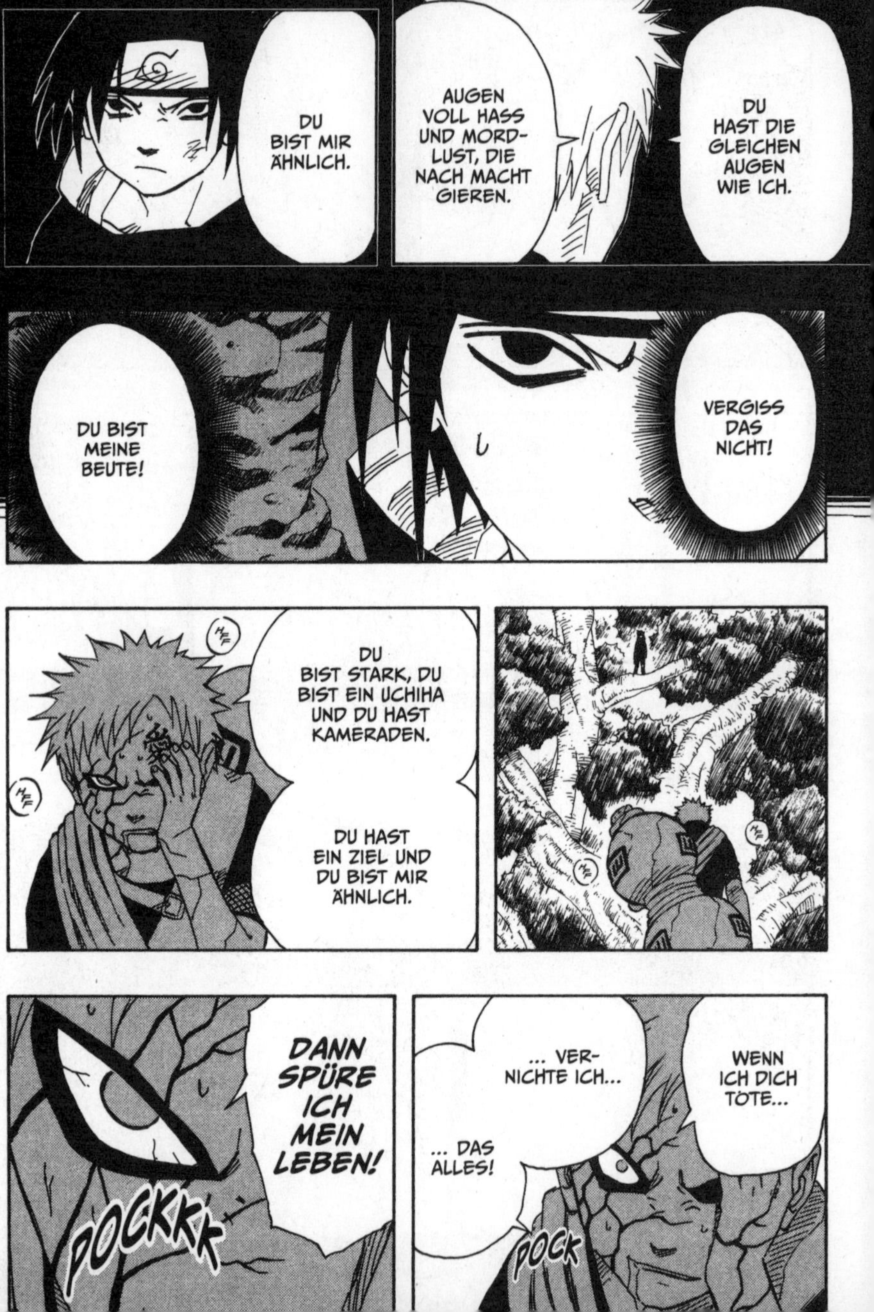
DU HAST DIE GLEICHEN AUGEN WIE ICH.
AUGEN VOLL HASS UND MORD-LUST, DIE NACH MACHT GIEREN.
DU BIST MIR ÄHNLICH.
VERGISS DAS NICHT!
DU BIST MEINE BEUTE!
DU BIST STARK, DU BIST EIN UCHIHA UND DU HAST KAMERADEN.
DU HAST EIN ZIEL UND DU BIST MIR ÄHNLICH.
WENN ICH DICH TÖTE...
... VER-NICHTE ICH...
... DAS ALLES!
POCK
DANN SPÜRE ICH MEIN LEBEN!
POCKKK

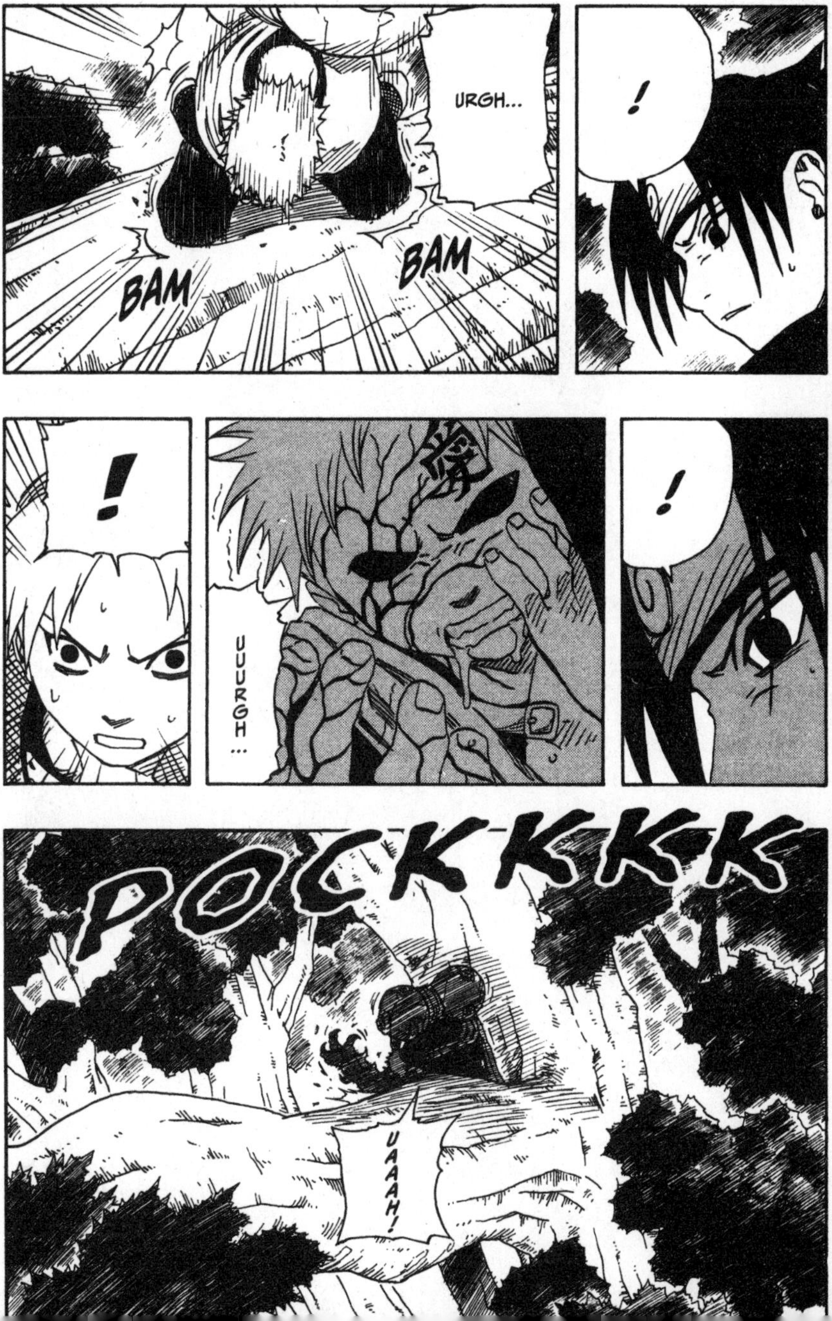
!
URGH...
BAM
BAM
!
UUURGH...
!
POCKKKK
UAAAH!

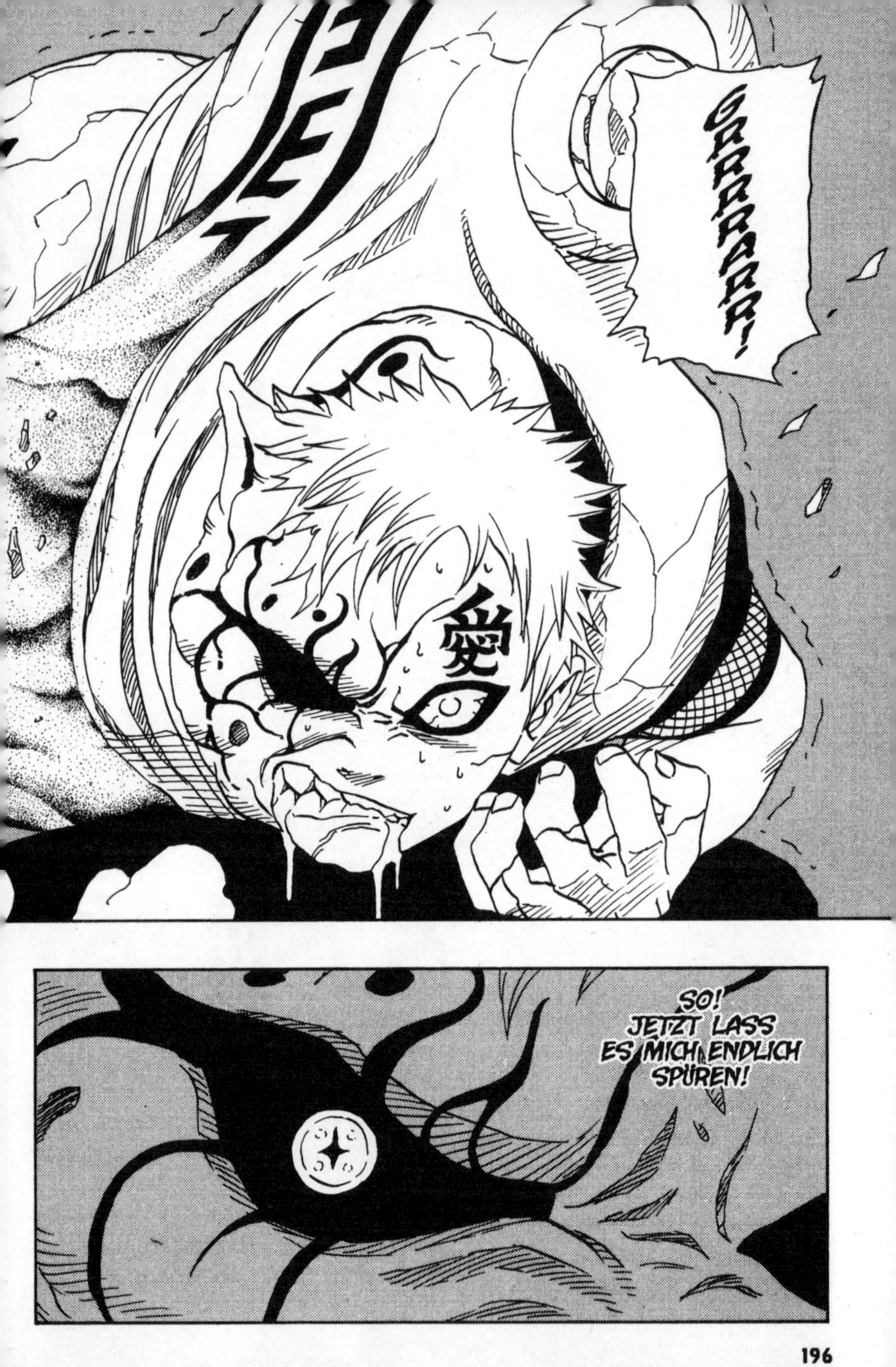

GRRRRRRR!
SO!
JETZT LASS
ES MICH ENDLICH
SPÜREN!

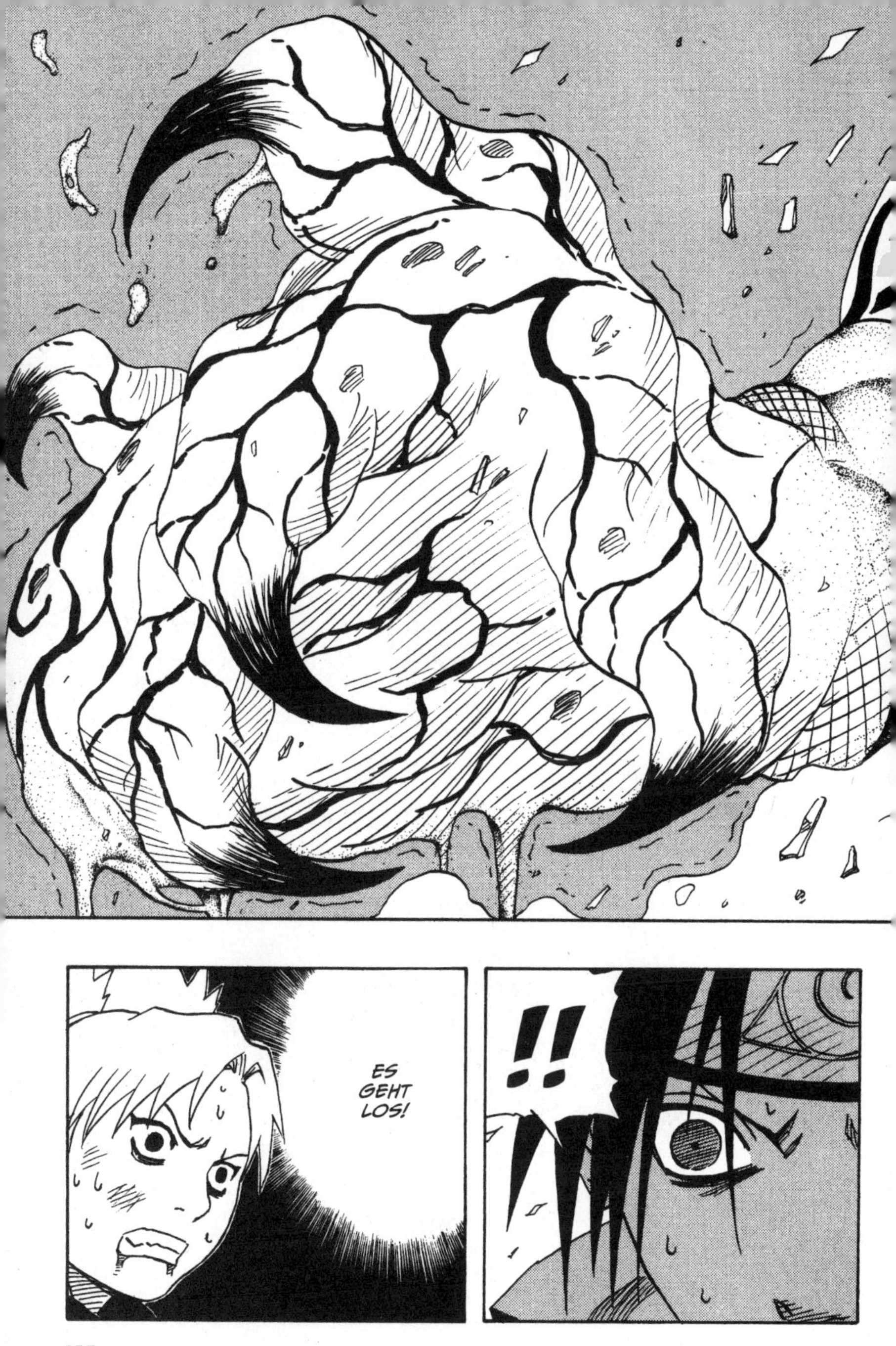
!!
ES GEHT LOS!

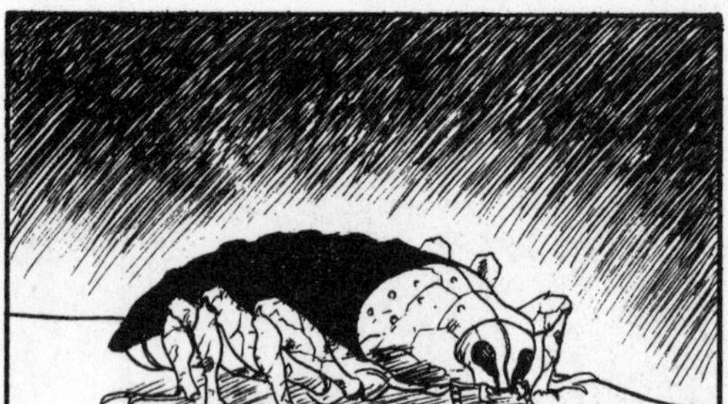

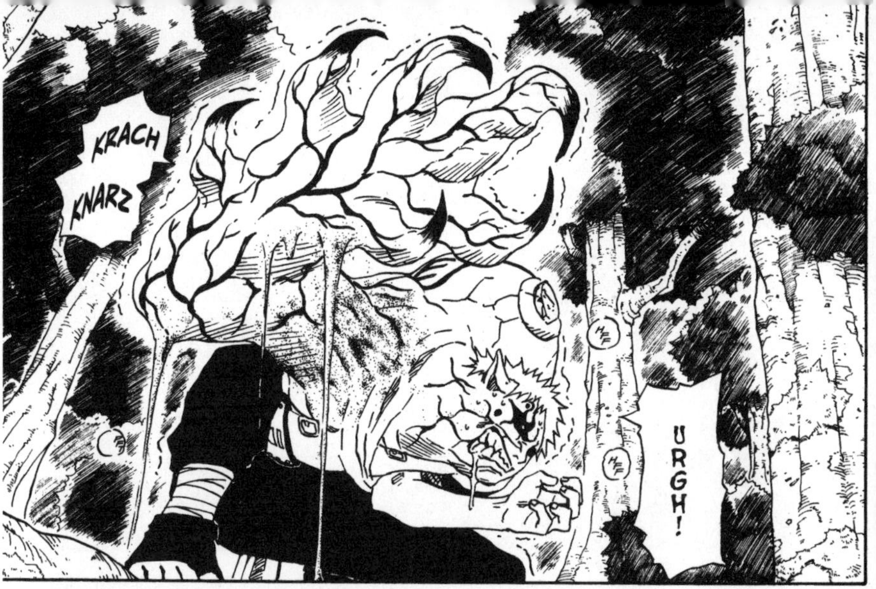

126. KAPITEL: EINE NACHLÄSSIGKEIT

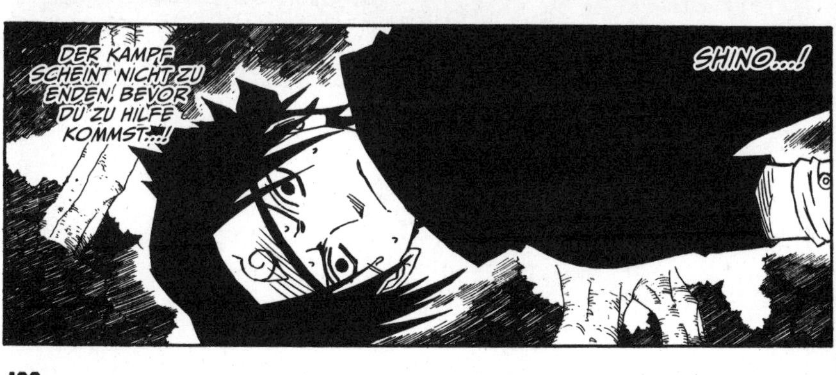

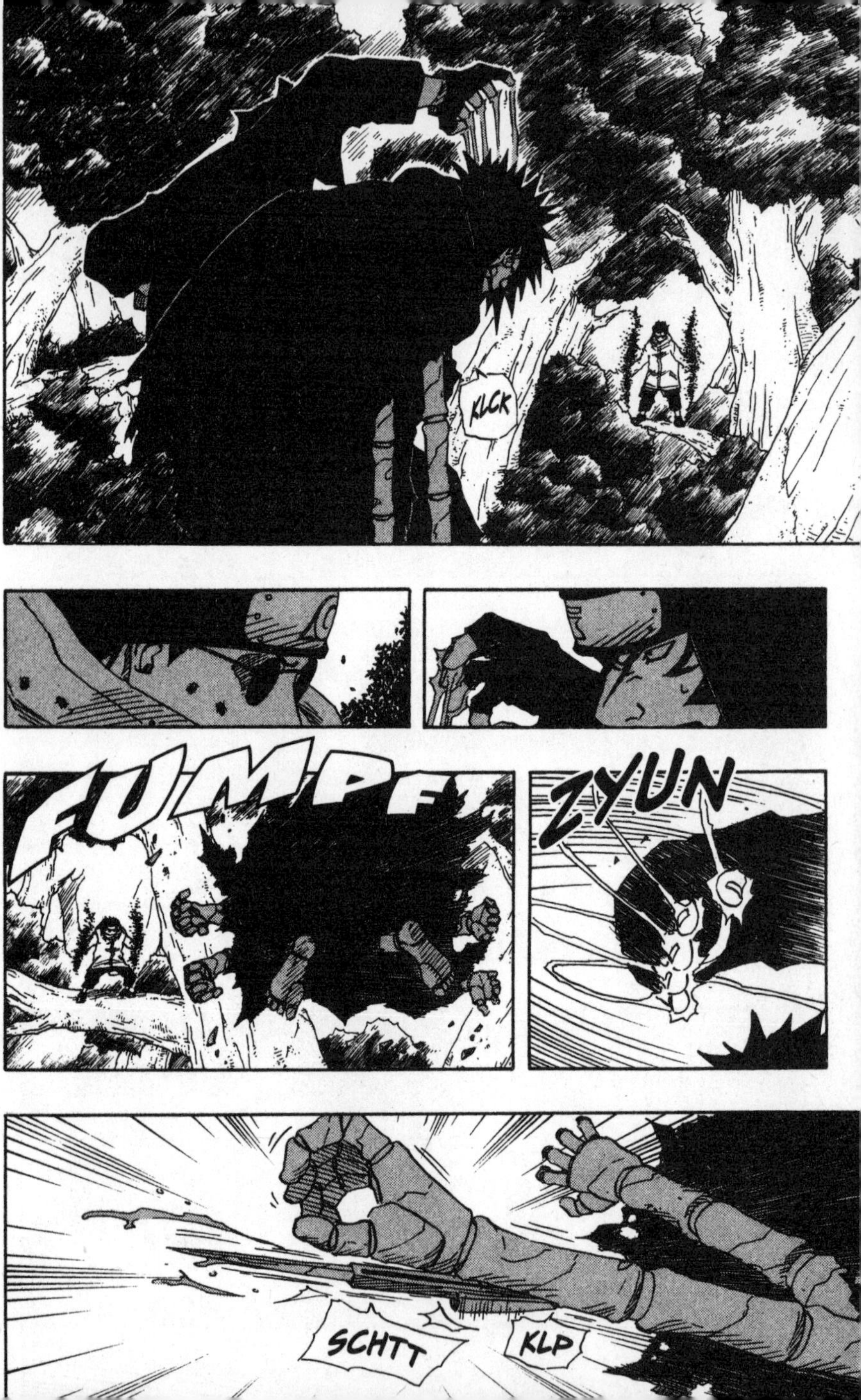
KLCK
ZYUN
FUMPF
KLP
SCHTT

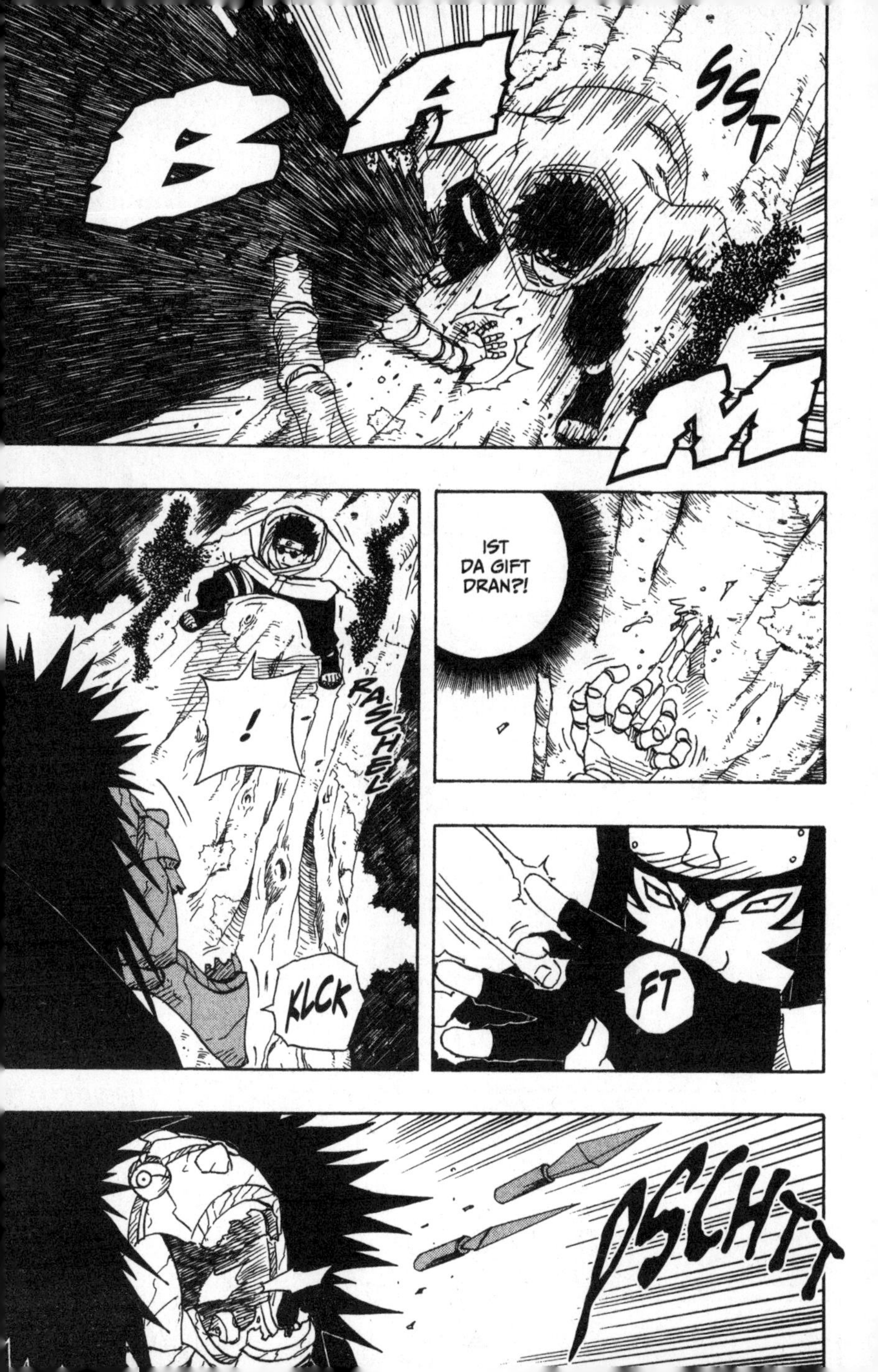
SST
BAM
IST DA GIFT DRAN?!
!
RASCHEL
KLCK
FT
PSCHTT

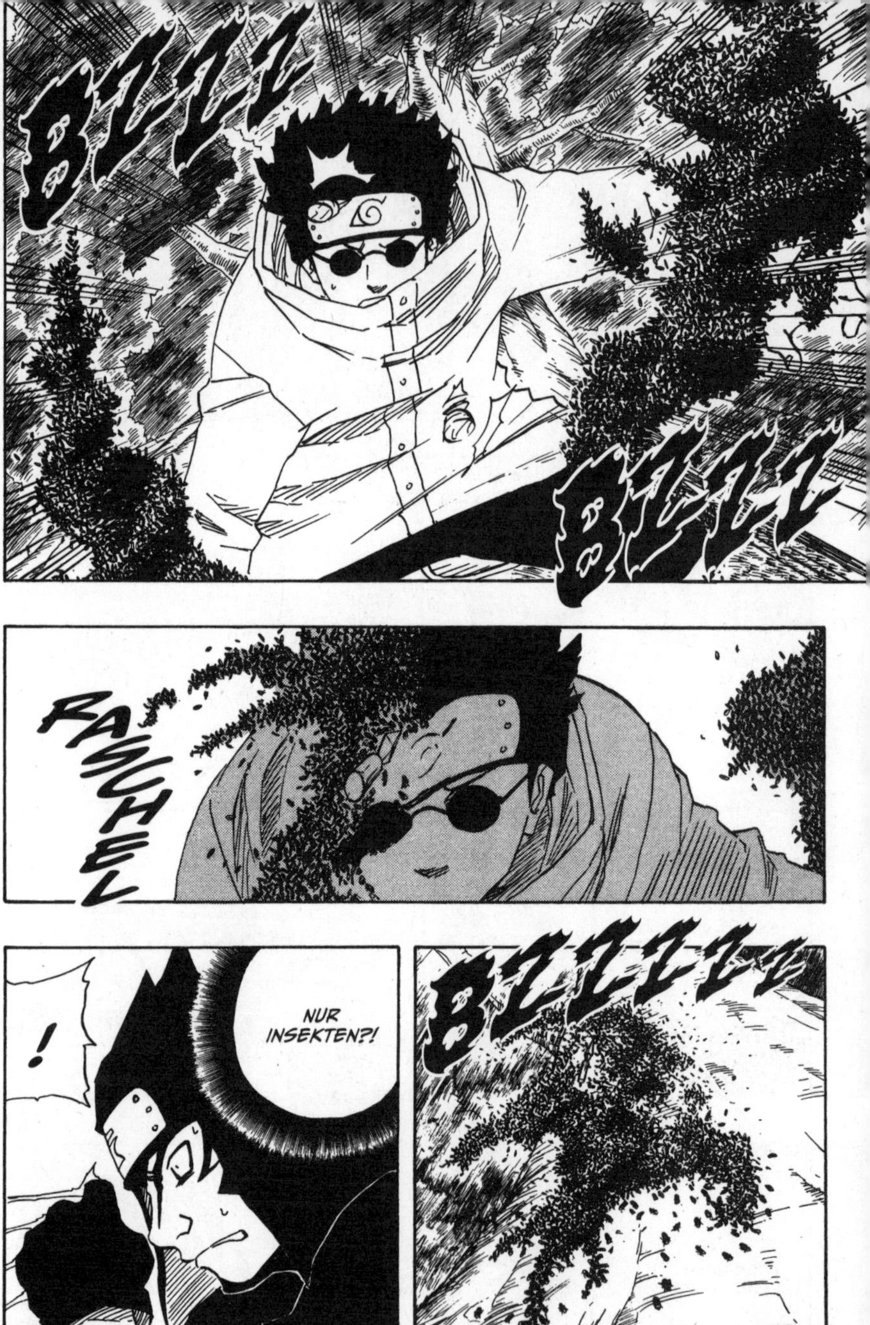
BZZZZ
BZZZZ
RASCHEL
BZZZZZZ
NUR INSEKTEN?!
!

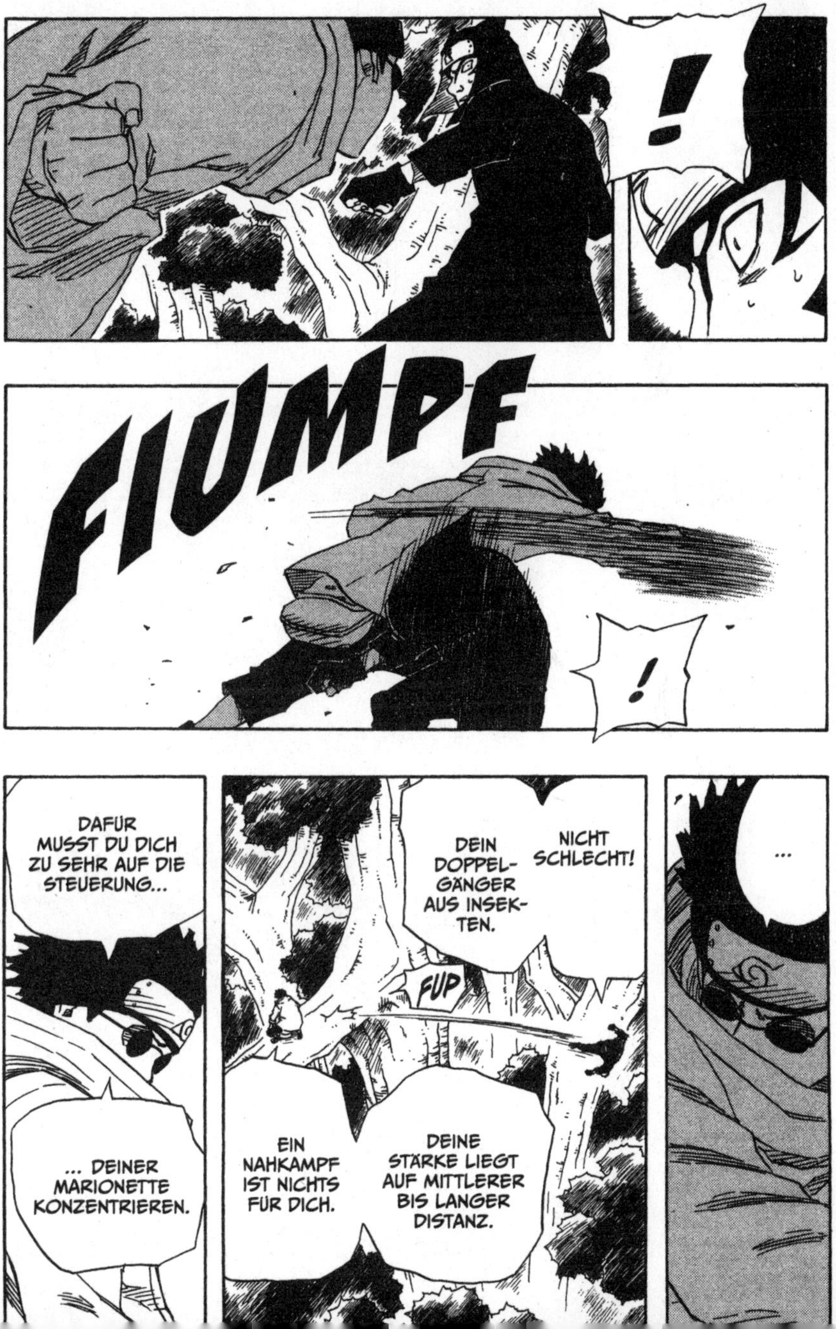
!
FIUMPF
!
...
NICHT SCHLECHT!
DEIN DOPPEL-GÄNGER AUS INSEK-TEN.
FUP
DEINE STÄRKE LIEGT AUF MITTLERER BIS LANGER DISTANZ.
EIN NAHKAMPF IST NICHTS FÜR DICH.
DAFÜR MUSST DU DICH ZU SEHR AUF DIE STEUERUNG...
... DEINER MARIONETTE KONZENTRIEREN.

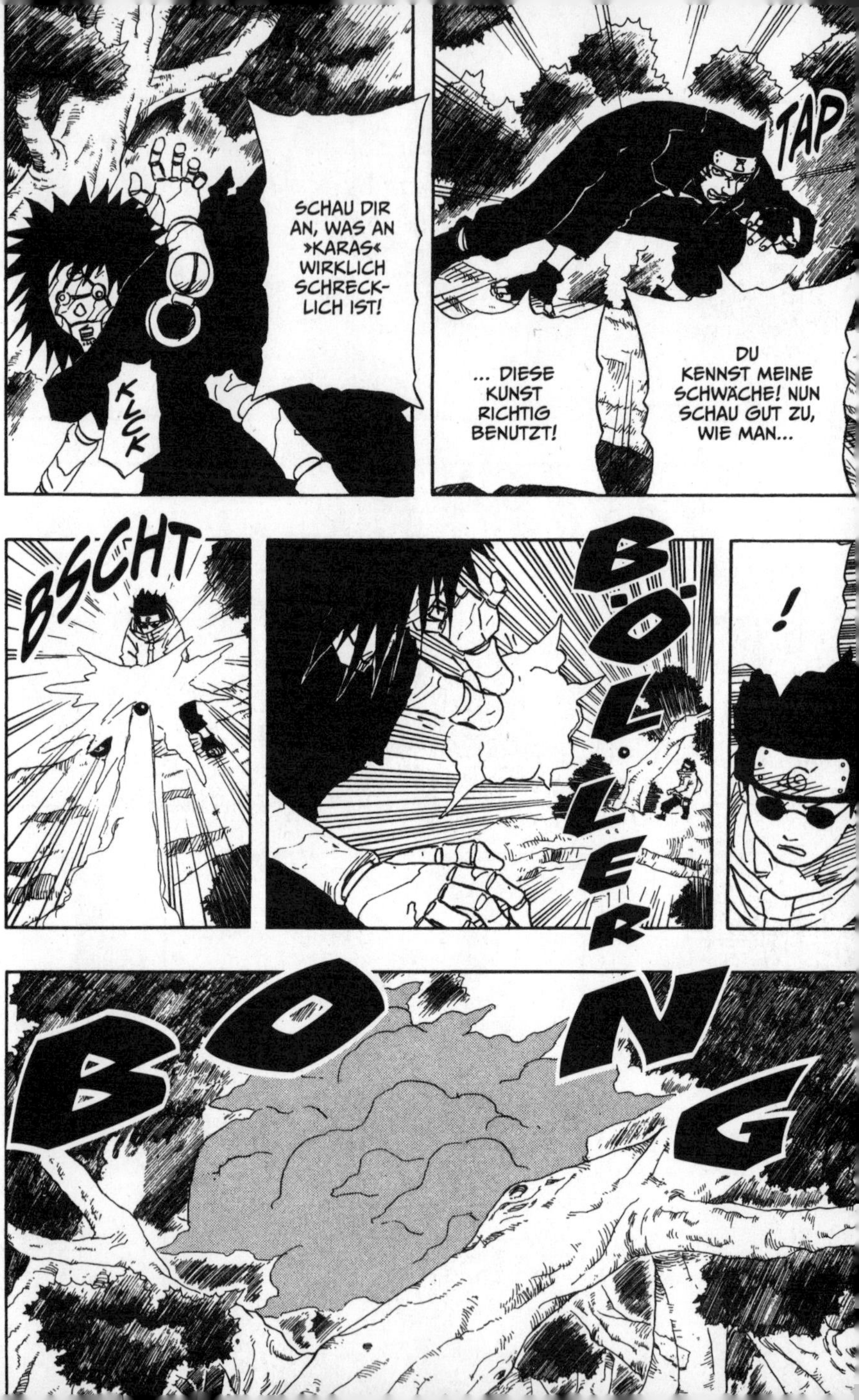
TAP
DU KENNST MEINE SCHWÄCHE! NUN SCHAU GUT ZU, WIE MAN...
... DIESE KUNST RICHTIG BENUTZT!
SCHAU DIR AN, WAS AN »KARAS« WIRKLICH SCHRECK-LICH IST!
KLICK
!
BÖLLER
BSCHT
BONG

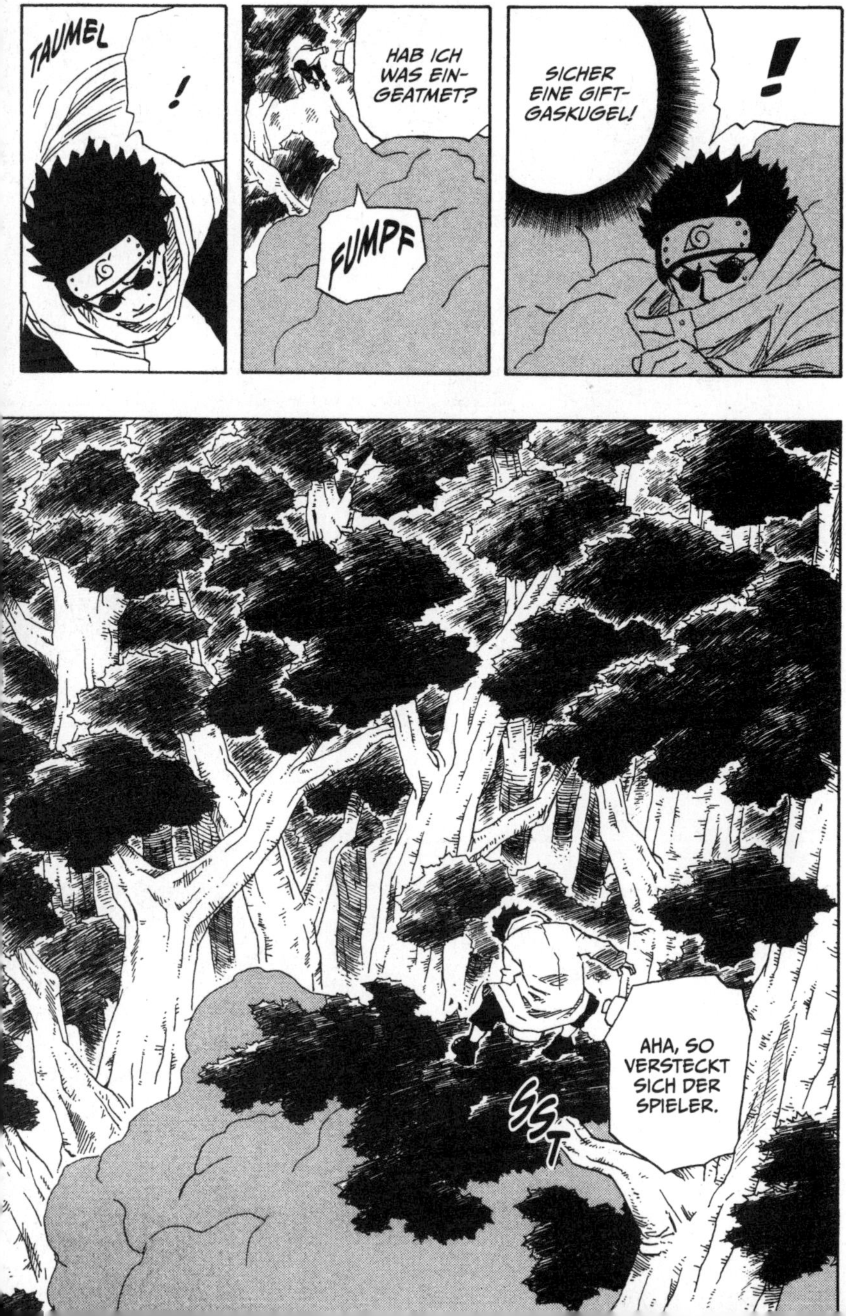

TAUMEL
!
HAB ICH WAS EIN-GEATMET?
FUMPF
SICHER EINE GIFT-GASKUGEL!
!
AHA, SO VERSTECKT SICH DER SPIELER.
SST

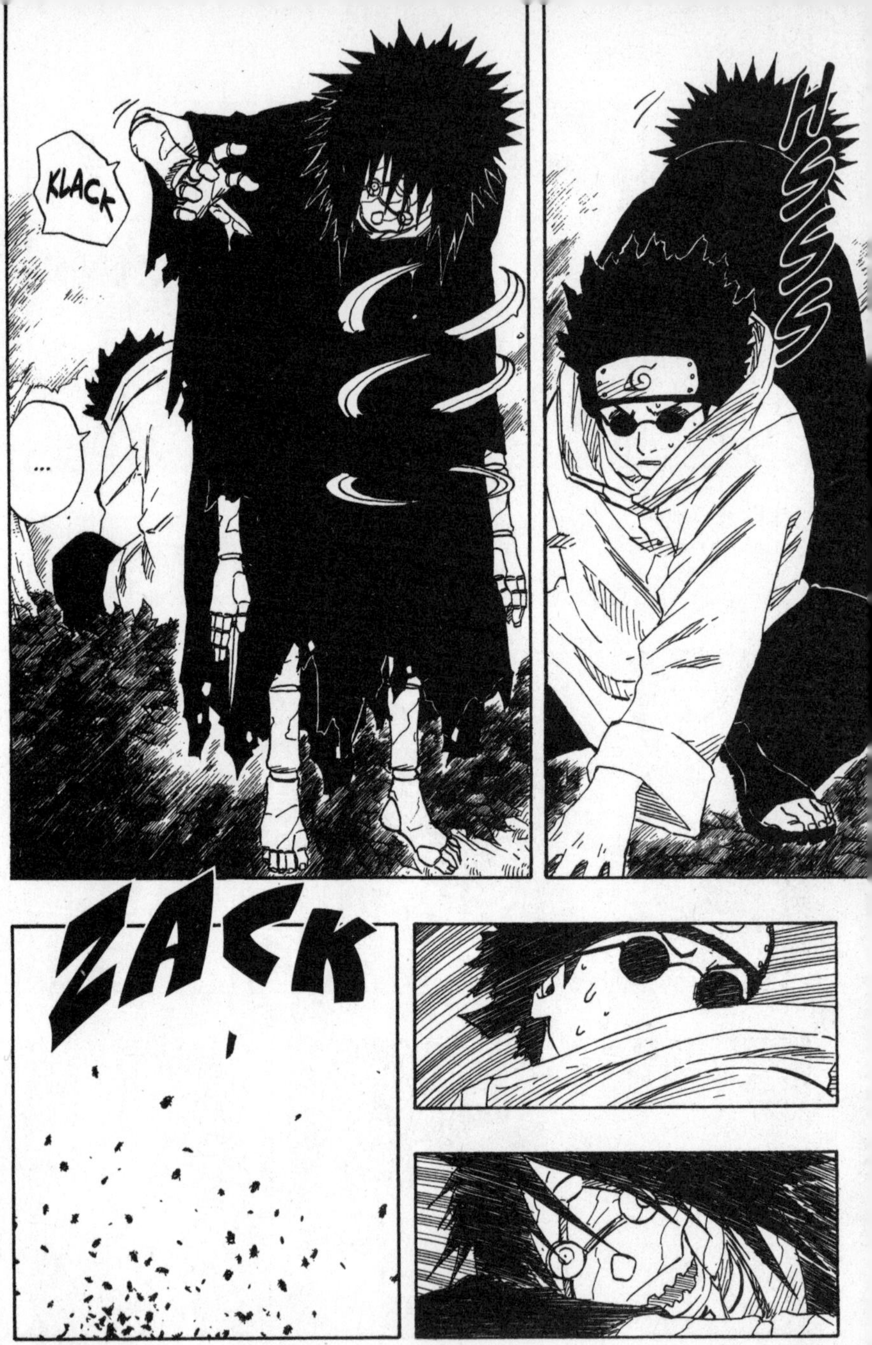
HSSSS
KLACK
...
ZACK

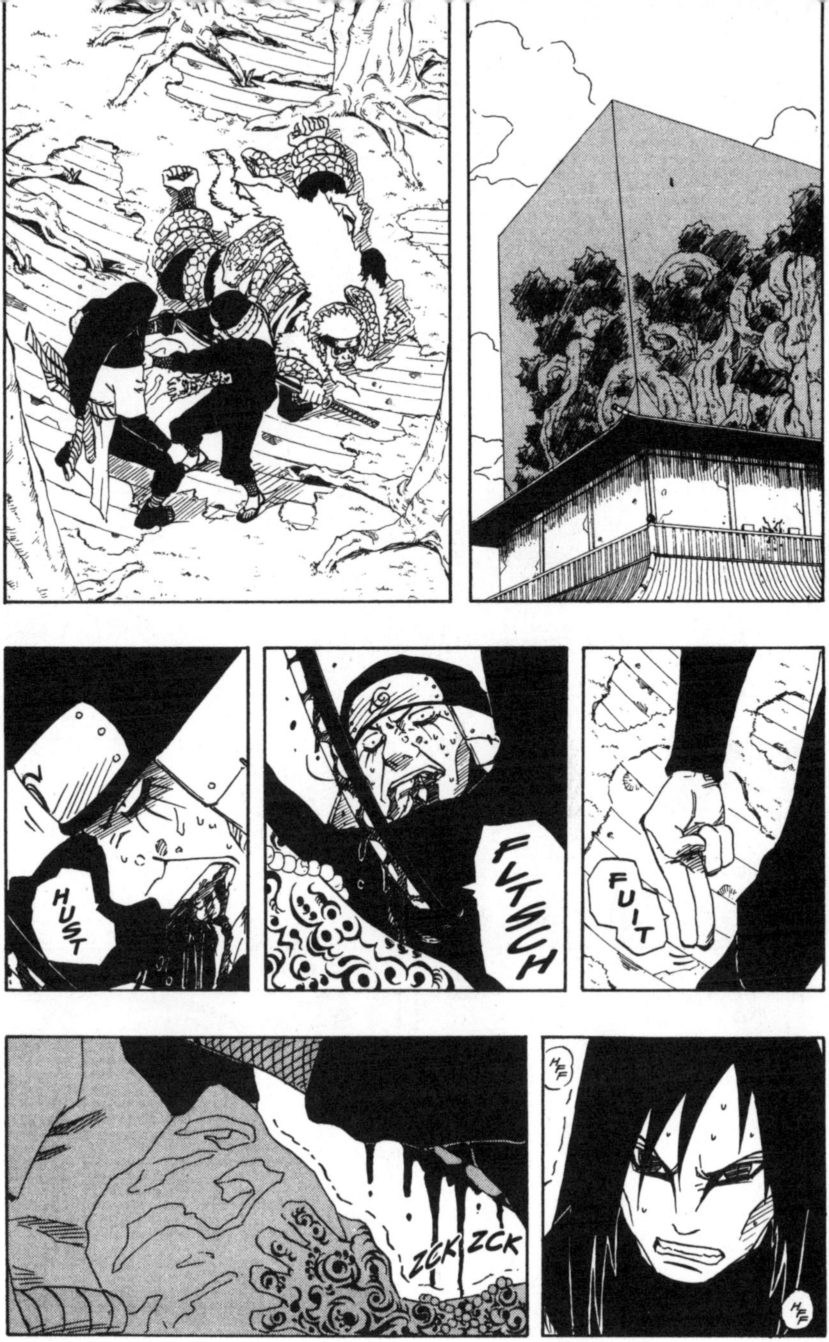
FUIT
FLITSCH
HUST
HEF
HEF
ZCK ZCK

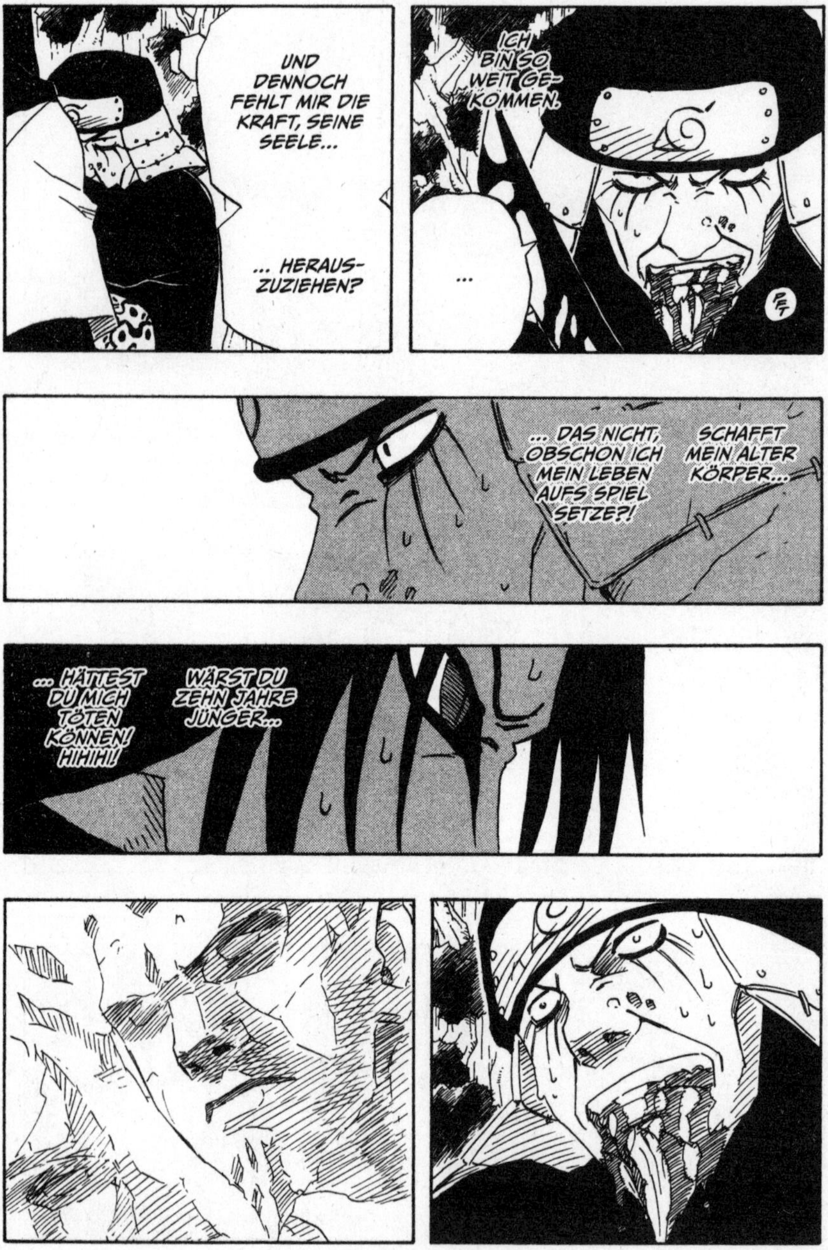
ICH BIN SO WEIT GE-KOMMEN.
...
UND DENNOCH FEHLT MIR DIE KRAFT, SEINE SEELE...
... HERAUS-ZUZIEHEN?
SCHAFFT MEIN ALTER KÖRPER...
... DAS NICHT, OBSCHON ICH MEIN LEBEN AUFS SPIEL SETZE?!
WÄRST DU ZEHN JAHRE JÜNGER...
... HÄTTEST DU MICH TÖTEN KÖNNEN! HIHIHI!

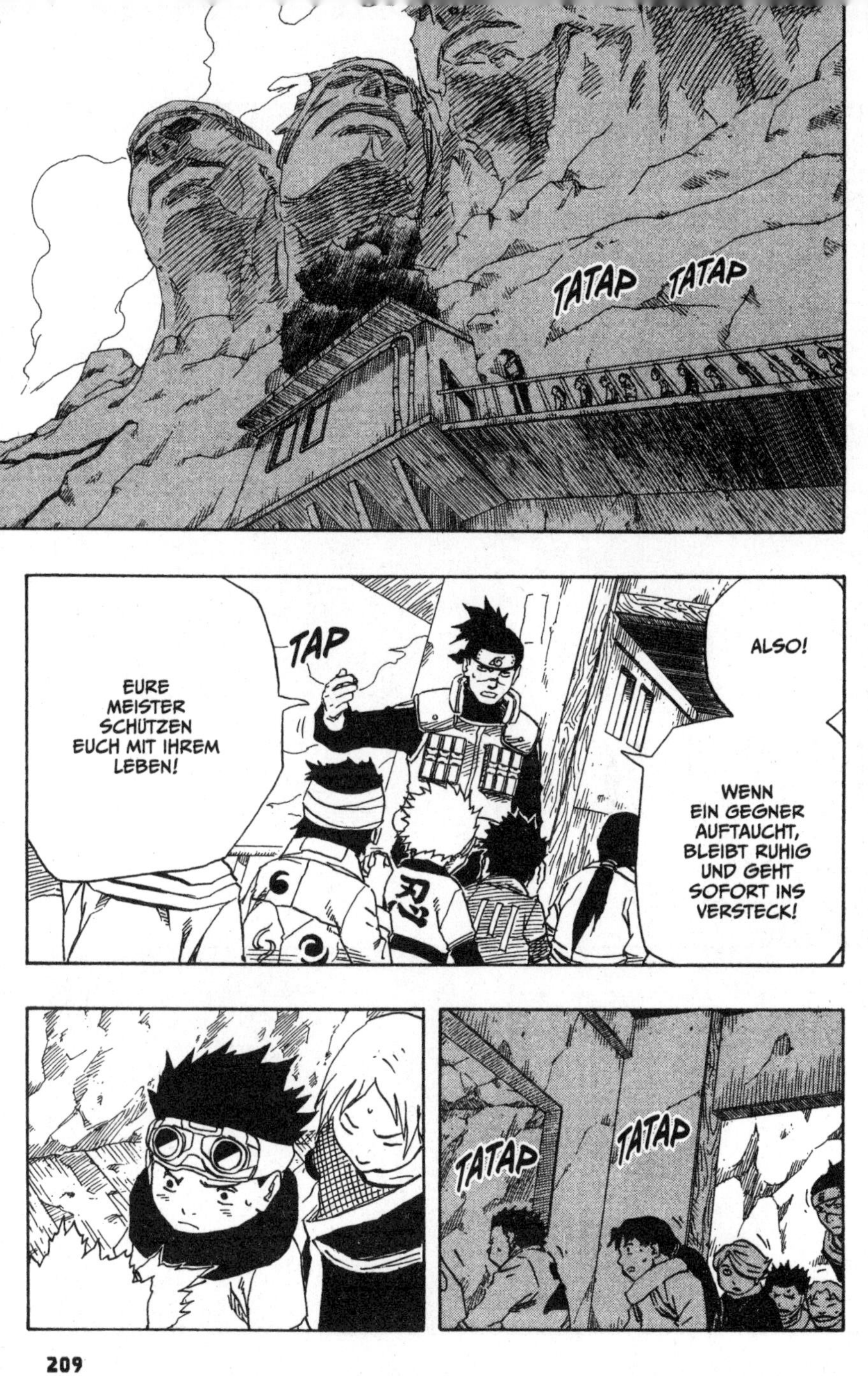
TATAP TATAP
ALSO!
WENN EIN GEGNER AUFTAUCHT, BLEIBT RUHIG UND GEHT SOFORT INS VERSTECK!
TAP
EURE MEISTER SCHÜTZEN EUCH MIT IHREM LEBEN!
TATAP
TATAP

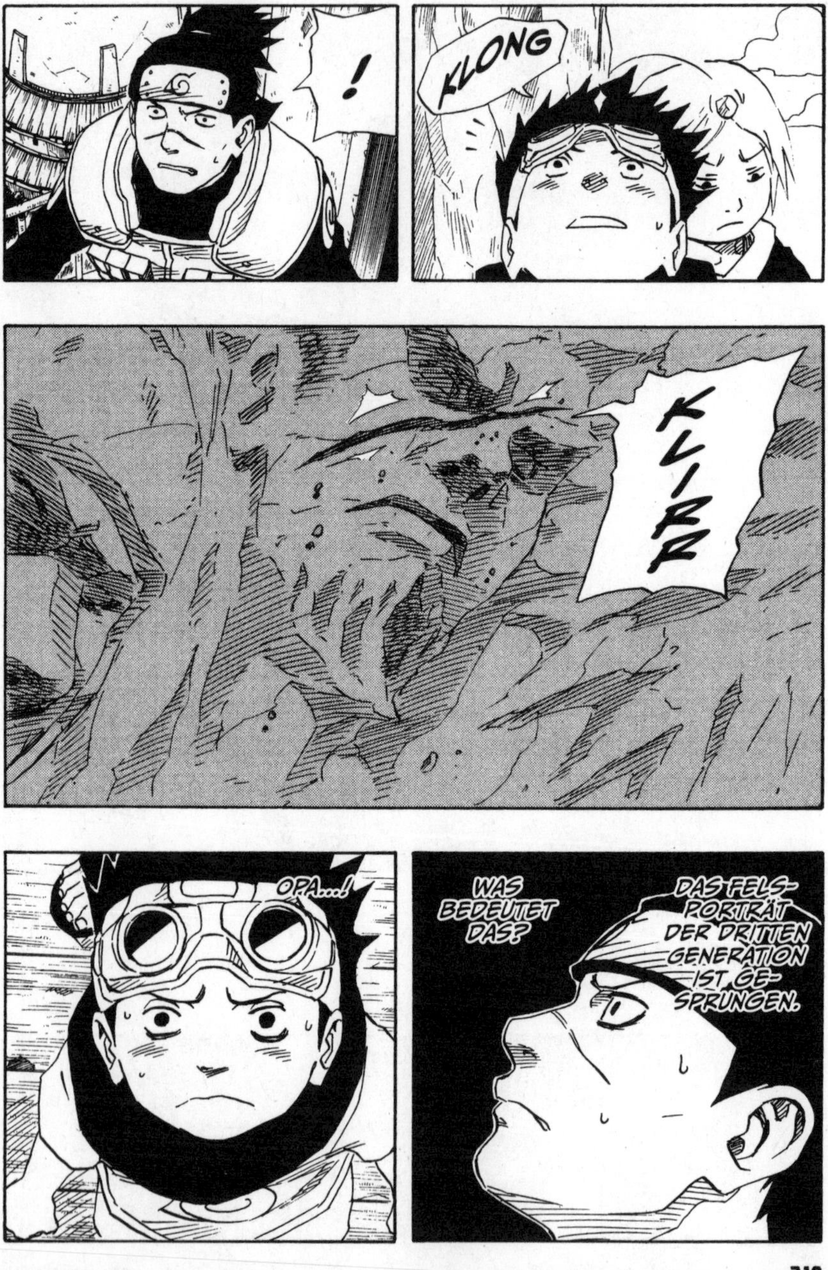
!
KLONG
KLIRR
OPA...!
WAS BEDEUTET DAS?
DAS FELS-PORTRÄT DER DRITTEN GENERATION IST GE-SPRUNGEN.

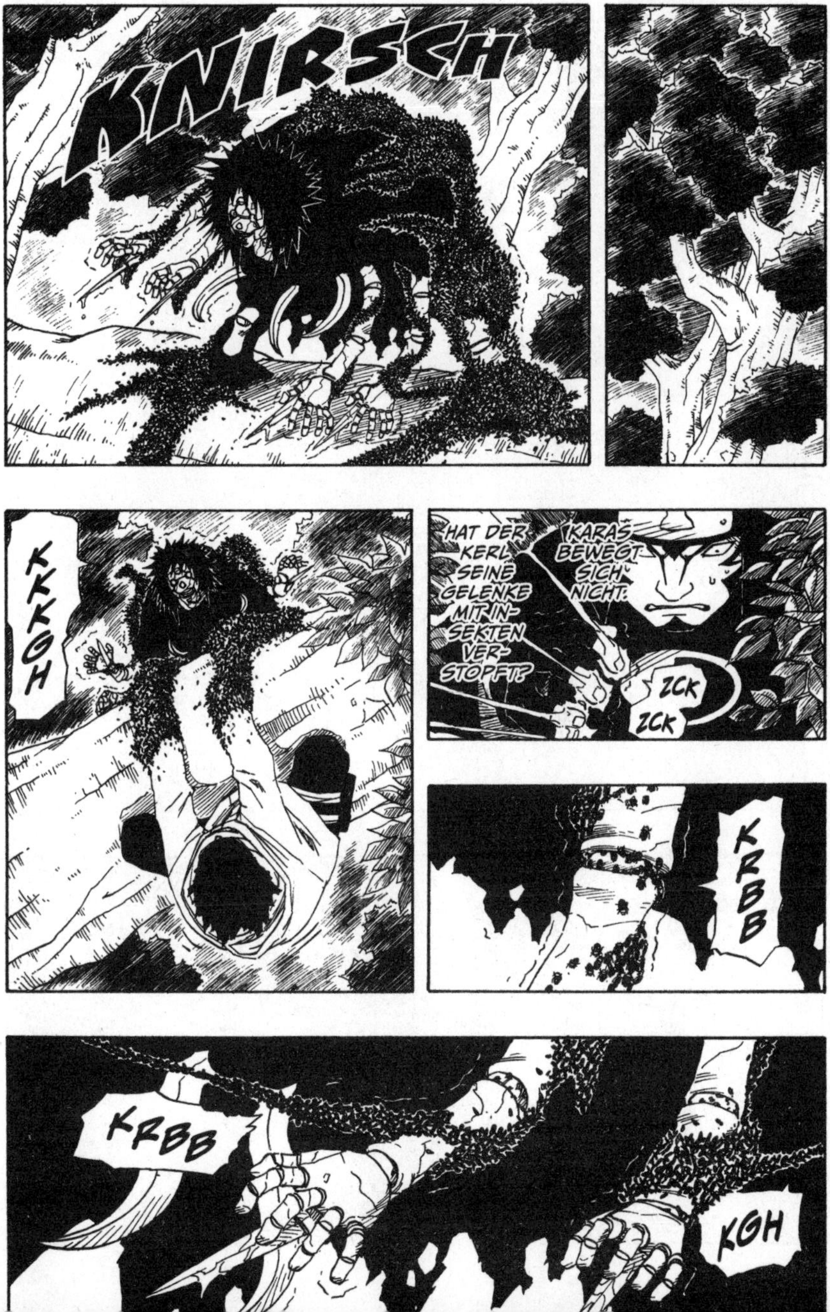
KNIRSCH
KARAS BEWEGT SICH NICHT.
HAT DER KERL SEINE GELENKE MIT IN-SEKTEN VER-STOPFT?
ZCK
ZCK
KRBB
KKKGH
KGH
KRBB

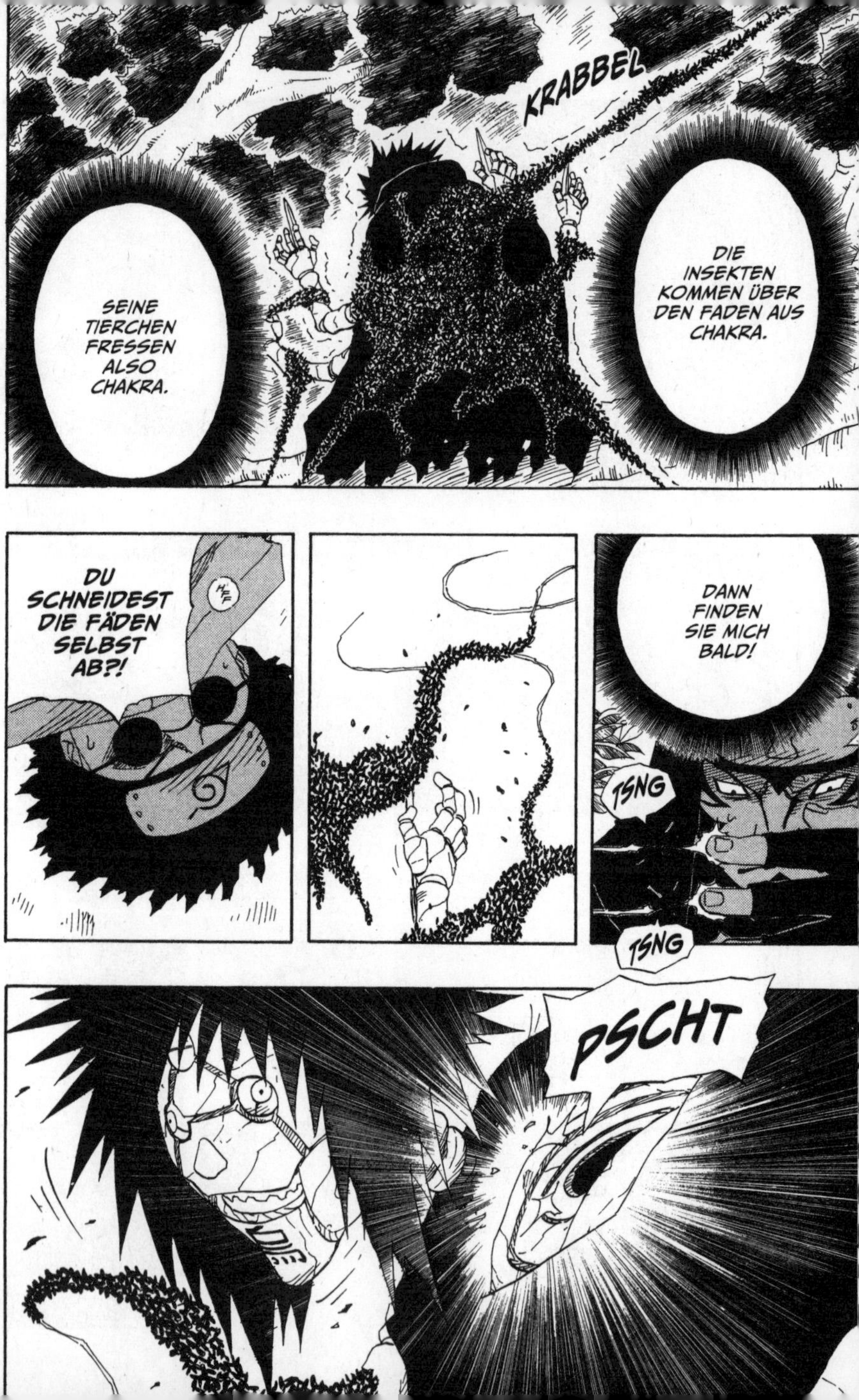
KRABBEL
DIE INSEKTEN KOMMEN ÜBER DEN FADEN AUS CHAKRA.
SEINE TIERCHEN FRESSEN ALSO CHAKRA.
DANN FINDEN SIE MICH BALD!
TSNG
TSNG
DU SCHNEIDEST DIE FÄDEN SELBST AB?!
PSCHT

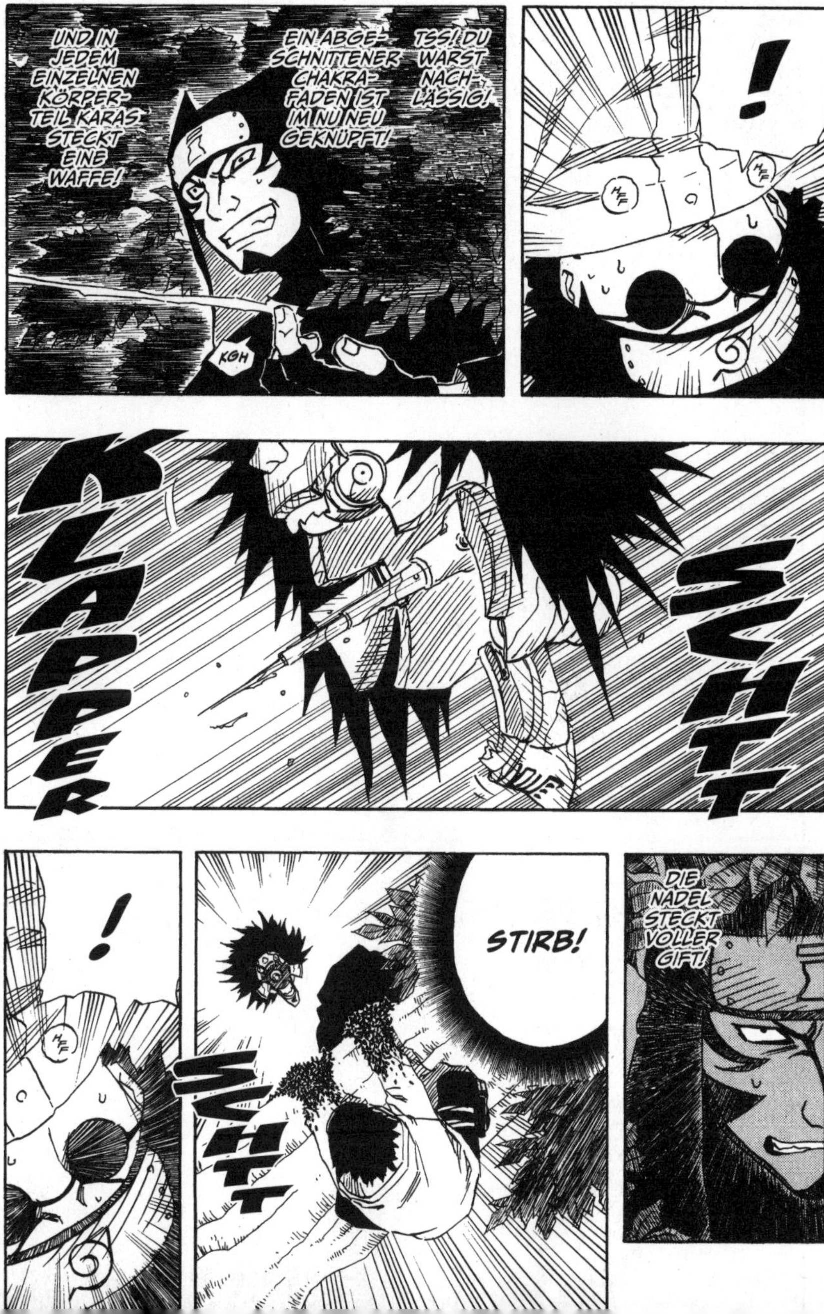
!
TSS! DU WARST NACHLÄSSIG!
EIN ABGESCHNITTENER CHAKRAFADEN IST IM NU NEU GEKNÜPFT!
UND IN JEDEM EINZELNEN KÖRPERTEIL KARAS STECKT EINE WAFFE!
KGH
SCHTT
KLAPPER
DIE NADEL STECKT VOLLER GIFT!
STIRB!
SCHTT
!

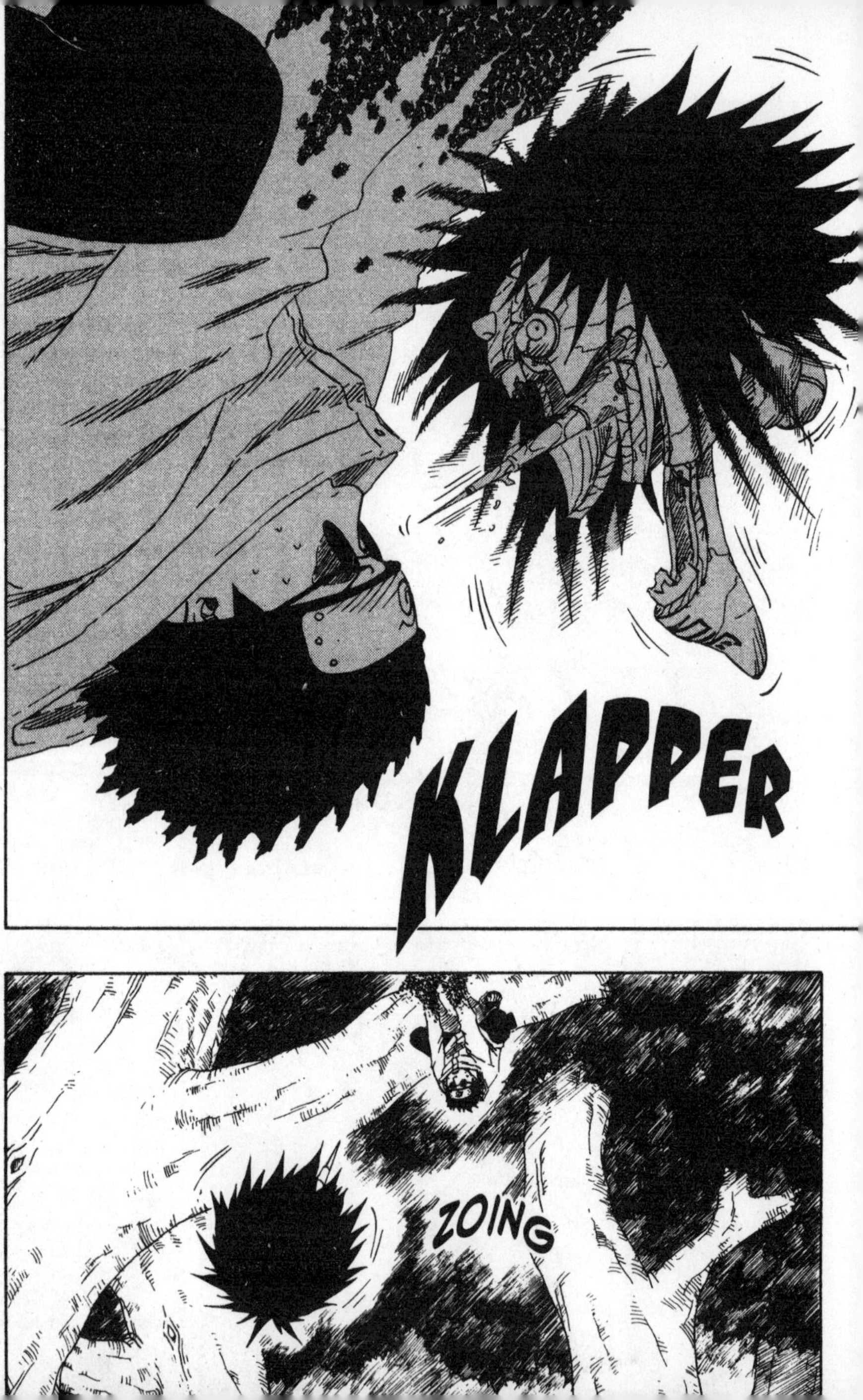
KLAPPER
ZOING

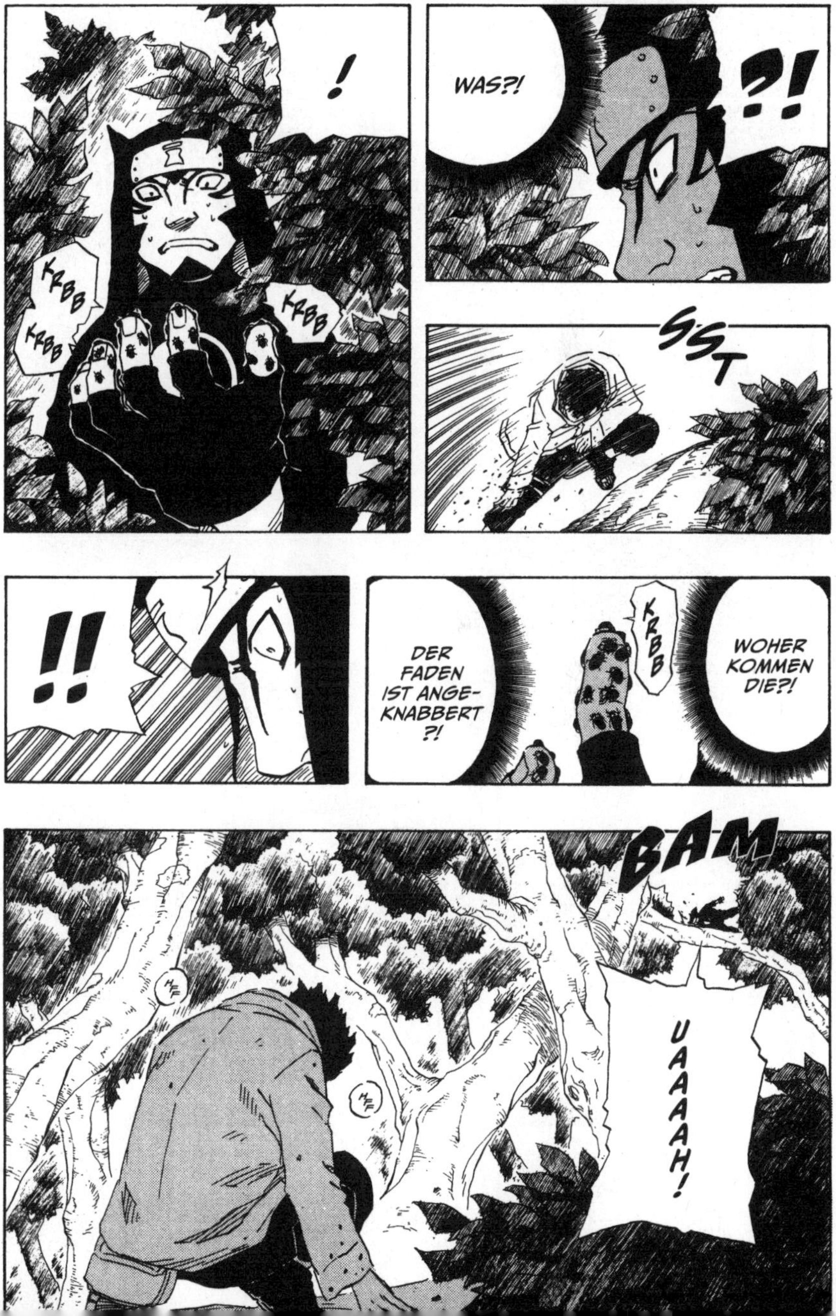

?!
WAS?!
!
KRBB
KRBB
KRBB
SSST
WOHER KOMMEN DIE?!
KRBB
DER FADEN IST ANGE-KNABBERT ?!
!!
BAM
UAAAAAH!
HF
HF

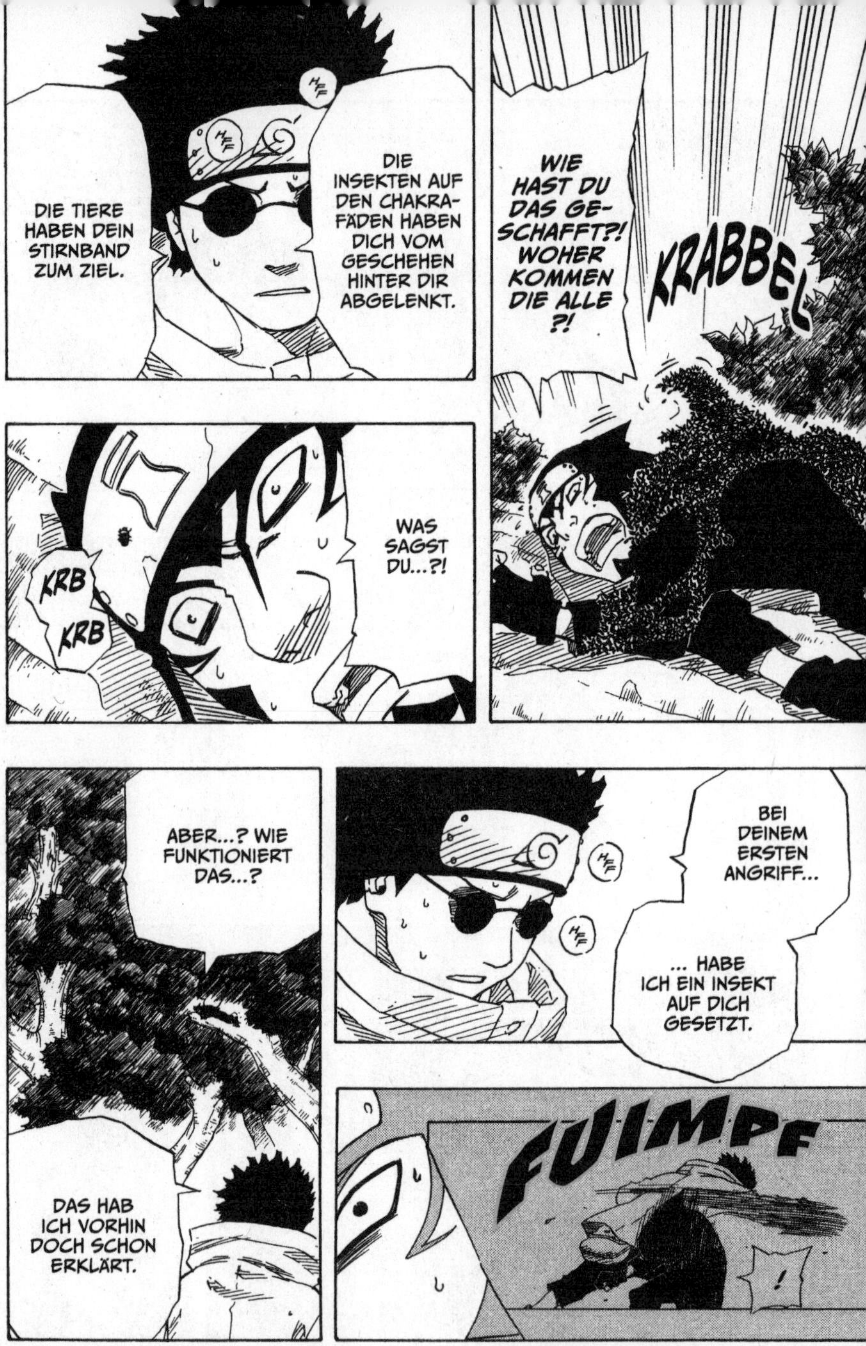

WIE HAST DU DAS GESCHAFFT?! WOHER KOMMEN DIE ALLE ?!
KRABBEL
DIE INSEKTEN AUF DEN CHAKRAFÄDEN HABEN DICH VOM GESCHEHEN HINTER DIR ABGELENKT.
DIE TIERE HABEN DEIN STIRNBAND ZUM ZIEL.
WAS SAGST DU...?!
KRB
KRB
BEI DEINEM ERSTEN ANGRIFF...
... HABE ICH EIN INSEKT AUF DICH GESETZT.
ABER...? WIE FUNKTIONIERT DAS...?
DAS HAB ICH VORHIN DOCH SCHON ERKLÄRT.
FUIMPF
!

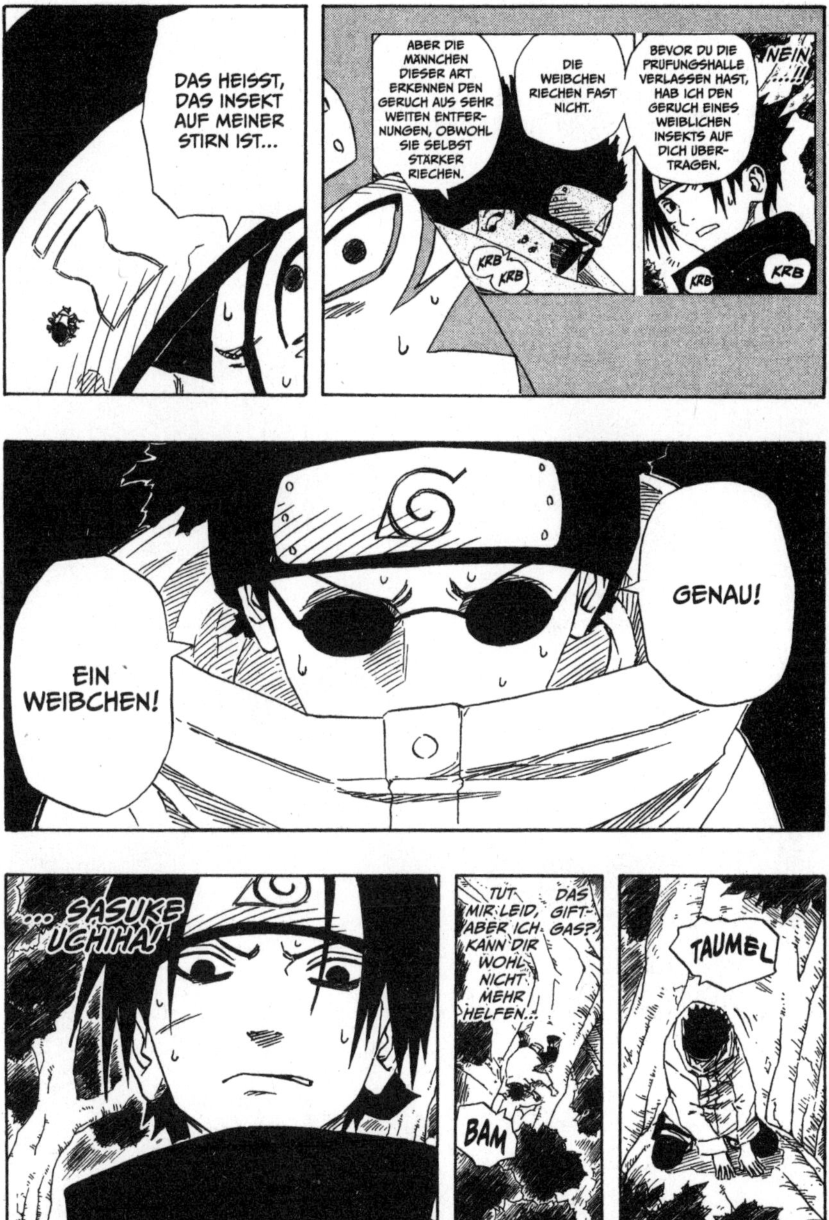
BEVOR DU DIE PRÜFUNGSHALLE VERLASSEN HAST, HAB ICH DEN GERUCH EINES WEIBLICHEN INSEKTS AUF DICH ÜBERTRAGEN.
NEIN ...!!
KRB
KRB
DIE WEIBCHEN RIECHEN FAST NICHT.
ABER DIE MÄNNCHEN DIESER ART ERKENNEN DEN GERUCH AUS SEHR WEITEN ENTFERNUNGEN, OBWOHL SIE SELBST STÄRKER RIECHEN.
KRB
KRB
DAS HEISST, DAS INSEKT AUF MEINER STIRN IST...
GENAU!
EIN WEIBCHEN!
TAUMEL
DAS GIFTGAS?
TUT MIR LEID, ABER ICH KANN DIR WOHL NICHT MEHR HELFEN...
BAM
... SASUKE UCHIHA!

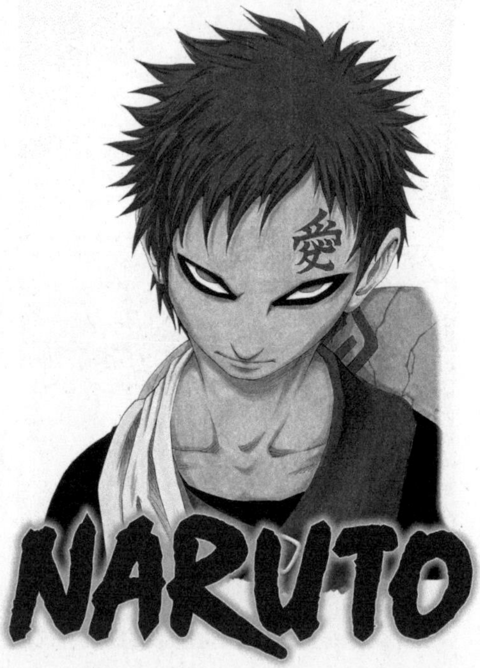
NARUTO

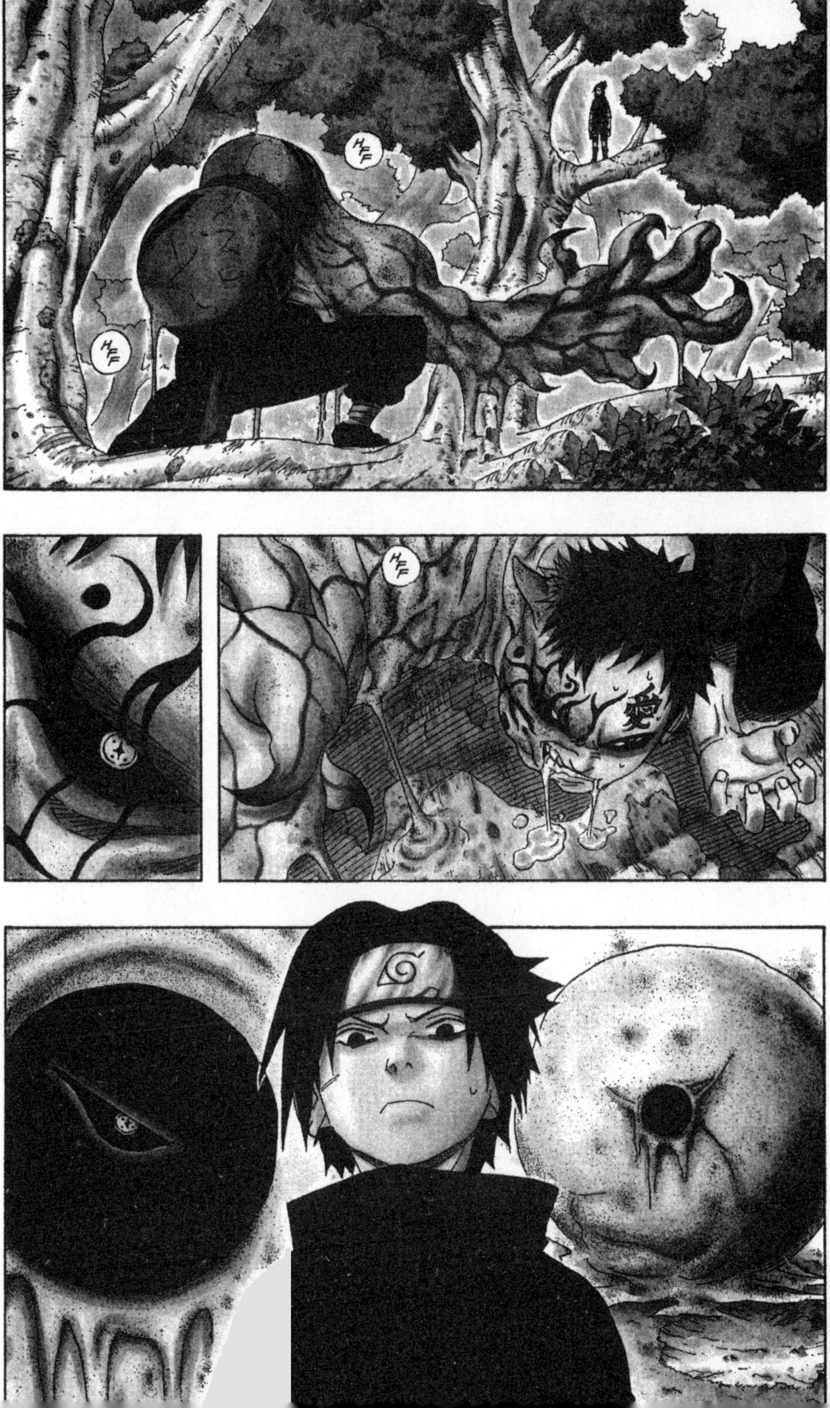
HEF
HEF
HEF

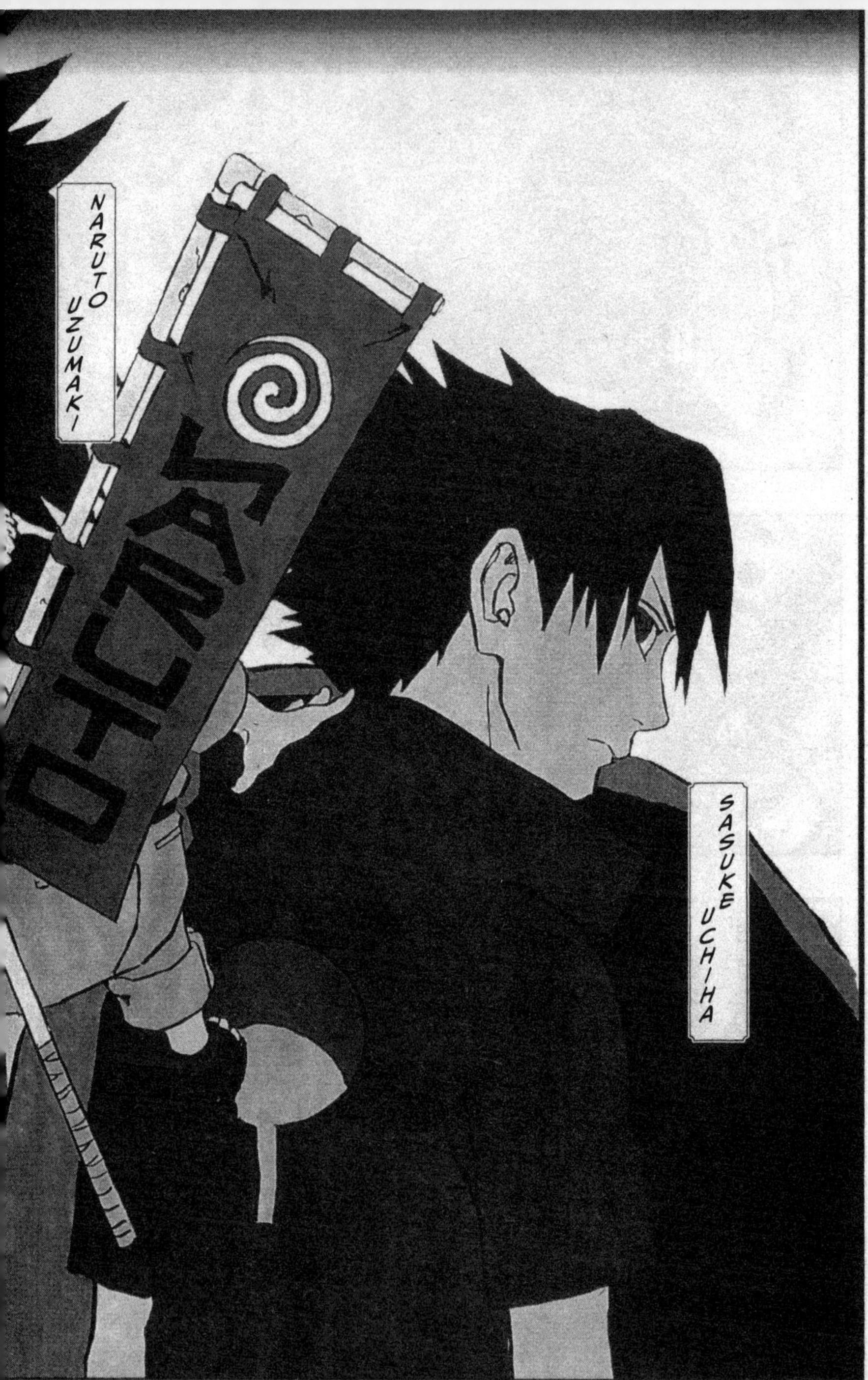
NARUTO UZUMAKI
NARUTO
SASUKE UCHIHA

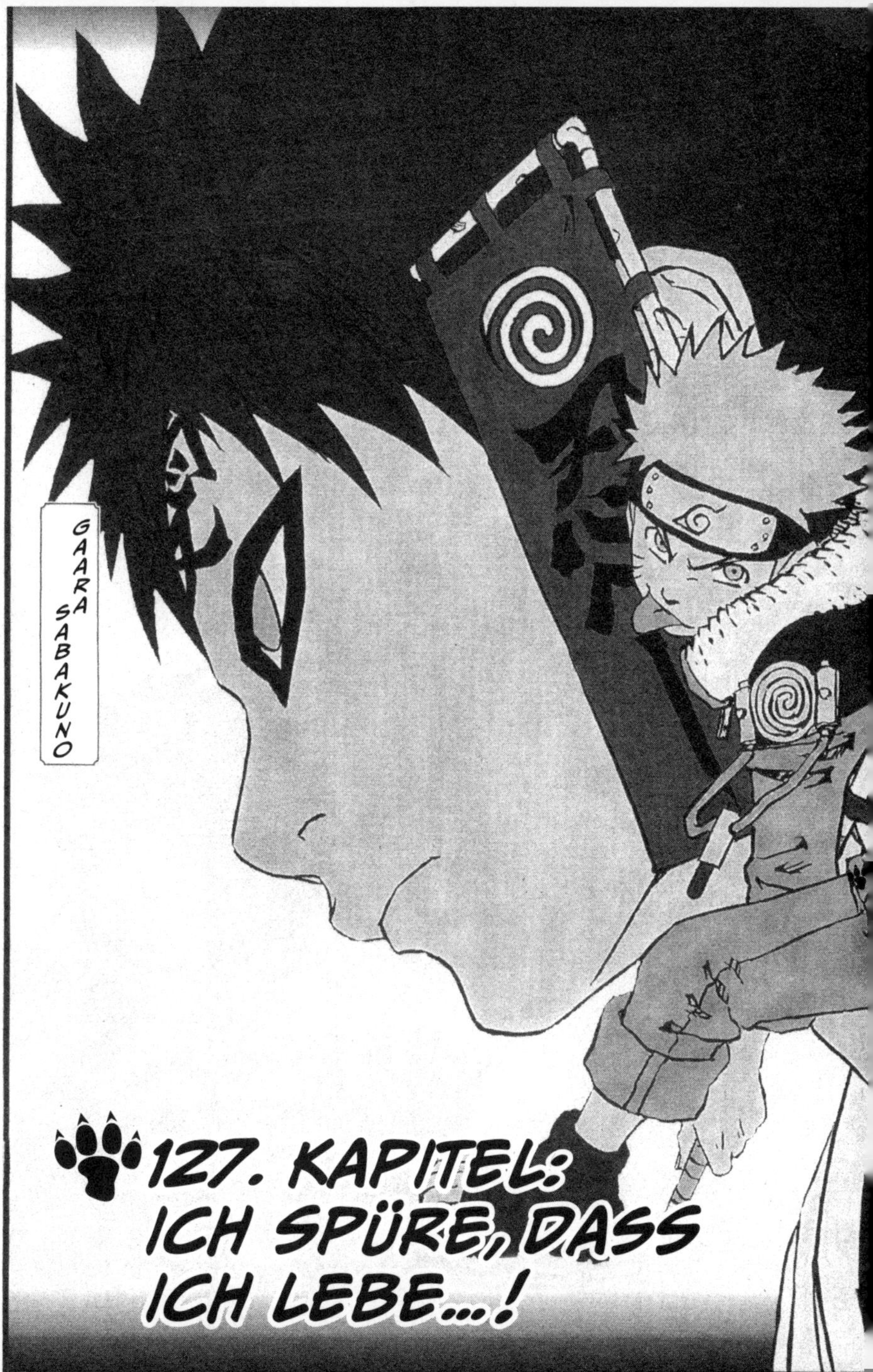

GAARA SABAKUNO
127. KAPITEL:
ICH SPÜRE, DASS
ICH LEBE...!

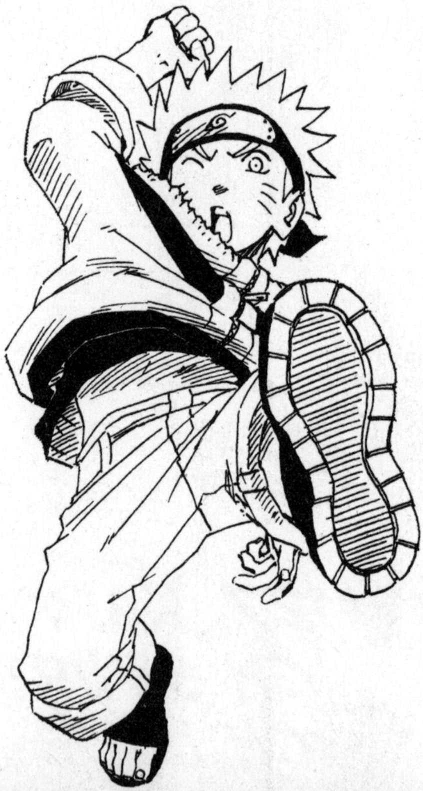

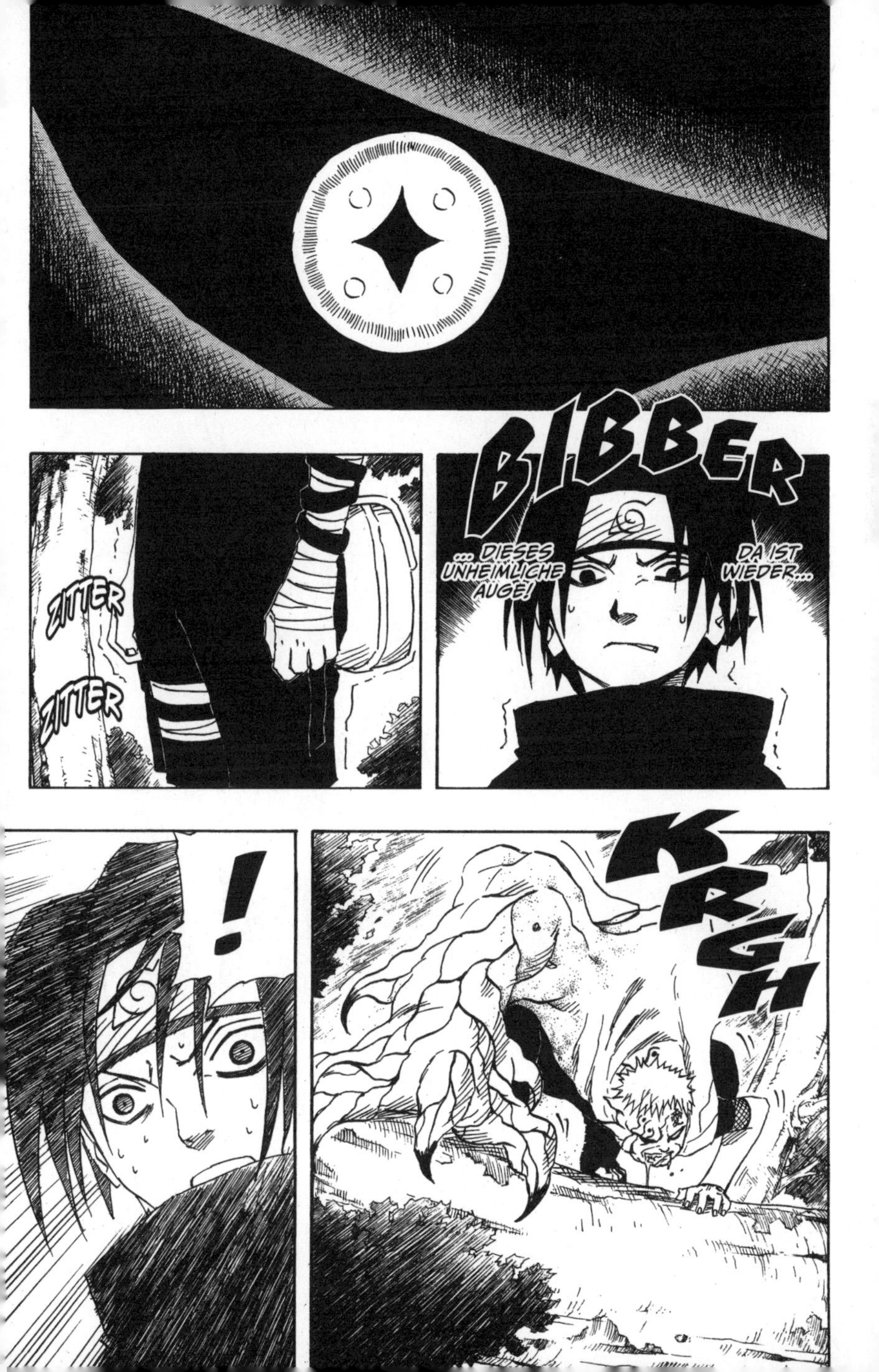
BIBBER
DA IST WIEDER…
… DIESES UNHEIMLICHE AUGE!
ZITTER
ZITTER
!
KRGH

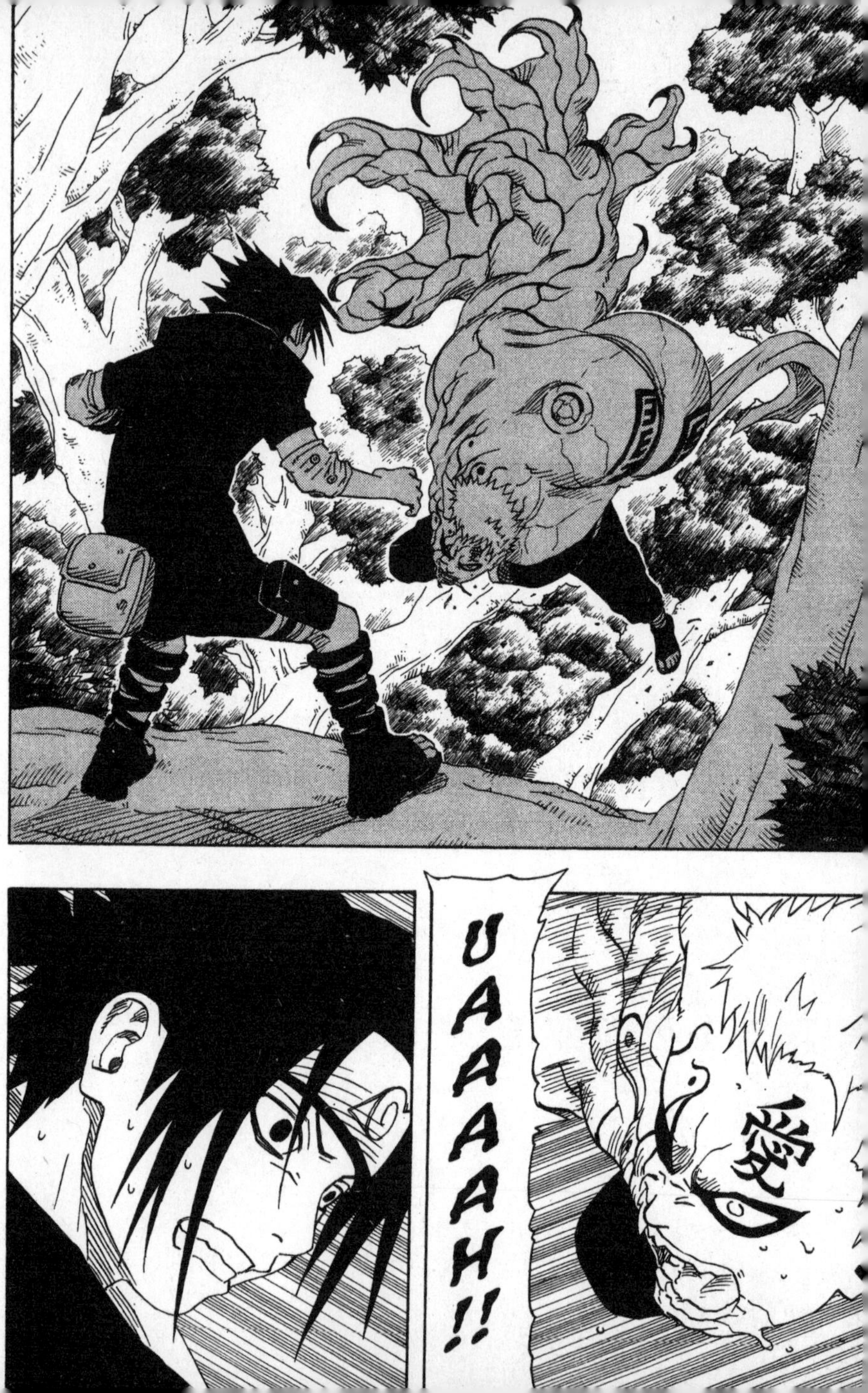
UAAAAAH!!

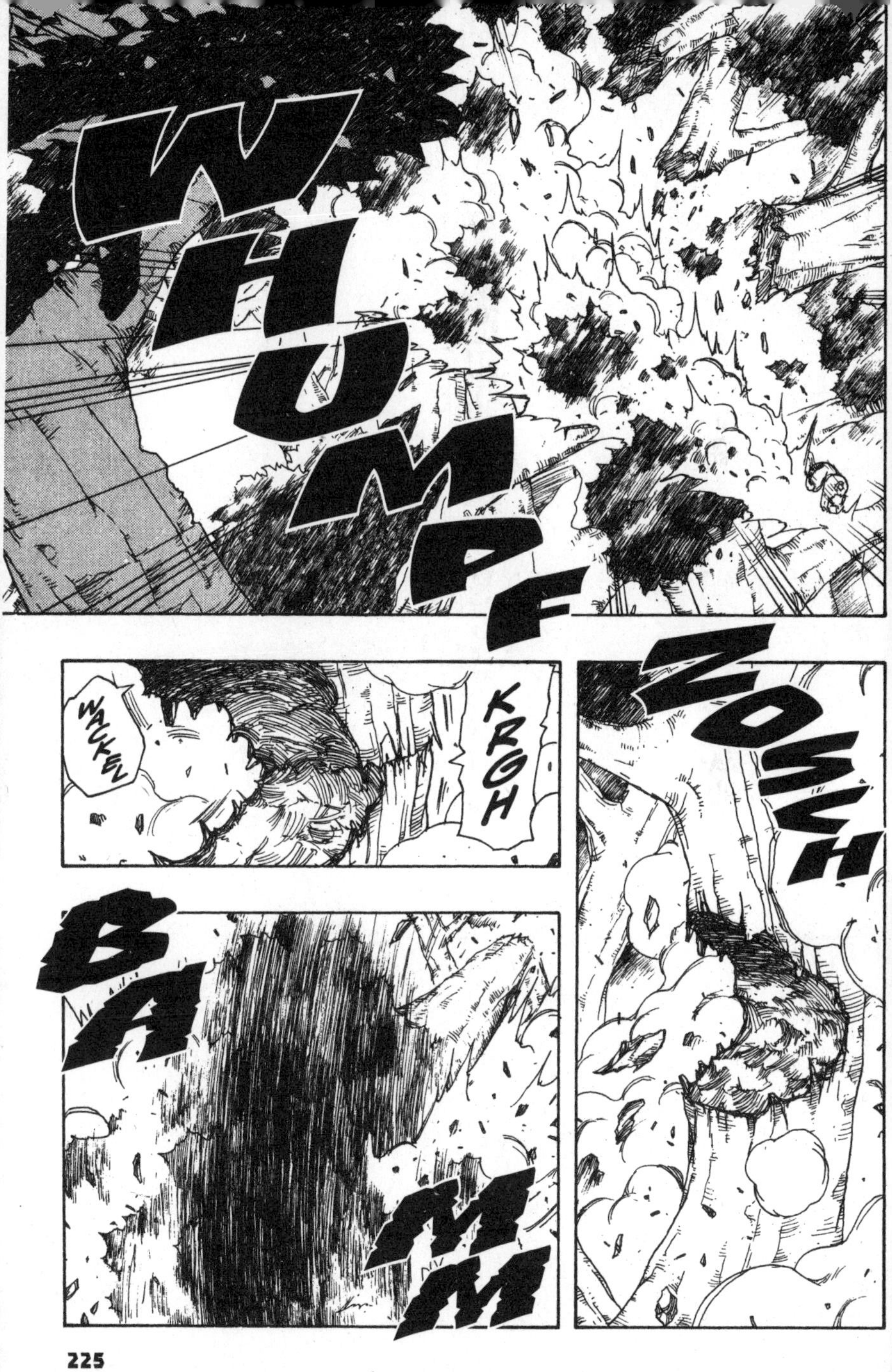
WHUMPF
ZOSCH
WACKEL
KRGH
BAMM

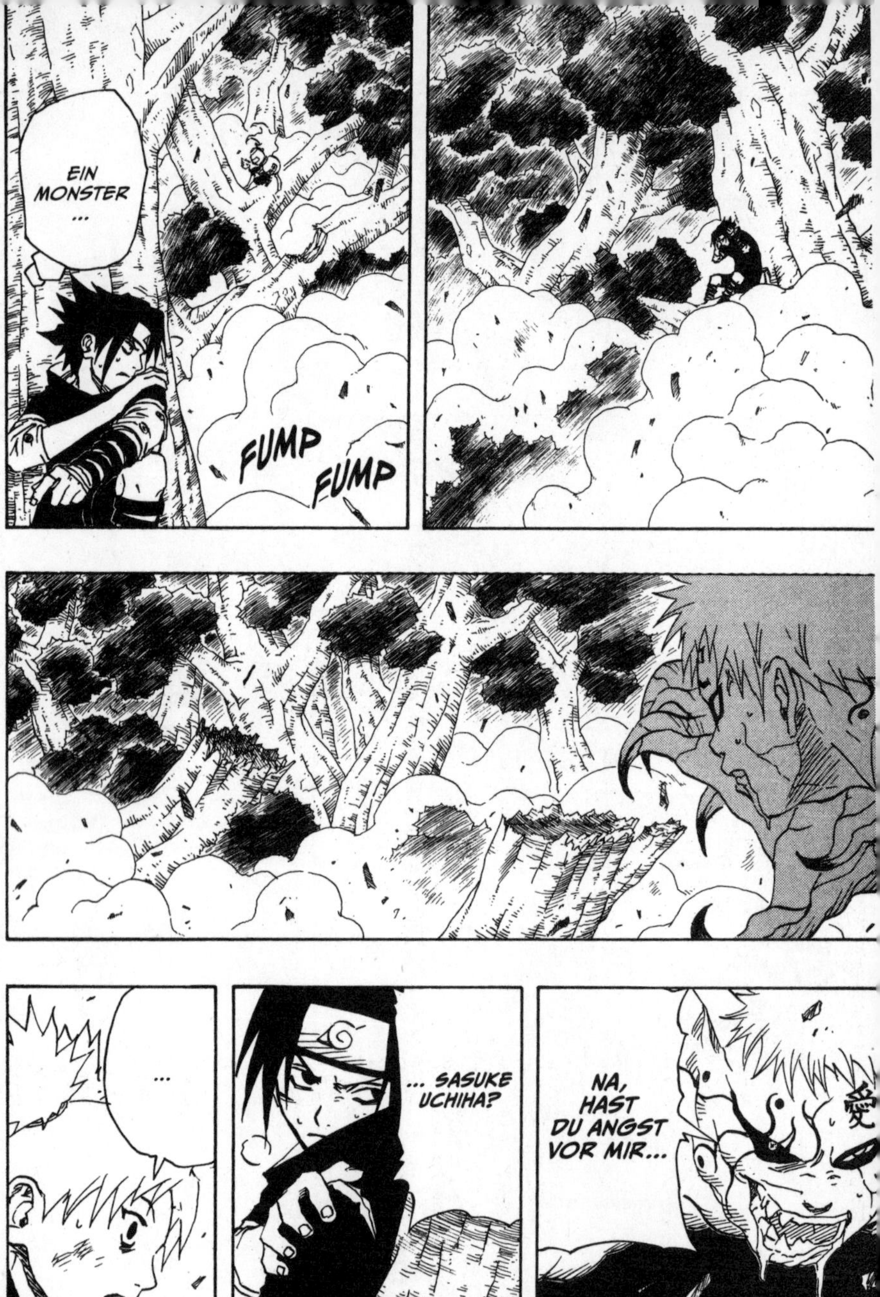
FUMP
FUMP
EIN MONSTER ...
NA, HAST DU ANGST VOR MIR...
... SASUKE UCHIHA?
...

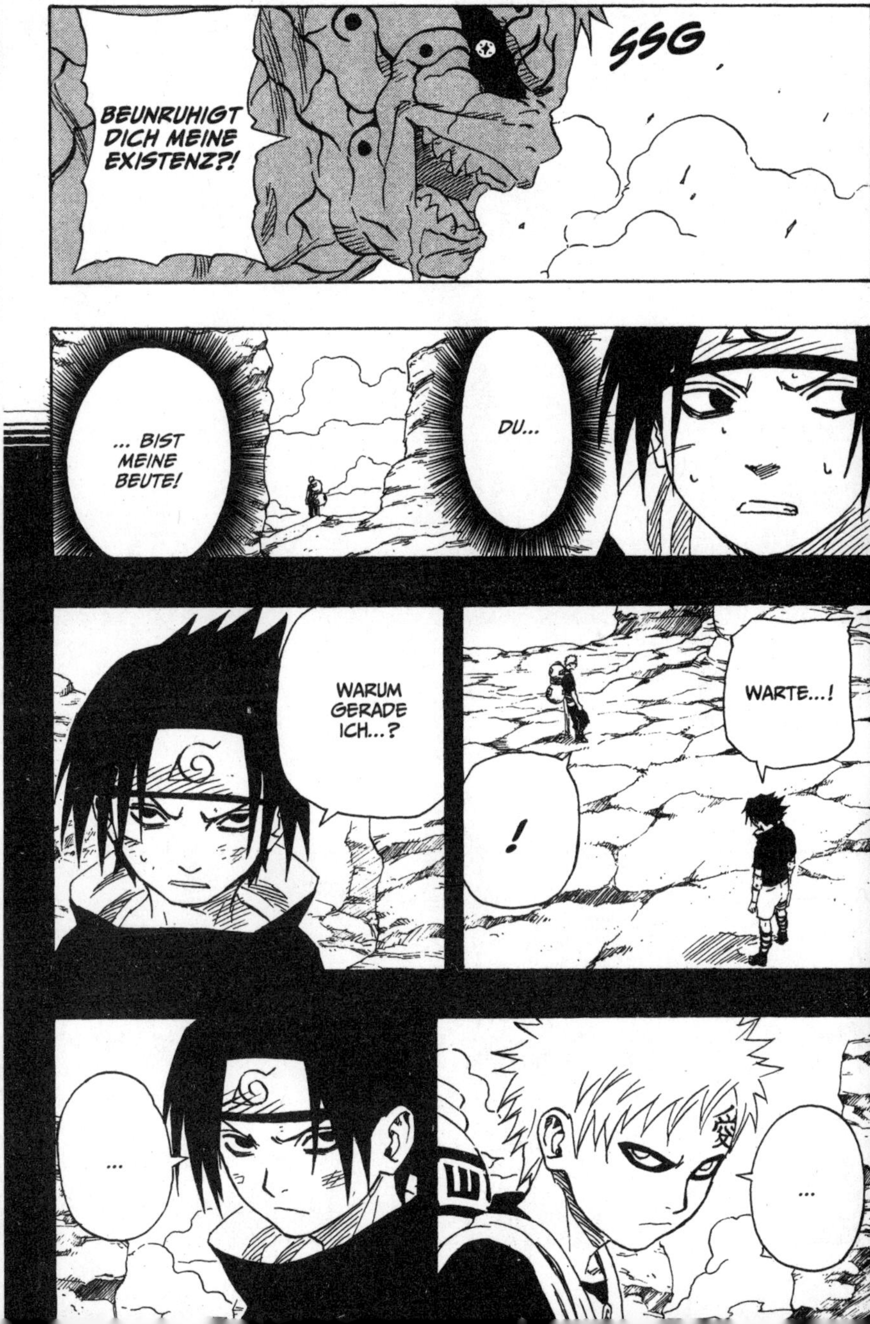
SSG
BEUNRUHIGT DICH MEINE EXISTENZ?!
DU...
... BIST MEINE BEUTE!
WARTE...!
!
WARUM GERADE ICH...?
...
...

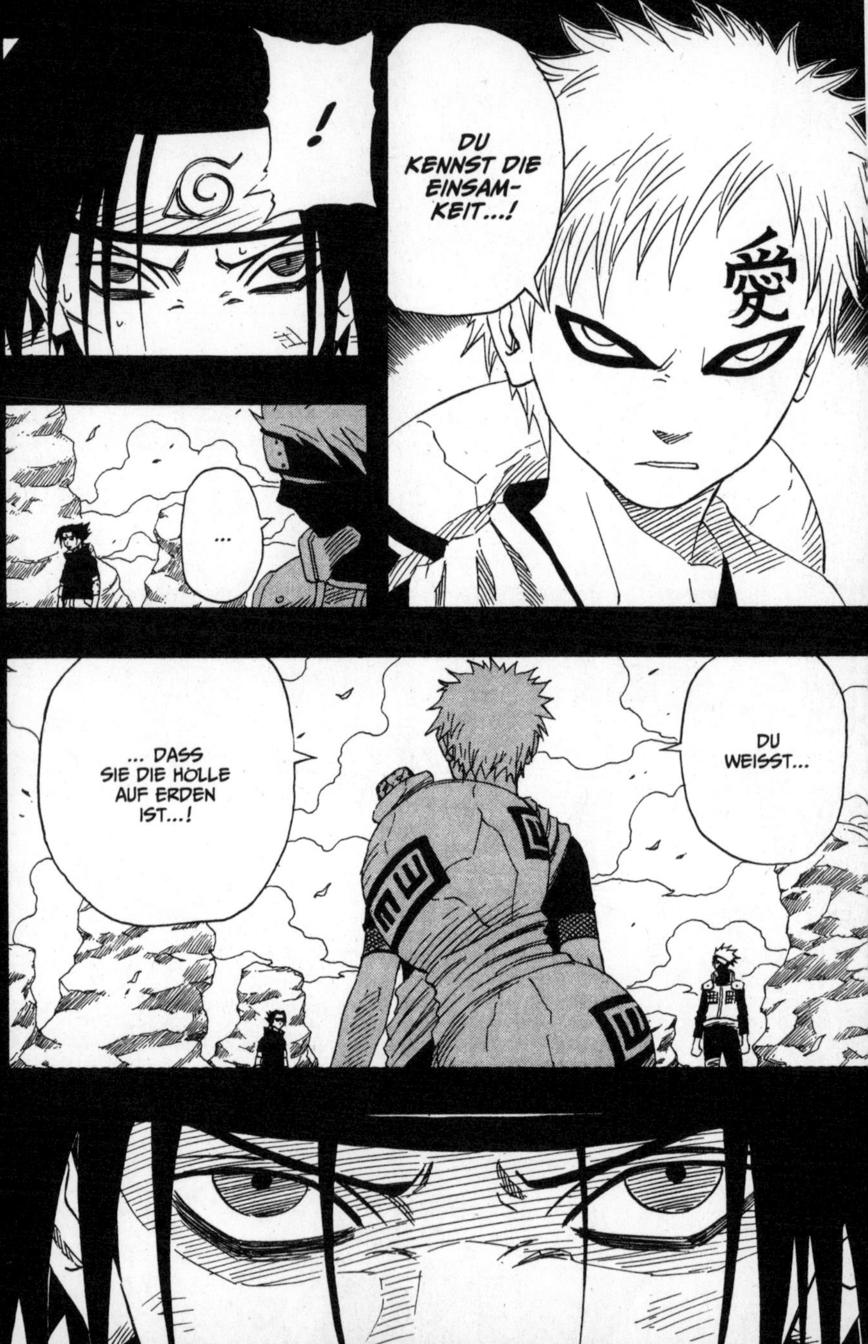
DU
KENNST DIE
EINSAM-
KEIT ...!
!
...
DU
WEISST ...
... DASS
SIE DIE HÖLLE
AUF ERDEN
IST ...!

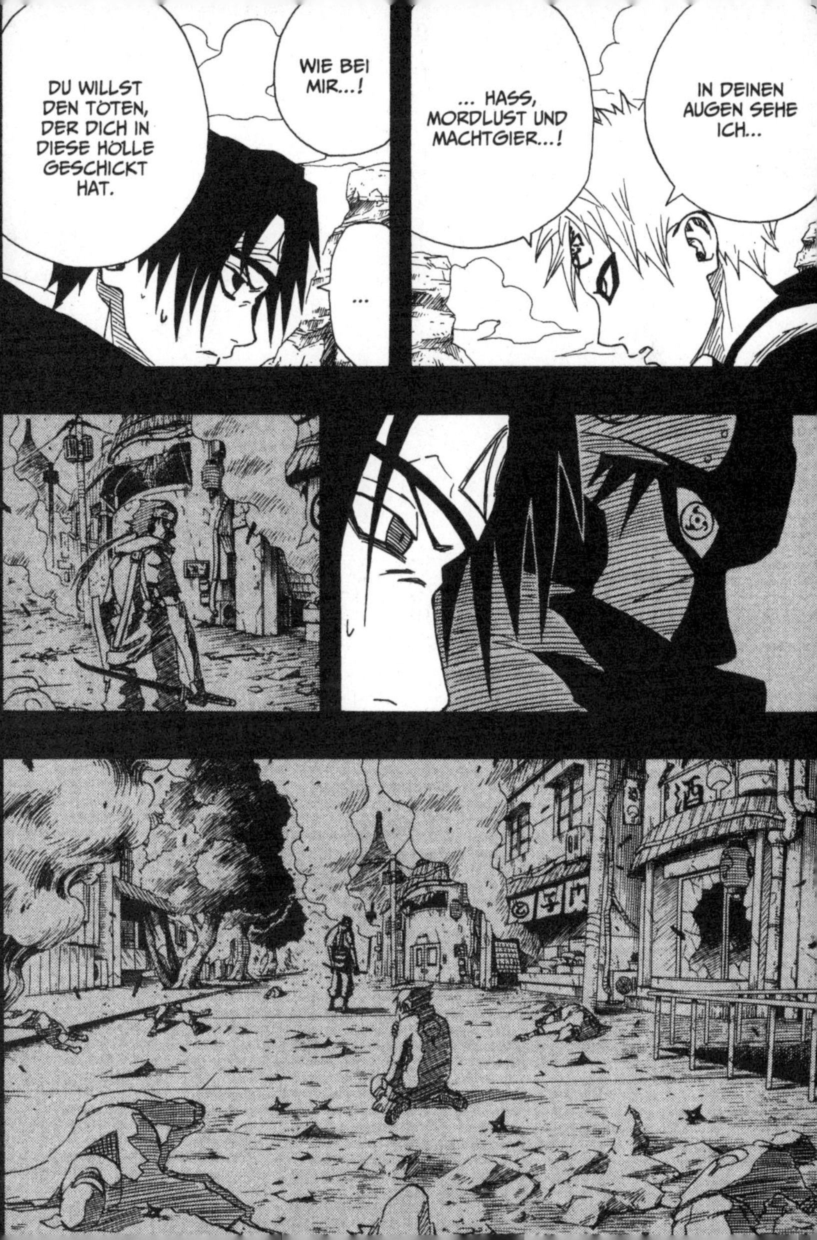
IN DEINEN AUGEN SEHE ICH...
... HASS, MORDLUST UND MACHTGIER...!
WIE BEI MIR...!
DU WILLST DEN TÖTEN, DER DICH IN DIESE HÖLLE GESCHICKT HAT.
...

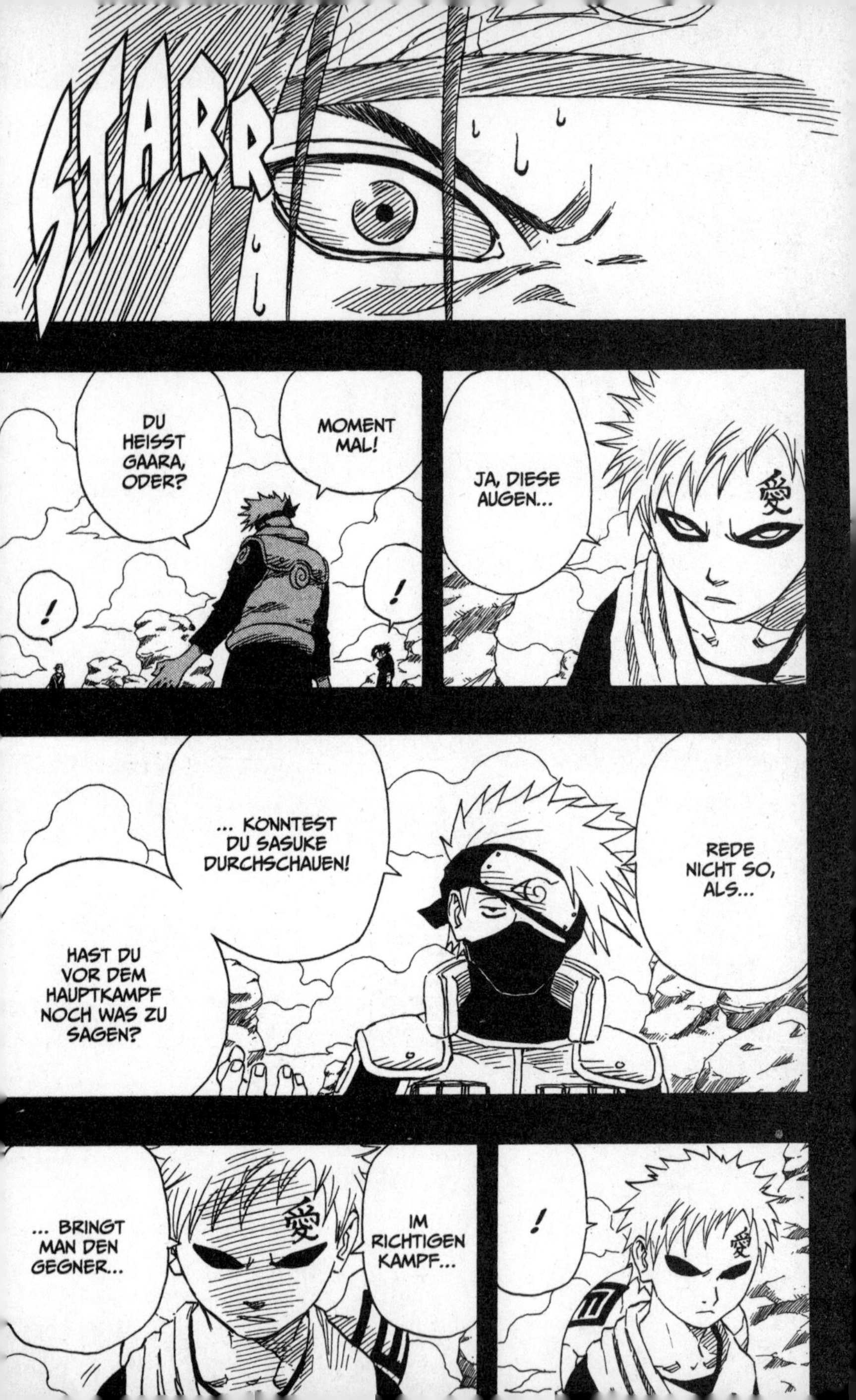
STARR
JA, DIESE AUGEN...
MOMENT MAL!
DU HEISST GAARA, ODER?
!
!
REDE NICHT SO, ALS...
... KONNTEST DU SASUKE DURCHSCHAUEN!
HAST DU VOR DEM HAUPTKAMPF NOCH WAS ZU SAGEN?
!
IM RICHTIGEN KAMPF...
... BRINGT MAN DEN GEGNER...

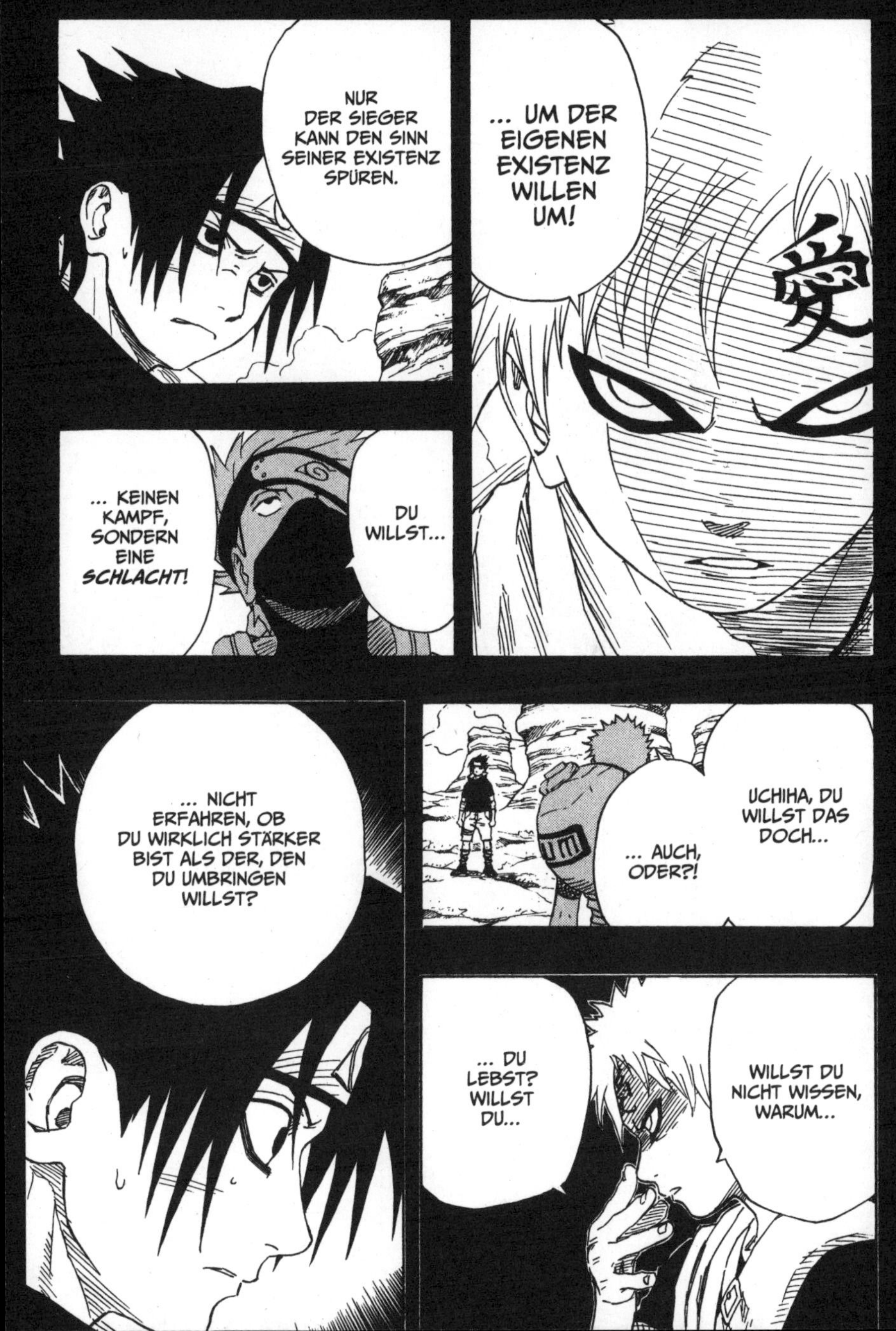
... UM DER EIGENEN EXISTENZ WILLEN UM!
NUR DER SIEGER KANN DEN SINN SEINER EXISTENZ SPÜREN.
DU WILLST...
... KEINEN KAMPF, SONDERN EINE SCHLACHT!
UCHIHA, DU WILLST DAS DOCH...
... AUCH, ODER?!
WILLST DU NICHT WISSEN, WARUM...
... DU LEBST? WILLST DU...
... NICHT ERFAHREN, OB DU WIRKLICH STÄRKER BIST ALS DER, DEN DU UMBRINGEN WILLST?

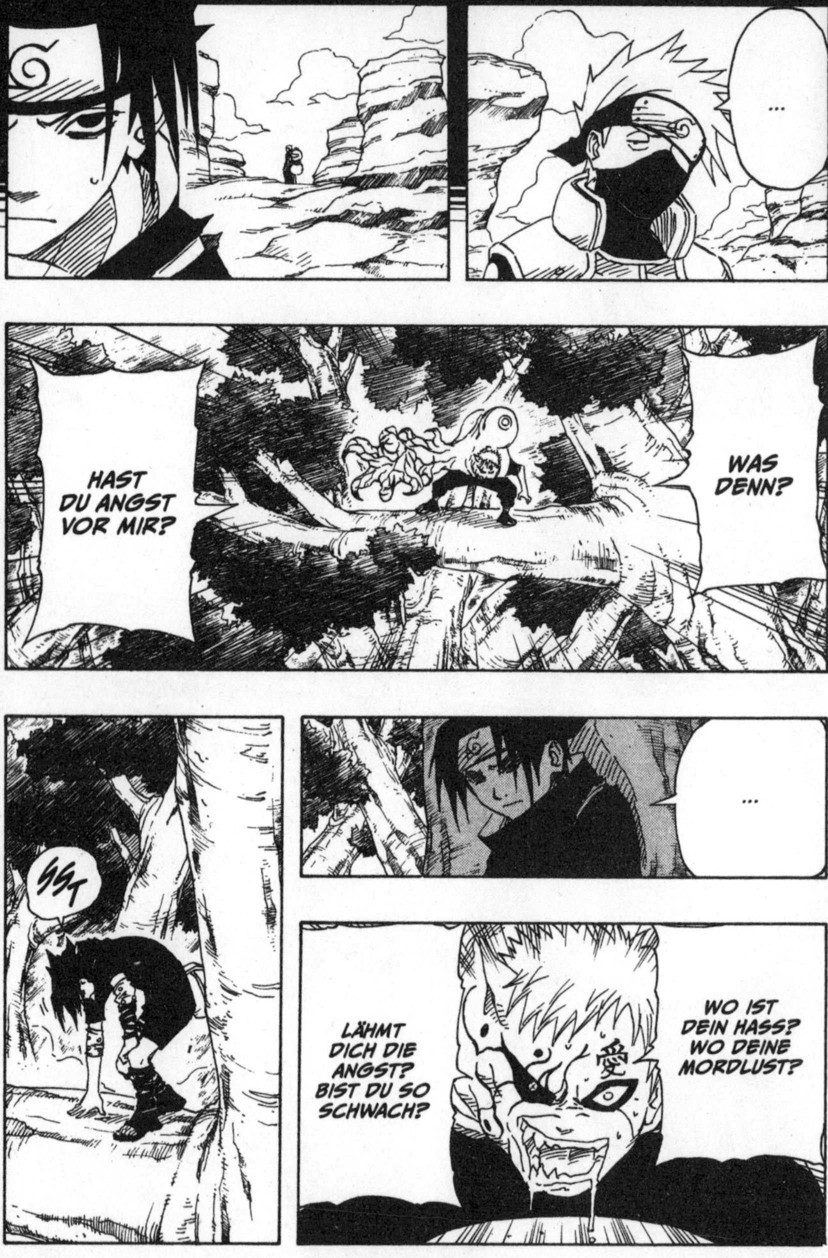
...
WAS DENN?
HAST DU ANGST VOR MIR?
...
SST
WO IST DEIN HASS? WO DEINE MORDLUST?
LÄHMT DICH DIE ANGST? BIST DU SO SCHWACH?

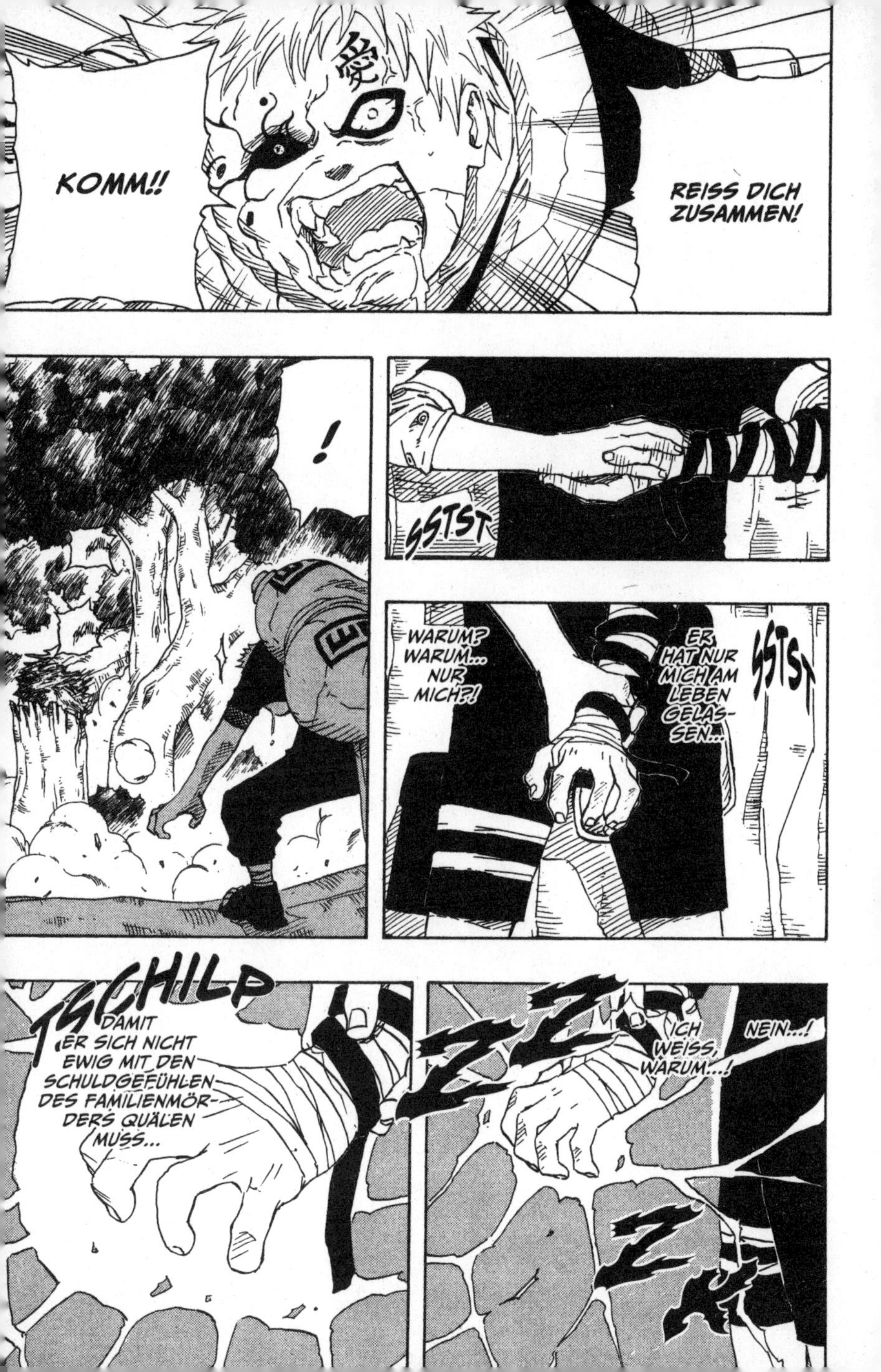
REISS DICH ZUSAMMEN!
KOMM!!
SSTST
SSTST
ER HAT NUR MICH AM LEBEN GELAS-SEN...
WARUM? WARUM... NUR MICH?!
!
NEIN...!
ICH WEISS, WARUM...!
TSCHILP
DAMIT ER SICH NICHT EWIG MIT DEN SCHULDGEFÜHLEN DES FAMILIENMÖR-DERS QUÄLEN MUSS...

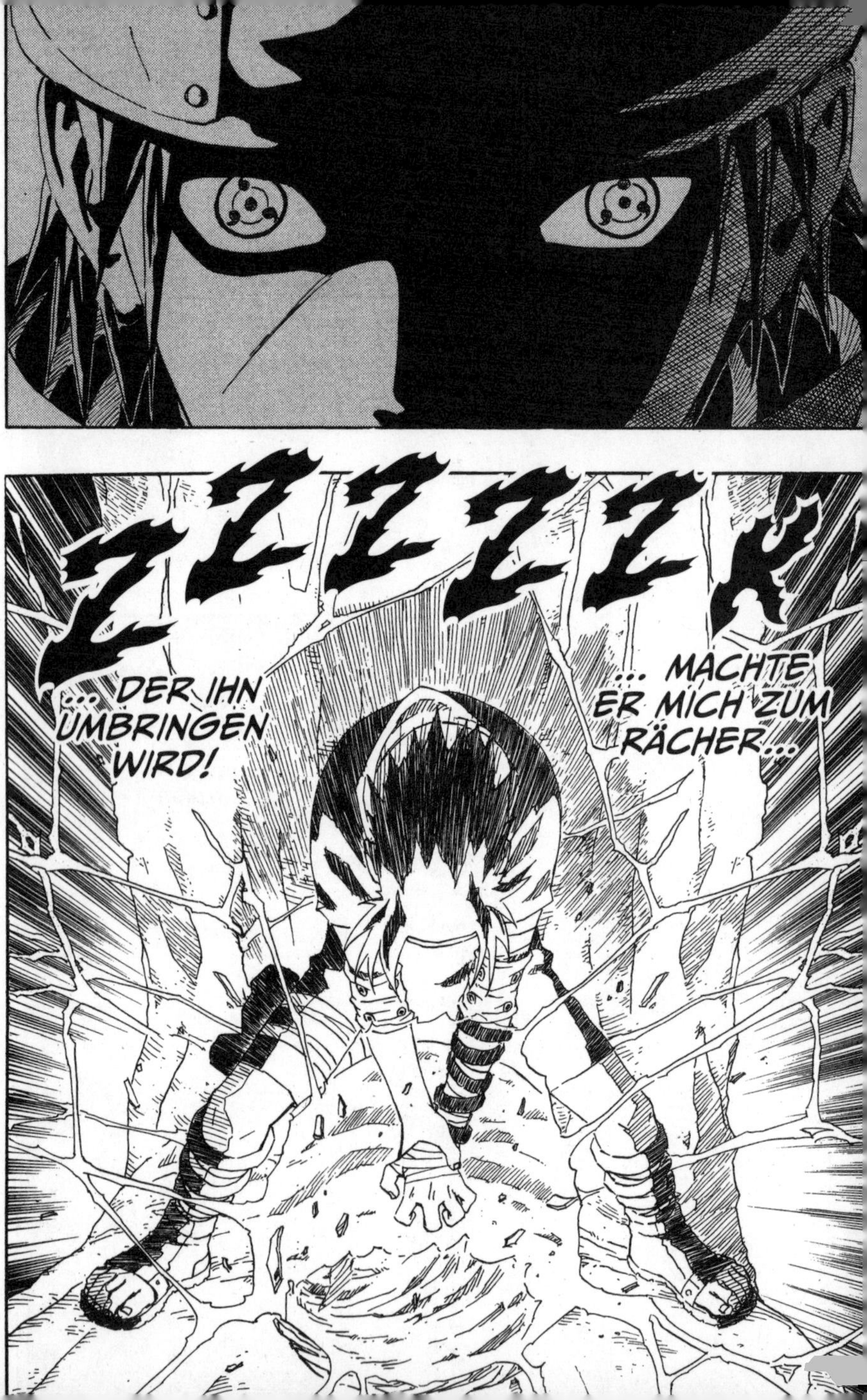
ZZZZZK
... MACHTE ER MICH ZUM RÄCHER ...
... DER IHN UMBRINGEN WIRD!

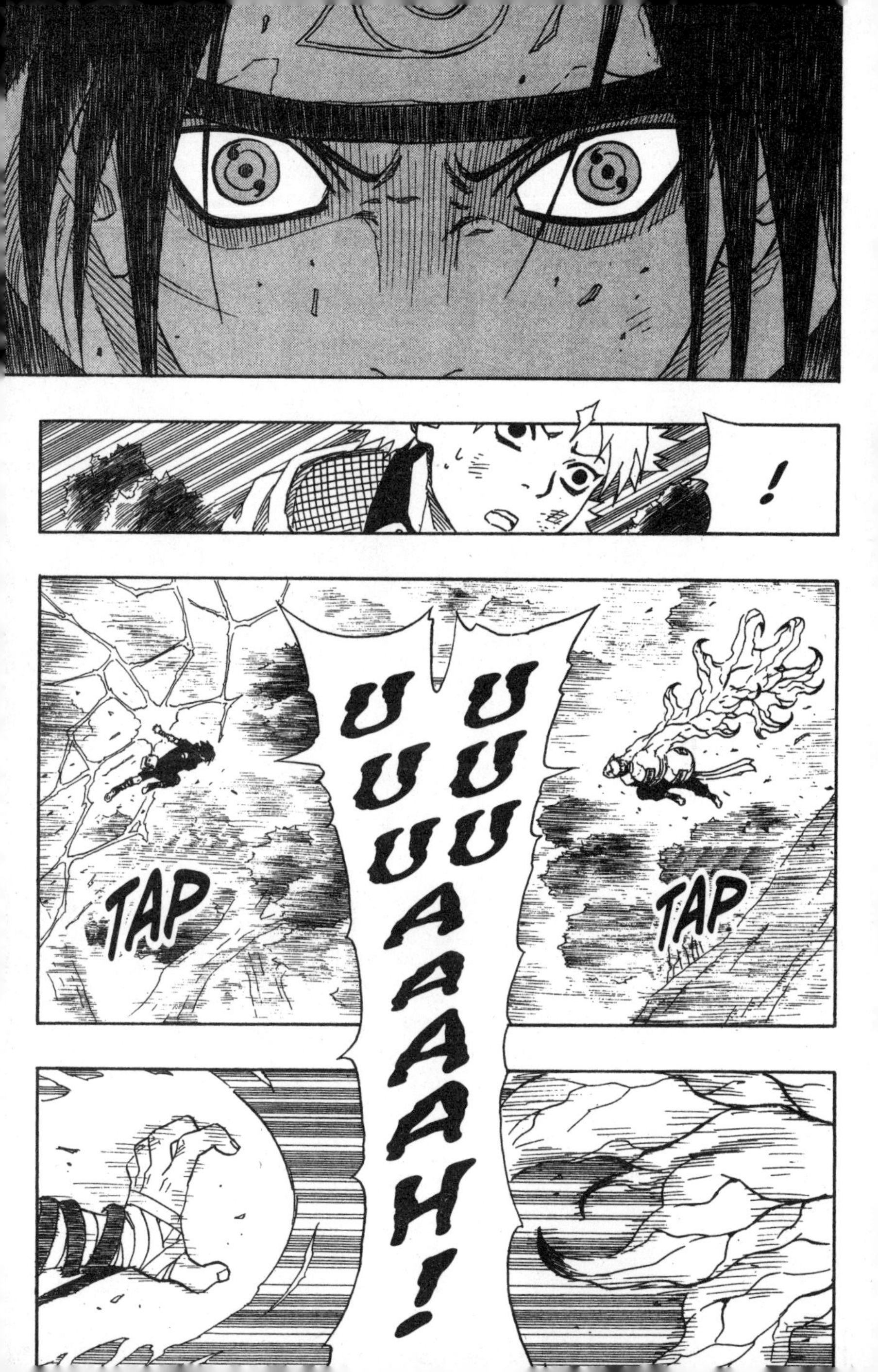
!
UUUUUUUUAAAAAAAH!!
TAP
TAP

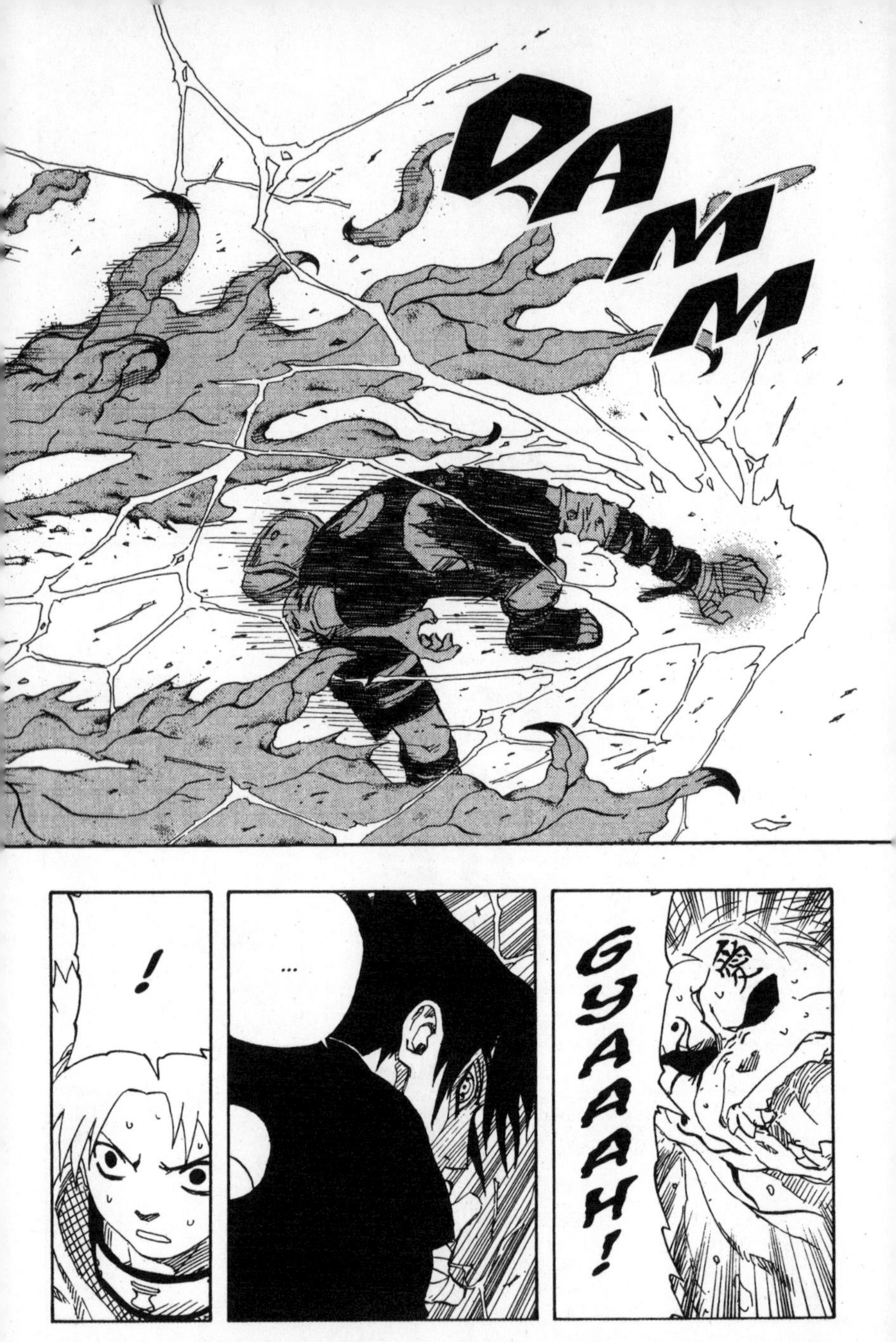
DAMM
GYAAAAH!
...
!

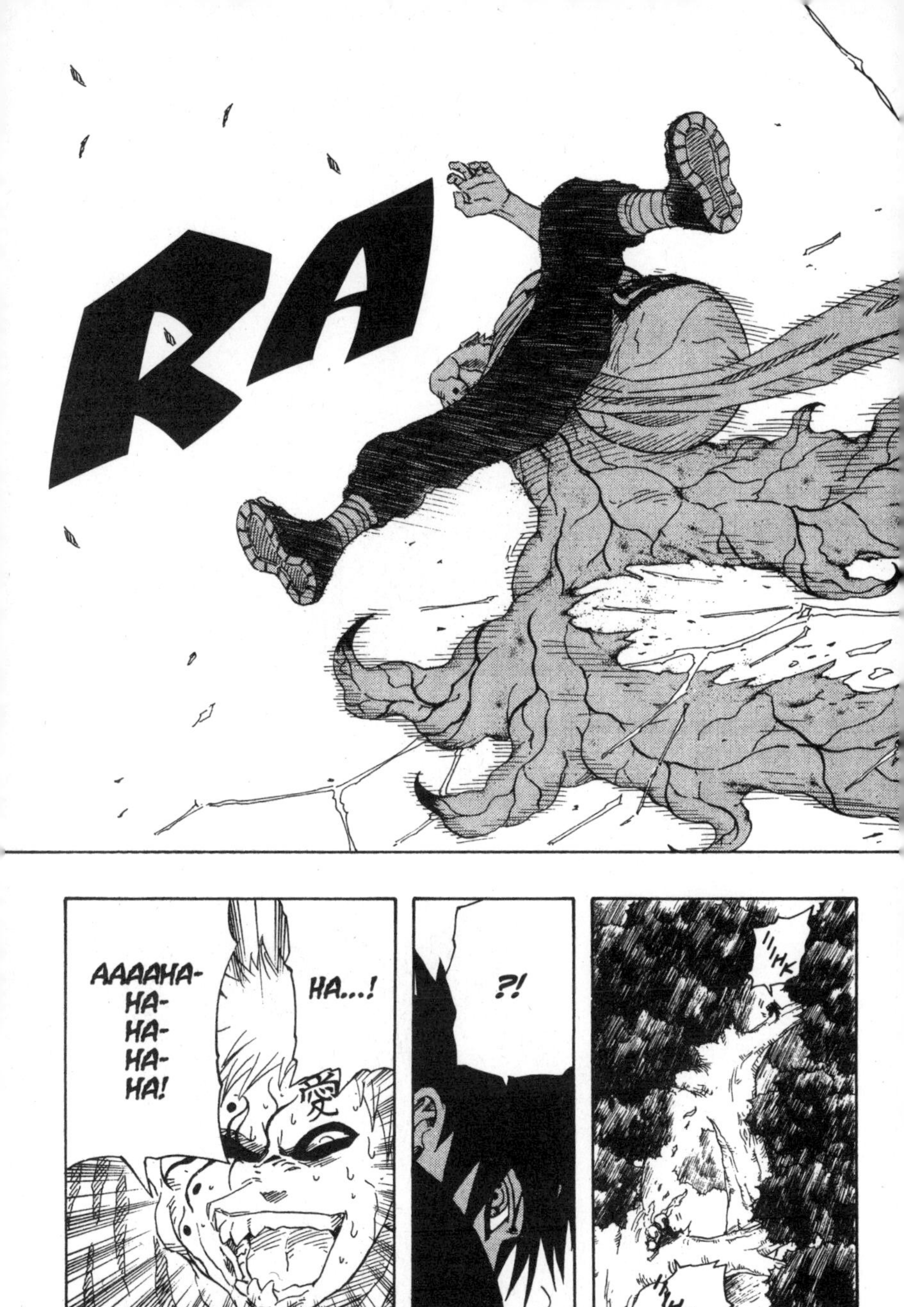
RA
?!
AAAAHA-
HA-
HA-
HA-
HA!
HA...!

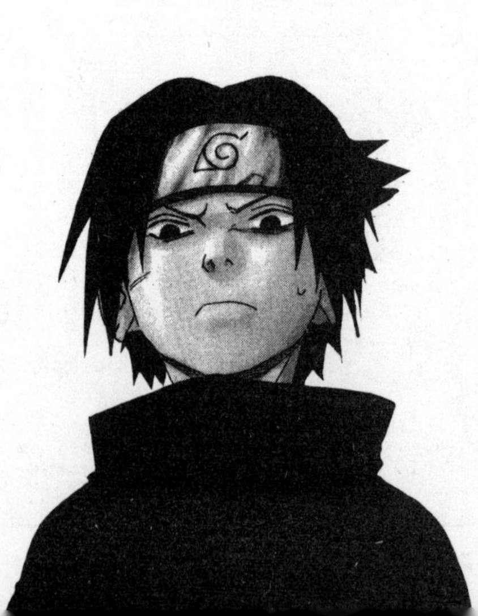

128. KAPITEL:

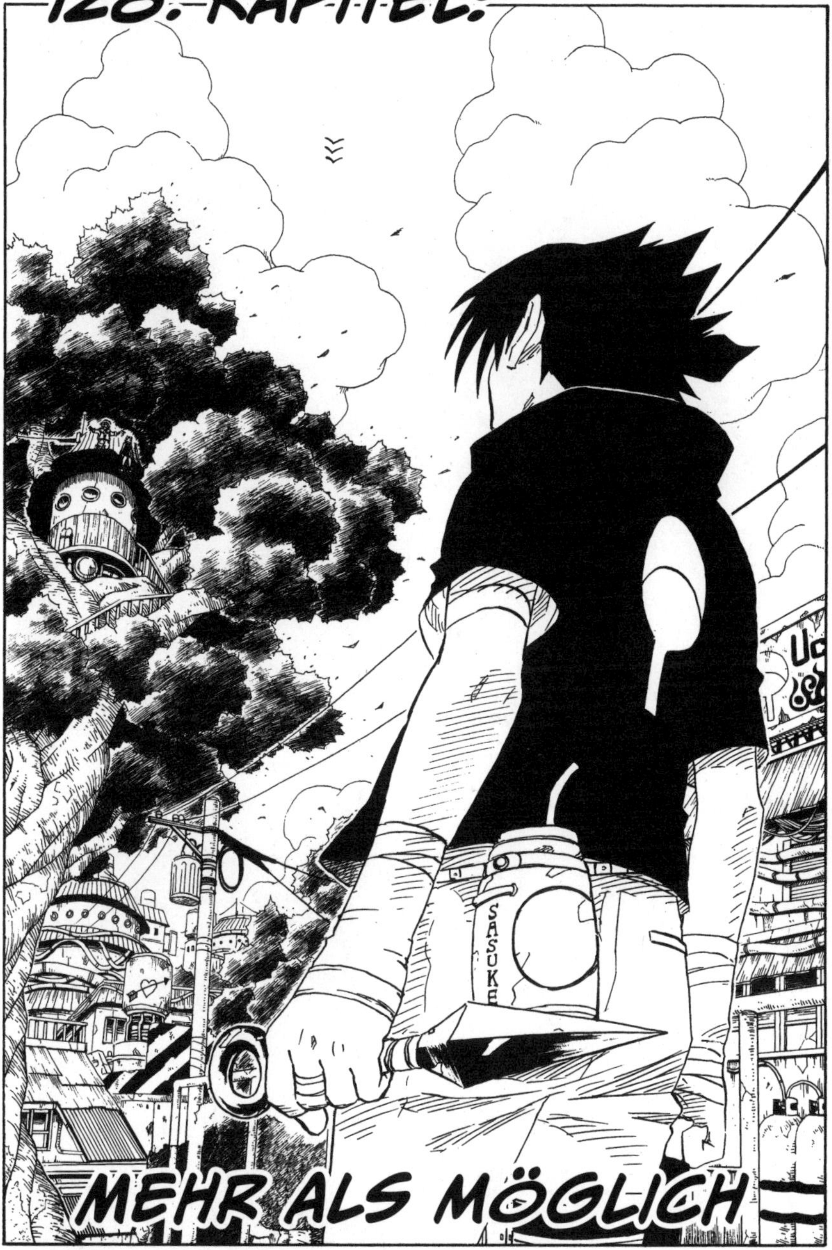

MEHR ALS MÖGLICH

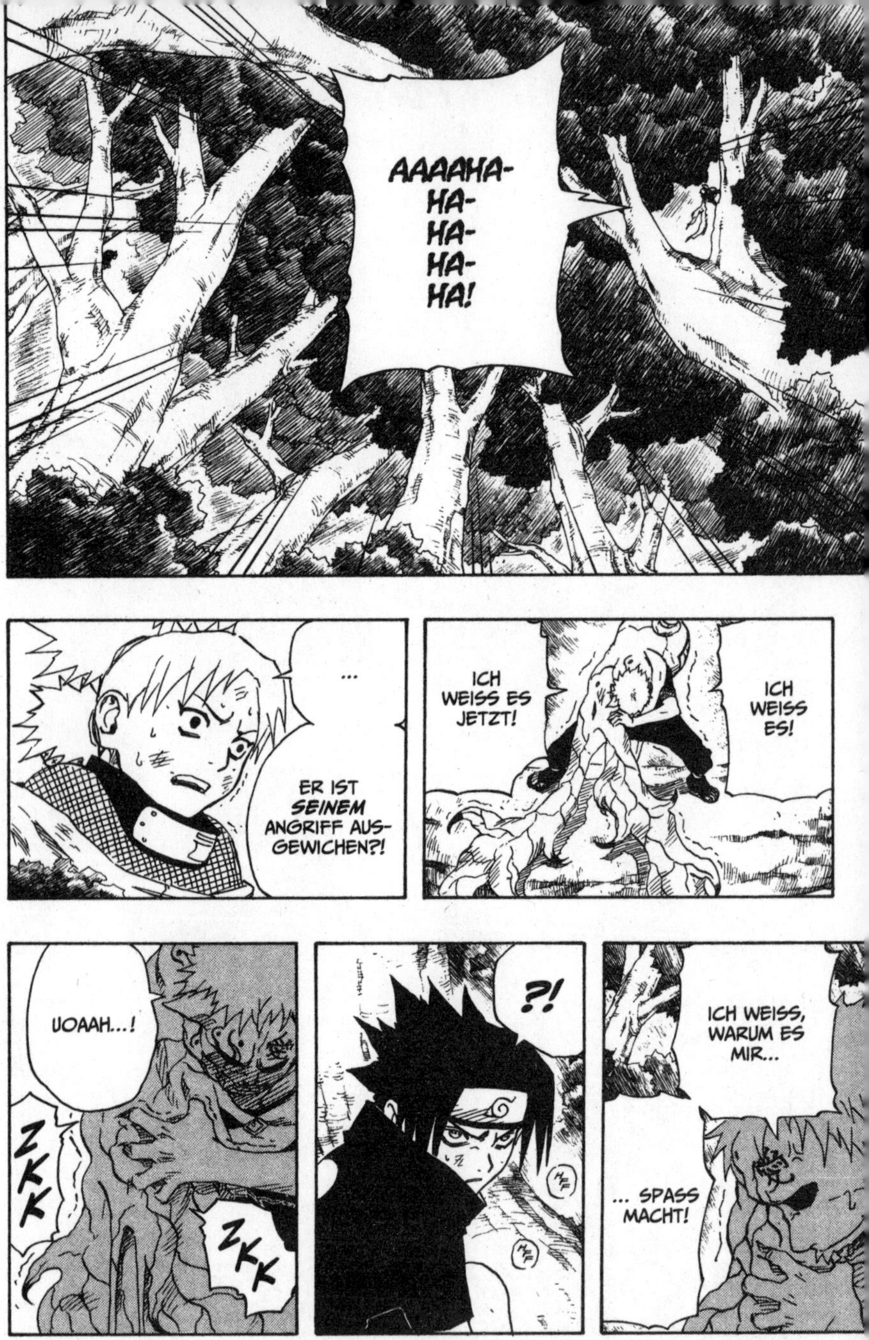

AAAAHA-HA-HA-HA-HA!
ICH WEISS ES!
ICH WEISS ES JETZT!
...
ER IST SEINEM ANGRIFF AUS-GEWICHEN?!
ICH WEISS, WARUM ES MIR...
... SPASS MACHT!
?!
UOAAH...!
ZKK
ZKK

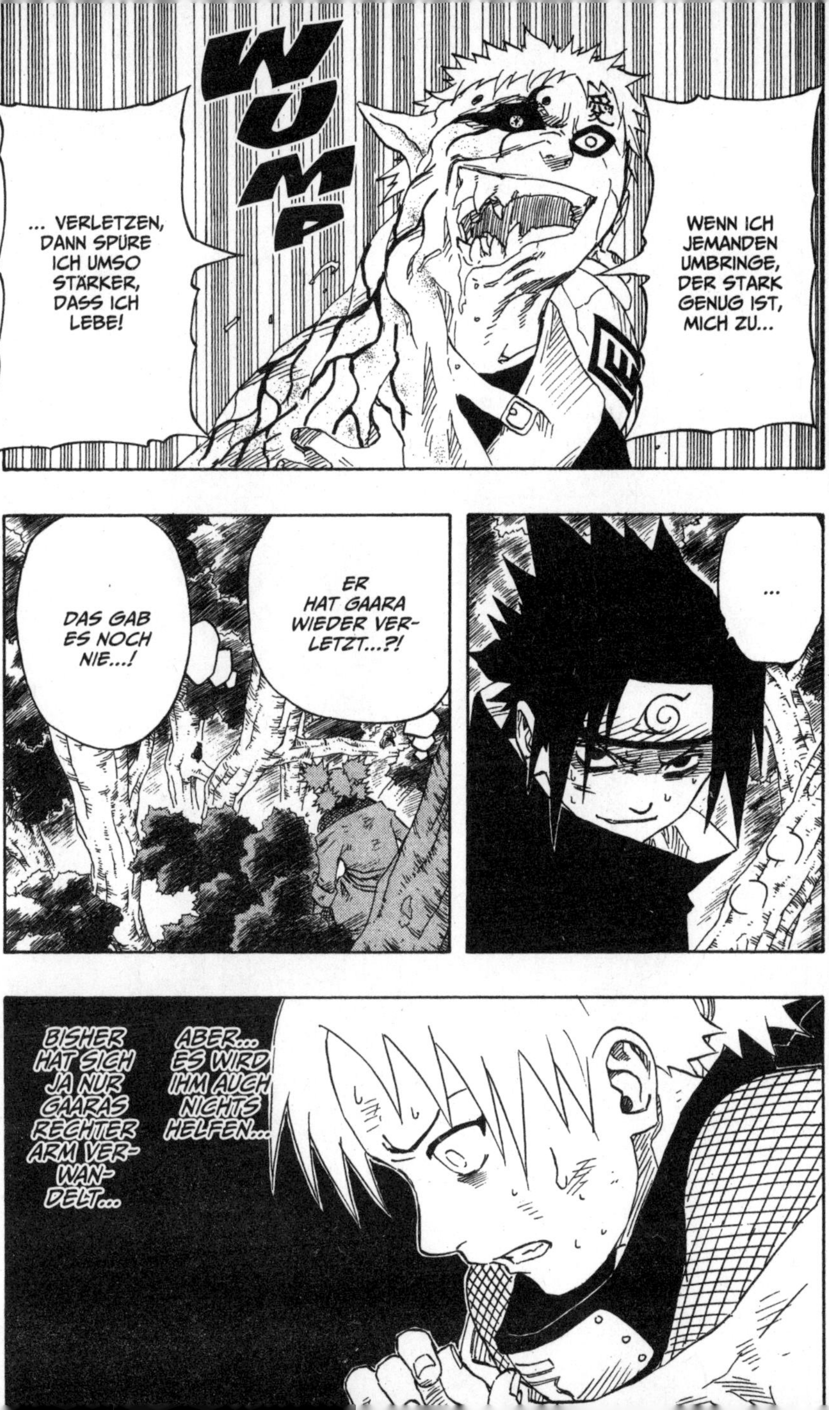
WUMP
WENN ICH JEMANDEN UMBRINGE, DER STARK GENUG IST, MICH ZU...
... VERLETZEN, DANN SPÜRE ICH UMSO STÄRKER, DASS ICH LEBE!
...
ER HAT GAARA WIEDER VER-LETZT...?!
DAS GAB ES NOCH NIE...!
ABER... ES WIRD IHM AUCH NICHTS HELFEN...
BISHER HAT SICH JA NUR GAARAS RECHTER ARM VER-WAN-DELT...

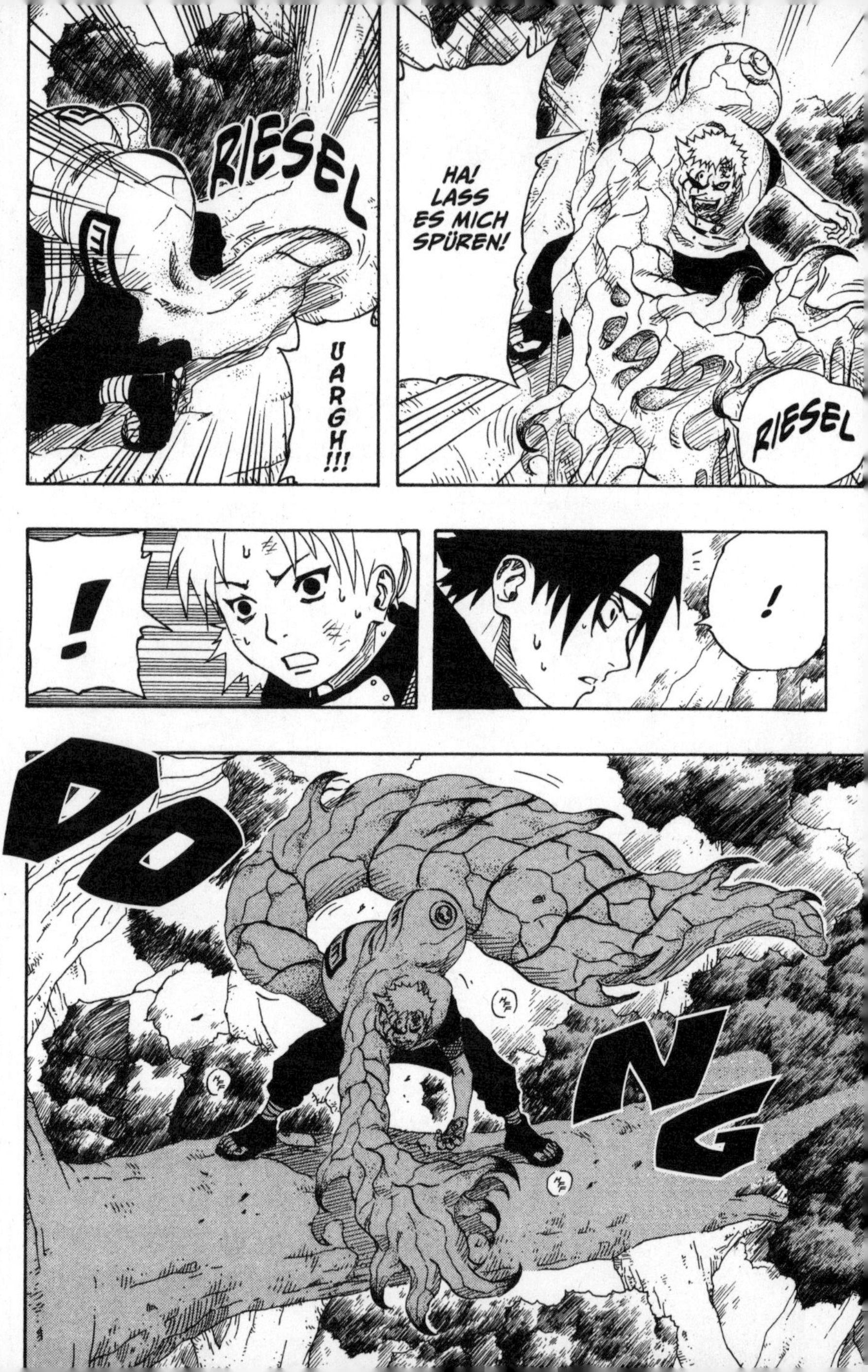
HA! LASS ES MICH SPÜREN!
RIESEL
RIESEL
UARGH!!!
!
!
DONG

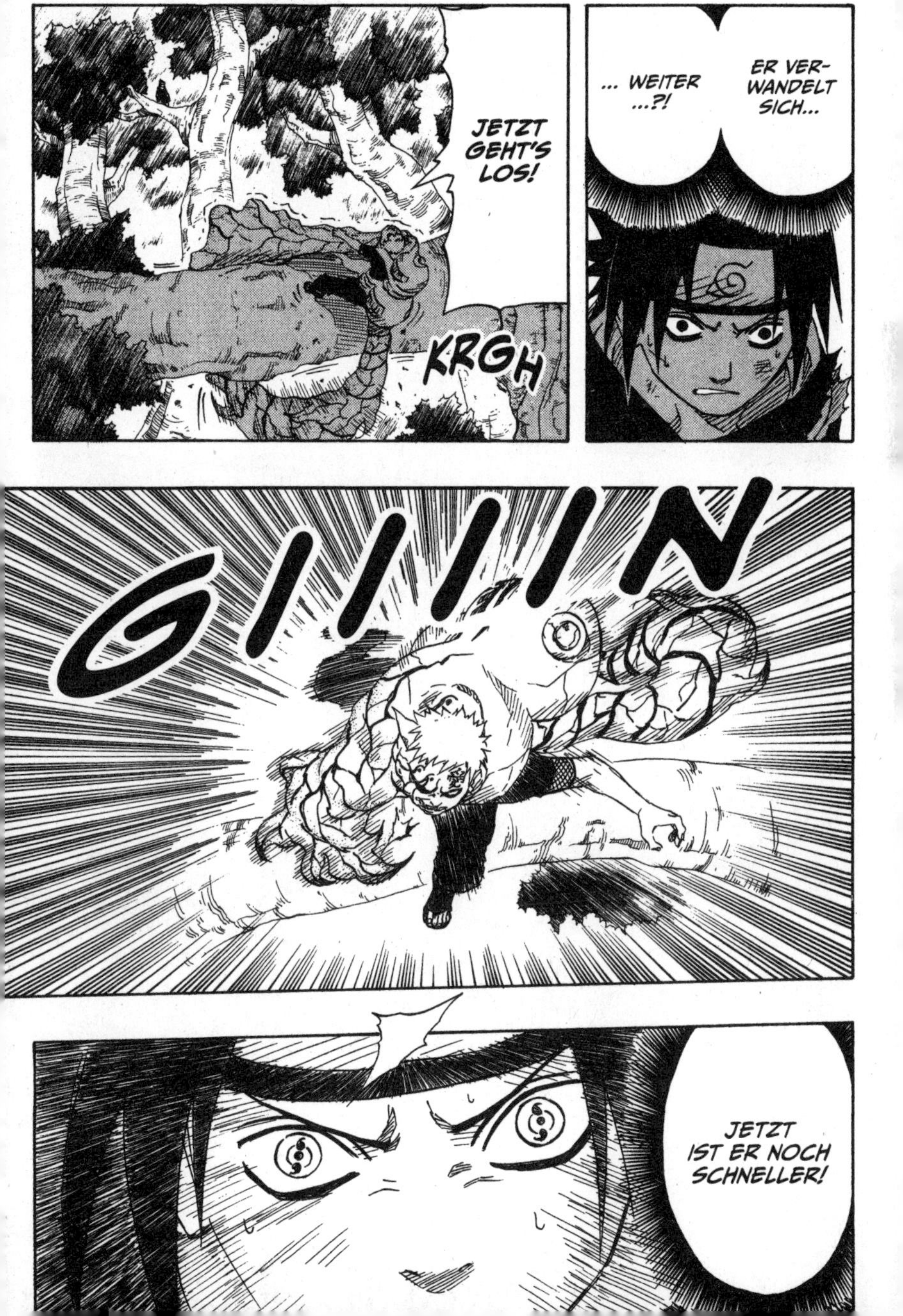
ER VER-WANDELT SICH...
... WEITER ...?!
JETZT GEHT'S LOS!
KRGH
GIIIIN
JETZT IST ER NOCH SCHNELLER!

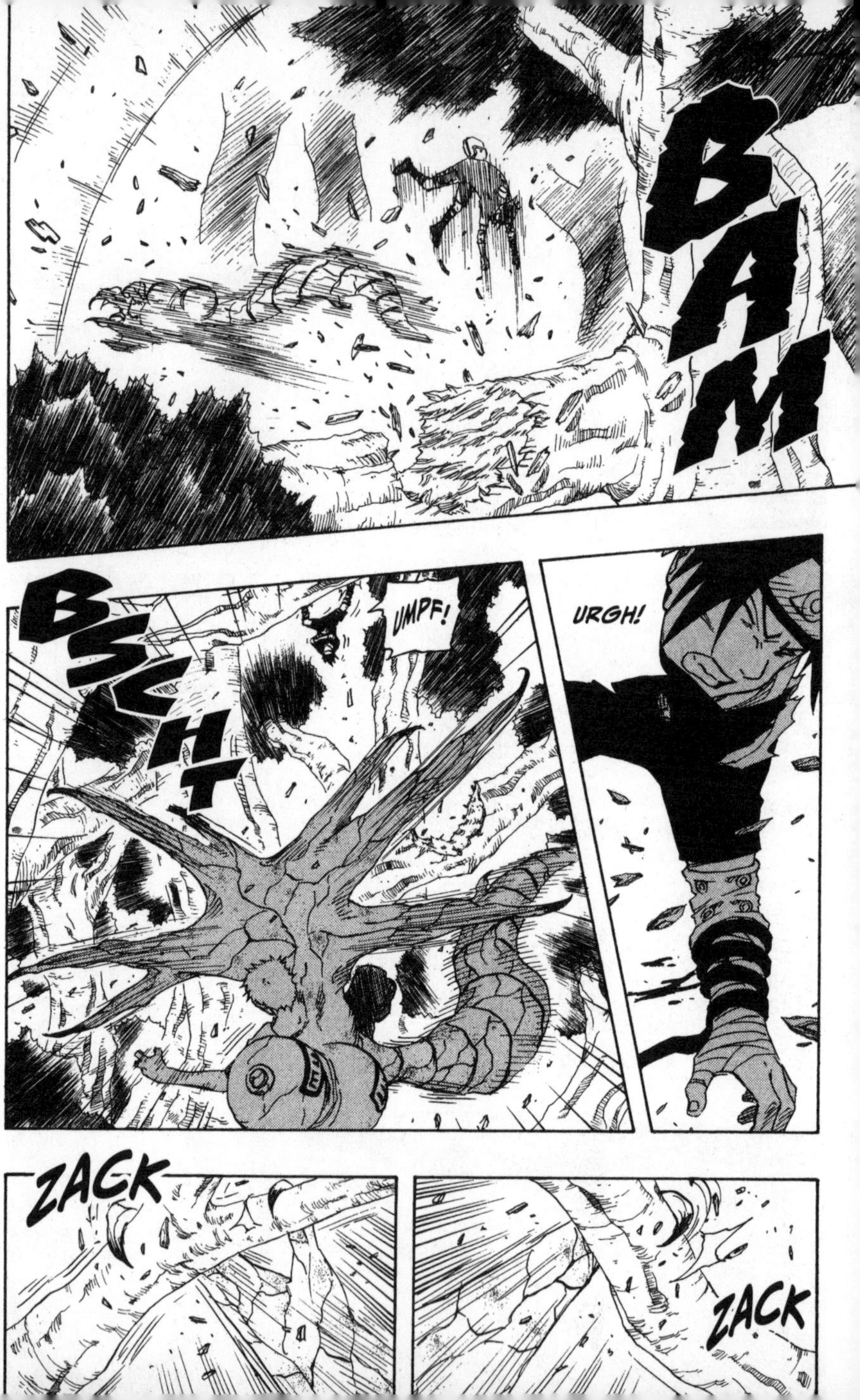
BAM
URGH!
UMPF!
BSCHT
ZACK
ZACK

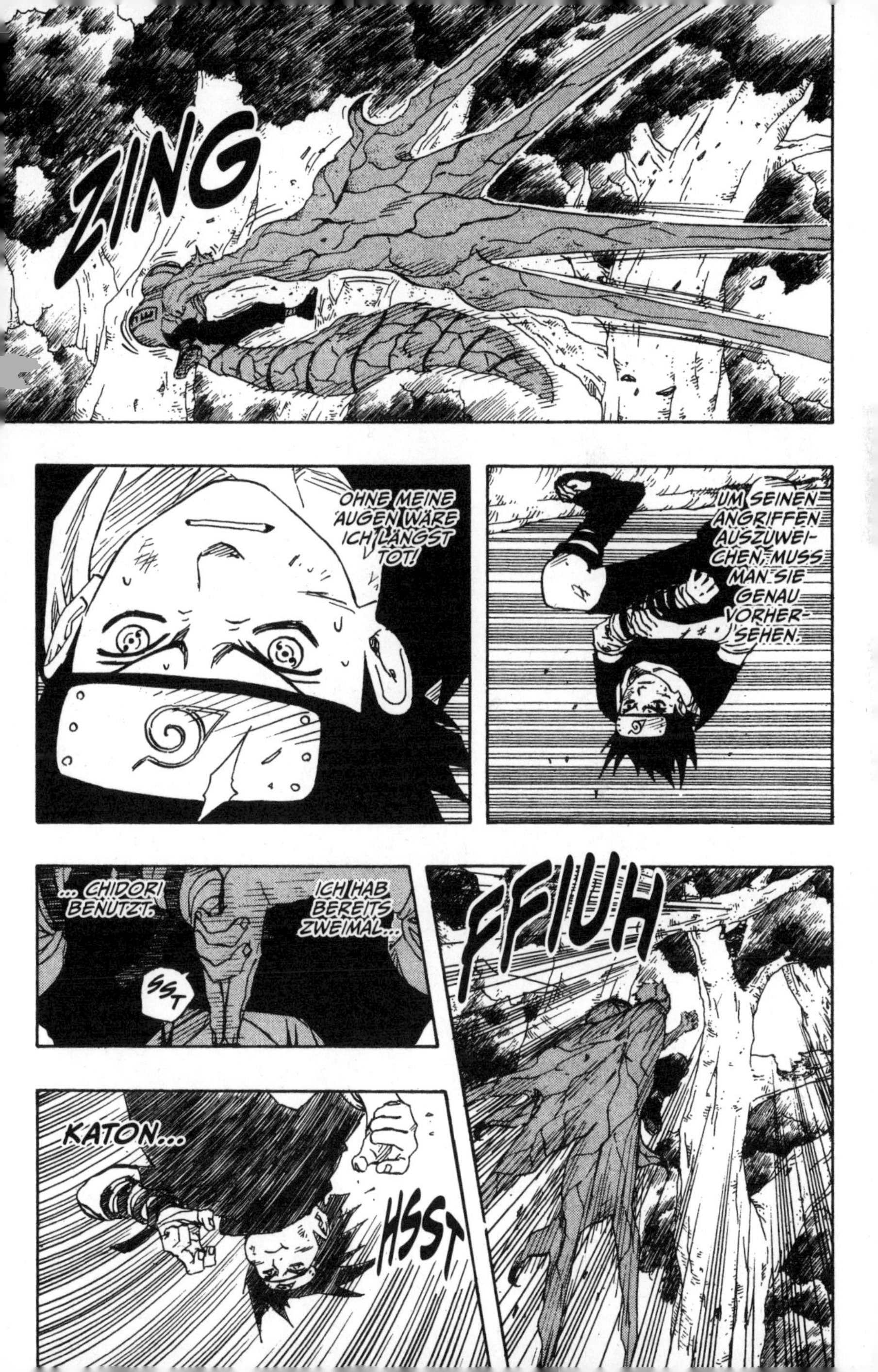
ZING
UM SEINEN ANGRIFFEN AUSZUWEICHEN, MUSS MAN SIE GENAU VORHERSEHEN.
OHNE MEINE AUGEN WÄRE ICH LÄNGST TOT!
FFIUH
ICH HAB BEREITS ZWEIMAL...
... CHIDORI BENÜTZT.
SST
KATON...
HSST

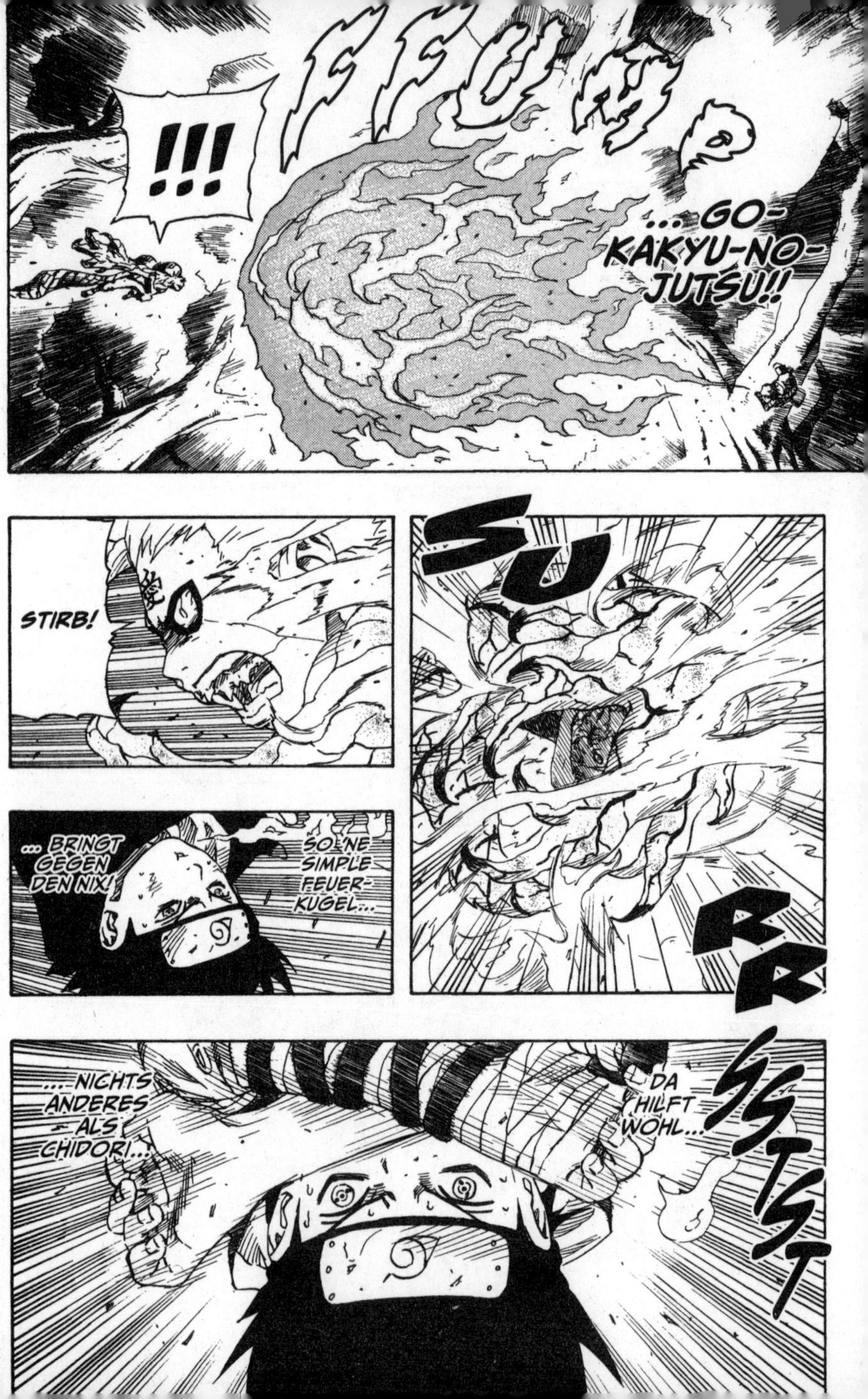
... GO-KAKYU-NO-JUTSU!!
!!!
STIRB!
SO 'NE SIMPLE FEUER-KUGEL...
... BRINGT GEGEN DEN NIX!
DA HILFT WOHL...
... NICHTS ANDERES ALS CHIDORI...

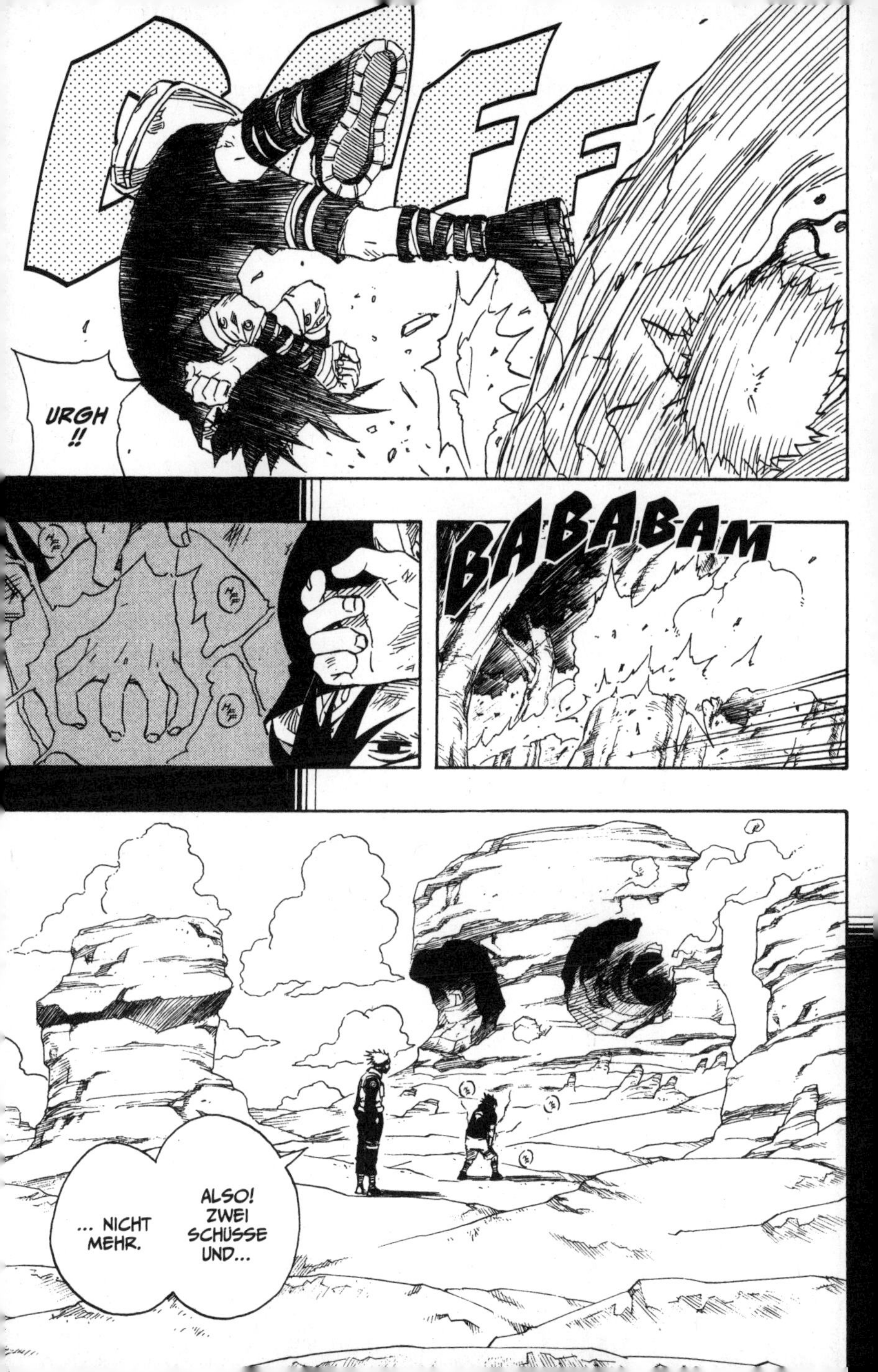
URGH !!
BABABAM
ALSO! ZWEI SCHÜSSE UND...
... NICHT MEHR.

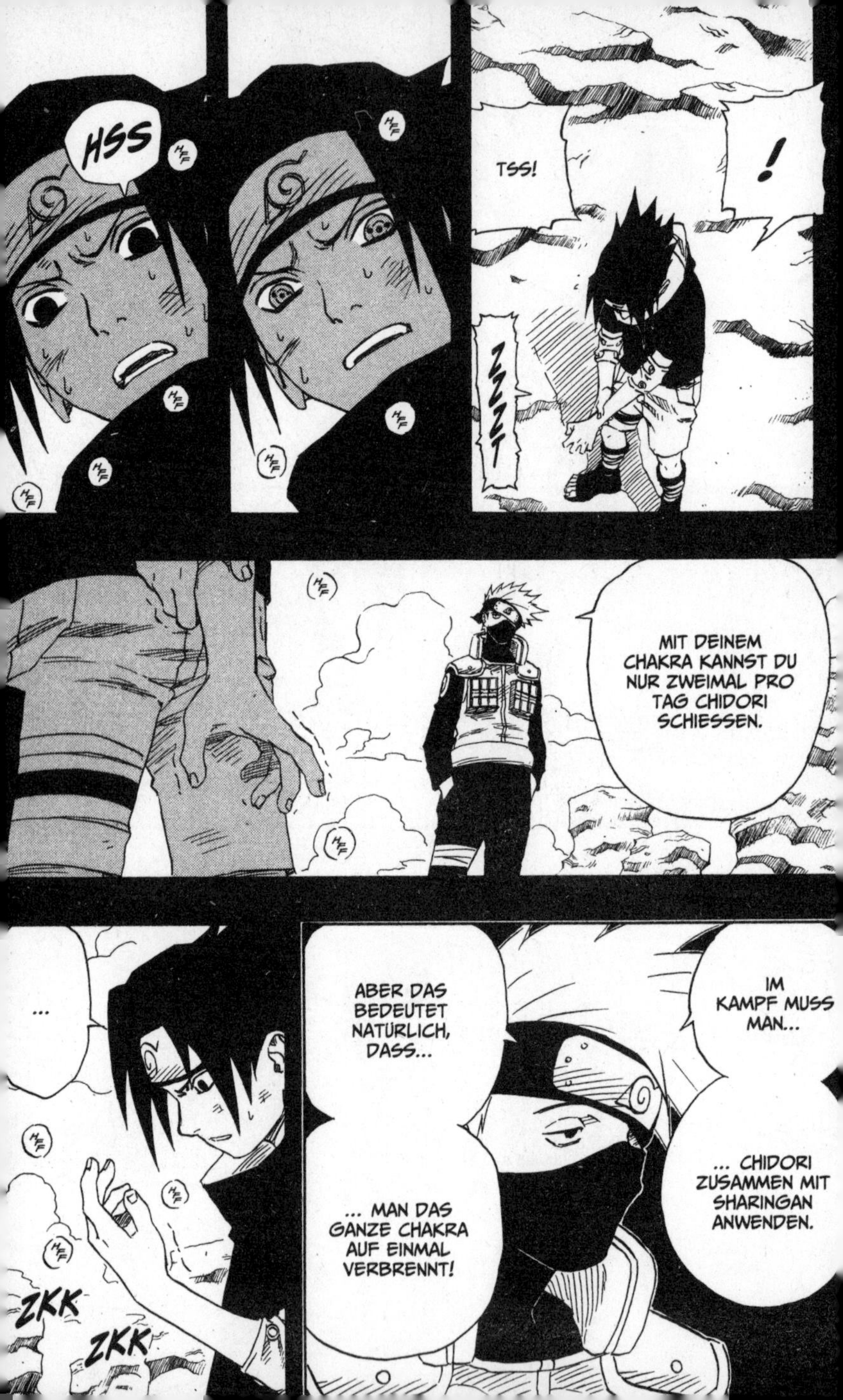

TSS!
!
ZZZZT
HSS
MIT DEINEM CHAKRA KANNST DU NUR ZWEIMAL PRO TAG CHIDORI SCHIESSEN.
IM KAMPF MUSS MAN...
... CHIDORI ZUSAMMEN MIT SHARINGAN ANWENDEN.
ABER DAS BEDEUTET NATÜRLICH, DASS...
... MAN DAS GANZE CHAKRA AUF EINMAL VERBRENNT!
...
ZKK
ZKK

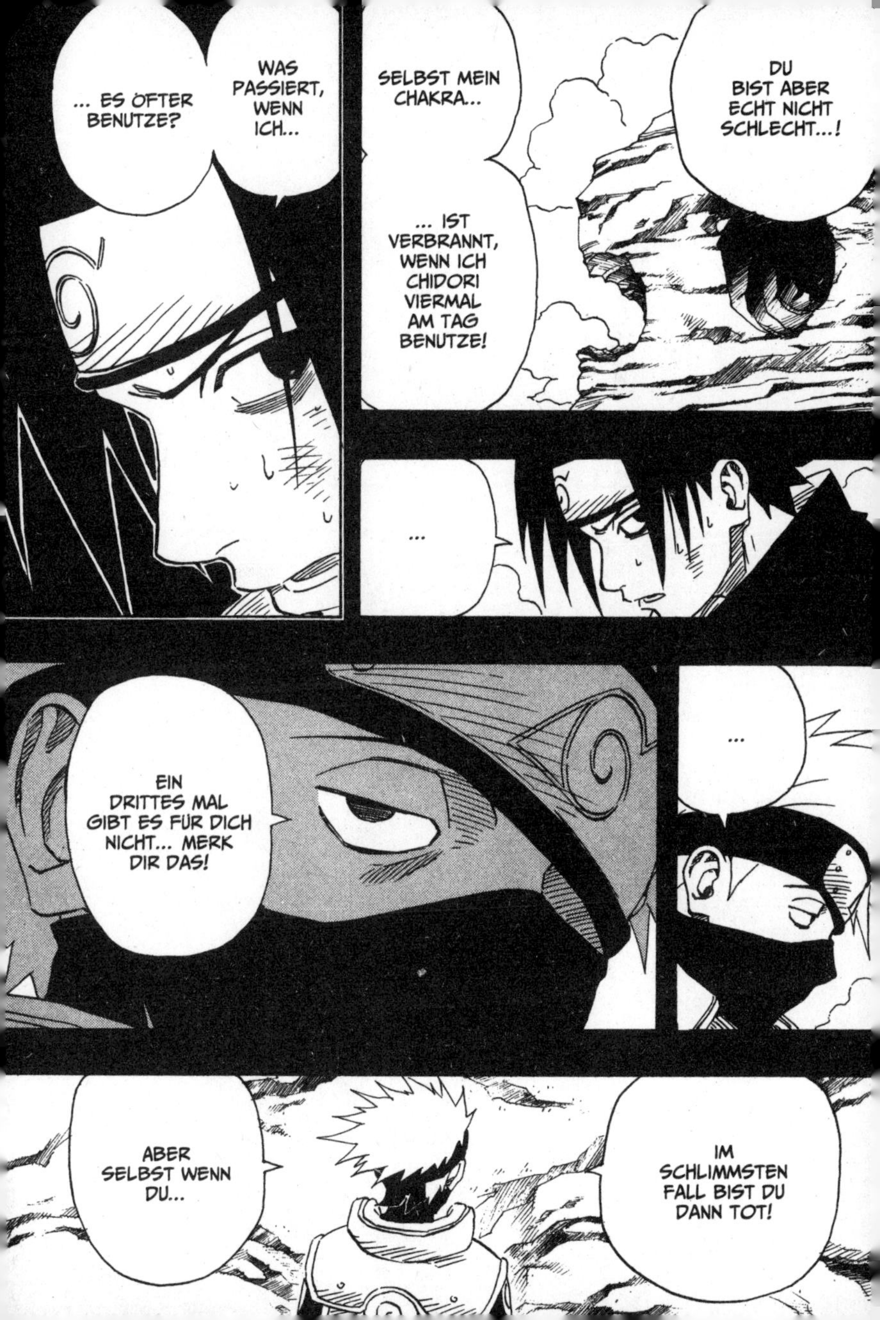

DU BIST ABER ECHT NICHT SCHLECHT...!
SELBST MEIN CHAKRA...
... IST VERBRANNT, WENN ICH CHIDORI VIERMAL AM TAG BENUTZE!
...
WAS PASSIERT, WENN ICH...
... ES ÖFTER BENUTZE?
...
EIN DRITTES MAL GIBT ES FÜR DICH NICHT... MERK DIR DAS!
ABER SELBST WENN DU...
IM SCHLIMMSTEN FALL BIST DU DANN TOT!

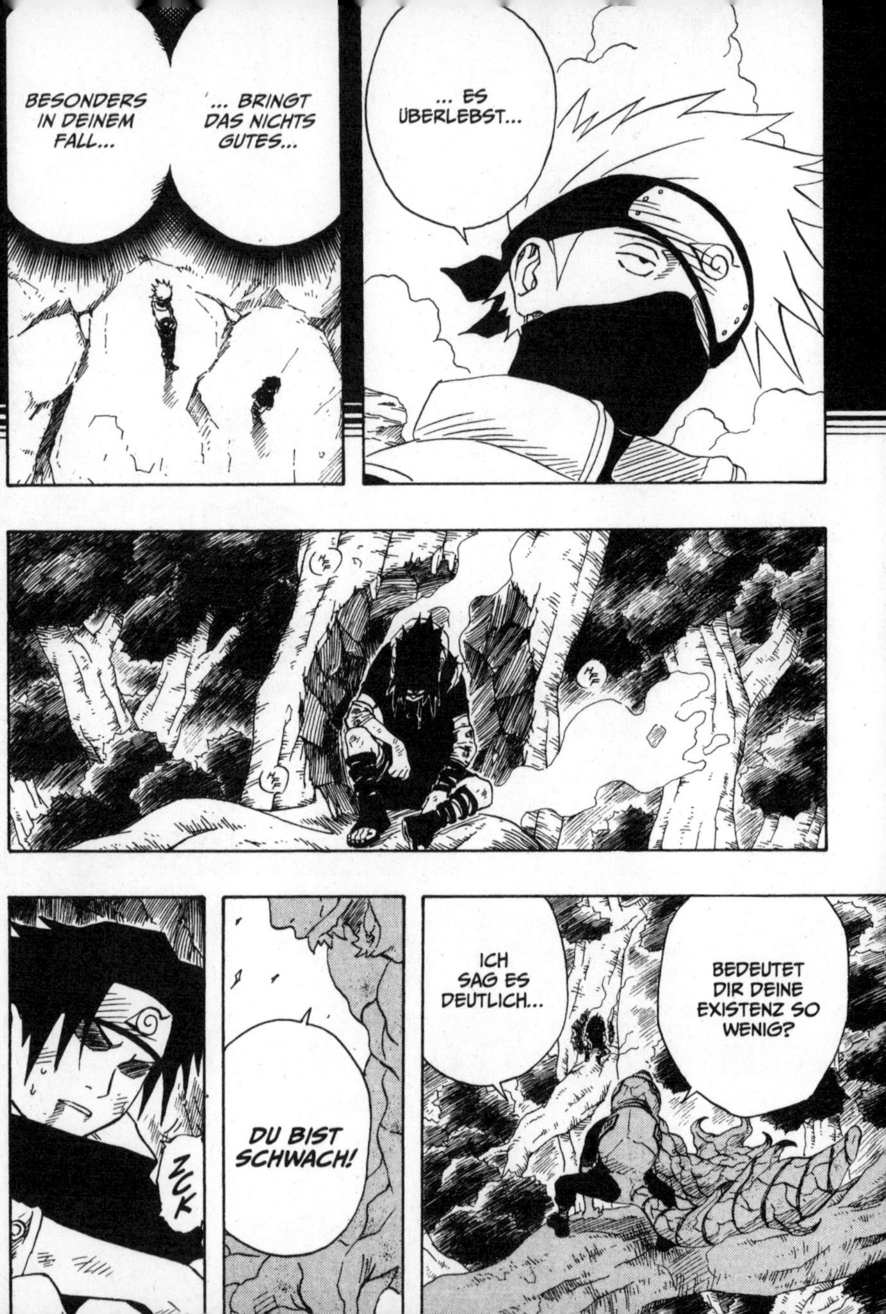
... ES ÜBERLEBST...
... BRINGT DAS NICHTS GUTES...
BESONDERS IN DEINEM FALL...
BEDEUTET DIR DEINE EXISTENZ SO WENIG?
ICH SAG ES DEUTLICH...
DU BIST SCHWACH!
ZUCK

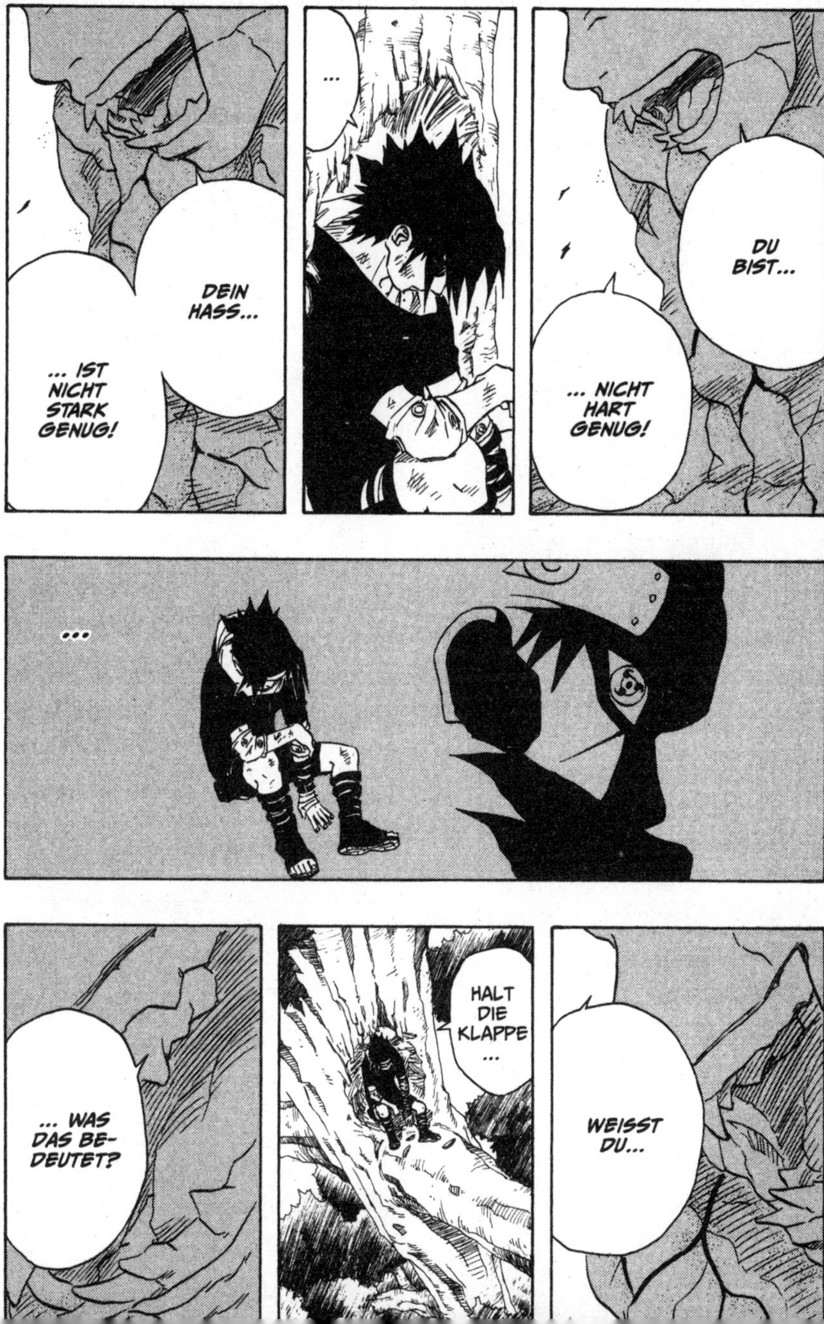
DU BIST...
... NICHT HART GENUG!
...
DEIN HASS...
... IST NICHT STARK GENUG!
...
WEISST DU...
HALT DIE KLAPPE ...
... WAS DAS BE-DEUTET?

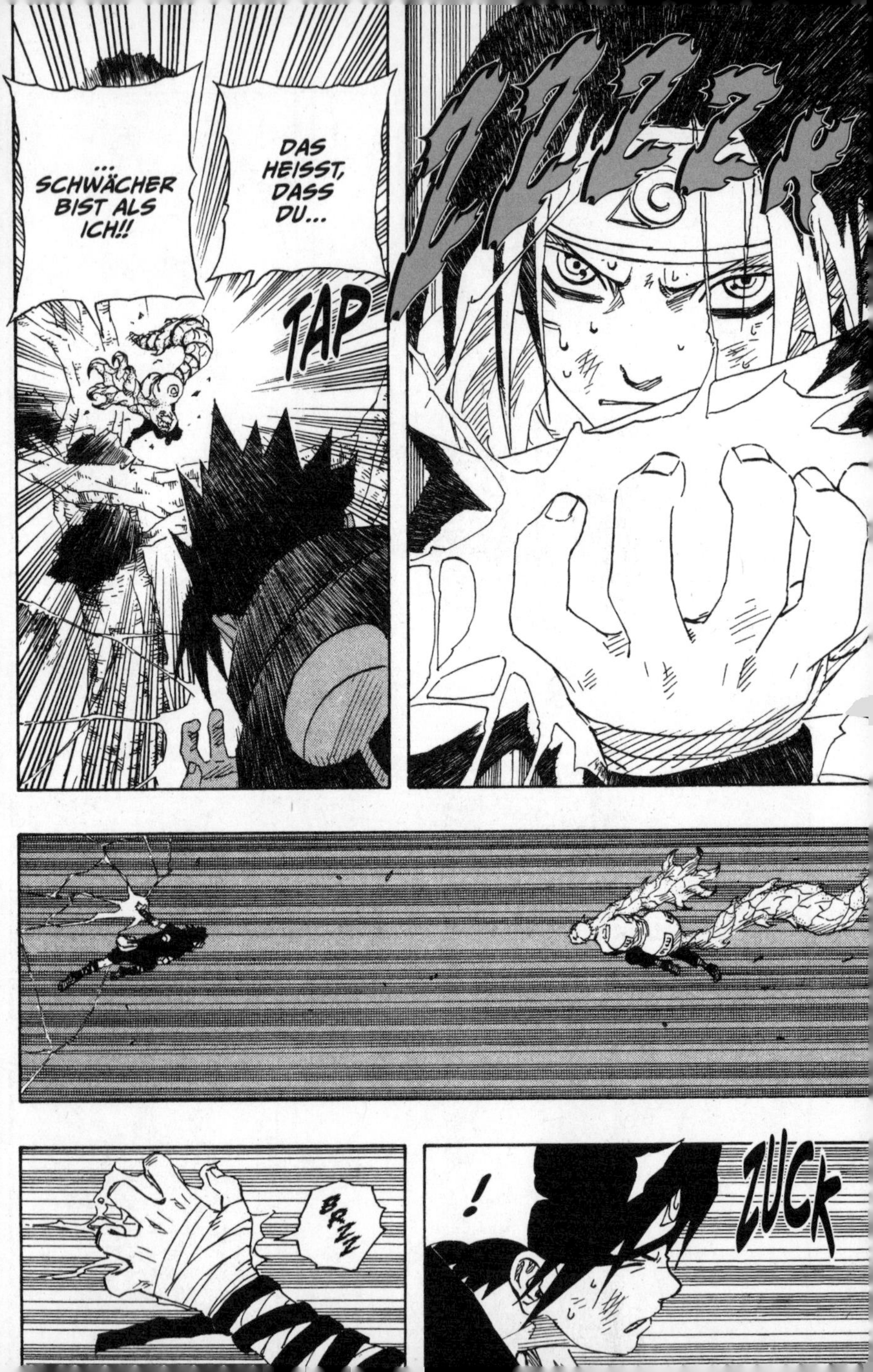
ZZZZK
DAS HEISST, DASS DU...
... SCHWÄCHER BIST ALS ICH!!
TAP
ZUCK
!
BRZZ

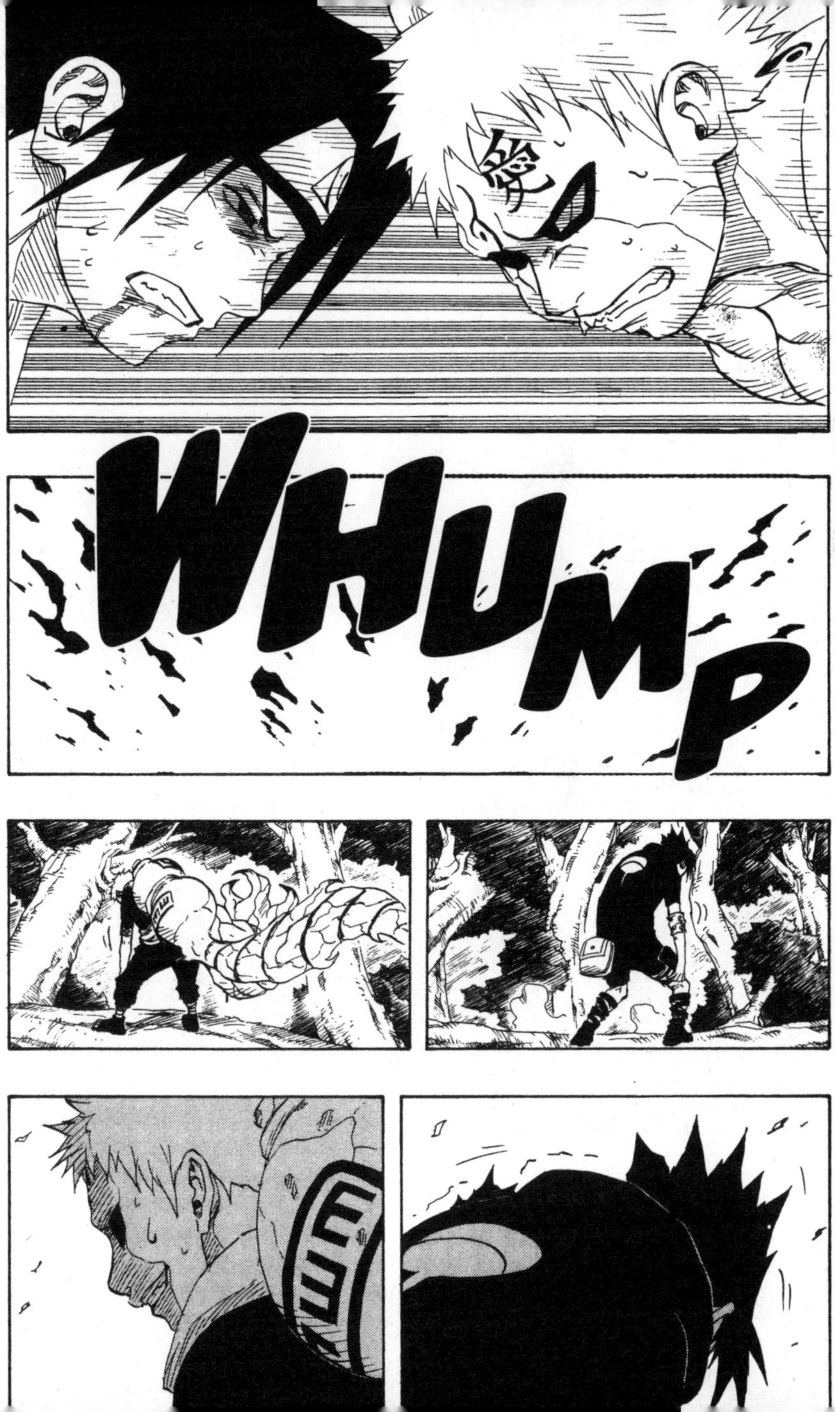
WHUMP

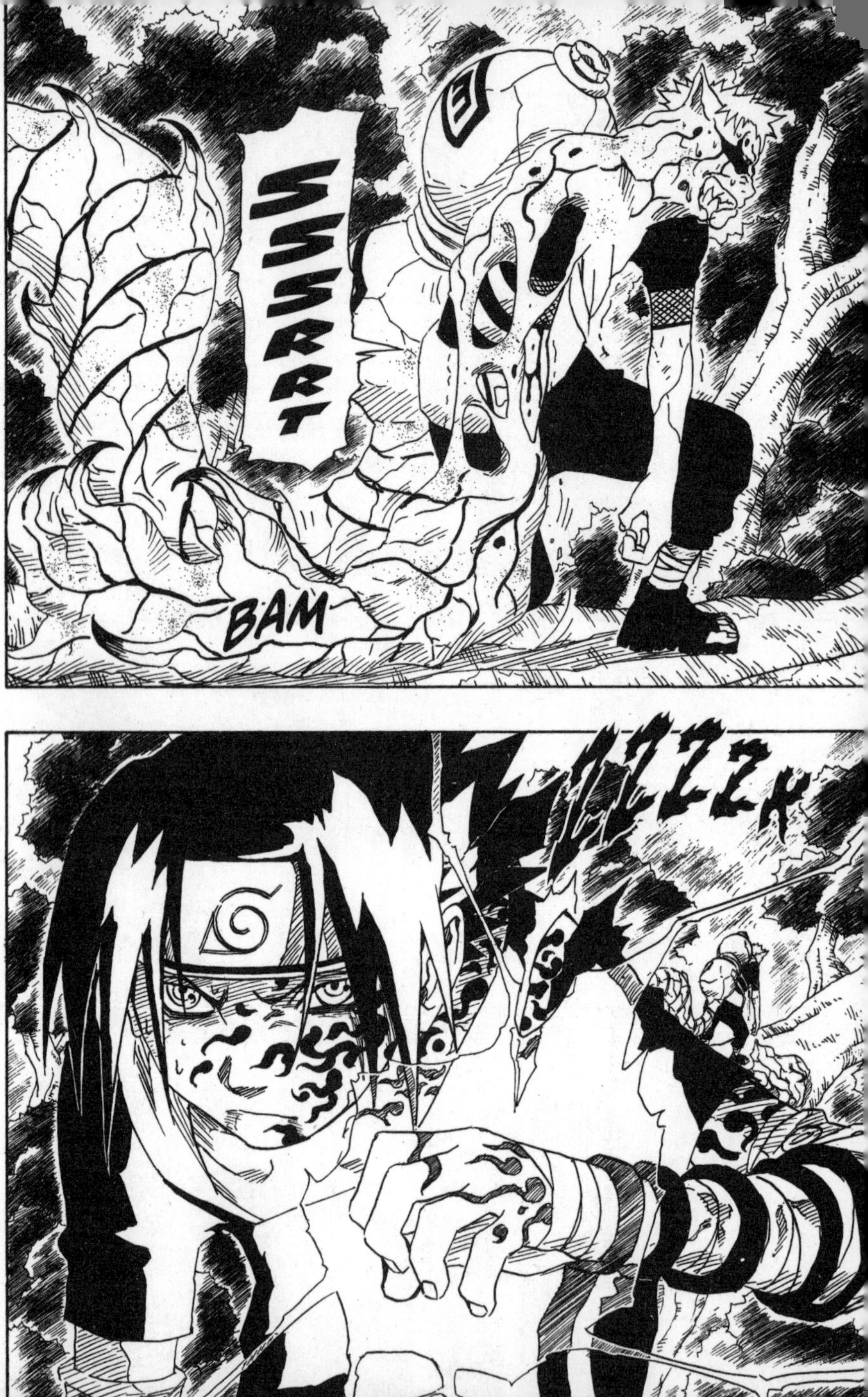
SSSRRT
BAM

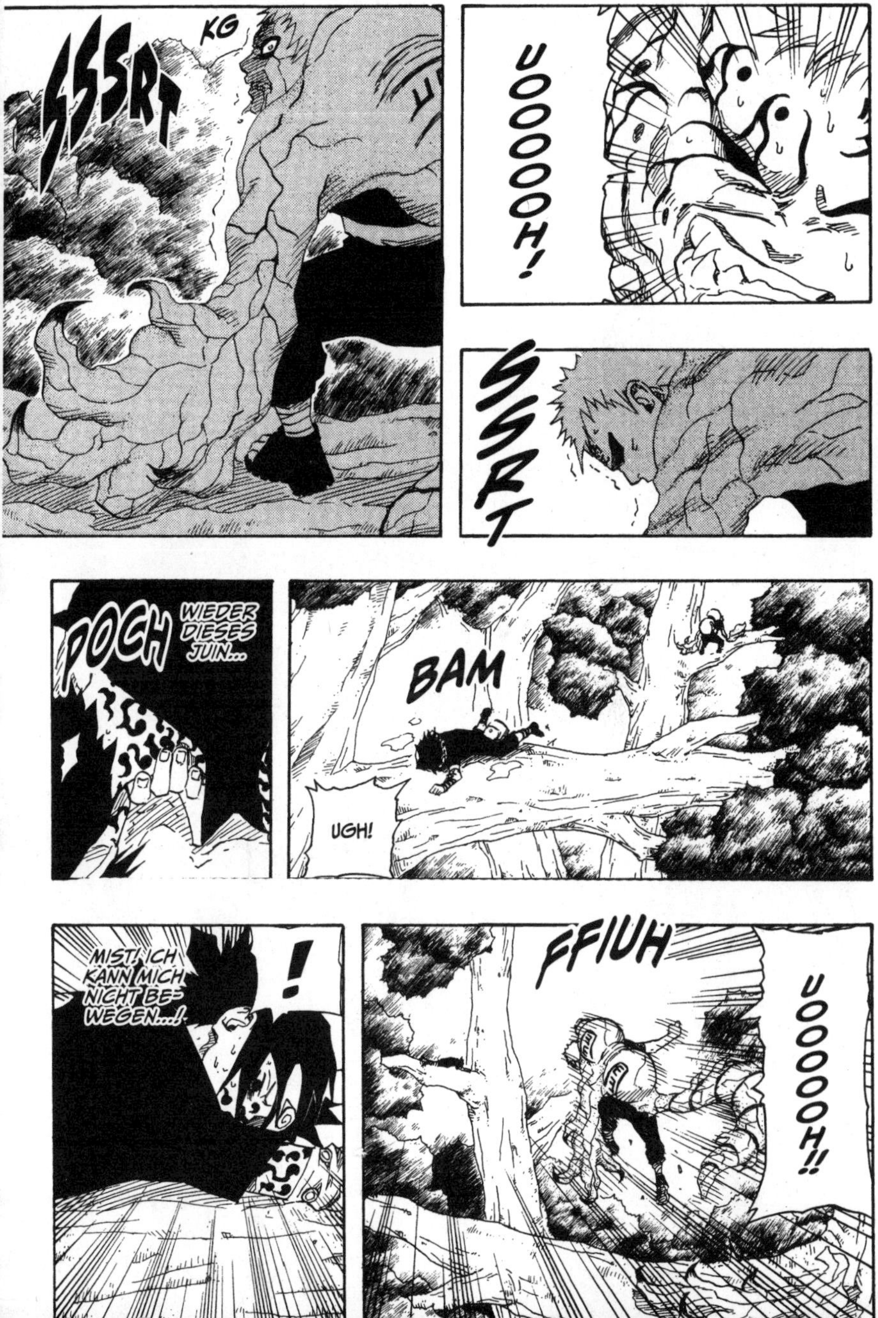

UOOOOOOH!
KG
SSSRT
SSRT
WIEDER DIESES JUIN...
POCH
BAM
UGH!
!
MIST! ICH KANN MICH NICHT BE-WEGEN...!
FFIUH
UOOOOOOH!!

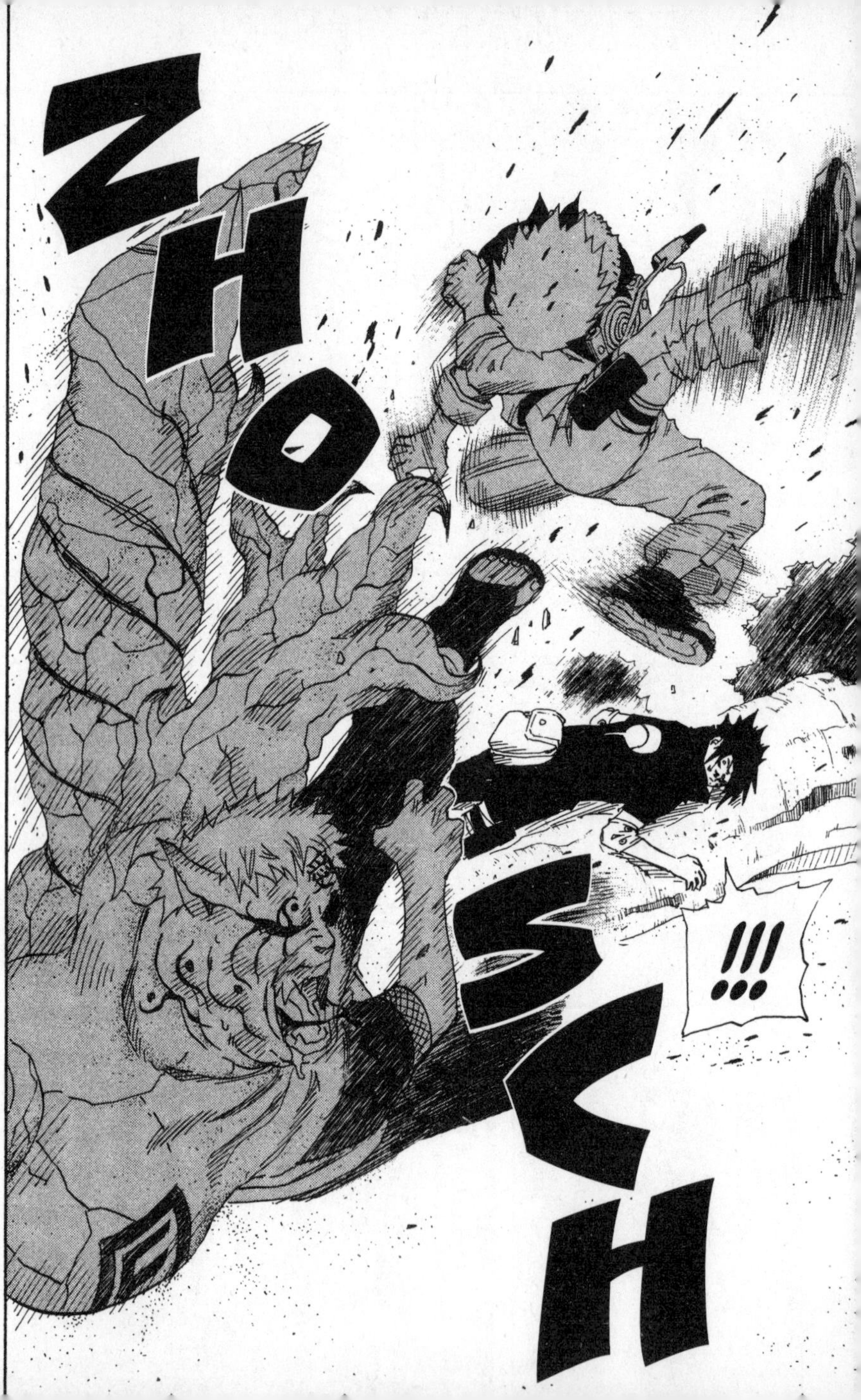
ZHOOSCH
!!!

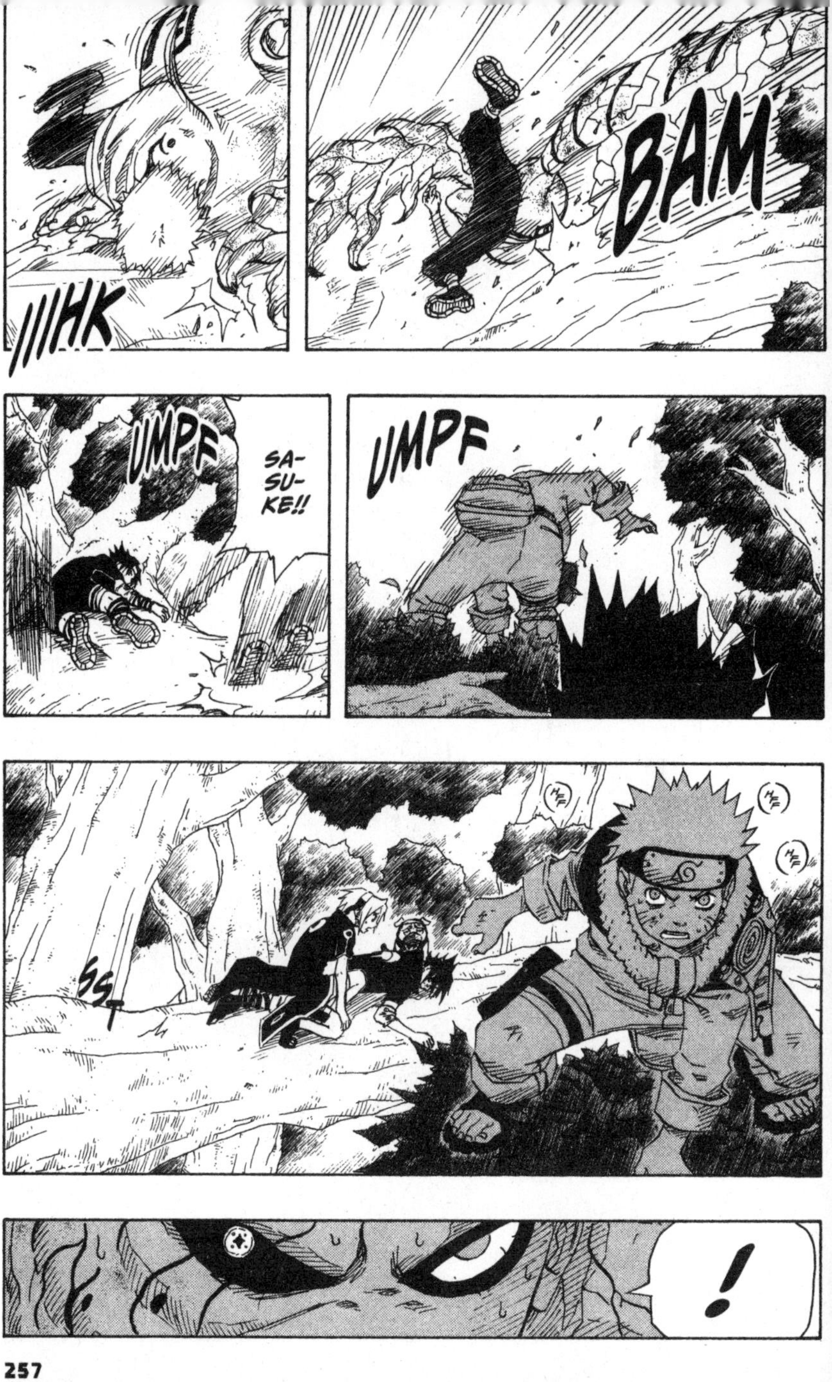
BAM
HK
UMPF
UMPF
SA-SU-KE!!
HEF
HEF
HEF
SST
!

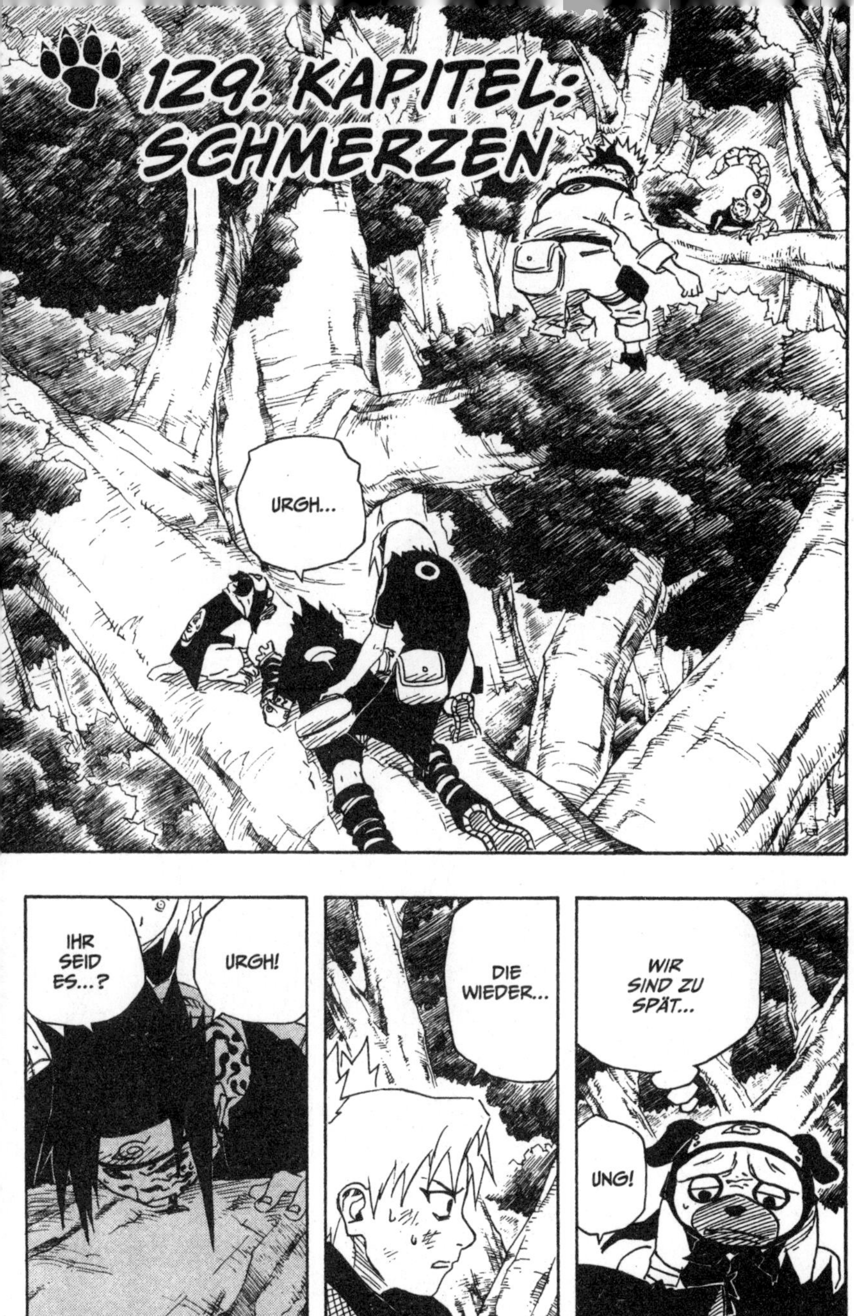
129. KAPITEL: SCHMERZEN
URGH...
WIR SIND ZU SPÄT...
UNG!
DIE WIEDER...
URGH!
IHR SEID ES...?

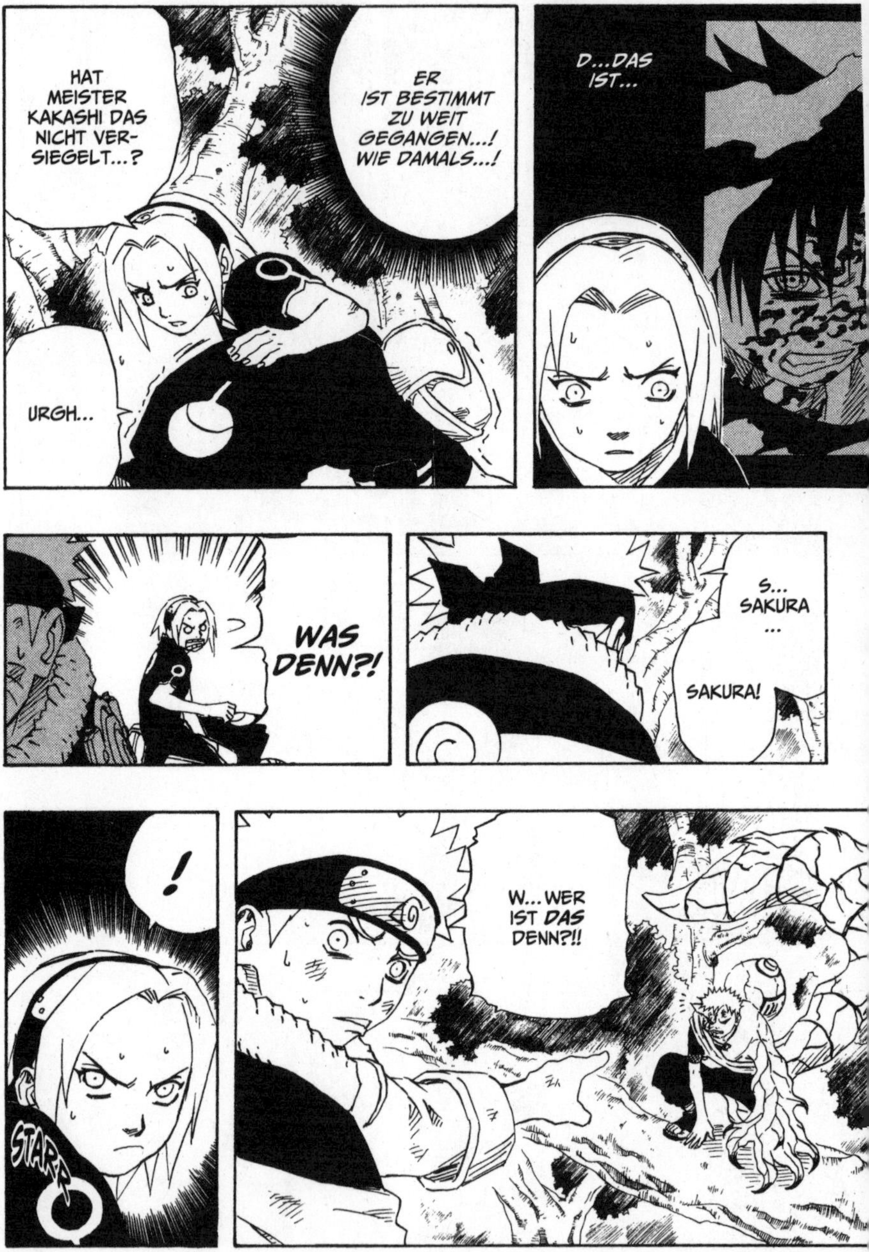
D...DAS IST...
ER IST BESTIMMT ZU WEIT GEGANGEN...! WIE DAMALS...!
HAT MEISTER KAKASHI DAS NICHT VER-SIEGELT...?
URGH...
S... SAKURA ...
SAKURA!
WAS DENN?!
W...WER IST DAS DENN?!!
!
STARR

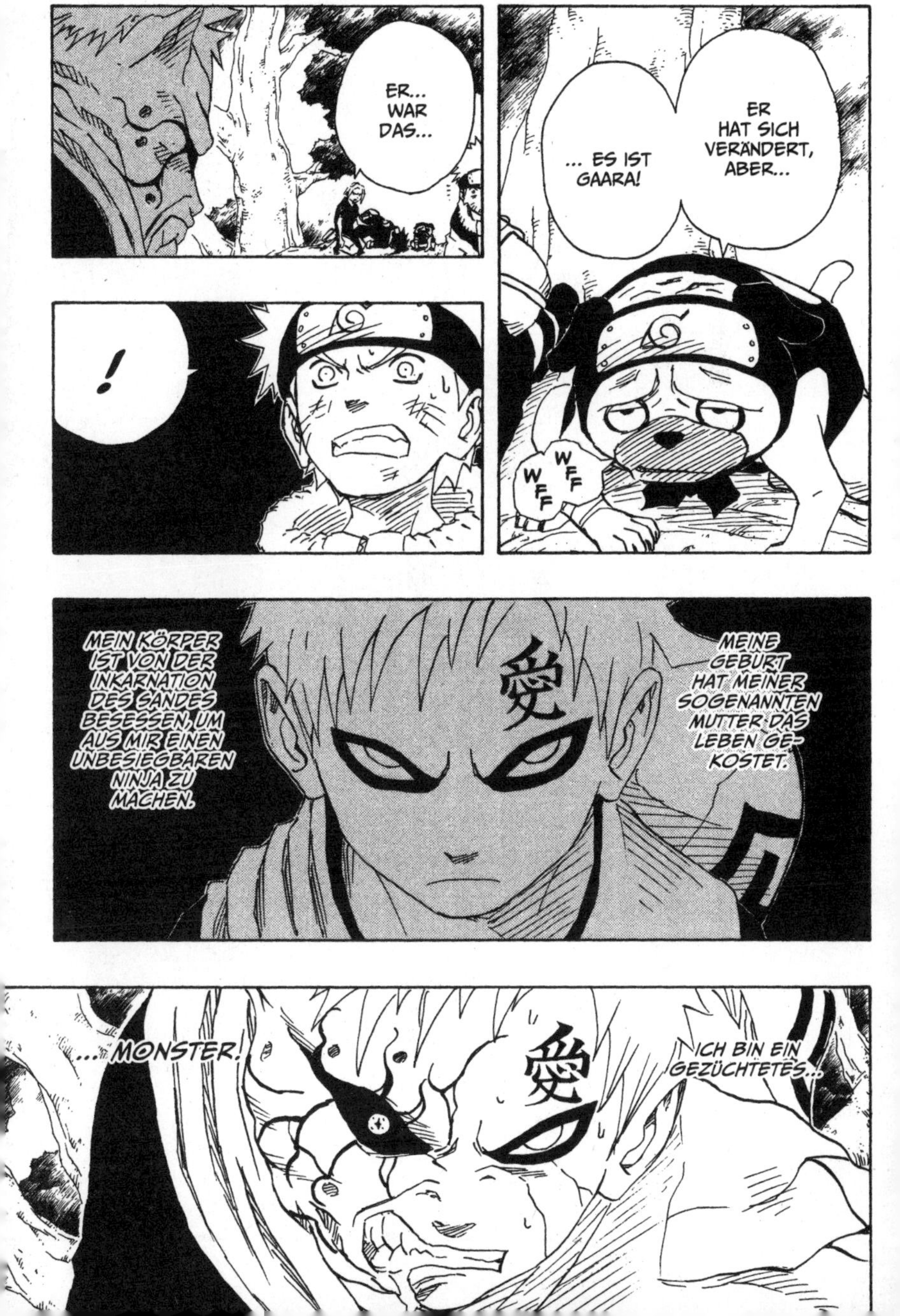
ER HAT SICH VERÄNDERT, ABER...
... ES IST GAARA!
WFF WFF
ER... WAR DAS...
!
MEINE GEBURT HAT MEINER SOGENANNTEN MUTTER DAS LEBEN GEKOSTET.
MEIN KÖRPER IST VON DER INKARNATION DES SANDES BESESSEN, UM AUS MIR EINEN UNBESIEGBAREN NINJA ZU MACHEN.
ICH BIN EIN GEZÜCHTETES...
...MONSTER!

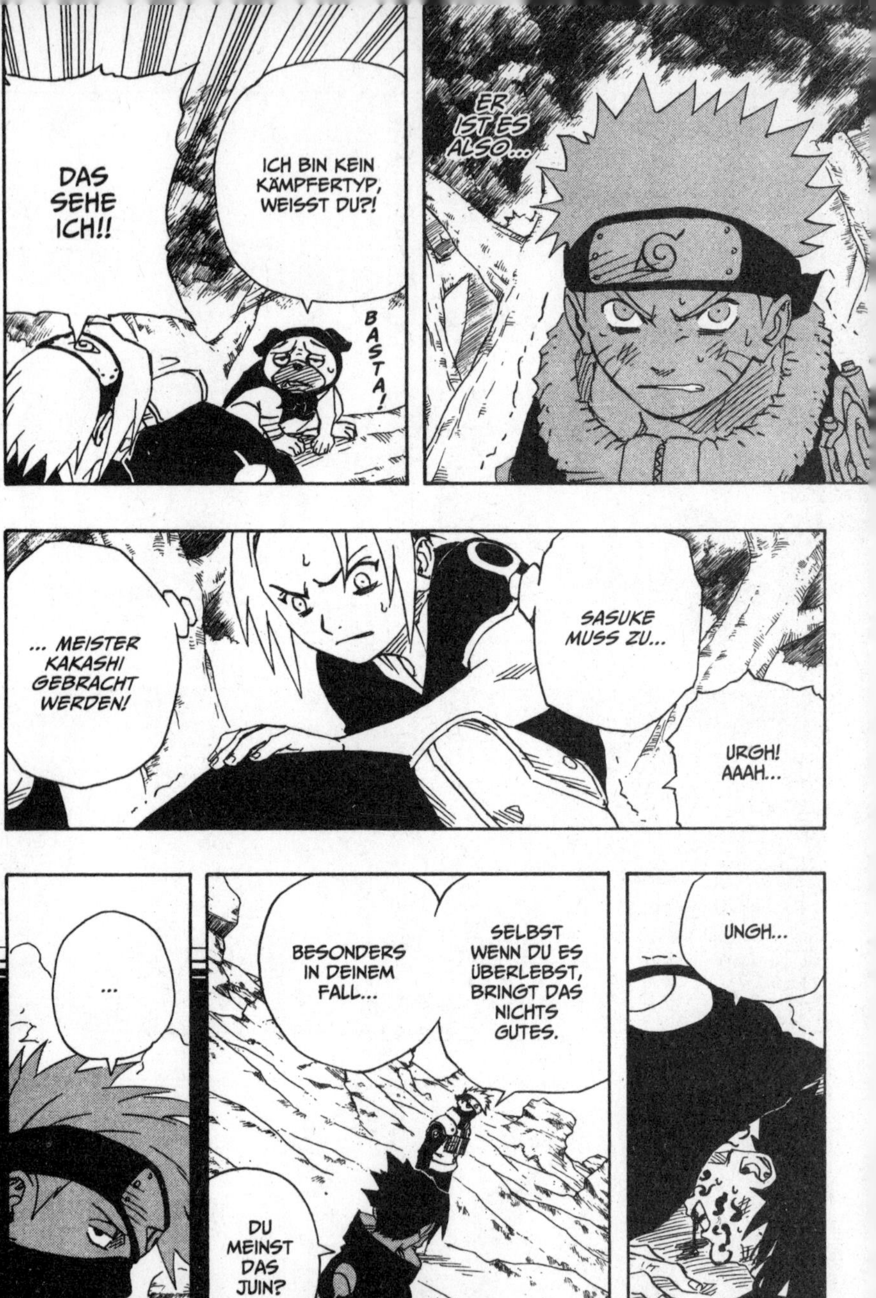
ER IST ES ALSO...
ICH BIN KEIN KÄMPFERTYP, WEISST DU?!
BASTA!
DAS SEHE ICH!!
SASUKE MUSS ZU...
... MEISTER KAKASHI GEBRACHT WERDEN!
URGH! AAAH...
UNGH...
SELBST WENN DU ES ÜBERLEBST, BRINGT DAS NICHTS GUTES.
BESONDERS IN DEINEM FALL...
DU MEINST DAS JUIN?
...

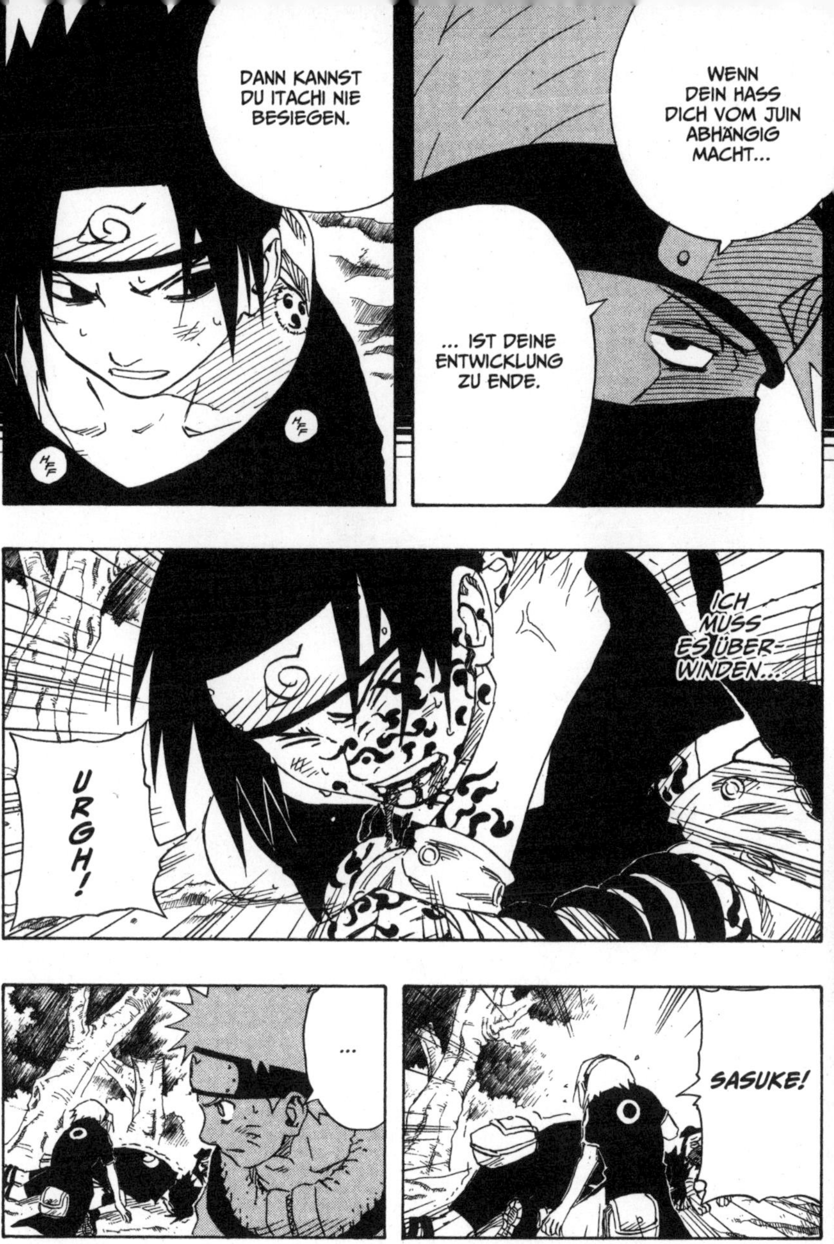
WENN DEIN HASS DICH VOM JUIN ABHÄNGIG MACHT...
... IST DEINE ENTWICKLUNG ZU ENDE.
DANN KANNST DU ITACHI NIE BESIEGEN.
HEF
HEF
ICH MUSS ES ÜBER-WINDEN...
URGH!
SASUKE!
...

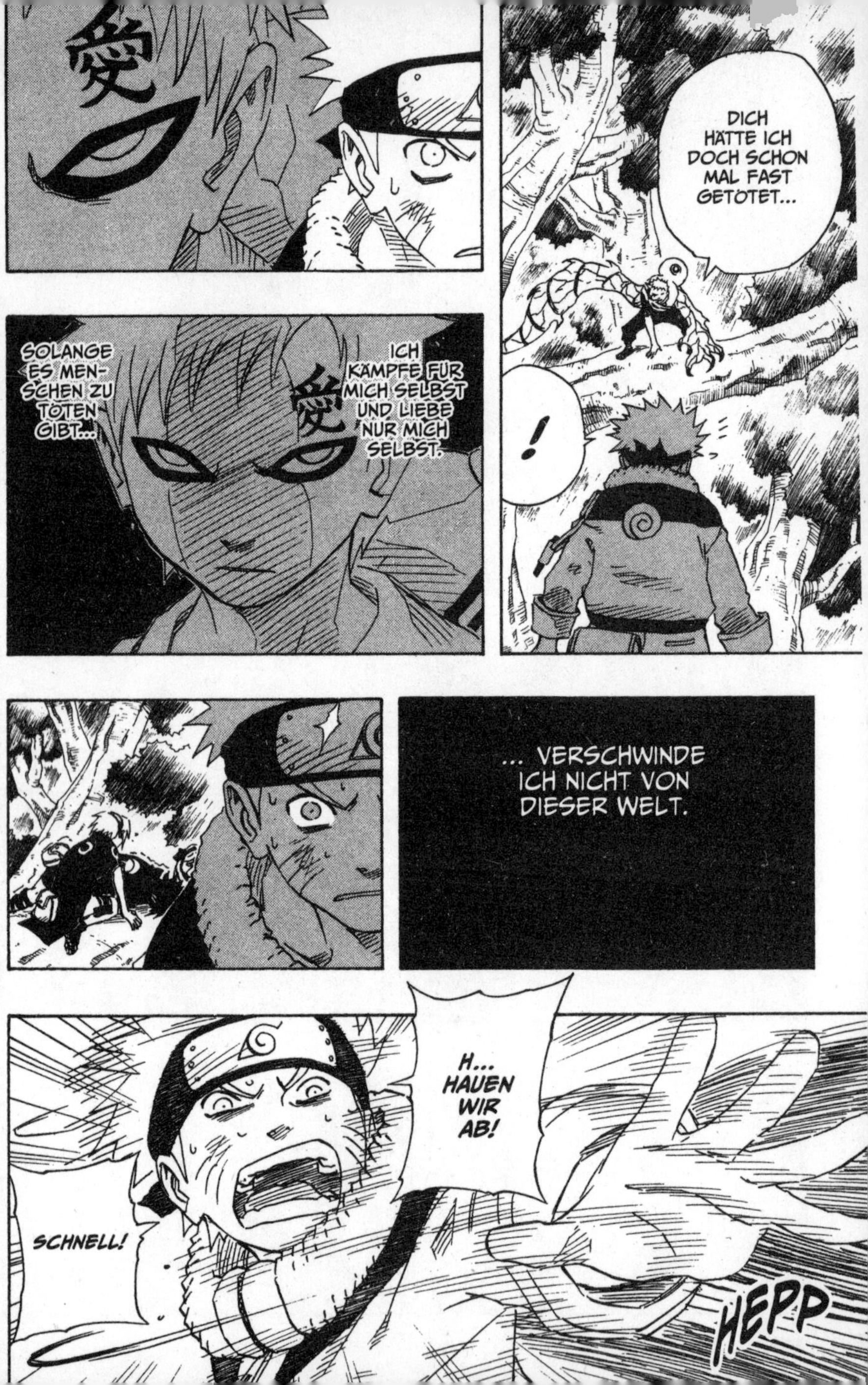
DICH HÄTTE ICH DOCH SCHON MAL FAST GETÖTET...
!
ICH KÄMPFE FÜR MICH SELBST UND LIEBE NUR MICH SELBST.
SOLANGE ES MEN-SCHEN ZU TÖTEN GIBT...
... VERSCHWINDE ICH NICHT VON DIESER WELT.
H... HAUEN WIR AB!
SCHNELL!
HEPP

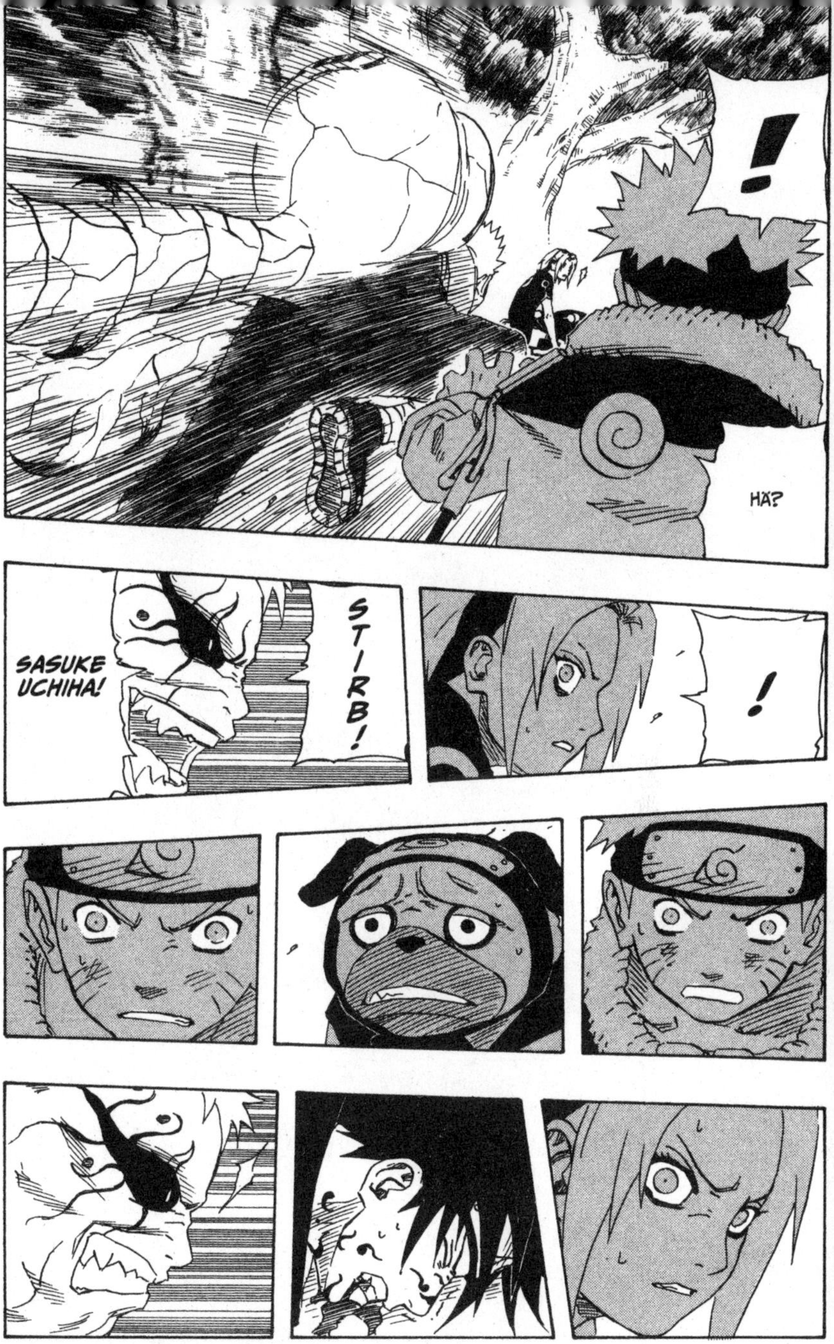
!
HÄ?
!
STIRB!
SASUKE UCHIHA!

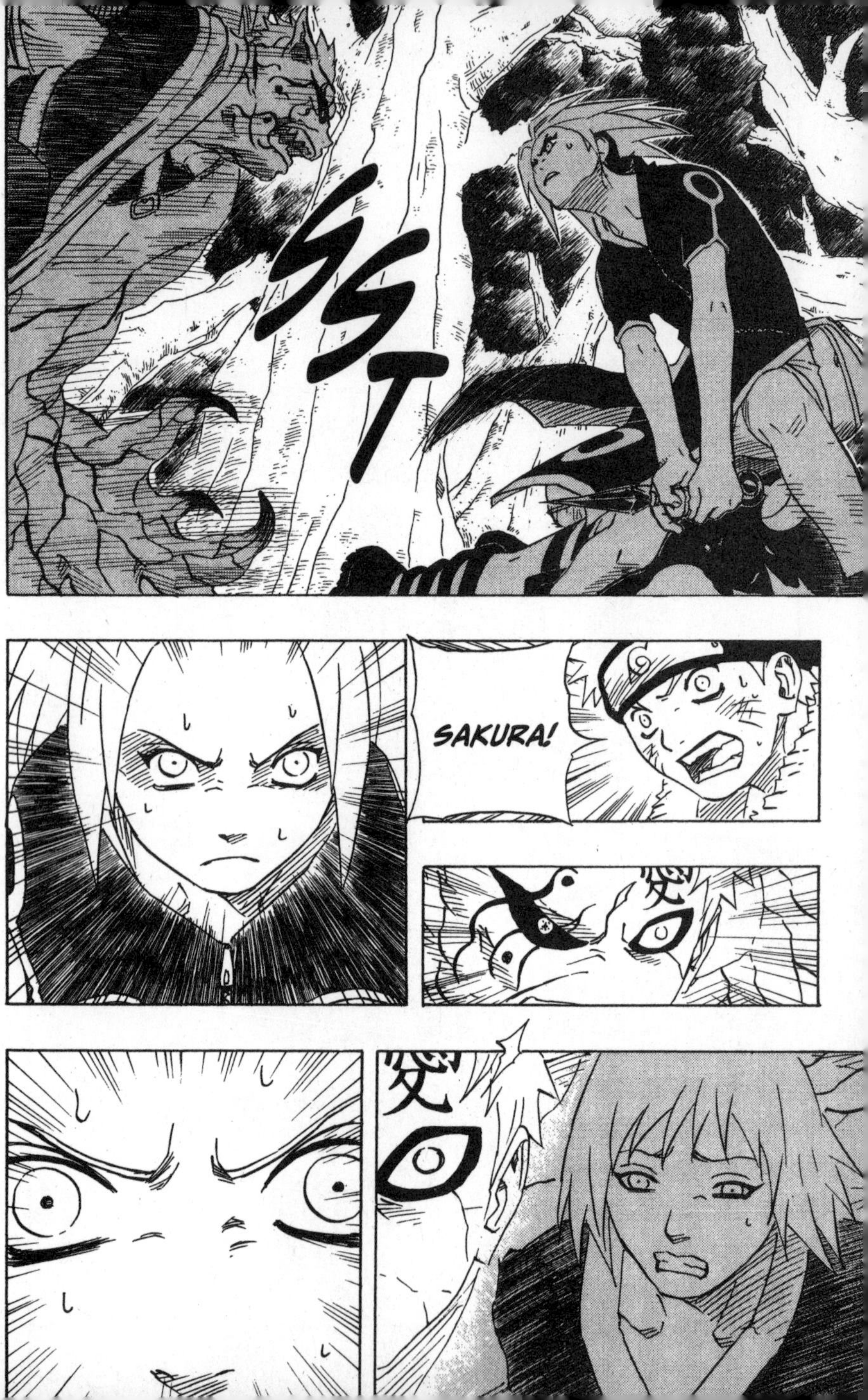
SST
SAKURA!

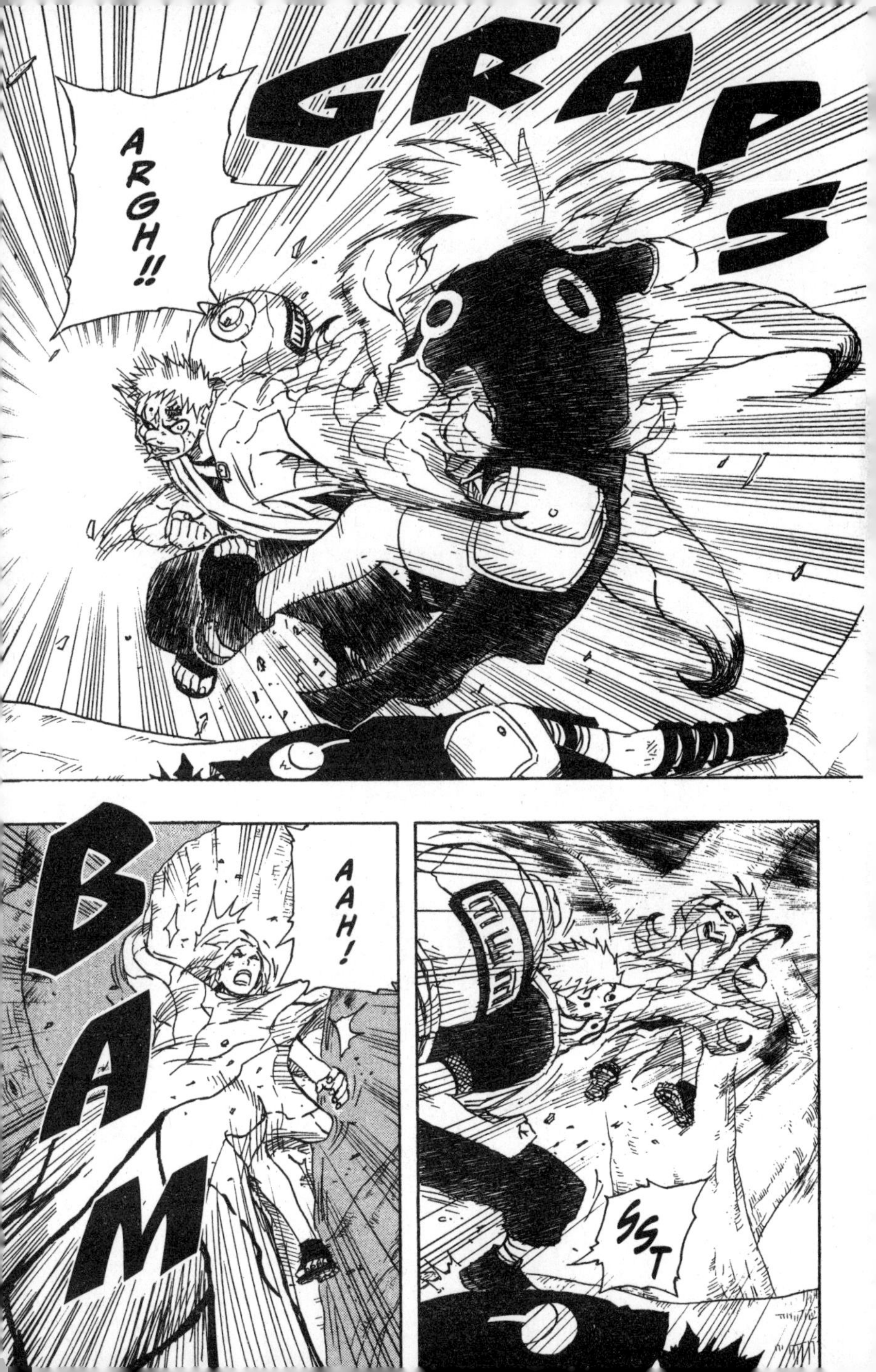
GRAPS
ARGH!!
SST
BAM
AAH!

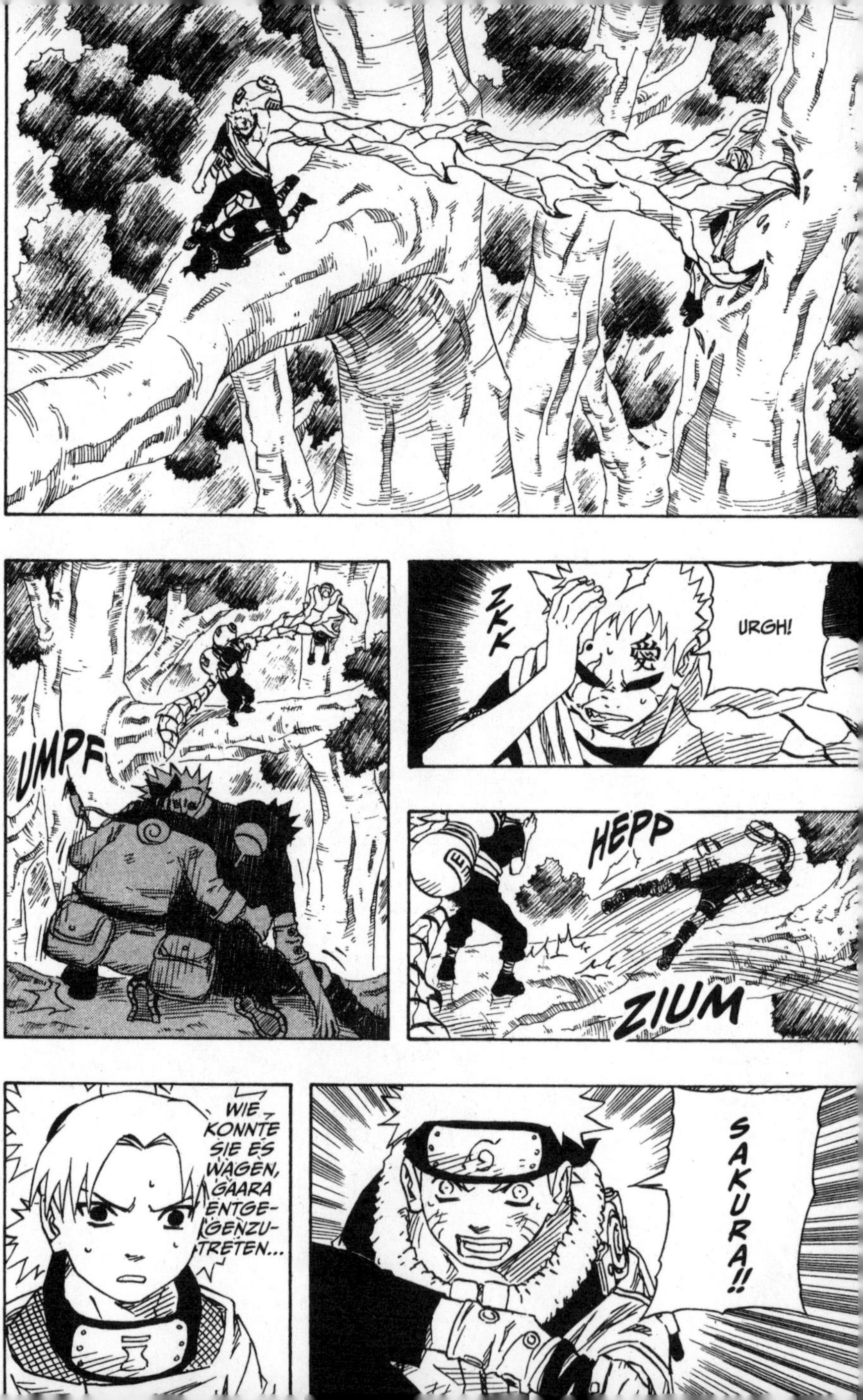
ZKK
URGH!
HEPP
ZIUM
UMPF
SAKURA!!
WIE KONNTE SIE ES WAGEN, GAARA ENTGEGENZUTRETEN...

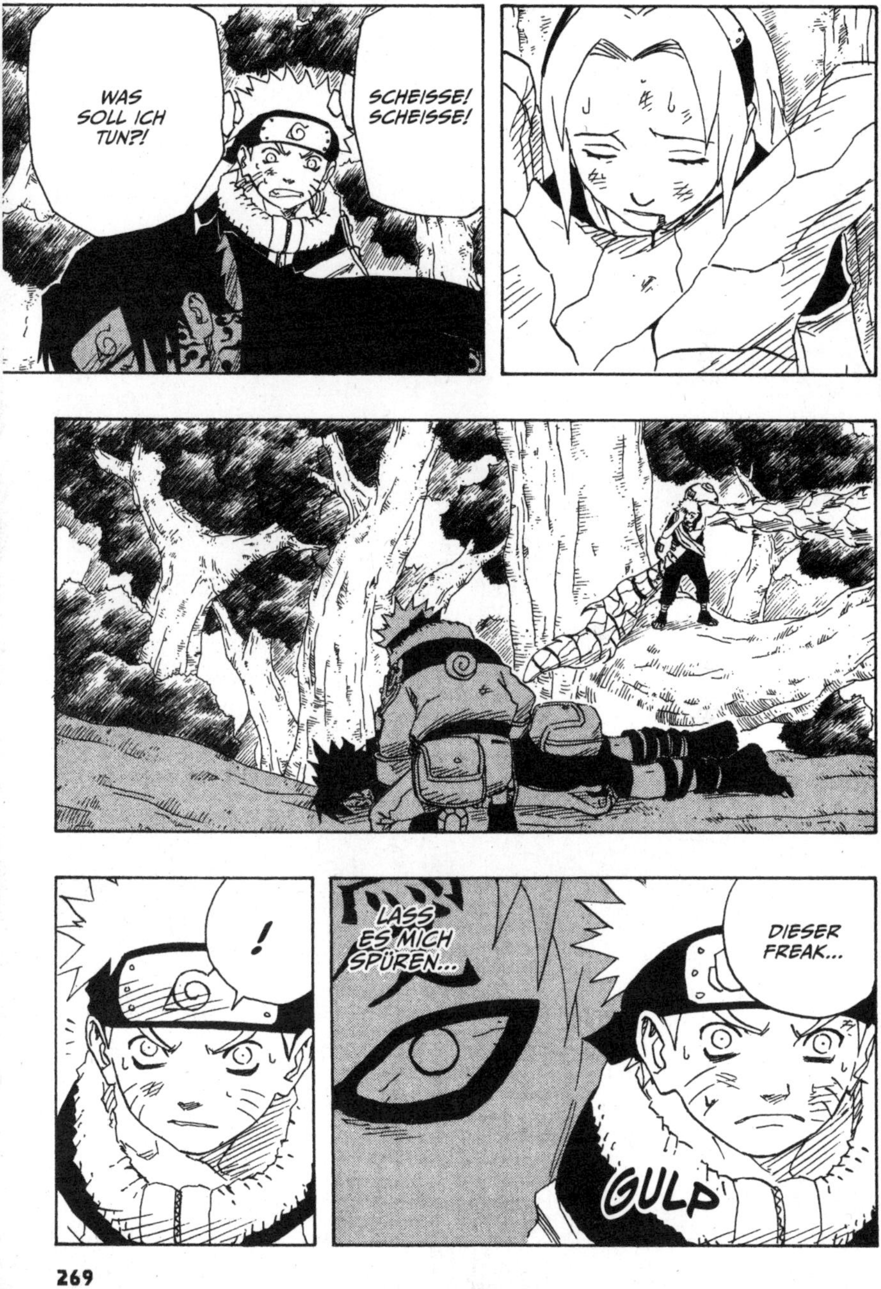
SCHEISSE! SCHEISSE!
WAS SOLL ICH TUN?!
DIESER FREAK...
LASS ES MICH SPÜREN...
GULP
!

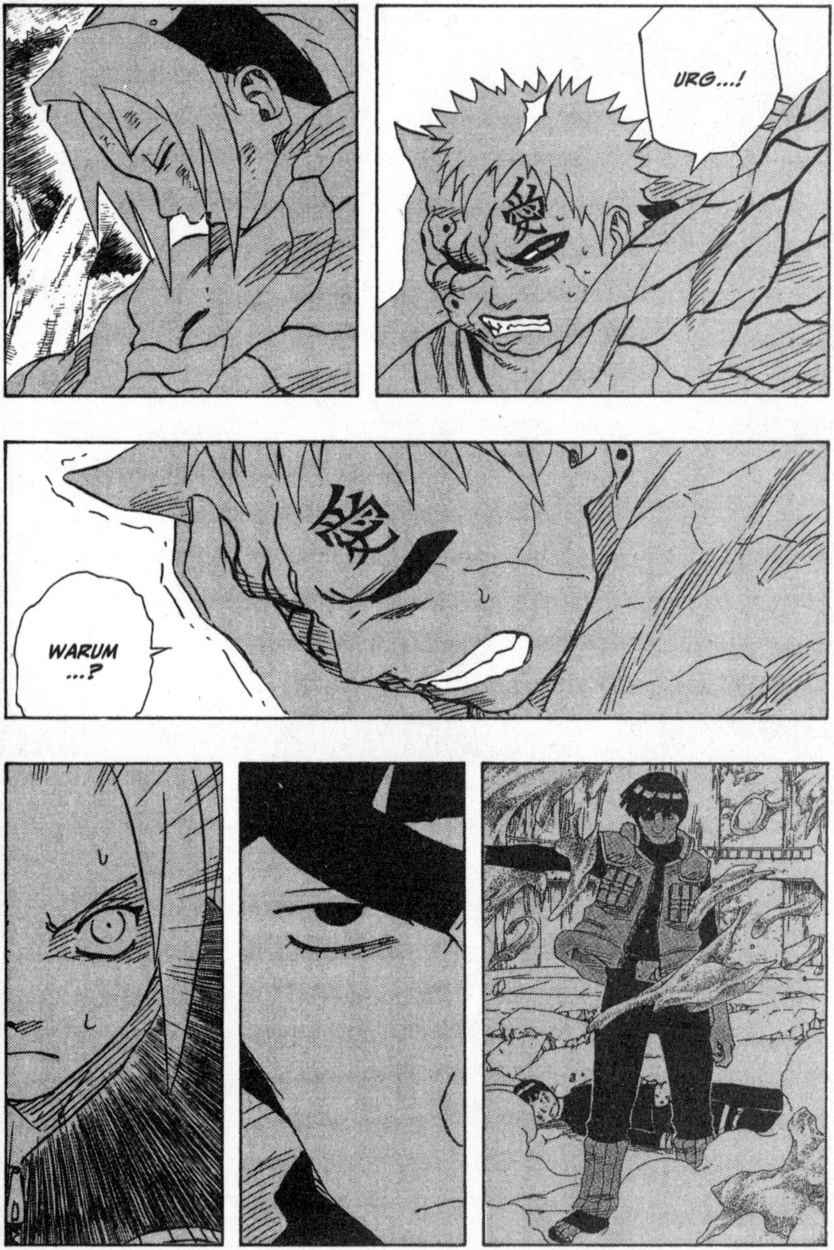
URG...!
WARUM ...?

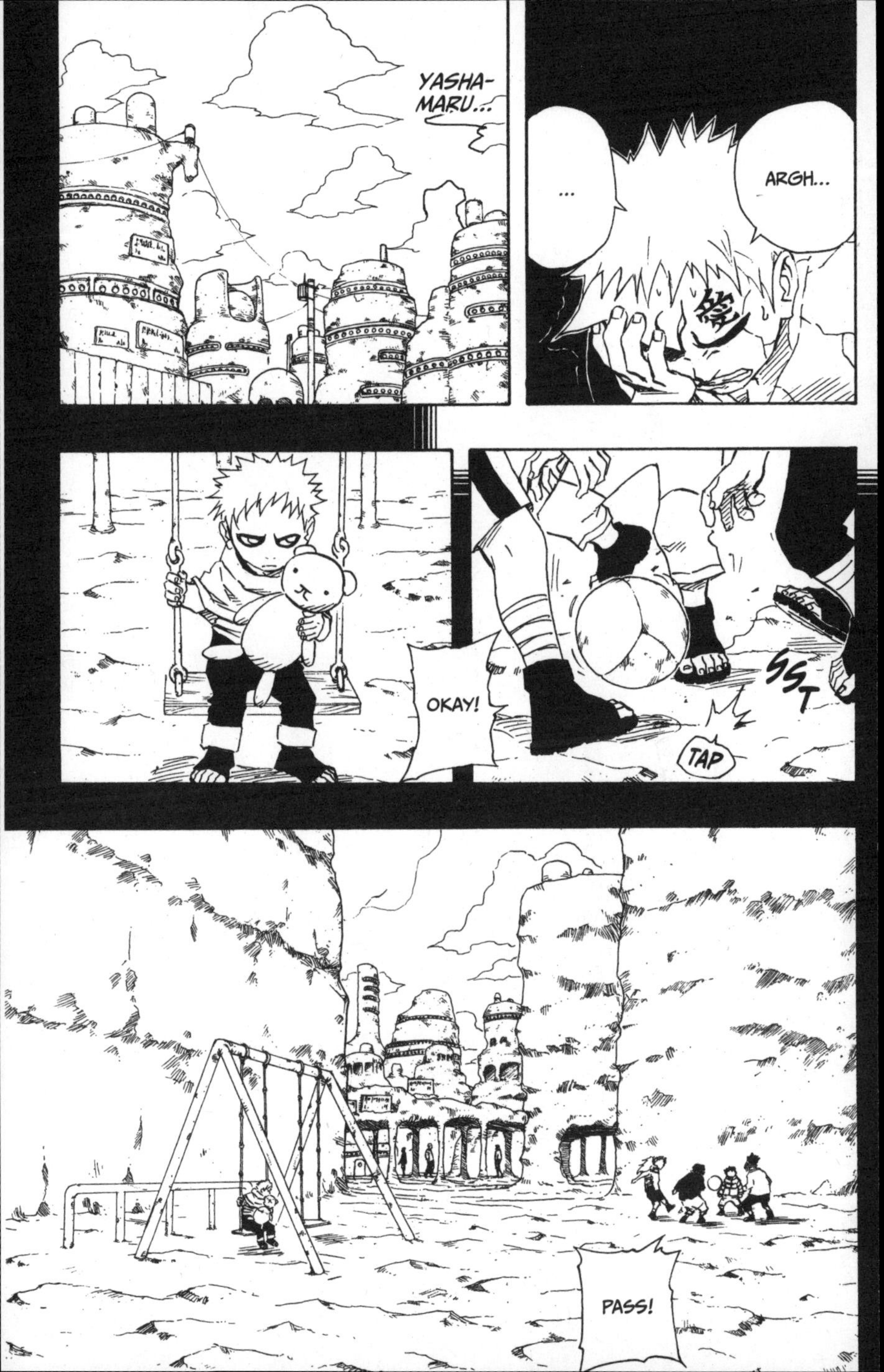
YASHA-
MARU...
...
ARGH...
OKAY!
TAP
SST
PASS!

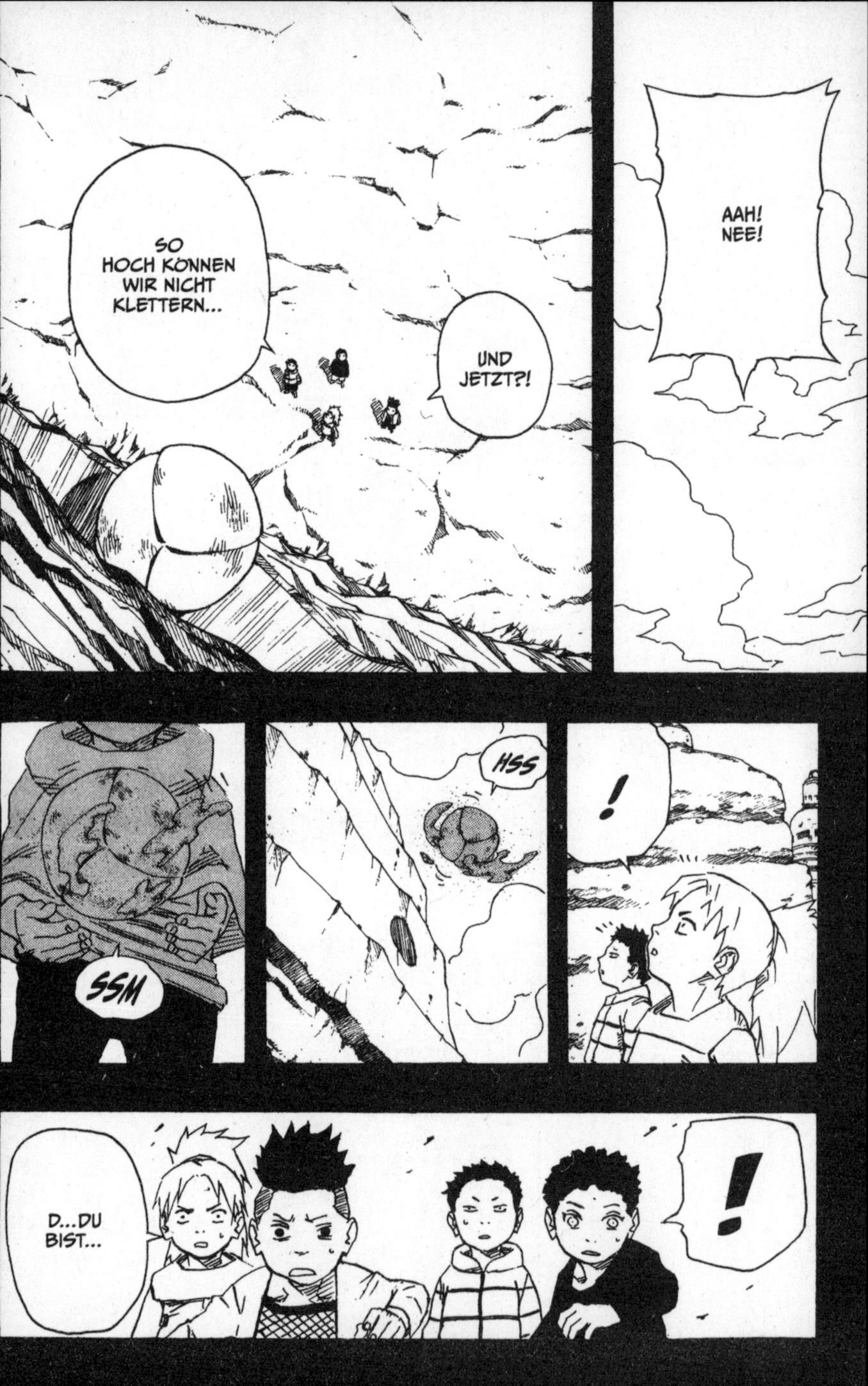
AAH! NEE!
UND JETZT?!
SO HOCH KÖNNEN WIR NICHT KLETTERN...
HSS
SSM
!
!
D...DU BIST...

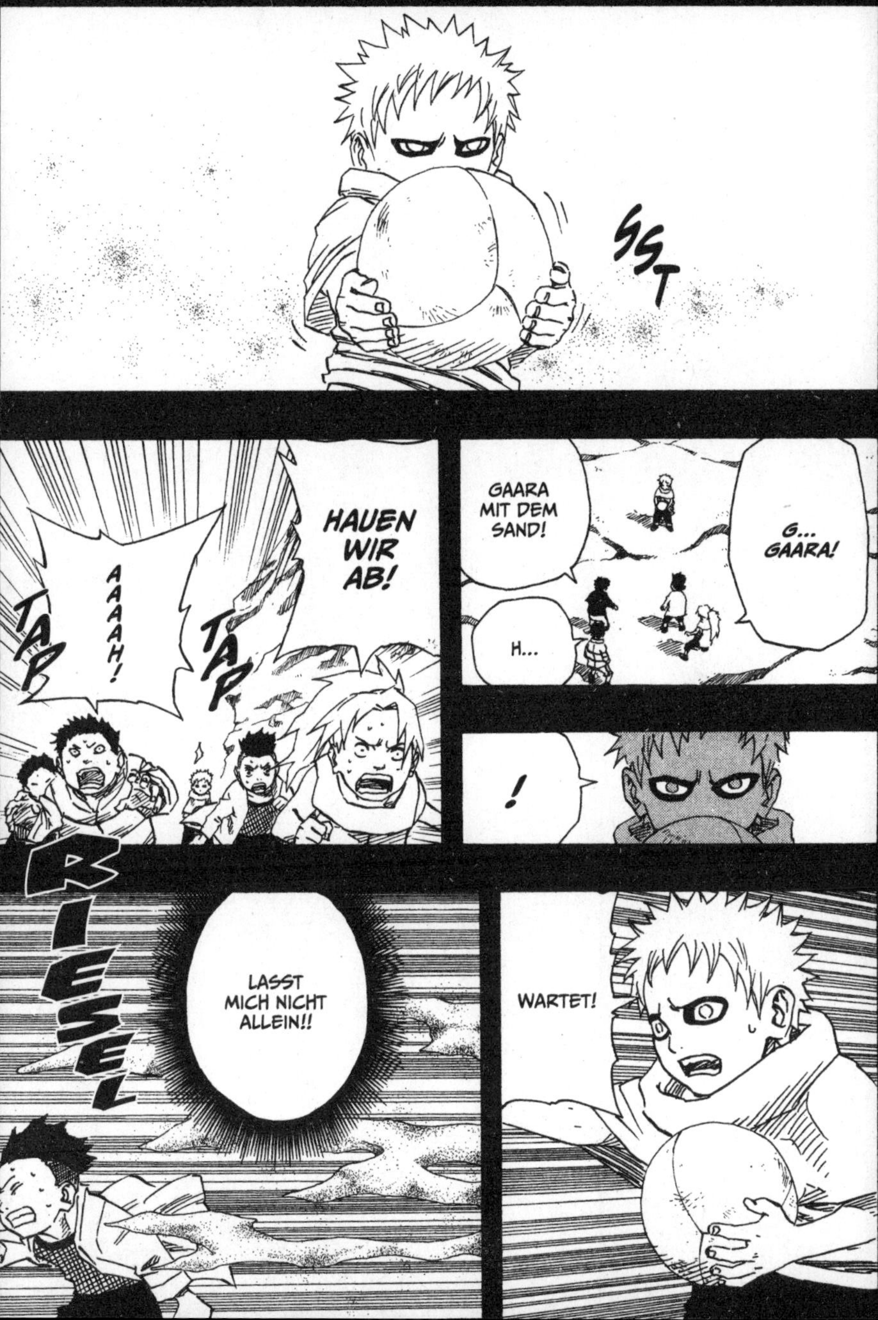
SST
G... GAARA!
GAARA MIT DEM SAND!
H...
HAUEN WIR AB!
AAAAAH!
TAP
TAP
!
WARTET!
LASST MICH NICHT ALLEIN!!
RIESEL

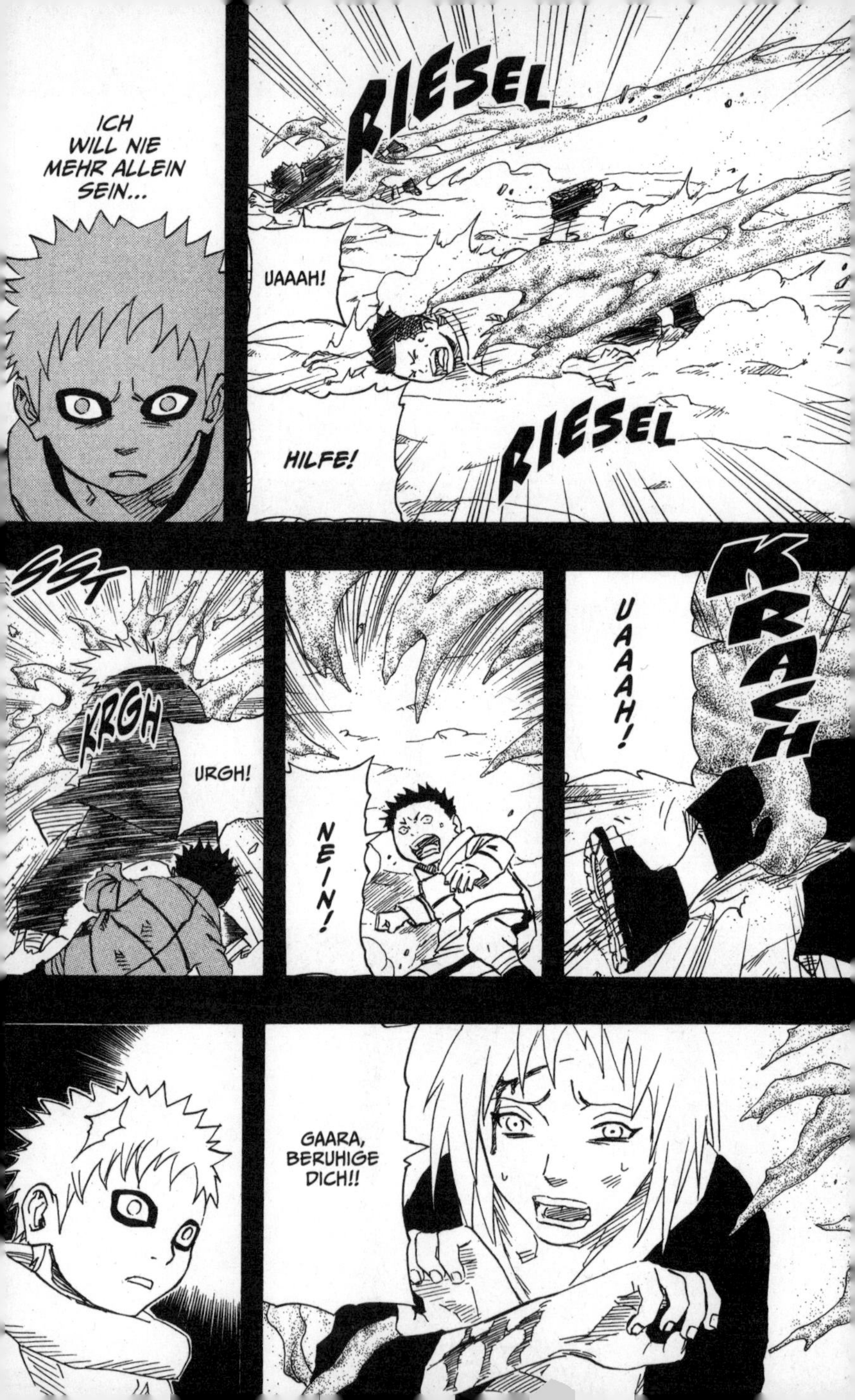
RIESEL
UAAAH!
HILFE!
RIESEL
ICH WILL NIE MEHR ALLEIN SEIN...
KRACH
UAAAH!
NEIN!
SST
KRGH
URGH!
GAARA, BERUHIGE DICH!!

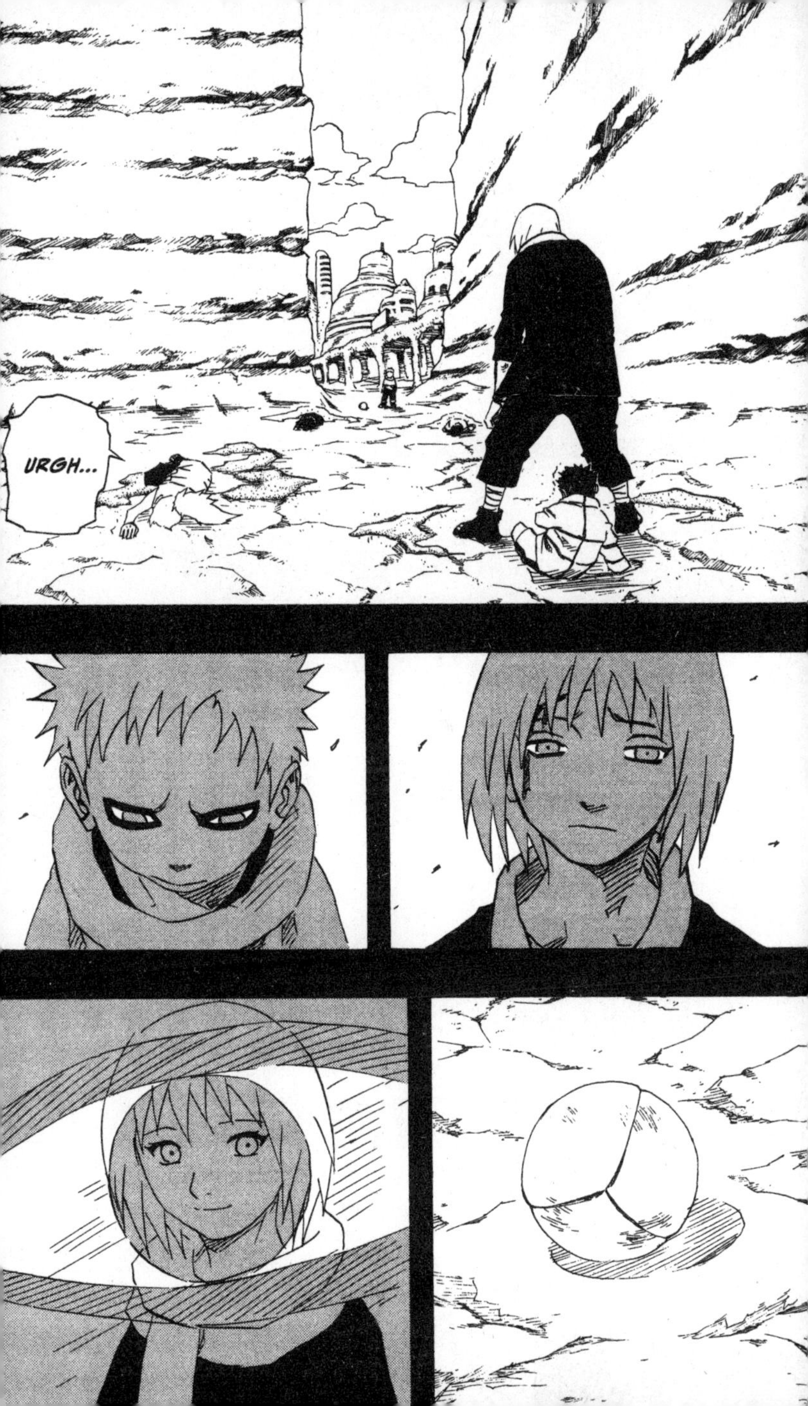
URGH...

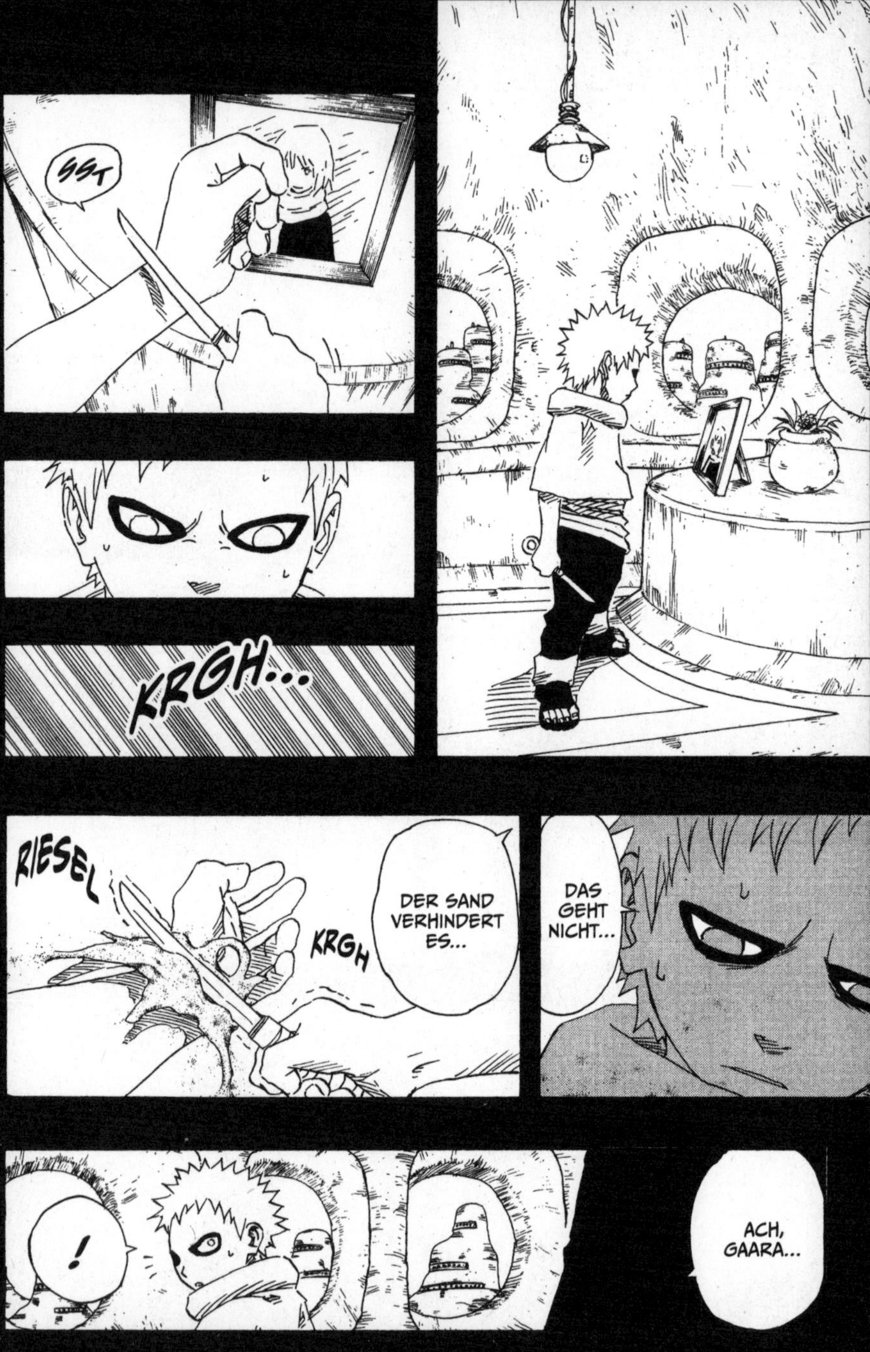
SST
KRGH...
RIESEL
KRGH
DER SAND VERHINDERT ES...
DAS GEHT NICHT...
ACH, GAARA...
!

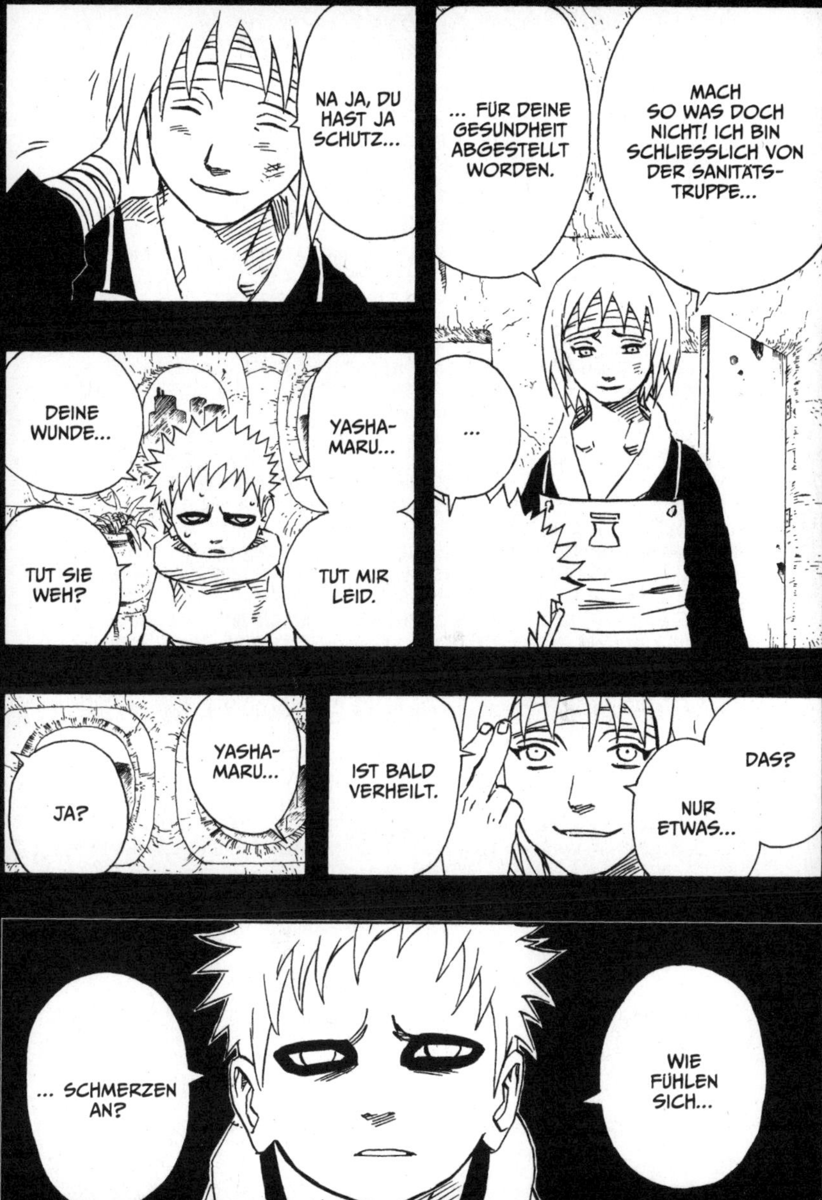
MACH SO WAS DOCH NICHT! ICH BIN SCHLIESSLICH VON DER SANITÄTS-TRUPPE...
... FÜR DEINE GESUNDHEIT ABGESTELLT WORDEN.
NA JA, DU HAST JA SCHUTZ...
...
YASHA-MARU...
TUT MIR LEID.
DEINE WUNDE...
TUT SIE WEH?
DAS?
NUR ETWAS...
IST BALD VERHEILT.
YASHA-MARU...
JA?
WIE FÜHLEN SICH...
... SCHMERZEN AN?

MASASHI KISHIMOTOS WELT LEBENSGESCHICHTE – TEIL 21

SEIT ICH IM ZWEITEN JAHR MEINES STUDIUMS DIE BEIDEN ZEICHNENDEN KOLLEGEN KENNENGELERNT HATTE, SUCHTE ICH EINE BESTIMMTE MANGA-ZEITSCHRIFT AUS UND ZEICHNETE GEZIELT FÜR IHREN WETTBEWERB. DER NACHWUCHSFÖRDERPREIS IST NÄMLICH VON ZEITSCHRIFT ZU ZEITSCHRIFT UNTERSCHIEDLICH.
JEDE ZEITSCHRIFT HAT EINE BESTIMMTE RICHTUNG UND MAN MUSS SICH AN SIE ANPASSEN, WENN MAN EINEN PREIS GEWINNEN WILL.
WENN EIN KAMPF-ACTION-MANGA MIT HARTEN MÄNNLICHEN CHARAKTEREN BEIM WETTBEWERB EINER SHOJO-MANGA-ZEITSCHRIFT EINGEREICHT WIRD, LANDET ER SOFORT NACH EINEM FLÜCHTIGEN BLICK IM MÜLLEIMER ODER WIRD AN DEN ABSENDER ZURÜCKGESCHICKT!
OKAY, DAS WAR EIN EXTREMES BEISPIEL... ABER MAN MUSS AUF JEDEN FALL DEN SCHWERPUNKT DER ZEITSCHRIFT BEACHTEN, SONST HAT MAN KEINE CHANCE!
ES IST ABER ECHT SCHWIERIG, DIE RICHTUNGEN DER SEINEN-SHI (JUGENDZEITSCHRIFTEN) UND DER SHONEN-SHI (JUNGENZEITSCHRIFTEN) ZU UNTERSCHEIDEN. DIE BEIDEN ÄHNELN SICH SO, DASS MAN SIE LEICHT VERWECHSELN KANN. AUCH BEI MIR WAR DAS DER FALL. ICH ZEICHNETE IN EINEM STIL, DER ZWISCHEN SEINEN-SHI UND SHONEN-SHI LAG. DENN ICH BIN SOWOHL VON »DRAGON BALL« AUS EINER SHONEN-SHI ALS AUCH VON »AKIRA« AUS EINER SEINEN-SHI BEEINFLUSST. WAS ICH AUCH VERSUCHTE, DIE BEIDEN RICHTUNGEN VERMISCHTEN SICH EINFACH. ABER ICH MUSSTE MICH FÜR EINE DER BEIDEN ENTSCHEIDEN, DENN IHRE ZEICHENSTILE, DIALOGE, STIMMUNGEN, THEMEN UND INSZENIERUNGEN SIND LETZTENDLICH DOCH ZIEMLICH UNTERSCHIEDLICH.
SCHLIESSLICH ENTSCHIED ICH MICH FÜR DIE SEINEN-SHI, ANDERS ALS JETZT. DENN SOWOHL MEIN ZEICHENSTIL ALS AUCH MEINE STORYS WAREN DAMALS STÄRKER VON »AKIRA« BEEINFLUSST. AUSSERDEM GLAUBTE ICH, ICH PASSE BESSER DAZU. ABER ALS ICH ANFING, GEZIELT FÜR DIE SEINEN-SHI ZU ZEICHNEN, WAR ICH IRGENDWIE UNSICHER UND ES GING NICHT WEITER... ICH MUSSTE MIR ÜBERLEGEN, WAS ICH WIRKLICH ZEICHNEN WOLLTE. UND LANGSAM TAUCHTE AUF, WAS IN MEINEM INNERSTEN VERBORGEN WAR...
(DA IHR »NARUTO« IN DEN HÄNDEN HALTET, WISST IHR JA SCHON, WAS AUS MIR GEWORDEN IST!)

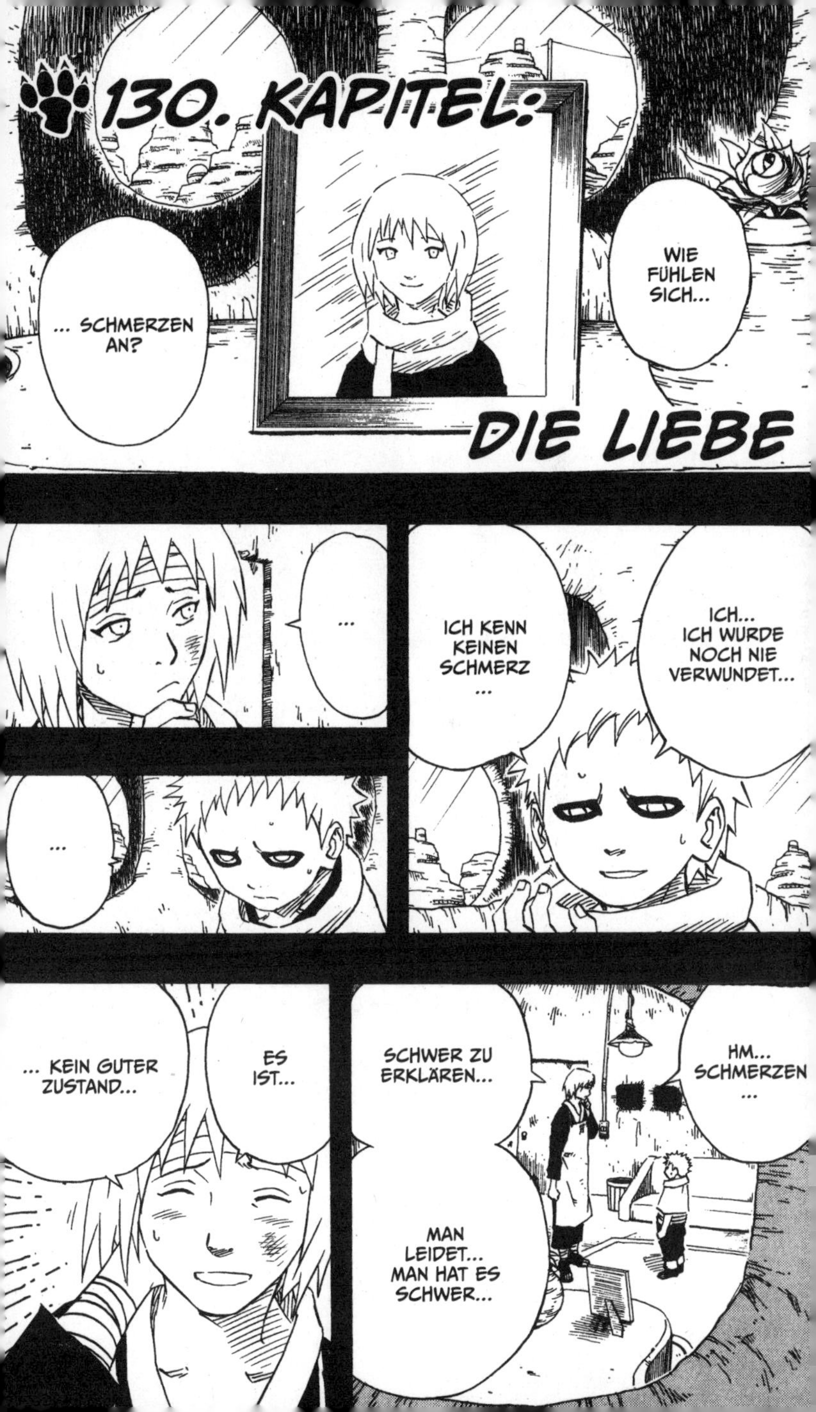
130. KAPITEL:
DIE LIEBE
WIE FÜHLEN SICH...
... SCHMERZEN AN?
ICH... ICH WURDE NOCH NIE VERWUNDET...
ICH KENN KEINEN SCHMERZ ...
...
...
HM... SCHMERZEN ...
SCHWER ZU ERKLÄREN...
MAN LEIDET... MAN HAT ES SCHWER...
ES IST...
... KEIN GUTER ZUSTAND...

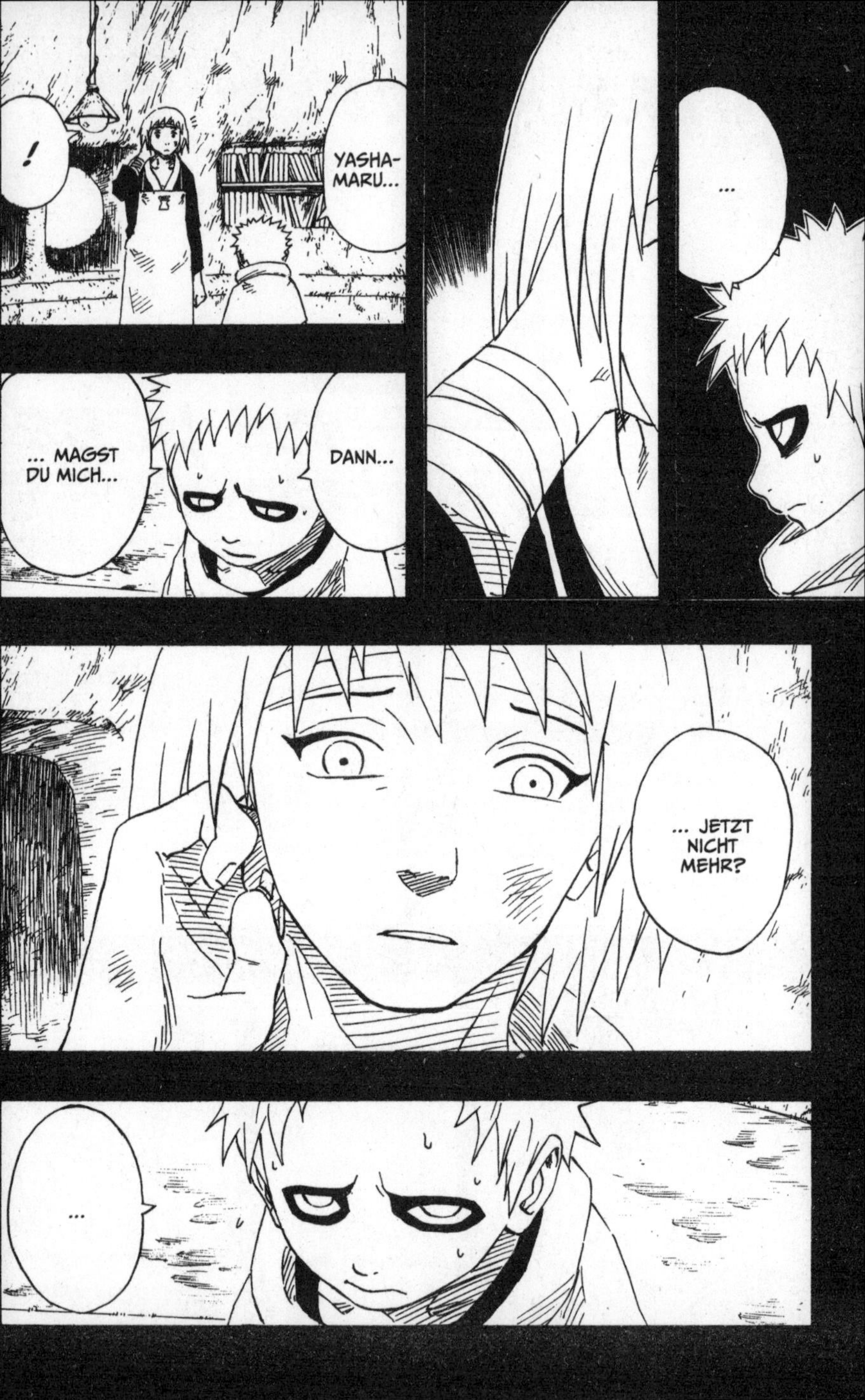
YASHA-MARU...
!
...
DANN...
... MAGST DU MICH...
... JETZT NICHT MEHR?
...

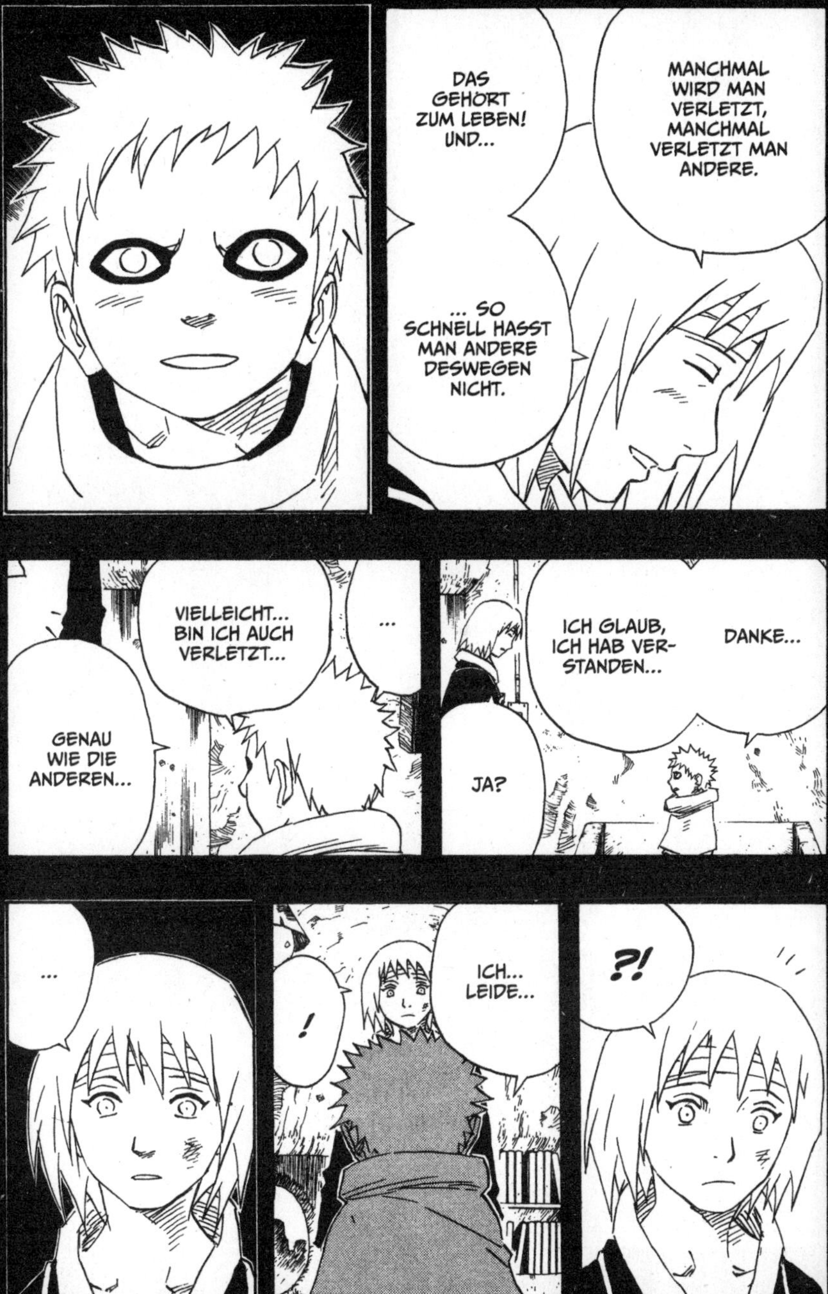
MANCHMAL WIRD MAN VERLETZT, MANCHMAL VERLETZT MAN ANDERE.
DAS GEHÖRT ZUM LEBEN! UND...
... SO SCHNELL HASST MAN ANDERE DESWEGEN NICHT.
DANKE...
ICH GLAUB, ICH HAB VERSTANDEN...
JA?
...
VIELLEICHT... BIN ICH AUCH VERLETZT...
GENAU WIE DIE ANDEREN...
?!
ICH... LEIDE...
!
...

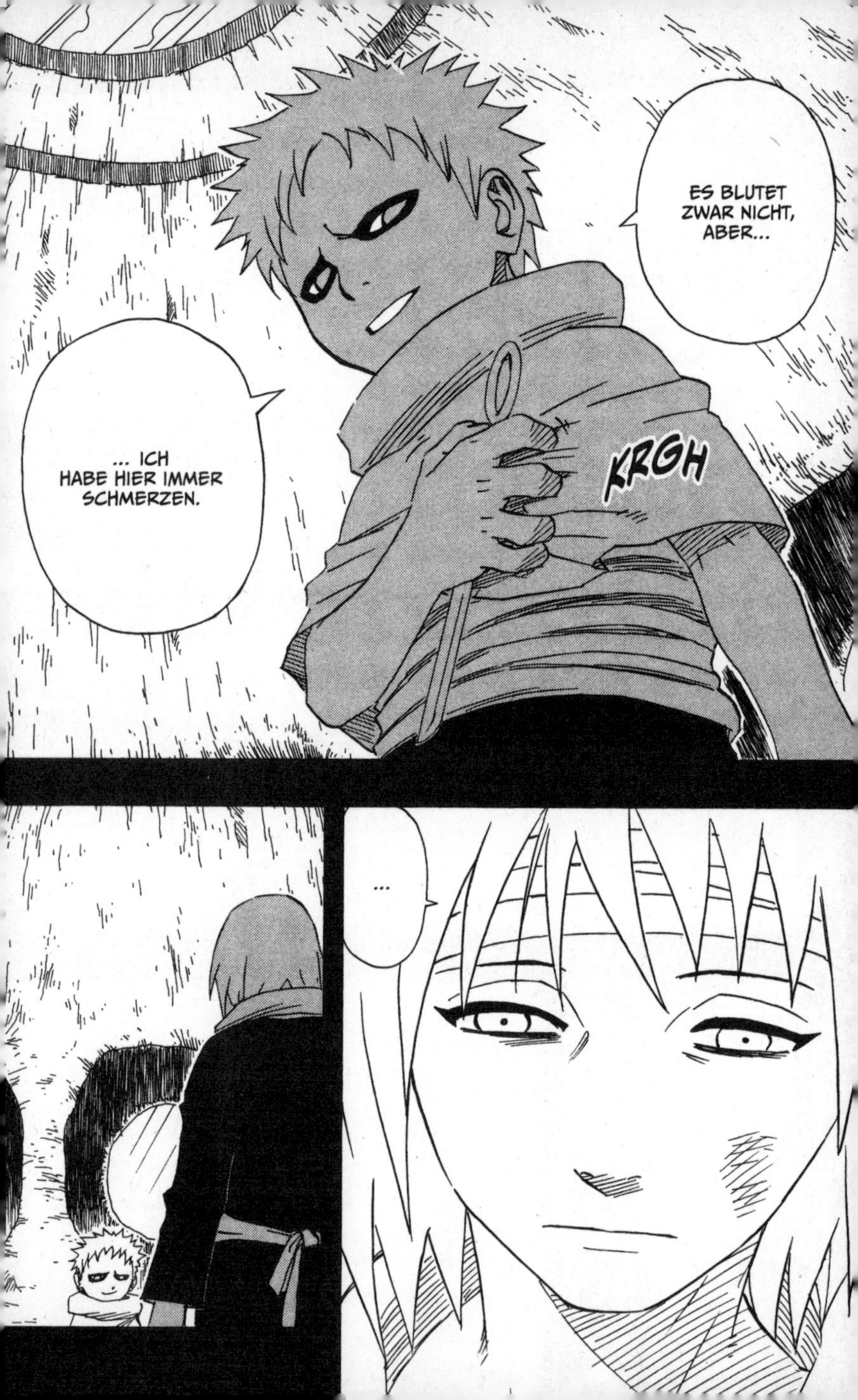
ES BLUTET ZWAR NICHT, ABER...
KRGH
... ICH HABE HIER IMMER SCHMERZEN.
...

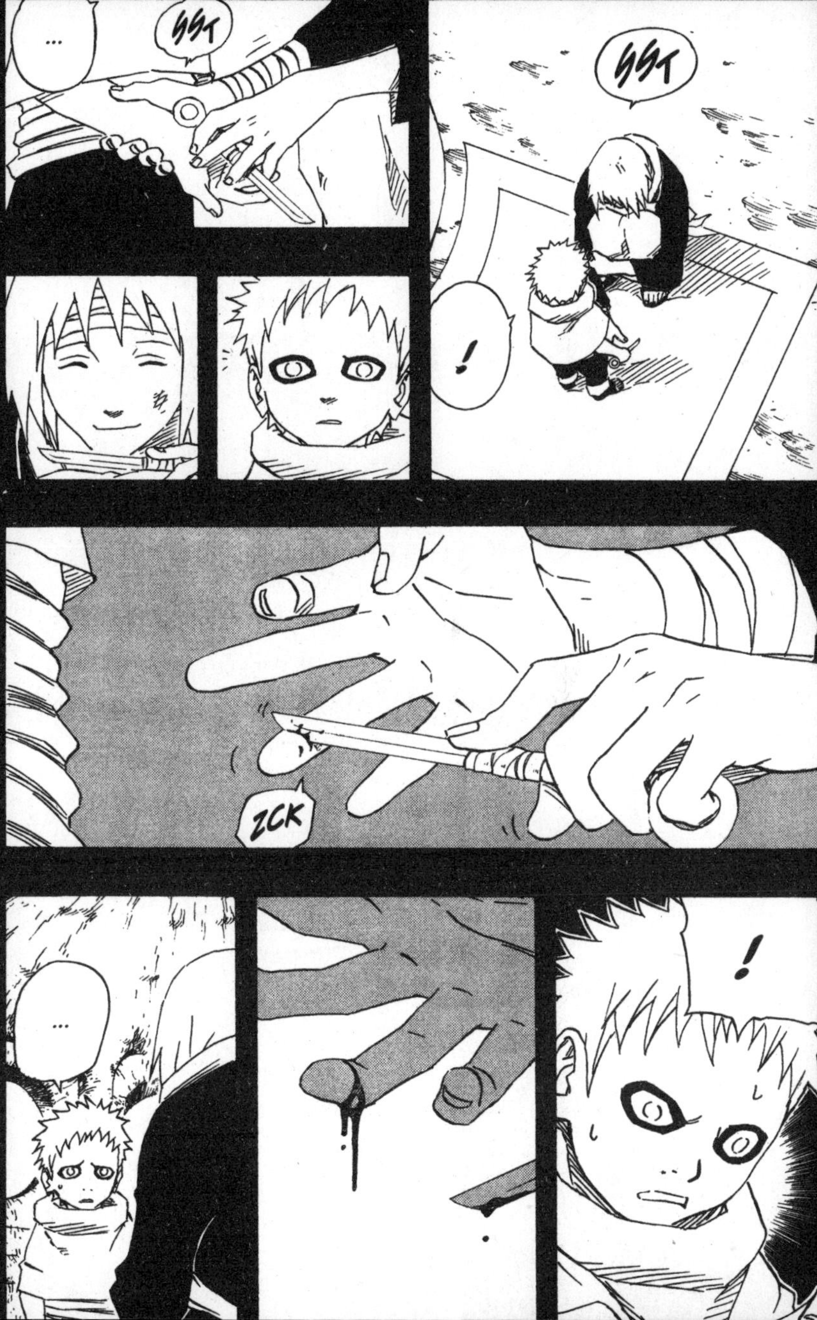
SST
SST
...
!
ZCK
!
...

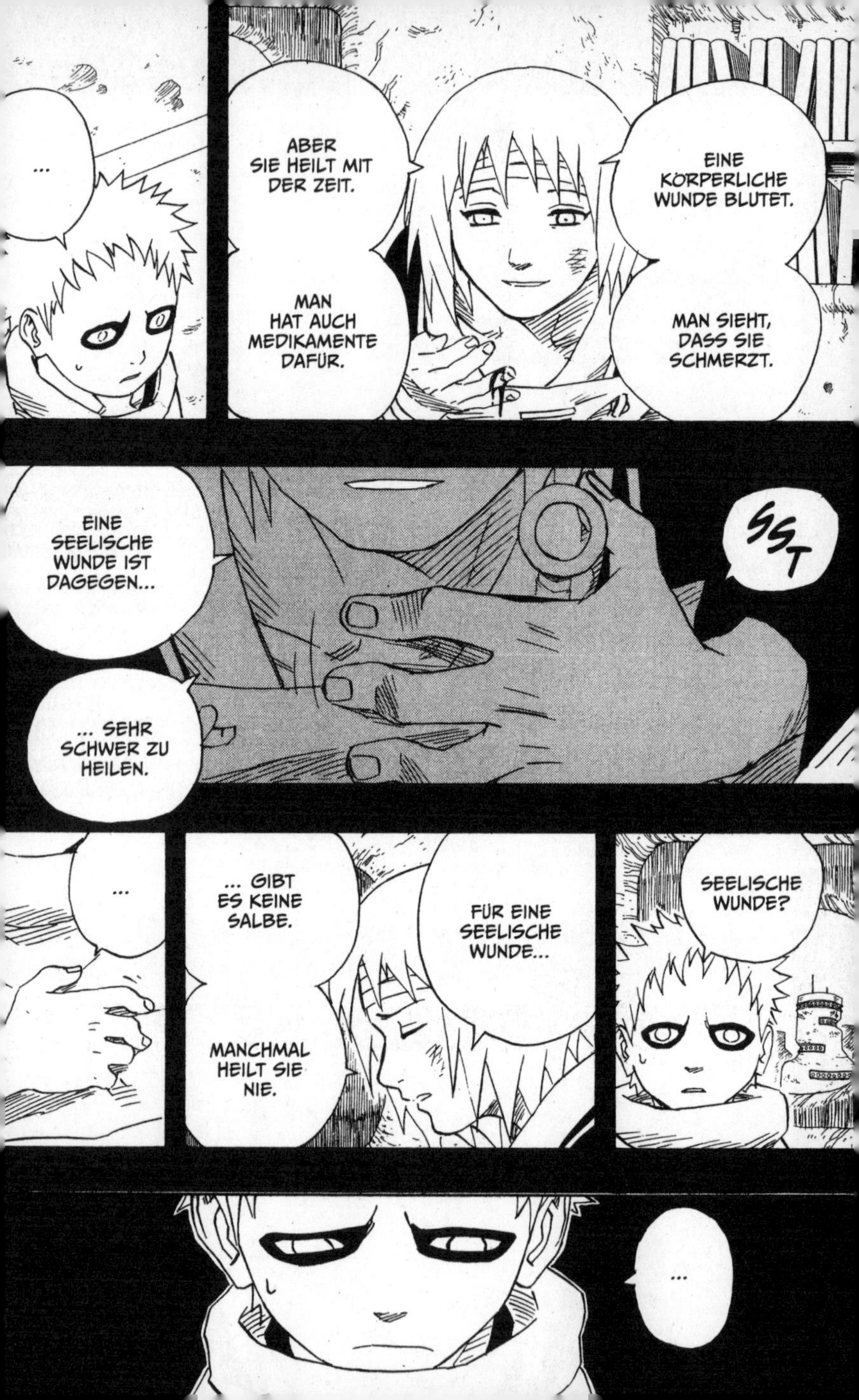
EINE KÖRPERLICHE WUNDE BLUTET.
MAN SIEHT, DASS SIE SCHMERZT.
ABER SIE HEILT MIT DER ZEIT.
MAN HAT AUCH MEDIKAMENTE DAFÜR.
...
SST
EINE SEELISCHE WUNDE IST DAGEGEN...
... SEHR SCHWER ZU HEILEN.
SEELISCHE WUNDE?
FÜR EINE SEELISCHE WUNDE...
... GIBT ES KEINE SALBE.
MANCHMAL HEILT SIE NIE.
...
...

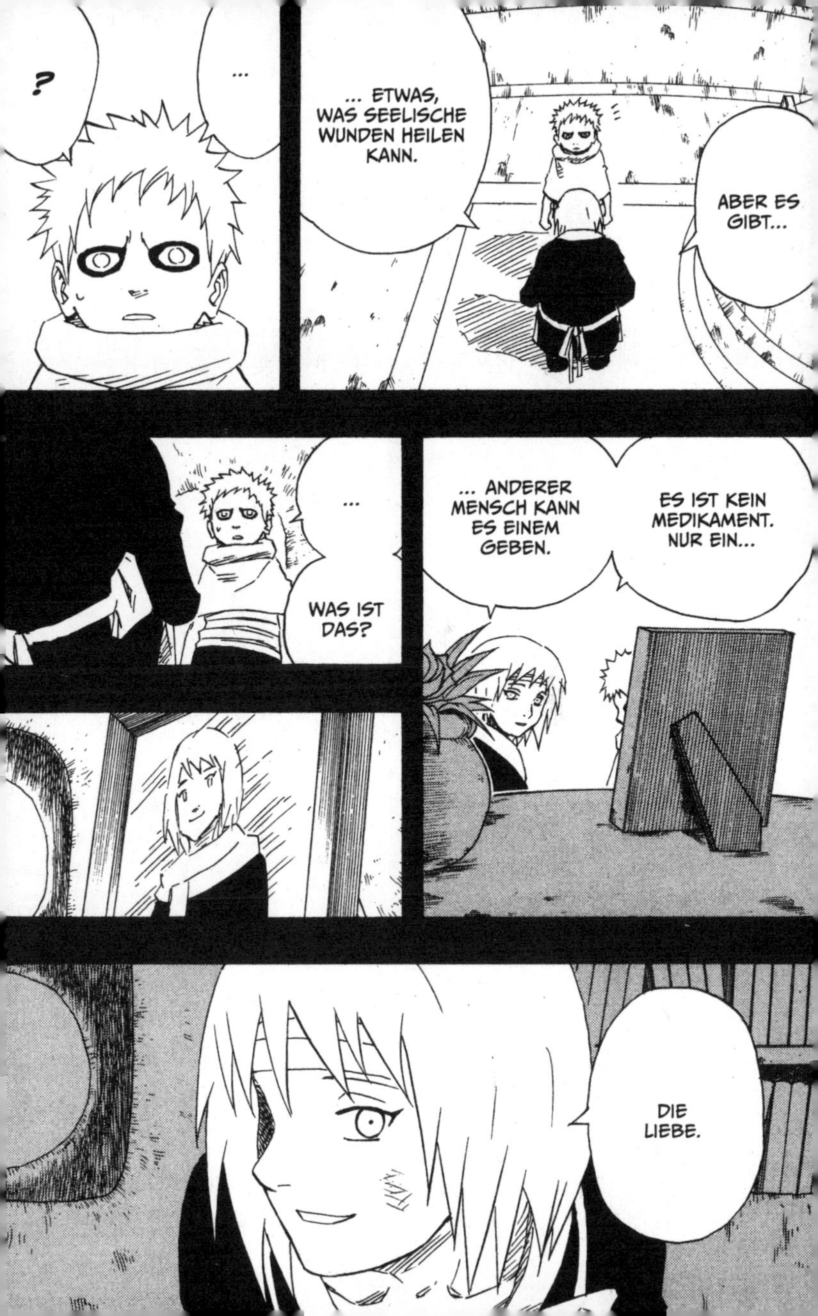
ABER ES GIBT...
... ETWAS, WAS SEELISCHE WUNDEN HEILEN KANN.
...
?
ES IST KEIN MEDIKAMENT. NUR EIN...
... ANDERER MENSCH KANN ES EINEM GEBEN.
...
WAS IST DAS?
DIE LIEBE.

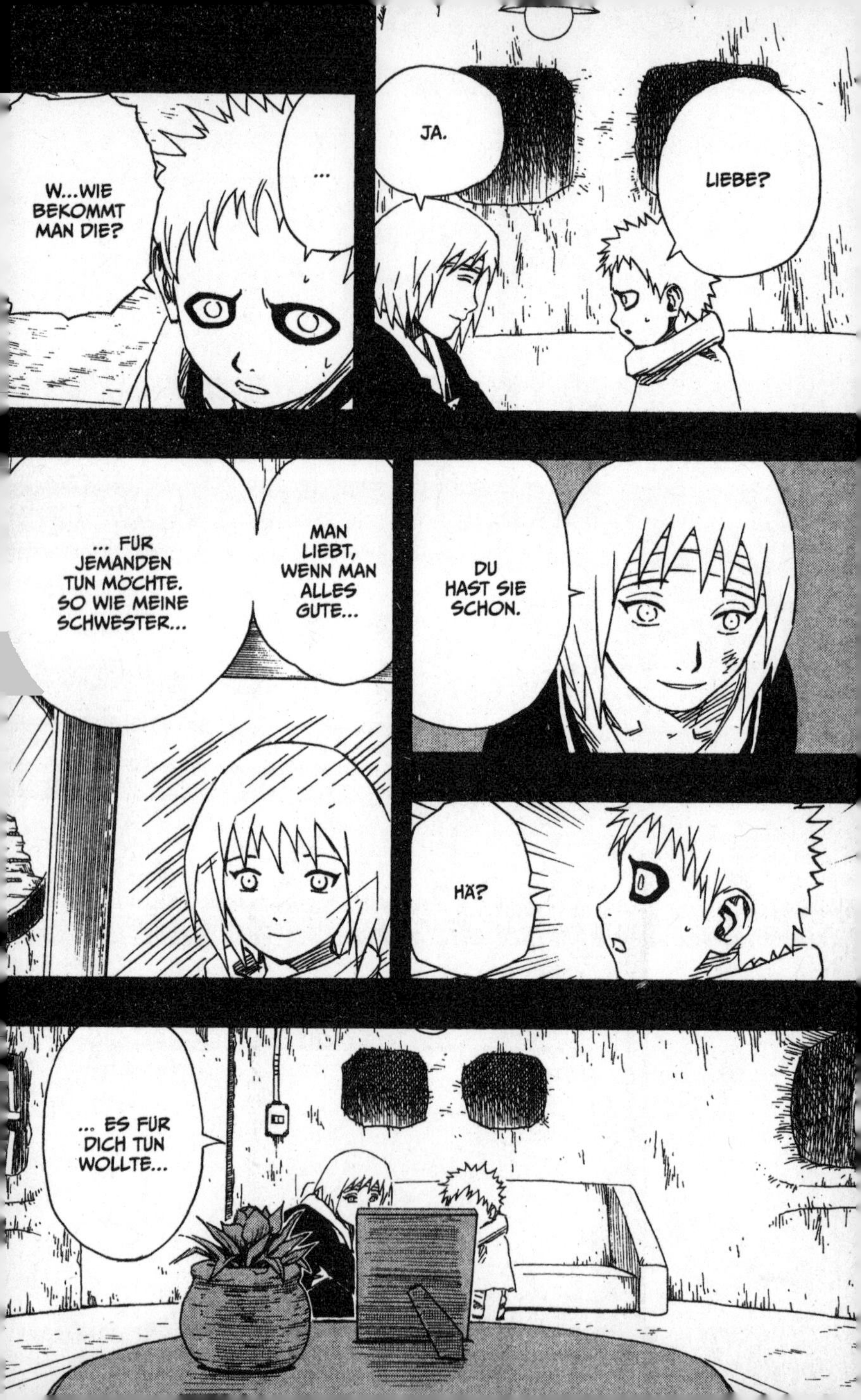
LIEBE?
JA.
...
W...WIE BEKOMMT MAN DIE?
DU HAST SIE SCHON.
HÄ?
MAN LIEBT, WENN MAN ALLES GUTE...
... FÜR JEMANDEN TUN MÖCHTE. SO WIE MEINE SCHWESTER...
... ES FÜR DICH TUN WOLLTE...

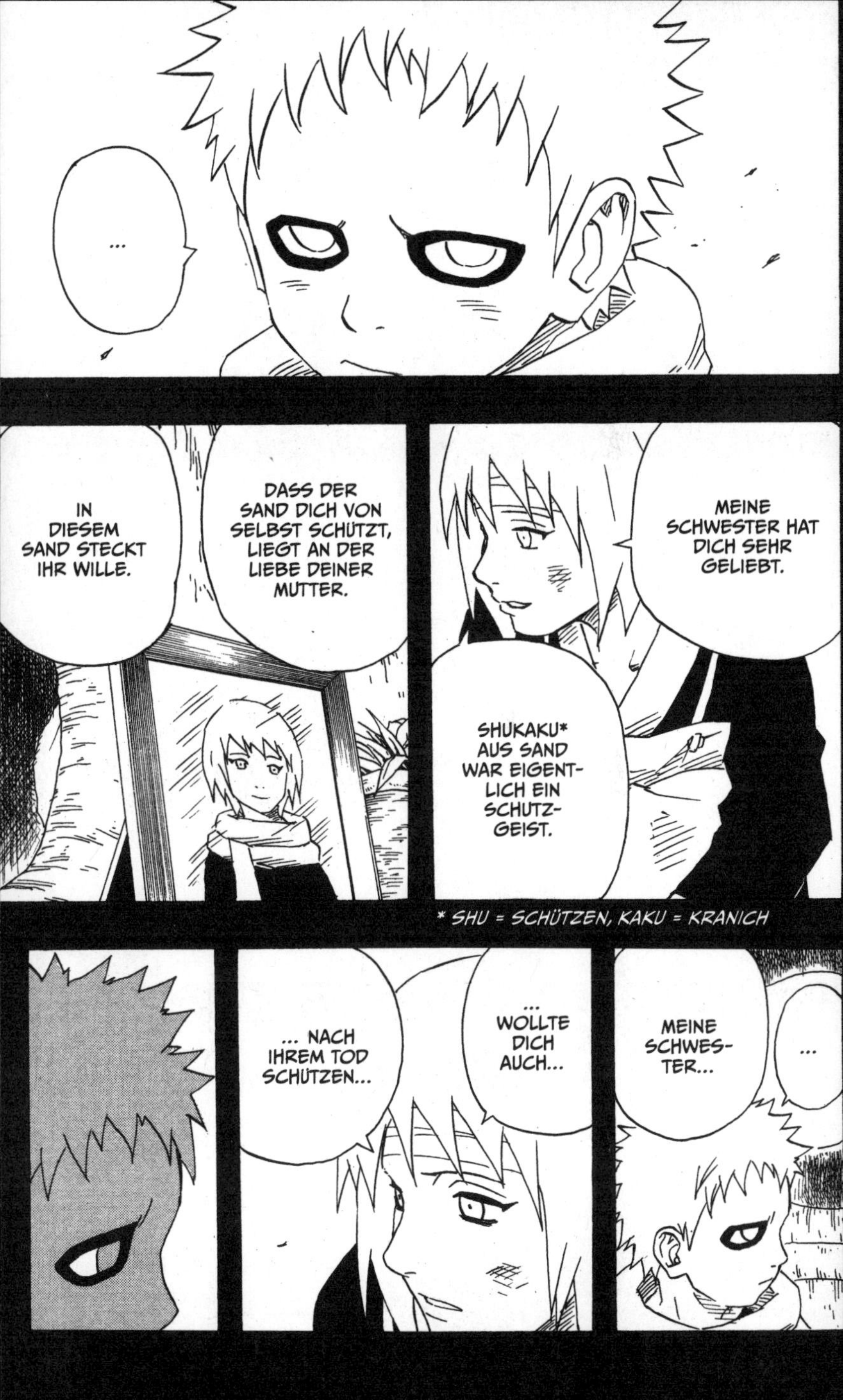

* SHU = SCHÜTZEN, KAKU = KRANICH

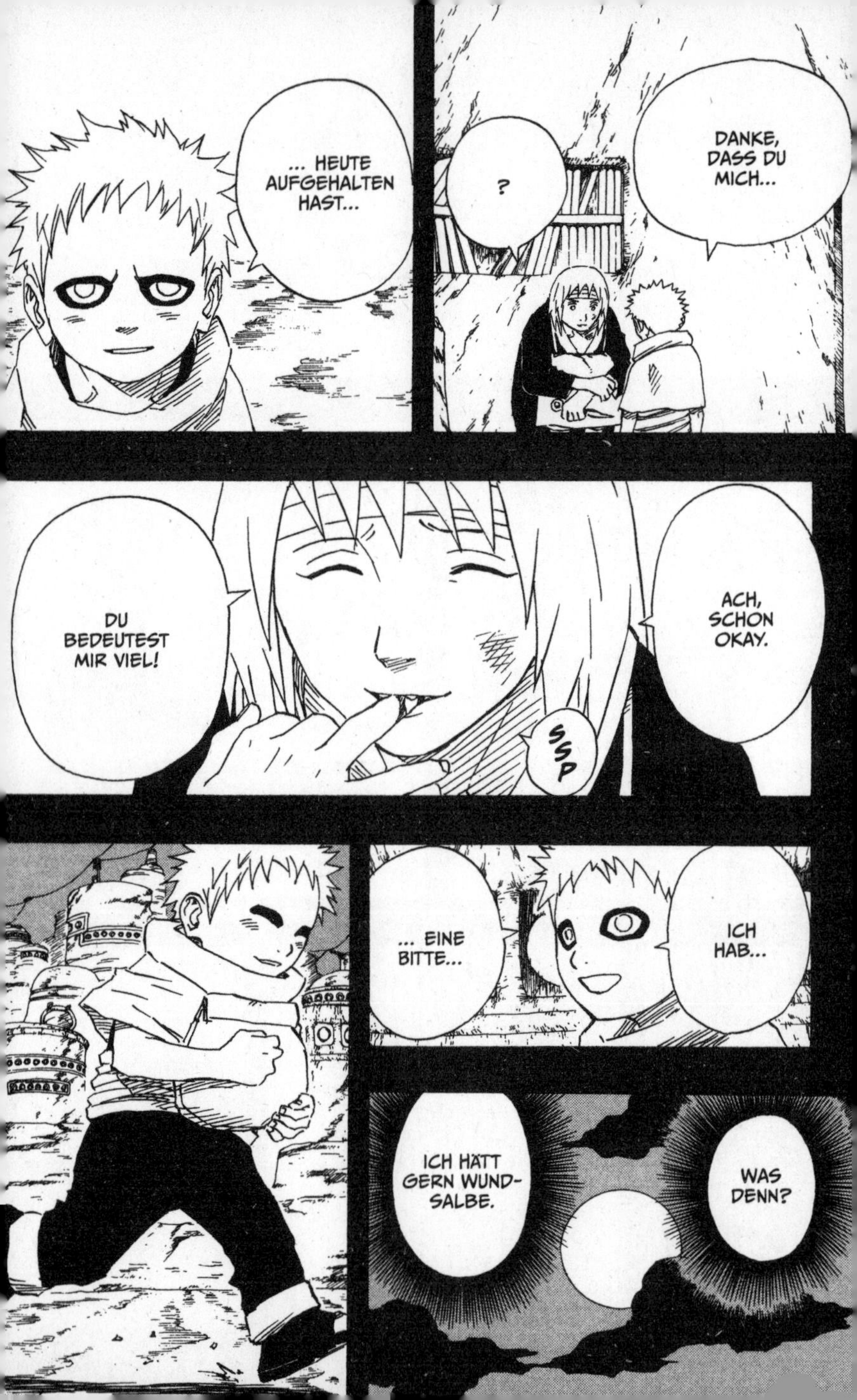
DANKE, DASS DU MICH...
?
... HEUTE AUFGEHALTEN HAST...
ACH, SCHON OKAY.
SSP
DU BEDEUTEST MIR VIEL!
ICH HAB...
... EINE BITTE...
WAS DENN?
ICH HÄTT GERN WUND-SALBE.

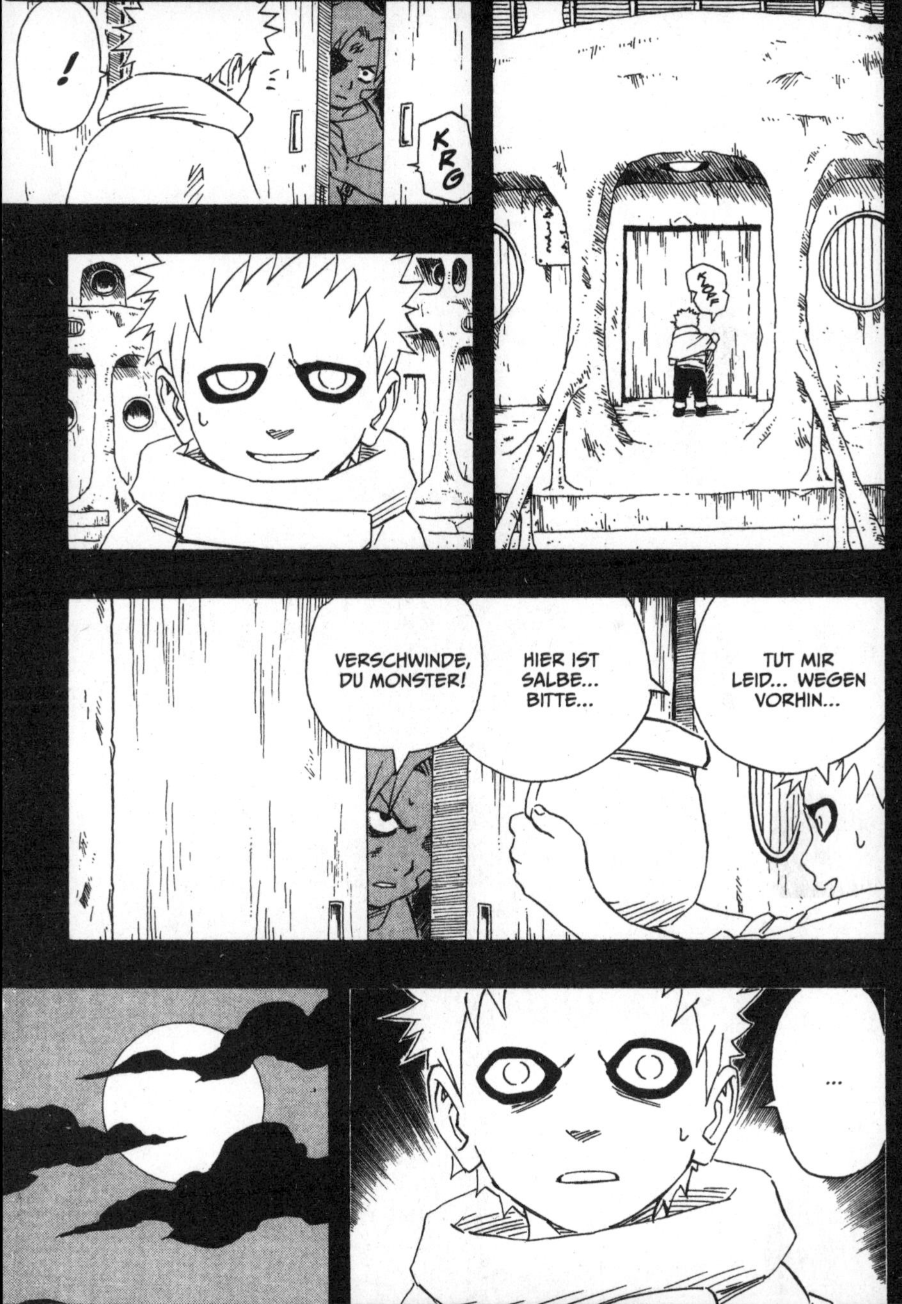

KRG
!
KLOPF
TUT MIR LEID... WEGEN VORHIN...
HIER IST SALBE... BITTE...
VERSCHWINDE, DU MONSTER!
...

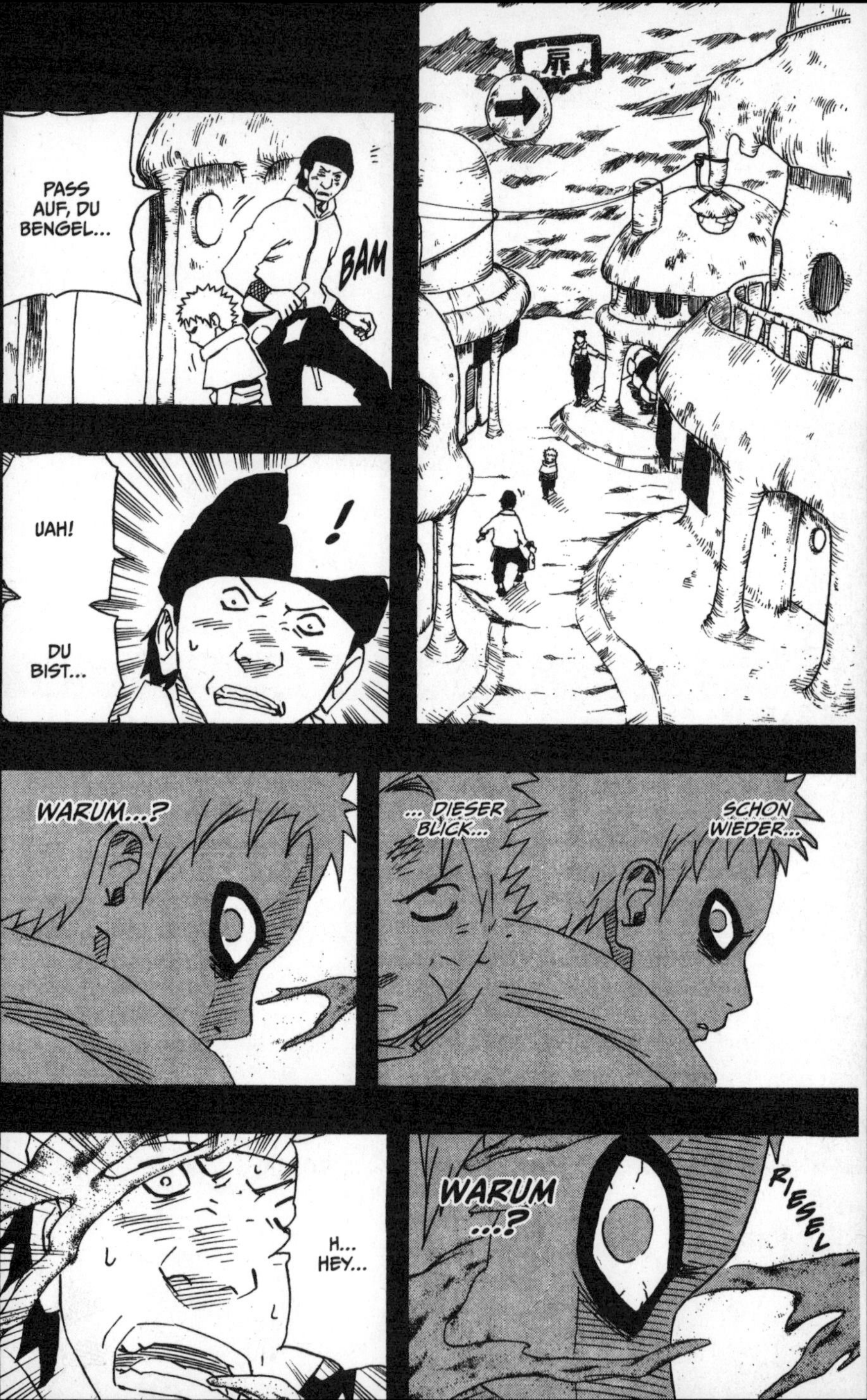
PASS AUF, DU BENGEL...
BAM
!
UAH!
DU BIST...
SCHON WIEDER...
... DIESER BLICK...
WARUM...?
RIESEL
WARUM ...?
H... HEY...

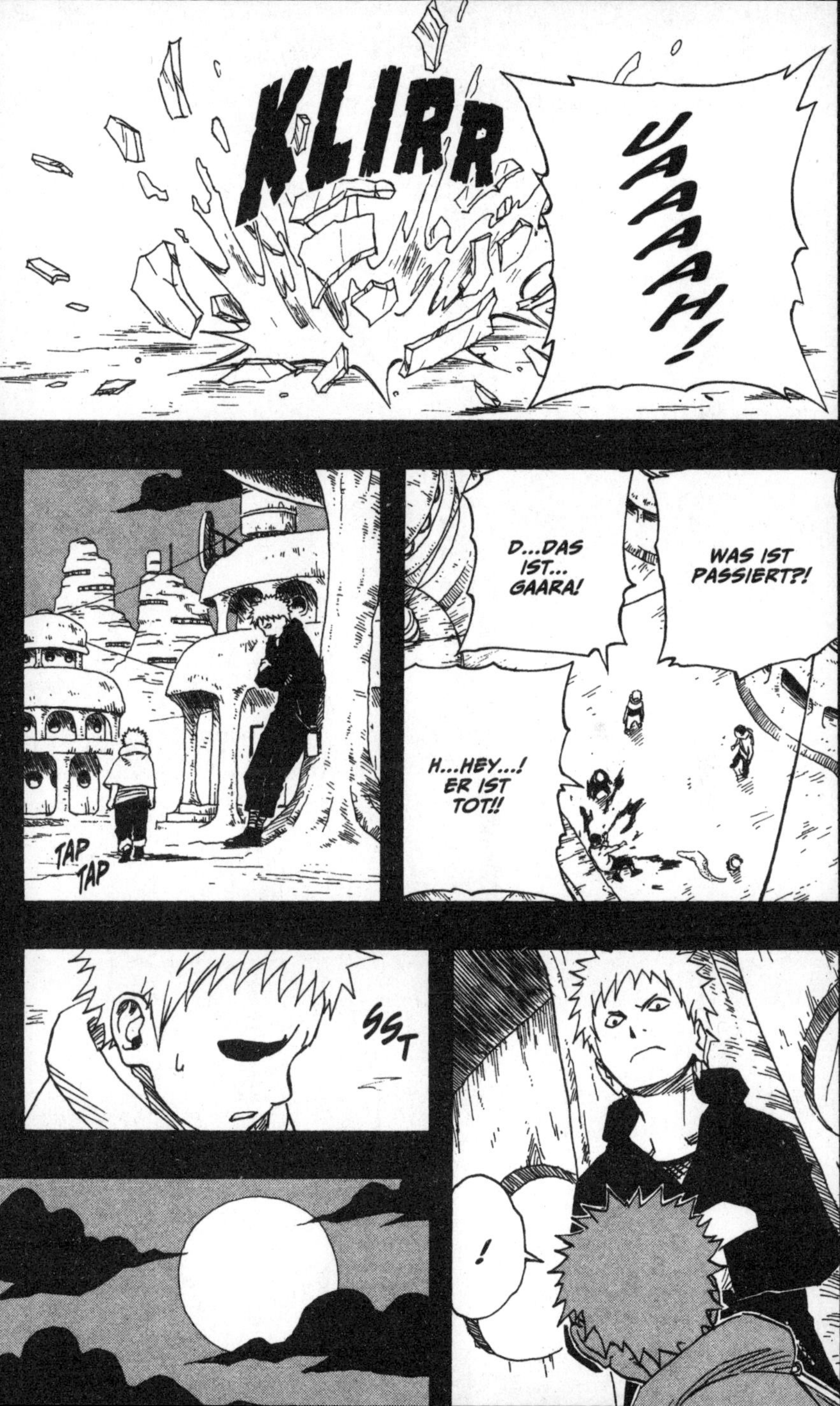
UAAAAH!
KLIRR
WAS IST PASSIERT?!
D...DAS IST... GAARA!
H...HEY...! ER IST TOT!!
TAP TAP
!
SST

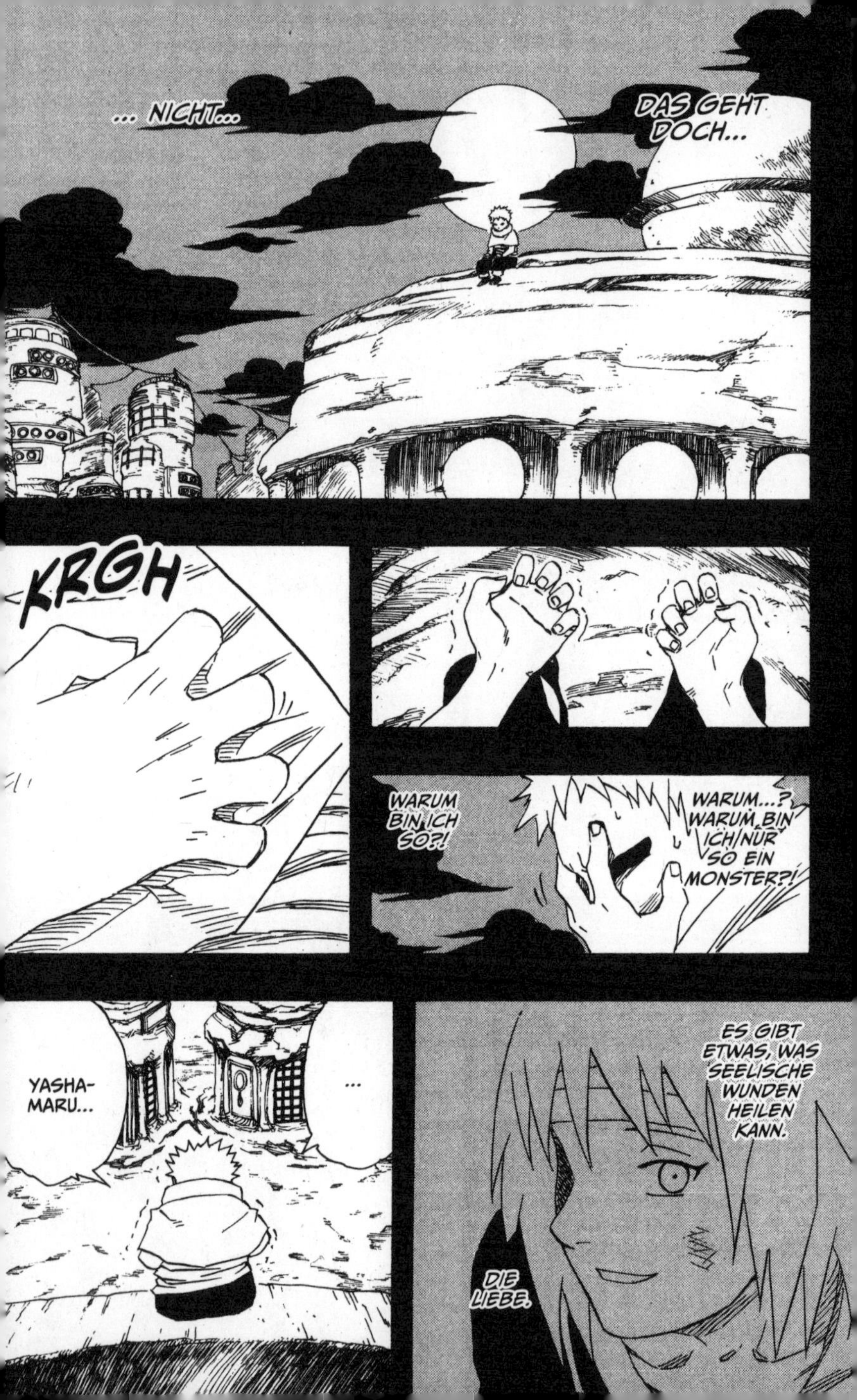
DAS GEHT DOCH...
... NICHT...
KRGH
WARUM...? WARUM BIN ICH NUR SO EIN MONSTER?!
WARUM BIN ICH SO?!
ES GIBT ETWAS, WAS SEELISCHE WUNDEN HEILEN KANN.
DIE LIEBE.
...
YASHA-MARU...

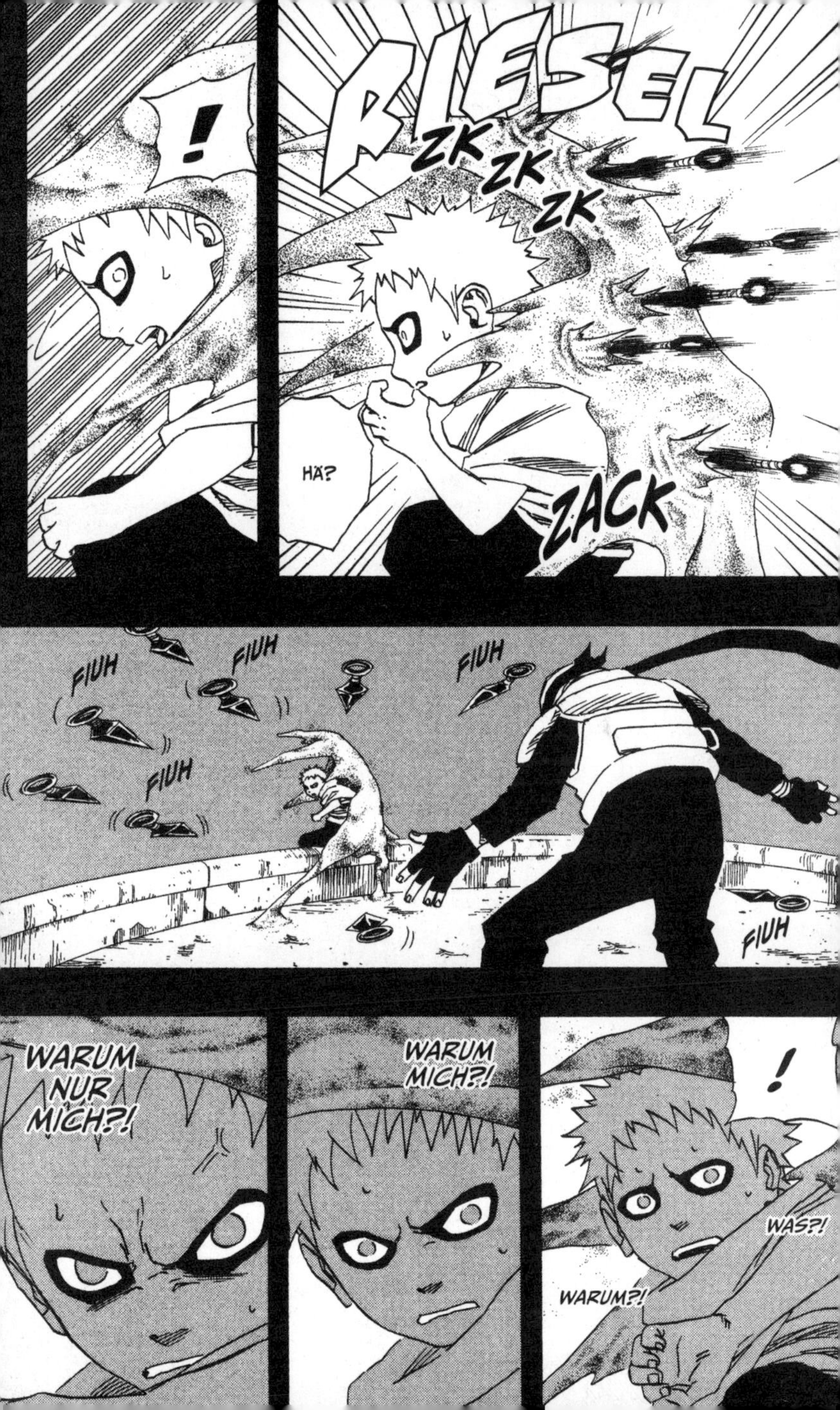

RIESEL
ZK ZK ZK
ZACK
HÄ?
!
FIUH
FIUH
FIUH
FIUH
FIUH
!
WAS?!
WARUM?!
WARUM MICH?!
WARUM NUR MICH?!

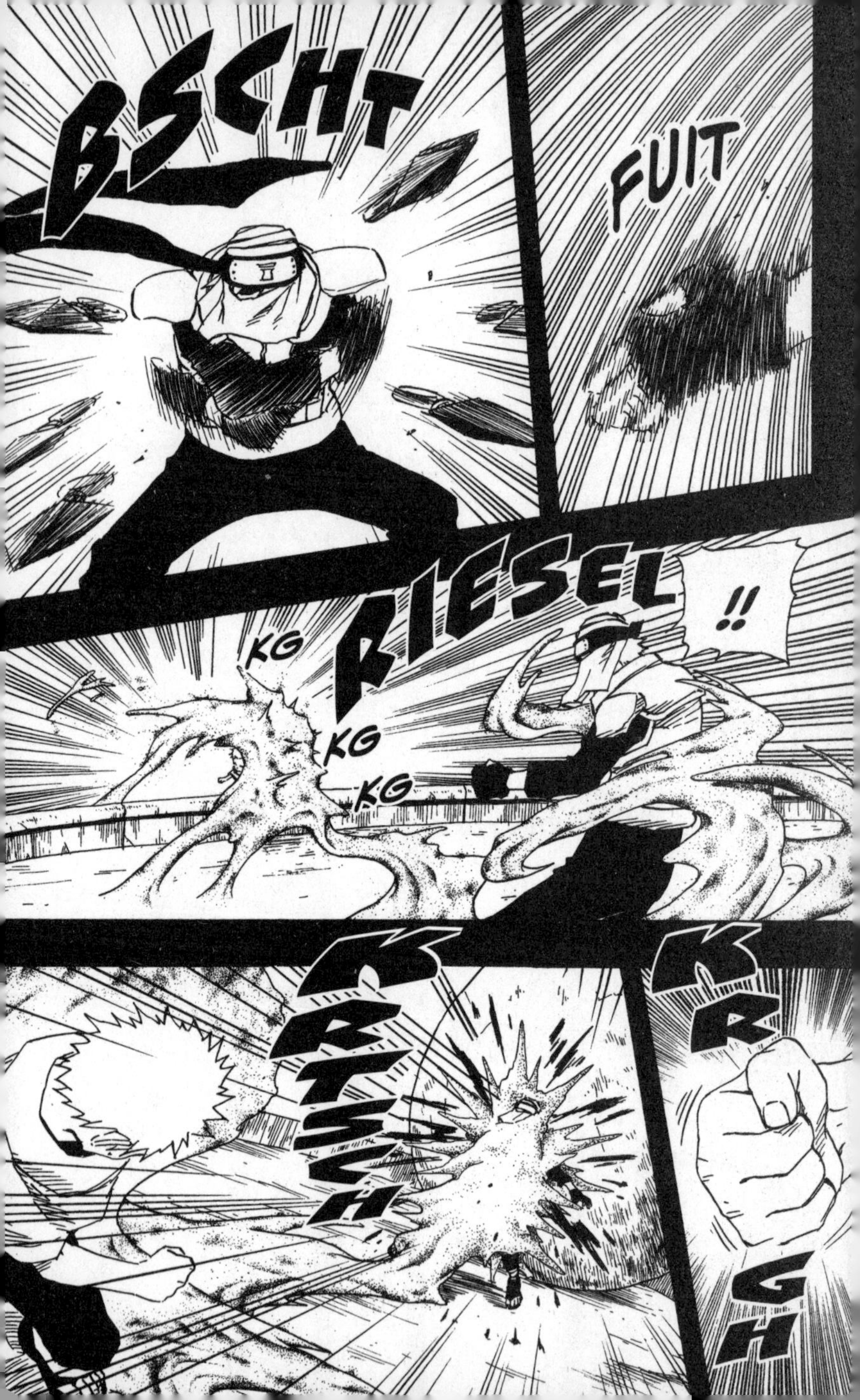
FUIT
BSCHT
RIESEL
!!
KG
KG
KG
KRGH
KRTSCH

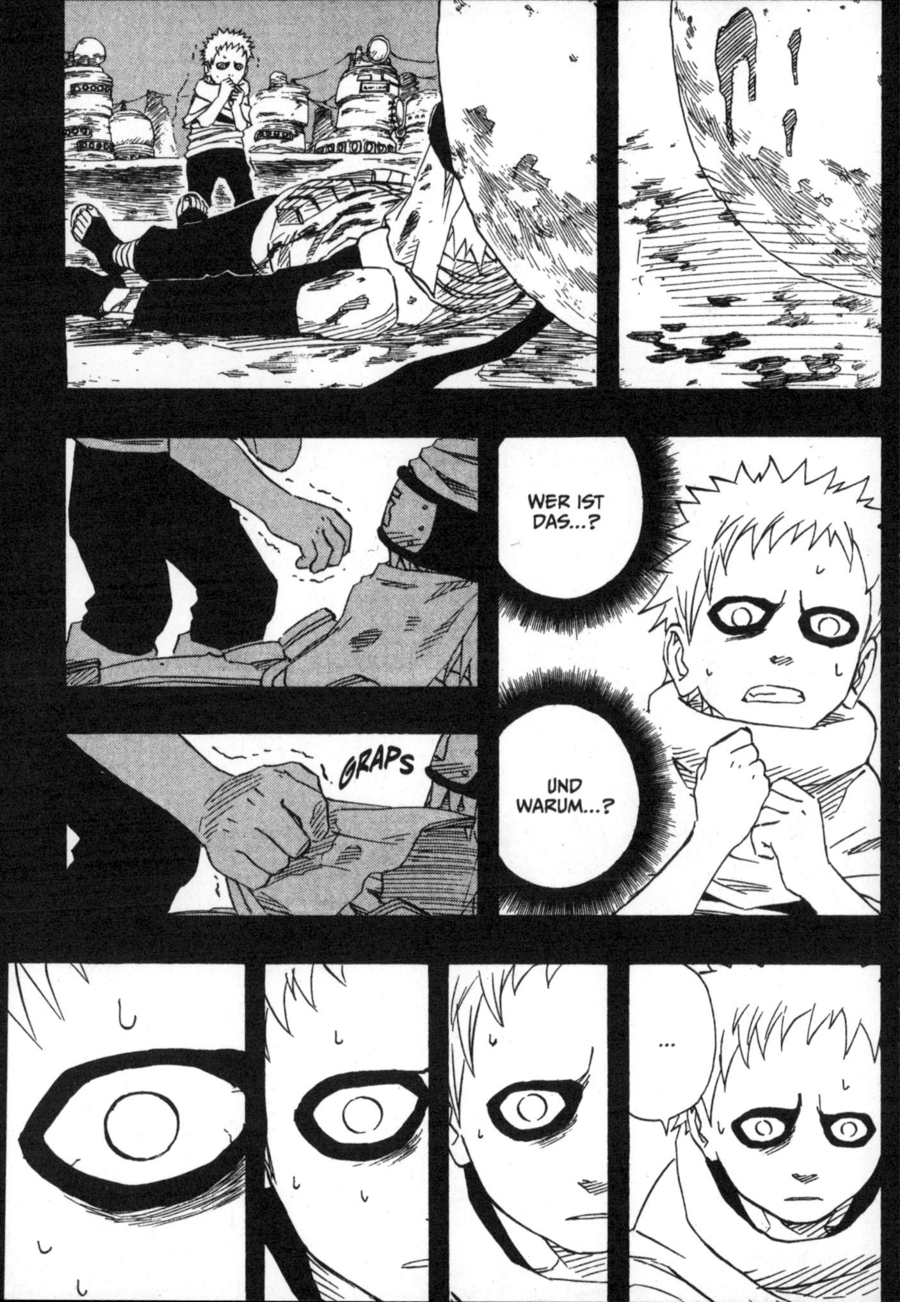
WER IST DAS...?
GRAPS
UND WARUM...?
...

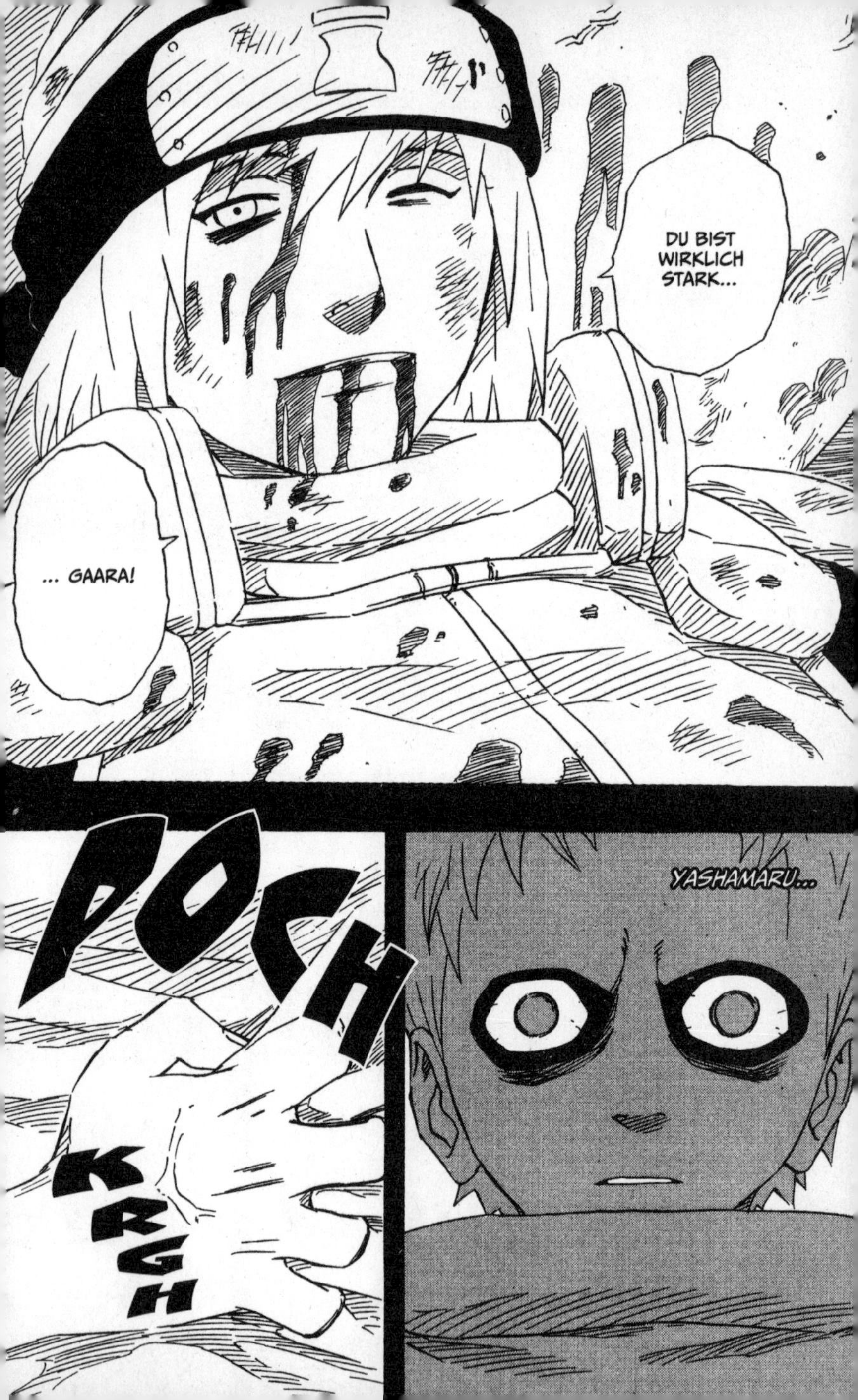
DU BIST WIRKLICH STARK...
... GAARA!
YASHAMARU...
DOCH
KRGH

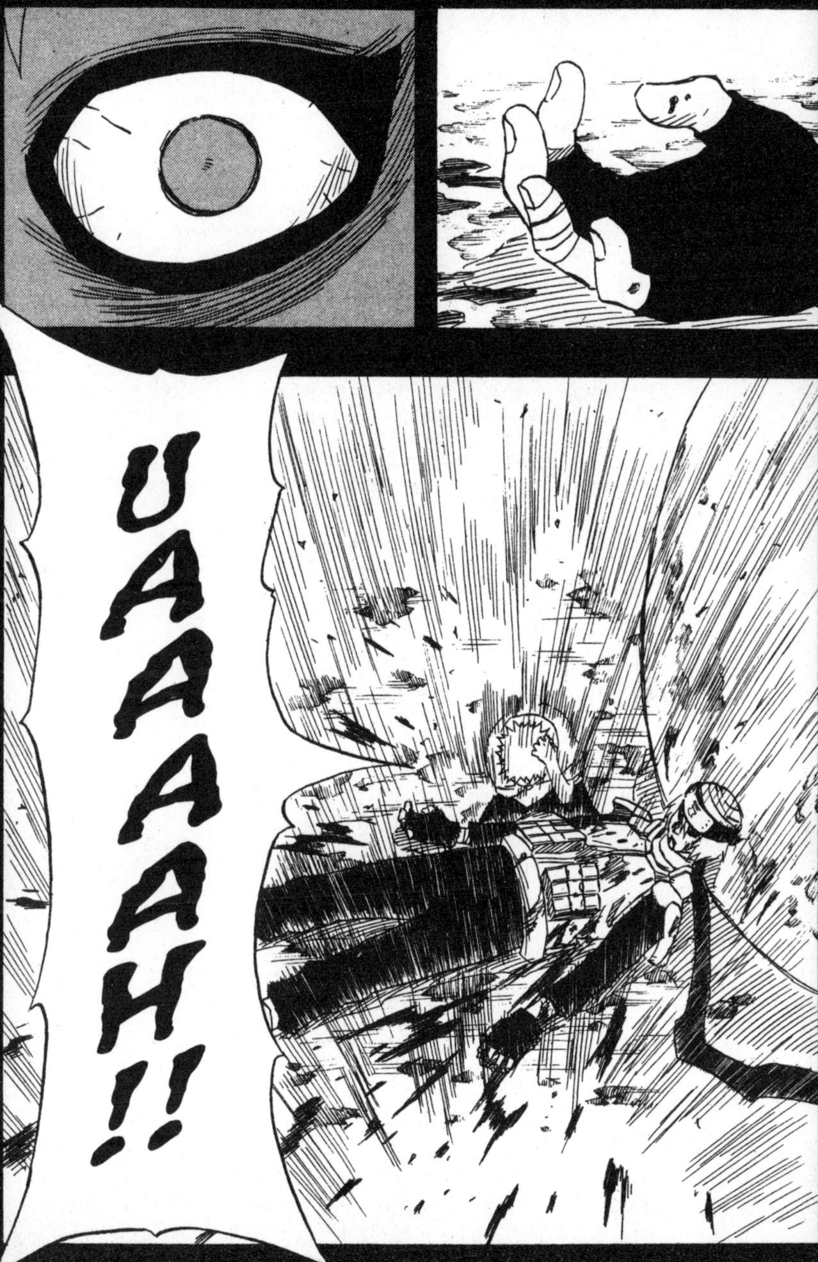
UAAAAAH!!

MASASHI KISHIMOTOS WELT LEBENSGESCHICHTE – TEIL 22

ICH HABE MICH ALSO FÜR SHONEN-SHI ENTSCHIEDEN UND OHNE ZÖGERN HABE ICH DANN AUCH EINE BESTIMMTE ZEITSCHRIFT AUSGESUCHT: WEEKLY SHONEN-JUMP! LOGISCH, DORT ERSCHIEN SCHLIESSLICH »DRAGON BALL«!
ABER ICH BIN GLEICH WIEDER VOR EINER WAND GELANDET...
MEIN ZEICHENSTIL WAR NICHT FÜR SHONEN-SHI GEEIGNET, DA ICH BIS DAHIN AUF SEINEN-SHI GEZIELT HATTE. ICH KONNTE MICH ZWAR EINIGERMASSEN AN DEN SHONEN-SHI-STIL ANPASSEN, ABER DAS DESIGN DER CHARAKTERE GEFIEL MIR GAR NICHT. DAS PROBLEM LAG AUCH DARIN, DASS ICH KEINEN EIGENEN STIL HATTE.
WIE MAN FORMT, WAS FÜR LINIEN MAN ZEICHNET, LIEGT LETZTENDLICH JA AM EINZELNEN ZEICHNER.
ICH SUCHTE VERZWEIFELT NACH BILDERN IN EINEM NEUEN, COOLEN STIL, ABER SEIT »AKIRA« GEFIEL MIR NICHTS BESONDERS.
ABER DANN, EINES TAGES HAT MICH EIN ANIME ZUTIEFST ERSCHÜTTERT...
DER ANIME HIESS »HASHIRE, MEROS« (LAUF, MEROS) UND ER HATTE EINFACH ALLE ELEMENTE, DIE EINEN GUTEN STIL AUSMACHEN...

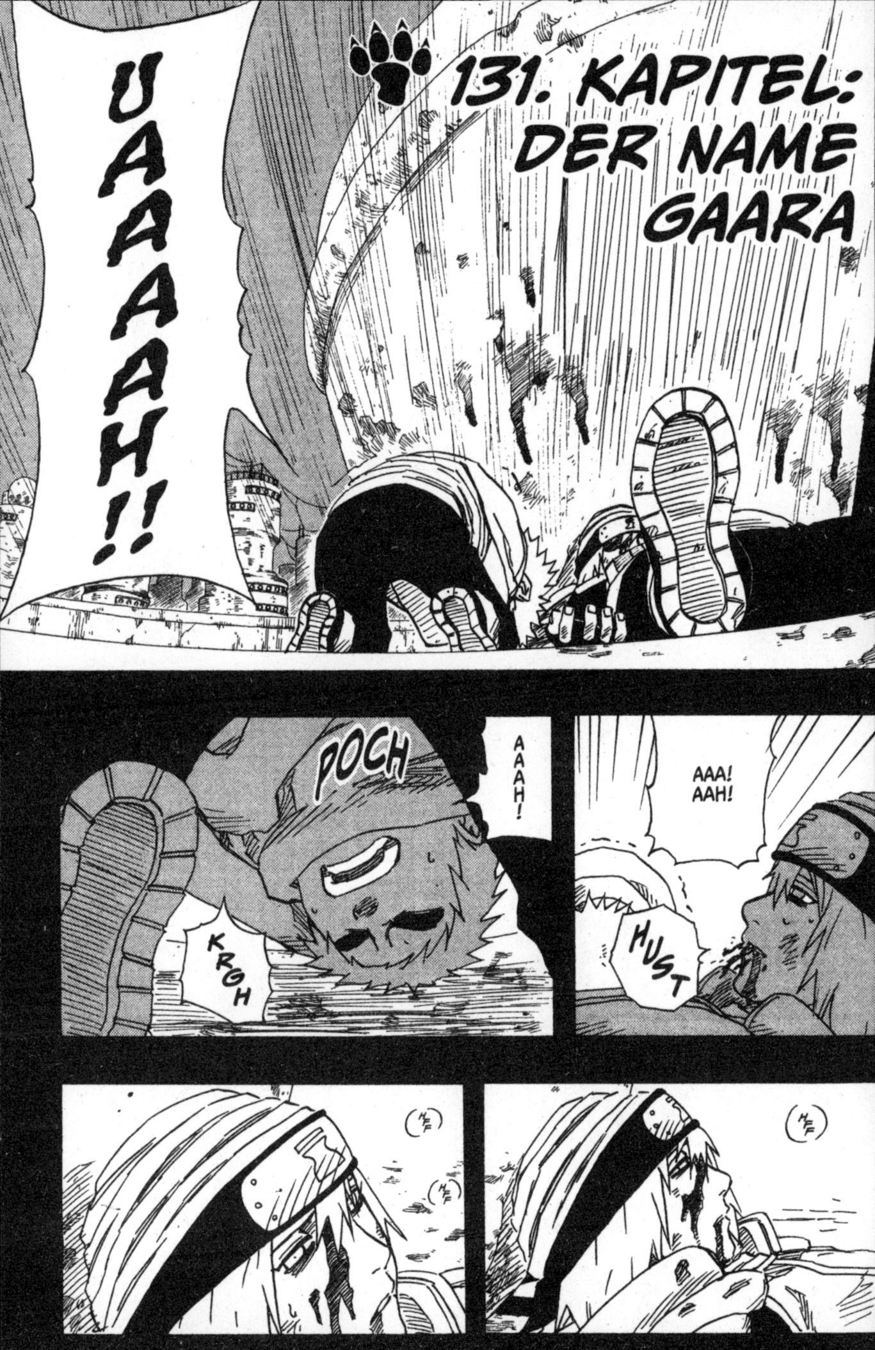
UAAAAAH!!
131. KAPITEL: DER NAME GAARA
AAAH!
POCH
KRGH
AAA! AAH!
HUST
HEF
HEF
HEF

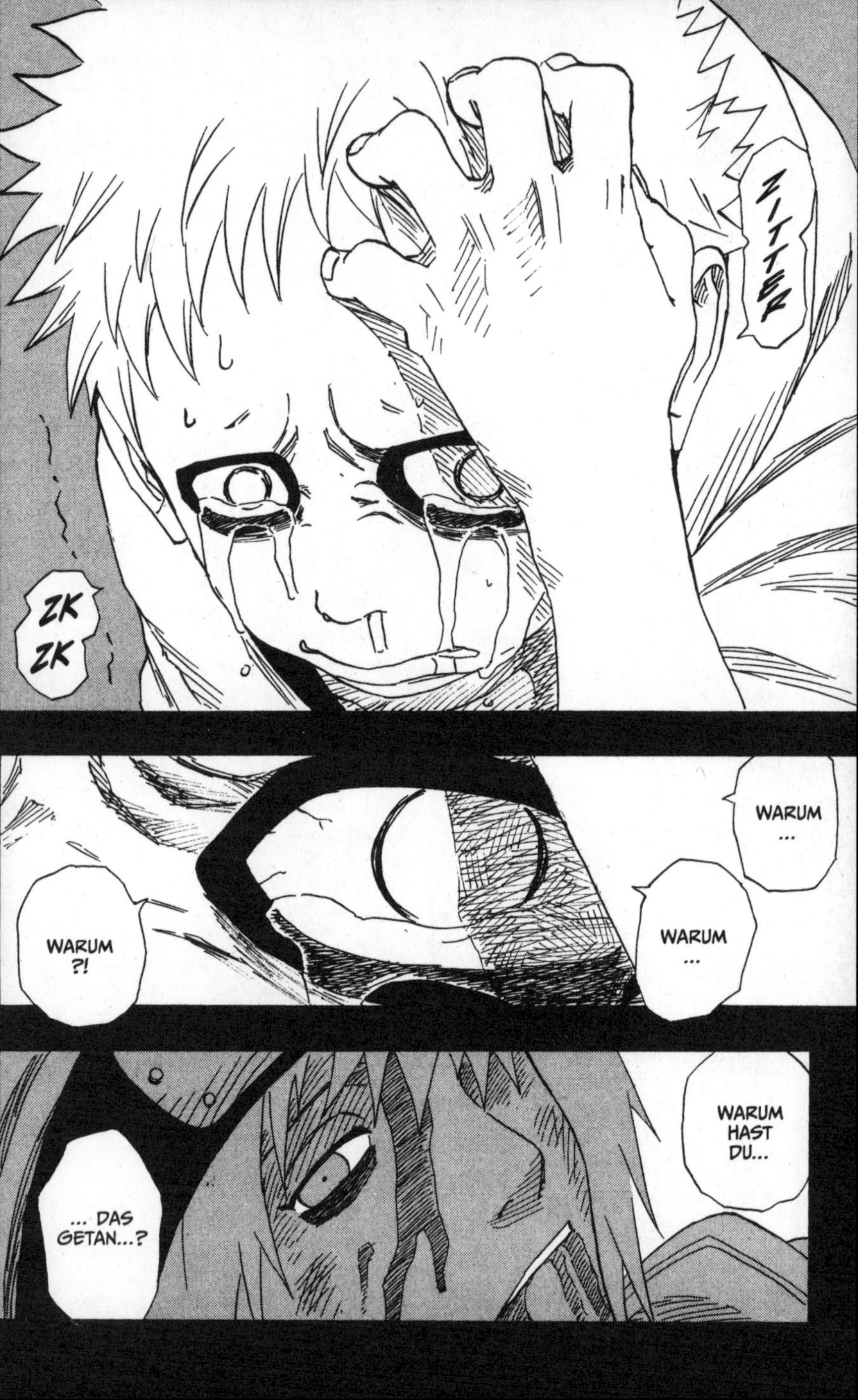
ZITTER
ZK
ZK
WARUM ...
WARUM ...
WARUM ?!
WARUM HAST DU...
... DAS GETAN...?

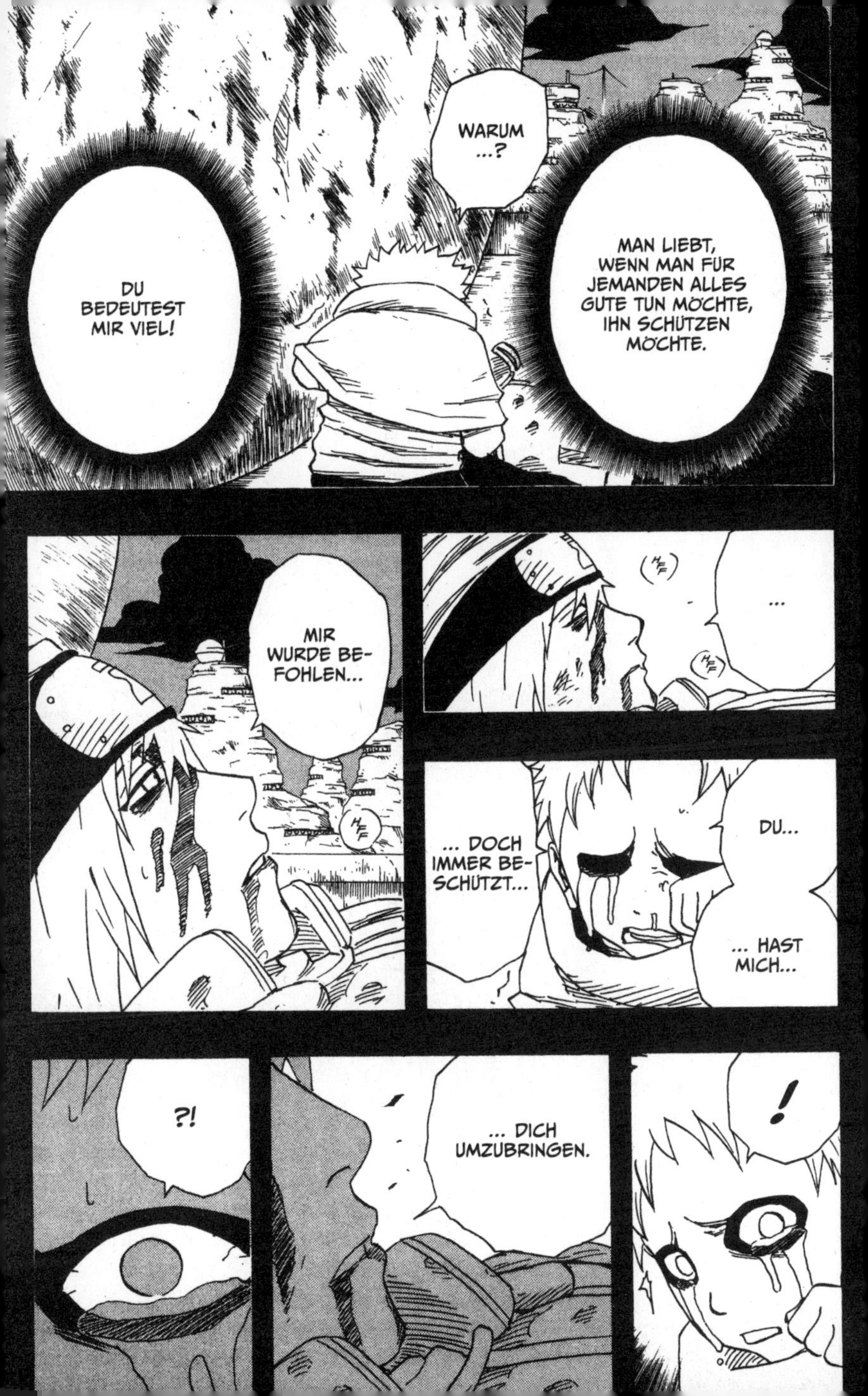
MAN LIEBT, WENN MAN FÜR JEMANDEN ALLES GUTE TUN MÖCHTE, IHN SCHÜTZEN MÖCHTE.
WARUM ...?
DU BEDEUTEST MIR VIEL!
...
HEF
HEF
MIR WURDE BE-FOHLEN...
HEF
DU...
... HAST MICH...
... DOCH IMMER BE-SCHÜTZT...
!
... DICH UMZUBRINGEN.
?!

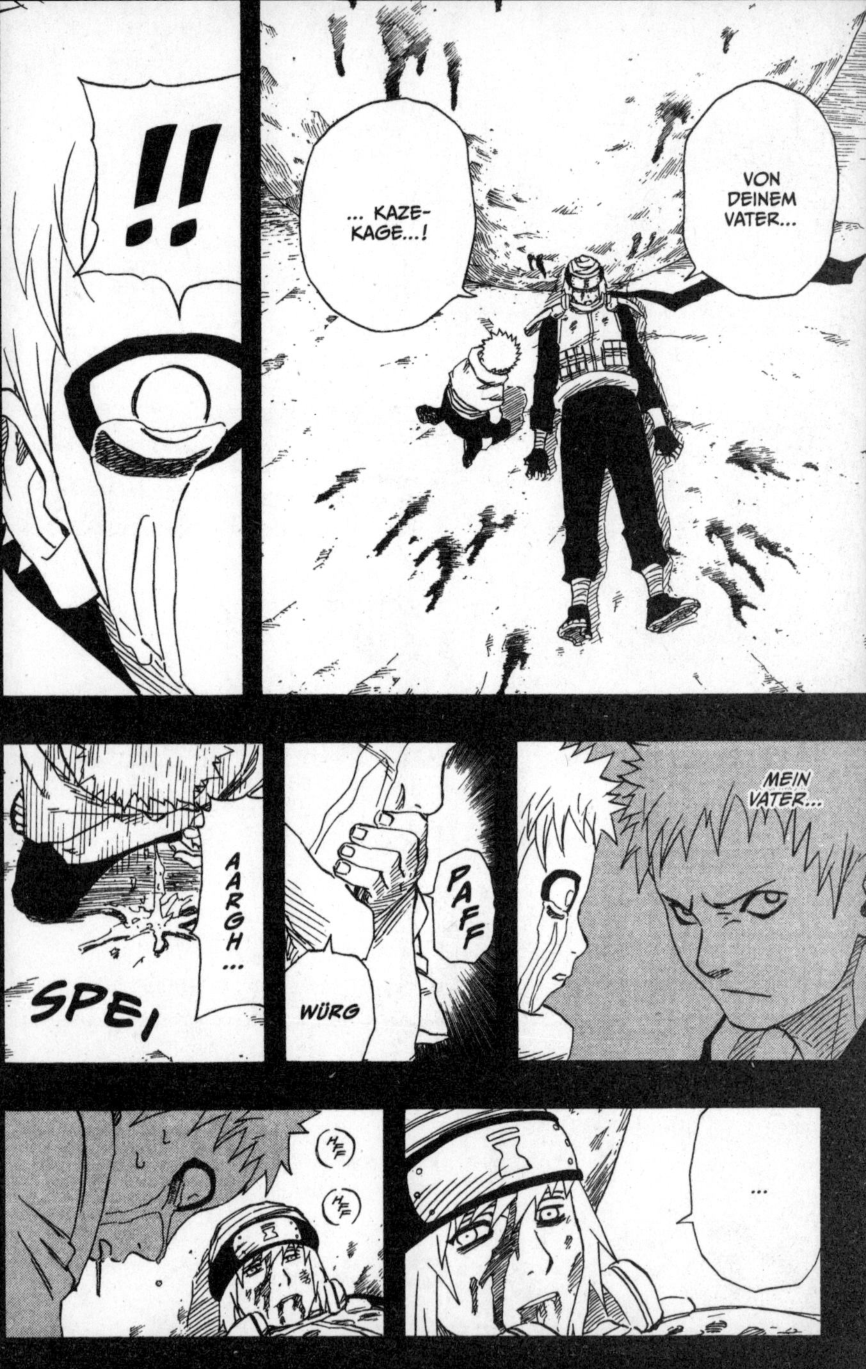

VON DEINEM VATER...
... KAZE-KAGE...!
!!
MEIN VATER...
PAFF
WÜRG
AARGH ...
SPEI
HEF
HEF
...

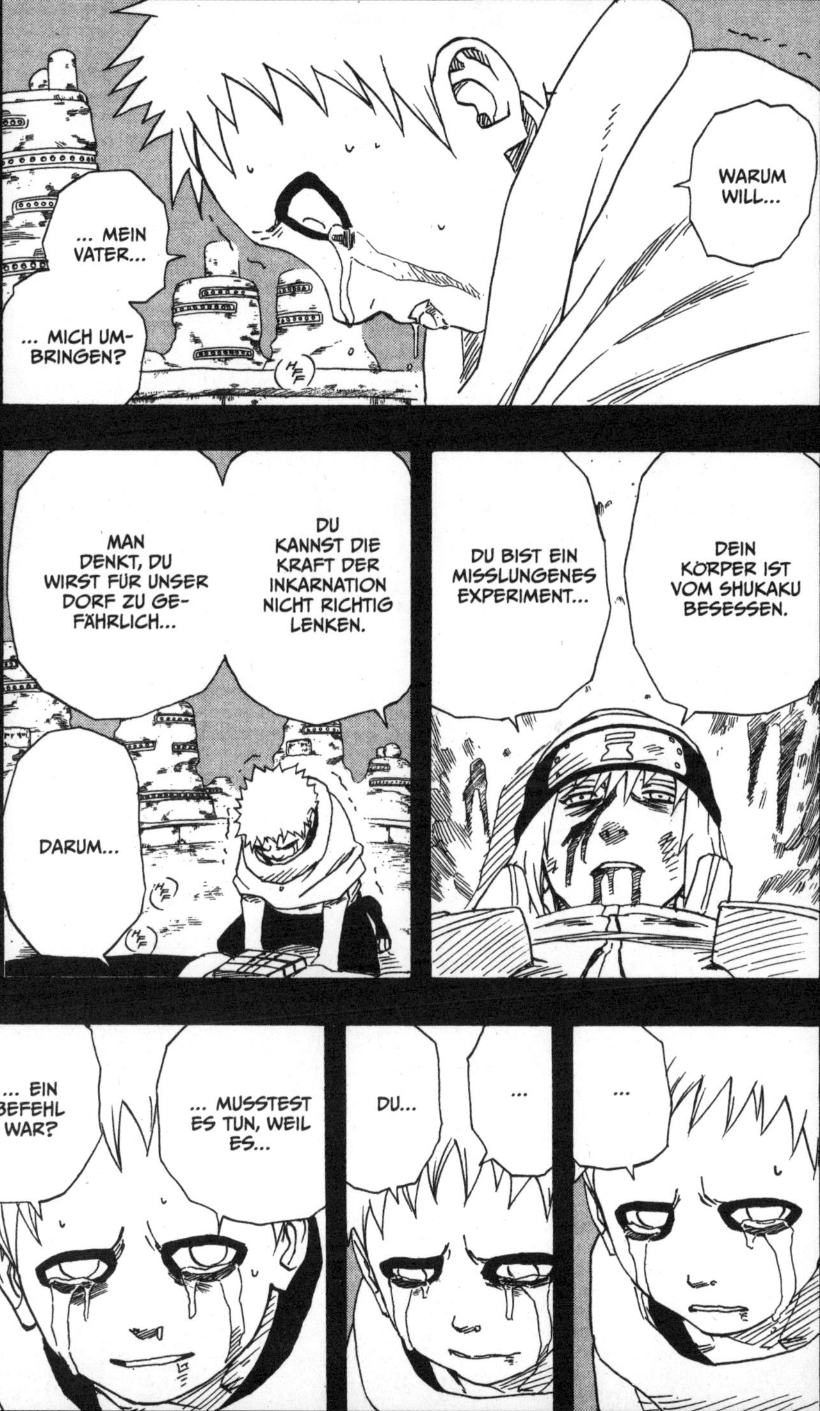
WARUM WILL...
... MEIN VATER...
... MICH UM-BRINGEN?
HF
DEIN KÖRPER IST VOM SHUKAKU BESESSEN.
DU BIST EIN MISSLUNGENES EXPERIMENT...
DU KANNST DIE KRAFT DER INKARNATION NICHT RICHTIG LENKEN.
MAN DENKT, DU WIRST FÜR UNSER DORF ZU GE-FÄHRLICH...
DARUM...
HF
HF
...
...
DU...
... MUSSTEST ES TUN, WEIL ES...
... EIN BEFEHL WAR?

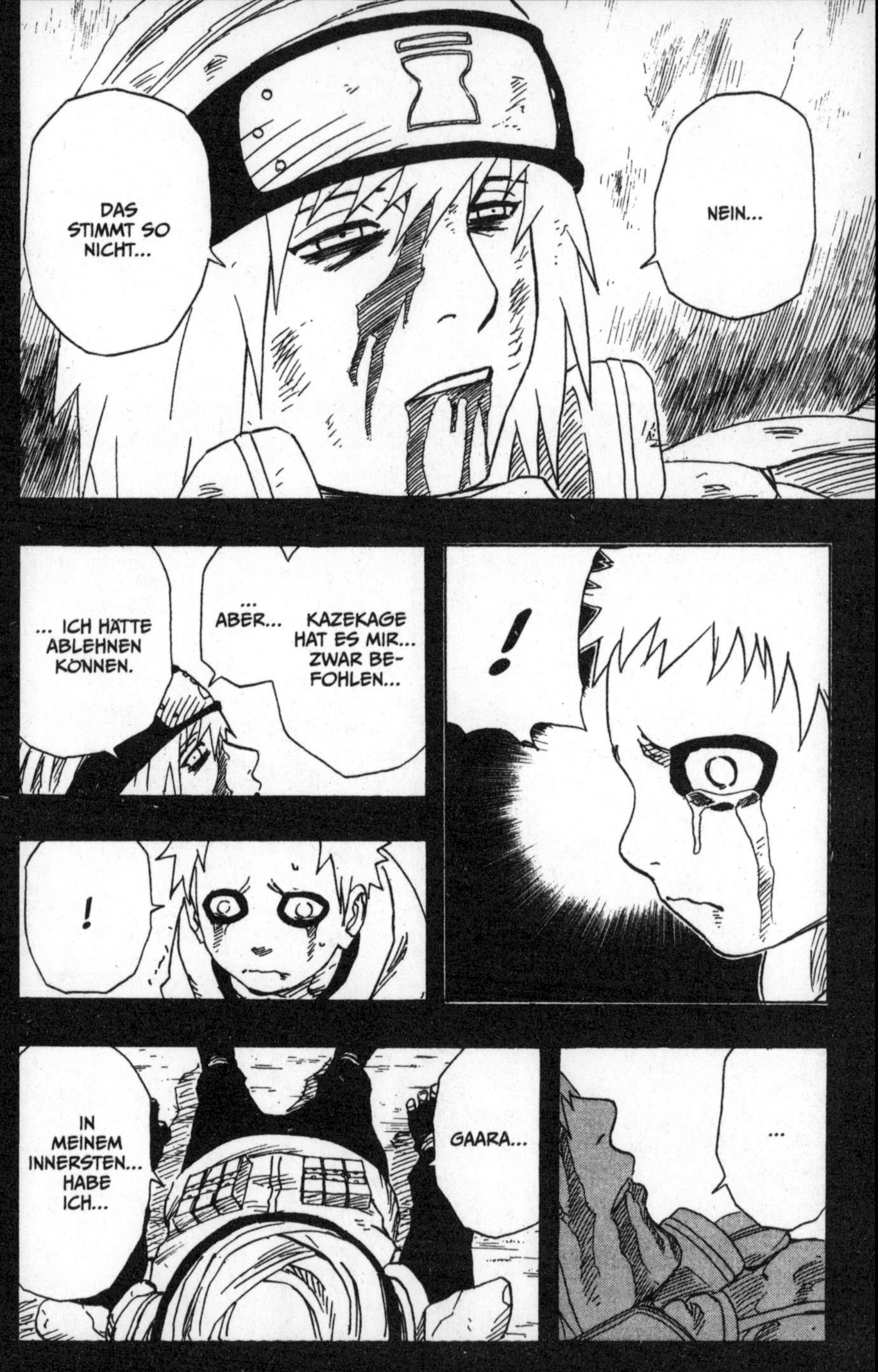
NEIN...
DAS STIMMT SO NICHT...
!
KAZEKAGE HAT ES MIR... ZWAR BE-FOHLEN...
... ABER...
... ICH HÄTTE ABLEHNEN KÖNNEN.
!
...
GAARA...
IN MEINEM INNERSTEN... HABE ICH...

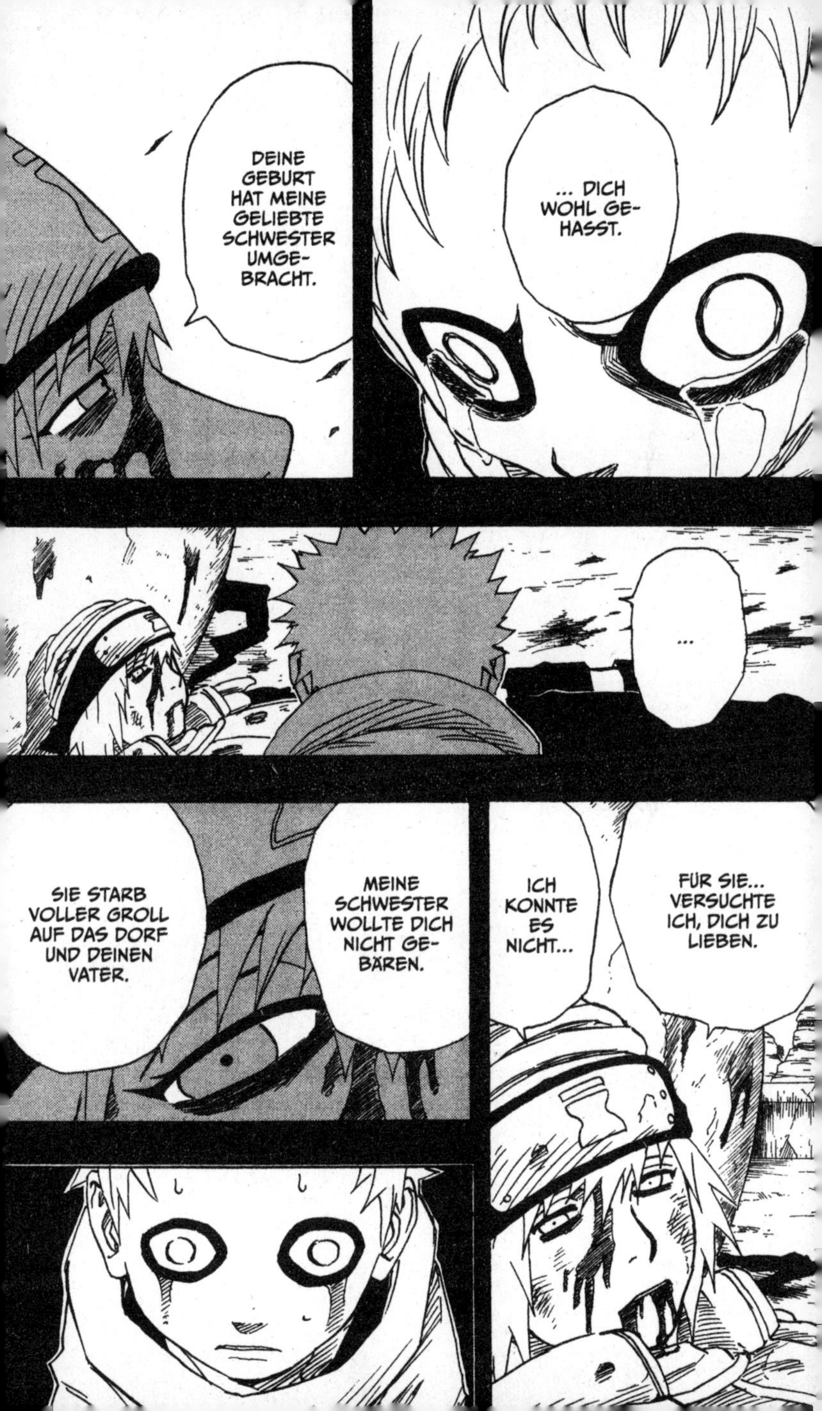
... DICH WOHL GE- HASST.
DEINE GEBURT HAT MEINE GELIEBTE SCHWESTER UMGE- BRACHT.
...
MEINE SCHWESTER WOLLTE DICH NICHT GE- BÄREN.
SIE STARB VOLLER GROLL AUF DAS DORF UND DEINEN VATER.
FÜR SIE... VERSUCHTE ICH, DICH ZU LIEBEN.
ICH KONNTE ES NICHT...

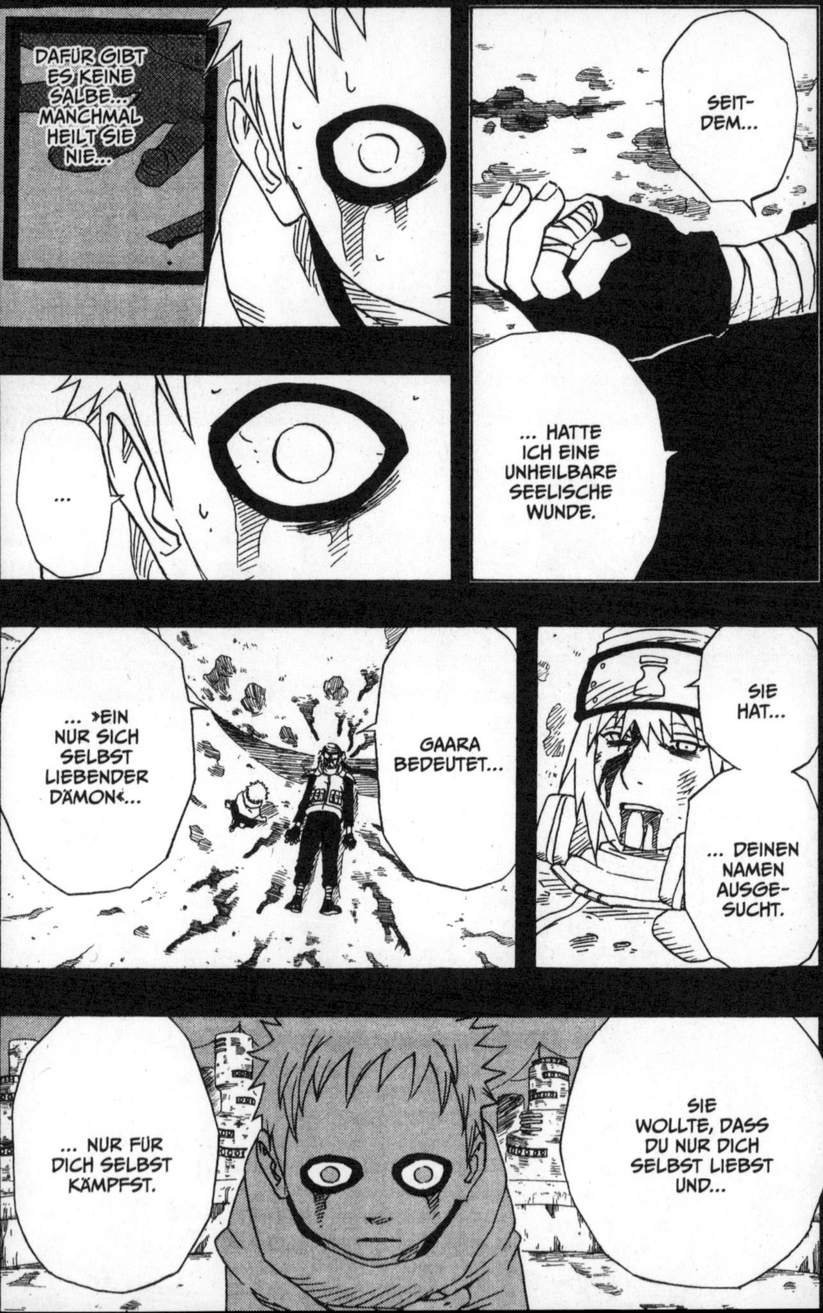
SEIT-DEM...
... HATTE ICH EINE UNHEILBARE SEELISCHE WUNDE.
DAFÜR GIBT ES KEINE SALBE... MANCHMAL HEILT SIE NIE...
...
SIE HAT...
... DEINEN NAMEN AUSGESUCHT.
GAARA BEDEUTET...
... »EIN NUR SICH SELBST LIEBENDER DÄMON«...
SIE WOLLTE, DASS DU NUR DICH SELBST LIEBST UND...
... NUR FÜR DICH SELBST KÄMPFST.

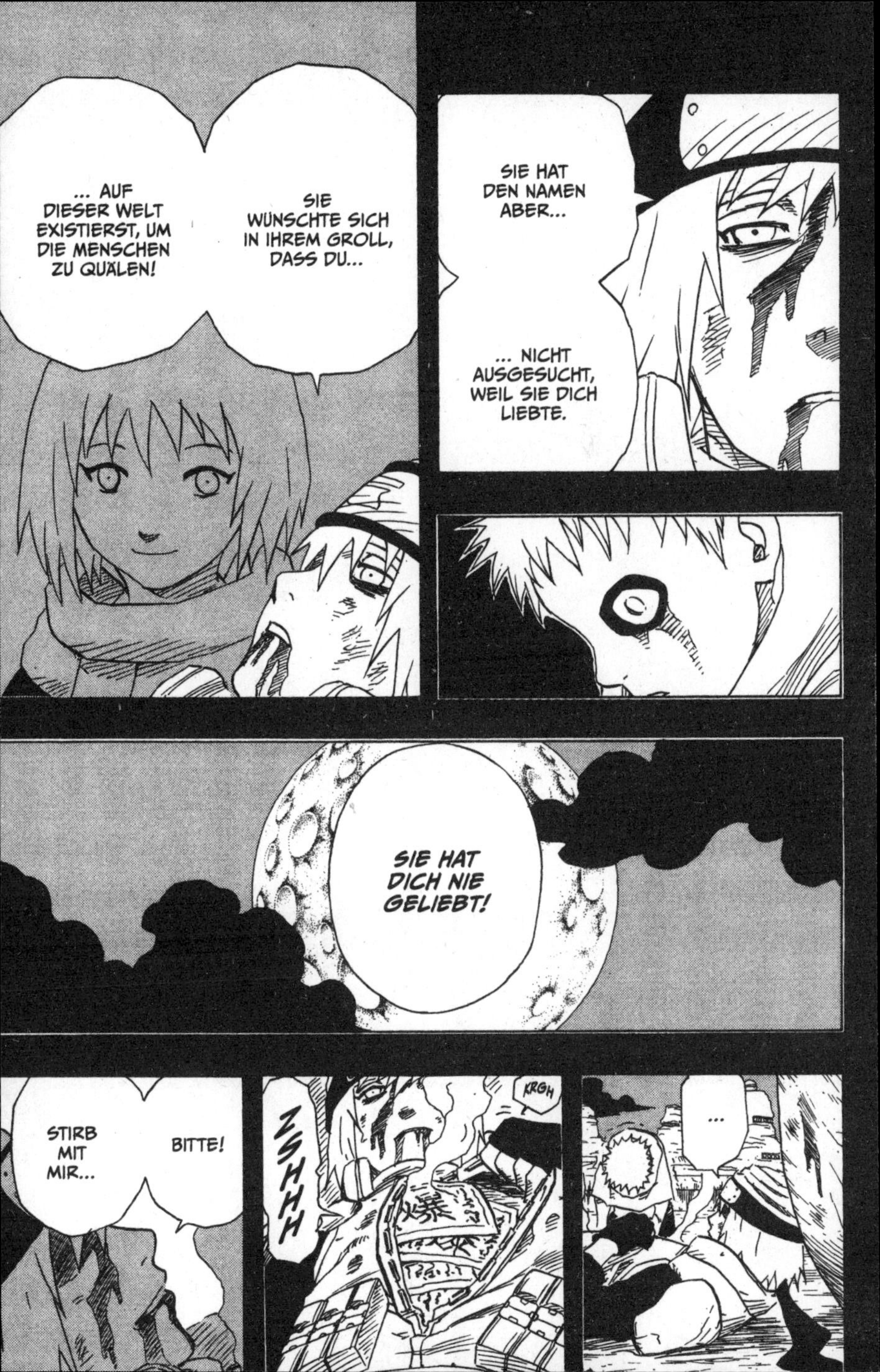
SIE HAT DEN NAMEN ABER...
... NICHT AUSGESUCHT, WEIL SIE DICH LIEBTE.
SIE WÜNSCHTE SICH IN IHREM GROLL, DASS DU...
... AUF DIESER WELT EXISTIERST, UM DIE MENSCHEN ZU QUÄLEN!
SIE HAT DICH NIE GELIEBT!
...
KRGH
ZSHHH
BITTE!
STIRB MIT MIR...

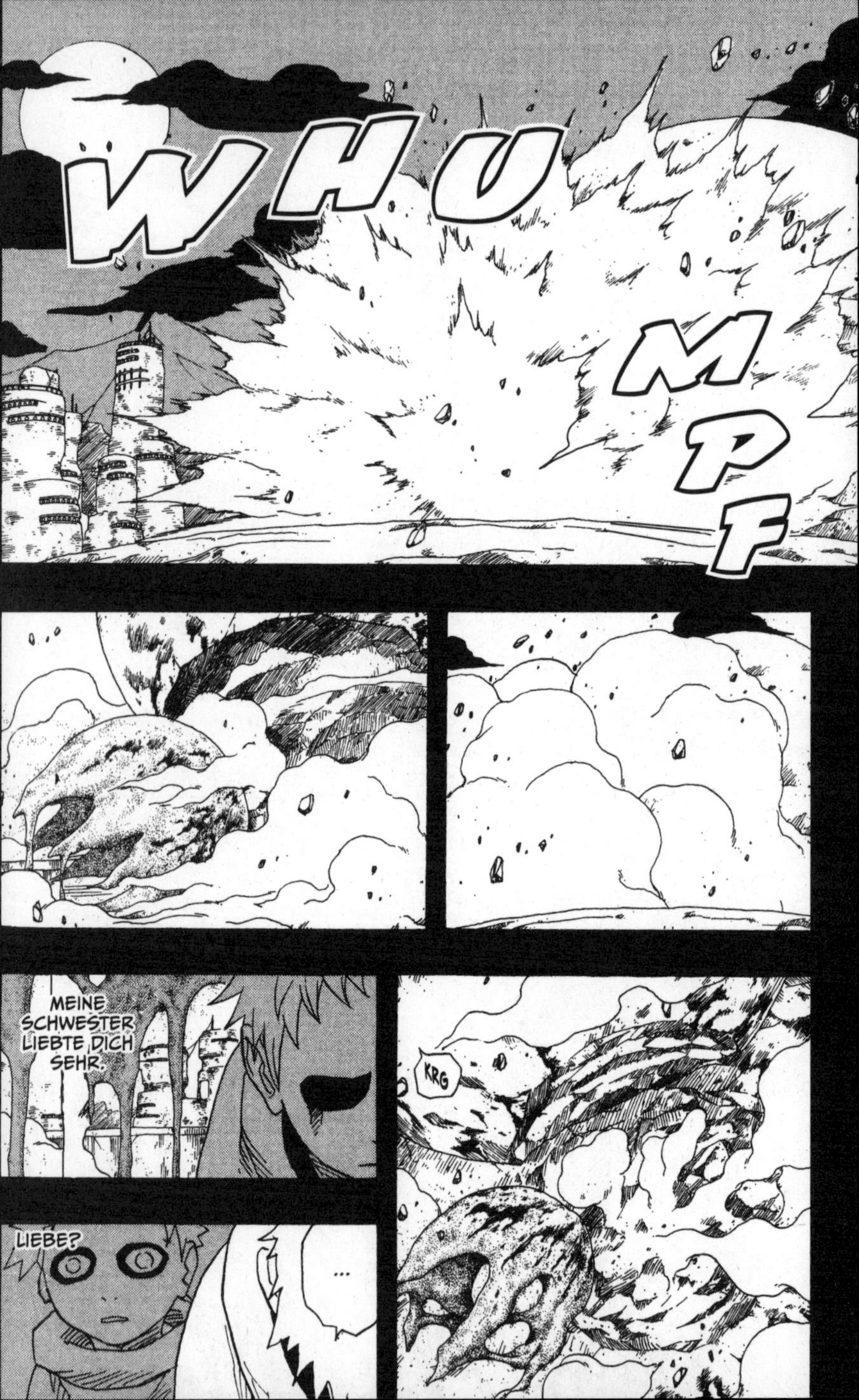
WHUMPF
KRG
MEINE SCHWESTER LIEBTE DICH SEHR.
LIEBE?
...

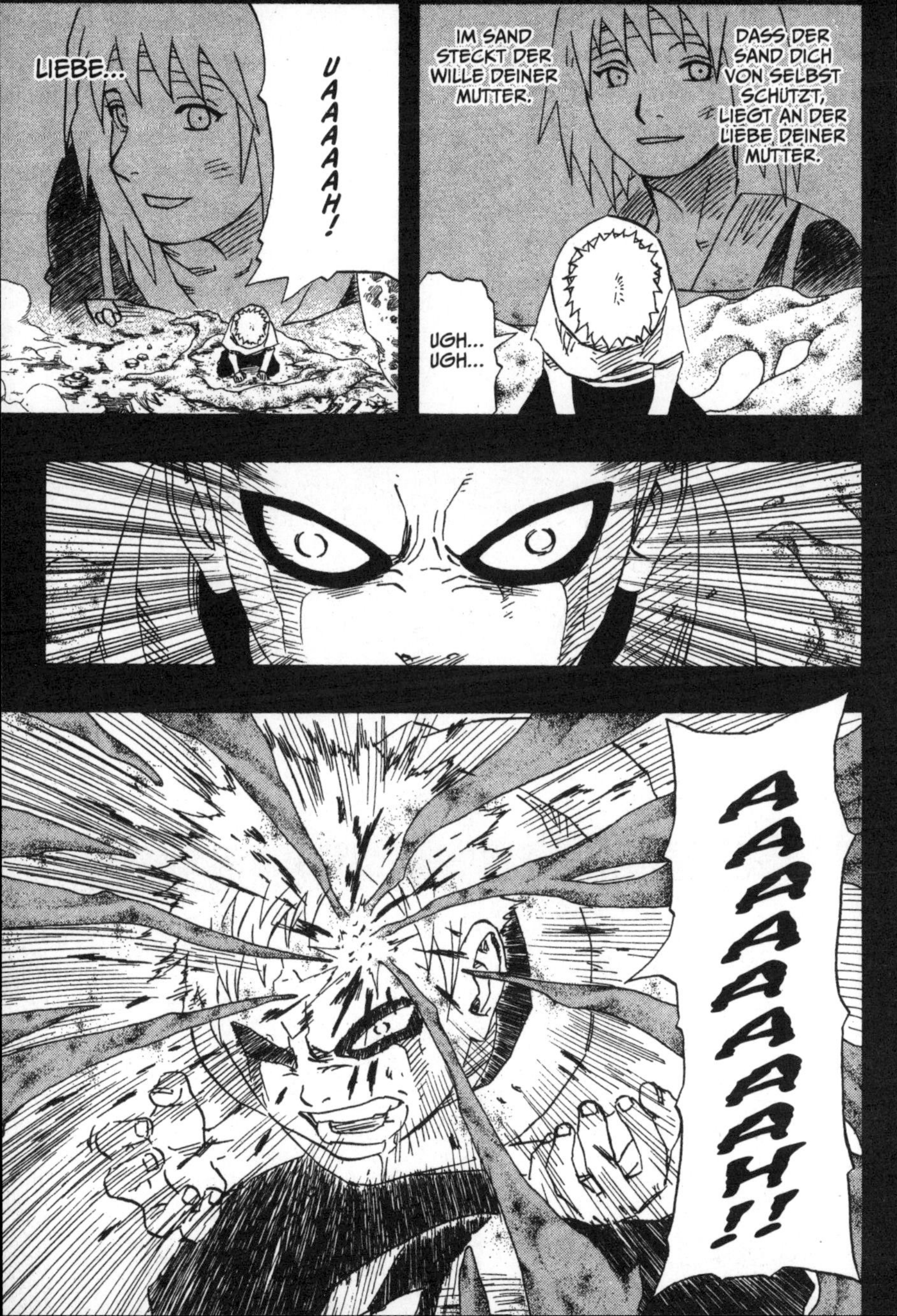
DASS DER SAND DICH VON SELBST SCHÜTZT, LIEGT AN DER LIEBE DEINER MUTTER.
IM SAND STECKT DER WILLE DEINER MUTTER.
UGH... UGH...
UAAAAAAH!
LIEBE...
AAAAAAAAAAH!!

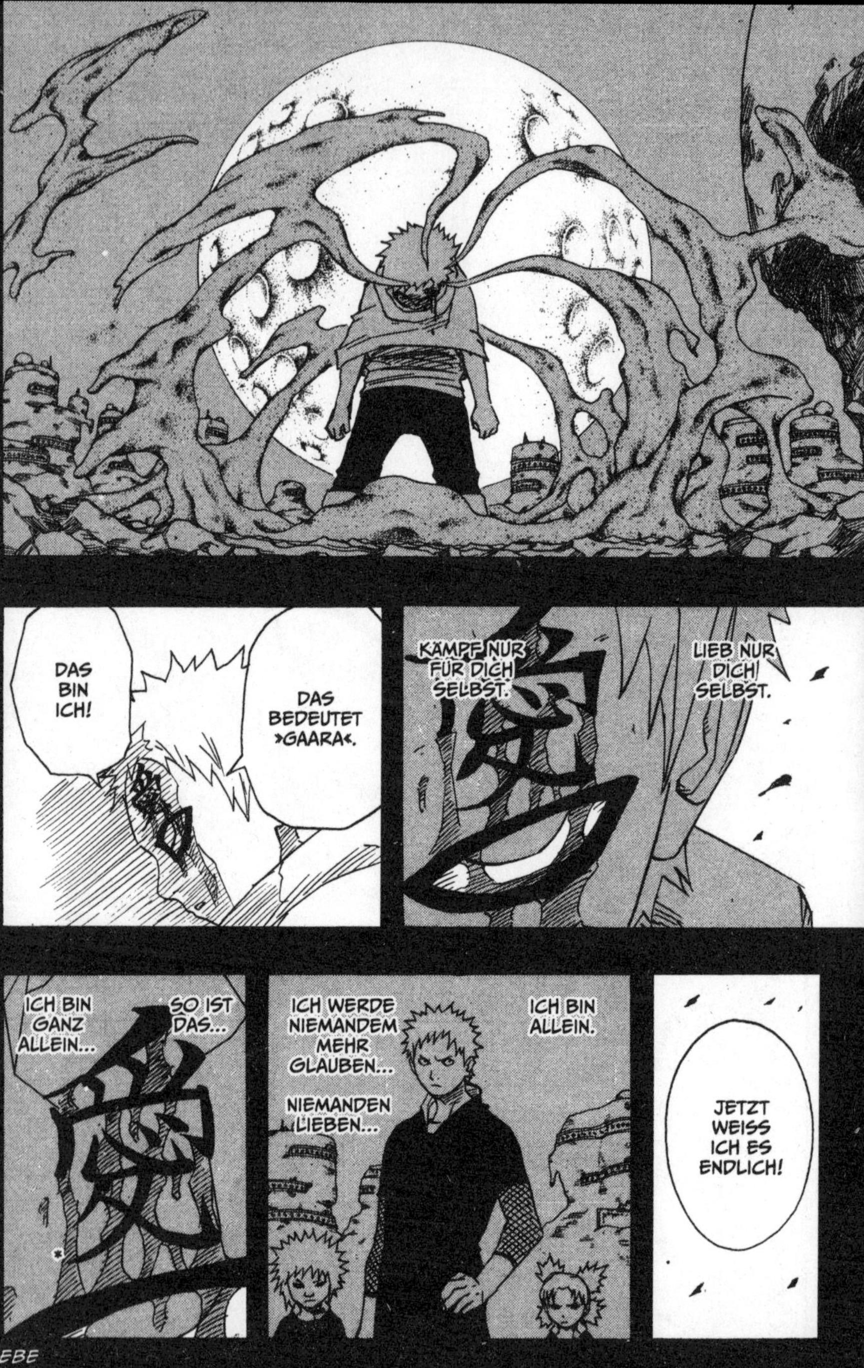
LIEB NUR DICH SELBST.
KÄMPF NUR FÜR DICH SELBST.
DAS BEDEUTET »GAARA«.
DAS BIN ICH!
JETZT WEISS ICH ES ENDLICH!
ICH BIN ALLEIN.
ICH WERDE NIEMANDEM MEHR GLAUBEN...
NIEMANDEN LIEBEN...
SO IST DAS...
ICH BIN GANZ ALLEIN...
* LIEBE

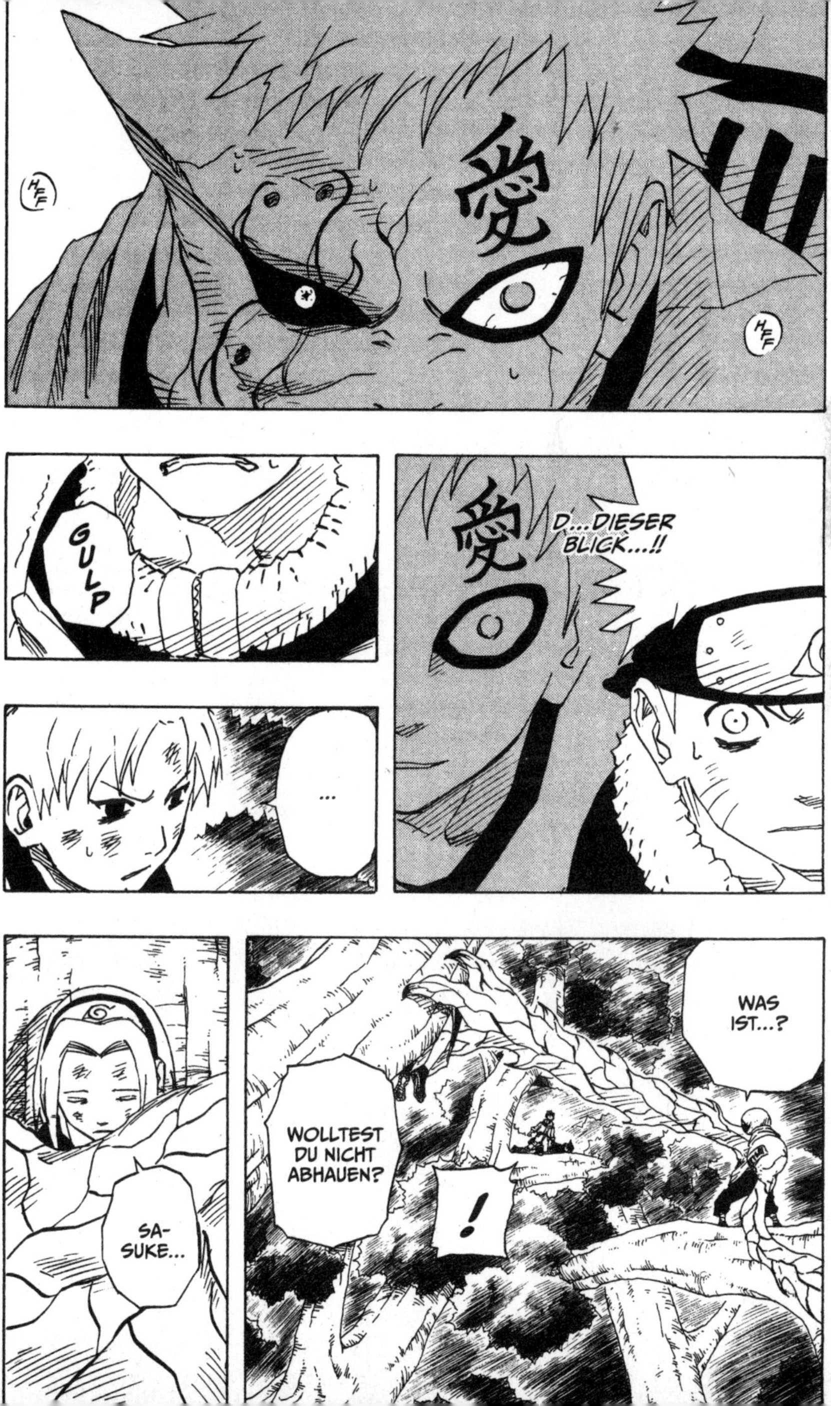
HFF
HFF
D...DIESER BLICK...!!
GULP
...
WAS IST...?
!
WOLLTEST DU NICHT ABHAUEN?
SA-SUKE...

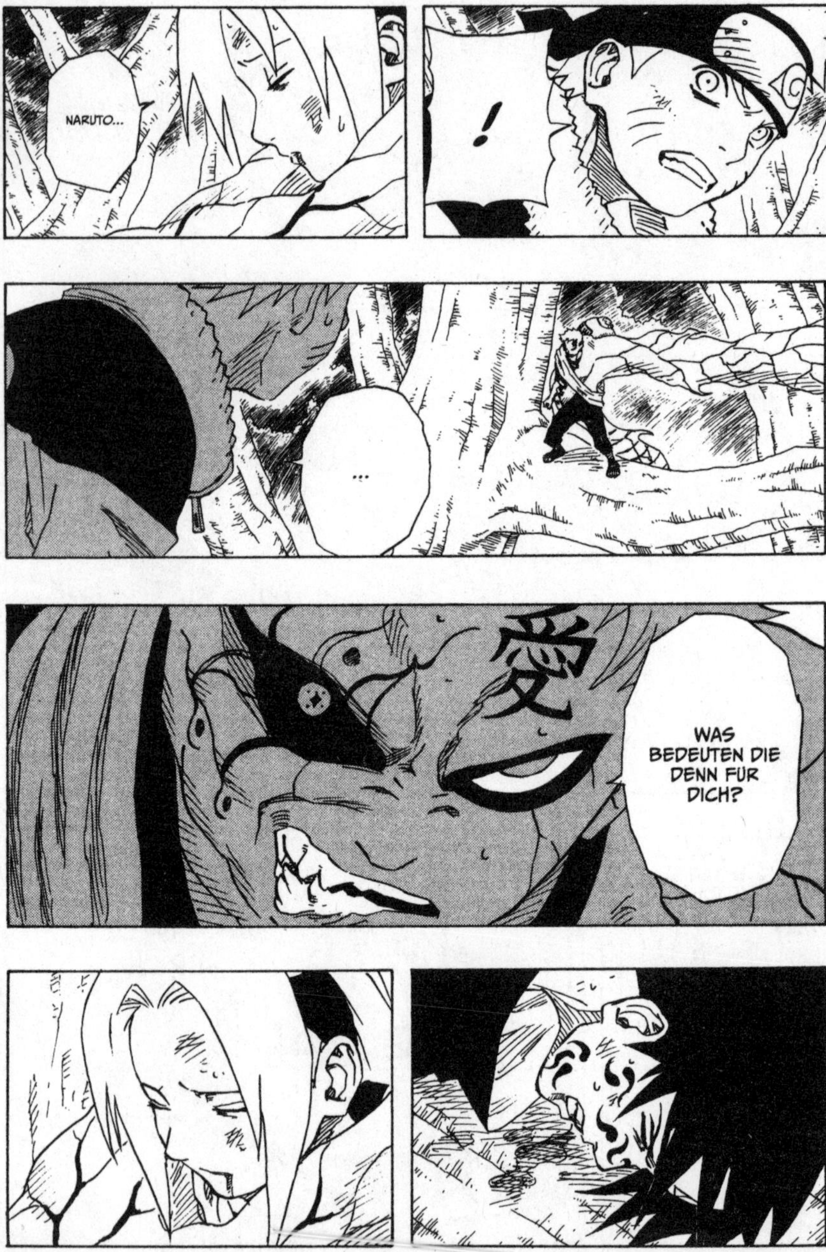
NARUTO...
!
...
WAS BEDEUTEN DIE DENN FÜR DICH?

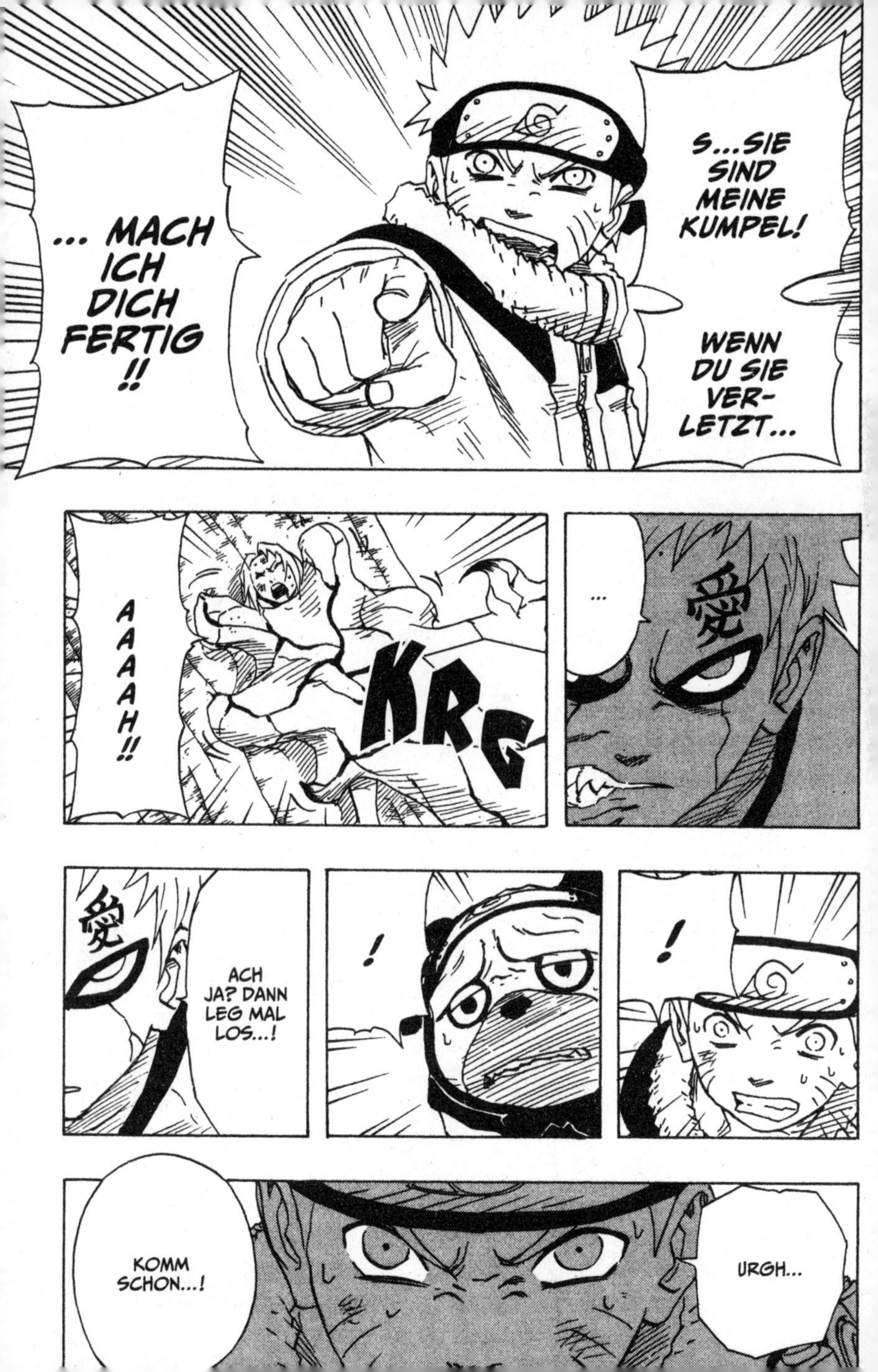
S...SIE SIND MEINE KUMPEL!
WENN DU SIE VER-LETZT...
... MACH ICH DICH FERTIG!!
...
KRG
AAAAAH!!
!
!
ACH JA? DANN LEG MAL LOS...!
URGH...
KOMM SCHON...!

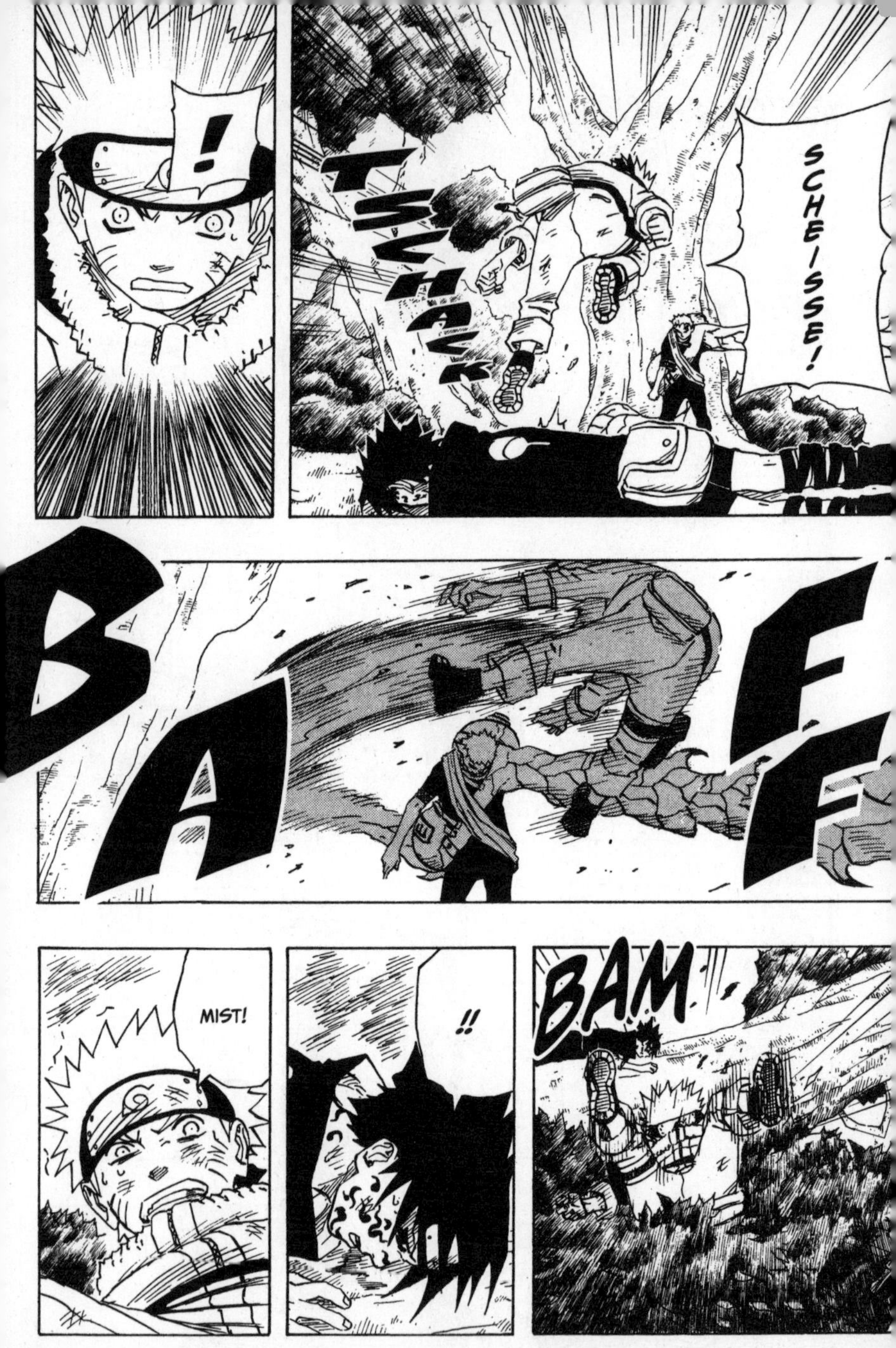

SCHEISSE!
!
TSCHACK
BAFF
BAM
!!
MIST!

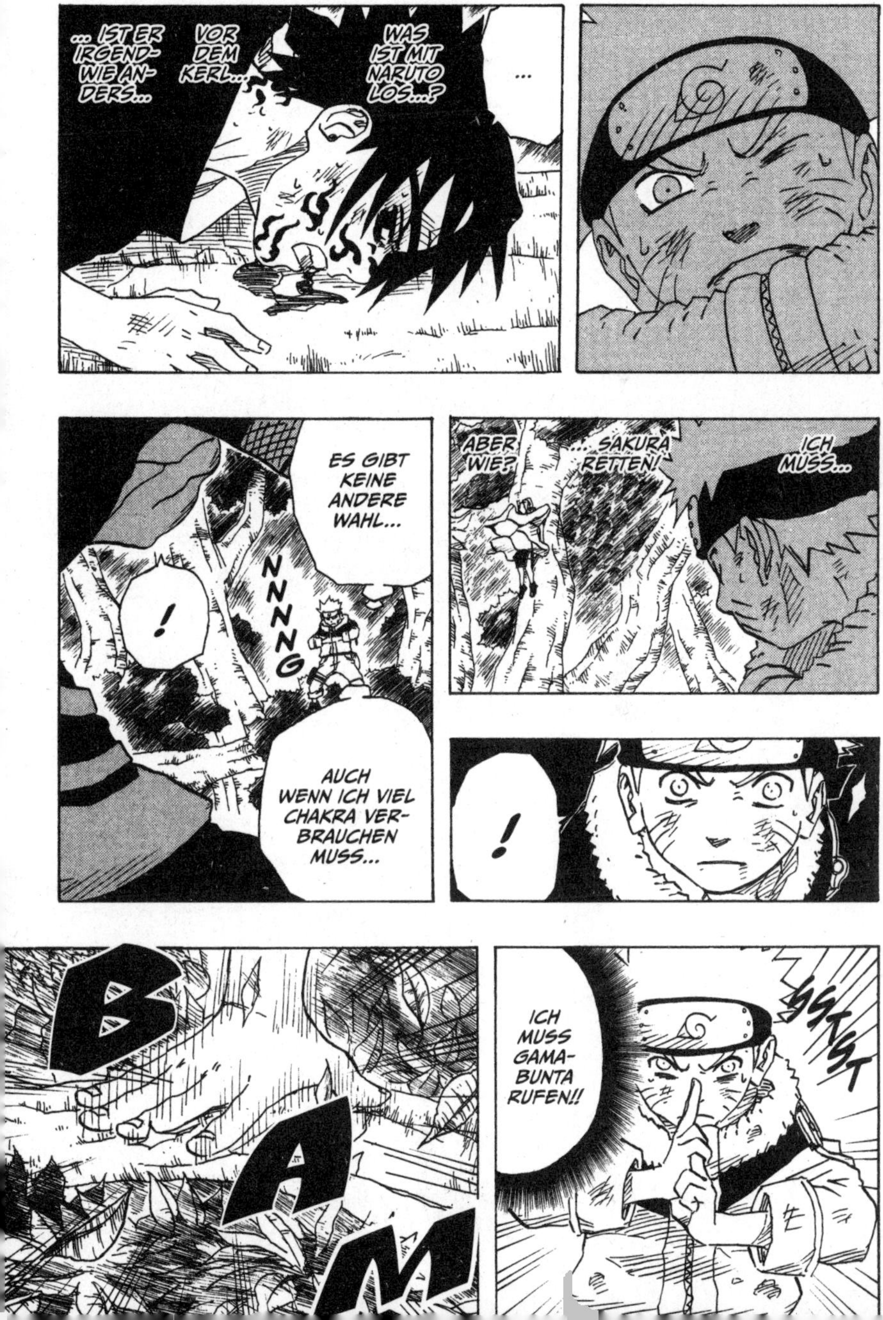
...
WAS IST MIT NARUTO LOS...?
VOR DEM KERL...
... IST ER IRGEND-WIE AN-DERS...
ICH MUSS...
... SAKURA RETTEN!
ABER WIE?
ES GIBT KEINE ANDERE WAHL...
!
NNNNG
AUCH WENN ICH VIEL CHAKRA VER-BRAUCHEN MUSS...
!
ICH MUSS GAMA-BUNTA RUFEN!!
BAM

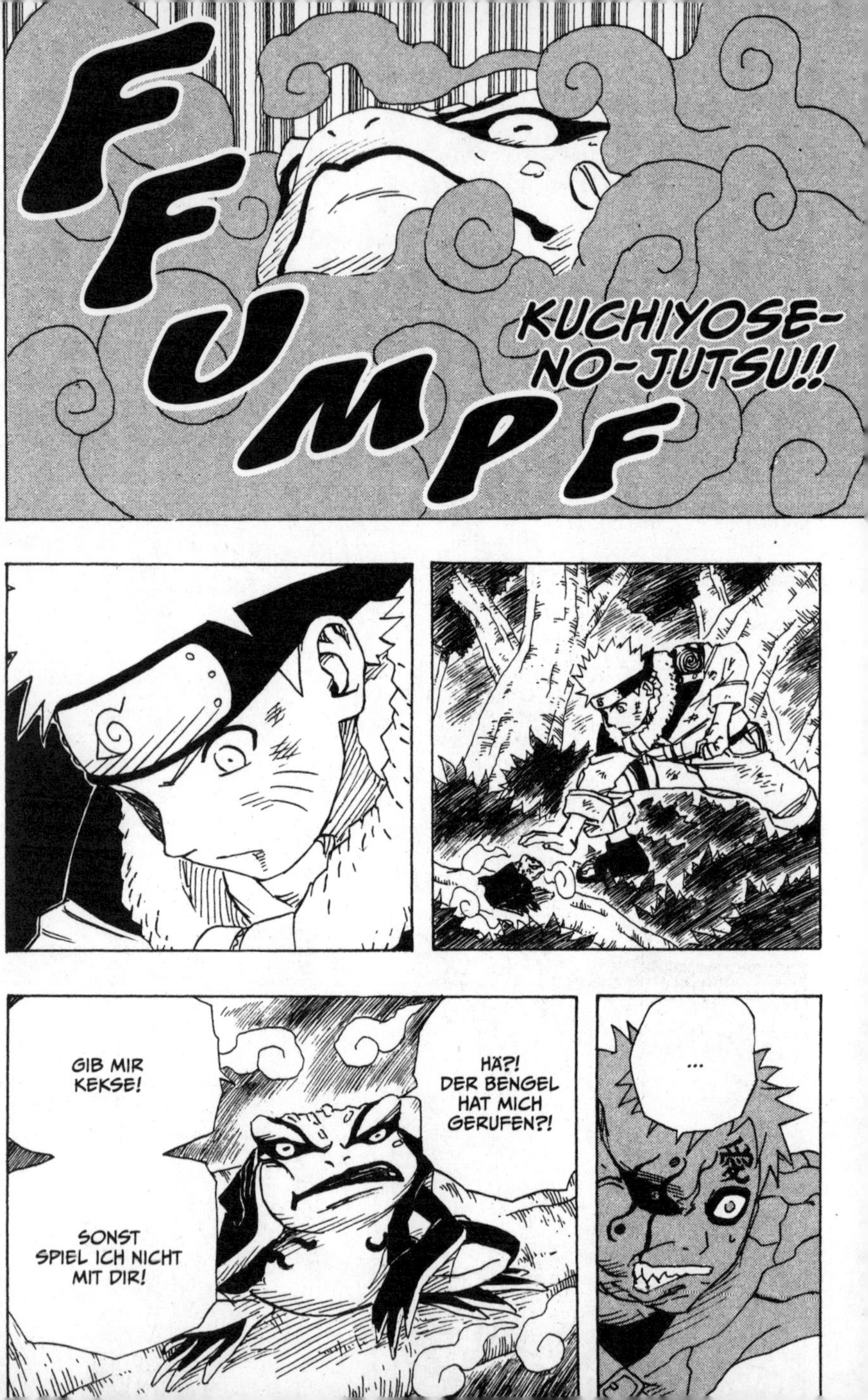
KUCHIYOSE-NO-JUTSU!!
FFUMPF
HÄ?! DER BENGEL HAT MICH GERUFEN?!
GIB MIR KEKSE!
SONST SPIEL ICH NICHT MIT DIR!
...

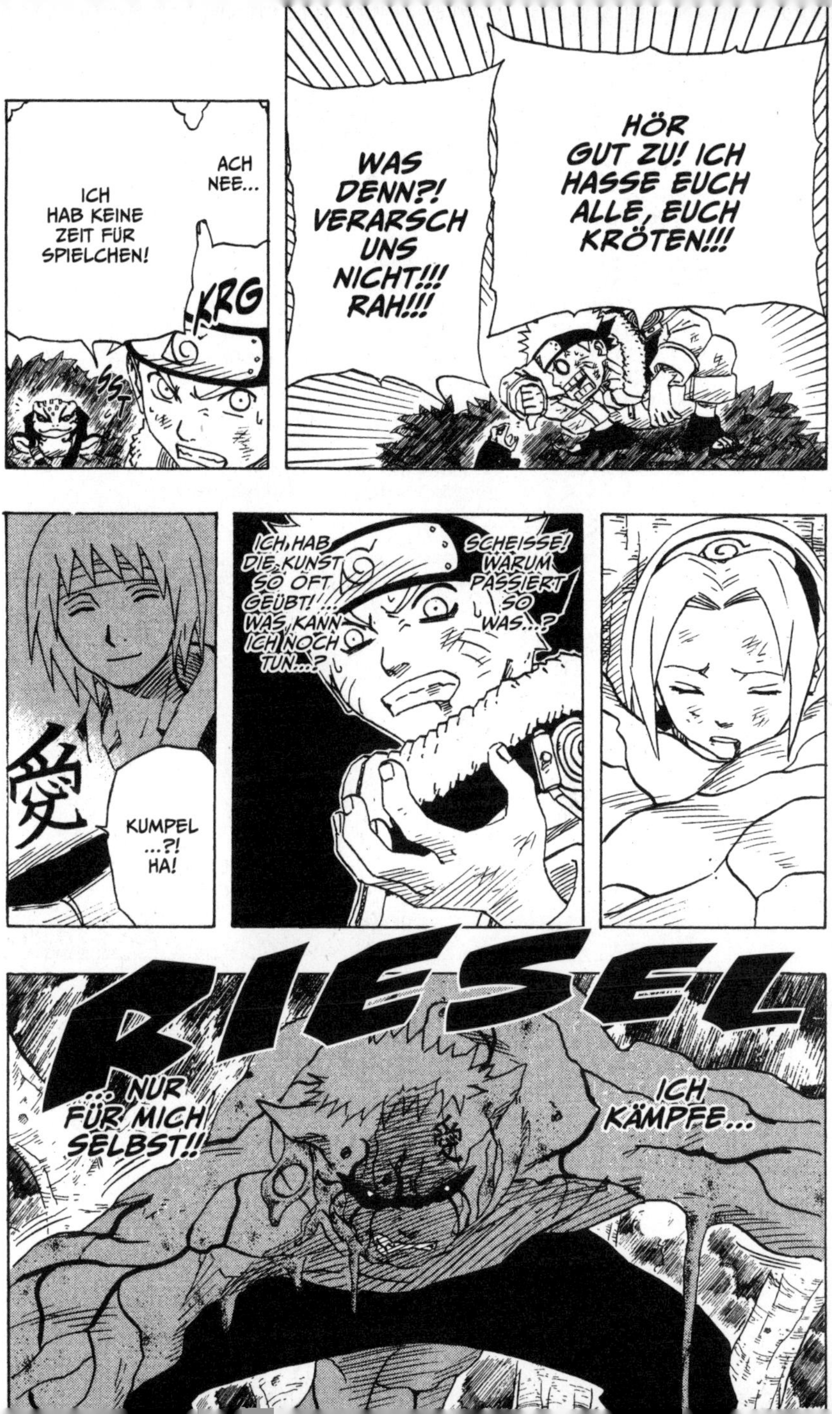
HÖR GUT ZU! ICH HASSE EUCH ALLE, EUCH KRÖTEN!!!
WAS DENN?! VERARSCH UNS NICHT!!! RAH!!!
ACH NEE...
ICH HAB KEINE ZEIT FÜR SPIELCHEN!
KRG
SST
SCHEISSE! WARUM PASSIERT SO WAS...?
ICH HAB DIE KUNST SO OFT GEÜBT! ...WAS KANN ICH NOCH TUN...?
KUMPEL ...?! HA!
RIESEL
ICH KÄMPFE...
...NUR FÜR MICH SELBST!!

MASASHI KISHIMOTOS WELT LEBENSGESCHICHTE – FORTSETZUNG VON TEIL 22 – 1

»HASHIRE, MEROS« HAT MICH RICHTIG BEEINDRUCKT! MUSKELN UND KÖRPERBAU WAREN MIT UNGEWÖHNLICHEN LINIEN AUSGEDRÜCKT, DAS DESIGN WAR ANGENEHM UND COOL. DER MANN, DER DAS CHARAKTER-DESIGN UND DIE REGIE GEMACHT HATTE, HIESS HIROYUKI OKITA. ICH SUCHTE IN DER VIDEOTHEK NACH DEN FILMEN, AN DENEN ER MITGEWIRKT HATTE. DABEI FAND ICH BEI VIELEN FILMEN DIE GLEICHEN NAMEN. »ACH! DER HAT AUCH FÜR DEN FILM GEZEICHNET! AH! DER AUCH!« LANGSAM INTERESSIERTE ICH MICH FÜR ANIME UND MERKTE MIR DIE NAMEN DER REGISSEURE UND DER ZEICHNER. NICHT SELTEN WAR EIN ANIME BESSER GEZEICHNET ALS DER ADAPTIERTE MANGA SELBST. ICH FAND, ANIME-ZEICHNER ZEICHNETEN BESSER ALS MANGA-ZEICHNER. UND EIN ANIME HAT MICH BESONDERS BEEINFLUSST: DIE VERFILMUNG VON »NINKU«, EINEM BERÜHMTEN NINJA-MANGA VON JUMP. DER ZEICHNER, CHARAKTER-DESIGNER UND REGISSEUR DES FILMS HEISST TETSUYA NISHIO!

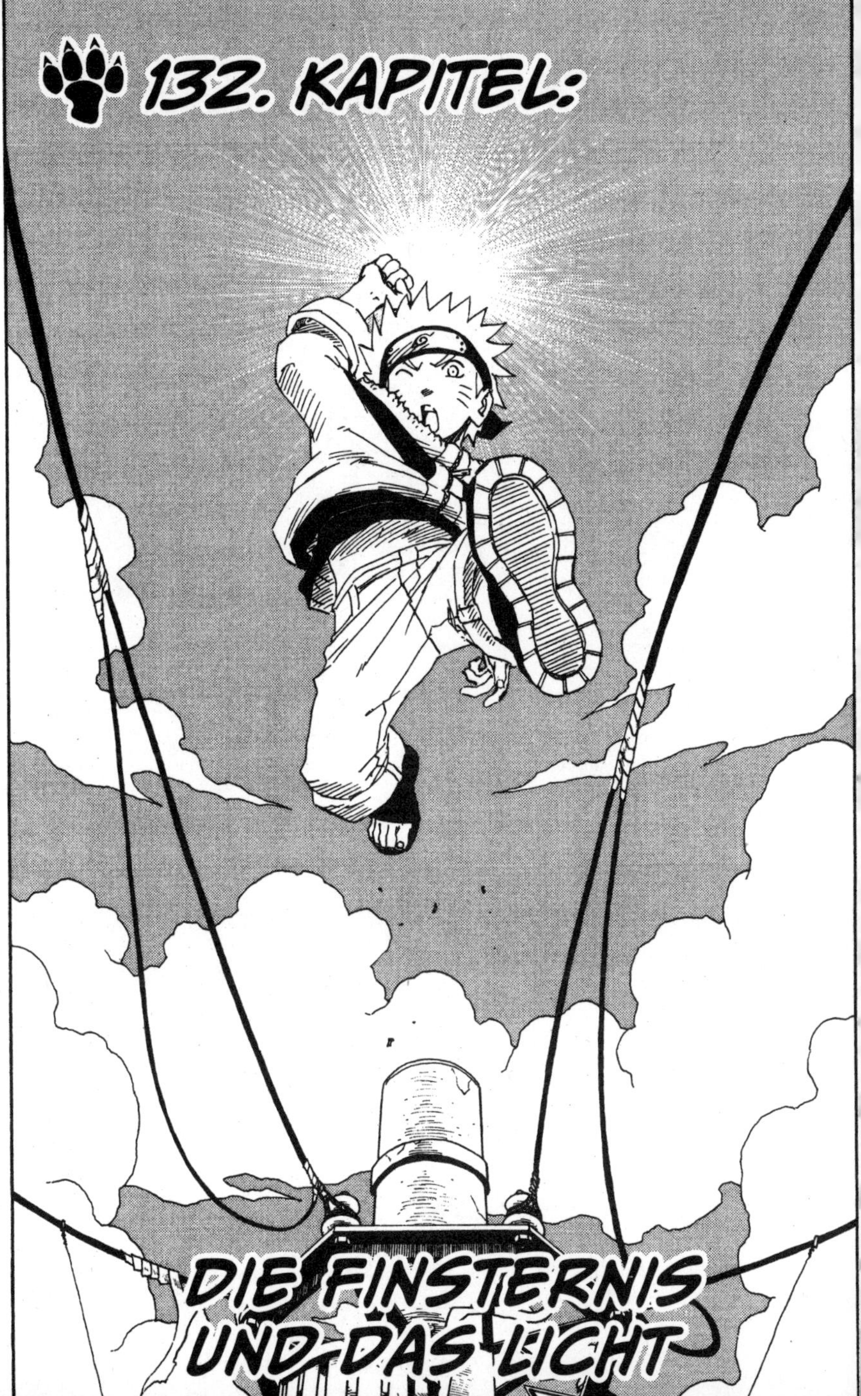
132. Kapitel:
Die Finsternis und das Licht

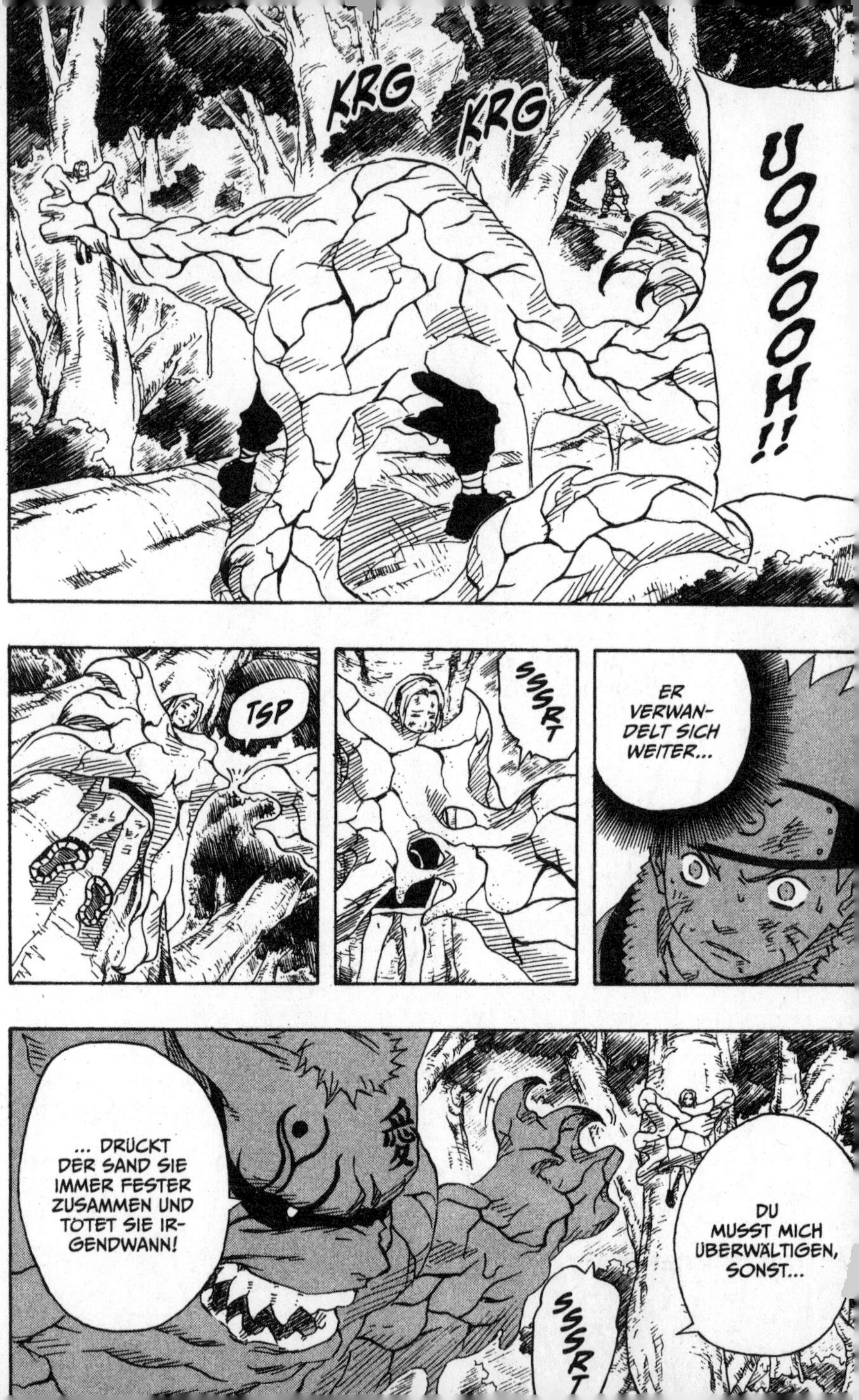
UOOOOOOH!!
KRG KRG
ER VERWAN-DELT SICH WEITER...
SSSRT
TSP
DU MUSST MICH ÜBERWÄLTIGEN, SONST...
SSSRT
... DRÜCKT DER SAND SIE IMMER FESTER ZUSAMMEN UND TÖTET SIE IR-GENDWANN!

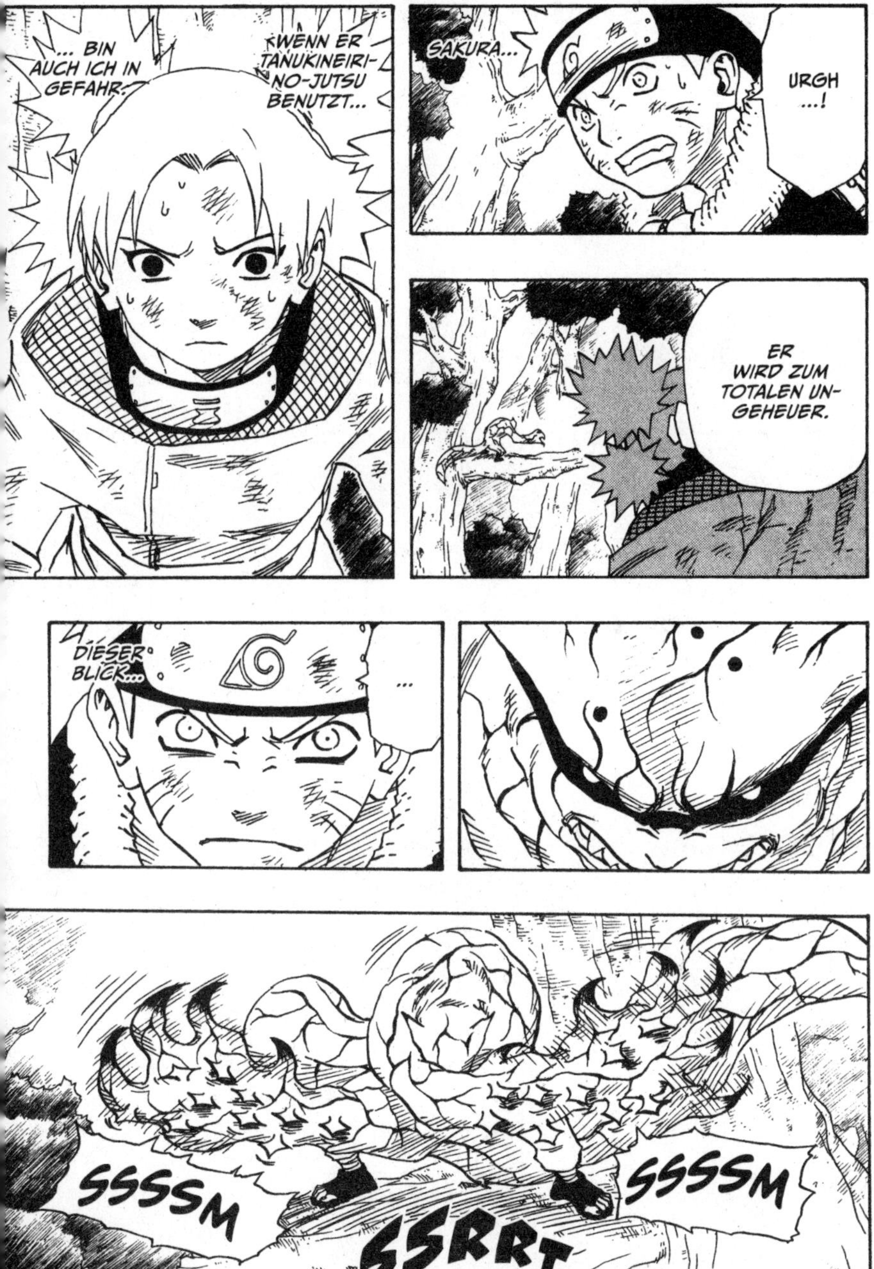
URGH ...!
SAKURA...
WENN ER TANUKINEIRI-NO-JUTSU BENUTZT...
... BIN AUCH ICH IN GEFAHR.
ER WIRD ZUM TOTALEN UN-GEHEUER.
...
DIESER BLICK...
SSSSM
SSRRT
SSSSM

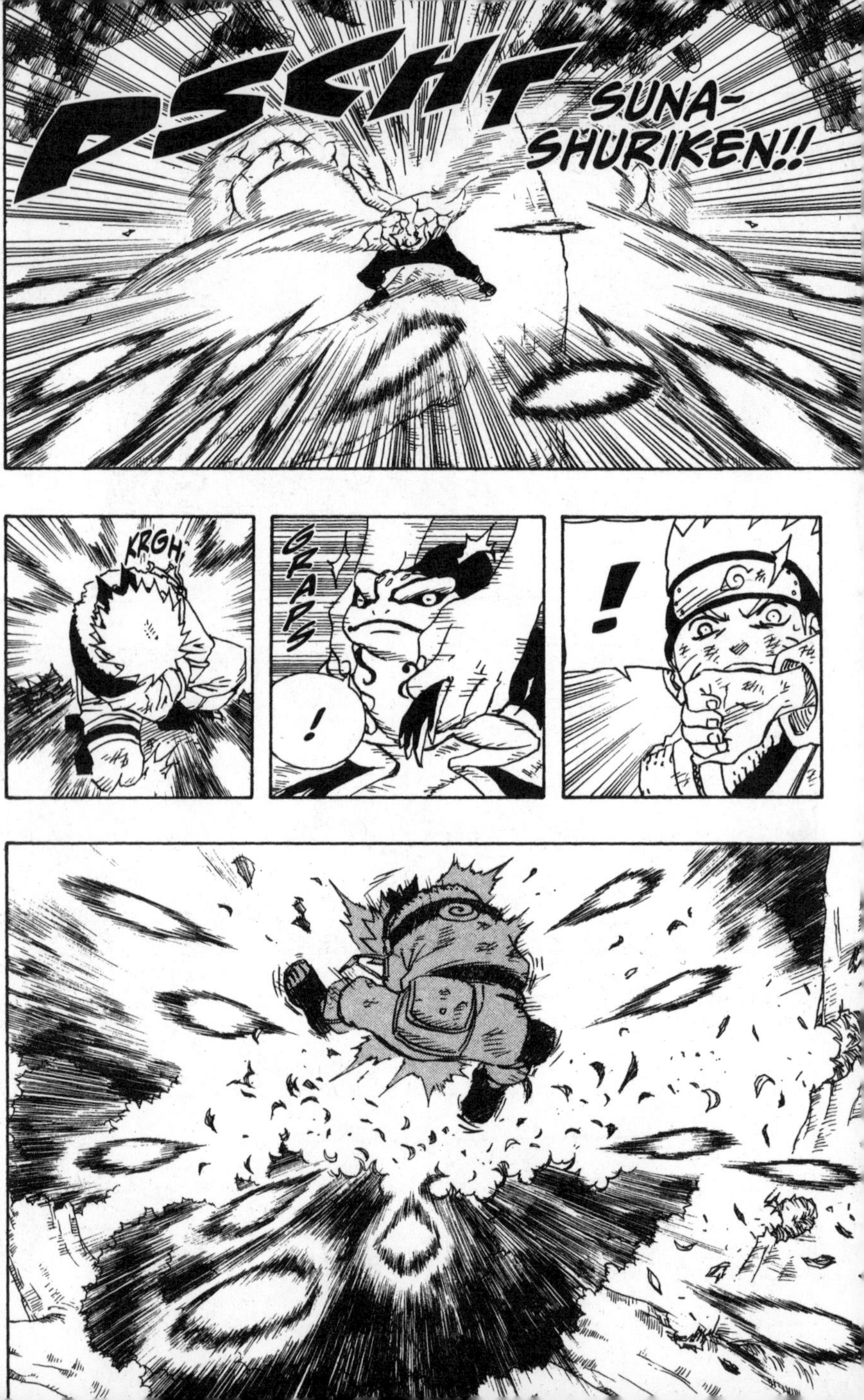

PSCHT
SUNA-SHURIKEN!!
!
GRAPS
!
KRGH

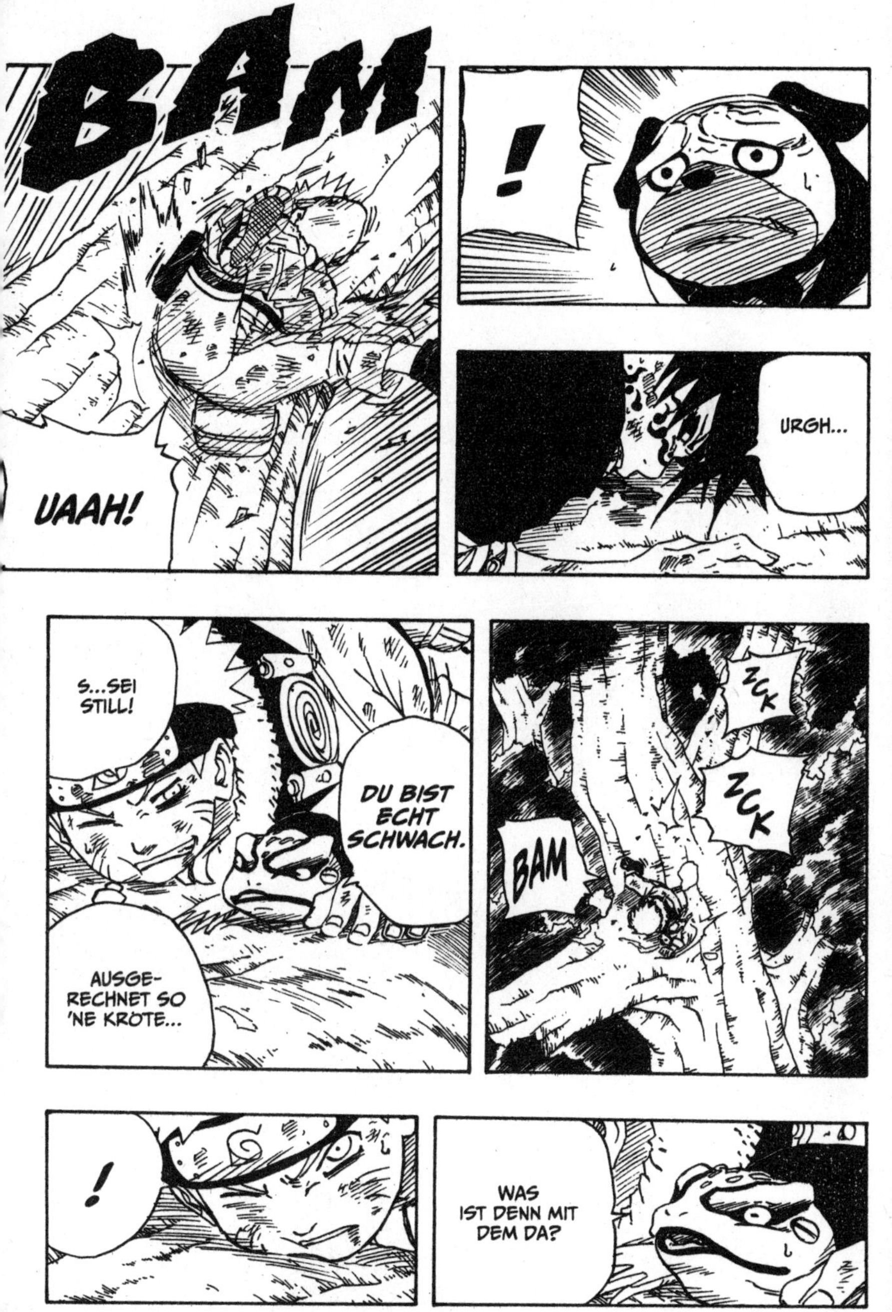
!
URGH...
BAM
UAAH!
ZCK
ZCK
BAM
DU BIST ECHT SCHWACH.
S...SEI STILL!
AUSGE-RECHNET SO 'NE KROTE...
WAS IST DENN MIT DEM DA?
!

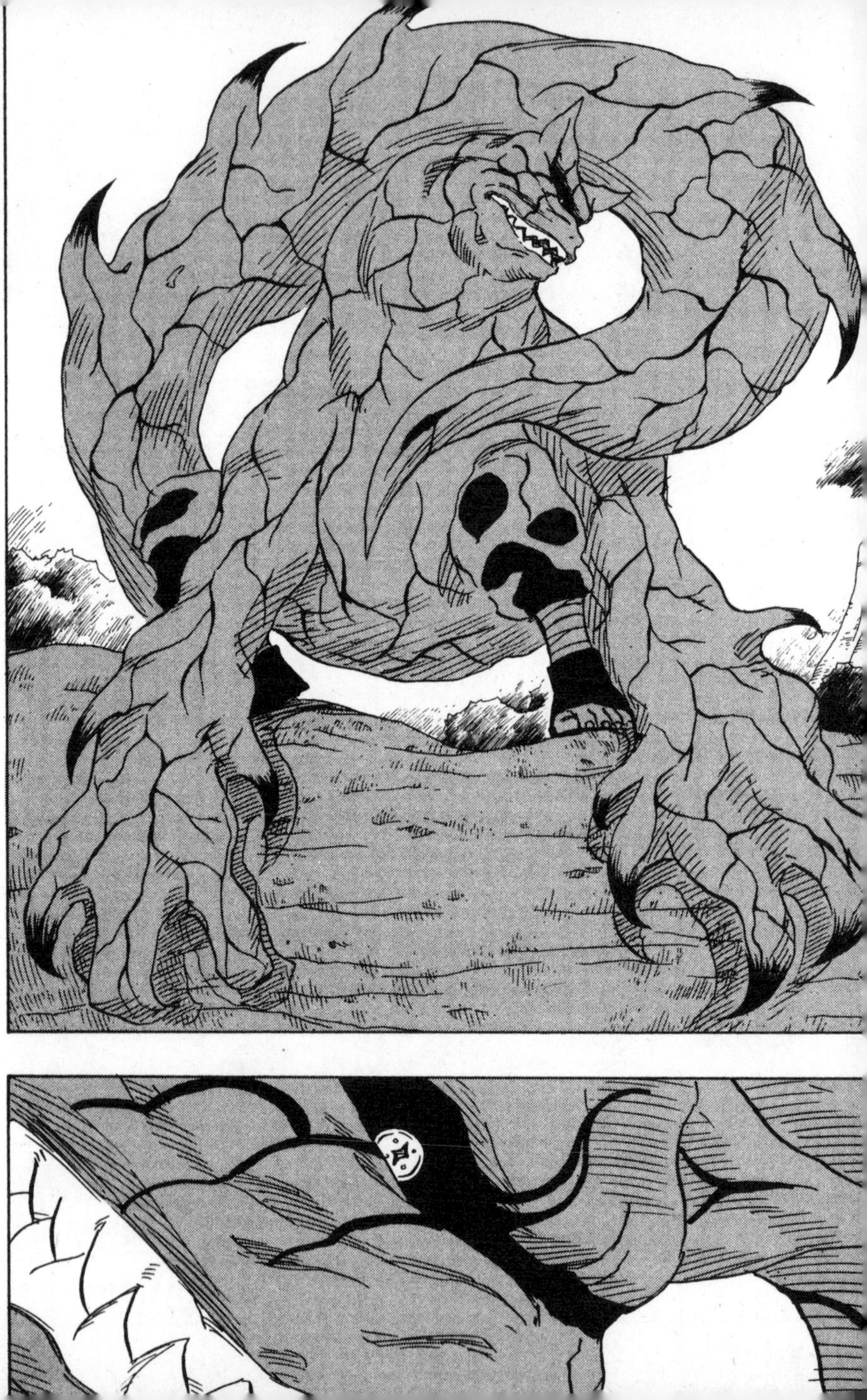

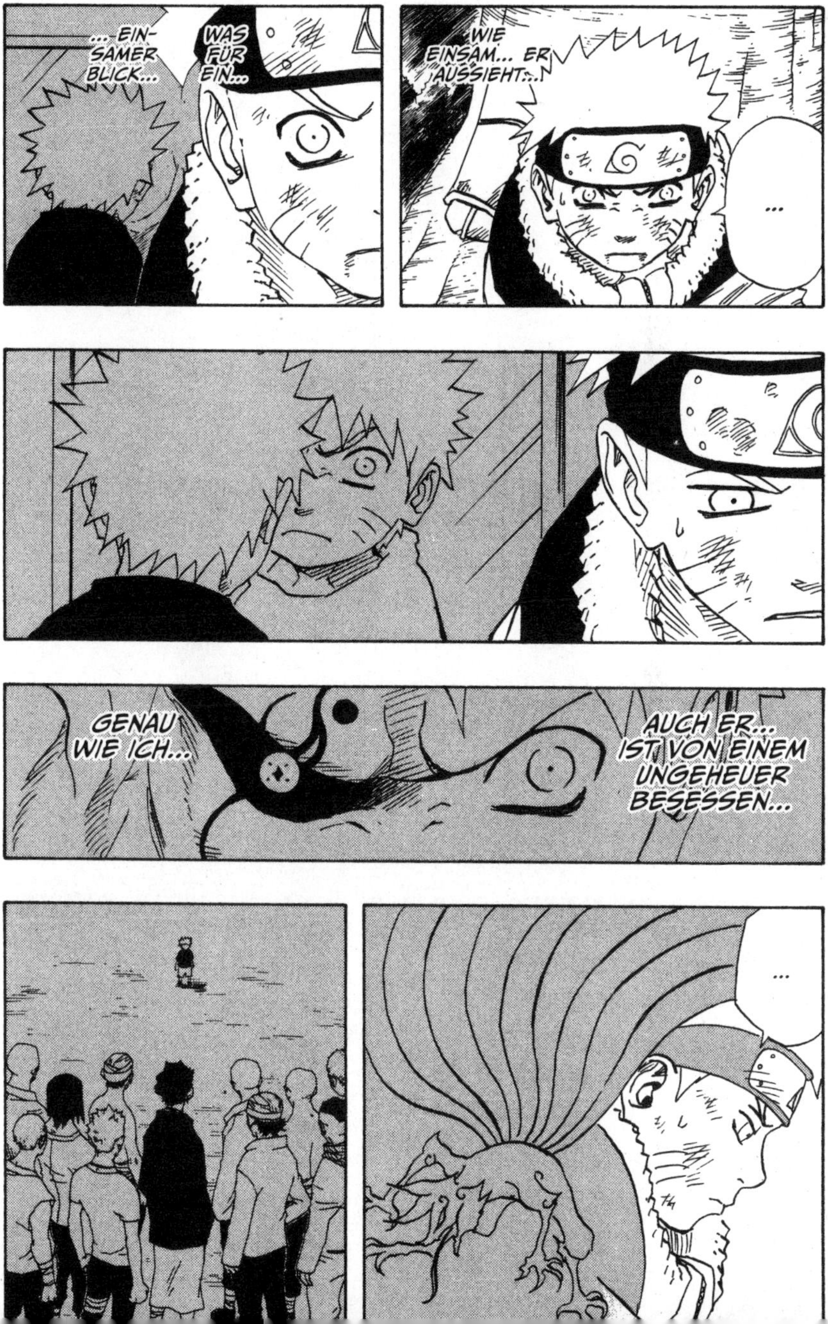
WIE EINSAM... ER AUSSIEHT...
...
WAS FÜR EIN...
... EIN-SAMER BLICK...
AUCH ER... IST VON EINEM UNGEHEUER BESESSEN...
GENAU WIE ICH...
...

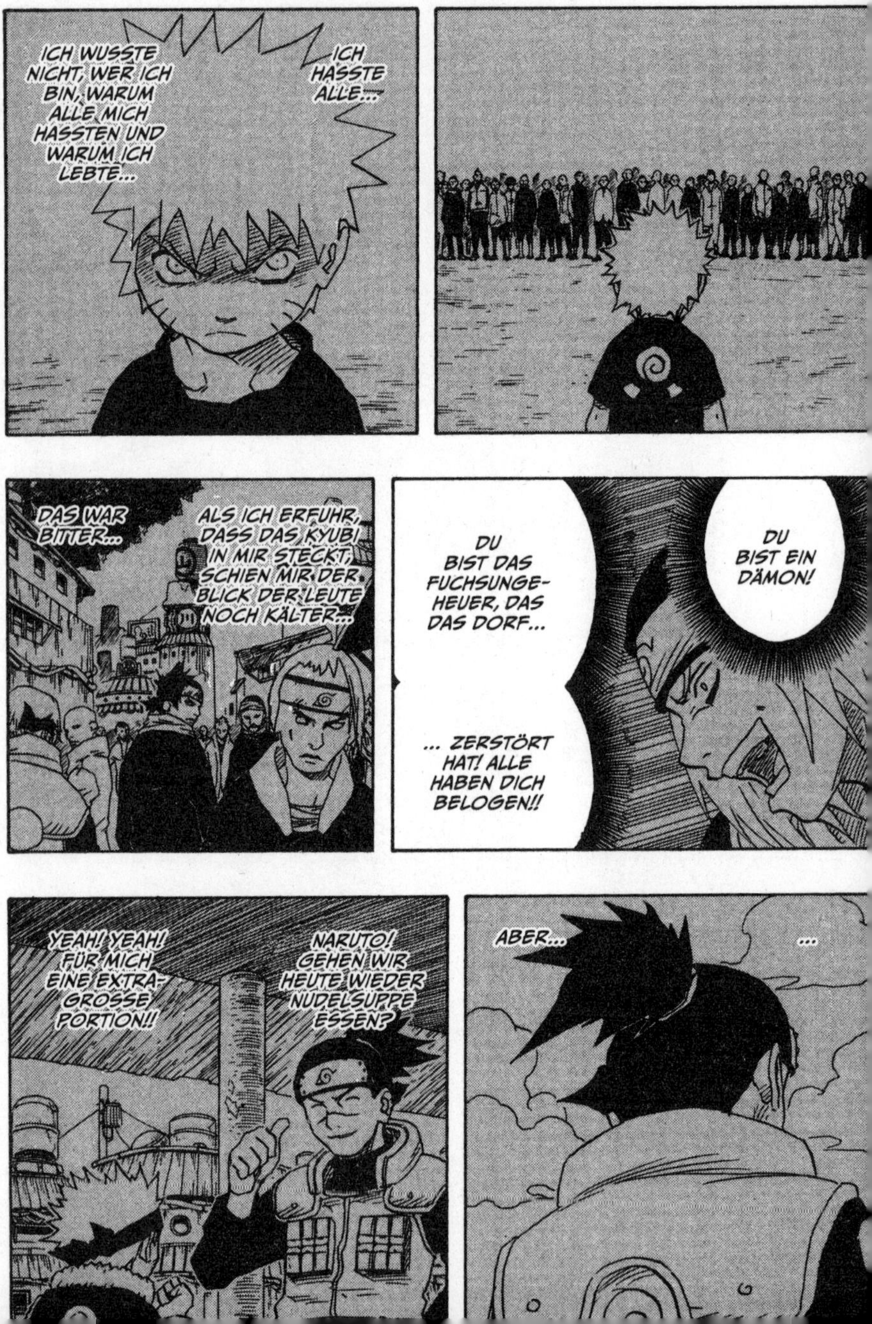
ICH HASSTE ALLE...
ICH WUSSTE NICHT, WER ICH BIN, WARUM ALLE MICH HASSTEN UND WARUM ICH LEBTE...
DU BIST EIN DÄMON!
DU BIST DAS FUCHSUNGEHEUER, DAS DAS DORF...
... ZERSTÖRT HAT! ALLE HABEN DICH BELOGEN!!
ALS ICH ERFUHR, DASS DAS KYUBI IN MIR STECKT, SCHIEN MIR DER BLICK DER LEUTE NOCH KÄLTER...
DAS WAR BITTER...
...
ABER...
NARUTO! GEHEN WIR HEUTE WIEDER NUDELSUPPE ESSEN?
YEAH! YEAH! FÜR MICH EINE EXTRA-GROSSE PORTION!!

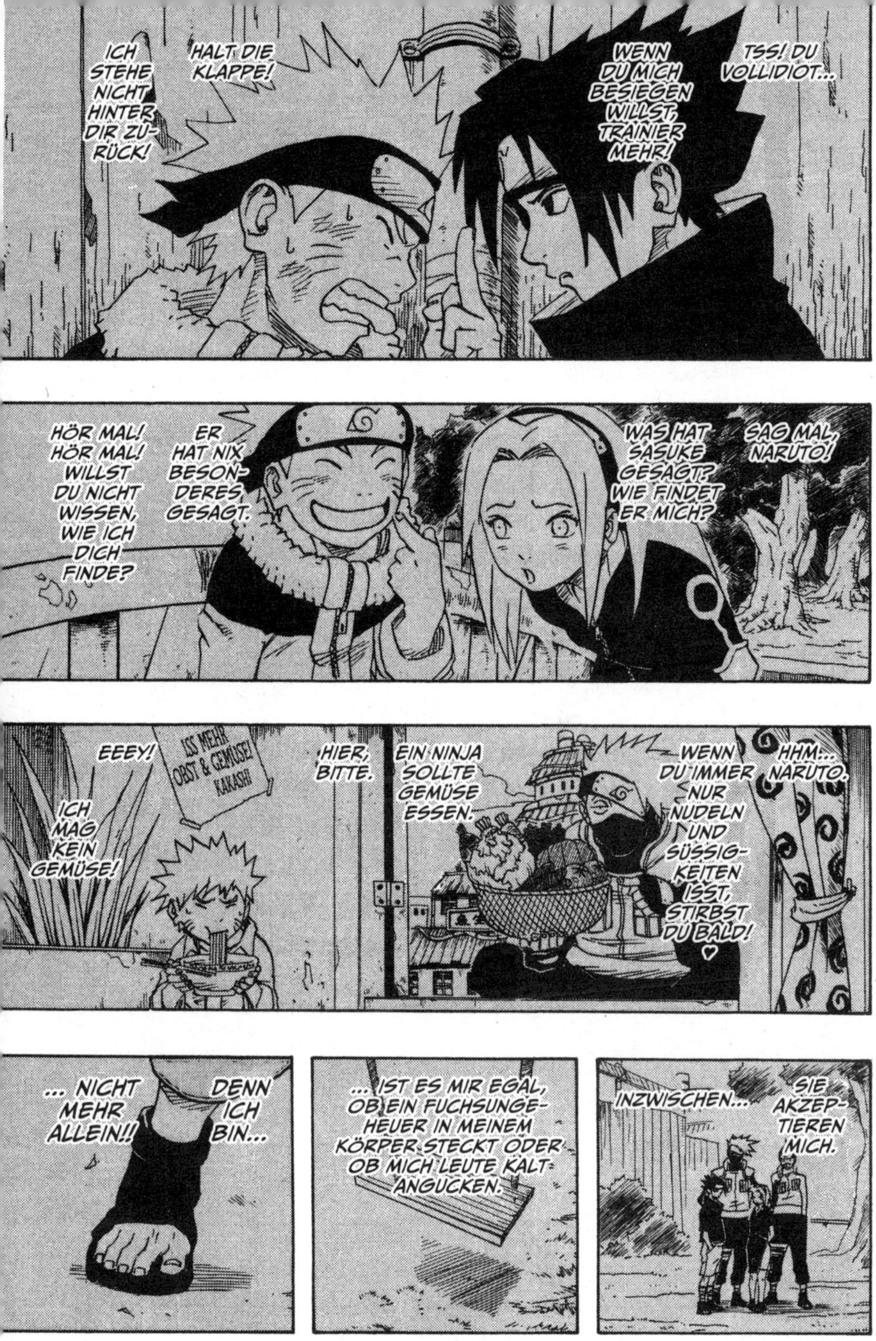
TSS! DU VOLLIDIOT...
WENN DU MICH BESIEGEN WILLST, TRAINIER MEHR!
HALT DIE KLAPPE!
ICH STEHE NICHT HINTER DIR ZURÜCK!
SAG MAL, NARUTO!
WAS HAT SASUKE GESAGT? WIE FINDET ER MICH?
ER HAT NIX BESONDERES GESAGT.
HÖR MAL! HÖR MAL! WILLST DU NICHT WISSEN, WIE ICH DICH FINDE?
HHM... NARUTO.
WENN DU IMMER NUR NUDELN UND SÜSSIGKEITEN ISST, STIRBST DU BALD! ♥
EIN NINJA SOLLTE GEMÜSE ESSEN.
HIER, BITTE.
EEEY!
ISS MEHR OBST & GEMÜSE! KAKASHI
ICH MAG KEIN GEMÜSE!
SIE AKZEPTIEREN MICH.
INZWISCHEN...
... IST ES MIR EGAL, OB EIN FUCHSUNGEHEUER IN MEINEM KÖRPER STECKT ODER OB MICH LEUTE KALT ANGUCKEN.
DENN ICH BIN...
... NICHT MEHR ALLEIN!!

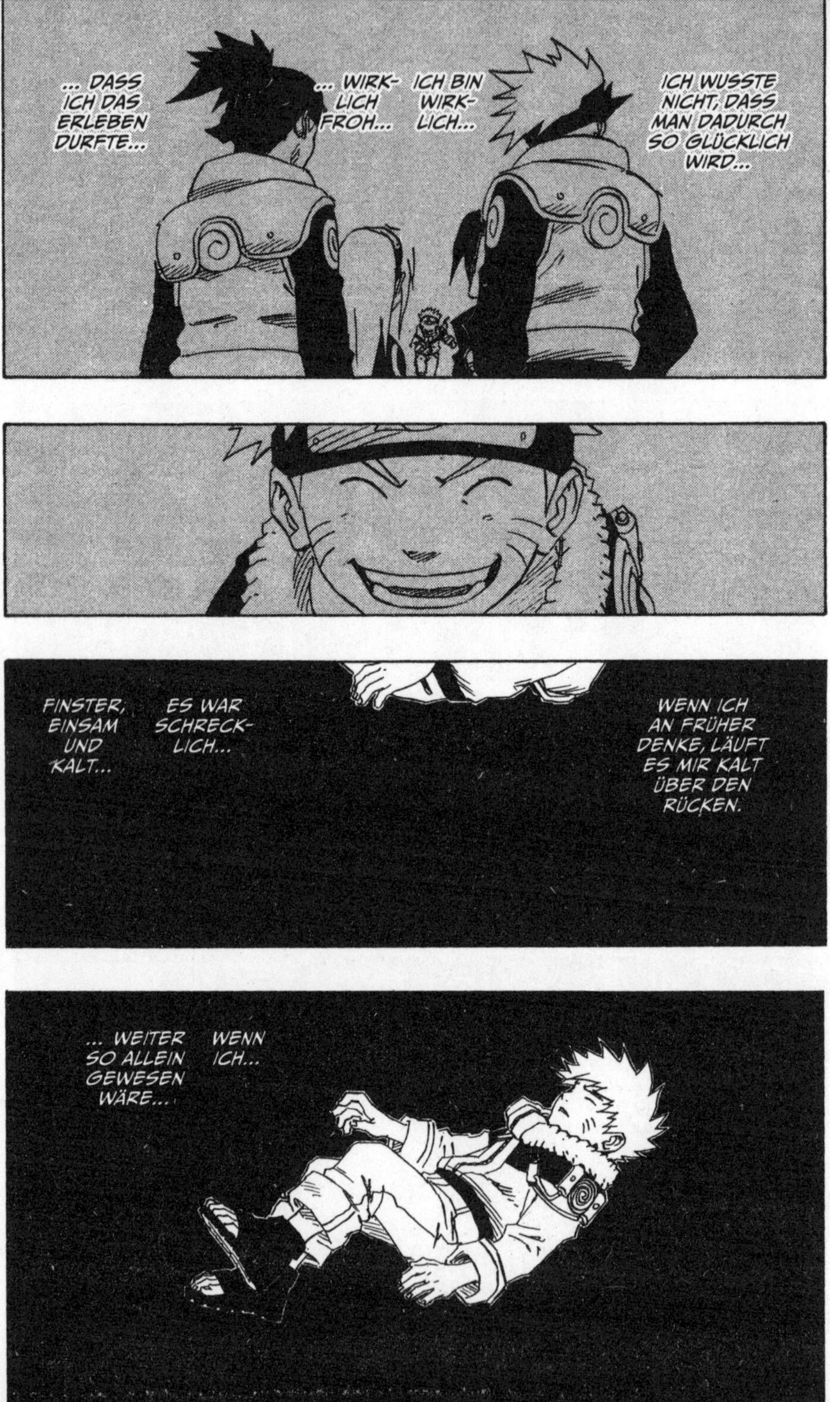
ICH WUSSTE NICHT, DASS MAN DADURCH SO GLÜCKLICH WIRD...
ICH BIN WIRK-LICH...
... WIRK-LICH FROH...
... DASS ICH DAS ERLEBEN DURFTE...
WENN ICH AN FRÜHER DENKE, LÄUFT ES MIR KALT ÜBER DEN RÜCKEN.
ES WAR SCHRECK-LICH...
FINSTER, EINSAM UND KALT...
WENN ICH...
... WEITER SO ALLEIN GEWESEN WÄRE...

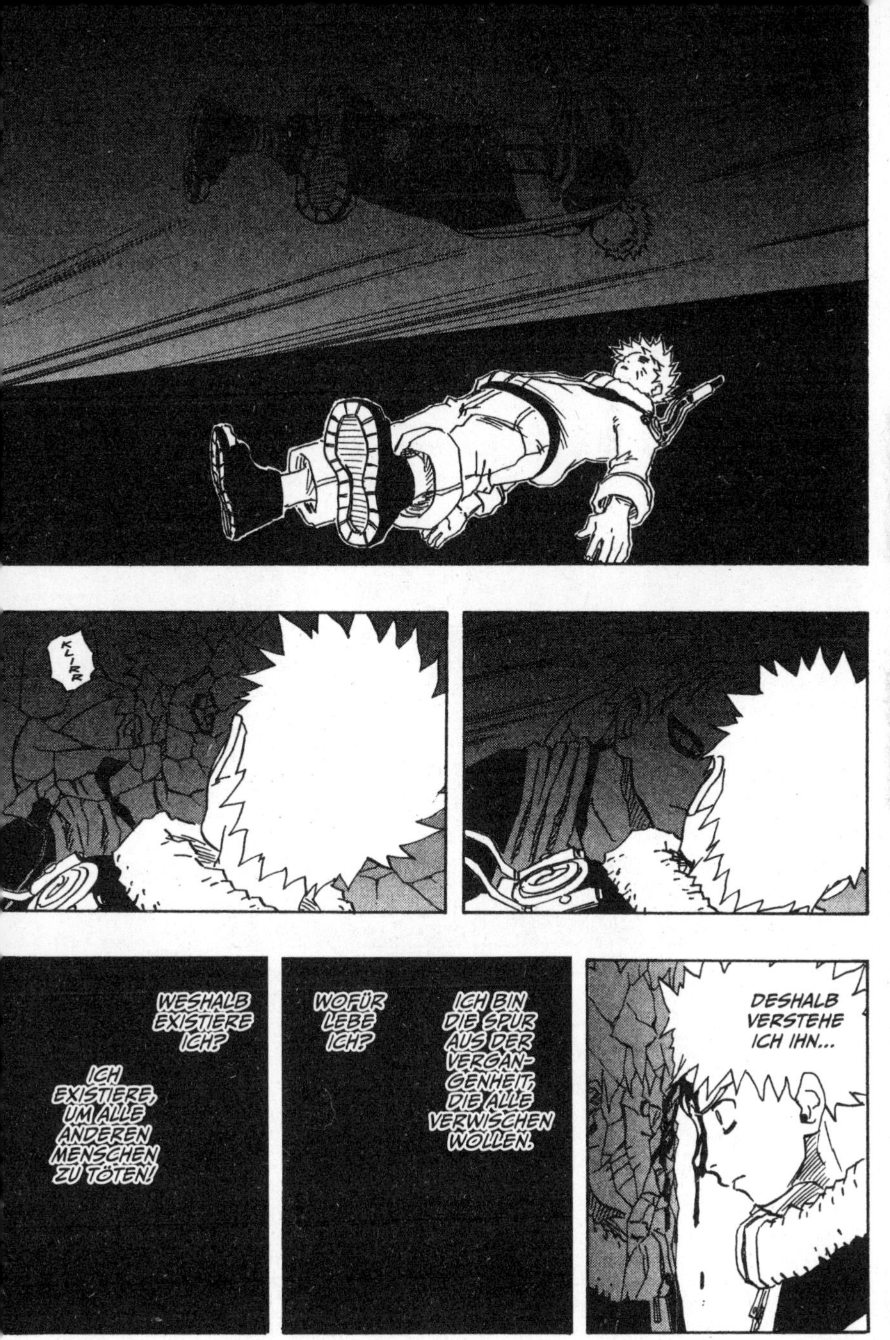
KLIRR
DESHALB VERSTEHE ICH IHN...
ICH BIN DIE SPUR AUS DER VERGANGENHEIT, DIE ALLE VERWISCHEN WOLLEN.
WOFÜR LEBE ICH?
WESHALB EXISTIERE ICH?
ICH EXISTIERE, UM ALLE ANDEREN MENSCHEN ZU TÖTEN!

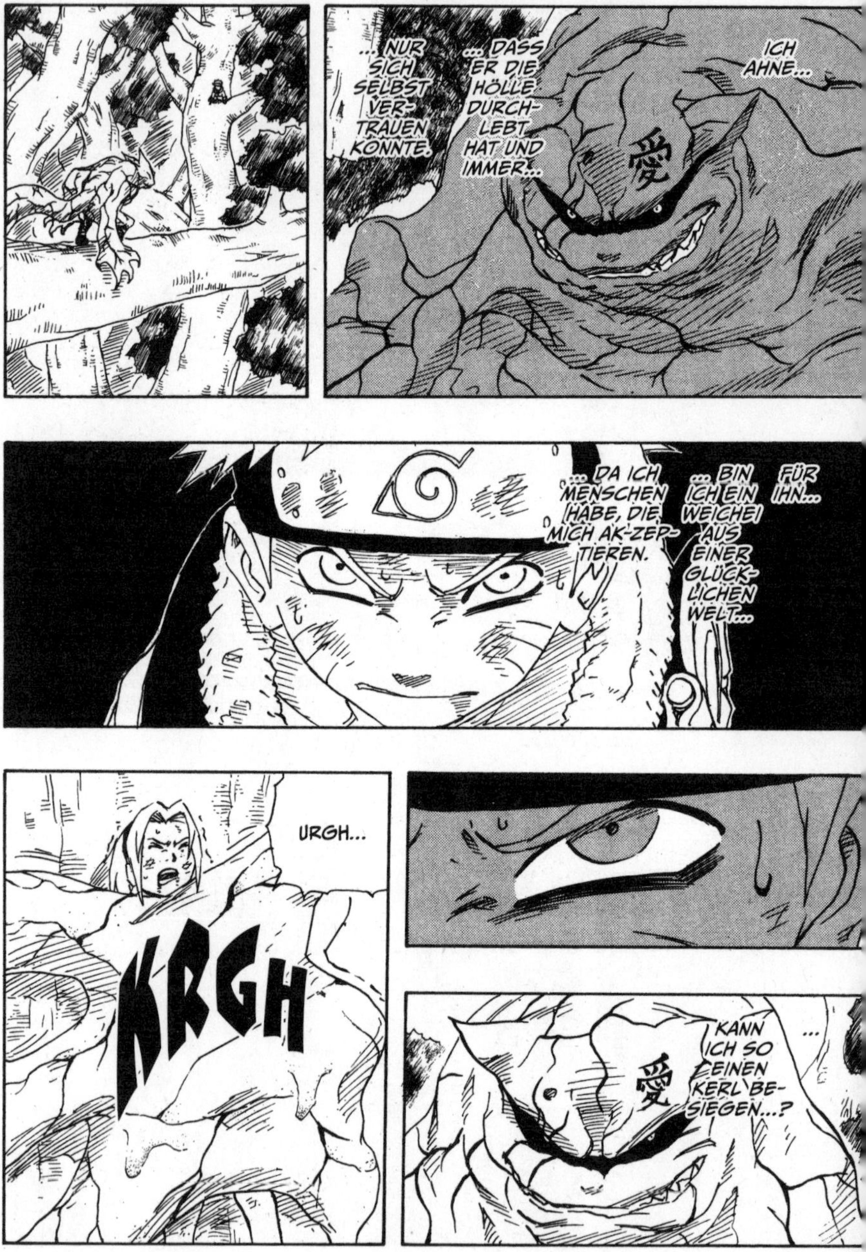
ICH AHNE...
... DASS ER DIE HÖLLE DURCHLEBT HAT UND IMMER...
... NUR SICH SELBST VER-TRAUEN KONNTE.
FÜR IHN...
... BIN ICH EIN WEICHEI AUS EINER GLÜCK-LICHEN WELT...
... DA ICH MENSCHEN HABE, DIE MICH AK-ZEP-TIEREN.
...
KANN ICH SO EINEN KERL BE-SIEGEN...?
URGH...
KRGH

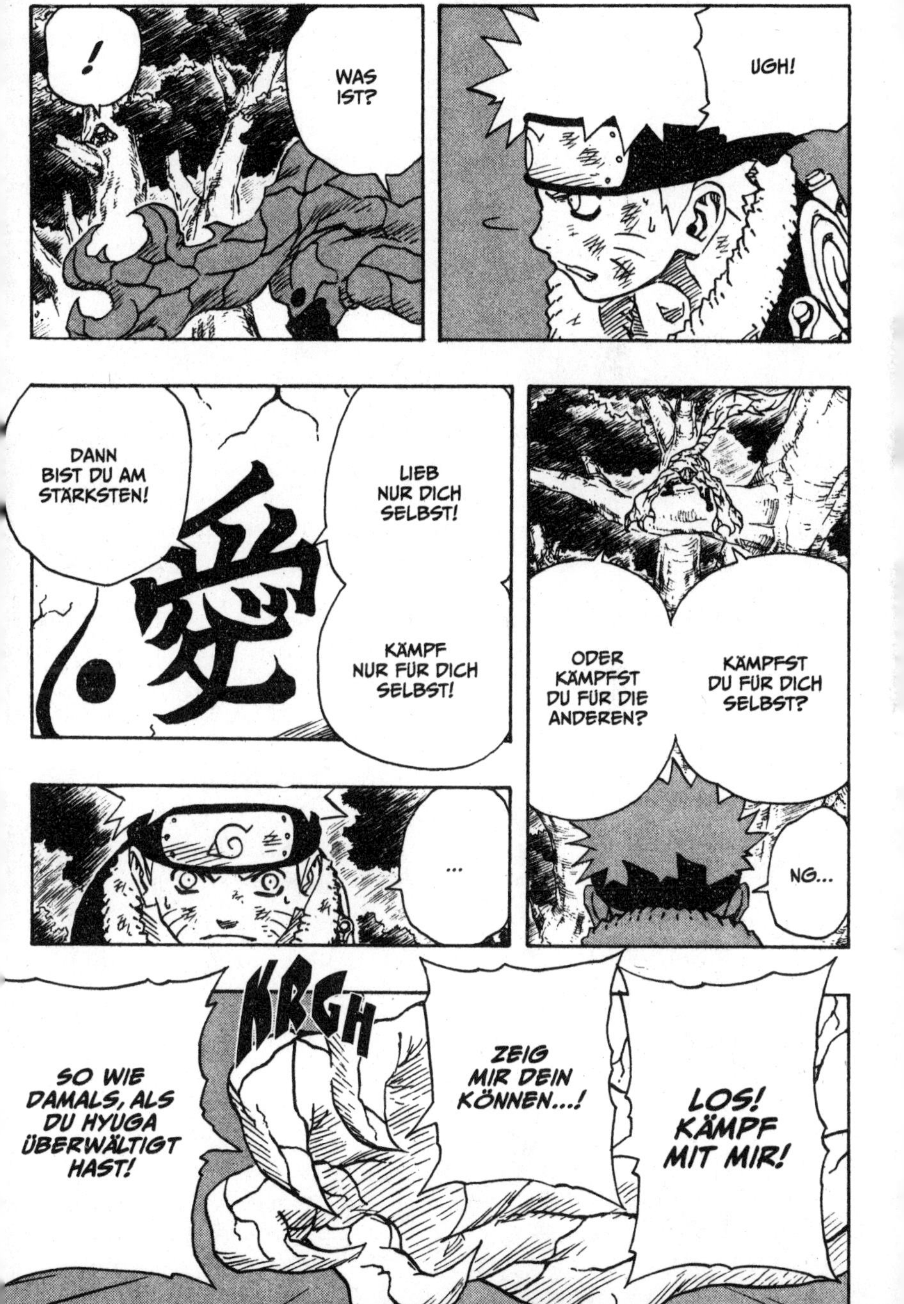
UGH!
WAS IST?
!
LIEB NUR DICH SELBST!
KÄMPF NUR FÜR DICH SELBST!
DANN BIST DU AM STÄRKSTEN!
KÄMPFST DU FÜR DICH SELBST?
ODER KÄMPFST DU FÜR DIE ANDEREN?
NG...
...
LOS! KÄMPF MIT MIR!
ZEIG MIR DEIN KÖNNEN...!
KRGH
SO WIE DAMALS, ALS DU HYUGA ÜBERWÄLTIGT HAST!

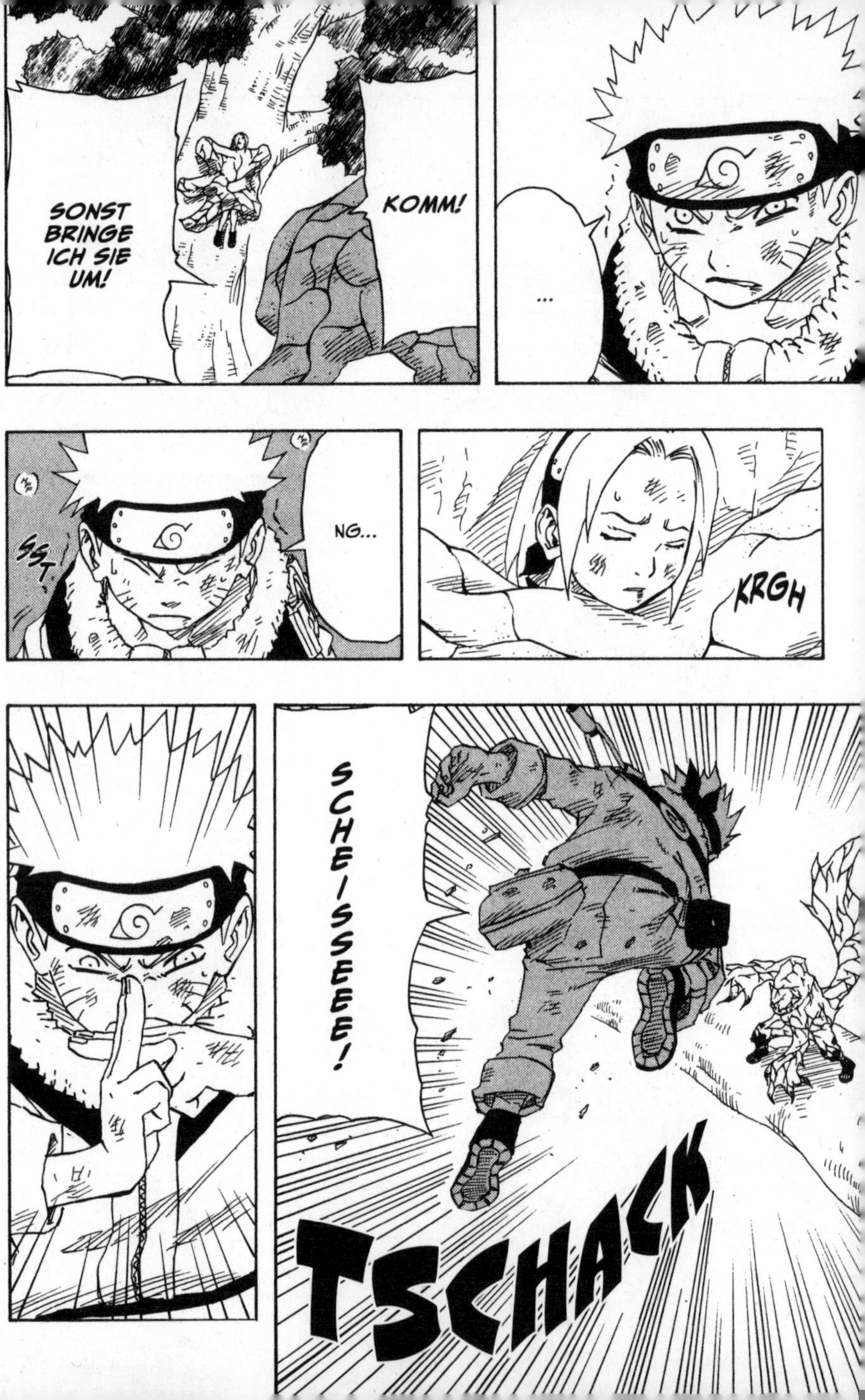
...
KOMM!
SONST BRINGE ICH SIE UM!
KRGH
NG...
SST
SCHEISSSEEE!
TSCHACK

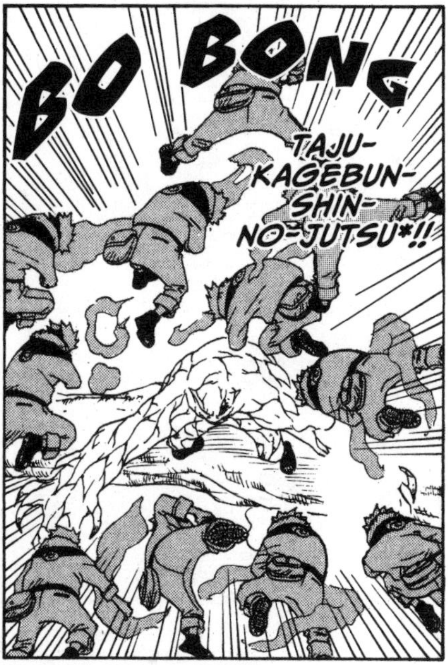

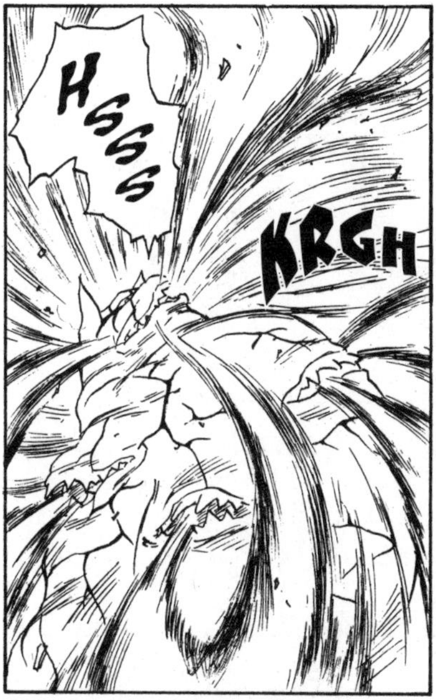

* TAJU = MULTI, FUTON = WINDVERSTECK, MUGEN = UNENDLICH, SAJIN = SANDSTAUB, DAITOPPA = GROSSER DURCHBRUCH

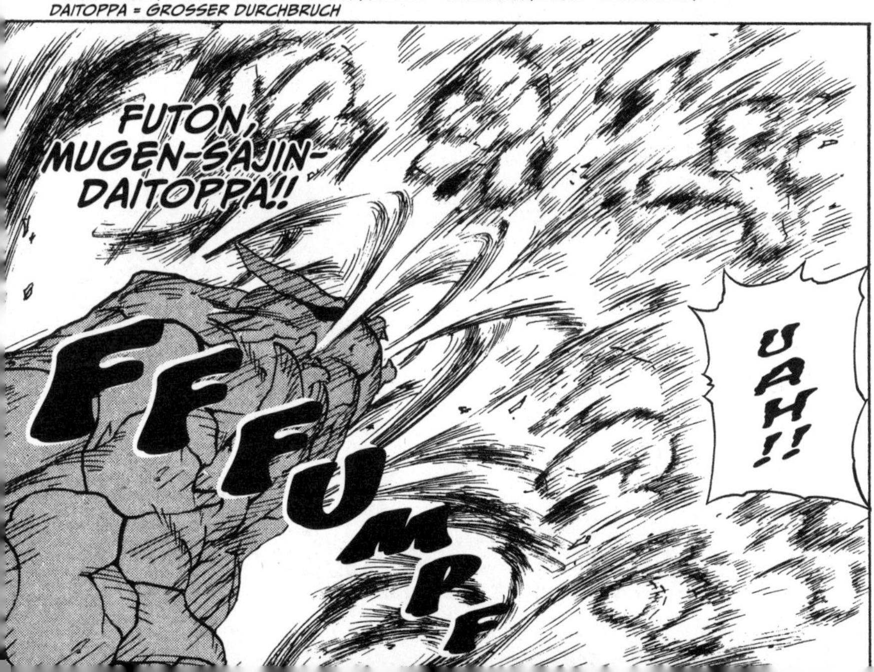

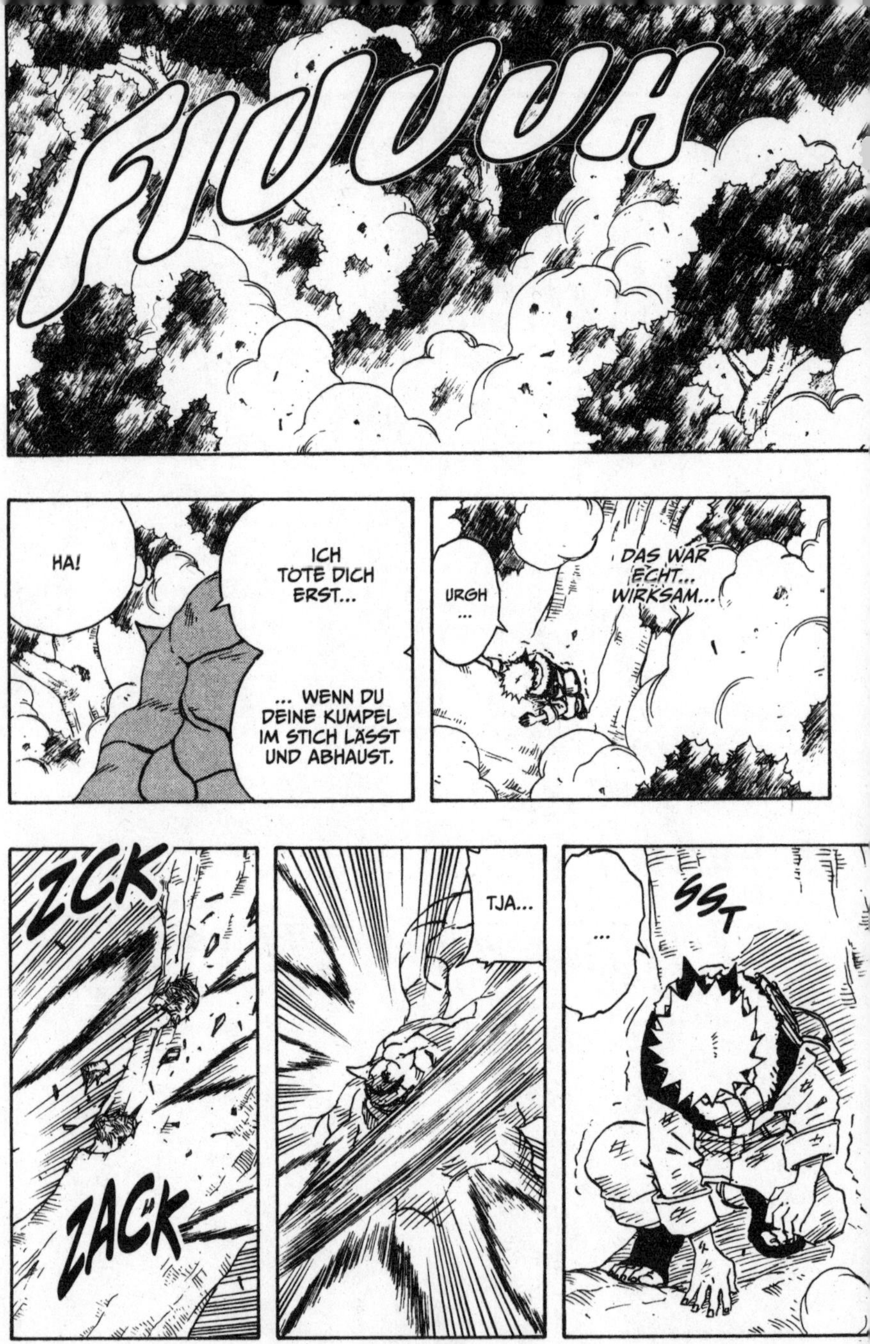
FIUUUH
DAS WAR ECHT... WIRKSAM...
URGH ...
ICH TÖTE DICH ERST...
... WENN DU DEINE KUMPEL IM STICH LÄSST UND ABHAUST.
HA!
SST
...
TJA...
ZCK
ZACK

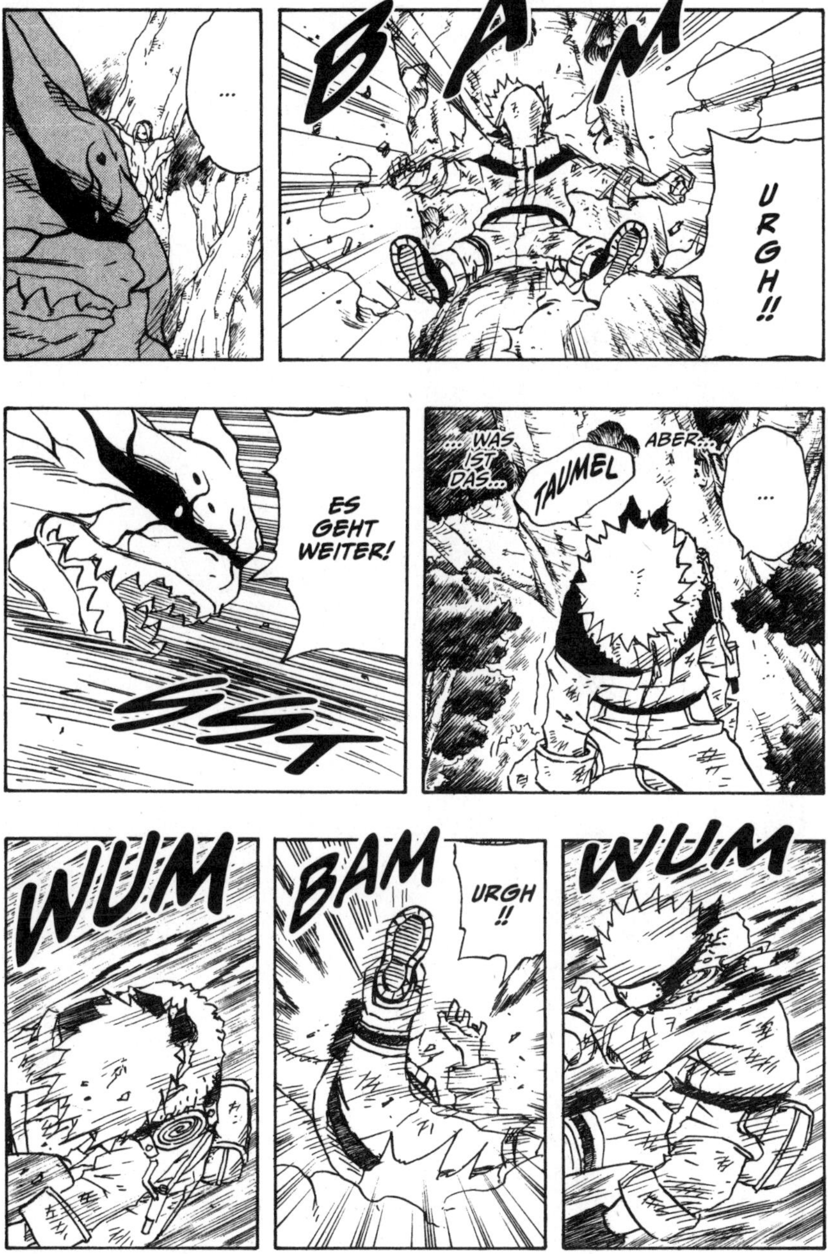
BAM
URGH!!
…
…
... WAS IST DAS ...
ABER ...
TAUMEL
ES GEHT WEITER!
SST
WUM
URGH!!
BAM
WUM

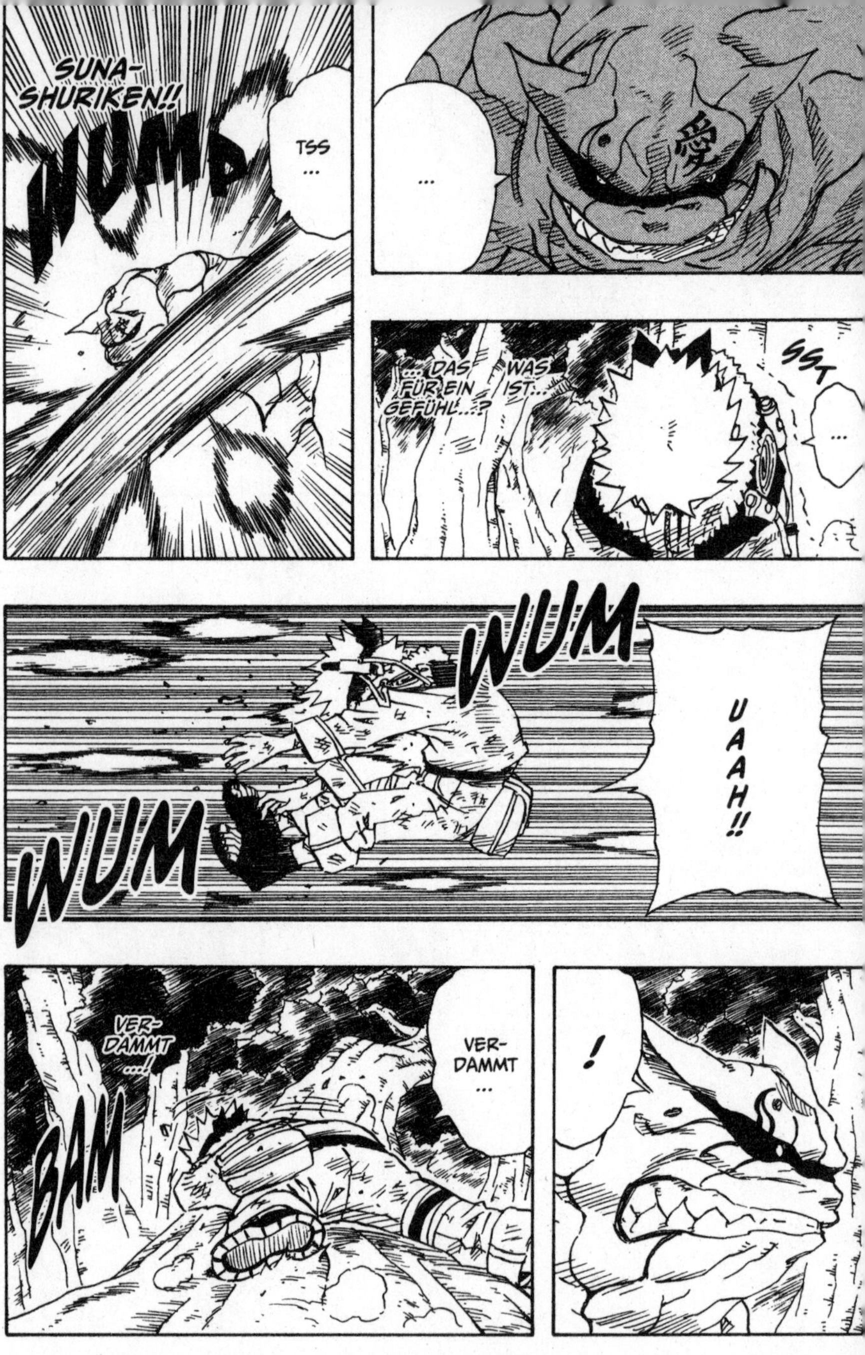
...
SUNA-SHURIKEN!!
WUMP
TSS ...
SST
...
WAS IST ...
... DAS FÜR EIN GEFÜHL ...?
UAAAH!!
WUM
WUM
!
VERDAMMT ...
VERDAMMT ...!
BAM

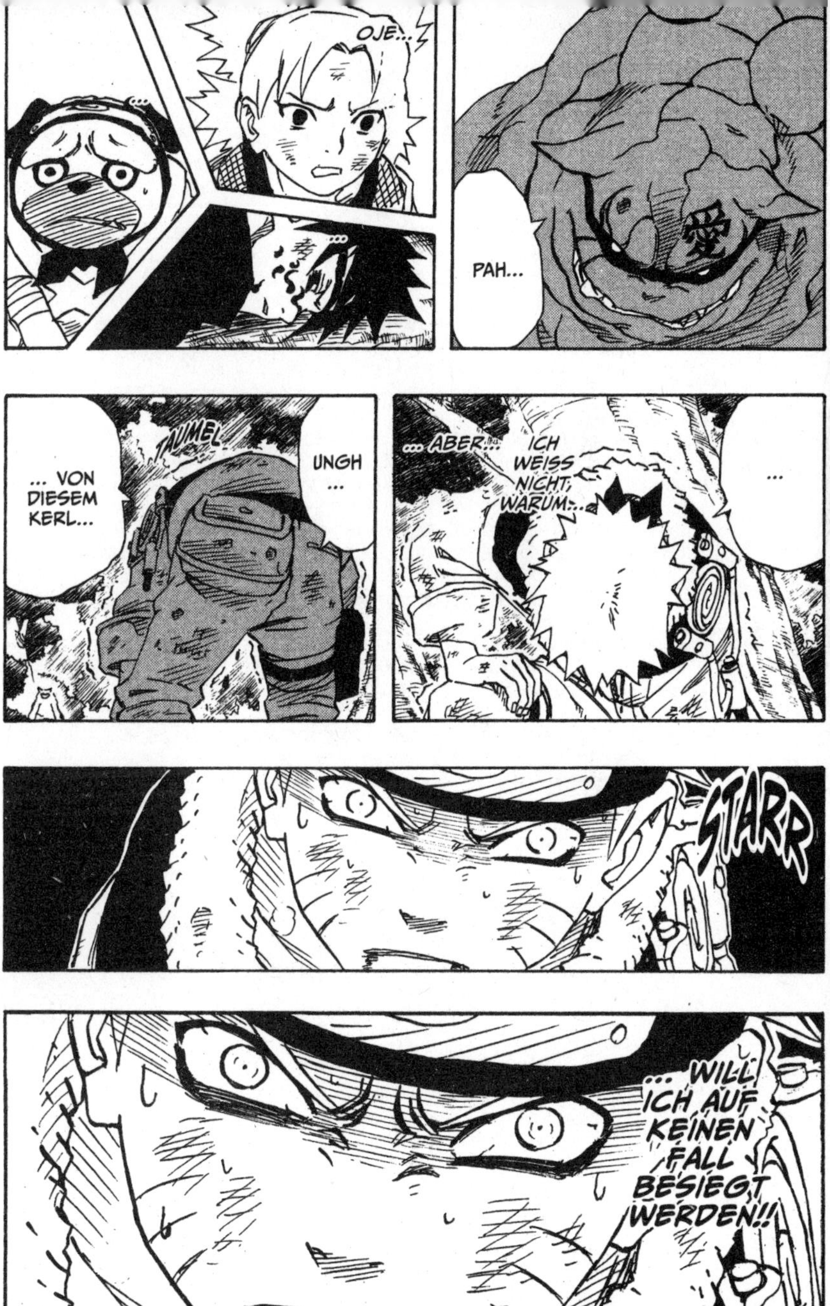
PAH...
OJE...
...
...
...
ICH WEISS NICHT, WARUM...
... ABER...
UNGH ...
TAUMEL
... VON DIESEM KERL...
STARR
... WILL ICH AUF KEINEN FALL BESIEGT WERDEN!!

MASASHI KISHIMOTOS WELT LEBENSGESCHICHTE – FORTSETZUNG VON TEIL 22 – 2

FASZINIERT VON ZEICHNERN WIE HERRN OKIMORI UND KOJI MORIMOTO WANDELTE SICH MEIN ZEICHENSTIL VOM SHONEN-SHI WIEDER IN RICHTUNG SEINEN-SHI. DANN EINES TAGES WOLLTE ICH DEN ANIME MEINES LIEBLINGSMANGAS »NINKU« SEHEN UND SETZTE MICH MIT EINER SCHALE REIS VOR DEN FERNSEHER. ALS ICH GERADE DIE STÄBCHEN NAHM, UM EIN PAAR REISKÖRNER ZU GREIFEN, FING DER ANIME AN – ICH VERGASS DEN REIS SOFORT...

DAS WAR FÜR MICH EIN RIESIGER SCHOCK! DIE ART, WIE DIE OBJEKTE GEFORMT WAREN, WAR NEU UND TOLL UND DIE ZEICHNUNGEN WAREN WUNDERSCHÖN. WAS MIR ABER BESONDERS GEFIEL, WAREN DIE LINIEN: EINE MISCHUNG AUS SEINEN-SHI UND SHONEN-SHI. DAS WAR DER STIL, NACH DEM ICH GESUCHT HATTE.

ICH WUSSTE SOFORT: DAS IST ETWAS FÜR MICH!

SEITDEM MACHTE ICH HERRN NISHIOS ZEICHNUNGEN NACH UND ENTWICKELTE DARAUS DEN STIL, MIT DEM ICH JETZT »NARUTO« ZEICHNE. VIELLEICHT WISSEN MANCHE VON EUCH , DASS HERR TETSUYA NISHIO EINER DER CHARAKTER-DESIGNER FÜR DIE ANIME-FASSUNG VON »NARUTO« IST. ICH BIN DARÜBER NATÜRLICH SEHR FROH! DER MANN, DEN ICH SO BEWUNDERE UND DER MICH SO BEEINFLUSST HAT! ZUSAMMEN MIT IHM ARBEITET HIROFUMI SUZUKI AM CHARAKTER-DESIGN – ER HAT AUCH BEI VIELEN MEINER LIEBLINGSANIME MITGEWIRKT. IRGENDWIE IST ES MIR FAST PEINLICH, DASS DIESE BEIDEN AUSGEZEICHNETEN ZEICHNER MEINE ZEICHNUNGEN BETRACHTEN MÜSSEN...

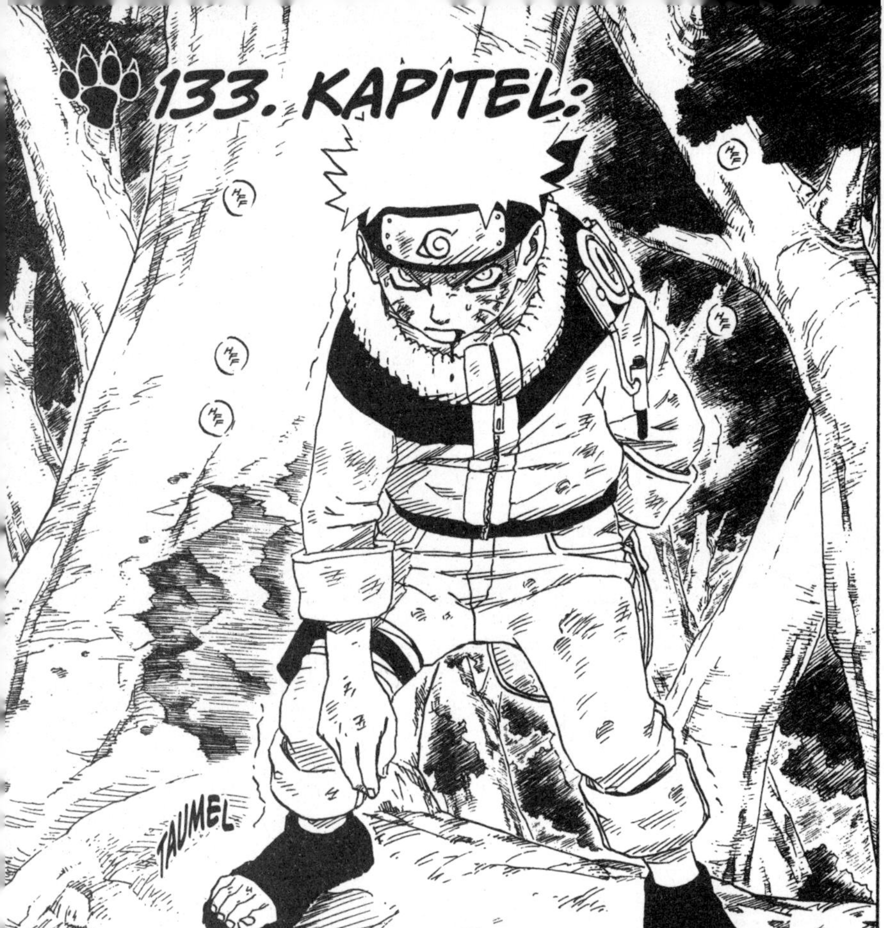
133. KAPITEL:
STARK SEIN!
HF
HF
HF
HF
HF
HF
TAUMEL

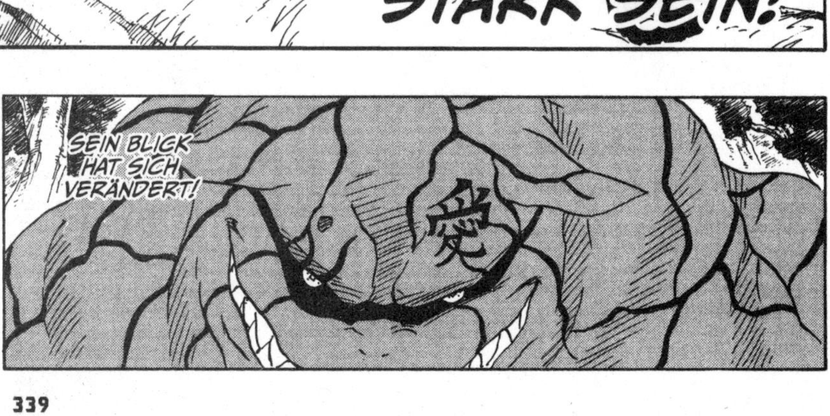
SEIN BLICK HAT SICH VERÄNDERT!
愛

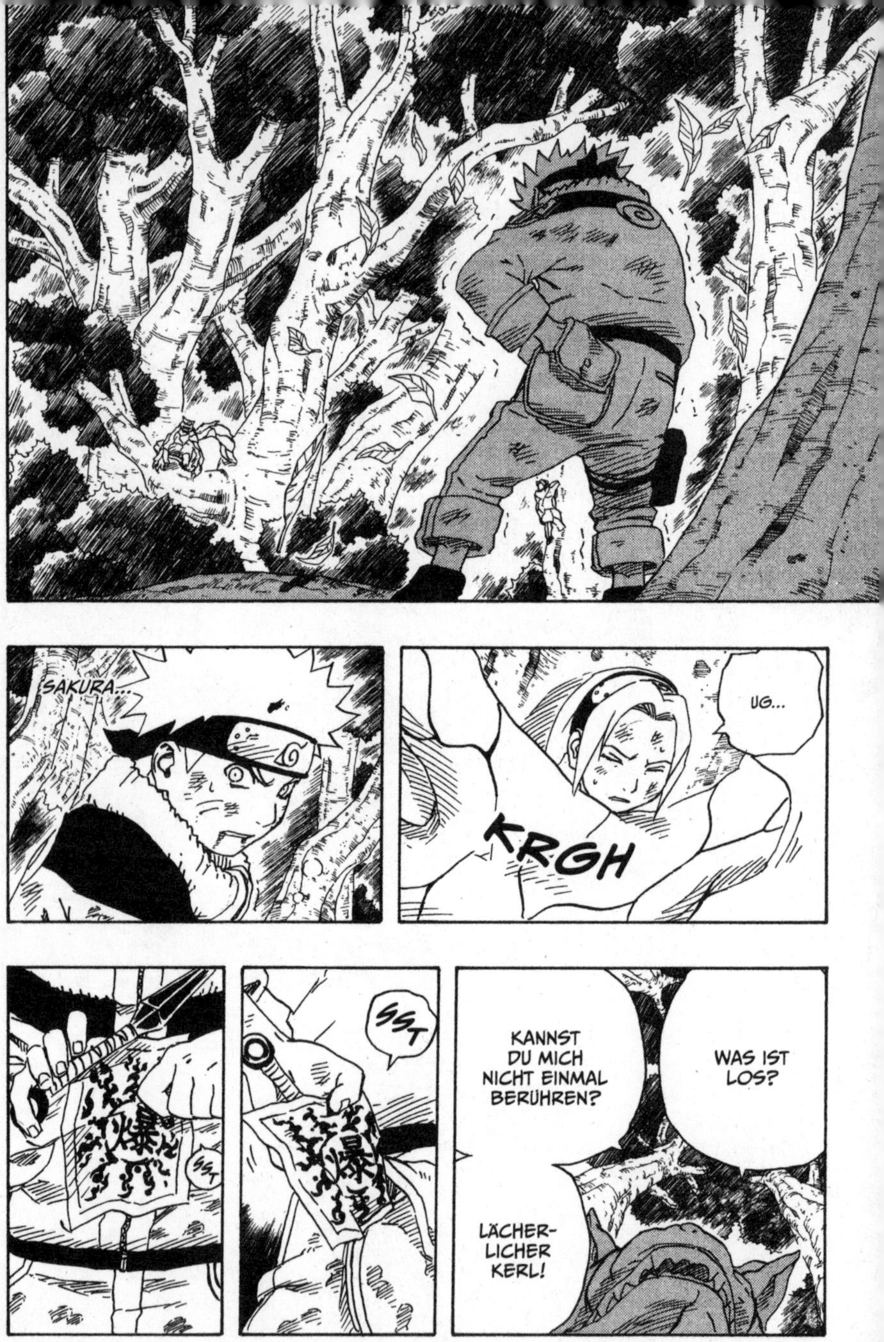
UG...
KRGH
SAKURA...
WAS IST LOS?
KANNST DU MICH NICHT EINMAL BERÜHREN?
LÄCHER-LICHER KERL!
SST
SST

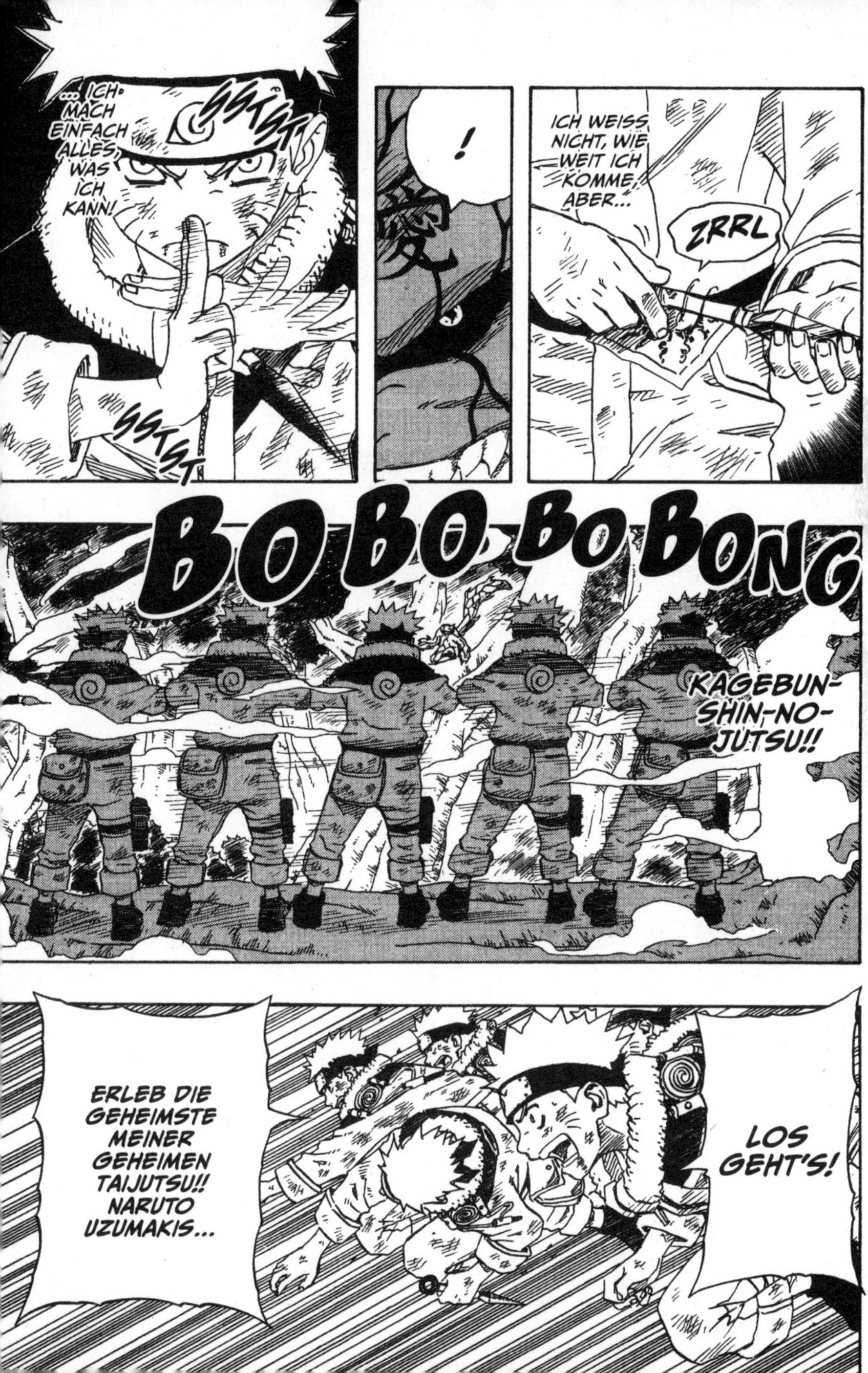
... ICH MACH EINFACH ALLES, WAS ICH KANN!
SSTST
SSTST
ICH WEISS NICHT, WIE WEIT ICH KOMME, ABER...
ZRRL
!
BO BO BO BONG
KAGEBUN-SHIN-NO-JUTSU!!
LOS GEHT'S!
ERLEB DIE GEHEIMSTE MEINER GEHEIMEN TAIJUTSU!! NARUTO UZUMAKIS...

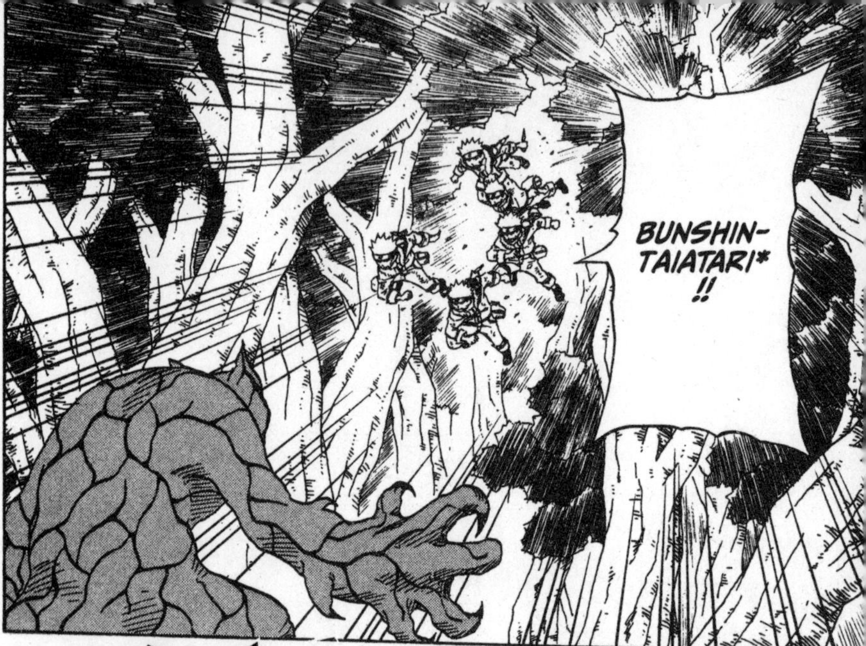

* TAIATARI = SICH AUF ETWAS WERFEN

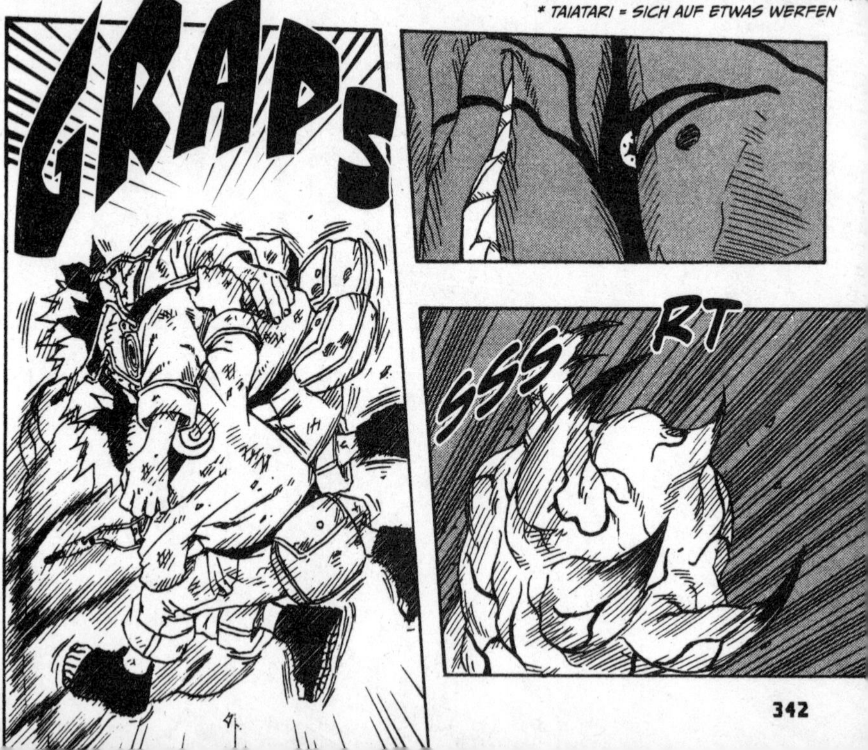

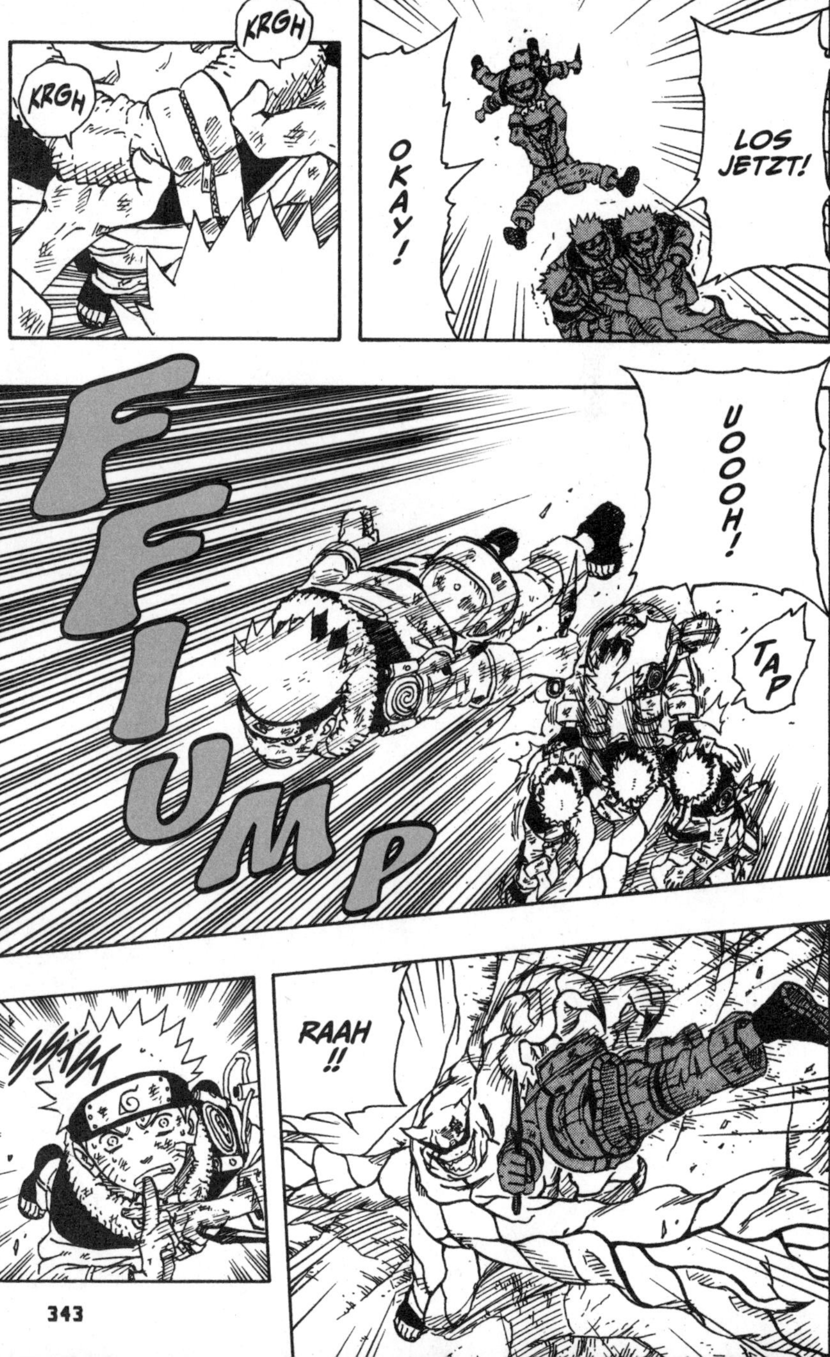
LOS JETZT!
OKAY!
KRGH
KRGH
UOOOOH!
TAP
FFIUMP
RAAH!!

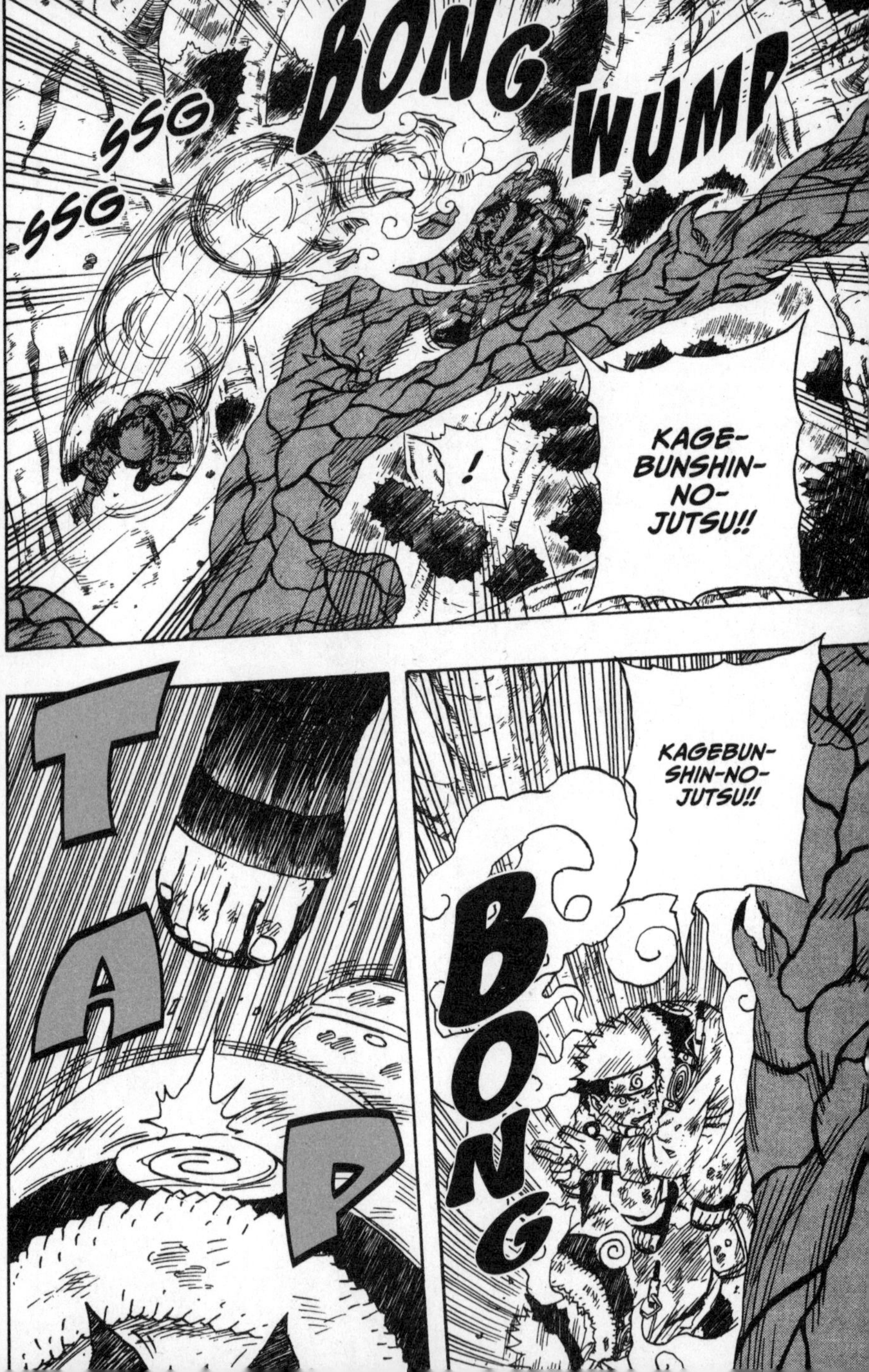
WUMP
BONG
SSG
SSG
KAGE-BUNSHIN-NO-JUTSU!!
!
KAGEBUN-SHIN-NO-JUTSU!!
BONG
TAP

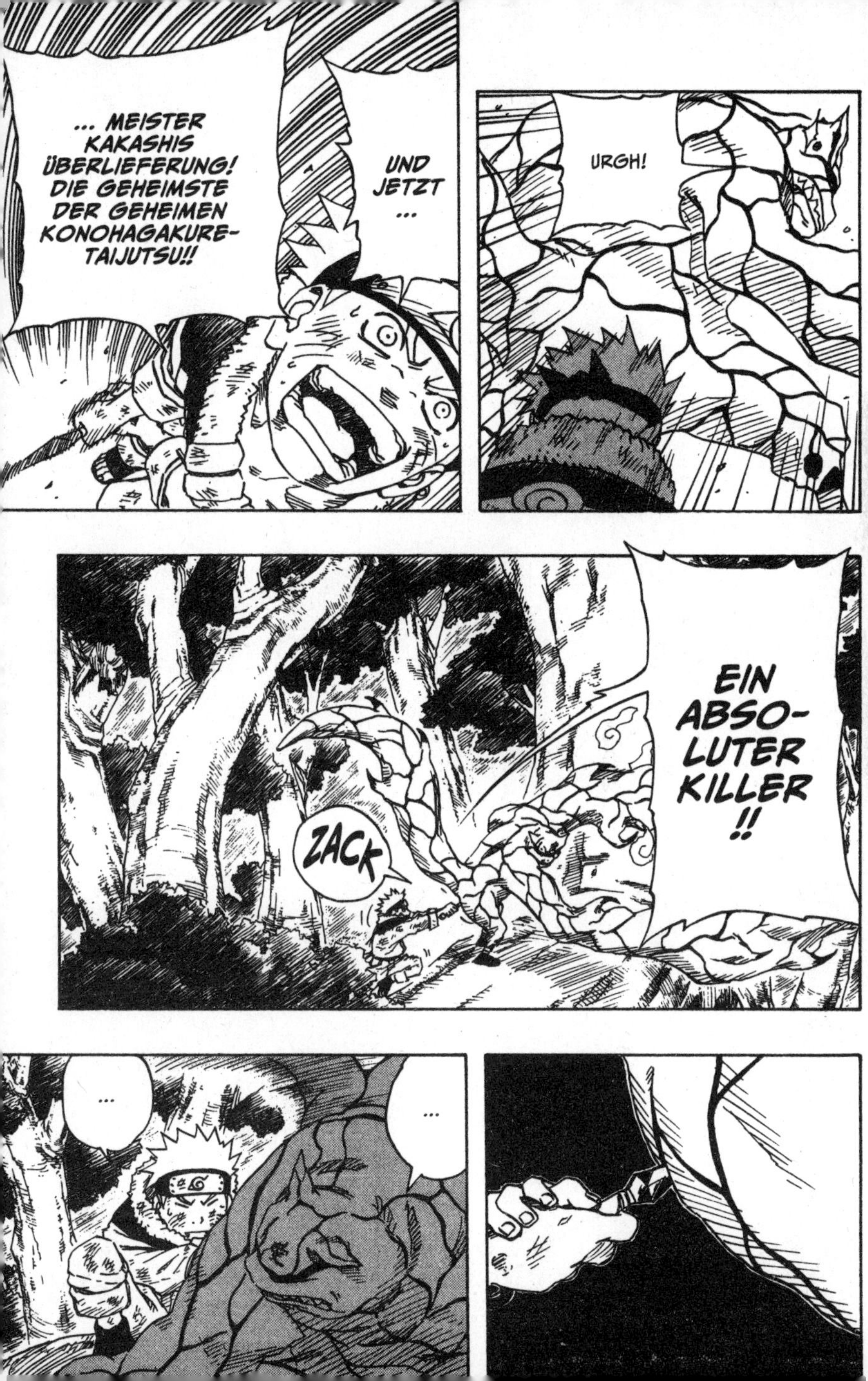
UND JETZT ...
... MEISTER KAKASHIS ÜBERLIEFERUNG! DIE GEHEIMSTE DER GEHEIMEN KONOHAGAKURE-TAIJUTSU!!
URGH!
EIN ABSO-LUTER KILLER!!
ZACK
...
...

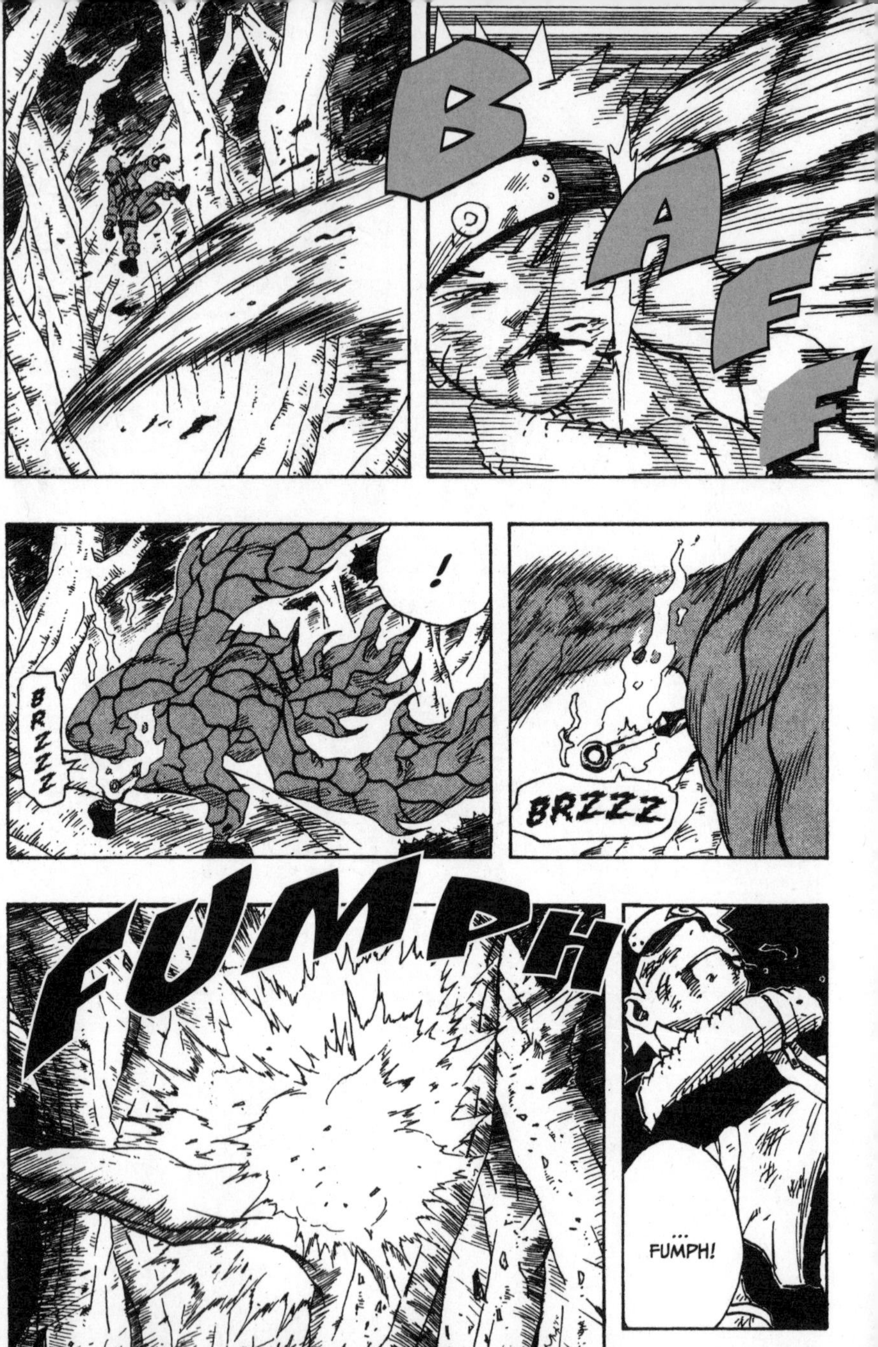
BAFF
!
BRZZZ
BRZZZ
FUMPH
... FUMPH!

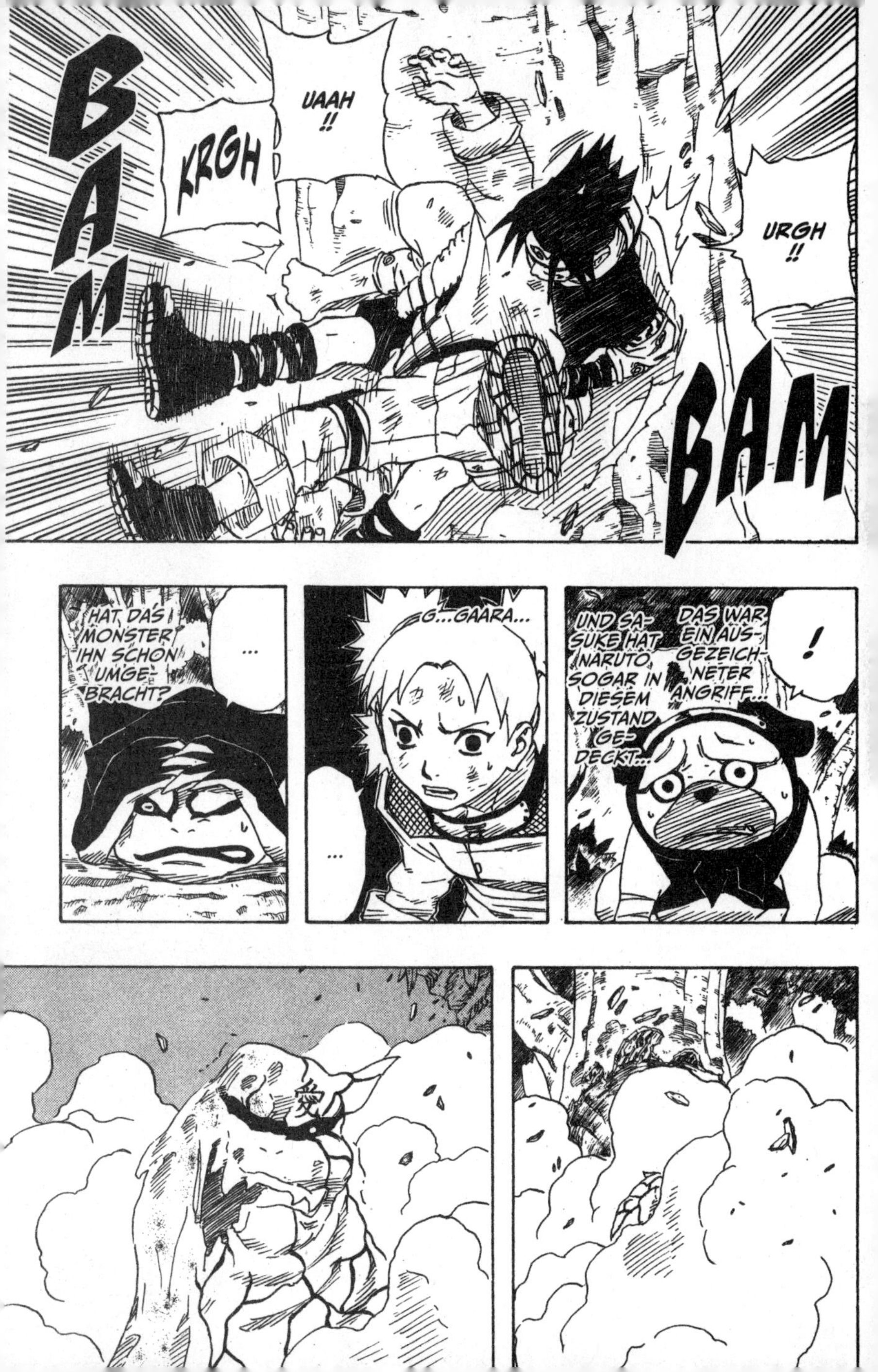
URGH !!
BAM
UAAH !!
KRGH
BAM
!
DAS WAR EIN AUS-GEZEICH-NETER ANGRIFF...
UND SA-SUKE HAT NARUTO SOGAR IN DIESEM ZUSTAND GE-DECKT...
G...GAARA...
...
...
HAT DAS MONSTER IHN SCHON UMGE-BRACHT?

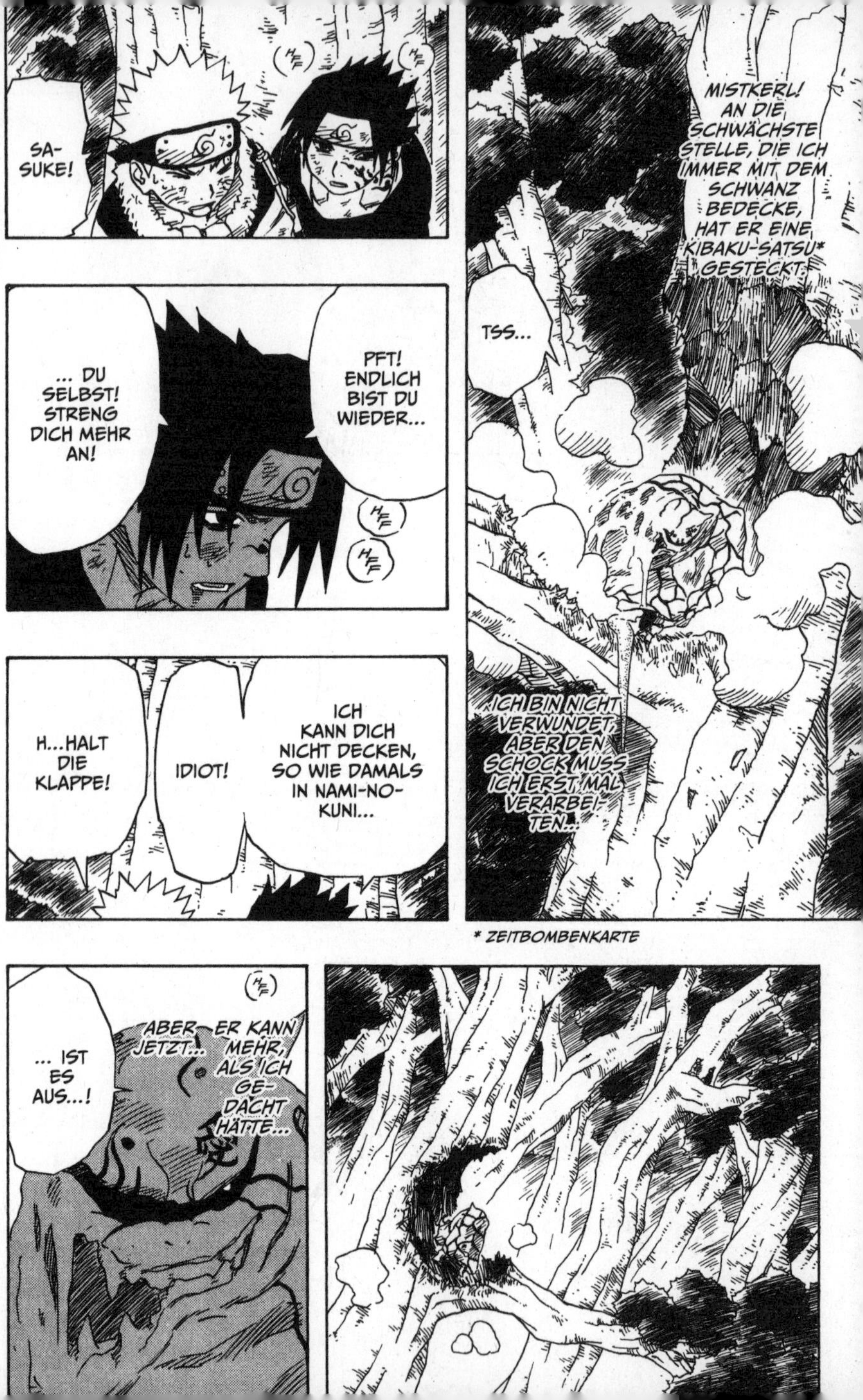

* ZEITBOMBENKARTE

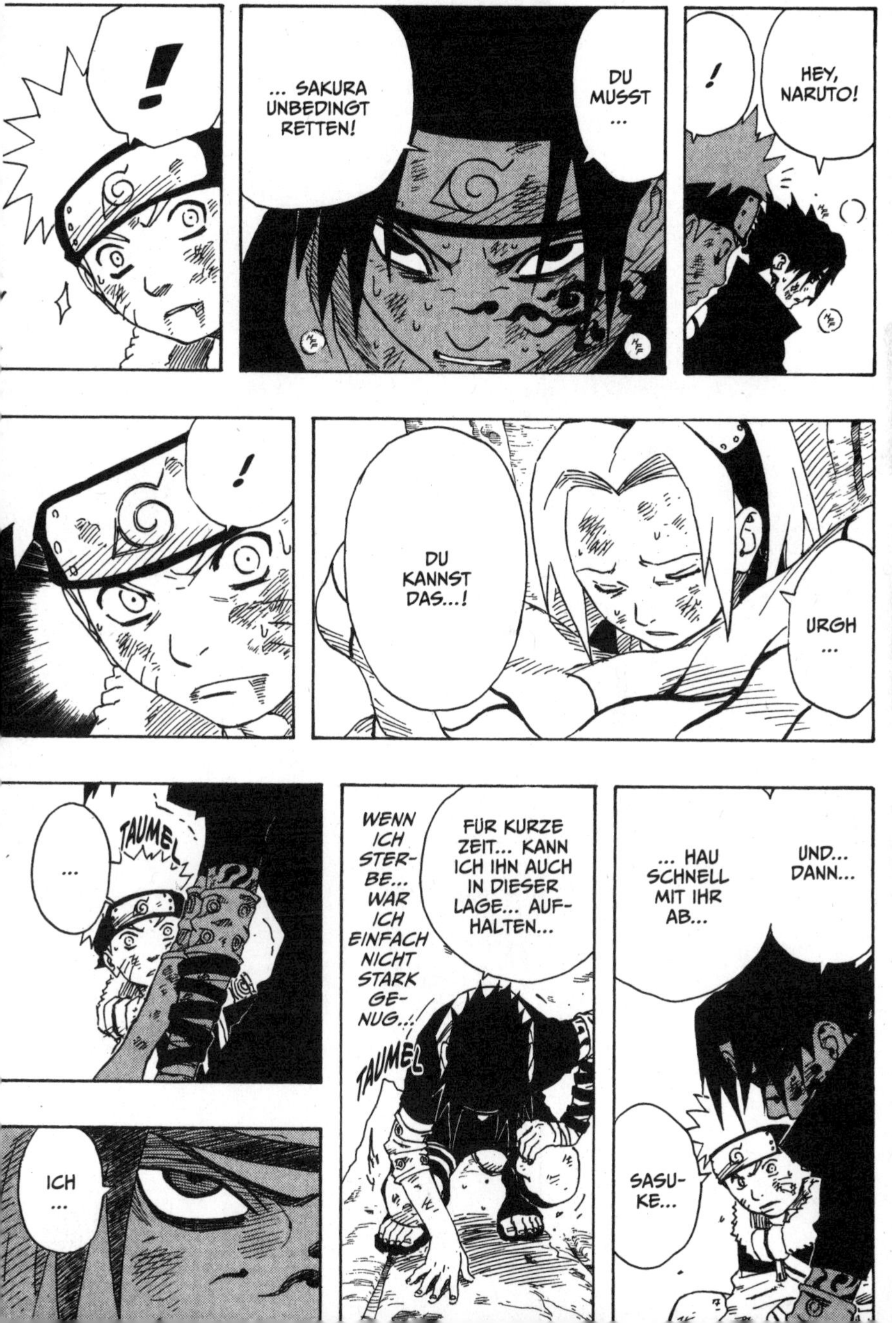
HEY, NARUTO!
!
DU MUSST ...
... SAKURA UNBEDINGT RETTEN!
!
URGH ...
DU KANNST DAS...!
!
UND... DANN...
... HAU SCHNELL MIT IHR AB...
SASU-KE...
FÜR KURZE ZEIT... KANN ICH IHN AUCH IN DIESER LAGE... AUF-HALTEN...
WENN ICH STER-BE... WAR ICH EINFACH NICHT STARK GE-NUG...!
TAUMEL
TAUMEL
...
ICH ...

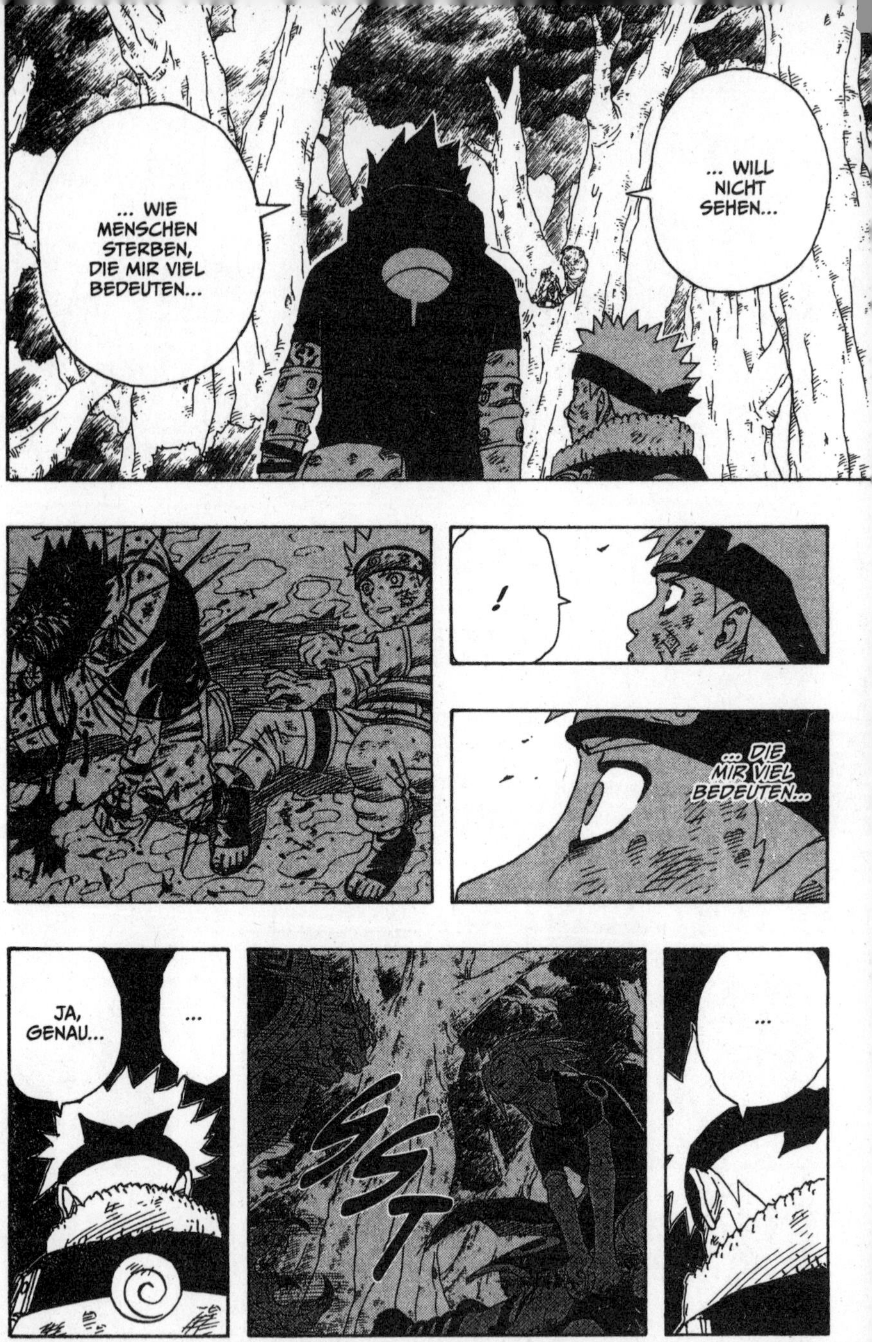
... WILL NICHT SEHEN...
... WIE MENSCHEN STERBEN, DIE MIR VIEL BEDEUTEN...
!
... DIE MIR VIEL BEDEUTEN...
...
SST
...
JA, GENAU...

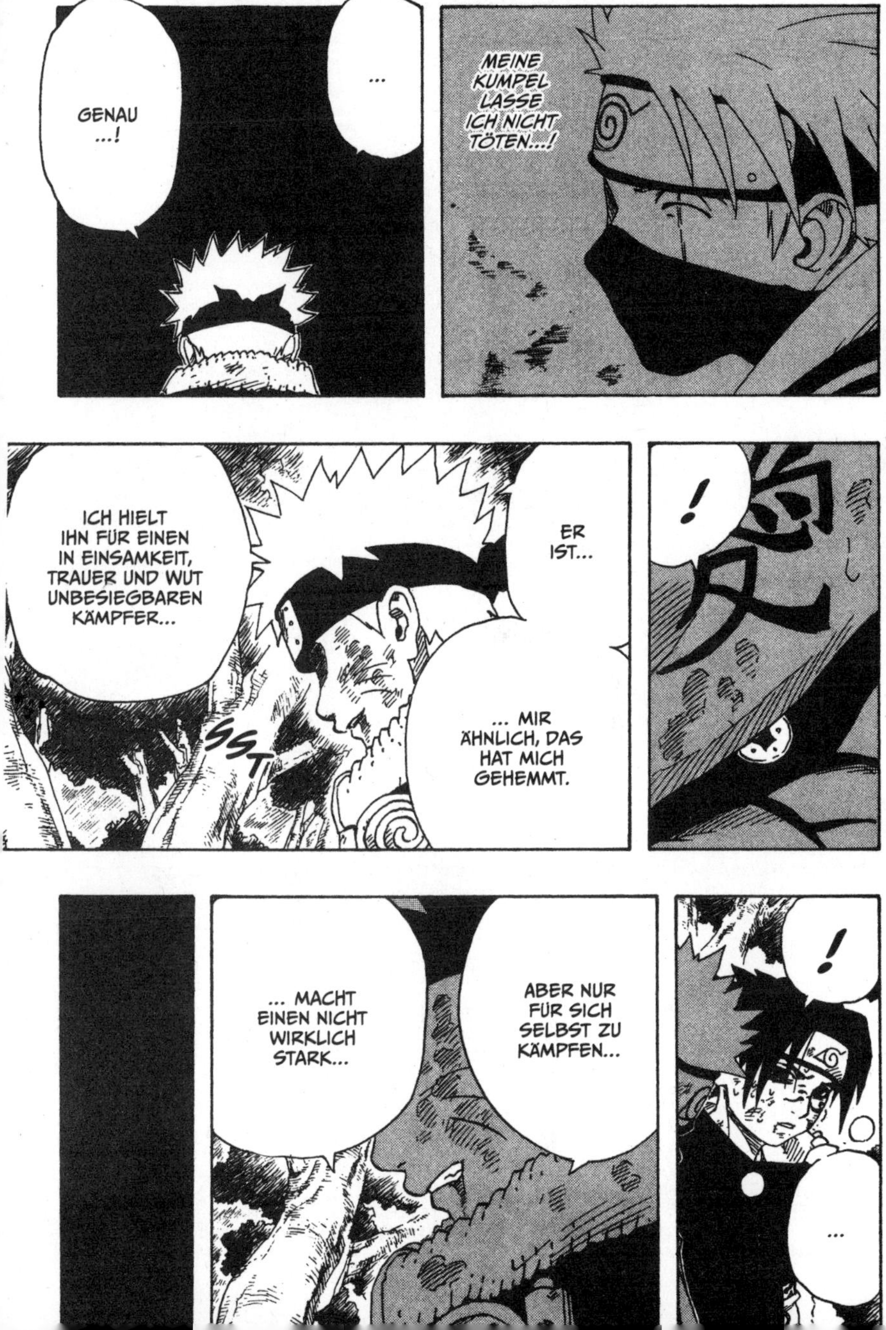
MEINE KUMPEL LASSE ICH NICHT TÖTEN...!
...
GENAU ...!
!
ER IST...
... MIR ÄHNLICH, DAS HAT MICH GEHEMMT.
ICH HIELT IHN FÜR EINEN IN EINSAMKEIT, TRAUER UND WUT UNBESIEGBAREN KÄMPFER...
SST
!
...
ABER NUR FÜR SICH SELBST ZU KÄMPFEN...
... MACHT EINEN NICHT WIRKLICH STARK...

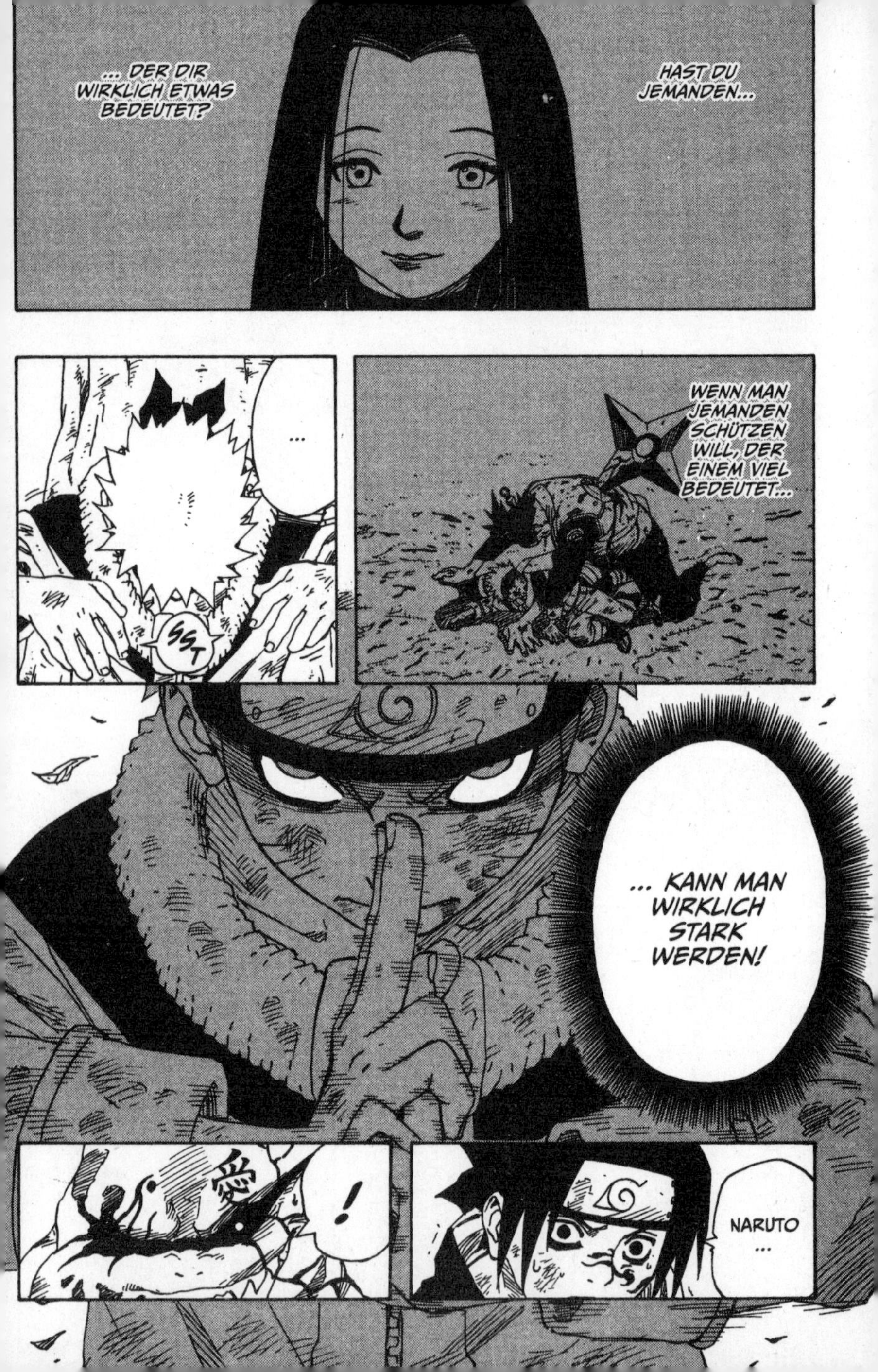

HAST DU JEMANDEN...
... DER DIR WIRKLICH ETWAS BEDEUTET?
WENN MAN JEMANDEN SCHÜTZEN WILL, DER EINEM VIEL BEDEUTET...
...
SST
... KANN MAN WIRKLICH STARK WERDEN!
NARUTO ...
!

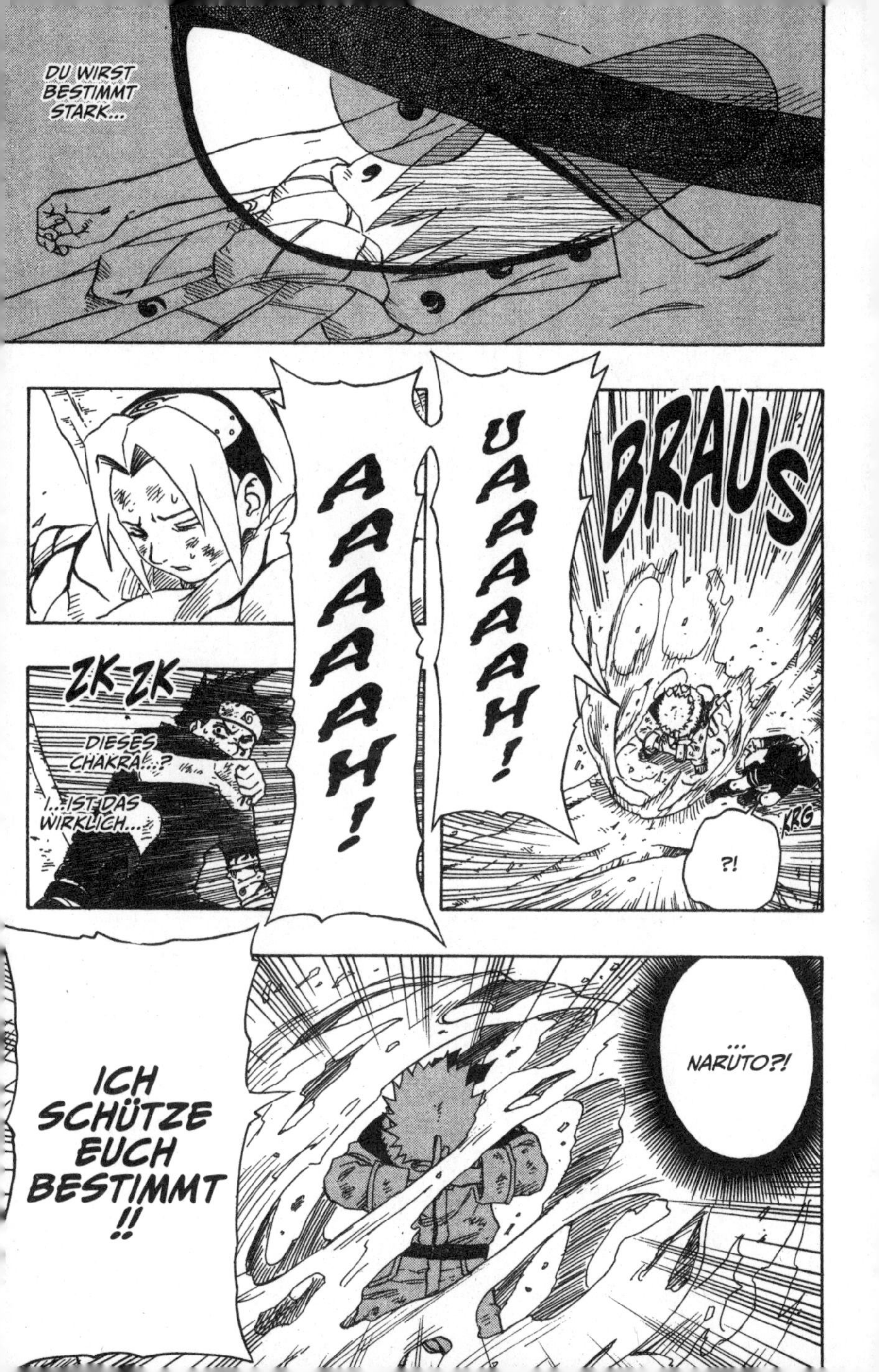
DU WIRST BESTIMMT STARK...
ÜAAAAAAH!
AAAAAAAH!
BRAUS
KRG
?!
ZK ZK
DIESES CHAKRA...?
I...IST DAS WIRKLICH...
...NARUTO?!
ICH SCHÜTZE EUCH BESTIMMT!!

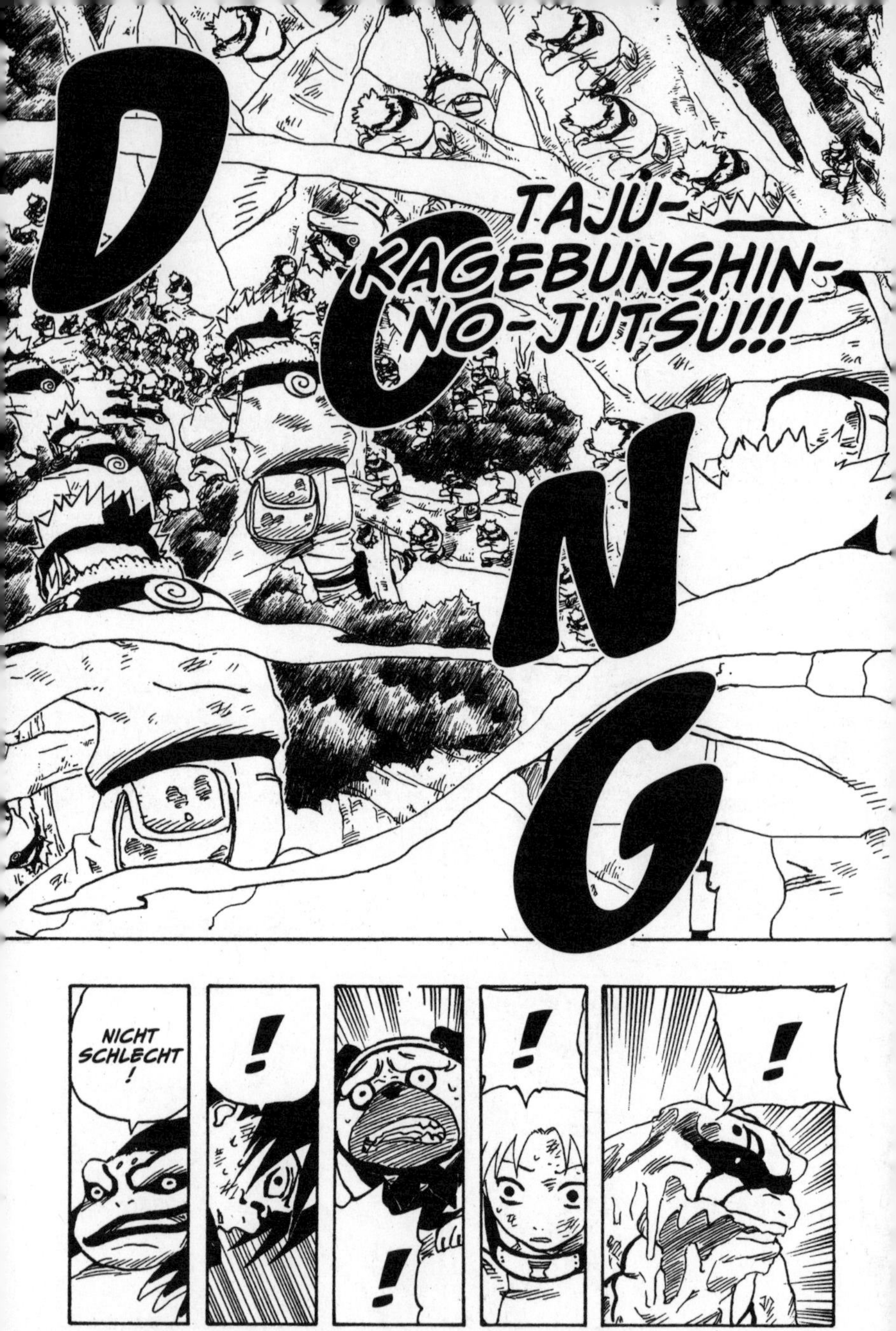
TAJŪ-KAGEBUNSHIN-NO-JUTSU!!!
DONG
NICHT SCHLECHT!
!
!
!
!

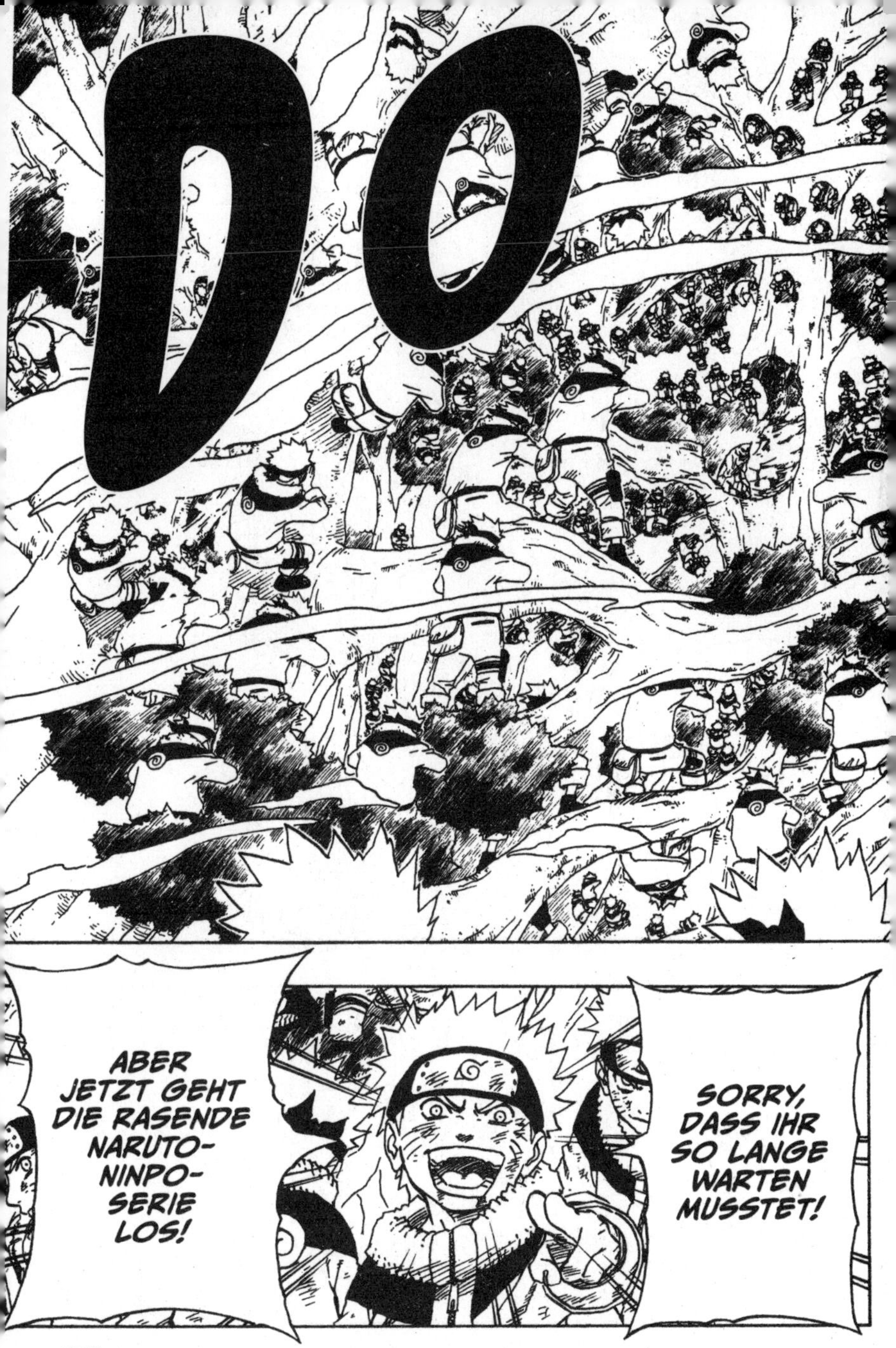
DO
SORRY, DASS IHR SO LANGE WARTEN MUSSTET!
ABER JETZT GEHT DIE RASENDE NARUTO-NINPO-SERIE LOS!

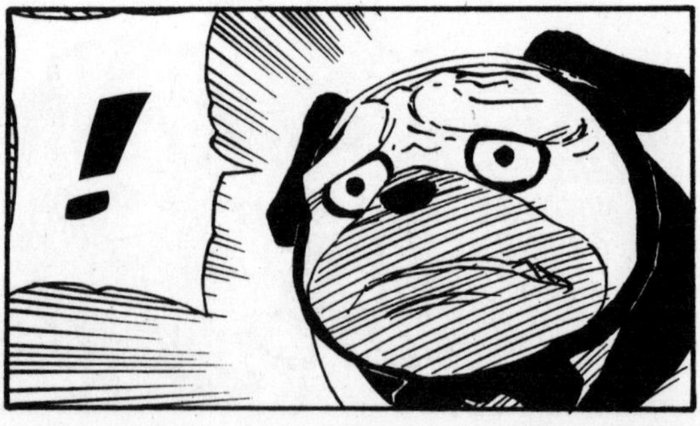

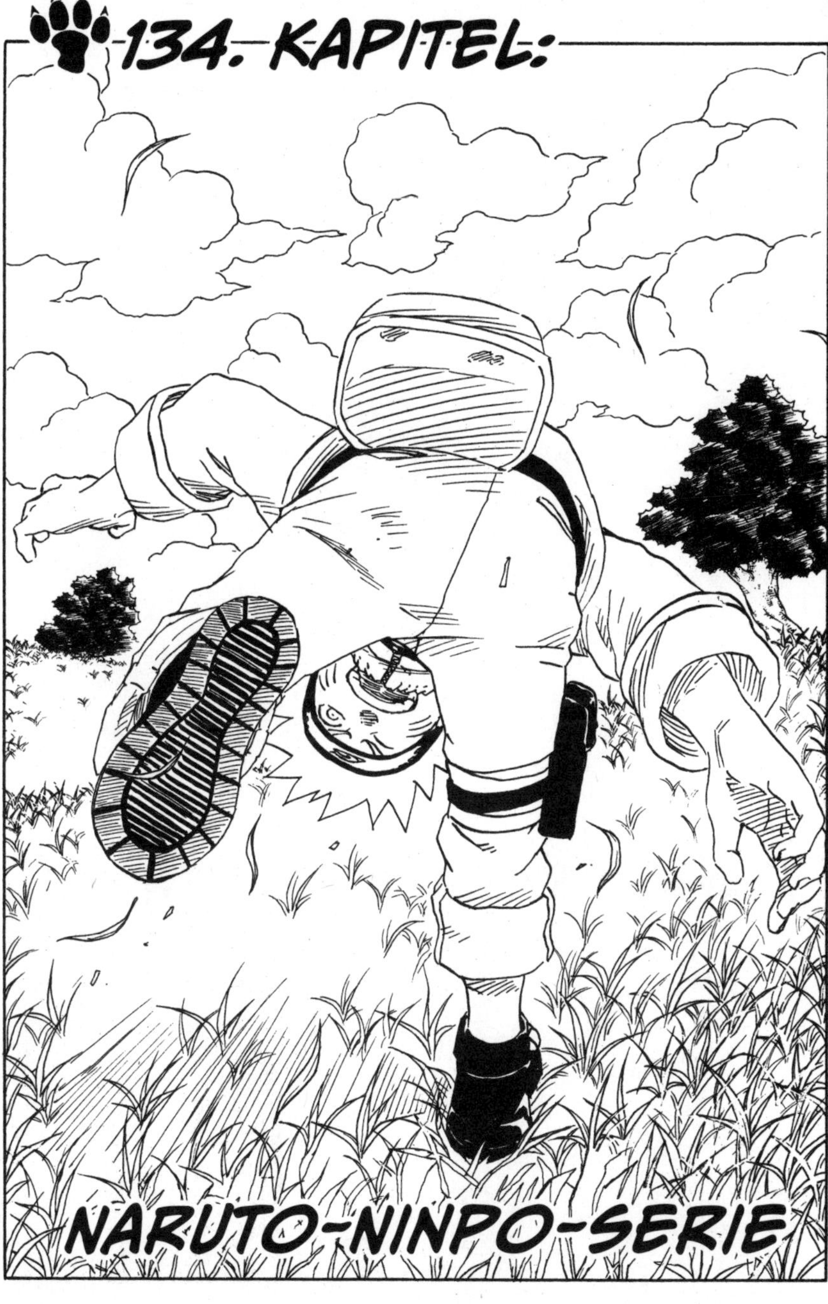
134. KAPITEL:
NARUTO-NINPO-SERIE

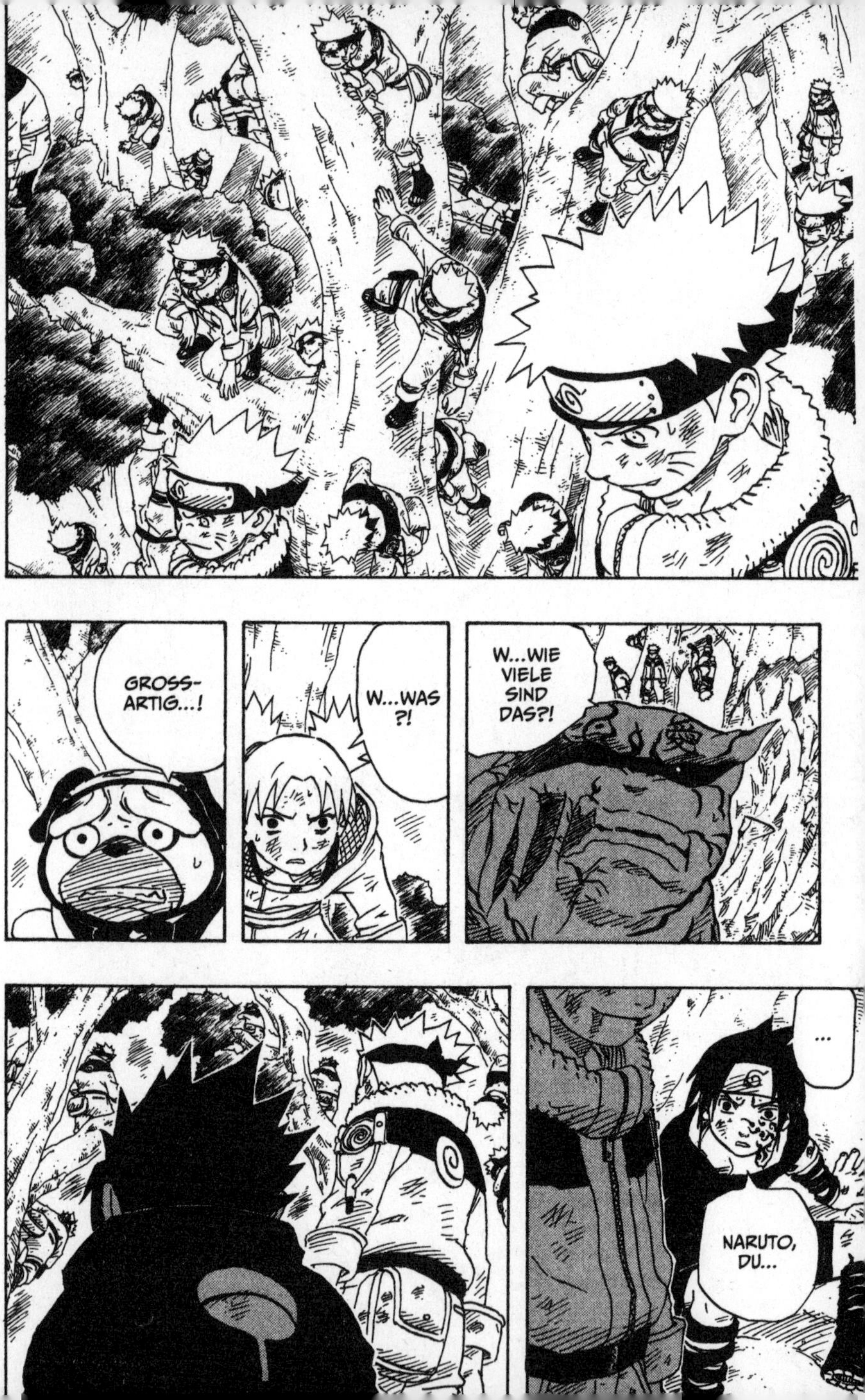
W...WIE VIELE SIND DAS?!
W...WAS ?!
GROSS-ARTIG...!
...
NARUTO, DU...

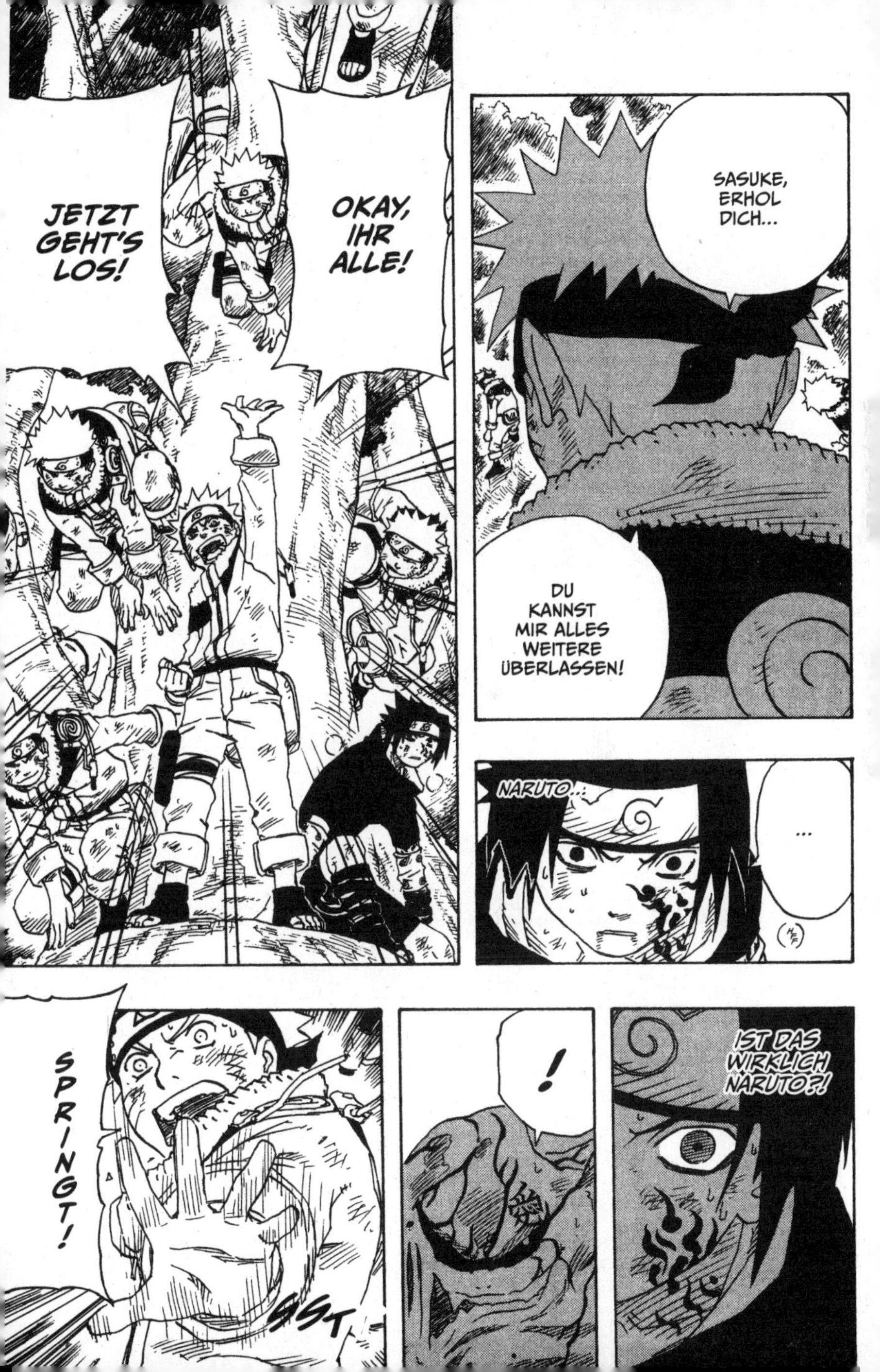
SASUKE, ERHOL DICH...
DU KANNST MIR ALLES WEITERE ÜBERLASSEN!
OKAY, IHR ALLE!
JETZT GEHT'S LOS!
...
NARUTO...
IST DAS WIRKLICH NARUTO?!
!
SPRINGT!

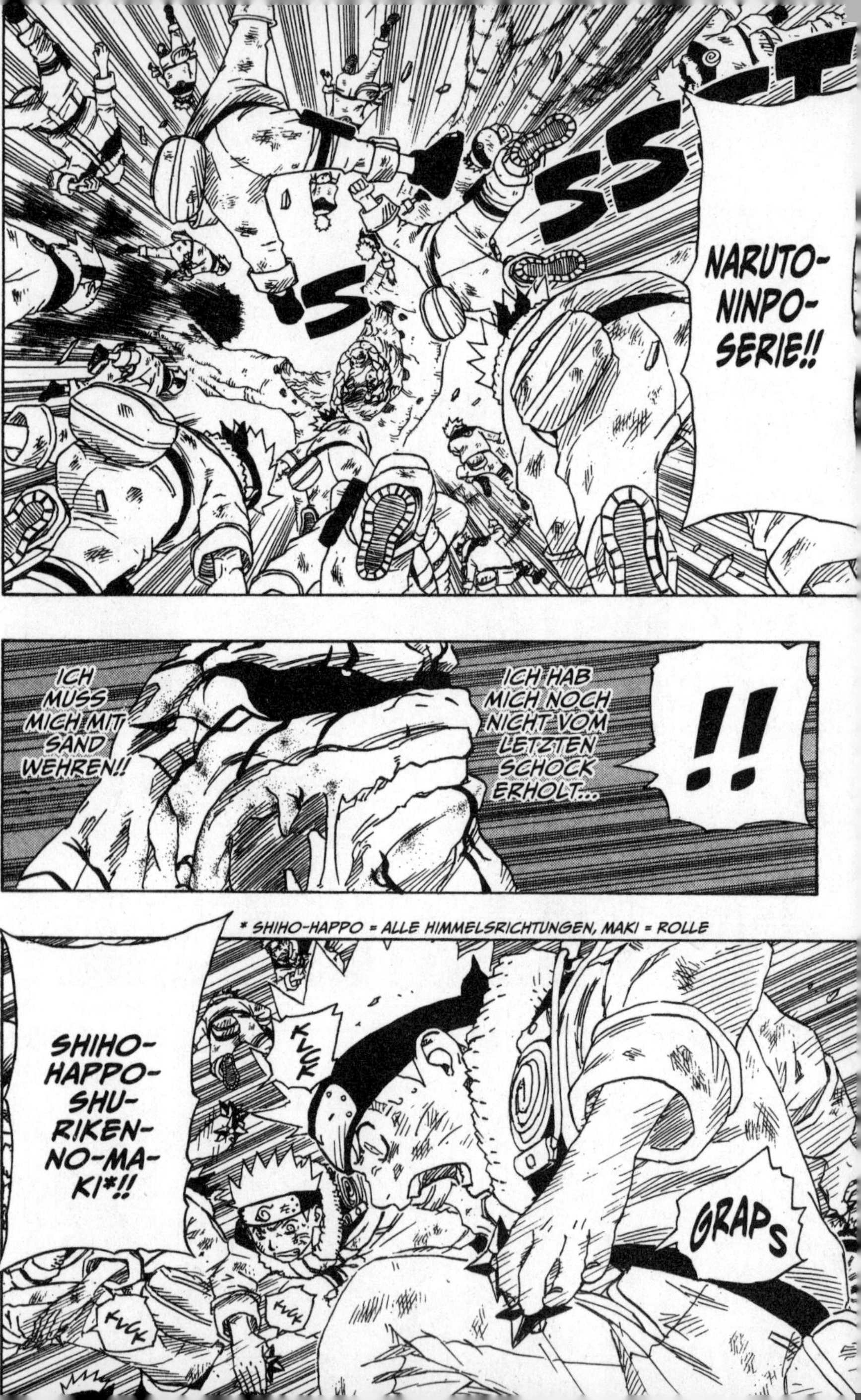

* SHIHO-HAPPO = ALLE HIMMELSRICHTUNGEN, MAKI = ROLLE

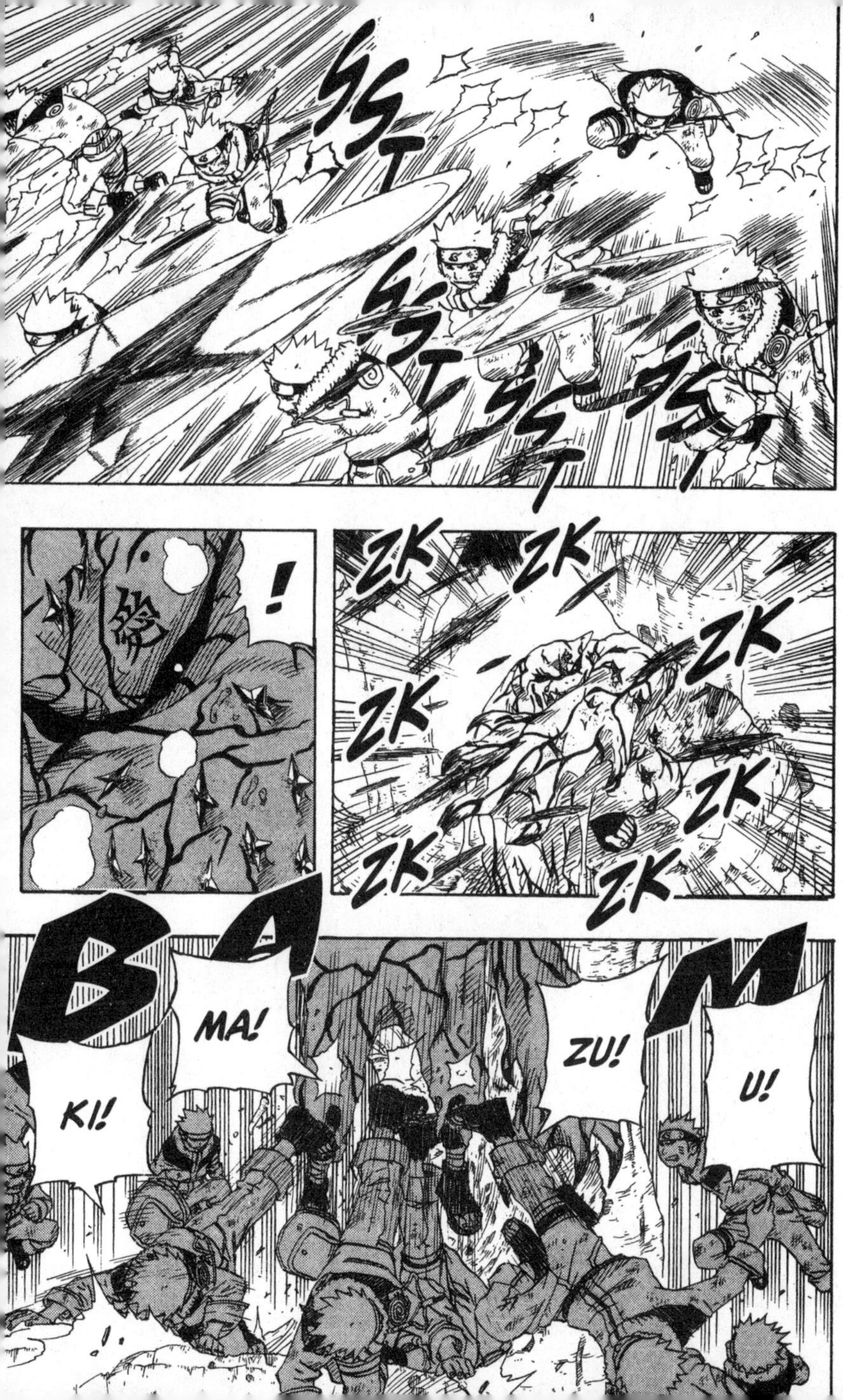

SST
SST
SST
SST
SST
ZK ZK
ZK ZK
ZK ZK
ZK
!
BAM
U!
ZU!
MA!
KI!

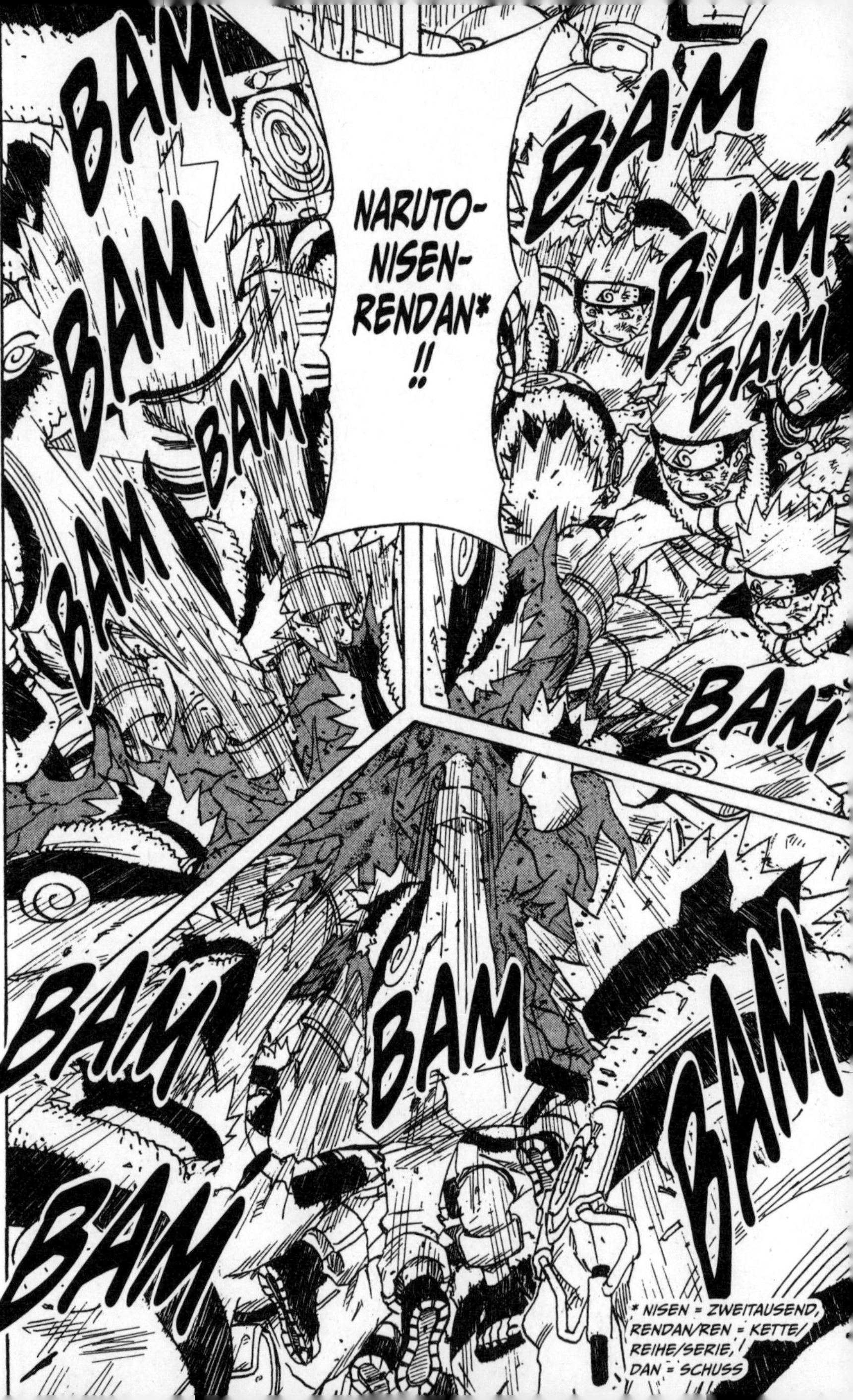
BAM
BAM
BAM
NARUTO-
NISEN-
RENDAN*
!!
BAM
BAM
BAM
BAM
BAM
BAM
BAM
BAM
BAM
BAM
* NISEN = ZWEITAUSEND,
RENDAN/REN = KETTE/
REIHE/SERIE,
DAN = SCHUSS

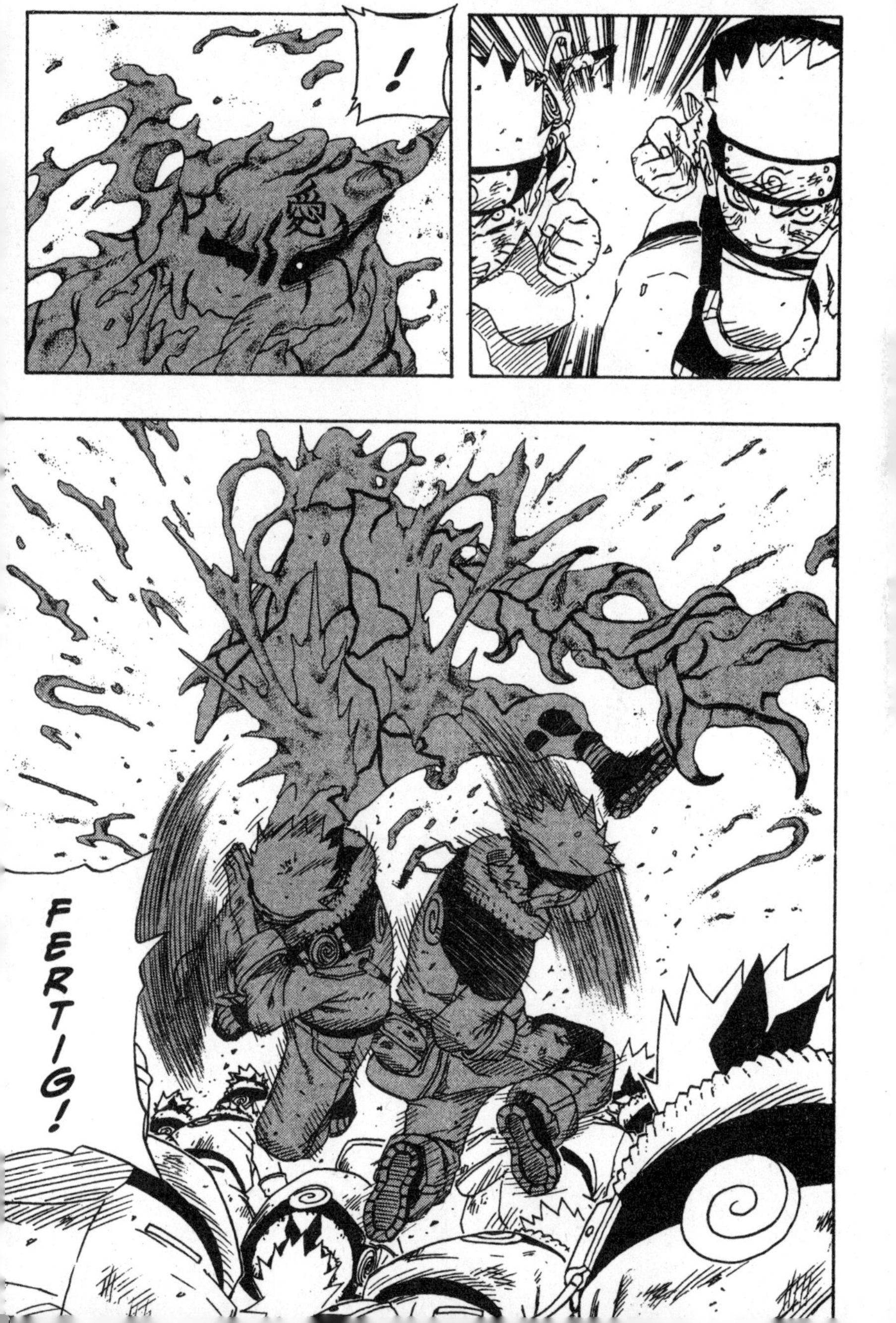
!
FERTIG!

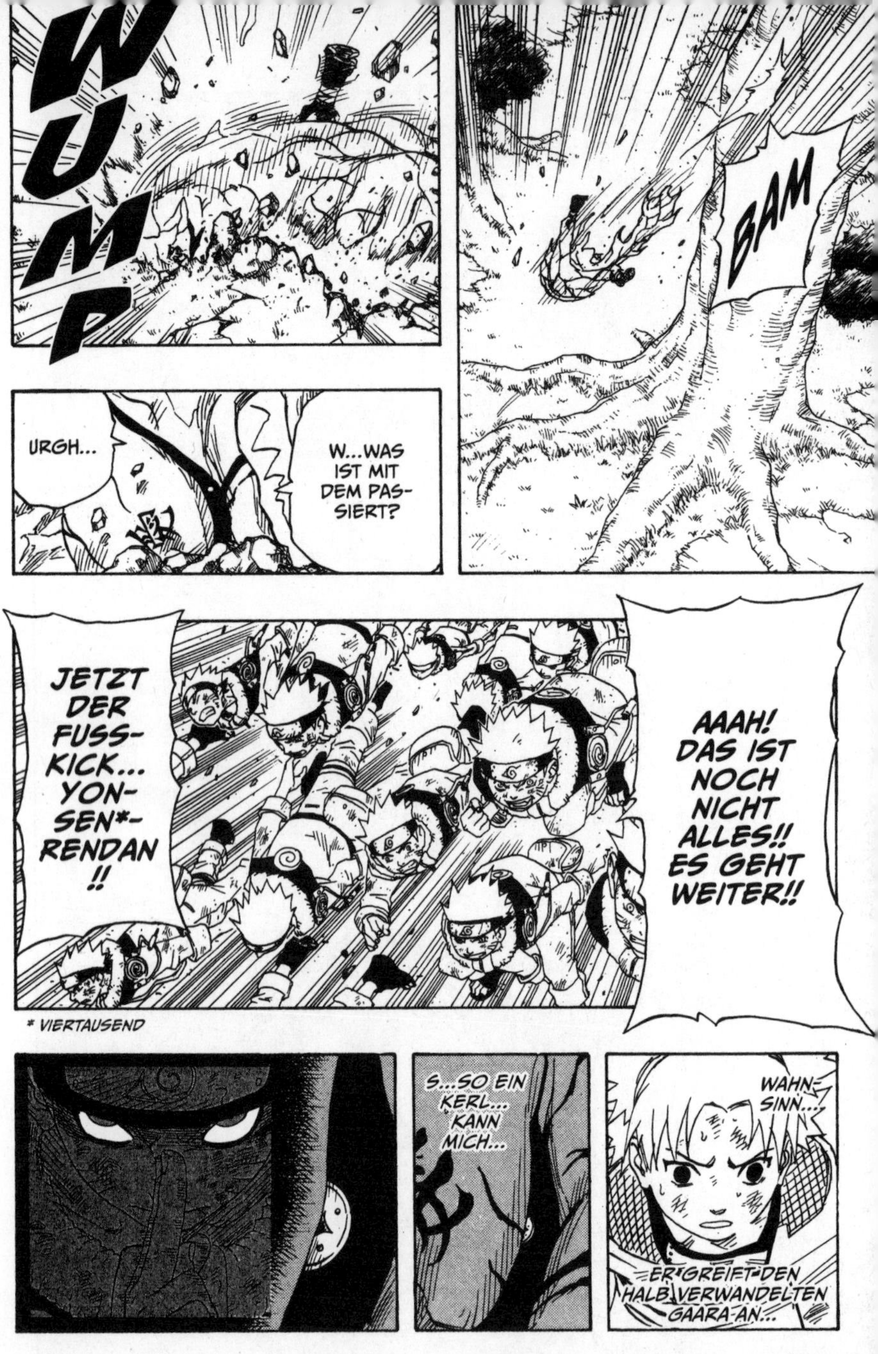

* VIERTAUSEND

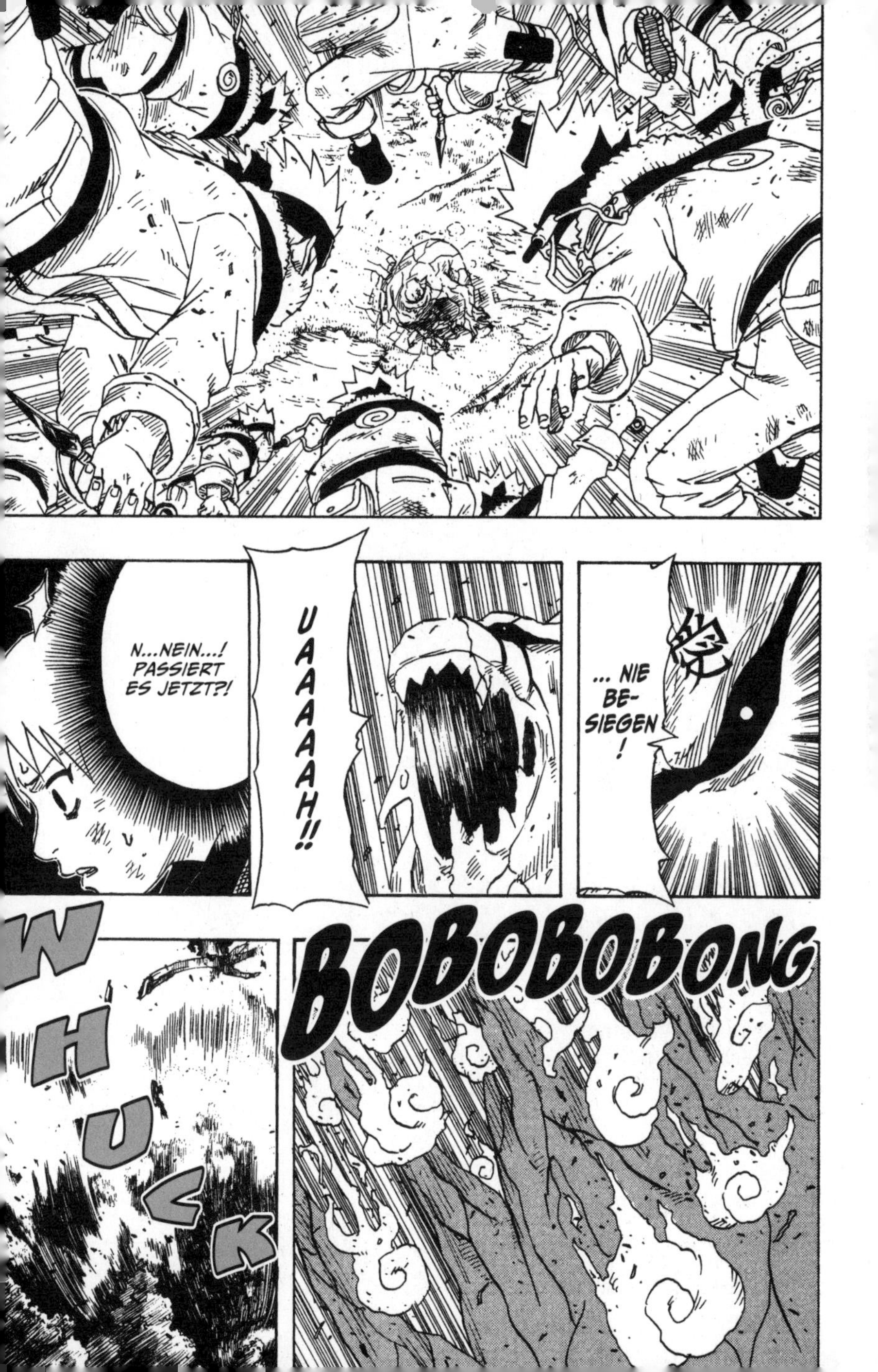
... NIE BE- SIEGEN !
UAAAAAH!!
N...NEIN...! PASSIERT ES JETZT?!
BOBOBOBONG
WHUCK

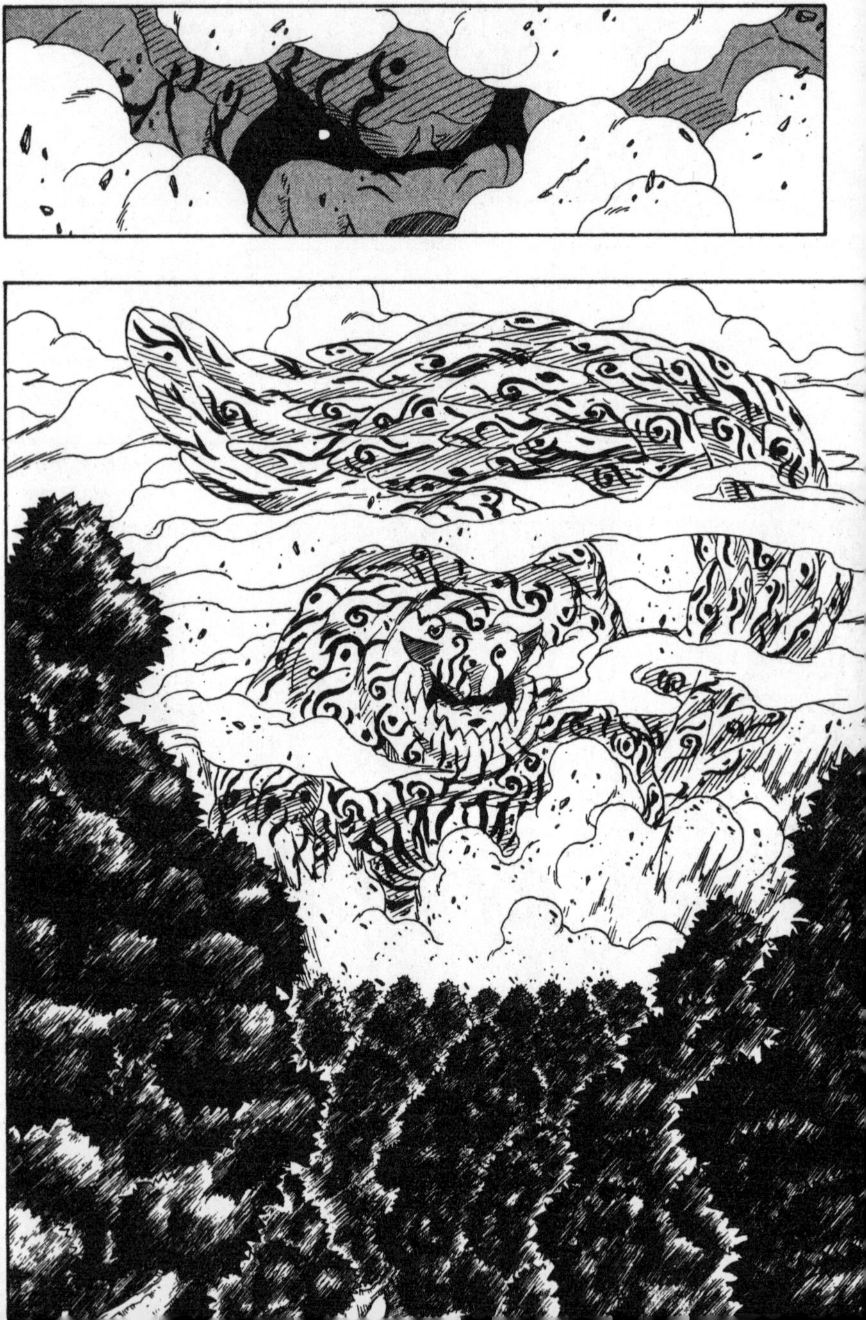

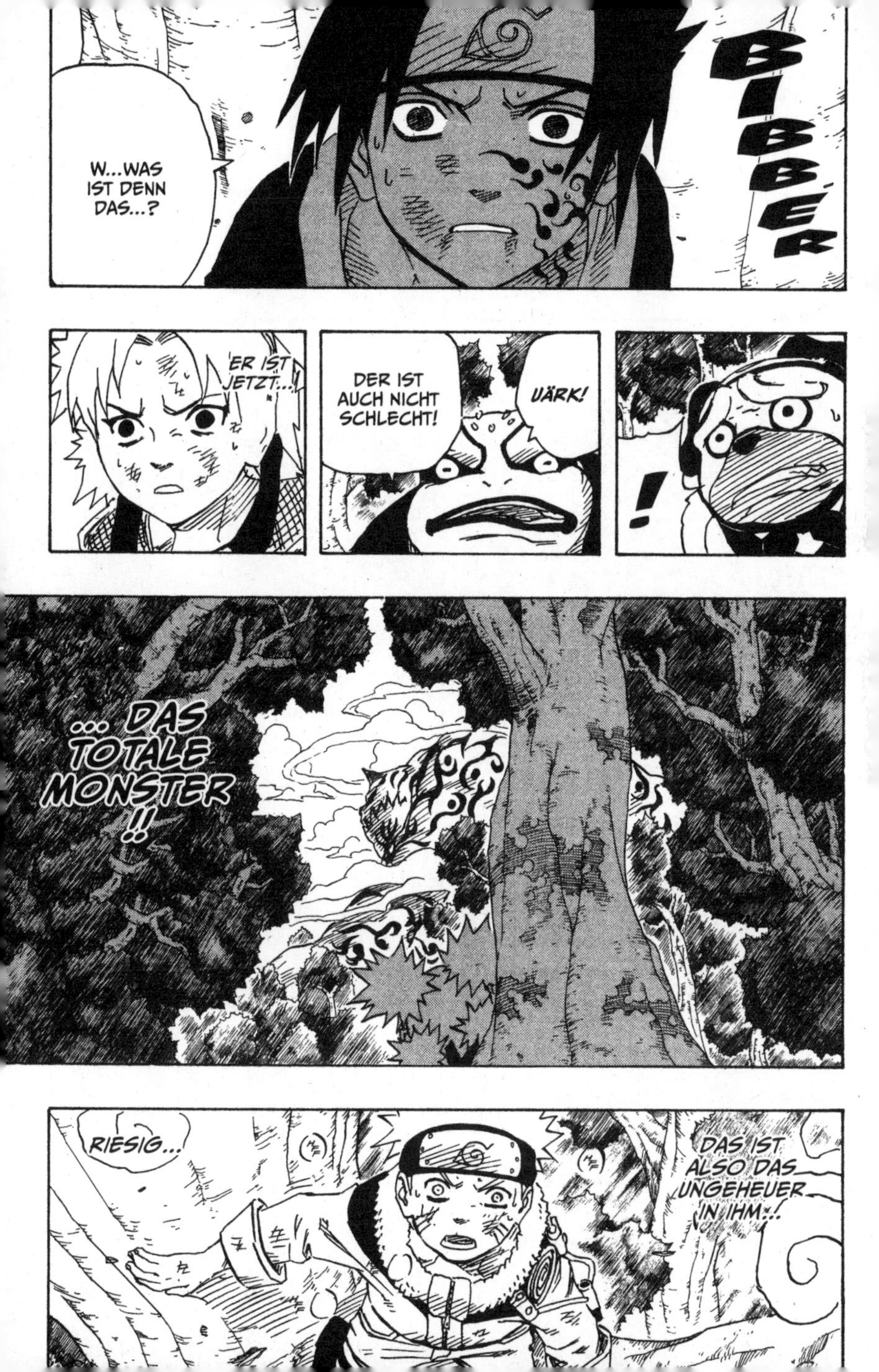
BIBBER
W...WAS IST DENN DAS...?
ÜÄRK!
DER IST AUCH NICHT SCHLECHT!
ER IST JETZT...
... DAS TOTALE MONSTER !!
DAS IST ALSO DAS UNGEHEUER IN IHM...!
RIESIG...

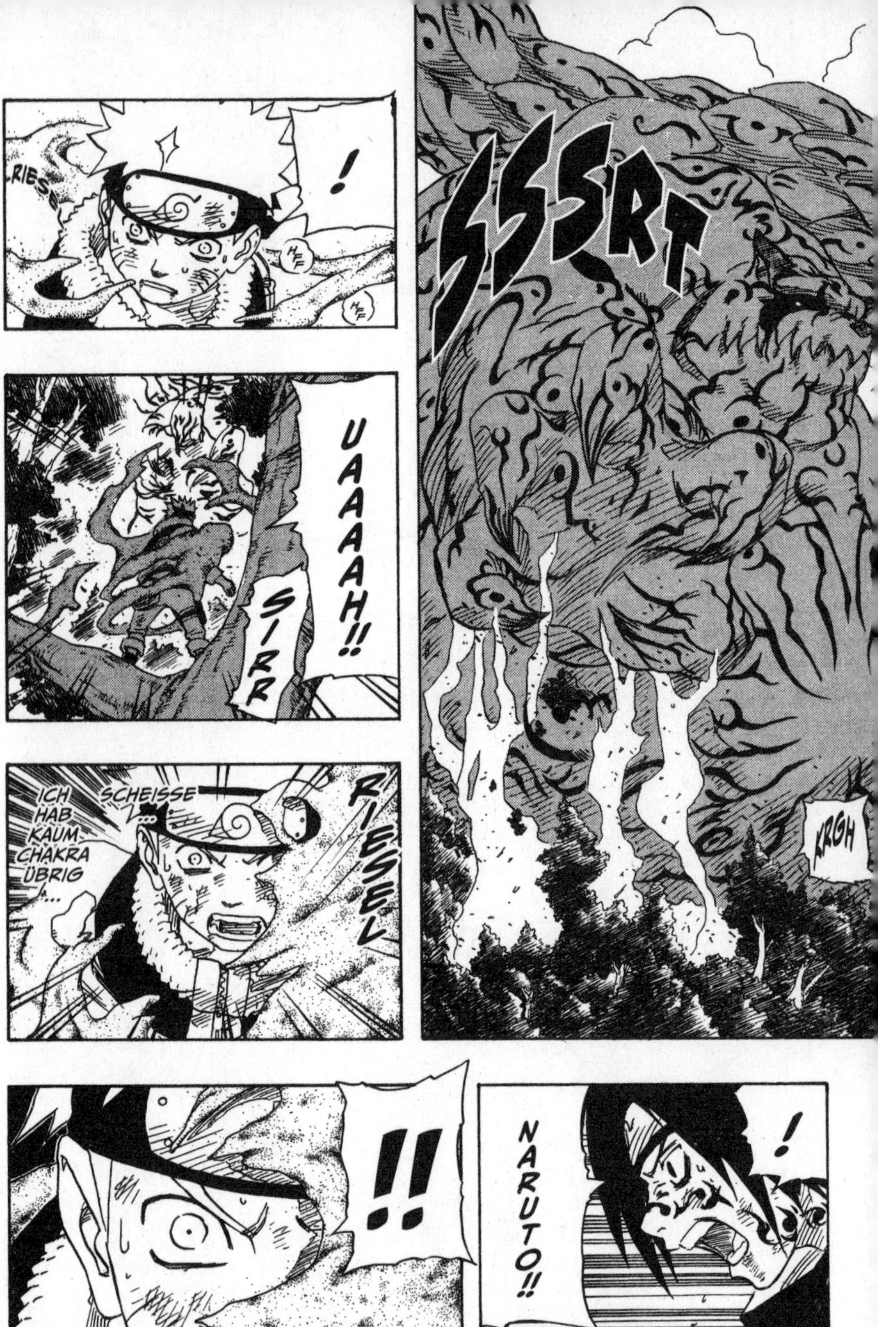
SSSRT
KRGH
RIESEL
!
HFF
HFF
UAAAAAH!!
SIRR
RIESEL
SCHEISSE...
ICH HAB KAUM CHAKRA ÜBRIG...
!
NARUTO!!
!!

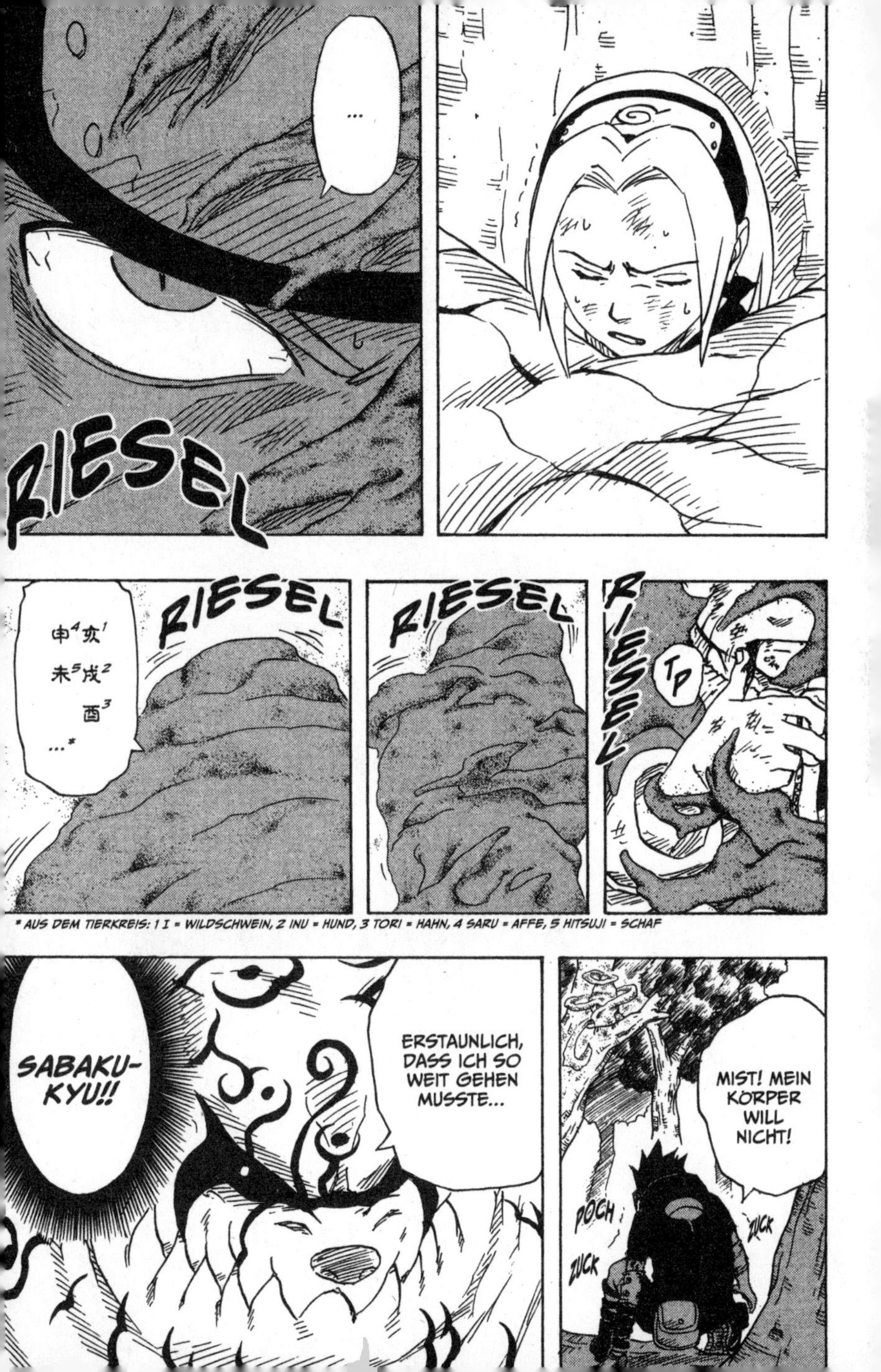

* AUS DEM TIERKREIS: 1 I = WILDSCHWEIN, 2 INU = HUND, 3 TORI = HAHN, 4 SARU = AFFE, 5 HITSUJI = SCHAF

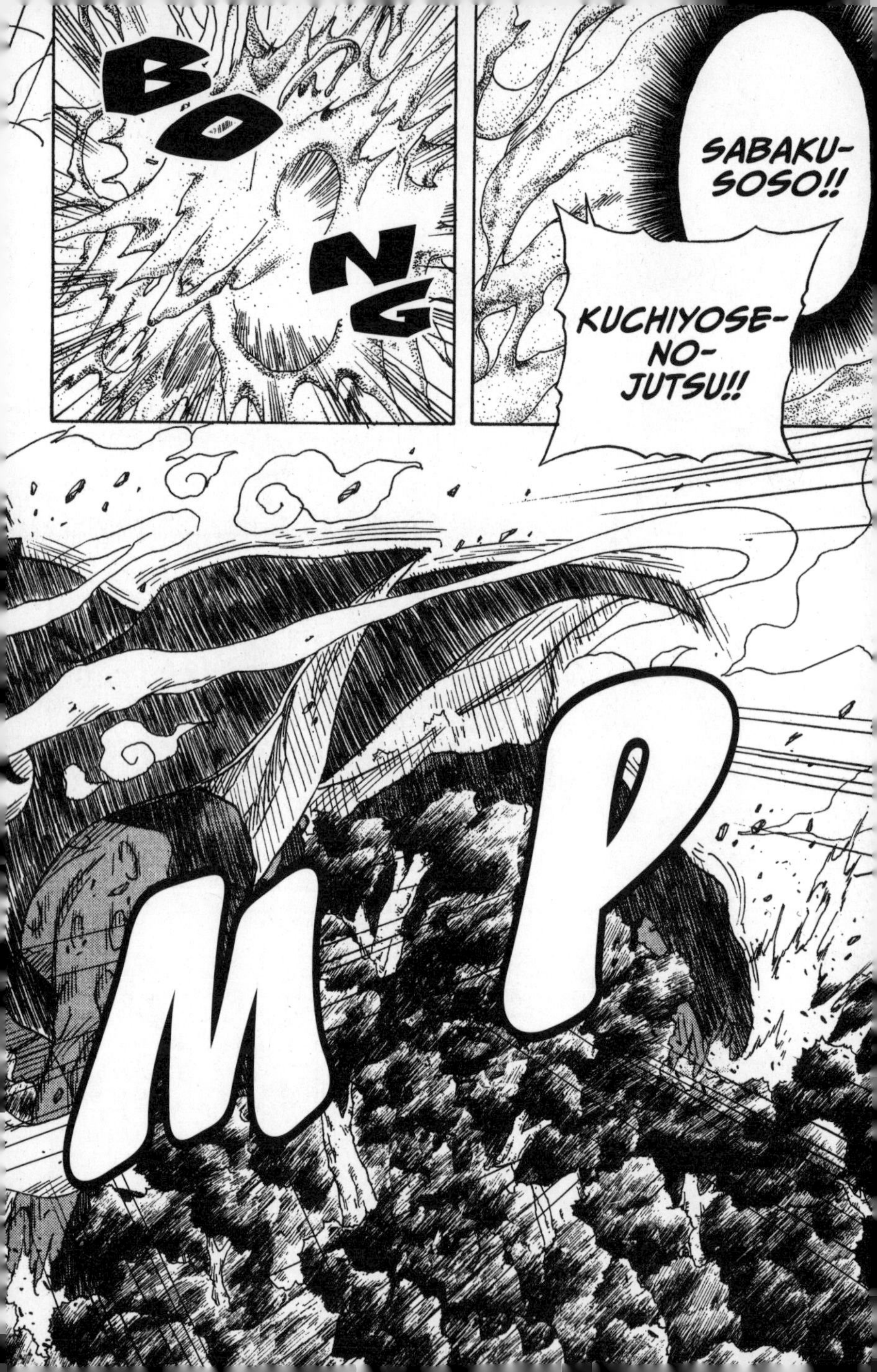
SABAKU-SOSO!!
KUCHIYOSE-NO-JUTSU!!
BONG
MP

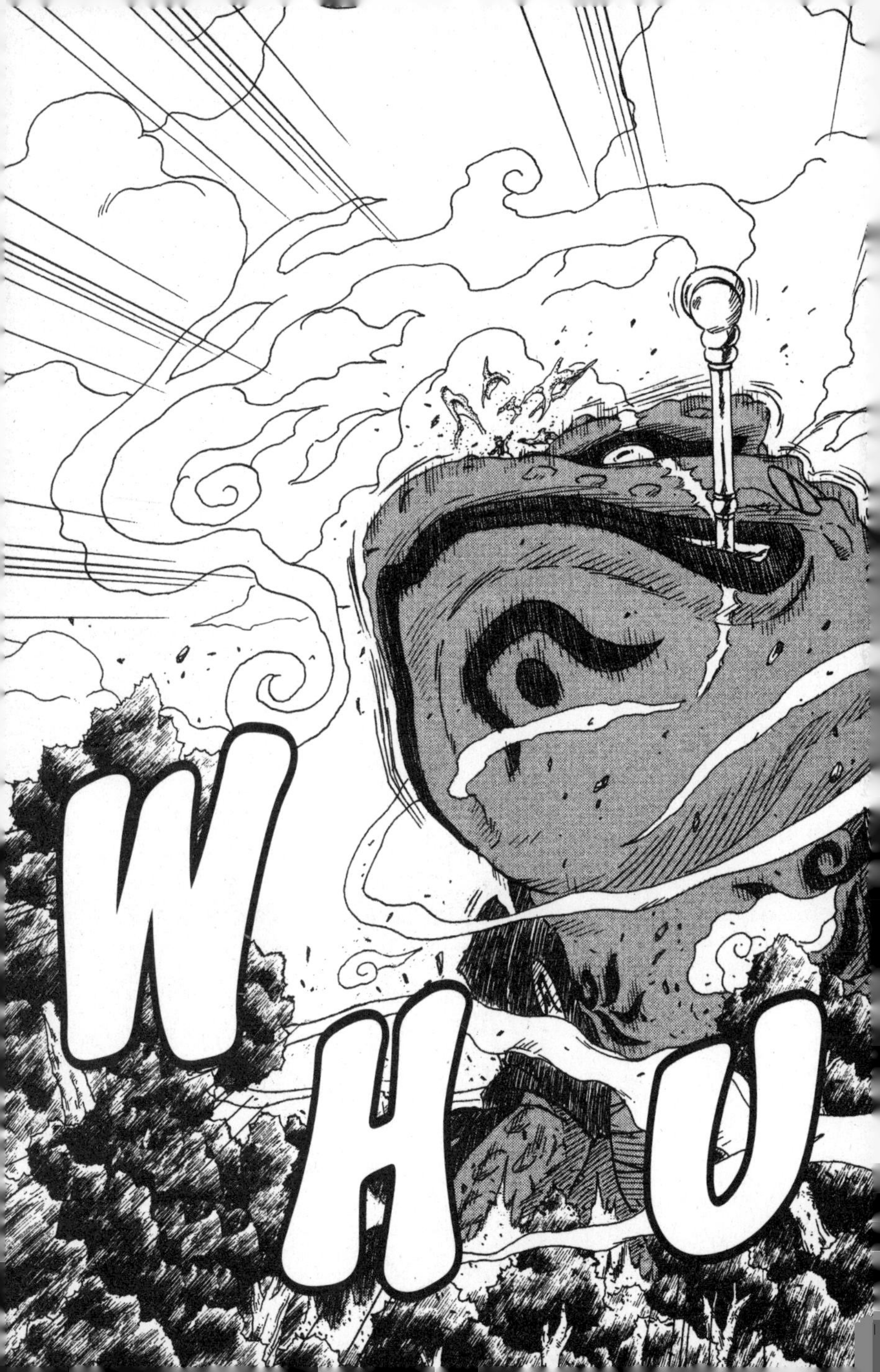
WHUU

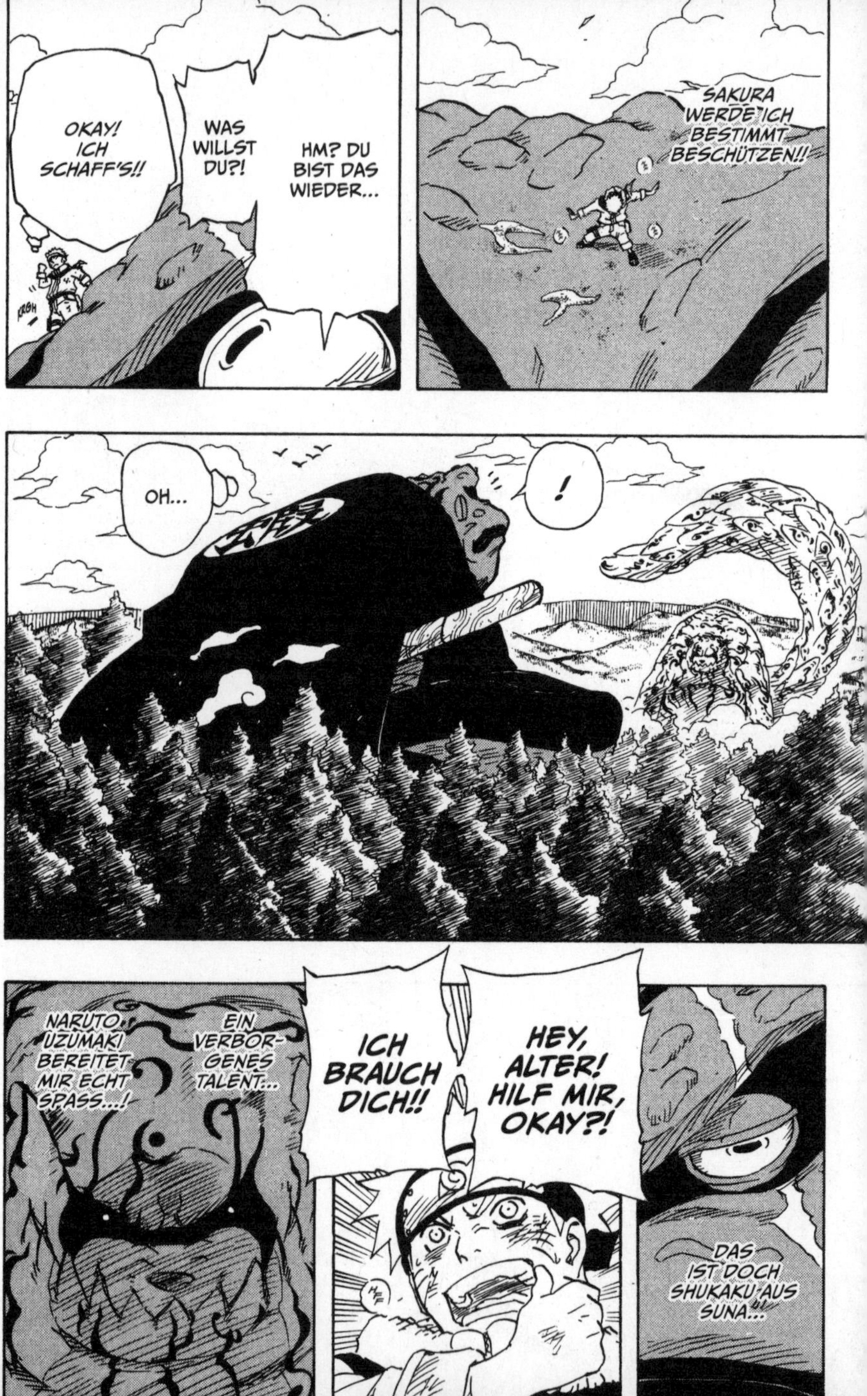
SAKURA WERDE ICH BESTIMMT BESCHÜTZEN!!
HM? DU BIST DAS WIEDER...
WAS WILLST DU?!
OKAY! ICH SCHAFF'S!!
KRGH
!
OH...
HEY, ALTER! HILF MIR, OKAY?!
ICH BRAUCH DICH!!
DAS IST DOCH SHUKAKU AUS SUNA...
EIN VERBORGENES TALENT...
NARUTO UZUMAKI BEREITET MIR ECHT SPASS...!

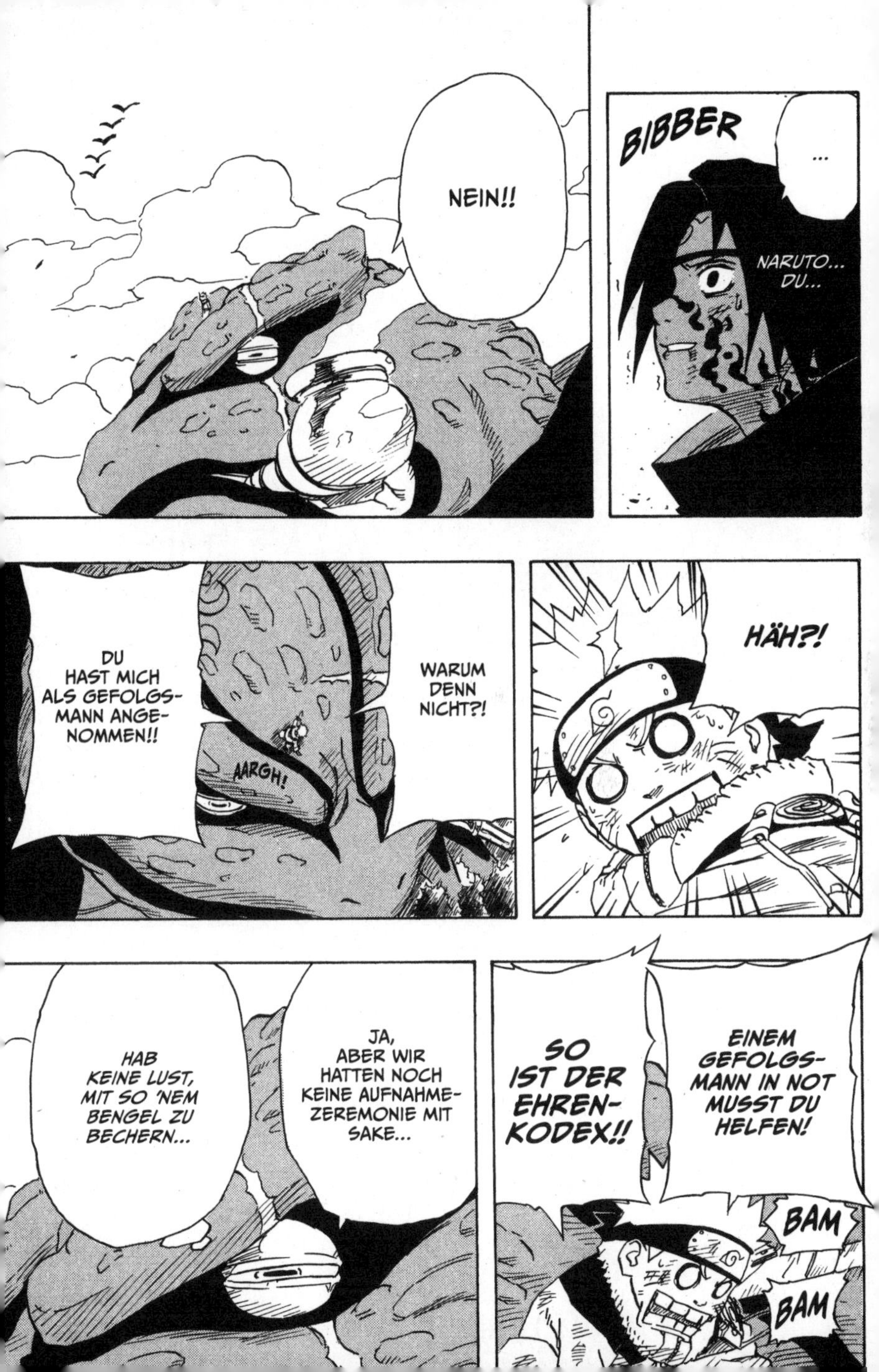
BIBBER
...
NARUTO... DU...
NEIN!!
HÄH?!
WARUM DENN NICHT?!
DU HAST MICH ALS GEFOLGS-MANN ANGE-NOMMEN!!
AARGH!
EINEM GEFOLGS-MANN IN NOT MUSST DU HELFEN!
SO IST DER EHREN-KODEX!!
BAM
BAM
JA, ABER WIR HATTEN NOCH KEINE AUFNAHME-ZEREMONIE MIT SAKE...
HAB KEINE LUST, MIT SO 'NEM BENGEL ZU BECHERN...

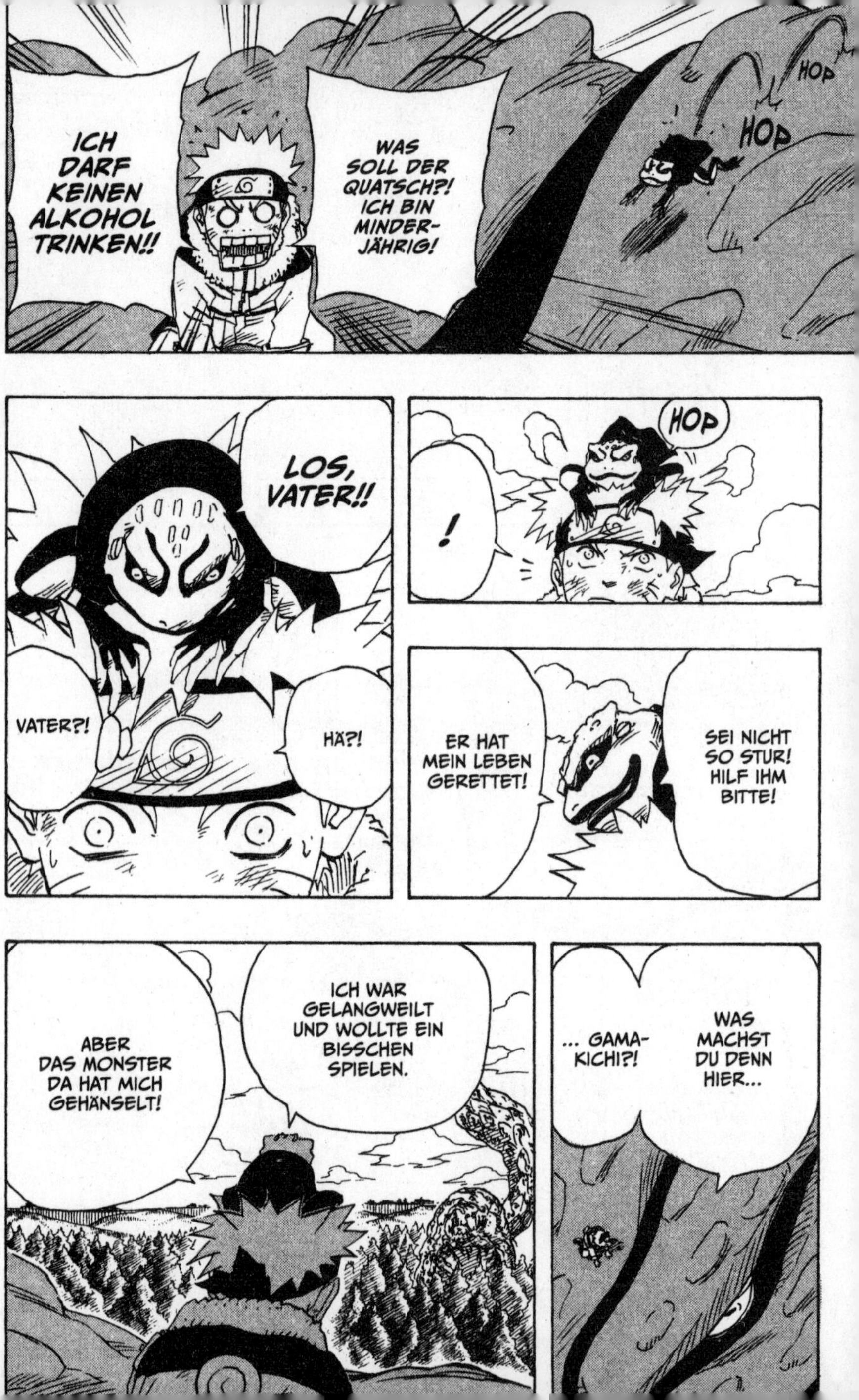
HOP
HOP
WAS SOLL DER QUATSCH?! ICH BIN MINDER-JÄHRIG!
ICH DARF KEINEN ALKOHOL TRINKEN!!
HOP
!
LOS, VATER!!
HÄ?!
VATER?!
SEI NICHT SO STUR! HILF IHM BITTE!
ER HAT MEIN LEBEN GERETTET!
WAS MACHST DU DENN HIER...
... GAMA-KICHI?!
ICH WAR GELANGWEILT UND WOLLTE EIN BISSCHEN SPIELEN.
ABER DAS MONSTER DA HAT MICH GEHÄNSELT!

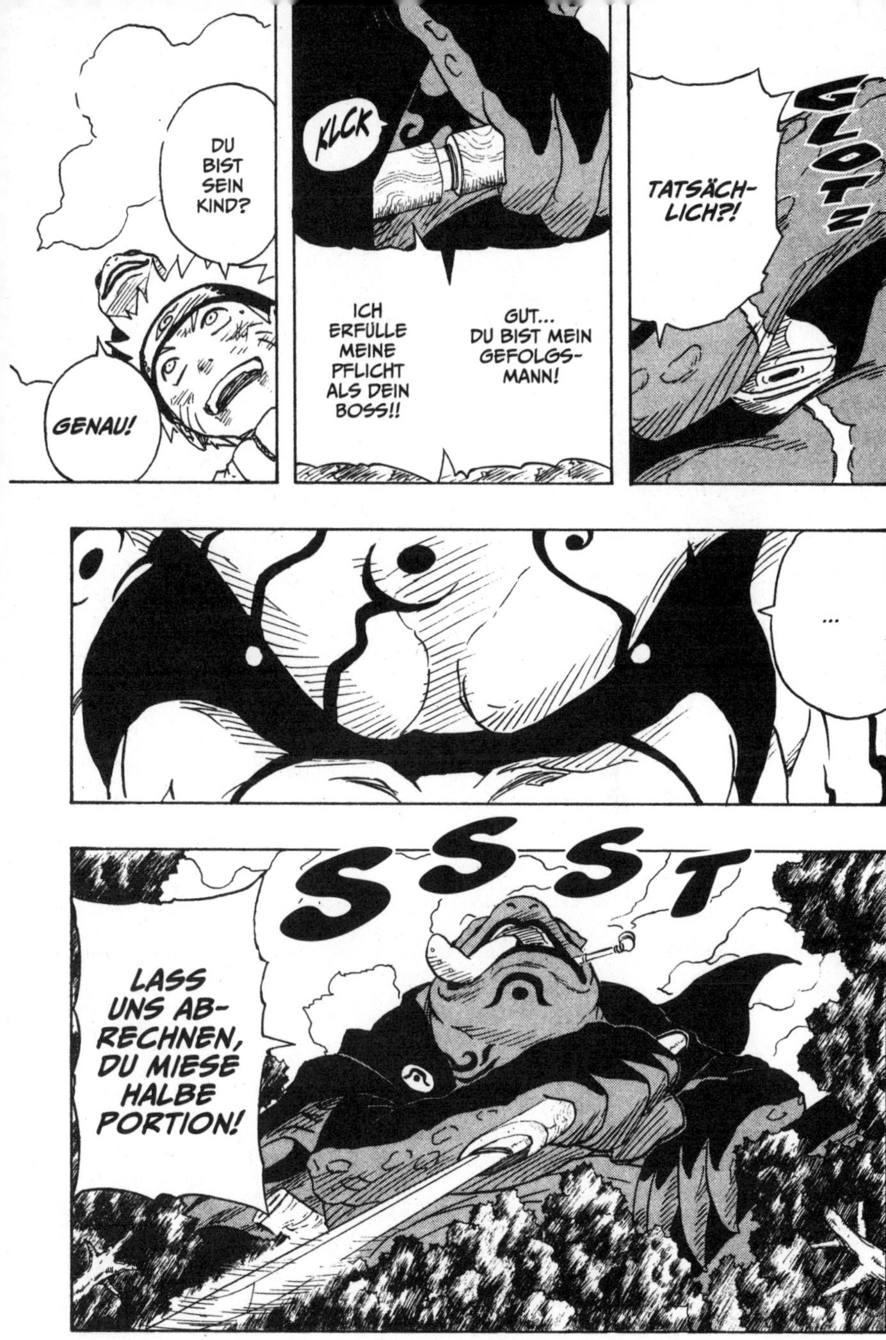
GLOTZ
TATSÄCH-LICH?!
KLCK
GUT... DU BIST MEIN GEFOLGS-MANN!
ICH ERFÜLLE MEINE PFLICHT ALS DEIN BOSS!!
DU BIST SEIN KIND?
GENAU!
...
SSST
LASS UNS AB-RECHNEN, DU MIESE HALBE PORTION!

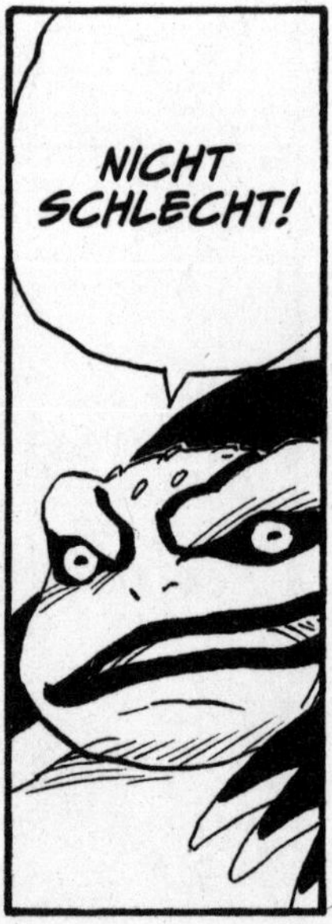
NICHT SCHLECHT!

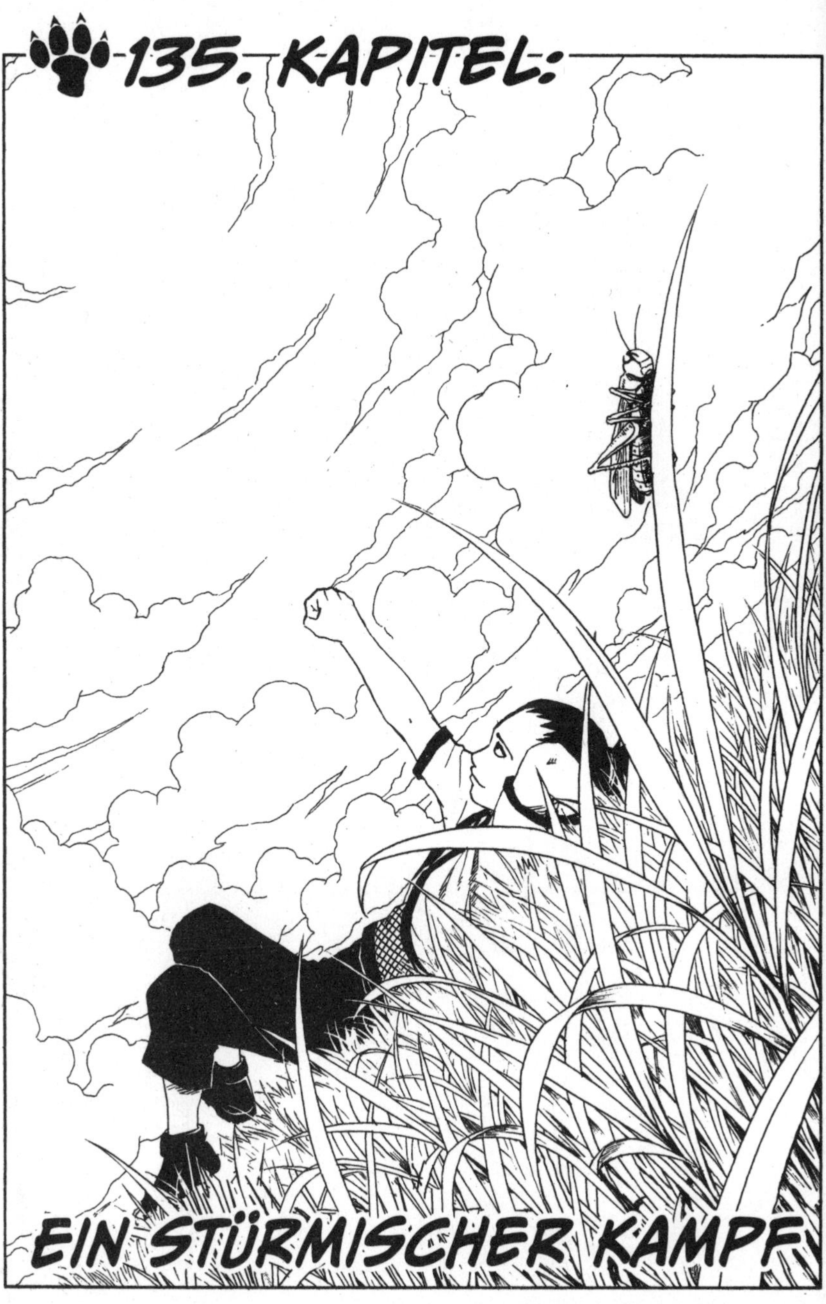
135. KAPITEL:
EIN STÜRMISCHER KAMPF

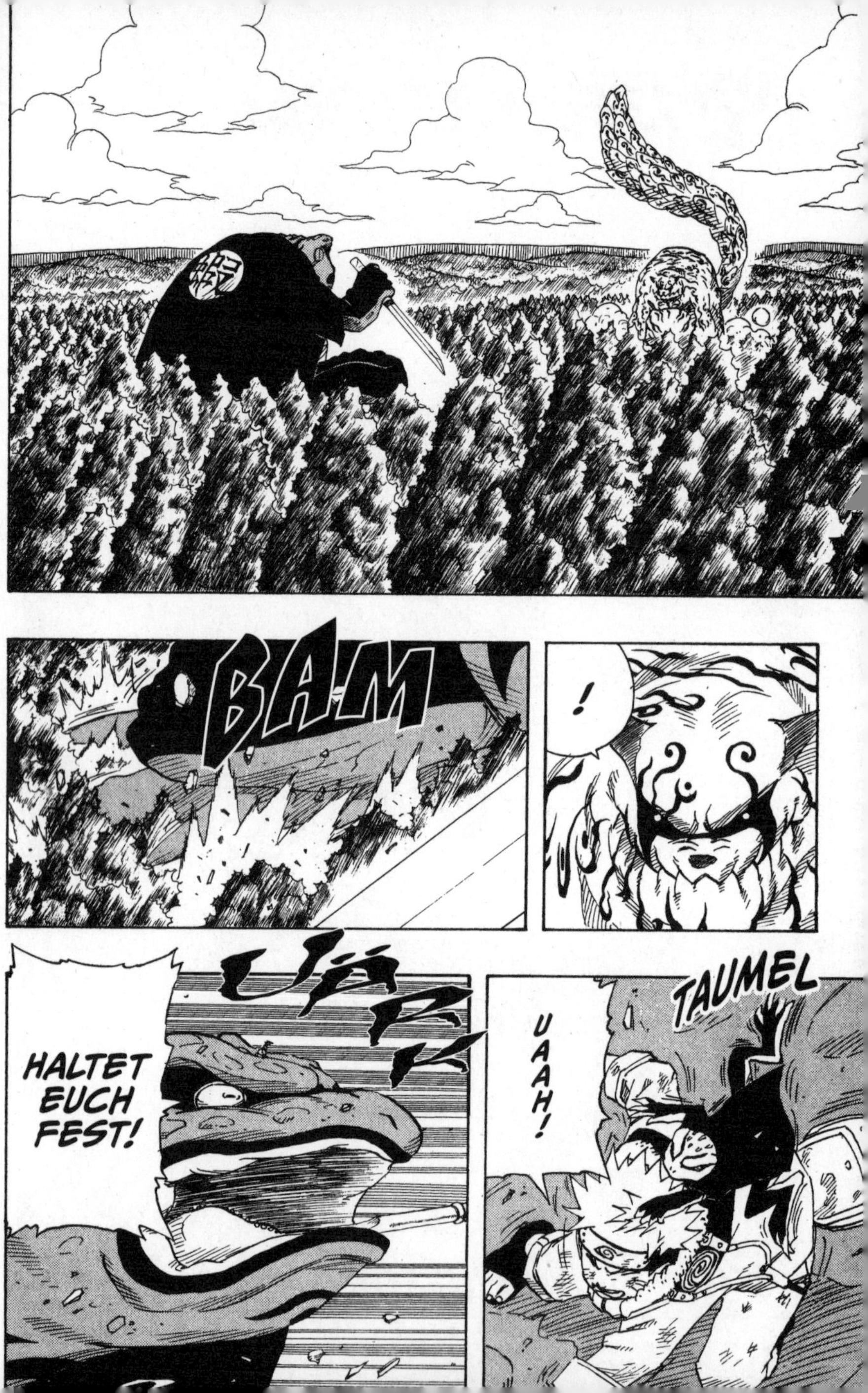
!
BAM
TAUMEL
UAAAH!
HALTET EUCH FEST!

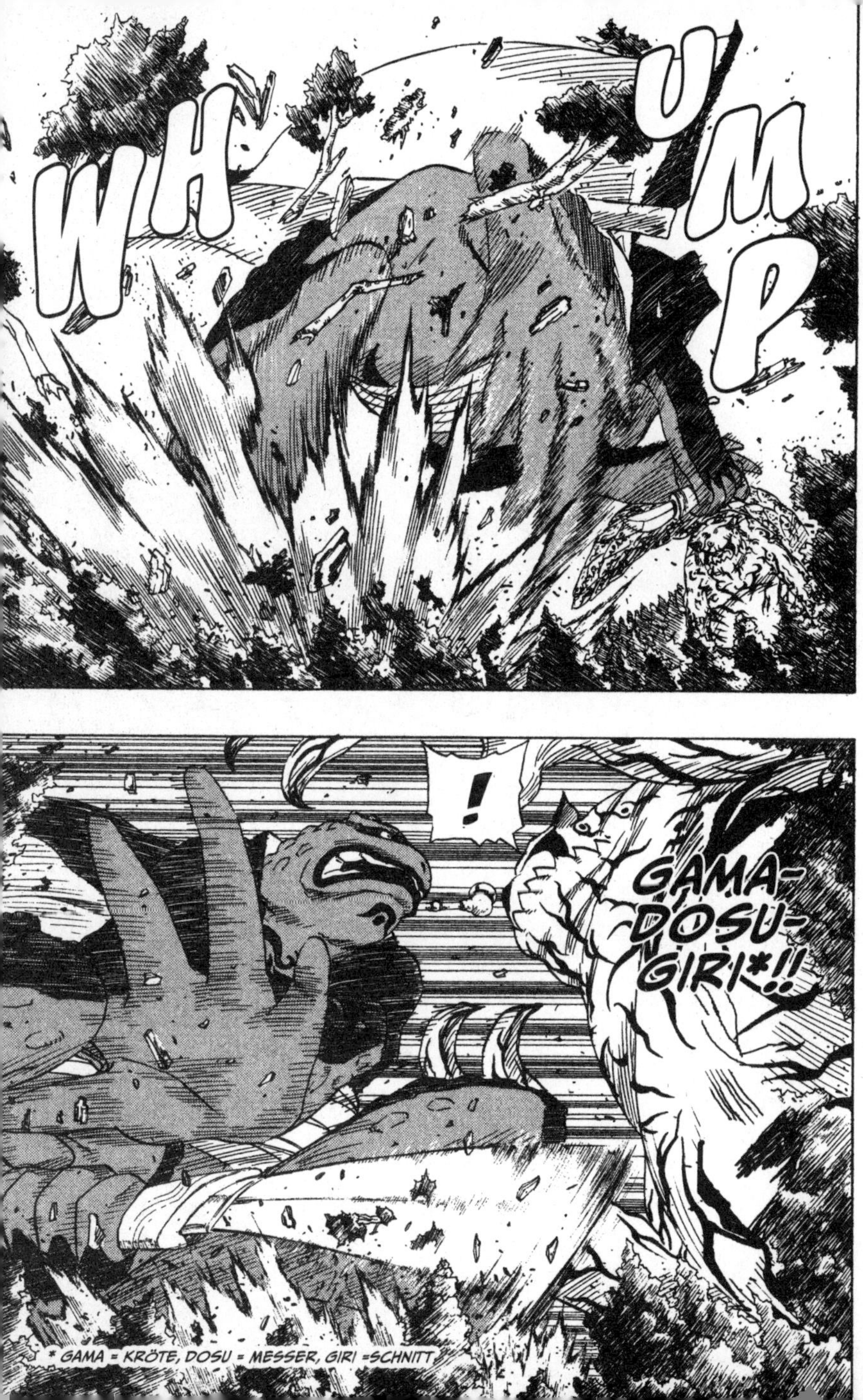

* GAMA = KRÖTE, DOSU = MESSER, GIRI =SCHNITT

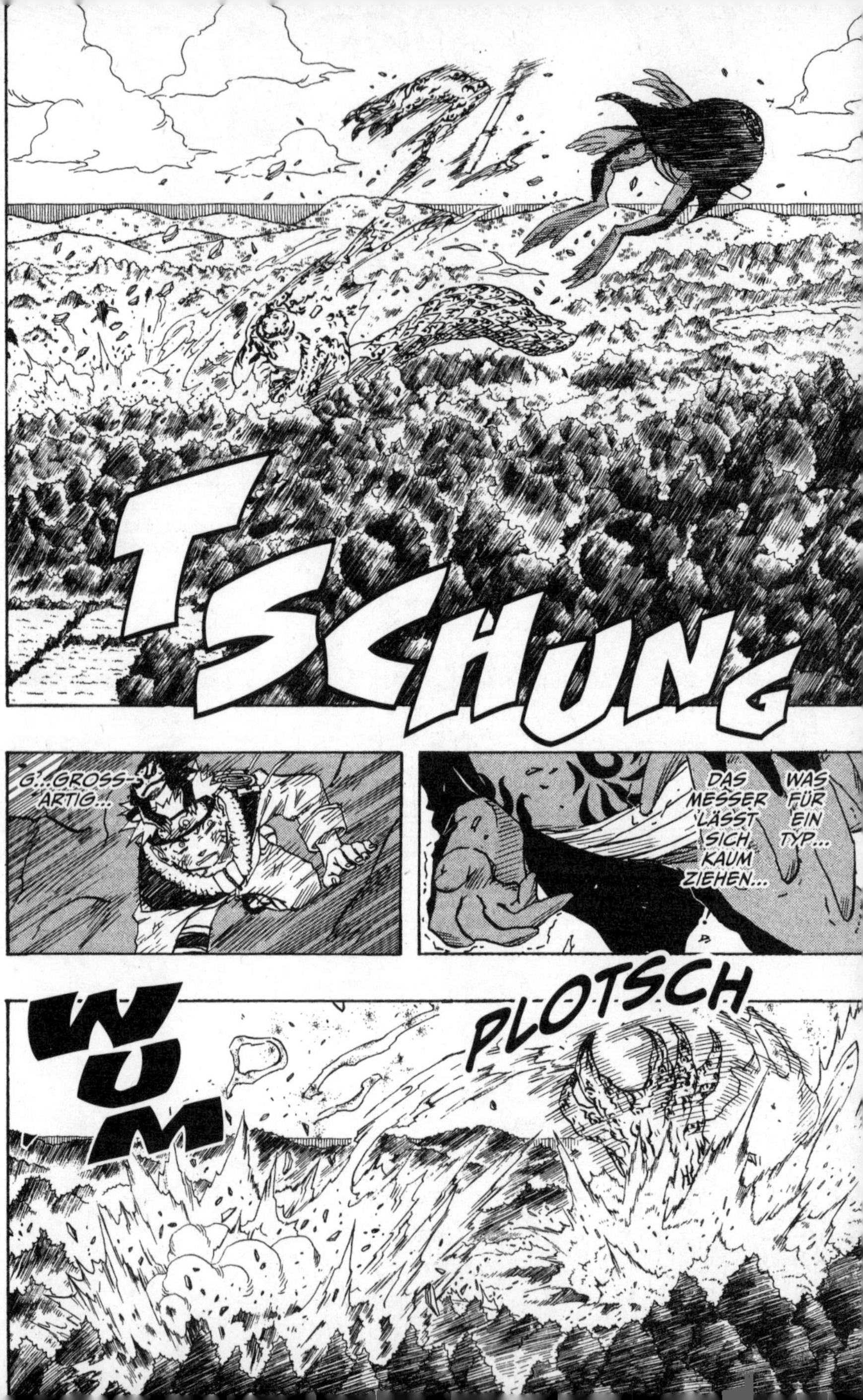
TSCHUNG
WAS FÜR EIN TYP...
DAS MESSER LÄSST SICH KAUM ZIEHEN...
G... GROSS-ARTIG...
PLOTSCH
WUM

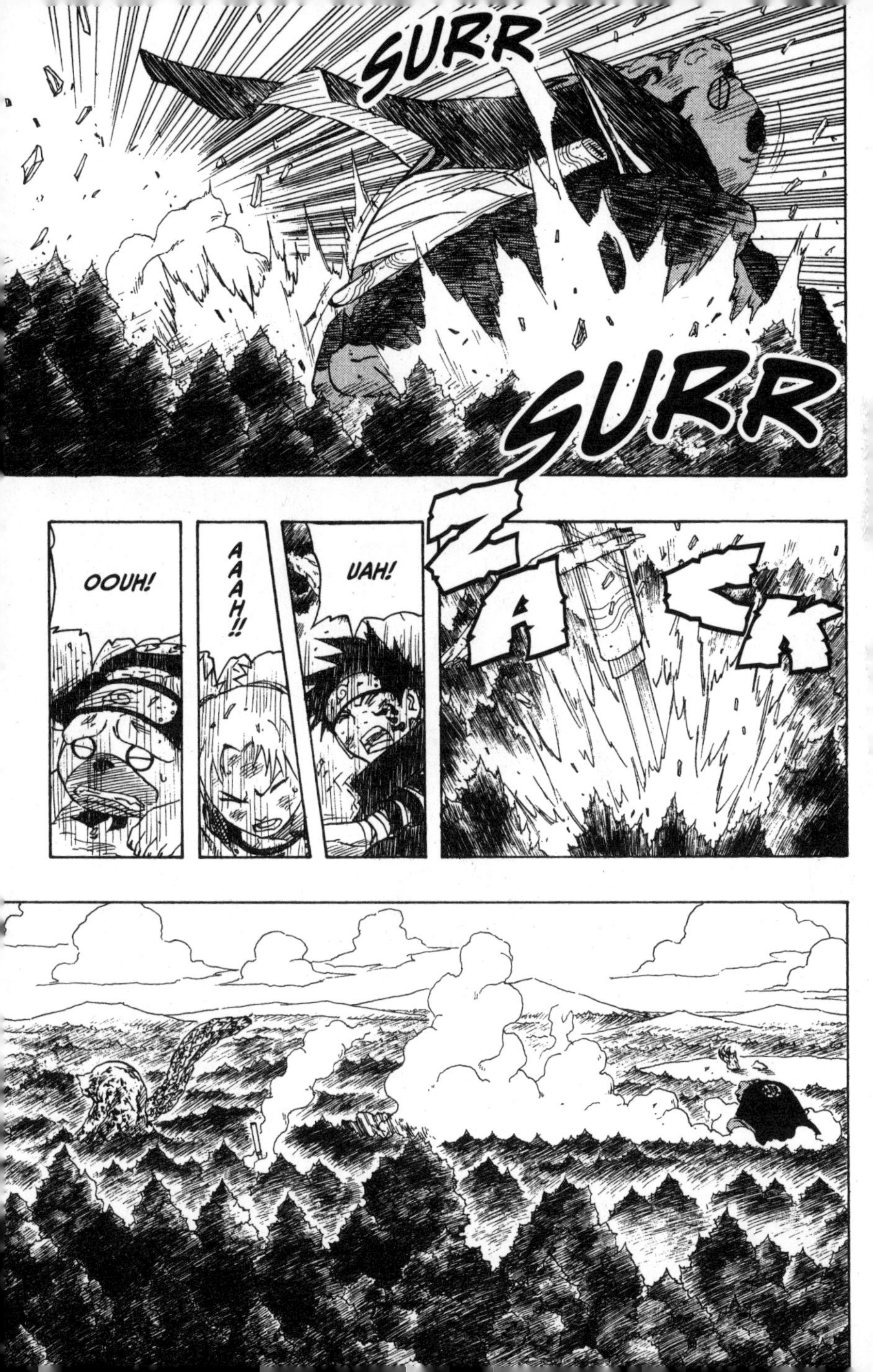
SURR
SURR
ZACK
UAH!
AAAAH!!
OOUH!

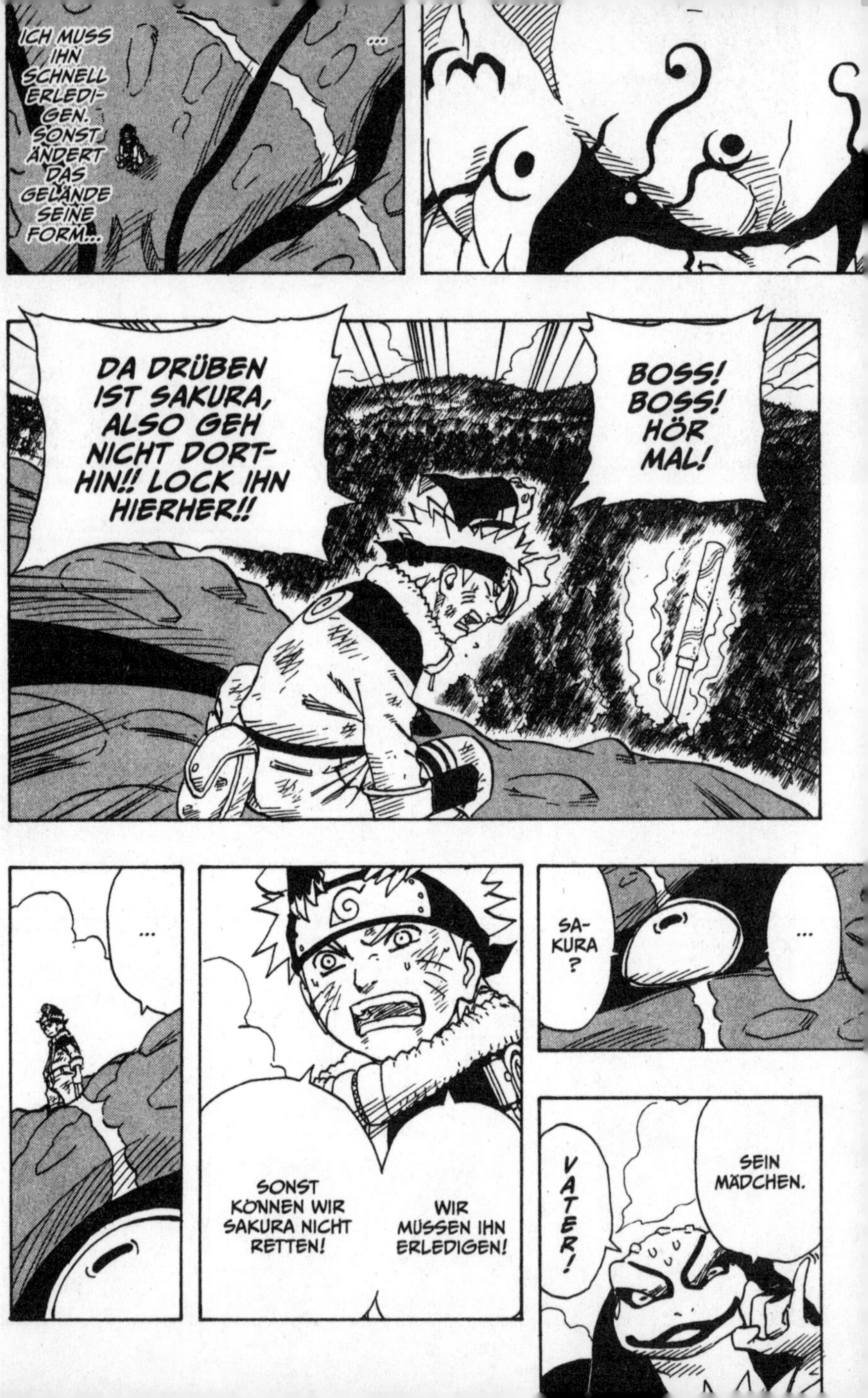
...
ICH MUSS IHN SCHNELL ERLEDIGEN. SONST ÄNDERT DAS GELÄNDE SEINE FORM...
BOSS! BOSS! HÖR MAL!
DA DRÜBEN IST SAKURA, ALSO GEH NICHT DORTHIN!! LOCK IHN HIERHER!!
...
SA-KURA?
WIR MÜSSEN IHN ERLEDIGEN!
SONST KÖNNEN WIR SAKURA NICHT RETTEN!
...
SEIN MÄDCHEN.
VATER!

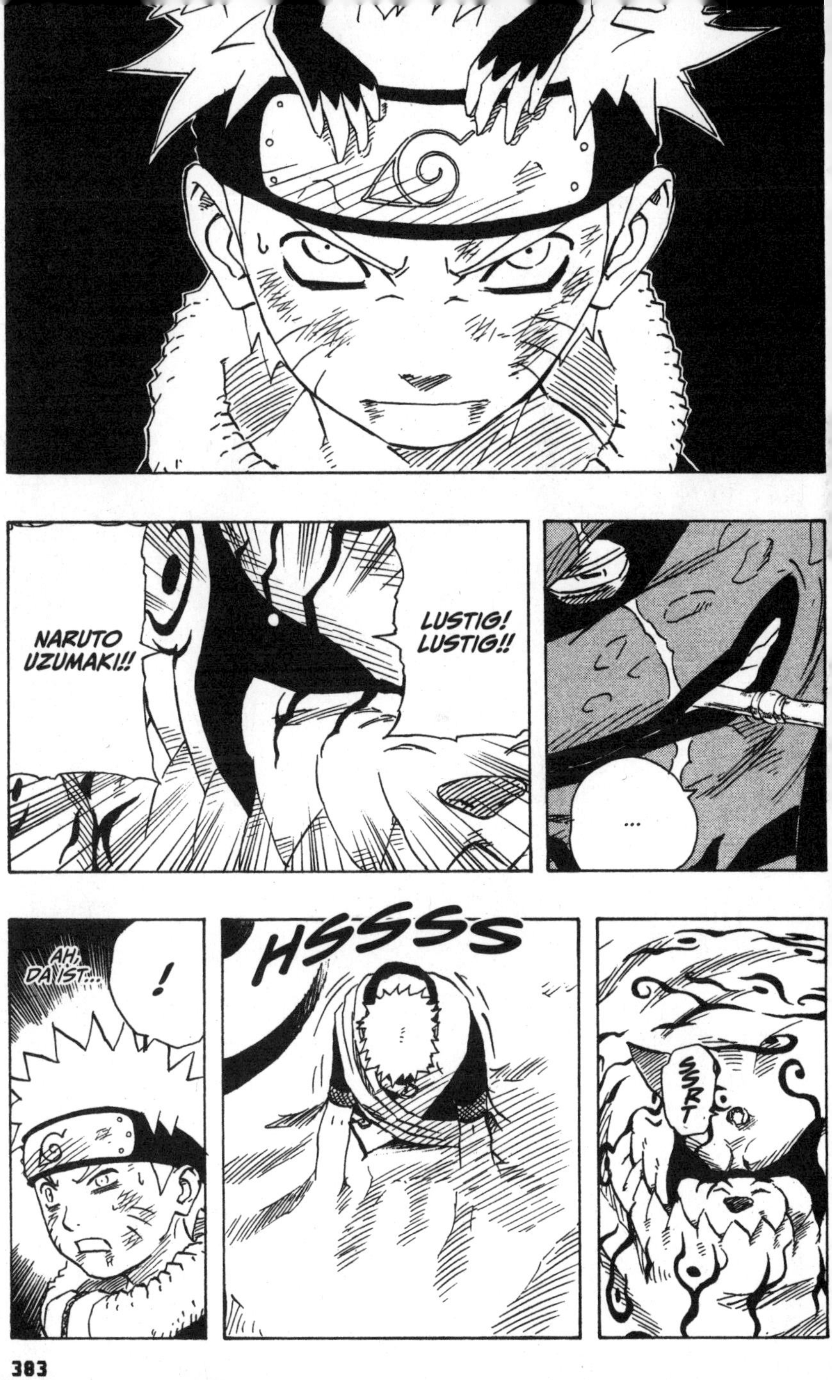
LUSTIG!
LUSTIG!!
NARUTO
UZUMAKI!!
...
!
AH,
DA IST...
HSSSS
SSRT

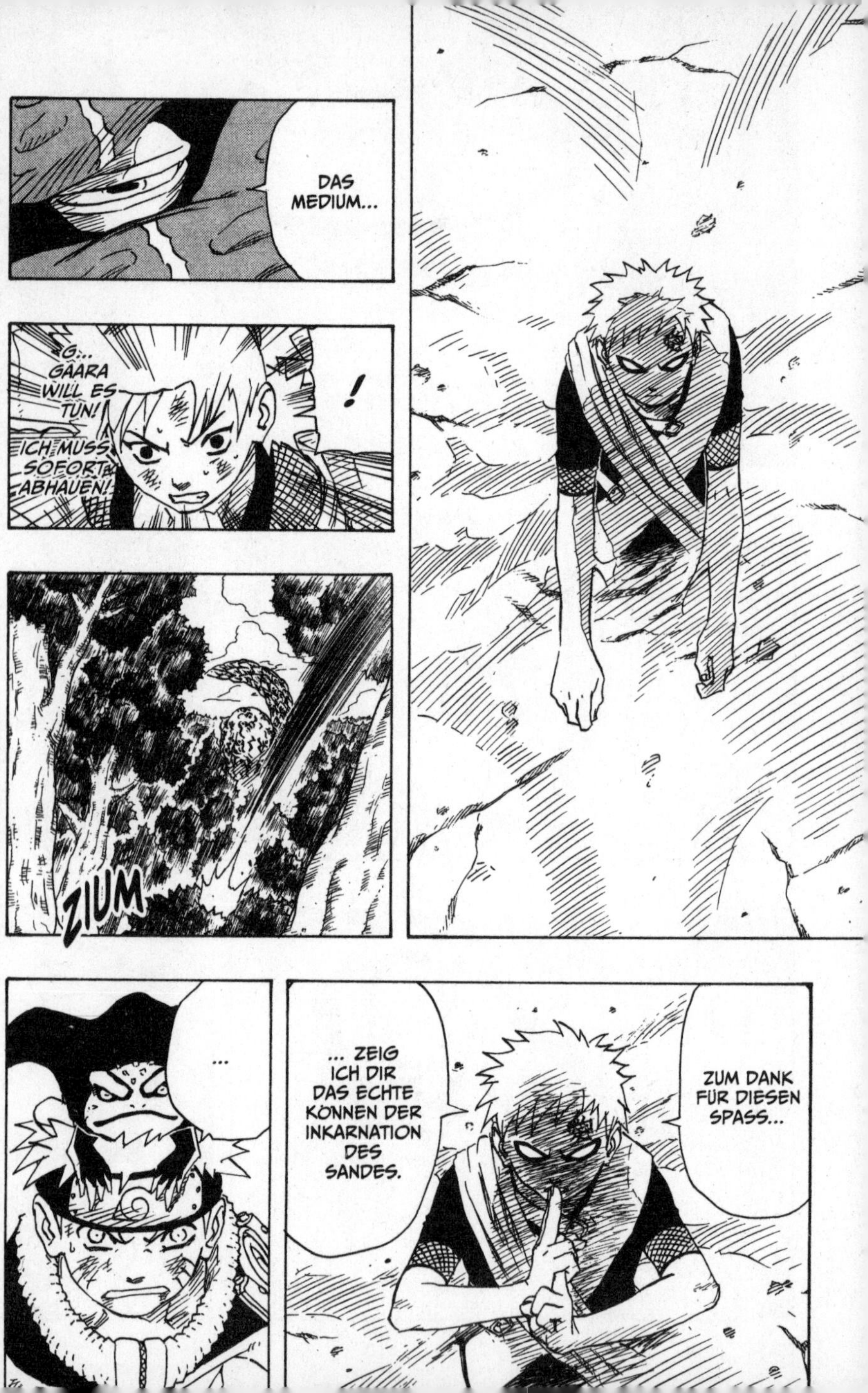
DAS MEDIUM...
G... GAARA WILL ES TUN!
!
ICH MUSS SOFORT ABHAUEN!
ZIUM
ZUM DANK FÜR DIESEN SPASS...
... ZEIG ICH DIR DAS ECHTE KÖNNEN DER INKARNATION DES SANDES.
...

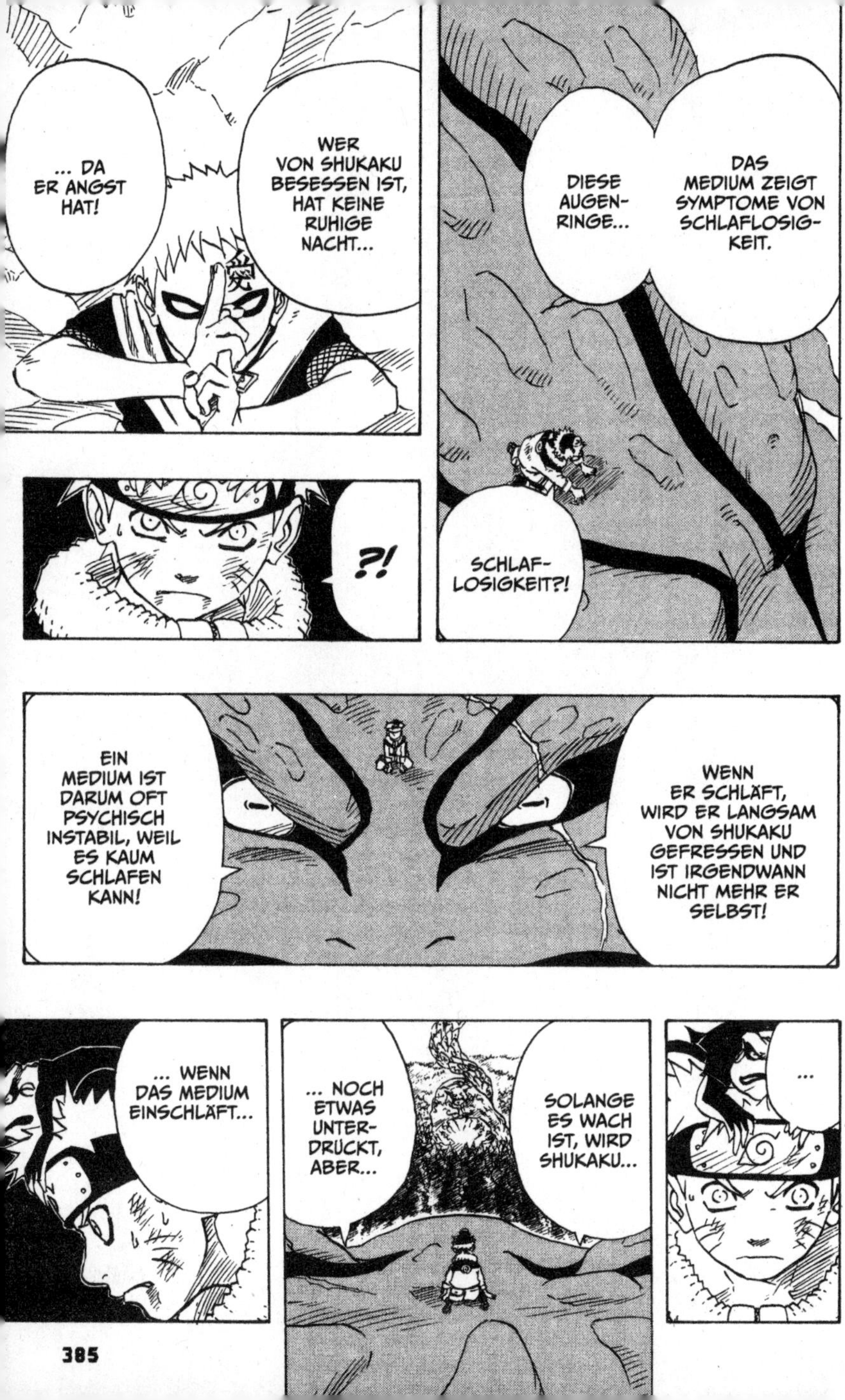
DAS MEDIUM ZEIGT SYMPTOME VON SCHLAFLOSIG-KEIT.
DIESE AUGEN-RINGE...
SCHLAF-LOSIGKEIT?!
WER VON SHUKAKU BESESSEN IST, HAT KEINE RUHIGE NACHT...
... DA ER ANGST HAT!
?!
WENN ER SCHLÄFT, WIRD ER LANGSAM VON SHUKAKU GEFRESSEN UND IST IRGENDWANN NICHT MEHR ER SELBST!
EIN MEDIUM IST DARUM OFT PSYCHISCH INSTABIL, WEIL ES KAUM SCHLAFEN KANN!
...
SOLANGE ES WACH IST, WIRD SHUKAKU...
... NOCH ETWAS UNTER-DRÜCKT, ABER...
... WENN DAS MEDIUM EINSCHLÄFT...

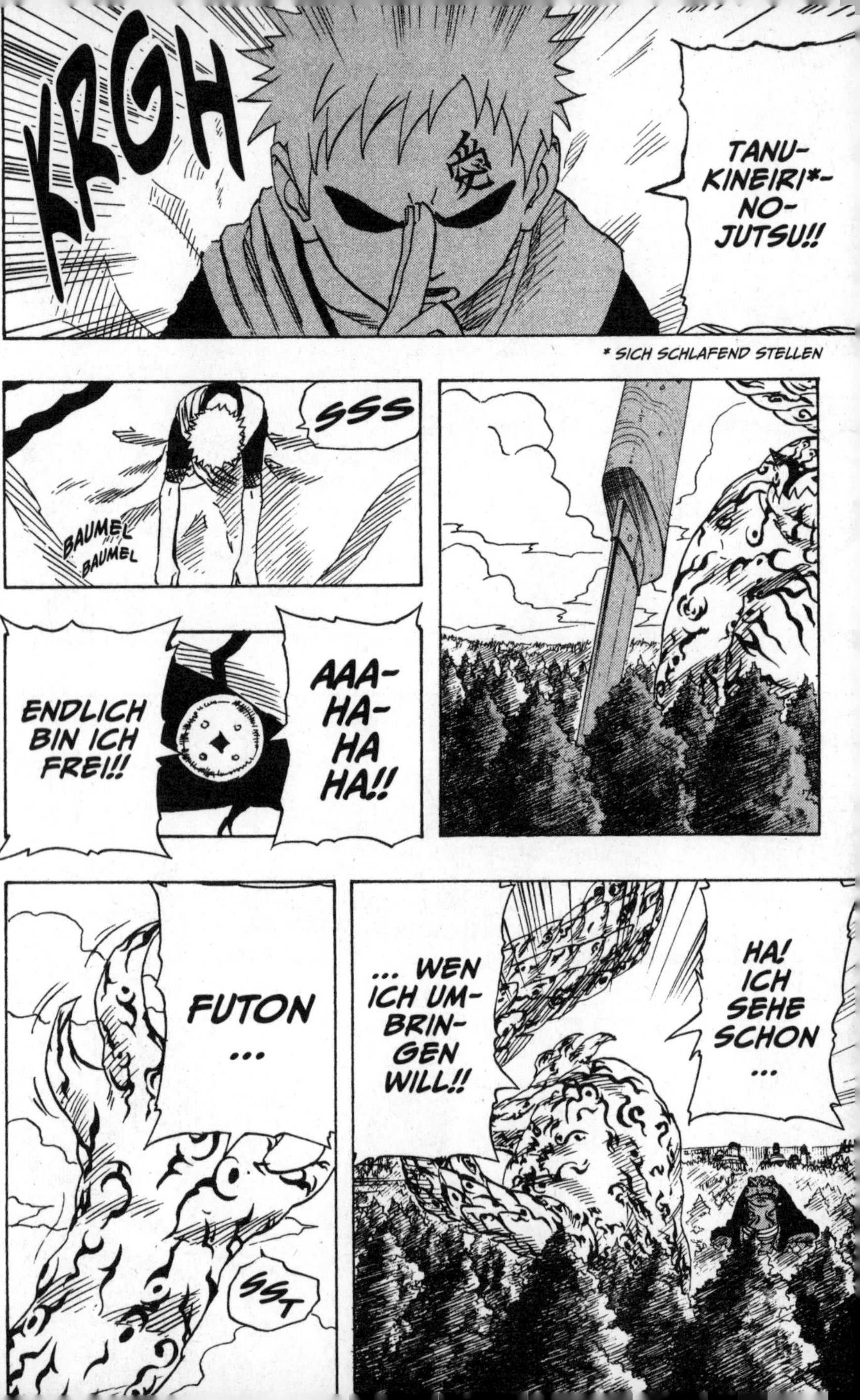
KRGH
TANU-KINEIRI*-NO-JUTSU!!
* SICH SCHLAFEND STELLEN
SSS
BAUMEL BAUMEL
AAA-HA-HA HA HA!!
ENDLICH BIN ICH FREI!!
HA! ICH SEHE SCHON ...
... WEN ICH UMBRINGEN WILL!!
FUTON ...
SST

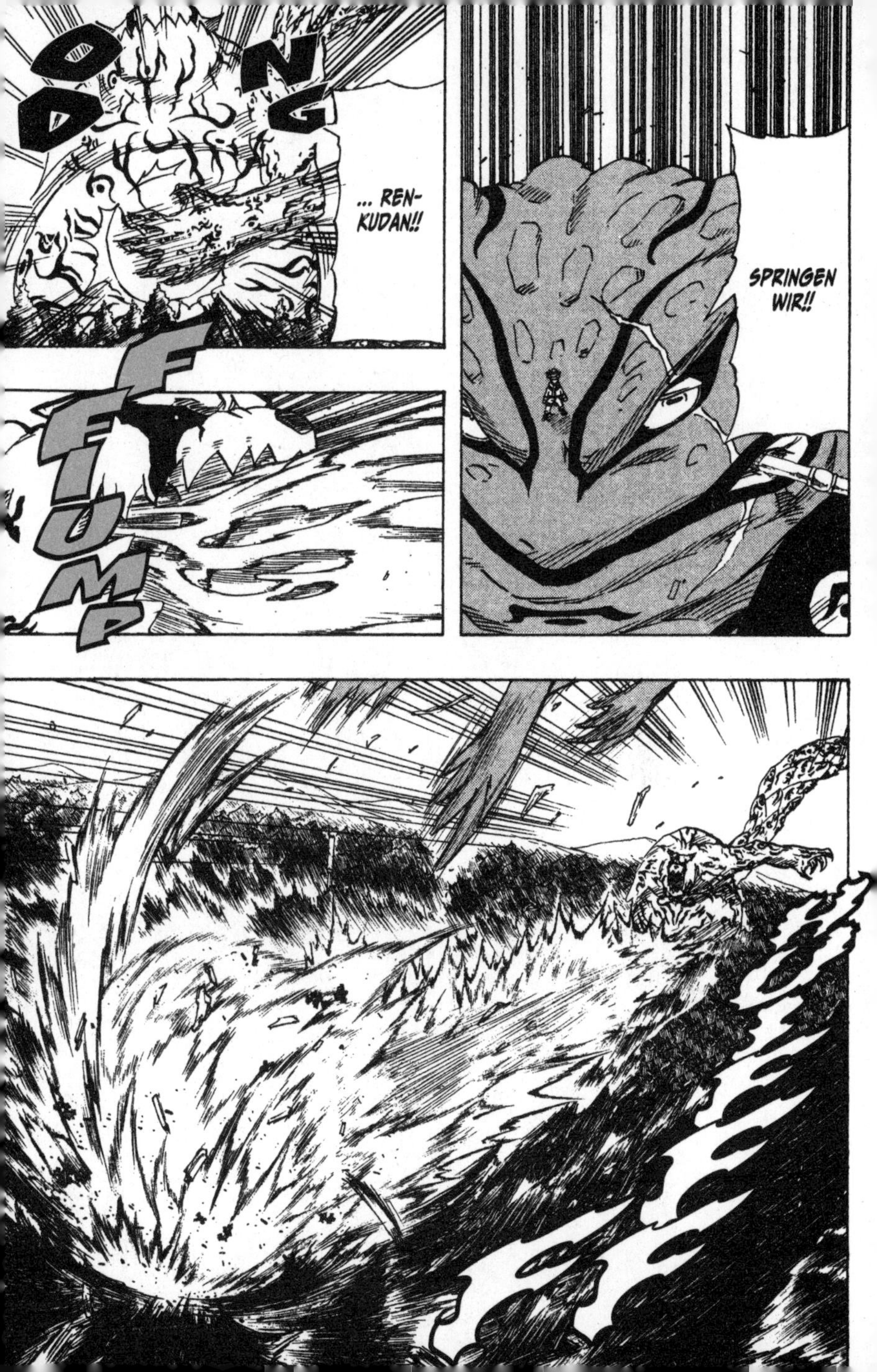
DONG
... REN-
KUDAN!!
SPRINGEN
WIR!!
FFIUMP

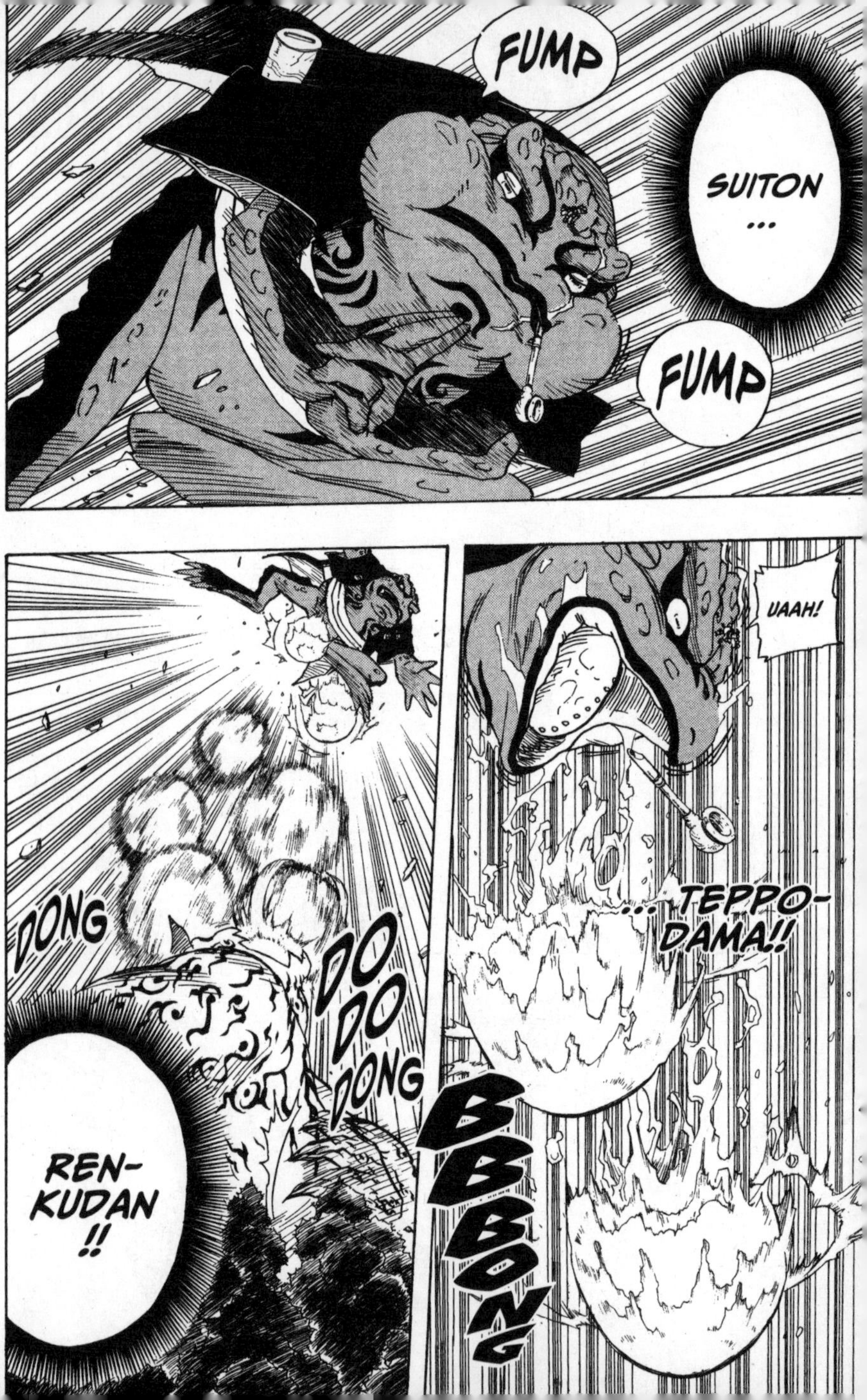
FUMP
SUITON ...
FUMP
UAAH!
... TEPPO-DAMA!!
BBBONG
DO DO DO DONG
DONG
REN-KUDAN!!

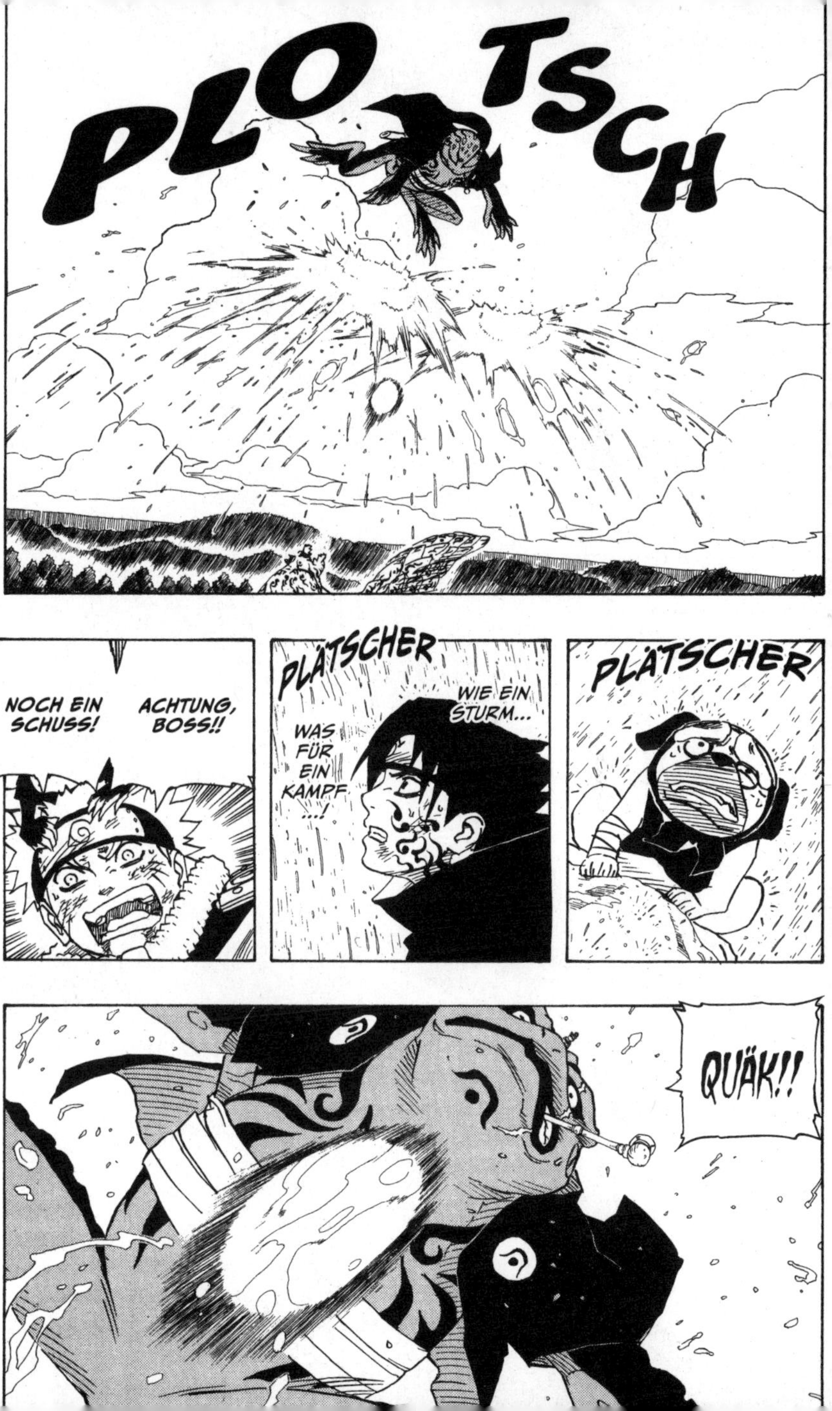
PLO TSCH
ACHTUNG, BOSS!!
NOCH EIN SCHUSS!
PLÄTSCHER
WIE EIN STURM...
WAS FÜR EIN KAMPF ...!
PLÄTSCHER
QUÄK!!

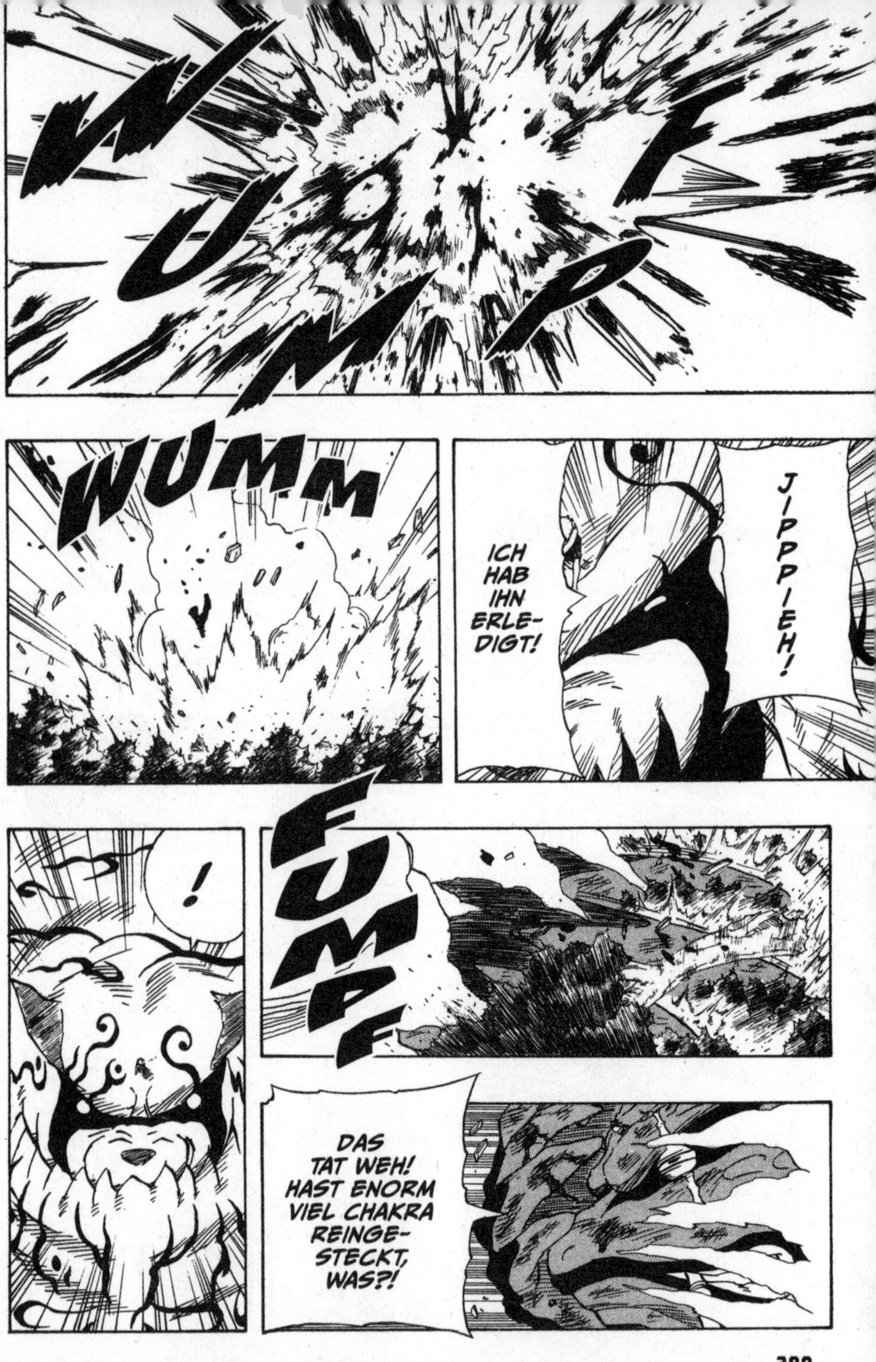
WUMP
WUMM
JIPPIEH!
ICH HAB IHN ERLEDIGT!
!
FUMPF
DAS TAT WEH! HAST ENORM VIEL CHAKRA REINGESTECKT, WAS?!

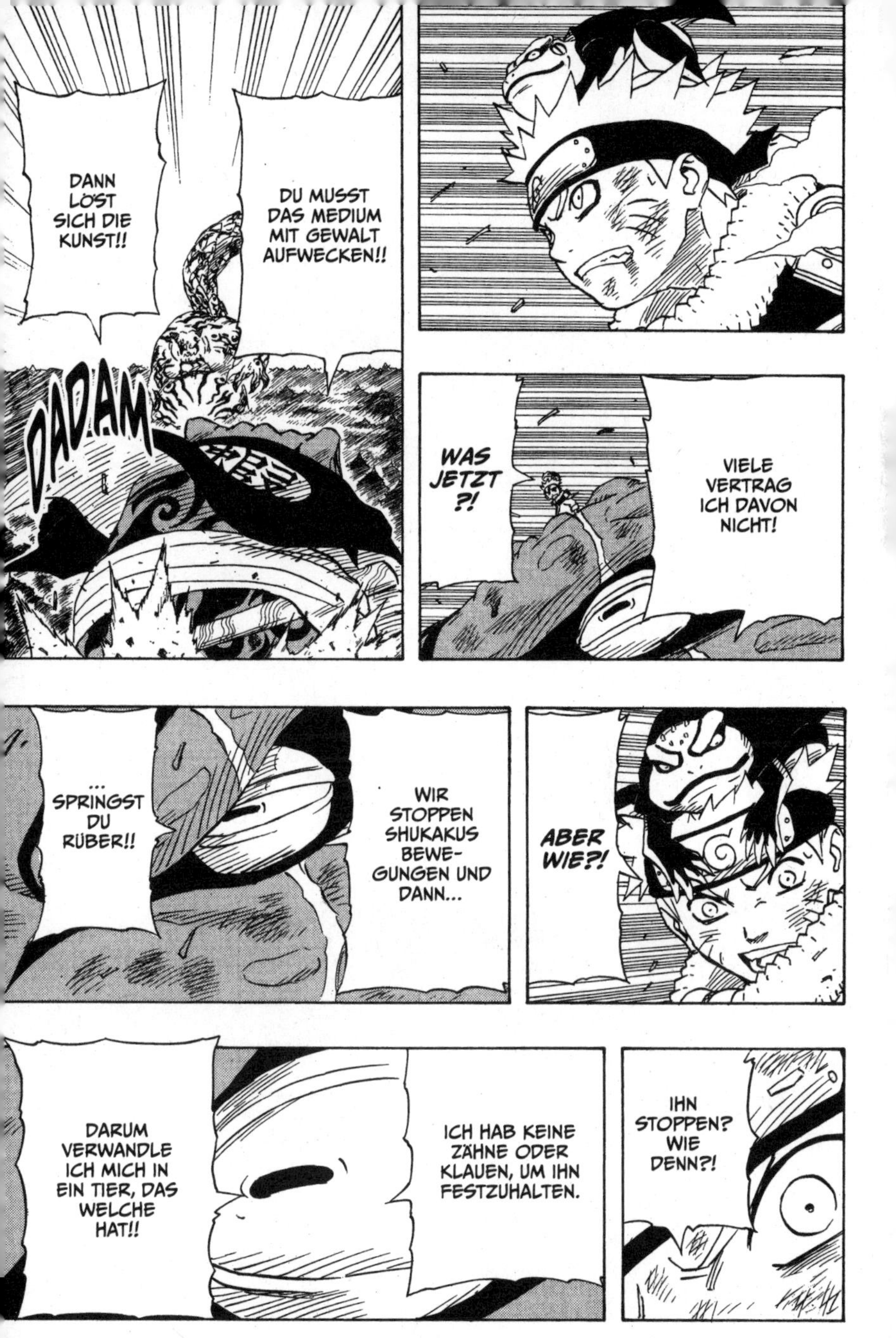
DU MUSST DAS MEDIUM MIT GEWALT AUFWECKEN!!
DANN LÖST SICH DIE KUNST!!
DADAM
VIELE VERTRAG ICH DAVON NICHT!
WAS JETZT ?!
ABER WIE?!
WIR STOPPEN SHUKAKUS BEWE- GUNGEN UND DANN...
... SPRINGST DU RÜBER!!
IHN STOPPEN? WIE DENN?!
ICH HAB KEINE ZÄHNE ODER KLAUEN, UM IHN FESTZUHALTEN.
DARUM VERWANDLE ICH MICH IN EIN TIER, DAS WELCHE HAT!!

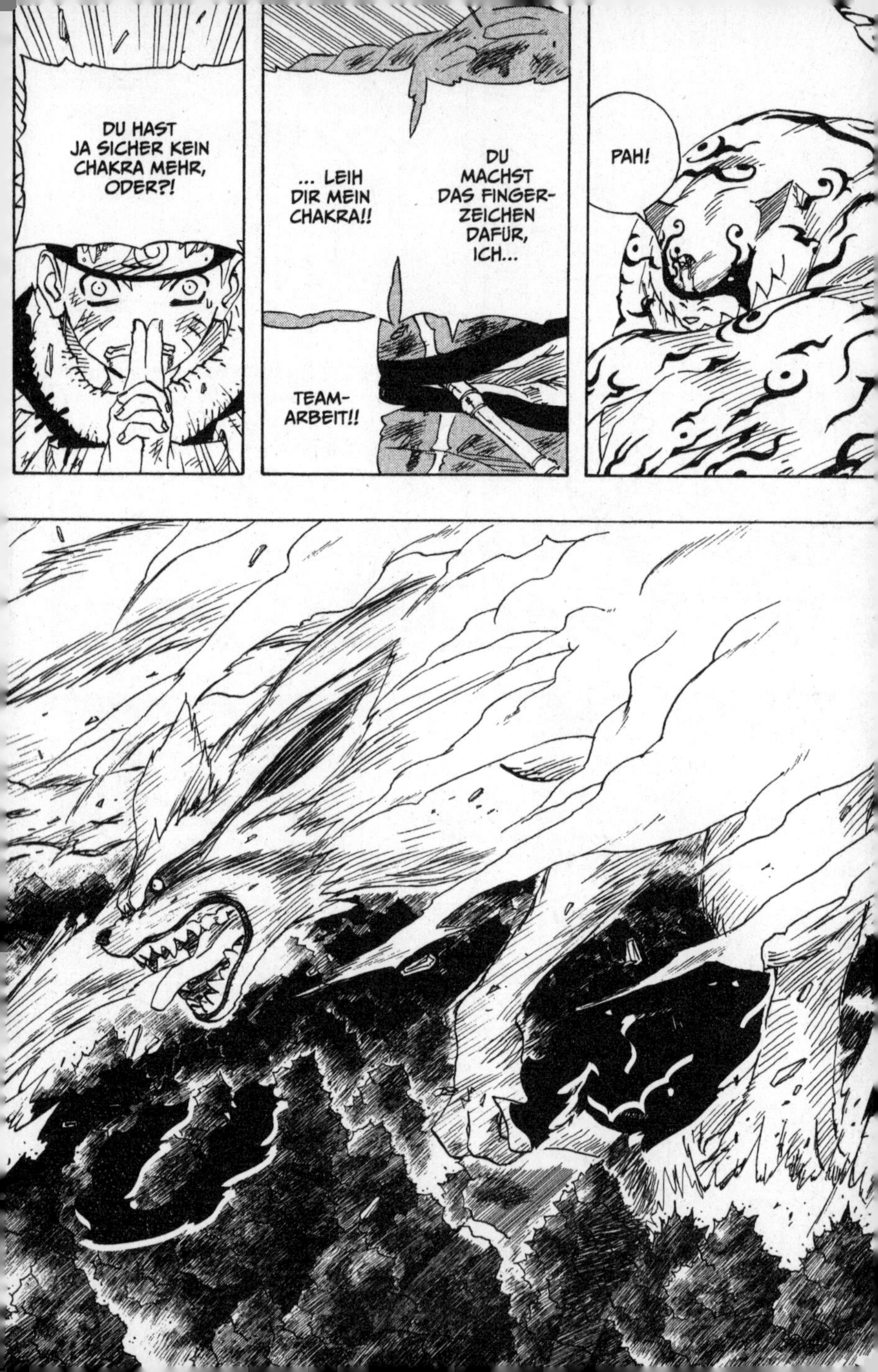

PAH!
DU MACHST DAS FINGERZEICHEN DAFÜR, ICH...
... LEIH DIR MEIN CHAKRA!!
TEAM-ARBEIT!!
DU HAST JA SICHER KEIN CHAKRA MEHR, ODER?!

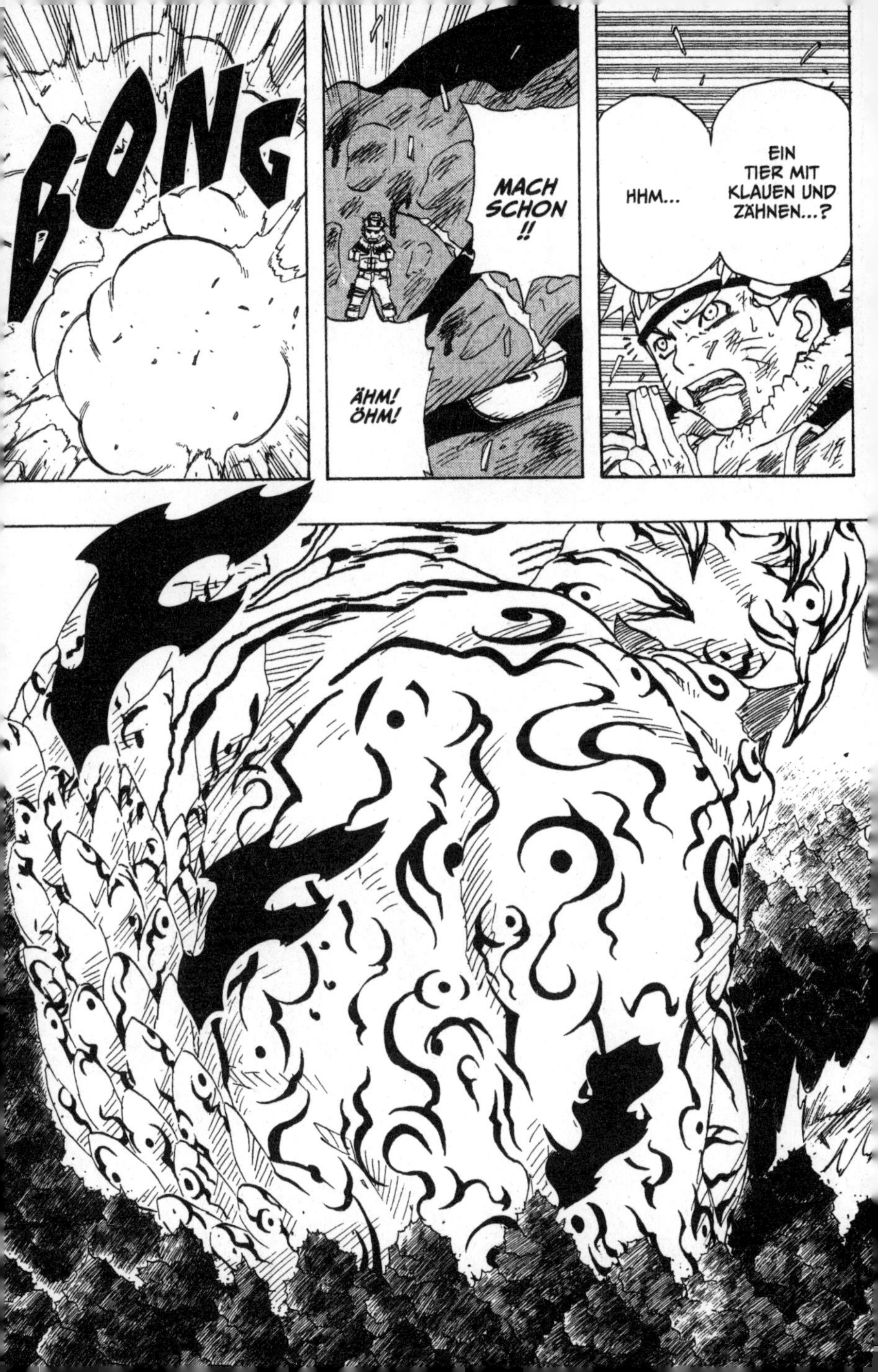

EIN TIER MIT KLAUEN UND ZÄHNEN…?
HHM…
MACH SCHON !!
ÄHM! ÖHM!
BONG

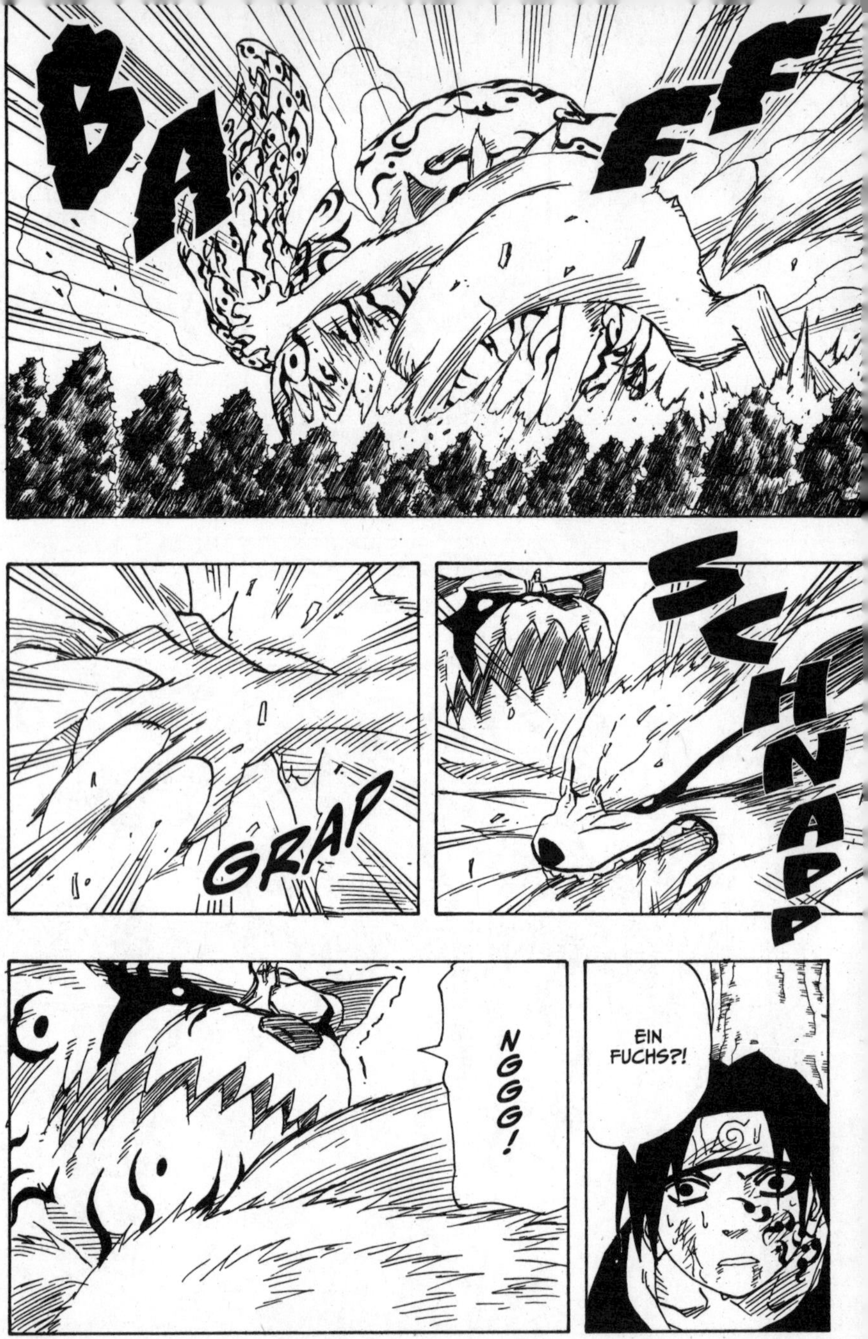
BAFFF
SCHNAPP
GRAP
NGGG!
EIN FUCHS?!

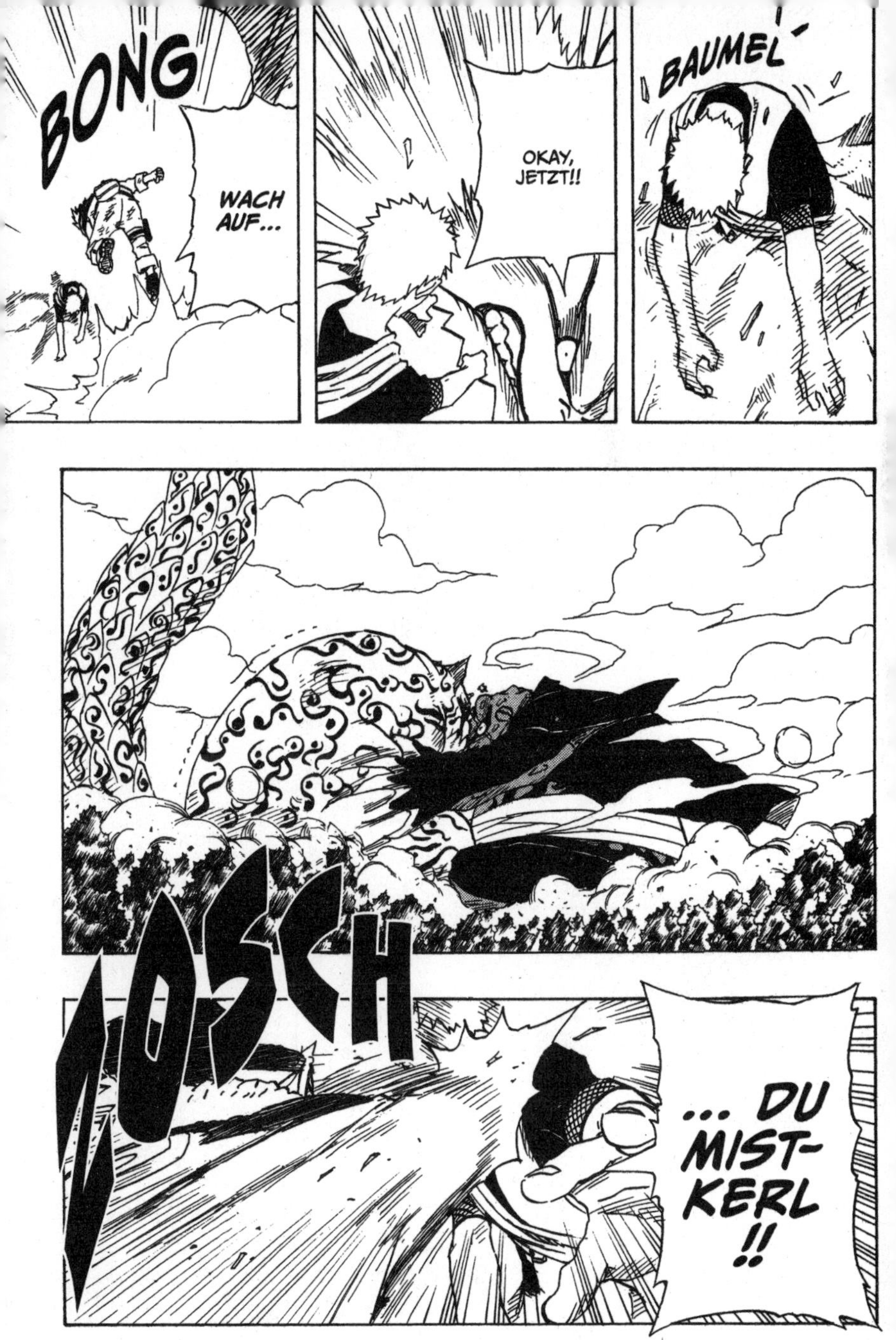
BONG
WACH AUF...
OKAY, JETZT!!
BAUMEL
ZOSCH
... DU MIST-KERL !!

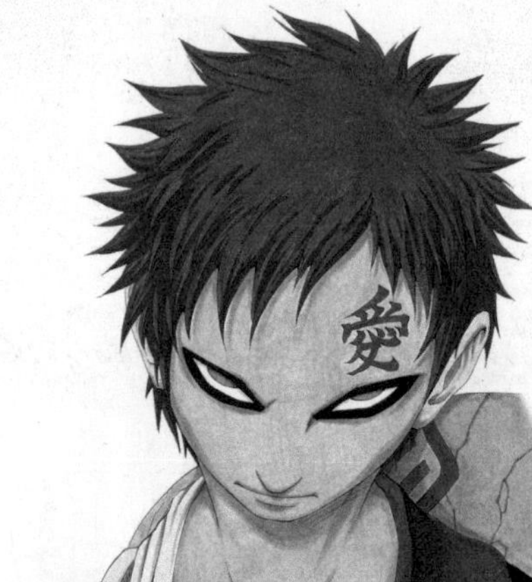

NARUTO

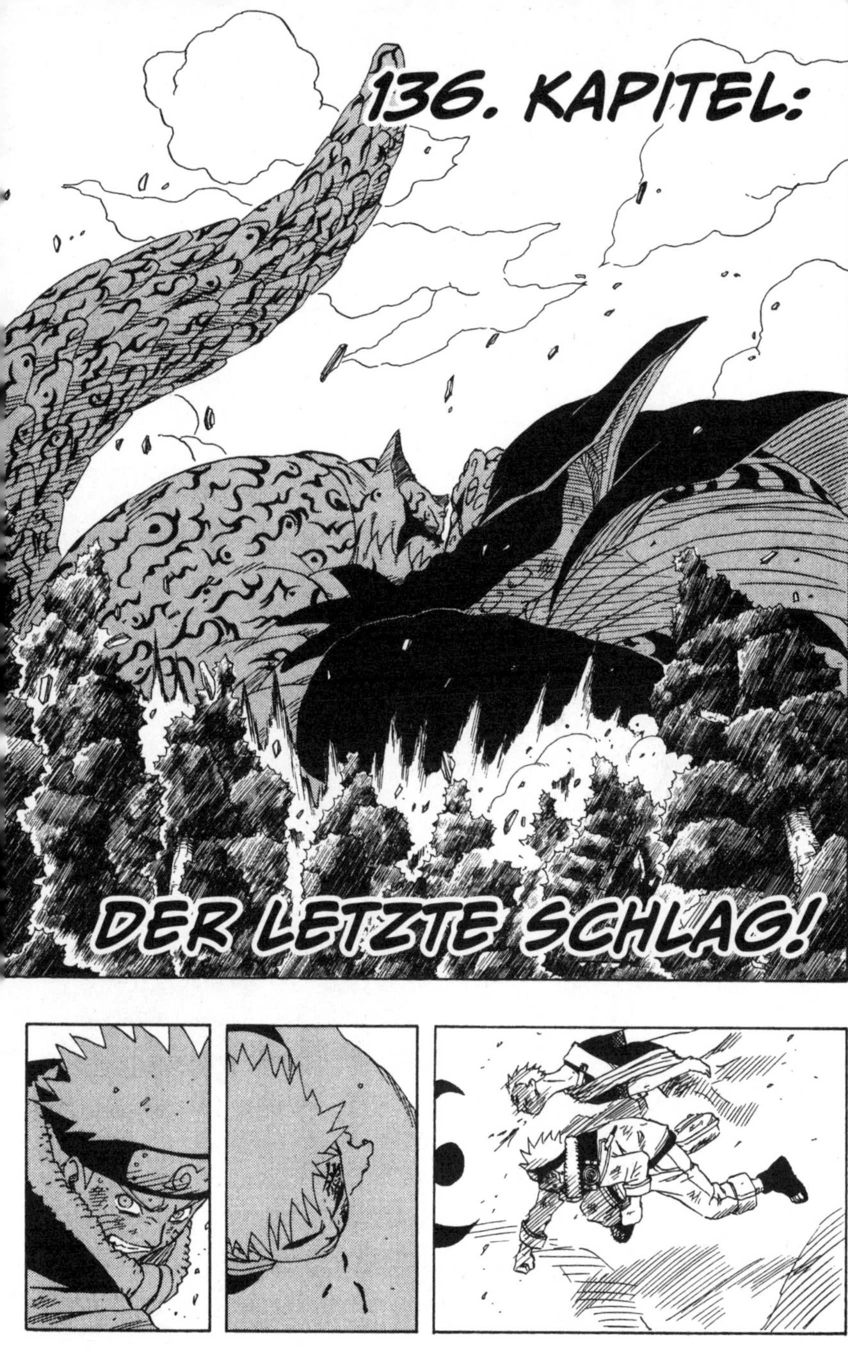
136. KAPITEL:
DER LETZTE SCHLAG!

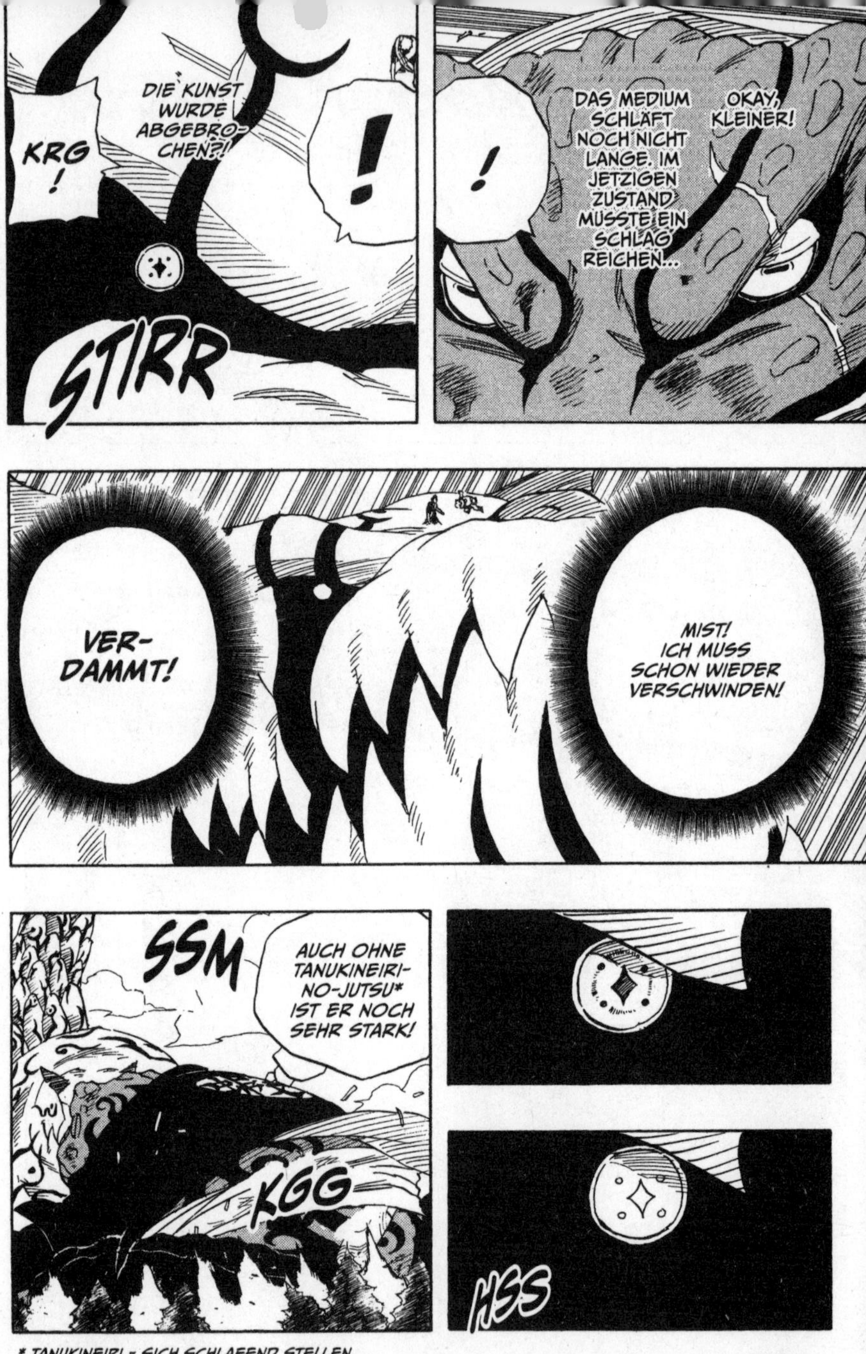

* TANUKINEIRI = SICH SCHLAFEND STELLEN

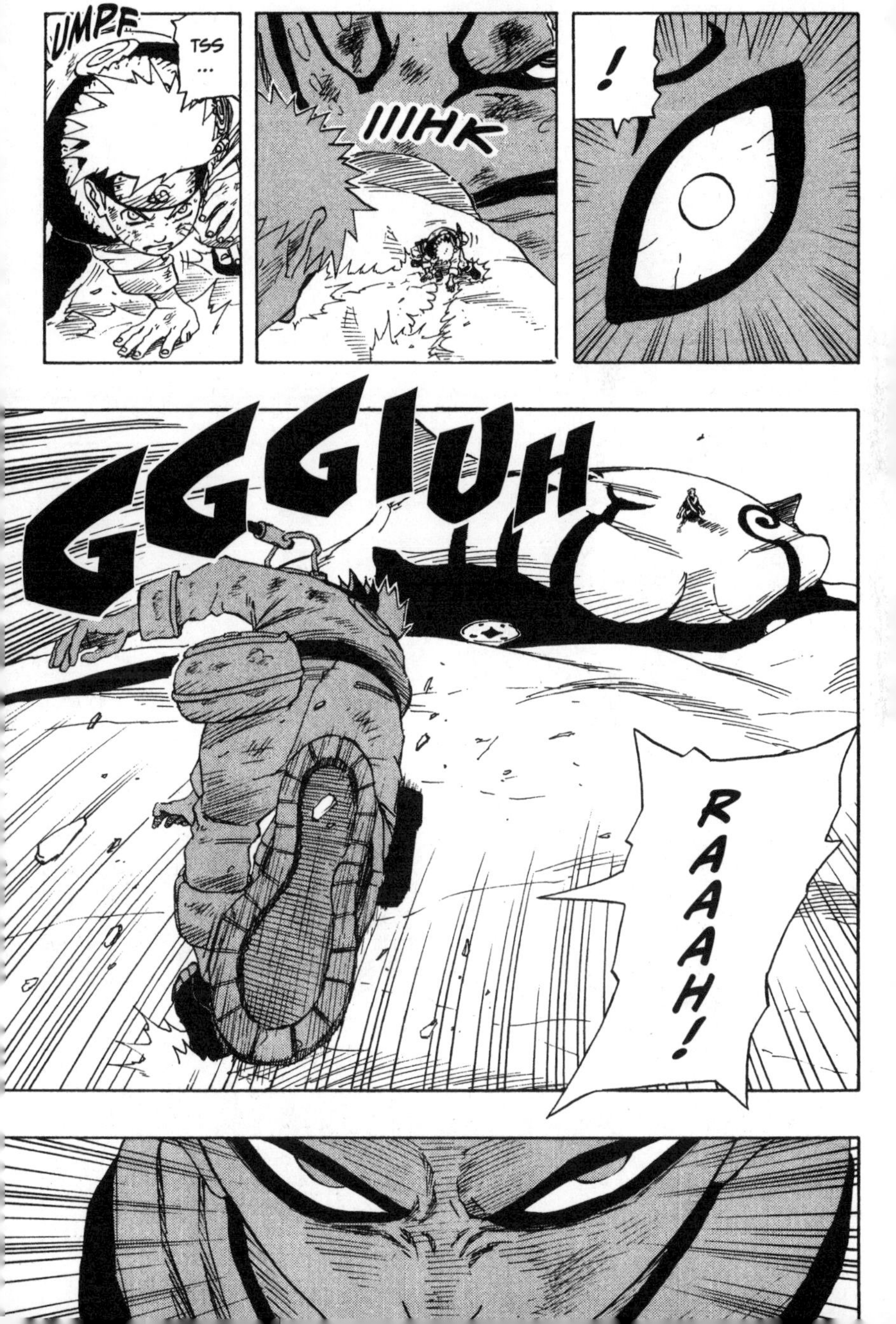

UMPF
TSS ...
IIIHK
!
GGGIUH
RAAAAH!

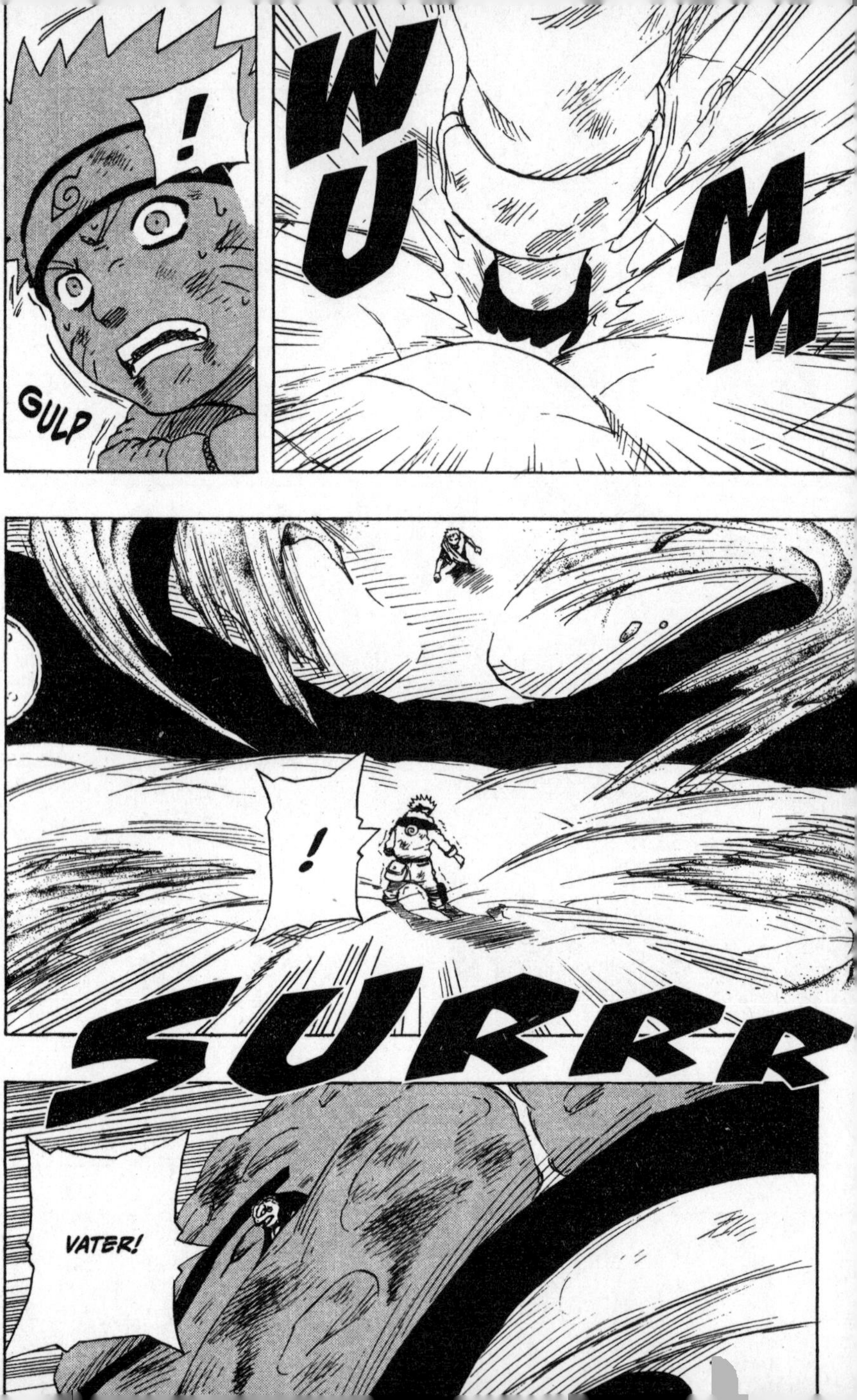

WUMM
!
GULP
!
SURRR
VATER!

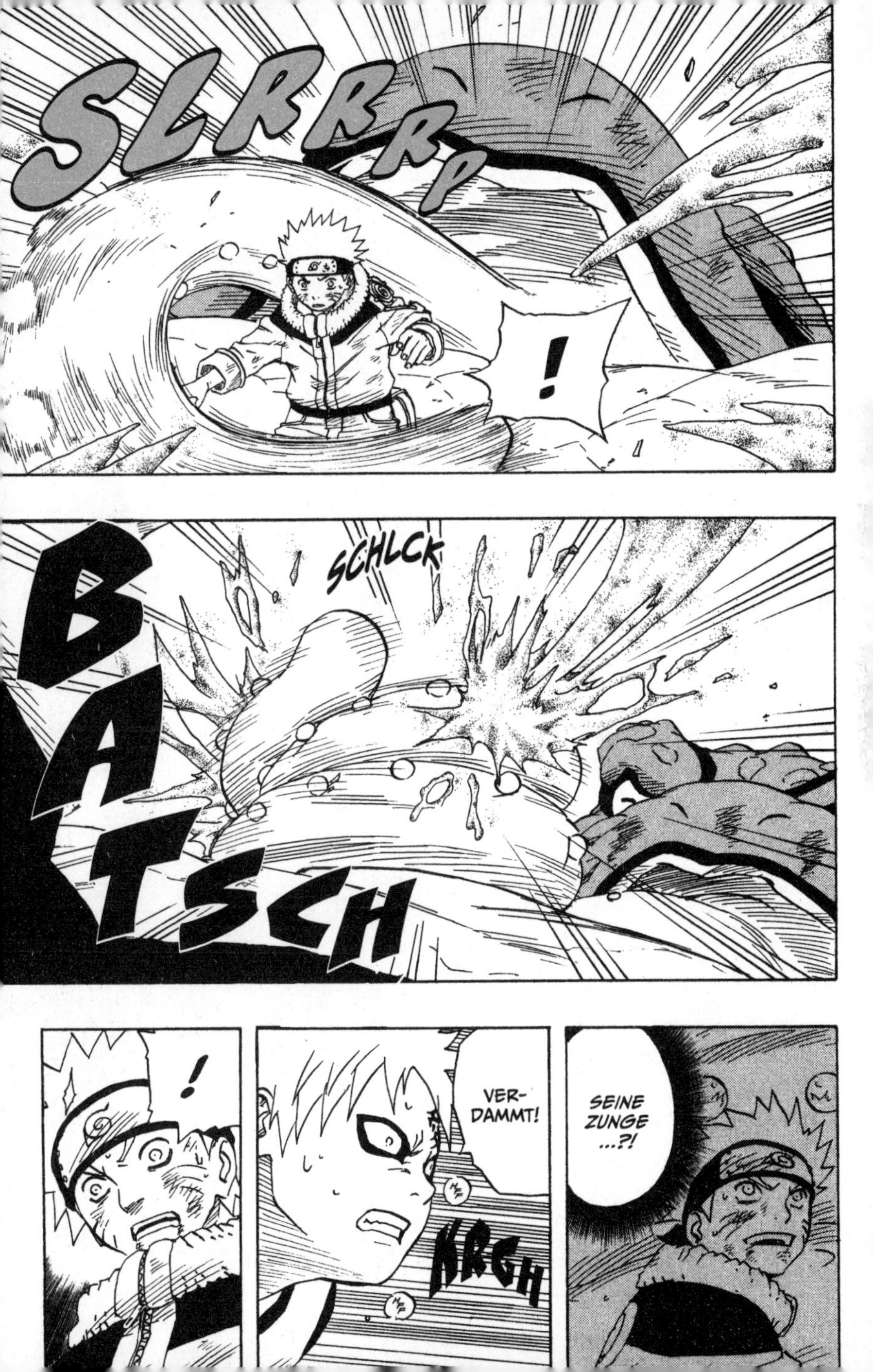

SLRRRRP
!
SCHLCK
BATSCH
SEINE ZUNGE ...?!
VER-DAMMT!
KRGH
!

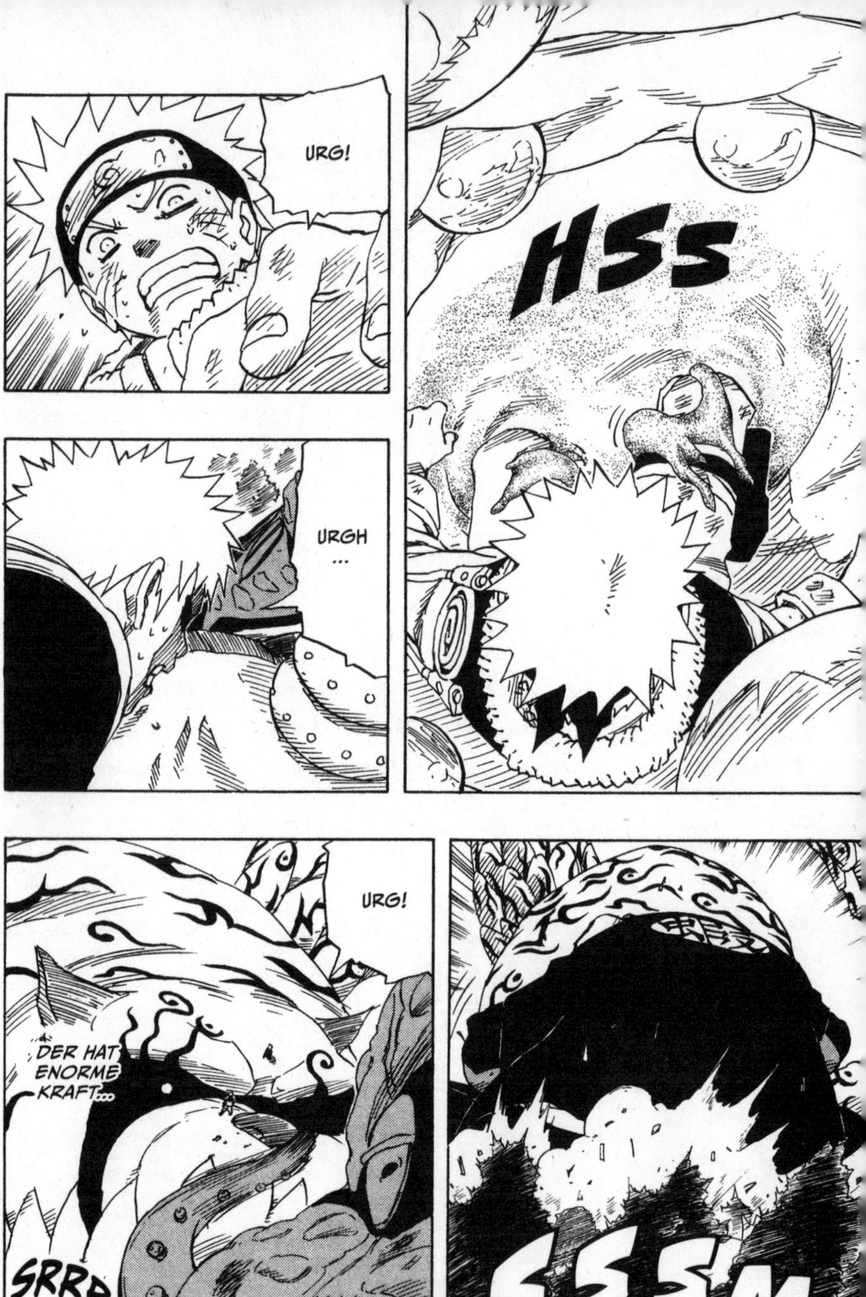

HSS
URG!
URGH
...
SSSM
URG!
DER HAT ENORME KRAFT...
SRRR

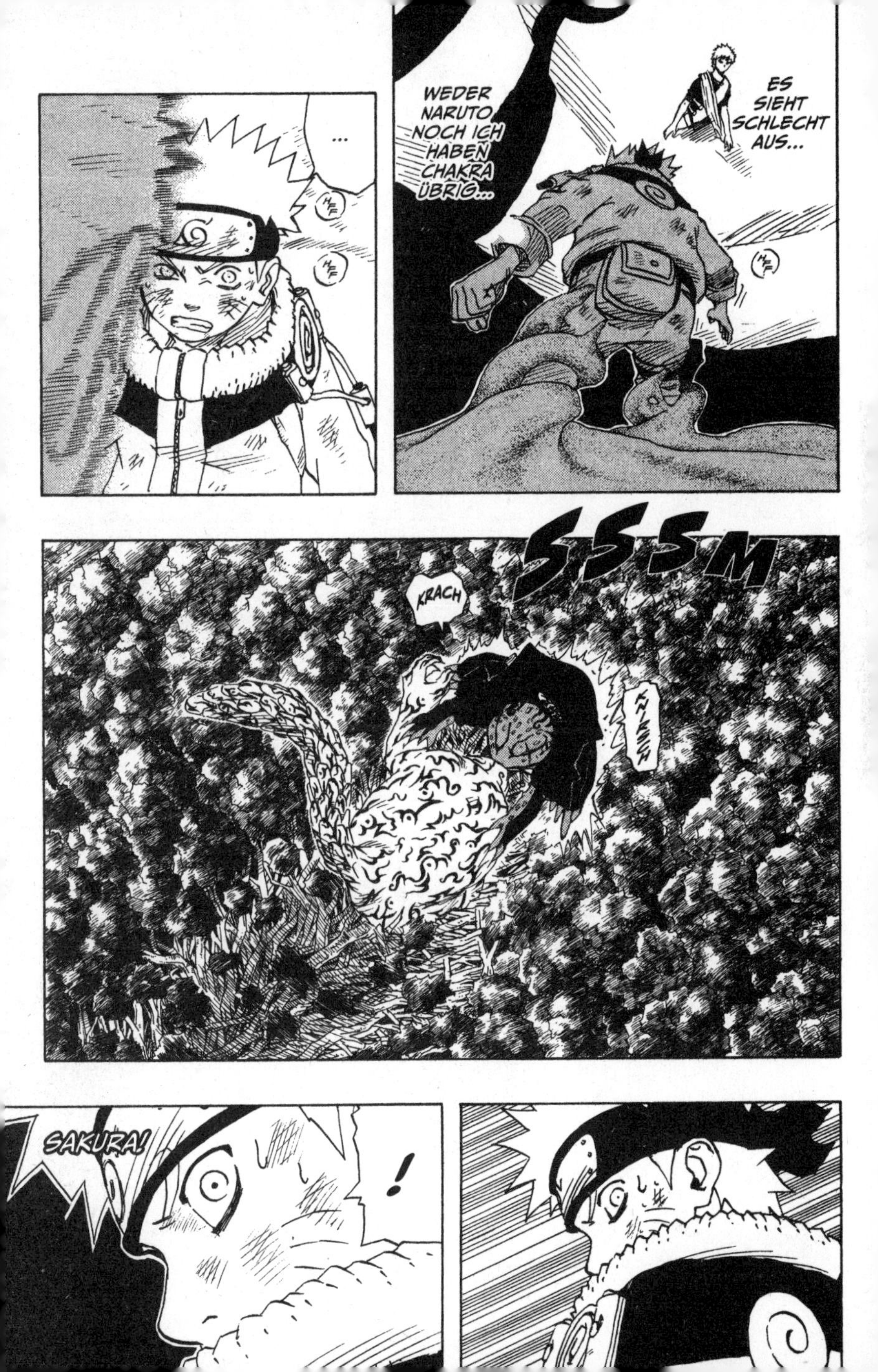
ES SIEHT SCHLECHT AUS...
WEDER NARUTO NOCH ICH HABEN CHAKRA ÜBRIG...
...
SSSM
KRACH
KNIRSCH
!
SAKURA!

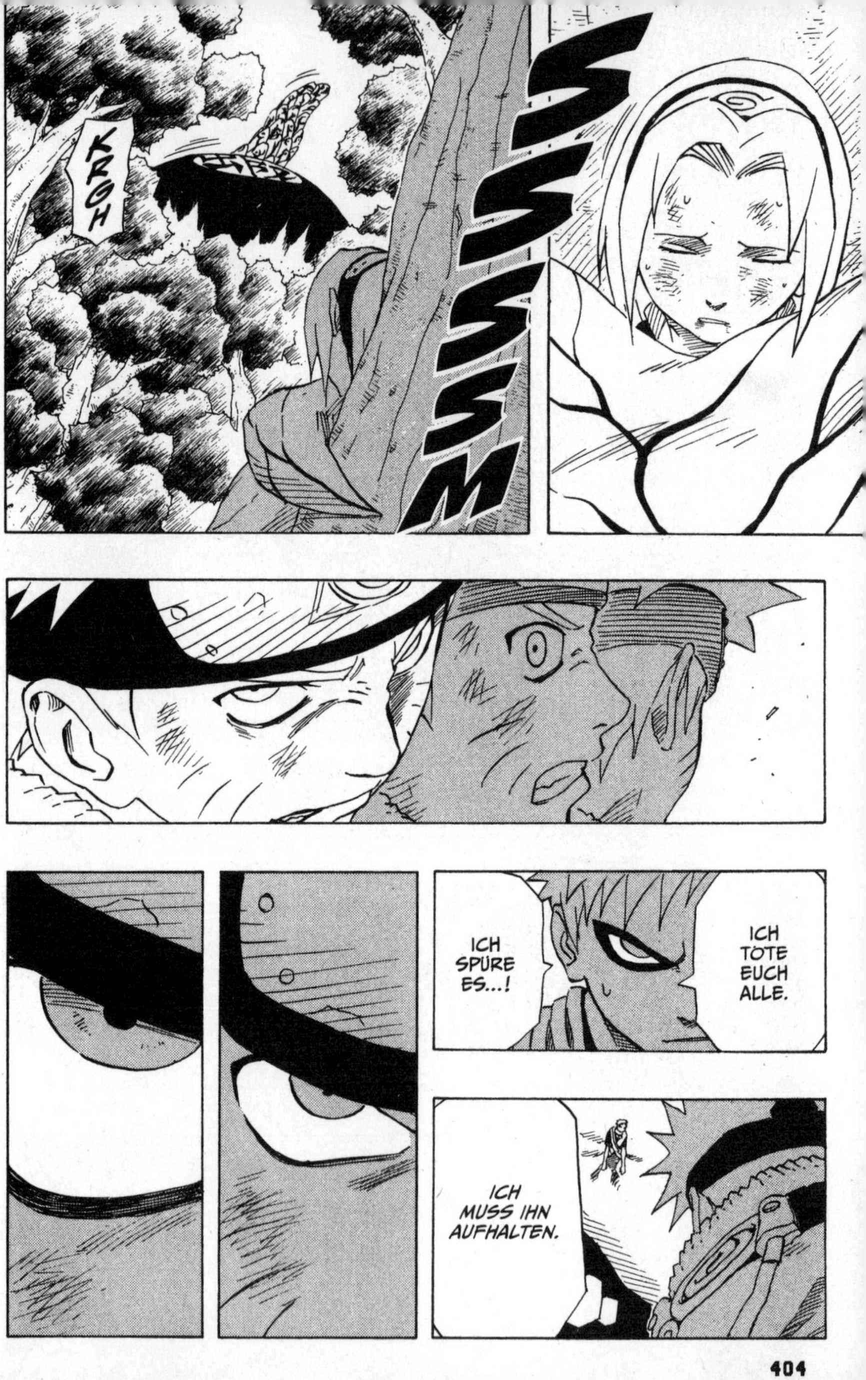
KRGH
ICH TÖTE EUCH ALLE.
ICH SPÜRE ES...!
ICH MUSS IHN AUFHALTEN.

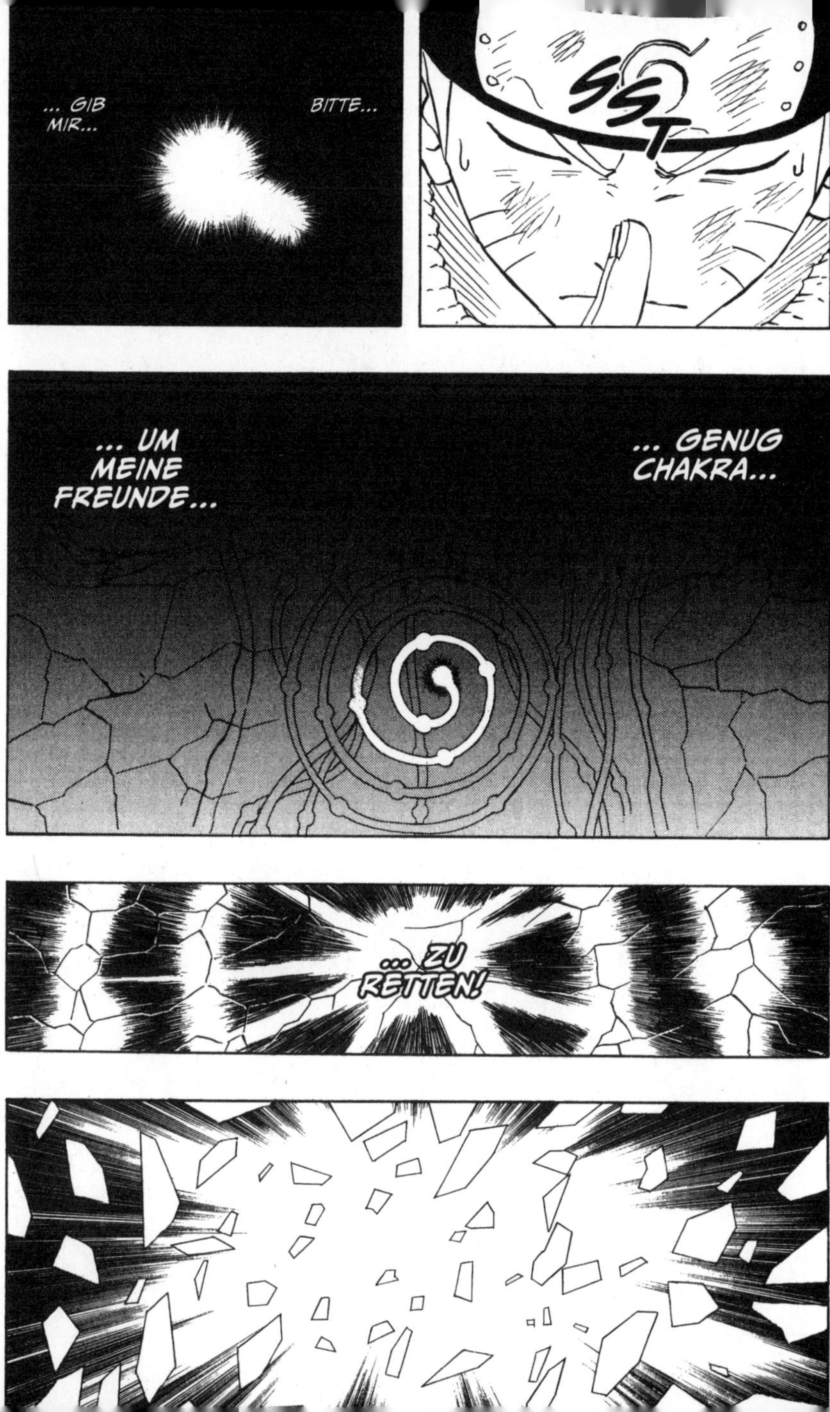

SST
BITTE...
... GIB MIR...
... GENUG CHAKRA...
... UM MEINE FREUNDE...
... ZU RETTEN!

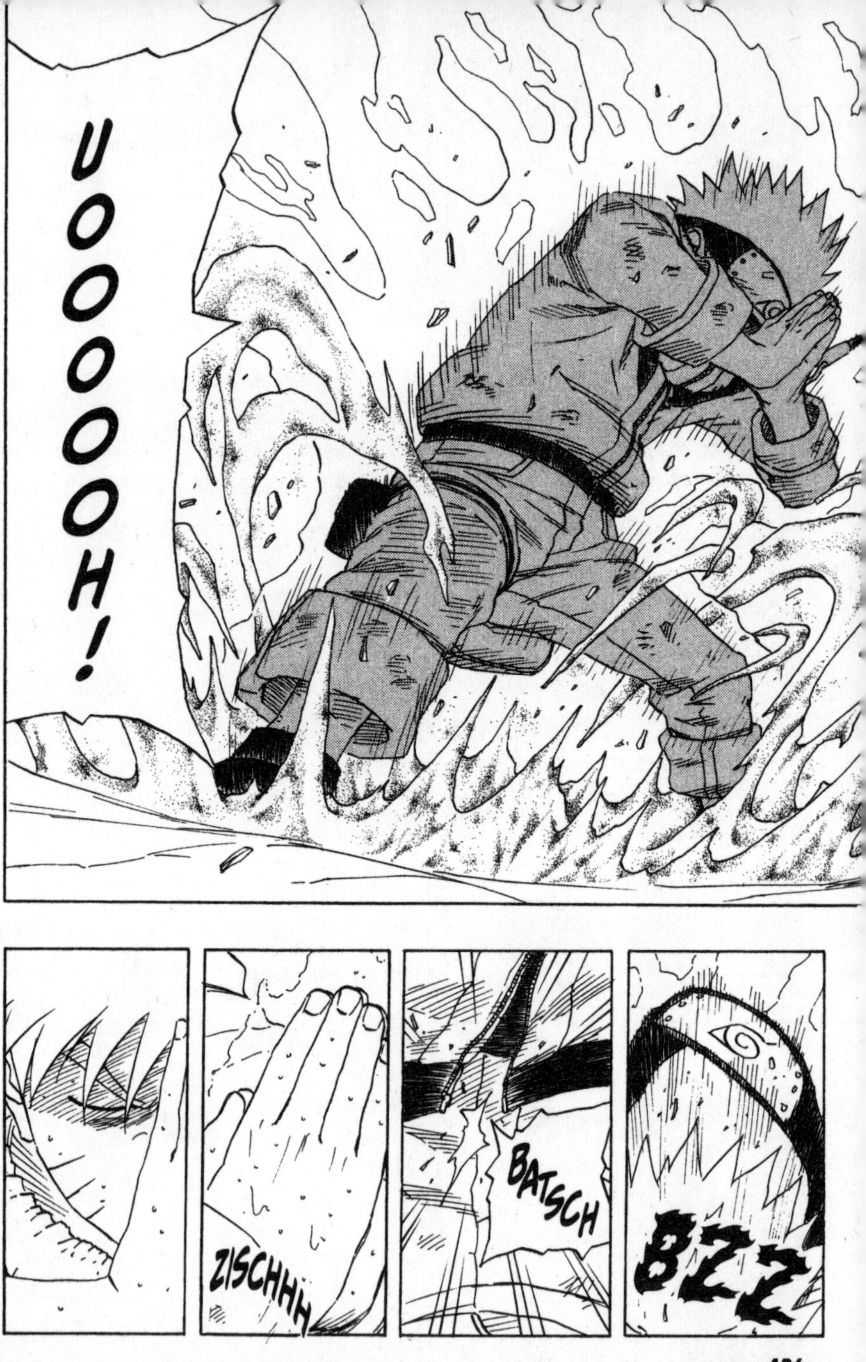
UOOOOOOH!
ZISCHHH
BATSCH
BZZ

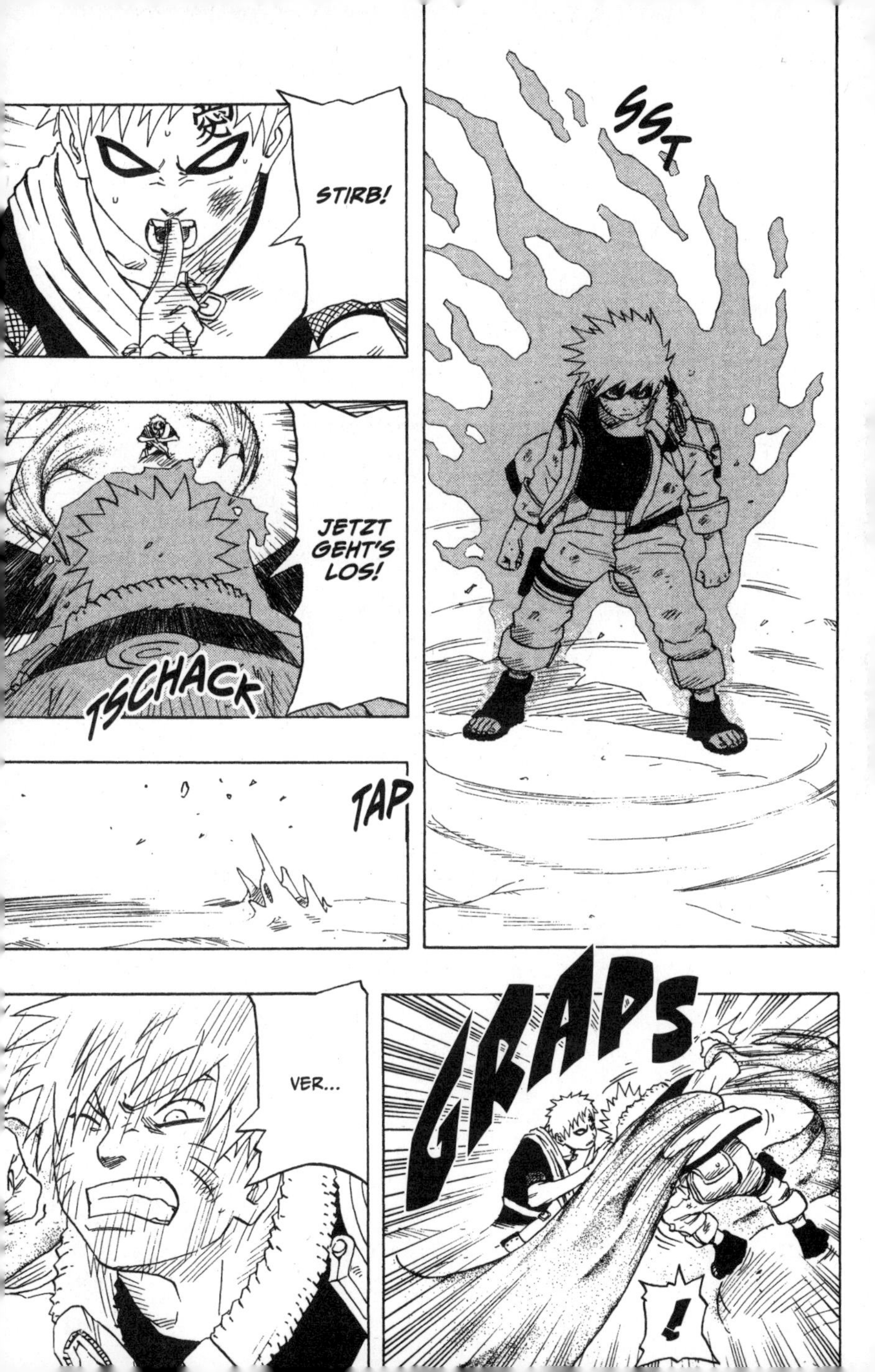
SST
STIRB!
JETZT GEHT'S LOS!
TSCHACK
TAP
GRAPS
!
VER...

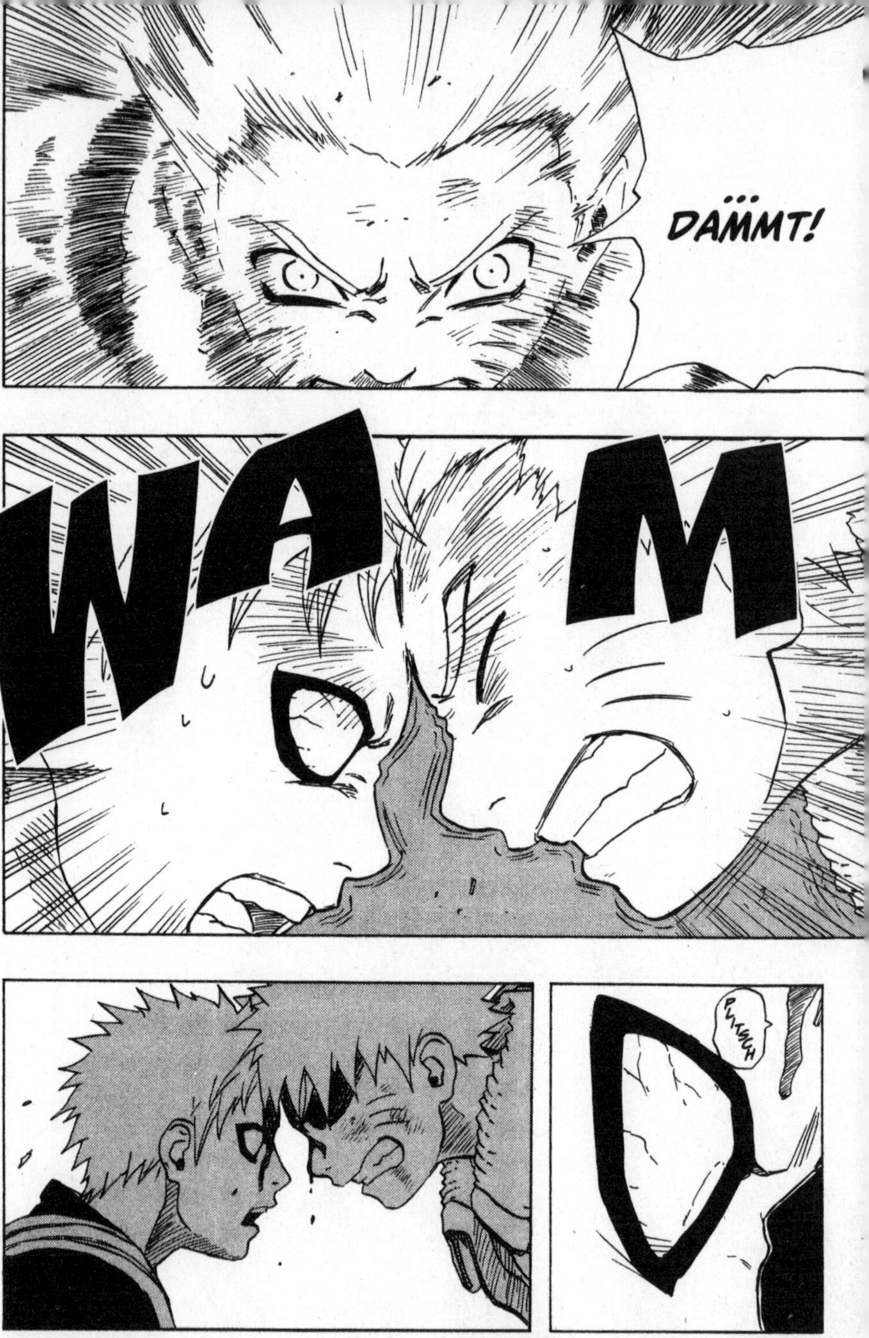
... DÄMMT!
WAM
PLITSCH

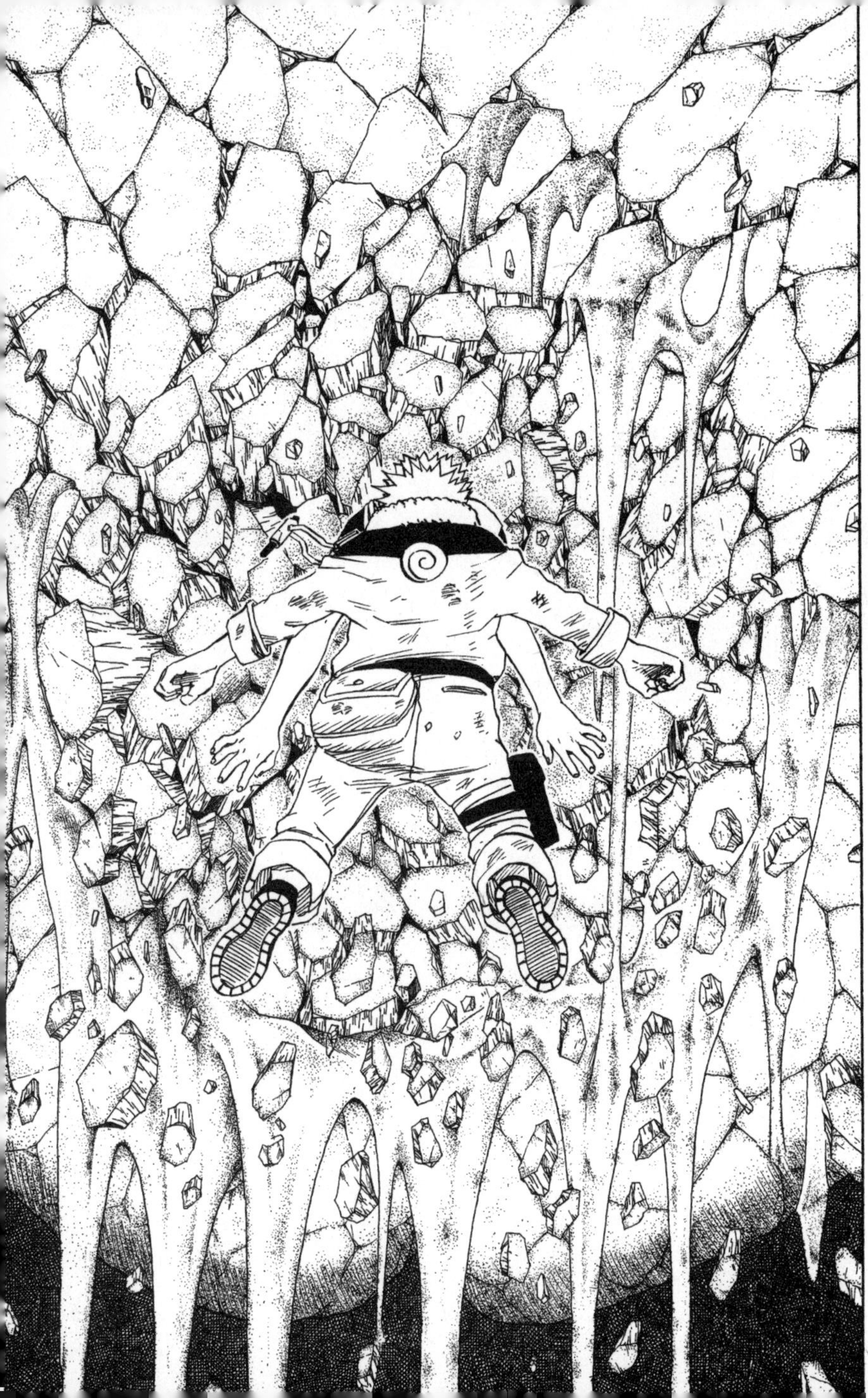

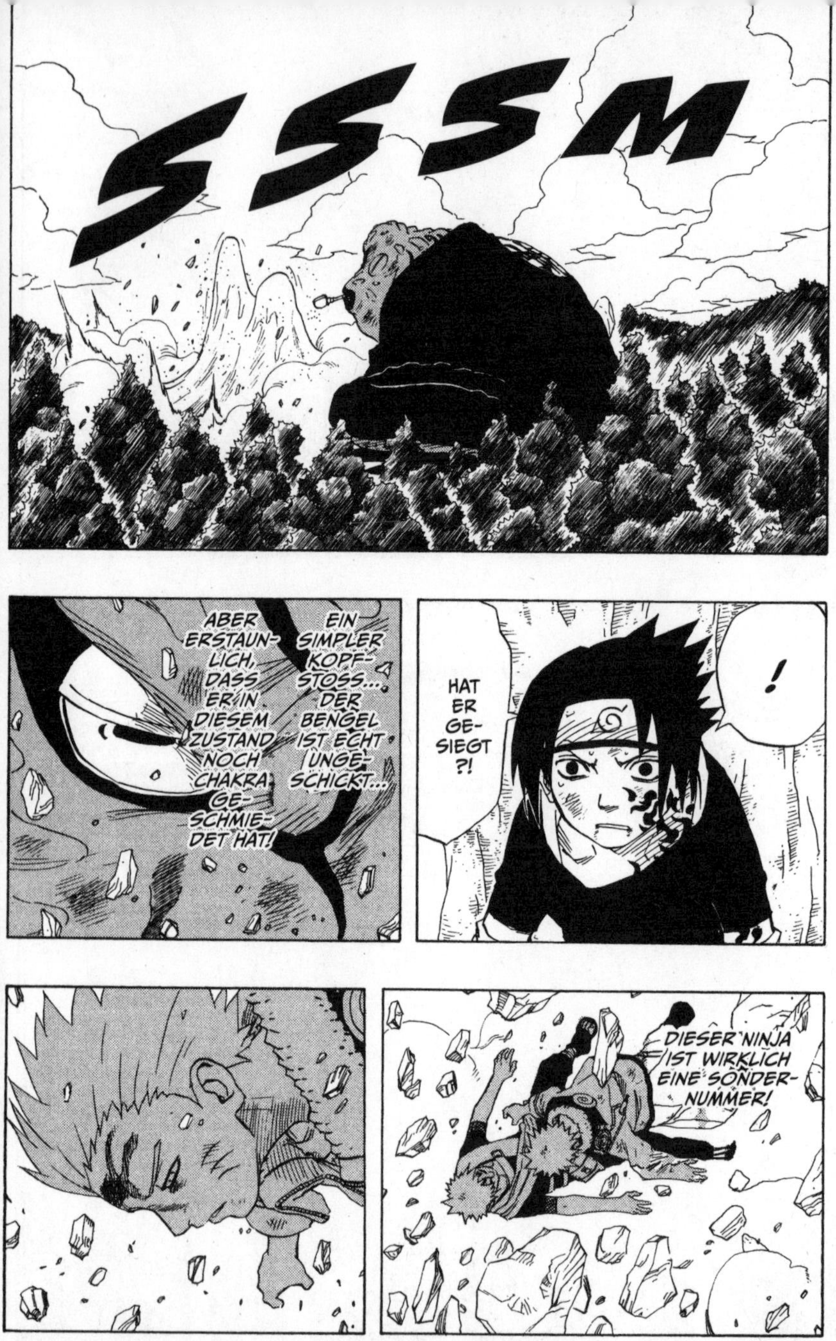
SSSM
!
HAT ER GE-SIEGT?!
EIN SIMPLER KOPF-STOSS... DER BENGEL IST ECHT UNGE-SCHICKT...
ABER ERSTAUN-LICH, DASS ER IN DIESEM ZUSTAND NOCH CHAKRA GE-SCHMIE-DET HAT!
DIESER NINJA IST WIRKLICH EINE SONDER-NUMMER!

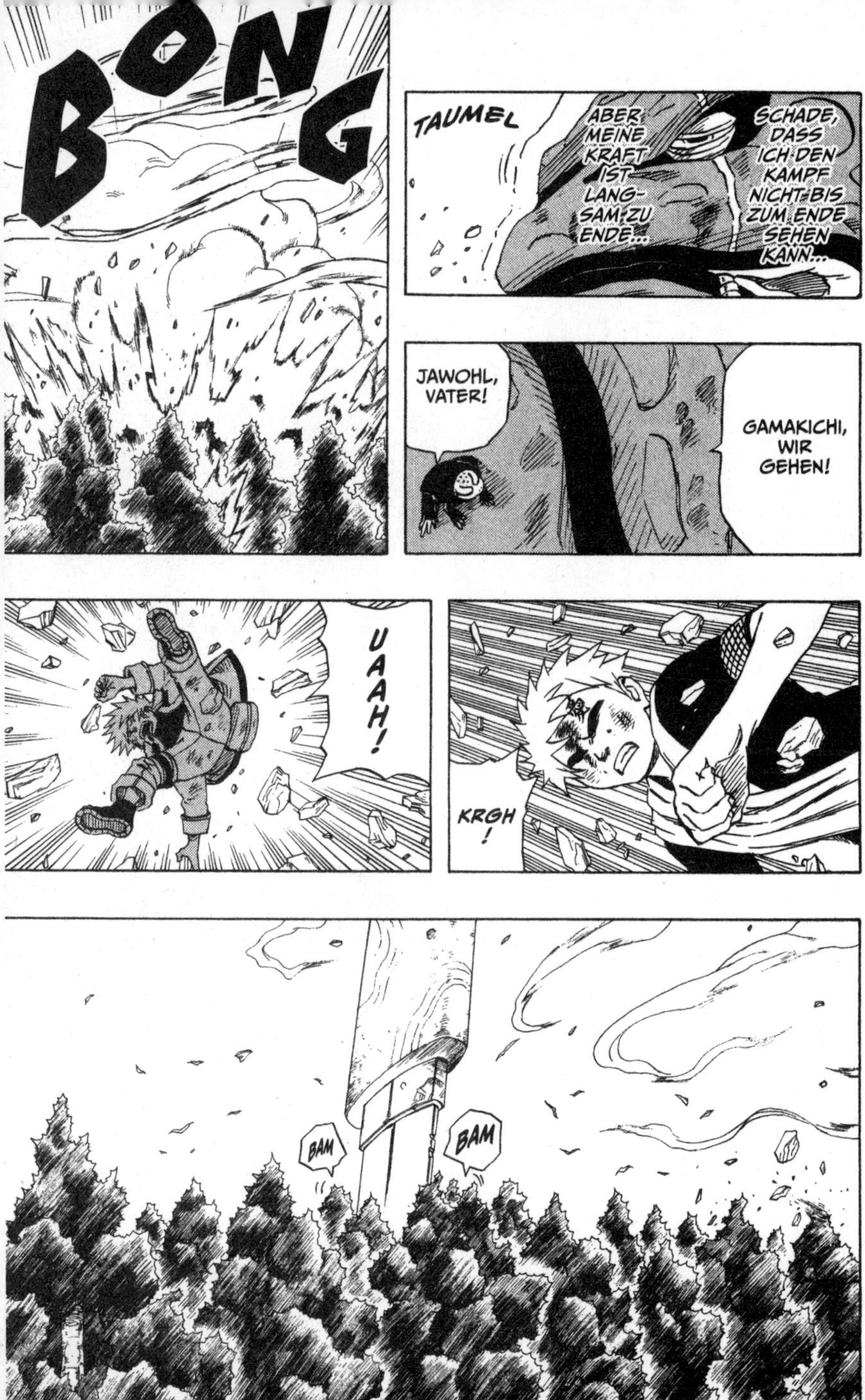

SCHADE, DASS ICH DEN KAMPF NICHT BIS ZUM ENDE SEHEN KANN...
ABER MEINE KRAFT IST LANGSAM ZU ENDE...
TAUMEL
GAMAKICHI, WIR GEHEN!
JAWOHL, VATER!
BONG
KRGH!
UAAAH!
BAM
BAM

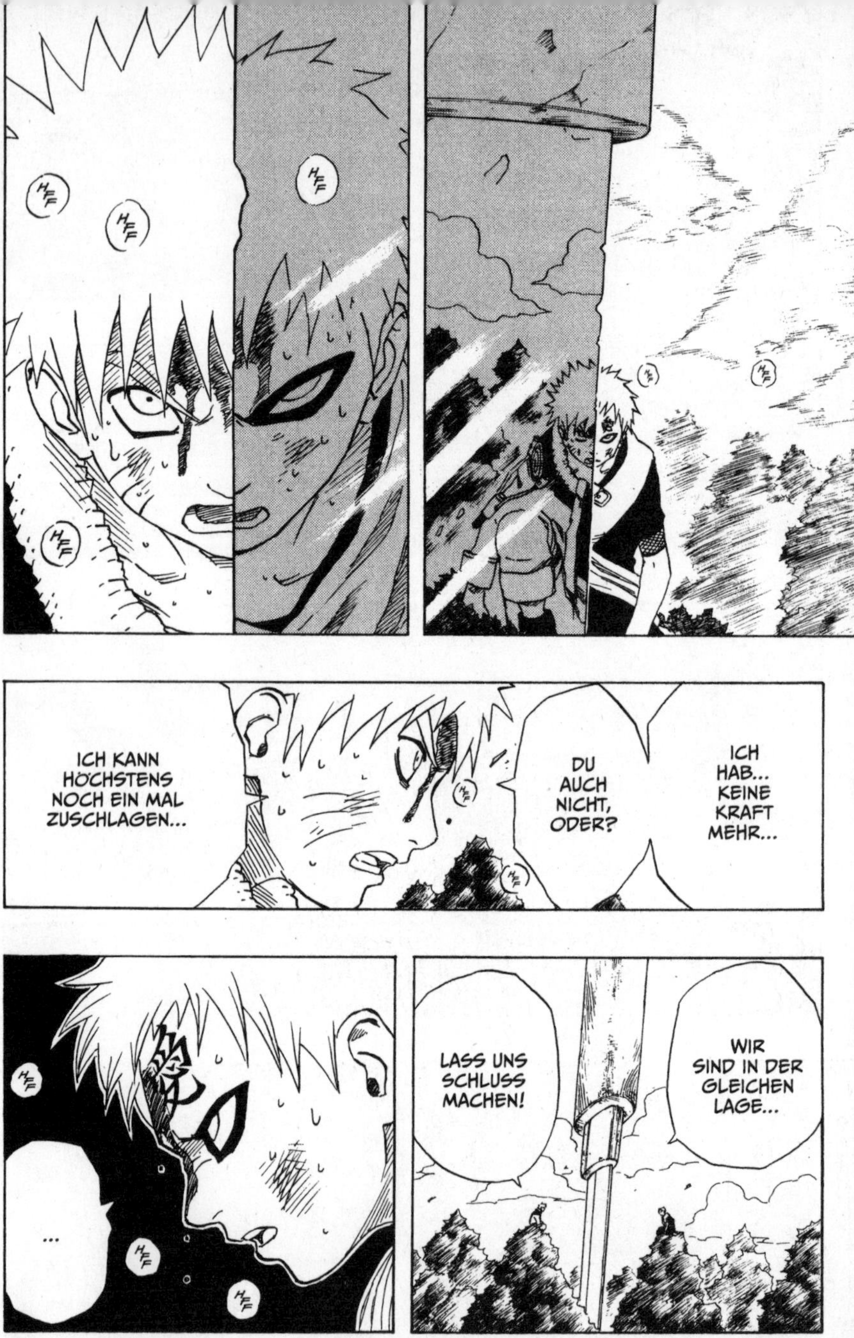
HEF
HEF
HEF
HEF
HEF
HEF
ICH HAB... KEINE KRAFT MEHR...
DU AUCH NICHT, ODER?
HEF
HEF
ICH KANN HÖCHSTENS NOCH EIN MAL ZUSCHLAGEN...
WIR SIND IN DER GLEICHEN LAGE...
LASS UNS SCHLUSS MACHEN!
HEF
HEF
HEF
...

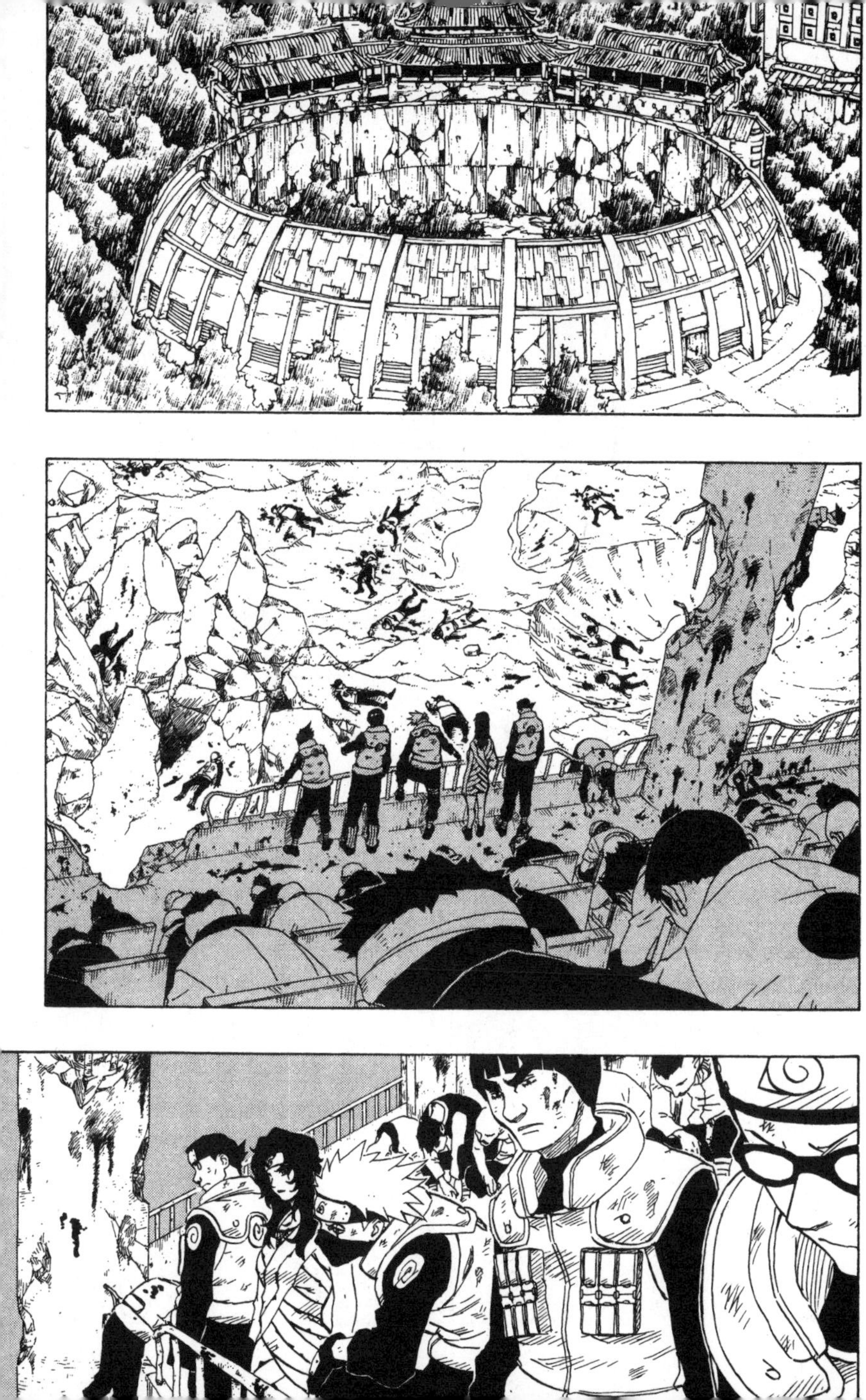

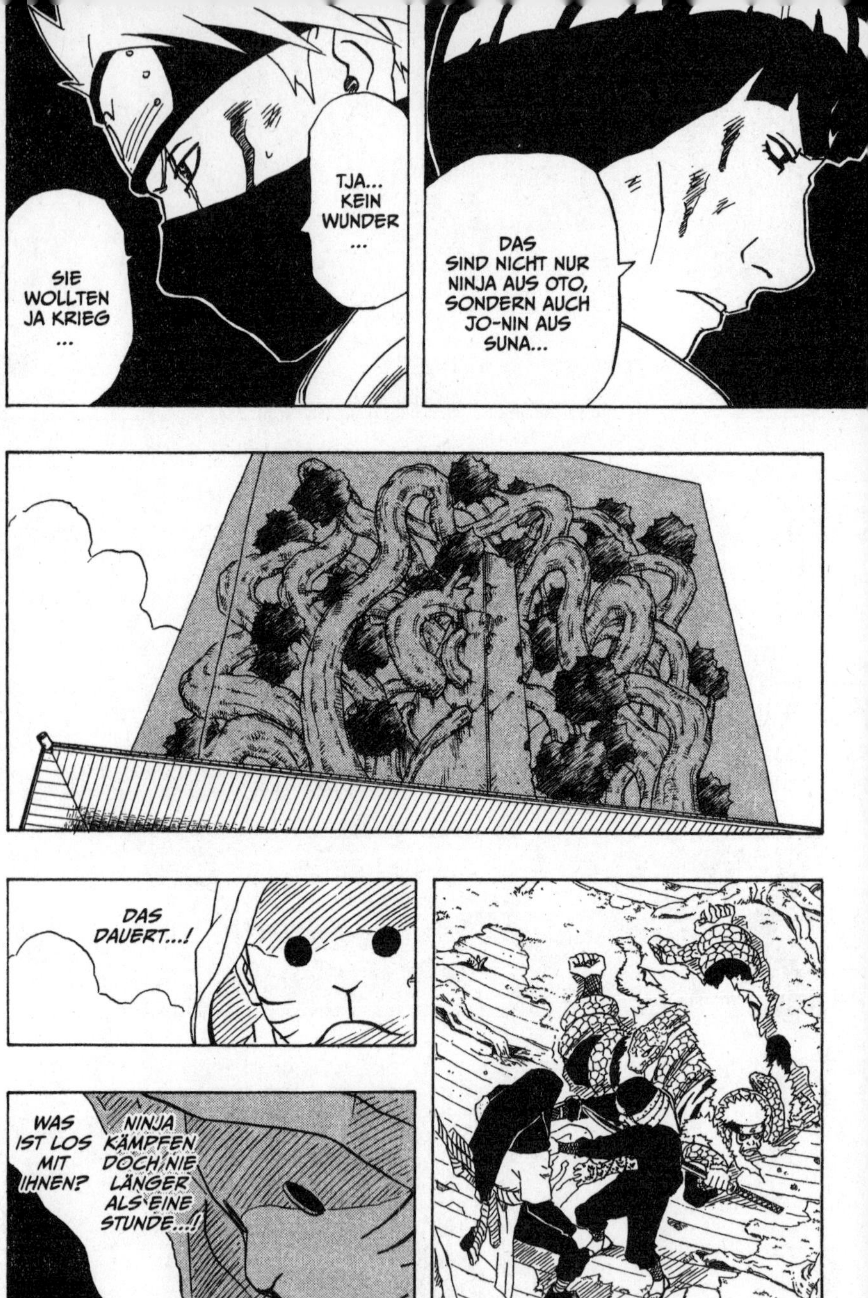

TJA... KEIN WUNDER ...
SIE WOLLTEN JA KRIEG ...
DAS SIND NICHT NUR NINJA AUS OTO, SONDERN AUCH JO-NIN AUS SUNA...
DAS DAUERT...!
WAS IST LOS MIT IHNEN?
NINJA KÄMPFEN DOCH NIE LÄNGER ALS EINE STUNDE...!

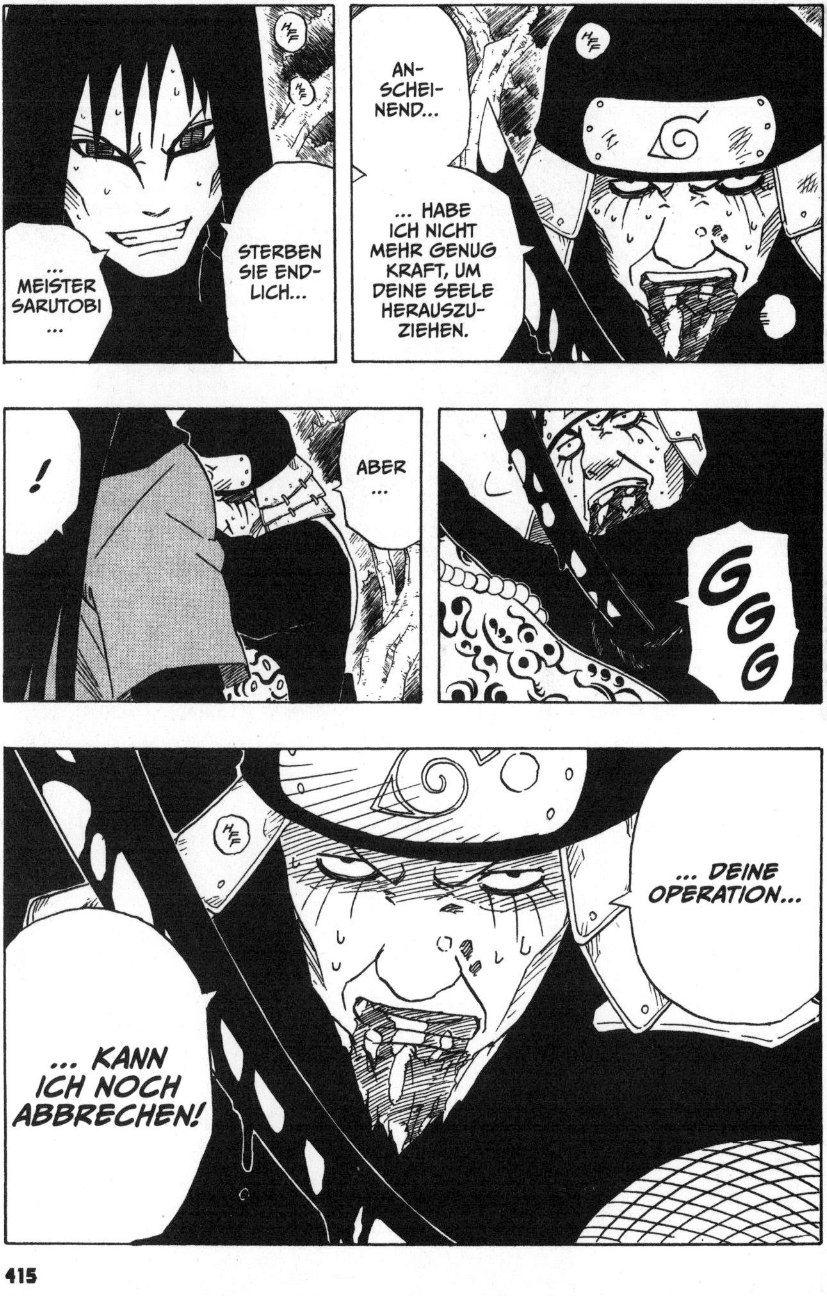
AN-SCHEI-NEND...
... HABE ICH NICHT MEHR GENUG KRAFT, UM DEINE SEELE HERAUSZUZIEHEN.
STERBEN SIE ENDLICH...
... MEISTER SARUTOBI ...
GGG
ABER ...
!
... DEINE OPERATION...
... KANN ICH NOCH ABBRECHEN!

MASASHI KISHIMOTOS WELT
LEBENSGESCHICHTE – TEIL 23

IM ZWEITEN JAHR DES STUDIUMS HABE ICH BESCHLOSSEN, GEZIELT FÜR DIE SHONEN-SHI ZU ZEICHNEN. ICH FING ALSO AN, EINE ABGESCHLOSSENE KURZGESCHICHTE FÜR DEN WETTBEWERB ZU ZEICHNEN – STIESS ABER SOGLEICH AUF SCHWIERIGKEITEN. MEINE GESCHICHTE PASSTE EINFACH NICHT IN DIE VORGESCHRIEBENE SEITENZAHL! ALS ANFÄNGER MACHT MAN OFT DEN FEHLER, DASS MAN ZU VIELE SEINER IDEEN IN EIN WERK HINEINSTECKT. ICH WAR DA KEINE AUSNAHME.
DIE GESCHICHTE WURDE VERWORREN UND ES GAB SO VIELE CHARAKTERE, DASS DER HAUPTDARSTELLER GAR NICHT MEHR AUSZUMACHEN WAR. SCHLIESSLICH ENTSCHIED ICH MICH, ALLES ZU REDUZIEREN. ICH STRICH ALLES ÜBERFLÜSSIGE WEG, REDUZIERTE DIE CHARAKTERE UND FING NOCH MAL AN ZU ZEICHNEN. ES GAB ZWAR IMMER NOCH KLEINE SCHWIERIGKEITEN, ABER... ES GING SO! DIE GESCHICHTE DREHTE SICH UM EIN ALLTÄGLICHES EREIGNIS, ABER ICH MACHTE EIN UNGEHEURES SPEKTAKEL DARAUS. DIE SCHWIERIGKEITEN EINES ARMEN, UNBEKANNTEN REGISSEURS BEIM DREH EINES SCIENCE-FICTION-FILMS MIT GERINGEM BUDGET MÜSSEN ÄHNLICH SEIN... UND ÄHNLICH WIE DIE REZENSIONEN SOLCHER FILME HÄTTE MEIN ERSTLINGSWERK SICHER AUCH ALS »MUTIGER VERSUCH EINES ANFÄNGERS« ABGESTEMPELT WERDEN KÖNNEN...!
AUF JEDEN FALL HATTE ICH MIR NICHTS GERINGERES VORGENOMMEN, ALS DEN HOP-STEP-PREIS VON WEEKLY SHONEN-JUMP ZU GEWINNEN! MEIN MANGA HIESS »KARAKURI«, WAS SO VIEL WIE ROBOTER BEDEUTET. UND »KARAKURI« ÄNDERTE MEIN LEBEN – ABER DAS WUSSTE ICH DAMALS NOCH NICHT...!

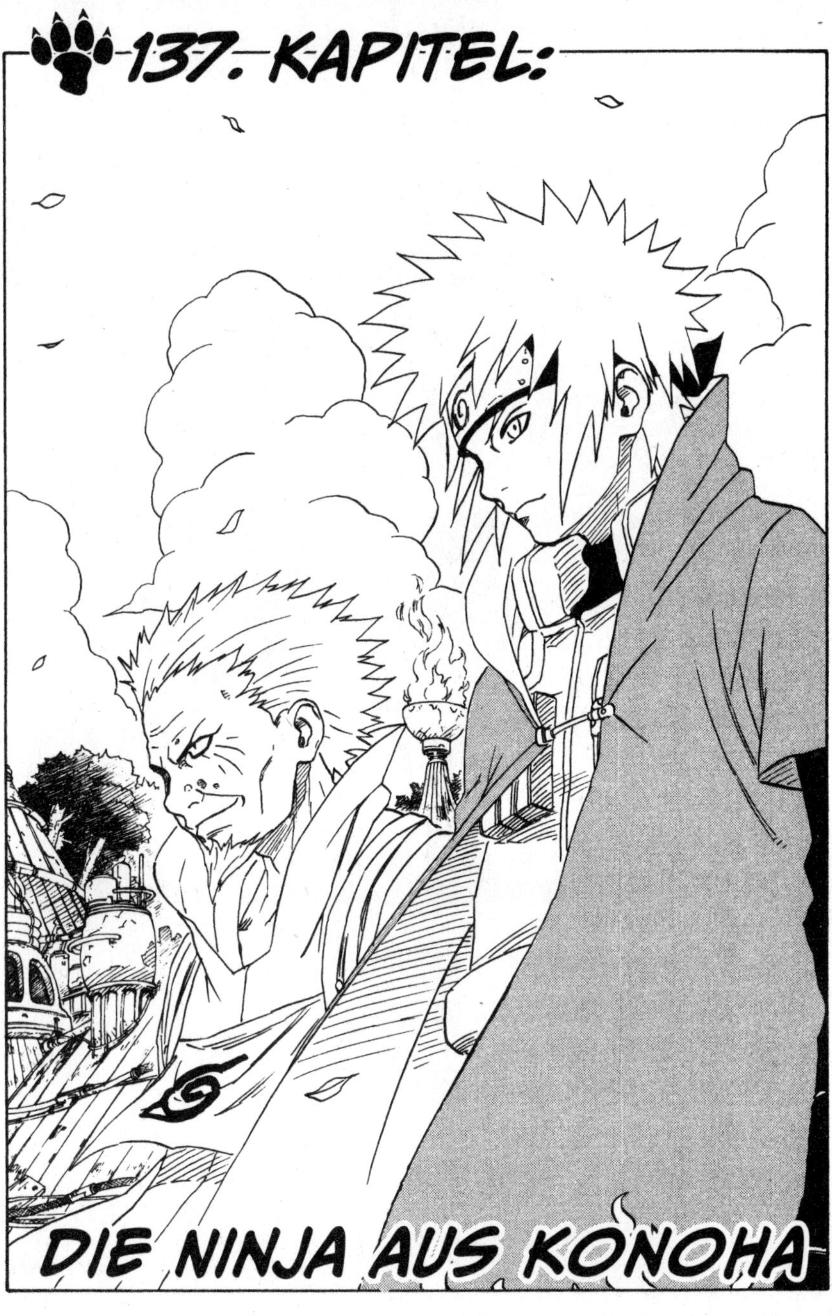
137. KAPITEL:
DIE NINJA AUS KONOHA

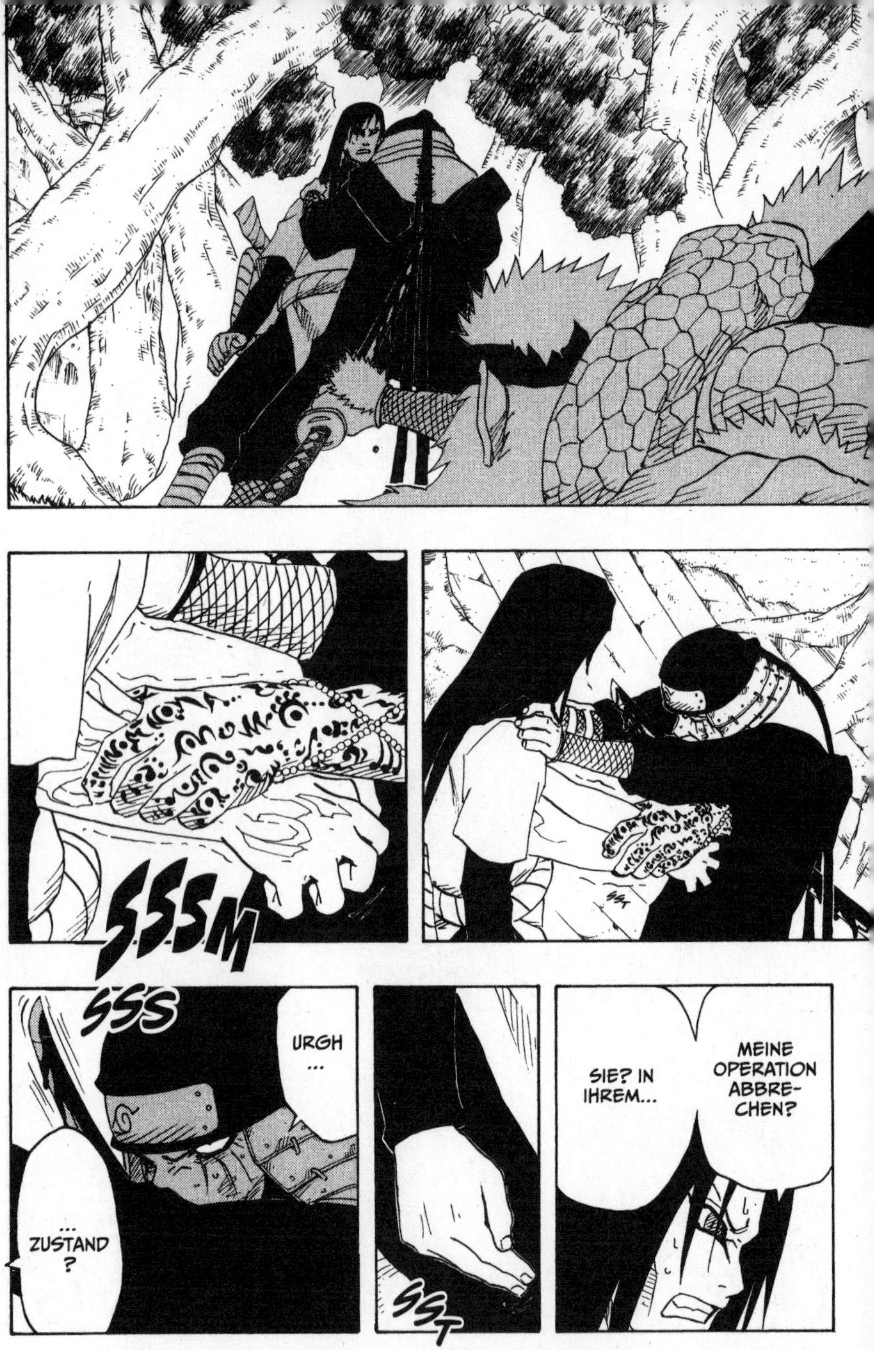
SSSM
SSS
MEINE OPERATION ABBRE-CHEN?
SIE? IN IHREM...
SST
URGH ...
... ZUSTAND ?

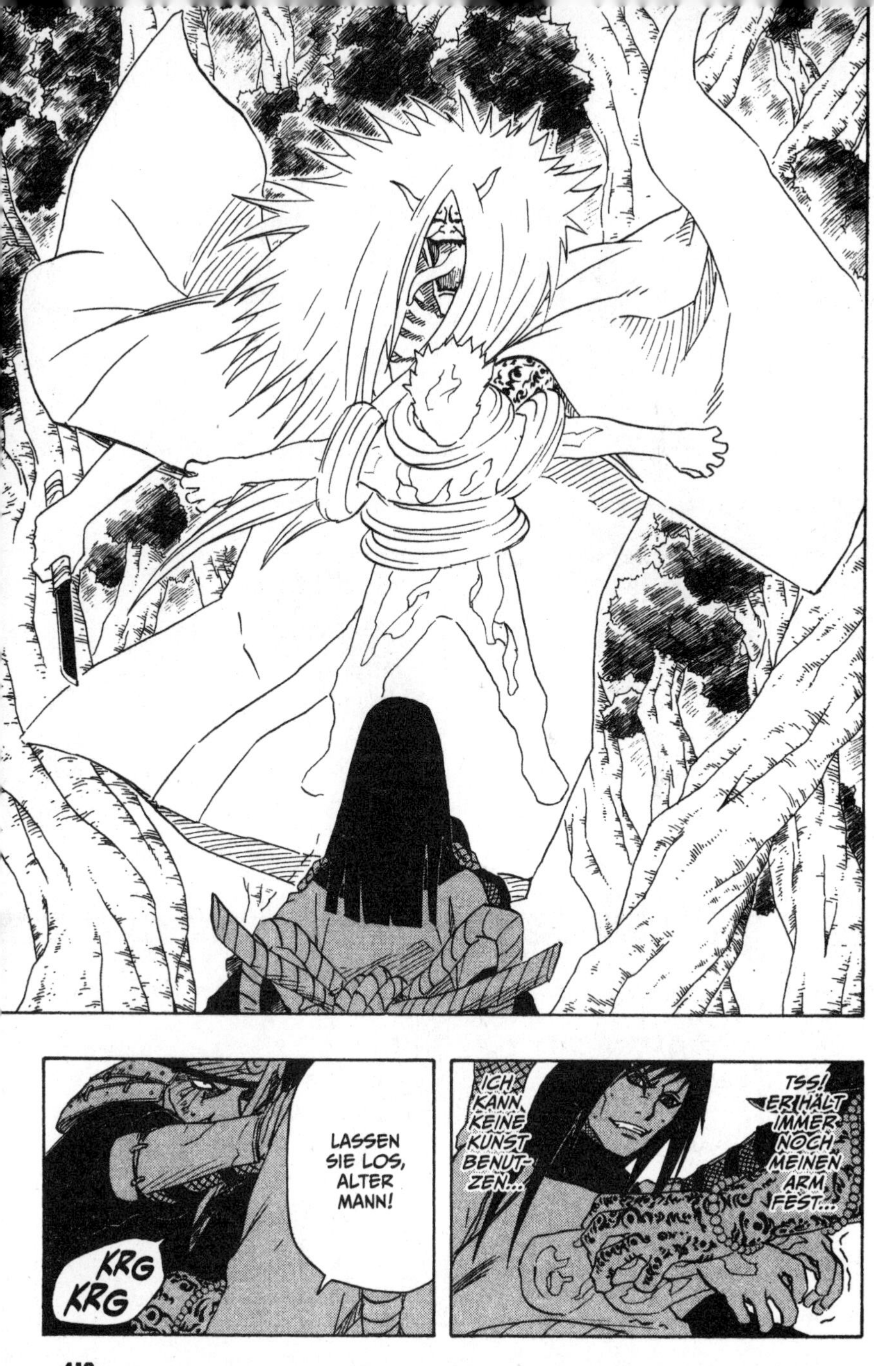
TSS! ER HÄLT IMMER NOCH MEINEN ARM FEST...
ICH KANN KEINE KUNST BENUT-ZEN...
LASSEN SIE LOS, ALTER MANN!
KRG KRG

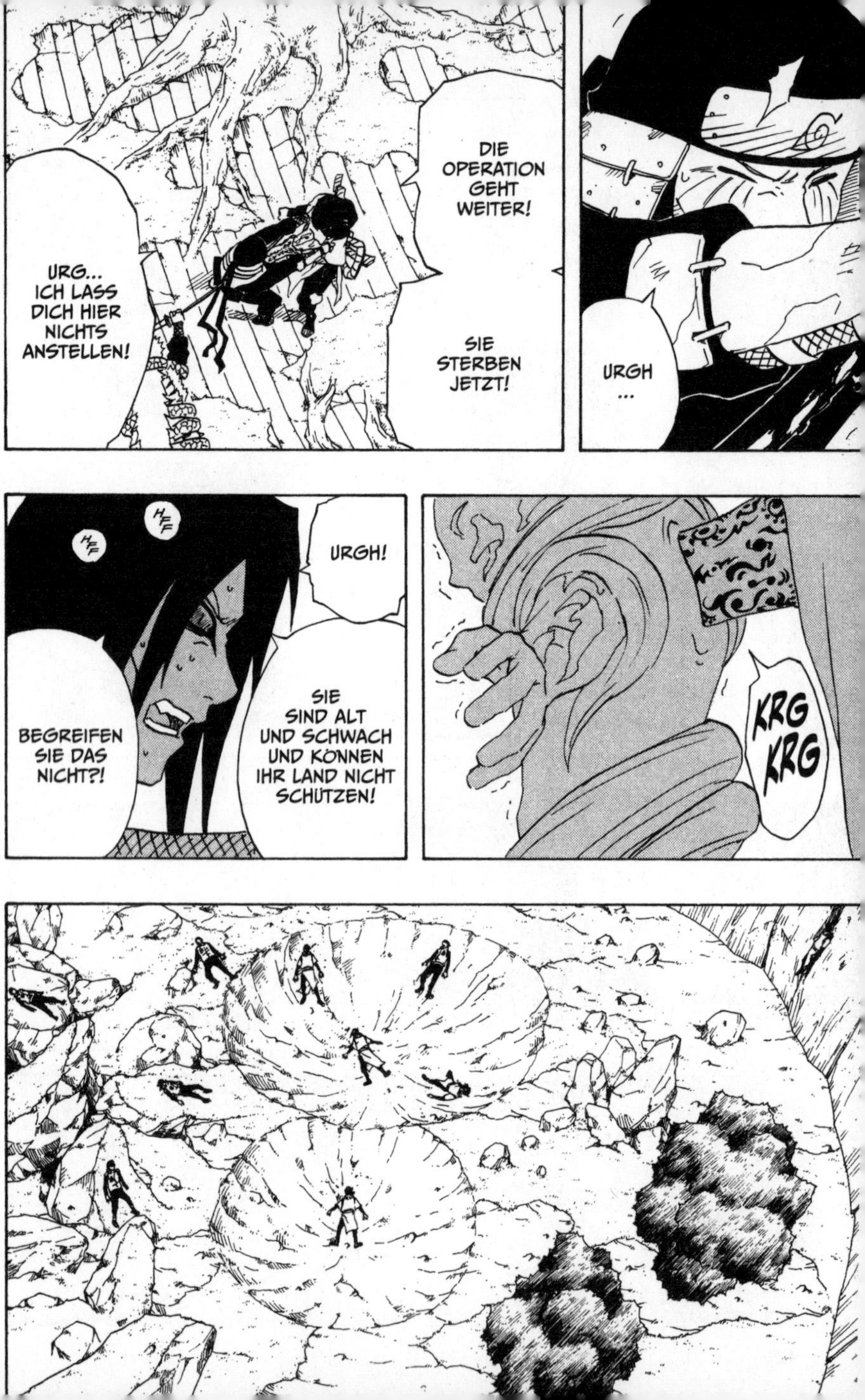
URGH ...
DIE OPERATION GEHT WEITER!
SIE STERBEN JETZT!
URG... ICH LASS DICH HIER NICHTS ANSTELLEN!
KRG KRG
HEF
HEF
URGH!
SIE SIND ALT UND SCHWACH UND KÖNNEN IHR LAND NICHT SCHÜTZEN!
BEGREIFEN SIE DAS NICHT?!

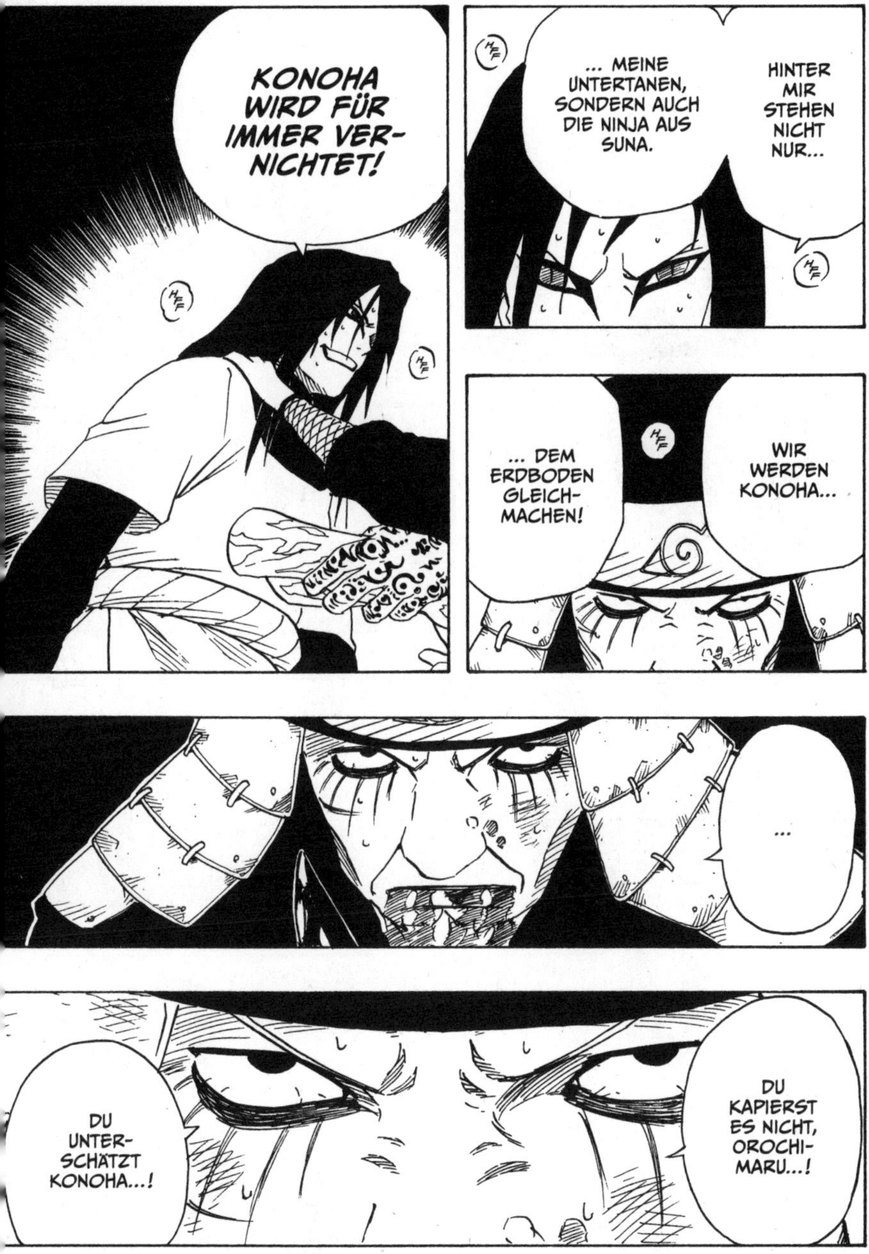
HINTER MIR STEHEN NICHT NUR...
... MEINE UNTERTANEN, SONDERN AUCH DIE NINJA AUS SUNA.
HEF
HEF
WIR WERDEN KONOHA...
... DEM ERDBODEN GLEICHMACHEN!
HEF
KONOHA WIRD FÜR IMMER VERNICHTET!
HEF
HEF
...
DU KAPIERST ES NICHT, OROCHIMARU...!
DU UNTERSCHÄTZT KONOHA...!

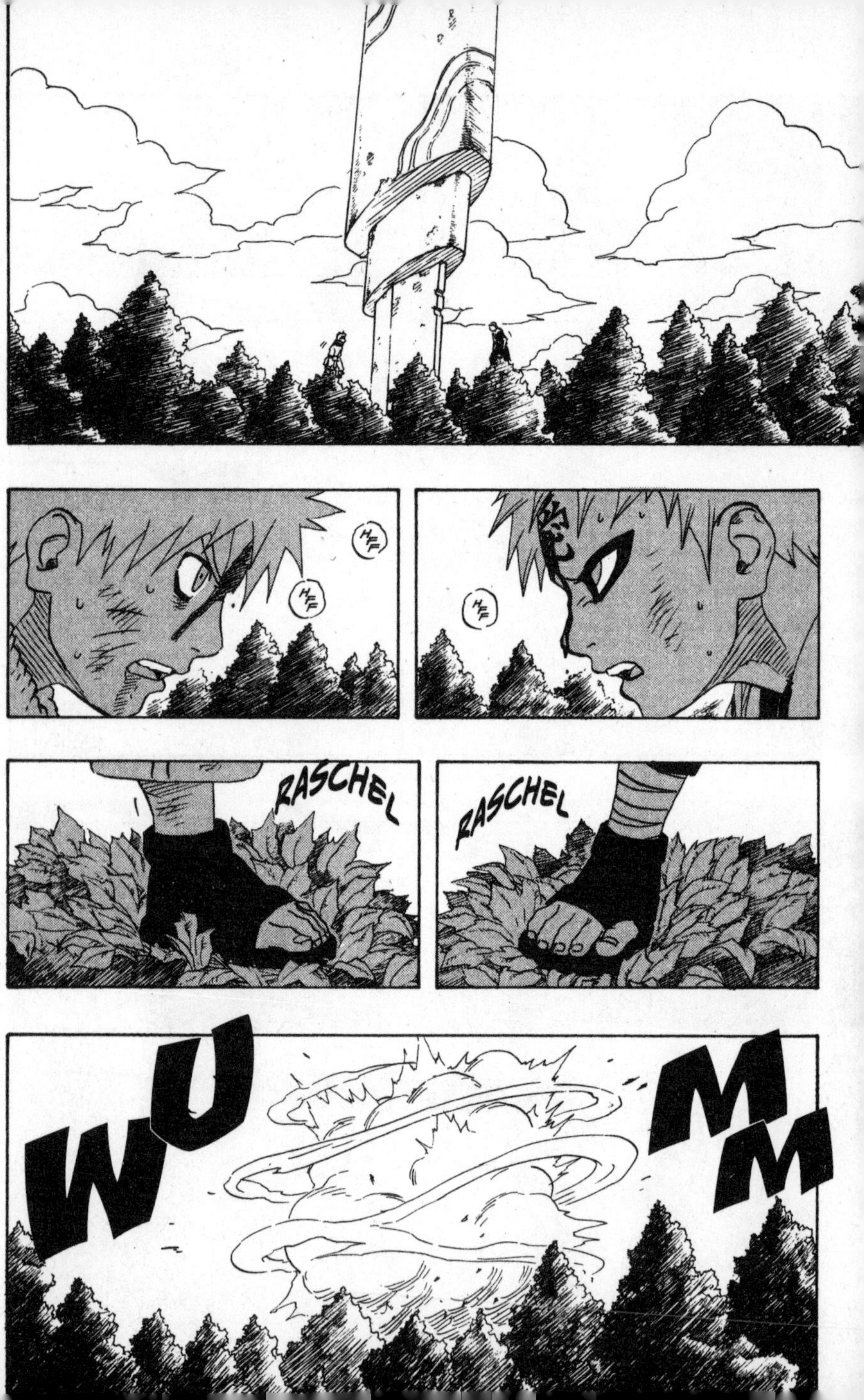
HEF
HEF
HEF
RASCHEL
RASCHEL
WUMM

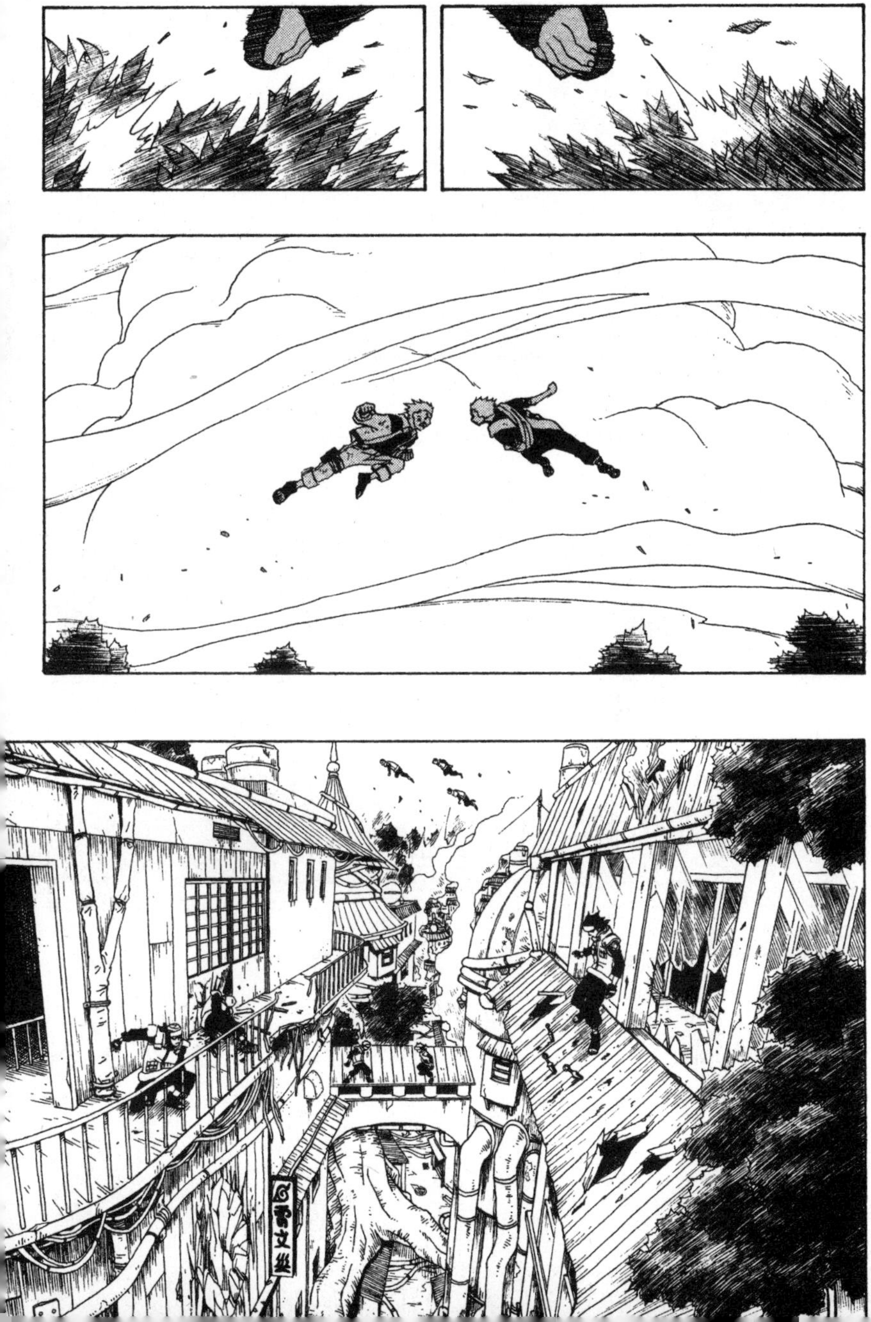

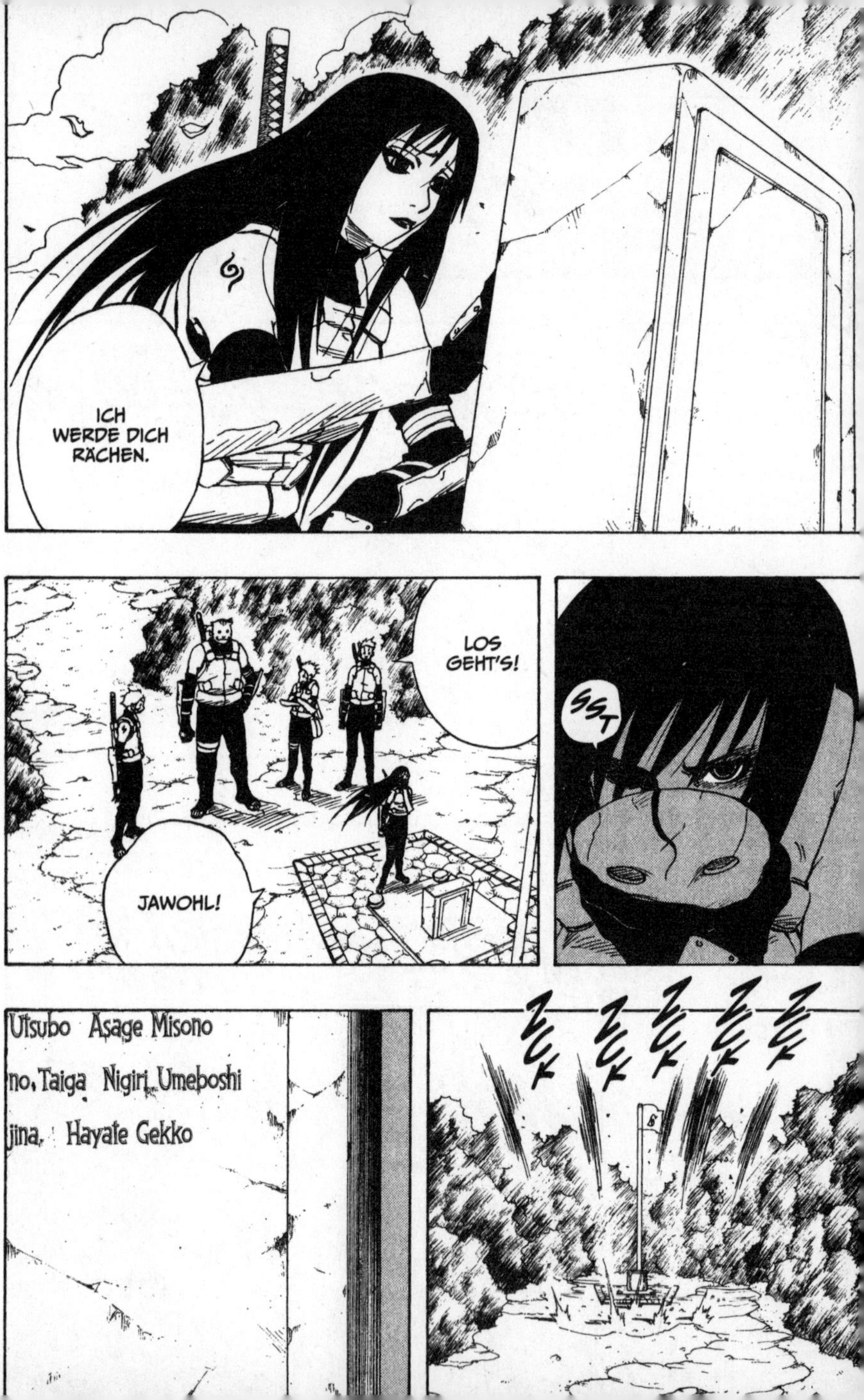
ICH WERDE DICH RÄCHEN.
SST
LOS GEHT'S!
JAWOHL!
ZUCK ZUCK ZUCK ZUCK ZUCK
Utsubo Asage Misono
no, Taiga Nigiri Umeboshi
jina, Hayate Gekko

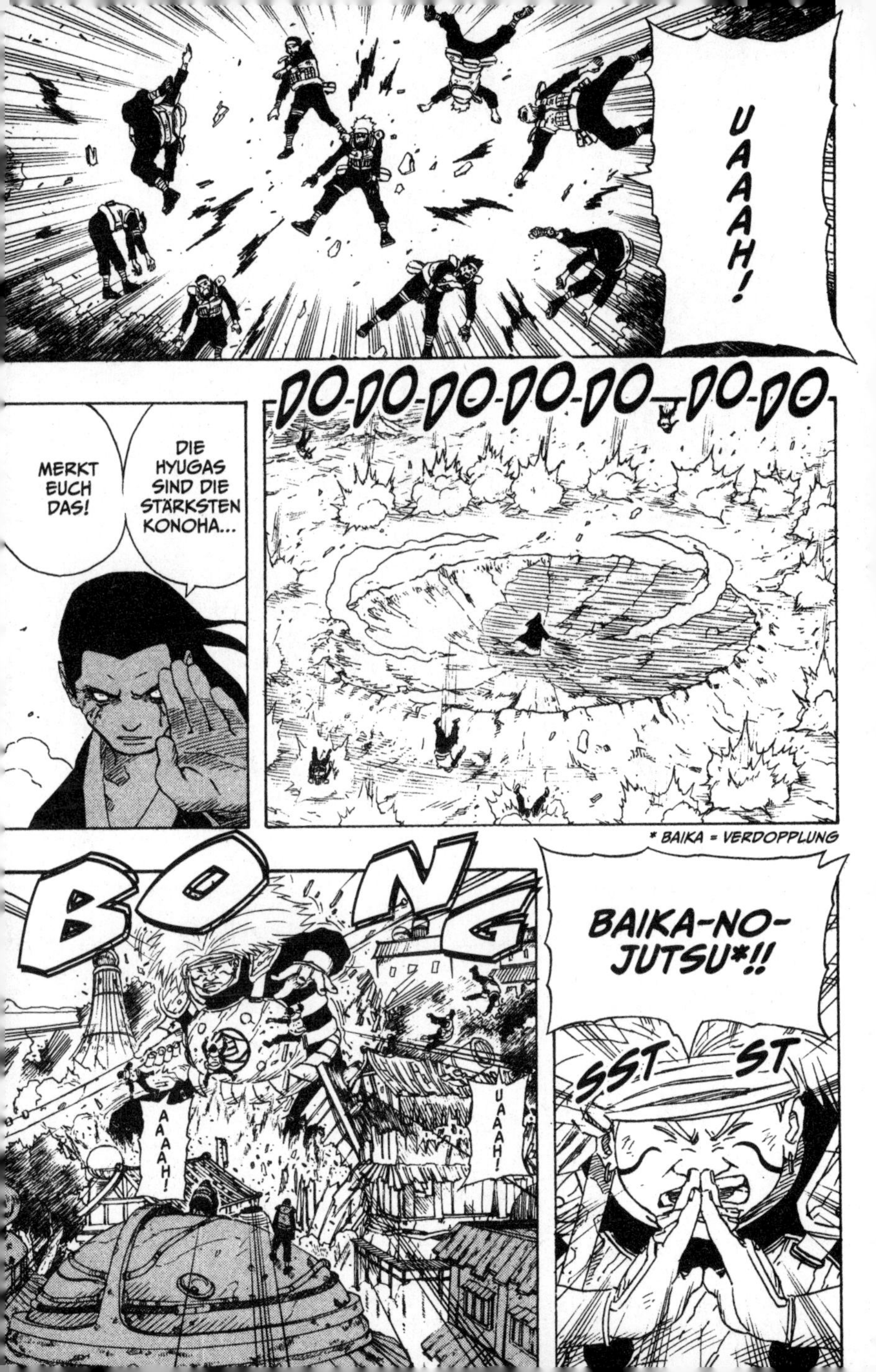
UAAAAH!
DO-DO-DO-DO-DO-DO-DO-DO
DIE HYUGAS SIND DIE STÄRKSTEN KONOHA...
MERKT EUCH DAS!
BAIKA-NO-JUTSU*!!
SST ST
BONG
UAAAH!
AAAAH!
* BAIKA = VERDOPPLUNG

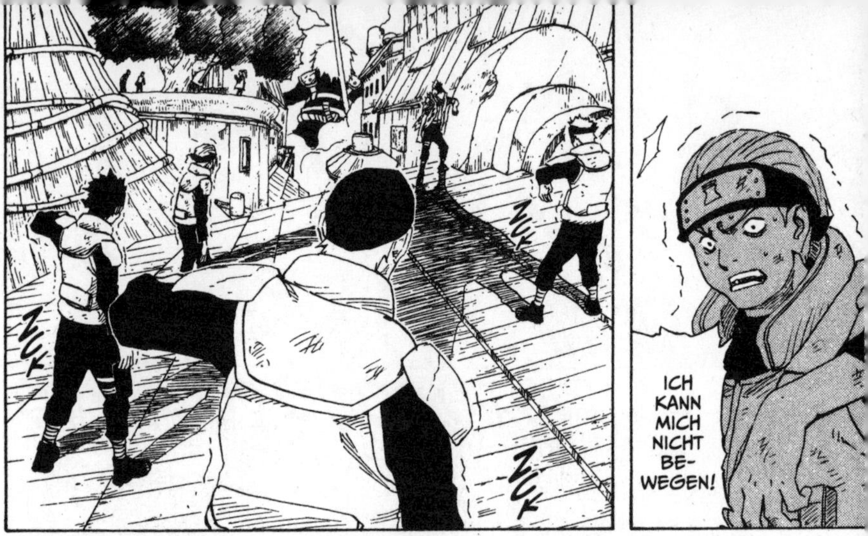

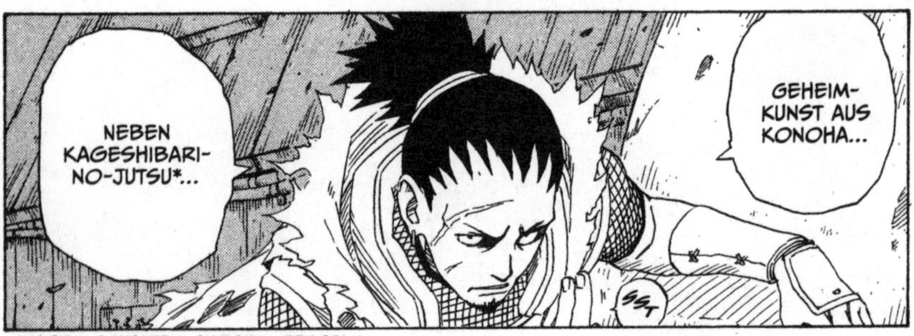

*KAGE = SCHATTEN, SHIBARI = FESSELN

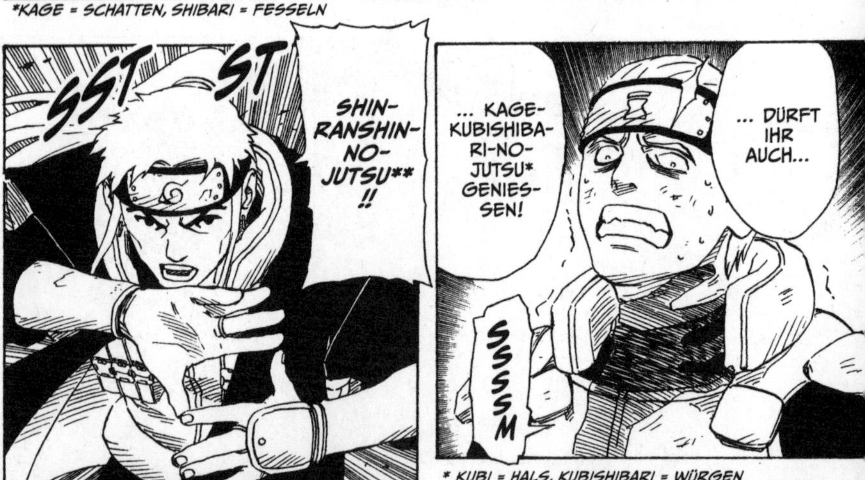

* KUBI = HALS, KUBISHIBARI = WÜRGEN
** SHIN = SEELE, RAN = IRREN, SHIN = KÖRPER

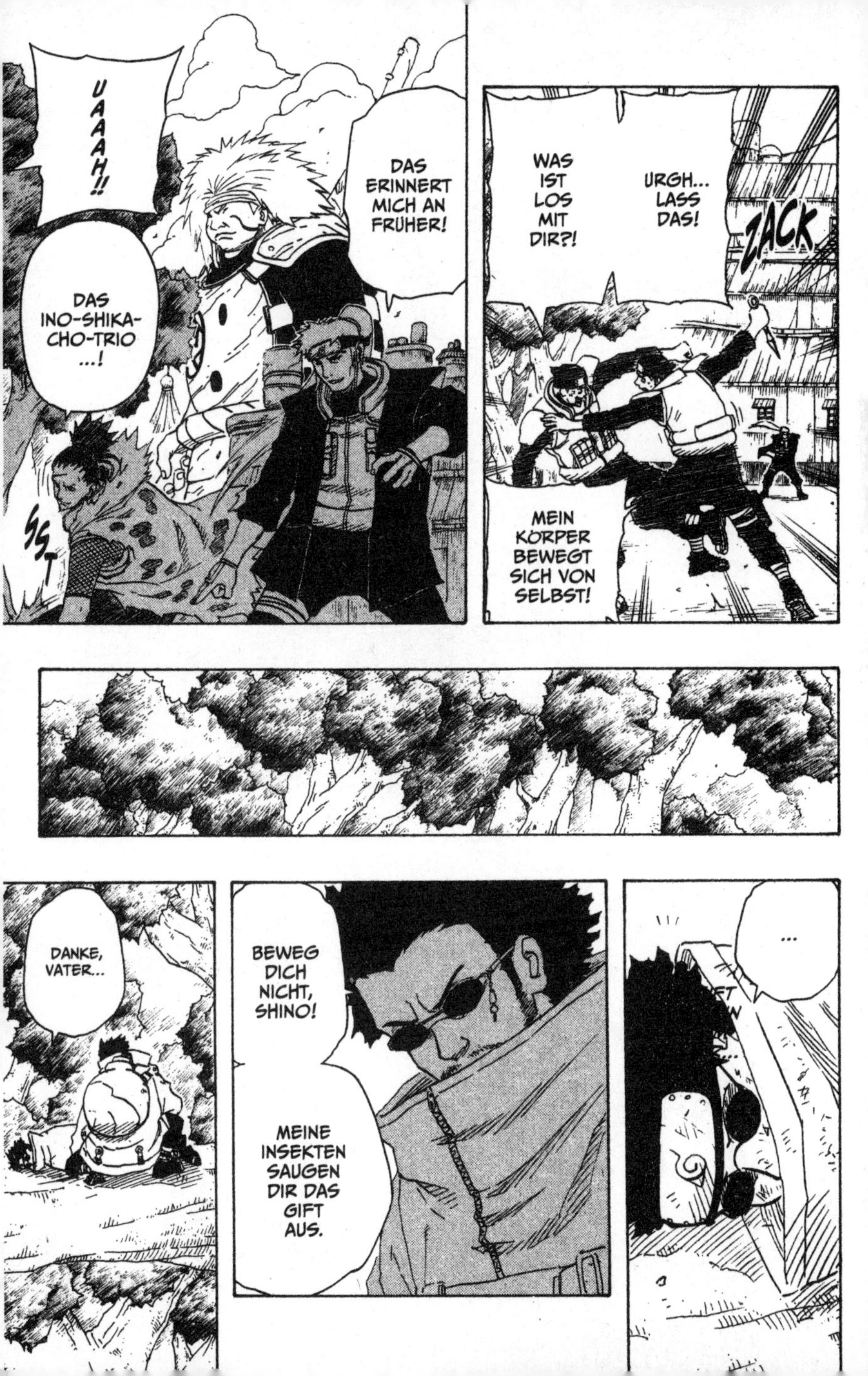
URGH... LASS DAS!
WAS IST LOS MIT DIR?!
ZACK
MEIN KÖRPER BEWEGT SICH VON SELBST!
DAS ERINNERT MICH AN FRÜHER!
UAAAAH!!
DAS INO-SHIKA-CHO-TRIO ...!
SST
...
BEWEG DICH NICHT, SHINO!
MEINE INSEKTEN SAUGEN DIR DAS GIFT AUS.
DANKE, VATER...

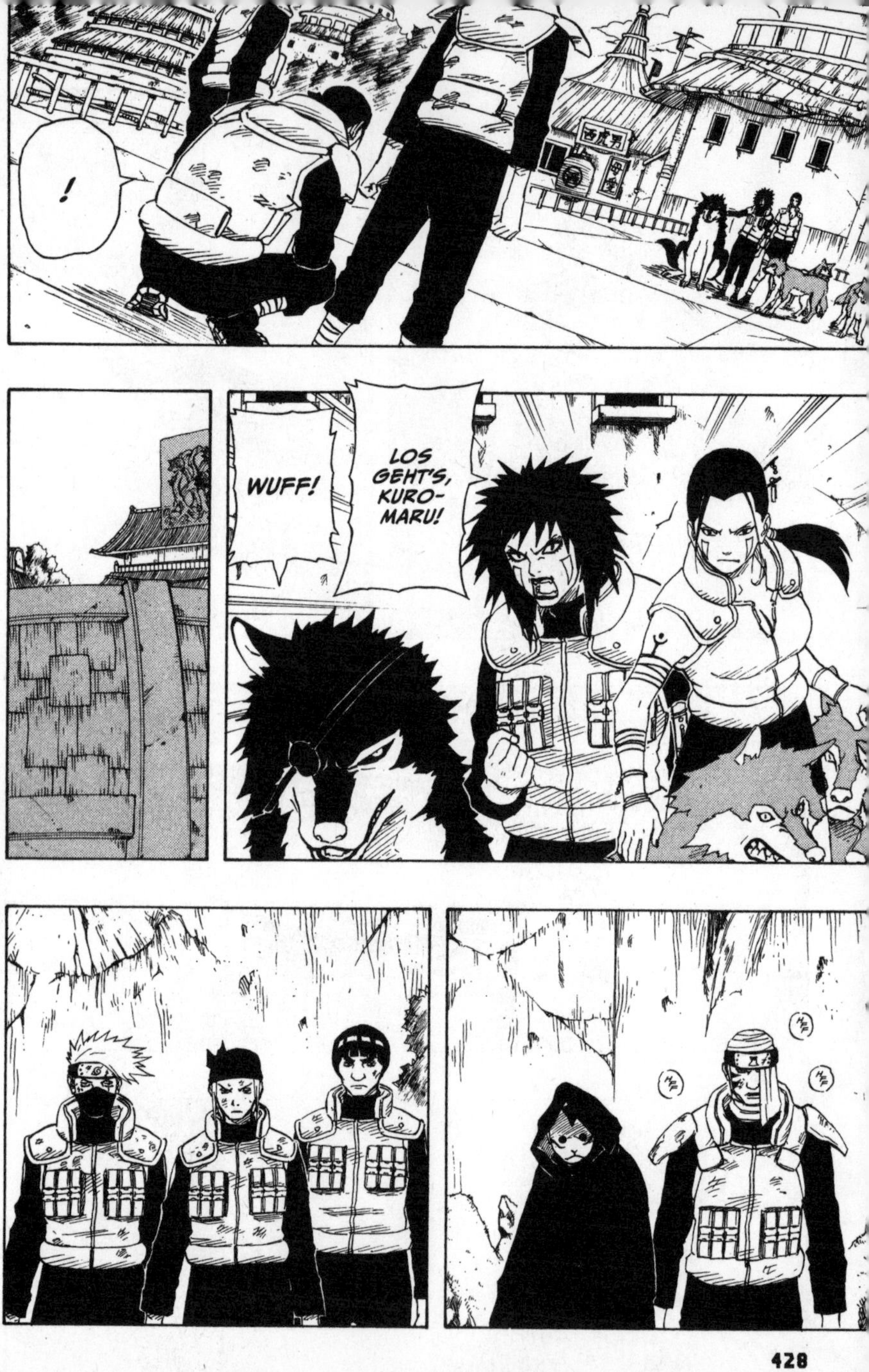
!
LOS GEHT'S, KURO-MARU!
WUFF!

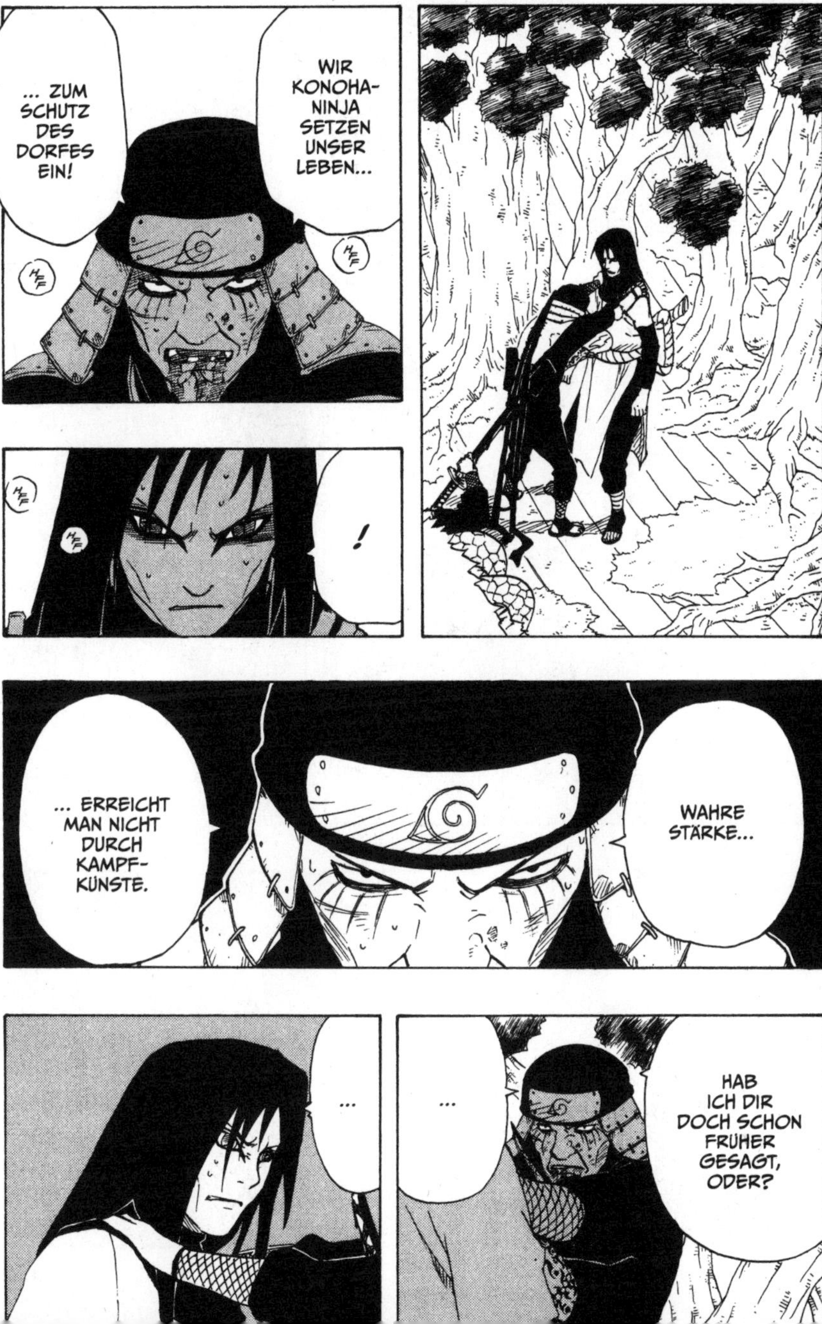

WIR KONOHA-NINJA SETZEN UNSER LEBEN...
... ZUM SCHUTZ DES DORFES EIN!
HEF
HEF
!
HEF
HEF
WAHRE STÄRKE...
... ERREICHT MAN NICHT DURCH KAMPF-KÜNSTE.
HAB ICH DIR DOCH SCHON FRÜHER GESAGT, ODER?
...
...

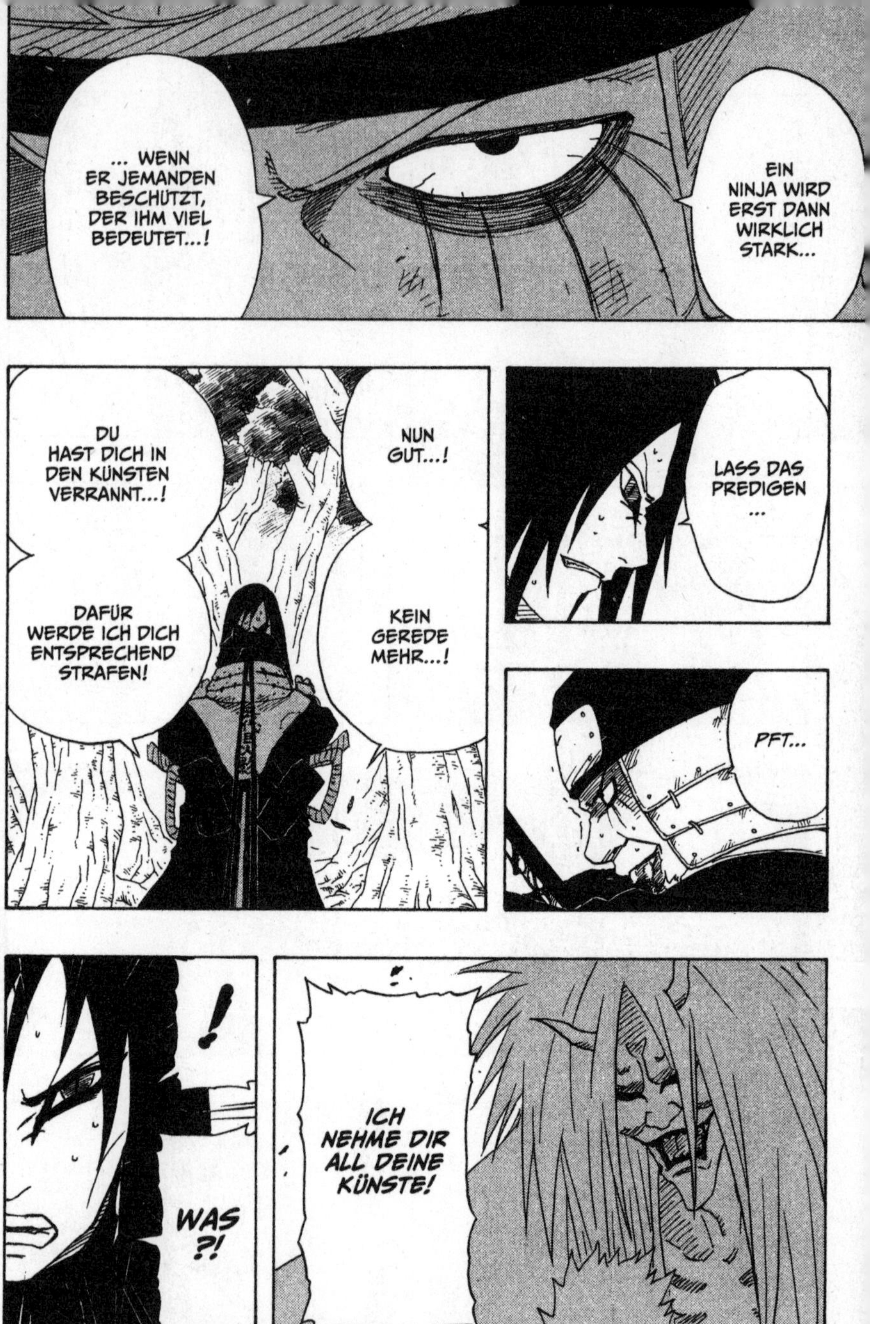
EIN NINJA WIRD ERST DANN WIRKLICH STARK...
... WENN ER JEMANDEN BESCHÜTZT, DER IHM VIEL BEDEUTET...!
LASS DAS PREDIGEN ...
NUN GUT...!
KEIN GEREDE MEHR...!
DU HAST DICH IN DEN KÜNSTEN VERRANNT...!
DAFÜR WERDE ICH DICH ENTSPRECHEND STRAFEN!
PFT...
ICH NEHME DIR ALL DEINE KÜNSTE!
!
WAS ?!

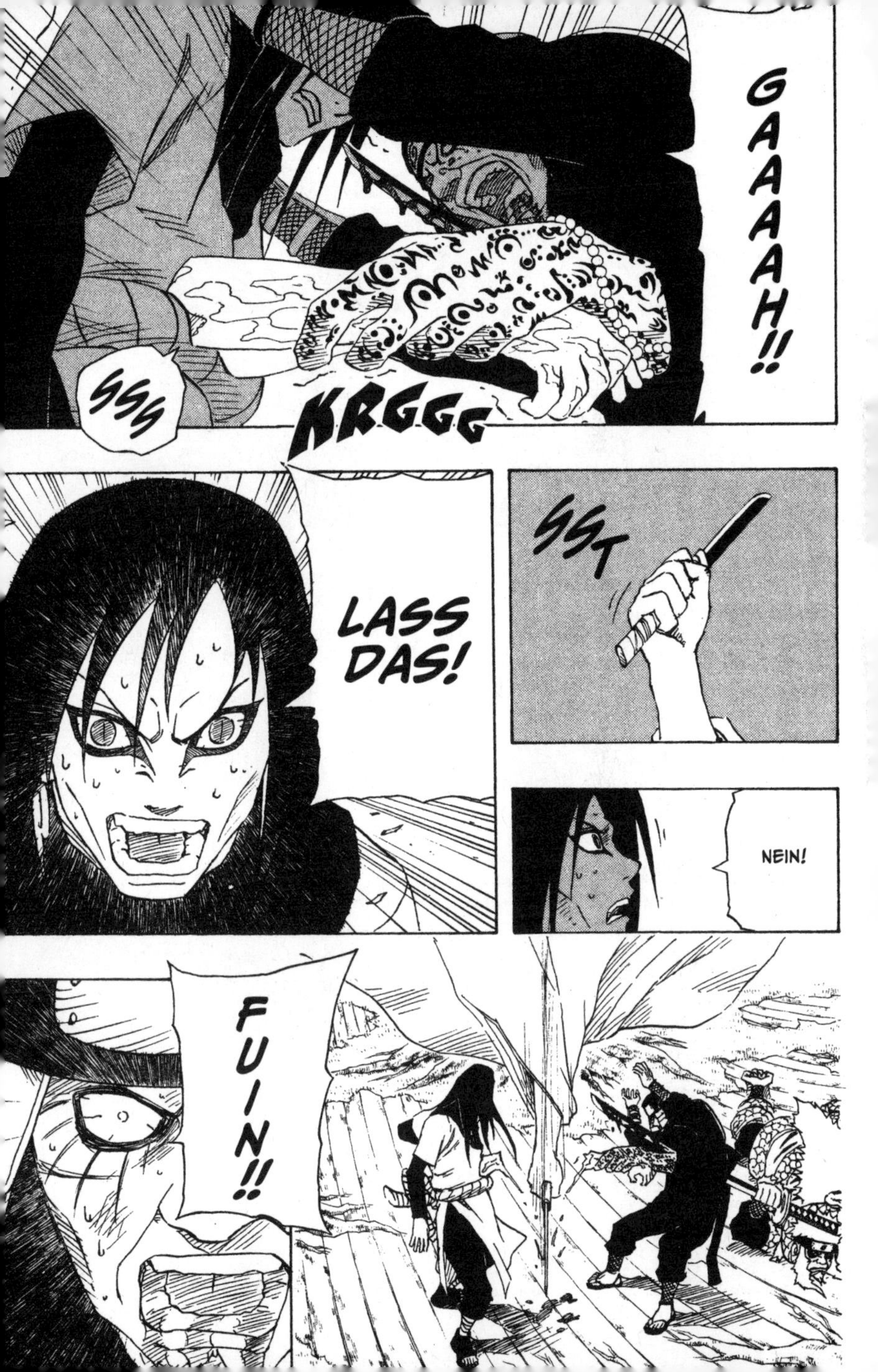
GAAAAAH!!
SSS
KRGGG
SST
LASS DAS!
NEIN!
FUIN!!

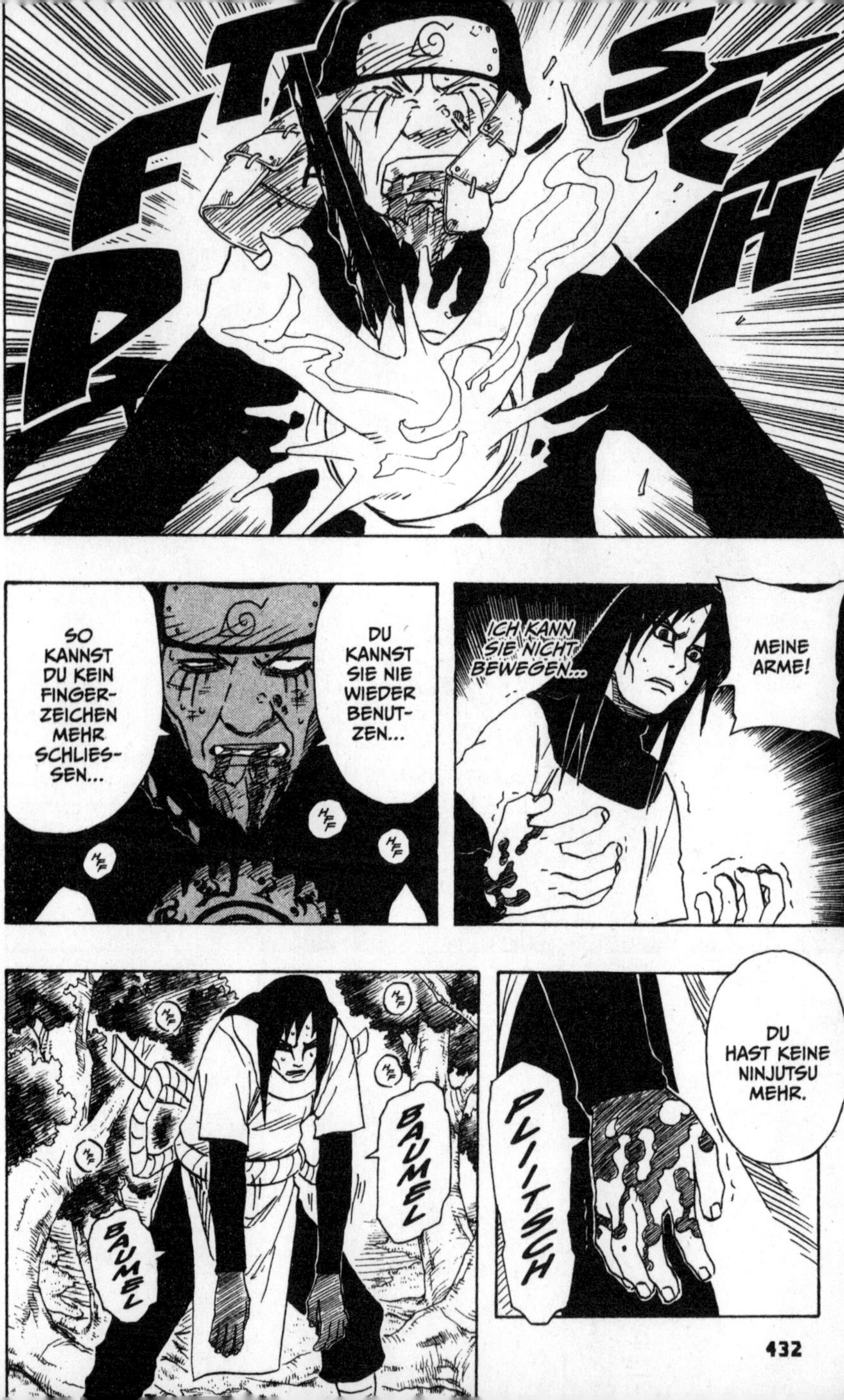

PFT-SCH
MEINE ARME!
ICH KANN SIE NICHT BEWEGEN...
DU KANNST SIE NIE WIEDER BENUT-ZEN...
SO KANNST DU KEIN FINGER-ZEICHEN MEHR SCHLIES-SEN...
HEF
HEF
HEF
DU HAST KEINE NINJUTSU MEHR.
PLITSCH
BAUMEL
BAUMEL
HEF
HEF
HEF
HEF

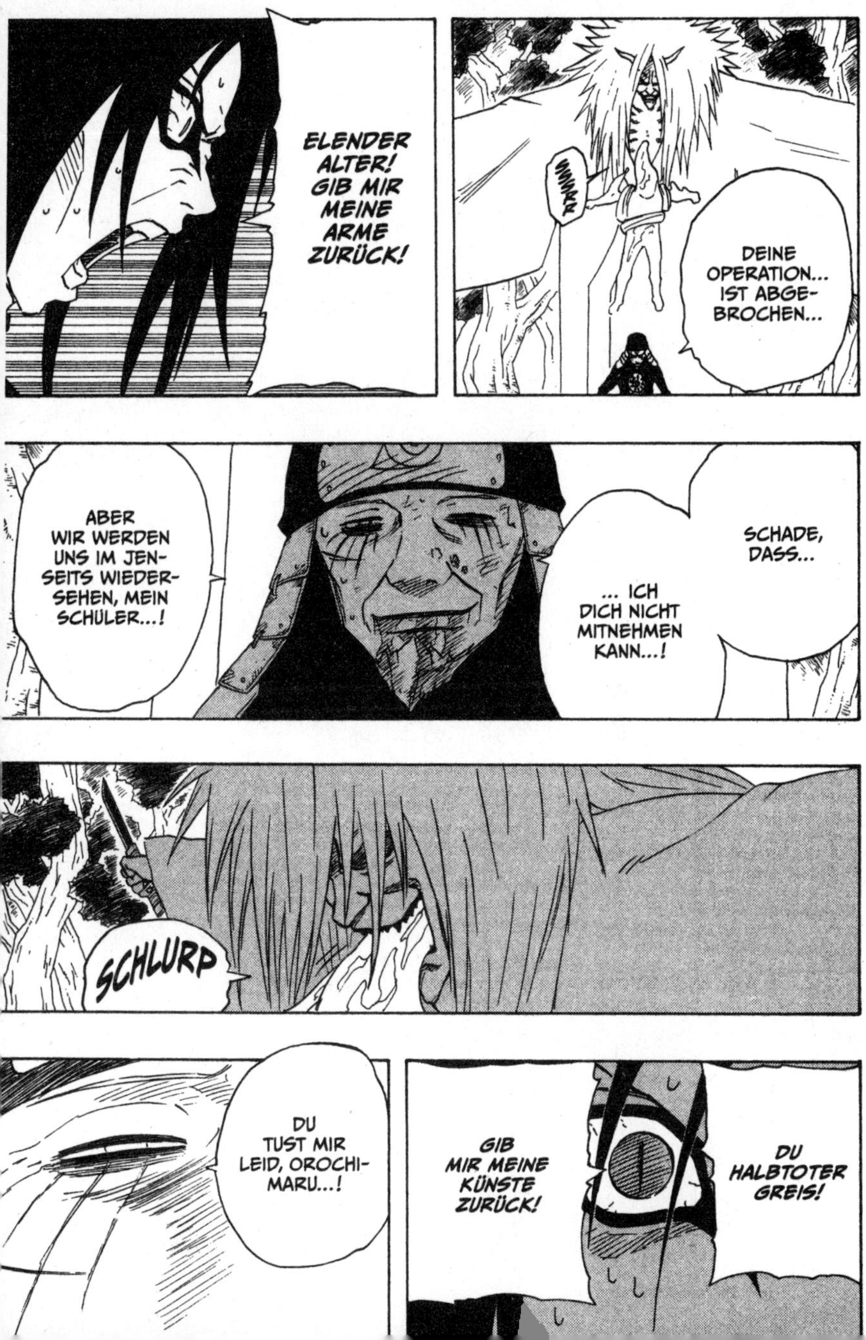
DEINE OPERATION... IST ABGEBROCHEN...
ELENDER ALTER! GIB MIR MEINE ARME ZURÜCK!
SCHADE, DASS...
... ICH DICH NICHT MITNEHMEN KANN...!
ABER WIR WERDEN UNS IM JENSEITS WIEDERSEHEN, MEIN SCHÜLER...!
SCHLURP
DU HALBTOTER GREIS!
GIB MIR MEINE KÜNSTE ZURÜCK!
DU TUST MIR LEID, OROCHIMARU...!

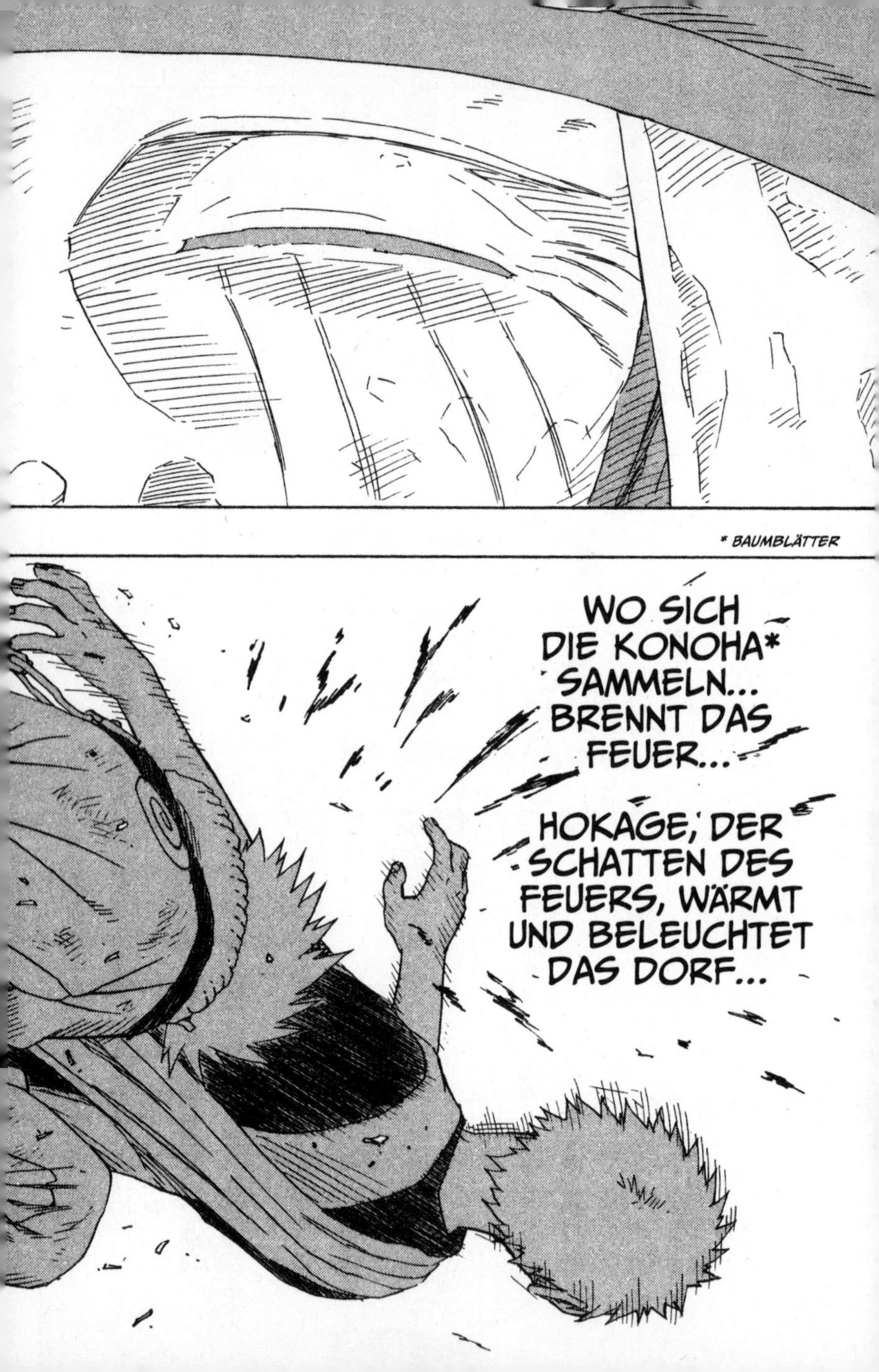

* BAUMBLÄTTER

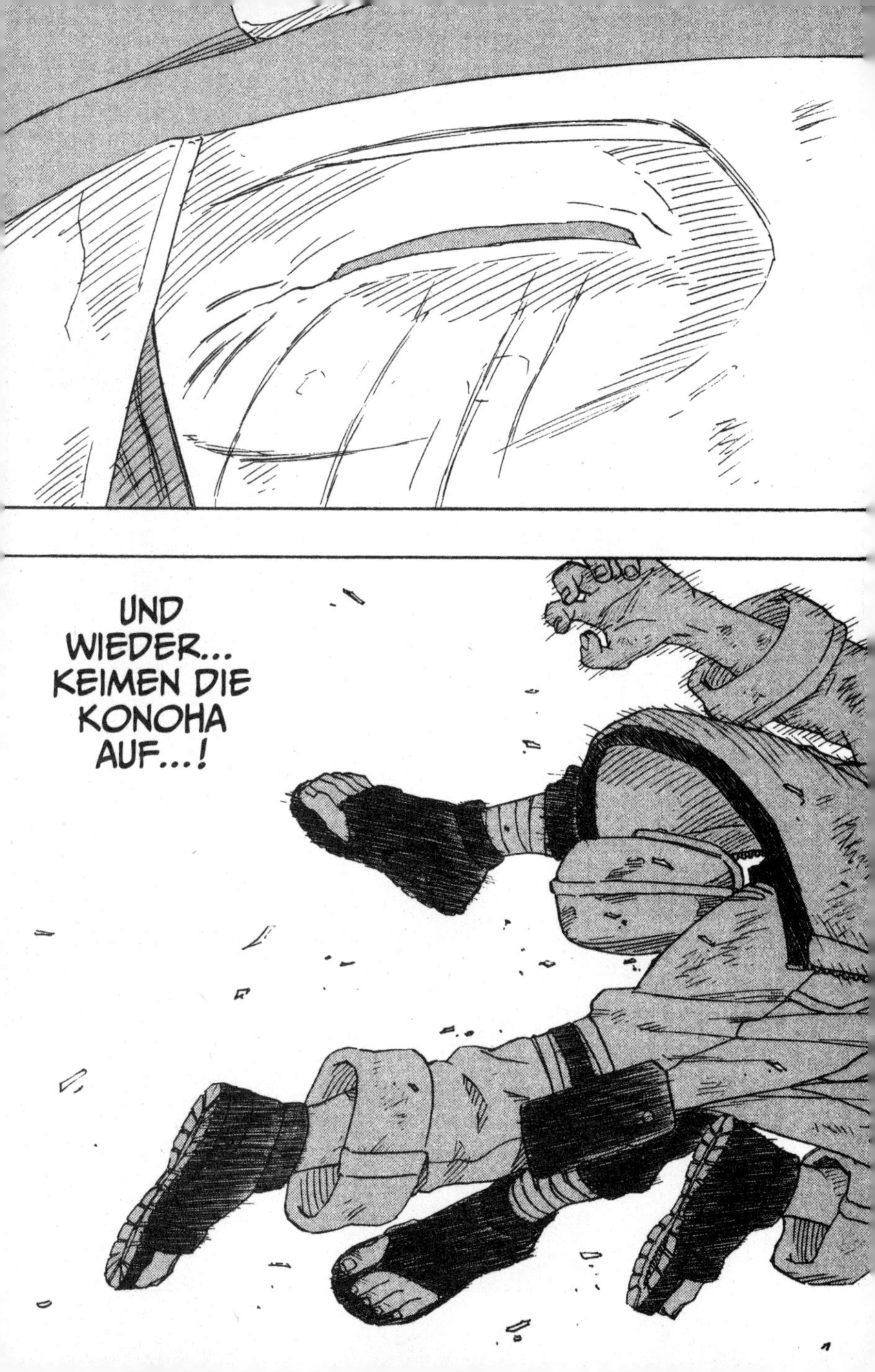
UND WIEDER... KEIMEN DIE KONOHA AUF...!

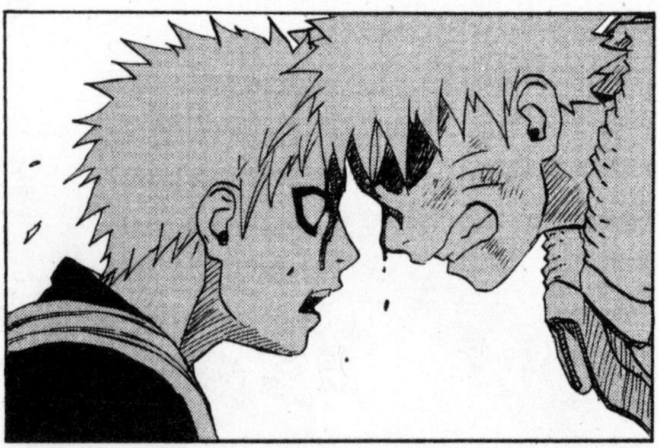

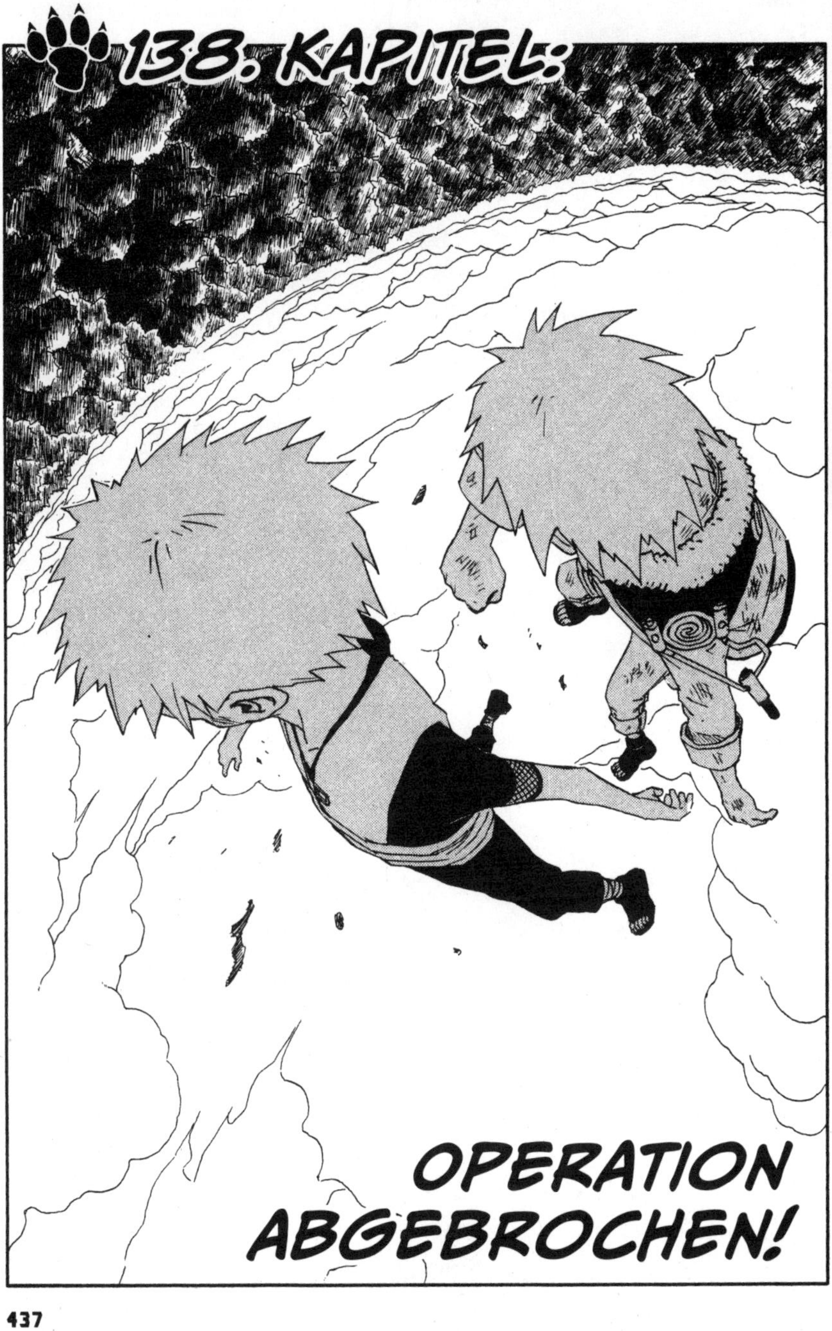
138. Kapitel:
Operation abgebrochen!

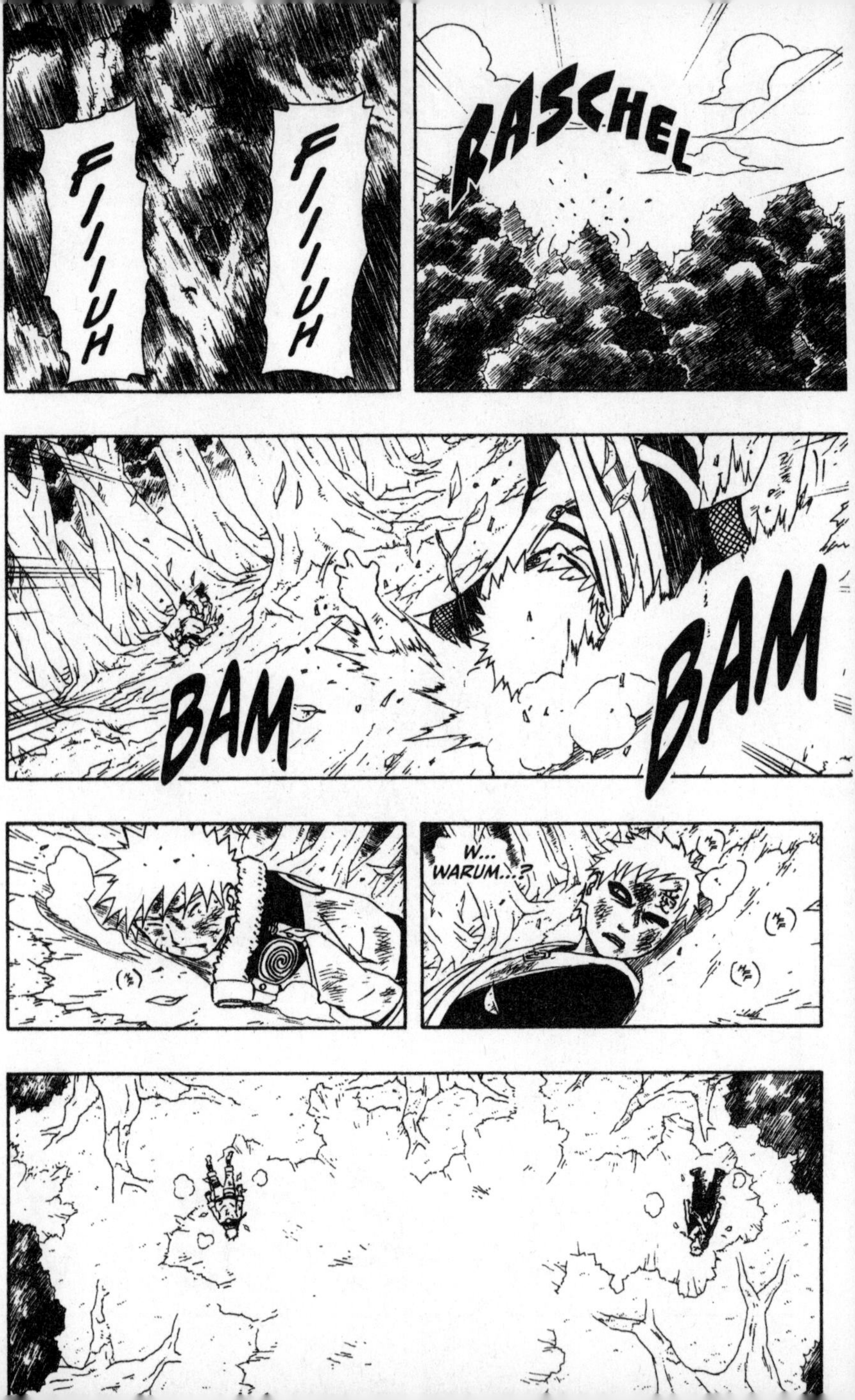
RASCHEL
FIIIIUH
FIIIIUH
BAM
BAM
W... WARUM...?

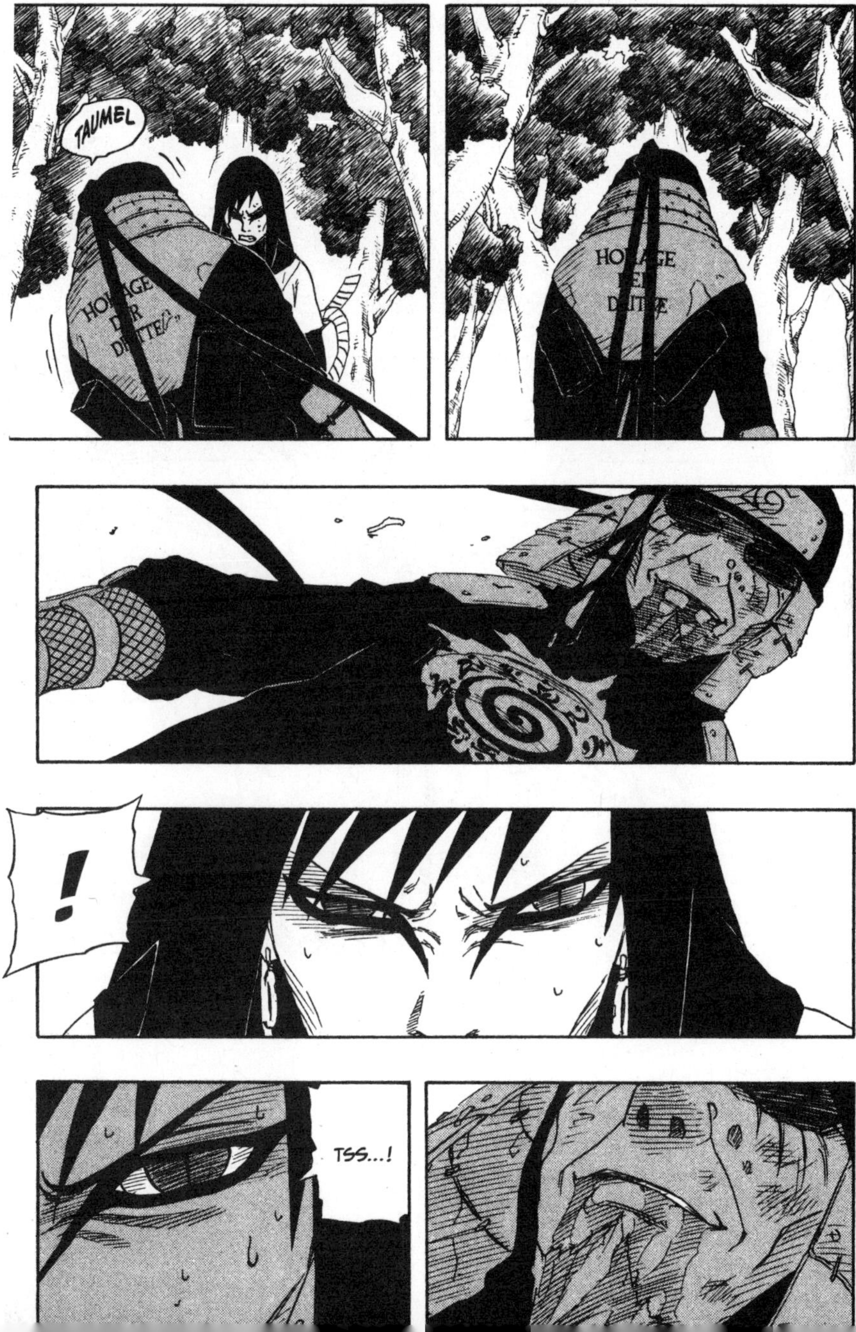
TAUMEL
HOKAGE DER DRITTE
!
TSS...!

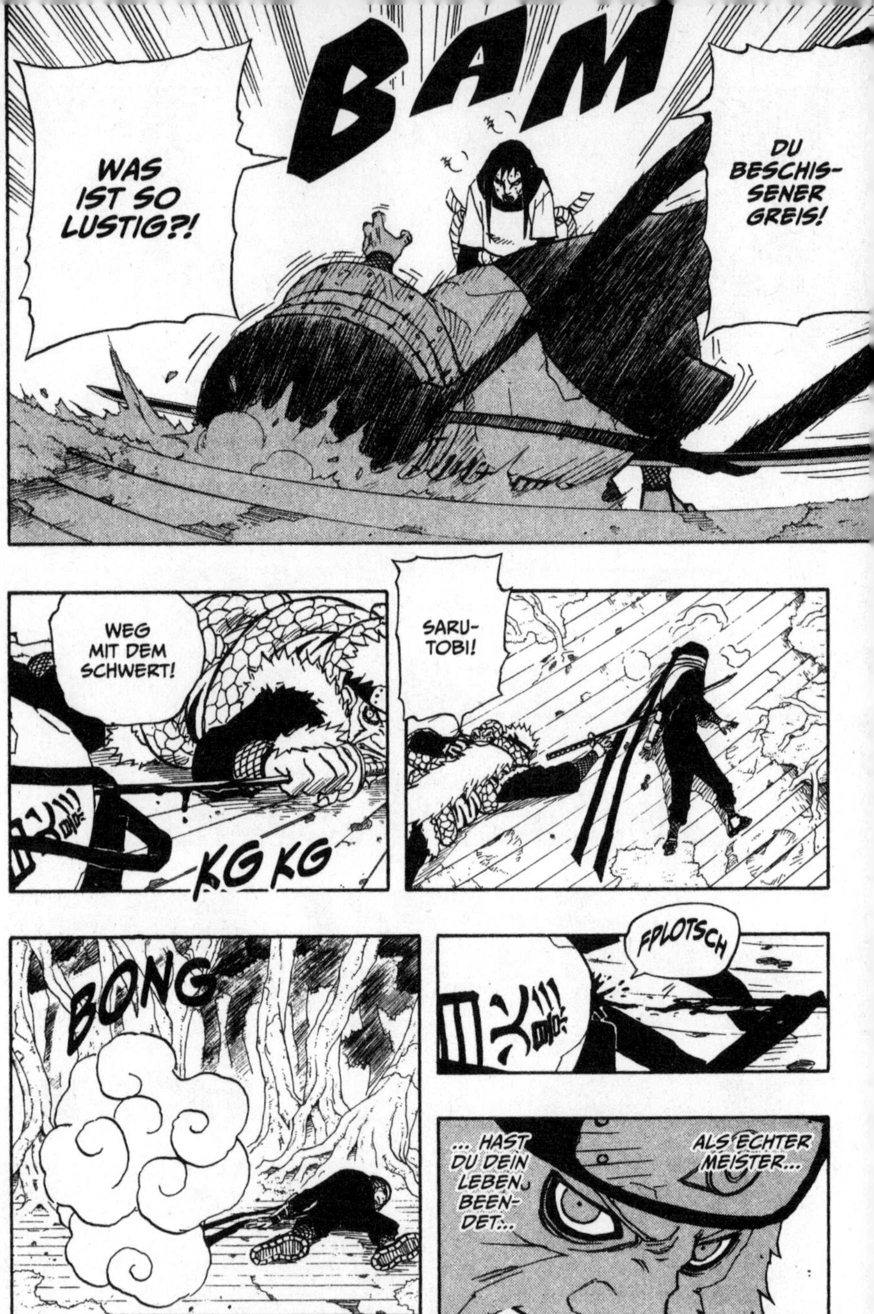

DU BESCHISSENER GREIS!
BAM
WAS IST SO LUSTIG?!
SARUTOBI!
WEG MIT DEM SCHWERT!
KG KG
FPLOTSCH
BONG
ALS ECHTER MEISTER...
... HAST DU DEIN LEBEN BEENDET...

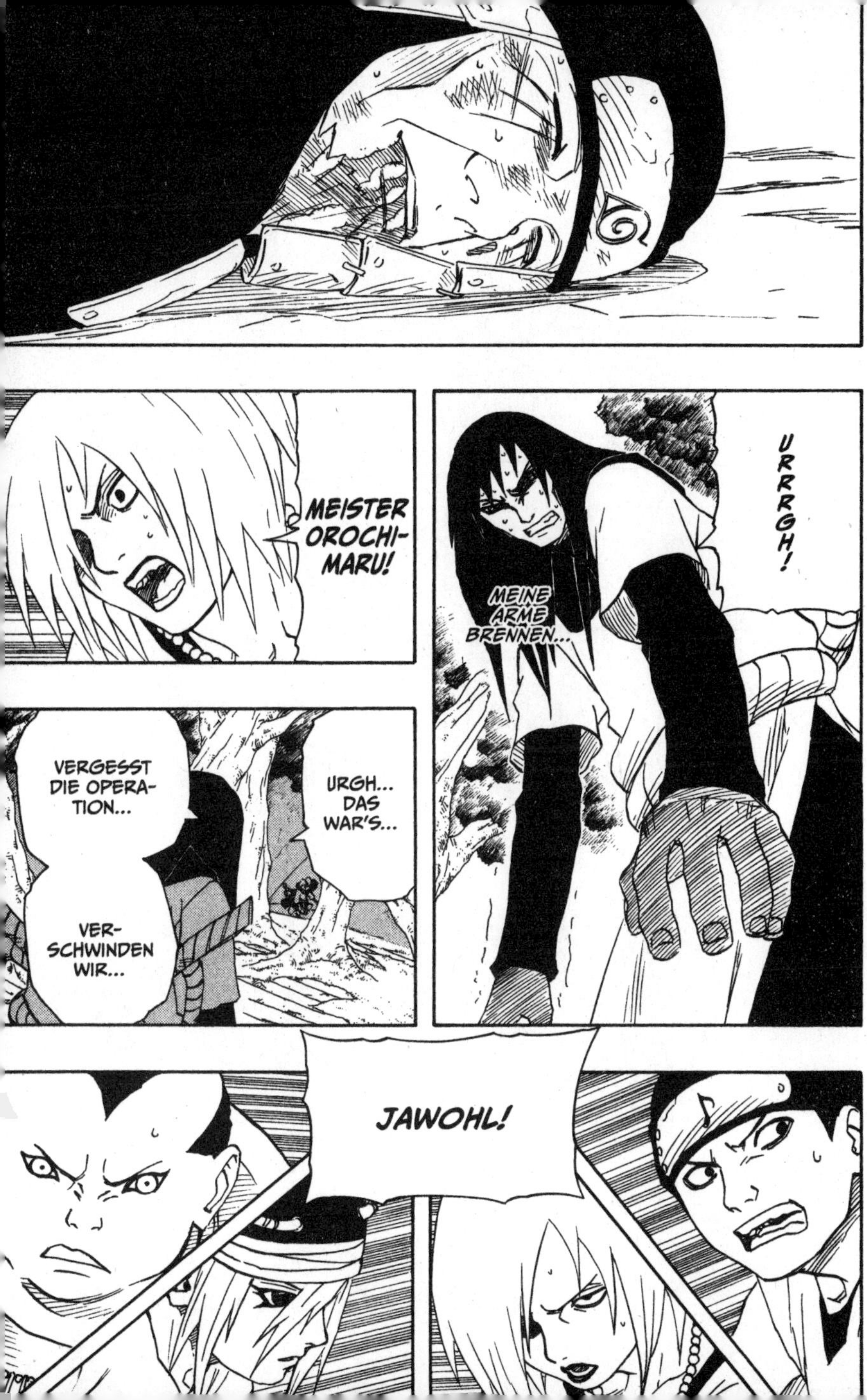
URRRGH!
MEINE ARME BRENNEN...
MEISTER OROCHI-MARU!
URGH... DAS WAR'S...
VERGESST DIE OPERA-TION...
VER-SCHWINDEN WIR...
JAWOHL!

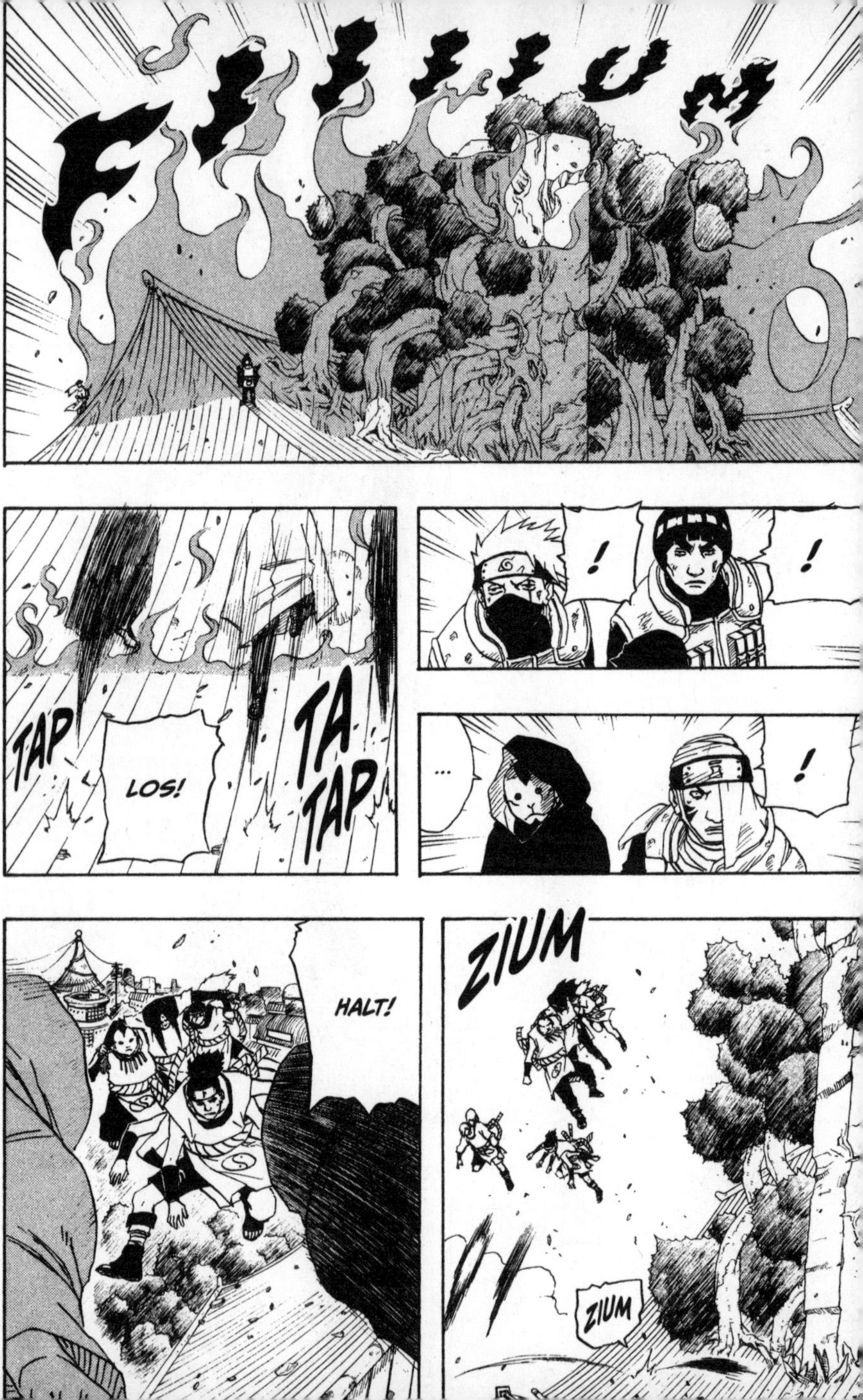

FIIIIUM
!
!
!
...
TA TAP
LOS!
TAP
ZIUM
ZIUM
HALT!

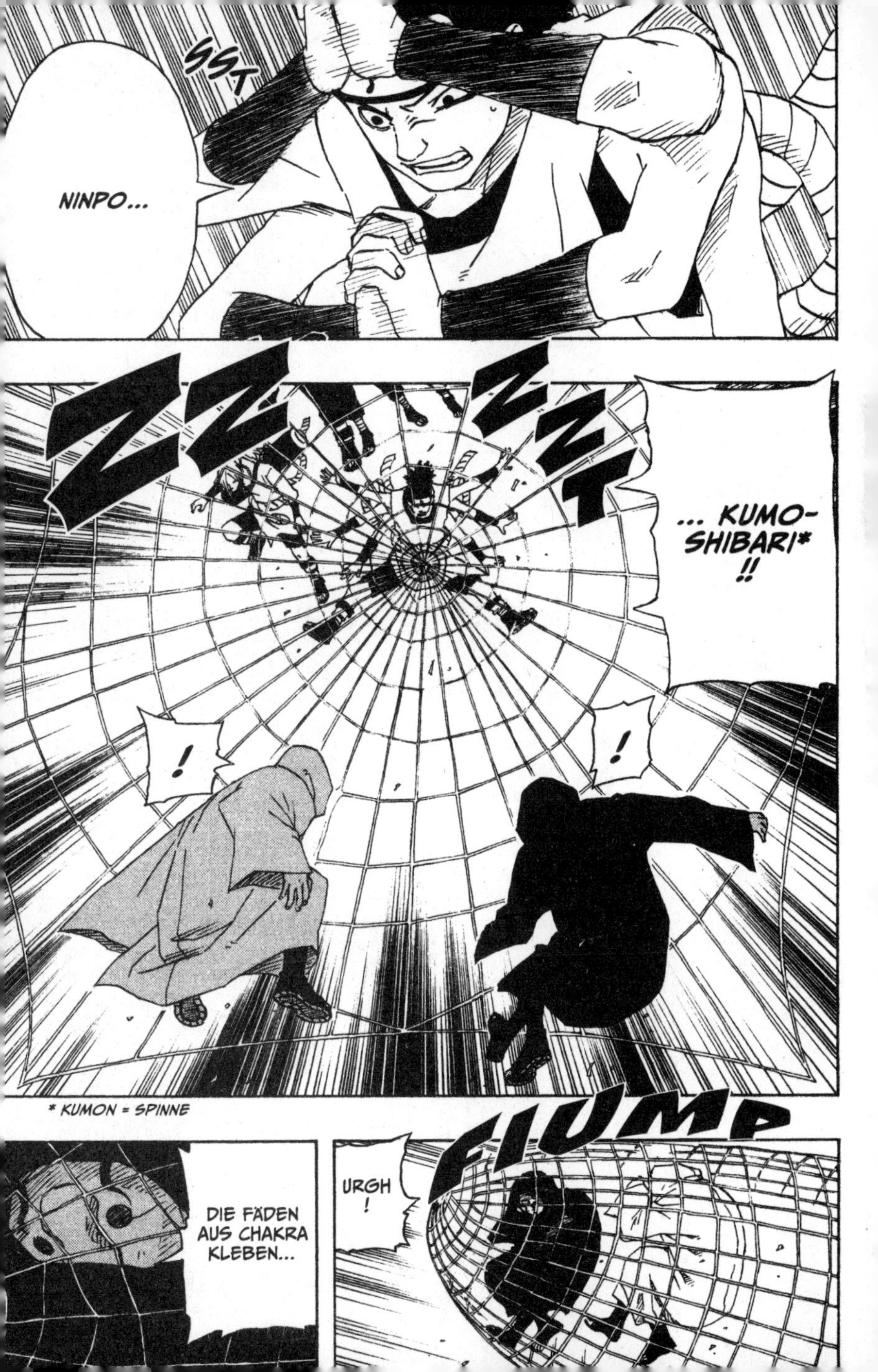

* KUMON = SPINNE

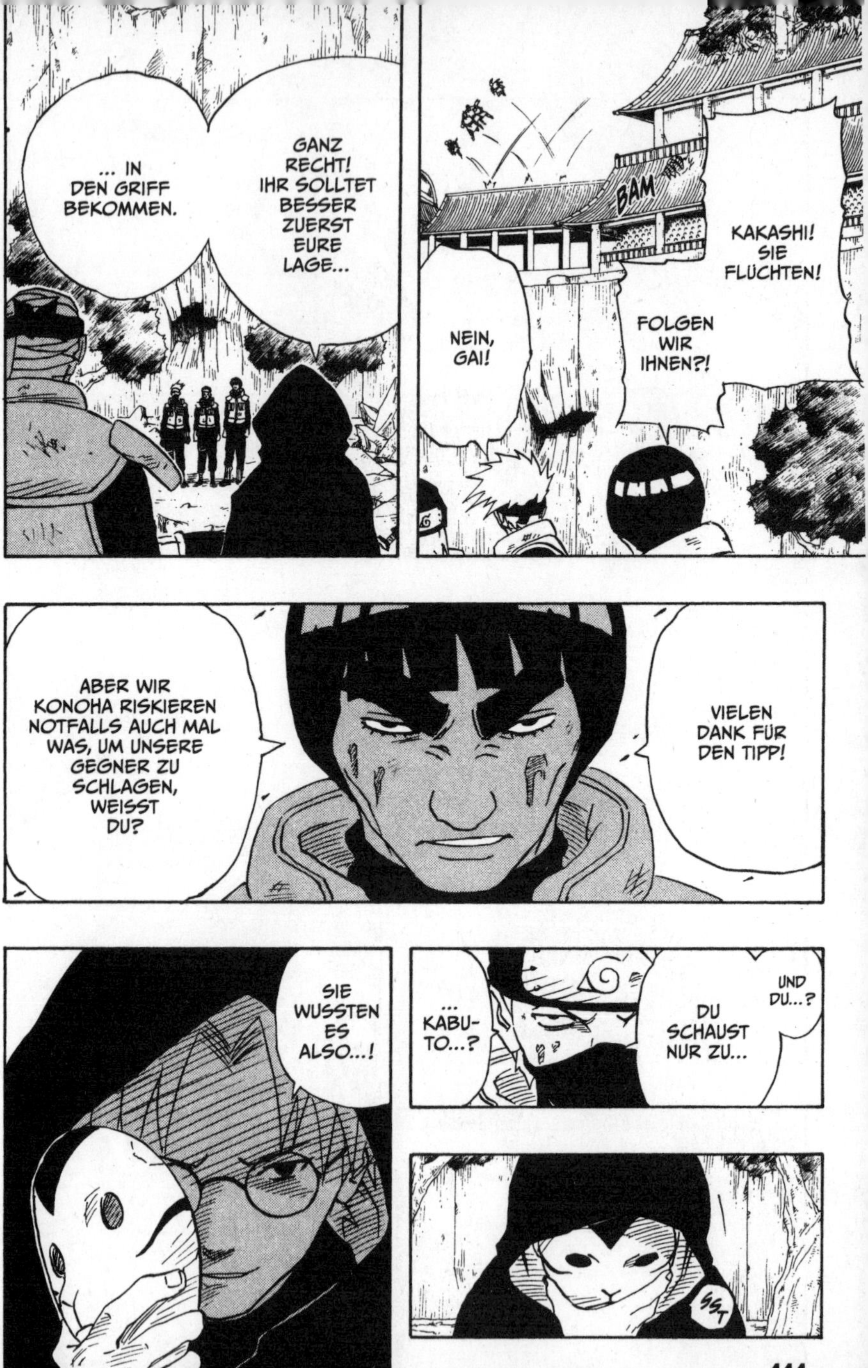
KAKASHI! SIE FLÜCHTEN!
FOLGEN WIR IHNEN?!
NEIN, GAI!
BAM
GANZ RECHT! IHR SOLLTET BESSER ZUERST EURE LAGE...
... IN DEN GRIFF BEKOMMEN.
VIELEN DANK FÜR DEN TIPP!
ABER WIR KONOHA RISKIEREN NOTFALLS AUCH MAL WAS, UM UNSERE GEGNER ZU SCHLAGEN, WEISST DU?
UND DU...?
DU SCHAUST NUR ZU...
... KABU-TO...?
SIE WUSSTEN ES ALSO...!
SST

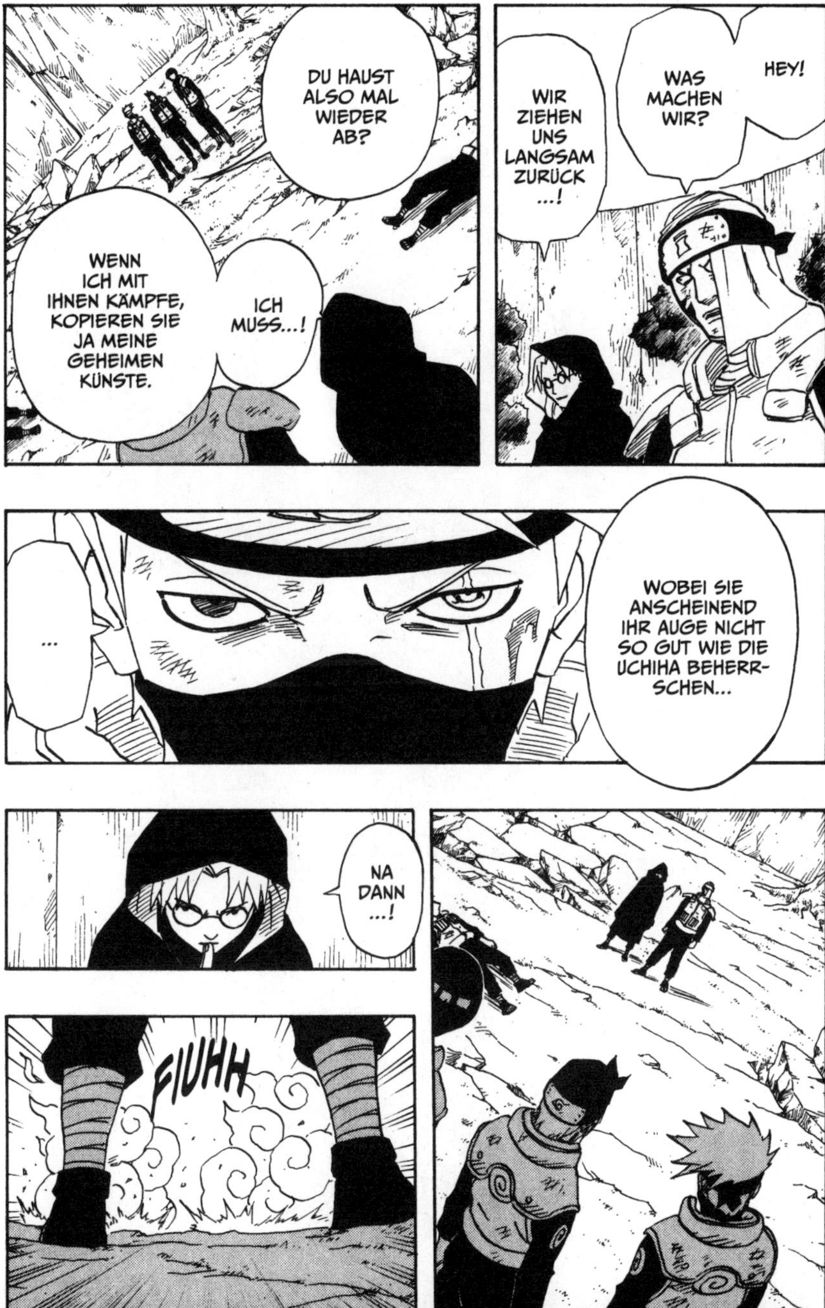
HEY!
WAS MACHEN WIR?
WIR ZIEHEN UNS LANGSAM ZURÜCK ...!
DU HAUST ALSO MAL WIEDER AB?
ICH MUSS...!
WENN ICH MIT IHNEN KÄMPFE, KOPIEREN SIE JA MEINE GEHEIMEN KÜNSTE.
WOBEI SIE ANSCHEINEND IHR AUGE NICHT SO GUT WIE DIE UCHIHA BEHERR-SCHEN...
...
NA DANN ...!
FIUHH

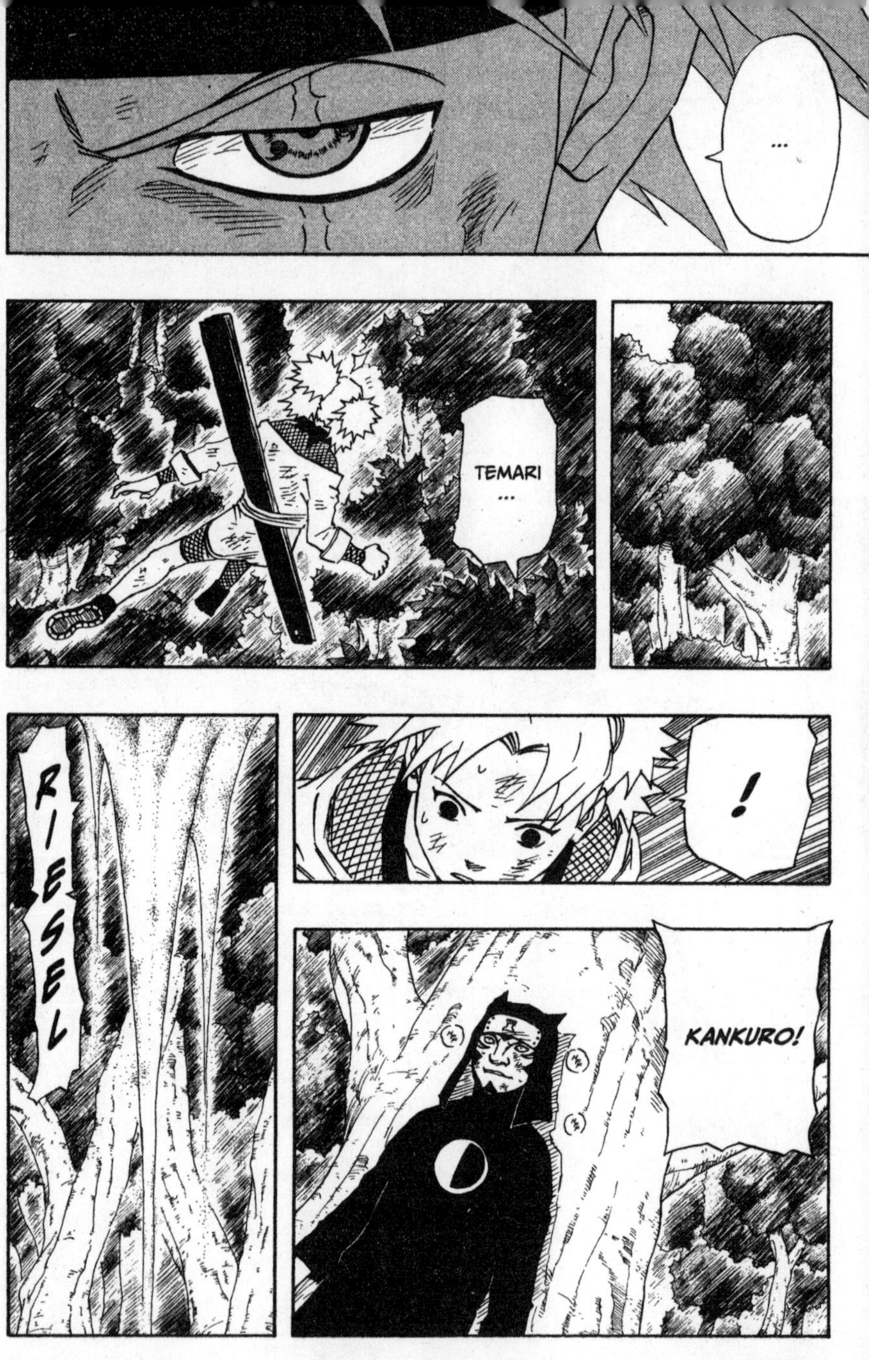
...
TEMARI
...
!
RIESEL
KANKURO!

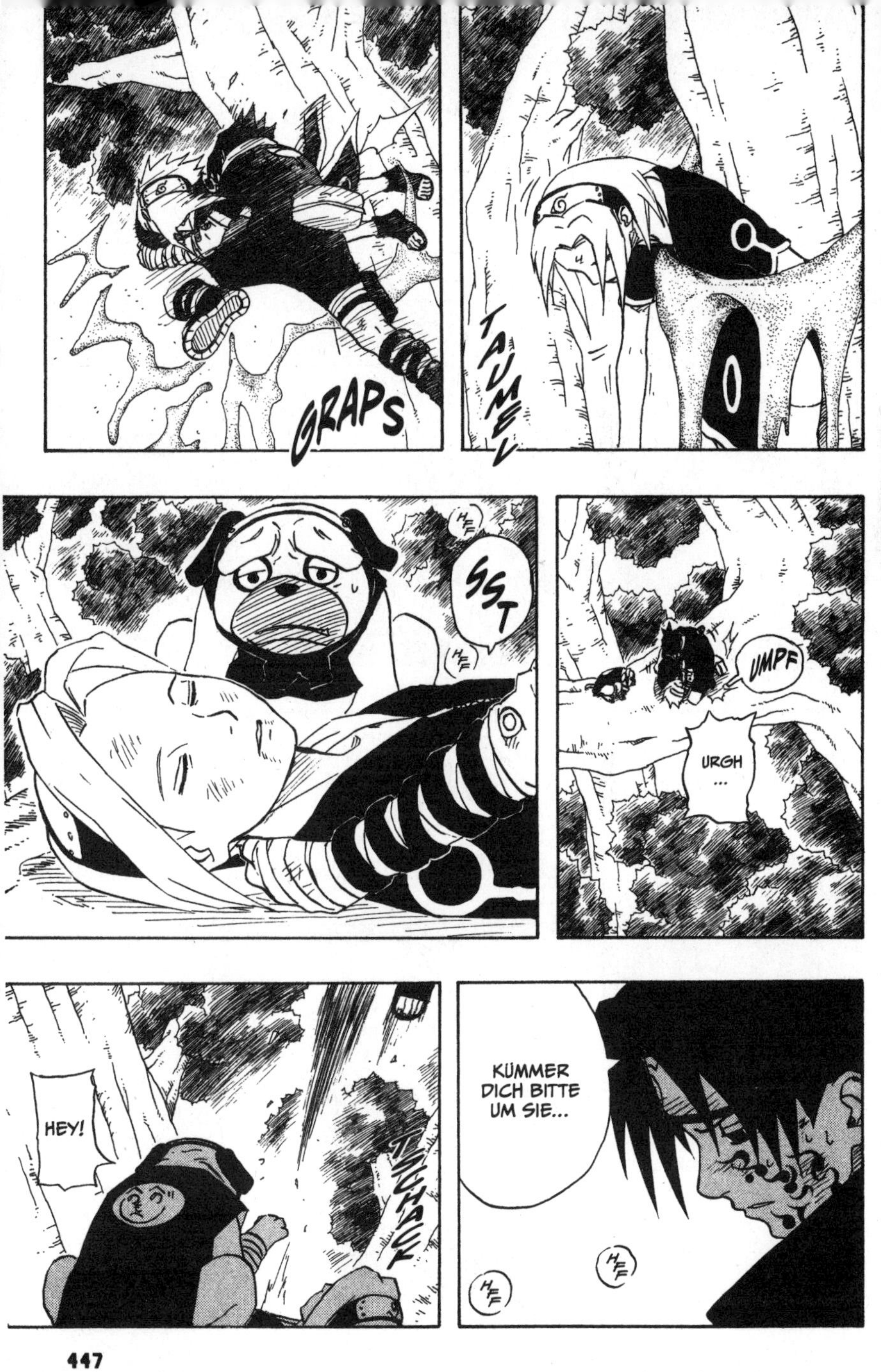
TAUMEL
GRAPS
UMPF
URGH ...
HEF
SST
HEF
KÜMMER DICH BITTE UM SIE...
HEF
HEF
HEY!
TSCHACK

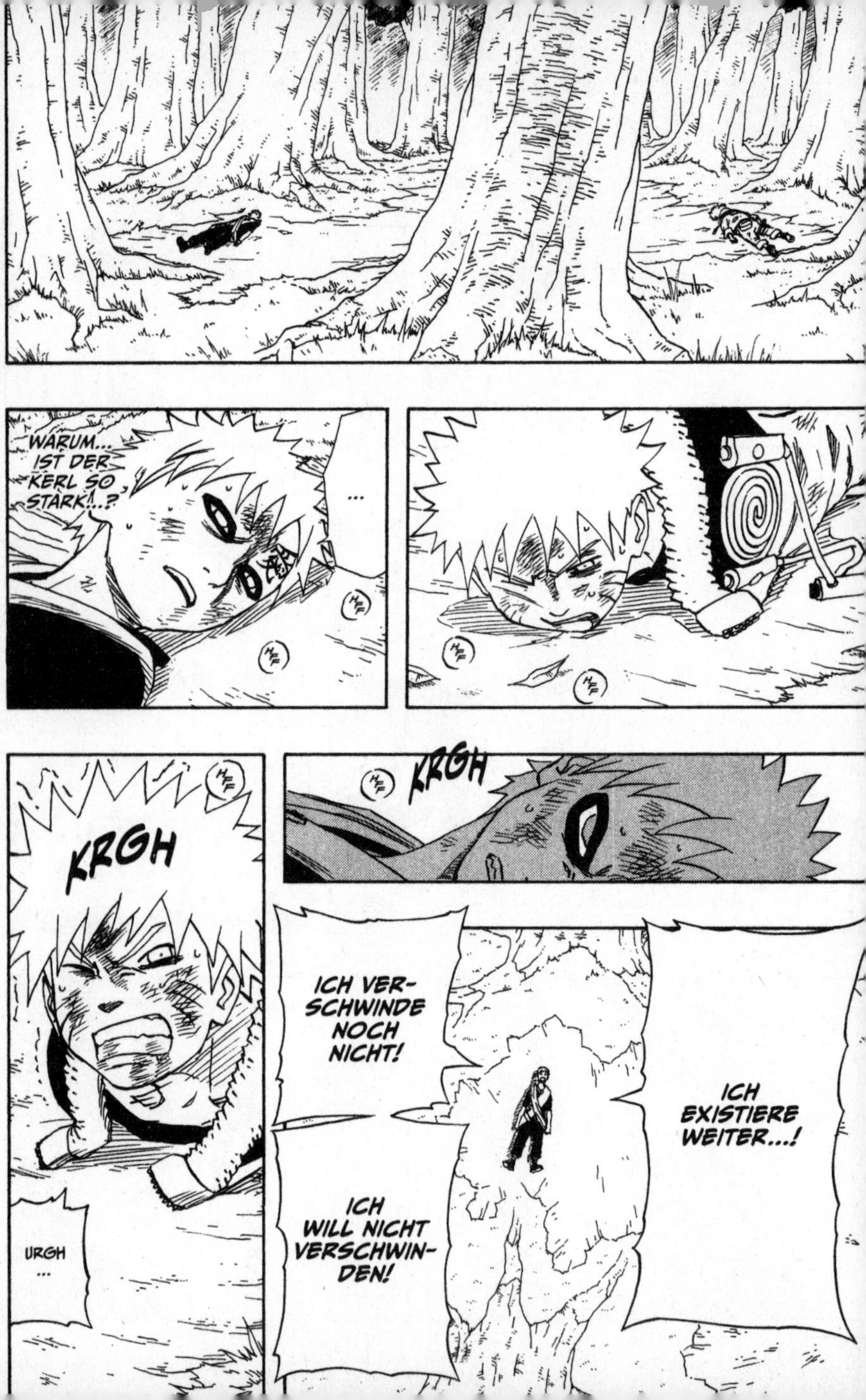
...
WARUM... IST DER KERL SO STARK!...?
KRGH
KRGH
ICH EXISTIERE WEITER...!
ICH VERSCHWINDE NOCH NICHT!
ICH WILL NICHT VERSCHWINDEN!
URGH ...

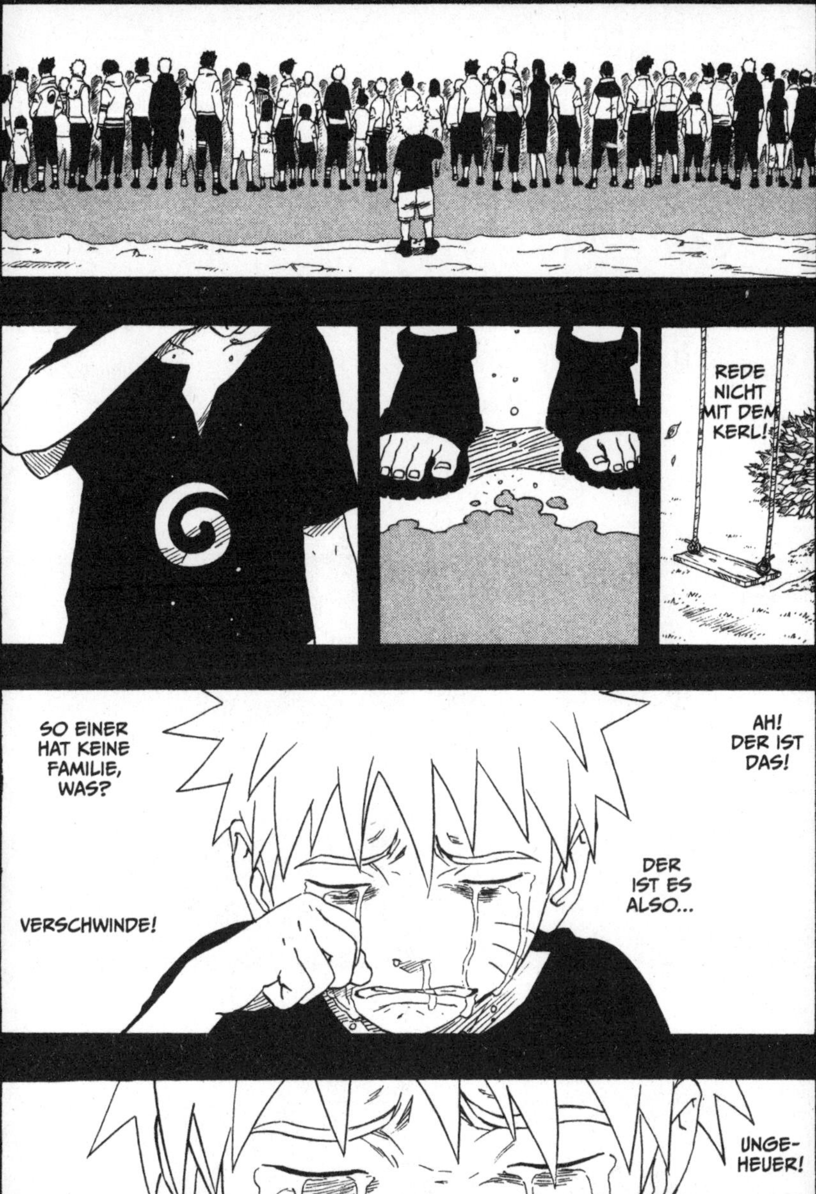
REDE NICHT MIT DEM KERL!
AH! DER IST DAS!
DER IST ES ALSO...
SO EINER HAT KEINE FAMILIE, WAS?
VERSCHWINDE!
UNGE-HEUER!

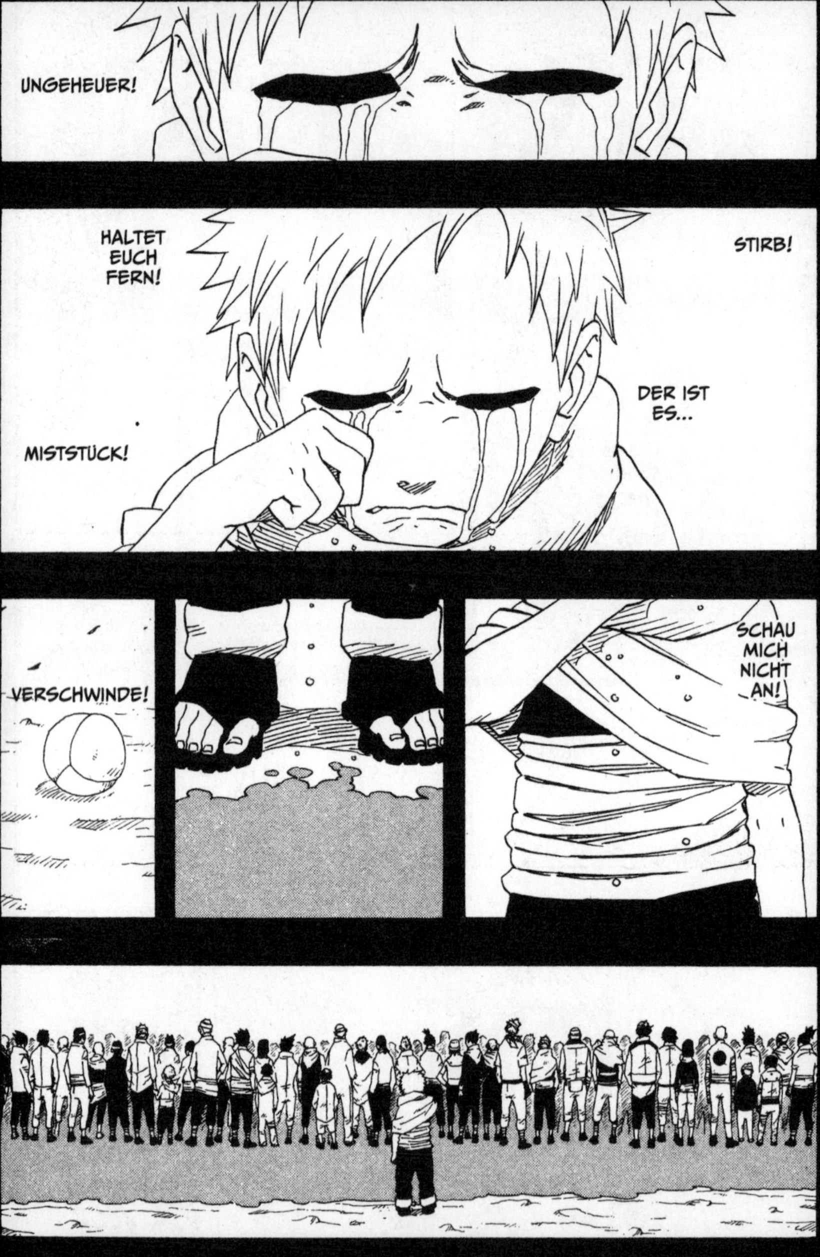
UNGEHEUER!
STIRB!
HALTET EUCH FERN!
DER IST ES...
MISTSTÜCK!
SCHAU MICH NICHT AN!
VERSCHWINDE!

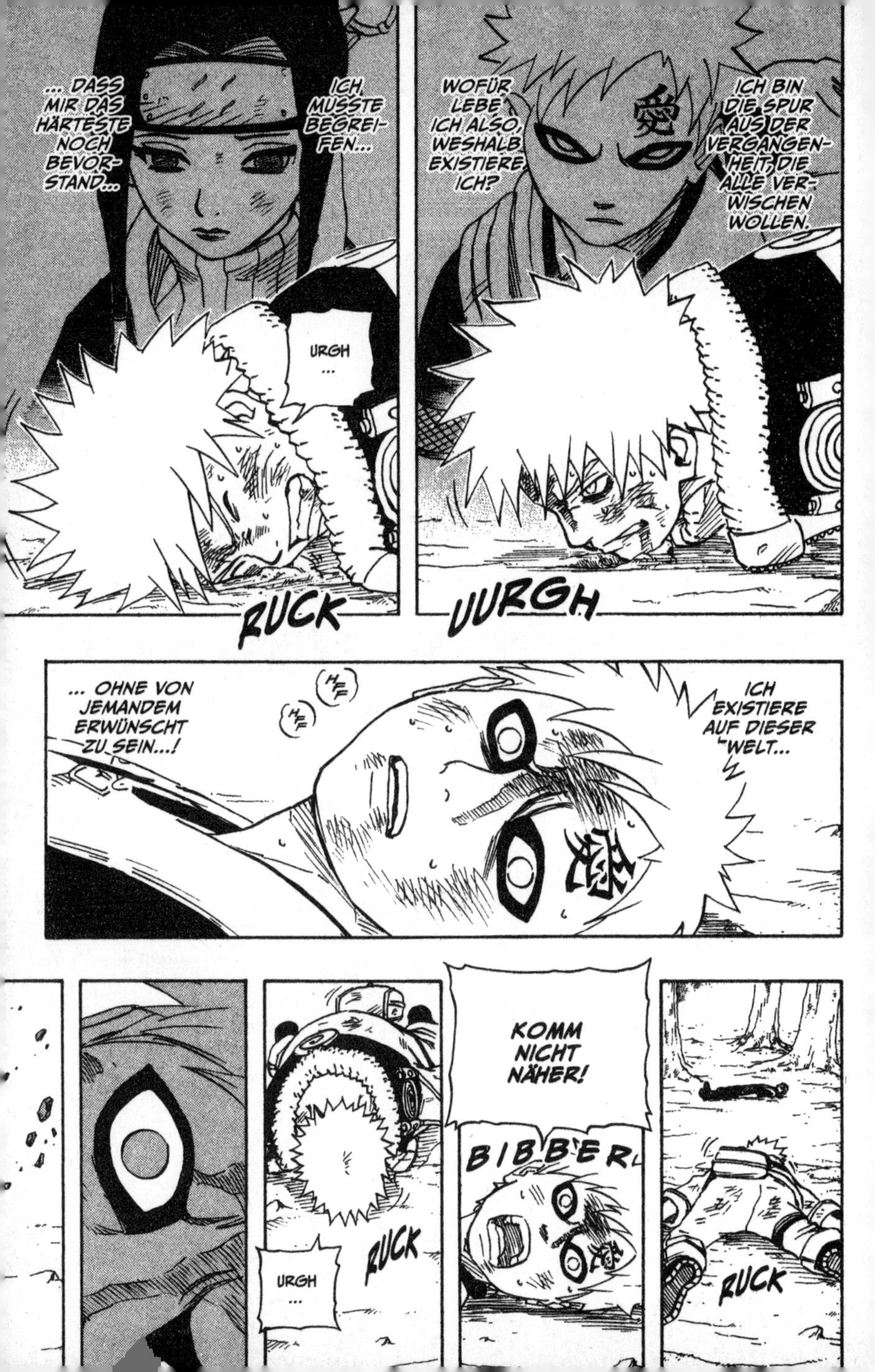

Wofür lebe ich also, weshalb existiere ich?
Ich bin die Spur aus der Vergangenheit, die alle verwischen wollen.
Ich musste begreifen...
... dass mir das Härteste noch bevorstand...
Urgh ...
Uurgh
Ruck
Ich existiere auf dieser Welt...
... ohne von jemandem erwünscht zu sein...!
Hef
Hef
Komm nicht näher!
Bibber
Ruck
Urgh ...
Ruck

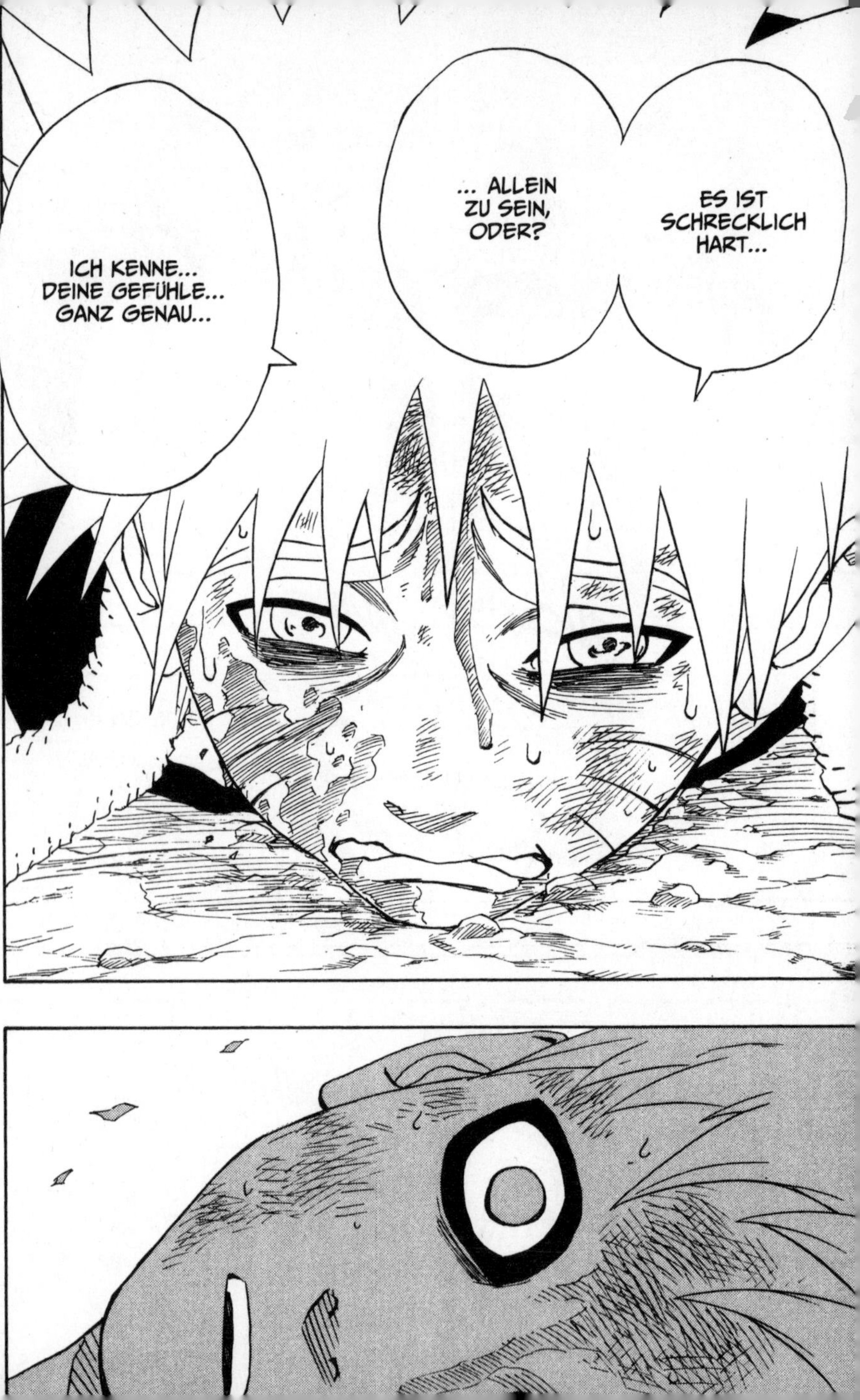
ES IST SCHRECKLICH HART...
... ALLEIN ZU SEIN, ODER?
ICH KENNE... DEINE GEFÜHLE... GANZ GENAU...

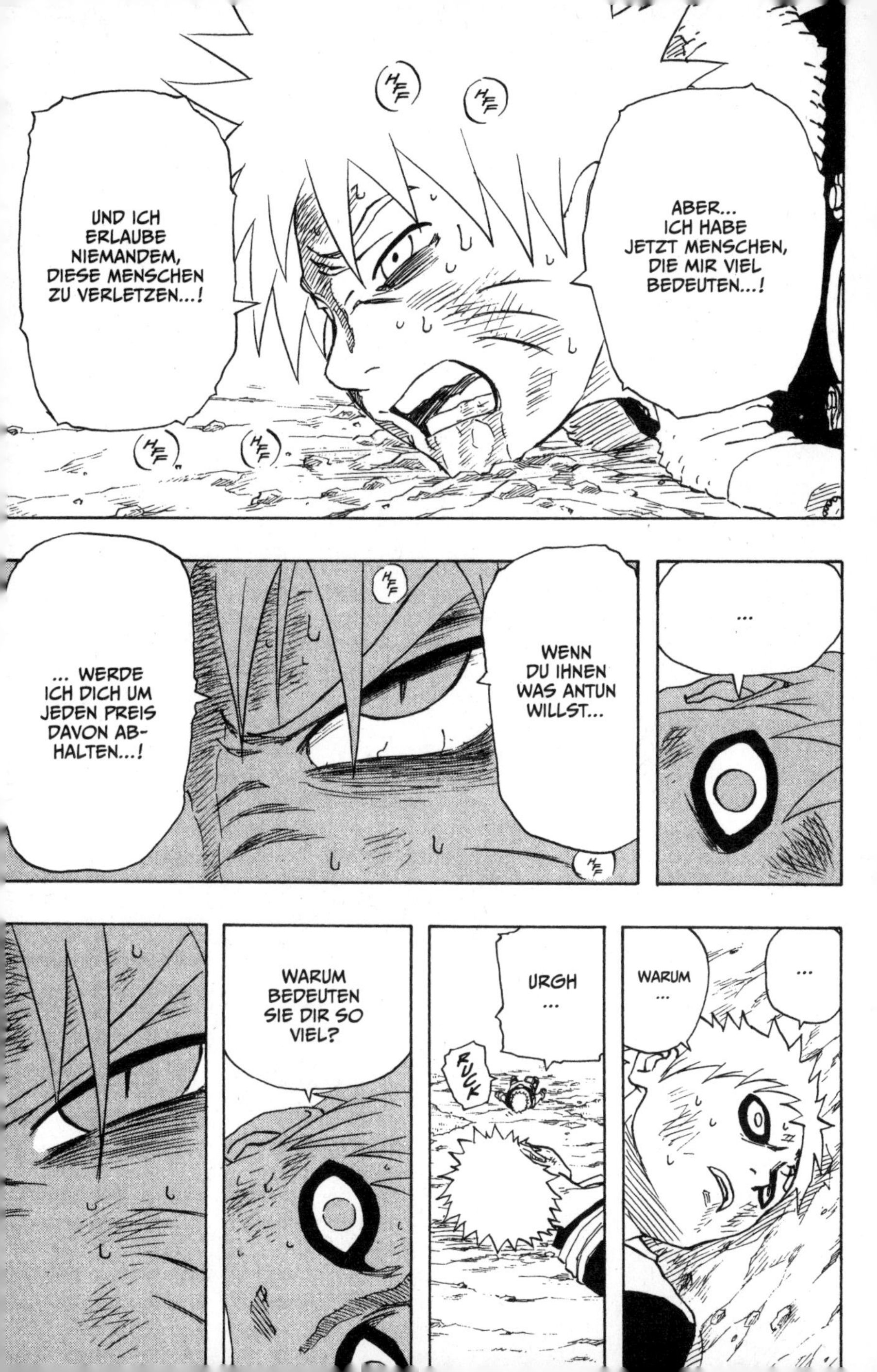
HFF
HFF
ABER... ICH HABE JETZT MENSCHEN, DIE MIR VIEL BEDEUTEN...!
UND ICH ERLAUBE NIEMANDEM, DIESE MENSCHEN ZU VERLETZEN...!
HFF
HFF
...
HFF
WENN DU IHNEN WAS ANTUN WILLST...
... WERDE ICH DICH UM JEDEN PREIS DAVON ABHALTEN...!
HFF
...
WARUM ...
URGH ...
RUCK
WARUM BEDEUTEN SIE DIR SO VIEL?

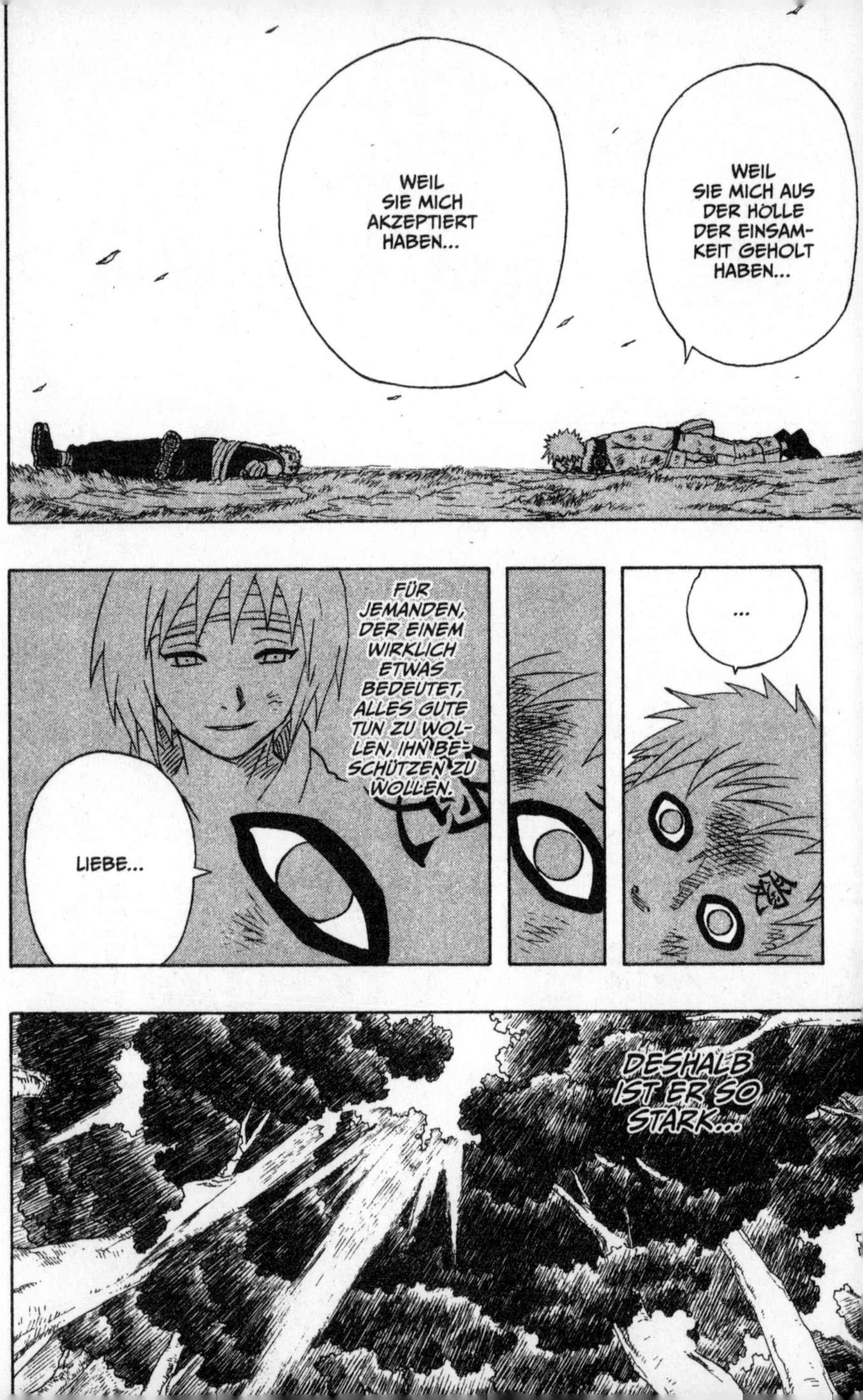
WEIL SIE MICH AUS DER HÖLLE DER EINSAMKEIT GEHOLT HABEN...
WEIL SIE MICH AKZEPTIERT HABEN...
...
FÜR JEMANDEN, DER EINEM WIRKLICH ETWAS BEDEUTET, ALLES GUTE TUN ZU WOLLEN, IHN BESCHÜTZEN ZU WOLLEN.
LIEBE...
DESHALB IST ER SO STARK...

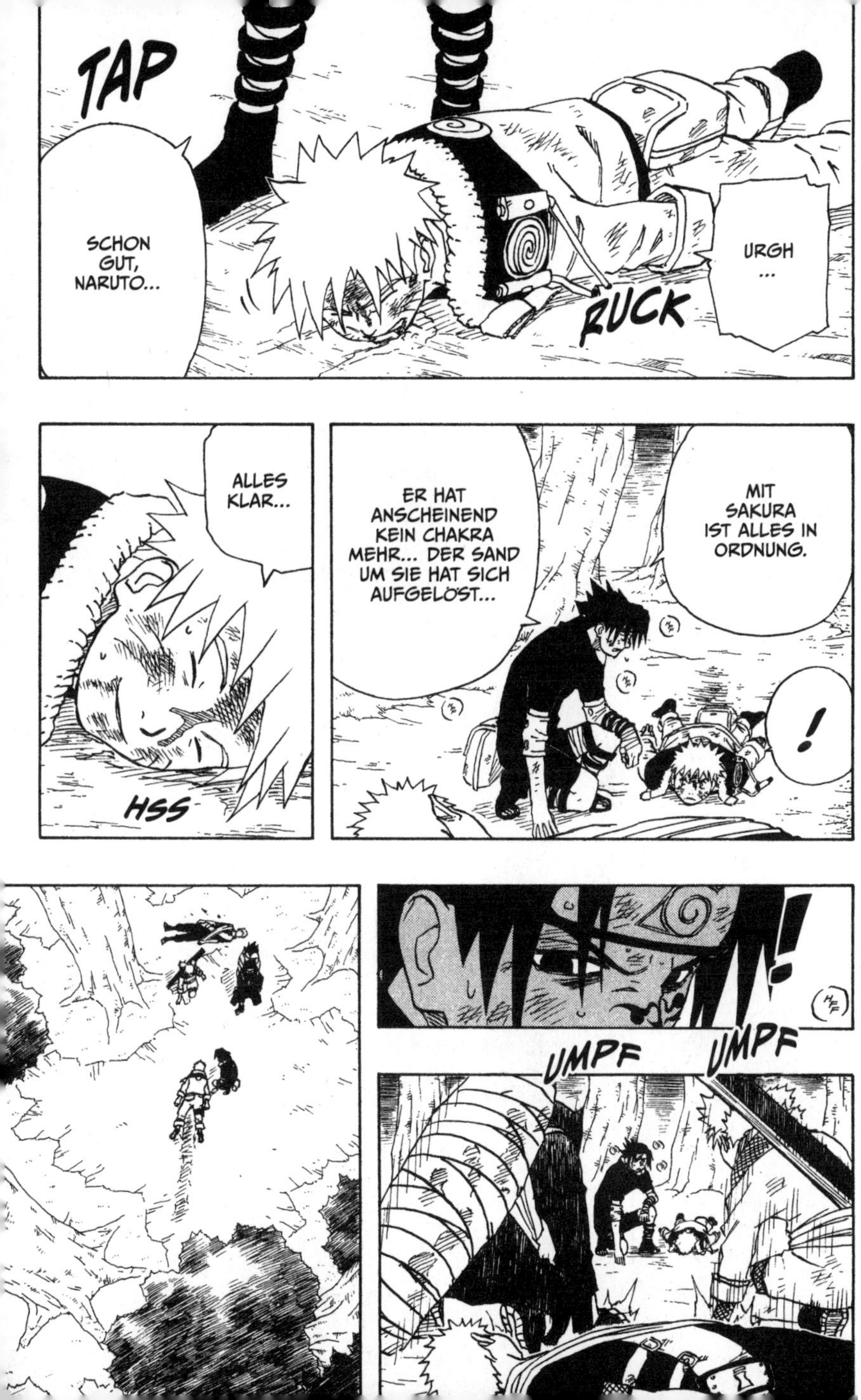

URGH ...
RUCK
TAP
SCHON GUT, NARUTO...
MIT SAKURA IST ALLES IN ORDNUNG.
!
ER HAT ANSCHEINEND KEIN CHAKRA MEHR... DER SAND UM SIE HAT SICH AUFGELÖST...
ALLES KLAR...
HSS
!
UMPF
UMPF

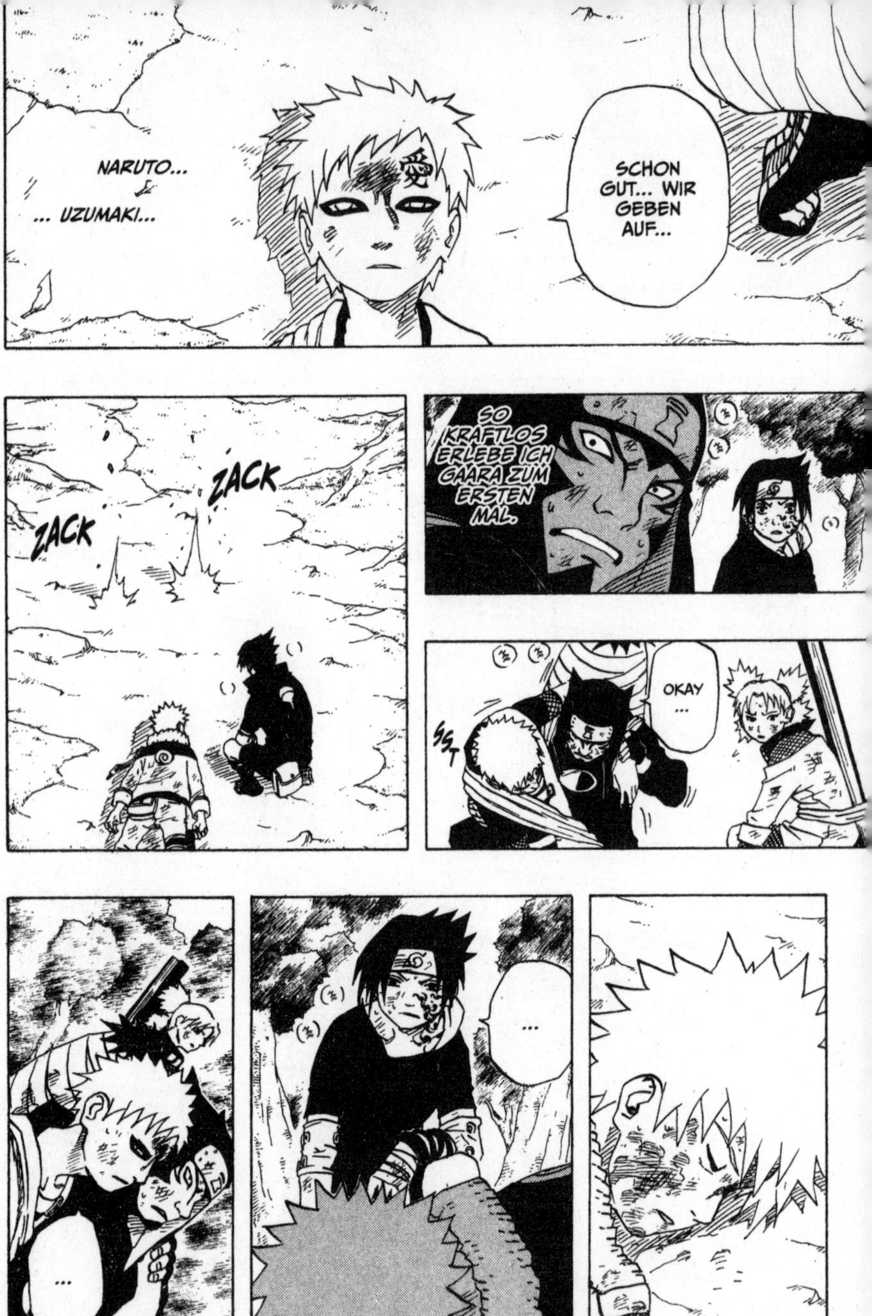
SCHON GUT... WIR GEBEN AUF...
NARUTO...
... UZUMAKI...
SO KRAFTLOS ERLEBE ICH GAARA ZUM ERSTEN MAL.
ZACK
ZACK
OKAY ...
SST
...
...

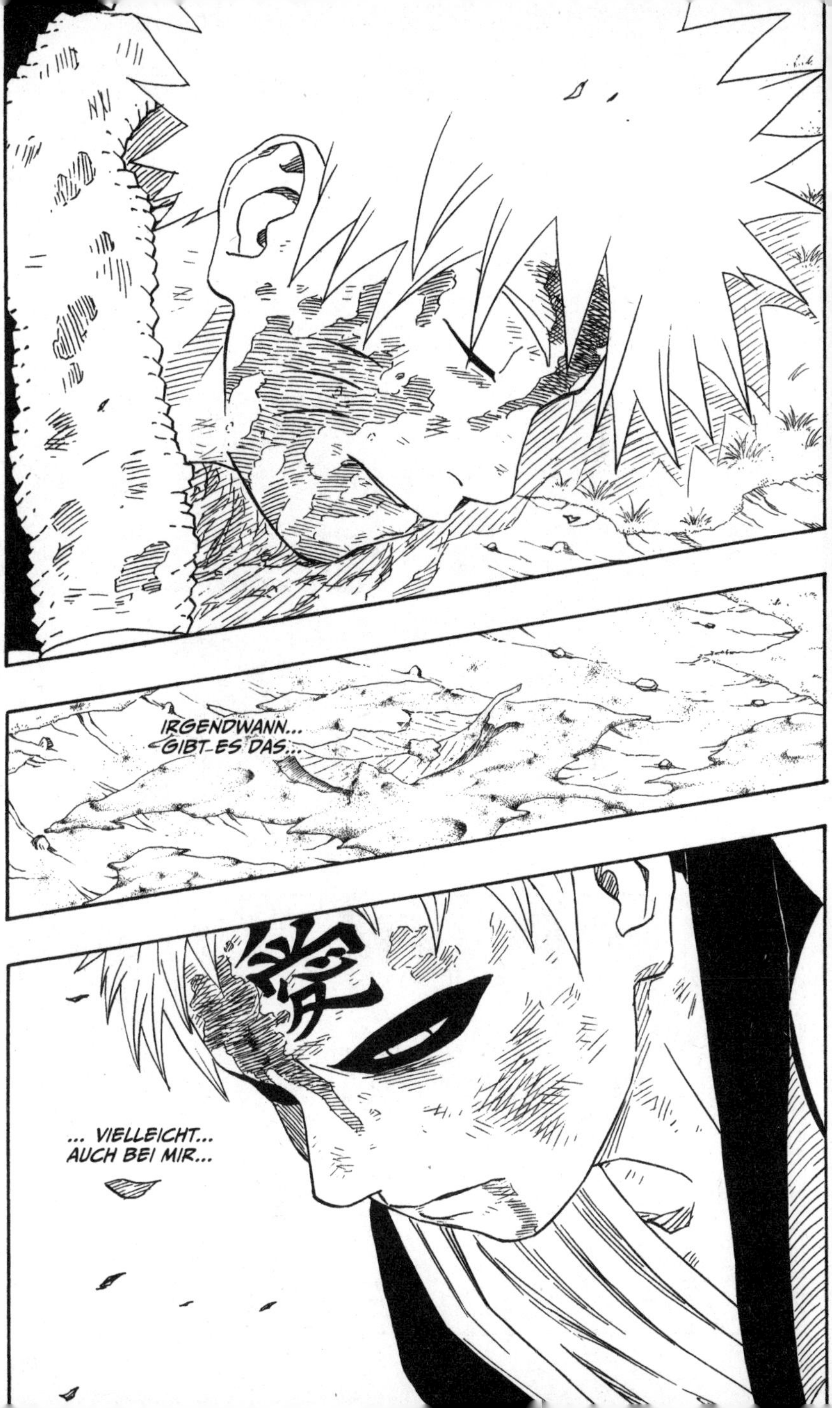
IRGENDWANN... GIBT ES DAS...
... VIELLEICHT... AUCH BEI MIR...

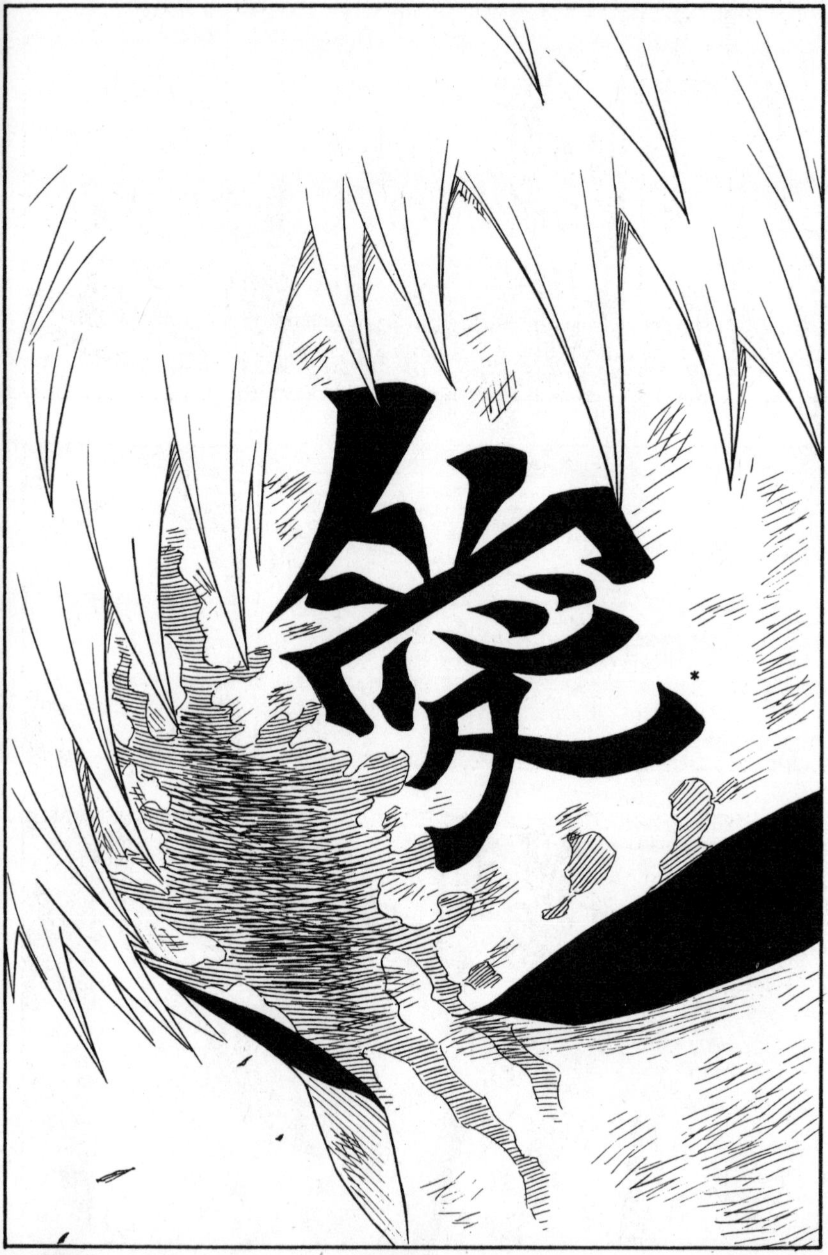

* LIEBE

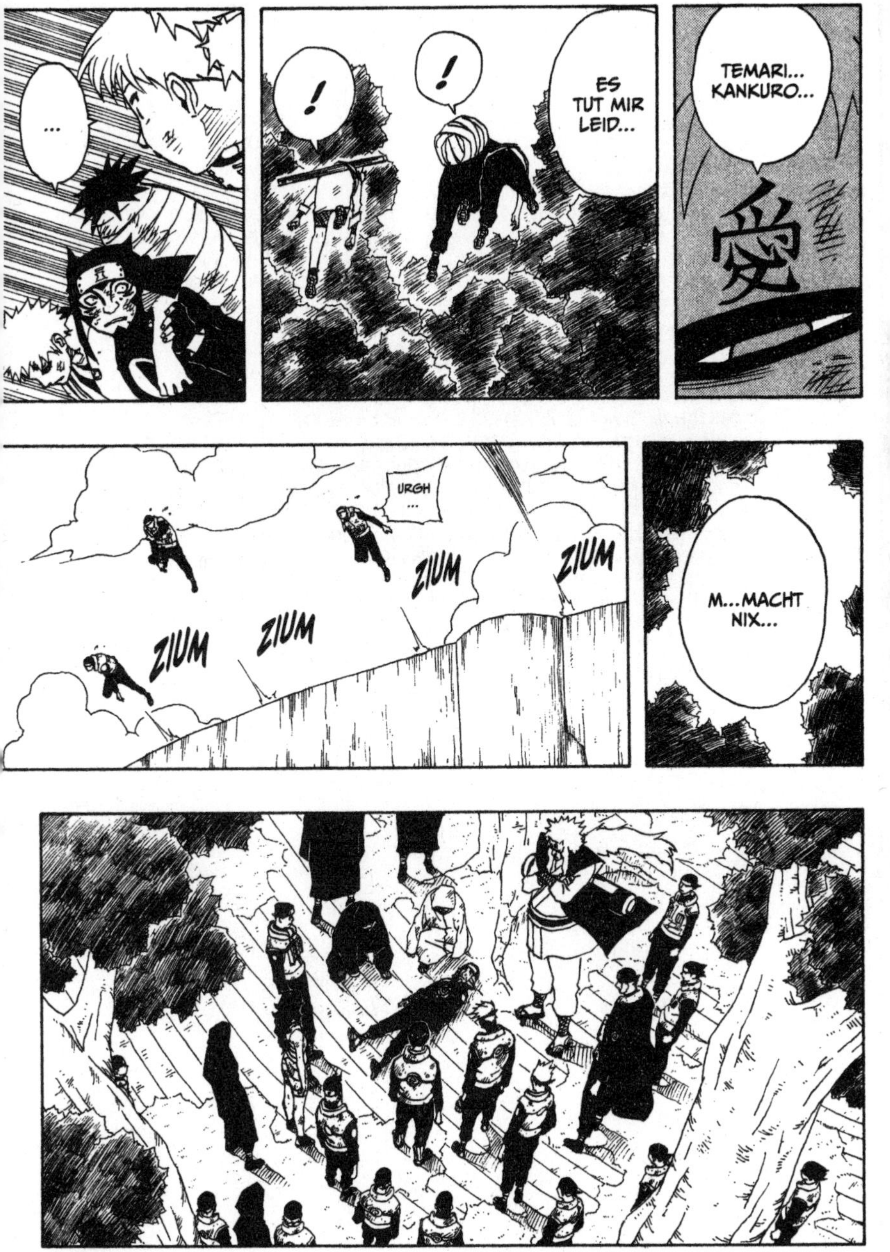

TEMARI... KANKURO...
ES TUT MIR LEID...
!
!
...
M...MACHT NIX...
ZIUM
ZIUM
URGH ...
ZIUM
ZIUM

MASASHI KISHIMOTOS WELT
LEBENSGESCHICHTE – TEIL 24, 1. FOLGE

DIE KURZGESCHICHTE »KARAKURI« WAR MIT 31 SEITEN FERTIG UND MUSSTE NUN AN JUMP GESCHICKT WERDEN. ES WAR ENDE FEBRUAR, KURZ VOR DEM EINSENDETERMIN. ICH GING ZUM POSTAMT, GAB DEM POSTBEAMTEN TOTAL AUFGEREGT MEIN ORDENTLICH VERPACKTES MANUSKRIPT UND BETETE ZU GOTT UND BUDDHA! (ICH BIN NUR FROMM, WENN ICH EINE BITTE HABE...) ICH MACHTE DIE AUGEN ZU, FALTETE DIE HÄNDE UND MURMELTE MINDESTENS ZWANZIGMAL: »BITTE, LASST MICH DEN PREIS GEWINNEN!« ICH WAR AUSSER MIR. ALS ICH ZU MIR KAM, MERKTE ICH, DASS DER POSTBEAMTE MICH SPRACHLOS ANSTARRTE. KEIN WUNDER... ICH KAM IHM WAHRSCHEINLICH NICHT NUR UNHEIMLICH VOR, SONDERN SOGAR GEFÄHRLICH... ABER DAS WAR MIR EGAL! ICH WOLLTE BLOSS DEN PREIS GEWINNEN!

GANZE ZWEI MONATE BIS ZUR BEKANNTMACHUNG DES ERGEBNISSES DREHTEN SICH MEINE GEDANKEN NUR NOCH IM KREIS. WIEDER UND WIEDER SCHAUTE ICH DIE KOPIE DES MANUSKRIPTS AN UND SEUFZTE ENTWEDER »PUH, DAS HAT DOCH KEINE CHANCE...« ODER »HHM, VIELLEICHT KLAPPT ES...«. AUCH WÄHREND DES UNTERRICHTS, AUCH WENN ICH MICH MIT FREUNDEN TRAF. NACHTS KONNTE ICH SCHLECHT SCHLAFEN UND WAR LANGSAM MIT DEN NERVEN FERTIG. UND SECHS TAGE VOR DER BEKANNTMACHUNG ERFUHR ICH VON EINEM FREUND DANN ETWAS GANZ SCHOCKIERENDES! DER FREUND KANNTE IN SEINER SCHULZEIT DEN MANGAKA KYOSUKE USUTA. UND ER ERZÄHLTE MIR ETWAS...

(FORTSETZUNG FOLGT...)

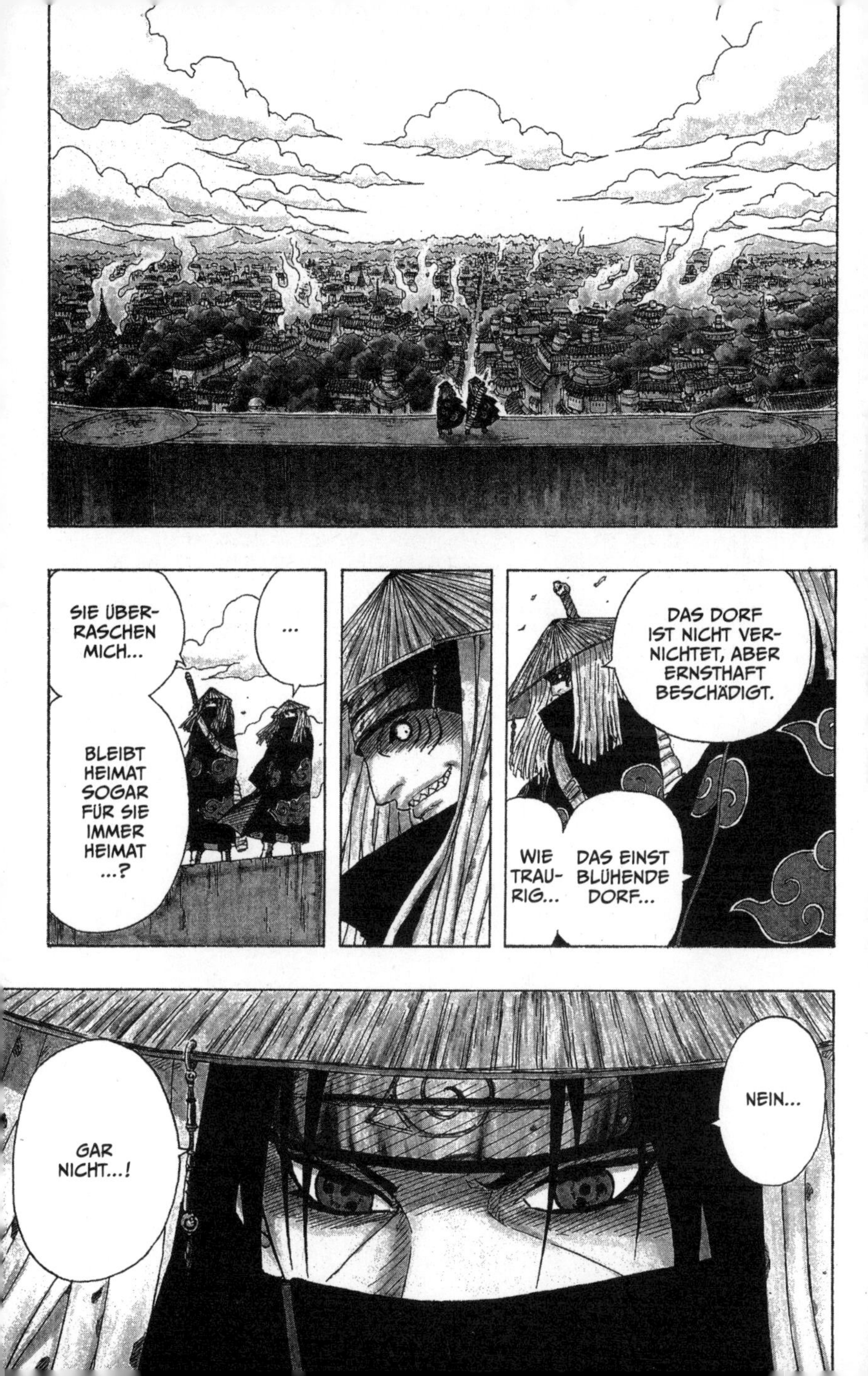
DAS DORF IST NICHT VERNICHTET, ABER ERNSTHAFT BESCHÄDIGT.
DAS EINST BLÜHENDE DORF...
WIE TRAURIG...
...
SIE ÜBERRASCHEN MICH...
BLEIBT HEIMAT SOGAR FÜR SIE IMMER HEIMAT ...?
NEIN...
GAR NICHT...!

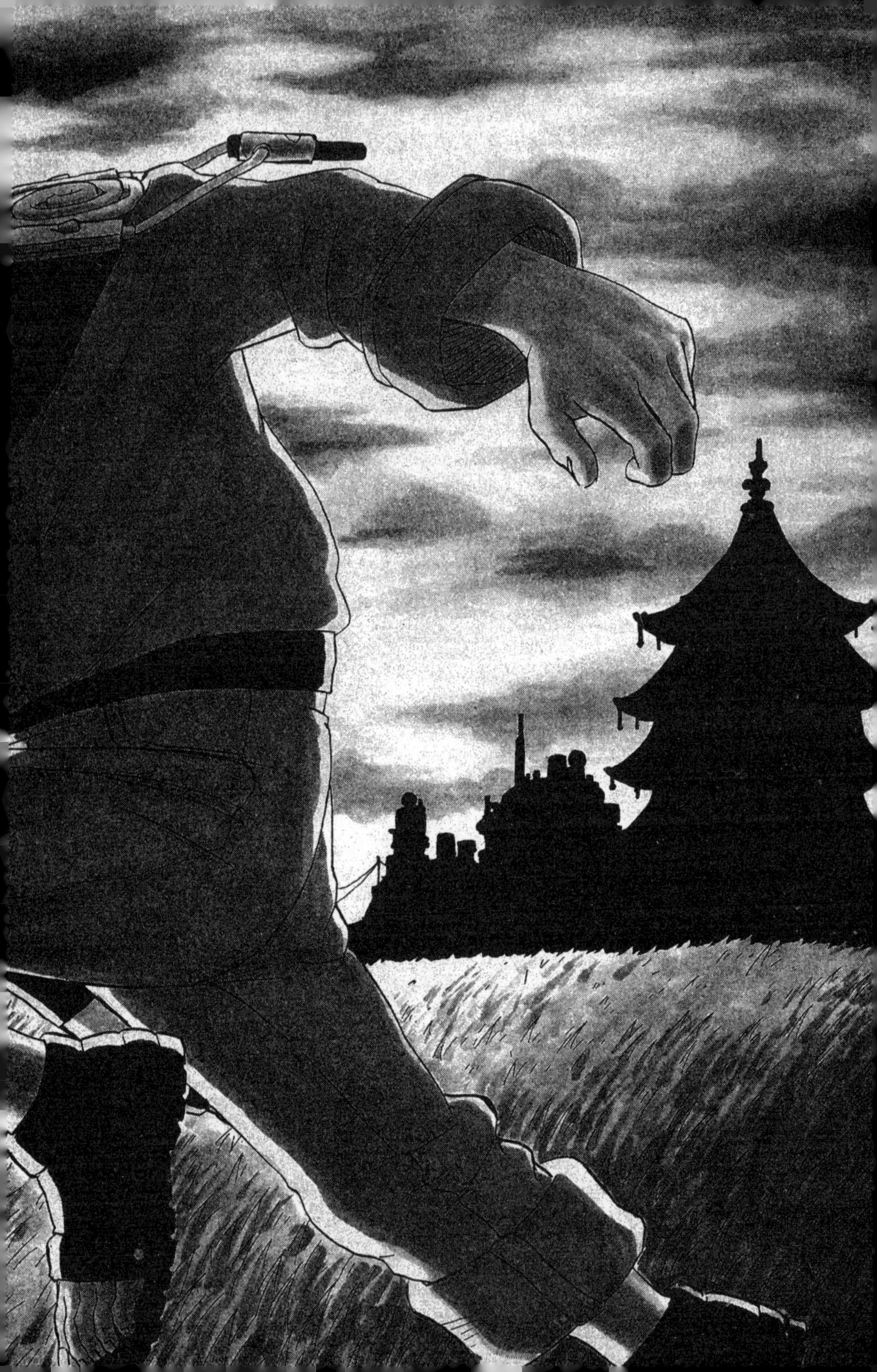

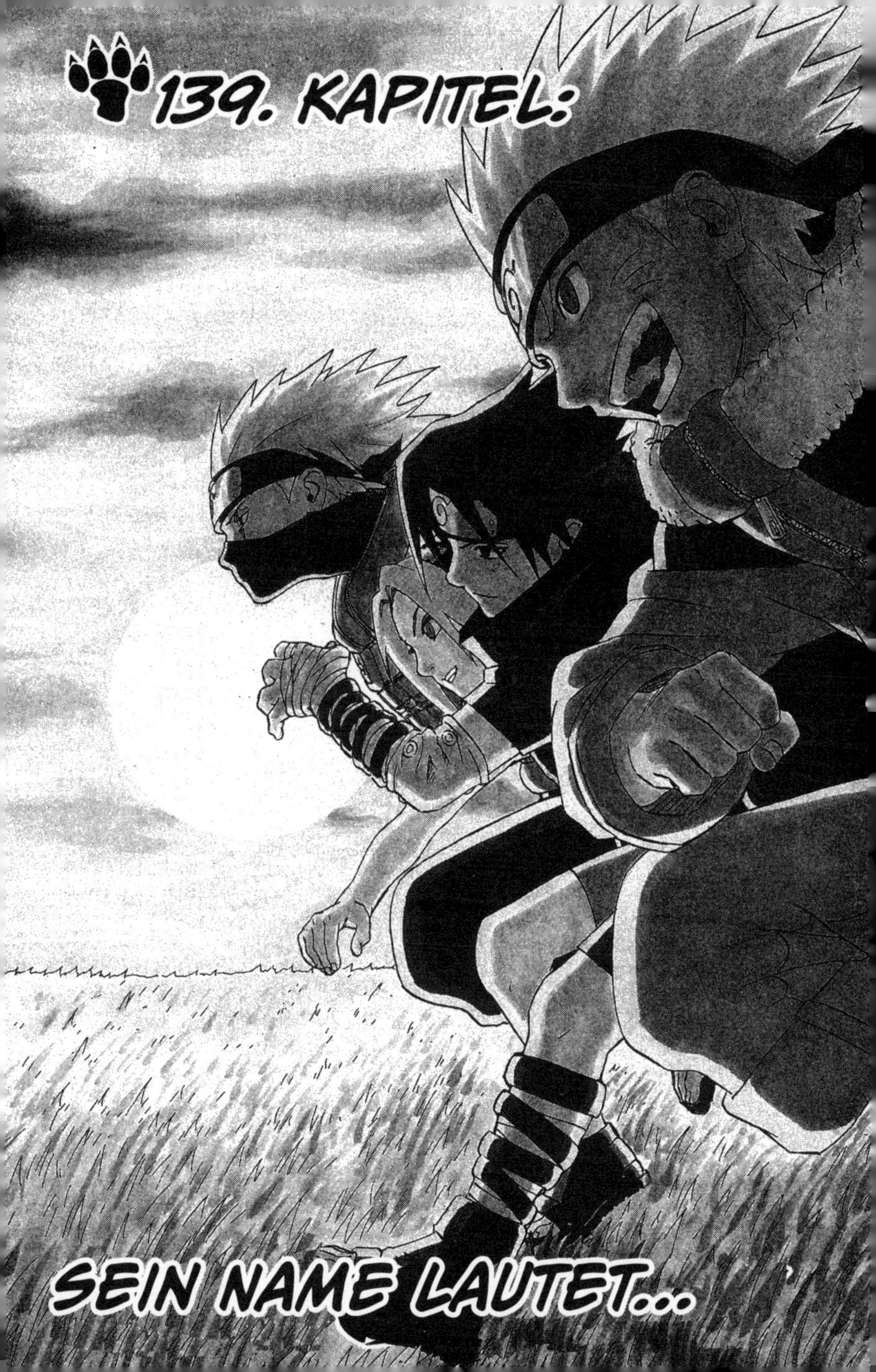
139. KAPITEL:
SEIN NAME LAUTET...

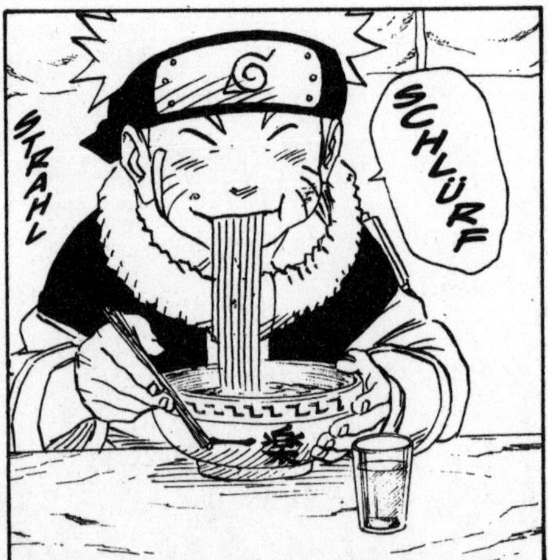
SCHLÜRF
STRAHL

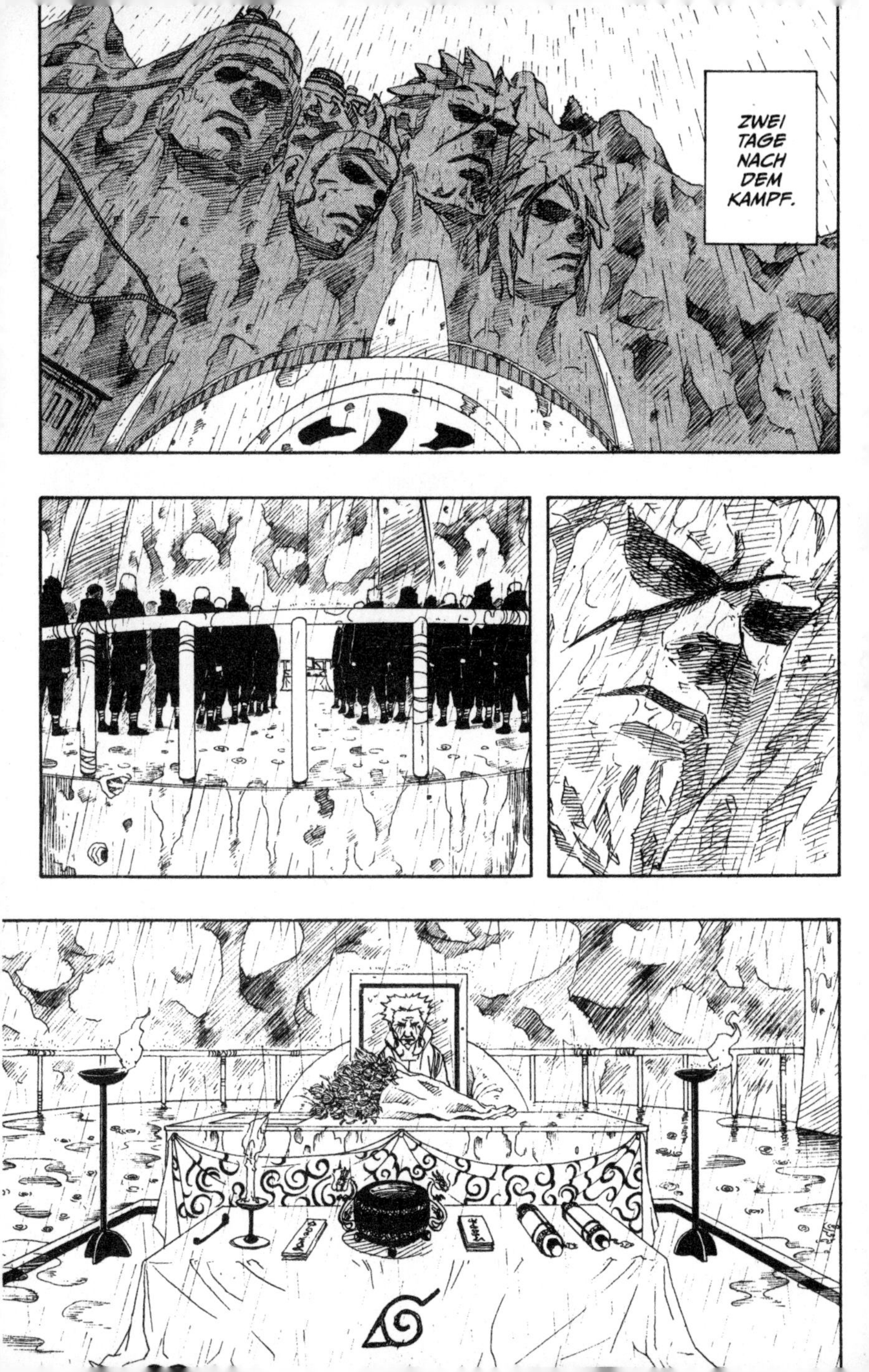
ZWEI TAGE NACH DEM KAMPF.

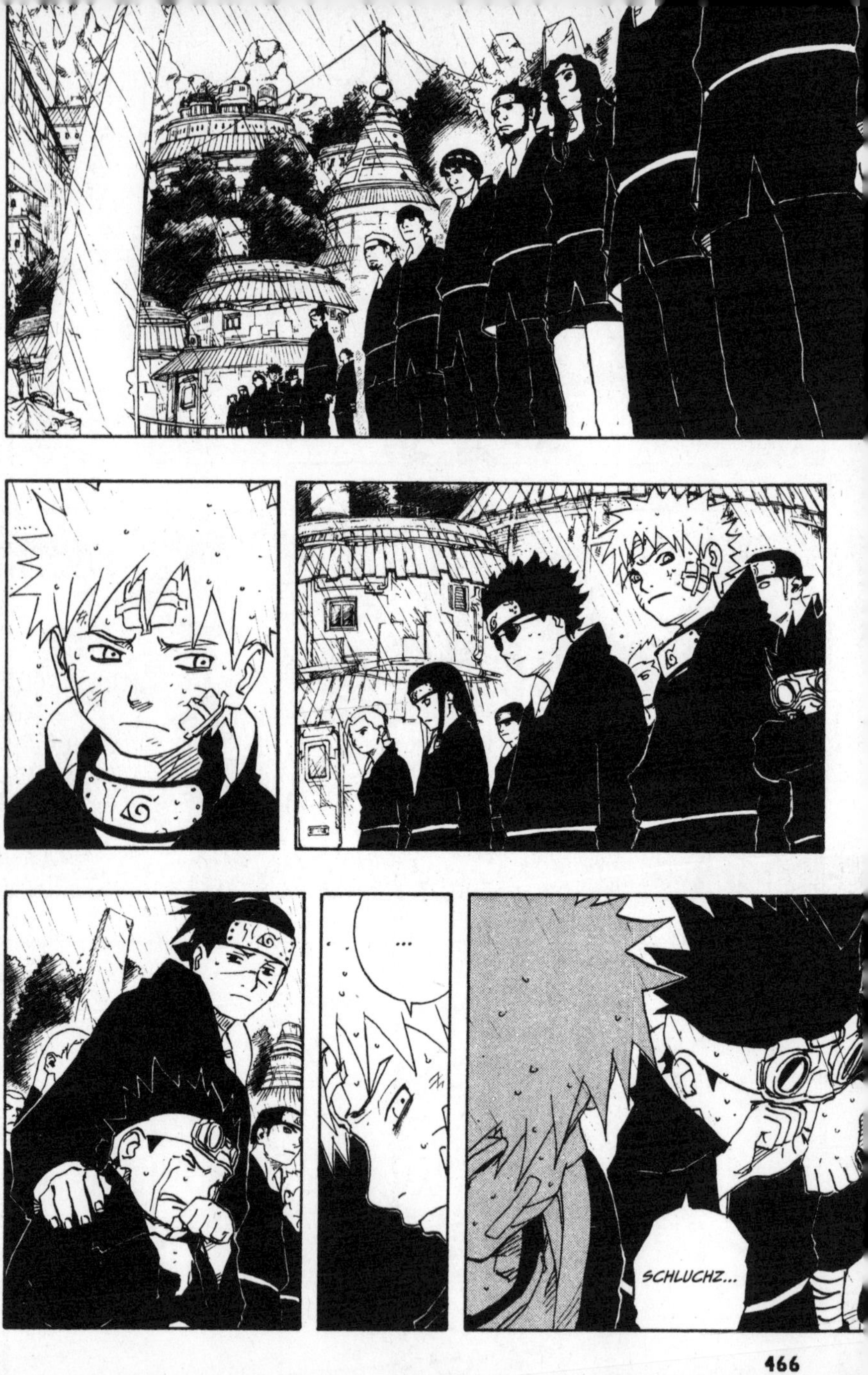
...
...
SCHLUCHZ...

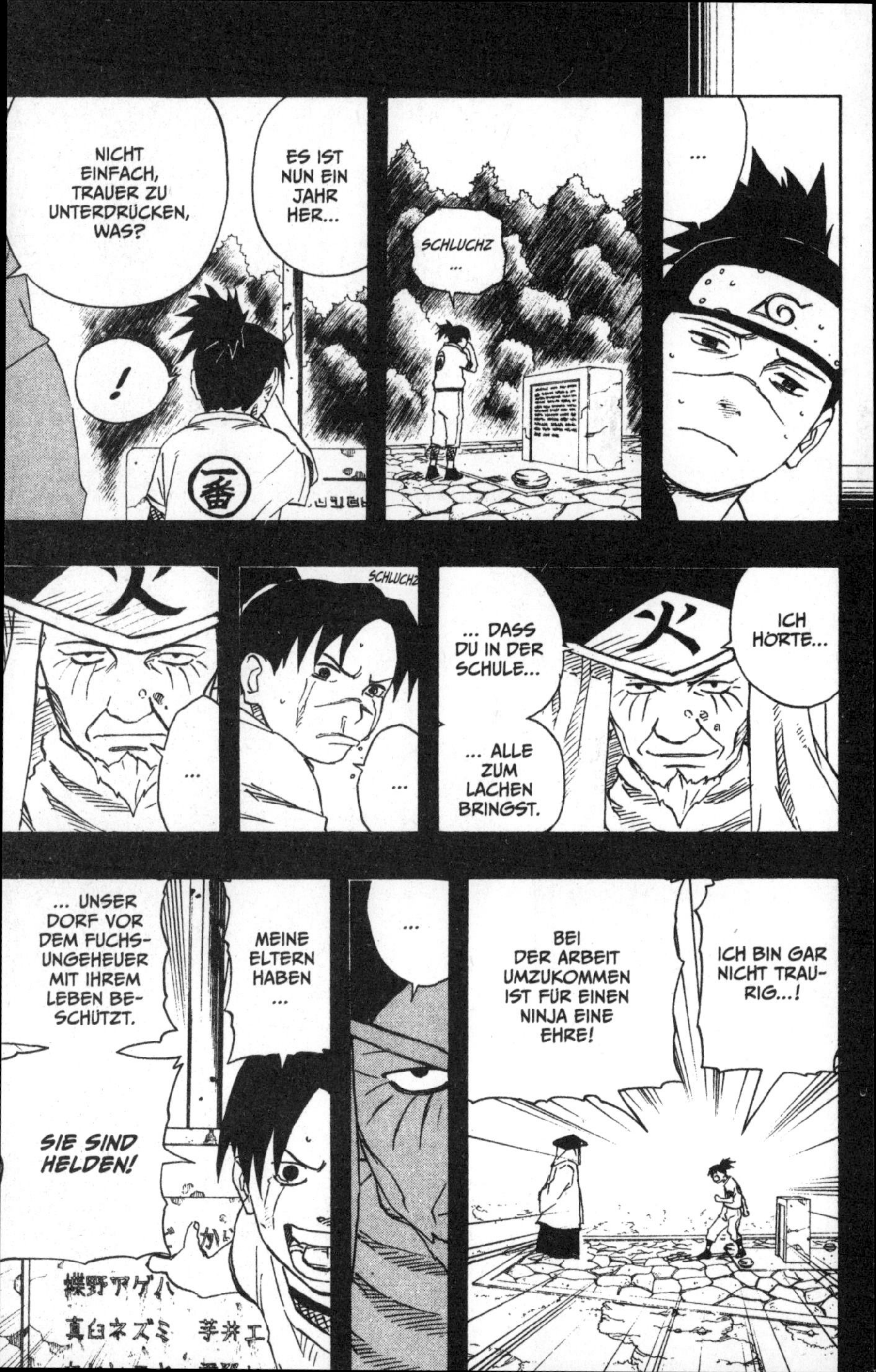
...
SCHLUCHZ ...
ES IST NUN EIN JAHR HER...
NICHT EINFACH, TRAUER ZU UNTERDRÜCKEN, WAS?
!
ICH HÖRTE...
... DASS DU IN DER SCHULE...
... ALLE ZUM LACHEN BRINGST.
SCHLUCHZ
...
...
ICH BIN GAR NICHT TRAU-RIG...!
BEI DER ARBEIT UMZUKOMMEN IST FÜR EINEN NINJA EINE EHRE!
...
MEINE ELTERN HABEN ...
... UNSER DORF VOR DEM FUCHS-UNGEHEUER MIT IHREM LEBEN BE-SCHÜTZT.
SIE SIND HELDEN!
蝶野アゲハ
真白ネズミ 芋井エ

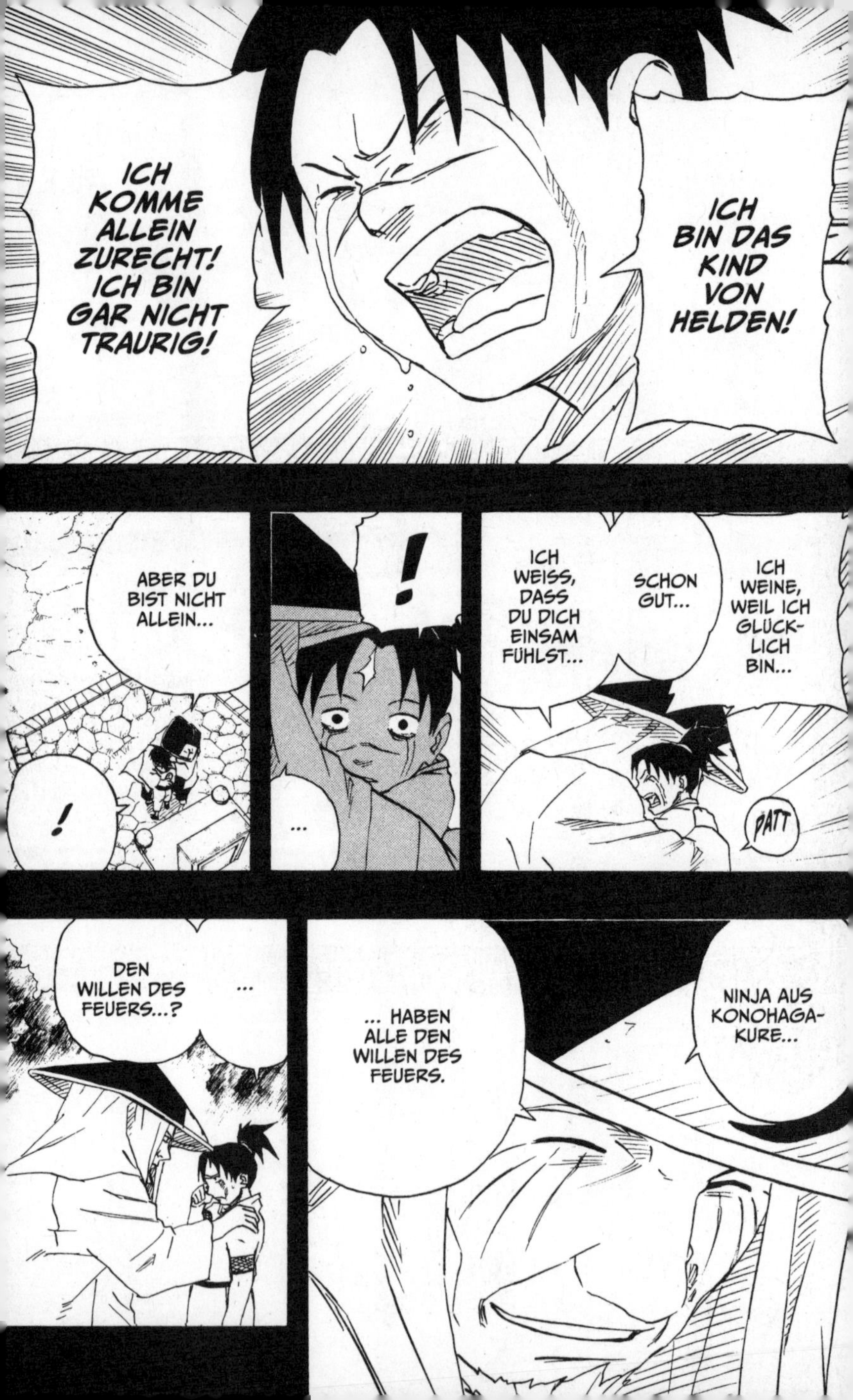
ICH BIN DAS KIND VON HELDEN!
ICH KOMME ALLEIN ZURECHT! ICH BIN GAR NICHT TRAURIG!
ICH WEINE, WEIL ICH GLÜCK-LICH BIN...
SCHON GUT...
ICH WEISS, DASS DU DICH EINSAM FÜHLST...
PATT
!
...
ABER DU BIST NICHT ALLEIN...
!
NINJA AUS KONOHAGA-KURE...
... HABEN ALLE DEN WILLEN DES FEUERS.
DEN WILLEN DES FEUERS...?
...

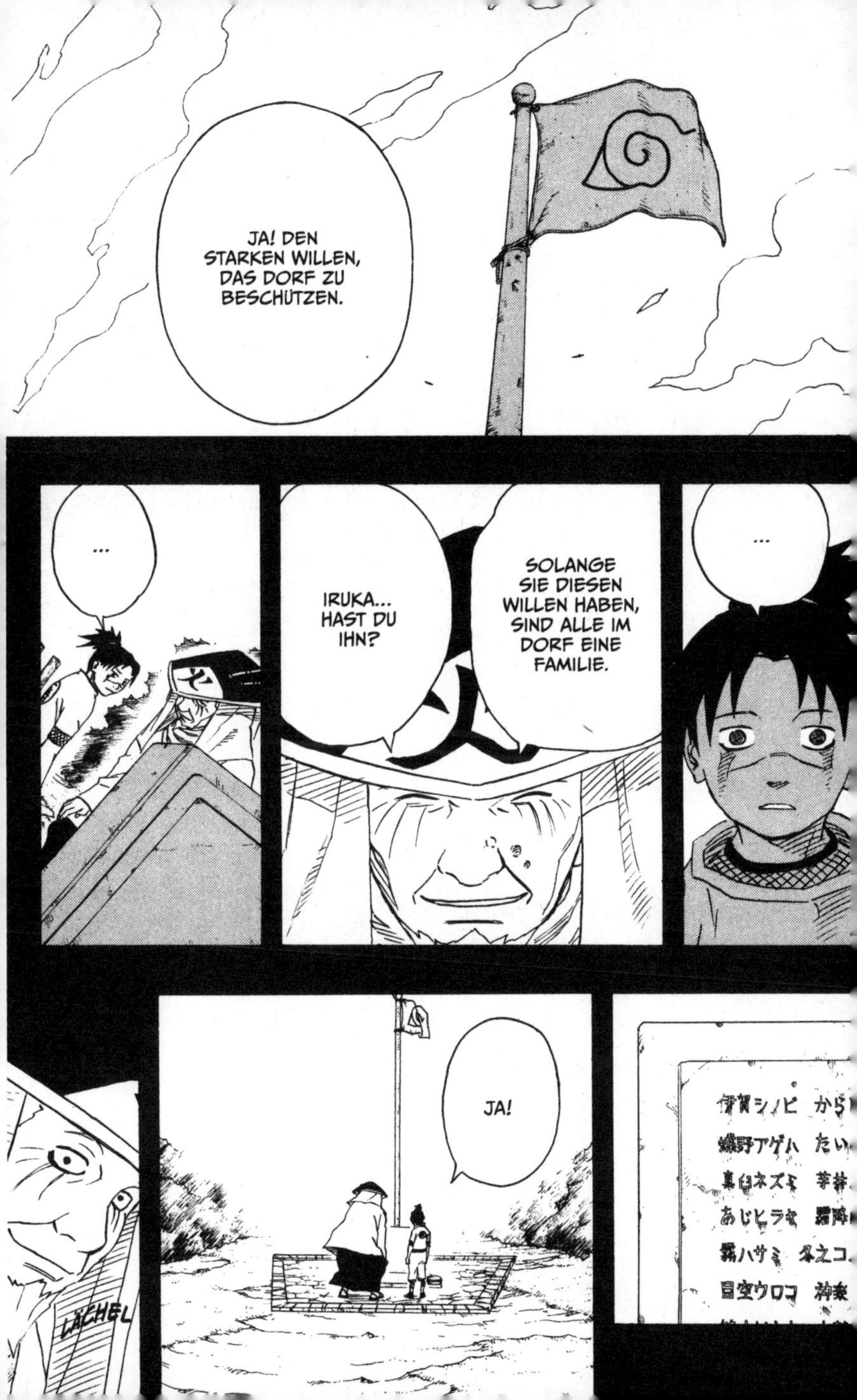

JA! DEN STARKEN WILLEN, DAS DORF ZU BESCHÜTZEN.
...
SOLANGE SIE DIESEN WILLEN HABEN, SIND ALLE IM DORF EINE FAMILIE.
IRUKA... HAST DU IHN?
...
JA!
LÄCHEL

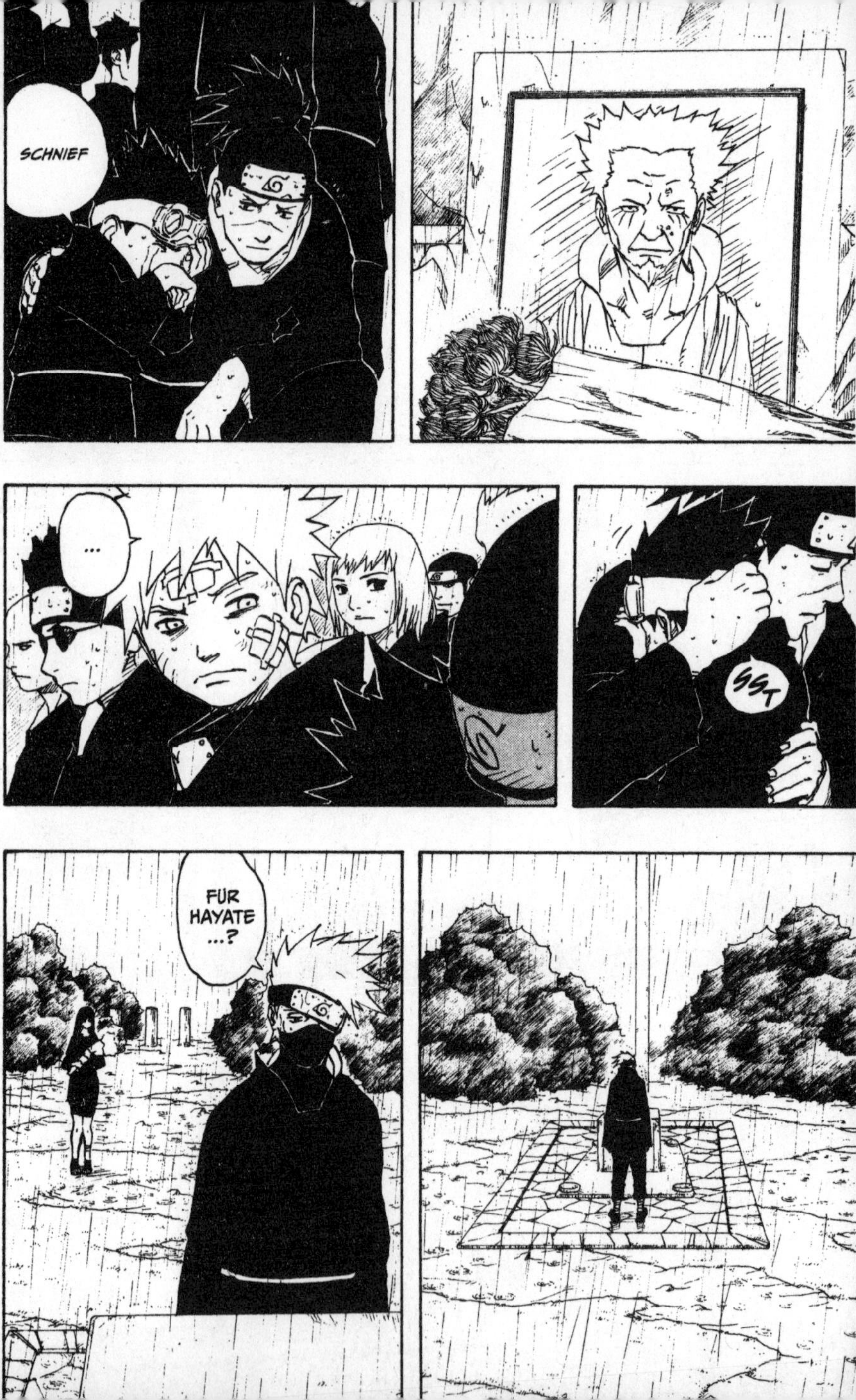
SCHNIEF
...
SSST
FÜR HAYATE ...?

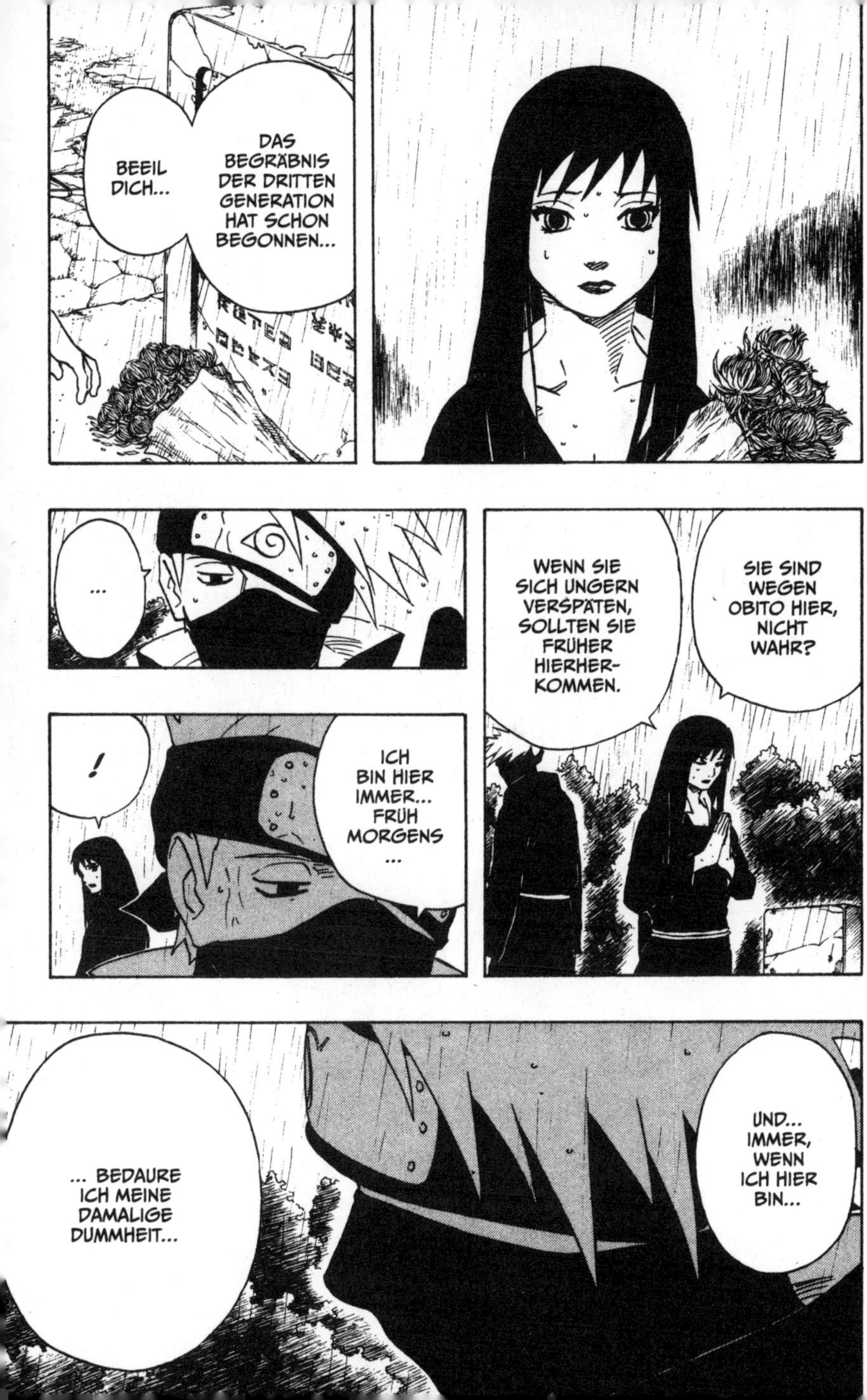
DAS BEGRÄBNIS DER DRITTEN GENERATION HAT SCHON BEGONNEN...
BEEIL DICH...
SIE SIND WEGEN OBITO HIER, NICHT WAHR?
WENN SIE SICH UNGERN VERSPÄTEN, SOLLTEN SIE FRÜHER HIERHER-KOMMEN.
...
ICH BIN HIER IMMER... FRÜH MORGENS ...
!
UND... IMMER, WENN ICH HIER BIN...
... BEDAURE ICH MEINE DAMALIGE DUMMHEIT...

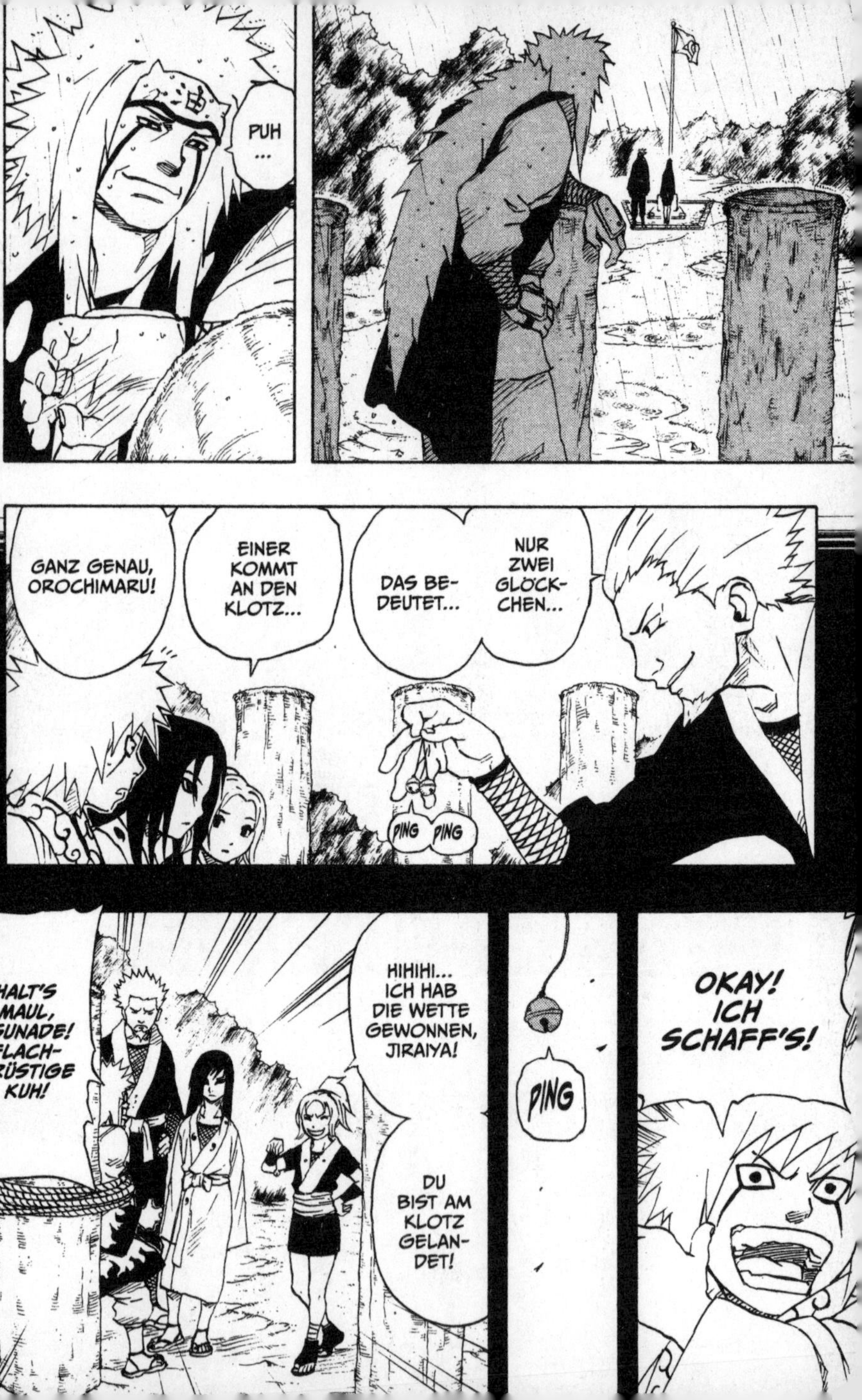
PUH ...
NUR ZWEI GLÖCK-CHEN...
DAS BE-DEUTET...
EINER KOMMT AN DEN KLOTZ...
GANZ GENAU, OROCHIMARU!
PING PING
OKAY! ICH SCHAFF'S!
PING
HIHIHI... ICH HAB DIE WETTE GEWONNEN, JIRAIYA!
DU BIST AM KLOTZ GELAN-DET!
HALT'S MAUL, TSUNADE! FLACH-BRÜSTIGE KUH!

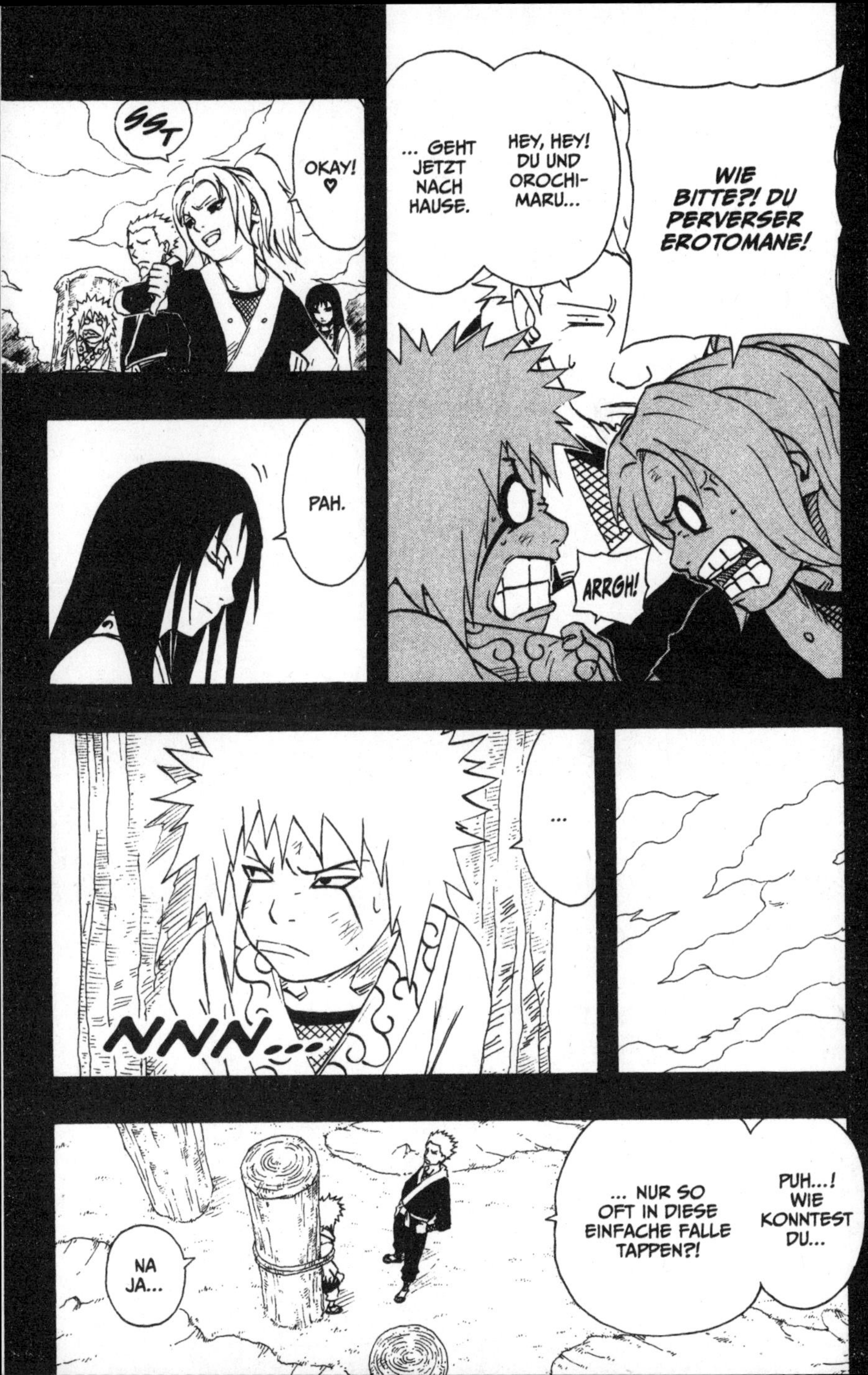
WIE BITTE?! DU PERVERSER EROTOMANE!
HEY, HEY! DU UND OROCHIMARU...
... GEHT JETZT NACH HAUSE.
OKAY! ♡
SST
ARRGH!
PAH.
...
NNN...
PUH...! WIE KONNTEST DU...
... NUR SO OFT IN DIESE EINFACHE FALLE TAPPEN?!
NA JA...

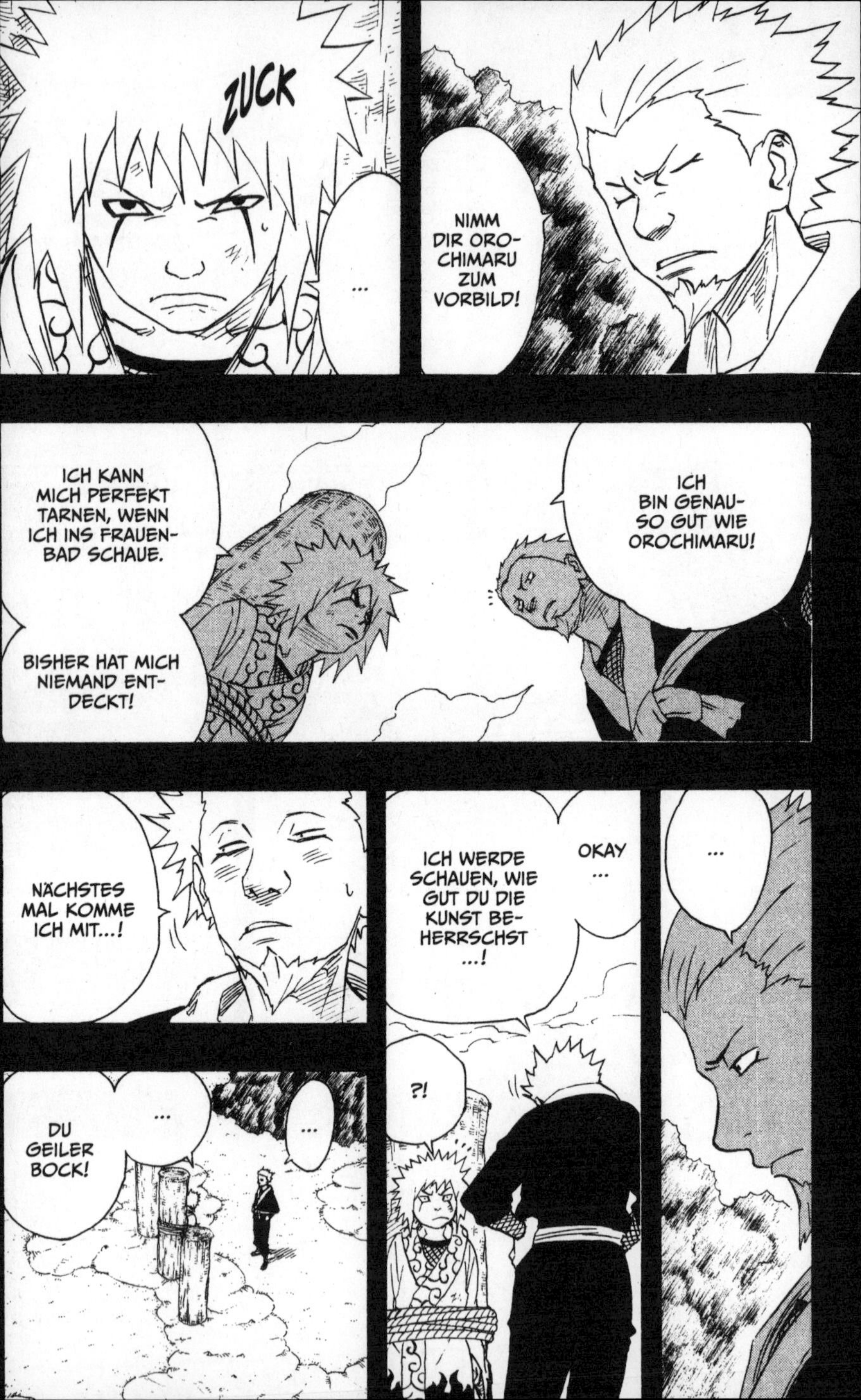

NIMM DIR OROCHIMARU ZUM VORBILD!
ZUCK
...
ICH BIN GENAUSO GUT WIE OROCHIMARU!
ICH KANN MICH PERFEKT TARNEN, WENN ICH INS FRAUENBAD SCHAUE.
BISHER HAT MICH NIEMAND ENTDECKT!
...
OKAY ...
ICH WERDE SCHAUEN, WIE GUT DU DIE KUNST BEHERRSCHST ...!
NÄCHSTES MAL KOMME ICH MIT...!
?!
...
...
DU GEILER BOCK!

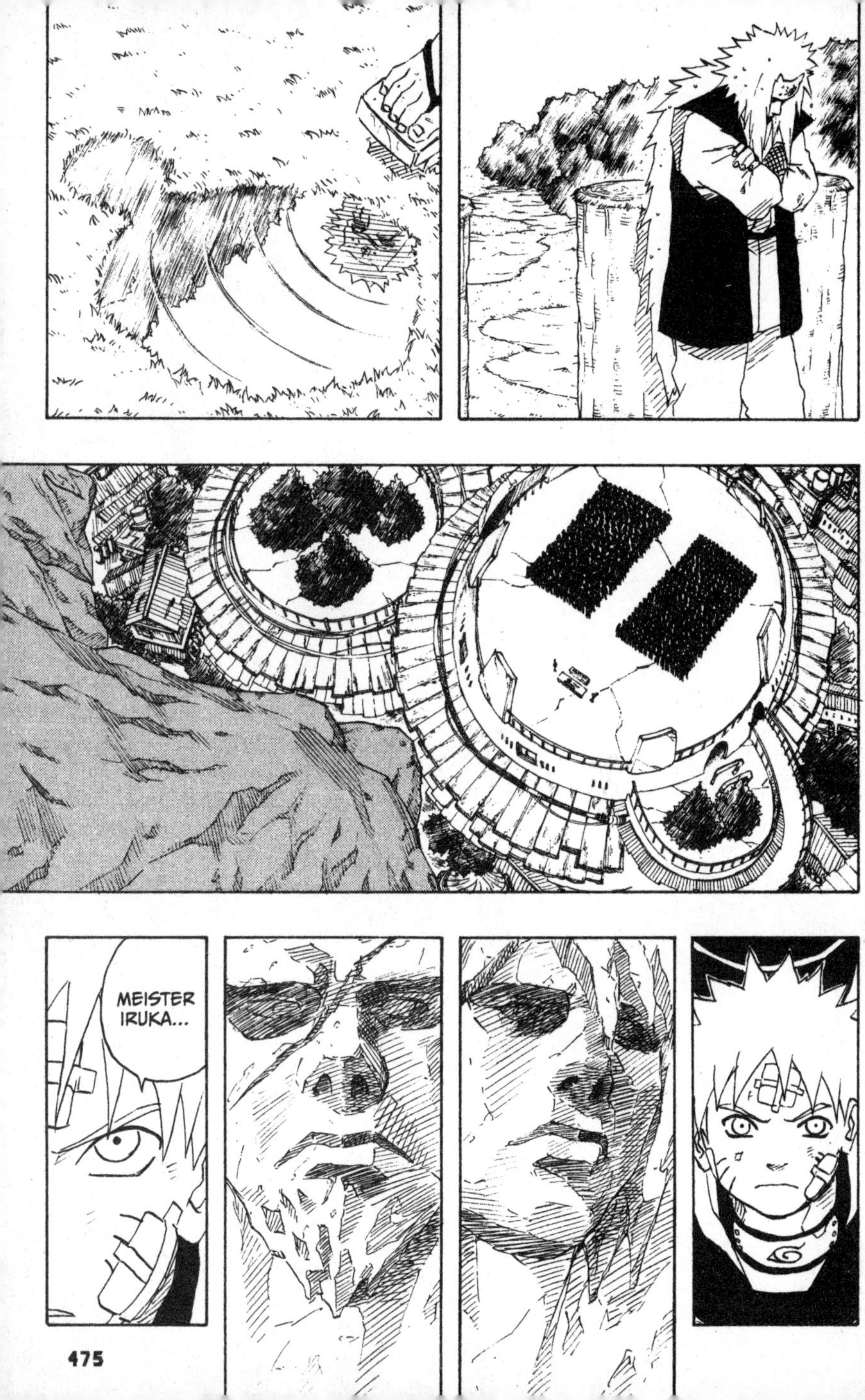
MEISTER
IRUKA...

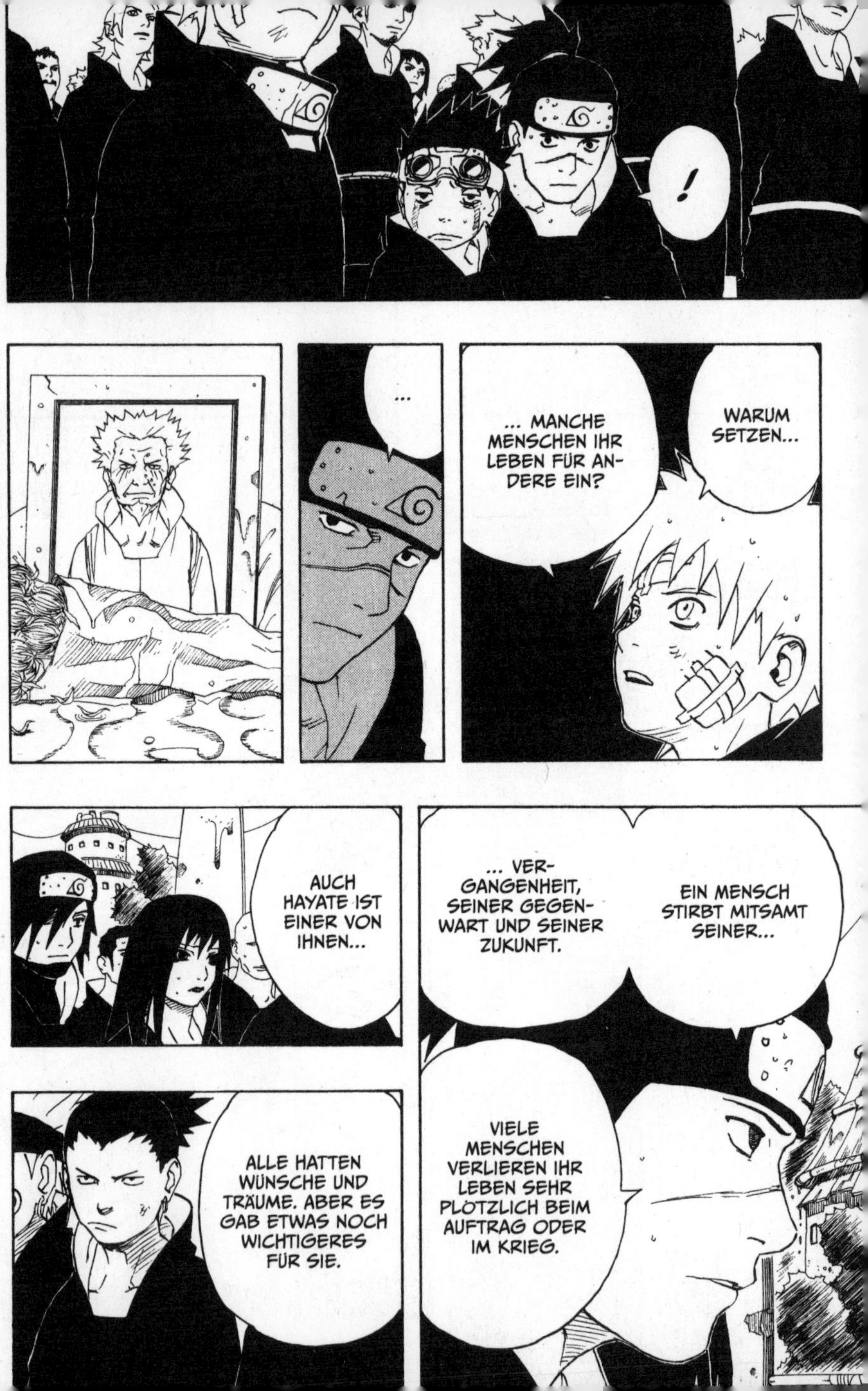
!
WARUM SETZEN...
... MANCHE MENSCHEN IHR LEBEN FÜR ANDERE EIN?
...
EIN MENSCH STIRBT MITSAMT SEINER...
... VERGANGENHEIT, SEINER GEGENWART UND SEINER ZUKUNFT.
AUCH HAYATE IST EINER VON IHNEN...
VIELE MENSCHEN VERLIEREN IHR LEBEN SEHR PLÖTZLICH BEIM AUFTRAG ODER IM KRIEG.
ALLE HATTEN WÜNSCHE UND TRÄUME. ABER ES GAB ETWAS NOCH WICHTIGERES FÜR SIE.

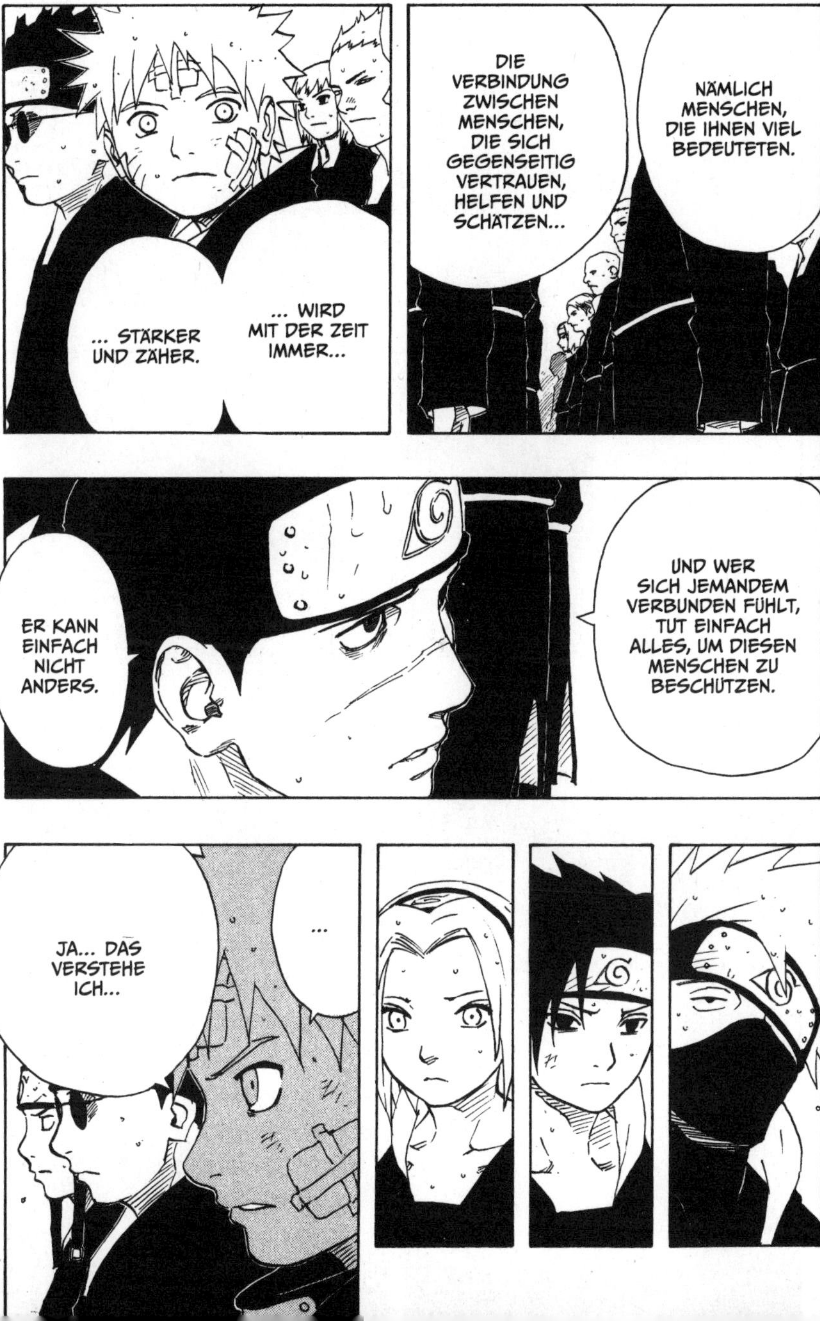
NÄMLICH MENSCHEN, DIE IHNEN VIEL BEDEUTETEN.
DIE VERBINDUNG ZWISCHEN MENSCHEN, DIE SICH GEGENSEITIG VERTRAUEN, HELFEN UND SCHÄTZEN...
... WIRD MIT DER ZEIT IMMER...
... STÄRKER UND ZÄHER.
UND WER SICH JEMANDEM VERBUNDEN FÜHLT, TUT EINFACH ALLES, UM DIESEN MENSCHEN ZU BESCHÜTZEN.
ER KANN EINFACH NICHT ANDERS.
...
JA... DAS VERSTEHE ICH...

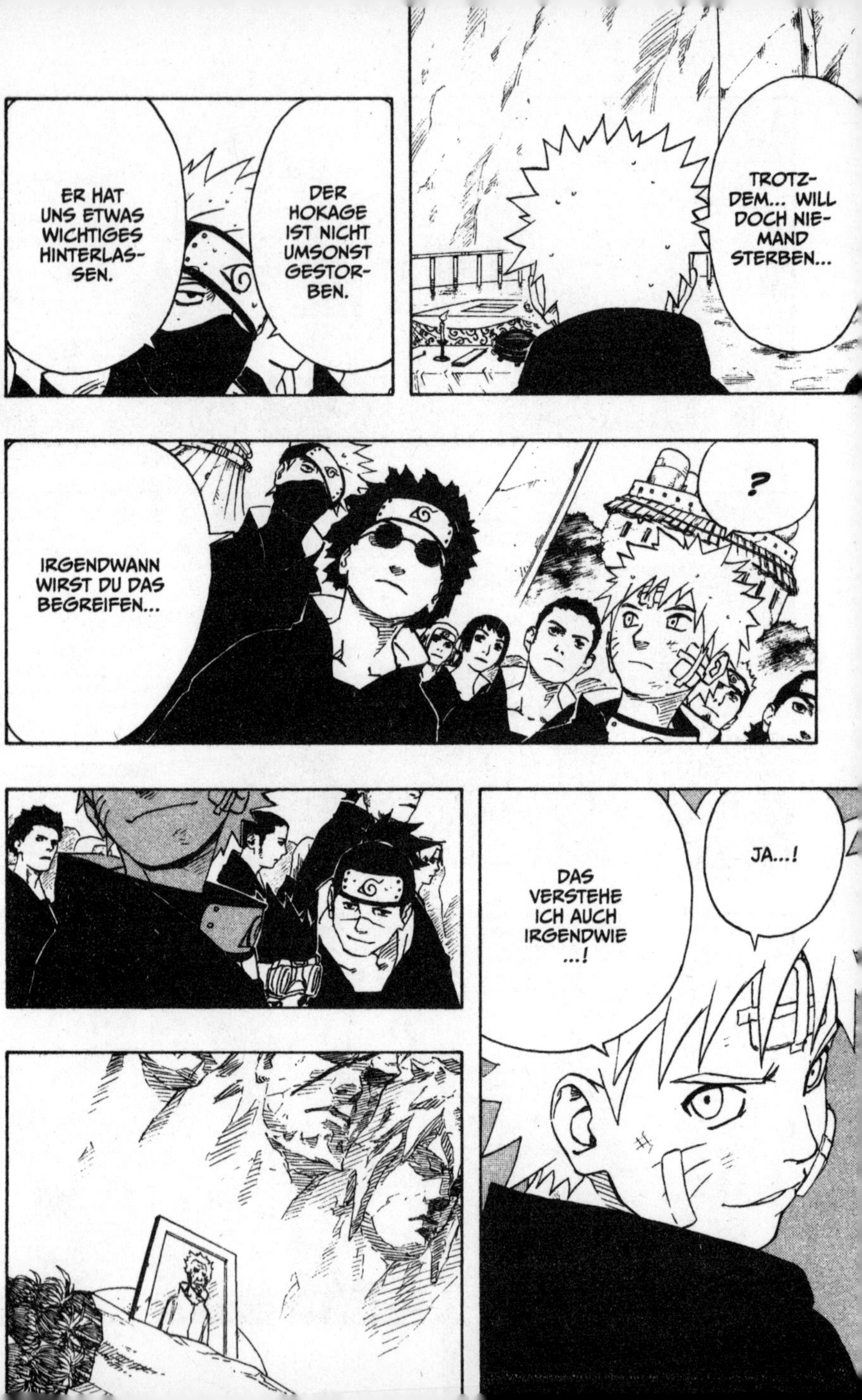
TROTZDEM... WILL DOCH NIEMAND STERBEN...
DER HOKAGE IST NICHT UMSONST GESTORBEN.
ER HAT UNS ETWAS WICHTIGES HINTERLASSEN.
?
IRGENDWANN WIRST DU DAS BEGREIFEN...
JA...!
DAS VERSTEHE ICH AUCH IRGENDWIE ...!

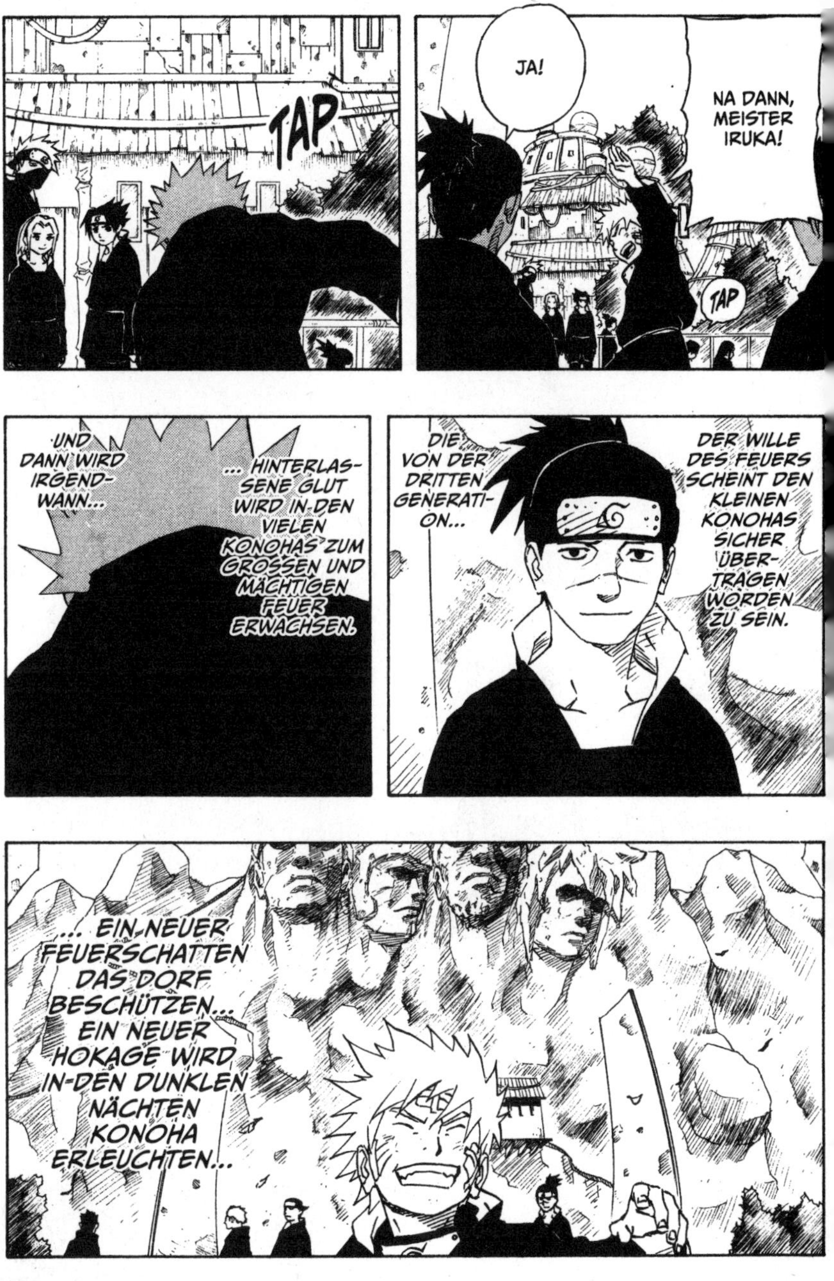
NA DANN, MEISTER IRUKA!
JA!
TAP
TAP
DER WILLE DES FEUERS SCHEINT DEN KLEINEN KONOHAS SICHER ÜBERTRAGEN WORDEN ZU SEIN.
DIE VON DER DRITTEN GENERATION...
... HINTERLASSENE GLUT WIRD IN DEN VIELEN KONOHAS ZUM GROSSEN UND MÄCHTIGEN FEUER ERWACHSEN.
UND DANN WIRD IRGENDWANN...
... EIN NEUER FEUERSCHATTEN DAS DORF BESCHÜTZEN... EIN NEUER HOKAGE WIRD IN DEN DUNKLEN NÄCHTEN KONOHA ERLEUCHTEN...

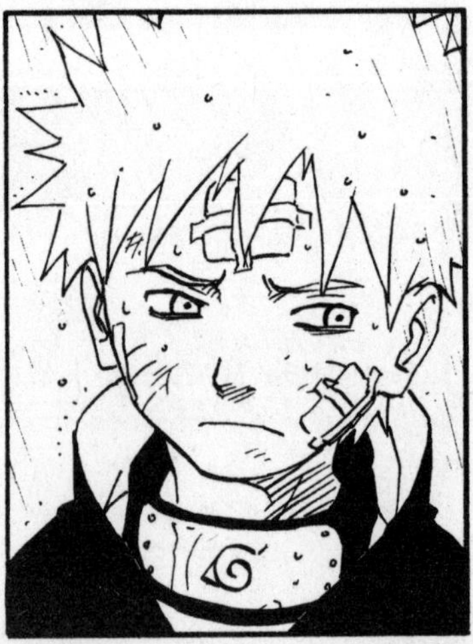

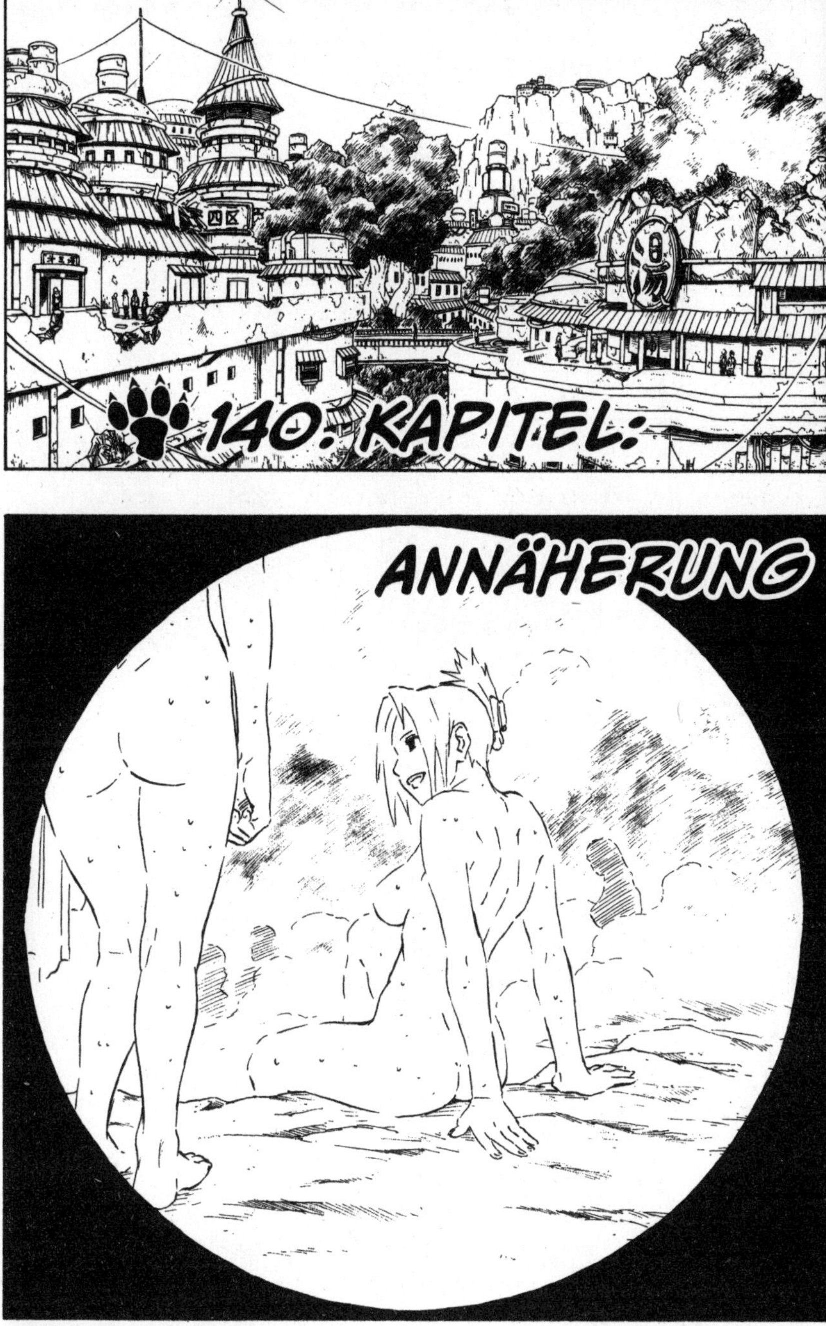
140. KAPITEL:
ANNÄHERUNG

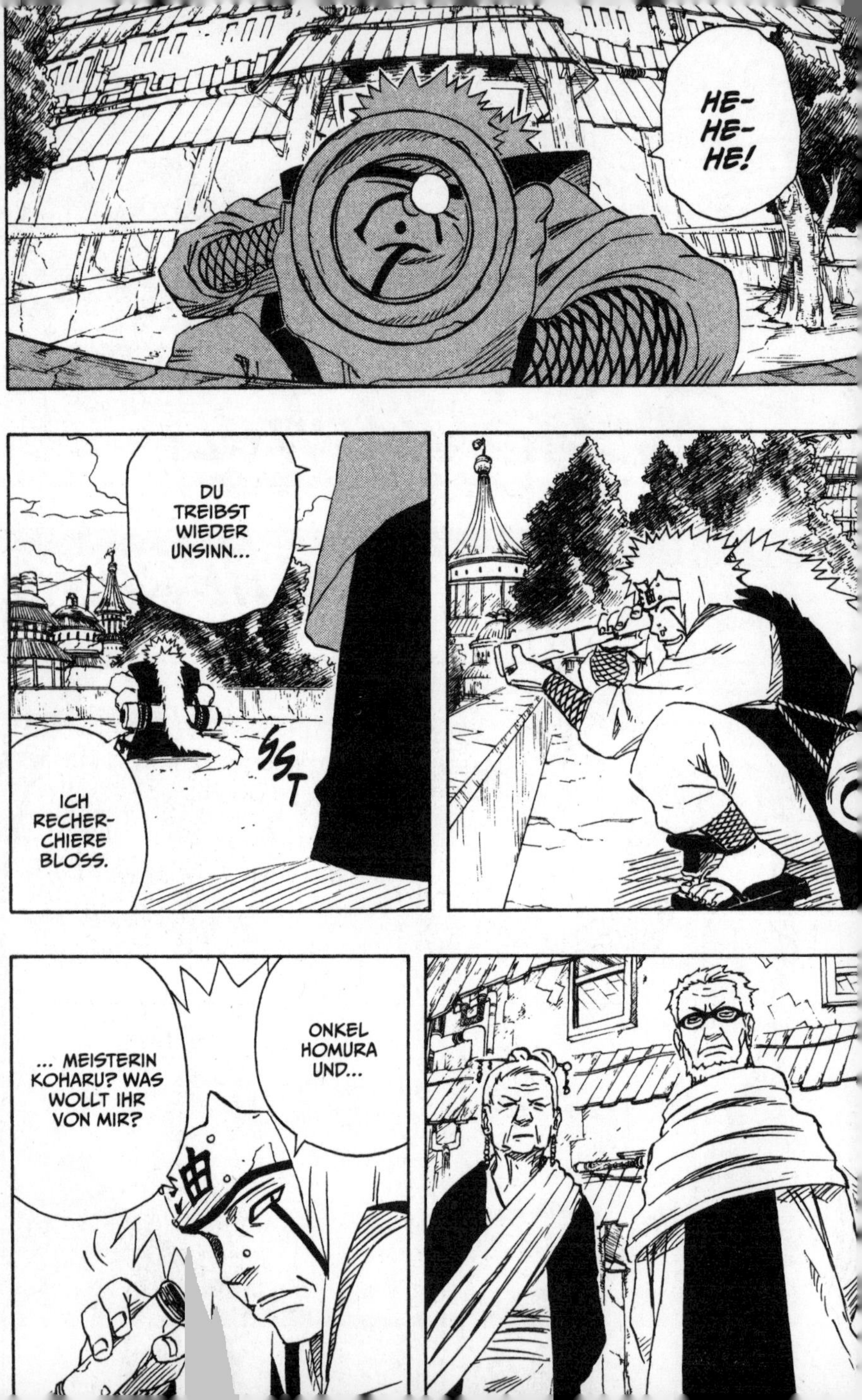
HE-HE-HE!
DU TREIBST WIEDER UNSINN...
SST
ICH RECHERCHIERE BLOSS.
ONKEL HOMURA UND...
... MEISTERIN KOHARU? WAS WOLLT IHR VON MIR?

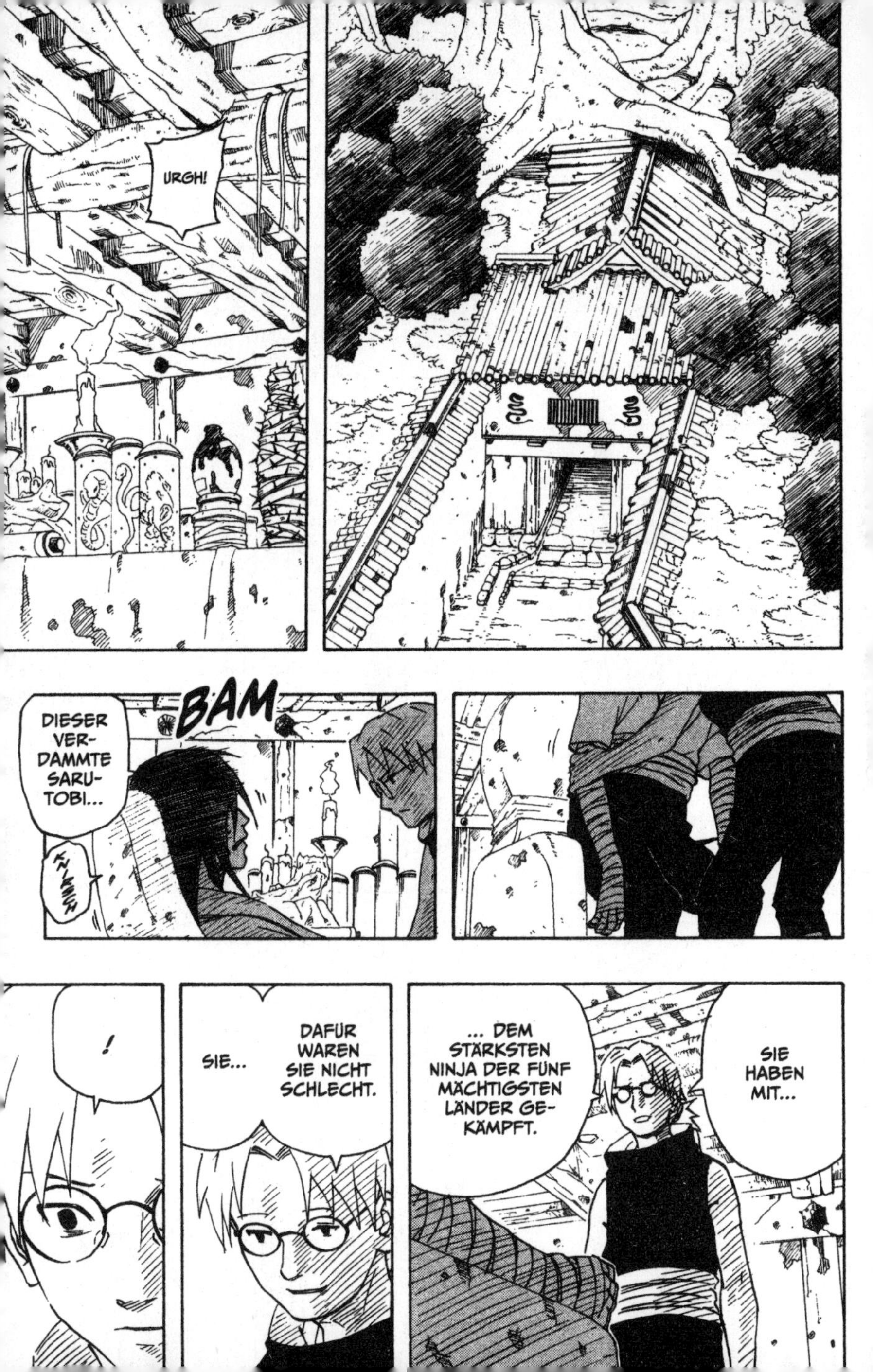

URGH!
BAM
DIESER VERDAMMTE SARUTOBI...
KNIRSCH
SIE HABEN MIT...
... DEM STÄRKSTEN NINJA DER FÜNF MÄCHTIGSTEN LÄNDER GEKÄMPFT.
DAFÜR WAREN SIE NICHT SCHLECHT.
SIE...
!

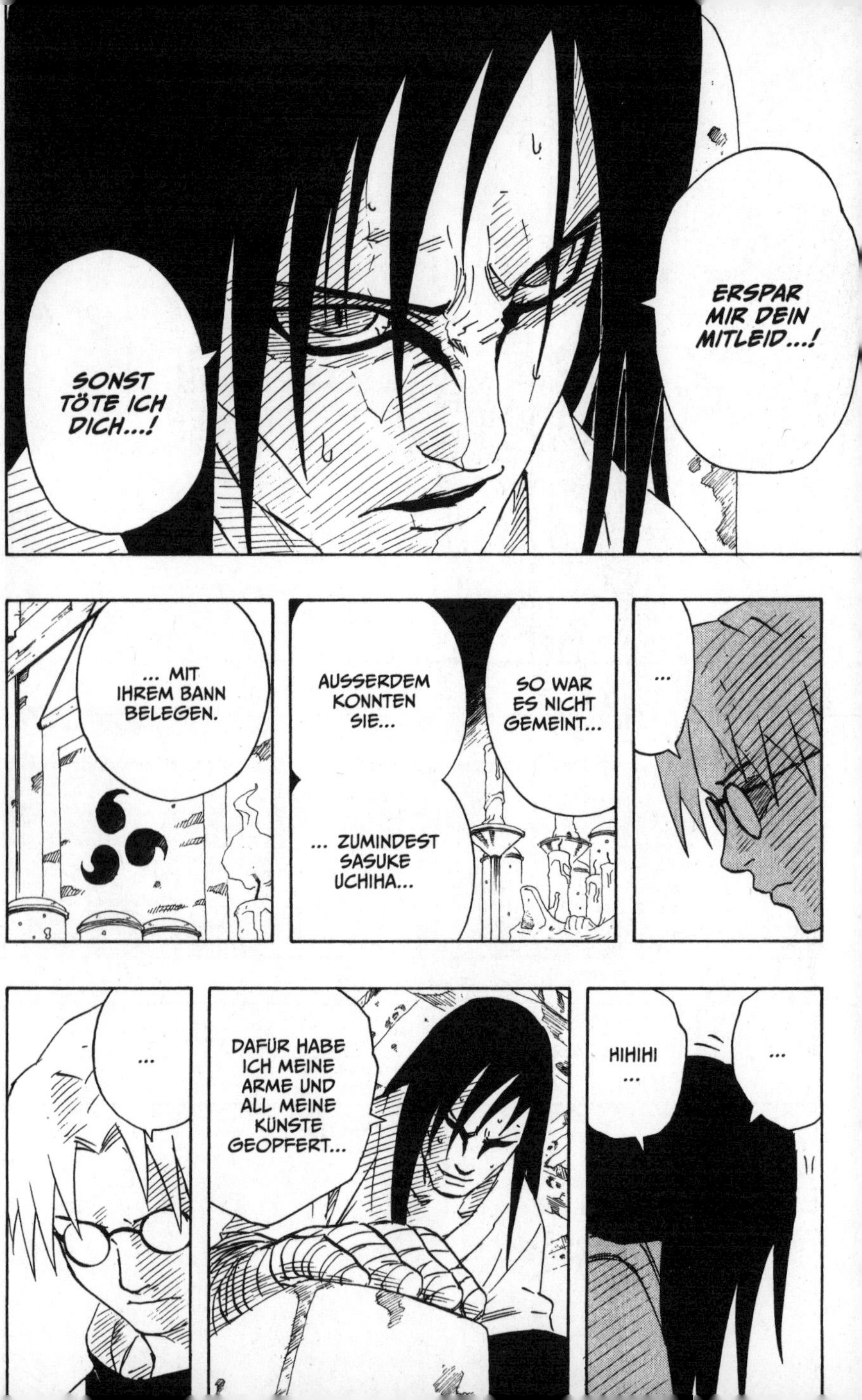
ERSPAR MIR DEIN MITLEID...!
SONST TÖTE ICH DICH...!
...
SO WAR ES NICHT GEMEINT...
AUSSERDEM KONNTEN SIE...
... ZUMINDEST SASUKE UCHIHA...
... MIT IHREM BANN BELEGEN.
...
HIHIHI ...
DAFÜR HABE ICH MEINE ARME UND ALL MEINE KÜNSTE GEOPFERT...
...

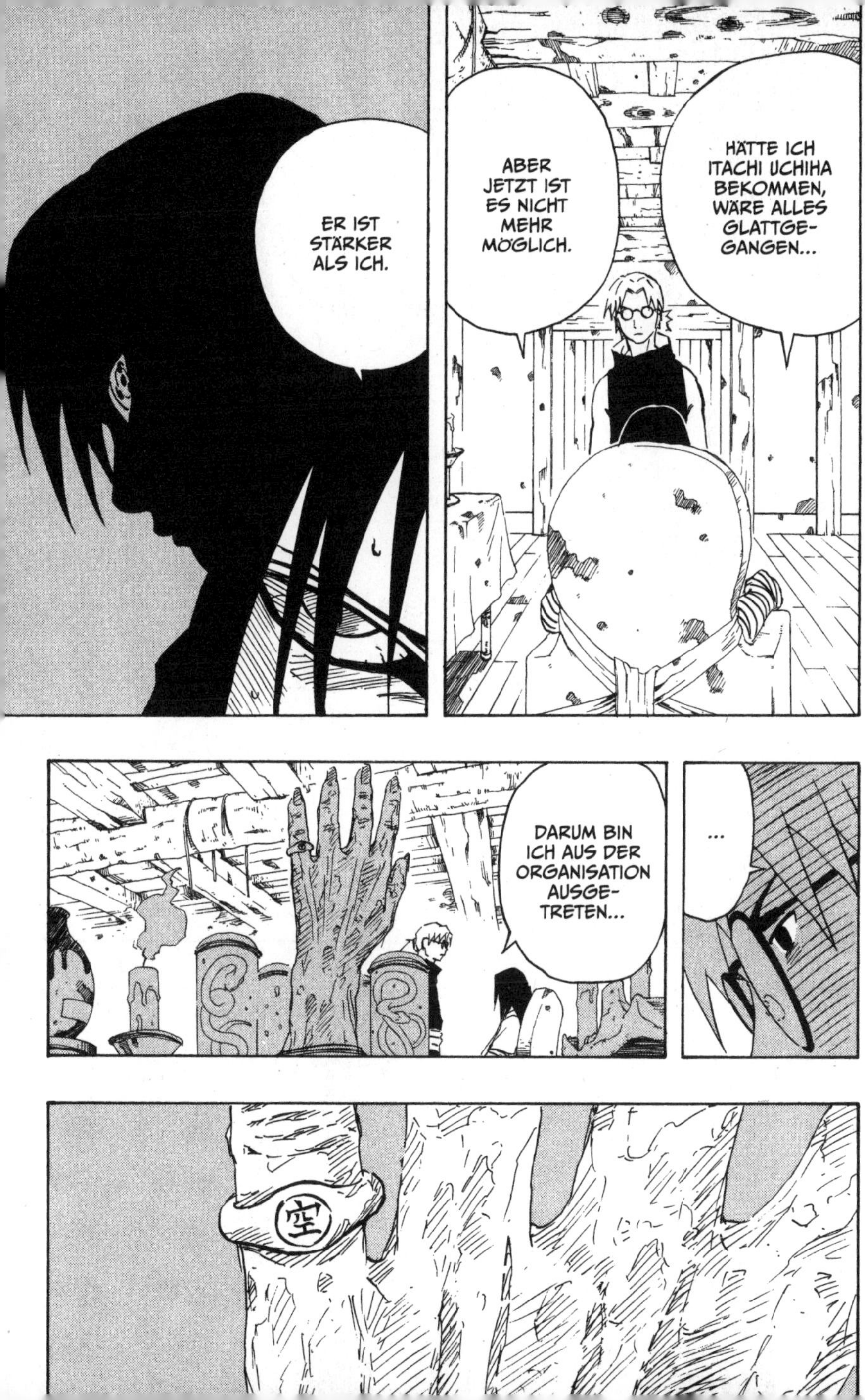
HÄTTE ICH ITACHI UCHIHA BEKOMMEN, WÄRE ALLES GLATTGE-GANGEN...
ABER JETZT IST ES NICHT MEHR MÖGLICH.
ER IST STÄRKER ALS ICH.
...
DARUM BIN ICH AUS DER ORGANISATION AUSGE-TRETEN...

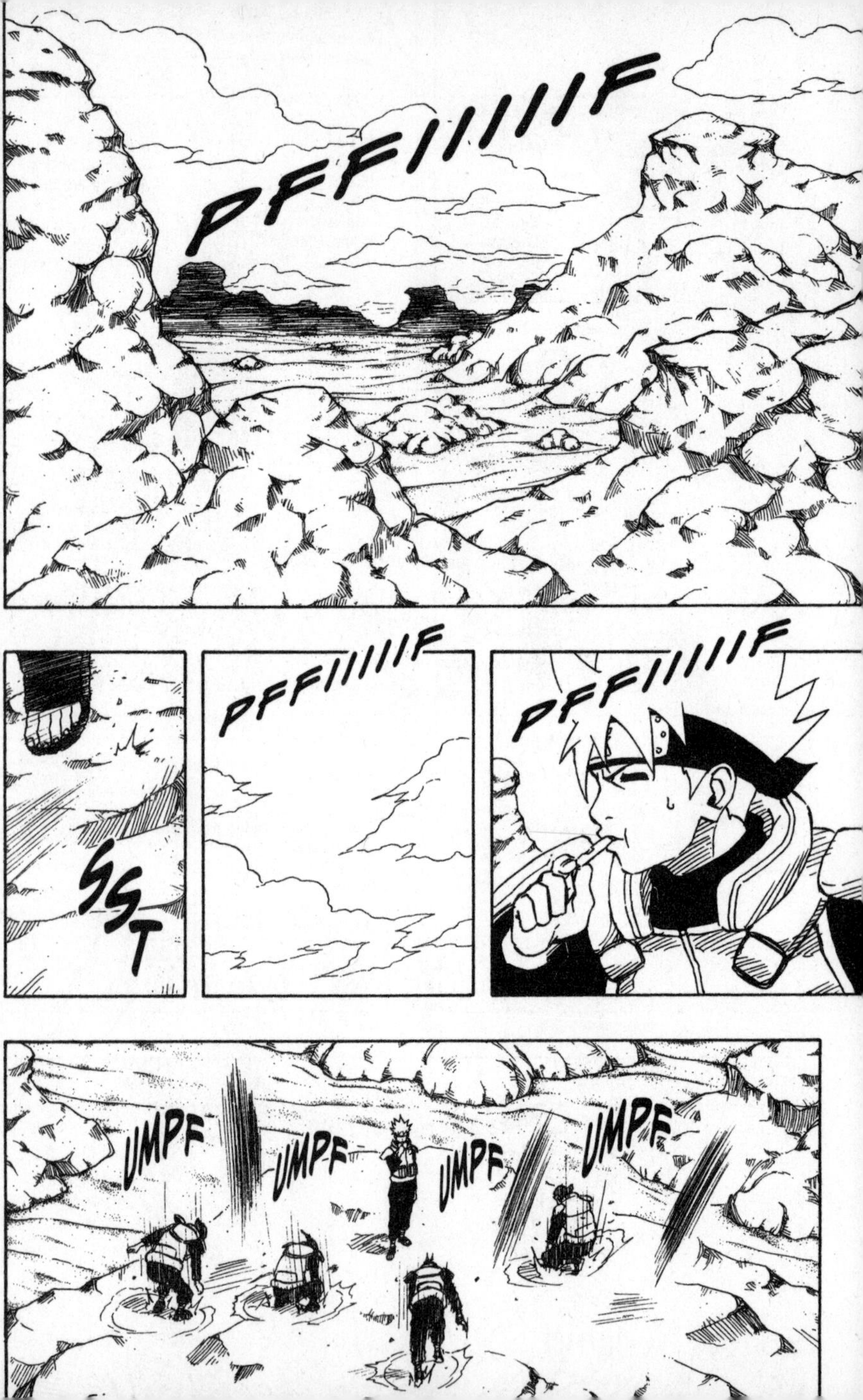
PFFIIIIIF
PFFIIIIIF
PFFIIIIIF
SST
UMPF
UMPF
UMPF
UMPF

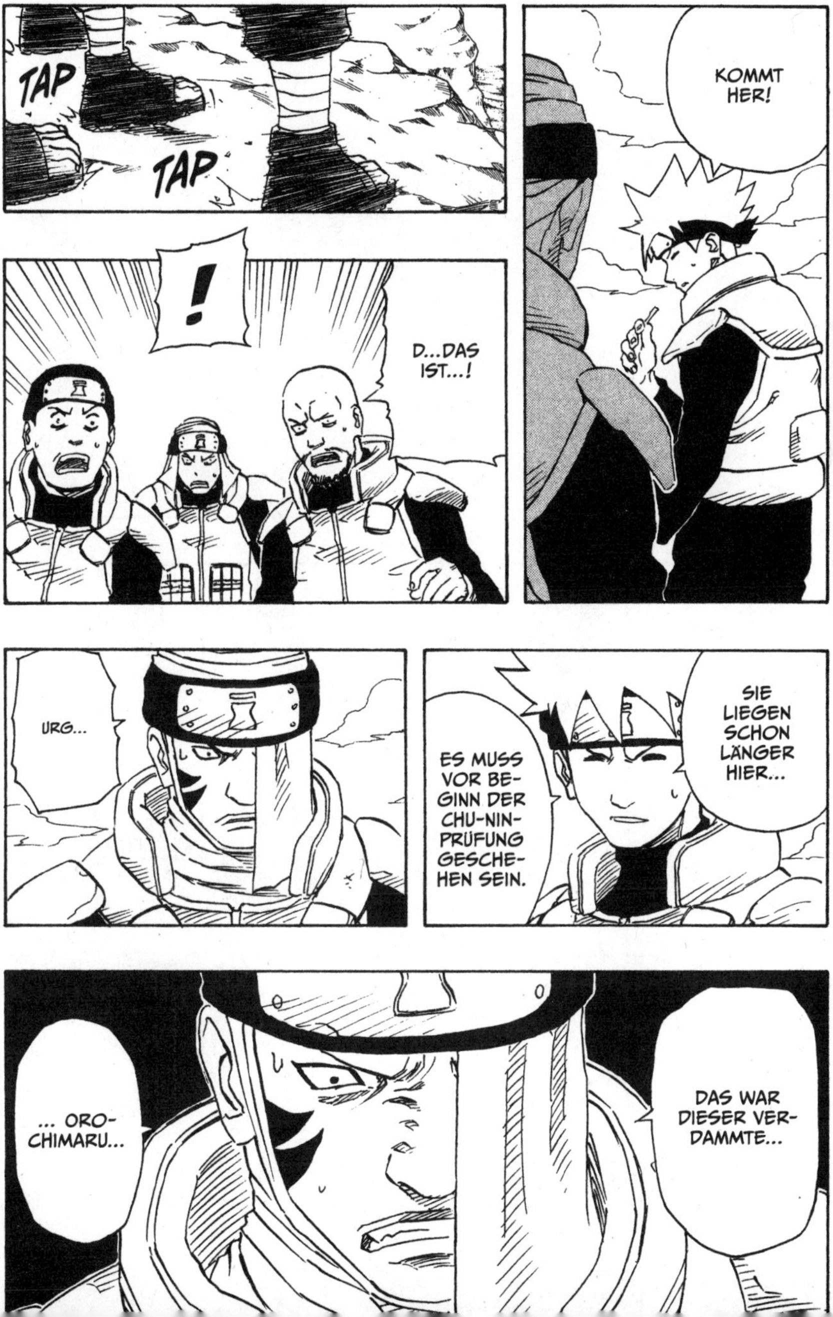
KOMMT HER!
TAP
TAP
!
D...DAS IST...!
SIE LIEGEN SCHON LÄNGER HIER...
ES MUSS VOR BEGINN DER CHU-NIN-PRÜFUNG GESCHEHEN SEIN.
URG...
DAS WAR DIESER VERDAMMTE...
... ORO-CHIMARU...

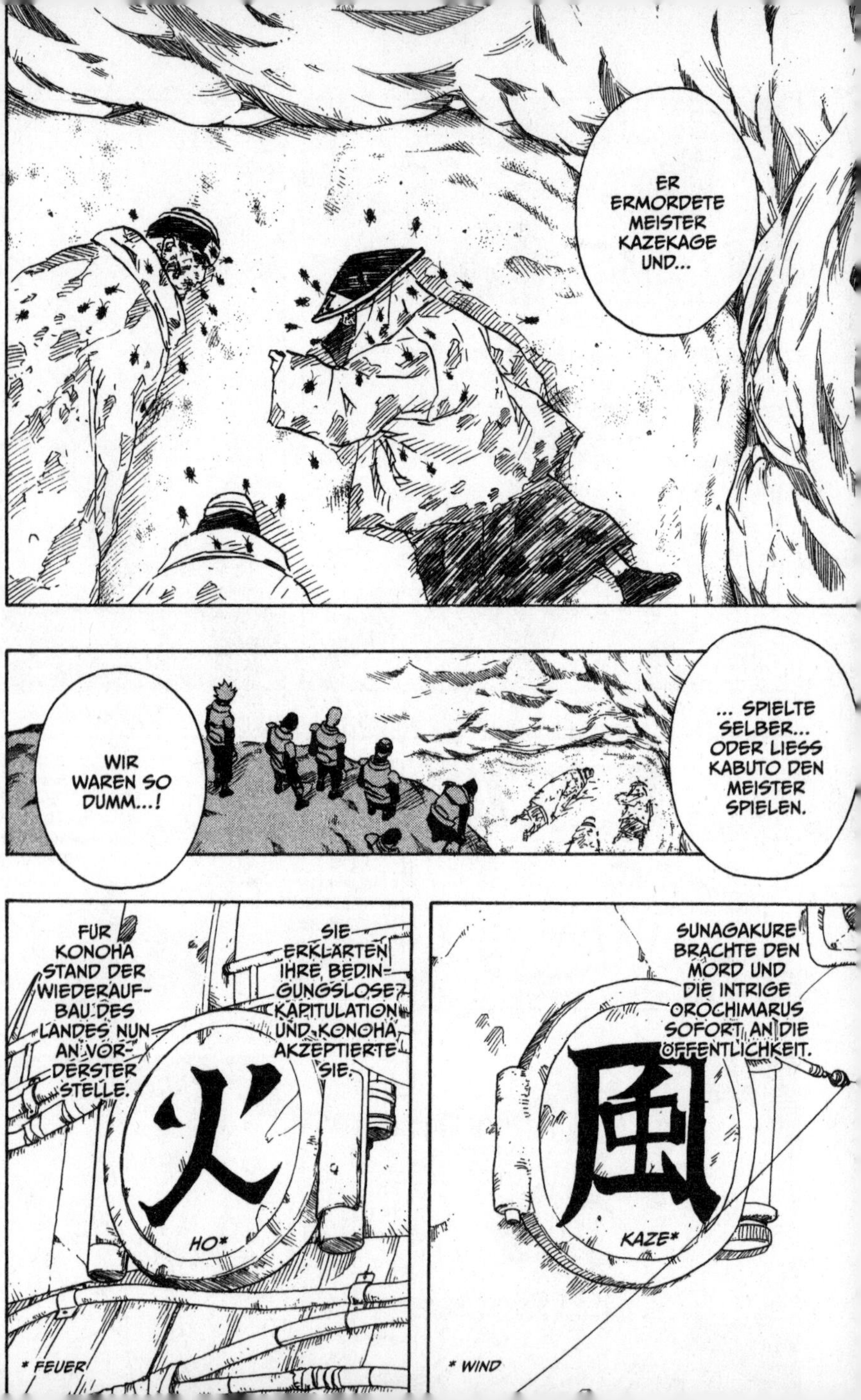
ER ERMORDETE MEISTER KAZEKAGE UND...
... SPIELTE SELBER... ODER LIESS KABUTO DEN MEISTER SPIELEN.
WIR WAREN SO DUMM...!
SUNAGAKURE BRACHTE DEN MORD UND DIE INTRIGE OROCHIMARUS SOFORT AN DIE ÖFFENTLICHKEIT.
KAZE*
* WIND
SIE ERKLÄRTEN IHRE BEDINGUNGSLOSE KAPITULATION UND KONOHA AKZEPTIERTE SIE.
FÜR KONOHA STAND DER WIEDERAUFBAU DES LANDES NUN AN VORDERSTER STELLE.
HO*
* FEUER

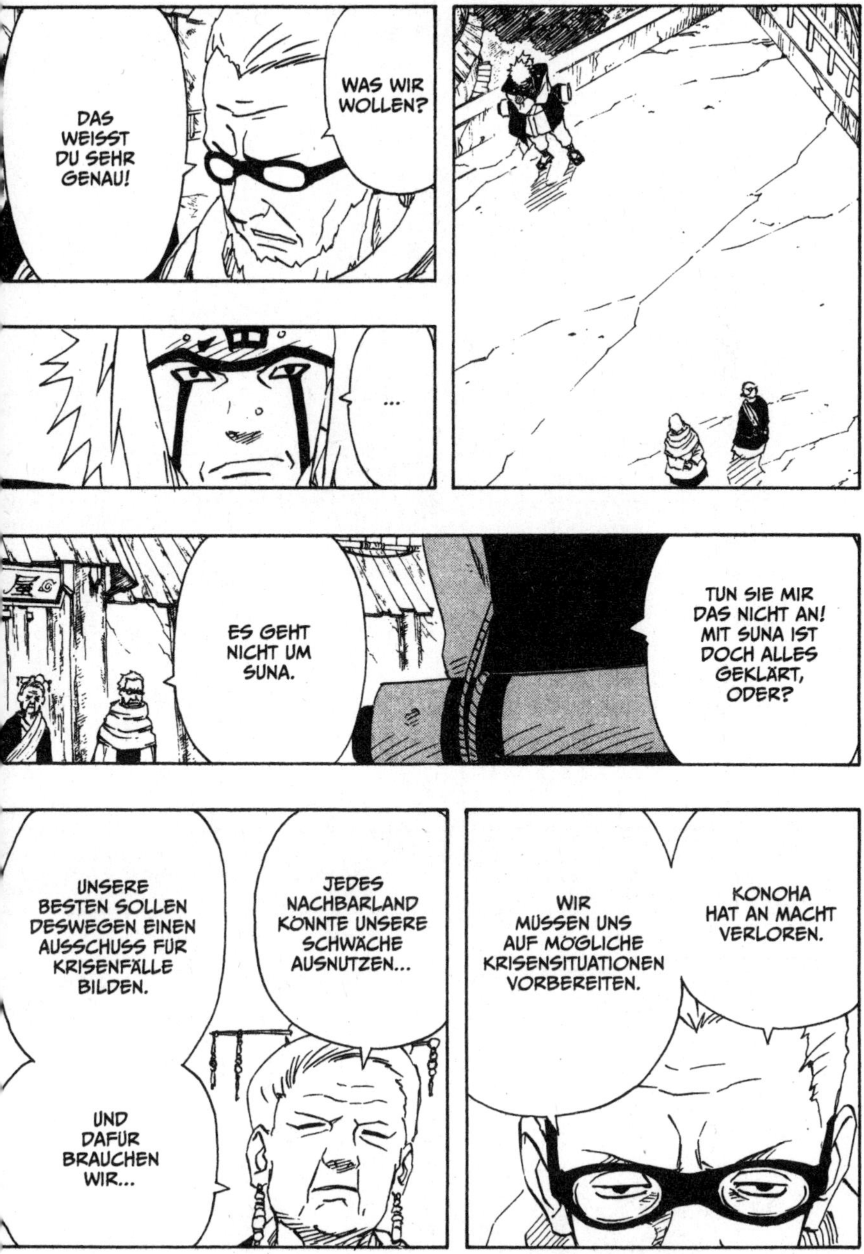
WAS WIR WOLLEN?
DAS WEISST DU SEHR GENAU!
...
TUN SIE MIR DAS NICHT AN! MIT SUNA IST DOCH ALLES GEKLÄRT, ODER?
ES GEHT NICHT UM SUNA.
KONOHA HAT AN MACHT VERLOREN.
WIR MÜSSEN UNS AUF MÖGLICHE KRISENSITUATIONEN VORBEREITEN.
JEDES NACHBARLAND KÖNNTE UNSERE SCHWÄCHE AUSNUTZEN...
UNSERE BESTEN SOLLEN DESWEGEN EINEN AUSSCHUSS FÜR KRISENFÄLLE BILDEN.
UND DAFÜR BRAUCHEN WIR...

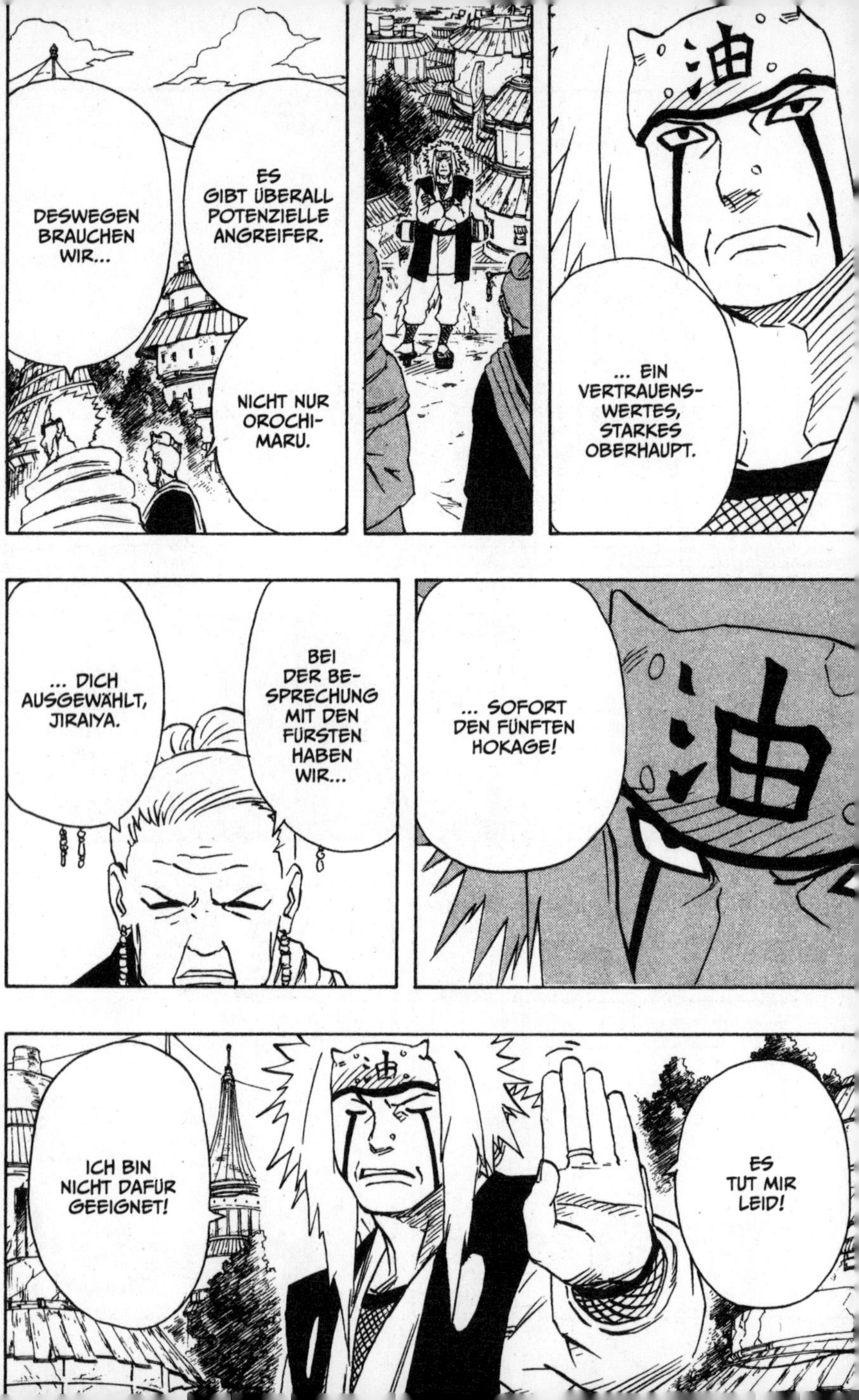
... EIN VERTRAUENSWERTES, STARKES OBERHAUPT.
ES GIBT ÜBERALL POTENZIELLE ANGREIFER.
NICHT NUR OROCHIMARU.
DESWEGEN BRAUCHEN WIR...
... SOFORT DEN FÜNFTEN HOKAGE!
BEI DER BESPRECHUNG MIT DEN FÜRSTEN HABEN WIR...
... DICH AUSGEWÄHLT, JIRAIYA.
ES TUT MIR LEID!
ICH BIN NICHT DAFÜR GEEIGNET!

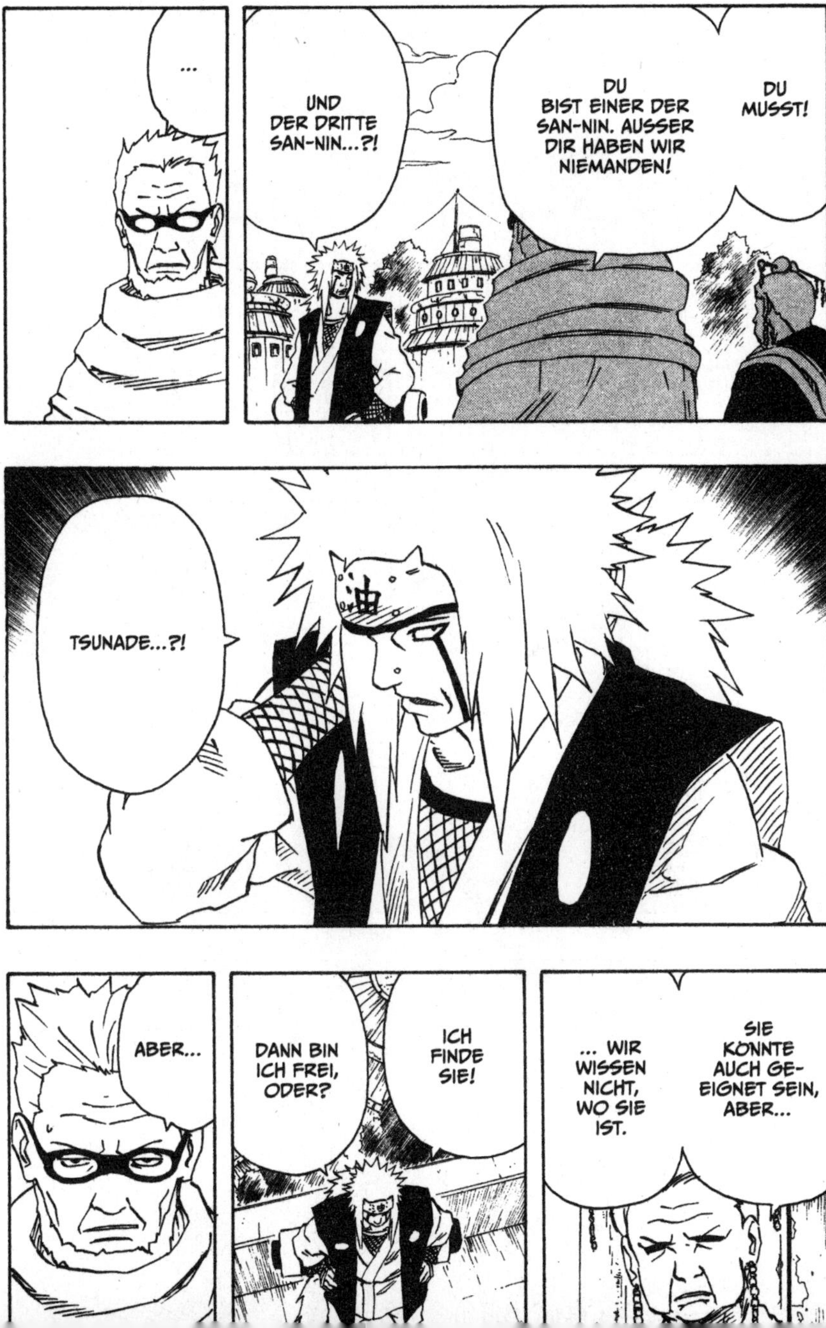
DU MUSST!
DU BIST EINER DER SAN-NIN. AUSSER DIR HABEN WIR NIEMANDEN!
UND DER DRITTE SAN-NIN...?!
...
TSUNADE...?!
SIE KÖNNTE AUCH GE-EIGNET SEIN, ABER...
... WIR WISSEN NICHT, WO SIE IST.
ICH FINDE SIE!
DANN BIN ICH FREI, ODER?
ABER...

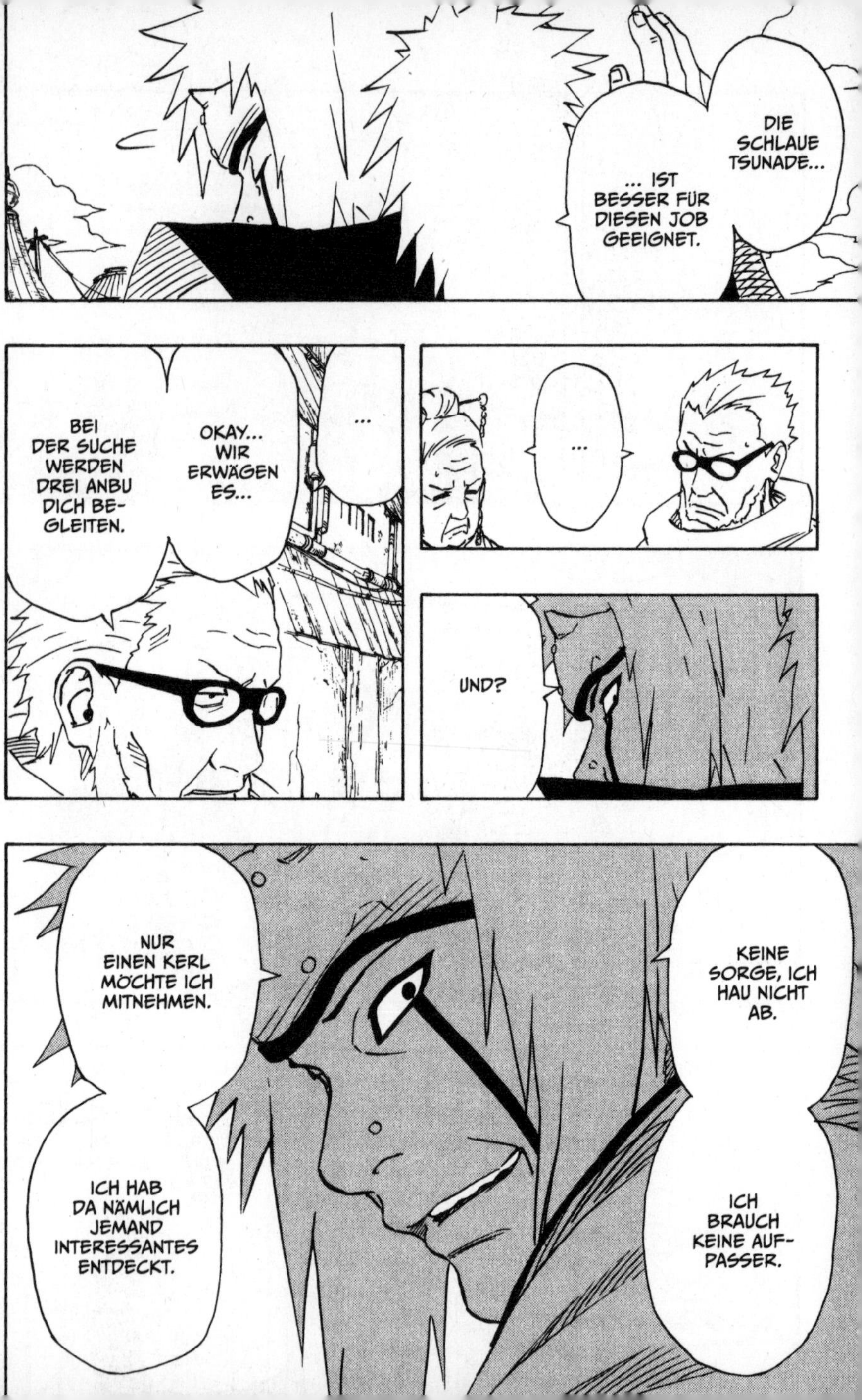
DIE SCHLAUE TSUNADE...
... IST BESSER FÜR DIESEN JOB GEEIGNET.
...
...
OKAY... WIR ERWÄGEN ES...
BEI DER SUCHE WERDEN DREI ANBU DICH BEGLEITEN.
UND?
KEINE SORGE, ICH HAU NICHT AB.
ICH BRAUCH KEINE AUFPASSER.
NUR EINEN KERL MÖCHTE ICH MITNEHMEN.
ICH HAB DA NÄMLICH JEMAND INTERESSANTES ENTDECKT.

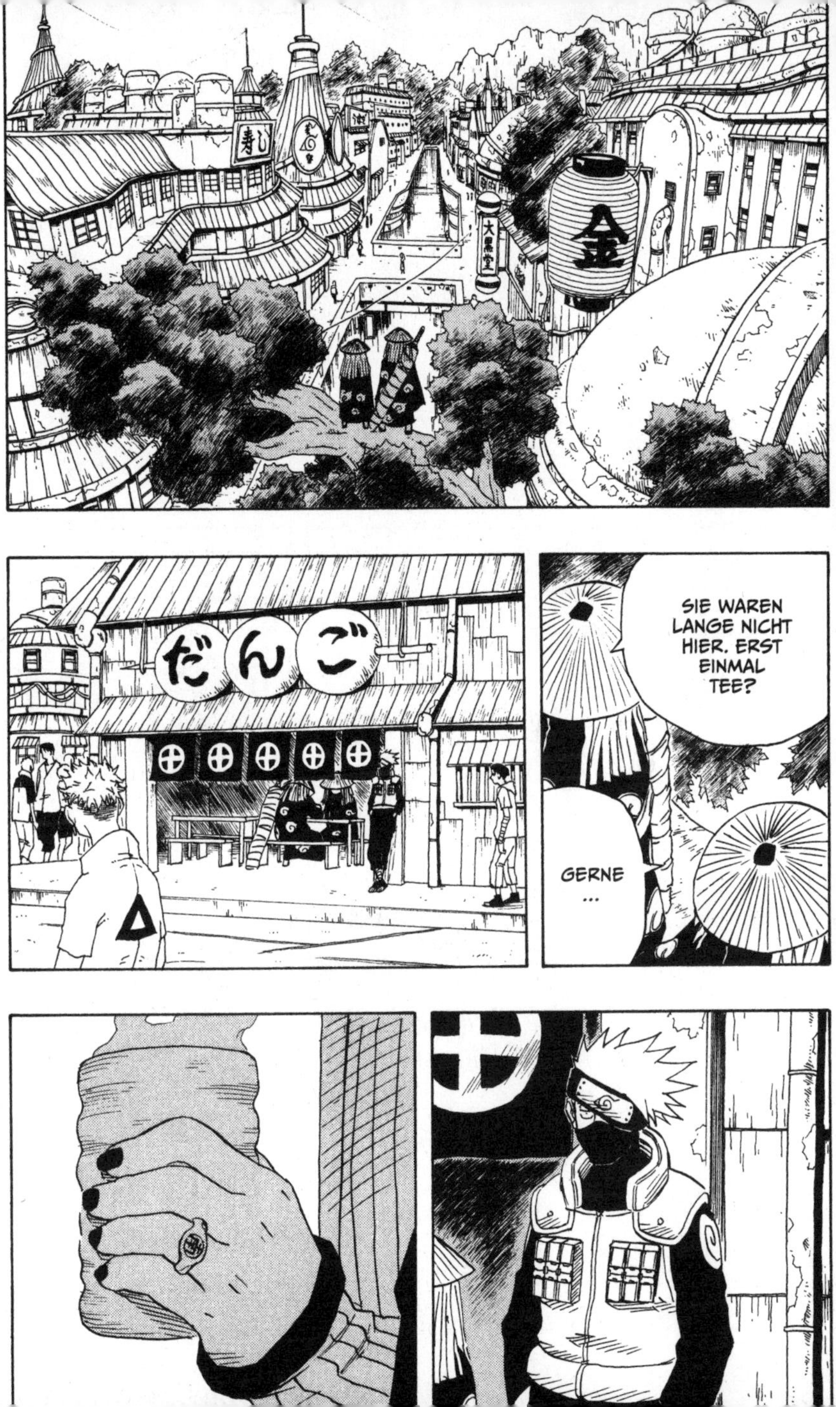
寿し
大黒堂
金
だんご
SIE WAREN LANGE NICHT HIER. ERST EINMAL TEE?
GERNE ...

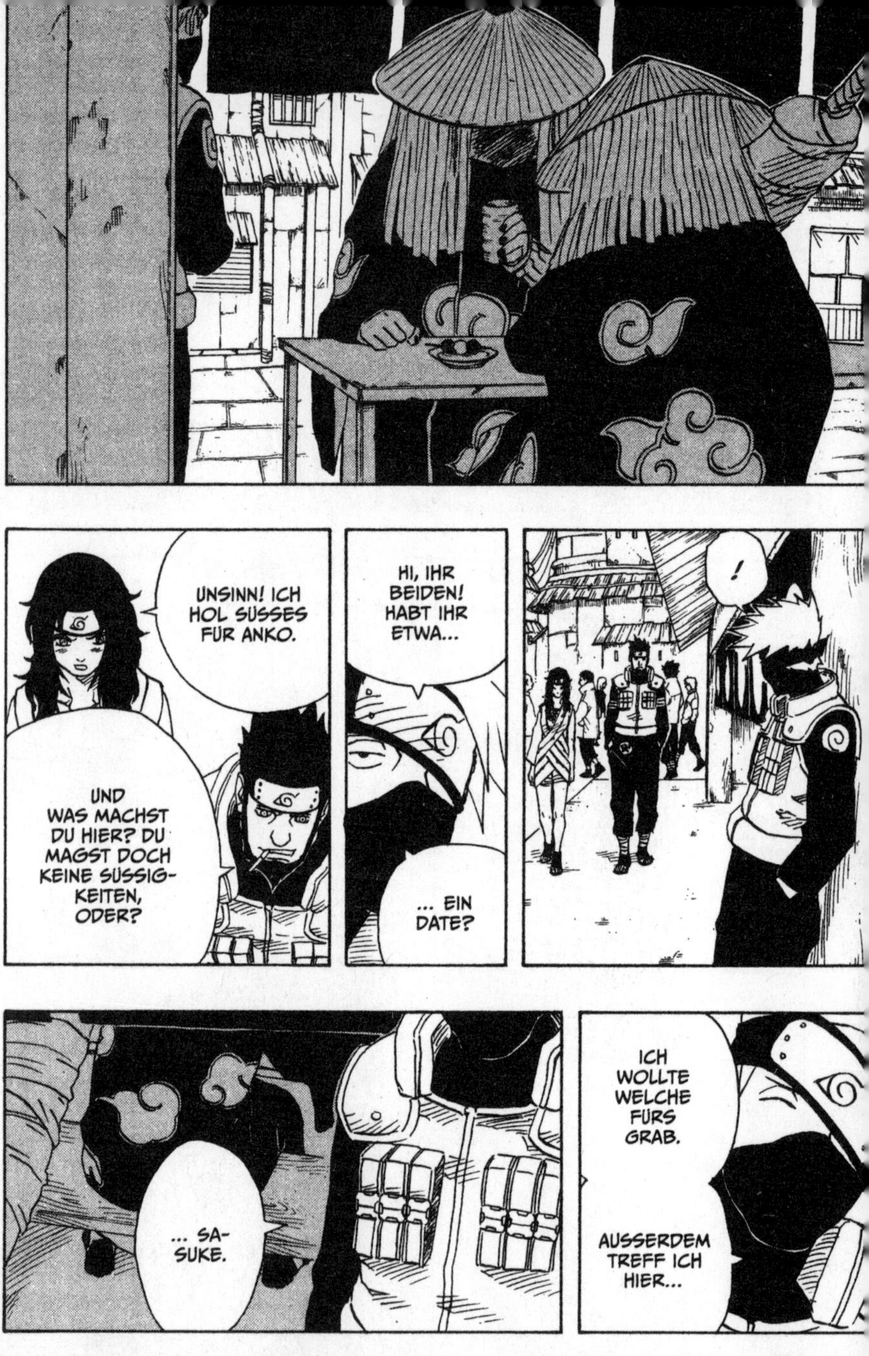
!
HI, IHR BEIDEN! HABT IHR ETWA...
... EIN DATE?
UNSINN! ICH HOL SÜSSES FÜR ANKO.
UND WAS MACHST DU HIER? DU MAGST DOCH KEINE SÜSSIG-KEITEN, ODER?
ICH WOLLTE WELCHE FÜRS GRAB.
AUSSERDEM TREFF ICH HIER...
... SA-SUKE.

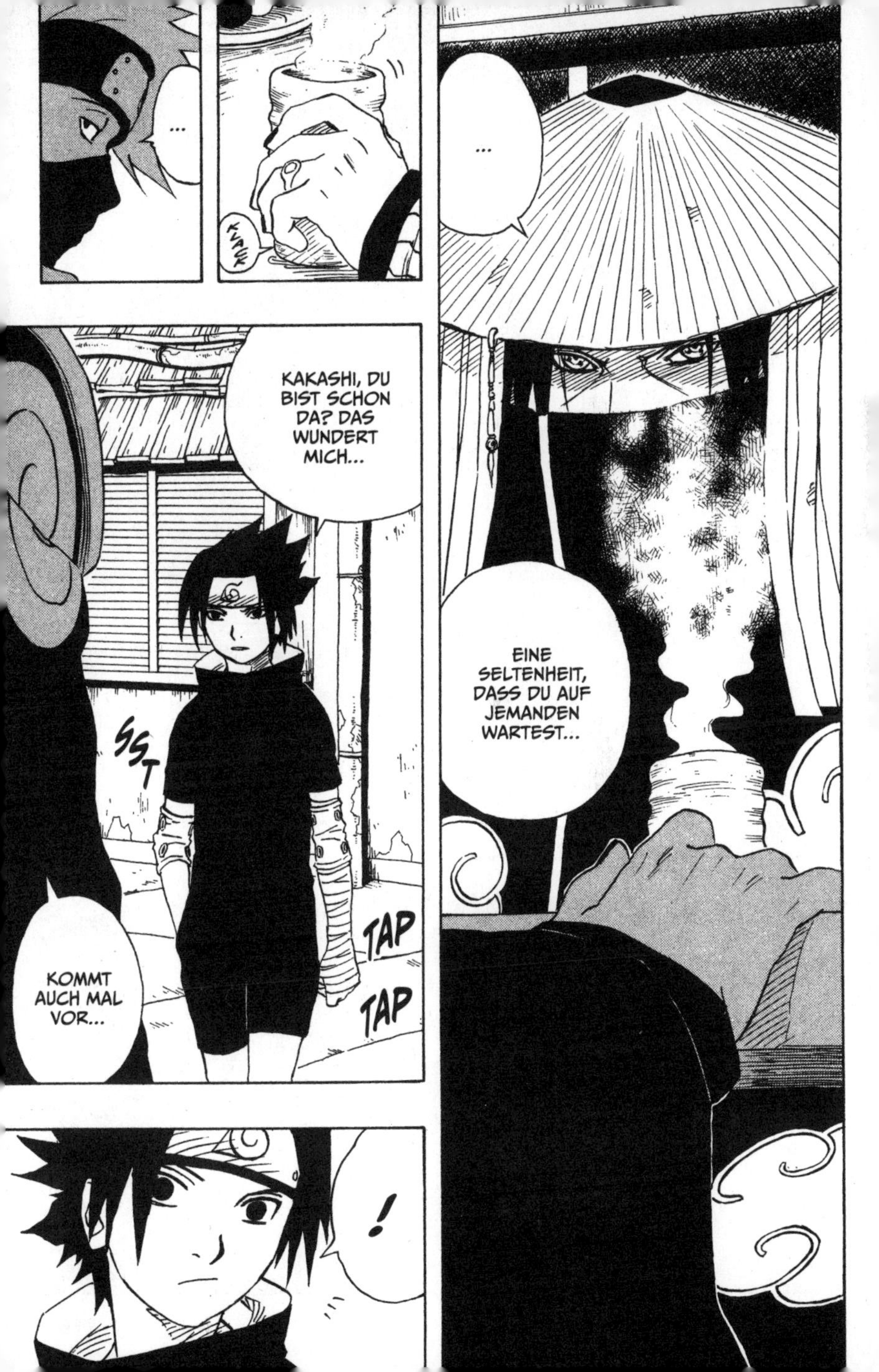
...
EINE SELTENHEIT, DASS DU AUF JEMANDEN WARTEST...
KLACK
...
KAKASHI, DU BIST SCHON DA? DAS WUNDERT MICH...
SST
TAP
TAP
KOMMT AUCH MAL VOR...
!

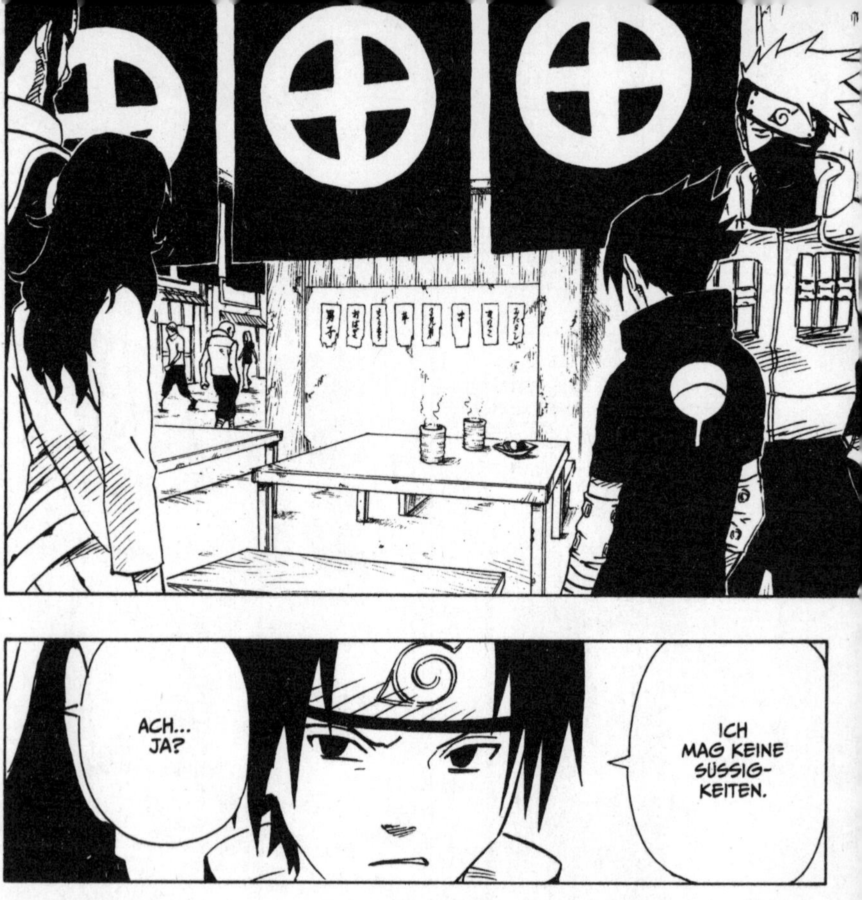
ICH MAG KEINE SÜSSIG-KEITEN.
ACH... JA?
...
SST
NICK
NICK
!
SST
SST

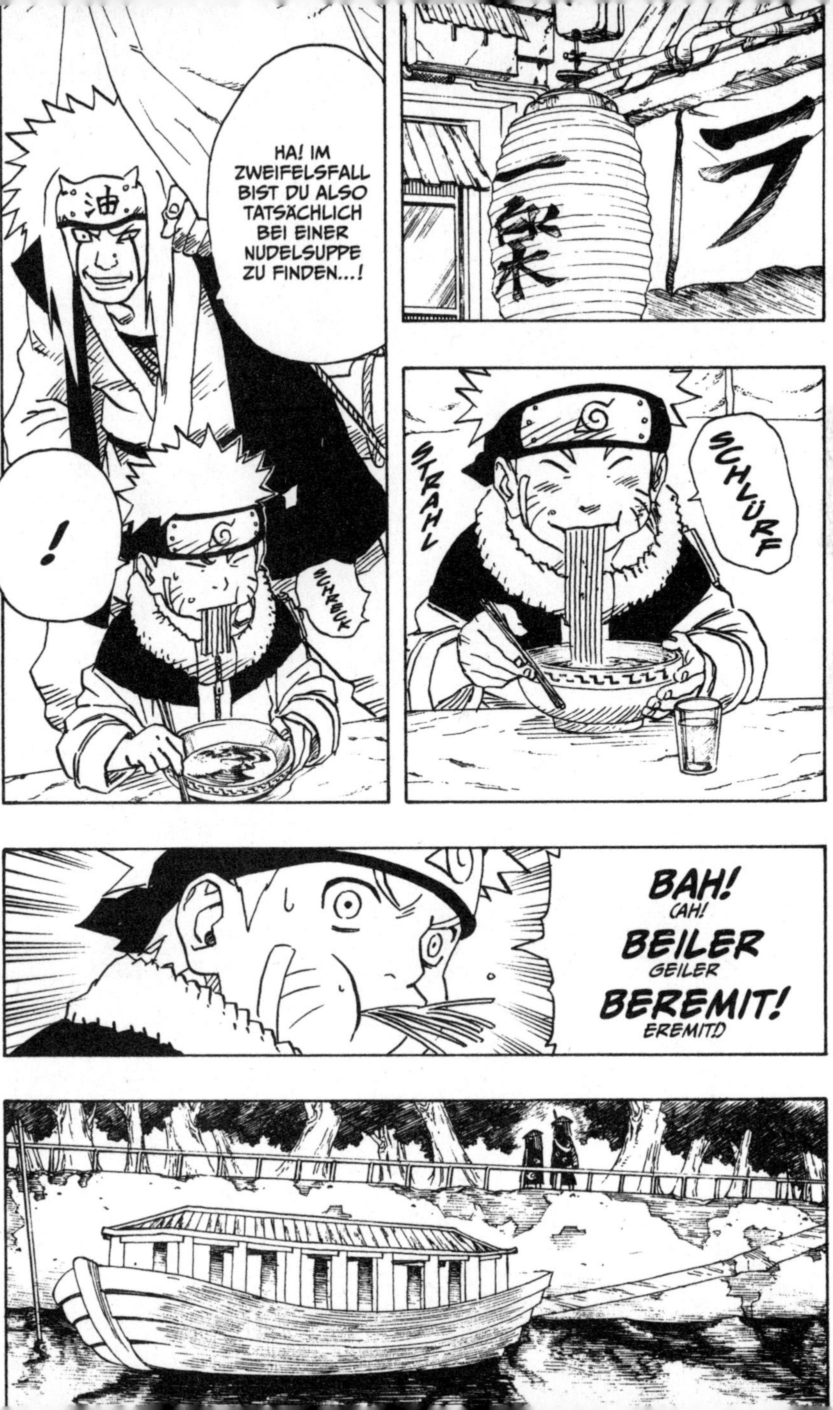

一楽
ラ
STRAHL
SCHLÜRF
HA! IM ZWEIFELSFALL BIST DU ALSO TATSÄCHLICH BEI EINER NUDELSUPPE ZU FINDEN...!
!
SCHRECK
BAH! (AH!
BEILER GEILER
BEREMIT! EREMIT!)

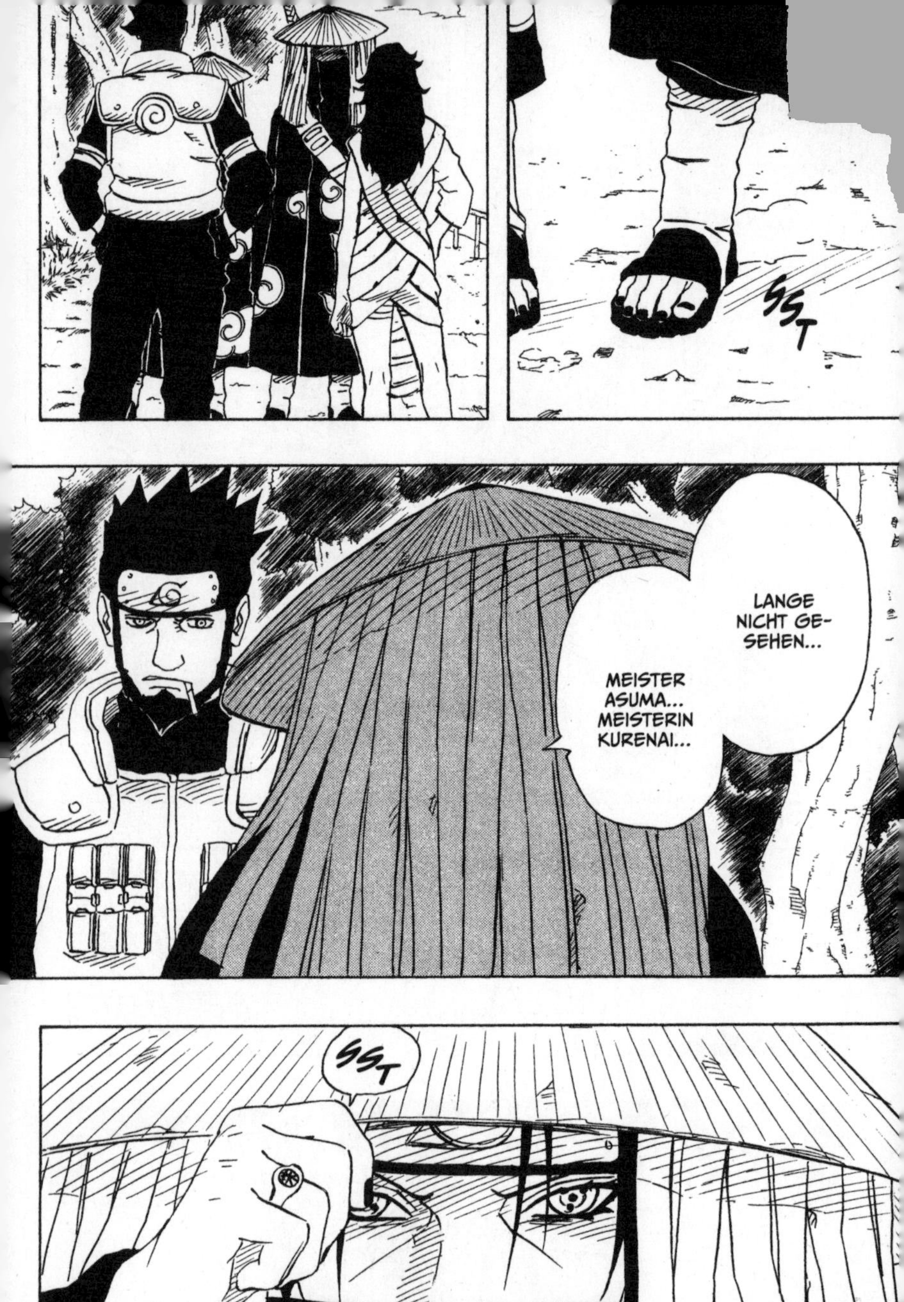
SST
LANGE NICHT GE- SEHEN...
MEISTER ASUMA... MEISTERIN KURENAI...
SST

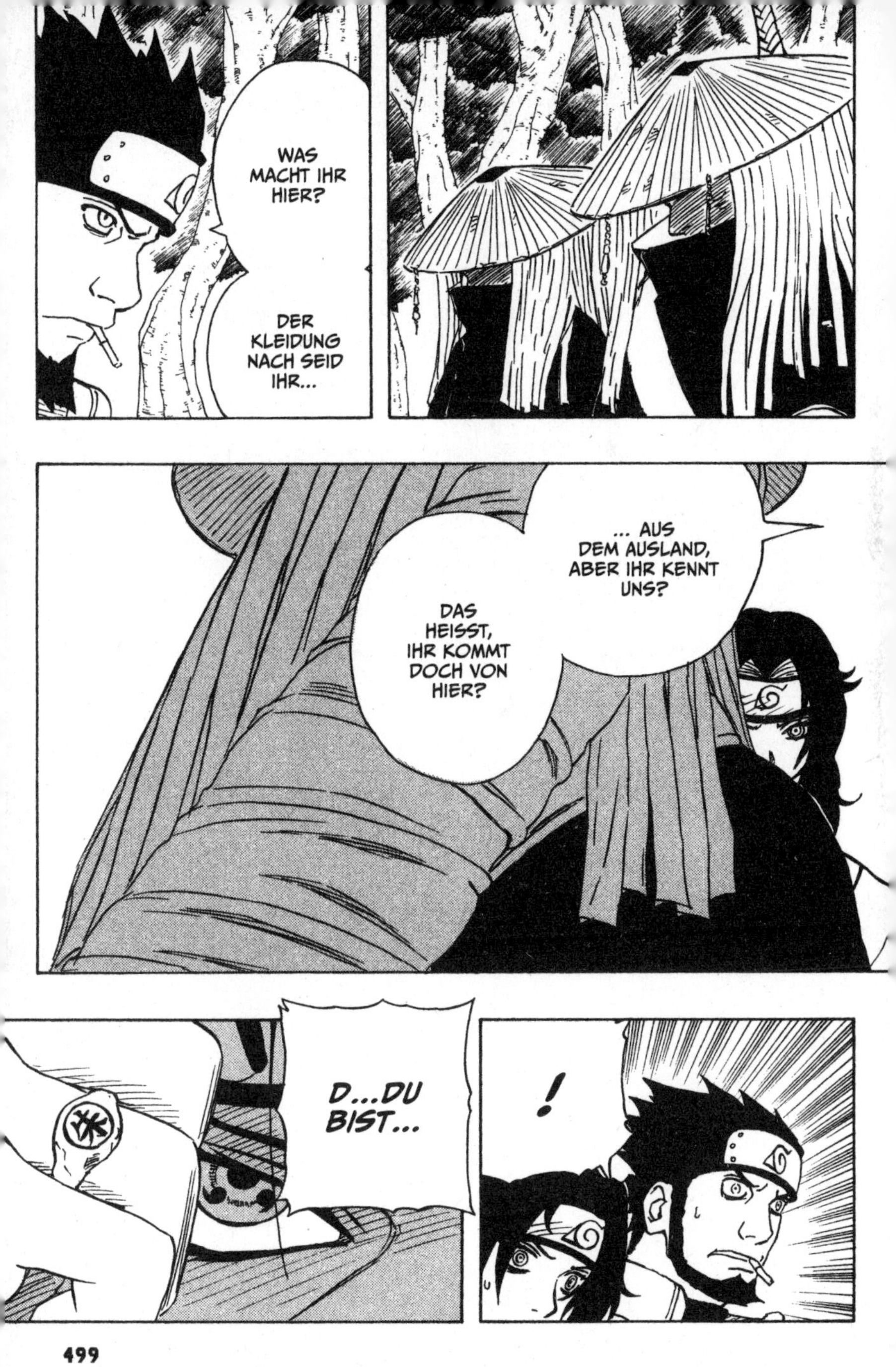
WAS MACHT IHR HIER?
DER KLEIDUNG NACH SEID IHR...
... AUS DEM AUSLAND, ABER IHR KENNT UNS?
DAS HEISST, IHR KOMMT DOCH VON HIER?
!
D...DU BIST...

MASASHI KISHIMOTOS WELT
LEBENSGESCHICHTE – TEIL 24, 2. FOLGE

DER FREUND ERZÄHLTE MIR, DASS HERR USUTA ETWA EINE WOCHE VOR BEKANNTMACHUNG DES ERGEBNISSES EINEN ANRUF VON DER REDAKTION BEKOMMEN HABE, ALS ER DEN PREIS GEWONNEN HATTE! UND ICH HATTE NOCH KEINEN ANRUF BEKOMMEN... ICH WAR AUF EINMAL SEHR NIEDERGESCHLAGEN. ICH GING NICHT ZUM UNTERRICHT, SETZTE MICH VOR DIE KONSOLE UND SPIELTE EIN SPIEL NACH DEM ANDEREN. ABER AUCH DAS SPIELEN KONNTE MICH NICHT VOR EINER WILDEN GEDANKENFLUT BEWAHREN. ICH ÜBERLEGTE MIR DIE VERSCHIEDENSTEN GRÜNDE, WARUM SIE MICH NOCH NICHT ANGERUFEN HATTEN. AM TAG VOR DER BEKANNTMACHUNG BLIEB ICH DEN GANZEN TAG ZU HAUSE UND WARTETE UNGEDULDIG AUF DEN ANRUF. ICH WAR GANZ AUFGEREGT UND KONNTE BIS SPÄT IN DIE NACHT NICHT EINSCHLAFEN. ALS ICH ENDLICH EINSCHLUMMERTE, KLINGELTE DAS TELEFON... ICH NAHM DEN HÖRER AB UND HIELT IHN FEST ANS OHR. MEIN HERZ POCHTE WIE VERRÜCKT! »HALLO, KISHIMOTO HIER.« »HIER IST DIE REDAKTION VON SHONEN-JUMP.« »ACH! ACH JA?!« »IHR KARAKURI HAT UNSEREN PREIS GEWONNEN. HERZLICHEN GLÜCKWUNSCH!« ALS ICH DAS HÖRTE, EXPLODIERTE MEIN HERZ FAST. UND DAVON WURDE ICH WACH... TJA, WAR LEIDER NUR EIN TRAUM. ICH WAR SCHRECKLICH ENTTÄUSCHT...

AM NÄCHSTEN MORGEN, AM TAG DER BEKANNTMACHUNG, WÜNSCHTE ICH MIR, DASS MEIN TRAUM DOCH NOCH WAHR WÜRDE UND BRACH ZUM KIOSK AUF. ICH HATTE MEINE HOFFNUNG FAST VERLOREN UND WOLLTE DAS ERGEBNIS SOFORT ERFAHREN, OBWOHL ICH GLEICHZEITIG ANGST DAVOR HATTE. MIT GEMISCHTEN GEFÜHLEN BETRAT ICH EINEN KIOSK UND SAH DEN STAPEL VON SHONEN-JUMP AN DER KASSE. ICH FÜHLTE MICH, ALS WÜRDE MEIN HERZ GLEICH AUS DEM MUND SPRINGEN.

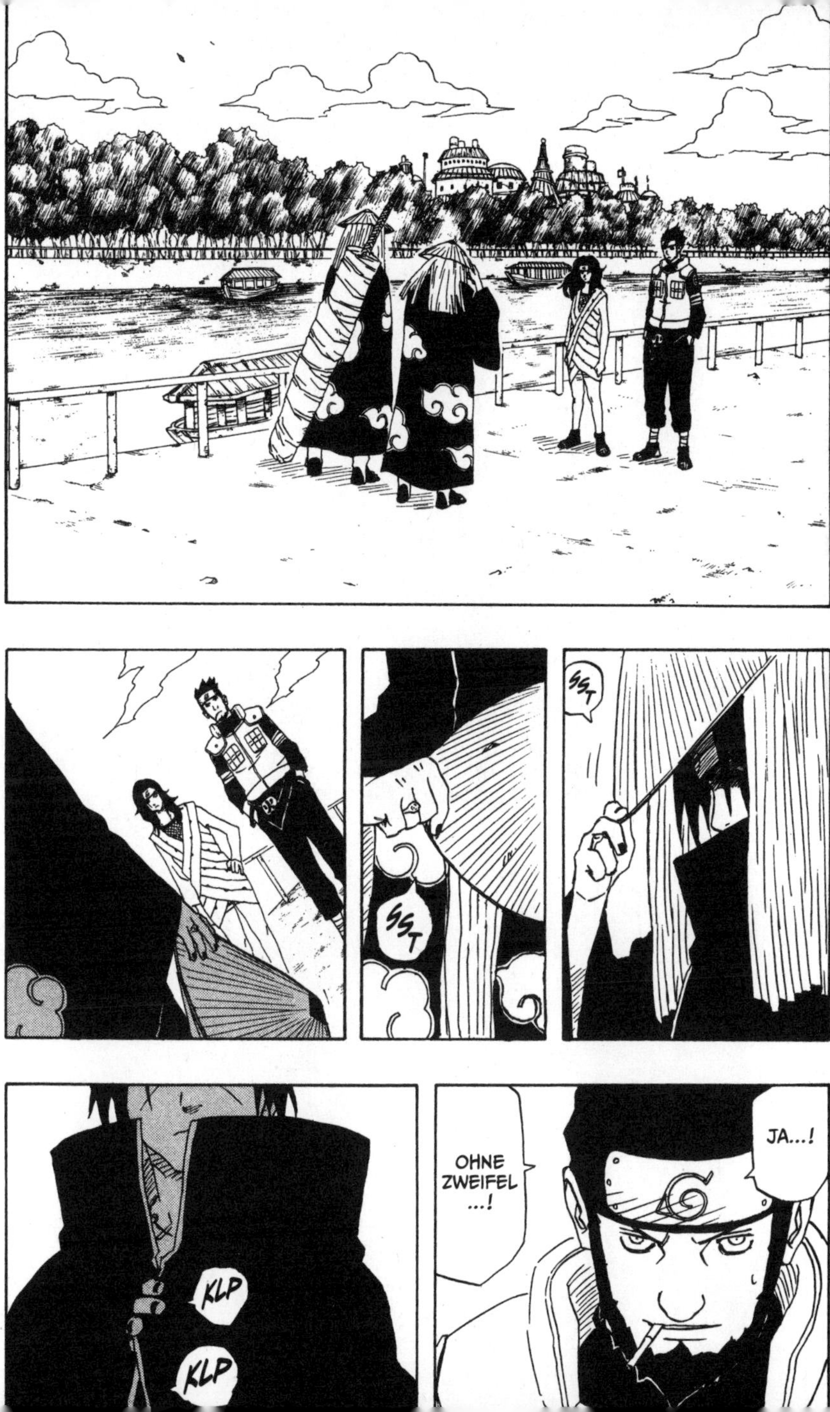
SST
SST
KLP
KLP
JA...!
OHNE ZWEIFEL ...!

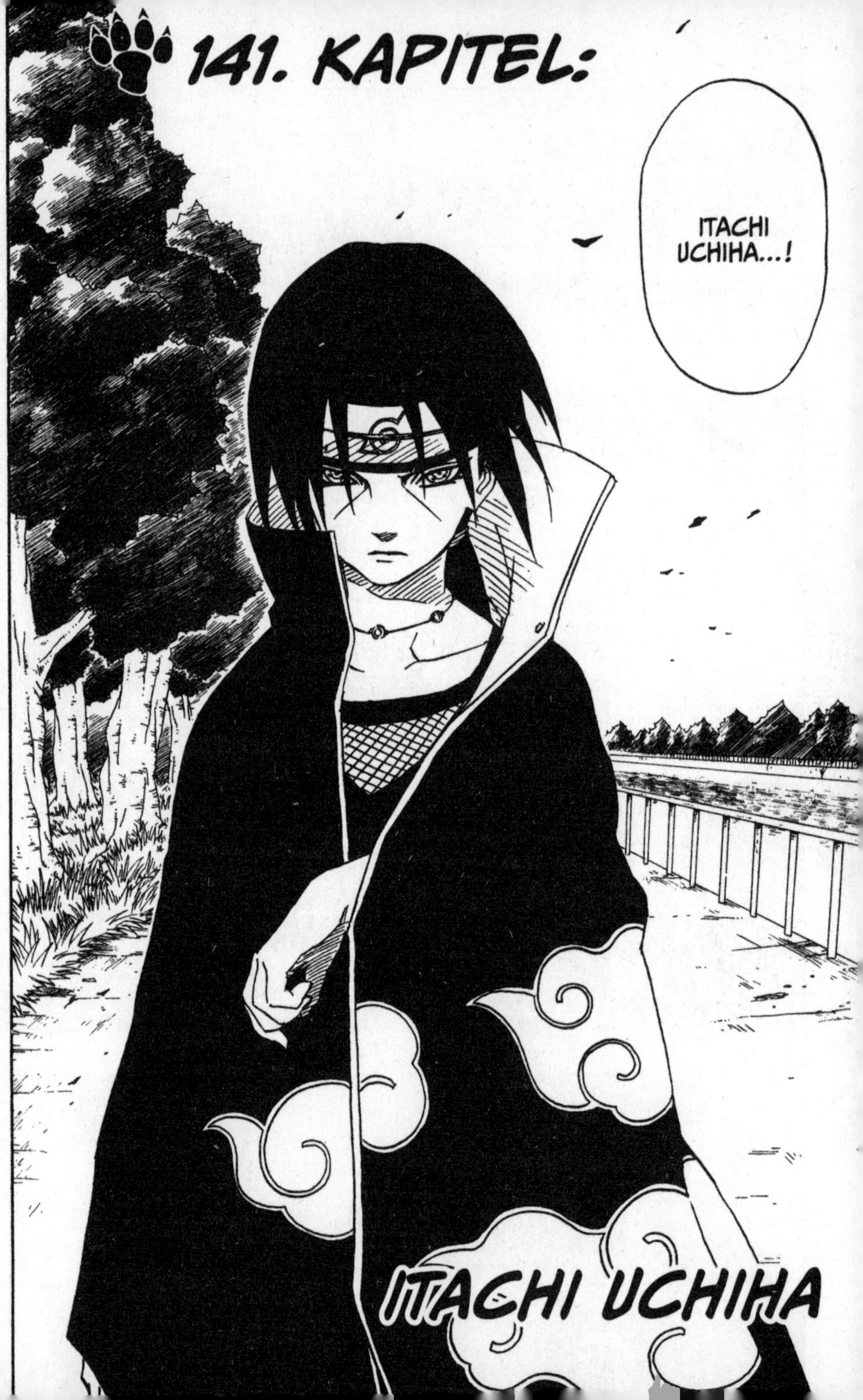
141. KAPITEL:
ITACHI UCHIHA...!
ITACHI UCHIHA

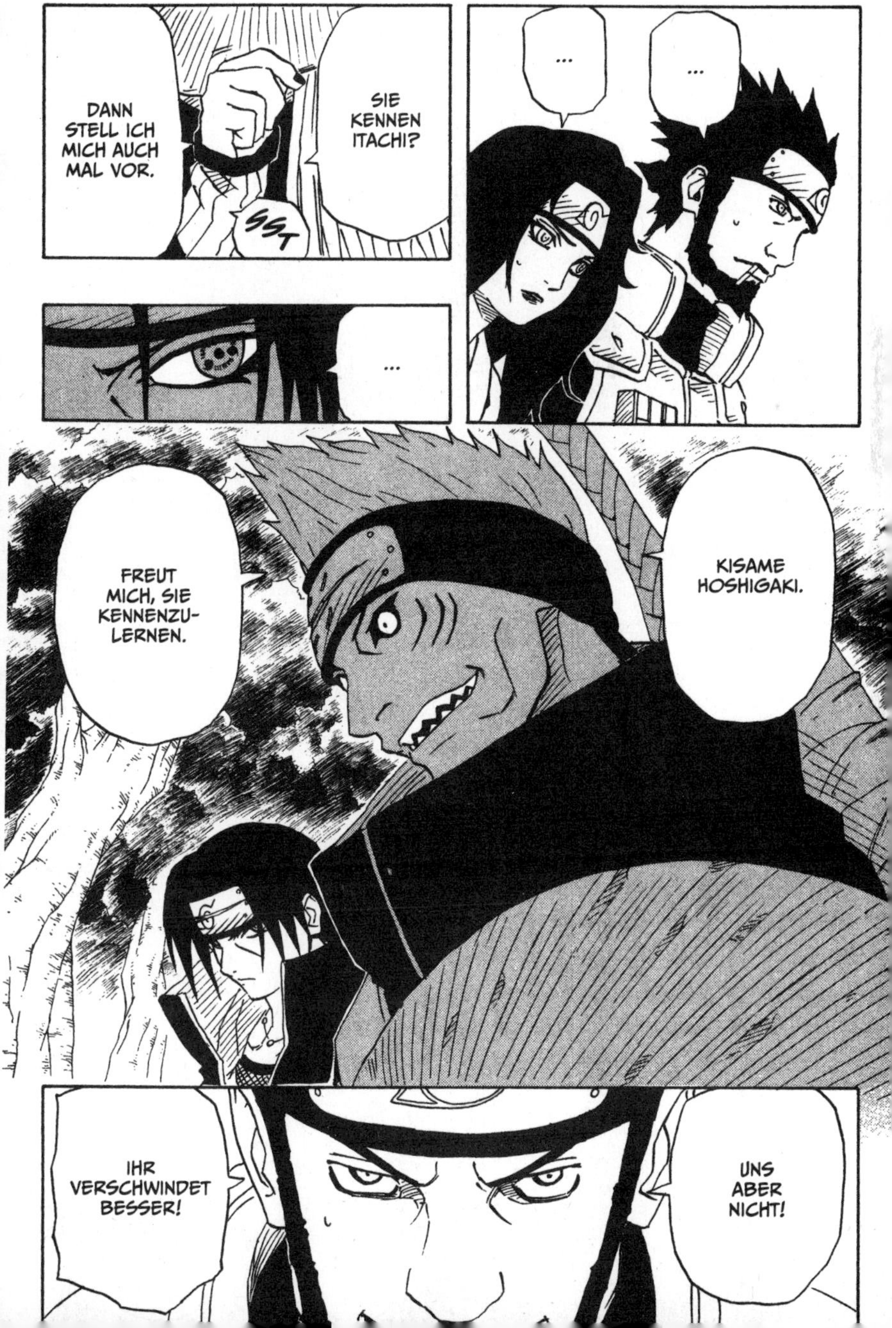
...
...
SIE KENNEN ITACHI?
DANN STELL ICH MICH AUCH MAL VOR.
SST
...
KISAME HOSHIGAKI.
FREUT MICH, SIE KENNENZU-LERNEN.
UNS ABER NICHT!
IHR VERSCHWINDET BESSER!

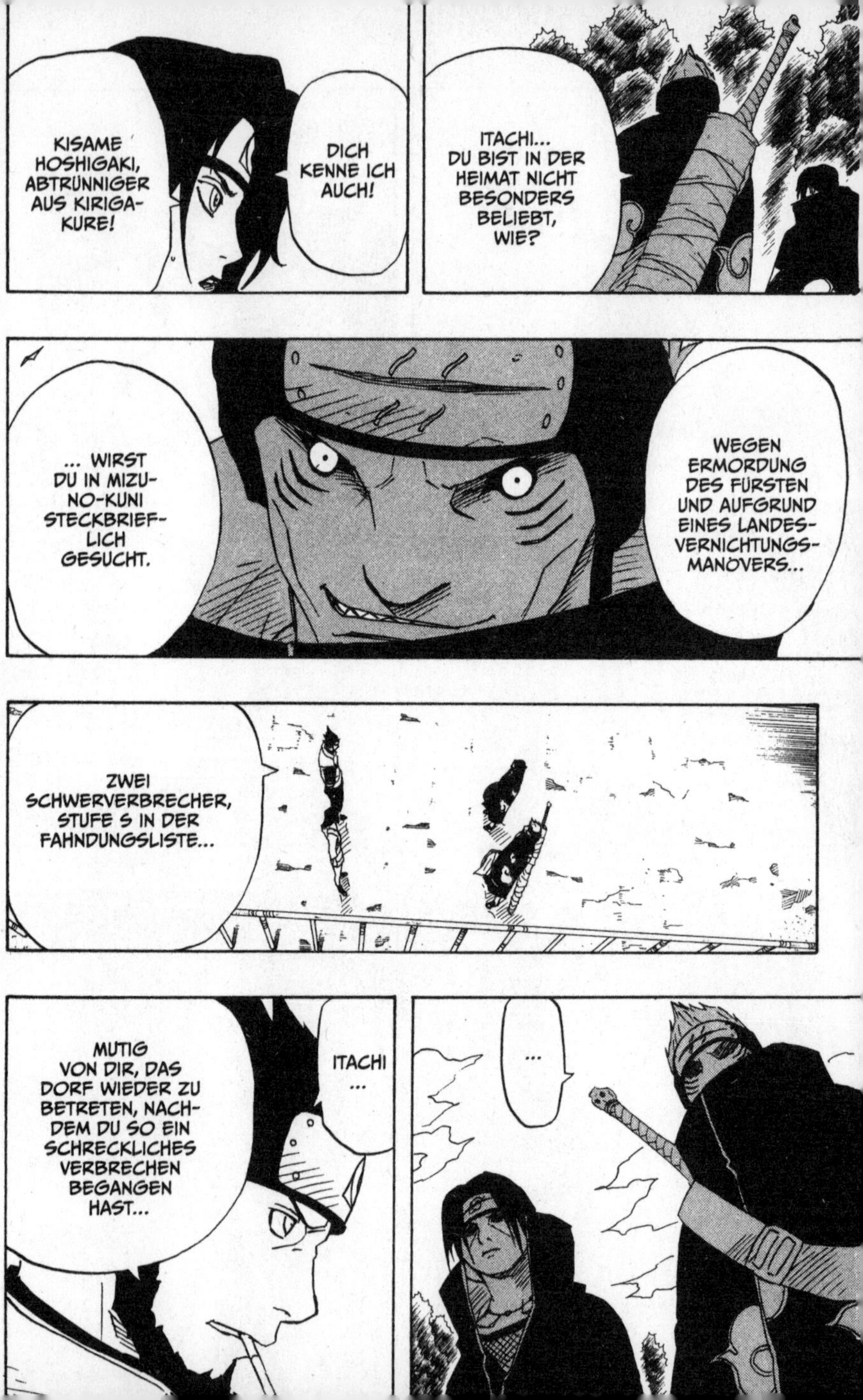
ITACHI... DU BIST IN DER HEIMAT NICHT BESONDERS BELIEBT, WIE?
DICH KENNE ICH AUCH!
KISAME HOSHIGAKI, ABTRÜNNIGER AUS KIRIGA-KURE!
WEGEN ERMORDUNG DES FÜRSTEN UND AUFGRUND EINES LANDES-VERNICHTUNGS-MANÖVERS...
... WIRST DU IN MIZU-NO-KUNI STECKBRIEF-LICH GESUCHT.
ZWEI SCHWERVERBRECHER, STUFE S IN DER FAHNDUNGSLISTE...
...
ITACHI ...
MUTIG VON DIR, DAS DORF WIEDER ZU BETRETEN, NACH-DEM DU SO EIN SCHRECKLICHES VERBRECHEN BEGANGEN HAST...

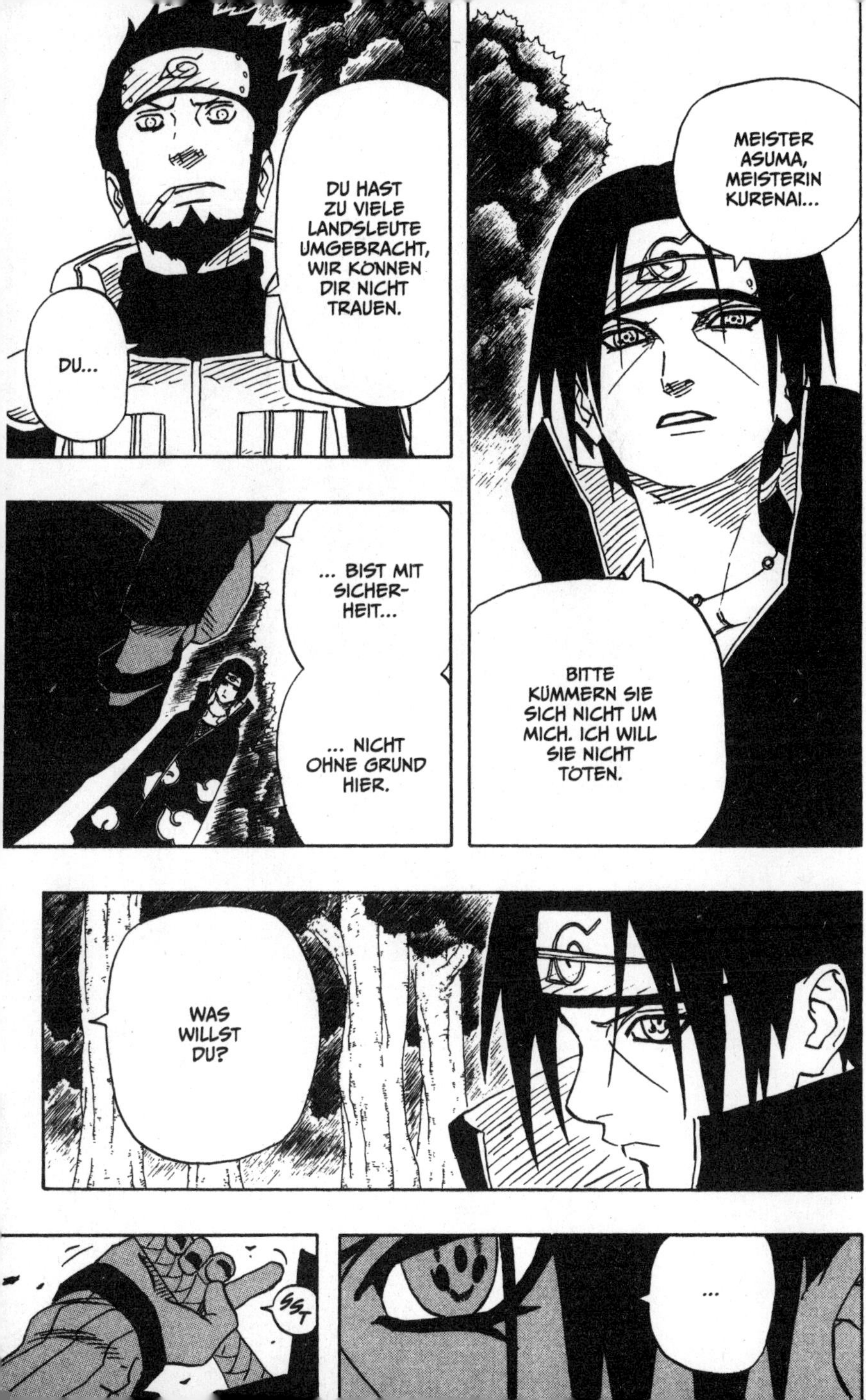
MEISTER ASUMA, MEISTERIN KURENAI...
BITTE KÜMMERN SIE SICH NICHT UM MICH. ICH WILL SIE NICHT TOTEN.
DU HAST ZU VIELE LANDSLEUTE UMGEBRACHT, WIR KÖNNEN DIR NICHT TRAUEN.
DU...
... BIST MIT SICHERHEIT...
... NICHT OHNE GRUND HIER.
WAS WILLST DU?
...
SST

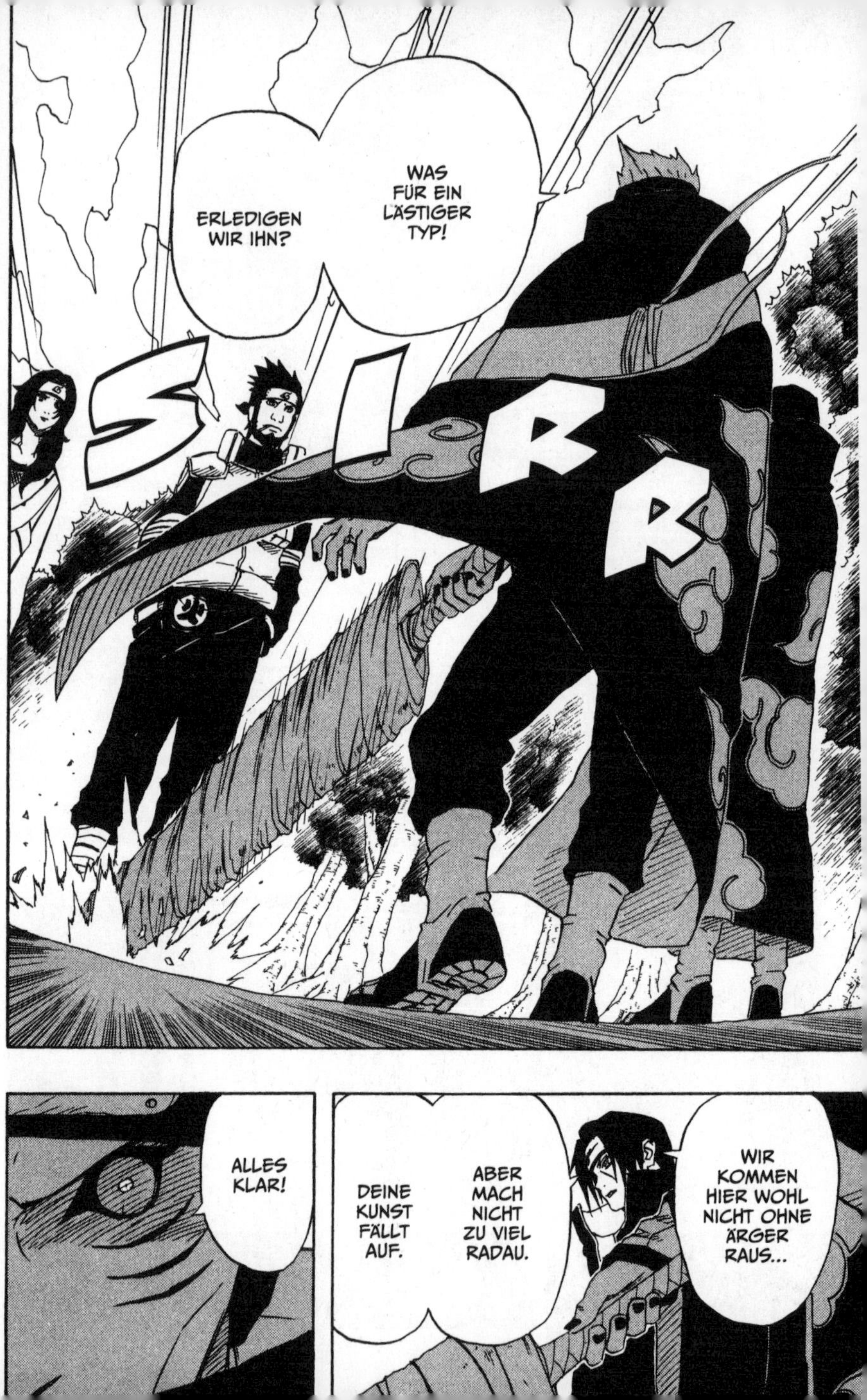
WAS FÜR EIN LÄSTIGER TYP!
ERLEDIGEN WIR IHN?
SIRR
WIR KOMMEN HIER WOHL NICHT OHNE ÄRGER RAUS...
ABER MACH NICHT ZU VIEL RADAU.
DEINE KUNST FÄLLT AUF.
ALLES KLAR!

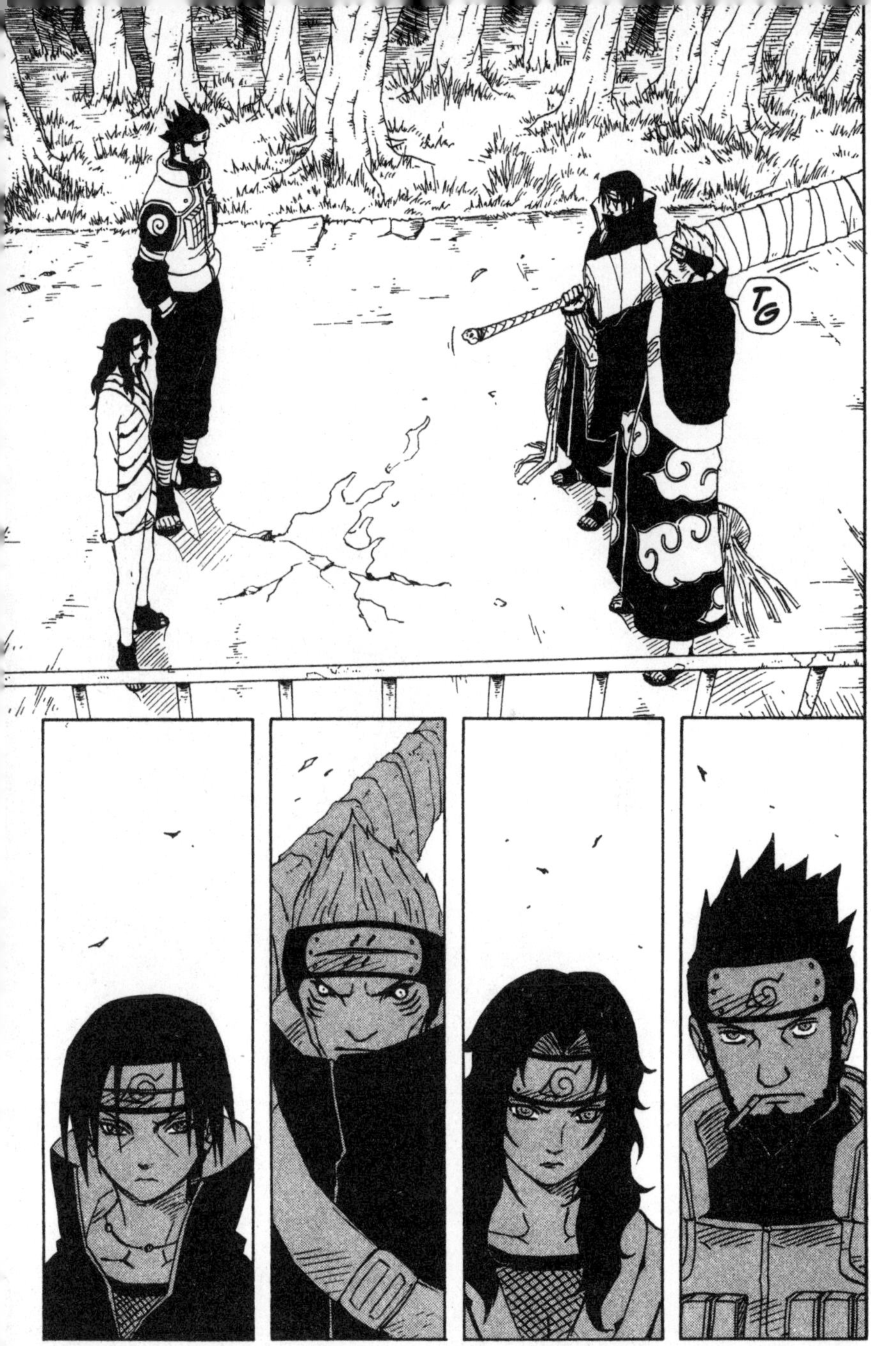
TG

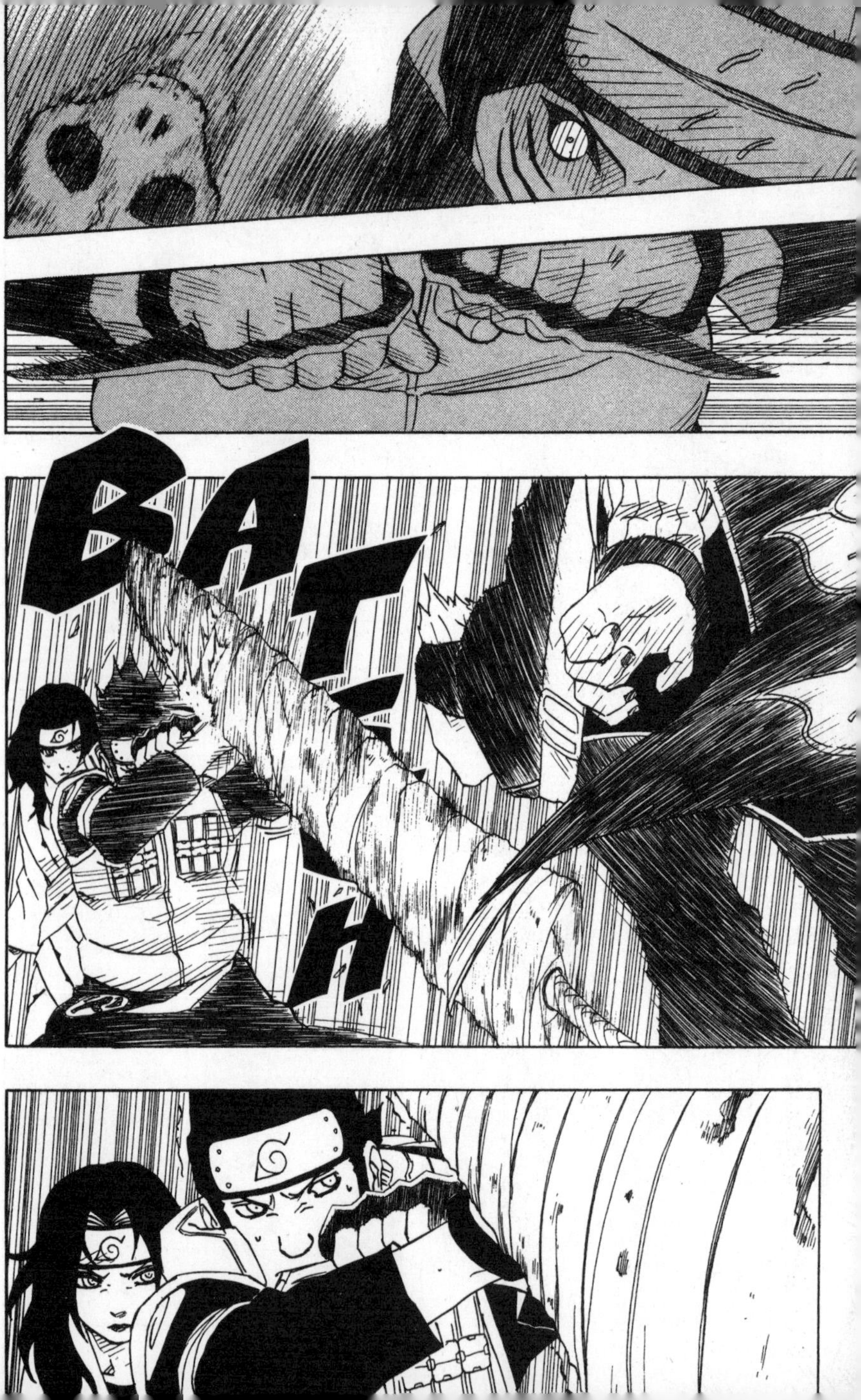
BATH

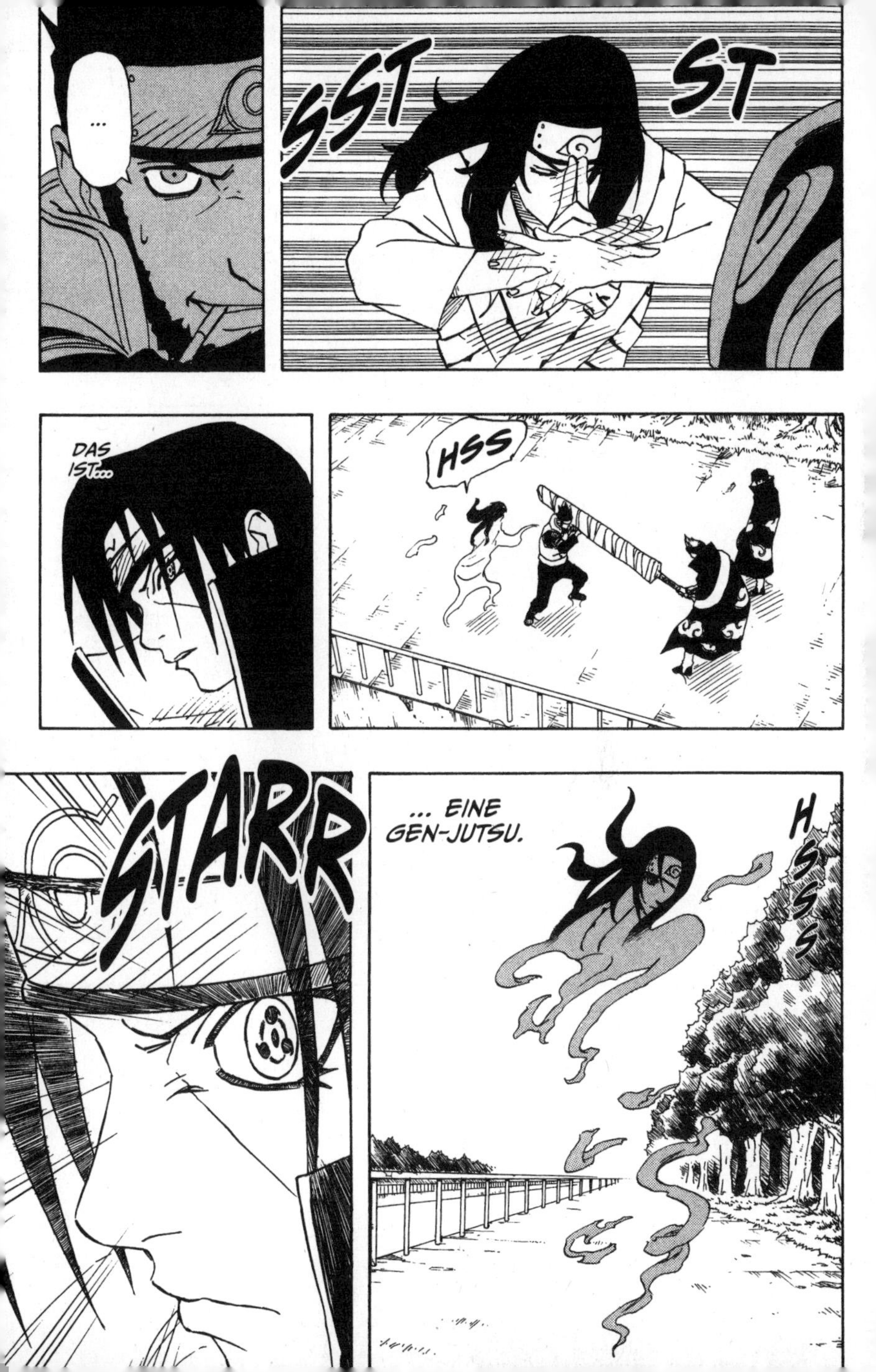
SST
ST
...
HSS
DAS IST...
... EINE GEN-JUTSU.
HSSS
STARR

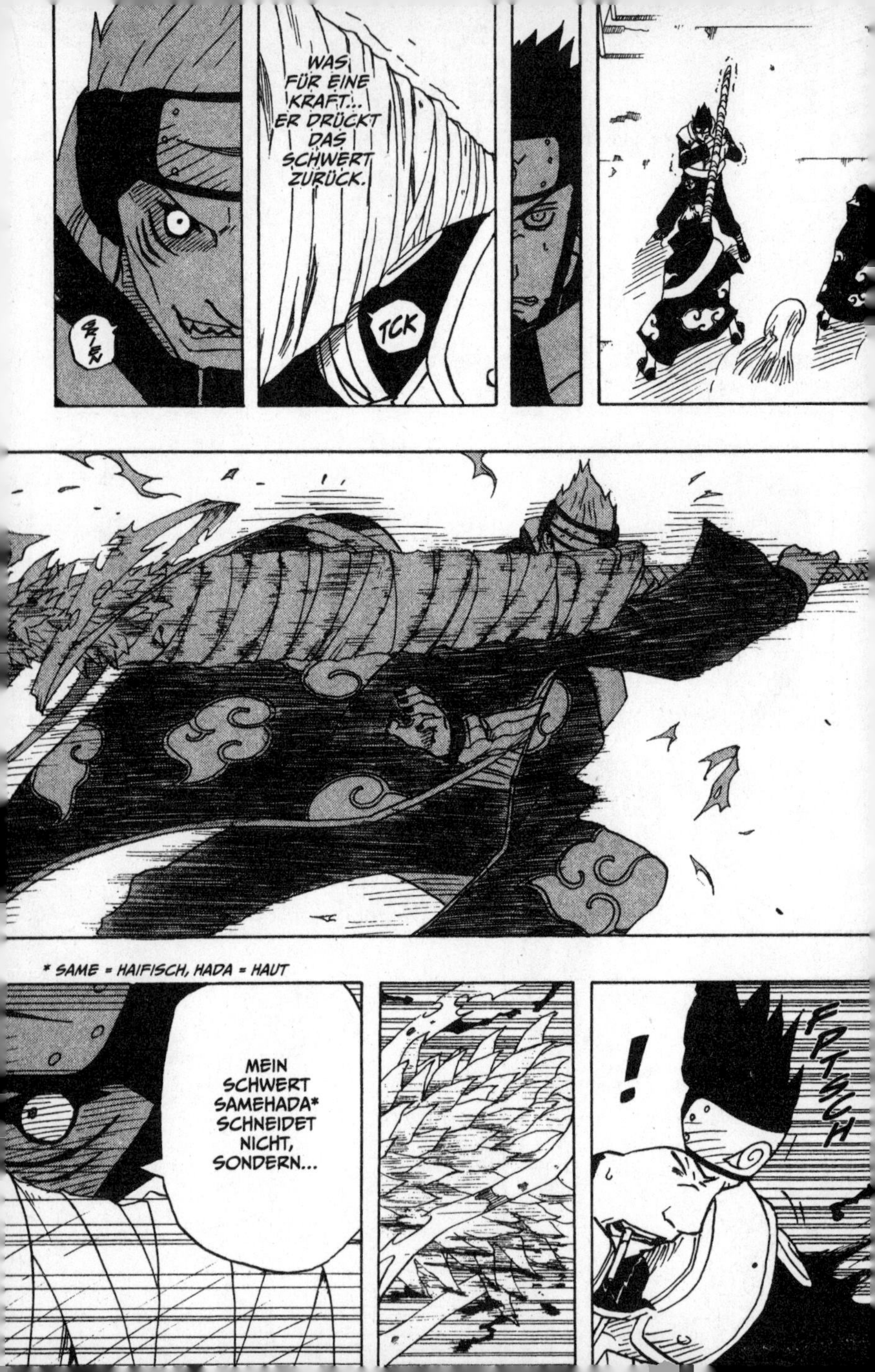

* SAME = HAIFISCH, HADA = HAUT

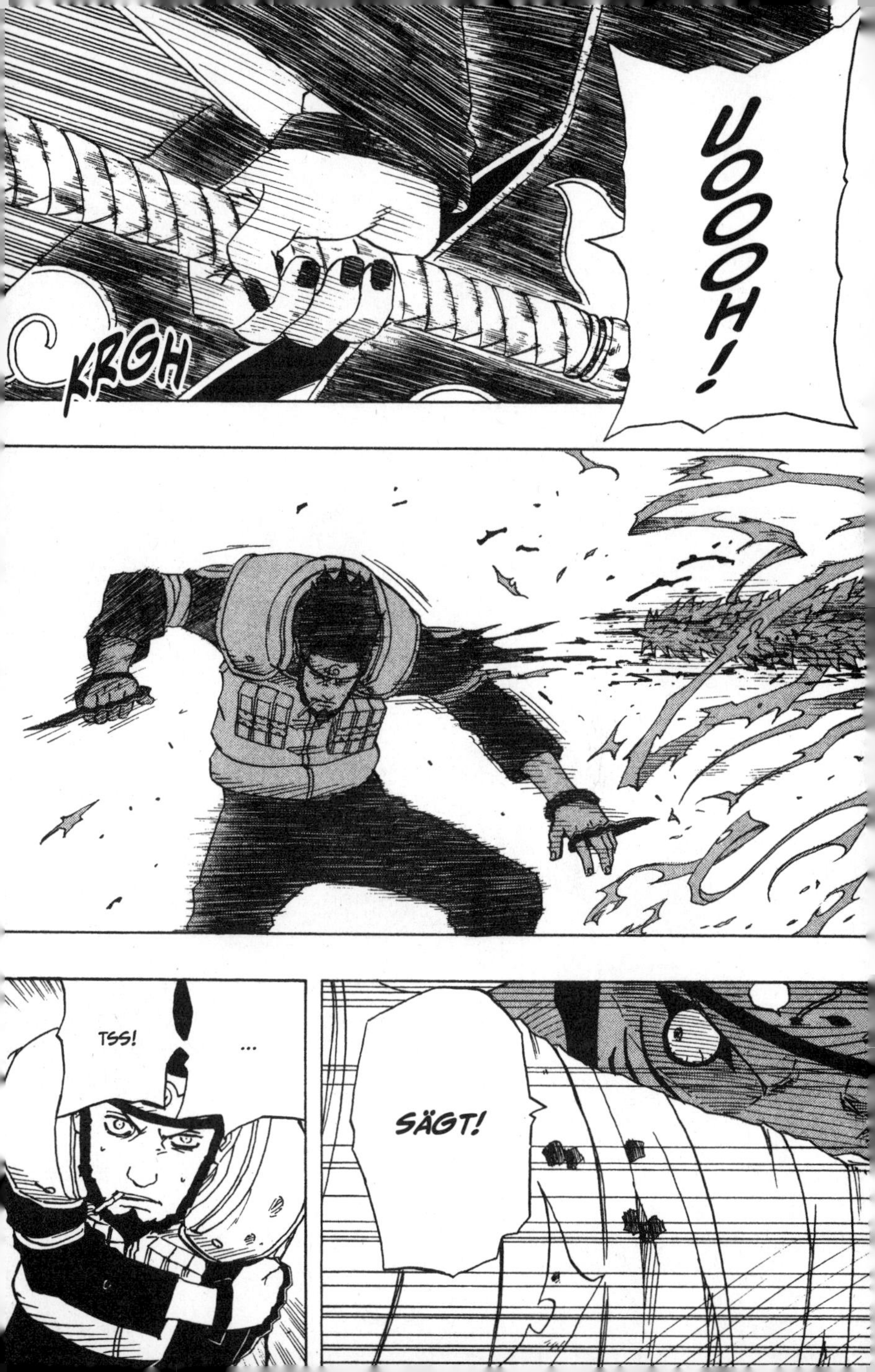
UOOOOH!
KRGH
TSS!
...
SÄGT!

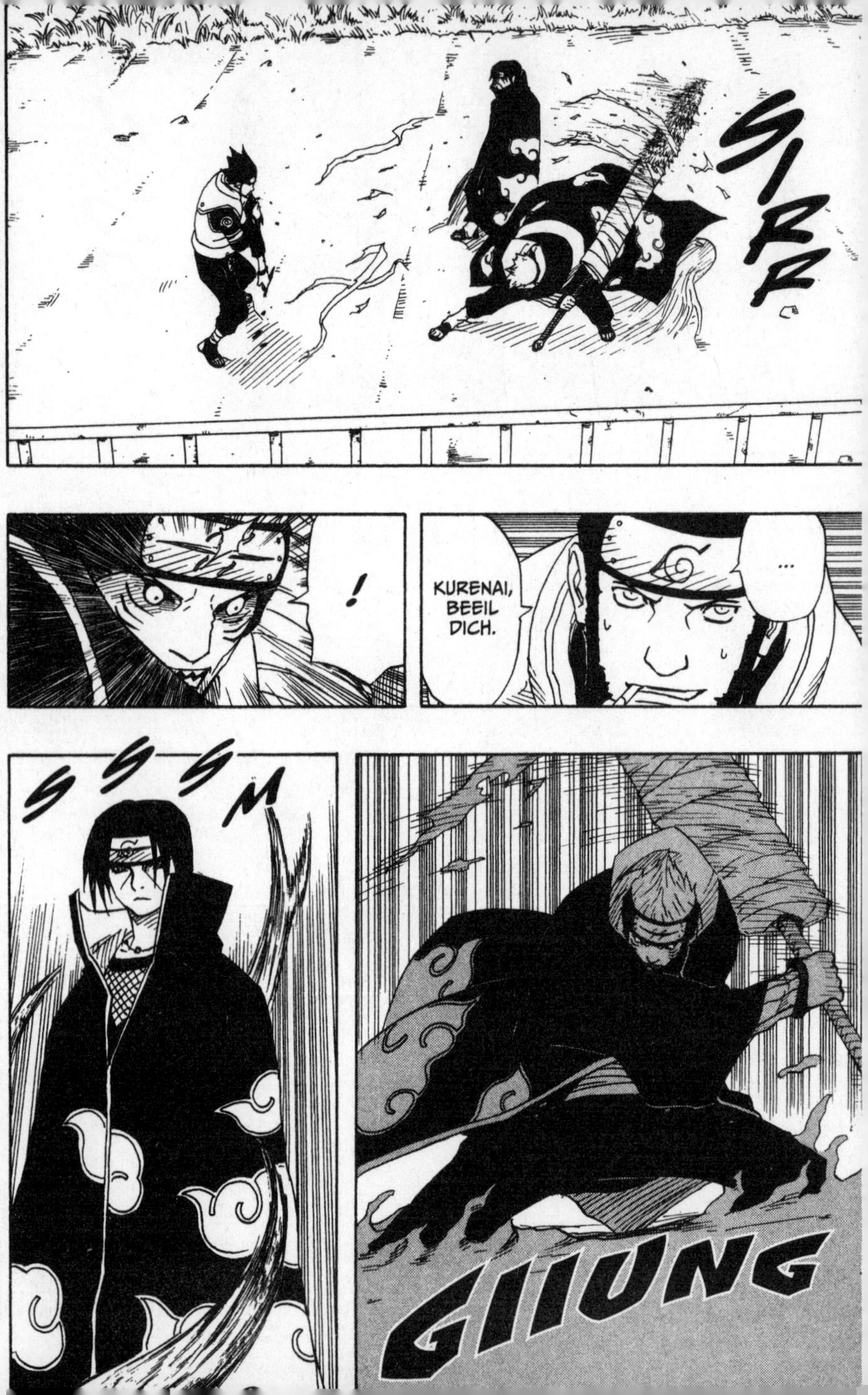
SIRR
...
KURENAI, BEEIL DICH.
!
GIIUNG
SSSM

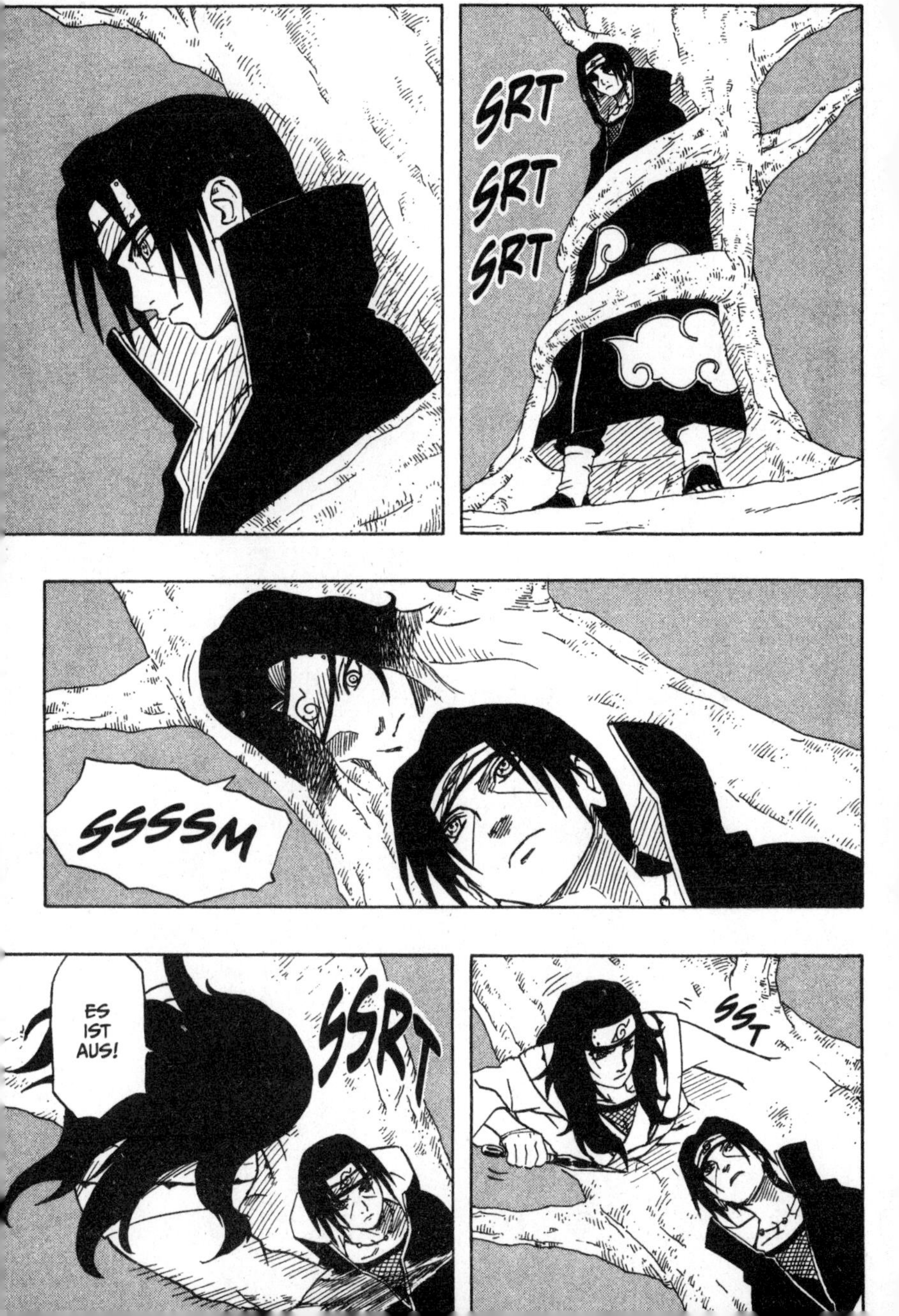
SRT
SRT
SRT
SSSSM
SST
ES IST AUS!
SSRT

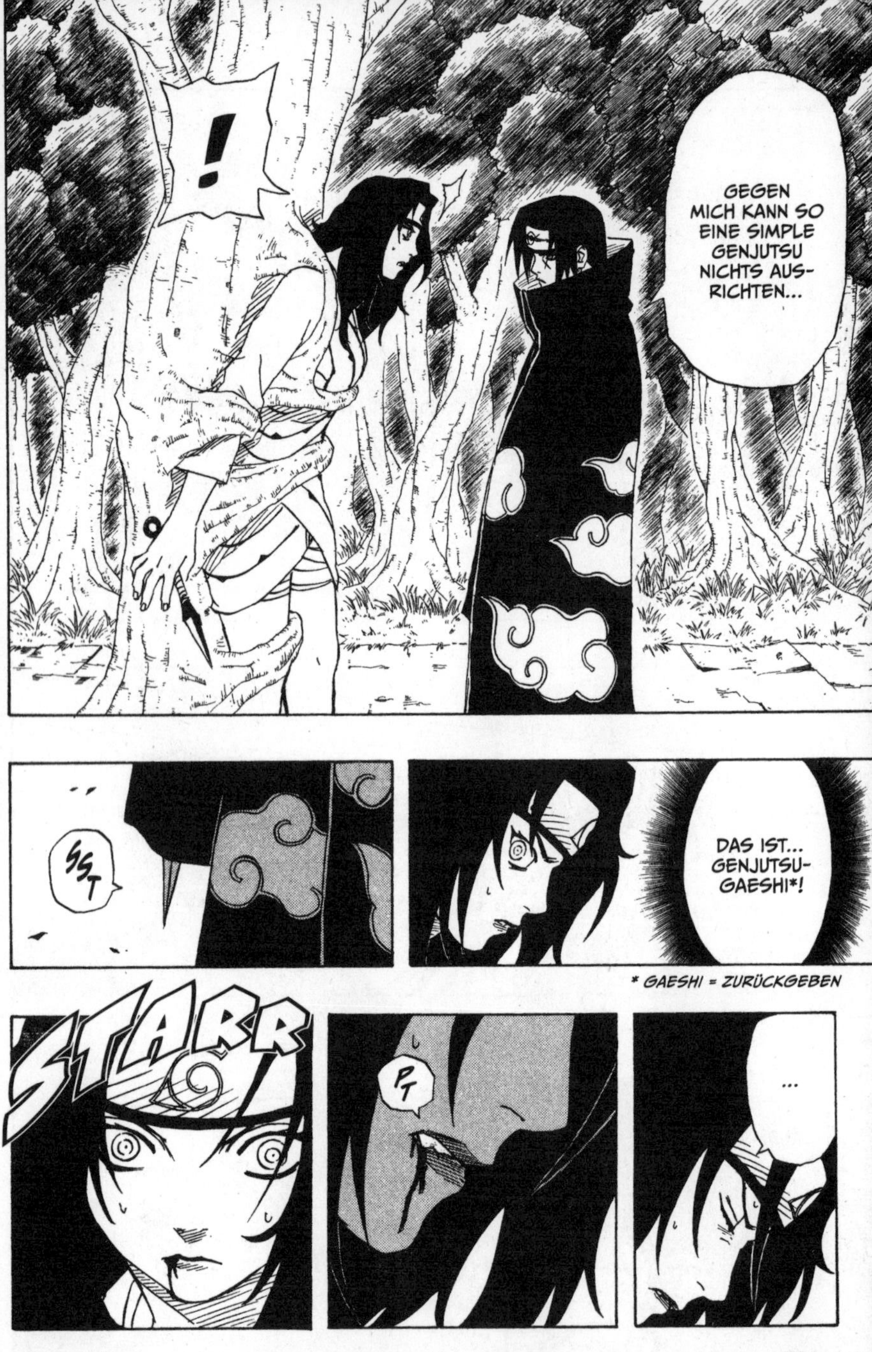
GEGEN MICH KANN SO EINE SIMPLE GENJUTSU NICHTS AUSRICHTEN...
!
DAS IST... GENJUTSU-GAESHI*!
SST
* GAESHI = ZURÜCKGEBEN
...
PT
STARR

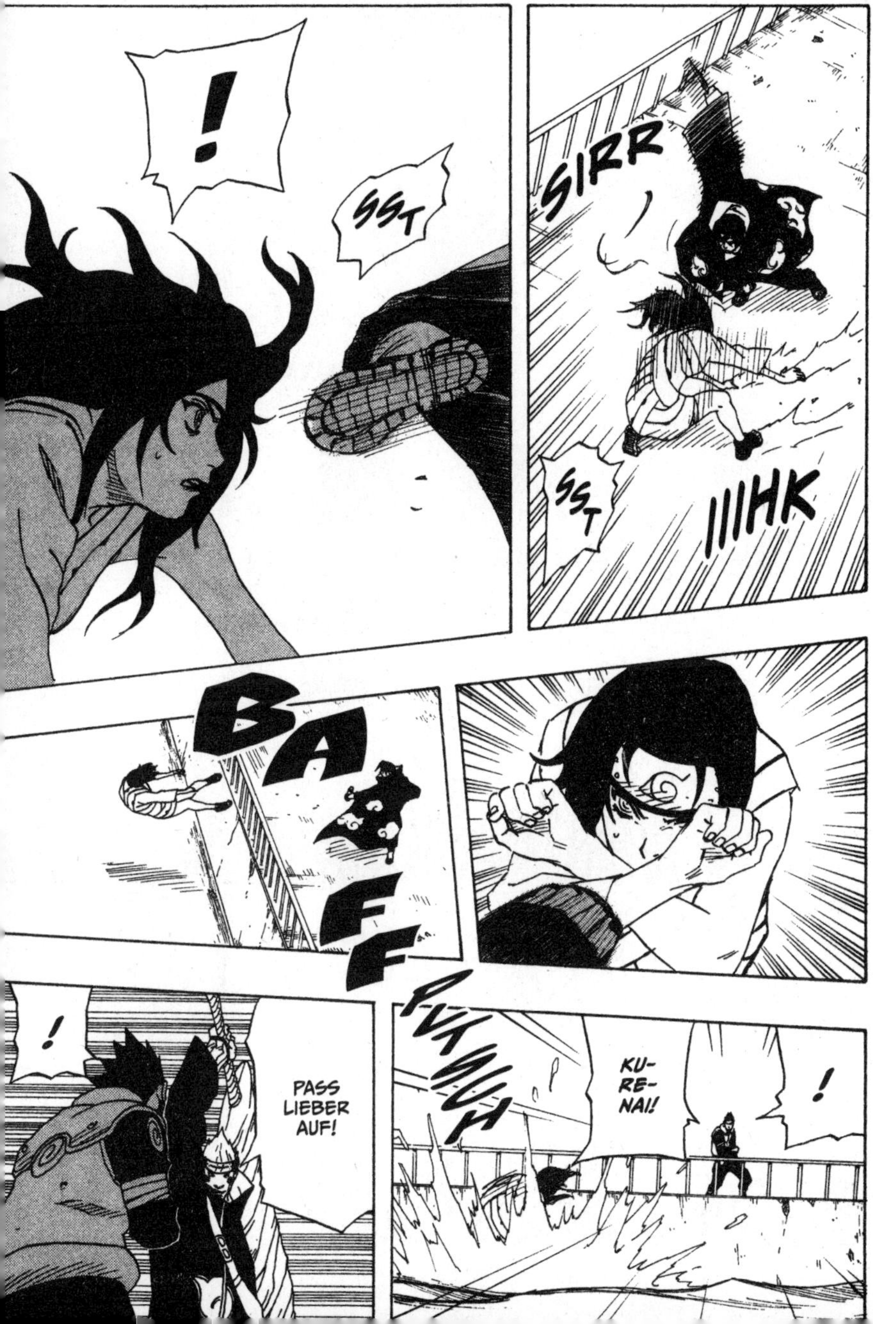
SIRR
SST
IIIIHK
!
SST
BAFF
!
KU-
RE-
NAI!
!
PASS
LIEBER
AUF!

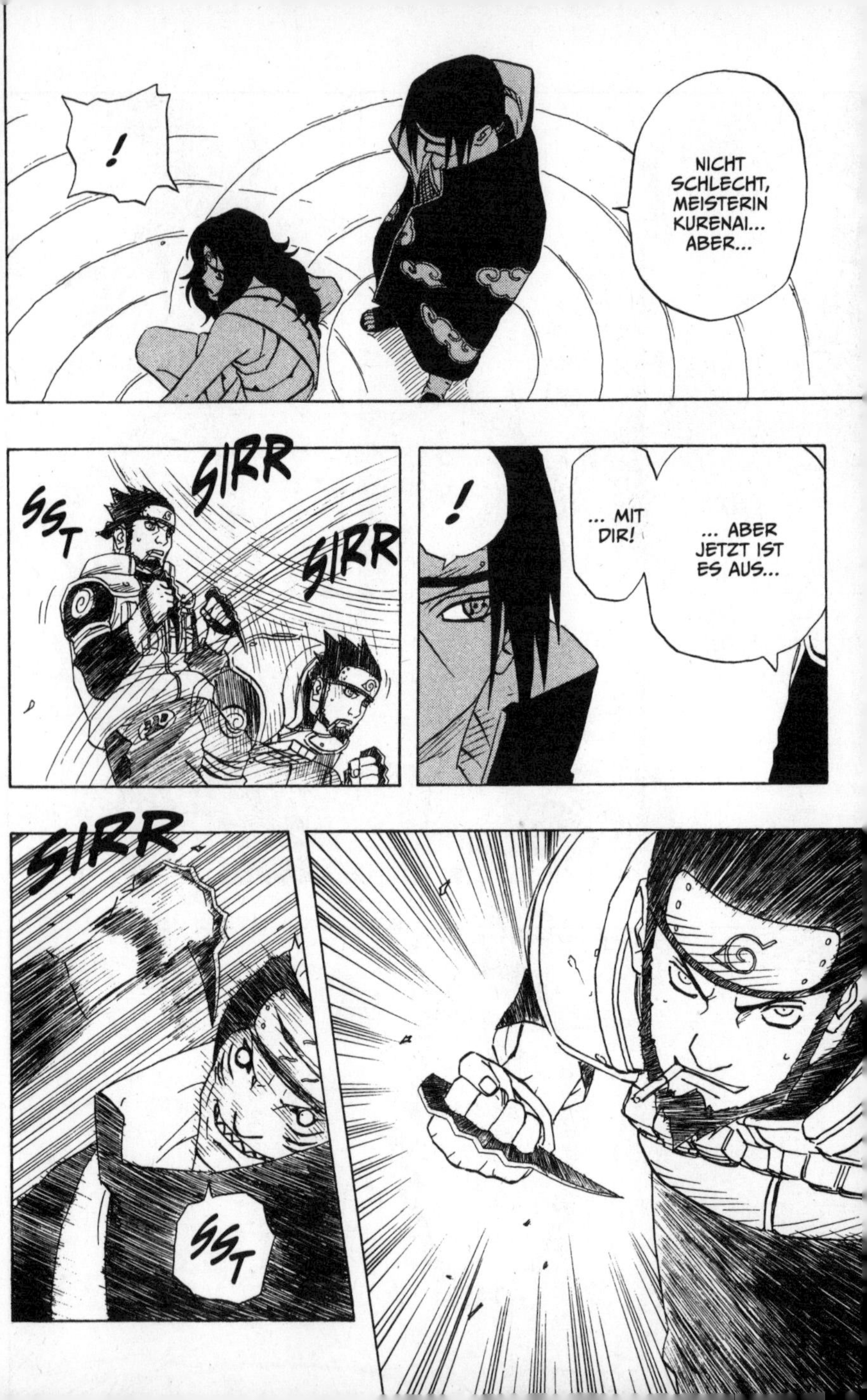
NICHT SCHLECHT, MEISTERIN KURENAI... ABER...
!
... ABER JETZT IST ES AUS...
... MIT DIR!
!
SIRR
SST
SIRR
SIRR
SST

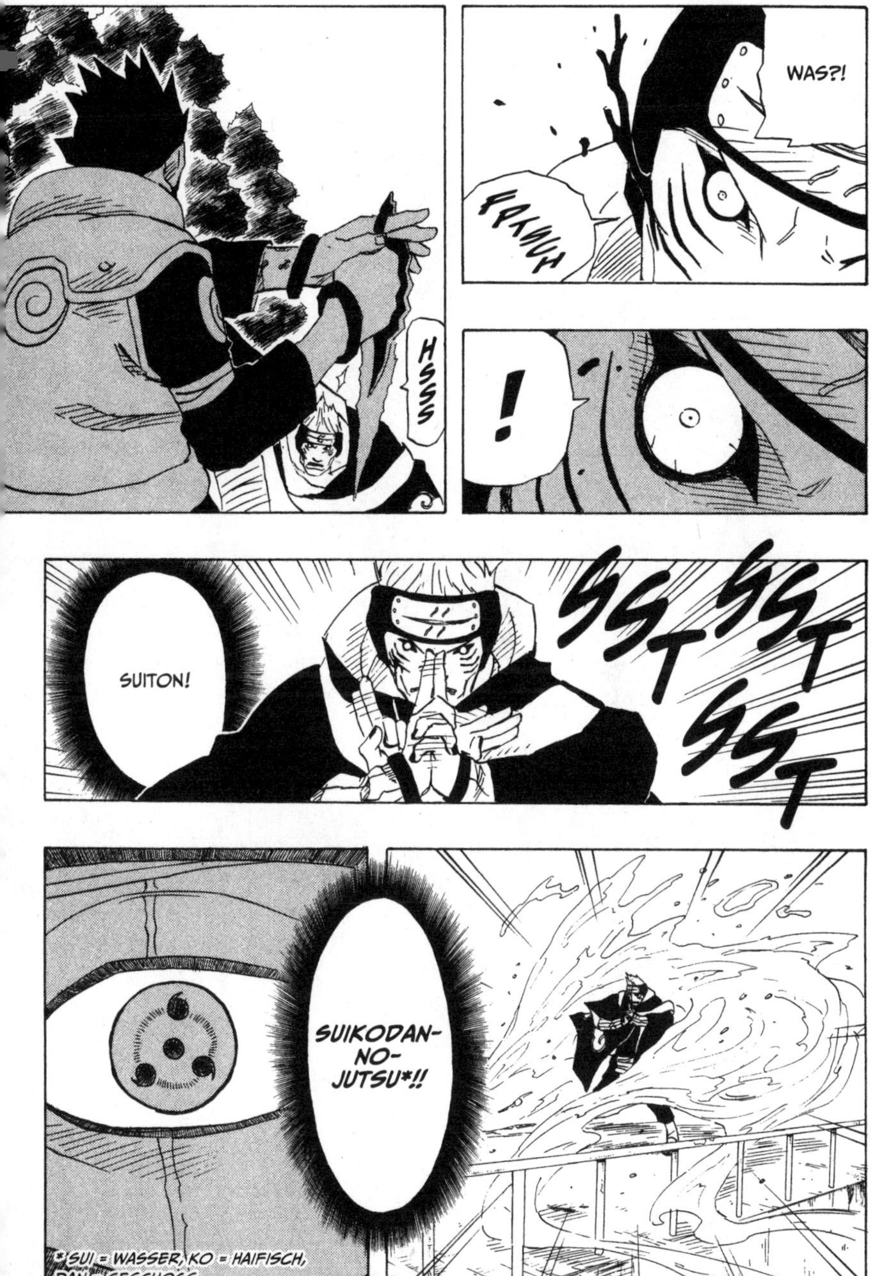
FRASCH
WAS?!
HSSS
!
SUITON!
SST SST SST
SUIKODAN-NO-JUTSU*!!
* SUI = WASSER, KO = HAIFISCH, DAN = GESCHOSS

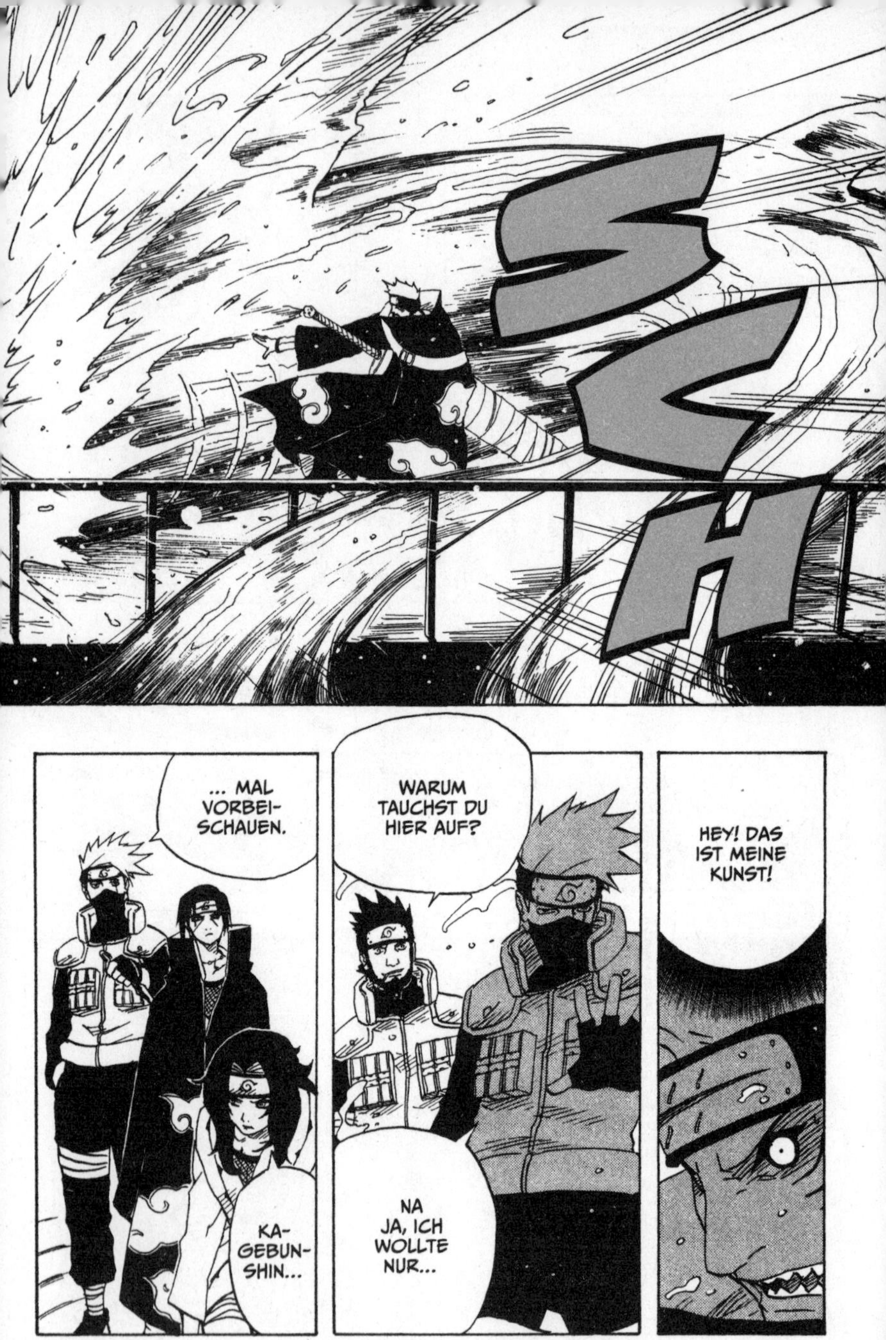
SCH
HEY! DAS IST MEINE KUNST!
WARUM TAUCHST DU HIER AUF?
NA JA, ICH WOLLTE NUR...
... MAL VORBEI-SCHAUEN.
KA-GEBUN-SHIN...

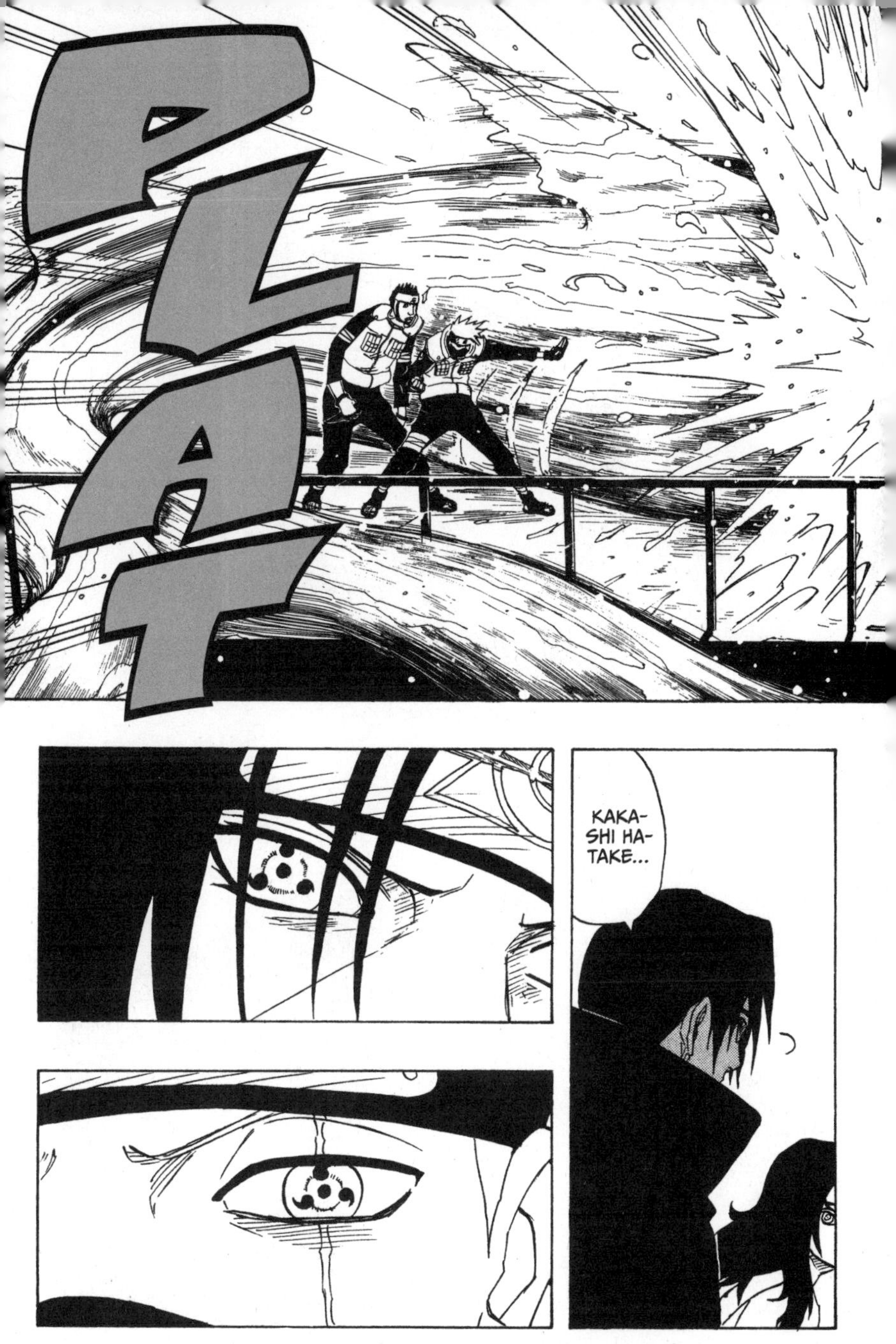
PLAT
KAKA-
SHI HA-
TAKE...

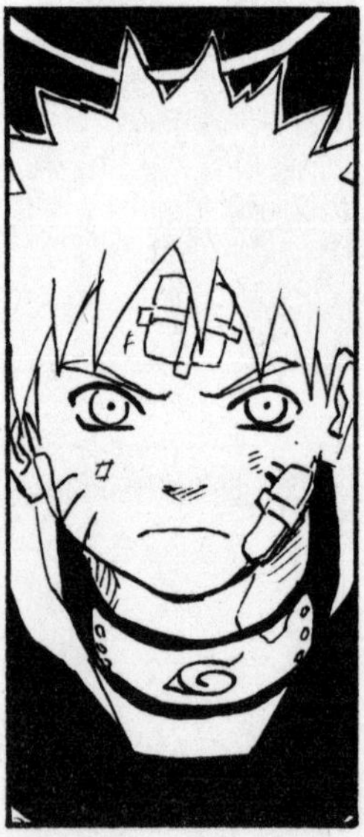

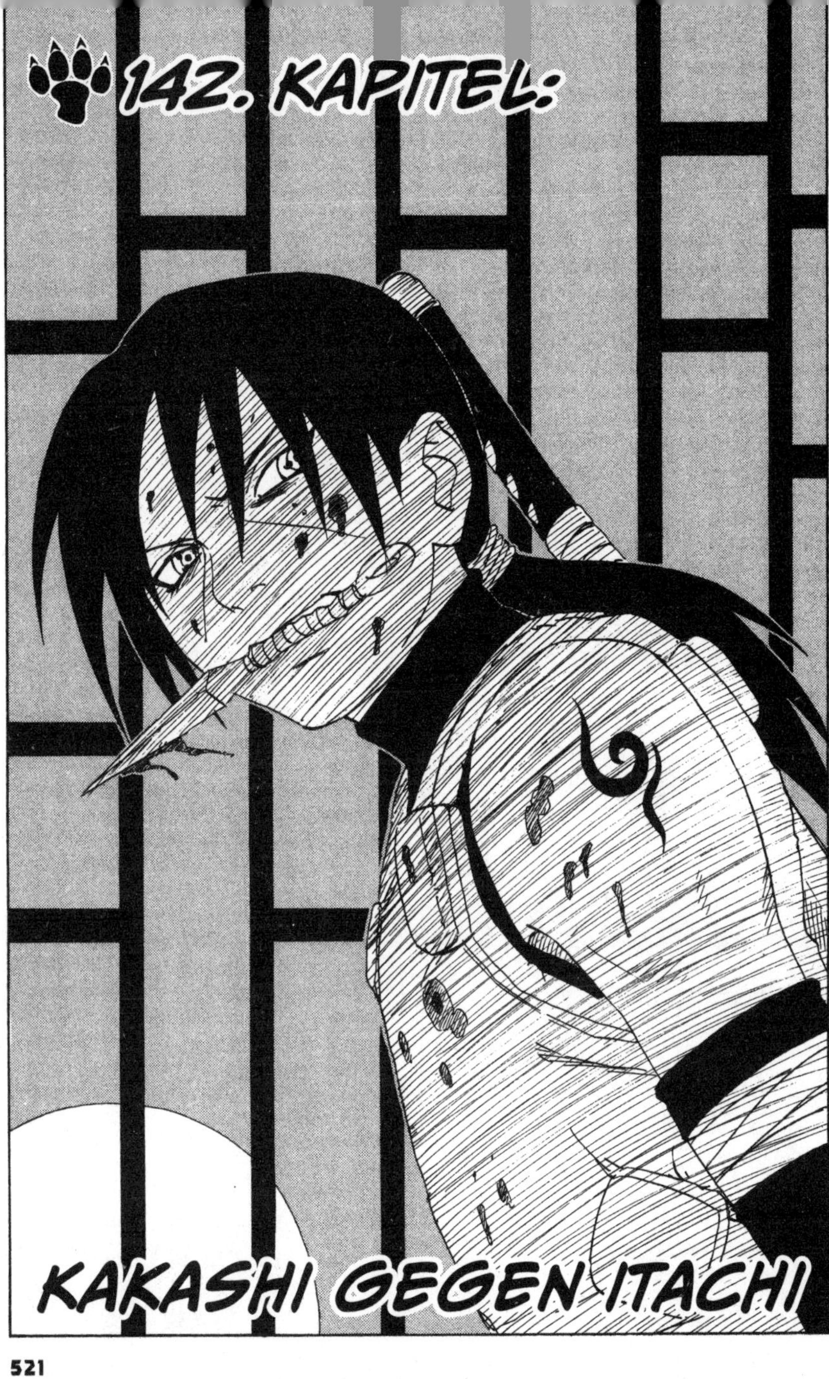
142. KAPITEL:
KAKASHI GEGEN ITACHI

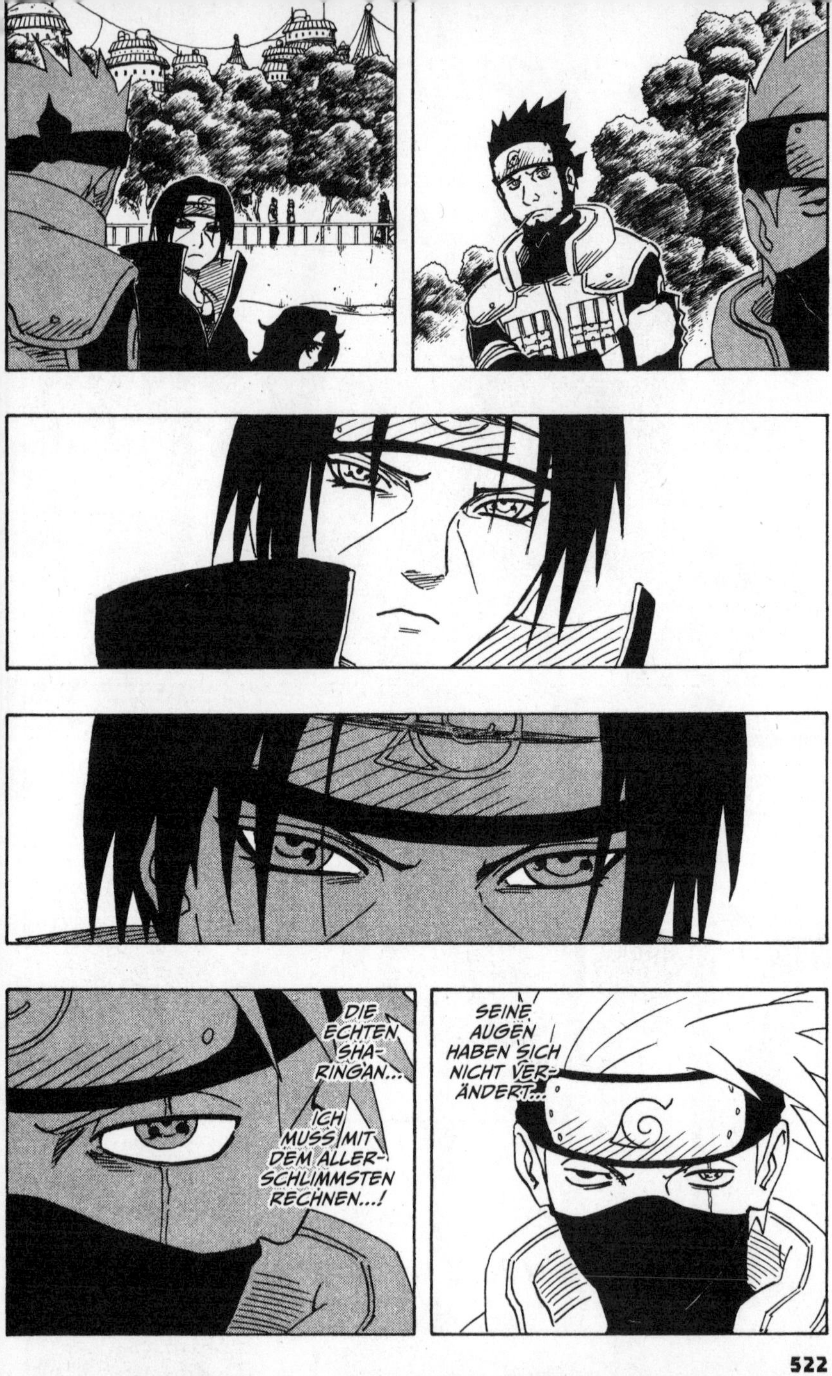
Seine Augen haben sich nicht verändert...
Die echten Sharingan...
Ich muss mit dem allerschlimmsten rechnen...!

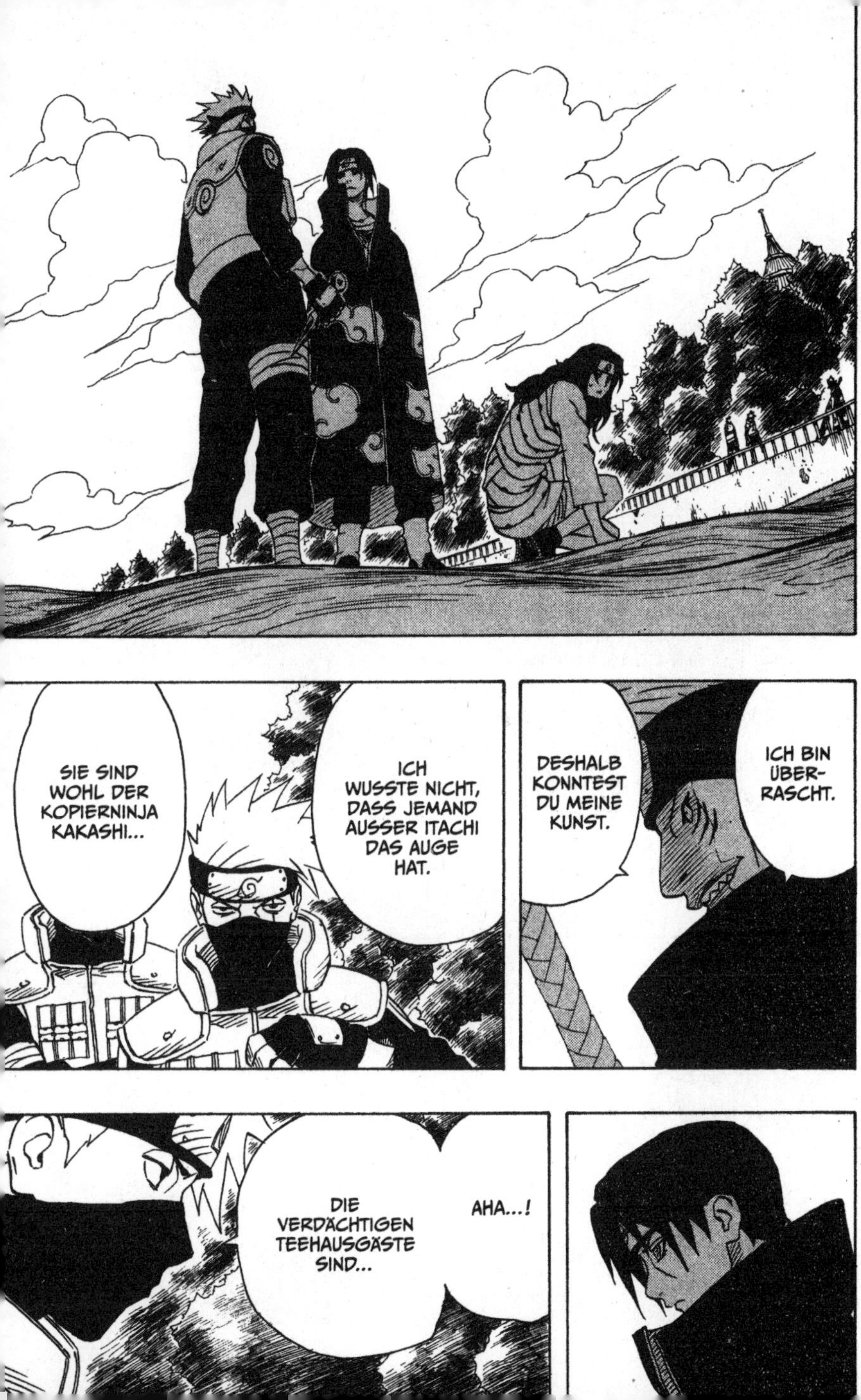
ICH BIN ÜBER-RASCHT.
DESHALB KONNTEST DU MEINE KUNST.
ICH WUSSTE NICHT, DASS JEMAND AUSSER ITACHI DAS AUGE HAT.
SIE SIND WOHL DER KOPIERNINJA KAKASHI...
AHA...!
DIE VERDÄCHTIGEN TEEHAUSGÄSTE SIND...

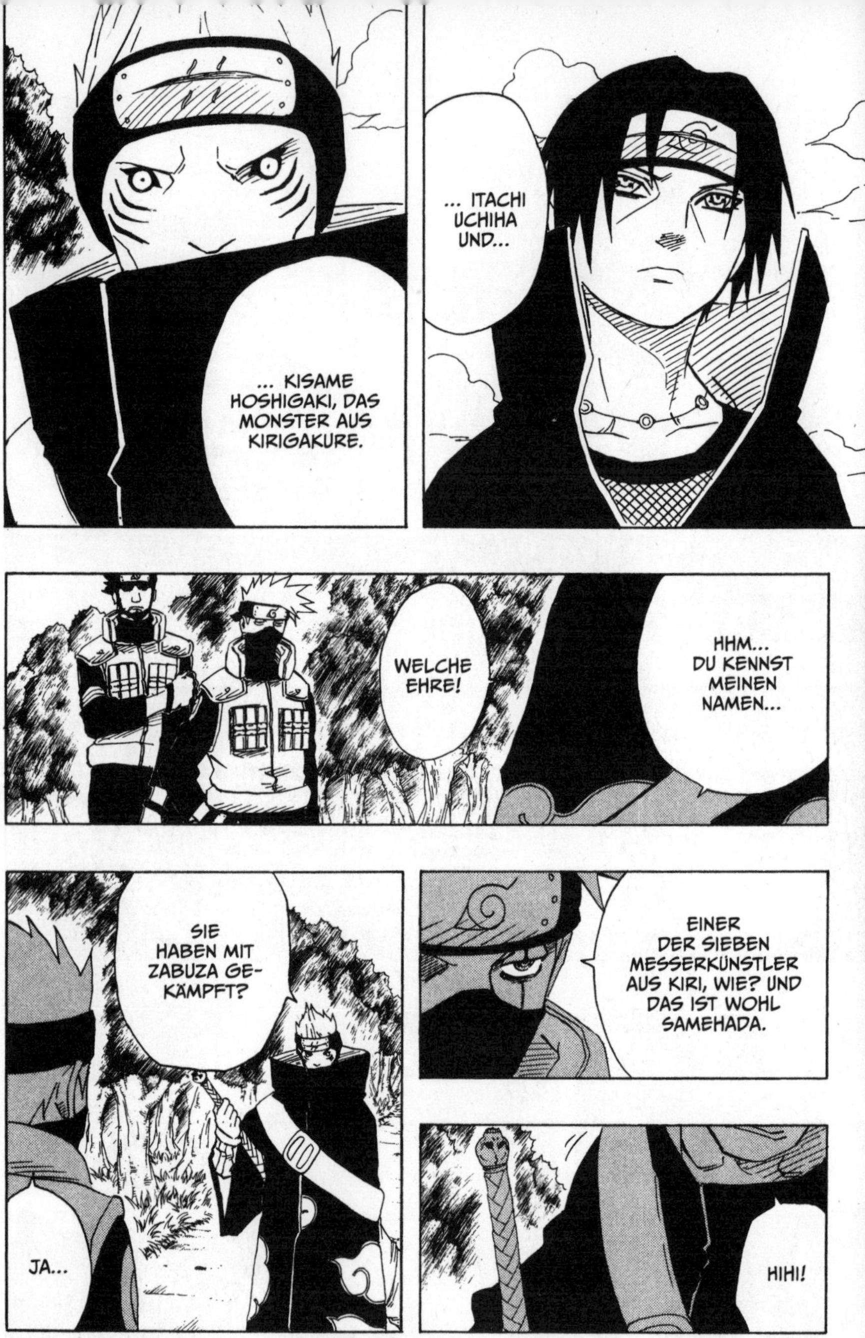
... ITACHI UCHIHA UND...
... KISAME HOSHIGAKI, DAS MONSTER AUS KIRIGAKURE.
HHM... DU KENNST MEINEN NAMEN...
WELCHE EHRE!
EINER DER SIEBEN MESSERKÜNSTLER AUS KIRI, WIE? UND DAS IST WOHL SAMEHADA.
HIHI!
SIE HABEN MIT ZABUZA GEKÄMPFT?
JA...

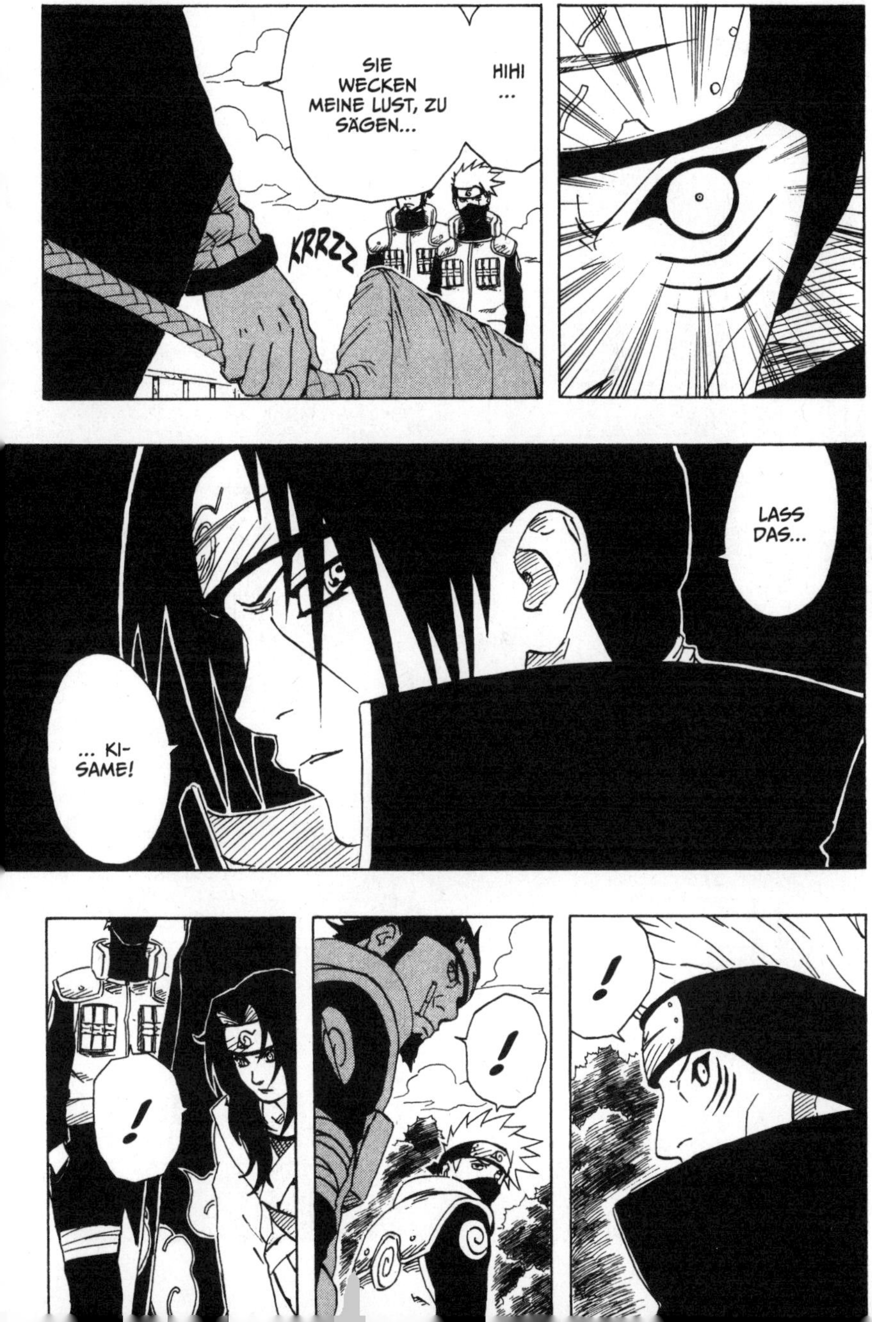
HIHI ...
SIE WECKEN MEINE LUST, ZU SÄGEN...
KRRZZ
LASS DAS...
... KI- SAME!
!
!
!

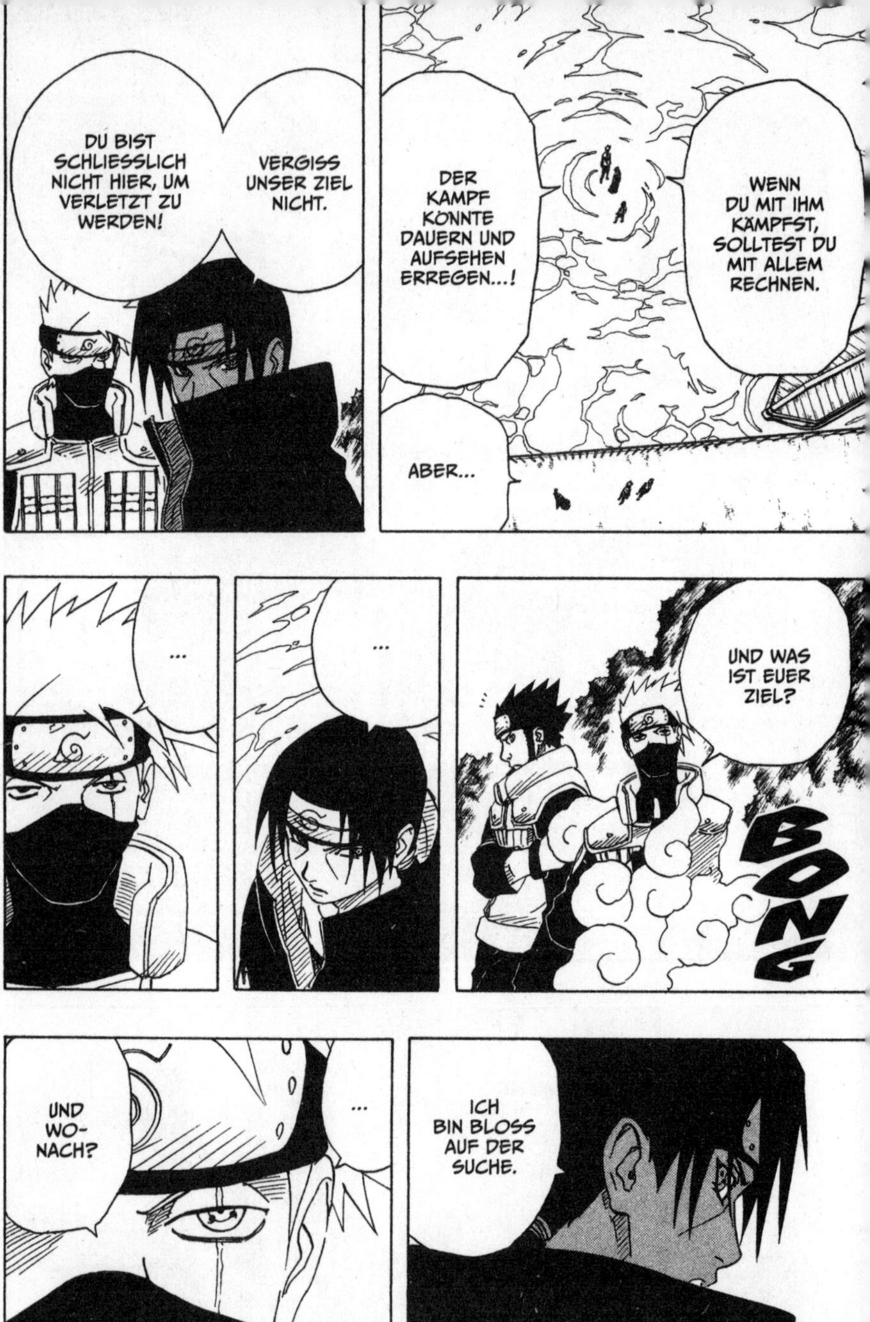
WENN DU MIT IHM KÄMPFST, SOLLTEST DU MIT ALLEM RECHNEN.
DER KAMPF KÖNNTE DAUERN UND AUFSEHEN ERREGEN...!
ABER...
VERGISS UNSER ZIEL NICHT.
DU BIST SCHLIESSLICH NICHT HIER, UM VERLETZT ZU WERDEN!
UND WAS IST EUER ZIEL?
BONG
...
...
ICH BIN BLOSS AUF DER SUCHE.
...
UND WO-NACH?

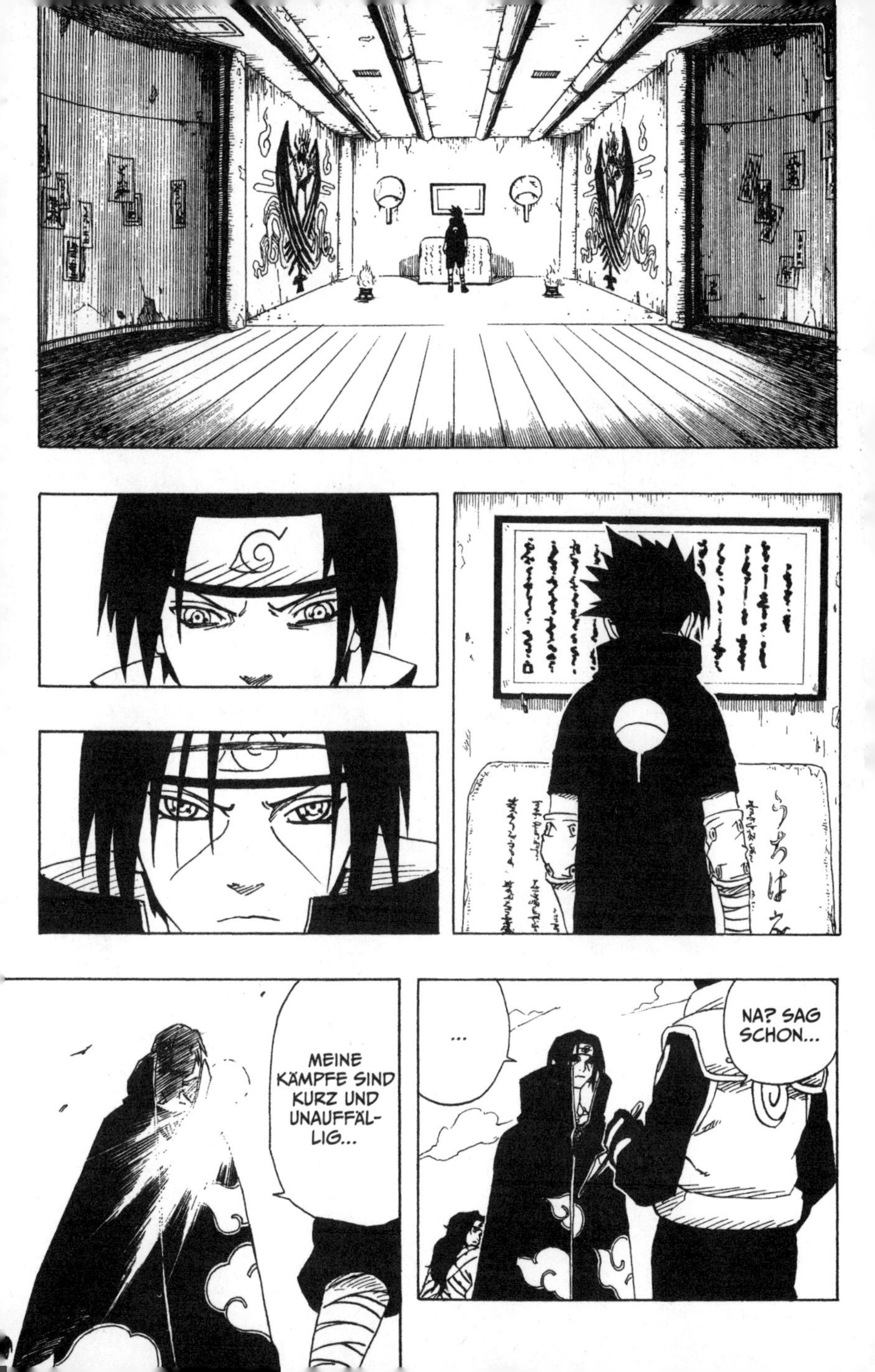
NA? SAG SCHON...
...
MEINE KÄMPFE SIND KURZ UND UNAUFFÄL-LIG...

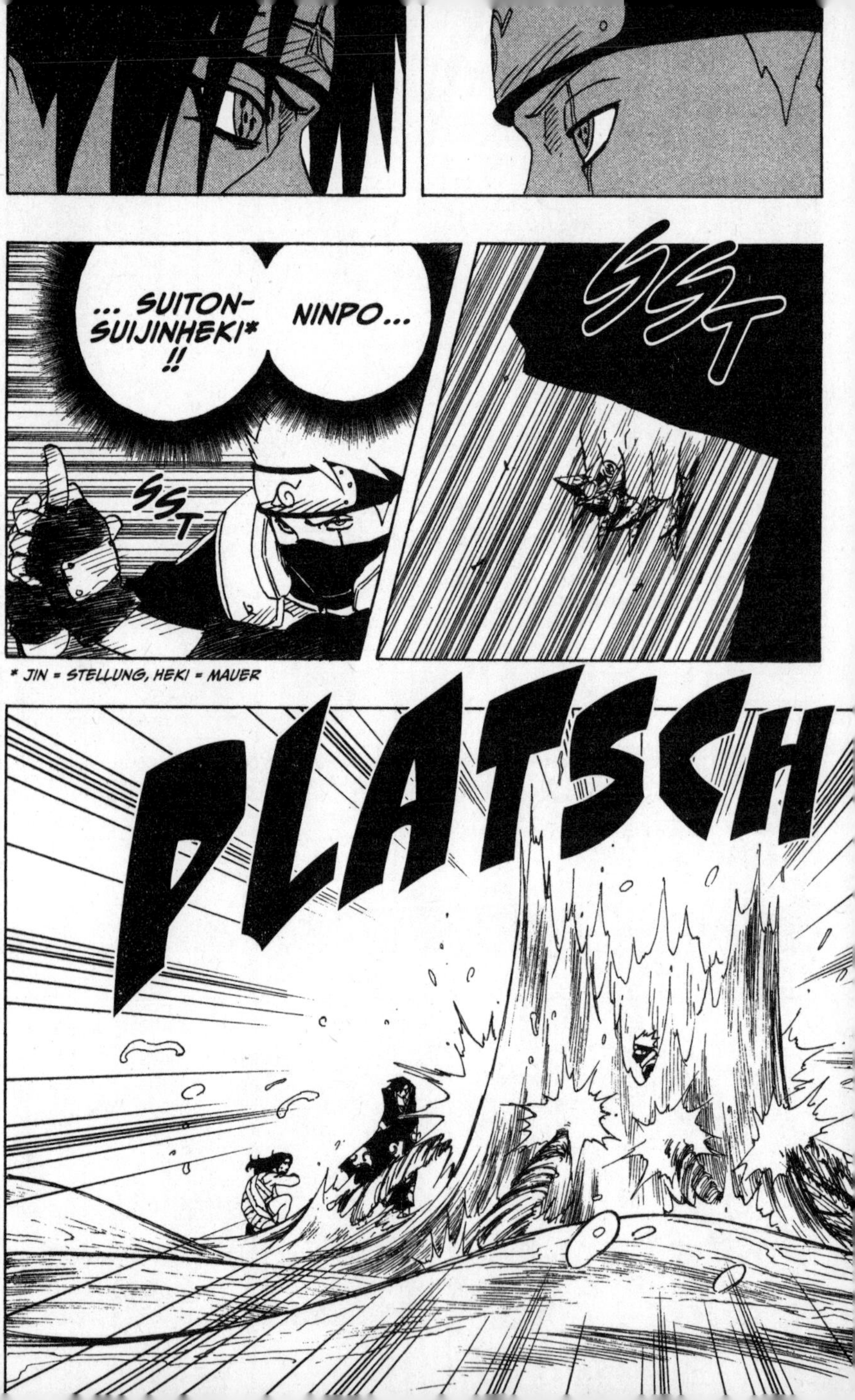
NINPO...
... SUITON-
SUIJINHEKI*
!!
SST
SST
* JIN = STELLUNG, HEKI = MAUER
PLATSCH

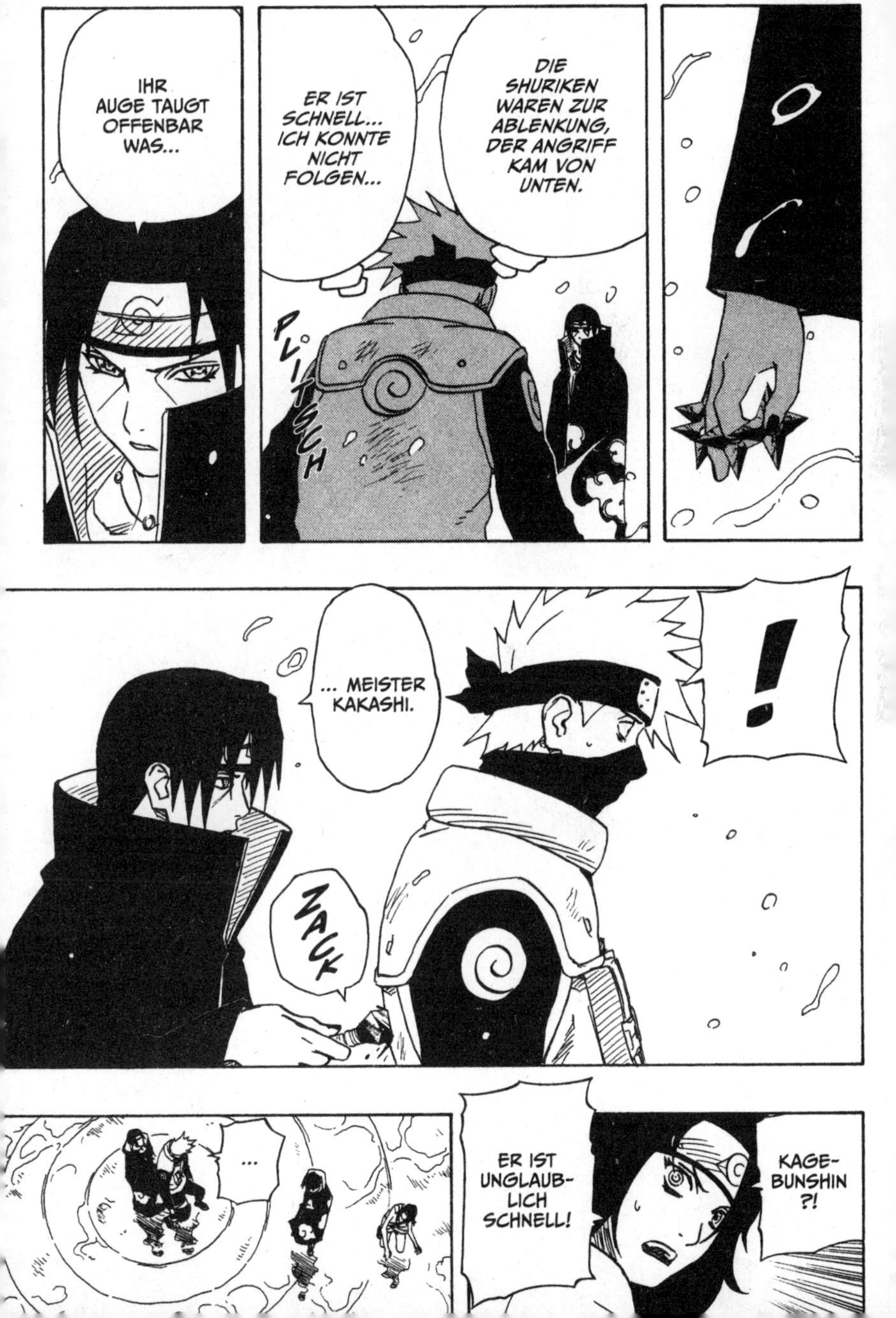
DIE SHURIKEN WAREN ZUR ABLENKUNG, DER ANGRIFF KAM VON UNTEN.
ER IST SCHNELL... ICH KONNTE NICHT FOLGEN...
PLITSCH
IHR AUGE TAUGT OFFENBAR WAS...
!
... MEISTER KAKASHI.
ZACK
KAGE-BUNSHIN ?!
ER IST UNGLAUB-LICH SCHNELL!
...

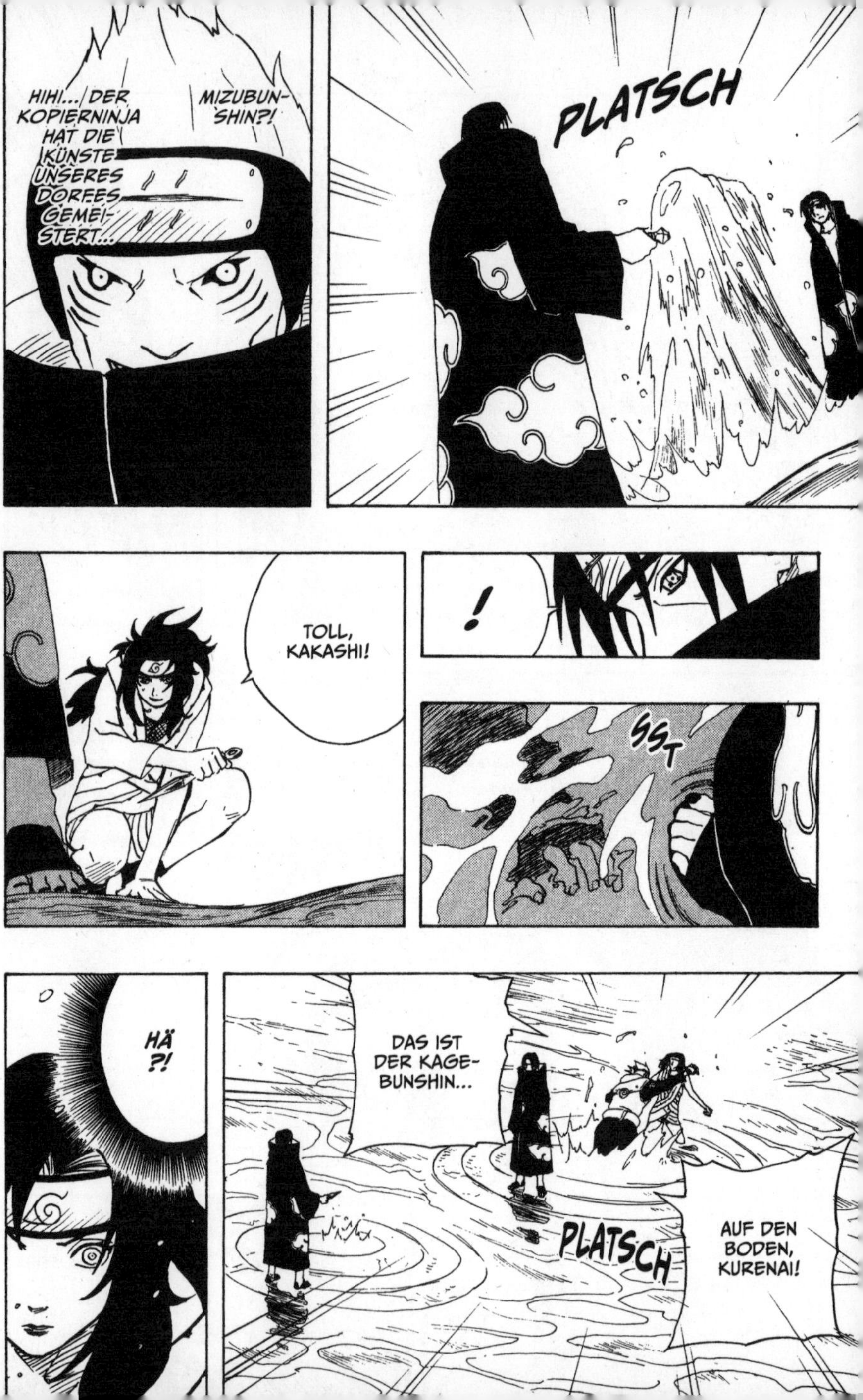
PLATSCH
MIZUBUN-SHIN?!
HIHI... DER KOPIERNINJA HAT DIE KÜNSTE UNSERES DORFES GEMEI-STERT...
!
SST
TOLL, KAKASHI!
AUF DEN BODEN, KURENAI!
PLATSCH
DAS IST DER KAGE-BUNSHIN...
HÄ ?!

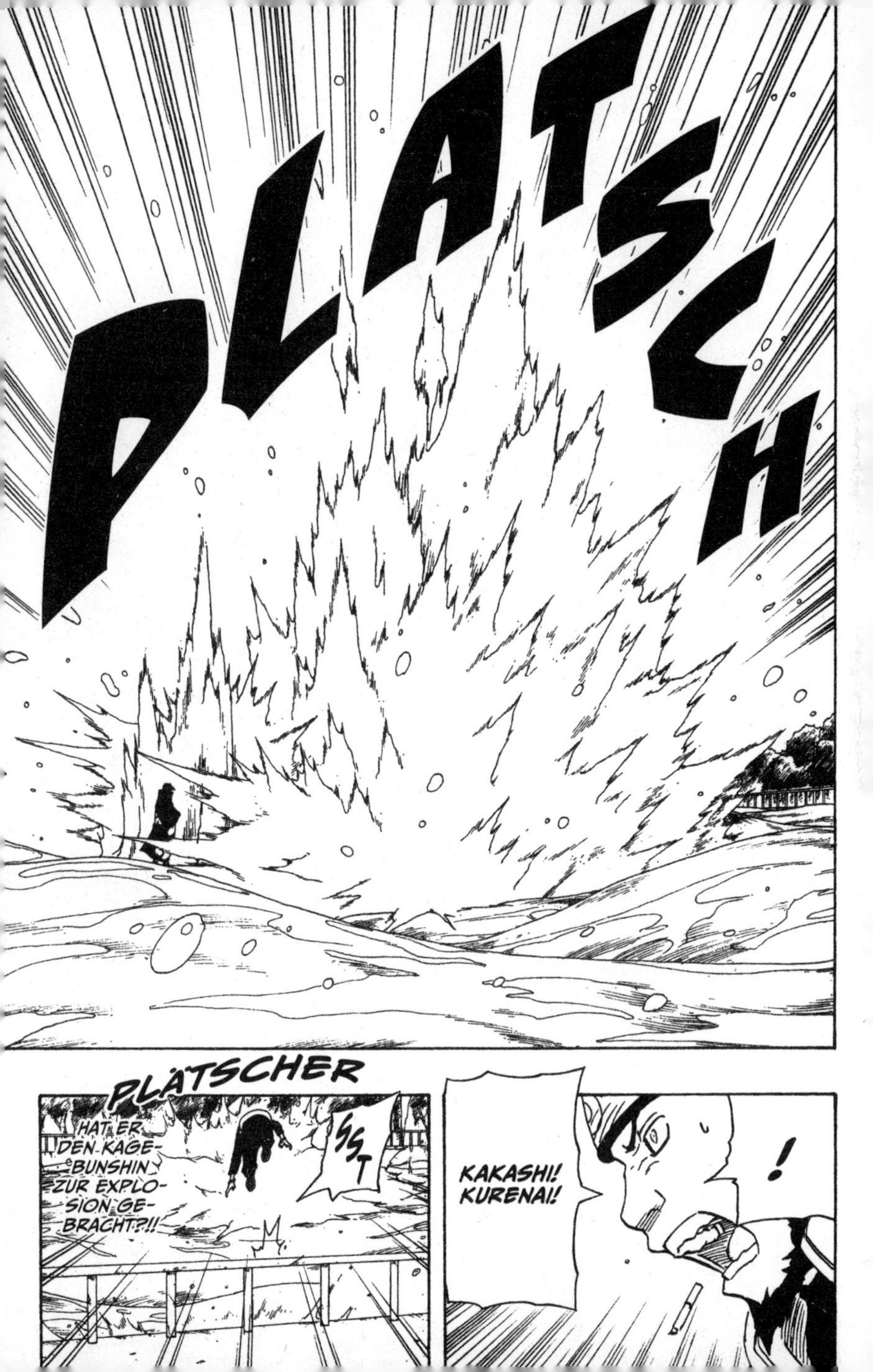
PLATSCH
PLÄTSCHER
KAKASHI! KURENAI!
SST
HAT ER DEN KAGE-BUNSHIN ZUR EXPLO-SION GE-BRACHT?!!

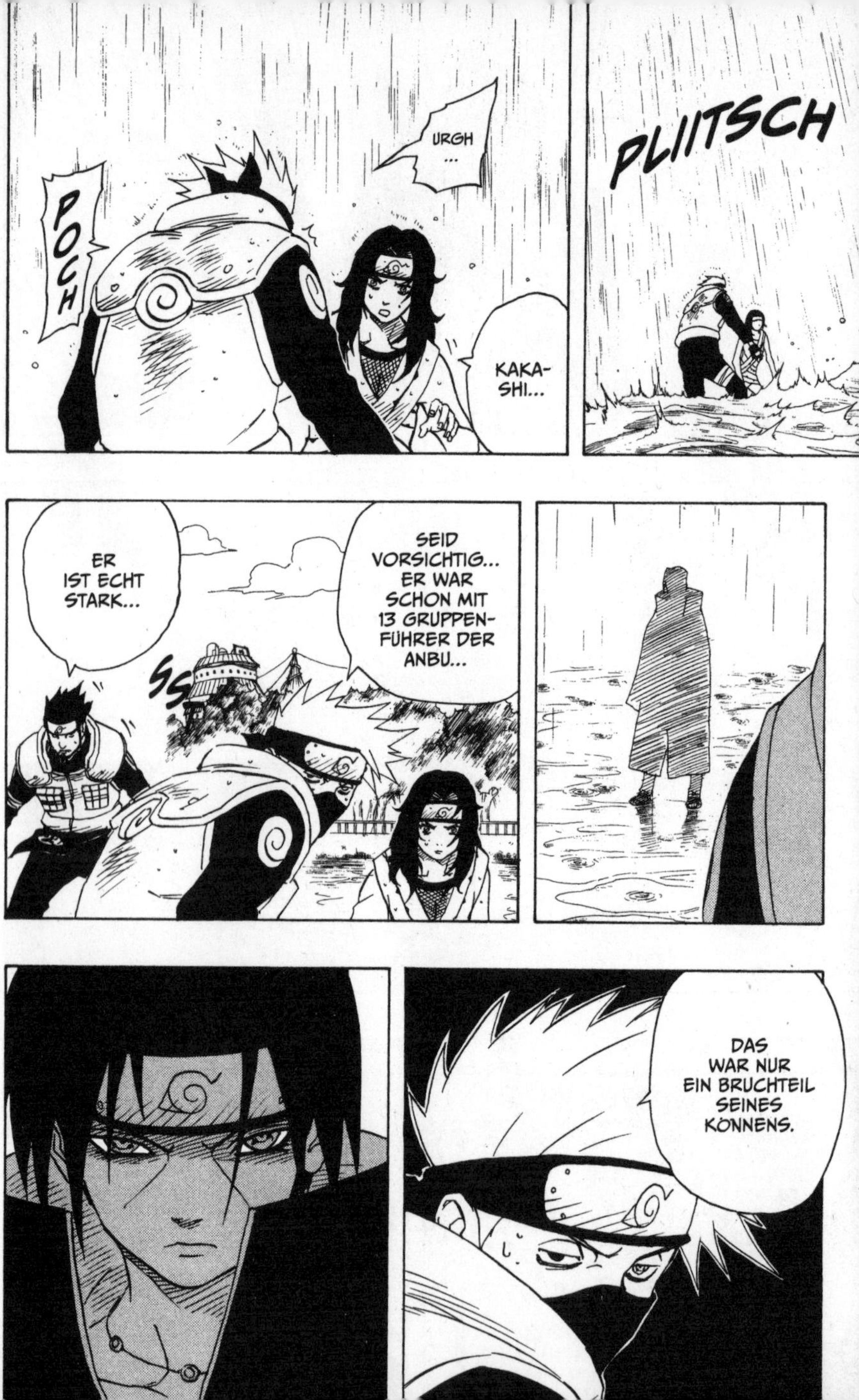
PLIITSCH
KAKA-SHI...
URGH ...
POCH
SEID VORSICHTIG... ER WAR SCHON MIT 13 GRUPPENFÜHRER DER ANBU...
ER IST ECHT STARK...
SS
DAS WAR NUR EIN BRUCHTEIL SEINES KONNENS.

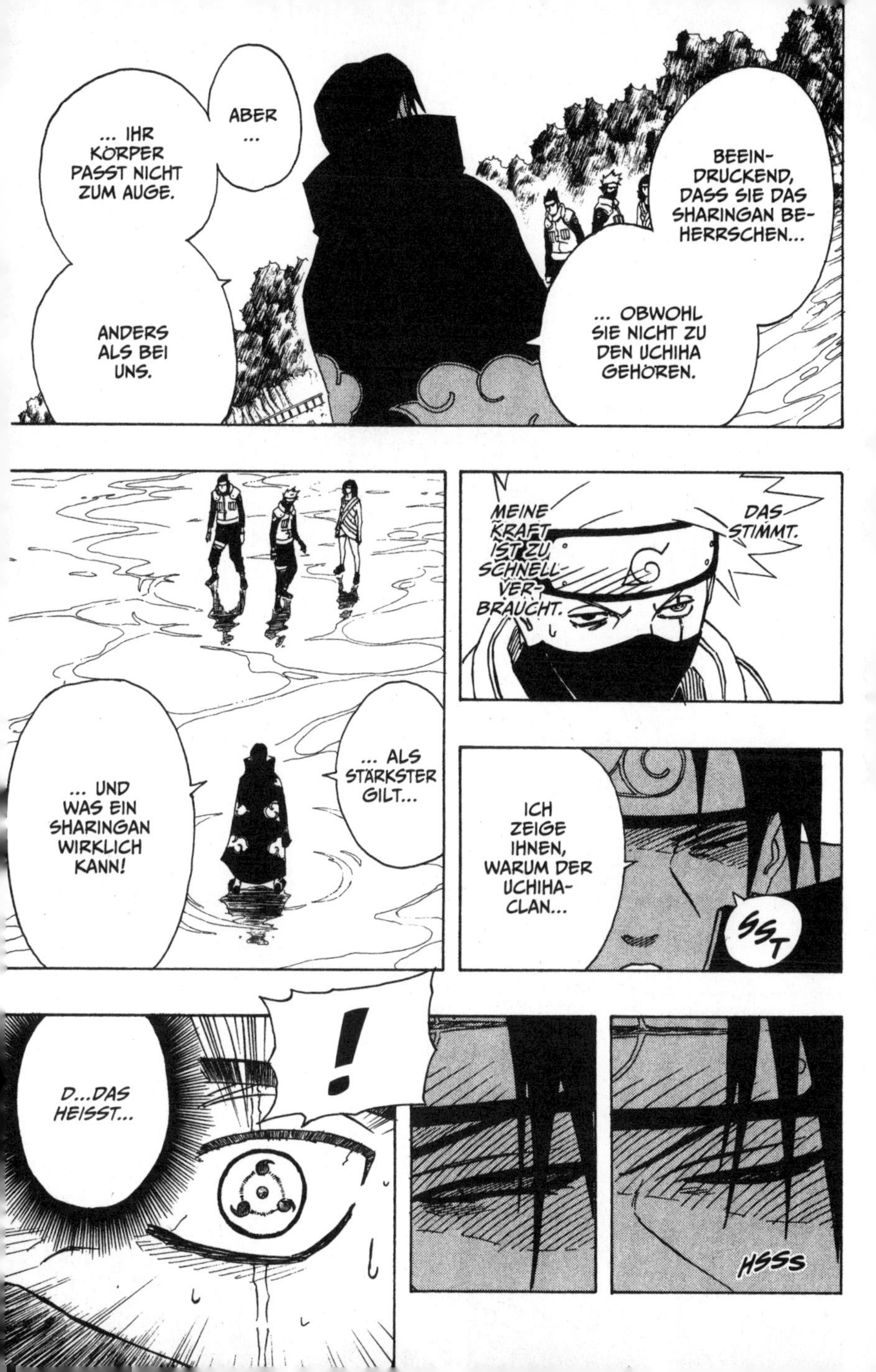

BEEIN-DRUCKEND, DASS SIE DAS SHARINGAN BE-HERRSCHEN...
... OBWOHL SIE NICHT ZU DEN UCHIHA GEHÖREN.
ABER ...
... IHR KÖRPER PASST NICHT ZUM AUGE.
ANDERS ALS BEI UNS.
DAS STIMMT.
MEINE KRAFT IST ZU SCHNELL VER-BRAUCHT.
ICH ZEIGE IHNEN, WARUM DER UCHIHA-CLAN...
SST
... ALS STÄRKSTER GILT...
... UND WAS EIN SHARINGAN WIRKLICH KANN!
HSSS
!
D...DAS HEISST...

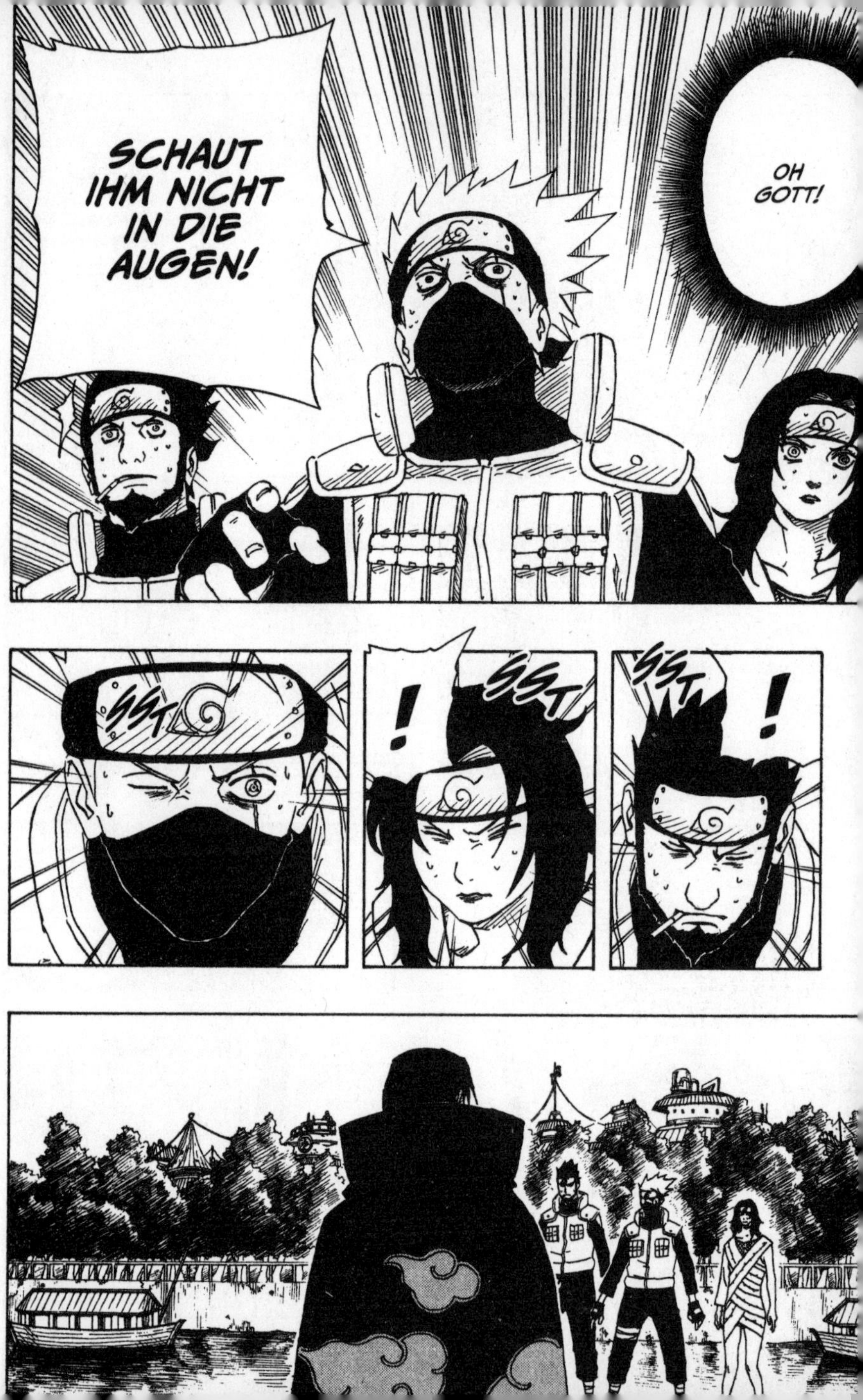
OH GOTT!
SCHAUT IHM NICHT IN DIE AUGEN!
!
SST
!
SST
SST

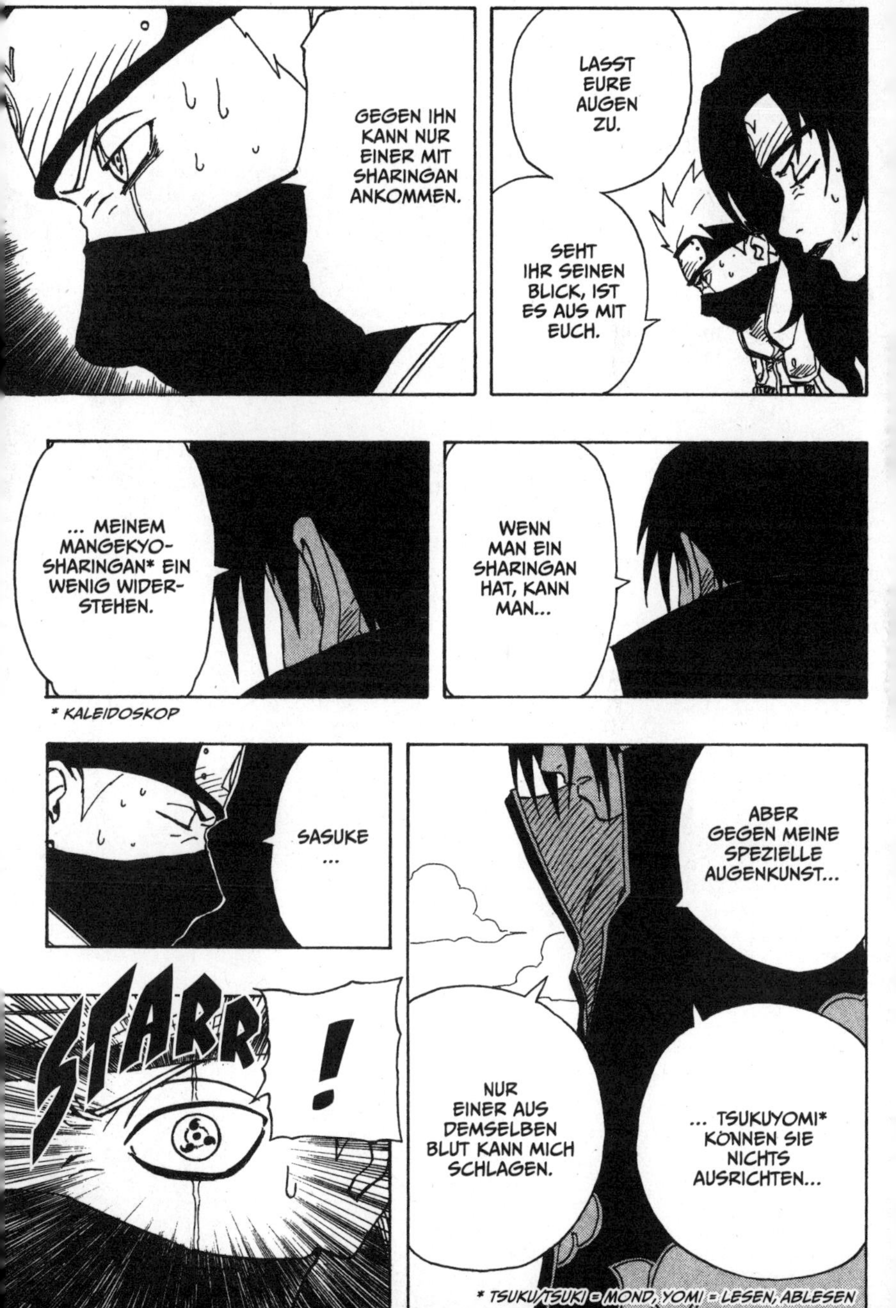

* KALEIDOSKOP

* TSUKU/TSUKI = MOND, YOMI = LESEN, ABLESEN

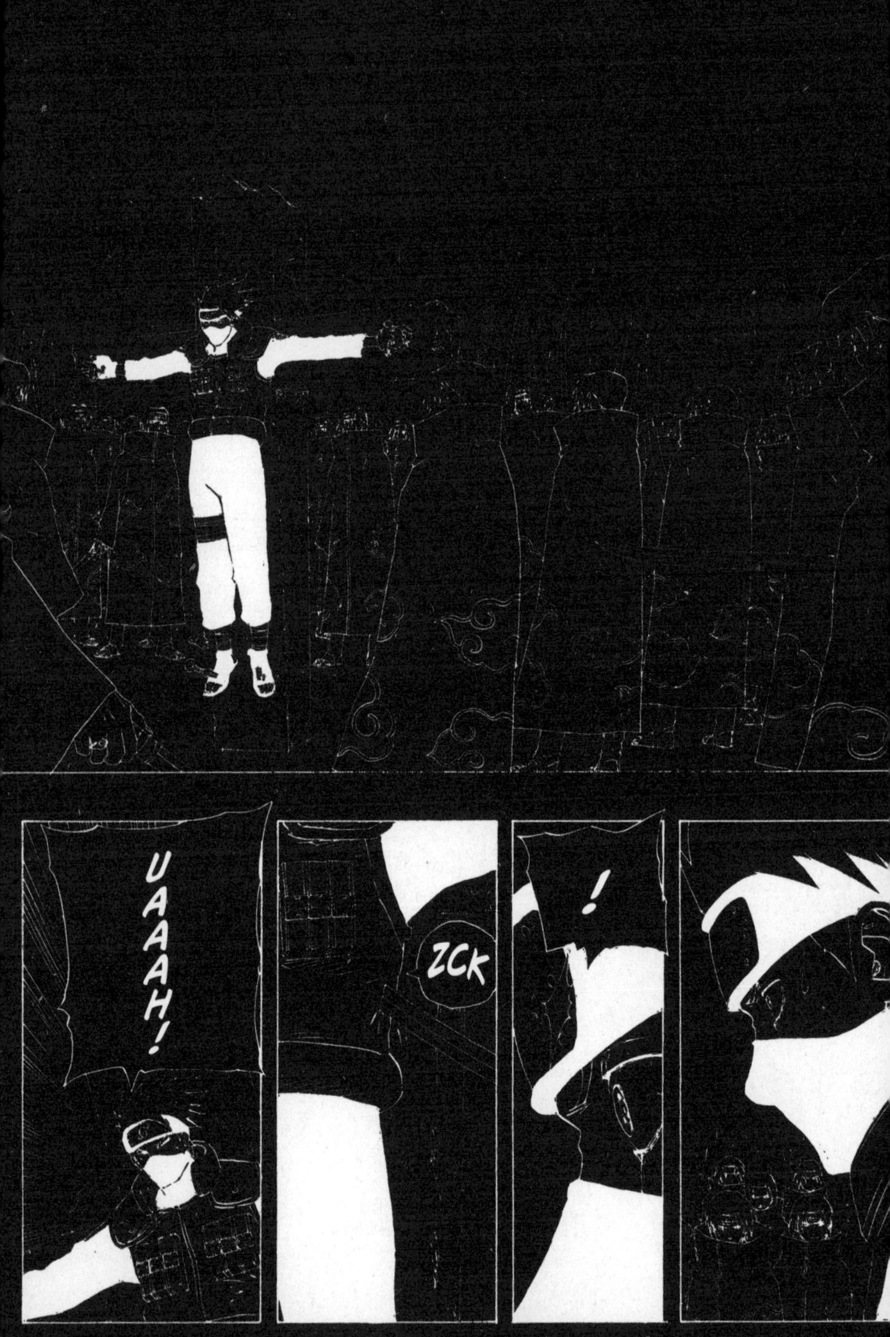
UAAAAH!
ZCK
!

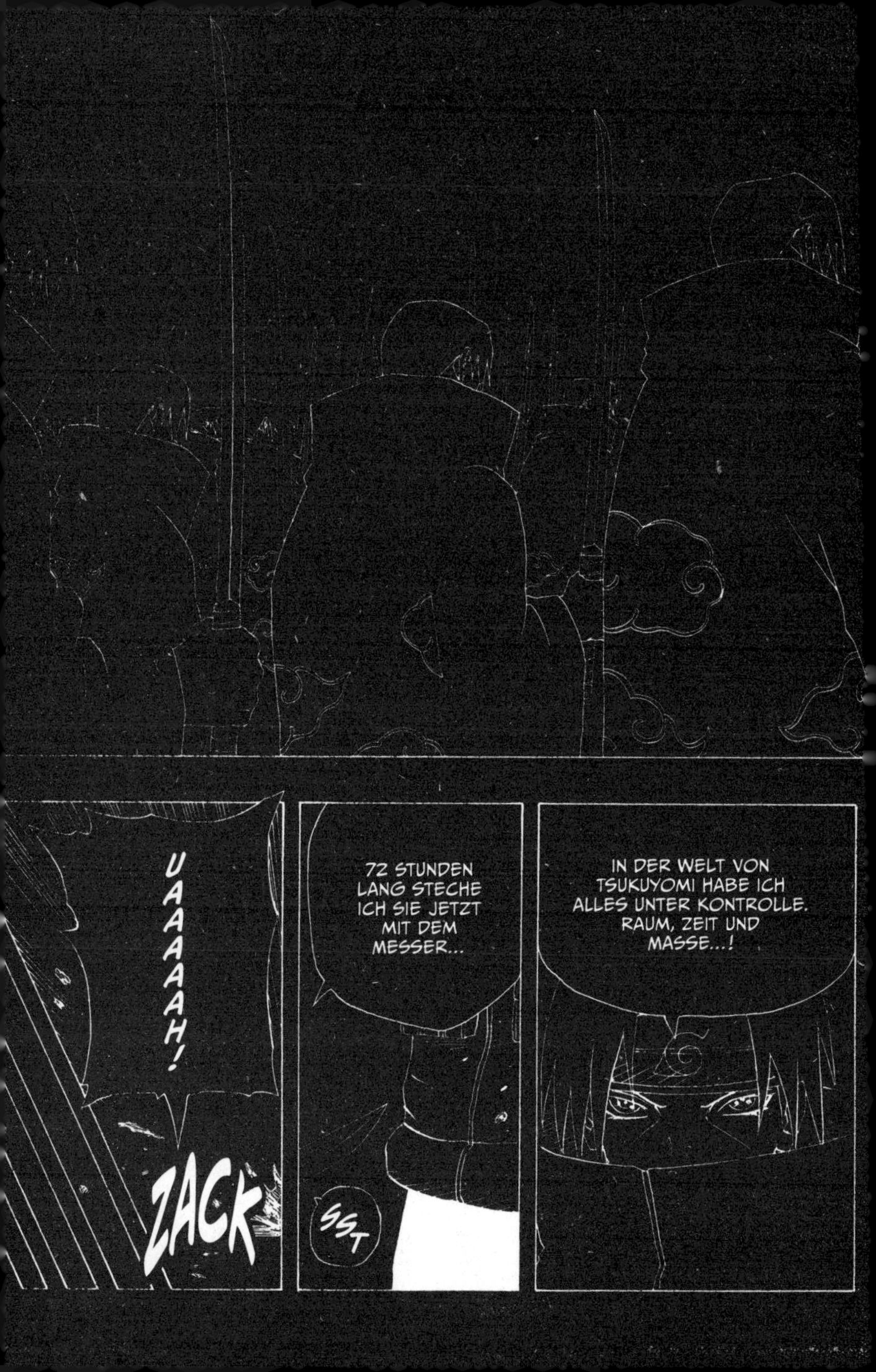

IN DER WELT VON TSUKUYOMI HABE ICH ALLES UNTER KONTROLLE. RAUM, ZEIT UND MASSE...!
72 STUNDEN LANG STECHE ICH SIE JETZT MIT DEM MESSER...
SST
UAAAAAAAH!
ZACK

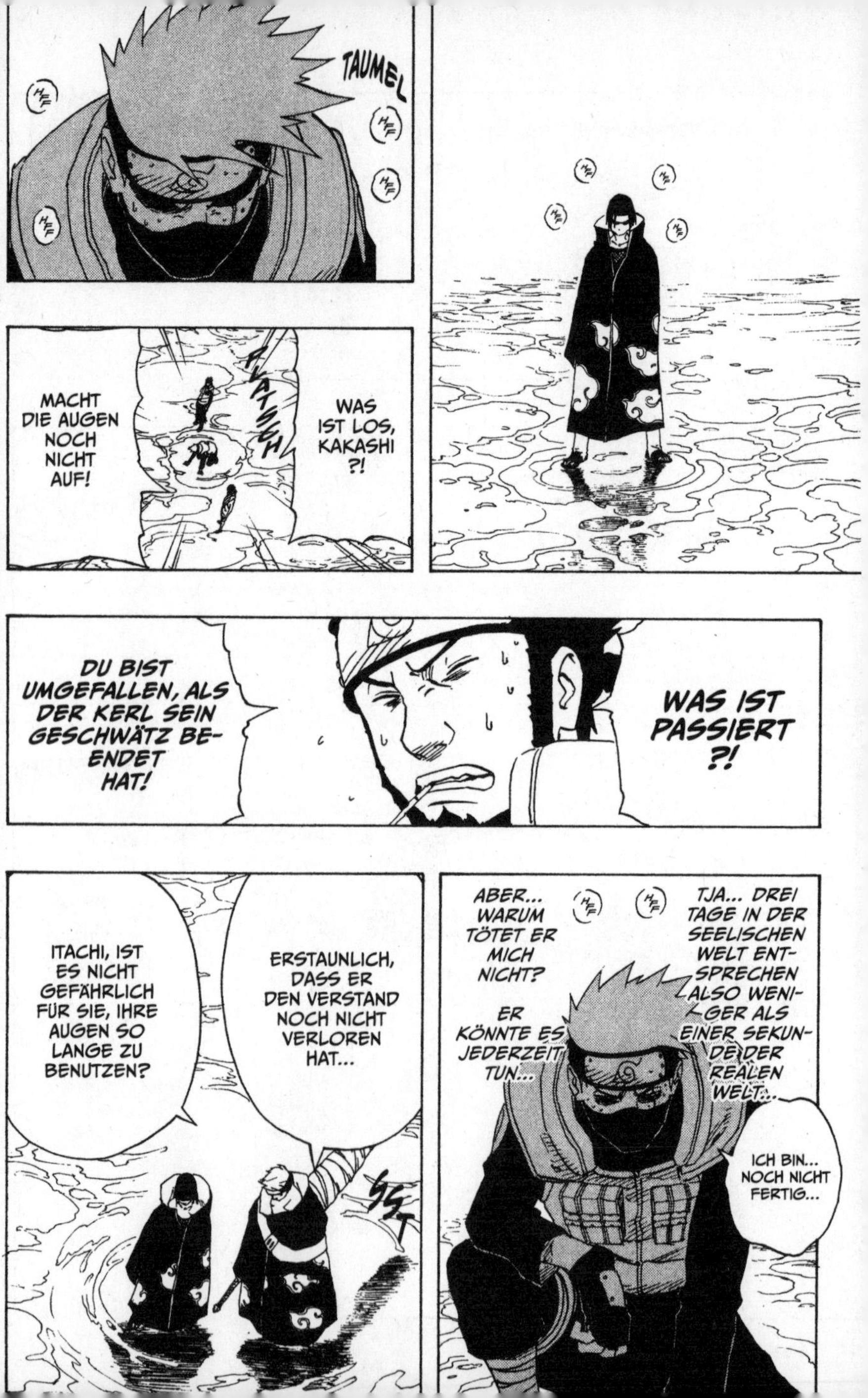
HEF
HEF
HEF
HEF
TAUMEL
HEF
HEF
HEF
HEF
WAS IST LOS, KAKASHI ?!
PLATSCH
MACHT DIE AUGEN NOCH NICHT AUF!
WAS IST PASSIERT ?!
DU BIST UMGEFALLEN, ALS DER KERL SEIN GESCHWÄTZ BE-ENDET HAT!
TJA... DREI TAGE IN DER SEELISCHEN WELT ENT-SPRECHEN ALSO WENI-GER ALS EINER SEKUN-DE DER REALEN WELT...
HEF
HEF
ABER... WARUM TÖTET ER MICH NICHT?
ER KÖNNTE ES JEDERZEIT TUN...
ICH BIN... NOCH NICHT FERTIG...
ERSTAUNLICH, DASS ER DEN VERSTAND NOCH NICHT VERLOREN HAT...
ITACHI, IST ES NICHT GEFÄHRLICH FÜR SIE, IHRE AUGEN SO LANGE ZU BENUTZEN?
SST

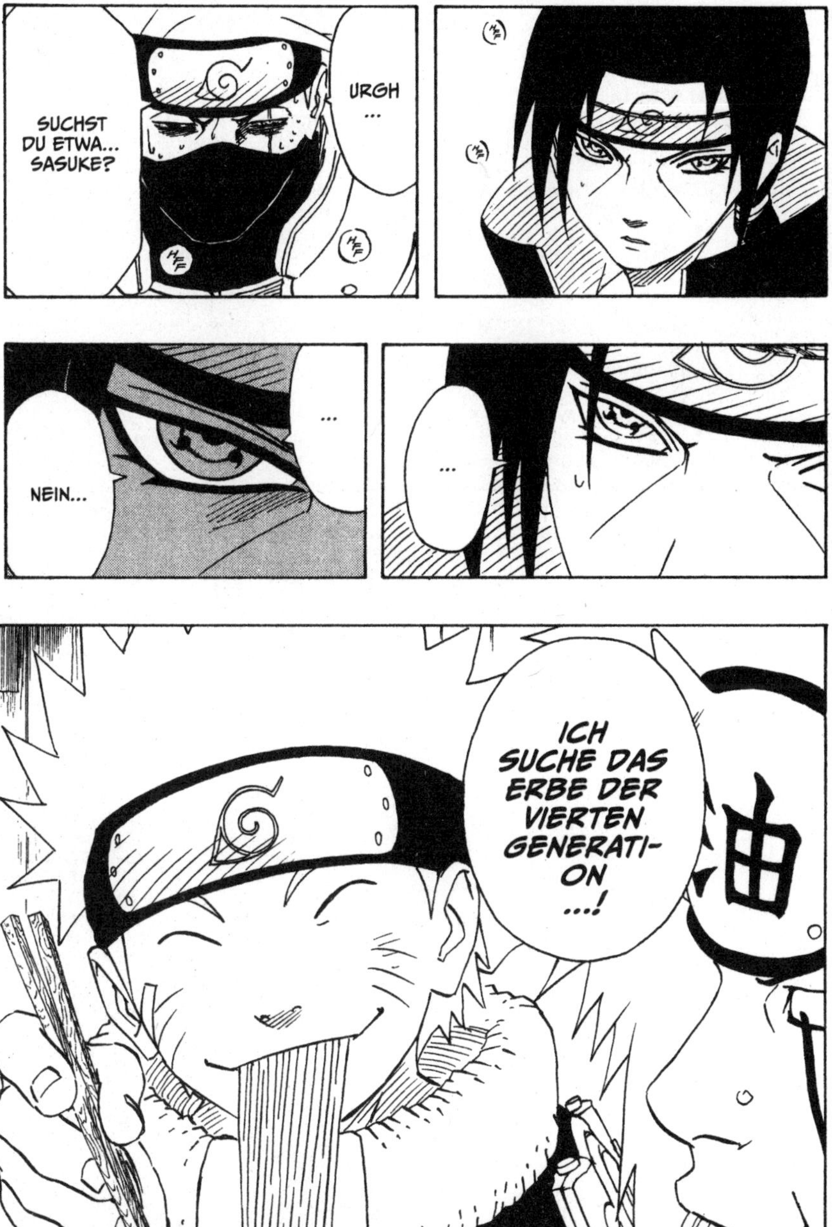
HEF
HEF
URGH ...
SUCHST DU ETWA... SASUKE?
HEF
...
...
NEIN...
ICH SUCHE DAS ERBE DER VIERTEN GENERATI-ON ...!
油

MASASHI KISHIMOTOS WELT
LEBENSGESCHICHTE – TEIL 24, 3. FOLGE

NUN WOLLTE ICH JUMP KAUFEN. ABER MEINE HÄNDE ZITTERTEN UND ICH KONNTE KAUM DIE MÜNZE HALTEN. MEIN HERZ SCHLUG WIE WAHNSINNIG. ALS ICH ENDLICH DAS MAGAZIN IN DIE HÄNDE NAHM UND DIE SEITEN MIT DER BEKANNTMACHUNG SUCHTE, WURDE ICH FAST OHNMÄCHTIG. »WO DENN?! WO STEHT ES DENN?! ACH, ES KLAPPTE DOCH NICHT, ODER?! VERDAMMT! VERDAMMT!« TOTAL WIRR DURCHBLÄTTERTE ICH DIE ZEITSCHRIFT! DANN ENDLICH FAND ICH DIE SEITE MIT DER BEKANNTMACHUNG DES HOP-STEP-PREISES.

ICH BLÄTTERTE SIE LANGSAM AUF. »DAS BILD KOMMT MIR IRGENDWIE BEKANNT VOR«, DACHTE ICH ZUERST. UND DANN DÄMMERTE ES MIR LANGSAM: »DAS IST DOCH MEIN BILD...! MEIN BILD! DAS HEISST...!« »UAAAAAH! UAAAAH!«, SCHRIE ICH MITTEN IM KIOSK LOS. ICH KONNTE NICHT MEHR RICHTIG SPRECHEN, HEULTE WIE EIN VERRÜCKTER UND FING AN ZU ZITTERN. ICH WAR SO FROH, ICH HÄTTE EXPLODIEREN KÖNNEN. ICH VERLIESS DEN KIOSK UND WARF DIE ZEITSCHRIFT MIT VOLLER KRAFT AUF DIE ANDERE SEITE DER STRASSE – ICH WEISS NICHT, WARUM ICH DAS TAT. DIE ZEITSCHRIFT FLOG MIT RASCHELNDEN BLÄTTERN IM BLAU DES HIMMELS. VIELLEICHT EIN REFLEX AUS MEINER BASEBALLZEIT? ICH WEISS NOCH, WIE DIE LEUTE MICH ANSTARRTEN. ABER ES WAR MIR EGAL, FÜR VERRÜCKT GEHALTEN ZU WERDEN! DAS WAR DER GLÜCKLICHSTE MOMENT MEINES 21-JÄHRIGEN LEBENS!

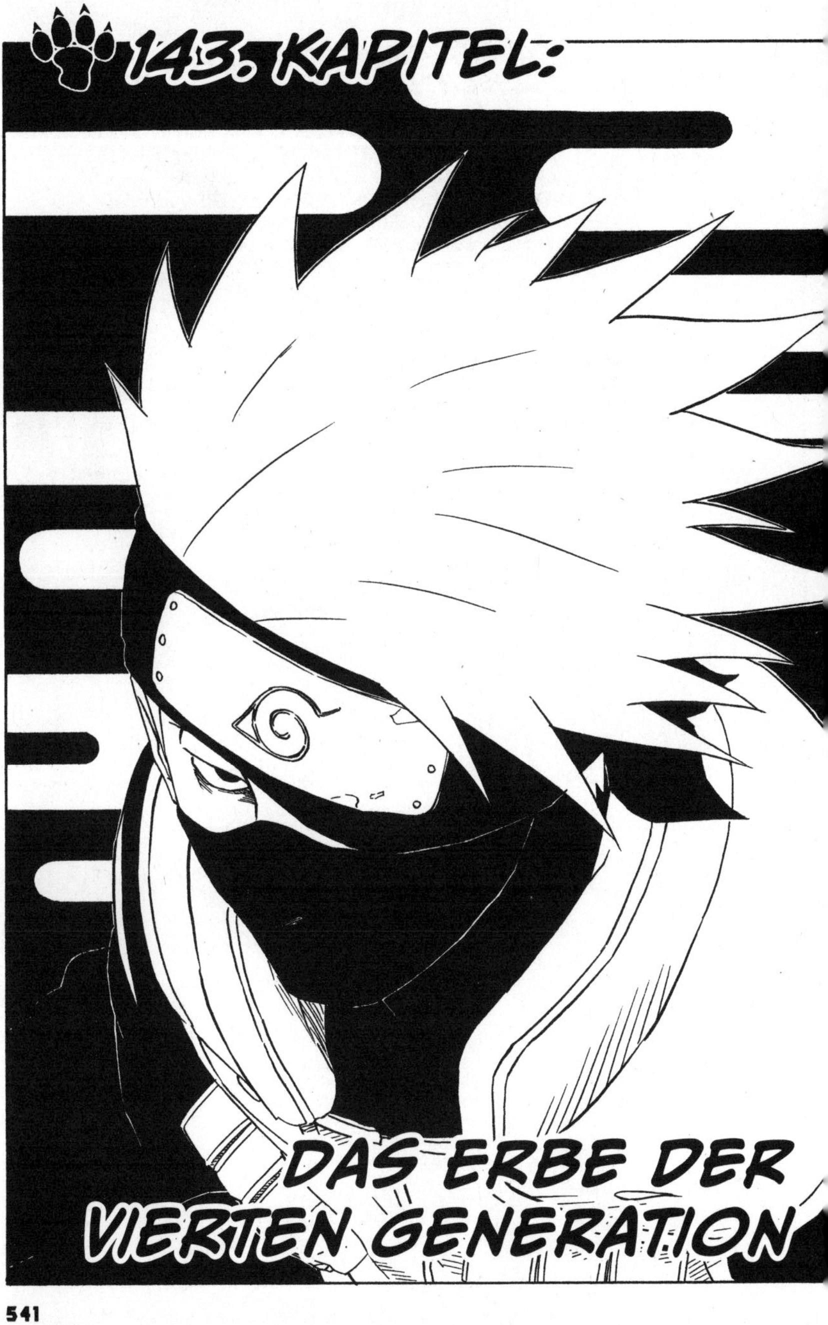
143. KAPITEL:
DAS ERBE DER VIERTEN GENERATION

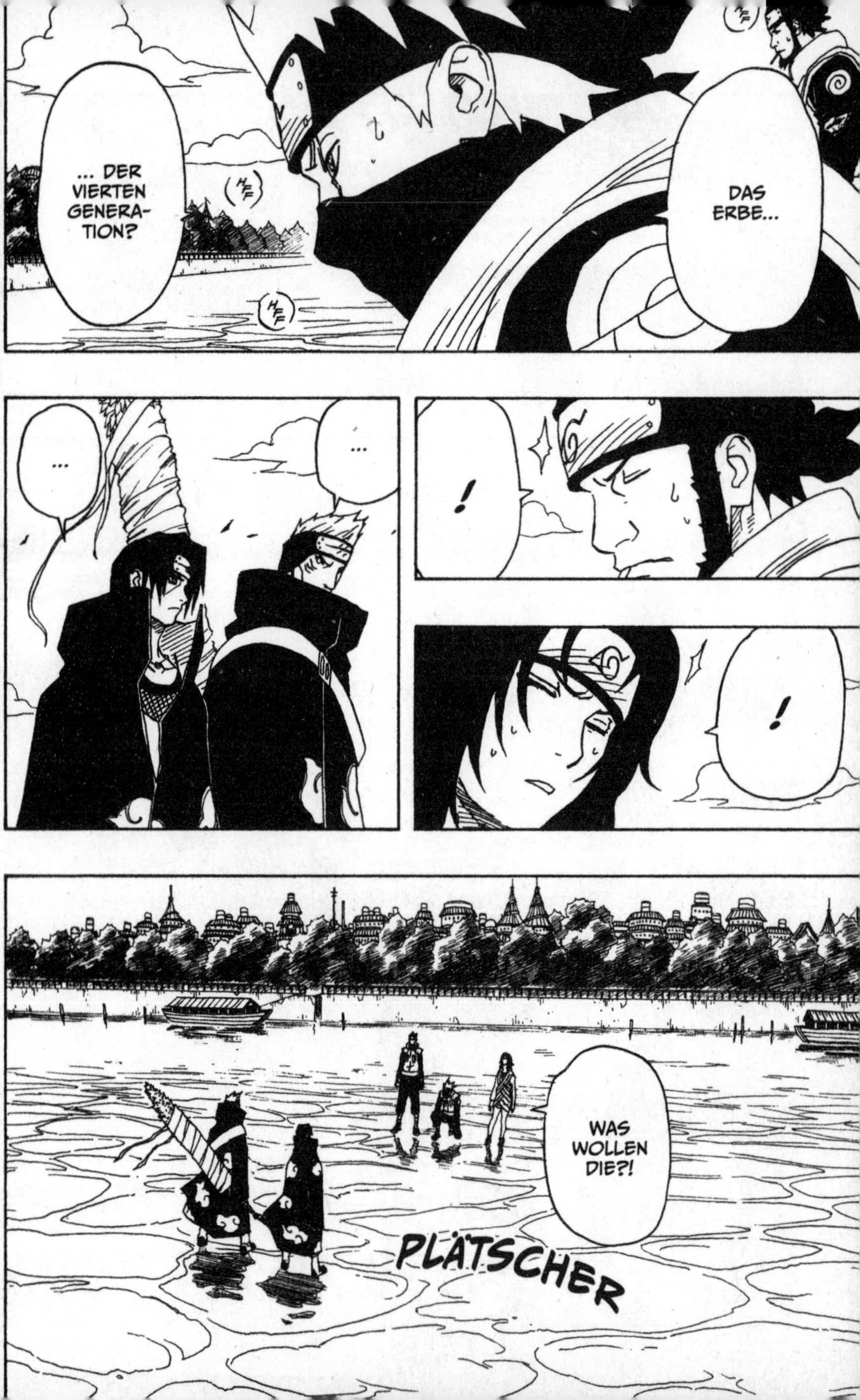
DAS ERBE...
HEF
... DER VIERTEN GENERATION?
HEF
HEF
!
!
...
...
WAS WOLLEN DIE?!
PLÄTSCHER

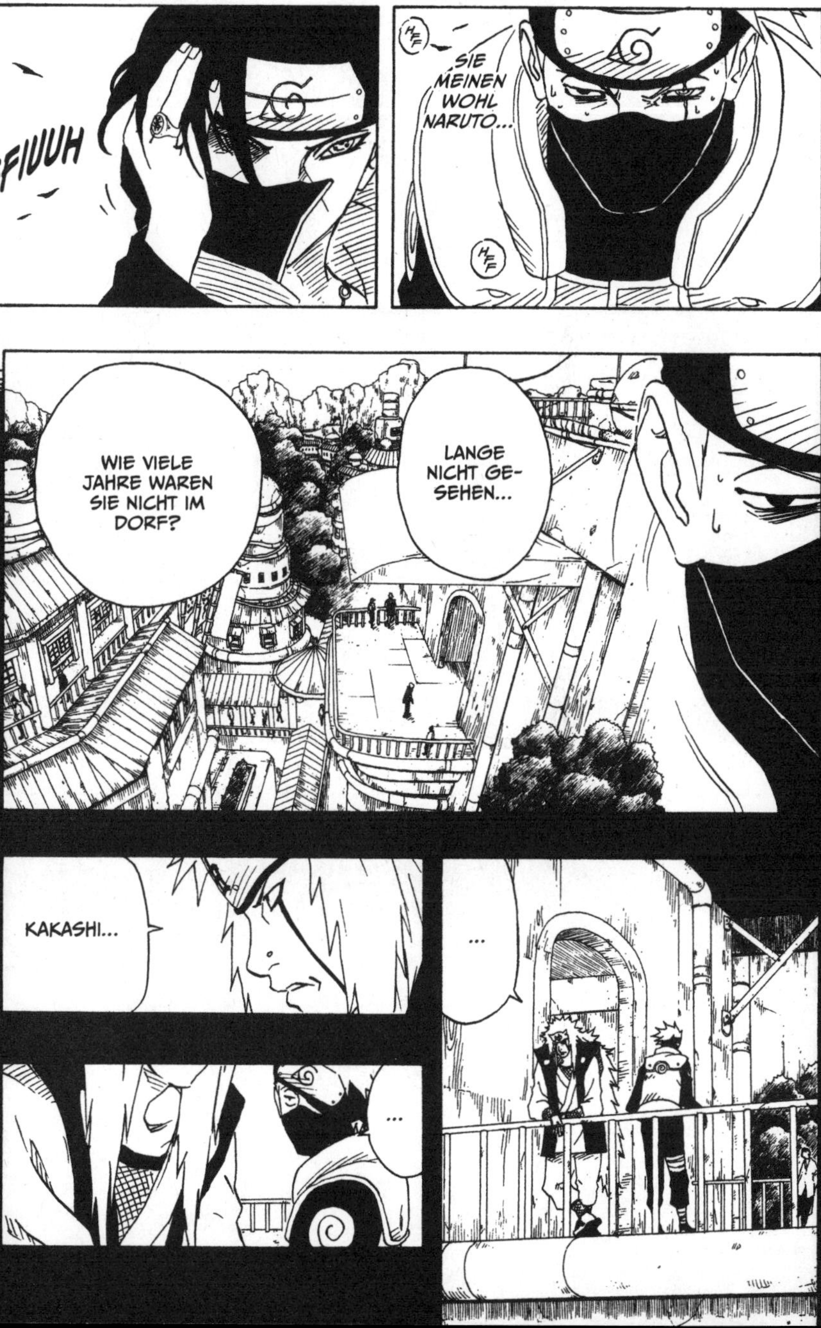
HEF
...SIE MEINEN WOHL NARUTO...
HEF
FFIUUUH
LANGE NICHT GE-SEHEN...
WIE VIELE JAHRE WAREN SIE NICHT IM DORF?
...
KAKASHI...
...

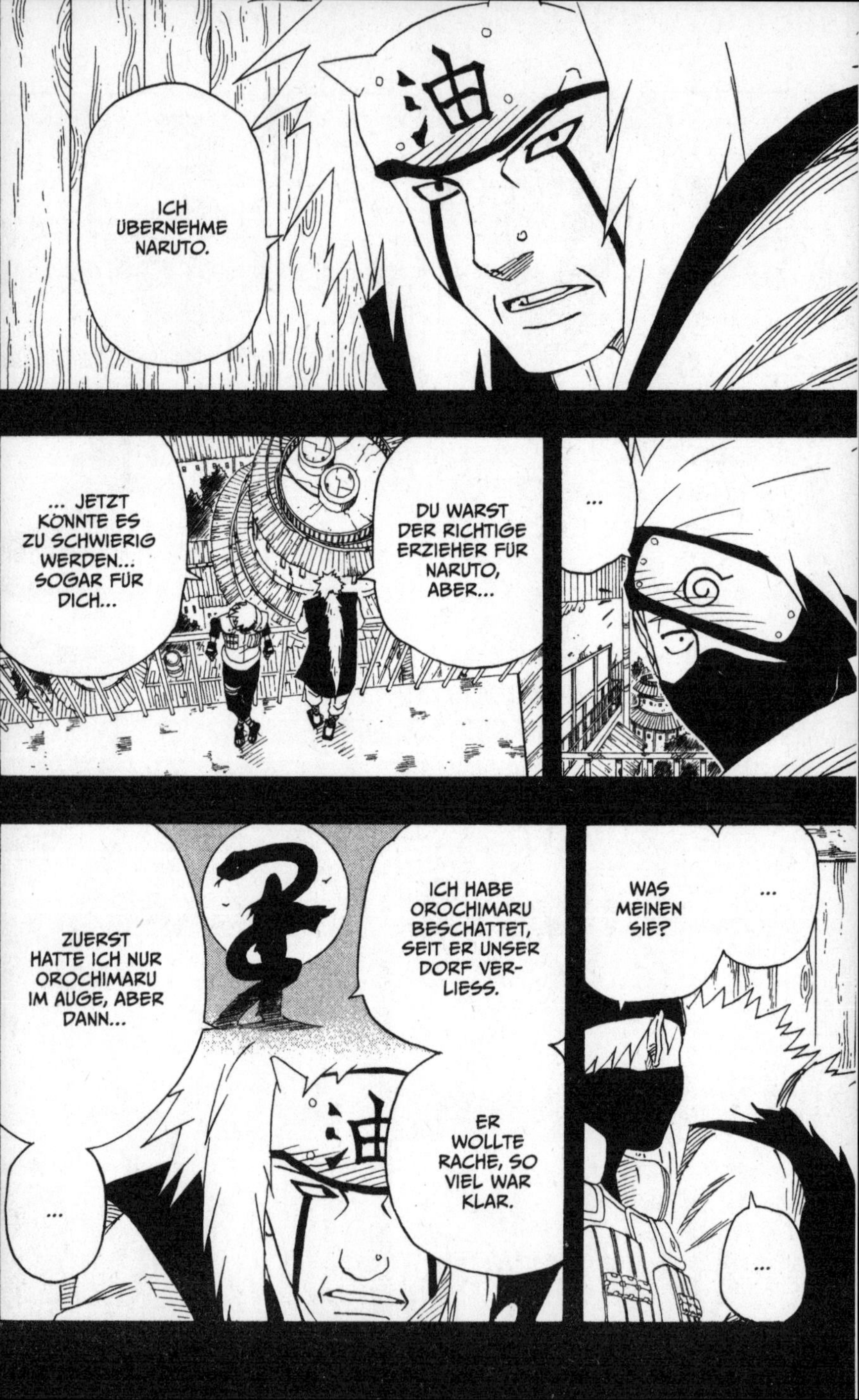
ICH ÜBERNEHME NARUTO.
...
DU WARST DER RICHTIGE ERZIEHER FÜR NARUTO, ABER...
... JETZT KÖNNTE ES ZU SCHWIERIG WERDEN... SOGAR FÜR DICH...
...
WAS MEINEN SIE?
...
ICH HABE OROCHIMARU BESCHATTET, SEIT ER UNSER DORF VER-LIESS.
ZUERST HATTE ICH NUR OROCHIMARU IM AUGE, ABER DANN...
ER WOLLTE RACHE, SO VIEL WAR KLAR.
...

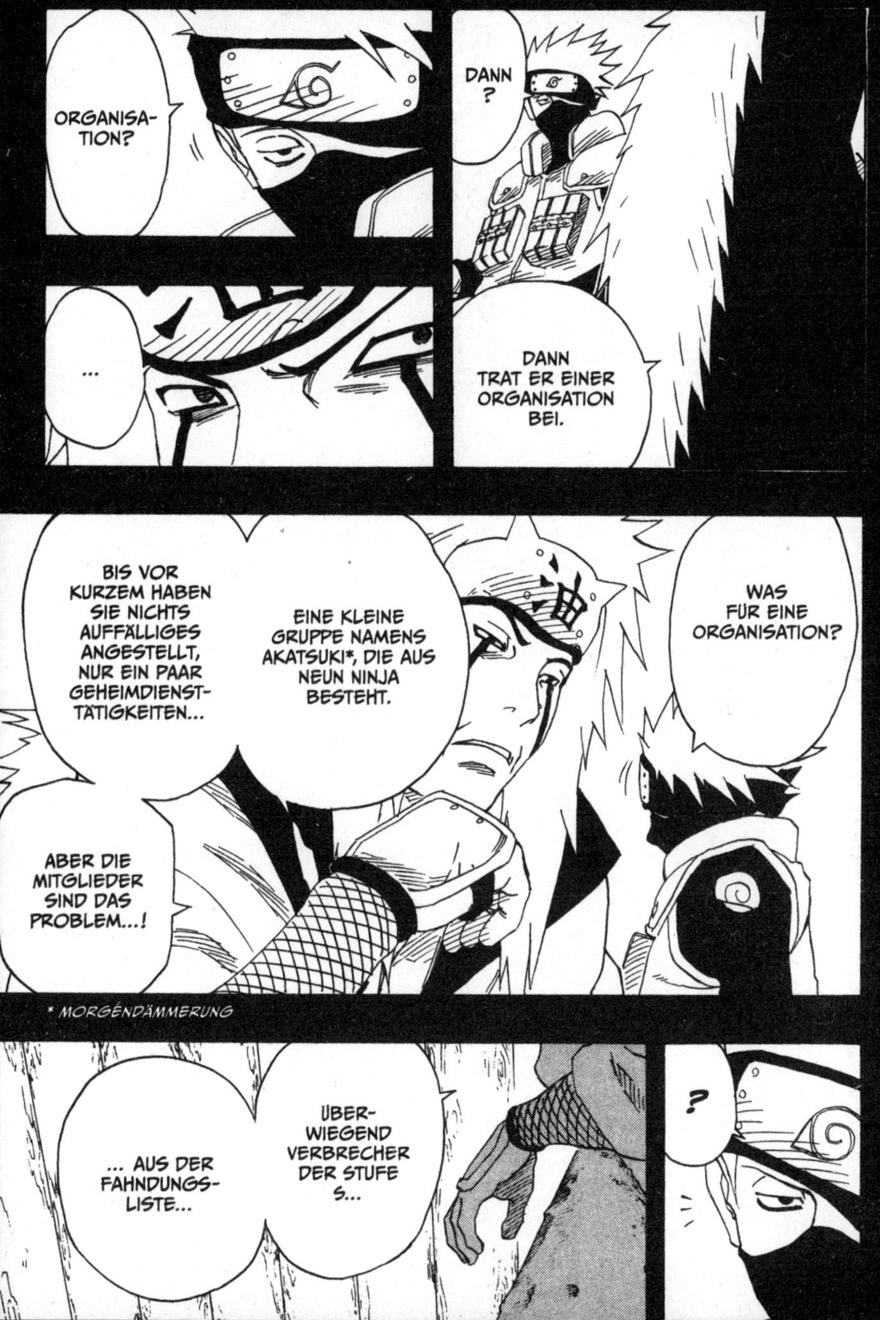

* MORGENDÄMMERUNG

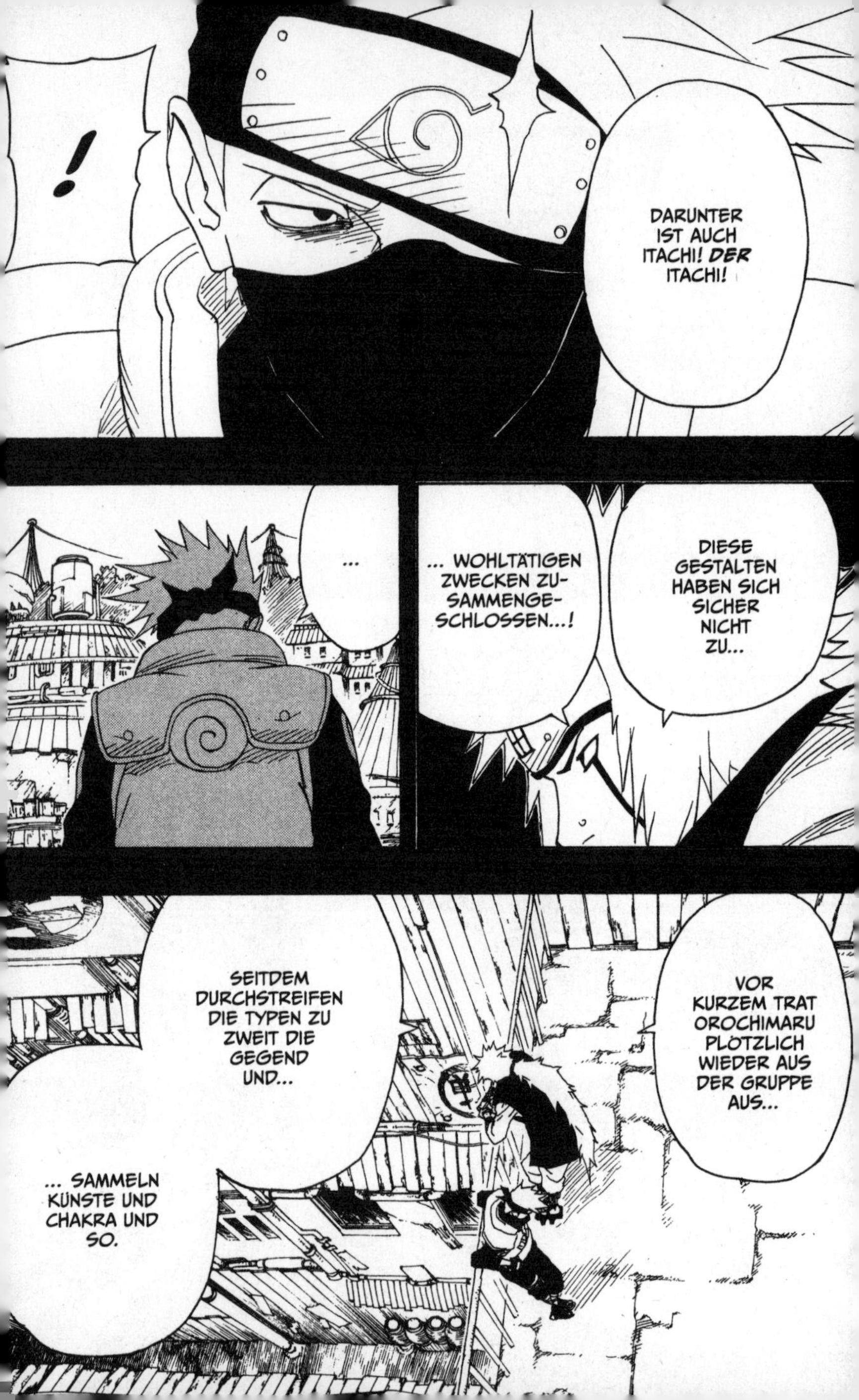
DARUNTER IST AUCH ITACHI! *DER* ITACHI!
!
DIESE GESTALTEN HABEN SICH SICHER NICHT ZU...
... WOHLTÄTIGEN ZWECKEN ZUSAMMENGESCHLOSSEN...!
...
VOR KURZEM TRAT OROCHIMARU PLÖTZLICH WIEDER AUS DER GRUPPE AUS...
SEITDEM DURCHSTREIFEN DIE TYPEN ZU ZWEIT DIE GEGEND UND...
... SAMMELN KÜNSTE UND CHAKRA UND SO.

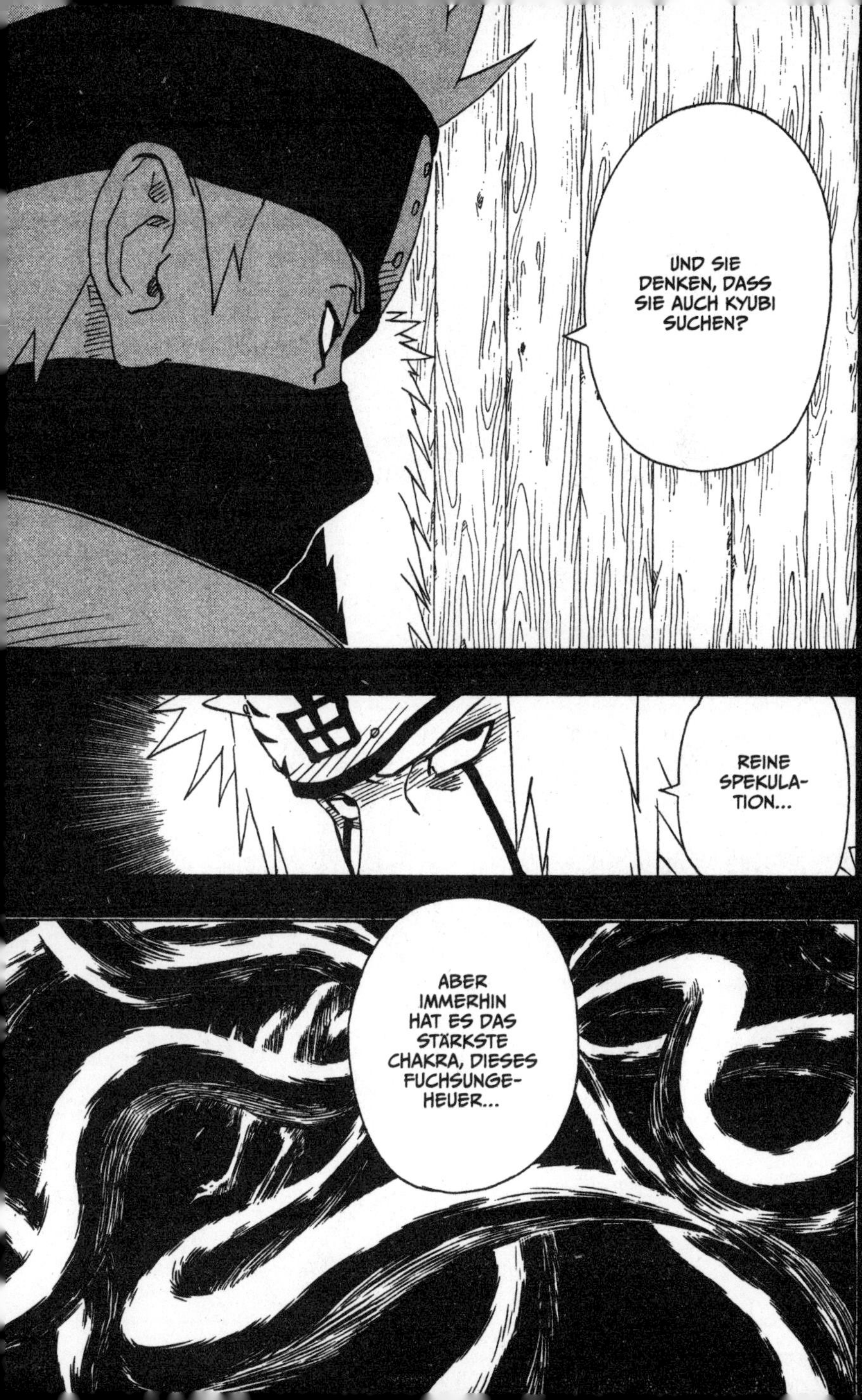
UND SIE DENKEN, DASS SIE AUCH KYUBI SUCHEN?
REINE SPEKULA-TION...
ABER IMMERHIN HAT ES DAS STÄRKSTE CHAKRA, DIESES FUCHSUNGE-HEUER...

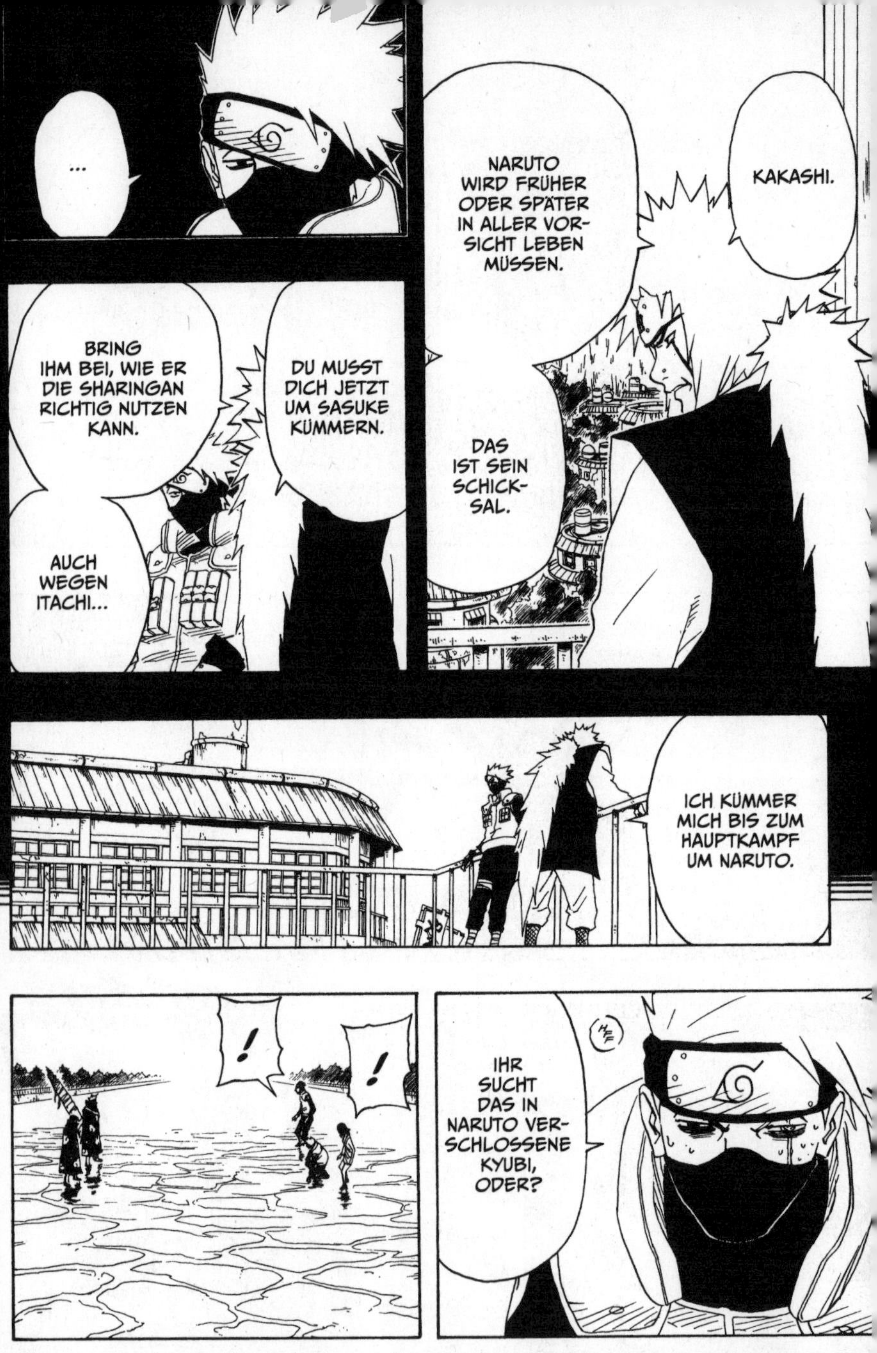
KAKASHI.
NARUTO WIRD FRÜHER ODER SPÄTER IN ALLER VOR-SICHT LEBEN MÜSSEN.
DAS IST SEIN SCHICK-SAL.
...
DU MUSST DICH JETZT UM SASUKE KÜMMERN.
BRING IHM BEI, WIE ER DIE SHARINGAN RICHTIG NUTZEN KANN.
AUCH WEGEN ITACHI...
ICH KÜMMER MICH BIS ZUM HAUPTKAMPF UM NARUTO.
IHR SUCHT DAS IN NARUTO VER-SCHLOSSENE KYUBI, ODER?
!
!

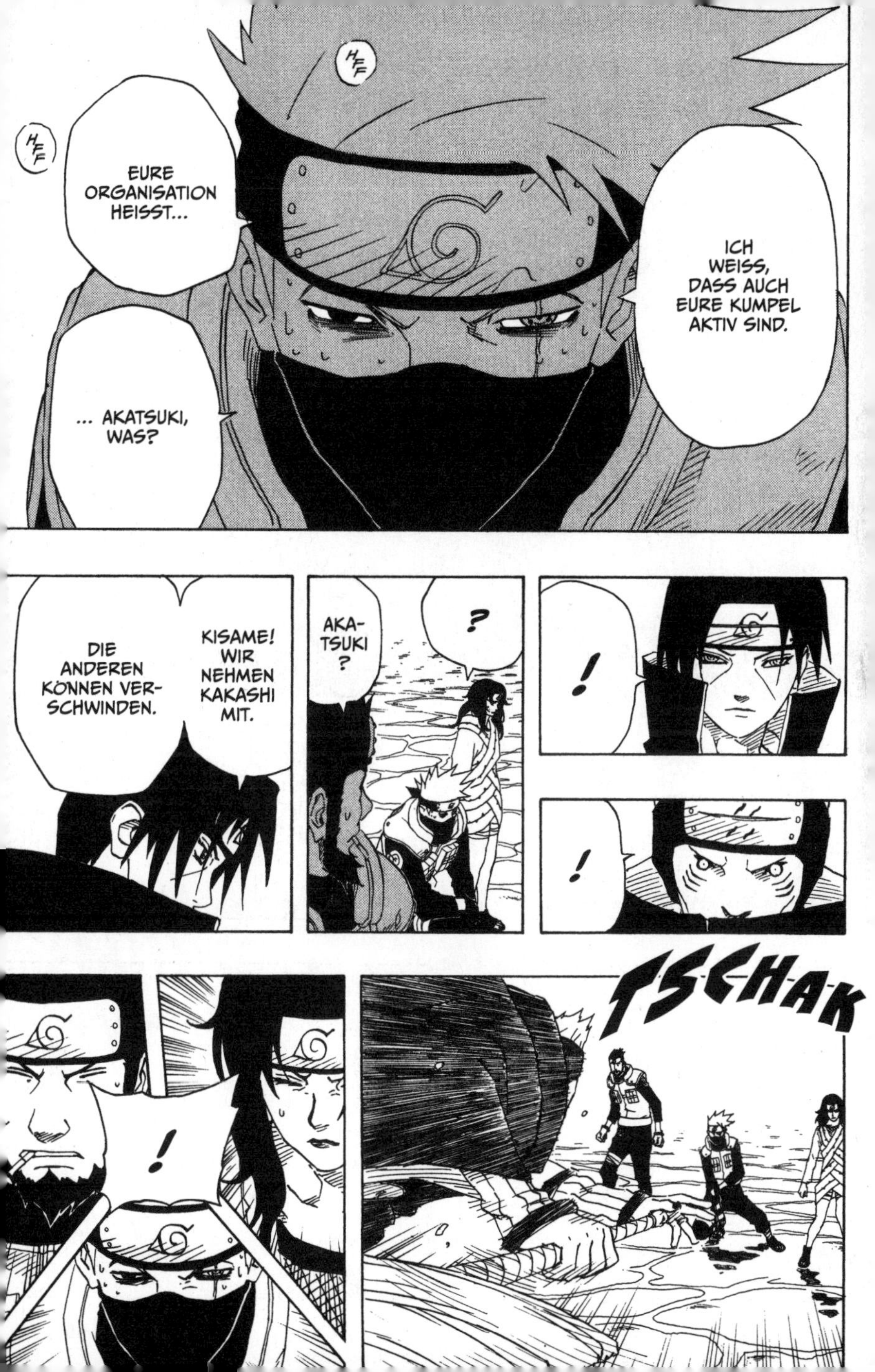
HEF
HEF
EURE ORGANISATION HEISST...
... AKATSUKI, WAS?
ICH WEISS, DASS AUCH EURE KUMPEL AKTIV SIND.
KISAME! WIR NEHMEN KAKASHI MIT.
DIE ANDEREN KÖNNEN VERSCHWINDEN.
?
AKATSUKI?
!
!
!
TSCHAK

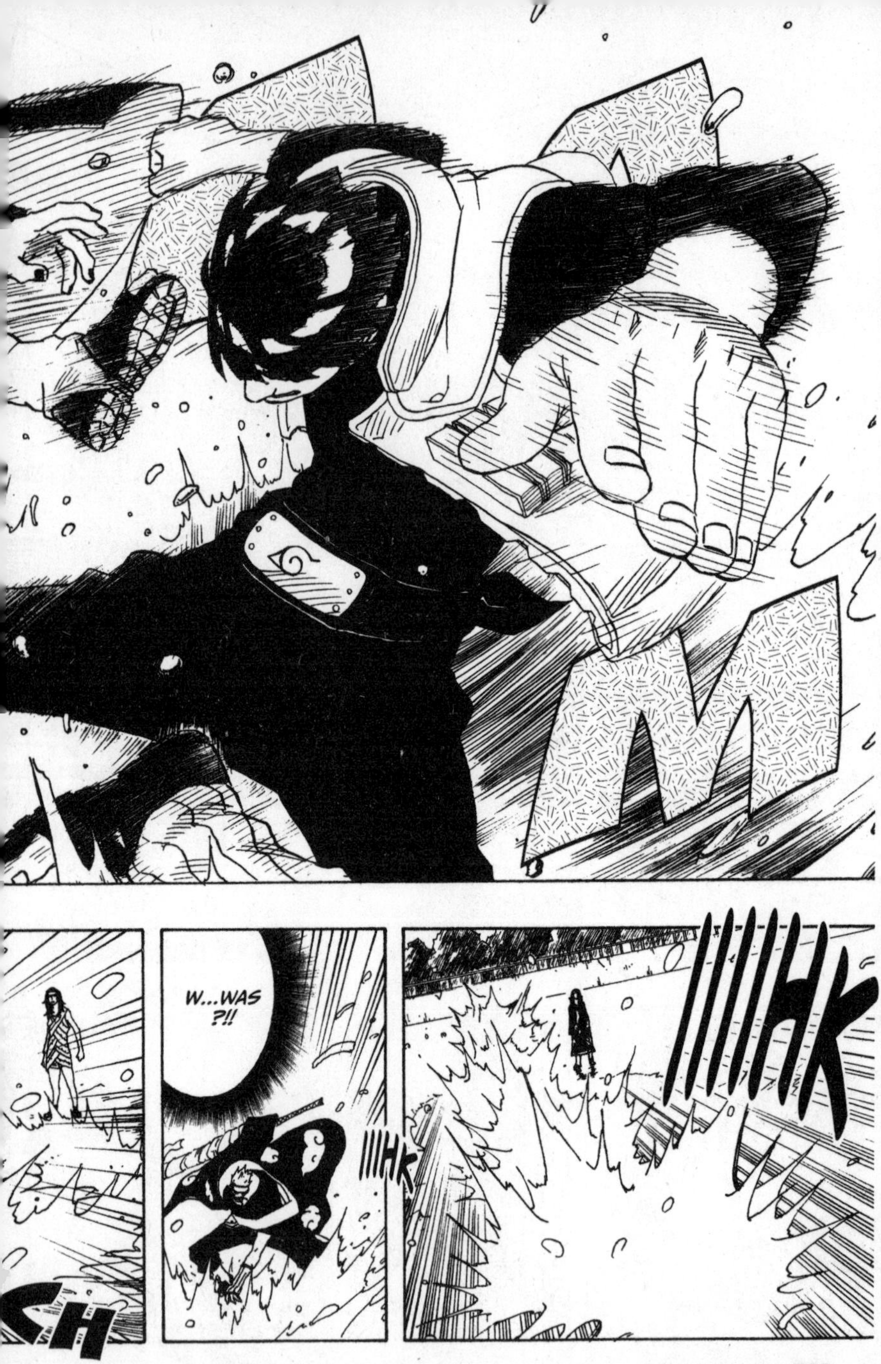
M
HK
W...WAS ?!!
HK
CH

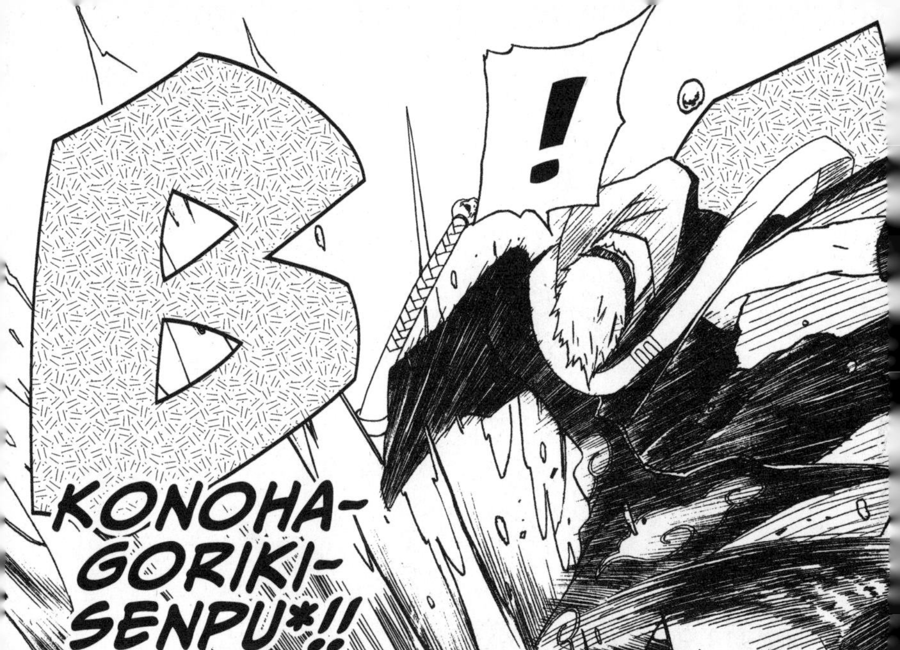

* GORIKI = STARKE KRAFT, SENPU = WIRBELWIND

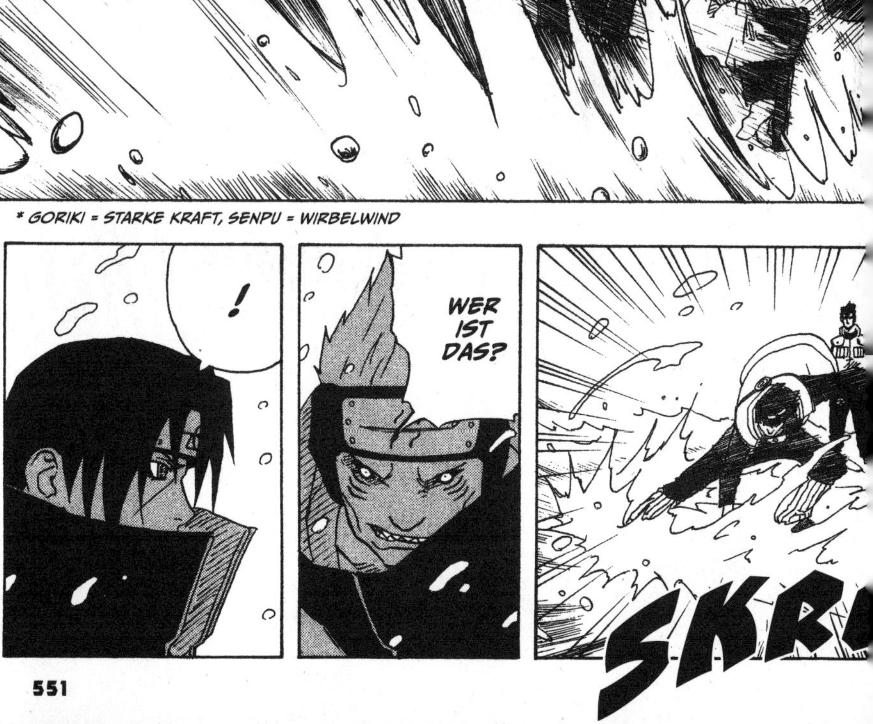

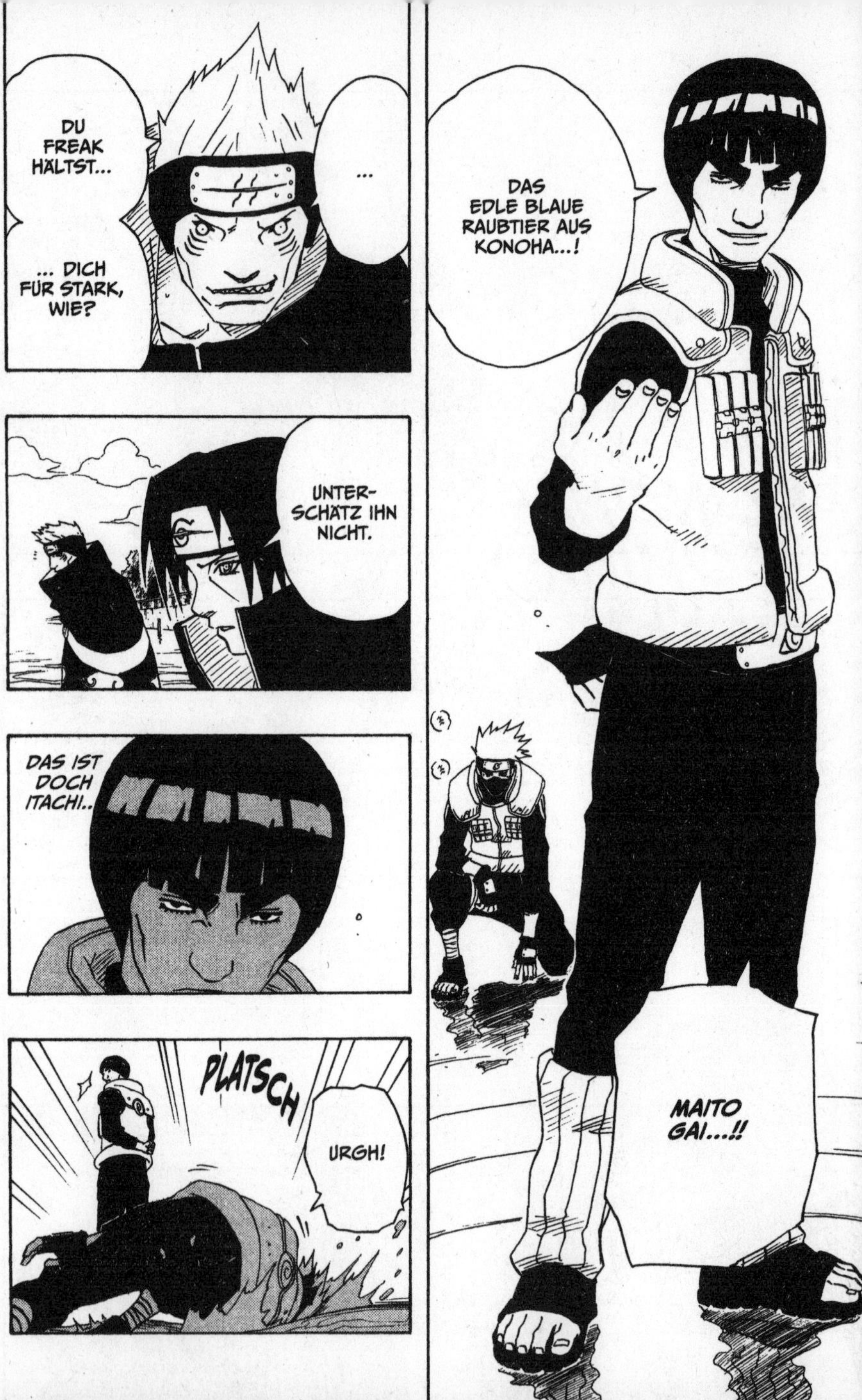
DU FREAK HÄLTST...
... DICH FÜR STARK, WIE?
...
UNTER-SCHÄTZ IHN NICHT.
DAS IST DOCH ITACHI..
PLATSCH
URGH!
DAS EDLE BLAUE RAUBTIER AUS KONOHA...!
MAITO GAI...!!

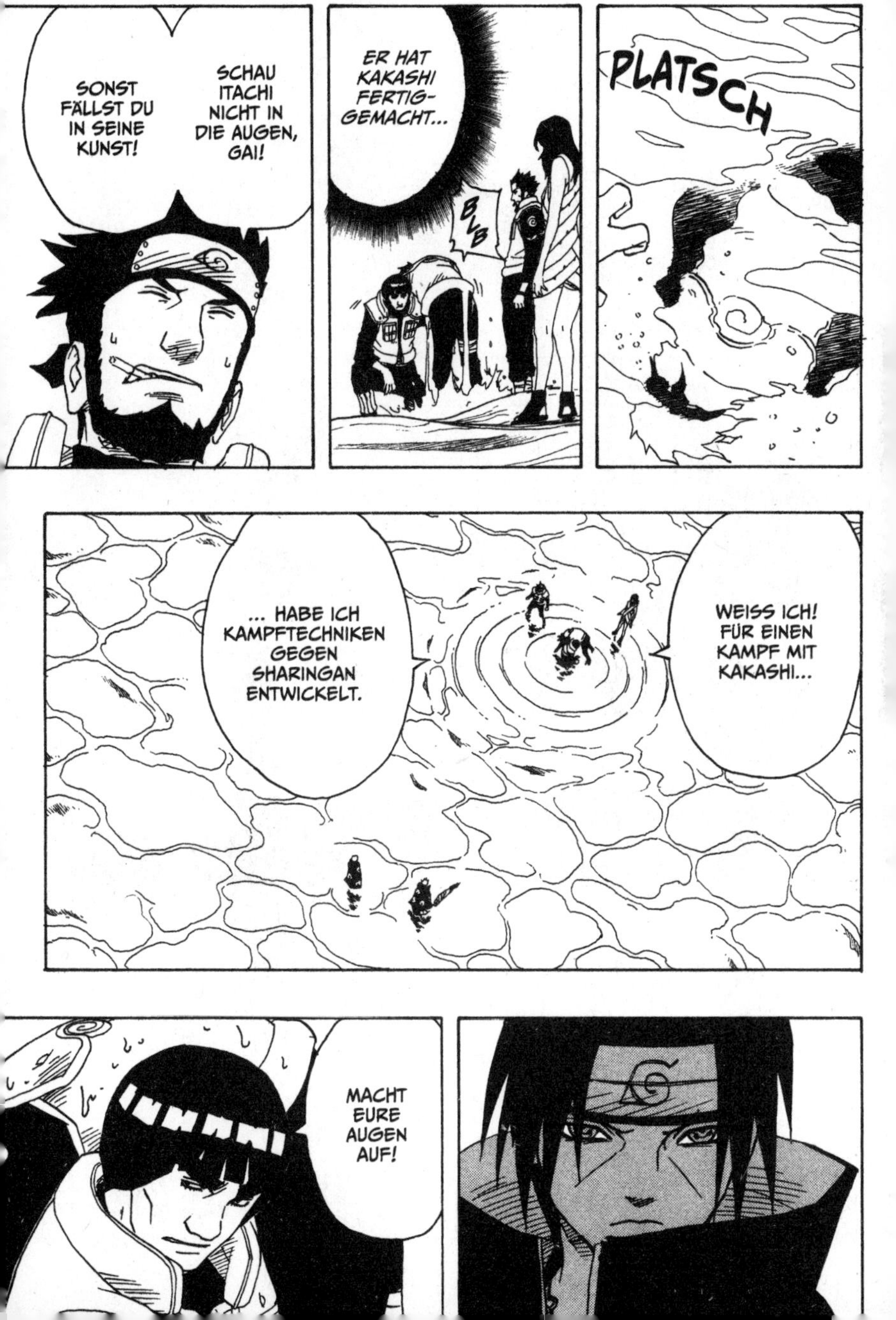
PLATSCH
ER HAT KAKASHI FERTIG-GEMACHT...
BLB
SCHAU ITACHI NICHT IN DIE AUGEN, GAI!
SONST FÄLLST DU IN SEINE KUNST!
WEISS ICH! FÜR EINEN KAMPF MIT KAKASHI...
... HABE ICH KAMPFTECHNIKEN GEGEN SHARINGAN ENTWICKELT.
MACHT EURE AUGEN AUF!

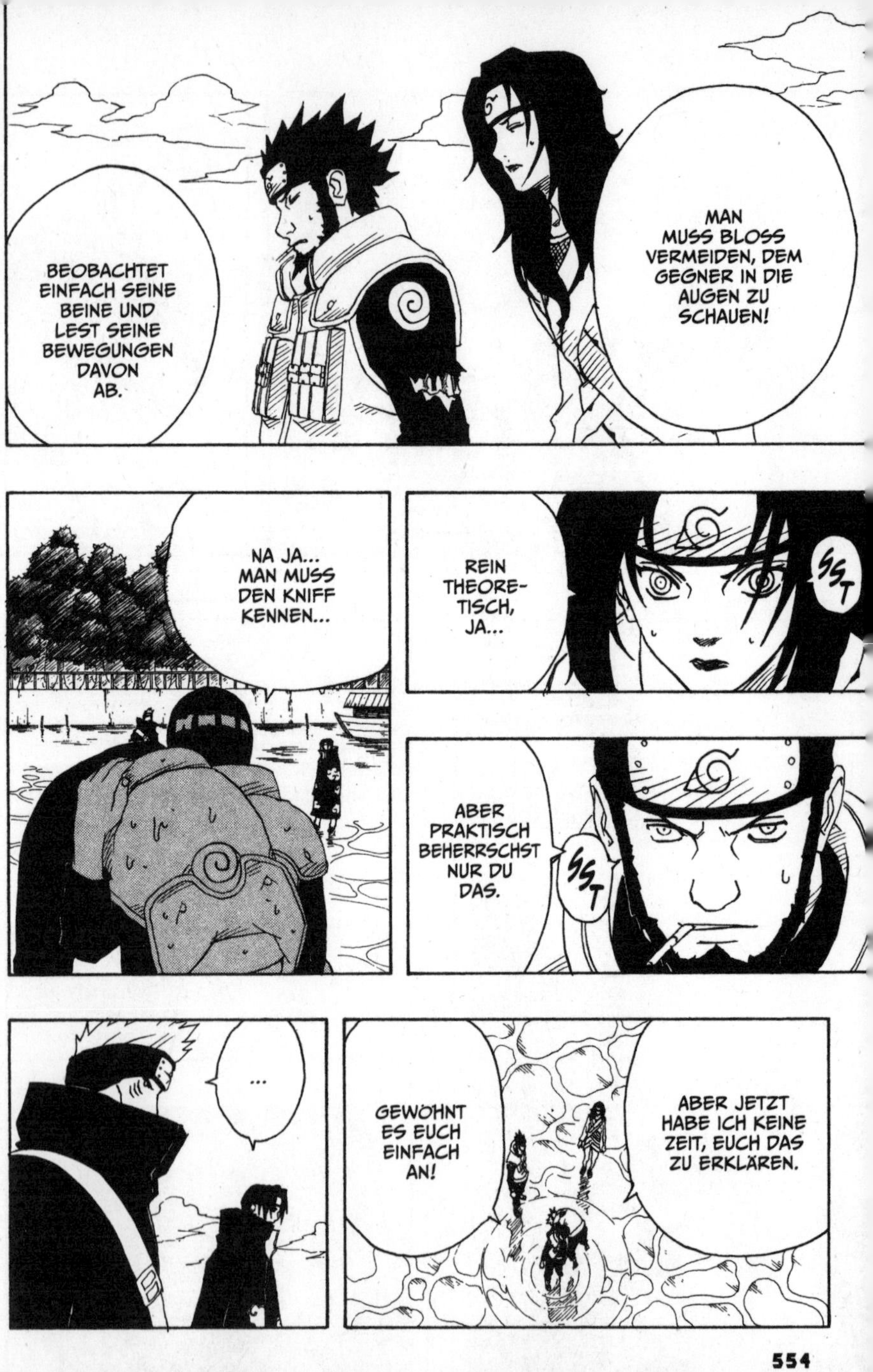
MAN MUSS BLOSS VERMEIDEN, DEM GEGNER IN DIE AUGEN ZU SCHAUEN!
BEOBACHTET EINFACH SEINE BEINE UND LEST SEINE BEWEGUNGEN DAVON AB.
NA JA... MAN MUSS DEN KNIFF KENNEN...
REIN THEORE-TISCH, JA...
SST
ABER PRAKTISCH BEHERRSCHST NUR DU DAS.
SST
ABER JETZT HABE ICH KEINE ZEIT, EUCH DAS ZU ERKLÄREN.
GEWÖHNT ES EUCH EINFACH AN!
...

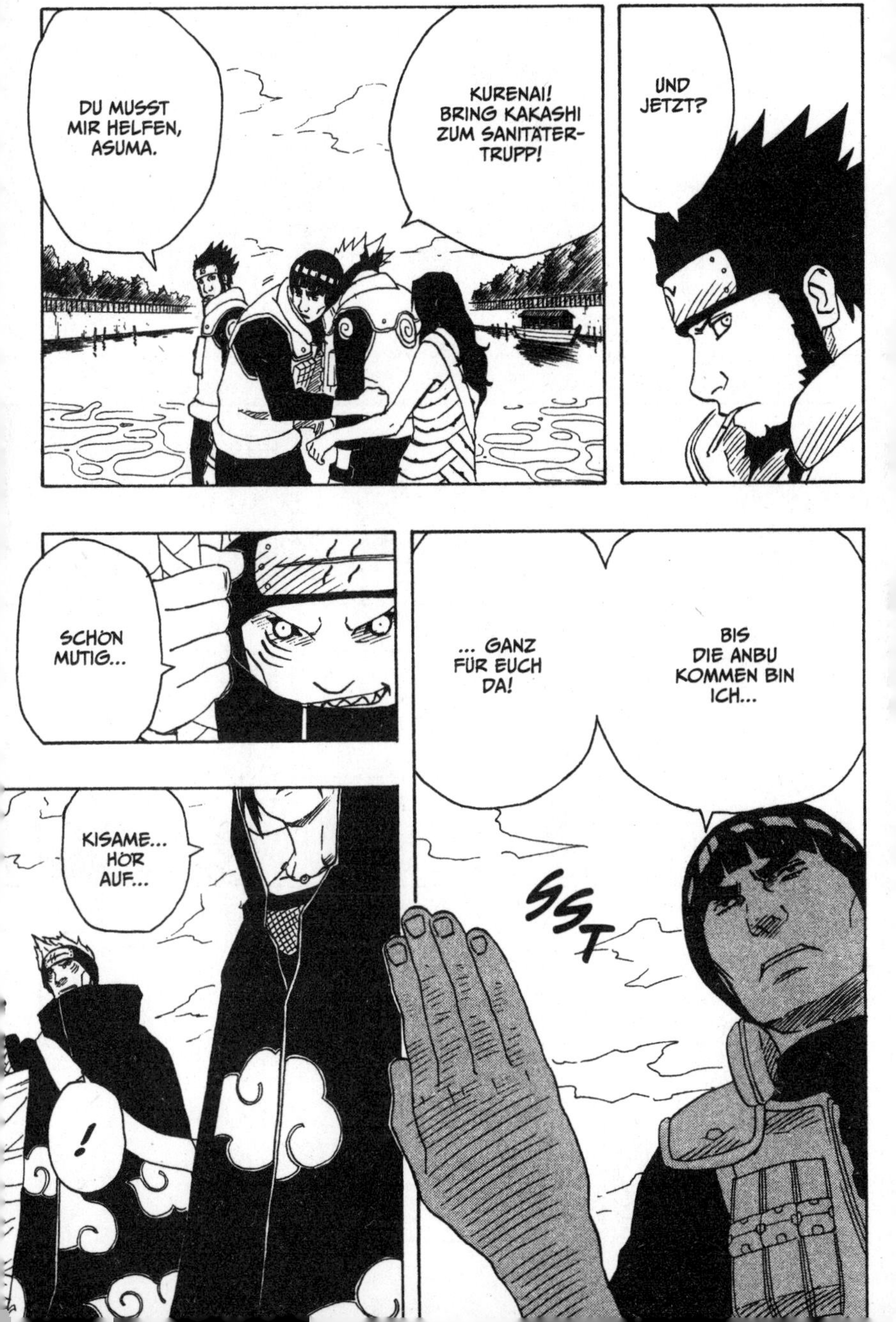
UND JETZT?
KURENAI! BRING KAKASHI ZUM SANITÄTER-TRUPP!
DU MUSST MIR HELFEN, ASUMA.
BIS DIE ANBU KOMMEN BIN ICH...
... GANZ FÜR EUCH DA!
SCHÖN MUTIG...
SST
KISAME... HÖR AUF...
!

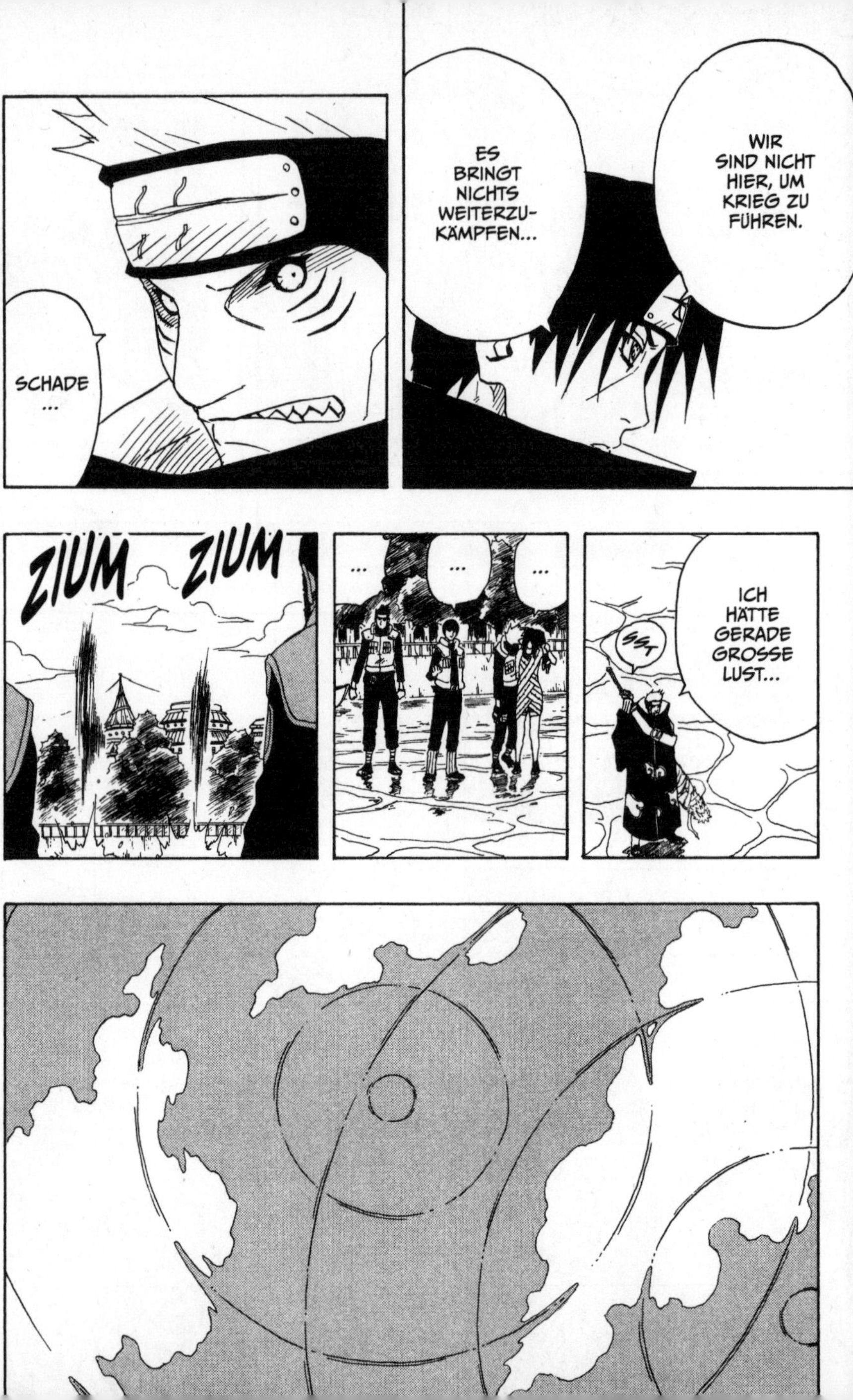
WIR SIND NICHT HIER, UM KRIEG ZU FÜHREN.
ES BRINGT NICHTS WEITERZU-KÄMPFEN...
SCHADE ...
SST
ICH HÄTTE GERADE GROSSE LUST...
...
...
...
ZIUM
ZIUM

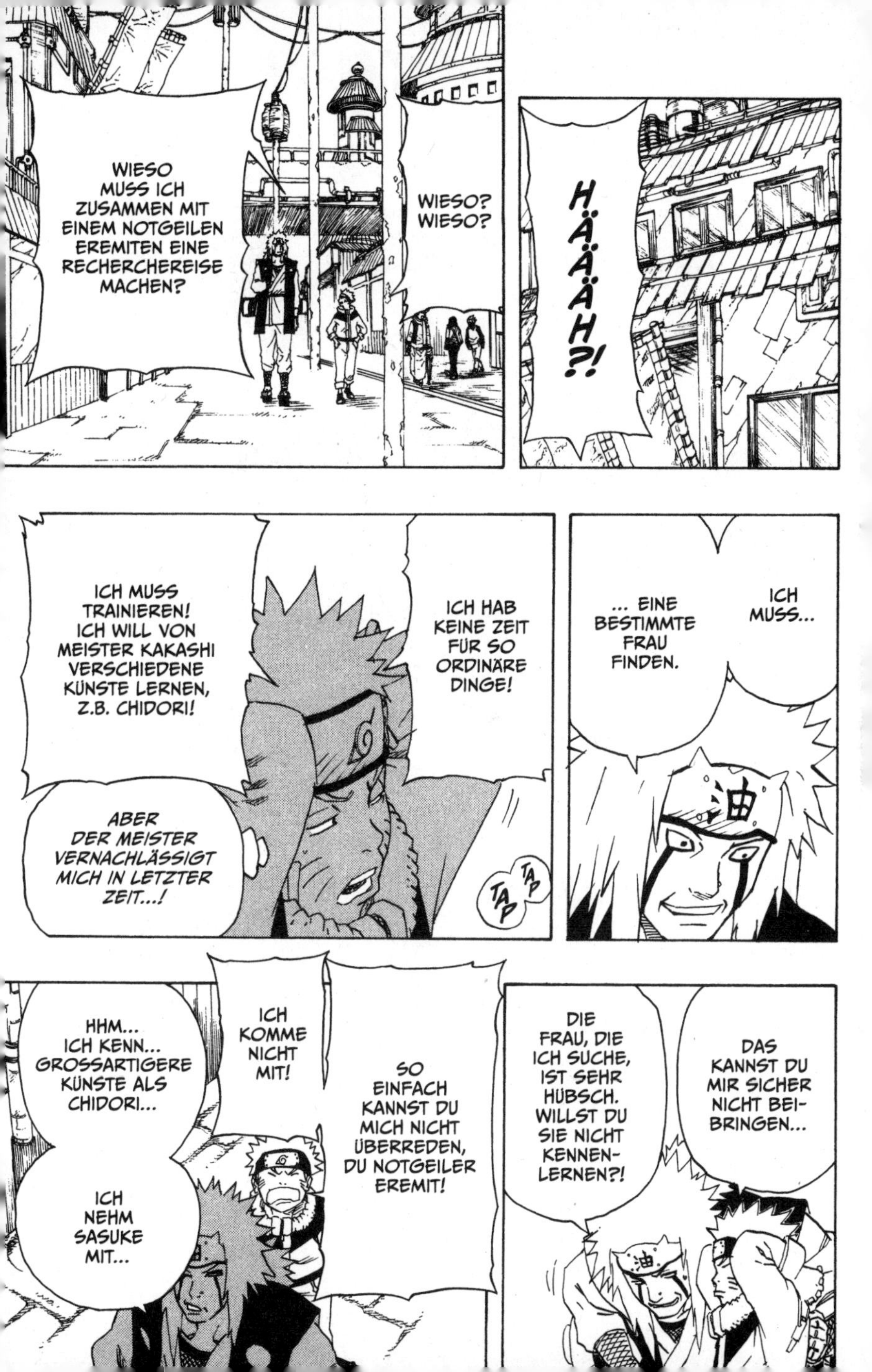
HÄÄÄH?!
WIESO? WIESO?
WIESO MUSS ICH ZUSAMMEN MIT EINEM NOTGEILEN EREMITEN EINE RECHERCHEREISE MACHEN?
ICH MUSS...
... EINE BESTIMMTE FRAU FINDEN.
ICH HAB KEINE ZEIT FÜR SO ORDINÄRE DINGE!
ICH MUSS TRAINIEREN! ICH WILL VON MEISTER KAKASHI VERSCHIEDENE KÜNSTE LERNEN, Z.B. CHIDORI!
TAP TAP
ABER DER MEISTER VERNACHLÄSSIGT MICH IN LETZTER ZEIT...!
DAS KANNST DU MIR SICHER NICHT BEI-BRINGEN...
DIE FRAU, DIE ICH SUCHE, IST SEHR HÜBSCH. WILLST DU SIE NICHT KENNEN-LERNEN?!
SO EINFACH KANNST DU MICH NICHT ÜBERREDEN, DU NOTGEILER EREMIT!
ICH KOMME NICHT MIT!
HHM... ICH KENN... GROSSARTIGERE KÜNSTE ALS CHIDORI...
ICH NEHM SASUKE MIT...

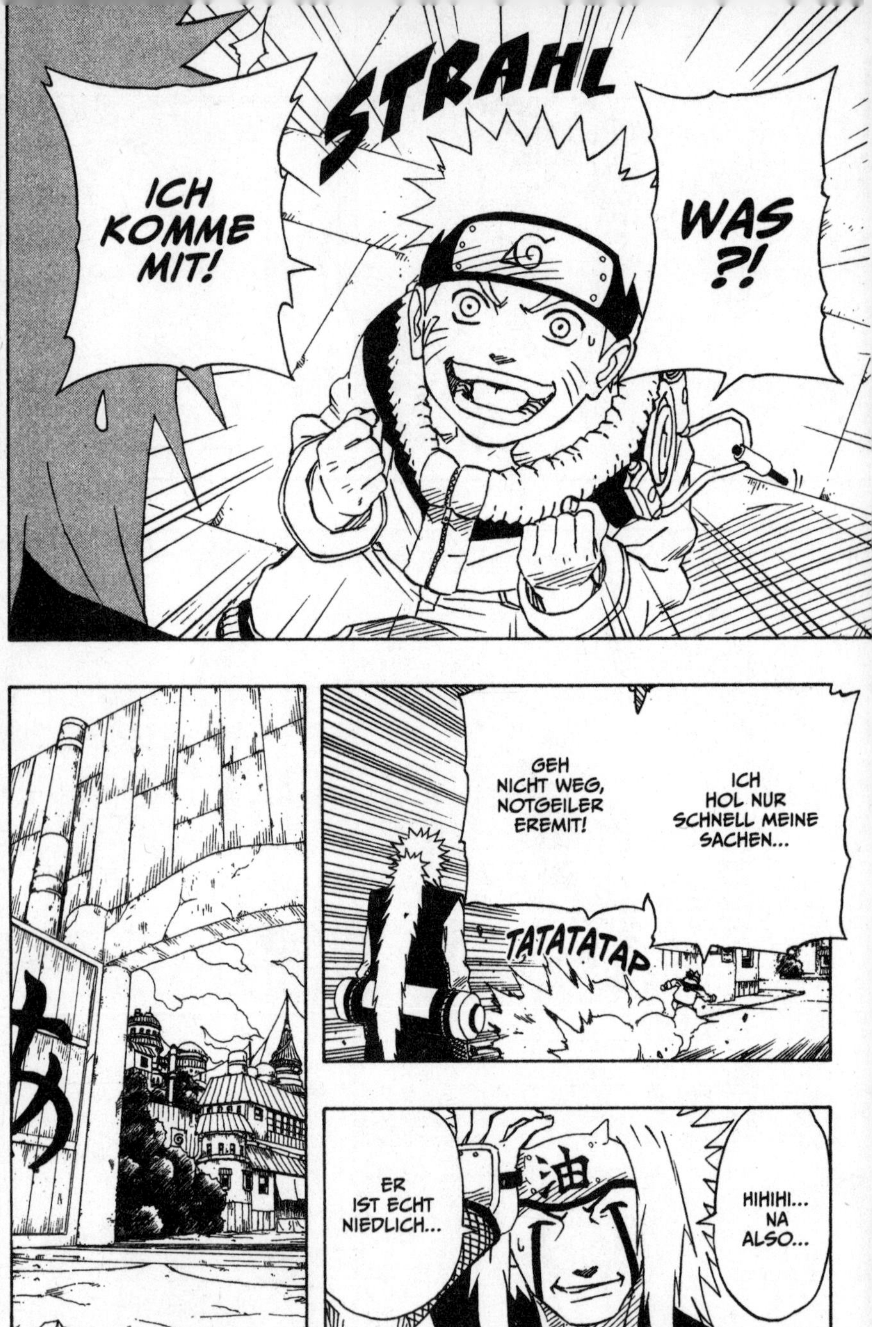
STRAHL
WAS ?!
ICH KOMME MIT!
ICH HOL NUR SCHNELL MEINE SACHEN...
GEH NICHT WEG, NOTGEILER EREMIT!
TATATATAP
HIHIHI... NA ALSO...
ER IST ECHT NIEDLICH...

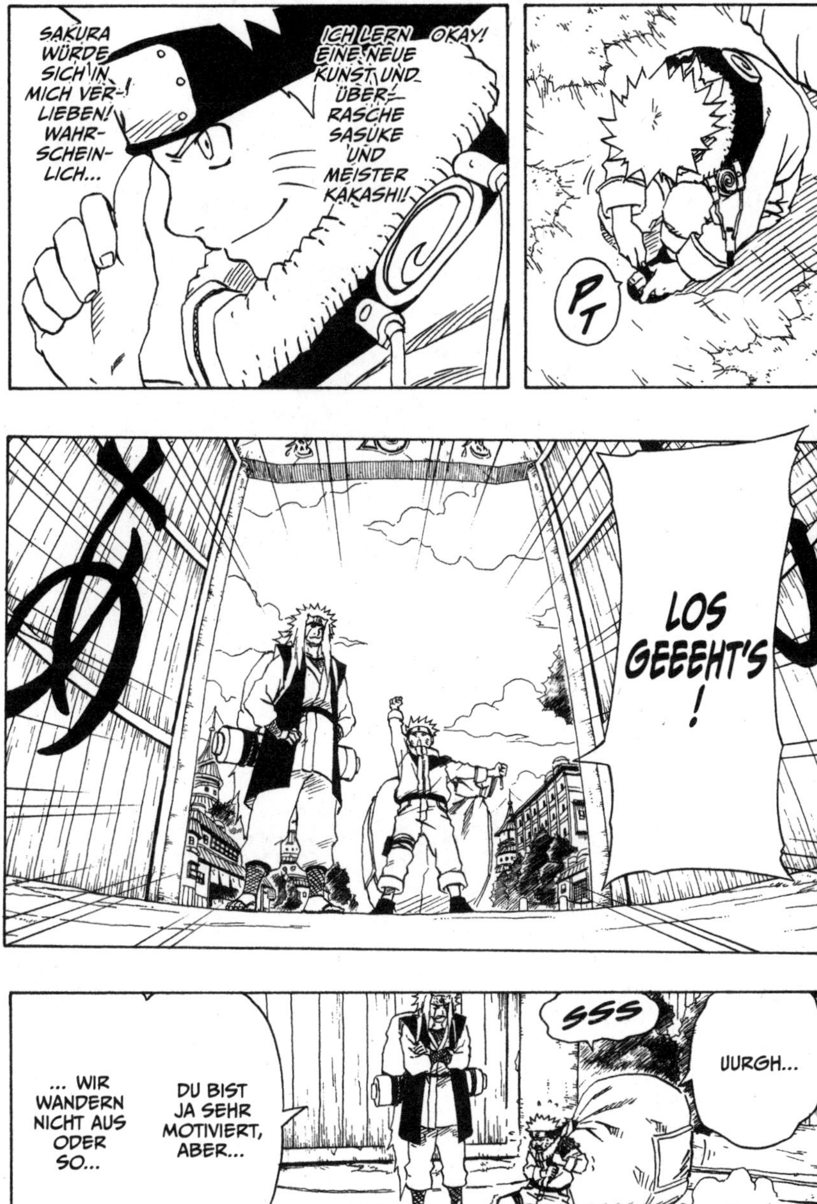
PT
OKAY!
ICH LERN EINE NEUE KUNST UND ÜBERRASCHE SASUKE UND MEISTER KAKASHI!
SAKURA WÜRDE SICH IN MICH VERLIEBEN! WAHRSCHEINLICH...
LOS GEEEHT'S!
UURGH...
SSS
DU BIST JA SEHR MOTIVIERT, ABER...
... WIR WANDERN NICHT AUS ODER SO...

KISHIMOTO MASASHIS ASSISTENTEN-VORSTELLUNG / TEIL 7

WIR HABEN WIEDER EINEN NEUEN ASSISTENTEN.
ICH STELLE IHN EUCH VOR.

ASSISTENT NR. 7: AKIRA OKUBO

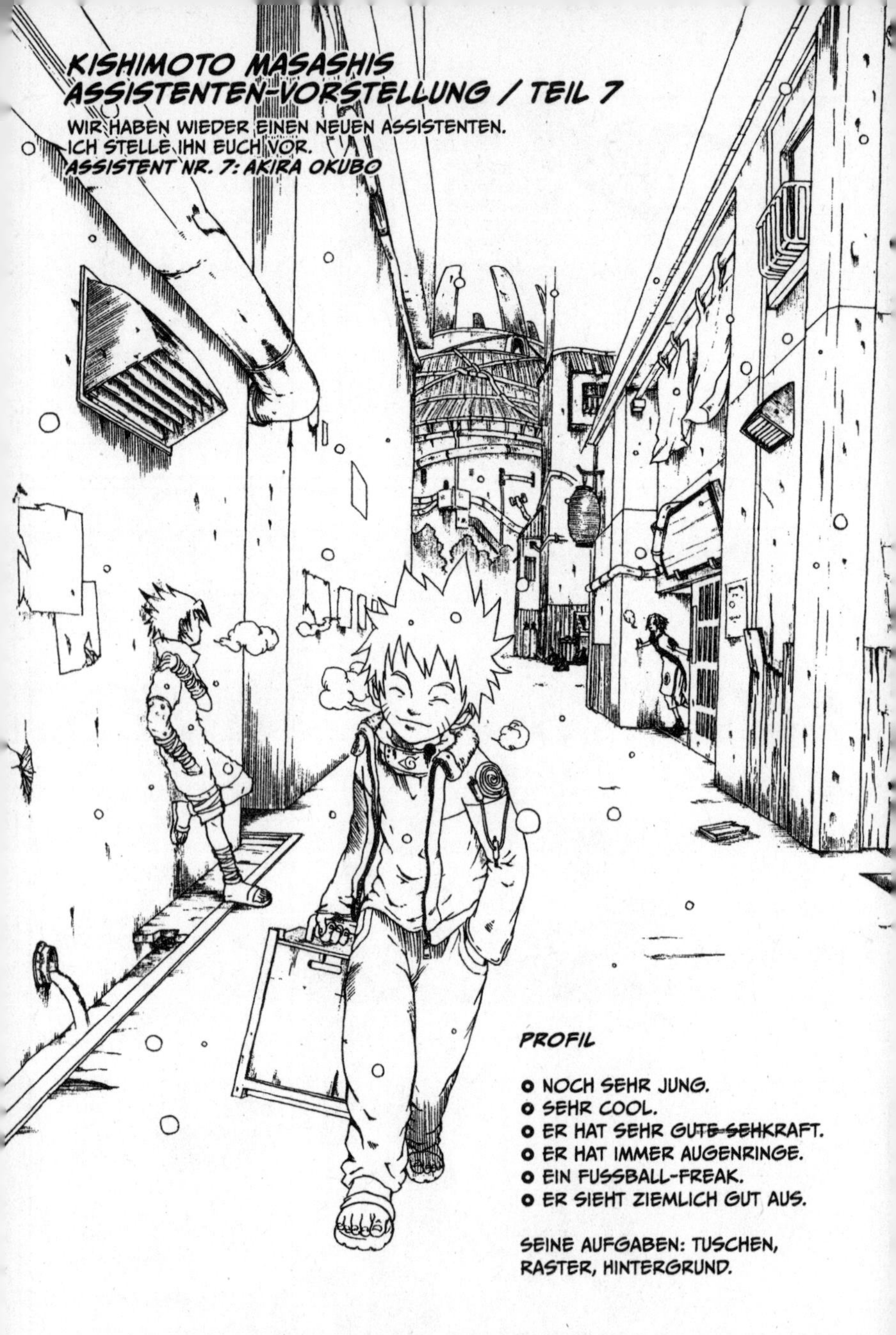

PROFIL

- NOCH SEHR JUNG.
- SEHR COOL.
- ER HAT SEHR ~~GUTE SEHKRAFT~~.
- ER HAT IMMER AUGENRINGE.
- EIN FUSSBALL-FREAK.
- ER SIEHT ZIEMLICH GUT AUS.

SEINE AUFGABEN: TUSCHEN, RASTER, HINTERGRUND.

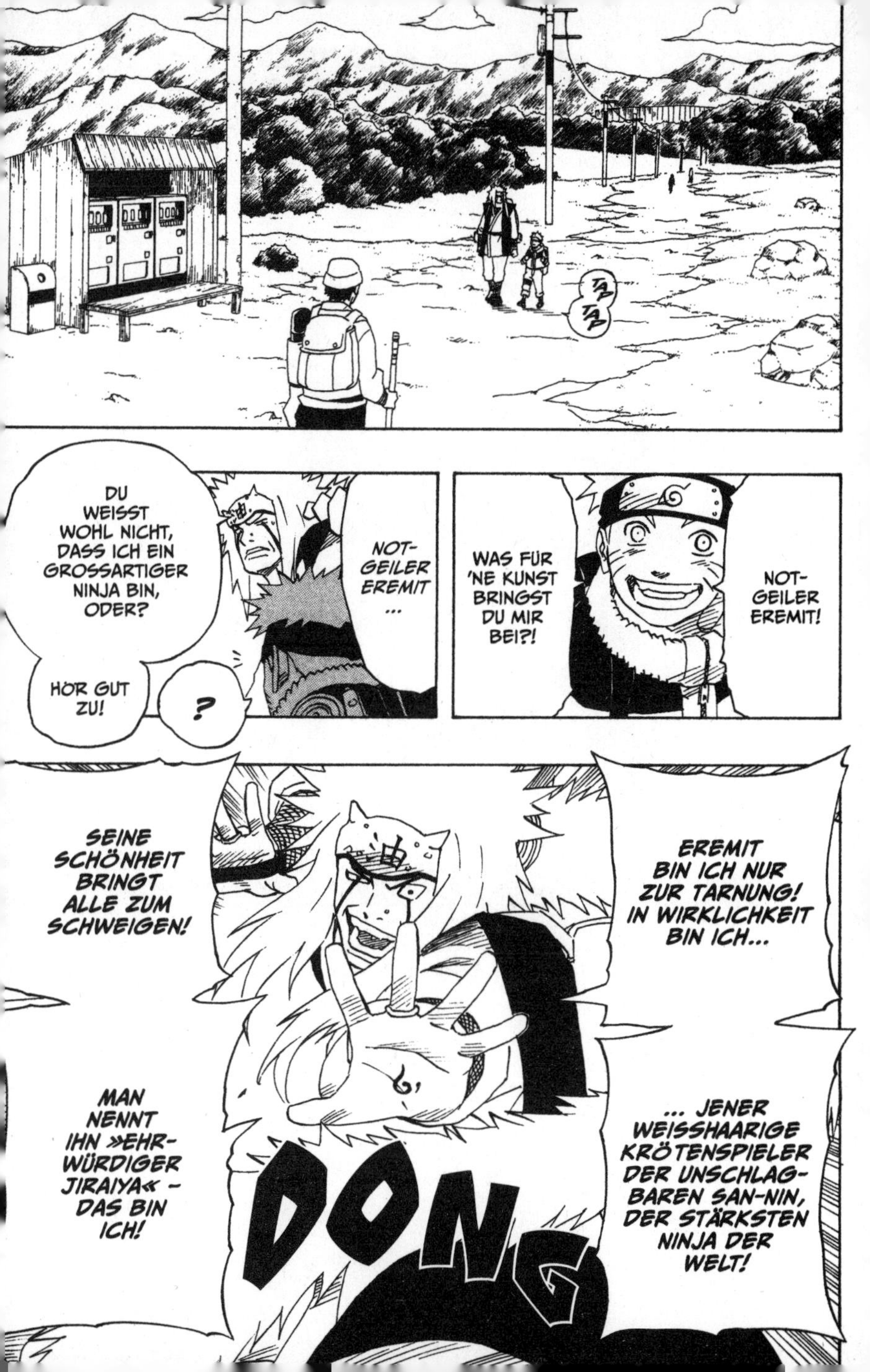
TAP TAP
NOT-GEILER EREMIT!
WAS FÜR 'NE KUNST BRINGST DU MIR BEI?!
NOT-GEILER EREMIT ...
DU WEISST WOHL NICHT, DASS ICH EIN GROSSARTIGER NINJA BIN, ODER?
HÖR GUT ZU!
?
EREMIT BIN ICH NUR ZUR TARNUNG! IN WIRKLICHKEIT BIN ICH...
SEINE SCHÖNHEIT BRINGT ALLE ZUM SCHWEIGEN!
... JENER WEISSHAARIGE KRÖTENSPIELER DER UNSCHLAG-BAREN SAN-NIN, DER STÄRKSTEN NINJA DER WELT!
MAN NENNT IHN »EHR-WÜRDIGER JIRAIYA« – DAS BIN ICH!
DONG

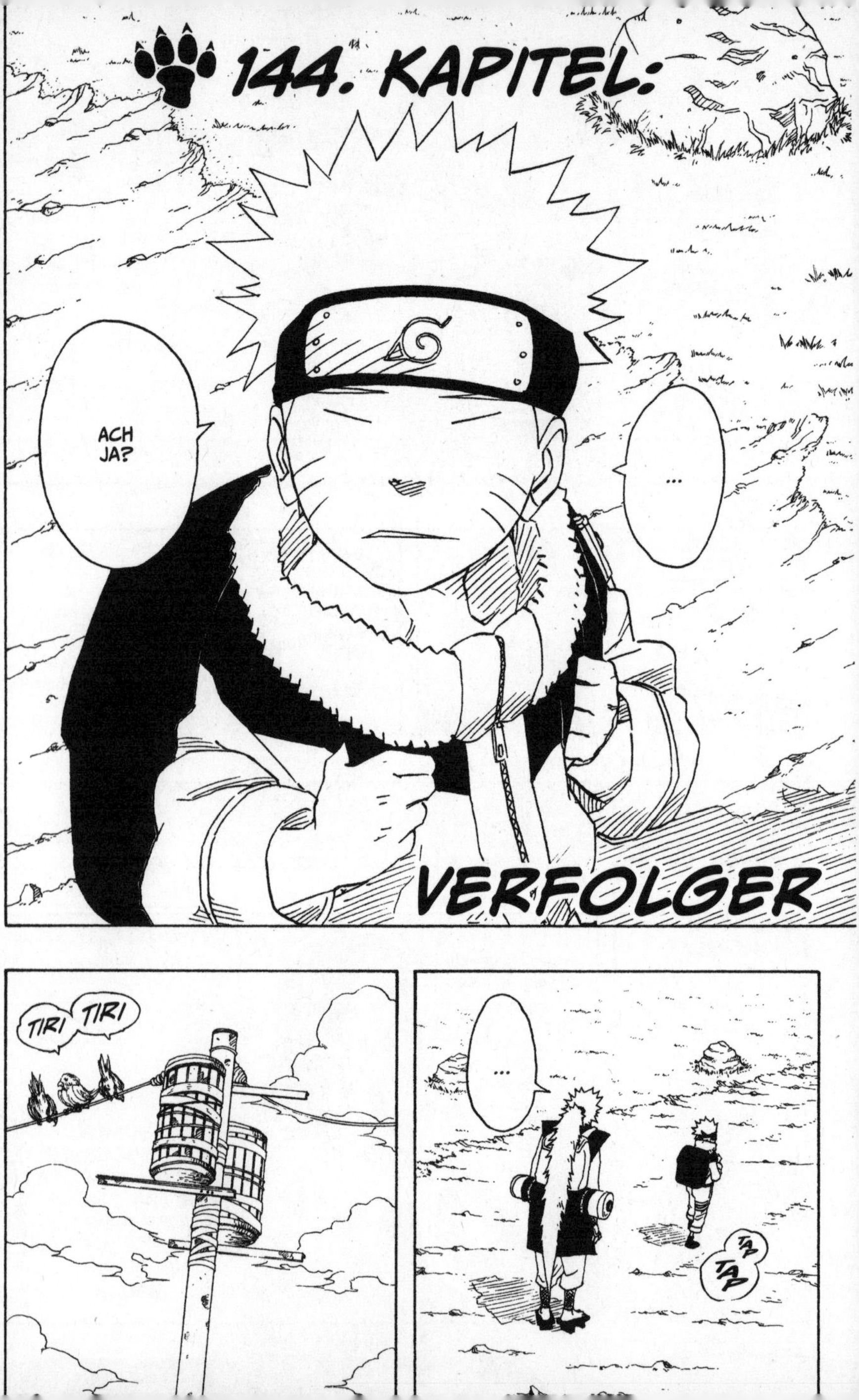
144. KAPITEL:
VERFOLGER
...
ACH JA?
TIRI
TIRI
...
TAP
TAP

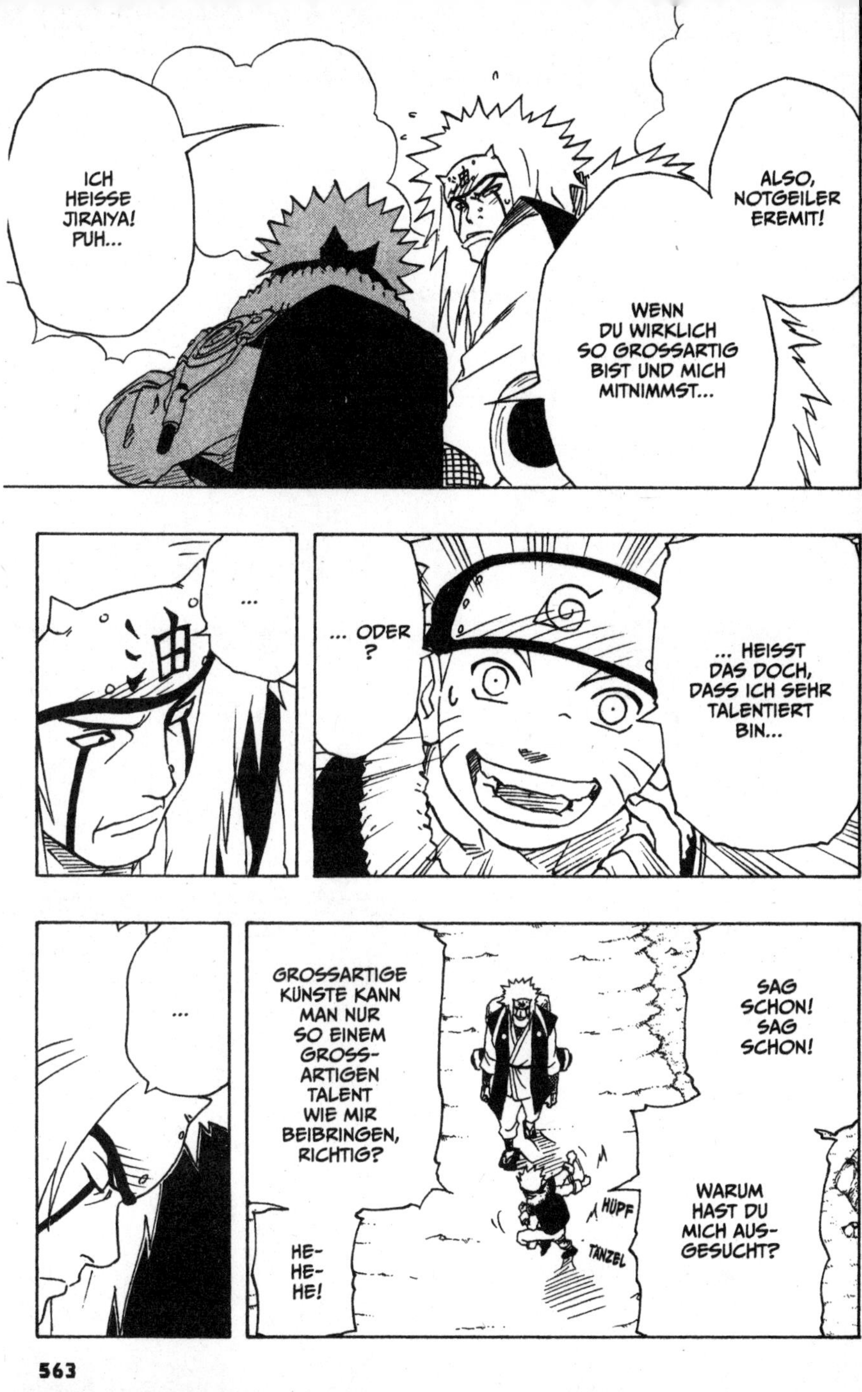
ALSO, NOTGEILER EREMIT!
WENN DU WIRKLICH SO GROSSARTIG BIST UND MICH MITNIMMST...
ICH HEISSE JIRAIYA! PUH...
... HEISST DAS DOCH, DASS ICH SEHR TALENTIERT BIN...
... ODER ?
...
SAG SCHON! SAG SCHON!
WARUM HAST DU MICH AUS-GESUCHT?
GROSSARTIGE KÜNSTE KANN MAN NUR SO EINEM GROSS-ARTIGEN TALENT WIE MIR BEIBRINGEN, RICHTIG?
HE-HE-HE!
HÜPF
TÄNZEL
...

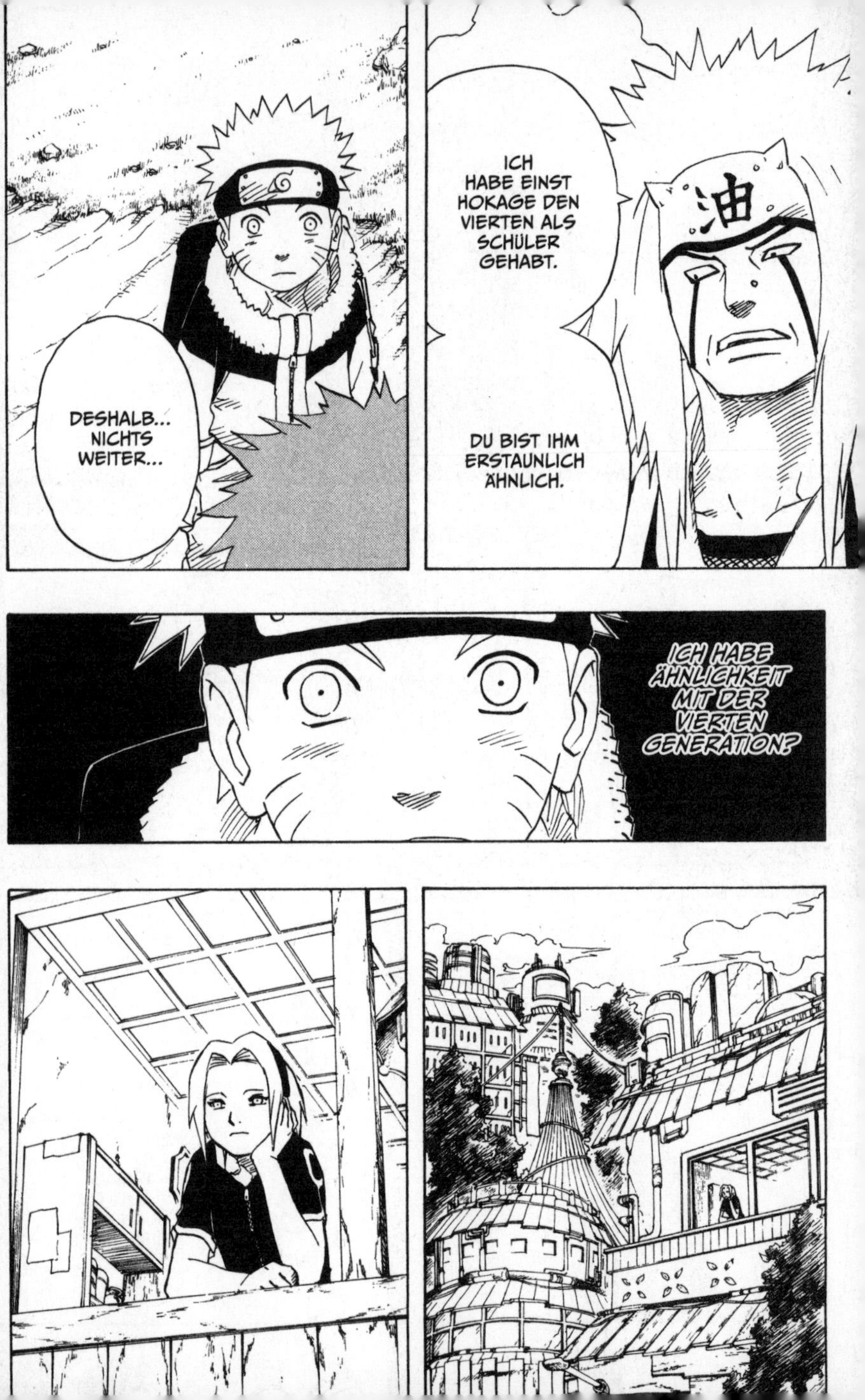
ICH HABE EINST HOKAGE DEN VIERTEN ALS SCHÜLER GEHABT.
DU BIST IHM ERSTAUNLICH ÄHNLICH.
DESHALB... NICHTS WEITER...
ICH HABE ÄHNLICHKEIT MIT DER VIERTEN GENERATION?

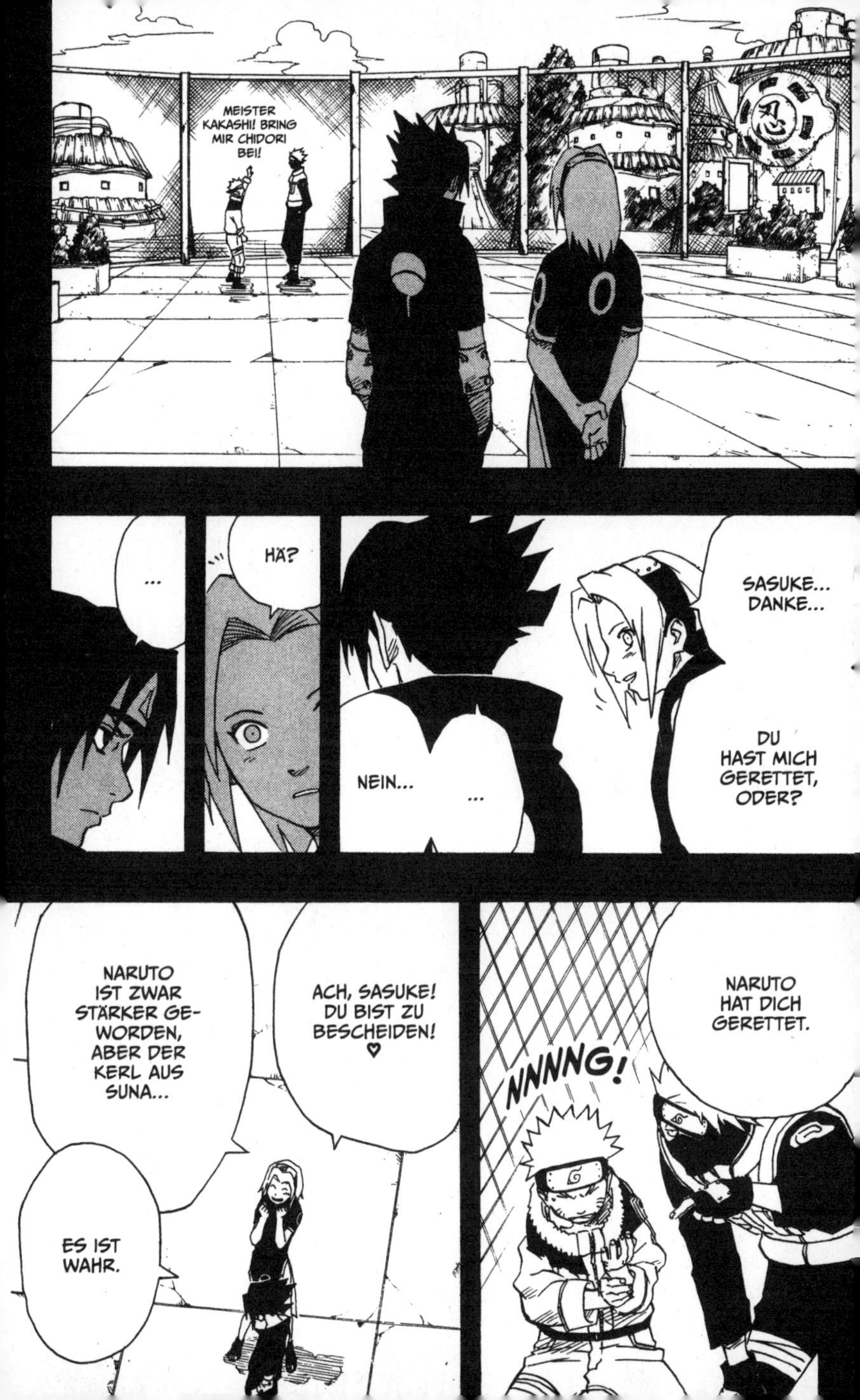
MEISTER KAKASHI! BRING MIR CHIDORI BEI!
SASUKE... DANKE...
DU HAST MICH GERETTET, ODER?
...
NEIN...
HÄ?
...
NARUTO HAT DICH GERETTET.
NNNNG!
ACH, SASUKE! DU BIST ZU BESCHEIDEN! ♡
NARUTO IST ZWAR STÄRKER GE-WORDEN, ABER DER KERL AUS SUNA...
ES IST WAHR.

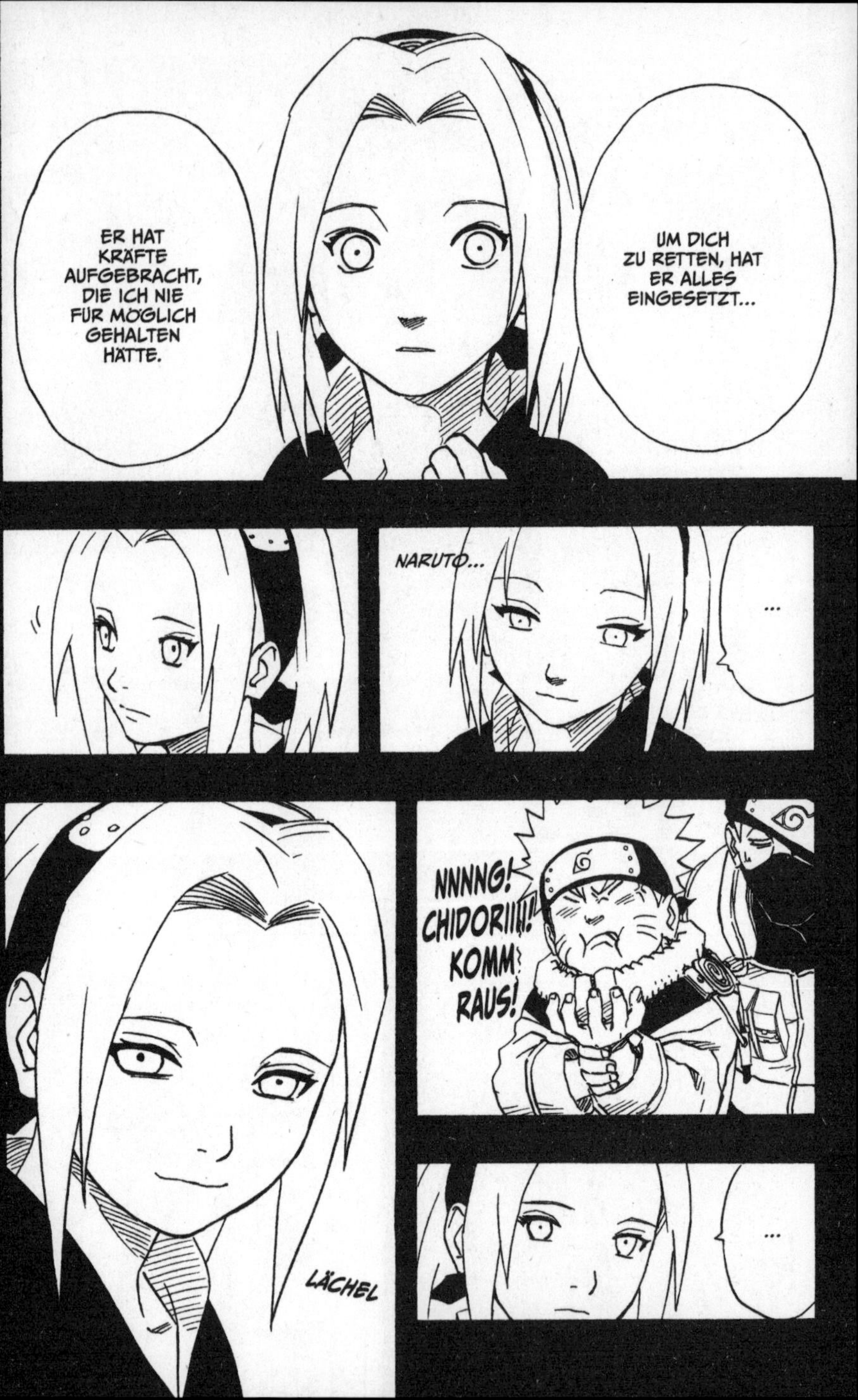

UM DICH ZU RETTEN, HAT ER ALLES EINGESETZT...
ER HAT KRÄFTE AUFGEBRACHT, DIE ICH NIE FÜR MÖGLICH GEHALTEN HÄTTE.
...
NARUTO...
NNNNG! CHIDORIIII! KOMM RAUS!
LÄCHEL
...

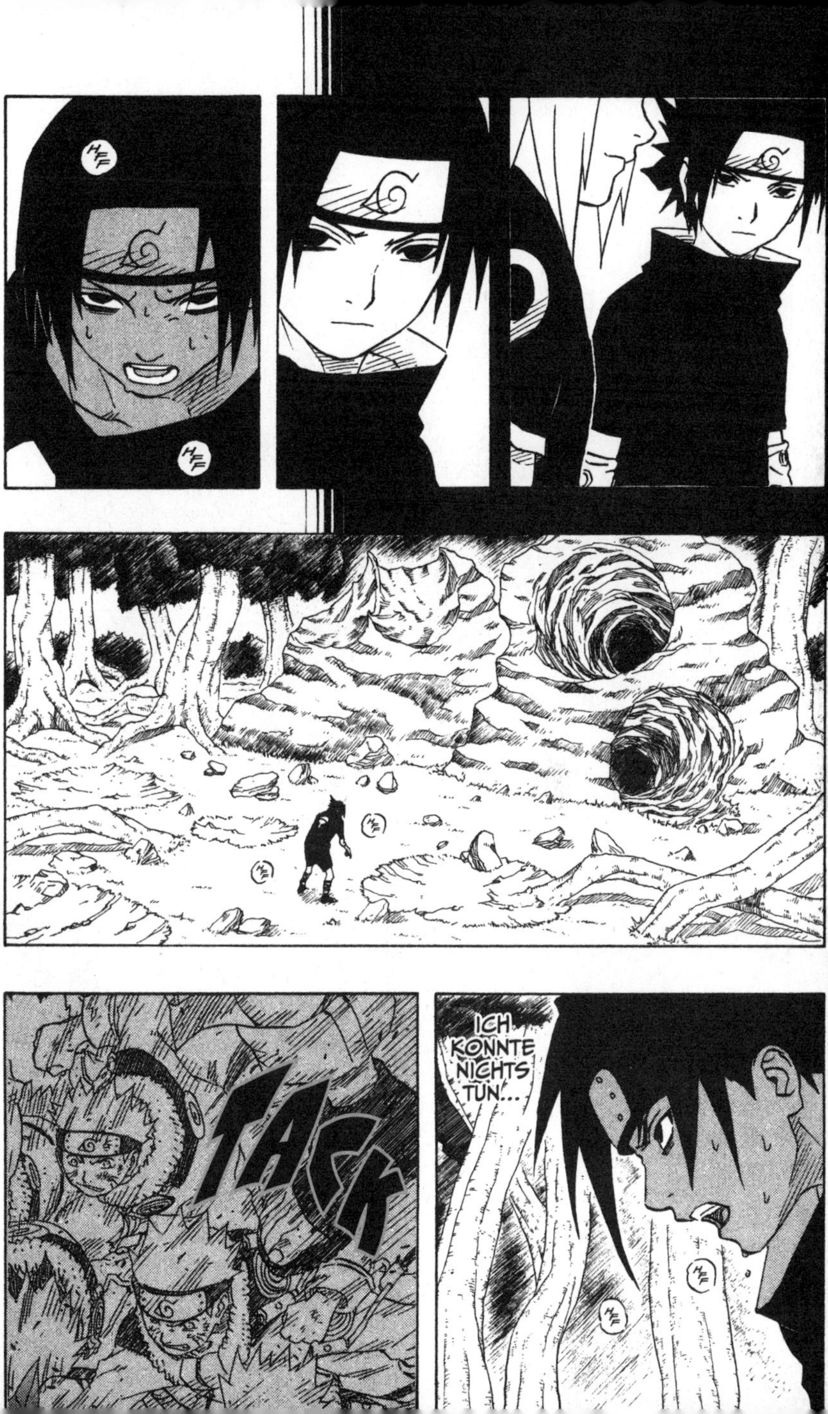

HEF
HEF
HEF
HEF
ICH KONNTE NICHTS TUN...
TACK
HEF
HEF

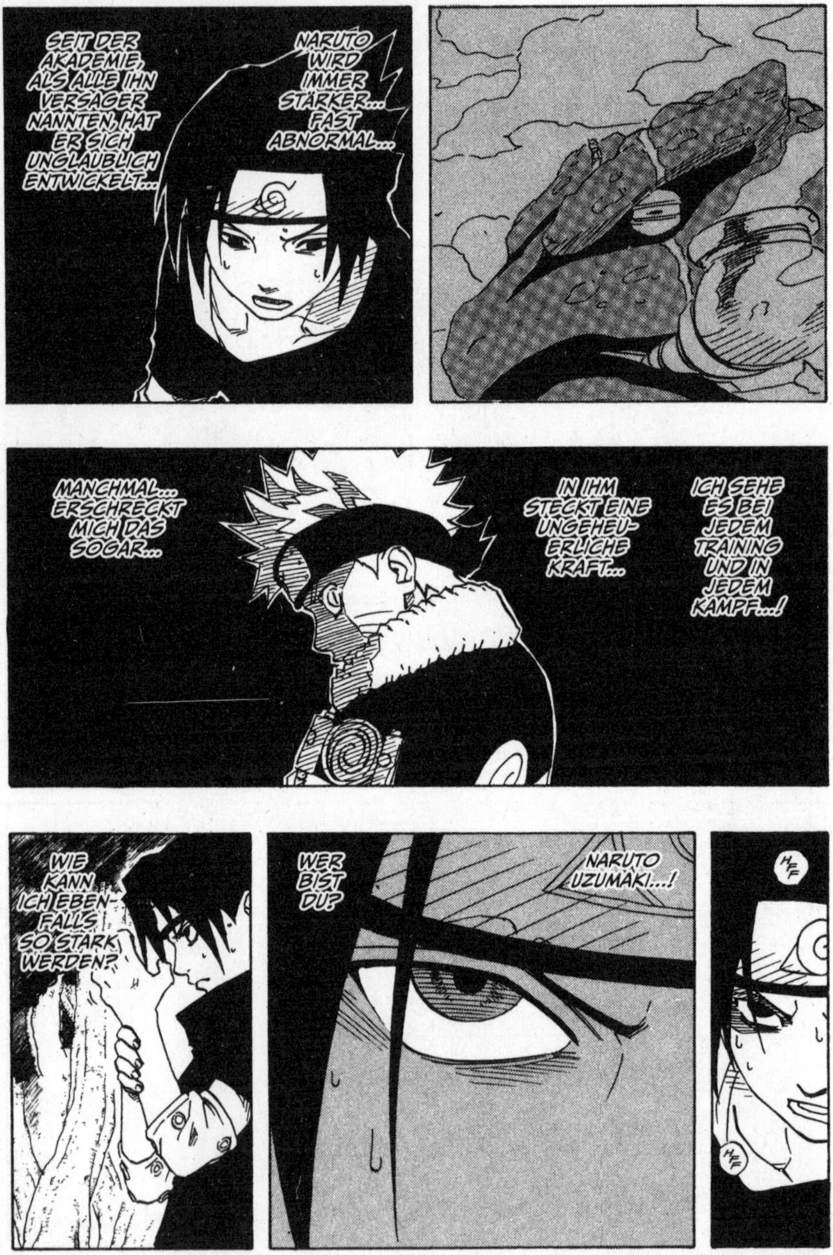
NARUTO WIRD IMMER STÄRKER... FAST ABNORMAL...
SEIT DER AKADEMIE, ALS ALLE IHN VERSAGER NANNTEN, HAT ER SICH UNGLAUBLICH ENTWICKELT...
ICH SEHE ES BEI JEDEM TRAINING UND IN JEDEM KAMPF...!
IN IHM STECKT EINE UNGEHEU-ERLICHE KRAFT...
MANCHMAL... ERSCHRECKT MICH DAS SOGAR...
HEF
HEF
NARUTO UZUMAKI...!
WER BIST DU?
WIE KANN ICH EBEN-FALLS SO STARK WERDEN?

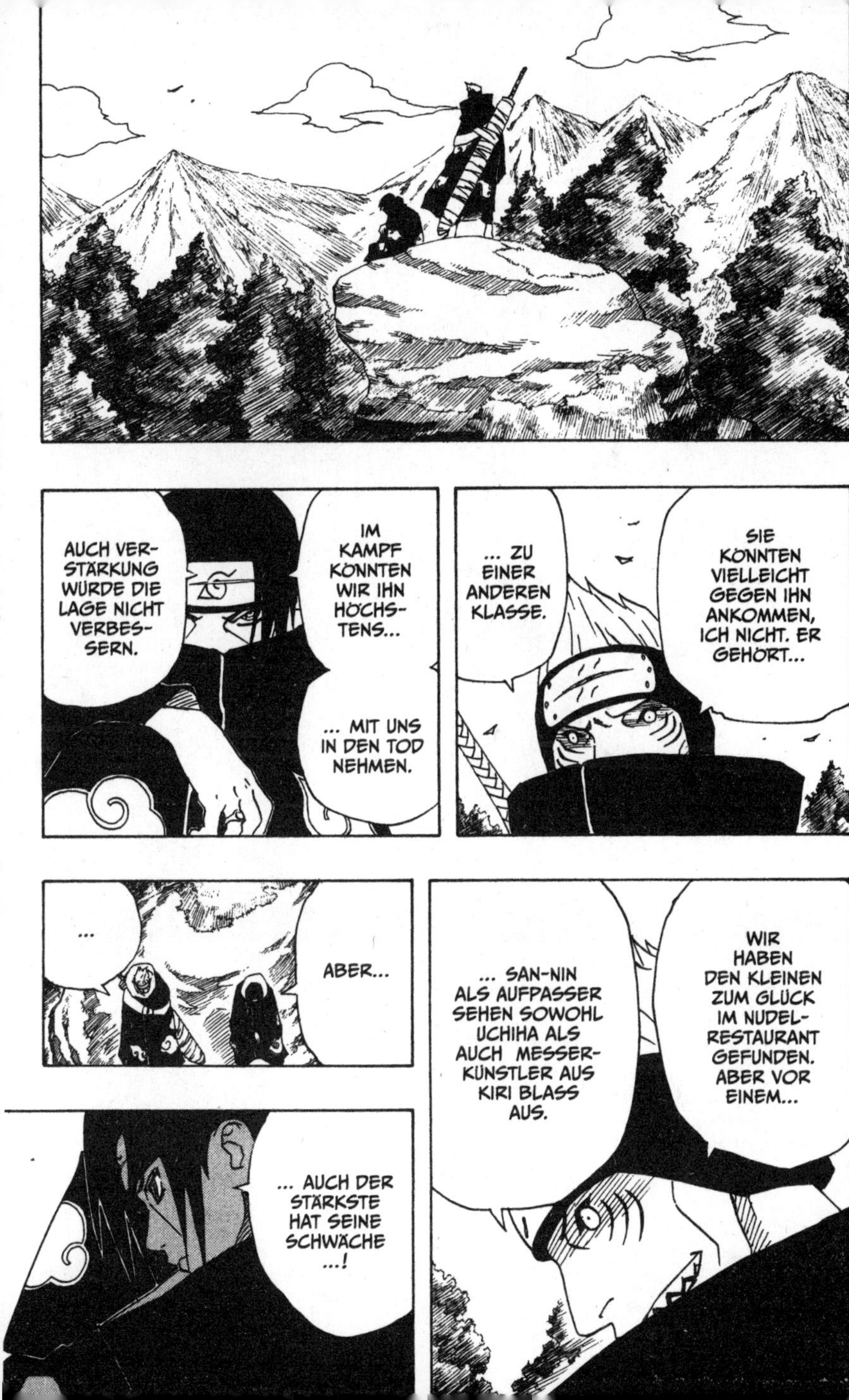
SIE KÖNNTEN VIELLEICHT GEGEN IHN ANKOMMEN, ICH NICHT. ER GEHÖRT...
... ZU EINER ANDEREN KLASSE.
IM KAMPF KÖNNTEN WIR IHN HÖCHSTENS...
... MIT UNS IN DEN TOD NEHMEN.
AUCH VERSTÄRKUNG WÜRDE DIE LAGE NICHT VERBESSERN.
WIR HABEN DEN KLEINEN ZUM GLÜCK IM NUDELRESTAURANT GEFUNDEN. ABER VOR EINEM...
... SAN-NIN ALS AUFPASSER SEHEN SOWOHL UCHIHA ALS AUCH MESSERKÜNSTLER AUS KIRI BLASS AUS.
ABER...
...
... AUCH DER STÄRKSTE HAT SEINE SCHWÄCHE ...!

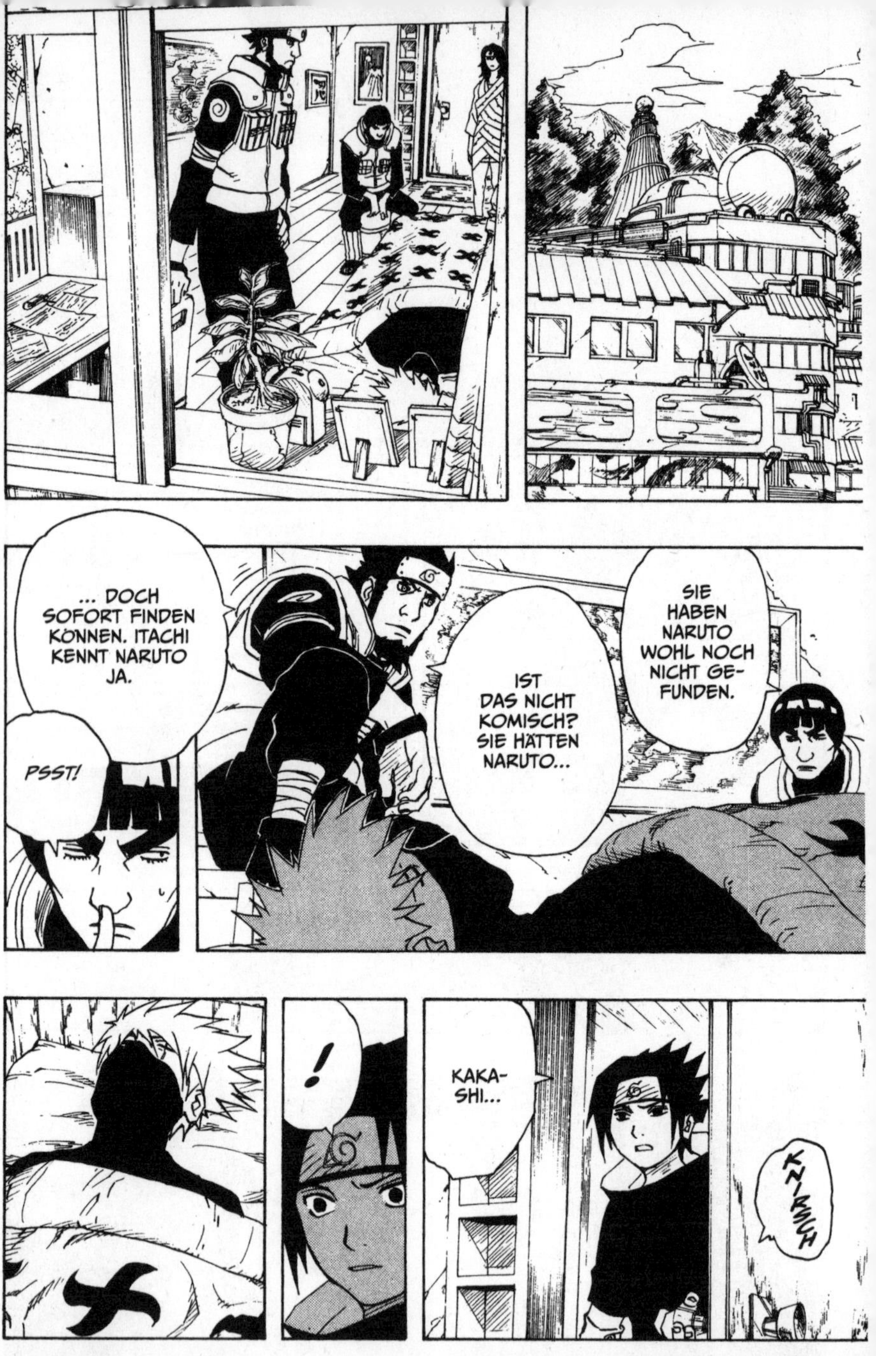

SIE HABEN NARUTO WOHL NOCH NICHT GEFUNDEN.
IST DAS NICHT KOMISCH? SIE HÄTTEN NARUTO...
... DOCH SOFORT FINDEN KÖNNEN. ITACHI KENNT NARUTO JA.
PSST!
KNIRSCH
KAKASHI...
!

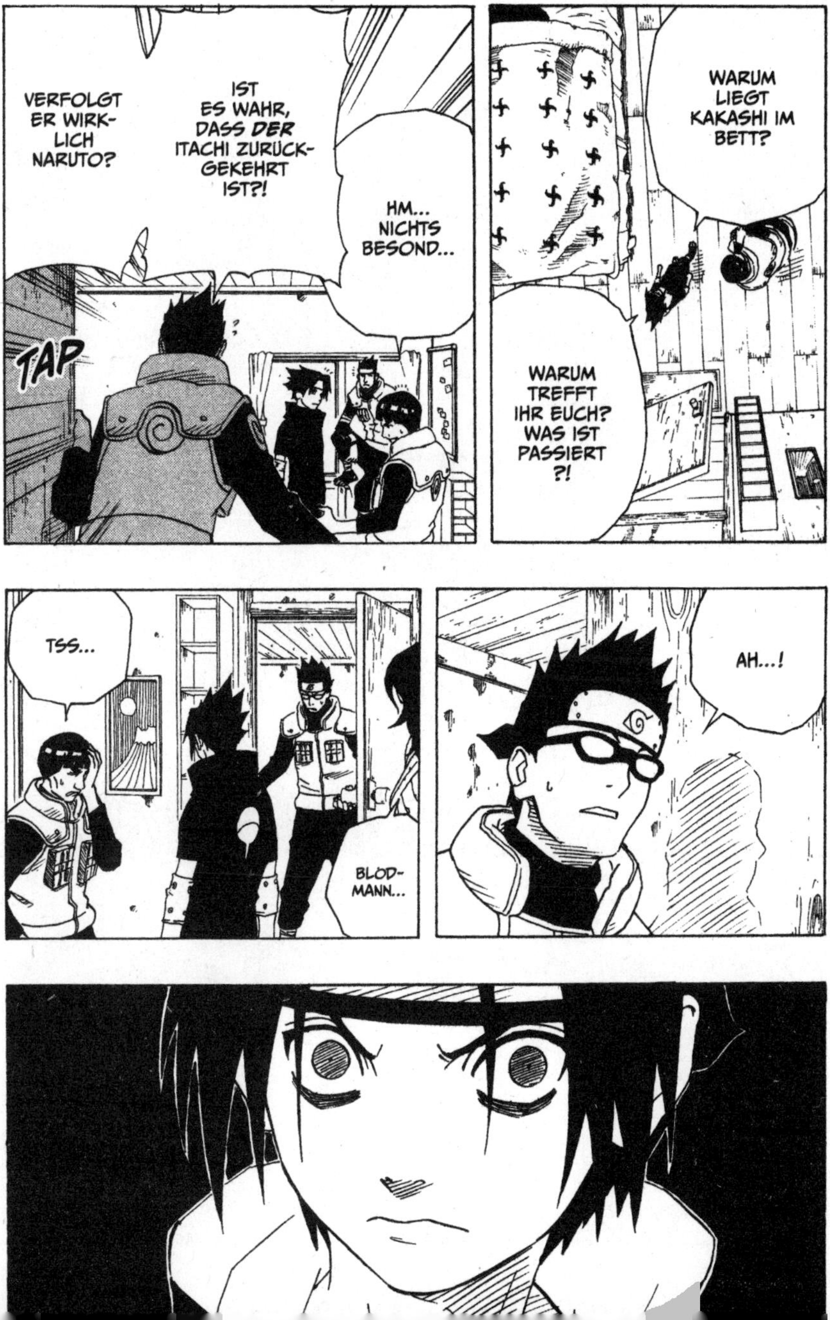
WARUM LIEGT KAKASHI IM BETT?
WARUM TREFFT IHR EUCH? WAS IST PASSIERT ?!
HM... NICHTS BESOND...
IST ES WAHR, DASS DER ITACHI ZURÜCK-GEKEHRT IST?!
VERFOLGT ER WIRK-LICH NARUTO?
TAP
AH...!
TSS...
BLÖD-MANN...

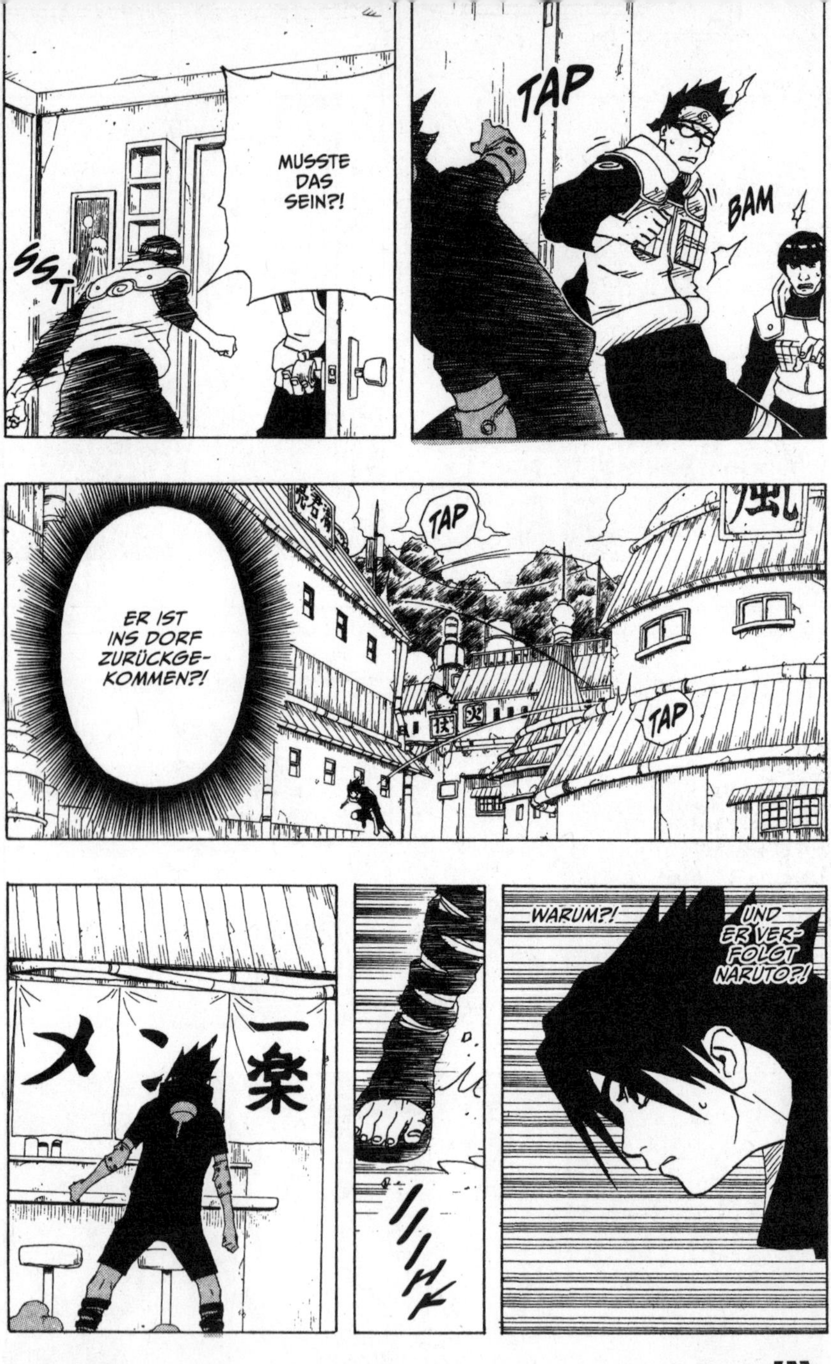
TAP
BAM
SST
MUSSTE DAS SEIN?!
TAP
TAP
ER IST INS DORF ZURÜCKGE-KOMMEN?!
UND ER VER-FOLGT NARUTO?!
WARUM?!

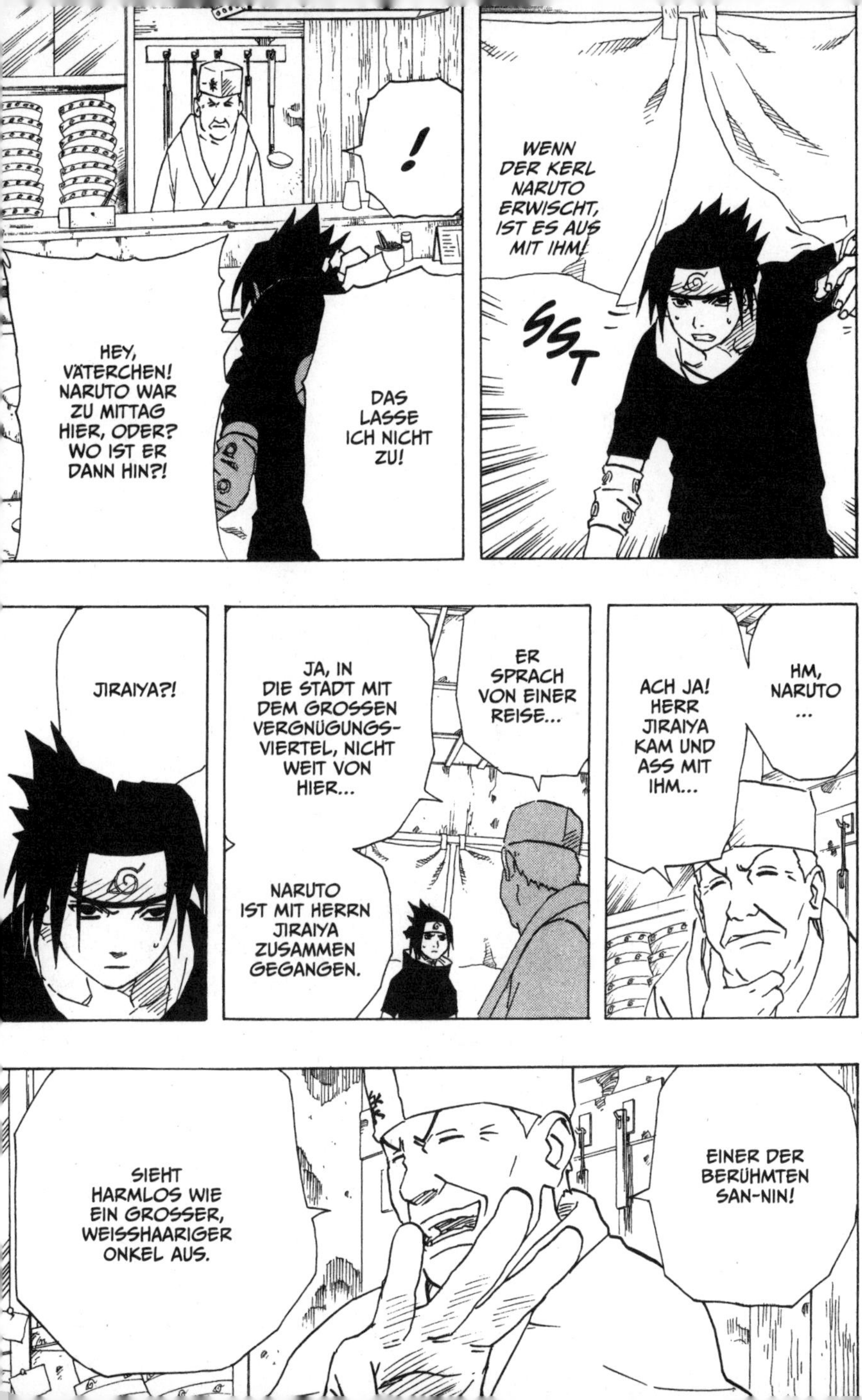
WENN DER KERL NARUTO ERWISCHT, IST ES AUS MIT IHM!
SST
!
DAS LASSE ICH NICHT ZU!
HEY, VÄTERCHEN! NARUTO WAR ZU MITTAG HIER, ODER? WO IST ER DANN HIN?!
HM, NARUTO ...
ACH JA! HERR JIRAIYA KAM UND ASS MIT IHM...
ER SPRACH VON EINER REISE...
JA, IN DIE STADT MIT DEM GROSSEN VERGNÜGUNGS-VIERTEL, NICHT WEIT VON HIER...
NARUTO IST MIT HERRN JIRAIYA ZUSAMMEN GEGANGEN.
JIRAIYA?!
EINER DER BERÜHMTEN SAN-NIN!
SIEHT HARMLOS WIE EIN GROSSER, WEISSHAARIGER ONKEL AUS.

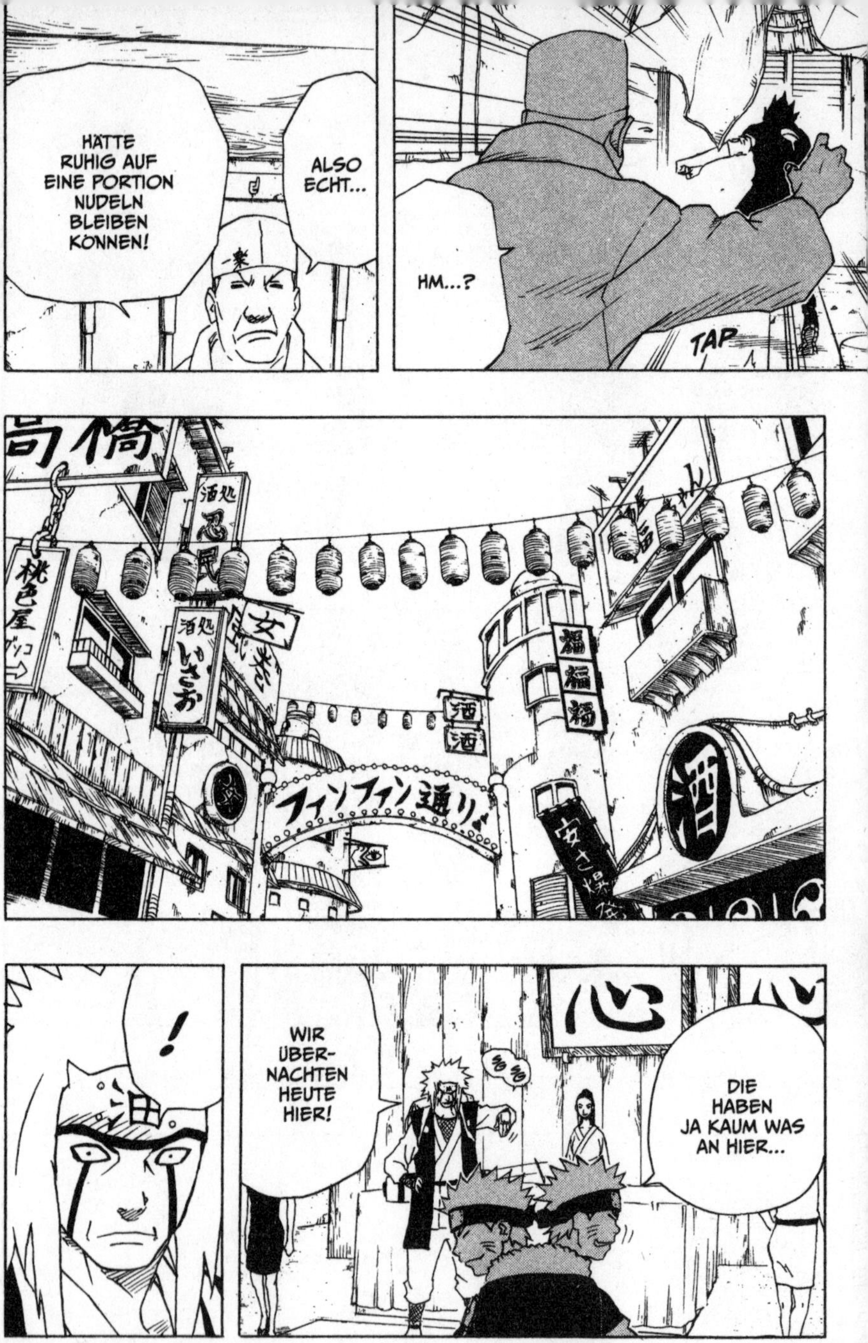
HM...?
TAP
ALSO ECHT...
HÄTTE RUHIG AUF EINE PORTION NUDELN BLEIBEN KÖNNEN!
DIE HABEN JA KAUM WAS AN HIER...
WIR ÜBERNACHTEN HEUTE HIER!
!

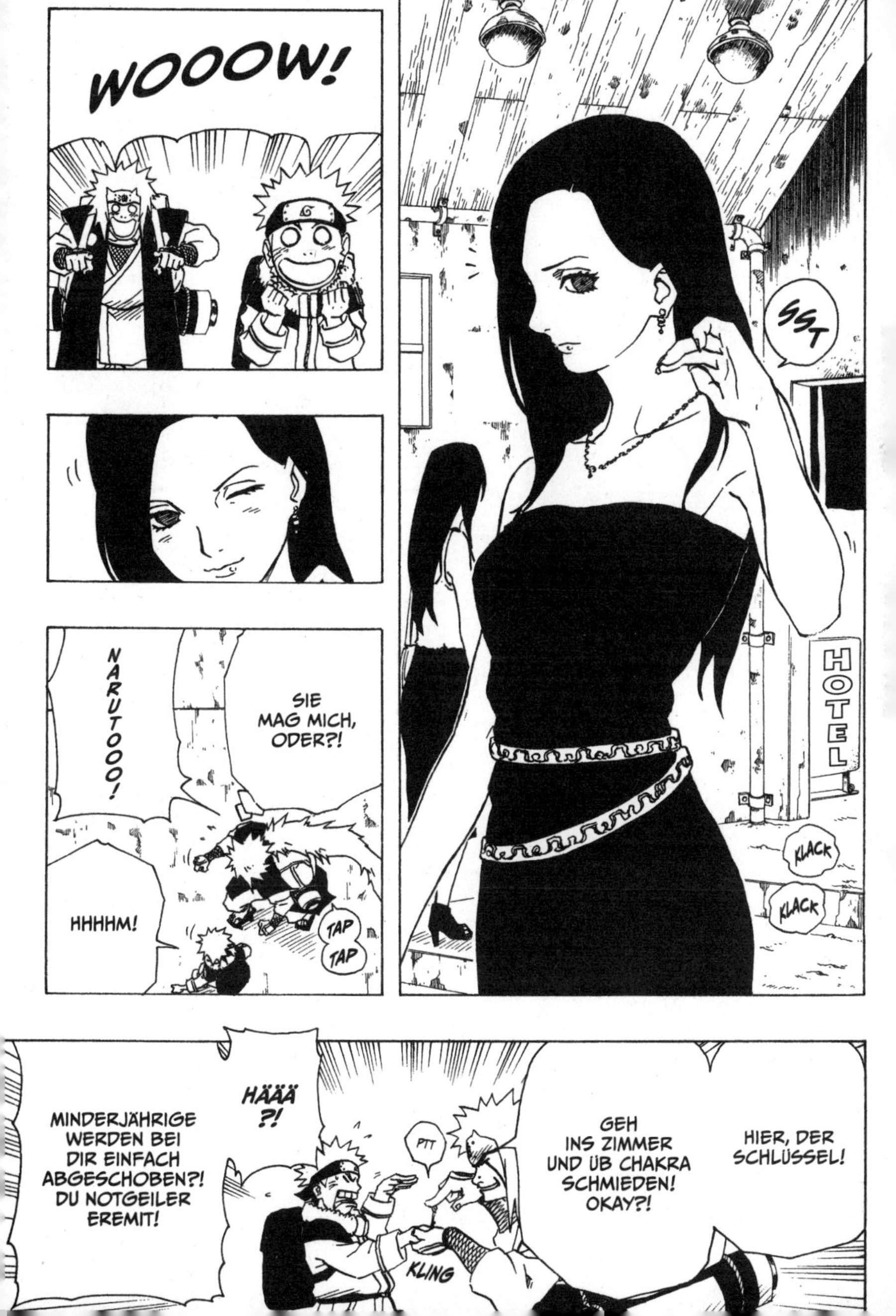
SST
HOTEL
KLACK
KLACK
WOOOW!
SIE MAG MICH, ODER?!
NARUTOOOO!
TAP
TAP
HHHHM!
HIER, DER SCHLÜSSEL!
GEH INS ZIMMER UND ÜB CHAKRA SCHMIEDEN! OKAY?!
PTT
KLING
HÄÄÄ ?!
MINDERJÄHRIGE WERDEN BEI DIR EINFACH ABGESCHOBEN?! DU NOTGEILER EREMIT!

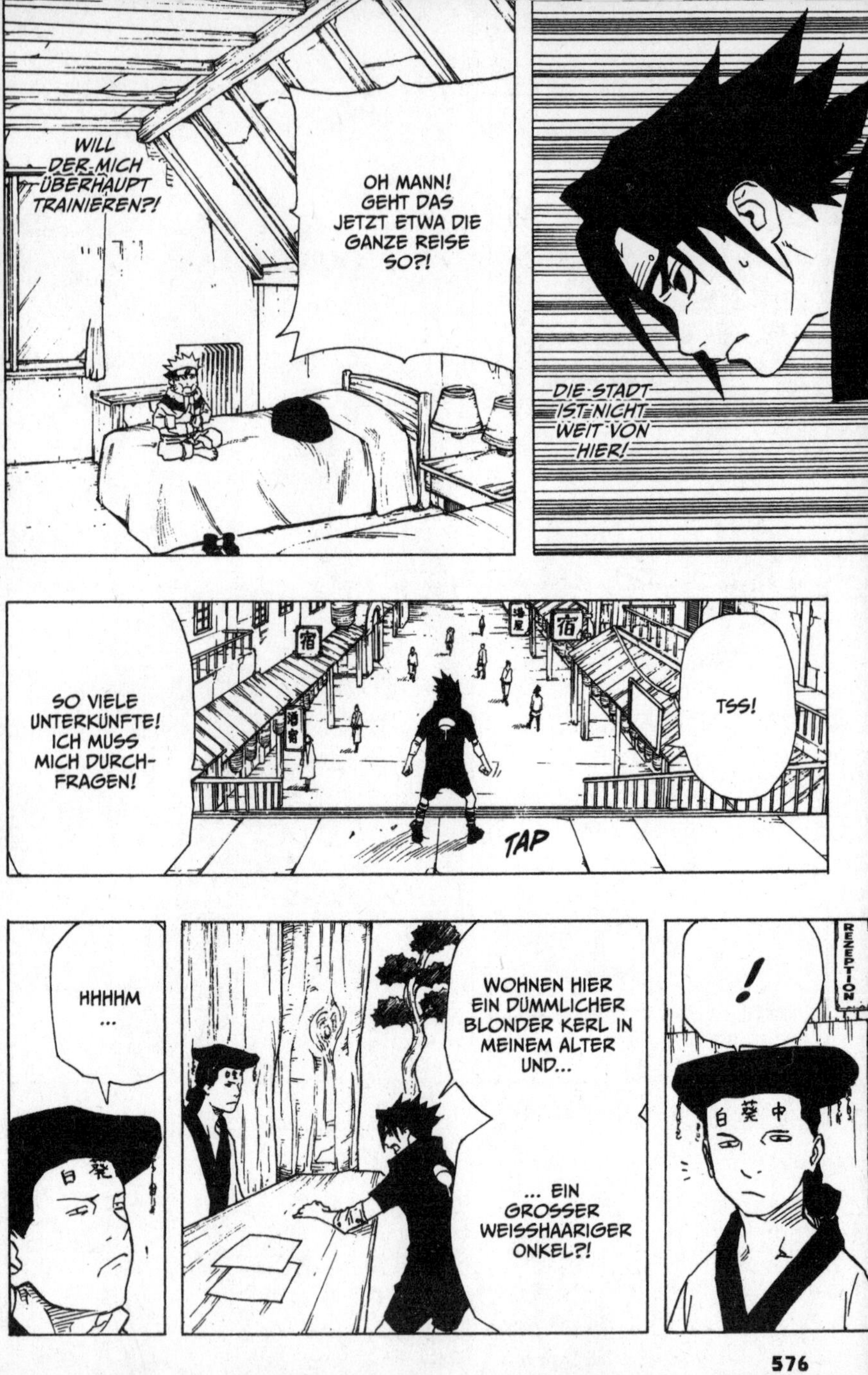
DIE STADT IST NICHT WEIT VON HIER!
OH MANN! GEHT DAS JETZT ETWA DIE GANZE REISE SO?!
WILL DER MICH ÜBERHAUPT TRAINIEREN?!
TSS!
TAP
SO VIELE UNTERKÜNFTE! ICH MUSS MICH DURCH-FRAGEN!
REZEPTION
!
WOHNEN HIER EIN DÜMMLICHER BLONDER KERL IN MEINEM ALTER UND...
... EIN GROSSER WEISSHAARIGER ONKEL?!
HHHHM ...

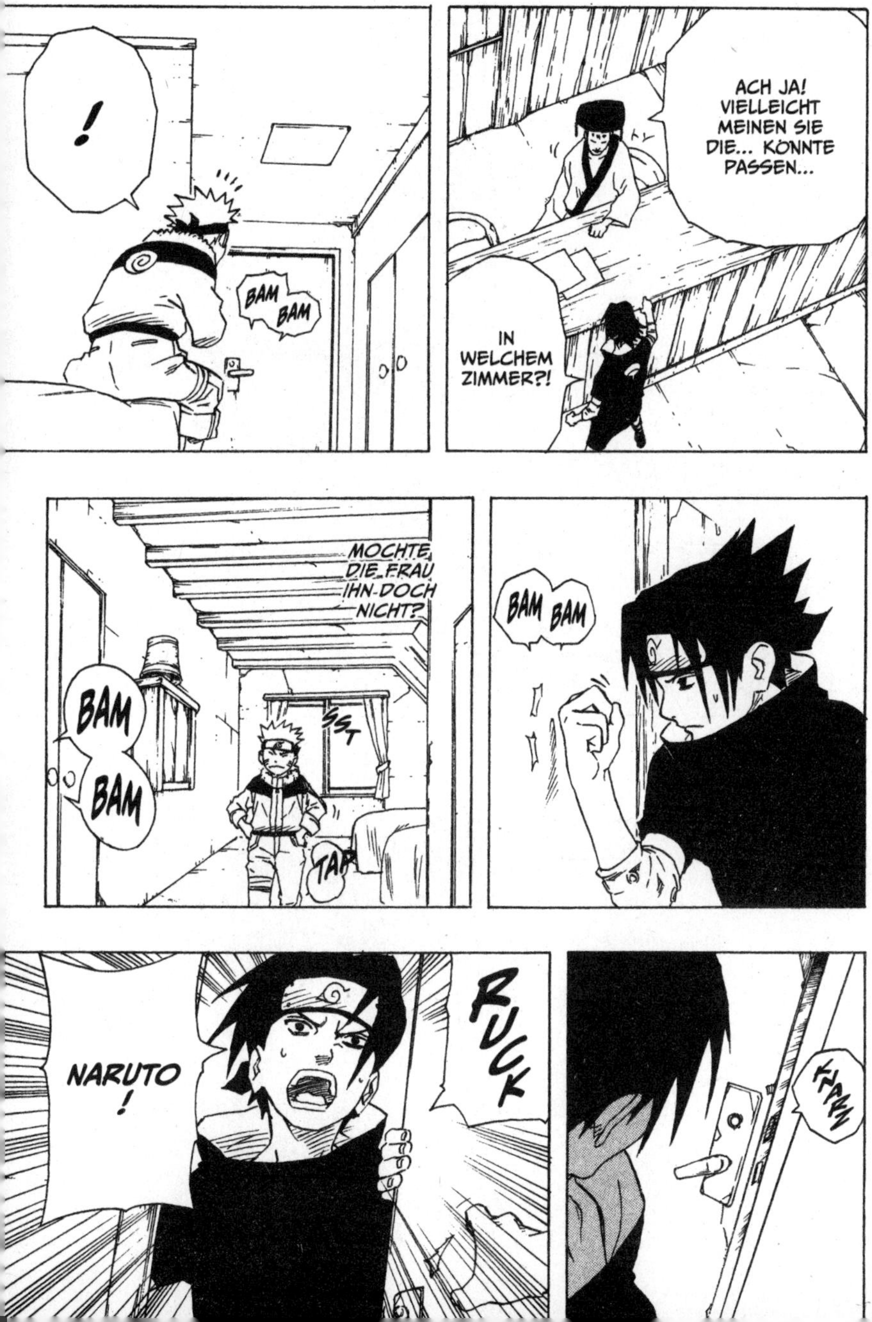
ACH JA! VIELLEICHT MEINEN SIE DIE... KÖNNTE PASSEN...
IN WELCHEM ZIMMER?!
!
BAM BAM
BAM BAM
MOCHTE DIE FRAU IHN DOCH NICHT?
BAM
BAM
SST
TAP
RUCK
NARUTO!

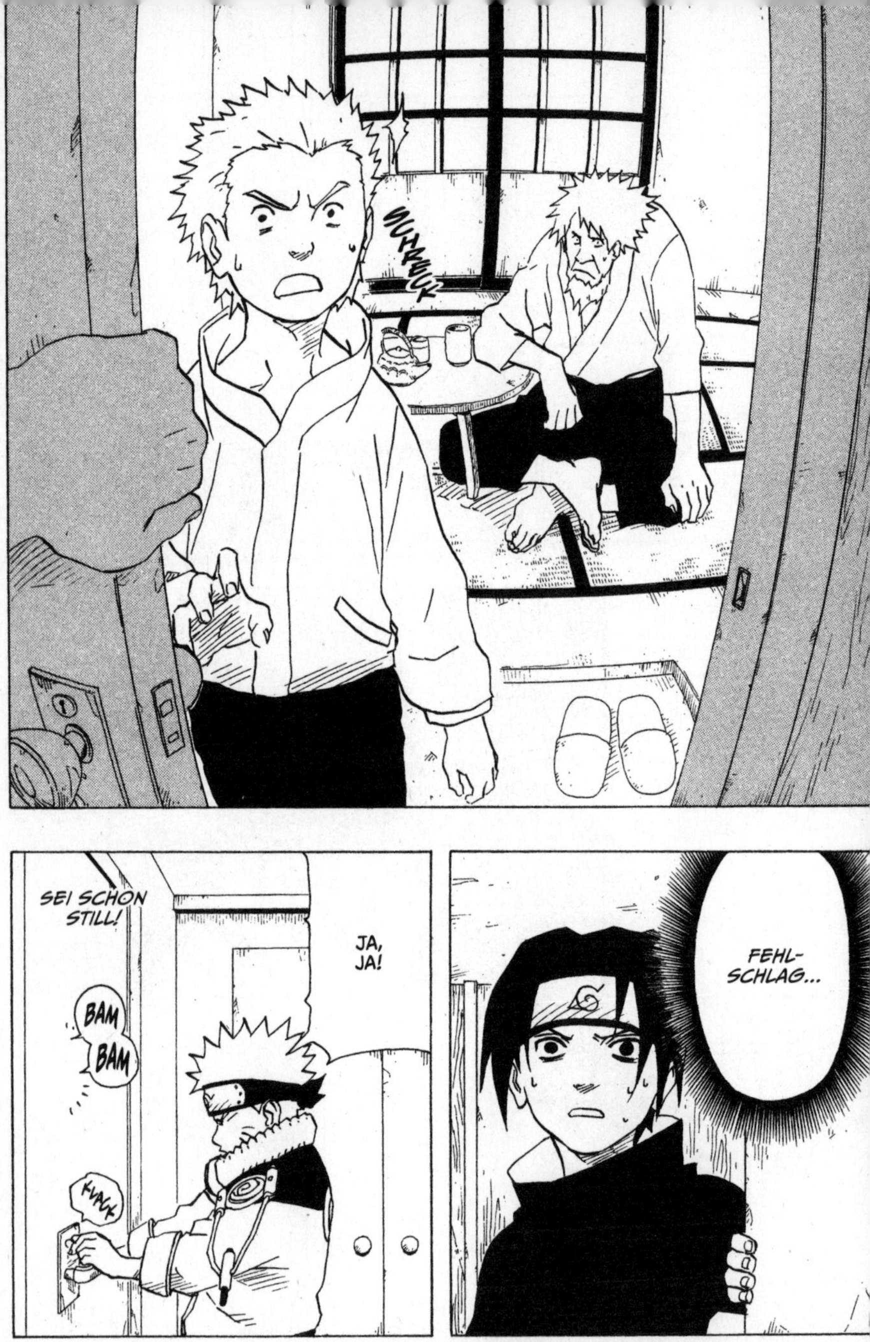
SCHRECK
FEHL-SCHLAG...
JA, JA!
SEI SCHON STILL!
BAM BAM
KNACK

!
KNARR

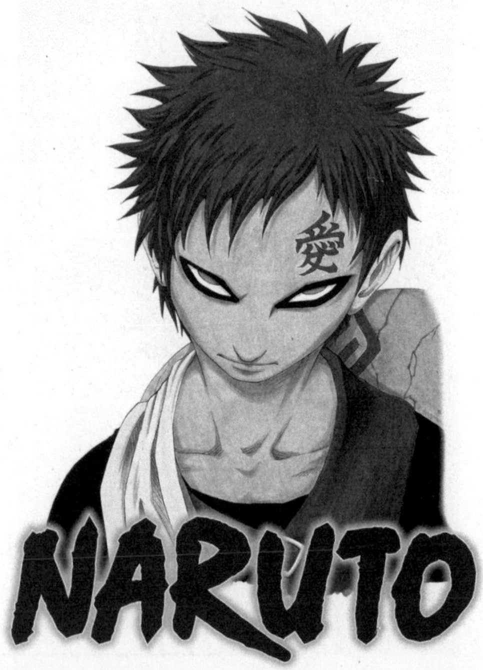
NARUTO

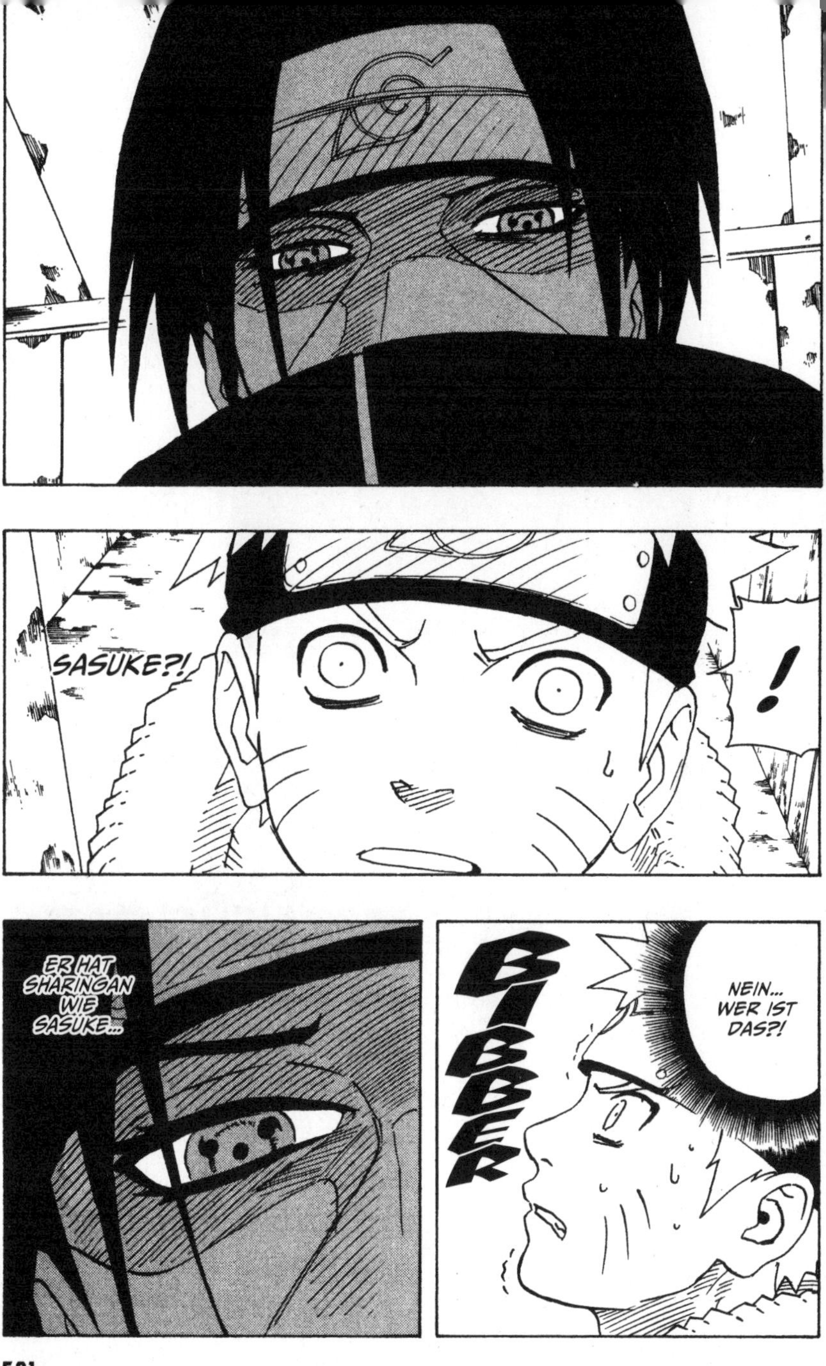
SASUKE?!
!
ER HAT SHARINGAN WIE SASUKE...
NEIN... WER IST DAS?!
BIBBER

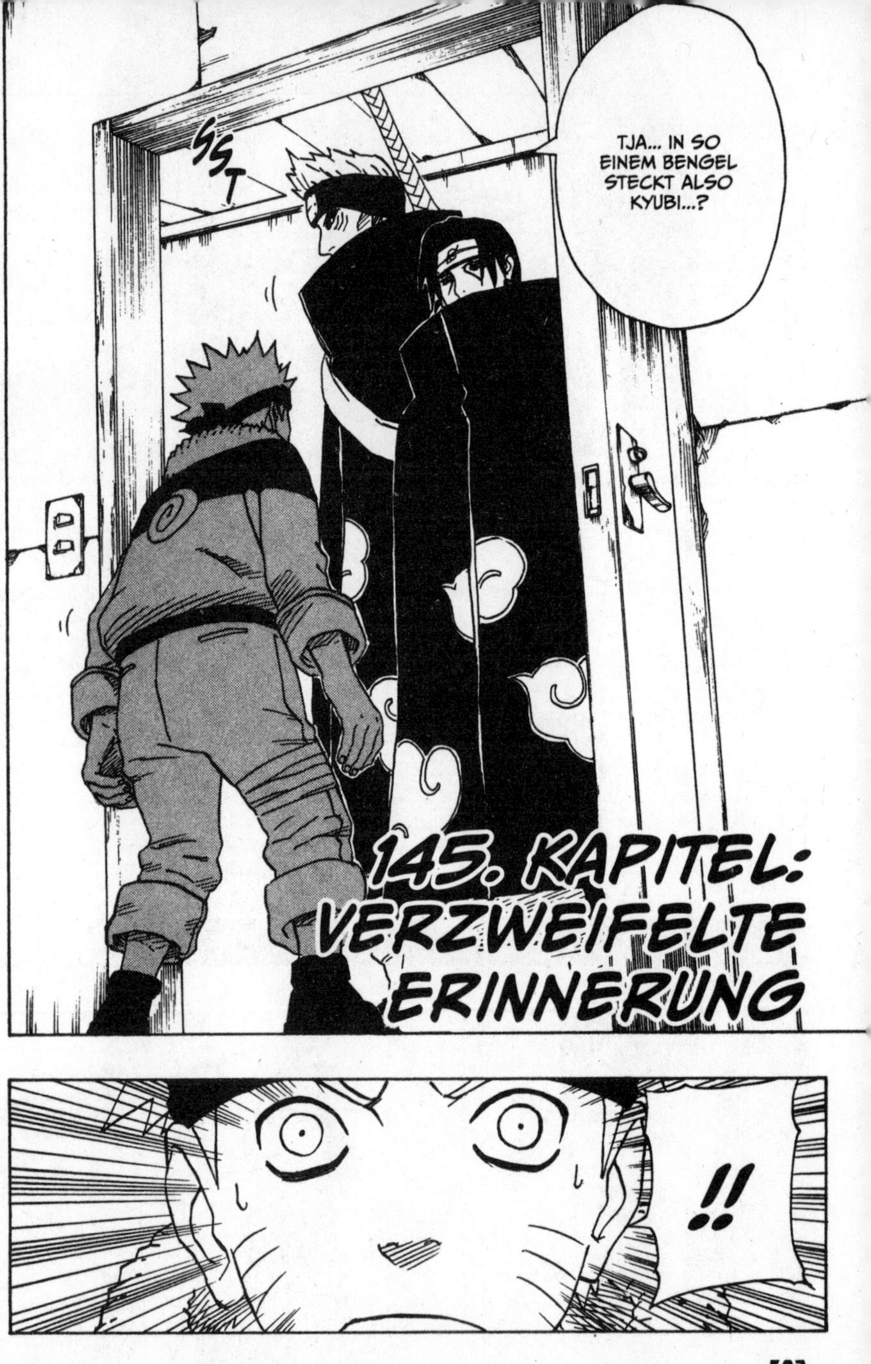
TJA... IN SO EINEM BENGEL STECKT ALSO KYUBI...?
SST
145. KAPITEL: VERZWEIFELTE ERINNERUNG
!!

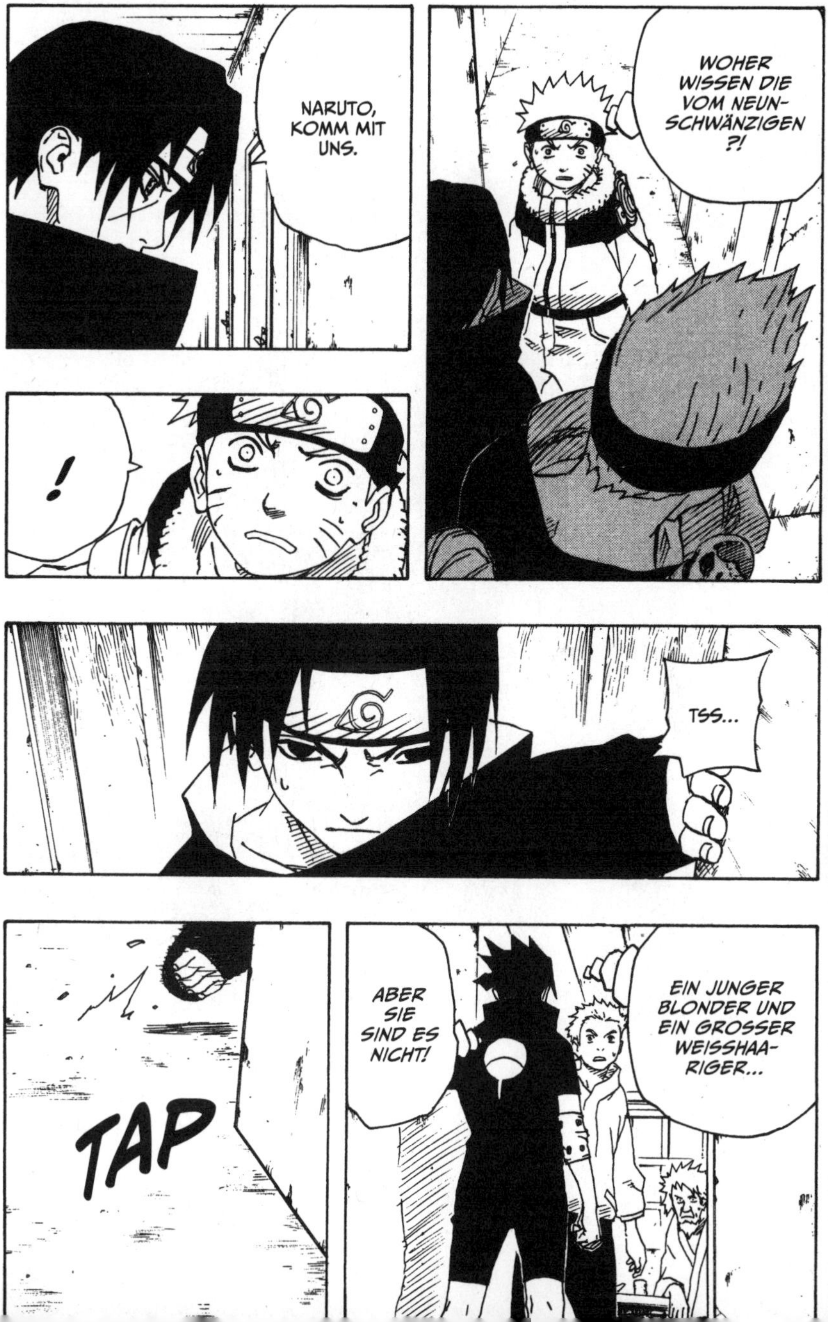
WOHER WISSEN DIE VOM NEUN-SCHWÄNZIGEN ?!
NARUTO, KOMM MIT UNS.
!
TSS...
EIN JUNGER BLONDER UND EIN GROSSER WEISSHAA-RIGER...
ABER SIE SIND ES NICHT!
TAP

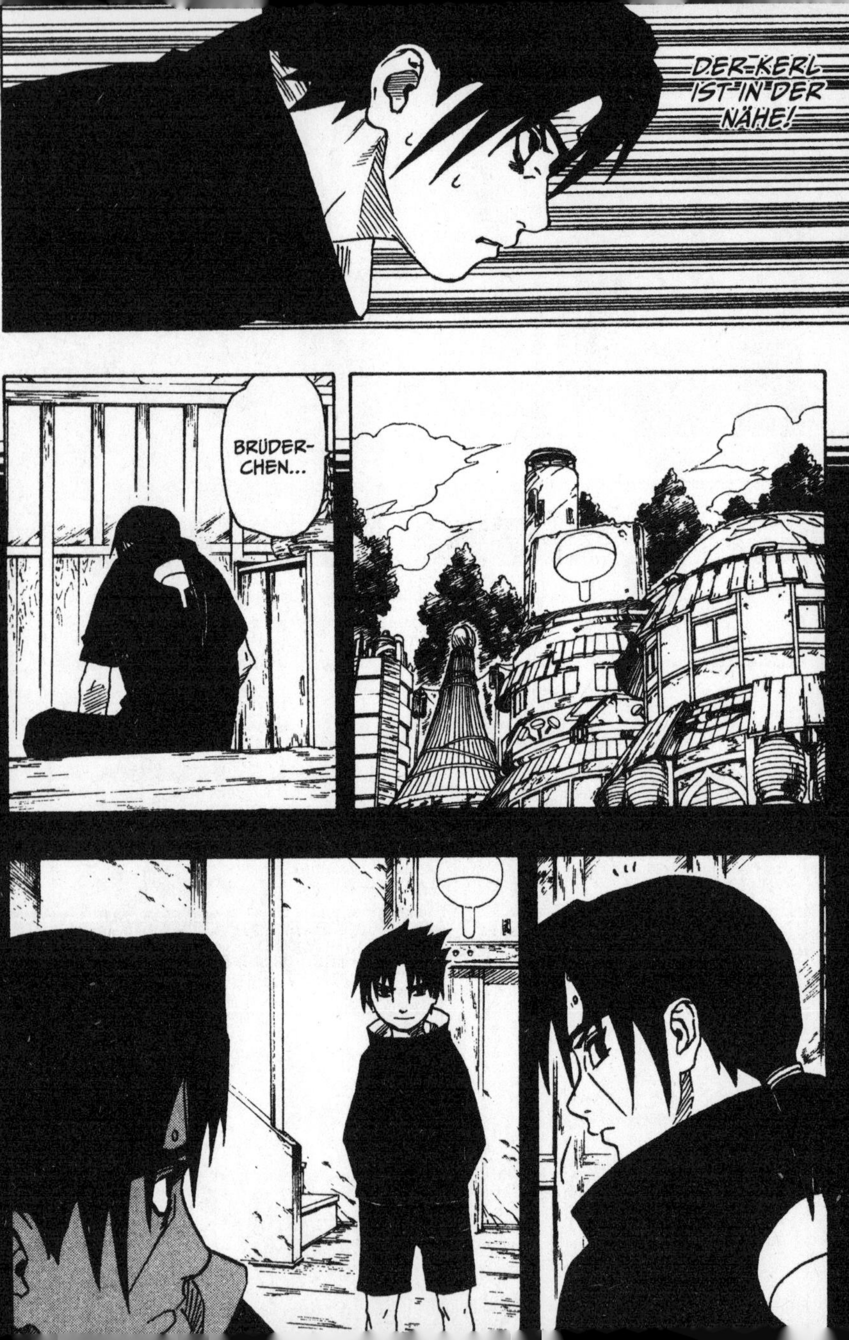
DER KERL IST IN DER NÄHE!
BRÜDERCHEN...

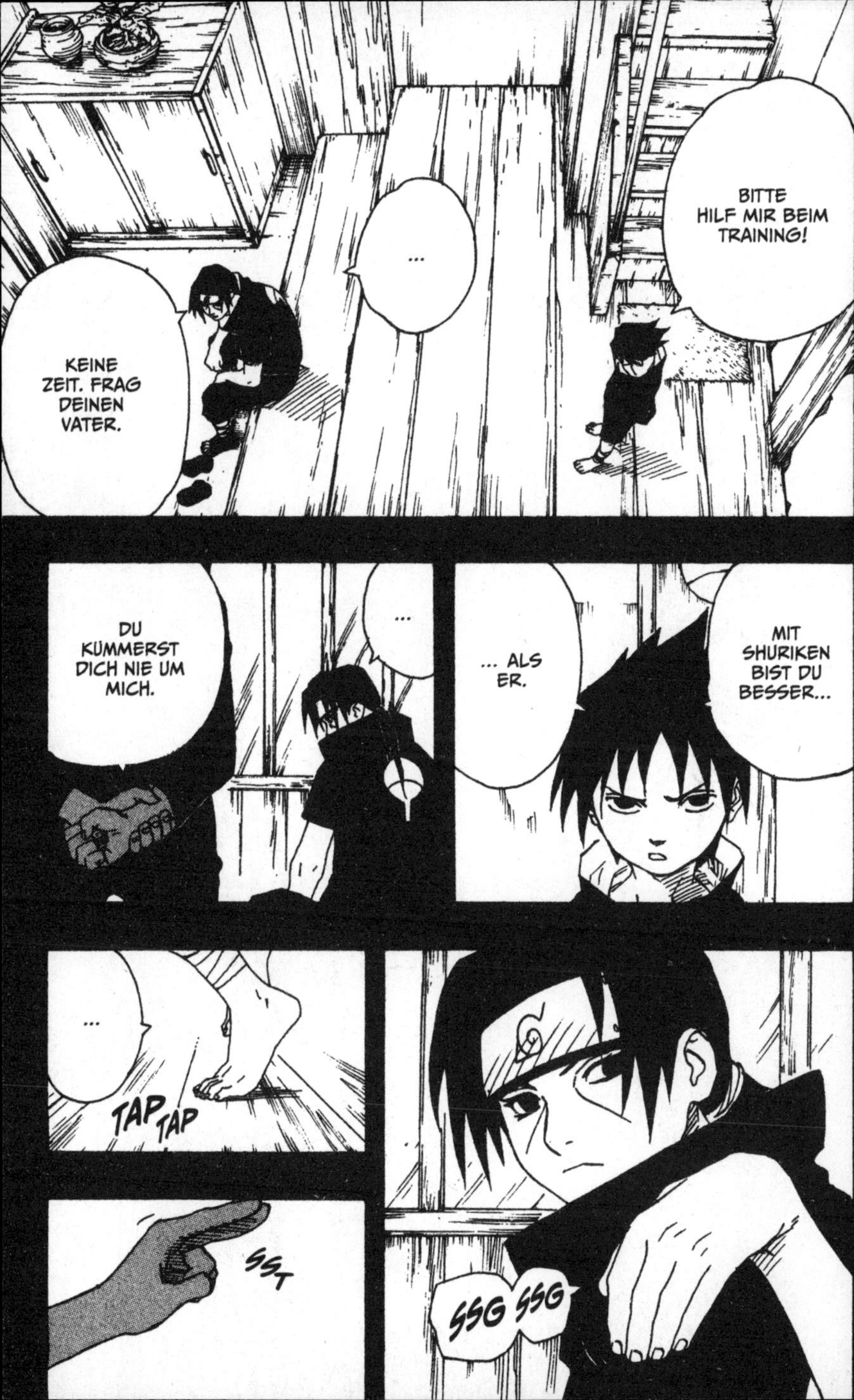
BITTE HILF MIR BEIM TRAINING!
...
KEINE ZEIT. FRAG DEINEN VATER.
MIT SHURIKEN BIST DU BESSER...
... ALS ER.
...
DU KÜMMERST DICH NIE UM MICH.
SSG SSG
...
TAP TAP
SST

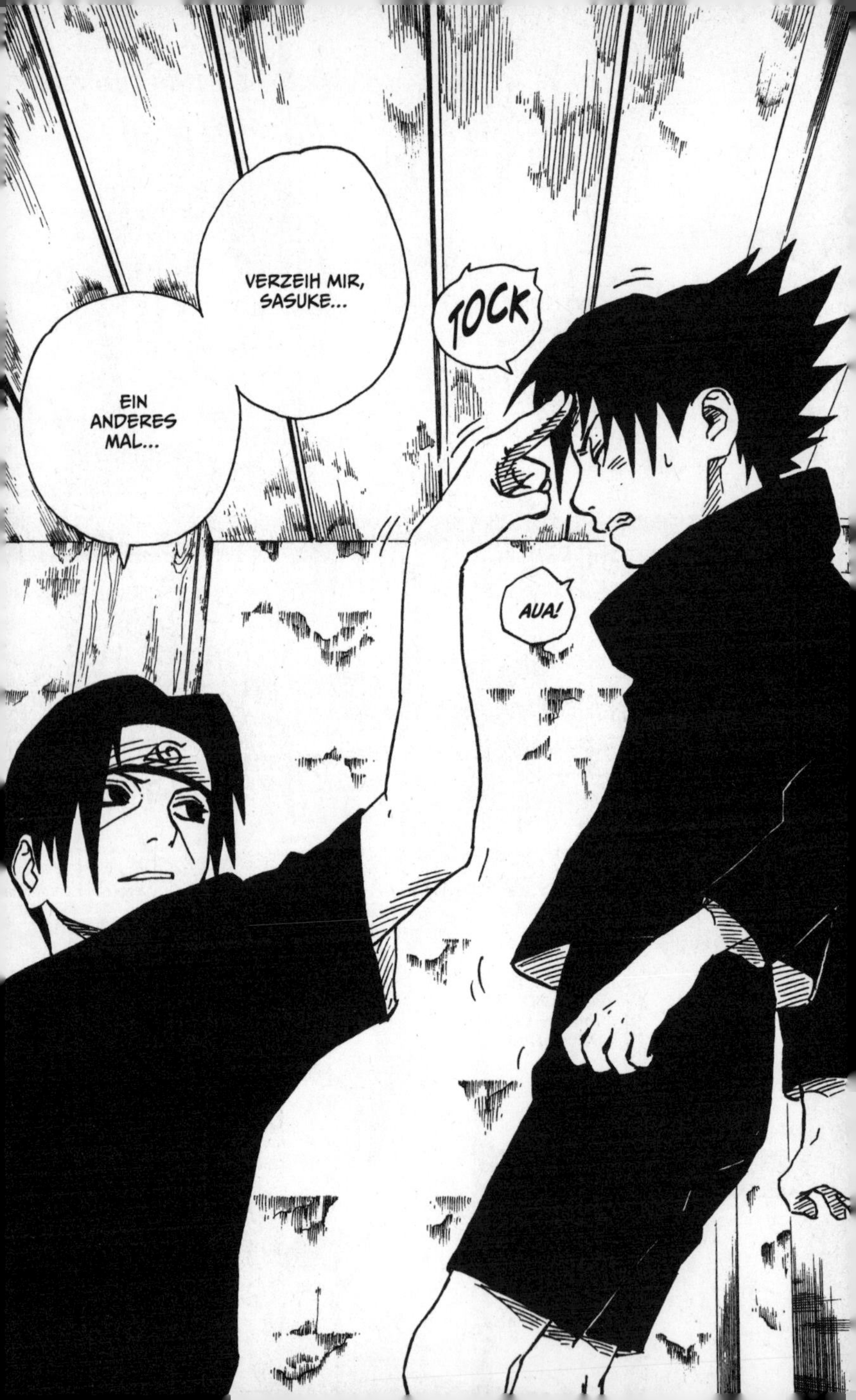
VERZEIH MIR, SASUKE...
EIN ANDERES MAL...
TOCK
AUA!

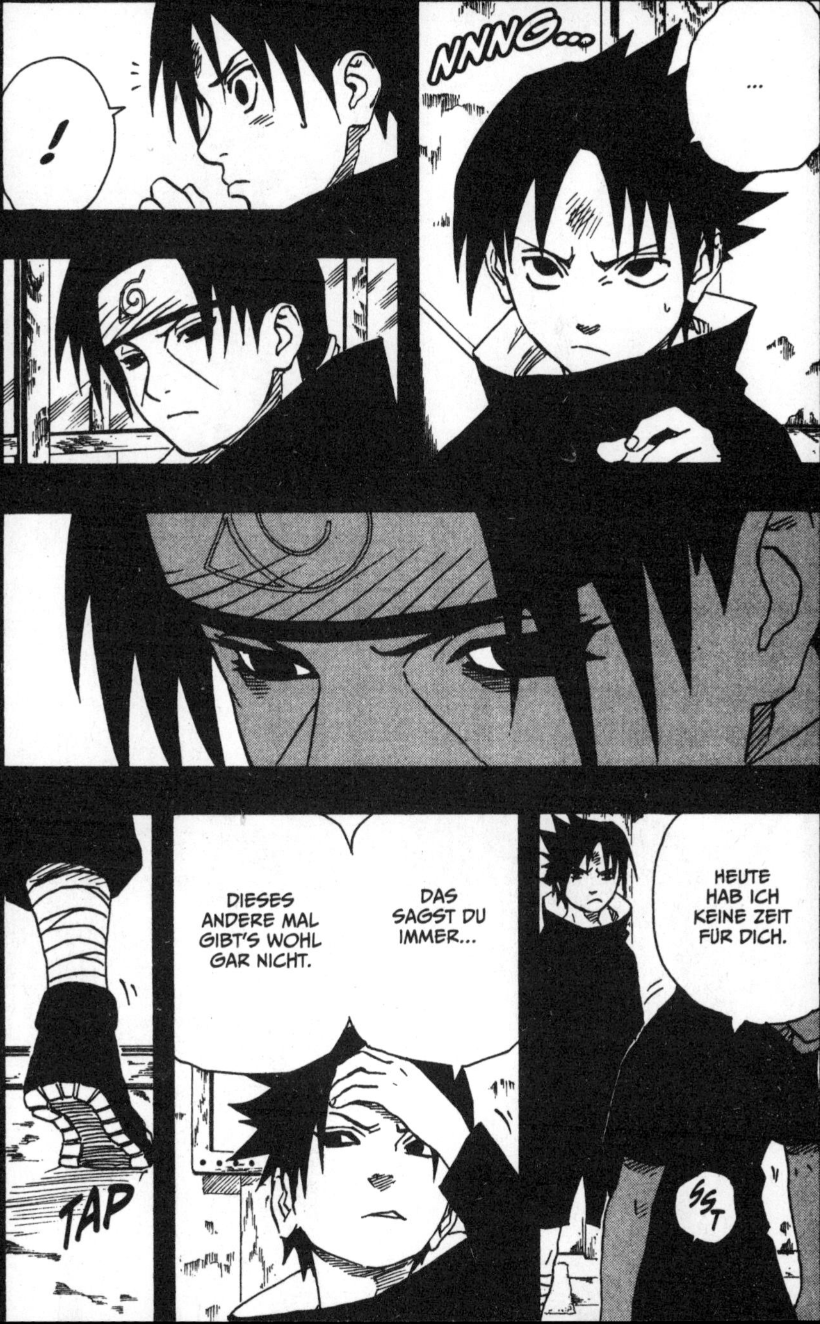

...
NNNG...
!
HEUTE HAB ICH KEINE ZEIT FÜR DICH.
SST
DAS SAGST DU IMMER...
DIESES ANDERE MAL GIBT'S WOHL GAR NICHT.
TAP

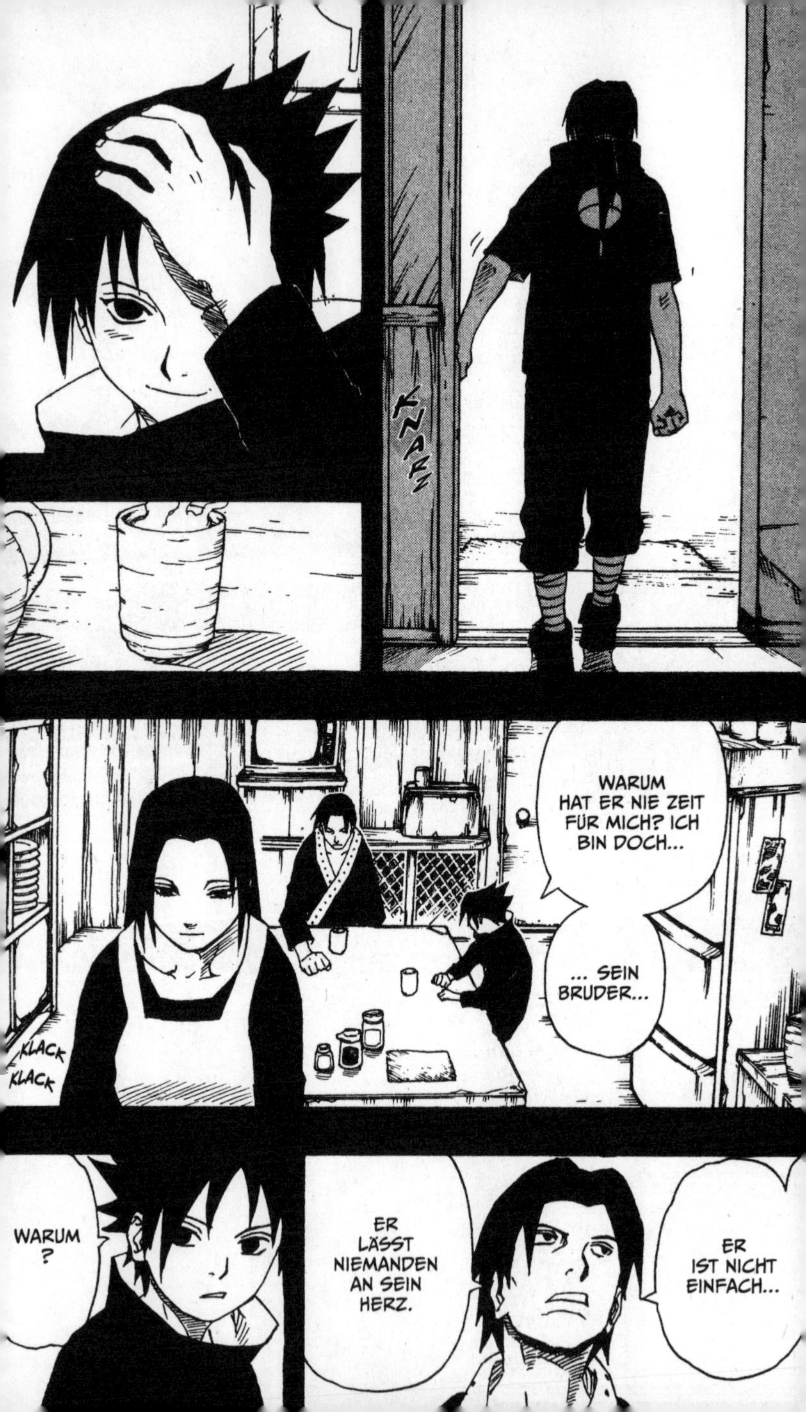
KNARZ
WARUM HAT ER NIE ZEIT FÜR MICH? ICH BIN DOCH...
... SEIN BRUDER...
KLACK KLACK
ER IST NICHT EINFACH...
ER LÄSST NIEMANDEN AN SEIN HERZ.
WARUM ?

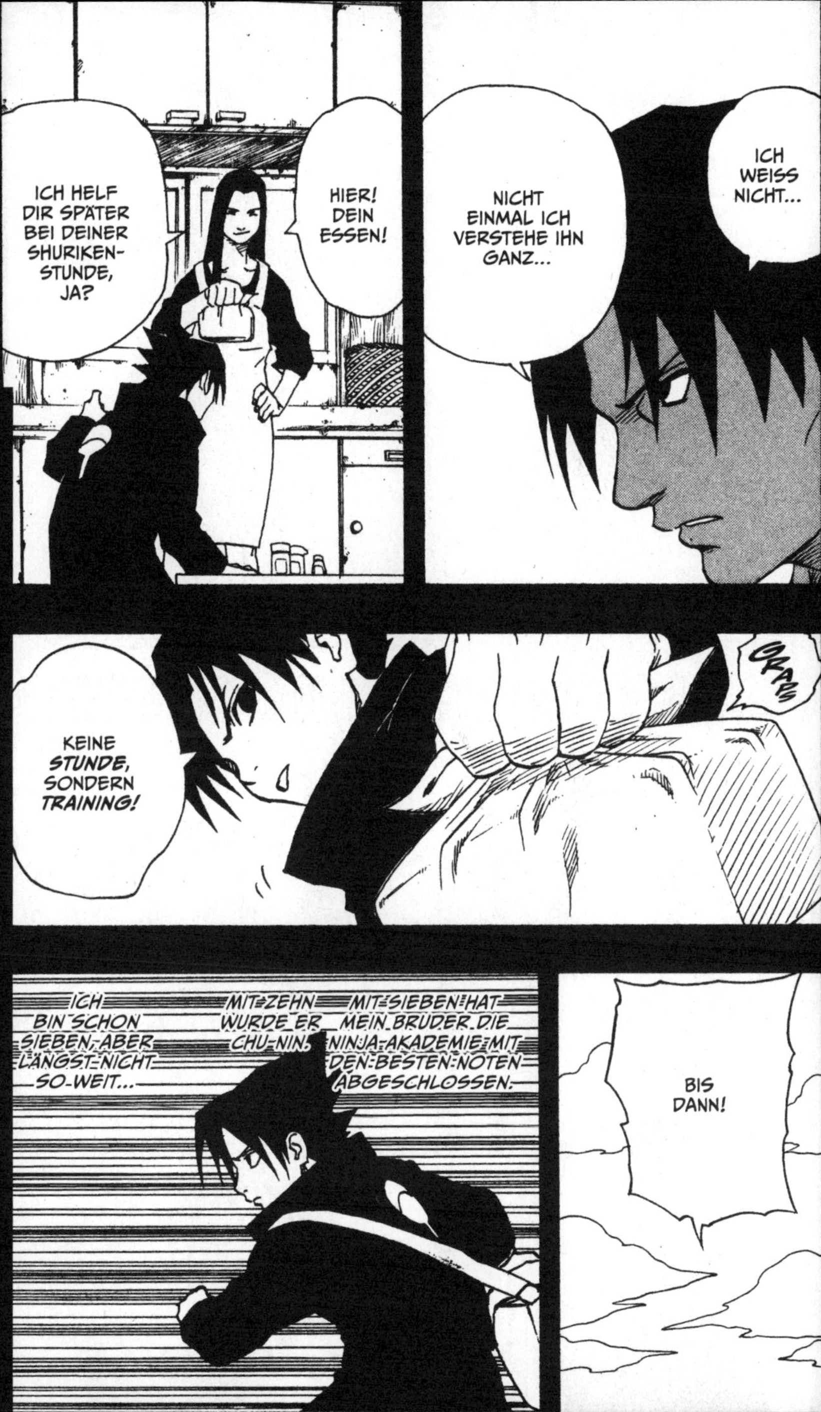
ICH WEISS NICHT...
NICHT EINMAL ICH VERSTEHE IHN GANZ...
HIER! DEIN ESSEN!
ICH HELF DIR SPÄTER BEI DEINER SHURIKEN-STUNDE, JA?
GRAPS
KEINE *STUNDE*, SONDERN *TRAINING!*
BIS DANN!
MIT SIEBEN HAT MEIN BRUDER DIE NINJA-AKADEMIE MIT DEN BESTEN NOTEN ABGESCHLOSSEN.
MIT ZEHN WURDE ER CHU-NIN.
ICH BIN SCHON SIEBEN, ABER LÄNGST NICHT SO WEIT...

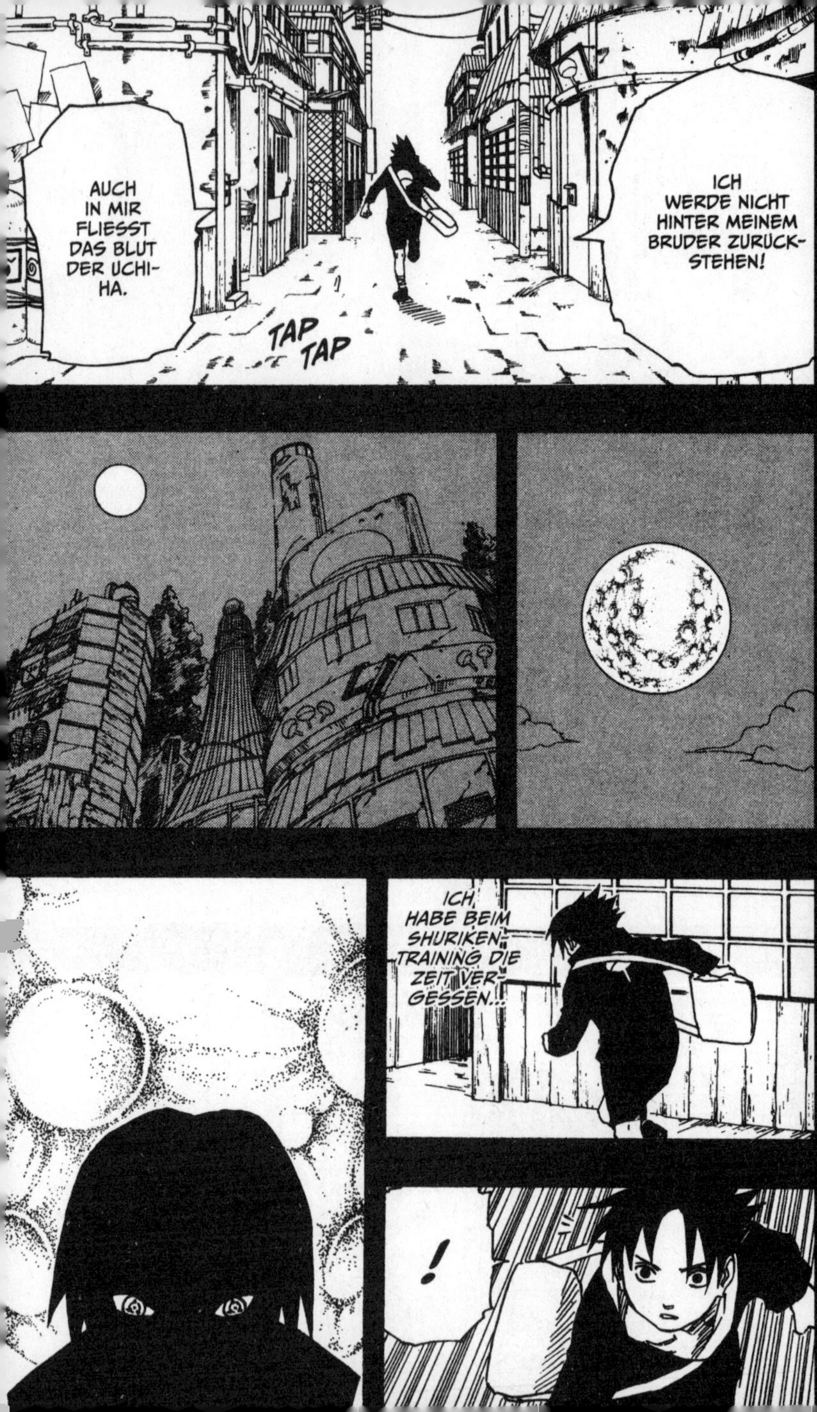
ICH WERDE NICHT HINTER MEINEM BRUDER ZURÜCK-STEHEN!
AUCH IN MIR FLIESST DAS BLUT DER UCHI-HA.
TAP TAP
ICH HABE BEIM SHURIKEN-TRAINING DIE ZEIT VER-GESSEN...
!

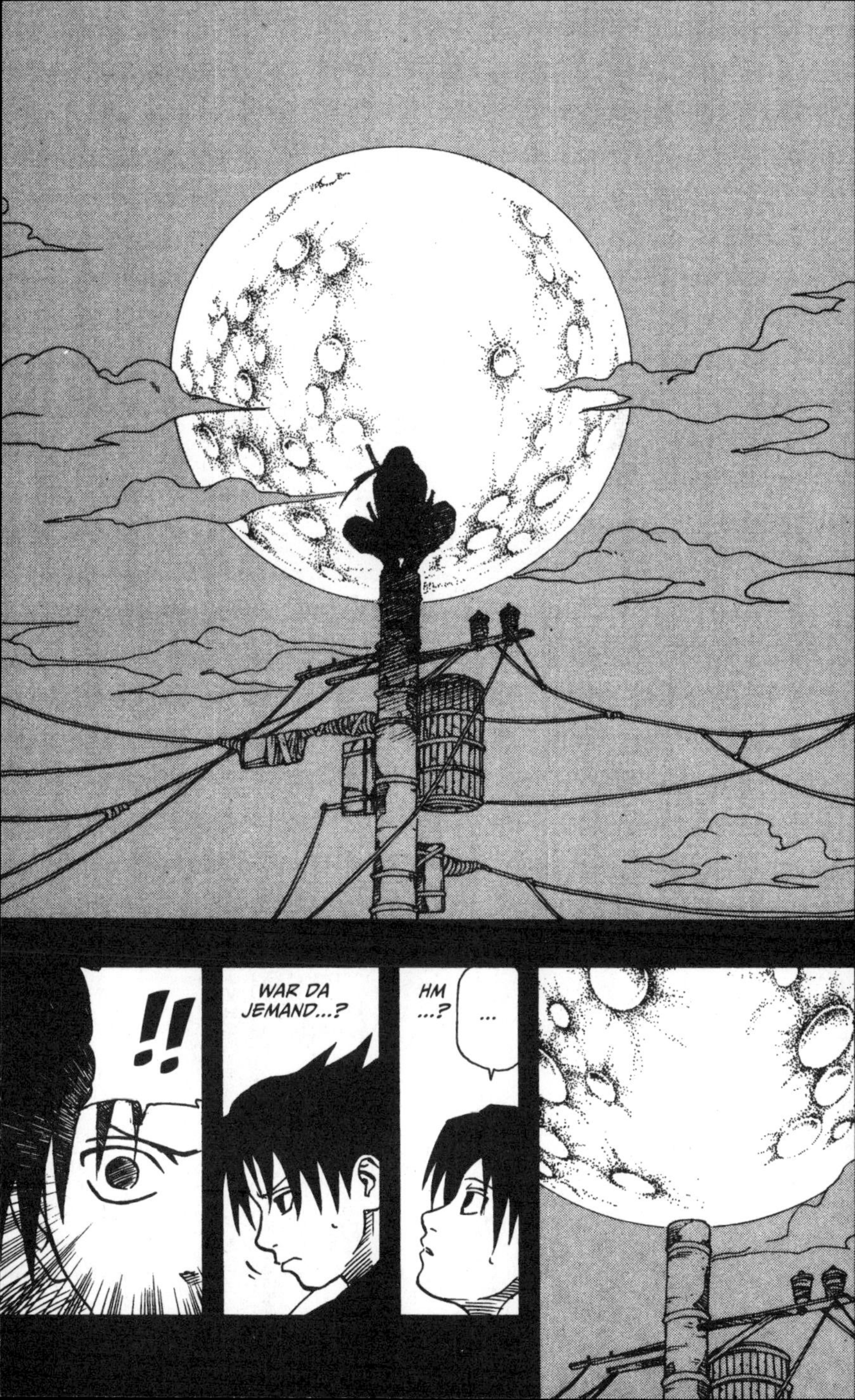
...
HM ...?
WAR DA JEMAND...?
!!

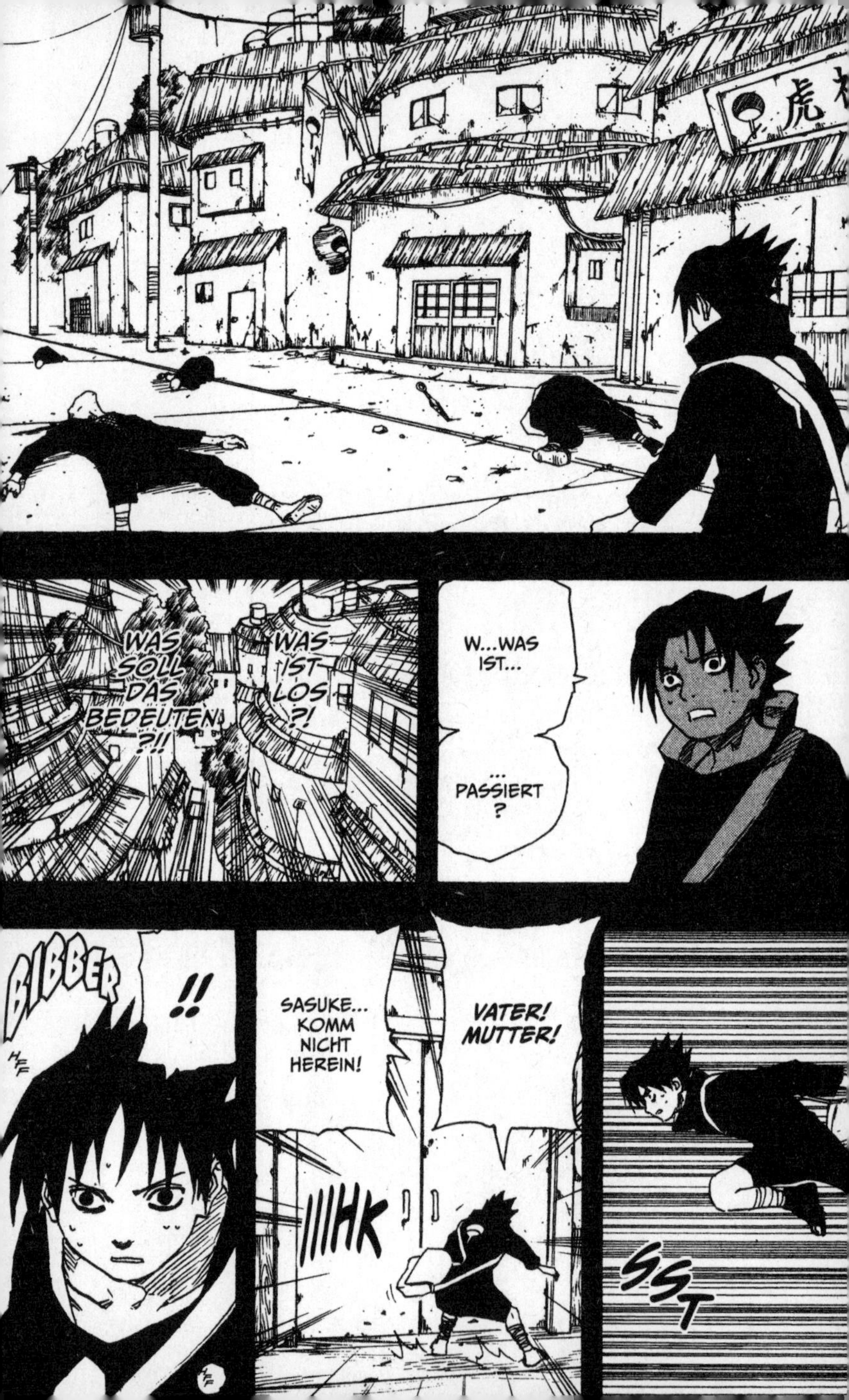
W...WAS IST...
...PASSIERT?
WAS IST LOS?!
WAS SOLL DAS BEDEUTEN?!!
SST
VATER! MUTTER!
SASUKE... KOMM NICHT HEREIN!
IIIHK
!!
BIBBER
HFF

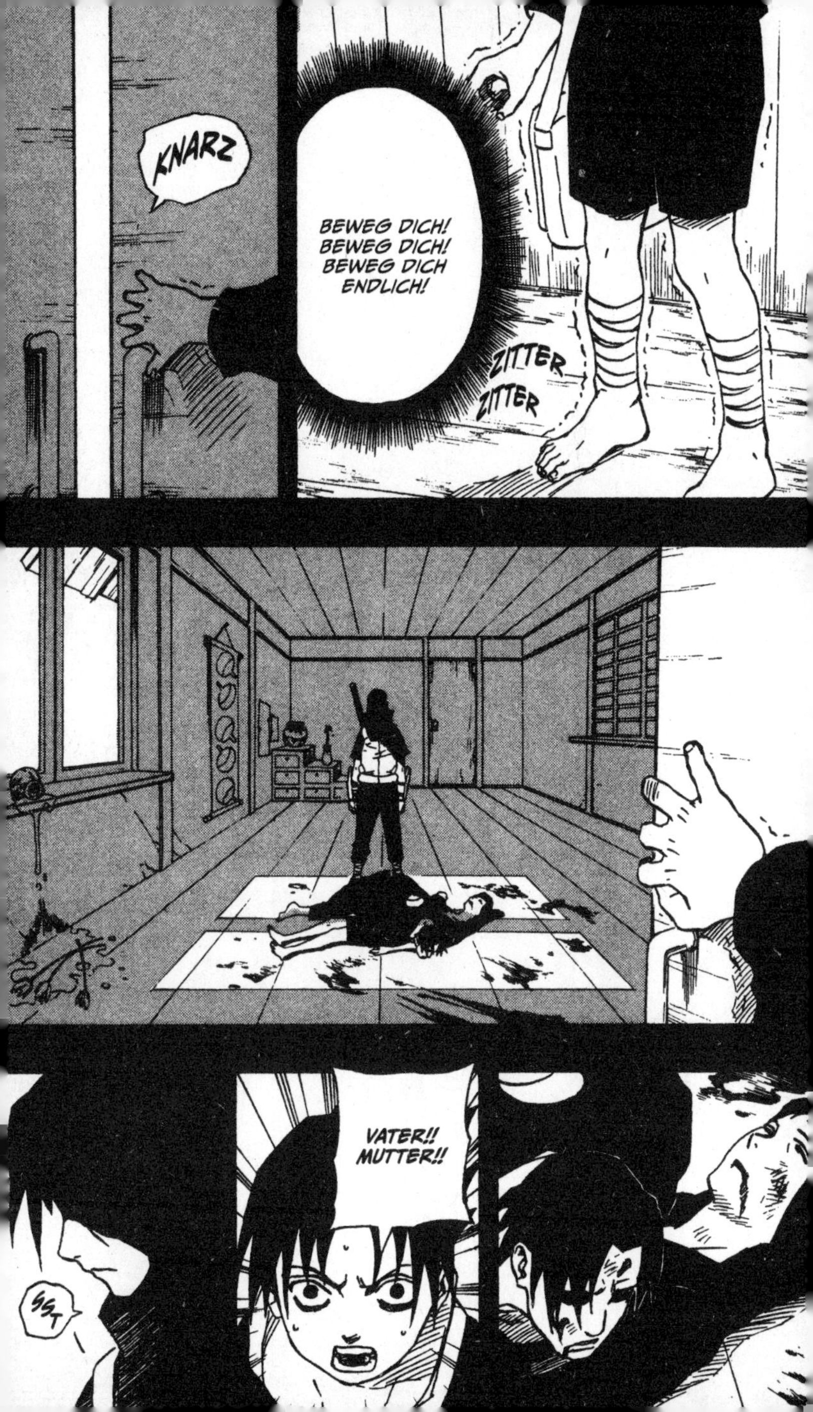
BEWEG DICH! BEWEG DICH! BEWEG DICH ENDLICH!
ZITTER ZITTER
KNARZ
VATER!! MUTTER!!
SST

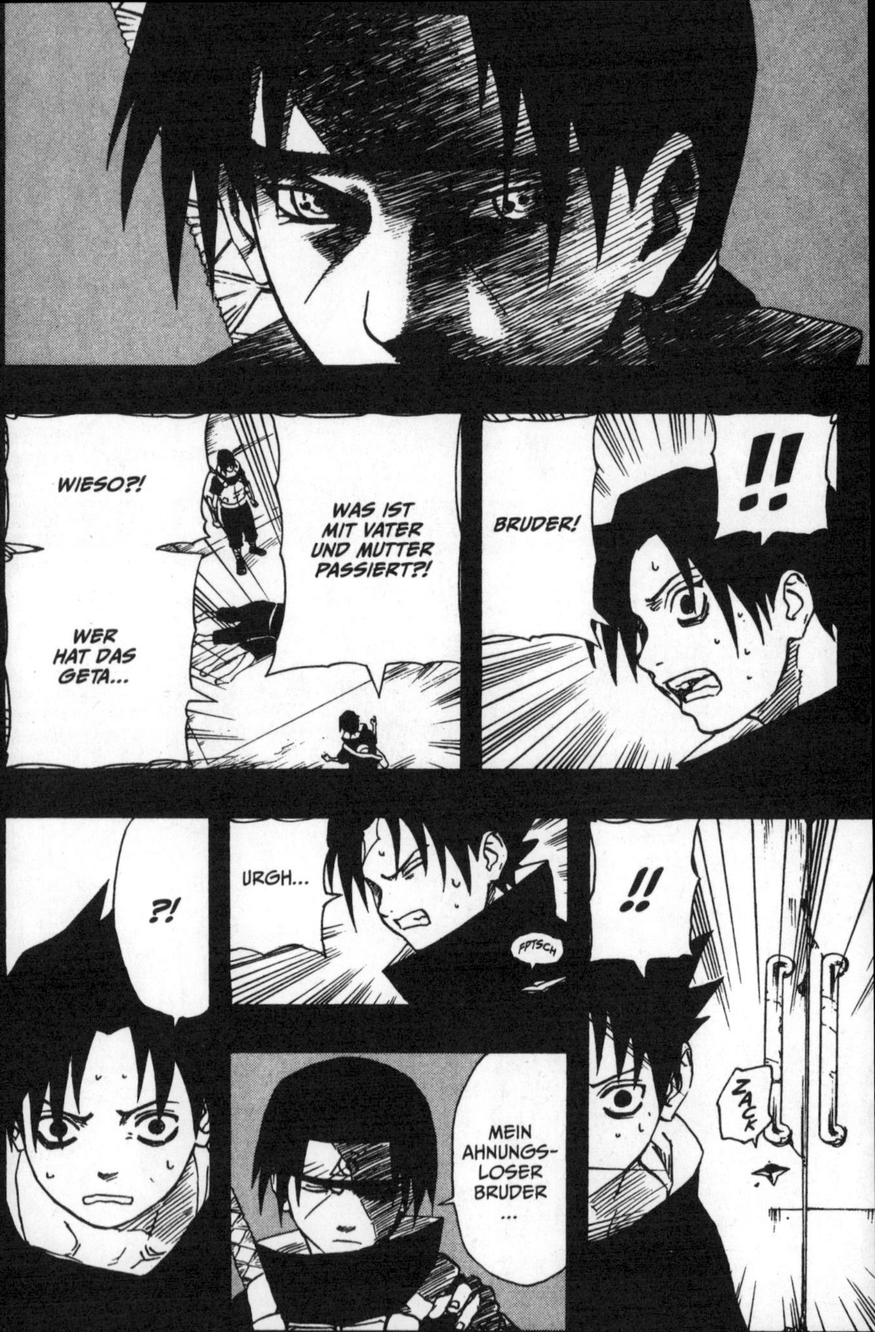
!!
BRUDER!
WAS IST MIT VATER UND MUTTER PASSIERT?!
WIESO?!
WER HAT DAS GETA...
!!
ZACK
URGH...
FPTSCH
?!
MEIN AHNUNGS-LOSER BRUDER ...

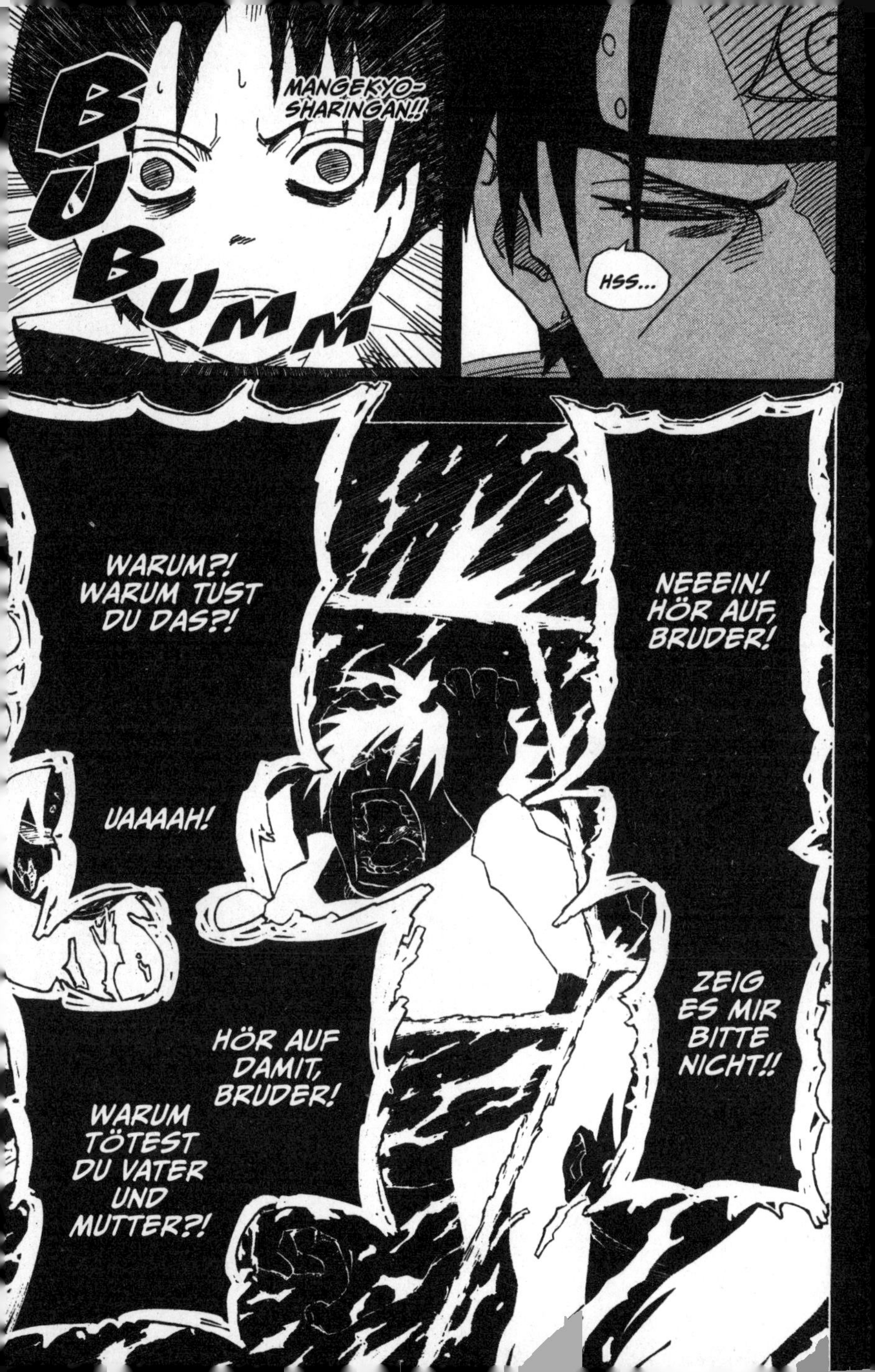
HSS...
MANGEKYO-SHARINGAN!!
BUBUMM
NEEEIN! HÖR AUF, BRUDER!
WARUM?! WARUM TUST DU DAS?!
UAAAAH!
ZEIG ES MIR BITTE NICHT!!
HÖR AUF DAMIT, BRUDER!
WARUM TÖTEST DU VATER UND MUTTER?!

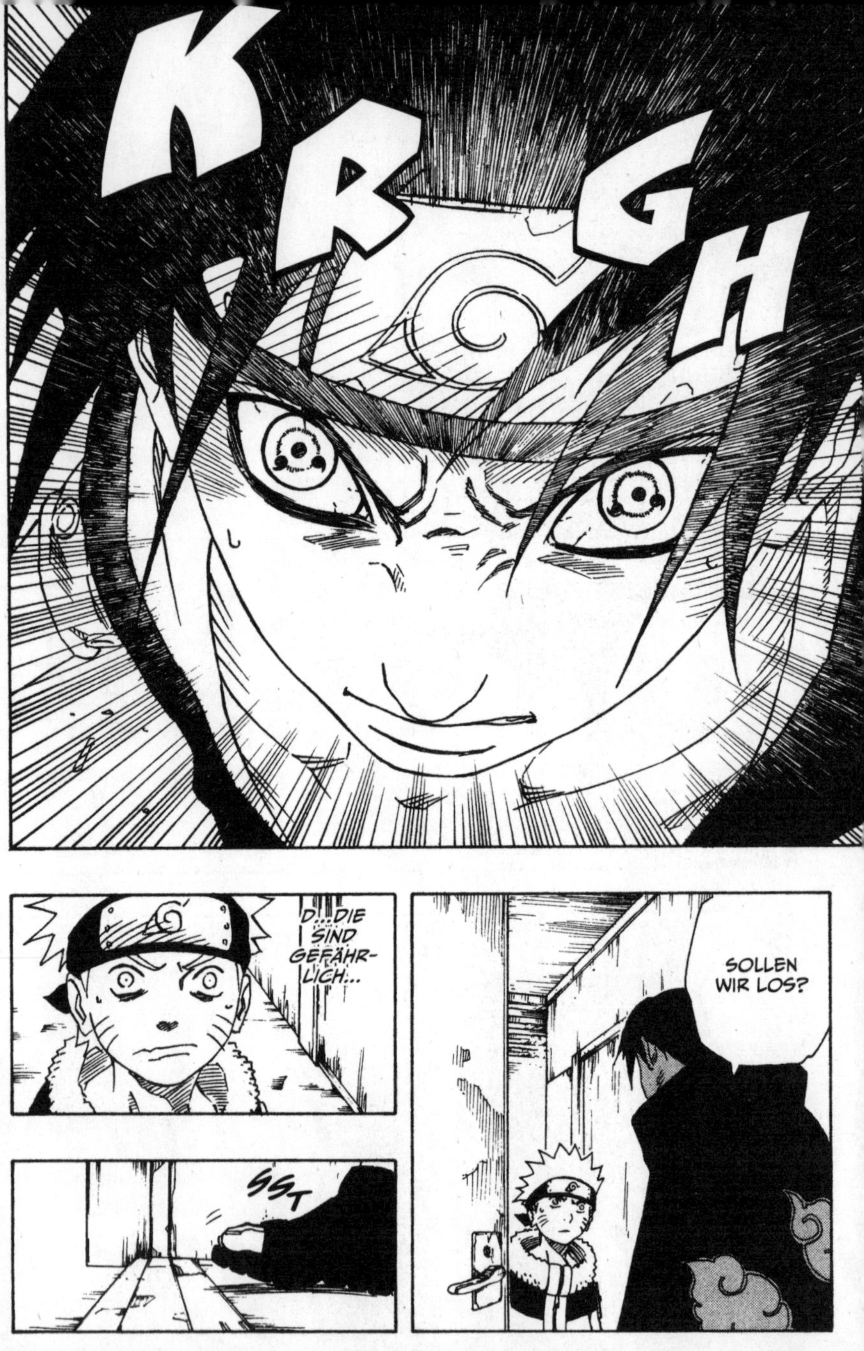
KRGH
SOLLEN WIR LOS?
D...DIE SIND GEFÄHR-LICH...
SST

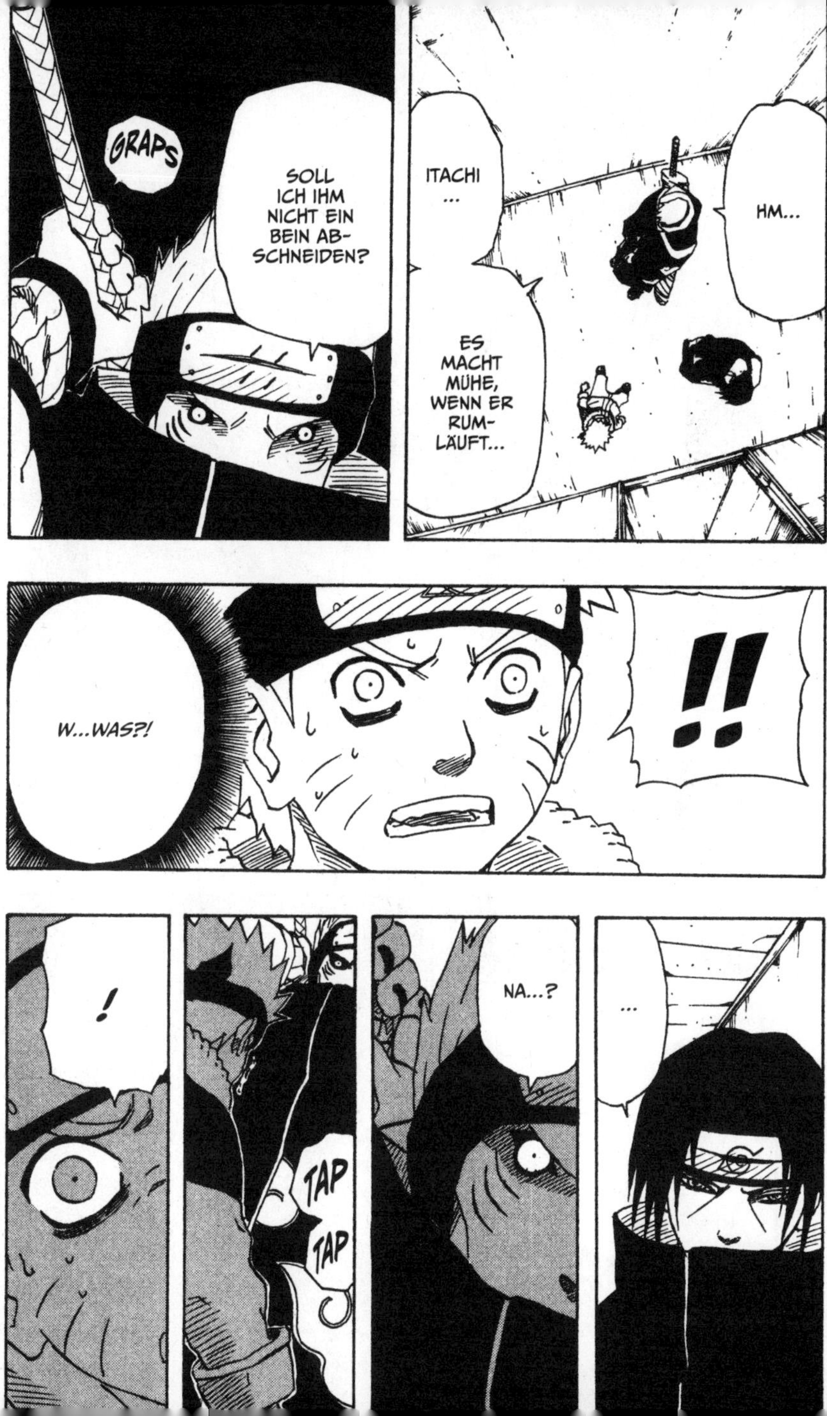
HM...
ITACHI ...
ES MACHT MÜHE, WENN ER RUMLÄUFT...
GRAPS
SOLL ICH IHM NICHT EIN BEIN ABSCHNEIDEN?
!!
W...WAS?!
...
NA...?
TAP
TAP
!

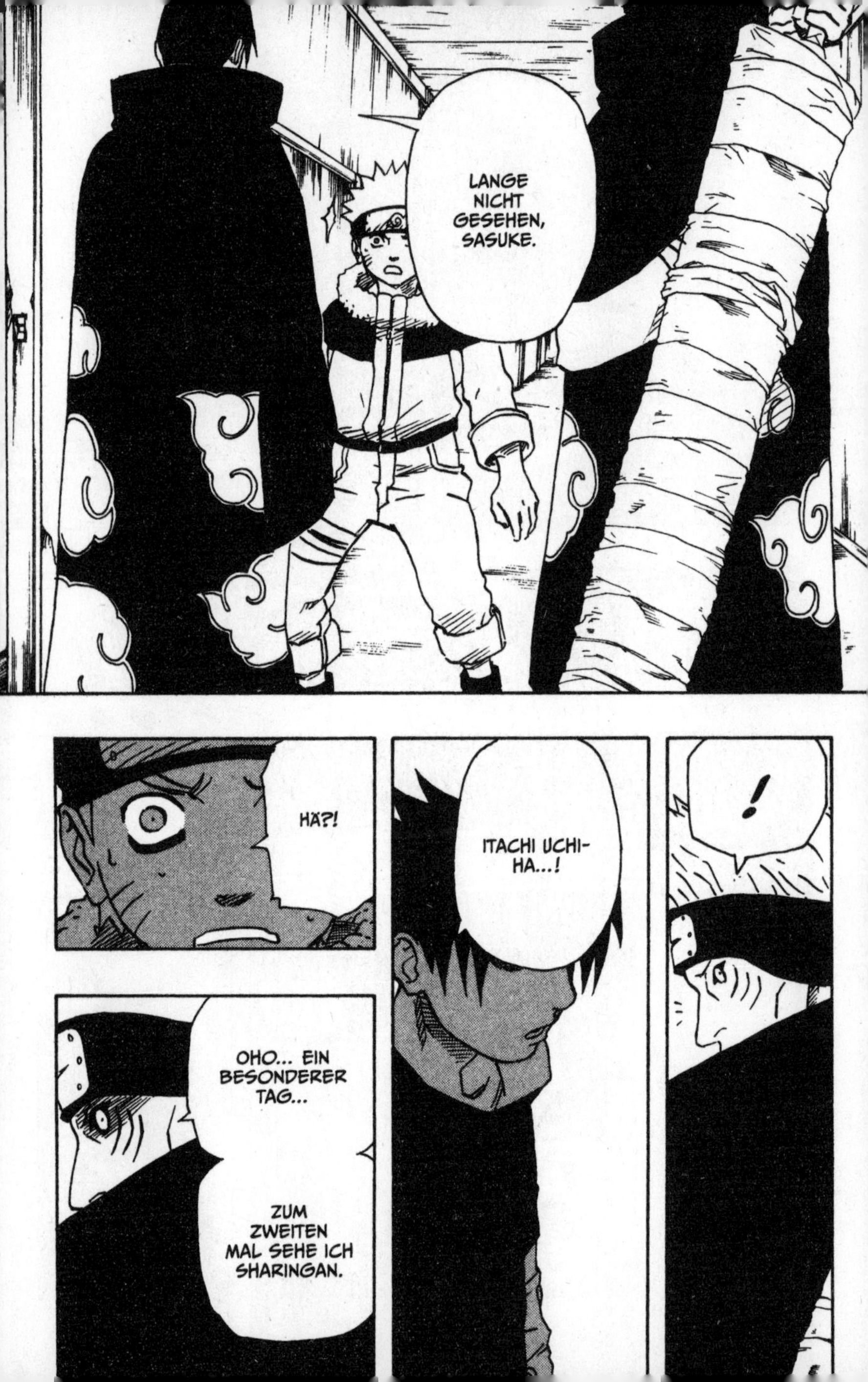
LANGE NICHT GESEHEN, SASUKE.
!
ITACHI UCHI-HA...!
HÄ?!
OHO... EIN BESONDERER TAG...
ZUM ZWEITEN MAL SEHE ICH SHARINGAN.

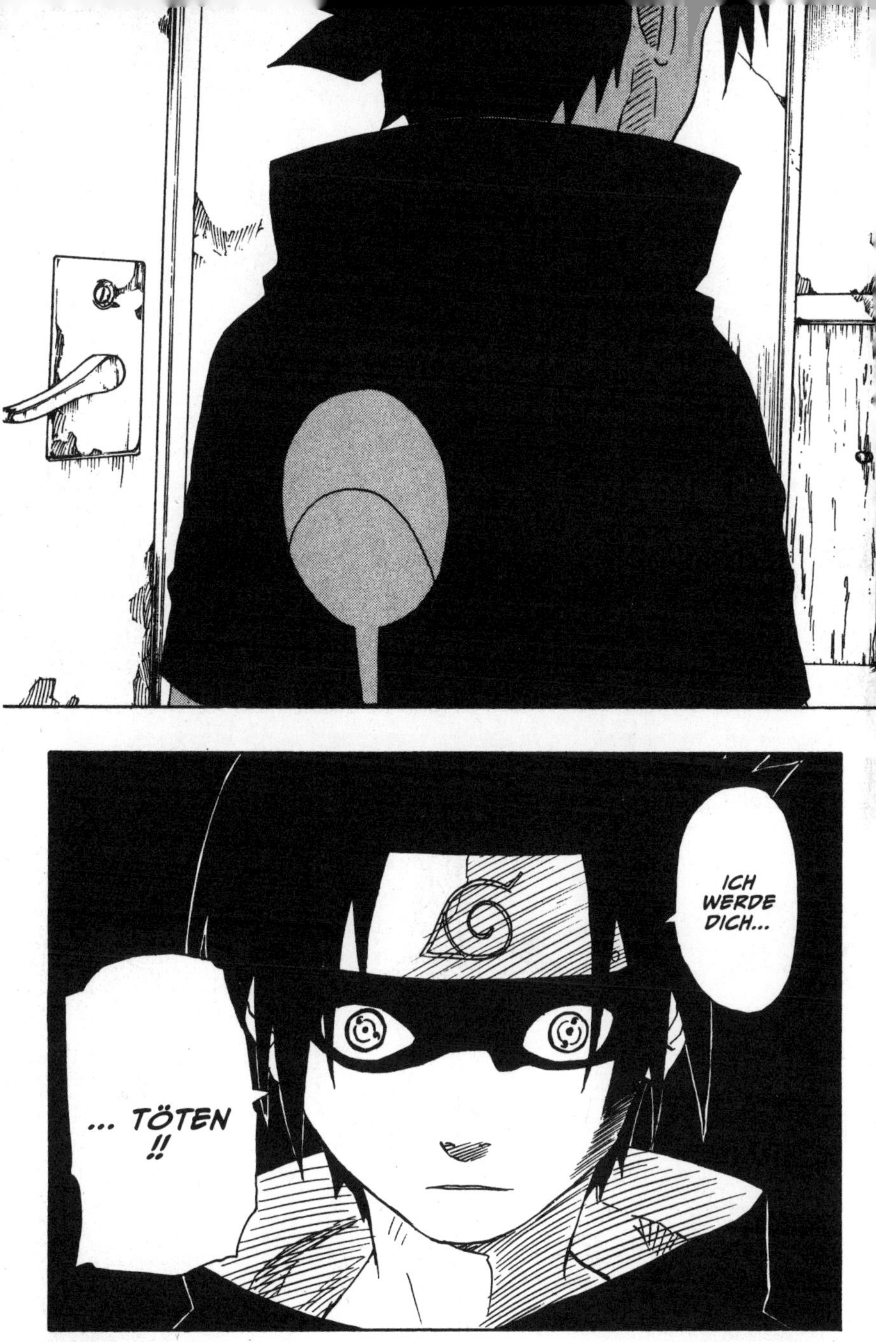
ICH WERDE DICH...
... TÖTEN !!

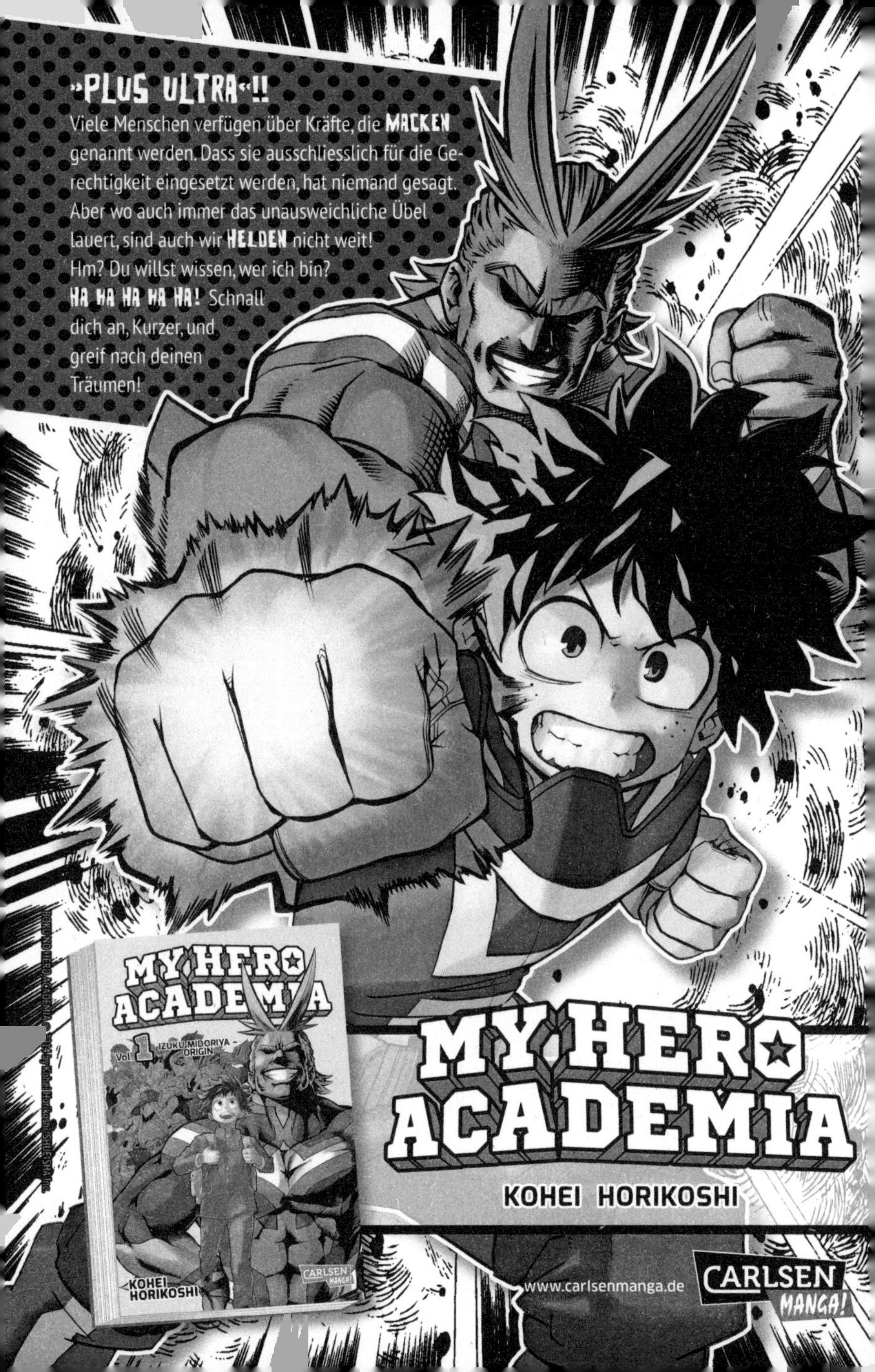
»PLUS ULTRA«!!
Viele Menschen verfügen über Kräfte, die MACKEN genannt werden. Dass sie ausschliesslich für die Gerechtigkeit eingesetzt werden, hat niemand gesagt. Aber wo auch immer das unausweichliche Übel lauert, sind auch wir HELDEN nicht weit!
Hm? Du willst wissen, wer ich bin?
HA HA HA HA HA! Schnall dich an, Kurzer, und greif nach deinen Träumen!
MY HERO ACADEMIA
Vol. 1
IZUKU MIDORIYA – ORIGIN
KOHEI HORIKOSHI
CARLSEN MANGA!
MY HERO ACADEMIA
KOHEI HORIKOSHI
www.carlsenmanga.de
CARLSEN MANGA!
BOKU NO HERO ACADEMIA © 2014 by Kohei Horikoshi/SHUEISHA Inc.

Naruto-Navigator

CHAKRA – DIE BASIS DER KRAFT

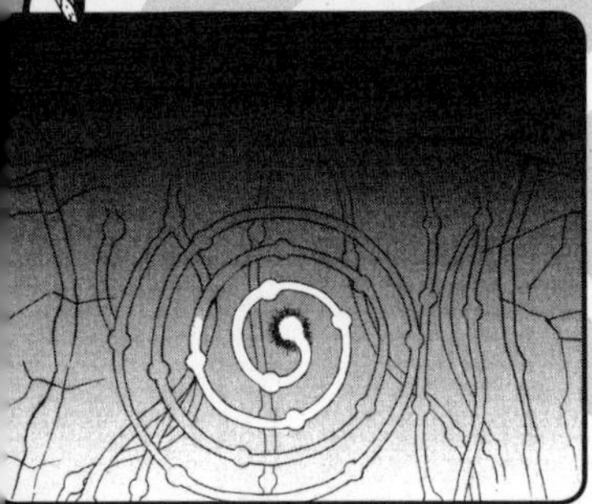

Puh… erst mal verschnaufen…
Sicher ist Euch dieses Bild aufgefallen.
Hier bekommen wir einen tiefen Einblick in Narutos Inneres. Er sammelt im höchsten Maße »**Chakra**«. Wir wollen unser Wissen über das Chakra noch einmal **bündeln** und **auffrischen.**
Das Chakra ist die Energie, die der Ninja bündelt, um seine Techniken überhaupt ausführen zu können. Diese Energie setzt sich aus **zwei verschiedenen Arten** von Kräften zusammen, nämlich aus der **körperlichen** und der **geistigen Kraft.**

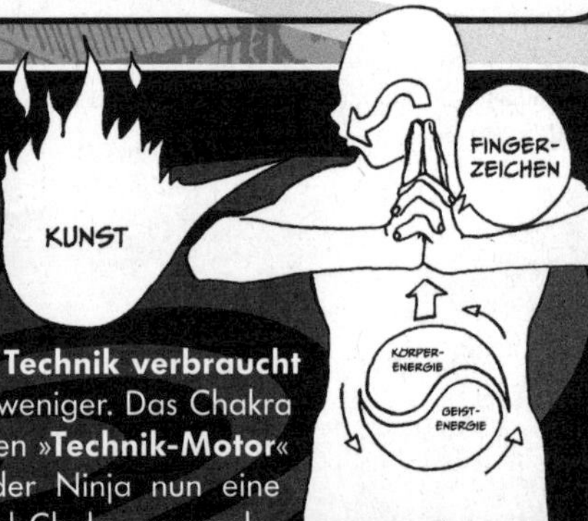

Die **körperliche Energie** steckt bereits in jedem Ninja. Sie verteilt sich auf insgesamt **130 Billionen Zellen** im ganzen Körper. Die geistige kann nur im Laufe der Zeit und durch das Sammeln von **Erfahrungen** erweitert werden. **Jede Technik verbraucht Chakra**. Die eine mehr, die andere weniger. Das Chakra dient sozusagen als »**Benzin**«, um den »**Technik-Motor**« zum Laufen zu bringen. Wendet der Ninja nun eine Technik an, muss er zuerst genügend Chakra sammeln.
Er vereint in seinem Inneren seine **körperlichen** und **geistigen Kräfte** und »presst« sie zusammen. Wie eine Feder, die zusammengedrückt wird, steckt nun die gesammelte Energiemasse im Inneren des Ninjas, **bereit für die Entladung in Form einer Kampftechnik.**

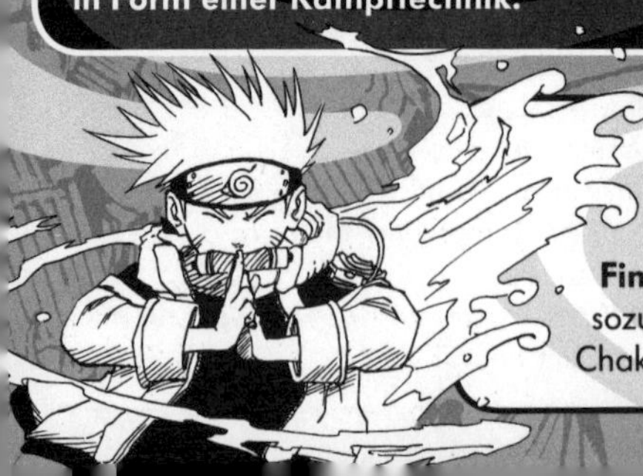

Der Ninja gibt nun eine »**Anweisung**«, wie sich das Chakra entladen soll. Dies geschieht in **Form der Fingerzeichen**. Die Fingerzeichen dienen sozusagen als »**Schablone**«, in der das Chakra seine gewünschte Form bekommt.

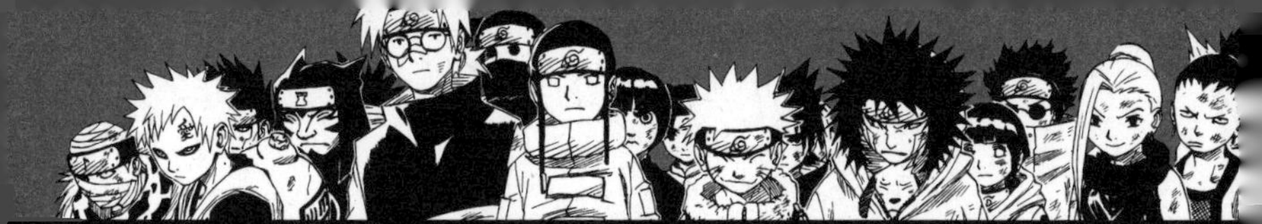

Das Chakra entfacht eine **enorme Kraft**. Normalerweise benutzt ein menschlicher Körper knapp 20% seiner eigentlichen Kraft. Bei einer höheren Anwendung besteht die Gefahr, dass die eigenen Knochen der enormen Kraft nicht gewachsen sind und zu brechen drohen. Deshalb besitzt das Gehirn eine Art **Schutzfunktion**, die das verhindern soll. Das Chakra aber überwindet dieses vom Gehirn konzipierte Schutzsystem, um weit über die möglichen **100% Kraftleistung** hinauszugehen.

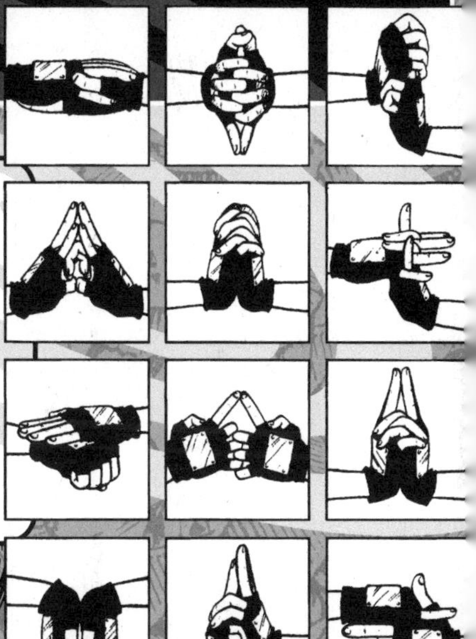

DIE FINGERZEICHEN

Insgesamt gibt es **zwölf Fingerzeichen**, die gemäß den **chinesischen Tierkreiszeichen** angeordnet sind. Dabei reicht es nicht, wenn man nur ein paar Fingerzeichen beherrscht, wichtig ist es, dass man alle Zeichen aus dem Ärmel schütteln kann.

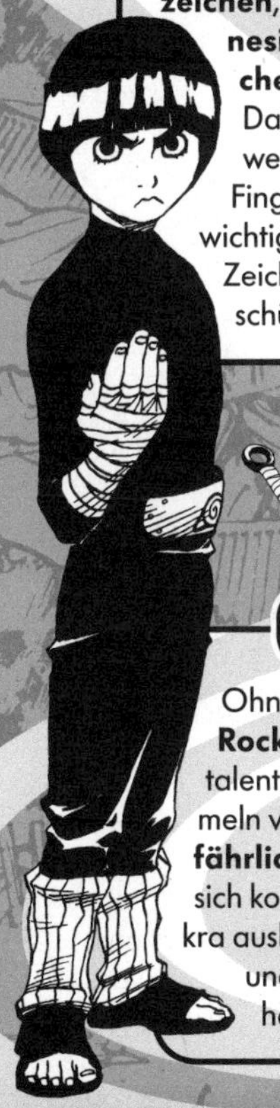

GEHT'S AUCH OHNE?

Ohne Chakra geht bei den Ninja gar nichts? Das ist nicht ganz richtig. **Rock Lee** war für die **klassische Ninja-Ausbildung** eigentlich nicht talentiert genug. Er war nicht in der Lage, die Grundlage, das Sammeln von Chakra, richtig umzusetzen. Doch Rock Lee ist ein überaus **gefährlicher Kämpfer** und das alles ganz ohne Chakra. Er konzentrierte sich komplett auf die »**Tai-Jutsu**«, eine Kampfkunst, die ganz ohne Chakra auskommt. Auch auf das Bilden der Fingerzeichen kann er verzichten und hat somit zwar nicht die **Kampfstärke eines Hokage**, aber er hat wesentlich mehr Zeit in einem Kampf…

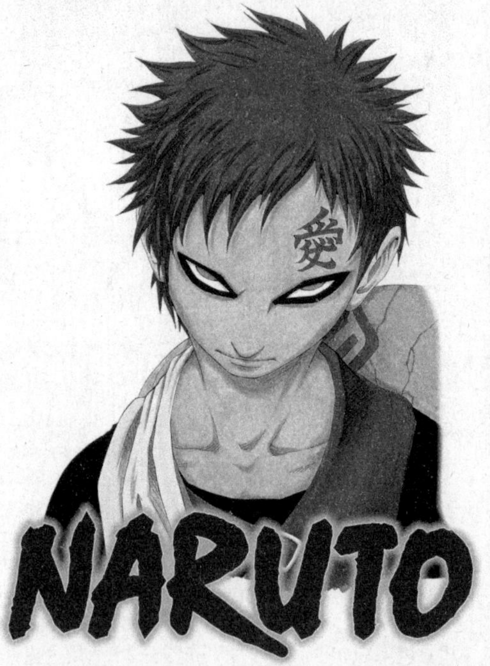
NARUTO

CARLSEN MANGA
Deutsche Ausgabe/German Edition

Völckersstraße 14-20, 22765 Hamburg
Aus dem Japanischen von Miyuki Tsuji

First published in Japan in 1999 by SHUEISHA Inc., Tokyo.
German translation rights in Germany, Austria, Luxembourg and german-speaking
Switzerland arranged by SHUEISHA Inc. through VME PLB SAS, France.
Redaktion: Anne Berling, Jonas Blaumann
Textbearbeitung: Marcel Le Comte
Herstellung: Gunta Lauck, Wiebke Lück

Bei Fragen zum Produkt: carlsen.de/kontakt
ISBN 978-3-551-79531-1

HALT!

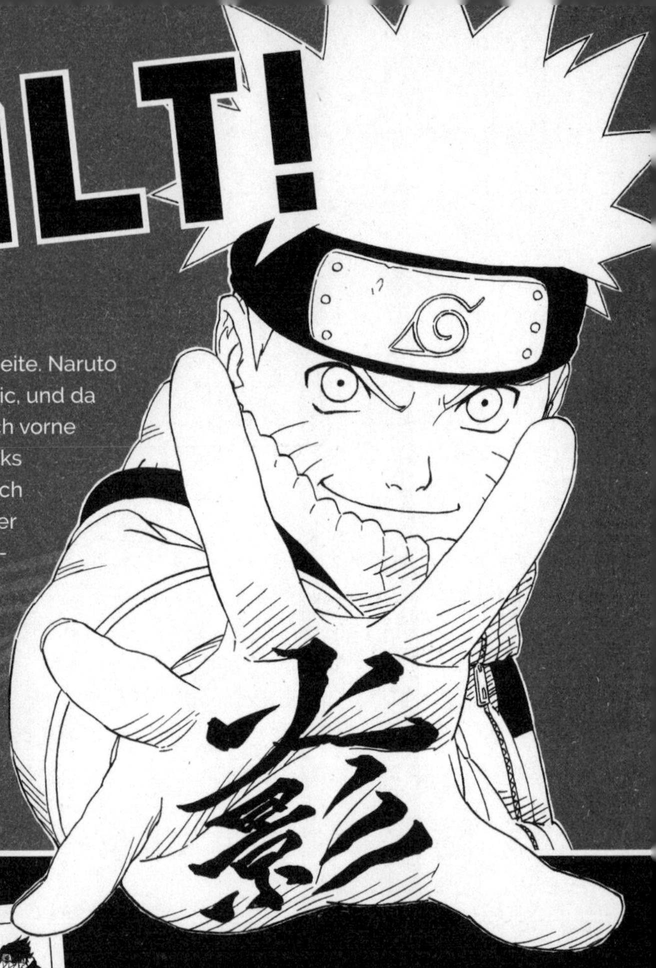

Das ist nicht die erste Seite. Naruto ist ein japanischer Comic, und da in Japan von hinten nach vorne und von rechts nach links gelesen wird, musst auch du diesen Comic von der anderen Seite aufschlagen und von hinten nach vorne lesen.

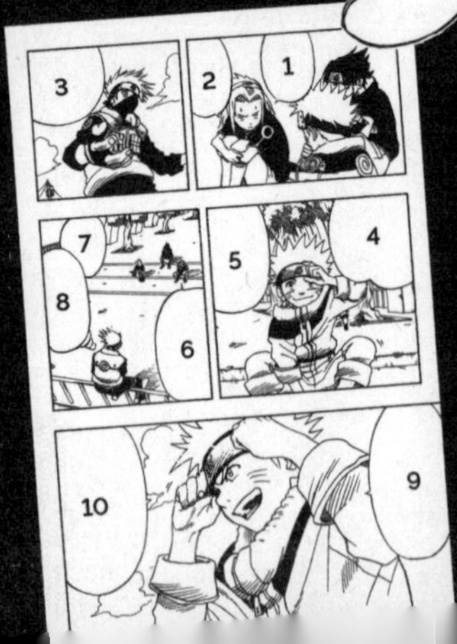

Auch die Bilder und Sprechblasen werden von rechts oben nach links unten gelesen, so wie es die Grafik hier zeigt. Schwer? Zuerst ungewohnt, doch es bringt richtig Spaß. Probiert es aus!

Viel Vergnügen mit **NARUTO** und der ganzen Ninja-Bande!